U0880125

WORLD CONFUCIAN CONFERENCE

世界儒学大会

第八届
世界儒学大会
学术论文集

主　　编　王学典
副 主 编　郑长铃　徐庆文
执行主编　任　慧

文化艺术出版社
Culture and Art Publishing House

主办 Sponsors

中华人民共和国文化部

Ministry of Culture of the People's Republic of China

山东省人民政府

Shandong Provincial People's Government

承办 Organizers

中国艺术研究院

Chinese National Academy of Arts

山东省文化厅

Shandong Provincial Cultural Bureau

山东大学

Shandong University

中国哲学史学会

China Philosophy History Association

国际儒学联合会

International Confucian Association

中国孔子基金会

China Confucius Foundation

济宁市人民政府

Jining Municipal Government

孔子研究院

The Research Institute of Confucianism

《第八届世界儒学大会学术论文集》编委会委员名单

主 任

连 辑

副主任

徐向红 王 磊 李树峰 王学典

委 员（按姓氏笔画）

王 磊 王超群 王学典 巴金文 任 慧 连 辑
李树峰 李国琳 李艳萍 张定青 张 钢 郑长铃
徐向红 徐庆文 殷玉平 黄玉顺 程永生

主 编

王学典

副主编

郑长铃 徐庆文

执行主编

任 慧

全国人大常委会副委员长王胜俊

中华人民共和国文化部部长雒树刚

中共山东省委书记、省人大常委会主任刘家义

中国艺术研究院院长、中国非物质文化遗产保护中心主任连辑

中共山东省委常委、宣传部部长孙守刚

山东大学校长樊丽明

孔子第79代嫡长孙、至圣孔子基金会会长孔垂长

主题演讲

英国牛津大学大卫·普里斯特兰教授

北京大学杜维明教授

中国艺术研究院刘梦溪研究员

山东大学贝淡宁教授

清华大学陈来教授

美国乔治梅森大学帕特里克·孟迪斯研究员

山东大学曾繁仁教授

美国加州大学苏黛瑞教授

印度新那烂陀大学拉文达·潘特教授

美国哈佛大学罗斯·特里尔教授

韩国成均馆大学金圣基教授

中国台湾中央研究院汪荣祖研究员

美国加州大学罗德明教授

美国夏威夷大学成中英教授

美国哥伦比亚大学韦爱德教授

俄罗斯科学院安德列·欧斯特洛夫斯基研究员

会议场景

第八届世界儒学大会开幕式（孔子研究院辟雍广场）

出席开幕式的领导嘉宾和专家学者

全国人大常委会副委员长王胜俊（右一）与中共山东省委书记刘家义（左一）给2017年度“世界儒学研究杰出人物”台湾东海大学蔡仁厚教授（左二）和武汉大学郭齐勇教授（右二）颁奖

出席开幕式的领导嘉宾和专家学者

“近两年儒学研究十大热点（2015—2017）”发布会现场

出席发布会的领导嘉宾和专家学者

第八届世界儒学大会主题演讲会场

出席主题演讲的领导嘉宾和专家学者

会场发言精彩瞬间

会场发言精彩瞬间

“儒家思想与人类命运”论坛

“礼乐文明与当代社会的价值重构”论坛

“儒学与西学”论坛

“儒家伦理与人类的共同价值”论坛

“传统文化传承发展的现代路径”论坛

“儒学与乡村建设”论坛

“孟子、 荀子及其思想研究”论坛

“儒家观念的现代诠释”论坛

“儒家经学与经典”论坛

“宋明理学：儒学发展的新形态”论坛

“儒家思想及其价值”论坛

“多维视野下的儒家文化”论坛

“儒学与宗教”论坛

“一带一路与儒学”论坛

2017年度“世界儒学研究杰出人物”

蔡仁厚先生

他籍贯江西，长于台湾。弱冠之年，从游于牟宗三、唐君毅诸大师之门，求学问道，笔耕不辍。六十年来，矢志弘扬“生命的学问”，身体力行，老而弥坚。

他一生力学，著述等身。学问坚实，包容博大。两千余年儒学发展轨辙，每加考索，融会贯通。近百年来新儒家志业行迹，常据所闻，赓续慧命。在当代新儒家阵营中，他对传统儒家与当代新儒家，诠释最多。在众多硕学鸿儒中，他名重士林，受邀海内外弘扬儒家道统，为学界钦敬！

他服膺师教，不废讲学。从教五十年，在大学讲坛传道授业，诲人不倦。年届耄耋，仍于书院台堂教授学子，砥励后学。桃李不言，下自成蹊。嘉惠学林，何止千万！

他辛勤祖述往圣前彦之绝学，致力光大内圣成德之教化。始终坚信儒家义理具有永恒的价值，中华民族之文化生命，必可返本开新。他积极申述儒家的时代意义，于中国文明参与世界文明对话之推导，厥功至伟。

他以生命为学问，视学问为生命。在平凡的人生中体现传统儒士的风范，用不凡的学术彰示民族文化之大统。他是海内外公认的第三代新儒家的嫡系传人。他是儒家文化的继承者、弘扬者。

2017年度“世界儒学研究杰出人物”

郭齐勇先生

他成长于荆楚大地，南国风土陶铸了他的仁义性情。青年时代，他上山下乡，基层民众培育了他的宽厚胸怀。

他在而立之年，负笈求学。四十年来，孜孜求索。一张书桌，写就百万言学术文字；三尺讲台，培育千百名学界新人。他力主儒家道统为社会根基，儒家义理为安身之道。不懈陈词，反复论证。他对熊十力的研究，钩沉索隐，开辟先河；对现代新儒家的发覆，筚路蓝缕，垂范后昆。

他不仅在学理上谋求儒学的现代转化，更以实践来发挥儒学的民间活力。他组织“儒家伦理争鸣”，拨乱反正，正本清源；主持武汉大学国学院，先开风气，成就斐然。他面向大众传播儒学价值，致力于儒家古礼重新扎根民间。他倡议重建祠堂，恢复书院，复兴儒礼，诵读经典，在社会上引起持续呼应，为儒家传统堂堂正正回到当代社会生活起了重大作用。

他为了儒家传统礼俗的复兴，辛苦经营；为了民族文化血脉的延续，开拓进取。他走出书斋，深入民间，身体力行，躬亲实践。他是当代大陆新儒家的中坚力量。他是儒家精神的践行者、推扩者。

目 录

开幕致辞

全国人大常委会副委员长王胜俊先生致辞 …………………………………… 3
中共山东省委书记、省人大常委会主任刘家义先生致辞 ………………………… 6
中国艺术研究院院长、中国非物质文化遗产保护中心主任连辑先生致辞 ……………… 9
山东大学校长樊丽明女士致辞 ………………………………………………… 12
北京大学人文高等研究院院长杜维明先生致辞 ………………………………… 14
孔子第 79 代嫡长孙、至圣孔子基金会会长孔垂长先生致辞 …………………… 16

主题演讲

在第八届世界儒学大会上的主题演讲 ……………………………………… 雒树刚 21

学术演讲

儒家思想、社会主义与共产主义 ………………………………………………………
……………………………… ［英国］大卫·普里斯特兰（David Priestland） 29
精神人文主义：一方正在涌现的全球性论域 ………………………… ［美国］杜维明 35
“六经”的价值论理是中国文化贡献给人类的普世价值 ……………………… 刘梦溪 45
贤能政治：人类共同价值观还是中国特色？
——《贤能政治》前言 ………………………………………… ［加拿大］贝淡宁 52
近两年儒学研究十大热点（2015—2017） ………………… 山东大学儒学高等研究院 60

获奖感言

2017年度“世界儒学研究杰出人物”蔡仁厚先生获奖感言 …… 67
2017年度“世界儒学研究杰出人物”郭齐勇先生获奖感言 …… 68

学术论文・中国论文

（按照姓氏笔画排序）

儒学：一种可以作为“底色”的人生信仰 …… 丁为祥 71
西医东渐主线新论 …… 马来平 86
中华儒学话语中人的价值使命论 …… 王国良 99
读经教育的基本原理 …… 王财贵 107
荀子的道德动机论
——由万百安与黄百锐的论争说起 …… 东方朔 119
清道咸时期京师理学社群建构的一个侧面
——以刘廷诏《理学宗传辨正》为考察 …… （中国台湾）田富美 132
儿童读经与书院教育之思 …… 冯 哲 146
朱子文化的基本精神 …… 朱人求 154
仁：中国公益慈善事业的价值之源 …… 朱汉民 159
儒学的价值取向
——从“修齐治平”到“经世致用”兼论“为帝王师” …… 朱杰人 165
“文化何以现代化”？
——梁漱溟“乡村建设运动”和“乡村儒学实验”省察 …… 刘 伟 170
王阳明论圣人一体之仁之教的伦理价值与社会实践 …… （中国台湾）齐婉先 180
伏羲文明是儒家和合文化的源头 …… 安志宏 192
周敦颐思想的佛教渊源说试探 …… 李勇强 205
《周易》的大生命世界观 …… 李振纲 216
儒家艺术理论的普遍意义与永恒价值 …… 李新风 221
中华文明可为世界作出更大贡献 …… 杨朝明 226
论“文化自信” …… 吴 光 232
孔子军旅事迹考 …… 余治平 242
心学与理学争议的核心问题：一个礼法学的视角 …… 宋大琦 254
山东“乡村儒学”建设刍议 …… 张颖欣 261
论儒家普遍主义

——回应朱利安《论普世》 …………………………………………… 陈乔见 269
“仁者寿”：董仲舒道德养生学述论 ………………………………… 陈晨捷 283
传统文化的当代审视
——从陈旸《乐书》谈起 ……………………………………………… 郑长铃 292
从“道的错置”到“道的正置”
——解开“儒学”与“专制”的根本困结 ……………（中国台湾）林安梧 300
熊十力经学思想中的外王说 ……………………………………… 胡治洪 309
学习、孝悌、交友与事物正义：《论语·学而》释义……………… 柯小刚 324
以中化西光明无限
——曲阜国学院传统教育综述 …………………………………… 段炎平 334
儒学与当代生活 ………………………………………………………… 祝东力 343
浅说“述而不作”强调践行 ……………………………………… 姜玉芳 346
我所了解的现代私塾教育 ………………………………………… 袁 彦 353
中、和、乐 vs 真、善、美
——略论东亚价值系统 ……………………………………………… 郭 沂 360
加强儒学与人的发展之间关系的研究 …………………………… 涂可国 368
中华文明与中国模式的崛起
——基于中华文化对世界文明贡献的考察 ………………………… 彭彦华 375
对人性的肯定与激励
——《孟子·公孙丑上》“四端”的属性及其在修养上的意义 ……………………
……………………………………………………………（中国台湾）董金裕 383
孔子人格塑造论新探 …………………………………………………… 蒋国保 395
初唐儒家话语下的三教关系 ………………………………………… 韩 星 406
当代儒学发展的形态及趋向 ………………………………………… 景海峰 414
乡村儒学：重建乡土中国的意义世界 ……………………………… 曾凡朝 422
民心即天命：董仲舒政治哲学漫议 ………………………………… 曾振宇 432
易学国际化是中国文化自信与文明对话的核心 ………………… 温海明 450
敬天情结与儒家仁政 …………………………………………………… 谢文郁 458
海外儿童读经之源流与现况 ………………………………………… 杨 嵋 472
传统文化是中共主义与中共学的基础
——以哈佛学者费正清、史华慈的研究为例 ……………………… 路克利 485
儒家君子观及其价值 …………………………………………………… 解光宇 492
牟宗三《圆善论》对孟告之辩诠释之省思 ……………（中国台湾）蔡家和 502
用孔子智慧建设乐和家园
——从曲阜书院村说起 ……………………………………………… 廖晓义 521

企业儒学：当代儒学的一个新形态 …………………………………………… 黎红雷 525

学术论文·外国论文

（以作者姓氏英文字母为序）

孔子学说的“人文主义”与普世性 ……………［法国］程艾兰（Anne Cheng） 535

Moral Foundation of Religion in Kant and Religiousness in Moral Practice in Confucianism from Kant's Moral Philosophy of Religion to Confucian Religiousness in Moral Practice Daxue and Practical Reason in Kant …………………………………………………［USA］Chung-ying Cheng（成中英） 547

The Influence of Confucianism on the Emergence and Regulation of Nonprofits in China ……………［USA］Trent A. Engbers（特伦特·恩波斯） 565

儒教的家庭教育
——理想的亲子关系 …………………………［韩国］严锡仁（Eom Seogin） 582

Reflections on the Confucian Philosophy and Praxis of Harmony
………………………［India］Kanungo Pralay & Wei Ning（康朴雷 魏 宁） 597

易经哲学中境遇伦理诠释……………………………［韩国］金圣基（Kim Sung Kee） 609

韩国忠清儒教传承的现代路径 ………………［韩国］李相均（Lee Sanggyun） 629

Confucian Value Realism ……………………………［USA］Jeeloo Liu（刘纪璐） 638

明代儒家官僚机制下的荒政干预与孟子的仁政
——以《醒世姻缘传》中的描写为例 ………［美国］刘晓艺（Liu Xiaoyi） 655

Revisiting Rights and Responsibilities: Shifting Paradigms from Individual Rights to Collective Duties ………………………………………………………………
………［Iran］Mohammad Hossein Mozaffari（穆罕穆德·侯赛因·莫扎法里） 662

浅述近代日本“国体”观念的形成 ……［日本］西山尚志（Nishiyama Hisashi） 676

儒家思想、个体性与国际关系
……………［阿根廷］爱德华多·丹尼尔·奥维多（Oviedo Eduardo Daniel） 691

Confucianism，Individuality and Social-Harmony: Contributions to Reorient the Dialogue at the World Order ……………………………………………
…………………………………［Ecuador］Milton Reyes Herrera（王 栋） 701

孔子伦理与俄罗斯社会思想 …［俄罗斯］N. A. 萨莫依洛夫（И. А. Самойлов） 721

人权儒教与文明的对话…………………………［韩国］辛正根（Shin Jeong Keun） 730

儒学启示：人类必须从个人主义虚构道路迷途知返

——兼论虚构“个体”同经验“关系”的人 ……………………………………
……………………………………………………［美国］田辰山（Tian Chenshan） 742
Husband's Supremacy over Wife in the Light of Confucian, Islamic, and Human Rights Thoughts ……［Iran］Ahmad Reza Towhidi（艾哈迈德·雷纳·托西迪） 756
比较伦理学视野下的儒家友伦…………………［法国］王论跃（Wang Frederic） 766
Confucian Thought and Climate Governance: Individual, Societal, Global
……………………………………………［USA］Edwin A. Winckler（韦爱德） 780
“喜怒哀乐之未发谓之中”：“实然之心”或超越实体？
……………………………………………［新西兰］伍晓明（Wu Xiaoming） 802
经典“节期”对话自然“节令”
——中国与犹太传统节日的比较研究 ……［以色列］张 平（Zhang Ping） 816

学术综述

人类命运共同体思想研究的东方盛会
——第八届世界儒学大会学术综述 …………………………………… 任 慧 829

开幕致辞

全国人大常委会副委员长王胜俊先生致辞

各位嘉宾，各位专家学者，女士们、先生们、朋友们：

大家上午好！

在即将迎来中国古代伟大的思想家、教育家孔子诞辰2568周年之际，很高兴与各位相聚于孔子故乡曲阜。在此，谨向第八届世界儒学大会的召开表示热烈的祝贺！向出席大会的各国专家和嘉宾表示诚挚的欢迎！

2500多年前，与释伽牟尼、苏格拉底、柏拉图、亚里士多德等世界著名思想家几乎同时期的孔子，就诞生在这片土地上。孔子幼年丧父，家境贫寒，一生颠沛流离，历经艰辛而不改其志，践行着追求真善美和理想社会、“知其不可而为之”的政治抱负，这种矢志不渝的精神品质深深激励着后世学子。孔子所创立的儒家学说，以及在此基础上发展起来的儒家思想，对于中华文明产生了深刻影响，是中国传统文化的重要组成部分。一代又一代先哲鸿儒沿着孔子的思想和足迹，百折不挠、自强不息，革故鼎新、经世致用，使儒家思想薪火相传，贯穿古今、影响中外，不仅在亚洲对东方文化产生影响，而且西传到欧美，得到伏尔泰、霍尔巴赫、孟德斯鸠、卢梭、狄德罗等思想家的赞誉，为人类文明进步做出了重大贡献。

在新的历史时期，以习近平同志为核心的党中央高度重视包括儒家思想在内的中华优秀传统文化的创造性转化、创新性发展。2013年11月26日，习近平总书记视察曲阜，在这里主持召开座谈会并发表重要讲话，提出要加强孔子及儒学思想研究和传播体系建设。之后，习近平总书记围绕弘扬中华优秀传统文化、开展世界文明交流互鉴、共建人类命运共同体等，多次发表重要讲话。这充分展现了我们党、国家、民族对中华文化的坚定自信和对世界文明发展的大国担当，在世界儒学界、汉学界引起了强烈反响。越来越多的海外儒学研究机构、国际知名文化学者、汉学家积极响应、热切参与儒学研究与传播，在世界范围掀起了儒学热。

儒家思想博大精深、气象万千，极大丰富了世界文明的宝库。在长期的历史实践中，儒家思想同中华民族形成和发展过程中所产生的其他思想文化一道，记载了中华民族自古以来在建设家园的奋斗中开展的精神活动、进行的理性思维、创造的文化成果，反映了中华民族的精神追求，是中华民族生生不息、发展壮大的重要滋养。儒家思想重视人的价值，强调人的道德修为，提出了“修齐治平”“仁义礼智信”等自我修为标准；儒家思想注重协调人与人之间的关系，规范社会发展秩序，强调“仁者爱人”“推己及人”“己所不欲勿施于人”等亲和友善思想和“民惟邦本”“以和邦国”

等社会治理理念；儒家思想强调“经世致用”“兼济天下”，有“明明德于天下”的崇高抱负，有“士不可以不弘毅，任重而道远”的责任担当，彰显着强烈的家国情怀；儒家思想倡导不同思想文化间求同存异、共存共荣，提出了“和而不同”“兼收并蓄”等思想主张。儒家的这些思想和中国历史上存在的其他流派的思想，推动形成了讲仁爱、重民本、守诚信、崇正义、尚和合、求大同的中国传统文化核心思想理念，构成中华民族最基本的文化基因，潜移默化影响着中华儿女的行为方式。

女士们、先生们、朋友们，儒家思想传承千年，时至今日仍然历久弥新，闪耀着灿烂的光芒，展现着鲜活的生命力。作为中国优秀传统文化的忠实继承者和弘扬者，我们始终坚持古为今用、以古鉴今，积极推动包括儒家思想在内的中华优秀传统文化创造性转化、创新性发展，进一步拓展和丰富传统文化内涵，坚定文化自信，筑牢中华民族自强不息、团结奋进的思想基础；我们始终坚持从儒家思想等优秀传统文化中汲取思想精华，把“民本”“重义”“贵和”等理念融入国家、社会、公民的价值要求，涵养社会核心价值理念，形成奋发向上、崇德向善的强大力量；我们始终坚持从儒家思想等优秀传统文化中学习治国理政智慧，借鉴吸收其丰富的哲学思想、人文精神、教化思想、道德理念，为推进国家治理体系和治理能力建设提供有益启示，推动各项事业全面发展。

女士们、先生们、朋友们，当前，面对世界经济的复杂形势和局部地区战争频发、贫富差距拉大、生态环境变化、能源资源短缺等突出问题，任何国家都不可能独善其身。应对人类共同挑战，构建人类命运共同体，理应从包括儒家文化在内的人类创造的一切文明成果中吸纳有益成分，在各种文明的交流互鉴中获得破解难题的智慧和方法。这次大会的主题是“儒家思想与人类命运共同体”，以促进和而不同、兼收并蓄的文明交流为宗旨，通过研讨交流，深入发掘儒家思想的现实意义和时代价值，探讨合作共赢、共同发展的人类命运共同体理念，意义重大，影响深远。在此，有四点想法，与大家交流。

第一，历史是延续的，要在传承创新中更好引领未来。儒家文化主张革故鼎新、与时俱进，正所谓“苟日新，日日新，又日新”，彰显了中华民族深沉的民族禀赋。不忘历史才能开辟未来，善于继承才能善于创新。只有坚持从历史走向未来，从延续民族文化血脉中开拓前进，才能做好今天的事业。让我们不断深化包括中华优秀传统文化在内的世界各民族优秀思想文化的挖掘阐发和传播交流，古为今用，推陈出新，更好地认识世界、认识社会、认识自己，共同开辟全球可持续发展的崭新境界。

第二，文明是多彩的，要在交流互鉴中更好促进融合。2500 多年前，孔子与老子对话，直接推动了儒家、道家的思想碰撞交流。其后，佛教文化等外来文化的传入，儒释道不同学派和文化相互吸收和交融，充实了中华文化的丰富内容，充分体现了中国文化的融合包容精神。世界如此丰富，是因为各种文明交相辉映；历史长河奔腾不息，是因为各种文明相互激荡。当今世界，各国各民族利益交融、兴衰相伴、安危与共，人类生活在同一个地球村，生活在历史和现实交汇的同一个时空，越来越成为你中有我、我中有你的命运共同体。加强文化交流、促进文明互鉴，是让世界变得更加美丽、各国人民生活得更加美好的必由之路。让我们推动跨国界、跨时空、跨文明的交流互鉴，促进各国民众相互理解和包容、相互支持和帮助，彼此尊重，取长补短，兼收并蓄，共同绘就人类文明美好画卷。

第三，和平是珍贵的，要在友好交往中精心呵护。中华民族历来是爱好和平的民族。中华文化崇尚和合、和谐，“以和为贵”“与人为善”“亲仁善邻”“和谐万邦”等理念深深植根于中国人的精神之中，深深体现在中国人的行为上，是中华民族与世界各国人民友好相处的基本价值取向，也是我国处理国际关系的基本理念。当今世界并不太平，一些国家和地区依然深陷炮声硝烟之中。让我们携起手来，消除隔阂分歧，摒弃矛盾对立，同舟共济，风雨同行，共谋和平、共护和平、共享和平。

第四，发展是一体的，要在共建共赢中实现共同繁荣。天下为公、世界大同是千百年来中国人民不懈奋斗的理想和信念，也是中华优秀传统文化对人类社会发展规律的先行探索。中国的发展，离不开世界；中国的发展，必将给世界带来更多机遇。我们坚定不移奉行互利共赢的开放战略，提出“一带一路”倡议，倡导丝路精神，给世界发展注入强大动力。让我们跨越不同社会制度和发展模式，求同存异，共谋发展，更好地实现世界共同繁荣。

女士们、先生们、朋友们，世界儒学大会凝聚着中外双方的深切期望，有赖于大家的共同培育。真诚希望各国专家学者在切磋交流的基础上互学互鉴，一如既往地大力支持世界儒学大会，大力推进儒家思想创造性转化、创新性发展，为构建人类命运共同体和推动人类文明进步贡献精神力量！预祝大会圆满成功！衷心祝愿各位朋友身体健康，家庭幸福，万事如意！

谢谢大家。

中共山东省委书记、省人大常委会主任 刘家义先生致辞

尊敬的副委员长，各位专家学者，女士们、先生们：

大家上午好！

2500多年前，中国伟大的思想家、教育家孔子曾说，“有朋自远方来，不亦乐乎！”他的出生地就是我们今天所在的这座古城——山东曲阜。在即将迎来孔子诞辰2568周年之际，来自全球各地的杰出学者及儒学专家，齐聚孔子故里，参加第八届世界儒学大会暨2017年度世界儒学杰出人物颁奖典礼，这是我们中国文化界的一件大事，也是国际儒学界为之瞩目的一次盛会。在此，我代表山东省委、省政府和9900多万齐鲁人民，向来参加这次会议的各位领导、嘉宾和朋友们表示诚挚的欢迎，向长期致力于儒学研究和传播的各界人士致以崇高的敬意！

山东是中华文明的重要发祥地和儒家文化的发源地。中国历史上最有影响的一大批思想家，如孔子、孟子、孙子、墨子、庄子、管子等，都先后出生于此，或曾在这里著书立说，开创了百家争鸣、兼容并蓄的学术先河。儒家创始人，被誉为“天之木铎”的孔子，主张“克己复礼为仁”“己所不欲勿施于人”，倡导“温良恭俭让”“礼之用，和为贵”，强调“为政以德”，经由历代儒者不断阐发，培育了“仁者爱人”的人本观念，凝练成“民惟邦本，本固邦宁”的治国理念，汇聚为“观乎人文，以化成天下”的人文追求。这些宝贵思想，同中华民族形成和发展过程中所产生的其他思想文化一道，是中华民族生生不息、发展壮大的重要滋养，对中华文明乃至人类文明进步做出了重要贡献。

女士们、先生们、朋友们，中共十八大以来，以习近平同志为核心的中共中央高度重视以儒学为代表的中华优秀传统文化的传承和发展。2013年11月，习近平总书记视察山东时专程到曲阜指导工作，在孔子研究院主持座谈会并发表重要讲话，要求加强孔子及儒家思想的研究和传播体系建设，引导人们更加全面客观地认识历史的中国、当代的中国。之后，习近平总书记在国内外不同场合，围绕弘扬中华优秀传统文化、开展世界文明交流互鉴、共建人类命运共同体等，多次发表重要讲话，充分展现了我们党、国家、民族对中华文化的坚定自信和对世界文明发展的大国担当，在国际儒学界，汉学引起了强烈反响，为我们在新的历史条件下进一步弘扬中华优秀传统文化、推动儒学研究和传播提供了根本遵循。

山东省委、山东省人民政府深入学习贯彻习近平总书记系列重要讲话和视察山东重要讲话、重要指示批示精神，以强烈的责任意识和使命担当，深入实施中华优秀传统文化传承发展工程，用好齐鲁文化资源丰富的优势，加强对中华优秀传统文化的挖掘阐发，为做好山东各项工作提供了强大精神力量。在国家有关部委大力支持和各方面共同努力下，曲阜优秀传统文化传承发展示范区上升为国家文化战略工程，孔子学院总部体验基地、孔子博物馆、尼山圣境相继建成，儒学基础研究重大工程、全球汉籍合璧工程、中华优秀传统文化动漫工程等取得重大成果，文化保护传承更富活力；乡村儒学和社区儒学推进计划深入实施，9200多所儒学讲堂走进乡村社区，1300多家“孔子学堂”遍布大江南北，齐鲁文化普及教育、传承弘扬更加深入人心；乡村文明行动、社会文明风尚行动、“四德工程”等全面推进，城乡面貌、公民素质和文明水平全面提升；尼山世界文明论坛、世界儒学大会成为国际性文明对话和学术交流的高端品牌，27家海外“尼山书屋”在欧洲、美洲的15个国家落地，“山东文化年”“孔子文化周”“孔子文化节”等活动在海外顺利举办，齐鲁文化国际影响日益广泛深远。

知古方能鉴今。今天，世界各地专家学者以“儒家思想与人类命运共同体”为主题，共同探讨“儒家话语下的宗教与信仰”“儒家伦理与人类的共同价值”“传统文化传承发展的现代路径”等重大现实问题，必将对推动形成合作共赢、共同发展的人类命运共同体理念，建设人类共同精神家园做出积极贡献，也必将对推动齐鲁文化走出去，推动山东经济文化强省建设开拓新局面起到重要作用。

女士们、先生们、朋友们，“富有之谓大业，日新之谓盛德”。文化繁荣则国家兴盛，思想丰富则民族日新。山东文脉绵长、底蕴深厚，在儒学研究阐发、传播交流方面拥有得天独厚优势，形成了良好的工作基础。我们将牢记习近平总书记的嘱托和要求，着力推动以儒家思想为代表的优秀传统文化创造性转化和创新性发展，推动传统文化凸显现代意义、体现现代价值、形成现代认同，进一步坚定文化自信。我们将全力构建世界儒学研究及传播高端平台，努力打造融国际儒学研究中心、成果发布中心、学术交流中心、高端人才培养中心、儒家文化体验中心为一体的开放式平台，构建儒学研究传播的高端殿堂，引领世界儒学发展方向。我们将大力推动中华优秀传统文化融入社会主义核心价值体系建设，继续从儒家思想中充分汲取道德营养，扎实推进美德山东、文明山东、诚信山东建设，用齐鲁文化的优秀成果化人育人。我们将始终坚持社会主义先进文化前进方向，把优秀传统文化与革命红色基因结合起来，大力弘扬沂蒙精神，在齐鲁大地形成健康向上的精神风貌、文明风尚、人文氛围。我们将进一步加强文化交流互鉴，推动齐鲁文化走出去，讲好中国故事、山东故事，展现中华文明之美，展示中国精神、中国智慧、中国方案，为打造人类命运共同体做出贡献。

女士们、先生们、朋友们，以儒家思想为代表的中华优秀传统文化，是历史又给今天中国的思想文化遗产，更是贡献给世界的宝贵精神财富。我们将强化使命担当，不断增强文化自信和价值观自信，一如既往地支持办好世界儒学大会，与海内外各界人士加强交流合作，努力使我省在孔子及儒家思想研究传播体系建设中走在前列，在推动中华文化繁荣兴盛、实现“两个一百年”奋斗目标进程中展现山东作为、做出更大贡献。

最后，我要祝第八届世界儒学大会圆满成功！祝各位领导、嘉宾和专家学者、各位朋友在山东期间身体健康、生活愉快！

谢谢大家！

中国艺术研究院院长、中国非物质文化遗产保护中心主任连辑先生致辞

尊敬的王胜俊副委员长，

尊敬的刘家义书记、王国强副主任、孙守刚部长，

各位来宾，女士们、先生们，朋友们：

大家上午好！

在党的十九大胜利召开前夕，第八届世界儒学大会在孔子故里隆重召开，我谨代表会议承办单位中国艺术研究院，向莅临大会的海内外儒学研究机构代表、专家学者和各界人士，表示热烈的欢迎和诚挚的敬意！

当今世界，各国相互依存，全球命运与共。人类不仅处在大发展大变革大调整的时期，也处在一个挑战层出不穷、风险日益增多的时代①。和平与发展、合作与共赢不仅是人民的普遍期待，更加成为21世纪的国家发展潮流。2013年秋天，习近平主席在哈萨克斯坦和印度尼西亚先后发出“一带”和“一路”倡议，希望承袭以“和平合作、开放包容、互学互鉴、互利共赢”为核心的丝路精神，展望和平、繁荣、开放、创新、文明的发展愿景。如今全球已有100多个国家和国际组织相继支持和参与“一带一路”建设，联合国大会、联合国安理会等重要决议也纳入“一带一路”建设内容。由此，我们与世界各国之间的交流更加全面和机制化，形成大量合作，客观上让我们不同民族不同国家的人民命运更加紧密地连在一起。今年年初，习近平主席在联合国日内瓦总部发表演讲，提出“共同构建人类命运共同体”的中国方案，并将“文明交流”与“伙伴关系”“安全格局”“经济发展”“生态建设”等五项行动作为具体内容，希望文明交流可以成为推动人类社会进步的动力以及维护世界和平的纽带。文明交流的基础在于人类文明的多样性特征。世界上有200多个国家和地区、2500多个民族、多种宗教，每种文明都有其独特魅力和深厚底蕴，都是人类的精神瑰宝。“命运共同体”这一理念，正是植根于中国优秀传统文化的沃土之中。

中华文化源远流长，博大精深，积淀着中华民族最深层的精神追求，代表着中华民族独特的精神标识，确立了中华民族的精神命脉，不仅为历史上中华民族生生不息、发展壮大提供了丰厚滋养，也是面向世界时我们中华民族最深厚的文化软实力，为我

① 转引自习近平《共同构建人类命运共同体——在联合国日内瓦总部的演讲》。

们在世界文化激荡中站稳脚跟提供坚实的根基。其中具有悠久历史传统和广泛群众基础的“和”文化，包括儒家思想中天人合一的宇宙观、协和万邦的国际观、和而不同的社会观以及人心和善的道德观等思想精髓，辅以内化新时代要求，联合构成了“命运共同体”的文化源泉和根基。古老的中国智慧蕴含着人类共同的价值观念，以其深邃厚重的思想从历史长河中走向今天，张开双臂迎接新的机遇和挑战！我们责无旁贷，理应砥砺前行！

世界儒学大会自2008年发起以来，就以推动世界儒学研究与发展、弘扬传承中华优秀传统文化、促进不同文明之间的对话与交流为宗旨，今年更是积极响应习近平主席倡议，将“儒家思想与人类命运共同体”作为第八届世界儒学大会的主题，彰显文化部和山东省对于“人类命运共同体”理念的深刻认知和高度的责任意识，而来自30多个国家和地区的近百位外籍专家学者的到会，也表明“人类命运共同体”理念在思想和精神层面得到越来越多的认同和支持，而如何将这一理念与各国实际发展情况相结合，坚持和平发展与互利共赢的原则不动摇，切实推动形成人类命运共同体，则是在座各位义不容辞的责任，可谓任重而道远！

“礼之用，和为贵。先王之道，斯为美。”① “命运共同体”的“美”，就在于把“你”和“我”变成“我们”，而不断开拓和创新的文化交流模式和平台就是我们携手共进的通衢要道。以儒家思想为代表的中华文明和以古希腊思想为代表的欧洲文明，曾经在人类文明的“轴心时代”为世界文明进程贡献出具有重大突破的思想力量。今天为了实现“我们”的共同愿景，中国人民在中国共产党的领导下，坚持优秀传统文化的创造性转化和创新性发展，促进与现实文化相融相通；坚持交流互鉴、开放包容，在吸收借鉴国外优秀文明成果的同时，加强对外文化交流合作，创新人文交流方式，以“请进来”的方式实现“走出去”的效果，更加积极地组织和参与世界文化的交流互通。

中国艺术研究院作为国家级综合性学术机构，紧紧围绕艺术科研、艺术教育、艺术创作、非遗保护、智库建设五位一体发展格局，以建设全国一流、世界知名的艺术科研中心、艺术教育中心和国际艺术交流中心为发展目标。中国艺术研究院与山东在文化艺术方面有着长久的合作经验，也是世界儒学大会的发起单位和学术支撑单位，多年来取得了丰硕的研究和交流成果。“十三五”期间，中国艺术研究院将继续坚持学术立院的高端定位，同时加强与山东方面的文化艺术合作，更好地服务基层、服务社会。

各种文明都是人类的精神瑰宝，人类文明多样性是人类进步的源泉。在世界儒学大会这个国际性学术平台之上，希望各位学者在平等开放的氛围中各抒己见，在学术自由的环境里畅所欲言，共同为新世纪人类社会的进步发掘重要的思想资源，为世界

① 《论语・学而第一》。

和平发展寻找文化动力！为推动人类命运共同体的构建贡献力量！

最后，向主要负责筹备此次大会的山东省委省政府、省委宣传部和具体承办大会的山东大学儒学高等研究院，以及举办地点孔子研究院等合作单位表示诚挚的感谢！

希望各位嘉宾学者在圣城曲阜工作顺利，生活愉快！

谢谢！

山东大学校长樊丽明女士致辞

尊敬的王胜俊副委员长，

尊敬的各位领导，

各位来宾，女士们、先生们，朋友们：

大家上午好！

今天的儒学圣地，群贤毕至，高朋满座，第八届世界儒学大会在这里隆重开幕。在此，我谨代表山东大学，对大会的召开，表示热烈的祝贺！向莅临本次大会的各位领导、各位来宾、各位学者、各位朋友，表示诚挚的欢迎和由衷的感谢！

山东是孔孟之乡，圣人故里，是中华文明的重要发祥地，具有深厚的历史文化底蕴和丰富的传统文化资源。地处齐鲁大地的山东大学，是中国现代高等教育的起源性大学，深受悠远绵长的齐鲁文化滋养，向来就有文史见长的学术传统，在人文学术领域曾创造出辉煌业绩。历年来，学校人文荟萃、名家辈出，涌现出了一批享有盛誉的人文学者，取得了大批影响深巨的人文成果，在国内外学术界有着良好声誉。近年来，山东大学进入了快速发展阶段。为了适应经济全球化、文化多样化的时代需要，发掘传统文化的当代价值，认真落实中央两办关于实施中华优秀传统文化传承发展工程的意见，山东大学在传统文化教学科研方面，加大扶持力度，支持文科各院系积极开展以儒学为代表的中国传统文化研究，与省政府共建"儒学高等研究院"，实施"全球汉籍合璧工程"，组织开展"马克思主义与儒学"、"十三经注疏汇校"等重大科研项目，举办一系列文明文化学术研讨会，在国内外产生了重要影响。

世界儒学大会是国际性儒学盛会。历届儒学大会，以儒学振兴为重要使命，深入发掘儒学的现实意义和时代价值，营造思想独立、对话平等的学术氛围，鼓励跨学科、跨行业的儒学研究，既关注儒学的基础理论研究，又将儒学研究与当今现实社会紧密结合，已经在国际国内产生了很大影响，成为适应中华文明伟大复兴的历史需要，推动中华文化走向世界的重要平台。今年3月，中共山东省委、山东省人民政府，确定山东大学具体承办第八届世界儒学大会，这充分体现了省委、省政府、世界儒学大会组委会以及学术界对山东大学的信任。同时，也为学校加强人文学科建设、扩大国际影响力提供了重要机遇。对推动山东大学打造传统文化学术高地，建设"世界文明复兴的东方中心"和"儒学研究重镇"，具有重大的意义和作用。

大会期间，大家以文会友，切磋交流，共商文化发展大计，共同探求儒学发展前景，这必将进一步推动儒学的研究和传播，使儒学研究进入一个新的发展阶段。我们期待本次世界儒学大会，通过儒家思想与不同文化的碰撞和交流，加深不同文化的理解与融合，在弘扬中华传统文化、提升国家软实力、构建世界文化新秩序方面发挥更大的作用。

山东大学愿与各位有识之士一道，继续承担时代使命，成为儒学与中华文化繁荣发展的重要推动者和践行者。

最后，预祝第八届世界儒学大会取得丰硕成果。

祝愿各位来宾身体健康、生活愉快。

谢谢大家！

北京大学人文高等研究院院长
杜维明先生致辞

各位来宾，各位朋友，女士们、先生们：

很荣幸作为学者代表在这里讲几句话。我多次参加世界儒学大会，也很荣幸地获得过大会给我的荣誉。伴随着各地儒学研究的不断升温，我很欣慰地看到，世界儒学大会正越办越好，思想高度不断攀升，代表地域日益广泛，这些都昭示着，一个新的儒学全盛时代正在到来！

近些年来，我在参加中国大陆的学术活动中，深切感受到，中国从政府到学界，正日益树立起文化复兴的责任意识。从 2012 年中共十八大召开，到现在的五年时间里，总书记习近平先生，非常重视中华传统文化，2013 年他来山东曲阜考察，2014 年出席国际儒学大会，都曾对儒学的时代意义做出精辟论述。这些论述在中国大陆和海外华人中，激起了很大反响，得到了普遍好评。国外高校和文化机构，也非常关注中国政府的文化建设，儒家思想文化的研究，已经成为海内外学术界的重要课题。

在高层的积极倡导下，中国各级政府致力于推动中华优秀传统文化的繁荣和发展，做出很多努力。特别是山东省，作为孔孟故里和齐鲁文化的发祥地，山东省在儒家思想文化的研究传播方面，采取了很多务实举措，成效非常明显，顺应了时代要求，顺应了社会民心，使山东在文化建设方面走在了全国的前头，受到全国乃至世界的关注。山东省政府的这些做法，使我们这些儒学研究者，感到很欣慰！国家清明进步，各级官员重视文化建设，民族文化的复兴迎来了好时机，这实在是不世出的好时代。

人类从来没有像今天这样密切联系在一起，各个国家和民族可以说越来越息息相通，但人类社会还远未达到心心相知相印，很多危机都在根本上威胁着人类社会的和平稳定和长远发展。在世界各大文明传统中，有机整体、中正和平、理性理解、和而不同，是儒家文明的突出特征。因此，儒家文明的传承发展，在今天，不仅有着中国意义，更具有全球性意义。我们相信，儒家文明的传承发展，必将为人类命运共同体的构建做出积极贡献，促进人类社会和各文明传统的和睦相处。

我们也要看到，近年来，儒学的发展中，也出现了各种声音、各种主张甚至各种争论，有些方面也遭到社会上的非议和批评。应该说这些都是发展中的好事，这警示我们要注意两个方面：一是儒学力量要团结，各种声音主张要相互理解，多看并尊重对方的长处；二是儒学向世界文明开放，在与其他文明互动中，领悟乾道变化，做到各正性命，以期止于至善。个人、家庭、社会、天地是儒学的四个重要维度，整体性、贯通性、中和性、实用性是儒学的四个鲜明特征，止于至善是儒学的根本追寻。无论是文化事业与个人修身，都要在开放包容与交流互鉴中，感悟、寻求生生不息的至善大道。

据我所知，这次世界儒学大会有近 30 个国家和地区，200 多位专家学者与会，规模之大、规格之高，盛况空前，会议从主题设计到内容策划，都显示了厚重的学术分量，让我们领略了山东大学的学术实力和感召力。尤其是承担具体筹备的该校儒学高等研究院，这几年更是异军突起，学术界不断听到他们的声音。他们正在做的儒学重大基础工程，是既具前沿性又具基础性的重大课题，受到广泛关注。已经成为中国大陆传统学术研究的重要力量。正是该院一批活跃的专家学者，为我们打造了这场学术盛宴。在此向他们表示感谢！

我相信，这次大会，将标志着儒学在中国和世界范围内，进入一个新的发展阶段。愿我们携起手来，为儒学与人类更加美好的明天而努力！

谢谢大家！

孔子第79代嫡长孙、至圣孔子基金会会长孔垂长先生致辞

尊敬的王胜俊副委员长，

尊敬的各位专家先进、各位领导、各位儒学同道、各位来宾：

垂长自六年多前第一次返乡祭祖，就对世界儒学大会这一儒学界的顶级盛会有了很多了解，后来也荣幸地接到参会邀请，只是因前几年会期正值台北祭孔大典，垂长一直不克分身成行。今年适逢会期调整，承蒙组委会的邀请和山东大学的玉成，垂长才有缘参加本届世界儒学大会，有幸聆听硕学鸿儒论道，感受当世儒学盛况，在此谨向各主办单位和各位嘉宾致以衷心感谢和崇高敬意。

今年大会的主题是“儒家思想与人类命运共同体”，我觉得这有很强的现实意义，有着两千多年历史的儒家文化之于现代社会的多元文化，更是应该“美美与共，天下大同”。在儒家理想的大同世界，礼乐文化是其重要标志和主要手段。垂长想借这次机会简单地谈谈对礼乐文化的点滴认识和我们开展礼乐活动的一些实践与规划，以请在座的各位先进不吝指导。

众所周知，礼乐思想在儒家文化中占有突出的重要地位。除了《礼记》《乐经》等经典专著，在其他儒家典籍中也不乏对礼乐的阐述，孔子把礼乐与“仁”这一儒家思想的核心概念紧密关联：“人而不仁如礼何？人而不仁如乐何？”“克己复礼为仁。一日克己复礼，天下归仁焉。”从这一高度出发，孔子也把礼乐作为其教学实践和思想体系的最重要内容。在儒家文化的语境中，礼乐教化成为个人修为提升、社会和谐进步的主要手段，这也成就了数千年绵延不断的中华传统文化，同时给世界留下了中华民族“礼仪之邦”的传世美誉。而且，从中国几千年历史看，即使化外之地的少数民族通过军事手段在中原建立了政权，以儒家思想为代表的中华传统文化也没有像世界上其他三个古文明一样被消灭或替代，结果是新的社会也被具有强大生命力和包容性的儒家文化所同化，中华文化也在历次碰撞中得到淬炼和发展。然而，一百多年前，当建立在人与自然对立基础上的西方近代工业文明强势敲开了中国大门时，引起很多人对中华传统文化的质疑，甚至一度全盘否定中华传统文化，进而引起个人价值和社会规范的混乱，造成礼乐缺失、道德失范，不仅社会风气江河日下，国人的海外形象也多被诟病。随着过度工业化带来的环境问题和极端个人取向带来的社会问题日益严重，以及世界范围内的宗教、种族、文化的冲突不断发生，以主张“和而不同”的儒

家文化来解决工业文明带来的副作用，不仅成为大多数中国人的共识，也得到国际社会越来越广泛的认同。《礼记·乐记》有载："乐者，天地之和也；礼者，天地之序也。和故百物皆化，序故群物皆别。"由此可见，礼乐教化正是对症之方。

当下中国大陆，随着经济的蓬勃发展，民族自信心不断增强，儒学迎来了难得的复兴机遇，礼乐文化也在人民的精神生活和社会的文化建设中占有越来越重要的地位。但由于百多年的文化断层甚至礼崩乐坏，很多儒家礼乐失去了传承，致使包括释典礼等重要儒家礼乐活动在社会上也是乱象纷呈、莫衷一是。在保留礼乐的文化精髓前提下，将传统儒家礼乐依循"大乐必易，大礼必简"的原则进行创新，再注入时代元素，适应如今快节奏生活的现代社会，才能使传统文化焕发新的生命力，才能广泛地推广普及，在增强民众仪式感和文化自信心的同时，起到潜移默化的教化作用。

通过释典礼等礼乐活动奉祀先祖孔子，是历代孔子嫡长子孙的终身职责。很多代衍圣公虽身居孔府仍心怀天下，在恪尽己责做好奉祀先祖孔子和历代古圣先贤的同时，也把推行礼乐教化作为孔子道统传承应尽的社会义务，先祖父孔德成先生更是毕生投身于礼制的研究教学和儒家文化的推广。垂长自2009年台北祭孔大典正式接任奉祀孔子的传承以来，虽自知才疏学浅，但身负社会职责和家族使命，丝毫不敢懈怠，承蒙海峡两岸很多专家、领导和社会贤达的支持帮助，先后发起成立了台北的中华大成至圣先师孔子协会和大陆的至圣孔子基金会，以此为平台弘扬中华传统文化和开展两岸文化交流，特别是最近一年来，我们更是把至圣孔子基金会的主要工作方向调整到礼乐和教育方面。今年4月初，至圣孔子基金会首倡发起并联合孔子研究院和尼山圣境共同举办了中华传统文化与两岸社会发展研讨会，以"传统文化与现代教育"为主题，得到了社会各界的热情关注和积极肯定，其中的儒家礼仪展演等礼乐节目丰富了研讨会的内容和形式，获得了广泛的认同。在儒家礼乐传承创新方面，应一些民间机构和社会人士的吁求，我们中华大成至圣先师孔子协会和至圣孔子基金会从去年开始，与台湾大学文学院儒礼方面的专家和青年学生合作，对传统的成人礼等普通儒礼进行了创新尝试，并规划今后通过基金会参与的有关活动进行推介，让民众特别是青年学生通过儒礼参与和体验，加深对中华传统文化的自觉，增强对民族文化的自信，培育对社会责任的担当。

虽然这次是受邀而来，但垂长每次到了曲阜都是回到了家，而且垂长还忝居孔子研究院永久荣誉院长之位，所以，在此也冒昧地以半个东道主的身份，对拨冗莅临世界儒学大会的各位儒学大德、各位领导、各位同道表示热忱的欢迎和衷心的感谢，也祝愿本届大会因您的到来会更加圆满！

谢谢！

主题演讲

在第八届世界儒学大会上的主题演讲

雒树刚
中华人民共和国文化部部长

尊敬的孙守刚部长、樊丽明校长、王艺华书记、刘东波书记，
各位嘉宾，各位专家学者，女士们、先生们、朋友们：

大家上午好！

很高兴参加这次大会，世界儒学大会已先后举办过七届，在主办方和参加历届大会的各方人士的共同努力下，逐渐成为国际儒学研究与交流的重要平台，为传承弘扬中华优秀传统文化、推动不同文化之间对话交流发挥了积极的作用。本次大会聚焦儒家思想与人类命运共同体这个主题，探讨挖掘儒家思想当代价值，造福人类世界共同命运，很有现实针对性。

借此机会，我谈三个方面的意见。

一、全面认识儒家文化的重要地位和独特价值

习近平主席提出，一个国家、一个民族的强盛总是以文化兴盛为支撑的。中华民族伟大复兴，需要以中华文化发展繁荣为条件，在5000多年文明发展中孕育的中华优秀传统文化，在党和人民伟大斗争中孕育的革命文化和社会主义先进文化积淀着种族最深层的精神追求，代表着中华民族独特的精神标识，是走向中华民族伟大复兴道路上最基本、最深层、最持久的力量。这些论述，充分肯定了中华优秀传统文化的历史地位和当代价值。

孔子创立了儒家学说以及在此基础上形成的儒家文化，是中华传统文化的重要组成部分，具有独特优势和价值。儒家文化开放包容，具有极强的生命力。儒家文化始终坚持经世致用原则，关怀人们的命运、世间的生活，关注社会的教化、国家的治理，对形成和丰富中华民族精神、对推动中国社会发展进步发挥了十分重要的作用。在中华文化发展进程中，儒家文化与其他文化既对立又统一，既相互竞争又相互借鉴，始终处于和而不同的局面之中，并在交融交流中不断兼容并蓄，实现新的发展，有着超强的自我更新、自我超越能力。因而具有长久的生命力。

儒家文化源远流长，是中华文明形成并延续发展的重要支撑。中华传统文化尤其是作为其核心的思想文化的形成和发展，大体经历了先秦百家争鸣、两汉经学兴盛、魏晋玄学流行、隋唐儒释道并立、宋明理学心学发展等历史时期，儒家文化从中华民族形成和发展过程中所产生的其他思想文化一道记载了中华民族自古以来在建设家园的奋斗中开展的精神活动进行的理性思维，创造的文化成果，反映了中华民族的精神追求，是中华民族生生不息、发展壮大的重要滋养。

儒家文化思想精深，具有划时代的价值。儒家学说中天人合一、天下为公、自强不息、厚德载物、民惟邦本、为政以德、革故鼎新、与时俱进、经世致用、知行合一、仁者爱人、以德立人、以诚待人、讲信修睦、求同存异、和而不同等思想集中代表了中华优秀传统文化的思想品德，蕴含着丰富的哲学思想、人文精神、教化思想、道德理念，是2000多年来中国社会治理人们生产生活的经验积累，能够为当代中国治国理政、道德建设和人们认识世界、改造世界以及解决当代人类面临的共同难题提供有益的启迪。

我还要强调一下，包括儒家文化在内的传统文化在形成和发展过程中不可避免会受到当时人们认识水平、时代条件、社会制度局限性的制约和影响，也不可避免会存在陈旧过时或已成为糟粕性的东西。这就要求我们在学习、研究和应用儒家文化时坚持古为今用、推陈出新，不能全盘照抄照用，要结合新的实在和实践进行正确的取舍，对儒家文化中适合于调理社会关系和鼓励人们向上向善的内容加以继承和发扬，挖掘其新的价值，赋予其新的含义。

这是我讲的第一个问题。

二、着力建设中华优秀传统文化传承体系

在中国，优秀传统文化包含三个方面的内容。核心思想理念、中华传统美德、中华人文精神。

核心思想理念是指中华民族和中国人民在修齐治平、尊时守位、知常达变、开物成务、建国立业过程中培育和形成的基本思想理念。如革故鼎新、与时俱进的思想，脚踏实地、实事求是的思想，惠民利民、安民富民的思想，道法自然、天人合一的思想等。中华传统美德是指中华优秀传统文化蕴含着丰富的道德理念和规范，如天下兴亡、匹夫有责的担当意识。精忠报国、振兴中华的爱国情怀，崇德向善、见贤思齐的社会风尚，孝悌忠信、礼义廉耻的荣辱观念。中华人文精神是指中华优秀传统文化积淀着多样、珍贵的精神财富。如求同存异、和而不同的处世方法，文以载道、以文化人的教化思想，形神兼备、情形交融的美学追求，简约自守、中和泰和的生活理念等，传承发展中华优秀传统文化，就要紧紧抓住核心思想理念，中华传统美德、中华人文

精神这些内容不跑偏。

中国政府历来高度重视中华优秀传统文化的传承、弘扬，特别是近年来以习近平同志为核心的党中央将其提升到前所未有的战略高度。习近平主席多次就传承弘扬中华优秀传统文化发表重要讲话，中国政府不断完善以《文物保护法》《非物质文化遗产法》为核心的法律法规体系，制定了《关于实施中华优秀传统文化传承发展工程的意见》等政策性的文件。多年来，我们牢牢把握社会主义先进文化前进方向，坚持以人民为中心的工作导向，坚持创造性转化和创新性发展，坚持交流互鉴、开放包容，坚持统筹协调、形成合力，积极推动中华优秀传统文化保护传承体系建设，开展了一系列富有成效的工作。

第一，梳理传统文化之源。我们分别开展了文物、非物质文化遗产、古籍、美术馆藏品、地方戏曲等文化资源普查，进一步厘清了文化遗产家底。截至目前，共登记不可移动文物 76 万多处，国有可移动文物 1.08 亿件套，非物质文化遗产资源 87 万件，古籍普查登记数据 232 万多条。在普查过程中，建设了文化资源数据库，并将数据逐步向社会开放。在梳理的基础上，我们加大了对传统文化资源的研究、阐释，深入梳理、研究、阐述中华优秀传统文化的历史渊源、发展脉络、基本走向，推出了一批研究成果。

第二，明确重点保护对象，中国在文物和非物质文化遗产领域已经形成国家、省、市、县四级保护体系。目前已公布的全国重点文物保护单位 4296 家，国家历史文化名城 132 座，历史文化名镇、名村 528 个，历史文化街区 30 个，国家级非物质文化遗产代表性项目 1372 项。认定的国家非物质文化遗产代表项目传承人近 2000 人。此外，公布了国家珍贵古籍 15000 部，全国古籍重点保护单位 180 家，我们还积极申报联合国教科文组织相关遗产名录。目前，中国共有世界遗产 52 项，总数位列世界第二。中国列入非物质文化遗产相关名录的项目 39 项，总数居世界第一。

第三，保护传承文化遗产。我们不断加大文物保护力度，努力推动文物保护由抢救性保护为主向抢救性保护与预防性保护并重转变，由注重文物本体保护向文物本体与周边环境、文化生态的整体保护转变。实施了一大批文物保护的重点工程，加强了大遗址传统村落保护，有效改善了文物保护状况。馆藏文物修护和古籍保护全面推开，以防火、防盗、防止城镇化建设中的破坏为重点，全面加强了文物安全工作。在非物质文化遗产方面，我们逐步树立了在提高中保护，走进现代生活，见人见物见生活等工作理念，实施非物质文化遗产记录工程，对年事已高的国家级非遗代表性项目、代表性传承人开展了抢救性记录。针对非物质文化遗产传承人群组织开展研修研习培训，以提高传承能力，增强传承后劲。制定并实施了《中国传统工艺振兴计划》，推动传统工艺在现代生活中得到新的广泛应用，注重整体性保护，设立了 21 个国家级文化生态保护实验区，一大批代表性非遗项目得到有效保护，传承人社会地位不断提高。实施了戏曲振兴工程，推动戏曲保护与传承。

第四，加大教育传播力度，公众参与是优秀传统文化传承发展的关键，我们坚持校内与校外相结合，综合运用各类载体，创新表达方式，大力彰显中华文化魅力。

一是推动中华优秀传统文化融入学校教育。在遵循学生认知规律和教育教学规律的前提下，将优秀传统文化全方位融入思想道德教育、艺术体育教育、文化知识教育、社会实践教育各个环节。贯穿于启蒙教育、基础教育、职业教育、高等教育、继续教育各个领域。

二是将优秀传统文化传承发展纳入现代公共文化服务体系。鼓励和引导博物馆、图书馆、美术馆和文化馆站等依托优秀传统文化资源，加强挖掘阐释和主题策划，推出了一批精品展览，并向社会免费或优惠开放。2016 年，中国 4100 多个博物馆举办展览 3 万多个，开展约 11 万次专题教育活动，参观人数约 9 亿人次。

三是探索常态化、专业化、全媒体遗产传播体系。报刊、广播电视、网站等各类媒体推出的一批传承弘扬中华优秀传统文化的专栏、专题节目。

四是组织开展重大宣传展示活动。依托国际博物馆日、文化和自然遗产日、春节等民族传统节日组织开展丰富多彩的宣传、展示、展演活动。

第五，推动创造性转化、创新性发展。我们坚持古为今用，以古鉴今，努力推动优秀传统文化创造性转化、创新性发展，使之与现实的文化相融、相通。

一是以优秀传统文化滋养文艺创作，实施国家舞台艺术精品创作扶持工程、网络文艺创作传播计划等一系列重大工程，鼓励和引导文艺工作者深入挖掘优秀传统文化的当代价值。以舞台艺术、美术、影视、动漫、网络剧等多种形式推出了一批优秀作品。

二是推进文化文物单位文化创意产品开发。选择 150 多家博物馆、美术馆、图书馆作为试点单位，这些单位依托文化遗产资源，推出了一批艺术性和实用性有机统一，适应现代生活需求的文创产品。

三是推动传统文化资源与相关产业融合发展。推动各地依托文化遗产资源发展旅游、传统工艺、创意设计等特色产业。

四是推动优秀传统文化融入生产生活。通过建设特色文化小镇和村庄，保护发展中华老字号，实施传统节日振兴工程，让公众在日常生产生活中接受优秀传统文化熏陶。

第六，推动中外文化交流互鉴。近年来，我们持续加强对外文化交流合作，创新人文交流方式，丰富文化交流内容，不断提高文化交流水平。

一是深化政府间交流互动。我国与 150 多个国家和地区签署了文化合作协定，广泛开展文物、非遗等领域的交流。如与哈萨克斯坦、吉尔吉斯斯坦联合申报丝绸之路项目，成功列入世界遗产名录。与蒙古国联合申报蒙古族长调民歌，成功列入联合国教科文组织非物质文化遗产名录。

二是推进与“一带一路”沿线国家的交流合作。建设文化遗产长廊，成立丝绸之路国际剧院联盟、博物馆联盟，艺术节、图书馆、美术馆联盟的建设也在推进之中。举办敦煌国际文化博览会，丝绸之路国际艺术节、海上丝绸之路国际艺术节等品牌活动。积极推进文物保护援外工程。

三是密切与国际组织的合作。积极参加联合国教科文组织相关会议，参与国际文化公约相关工作，合办中国—成都国际非物质文化遗产月，深度参与亚欧会议、金砖国家等多边合作机制框架下的活动。最近举办了金砖国家文化部长会议、金砖国家文化艺术节，有力地配合了外交大局。

四是加强海外文化窗口建设。目前，中国已建成 30 个海外文化中心、500 多个孔子学院，使海外公众有了近距离领略中华文化独特魅力的平台。下一步我们将进一步构建中华优秀传统文化传承体系，加强文化遗产保护，推动优秀传统文化研究阐发、普及教育、保护传承、创新发展、传播交流等方面协同推进，并取得重要成果，不断增强中华优秀传统文化的生命力和影响力，努力创造中华文化新辉煌。

三、充分发挥儒家文化在中外文化交流中的独特作用

习近平主席提出，文明因交流而多彩，文明因互鉴而丰富。推进人类各种文明交流交融，是推动人类文明进步和世界和平发展的重要动力，是让世界变得更加美丽、各国人民生活得更加美好的必由之路。要通过文化交流让中华文明同世界各国人民创造的丰富多彩的文明一道，为人类提供正确的精神指引和强大的精神动力。这是中国对待文明交流互鉴的基本态度，也是时代赋予包括儒家文化在内的中华文化的神圣生命。

我认为可以从以下几个方面发挥儒家文化在对外文化交流中的积极作用。

一是以儒家文化为重要内容展示中华文化魅力。文以载道，文以化人，要认识今天的中国，今天的中国人，就要深入了解中国的文化血脉，准确把握滋养中国人的文化土壤。中国历史上儒家文化曾在思想文化领域长期处于主导地位，成为人们日用而不觉的文化基因。研究儒家文化，是认识中国人的民族特性，认识当今中国人精神世界历史来由的一个重要途径。通过开展儒家文化国际交流，可以让更多外国友人认识、了解、研究和接受儒家文化，进而了解中国文化，了解中国人，了解中国。

二是以儒家文化为纽带，促进世界各国民心相通。国之交在于民相亲，民相亲在于心相通。民心相通是发展文化交流合作最有效的途径之一。儒家文化源于中国，已走向世界，成为人类文明的一个部分，得到越来越多人的认同。通过开展儒家文化交流，人们能够开展思想层面的对话，在互动中产生共鸣，拉近距离。特别是一些国家，与中国同属于儒家文化圈，有着更多的共同点，可以开展更深层次的对话。

三是以儒家和合文化推动人类命运共同体建设。当今世界和平与发展仍然是主题，

但人类同样也面临着许多难题，需要各国人民携手并进、共同解决，形成你中有我、我中有你的命运共同体。儒家文化给出了一条有效的路径，因为儒家文化一个重要的特征就是崇尚和合，主张人与人之间、国与国之间的和平、和谐、和睦，坚持以和为贵、和而不同的格局，追求“致中和，天地位焉、万物育焉”的境界。秉持天下为公、万物和谐、万国贤明的理念，讲究执起两端而用其中的方法论，这一特征与建立人类命运共同体的概念十分契合，应着力予以阐发，为其提供思想理论支撑。

以上是我的一些看法，与大家交流。

最后，预祝大会圆满成功，谢谢大家。

学术演讲

儒家思想、社会主义与共产主义

［英国］大卫·普里斯特兰（**David Priestland**）
英国牛津大学教授

【中文摘要】社会主义是一种强调平等重要性的政治意识形态，这是社会主义的核心思想。但人们理解平等的角度不同，有的从社会经济角度理解平等，有的从性别角度理解平等，有的从种族角度理解平等，等等。因此，从20世纪到今天，社会主义有许多不同的形式，人们对社会主义的认识也不一致。从本质上讲，社会主义与儒家思想很难调和——马克思主义革命理念与儒家的社会和谐及传统等级制度的观念相冲突，马克思主义对现代性的承诺与儒家对传统的尊重相冲突。但是，现代中国恰恰把相冲突的马克思主义与儒家思想有机结合在一起，并取得了很好的效果。刘少奇在1939年写了一部《论共产党员的修养》的著作，试图调和儒家的美德思想和共产主义思想，开启了马列主义和儒家思想之间相容性的先河。

20世纪的社会主义模式进入了一个新的时期——危机和变革时期。这不可避免地破坏了经济方面的平等，挑战了古老的平等主义和社会主义。比尔·克林顿（Bill Clinton）领导下的美国和托尼·布莱尔（Tony Blair）领导下的英国，出现了一种更加“亲市场”的社会主义形式，即所谓的“第三条道路”，接受了国际投资者和金融机构的许多要求，然后国家试图将部分利润用于对穷人的支出，其结果是不平等程度非常高，国家在基础设施方面的投资不断减少。中国在引导和控制市场方面的解决方案是与众不同的。国家在投资方向和总体经济战略方面发挥了重要作用，吸引了外国投资，使国内经济成功地融入全球贸易。国家也努力试图用儒家思想来控制和引导市场。儒家思想也证实了政府在调控市场、平衡全体社会成员的利益、兼容并包商业和劳动、促进更广泛的发展和防止过度不平等方面所发挥的作用是积极的。儒家思想重视以公共精神和道德教育官员和民众，这是解决社会主义发展问题的正确选择，但是腐败仍然是中国面临的一个重大挑战。可以说，用儒家思想来平衡社会不平等因素，中国已经提供了一个经验，可以为世界的发展提供参照。

Original:

Confucianism, Socialism and Communism

David Priestland
University of Oxford

Many thanks for your invitation to this forum and for your warm hospitality. It is a great honour to be invited to an event which involves so many important leaders and scholars, and to have the opportunity to visit the birth-place of Confucius.

I am a historian of socialism and Marxism, especially in Russia and the USSR. I am not a Chinese or a Confucianism specialist, and I hope to learn from those who are much more expert on China, Chinese culture and Confucianism than I am.

However I have written a history of global communism which included the history of Chinese communism, and I hope what I say will be of some interest to scholars of China.

In this short talk I want to examine the history of socialism, including Marxism-Leninism, and I will also briefly explore its relationship with Confucianism as I understand it; and then I will examine the condition of the left today and the challenges that face socialism, at a time when global markets are so powerful, but also when they are enduring major crises.

1. Firstly, how should we define socialism?

Socialism very broadly speaking can be seen as a political ideology that emphasises the importance of equality. This can be seen as the core idea of socialism.

But socialists have different views on how much equality is desirable—some are more radical, some are more moderate and stress equality of opportunity rather than equality of outcome

Also different forms of equality can be emphasised over others, whether socio-economic and class equality, gender equality, ethnic equality, or, as in anti-imperialist socialisms, equality between nations and peoples

Also socialists have different attitudes towards modernity—some are more enthusiastic about industrial and post-industrial society, others have been more sceptical or hostile to it.

There are also differences over the role of the individual and the collective. Some are more collectivist and non-liberal, others are more liberal or libertarian.

Finally, some socialists believe in revolutionary politics, others believe in a more evolutionary, gradualist politics.

2. There have therefore been many different forms of socialism in the twentieth century and today. But I think we can argue that in the period between the 1880s, the era of mass industrialisation in Europe and the foundation of the Second International, and the 1970s, a particular type of socialism became dominant, which was committed to state-led modernisation and socio-economic equality; the financial crisis of 1929, the Wall Street Crash, was particularly important in convincing the left of the importance of state-led development and planning.

So while the main socialisms of this period had many differences between them—whether Marxism—Leninism, Social Democracy, the non-Marxist nationalisms of the developing world like Nehruvian socialism in India, the African socialism of Nkrumah and the Arab socialism of Nasser—they were all committed to socio-economic equality to a significant degree and to industrial development.

3. That was certainly true of Marxism-Leninism. There are also several different versions of Marxism-Leninism itself, some more revolutionary and others less so. But we can say it contained 3 core ideas:

(1) Iike all socialisms, it was committed to equality in several areas.

-It was hostile to the hierarchies of bloodline and inheritance, as embodied in the military and landowning aristocracies that still had power in Europe, and especially in Russia before 1917.

-It opposed the hierarchies of states and peoples established by the European empires.

-And it opposed the economic inequalities produced by markets and capitalism.

(2) Secondly, it was committed to industrial modernity and modernisation promoted by society collectively rather than by markets-in practice from the1930s this came to mean state-led planning and the command economy.

(3) And thirdly, it was generally committed to rapid, revolutionary change, involving war if necessary.

(4) Some of these principles of course were difficult to reconcile with Confucianism.

-The Marxist concept of revolution conflicted with Confucian interest in social harmony and traditional hierarchies.

-And the Marxist commitment to modernity conflicted with Confucian respect for the past and tradition.

However, some leaders like Liu Shaoqi in *How to be a Good Communist* of 1939 did try to reconcile Confucian ideas of virtue with Communist ideas.

And some have argued that we can see some compatibilities between Marxism-Leninism and Confucianism in a very broad sense, because both ideologies proposed alternative power structures to those based on aristocratic landowning nobilities with a warrior ethic. Here I would like to refer to the work of the philosopher Professor Bai Tongdong of Fudan University, who has argued that Confucianism emerged as a response to the breakdown of old aristocratic structures and proposed a new more inclusive alternative. He has therefore compared the Spring and Autumn and Warring States period in China with the beginnings of European modernity in the 17th century.

Clearly there were enormous differences between these periods, and also between the Germany and Russia of the 19th century where Marxism and Marxism-Leninism first emerged, and the China of the Spring and Autumn and Warring States period.

But whether you agree with Professor Tongdong's analysis or not, Marxism-Leninism was certainly hostile to the rule of hereditary aristocracies with a warrior ethic, which they believed were bringing wars and social conflict, and were unable to bind complex societies together in way that ensured social stability and prosperity.

And both systems of thought proposed new systems to government based on a mixture of ideology, expertise and morality rather than aristocratic bloodline. In the case of Confucianism, these were supposed to be officials, educated in moral teachings and statecraft, selected by examination; in the case of Marxism-Leninism, they were party and state officials, experts in both ideology and various forms of administration.

4. So far I have been talking about socialisms and Marxisms before the 1970s and 1980s. But with the rise of global markets, beginning in the 1970s and becoming dominant in the 1980s and 1990s the 20th century models of socialism entered a new period-one of crisis and change.

—Firstly, social change brought about a decline in the support base for more egalitarian forms of socialism—for instance in the west, the industrial working class became smaller.

—Secondly, the end of the European empires and the decline of entrenched landowning classes undermined the appeal of revolutionary Marxism.

—Thirdly, in the Marxist-Leninist world, the command economies showed themselves unable to adapt to consumerism and compete with capitalist economies

—Fourthly, the new globalised market system based on finance offered major economic opportunities in the form of foreign capital and foreign trade. But it also forced states to accept the influence of international investors and markets, And markets, which reward those who are commercially successful and punish those who are not, inevitably undermine economic equality and challenge the old egalitarian socialisms.

—Socialists have therefore been confronted with the choice of preserving economic equality and cutting themselves off from the world economy, or participating in the world economy to gain the economic benefits of markets and to develop their economies.

And most socialists have chosen the second option, seeking to making concessions to markets, international and domestic, while trying to control them and direct them towards the public good.

However they have developed different ways of doing this:

(1) the Social Democratic left of Northern Europe and especially Scandinavia, which have a high level of consensus in favour of state involvement in the economy and social protections for the poor, have been some of the most successful in preserving welfare states and equality, though even they have introduced many market reforms.

(2) in the United States under Bill Clinton and the United Kingdom under Tony Blair in the 1990s in contrast a much more pro-market form of socialism emerged, the "third way". This accepted many of the demands of international investors and finance, and then sought to spend some of the profits in state spending on the poor. But the result has been very high levels of inequality and falling state investments in infrastructure. And some socialists would deny that this political philosophy can legitimately be called socialism.

(3) As you know, the Chinese solution to directing and controlling markets has been different. The state has played a major role in the direction of investment and the overall economic strategy, although markets have also been given a significant role, foreign investment has been attracted, and the economy has been successfully integrated into global trade.

The state has also sought to use Confucianism in its efforts to control and direct markets.

Confucius of course, like many ancient and medieval philosophers, was unsympathetic to merchants and markets because they were seen to promote greed, and moral principles derived from Confucianism has been used to provide constraints on the self-interest which markets encourage.

Confucianism has also justified the role of officials in controlling markets and balance the interests of everybody in society, including business and labour, promoting broader development and preventing too much inequality.

Yet even so inequality has increased, as is inevitable in a market economy. And the other major challenge for this Confucian socialist model has corruption. Corruption exists in many modern societies, but it is a particular challenge where state officials are especially involved in economic affairs, as there is always the temptation for private interests to capture public resources. Doubtless the use of Confucian ideas emphasising the education of officials and the people in public spiritedness and morality is part of the solution, but corruption will remain a major challenge for China, as well as for many other countries where the state plays a major role in economic affairs.

5. In other ways, though, we are seeing major changes in the position of global socialisms,

and indeed in many other aspects of world affairs. . Since the financial crisis 2007—2008, the more egalitarian forms of socialism have become much more popular, especially in some western countries and among younger people, and the supporters of global markets have become more defensive.

So we have seen the Occupy Wall Street movement in the United States, the rise of Bernie Sanders and Jeremy Corbyn in Britain, and Podemos in Spain and Syriza in Greece.

And even among populist right-wing nationalists there have been strong criticisms of globalized markets—for instance from President Donald Trump. This in some ways of course causes problems for a socialism with Chinese characteristics, as China has benefited from global markets and restrictions on trade would hurt it.

So while the global left has revived globally since 2008, it is still weaker than one would expect, as it is divided over a number of issues, but particularly over the issues of globalisation and nationalism. And if the left is to agree on how to limit the power of global markets, it will have to cooperate internationally.

Like so much in the world today, the future of socialism is highly uncertain. But given the problems caused or exacerbated by weakly constrained global markets since the 1980s-the inequalities, the financial instability and environmental problems it causes—it is probable that the power of various forms of socialism will increase with time.

精神人文主义：一方正在涌现的全球性论域

[美国] 杜维明
北京大学人文高等研究院院长

我谨在此提出，扎根于儒家传统的“精神人文主义”是一种值得探索的深刻洞见。表面上，这一思想既不涉及在多极化世界秩序之下中国和平崛起的承诺，也不涉及所谓的“第一世界”接纳中国成为一名重要参与者的意愿。但是，站在思想界的角度观之，我们如何能够找到一条通往和平的道路、如何通过文明对话而达成文化谅解、如何与地球形成一种可持续的关系，都有赖于一种新的思维方式、新的伦理、新的宇宙论。儒家传统是否拥有某种可能有助于我们解答此类问题资源？“精神人文主义”是否是一种在当前中国的氛围中能够涌现（抑或再现）的可行选择？关于“精神人文主义”这一术语，我受惠于印度哲学家巴拉苏布拉马连（R. Balasubramanian）。

毋庸讳言，人类历史上最有影响力的意识形态就是现代西方的启蒙心态。资本主义与社会主义都是启蒙主题的变种。在诸如此类的理论与实践中，“财富与权力”俨然成为了主要关注的对象。然而，它们都与现代性降临之前“学以成人”的进路有着本质的不同。我们这个世俗时代，世俗人文主义已经成为了主导意识形态，这大概就是马克斯·韦伯（Max Weber）所描述的“理性化历程”的结果。世俗人文主义之普遍流行已经使得所有的宗教与思想信念都黯然失色。近一个世纪以来，中国的知识氛围中充斥着科学主义、物质主义和工具理性主义。

我们急需要对启蒙心态所未能预期的负面后果展开有力的批评，诸如侵略性人类中心主义、帝国主义、殖民主义、浮士德式欲望的宰制以及占有性利己主义。“精神人文主义”通过倡导“天人合一”、对天的敬畏、对地球的尊重与爱护、互信社群（即建立在信任基础上的社群）以及“天下太平”来凸显对话、和解与和谐的重要性。“和”的对立面是“同”，“和”的前提条件是“异”。这些观念与女性主义者、环保主义者、多元文化论者、宗教多元主义者以及社群主义者几十年来所提倡的价值取向若合符节。

一种普世的、世界主义的意识之出现，乃是我们设想一种真正意义上永久和平之文化的先决条件。我认为所有源于轴心时代的历史宗教与地方传统，在面对生态失衡与全球治理失序的双重挑战时，都会觉得有必要在各自的宗教行为逻辑之外再孕育一套人文主义的话语体系。我们选择做基督徒、佛教徒或者穆斯林，但我们无可选择地同时也是人类。换句话说，我们可以通过基督徒、穆斯林与佛教徒的方式来选择做人，但是当前世界的现状也促使我们对整体人类社会的福祉承担起责任。那种能够指引我们在21世纪生存与繁荣的人文主义必须能够拓展我们的知识视界，丰富启蒙心态的道德厚度。它的最低要求就是要超越世俗性。世俗人文主义的一个明显的表述就是国族主义。国族主义是美国、俄罗斯、中国，当然还有其他许多国家的人们所面临的主要挑战。印度社会思想家南迪（Ashis Nandy）对印度国族主义的苗头深表忧虑。对于他来讲，离开了甘地与泰戈尔的教诲，就无法想象真正的印度爱国主义。

中国的道德危机与信仰缺失有密切的关系，除了现成的物质世界之外，国人不信仰任何东西。中国人，尤其是年轻一代，迫切需要培育对天地的敬畏感，培育对“财富与权力”所忽略的、无法涵盖的人类世界的敬畏感。“精神人文主义”作为一种人类繁荣昌盛的整全性视角，有助于各大宗教滋长公众意识。通晓宗教对于中国的政治与知识精英至关重要，也必然有助于中西关系的改善。对于中国领导人来说，通过与少数民族，特别是与藏族、维吾尔族之间互惠互利的对话而培育宗教关切，也是很关键的。我认为这些举措要大于国家安全的范畴，将直指中国人之文化认同与全世界对中国作为一个文明国家的认知。

“文化中国”在当下正经历一次巨大的甚至史无前例的精神性复兴。如果我们将中国、中国香港、中国澳门、中国台湾地区、新加坡以及散落于海外的华人社群看作一个文化意义世界，在它们政经繁荣的背后，也存有一股合力去重新发掘、拾取、复归、重构、再建、更新中国传统文化。与历史在对话中相遇是令人鼓舞的。这些机缘使得中国人发现了能与世界分享的、丰富的意义资源宝藏。否定式表述的金律：“己所不欲，勿施于人”就是一个明显的例子，事实上，它是文明对话领域中理论上最为周密、实践中最为有效的原则。

“精神人文主义”的“恕道”，即所谓的否定式表述的金律，必须由肯定式的“仁道”原则来支撑。“己欲立而立人，己欲达而达人”的“仁道”可与基督教的金律相提并论。这就昭示了在国际交流中，全球性的公共之善，例如环境保护与世界秩序的建构，要优先于排外式的国族利益。

我们开展核心价值之间对话的时机已经成熟。现代西方启蒙心态所表达的普世价值，如自由、理性、法治、权利与个人尊严，应当与“精神人文主义”所体现的其他普世价值，如正义、同情、礼仪、责任与社会团结，进行富有成果的对勘，并由后者来丰富前者的实质。

介于腐败的严重性与公共领域的失信，我在中国推动学习欣赏“经济人”背后的价值。这一价值可以被界定为自由、理性、权利、法治与个人尊严。显而易见，为了人类社群的生存与繁荣，这些价值必须加强，并由其他的普世价值来丰富之，如正义、平等、公平之于自由，礼仪之于法治，责任之于权利，社会团结之于个人的尊严，同情之于理性。这让我想到了亚当·斯密，他认为自己最重要的贡献是《道德情操论》而不是《国富论》。“同情”在他的“道德情操”中占有重要位置。值得一提的是，欧洲的前沿思想家们，如伏尔泰、莱布尼兹，还有爱默生（Emerson）与美国人文主义者白璧德（Irving Babbitt）对儒家的礼仪、和谐、仁政等理念都极为欣赏与钦佩。

儒家的修身实践中，一项重要的精神修炼就是去推扩我们的“恻隐之情”，使之能够涵盖不断扩展的、由他人与外物构成的网络。“精神人文主义”的理想就是“与天地万物为一体”。王阳明的描述指出：如果存养得当，恻隐之情就有能力体察一切。

站在文化的角度，我展望未来的国际社会将在各种“原初联系”之上表现为异彩纷呈。其结果就是，多元性与多面向性成为全球文化图景的特色。“历史的未来”这一标题强烈表明国际秩序将是多极化的。任何政权觊觎霸权主义式的单边诉求注定要失败。那种二元对立的思维模式，比如将世界分解为社会主义与资本主义、现代与传统、宗教与世俗、进步与倒退、自由与保守、民主与专制等等，充其量也是过于简单化了。这都显示了一股明显的潮流，通向被艾森斯塔特（Shmuel Eisenstadt）命名的“多元现代性”。放眼未来，传统继续存在于现代性之中，现代化的历程必然呈现出不同的文化模式，诸如“多元现代性”甚至“多种全球化”的理念将被接纳而成为不可抗拒的潮流。

作为一名儒耶对话的受益者，我见证了那种常能“体之于身”但很少“言之于口”的情形，即经由与绝对他者富有成果的相遇而获得真正有意义的知性启发。我过去理所当然地认为，儒家是理性的、入世的、实用的，截然不同于任何超越的精神性形式。如果不是遇到了优秀的犹太教、基督教、伊斯兰教的神学家们，我的研究和思考就会受限于严格的但也是画地为牢的世俗人文主义，并将其当作理解儒家传统及其现代转化的最贴切的进路。

传媒与信息技术的巨大进步以指数式拓展与深化了人类汲取新知、融化旧学与转换学习方式的能力。时空仿佛已经坍塌，在崭新的现实中，一切关于头顶之天脚下之地以及天地间万事万物的数据、信息、知识都可以在瞬间获取。有鉴于此，11世纪儒家思想家张载的《西铭》之开篇，就决不能被看作是一种被我们的“祛魅世界”降临后彻底抛弃了的、关于“博爱”的浪漫宣言，而应当是所有向往“与天地万物一体”的人们的灵感源泉：

> 乾称父，坤称母；予兹藐焉，乃混然中处。故天地之塞，吾其体；天地之帅，吾其性。民，吾同胞；物，吾与也。

这就要求人类的充分发展关涉到修身与建立在对话基础上的互信社群。这也要求我们拥抱与尊重大自然成为人类社团的有机组成部分。在自我、社群、自然之外，还有第四个维度，就是“天”。“精神人文主义”的定义性特色就是意识到我们应当对“天”表示敬畏。

我欣喜地观察到，在跨宗教与跨文明的对话中，我领悟到印度教徒、佛教徒、犹太教徒、基督徒、穆斯林都可以持有真正的儒家人文主义立场，而不会从任何意义上丧失他们所信仰群体的主要身份。事实上，一群越来越多的信仰者们愿意并乐于称呼自己为儒家式印度教徒、儒家式佛教徒、儒家式犹太教徒、儒家式基督教徒、儒家式穆斯林。这就预示着“儒家”这一术语可以扩展、深化、走出汉语世界，并且能够拥抱真正的世界主义。如果是这样，我相信会有更多的宗教信徒愿意自我认同为“精神人文主义者”。

这一人文主义视野预设了生命的终极意义可以实现于也应当实现于日常生活之中。生活世界不只是世俗的，而且也是富含创造的、活力四射的、充满生机的、高尚的。“天生人成”所传达出的就是一种伙伴关系。这一说法隐含有一种观念，即通过人为努力、“天”的创造性生机将在“地”上开花结果。事实上，作为宇宙大化的参与者与进化过程的共同创造者，人类有能力也有责任将“天”的创造性实现于“地”。

我们每个人以及整个人类社群是如此密切地、须臾不可离地与宇宙中其他存在形态相关联，所以回应宇宙、承担宇宙责任就是人类的义务。中国古代圣王大禹的传说，类似希伯来《圣经》中“诺亚方舟”的故事，就有此寓意。圣王大禹运用他的科学理性、同情、感召力、勇气、自我牺牲、忍耐、谦卑，将大洪灾疏导成为一套设计与施工都很巧妙的灌溉体系。他也被尊奉为将天地结合服务于人类福祉的典范人物。在更深层的意义上，人的健全发展就是对“天”的孝敬，也是对“地”的诚敬。

这里对“天道”的人文阐释并不以人类为中心，而是饱含着道德底蕴。虽然洪水无常，但人类有责任也有能力来应对洪灾、拨乱反正。如果灾难的主要肇因就是人类自己，那就不能指望老天来替我们修正。

最后，让我来概括“精神人文主义”的显著特点作为收尾。作为一种综合而整全的人文主义，它结合了人类经验所共有的四个维度：自我、社群、自然、天道，来界定人类繁荣昌盛的最高体现：（1）个人的身体、心知、灵觉和神明的融会贯通；（2）个人与社群之间健康的互动，社群包括家庭、邻里、村镇、城市、省份、国家、世界以及更广；（3）人类与自然之间持久的和谐，自然包括动物世界、植物、树木、岩石、山脉、河流、空气等等；（4）人心与天道的相辅相成。

2013 年以来，国内逐渐形成了一种共识，认识到国内生产总值（GDP）是一项有着很大内外局限性的发展指标。经济因素之外，政治、社会、文化、生态也必须纳入整体发展战略之中。这一宽广的视野促使我们勇于思考，并创新思考中国能够传达什么样的文化信息？这一文化信息是否是开放的、多元的、自省的？

中国正处于十字路口，她必须追求自己独特的发展道路，但这一道路不可以是中国专属的。中国无法承受国族主义带来的后果，即使有广泛的群众基础也不行。与时俱进，从善如流，中国应当践行她那世界主义与精神人文主义的文化理想。

（原文为英语　白宗让译）

Original:

Spiritual Humanism: An Emerging Global Discourse

Du Weiming
Peking University

I would like to propose that spiritual humanism rooted in the Confucian tradition is an insight worth exploring. On the surface, it does not seem to have any bearing on China's promise of a peaceful rise or of the so-called First World's willingness to accept China as an important player in the multipolar world order. However, from the perspective of the world of ideas, how we find a path toward peace and cultural understanding through dialogue among civilizations and a sustainable relationship with the Earth depends on a new way of thinking, a new ethic, and a new cosmology. Are there any resources in the Confucian tradition that might help us think through these issues? Is spiritual humanism a viable option to emerge (or re-emerge) from the current Chinese ethos? I am indebted to the eminent Indian philosopher R. Balasubramanian for the term "spiritual humanism."

Arguably, the most influential ideology in human history is the Enlightenment mentality of the modern West. Capitalism and socialism, are variations of the Enlightenment theme. "Wealth and power" loom large in these theories and praxes. But they are basically at odds with the ways of learning to be human before the advent of modernity. In our secular age, presumably as a result of what Max Weber characterizes as the process of rationalization, secular humanism has become the dominant ideology。 It is so common and prevalent that it now overshadows virtually all religious and ideological persuasions. For almost a century, the intellectual ethos in China has been overwhelmed by scientism, materialism, and instrumental rationalism.

We are desperately in need of formulating effective critiques of the unintended negative consequences of the Enlightenment mentality, such as aggressive anthropocentrism, imperialism, colonialism, the Faustian drive to dominate, and possessive individualism. By advocating the "unity of Heaven and humanity," a sense of reverence toward Heaven, respect and care for the Earth, a fiduciary community (that is, a community based on trust), and "peace All under Heaven," spiritual humanism underscores dialogue, reconciliation, and harmony. The opposite of harmony is uniformity and sameness. But a precondition for harmony is difference. These ideas resonate with the value orientations of what feminists, environmentalists, multiculturalists, religious pluralists, and communitarianists have been advocating for decades.

The emergence of an ecumenical and cosmopolitan consciousness is a precondition for us to envision a truly authentic culture of perpetual peace. I assume that all historical religions (originating in the Axial-Age) and indigenous traditions, when confronting the dual challenges of ecological degradation and dysfunctional global governance, will be encouraged to cultivate, in addition to their particular religious grammars for action, the language of humanism. We choose to be Christians, Buddhists, or Muslims, but inevitably we are human as well. Put differently, we may choose to be human through the Christian, Muslim, or Buddhist ways, but we are obligated by the current state of the world to be responsible for the well-being of the human community as a whole. The humanism that can guide us to survive and flourish in the 21st century must broaden our intellectual horizons and deepen the moral depth of the Enlightenment mentality. A minimum requirement is that it transcends secularity. An obvious expression of secular humanism is nationalism. Nationalism is a major challenge to Americans, Russians and Chinese and, of course, to people of many other nations as well. The social thinker Ashis Nandy is deeply concerned about the emergence of Indian nationalism. For him true Indian patriotism is inconceivable without the voices of Gandhi and Tagore.

China's moral crisis is closely related to the lack of faith in something beyond the material world here and now. It is of great urgency that Chinese people, especially the young, cultivate a sense of awe (or reverence) toward Heaven, Earth, and the human world in between and beyond wealth and power. Spiritual humanism, a holistic vision for human flourishing, can help religions to become public-spirited. It is vitally important for Chinese political and intellectual elite to become religiously musical. This will definitely improve Sino-Western relations. It is also crucial for Chinese leaders to cultivate religious sensitivity through mutually beneficial dialogues with minorities, notably Tibetans and non-Chinese-speaking Muslims. This, in my opinion, goes beyond issues of security. It strikes at the heart of a Chinese cultural identity and global perceptions of China as a civilization-state.

Cultural China is currently undergoing a major, even unprecedented, spiritual renaissance. If we observe the Mainland, Hong Kong, Macau, Taiwan, Singapore, and the Chinese diasporic communities as a symbolic cultural universe, underlying their economic vibrancy and political dynamism there is a concerted effort to recover, retrieve, restore, reconfigure, reconstruct, and renew Chinese traditional culture. These dialogical encounters with the past are encouraging. They enable Chinese to discover a rich reservoir of symbolic resources to share with the world. The Golden Rule stated in the negative is an obvious example. Indeed, it is one of the most theoretically sophisticated and practically consequential principles for dialogue among civilizations: "Do not do unto others what you would not want others to do unto you."

In spiritual humanism, reciprocity, and the so-called Golden Rule stated in the negative, must be supported by the positive principle of "humanity" (ren), comparable to the Christian Golden Rule: "in order to establish myself, I help others to establish themselves; in order to enlarge myself, I help others to enlarge themselves." By implication, in international communications, the global public good, such as environmental protection and the establishment of a world order, takes precedence over exclusive national interests.

I think that the time is ripe that we engage in dialogues on core values. Universal values embodied in the Enlightenment mentality of the modern West, such as liberty, rationality, legality, rights, and the dignity of the individual, should be fruitfully compared and substantially enriched by other universal values embodied in spiritual humanism, such as rightness (justice or fairness), sympathy, civility, responsibility, and social solidarity.

I have recommended in China that, given the severity of corruption and untrustworthiness in the public sphere, we learn to appreciate the values underlying homo economicus (economic man). This can be defined as the values of freedom, rationality, rights, legality, and the dignity of the individual. Obviously, in order for the human community to survive and flourish, these values must be augmented and enriched by other universal values, such as liberty (justice, equality, and fairness), legality (civility), rights (responsibility), the dignity of the individual (social solidarity), and rationality (sympathy). This reminds me of Adam Smith. He considered that his most important contribution was the Theory of Moral Sentiments, rather than his famous Wealth of Nations. Sympathy features prominently in his moral sentiments. It is worth noting that the leading European thinkers, such as Voltaire and Leibnitz in addition to Emerson and the American humanist Irving Babbitt, greatly appreciated and admired the Confucian ideas of civility, harmony, and responsible governance.

An important spiritual exercise in the practice of Confucian self-cultivation is to extend our sympathetic feelings so that they encompass an ever-expanding network of human and non-human relatedness. The ideal in spiritual humanism is to "form one body with Heaven, Earth, and the myriad things." Wang Yangming offers an illustration indicating that the human capacity for sympathy, if properly cultivated, is all-inclusive.

From a cultural perspective, I envision the emerging global community to be highly differentiated by primordial ties. As a result, plurality and multifacetedness will characterize the cultural scene throughout the world. The "future of history" strongly suggests that the international order will become multipolar. Any desire by a regime to achieve hegemonic non-polarity will inevitably fail. A dichotomous mode of thinking, such as dividing the world in terms of socialist/capitalist, modern/traditional, religious/secular, progressive/regressive, liberal/conservative, democratic/authoritarian, and so forth, is at best simplistic. This denotes a visible trend toward what Shmuel Eisenstadt dubbed as "multiple modernities." With a view toward the future, as the continuous presence of traditions in modernity and the modernizing process inevitably assumes different cultural forms, concepts such as "multiple modernities," or even "many globalizations," will be recognized as insuppressible trends.

As a beneficiary of the Christian-Confucian dialogue, I bear witness to the often experienced and yet rarely articulated case of a truly significant intellectual illumination because of a fruitful encounter with radical otherness. I used to take it for granted that Confucianism is rational, this-worldly, and pragmatic, and that it is diametrically opposed to any form of transcendent spirituality. Without my encounters with brilliant Jewish, Christian, and Islamic theologians, my research and thinking would have been confined to a rigorous but parochial domain of secular humanism as the most authentic way of understanding the Confucian tradition and its modern transformation.

The great advances in communications and information technologies have exponentially broadened and deepened the human capacity to learn, to re-learn, and to unlearn. Space and time have collapsed into a new reality of immediate accessibility to data, information, and knowledge about Heaven above, Earth below, and all things in between. In light of this, the opening lines of the Western Inscription by the 11th century Confucian thinker, Zhang Zai, far from being a romantic assertion about universal brotherhood totally rejected by the advent of our disenchanted world, are a source of inspiration for all of us aspiring to the idea of "forming one body with Heaven, Earth, and the myriad things":

Heaven is my father and Earth is my mother. Even such a tiny creature as I finds intimacy in their midst. All that fills the universe is my body and all that directs the universe is my nature. All people are my brothers and sisters and all things are my companions.

This requires that fully developed humanity become involved in self-cultivation and in building a fiduciary community based on dialogue. This also requires that we embrace and respect nature as an integral part of our communion. In addition to self, community, and nature, there is also a fourth dimension, that is, Heaven. A defining characteristic of spiritual humanism is the awareness that we ought to show reverence for Heaven.

I am pleased to note that in my interreligious and inter-civilizational dialogues, I have come to the realization that Hindus, Buddhists, Jews, Christians, and Muslims can take the authentic Confucian humanistic stance without in any way losing their primary identities with their faith communities. Indeed, there is increasingly a group of believers who are willing and happy to call themselves Confucian-Hindus, Confucian-Buddhists, Confucian-Jews, Confucian Christians, and Confucian Muslims. The presupposition is that the term "Confucian" can be broadened and deepened to go beyond the Sinic world and can embrace true cosmopolitanism. If so, I believe that many more religionists will be willing to identify themselves as spiritual humanists.

This humanistic vision presupposes that the ultimate meaning of life is realizable and ought to be realized in ordinary human existence. The lifeworld is not merely secular, but also creative, dynamic, vital, and noble. "Heaven engenders and humans complete" entails partnership. Implicit in this proclamation is the idea that through human effort, Heaven's creative vitality will be brought to fruition on Earth. Indeed, as participants in the cosmic transformation and co-creators of the evolutionary process, we are capable of, and indeed obligated to, realize Heaven's creativity on Earth. Each one of us, and our community as a whole, are so intimately and inseparably connected with all other modalities of being in the cosmos that it is our human responsibility to be cosmologically responsive and responsible. The Chinese legend of Sage-King Yu, comparable to the story of Noah in the Hebrew Bible, is instructive. Through his scientific rationality, sympathy, charisma, courage, self-sacrifice, endurance, and humility, The Sage-King Yu transformed the disastrous flood into an ingeniously designed and engineered hydraulic system. He is revered as a paradigmatic personality who brought together Heaven and Earth for the well-being of humanity. In a deeper sense, the wholesome development of the human is our filial reverence to Heaven and our genuine respect for the Earth.

This human reading of the Way of Heaven is not anthropocentric, but it is laden with moral implications. The flood is abnormal, but we are responsible for and capable of adapting ourselves to the disaster of the flood by restoring order out of chaos. If we are the cause of major calamities, we should not expect Heaven to fix them for us.

Let me conclude with a summary statement about the salient features of spiritual humanism. As a comprehensive and integrated humanism, four dimensions of the commonly shared human experience-self, community, Earth (nature), and Heaven- are brought together to define the highest manifestation of human flourishing: (1) integration of the body, heart, mind, soul, and spirit of the self, (2) fruitful interactions of self and community (home, neighborhood, village, city, province, nation, world, and beyond), (3) sustainable and harmonious relations between the human species and nature (the animal kingdom, plants, trees, rocks, mountains, rivers, and air), and (4) mutuality between the human heart and mind and the Way of Heaven.

Since 2013 a consensus has been emerging in China that GDP is a very limited and limiting measure of development. In addition to economic factors, political, social, cultural, and ecological dimensions must also be included in the overall development strategy. This broad vision compels us to think courageously and creatively about the cultural message that China is capable of delivering. Will it be open, pluralistic, and self-reflexive?

China is at a crossroads. It must pursue its own exceptionally unique path, but its path cannot be exclusively Chinese. Even if a broad consensus is reached, China cannot afford to be nationalistic. Rather, China should live up to its own cultural ideal to be cosmopolitan and spiritually humanistic.

“六经”的价值论理是中国文化贡献给人类的普世价值

刘梦溪
中国艺术研究院终身研究员、
中国文化研究所所长、中央文史研究馆馆员

20年前，我在《中国现代学术要略》中曾经提出：“学术思想是人类理性认知的系统化，是民族精神的理性之光。”以我多年研习中国文化的心得，于今思之，中华文化能够贡献给人类的，我认为是人之为人的、群之为群的、家之为家的、国之为国的一整套精神价值论理。

这些价值理念的精神旨归，是使人成为健全的人，使群体成为和谐的群体，使家成为有亲有爱有敬的和睦的家，使国家成为讲信修睦、怀柔远人的文明礼义之邦。

中国文化的最主要的价值理念都在“六经”。“六经”指《易》《诗》《书》《礼》《乐》《春秋》六种文本经典。《乐》这一经没有文本传下来，是为“五经”。但也有一种说法，认为《乐》本来就没有文本，它是跟《礼》结合在一起的，所以“礼乐”并称。尽管后来看到的是“五经”，可是学者们习惯上仍然称为“六经”，直到清代还是如此。“经”是晚些时候的说法，开始的名称叫“六艺”。

孔子教学生，就是以“六艺”作为教材。但当时有两种“六艺”，《易》《诗》《书》《礼》《乐》《春秋》是文本经典的“六艺”，另一种是“礼、乐、射、御、书、数”，我称之为实践课。这里的“书”，指汉字构成的方式，包括象形、指事、会意、形声、转注、假借，后称为“六书”，是为识字课。“数”是计算，“射”是射箭，“御”是驾车。

文本经典的“六艺”又称“六经”，孔子之前就有了。《周易》，相传是伏羲画卦，文王演易，孔子作传。所以《论语》里记载孔子的话，说“五十以学《易》，可以无大过矣”。《诗经》是周代的诗歌，最早有三千多篇，经过孔子的删订，存留305篇，所以《诗经》也称“诗三百”。《书》是《尚书》，是虞、夏、商、周在上古文告、文献汇编。《礼》有三礼，包括《周礼》《仪礼》和《礼记》。作为“六经”的《礼》，一般指《礼记》。《春秋》是鲁国的一个大事纪，应该是孔子所作。如果不是孔子的原创，也是孔子在原有的一个大事纪基础上加工润色而成。因为记事简，措辞晦，寓意深，由此形成史家称道的所谓“春秋笔法”。

“六经”经过孔子删订，是中国现存的最早的原初文本经典，是古人智慧的最高结晶。所谓学有本末，就中国学问的次第而言，“六经”就是本；所谓“靡不有初，鲜克有终”，对中国学问的源流来说，“六经”就是初。20世纪的大儒马一浮，称“六经”为中国文化的最高的特殊的形态。大哲学家熊十力则说，“六经”是现代人做人和立国的基本精神依据。这些大判断，时至今日也没有过时，反而愈见其见解独到。

我近年从“六经”的文本里面，也包括后来成为“十三经”的《论语》《孟子》《孝经》里面，抽绎出几组价值理念，包括仁爱、诚信、爱敬、忠恕、知耻、和同，共六组价值论理。这些价值论理是中国文化中具有永恒性、普世性的价值理念，既适用于古代，也适用于今天，不仅适用于中国人，也适用于全世界所有的人，是中国文化贡献给人类的普世价值。

一、仁 爱

仁爱是中国文化里面非常核心的观念。孔子认为“仁”的主要内涵是“爱人”（《论语·颜渊》）。孟子也明确说：“仁者爱人”“爱人者，人恒爱之”（《孟子·离娄下》）。而且中国文化里的爱，是一种博爱。按孔子的说法，是“泛爱众而亲仁”。“仁”是集亲、爱、宽、博诸义于一体的概念综合。

这缘于“仁”这个汉字的会意构成。中国文字学最早也是最权威的经典《说文解字》，解释“仁”字为：“仁，亲也，从人二。”“亲”是指亲密。“人二”则是“二人”。意思是说，仁与不仁须要在人和人的关系中显现出来。汉代大儒董仲舒讲得更直接，他说：“仁者所爱，人类也。”（董著《春秋繁露》“王道通三”章）亦即仁爱是爱整个的人类的一种博爱。所以《礼记·中庸》说：“仁者，人也。”不仅如此，仁爱之爱，还会及于万物。孟子有言：“亲亲而仁民，仁民而爱物。”（《孟子·尽心上》）

二、诚 信

诚信是中国文化里面非常重要的价值理念。孔子讲，“民无信不立”“人而无信，不知其可也”。孟子说，“朋友有信”。老子也讲，“信言不美，美言不信”。中华文化的原初经典把“信”放在非常高的位置。

信和诚是连在一起的，内里面有诚，外面才有信。无诚，便不可能有信。讲“诚”讲得最多的是《中庸》，其中说，“诚”是“天之道”，是“物之终始，不诚无物”。而想要“立诚”，是“人之道”。《中庸》把“诚”视作“天道”和“人道”的核心问题。

明代思想家王阳明的一个学生，他跟王阳明向学的时间很长了，最后需要离开老师，回到自己的家乡去。辞行的时候他对王阳明说：“下次见面不知何时，老师可有什么嘱托，让我一生受用。”王阳明说：“立诚。”这是个年龄比较大的弟子，他说天下的万事万物太多了，需要解决的问题无穷无尽，难道光一个“诚”字就可以应对一切？还有没有其他的东西？王阳明回答说：“立诚。”

后来这个弟子终于体验到了“立诚”的确是应该终生以之的立德之本。

“立诚”的理念，早在《易经》里面，就提出来了。《易经》乾卦的文言引孔子的话写道：“忠信，所以进德也；修辞立其诚，所以居业也。”这里的“修辞立其诚”，就是明确提出的“立诚”。

试想，人活在世界上，究竟何欲何求？仔细想来，《易经》乾卦这两句话全包括了。人生在世，一个无非是想把自己变得更好一些，使自己成为一个有修养的人，成为受人尊敬的人。而要做到这一点，首要的是要讲诚信，这就是乾卦文言说的“忠信所以进德也”。“进德”的核心价值理念是“忠信”。“忠”字的直接义涵是把自己的心放正，成为一个诚实的人，讲信义的人。这是人生的第一层要义。人生的第二层要义，就是事业有成，在哪一方面的专业上有自己的建树，能够安居乐业。而“居业”的前提是“立诚”，所以是“修辞立其诚，所以居业也”。

“立诚”是“居业”的前提。兹可见诚信的重要。“诚信”两字，是人的一生成败得失的关键，可以视为中国文化的核心价值理念，也是人类应该遵守的公德。

三、爱　敬

中国文化的另一个核心价值理念是“爱敬”。“爱敬”是《孝经》里面的话，其中引用孔子的话说：“爱亲者，不敢恶于人；敬亲者，不敢慢于人。爱敬尽于事亲，而德教加于百姓。”

“爱敬”是从家庭秩序中衍生出来的。父子、夫妇、弟兄之间的关系，都有爱和敬存在。如果一个人对自己的尊长亲人能做到有爱有敬，对家庭以外的其他人便不至于太不好，至少不会轻慢别人。因此《孝经》还说，“生事爱敬，死事哀戚，生民之本尽矣，死生之义备矣。”把爱敬看作了人生之本和生死的大义。人的哀愁和悲痛的情感，最初也是从家庭亲人的困厄、不幸中因感同身受而产生的。夫妇之间，一般以为有爱就行了，其实光有爱是不能持久的，还须有敬，既亲密无间，又相敬如宾，才是典范的夫妇关系。

对“爱敬”这个价值理念，魏晋时期刘劭的《人物志》解释得最为恰切。《人物志》是一部很特别的书，既是相人之书，又是论理之书，又是哲学之书。或者说是一部特殊的“人论”。只有魏晋时期的人，能写出如此奇书。刘劭在《人物志》里写道：

盖人道之极，莫过爱敬。是故《孝经》以爱为至德，以敬为要道。

把“爱敬”看成是人道之极，可见“爱敬”这个价值理念在中华文化中的位置。

“敬”当然可以包括尊敬师长、尊敬前贤、尊敬长辈。但“敬”的价值论理的哲学义涵，是指人作为生命个体的“自性的庄严”。“敬”是人的内在性格、性体、本性的精神安顿之所，传统文化中很多道德规范都跟“敬”有关系。

譬如“孝”，《论语》的一个例子说，一次子游问老师，到底什么是“孝”。孔子回答说，现在的人们以为“能养”就是孝，如果“能养”就是“孝”，那么犬马也“能养”，没有“敬”，何以别乎？所以人跟犬马的一个区别在于，在“孝”这个问题上，人有“敬”，犬马不会有敬。

由此可以看出，“孝”的精神内核是“敬”。所以人们通常把对老人的“孝”，称作“孝敬”，甚至泛称为“敬老”。中国传统社会对官员的察选，如果不孝敬父母，就没有做官的资格。忠敬、诚信的人，一定孝敬父母，能孝敬父母才能成为忠于职守、仁爱天下的贤者。

举凡一切礼仪，都必须有“敬”的精神。所以《孝经》里面说：“礼者，敬而已矣。”孔子一段有名的话是：“为礼不敬，临丧不哀，吾何以观之哉？”礼是需要有人看的，因此有“观礼”之说。但礼仪如果没有“敬”，就不值得看了。孔子还有一句话，认为“祭神如神在”。他的意思是说，在祭祀的时候，要相信神是在场的，只有这样，才能使祭祀者保持诚敬之心。

祭祀在古代是头等重要的事情。《左传》里的一句话说：“国之大事，在祀与戎。”祀就是祭祀，戎则是军事行动。但无论祭祀还是军事行动，都不能没有“敬”。军事行动也要懂礼仪。《左传》《国语》有很多记载，很多战事的发生，都是由于“不敬”或“大不敬”，引起强者一方的军事行动。现代社会，处理国家与国家的关系，涉及外交事务，讲礼仪、懂敬，同样重要。

礼仪、敬，是文明的指标；文明与不文明的重要分野，在于文明讲礼仪，有敬。

四、忠恕——“己所不欲，勿施于人”

“忠恕”是孔子的重要思想。一次孔子说：“吾道一以贯之。”曾子（曾参）说，是的。后来孔子离开了，其他弟子问曾参：“此话怎讲？”曾子说：“夫子之道，忠恕而已矣！”这说明，“忠恕”在孔子那里是通贯全体、贯彻始终的思想。忠和诚可以互训，诚者必忠，“主忠信”是孔子的至高的道德律令。弟子樊迟问什么是“仁”，孔子回答说：“居处恭，执事敬，与人忠。”可知“敬”和“忠”也是仁的构件。

“忠”和“信”更为密切。取信的要道是“忠”。曾子“吾日三省吾身”的一、二两项内容，第一是“为人谋而不忠乎？”第二是“与朋友交而不信乎？”忠和信是与人交往随时需要反省的问题。

孔子还说：“言忠信，行笃敬，虽蛮貊之邦行矣。言不忠信，行不笃敬，虽州里行乎哉？”如果做到了“忠信”，而在行为上又能体现出庄重和礼敬，即使走到不那么文明的异邦，也能立得住脚跟。相反，如果言不由衷，对人不能以诚相待，得不到交往对象的信任，行为上又轻慢无礼，即使在自己的家乡也照样吃不开。

“忠恕”这个价值理念，“忠”是推己，古训一向如此解释；“恕”则是及人，用孔子的话说，就是“己所不欲，勿施于人”。“恕”这一价值理念所含蕴和所要求的义涵，实即设身处地，将心比心，换位思考，自己不喜欢不希望的东西绝不强加于人。因此我认为“恕”这个价值理念，彰显了中华文化的异量之美。这是中国文化贡献给人类的一个伟大的思想。世界人文学界非常重视孔子的这一思想，把它奉为人类共同遵行的道德金律。

五、知耻——行己有耻

《礼记·中庸》有一段讲修身，引用孔子的话写道：“好学近乎知，力行近乎仁，知耻近乎勇。知斯三者，则知所以修身。”这等于把好学、力行、知耻，当作了修身的三要素。一个人的修为，自然离不开吸取知识，这也就是《礼记·大学》所说的“格物致知”。因此“学”是修身的第一要素。

学了以后何为？如果成为装知识的器皿，或者从知识到知识，那是学了等于不学。学的要义，在于用，在于践行。此即古人常讲的“知行合一”。所以修身的第二要素是“力行”。学习了，也践行了，离“仁”就不远了，至少是走向通往“仁”的道路上。

但无法保证所做的每一件事都正确无误，难免会发生错误。出了错误怎么办？要能够反省，善于反思，找出原因，知错改错，力戒重犯错误。当认识到错误的时候，人的良知会让自己感到羞愧，感到后悔，感到不好意思。能做到这一层，就是“知耻”的表现。“知耻”是改过的前提。所以修身的第三要素是“知耻”。

智、仁、勇在古代被称作“达德”。具有了智、仁、勇的德品，就可以做到大的判断不致发生错误，遇到困难不会感到忧虑，面对威胁也无所畏惧。这就是孔子说的：“知者不惑，仁者不忧，勇者不惧。”（《论语·子罕》）子贡认为，他的老师孔子是兼有不忧、不惑、不惧特点的人。

修身的三要素中，第三要素是“知耻”，尤不可轻视。我给学生讲课，多次讲：修身应该从知耻开始。耻感是人成为人的一个文明指标，人的文明的表现之一是有羞耻心，孟子称之为“羞恶之心”。孟子说，恻隐之心、羞恶之心、辞让之心、是非之心，是人的“四端”。端是开始的意思，意即“四端”是做人的开始，或者说是起码的人之为人的标志。若果没有羞恶之心，孟子说就不是人。同样，没有恻隐之心、没有辞让之心、没有是非之心，也不是人。恻隐之心是不忍，也就是同情心，也就是“恕”，己所不欲，勿施于人；辞让之心指文明礼貌，是非之心指社会的公平正义，而羞恶之心则是“知耻”。修身的第三要素“知耻”，在《论语》中称作“行己有耻”，是有知识有修为的人即士君子，必须有的德品。

“耻”跟“廉”构成一个组合概念，曰“廉耻”。“廉耻”和礼义并提或连属，曰“礼义廉耻”，最早出自《管子》的“牧民”篇。其中写道：“国有四维，一维绝则倾，二维绝则危，三维绝则覆，四维绝则灭。倾可正也，危可安也，覆可起也，灭不可复错也。何谓四维？一曰礼，二曰义，三曰廉，四曰耻。”是为礼、义、廉、耻四字并提。《管子·立政九败解》：“然则礼义廉耻不立，人君无以自守也。”是为礼义廉耻四字连属。齐国的这位思想家将“礼义廉耻”的是否能够得以维系，看作是一国兴衰的标志，不失为对吾国政治思想文化的了不起的贡献。

后来宋代欧阳修撰写《新五代史》，在《冯道传》的叙论中进而提出：“礼义，治人之大法；廉耻，立人之大节。盖不廉，则无所不取；不耻，则无所不为。”明末清初的大思想家顾炎武非常看重欧阳修的论断，又提出：“士大夫之无耻，是谓国耻。”在顾炎武看来，四维中的廉耻尤为重要，因为不廉乃至悖礼犯义，都是由于无耻所致。

六、和同（“和而不同”）

跟诚信、爱敬、忠恕、廉耻一样，“和同”也是中华文化最基本也是最重要的价值理念。中国文化倾向于不把人与人之间的关系搞得那么不可调和，“和而不同”是中国人面对这个世界的总原则。

“和同”的思想来源于《易经》。《易》的“同人”一卦，所演绎的就是关于“与人和同”的理念。《易》的系辞概括为：“天下同归而殊途，一致而百虑。”这是说，人们的不同，常常表现为途径和方法的不同，终极目标是相同的，所以最终会走到一起。人类社会的存在形态，人们的生活方式和风俗习惯，彼此之间是不同的，但生活的价值追求，人的心理指向，往往有相同的一面。孟子对此说得很明白：

> 口之于味也，有同耆焉；耳之于声也，有同听焉；目之于色也，有同美焉。至於心，独无所同然乎？心之所同然者何也？谓理也，义也。（《孟子·告子上》）

孟子这段话是说，好吃的食物、好听的音乐、多彩的颜色，人们都会喜欢，在这点上人和人是相同的。既然在这方面有同样的感受，那么人的“心”是不是也有相同的东西呢？回答是肯定的。人心所相同者，是“理”和“义”。

孟子讲的“心”，也可以做“心理”解。恰好大学者钱锺书先生说过：“东海西海，心理攸同。”所以，人与人之间的不同，远没有想象的那么多，夸大人类的不同，是文化的陷阱。而且在人类的不同之中，也有“同”的一面。正因为如此，人和人之间、文化和文化之间，才可以沟通，不同也能够共存于一个统一体中。

不同文化之间可以共存、沟通、融合，是中国文化的一个固有的理念。这个理念基于中国文化的“和”的观念。“和”是由诸多的“不同”构成的，没有不同，便无所谓和。所以孔子的著名论断是：“君子和而不同。”宋代的思想家张载，他的有名的四句教是：“为天地立心，为生民立命，为往圣继绝学，为万世开太平。”张载字横渠，所以这四句话又称“横渠四句教”。但他还有另外的“四句教”，是这样的四句话——

> 有象斯有对，对必反其为，有反斯有仇，仇必和而解。

我把张载的这四句话称为“哲学四句教”。因为他是对整个宇宙世界发言的。大意是说，这个世界是由一个一个的生命个体组成，有人类的、动物的、植物的，这些生命个体都是不同的。古人有一句话，叫“佳人不同体，美人不同面”。西方也有一个说法：“世界上没有完全相同的两个个体。”这些不同的个体都是一个个的“象”。这些“象”是流动的，不是静止的。但“象”的流动方向是不同的，有的甚至相反。这就是张载“哲学四句教”第一、第二两句讲的“有象斯有对，对必反其为”。由于“有对”，甚至“反其为”，就会发生彼此之间的纠结，从而形成“有反斯有仇”的局面。

这个“仇”字，古代写作“雔”，左边一个隹（音 zhui），右边一个隹（音 zhui），中间是言论的言字。“隹”是一种尾巴很短的鸟。试想，这个“雔”字，其象征意涵，不就是两只短尾巴鸟在那里叽叽喳喳的说话吗？我们还可以推测，尾巴短的鸟往往叫的声音很高，那么它们就不是一般的说话，而是在讨论、争论、辩论，甚至是在斗嘴、吵架。讨论的问题我们无法得知，但结果，他们经过计较、辩驳、讨论、争论的结果，并不是这个鸟把那个鸟吃掉，而是或达成共识，或求同存异，总之是和解了。所以是“仇必和而解”。

张载“哲学四句教”给我们的启示是深远的。反观现实，我们可以得出一个总括性的看法，就是：这个世界有差异，但差异不必然发展为冲突，冲突不必然变成你死我活，而是可以“和而解”的。有了这个观念，很多事情会得到更恰当的处理。总之，“六经”的这些价值论理，特别是“和而不同”和“己所不欲，勿施于人”，是中国文化给出的人类麻烦解决之道。

贤能政治：人类共同价值观还是中国特色？

——《贤能政治》前言

［加拿大］贝淡宁
山东大学政治学与公共管理学院教授

2013年10月，一组出处神秘的漫画视频迅速在网上传播开来，短短两个星期内，观看人次超过千万。这个视频在美国联邦政府关门的时刻发布，突出显示了不同国家选拔领导人的不同方式。视频刻画了在数十亿美元选举经费的支持下，巴拉克·奥巴马闪电般地当选总统，其胜利是以一人一票的全国公民选举形式取得的。这个过程被贴上“民主”的标签。该视频也描述了中国领导人经过几十年的努力终于登上权力顶峰的过程。从基层工作人员提拔为乡镇干部，再到县委书记、地委书记、省部级干部、中央委员、政治局委员、政治局常委，其中每个台阶都意味着在政治领导能力接受严格考核的同时面临着极其激烈的竞争。这个过程被贴上“贤能”的标签。该视频的隐含意义是，中国式的贤能政治具有道德上的合法性，它选拔政治领袖的方式甚至比民主选举制更好。

这引出了一个问题：渴望选贤任能的政权在评价政治进步（或退步）时采用的道德标准是什么？我们的脑海中还会出现更多的问题。视频显示，政治尚贤制和民主选举制是水火不容的两种政治体制。不过，有没有可能将贤能政治和民主政治中最优秀的部分结合起来呢？如果可能的话，又该如何结合？改造贤能政治，使其在民众眼里具有合法性的同时又能避免陷入独裁和滥权，是否真的有可能？本书尝试对于这些问题给出回答。

贤能政治或许是被关注得最多，但在理论层面被研究得最少的话题。政治体制的目的应该是选拔能力超群、品德高尚的人作为领袖，这个观点无论在中国还是西方的政治理论和实践中都是核心内容。原因显而易见：我们要求训练有素的合格者担任科学、法律和公司的领导职务，那么在最重要的机构中，我们为什么不也这样要求呢？正如杰出的美国社会学家丹尼尔·贝尔（Daniel Bell）（1919—2011）所说：“人们渴望政治领袖能够将社会治理好。任何社会的生活质量在很大程度上都是由领袖的素质决定的。一个社会，如果不能把最优秀的人才放在领导岗位上，无论从社会学还是从道德角度来说，都是荒谬的。”因此，从孔子、柏拉图、朱熹到约翰·斯图尔特·穆勒、孙中山和沃尔特·李普曼等政治思想家，都竭力想要鉴别出选拔能够在众多问题上做出智慧的、基于道德考量的政治判断的优秀领导人。

但是，这种辩论在第二次世界大战之后基本上就停止了。在中国，辩论之所以停止是因为毛泽东思想更多地强调工人、农民和解放军战士而不是知识分子和教育者的政治贡献。无论从上到下的政治现实如何，革命领袖宣称，他们要从基层开始建设一种参与社会主义民主的新形式。在中国根本看不到为政治精英主义辩护的人（至少没有人在公开场合听到过类似言论）。而在西方，停止辩论则主要是因为选举民主在思想上的霸主地位。一个民主社会只要求民众选择领袖，由选民来判断候选人是否贤能。如果选民理性，善于选择领袖，就没有必要过于担忧优秀政治领袖应该具有什么品质，以及何种机制才能选拔出最优秀的领袖。因此，政治理论家将兴趣转移到如何在政治和社会生活的其他方面深化民主改革，以及如何在国家甚至在世界范围内推动更加公平的财富分配机制。

有关政治尚贤制的辩论是在微型城市国家新加坡复兴起来的。从 20 世纪 60 年代起，该国的领袖极力倡导将以贤能标准选拔领袖的方式制度化，虽然这么做意味着在民主程序上施加某些限制。他们认为，政治领袖应该持有长远眼光而不是迎合短期选举利益，政治体制的结构化能够而且也应该防止追求短期利益的“民粹派”政治领袖滥用权力。但是，新加坡的贤能政治话语并没有获得国外的充分关注，这主要是因为贤能政治并没有被当作普适理想呈现出来。相反，新加坡领袖强调的是，选择和提拔最能干和最讲诚信之人担任领袖对微型城市国家的特殊紧迫性，因为它人口稀少、资源匮乏、周边强国虎视眈眈。因此，为什么要讨论将一个很特别的城市国家的理想推广到其他地方的可能性呢？

但是，两个最新的发展趋势使得关于贤能政治的辩论重新回到全球版图上。一方面，西方民主国家的治理危机已经动摇了人们对选举民主的盲目信心，开辟了探讨其他政治选择的空间。问题不仅仅在于民主理论家逐渐认识到了在西方世界之外推行民主实践的困难；更深层次的问题是，西方世界现有的民主制已经无法再成为其他国家学习的榜样。比如，在经济困难时期，选民常常选择那些民粹派的政府官员，这些人鼓吹的政策危及国家长远利益，更不要提对世界其他地方的危害了。因此，有创新思想的政治思想家认为，西方民主国家的治理可以通过吸纳更多贤能政治机构和实践得以改善。

同样重要的是，政治尚贤制理论因为中国的崛起而焕发出新的活力。自 20 世纪 90 年代初期以来，中国已经逐步形成了庞杂的政治人才选拔制度。似乎正是这个制度支撑了中国惊人的经济成功。该政治体制旨在通过考试和考察在基层政府工作中的表现来挑选和提拔公务员。虽然中国式的尚贤制存在很多不完善的地方，但是很少有人会否认，如果和国家规模以及经济发展程度类似的民主国家相比，这个制度的表现相对更好些，更不用说与中东和其他家族独裁统治国家相比了。全世界都在关注中国的贤能政治实践。与新加坡不同，中国能够“撼动世界”。20 世纪 90 年代初期，没有人预测到中国的经济增长会如此迅速，竟然会成为世界第二大经济体。再过 20 年，或许我们将辩论中国式贤能政治是否可能成为西方民主的替代性选择，甚至是一种挑战。

在深入讨论之前，请让我澄清一些术语。本书是对政治尚贤制的辩护。在自由民主国家，依据品德和才能选拔出来的专家被授权担任行政和司法领域的领导职位，但是，他们只是间接地对民选领袖负责。人们期待专家在严格限定的领域内履行权力，尽可能地在政治上保持中立。比如，英国公务员要为当选的政府官员服务，在工作时，他们或许需要把自己的政治观点放在一边。相反，在像中国这样的尚贤社会，其政治领袖则被期待在非常广泛的领域做出政治判断。就像民主国家的民选领袖一样，他们在政治共同体内拥有终极权力（包括对暴力工具的控制）。在政治尚贤制中，公务员和政治领袖之间并没有清晰的机构界限。简而言之，民主国家依据品德才能选拔出来的公务员并不被指望具有政治性，而贤能政治国家以同样标准选拔出来的公务员却要履行政治权力。

区分政治尚贤制和经济尚贤制也很重要。在英语中，“meritocracy”可以指分配经济资源的一种原则：它是依据能力和努力程度而非阶级和家庭出身分配财富的体制。马克思之所以批判资本主义，就是因为它往往是根据阶级背景分配资源的，虽然资本主义理论还存在一种依据能力高低和奖勤罚懒分配资源的神话。共产主义旨在消除阶级差别，后资本主义时代（低级共产主义）的资源分配将把资本主义言论变成现实：根据“各尽所能，按劳分配”的原则分配经济资源。虽然这个看似选贤任能的原则不承认阶级差别，但它仍然有缺陷，因为“它心照不宣地承认个人天赋的不平等，因而产生了天生的特权”。也就是说，人们不应该从并非个人努力换来的天赋才能中获益，而且惩罚那些并非因为自身原因而缺乏生产能力的人是不公平的。因此，社会应该进一步发展到“高级共产主义”，即完全根据“各尽所能，按需分配”的原则分配资源。

同样，20 世纪最具影响力的政治哲学家约翰·罗尔斯（John Rawls）也承认这样的风险，即看似公平的机会可能导致“冷酷无情的尚贤社会”。天生具有某种能力并不证明一个人在道德上有权获得财富，因为人天生拥有的东西并非自己努力得来的。不应该根据生产能力多寡分配财富，罗尔斯为“差别原则”辩护的理由是：只有在不平等有助于最不富裕的人时，差别对待才是被允许的。更加令人吃惊的是，曾任美联储主席的本·伯南克（Ben Bernanke），在 2013 年普林斯顿大学毕业典礼演讲中批判尚贤制：

> 尚贤制是这样一种制度，在财富和基因天赋方面最幸运的人，在家庭支持、激励和收入方面最幸运的人，在教育和就业机会方面最幸运的人，在很多难以统计的其他方面最幸运的人，获得最大的奖励。即使假设的尚贤制通过道德审查而被认为是公平的制度，能证明它公平的唯一方法是这些最幸运者在所有这些方面也拥有最大的责任，他们要努力工作，为世界的改善做出

贡献并与他人分享其幸运。

我对这些将尚贤制视为经济制度的批判深有同感，但是本书的目的不是为物质利益分配的某种理论辩护。我再次重申，本书旨在为政治上的尚贤制辩护，即政治权力应该根据能力和品德分配，只是在涉及如何建立在道德上可取和政治上可行的政治尚贤制时，我才会对经济资源的分配进行论证（请参阅第一章第二节和第三章第二节）。

一、本书框架

政治领袖应该根据一人一票的方式选举产生，这种观点在很多社会被认为理所当然。因而，任何为政治尚贤制辩护的尝试都应该从批判选举民主开始。西方社会的多数读者，甚至不愿意考虑除一人一票选举制度之外的，其他在道德上具有合理性的选择，所以，支持“另类”选择的书应从质疑民主选举制开始。有些哲学家为投票权和竞选领导岗位辩护，其理由是无论是否导致有益于集体的后果，政治自由对个人来说都具有内在价值。但是，这些论证一直遭到激烈的反驳。如果目标是在中国推广选举民主，那么从投票的内在价值这一角度出发论证民主的优点将不会很有效，因为政治民意调查持续显示，东亚社会的公民对民主的理解只限于实质上的民主而非程序上的民主：也就是说，他们看重民主的价值，在于民主带来的积极后果而非民主程序。所以，在此应该提出的政治问题是民主选举是否会产生积极的结果。过去几十年，民主留下了骄人的记录：富裕、稳定和自由的国家都是民主国家。但是，民主也有重大缺陷，甚至未来可能造成政治上的困扰，而政治尚贤制是否有助于将这些问题最小化，至少值得我们在此讨论一番。

第一章将讨论民主的四大缺陷，在每个缺陷之后，讨论可供替代的尚贤制的理论和实践。这里的民主是最简单意义上的，即依靠自由和公正的选举挑选国家高层领导人。第一个缺陷是“多数派暴政”：非理性和追求自我利益的多数派，通过民主程序使用其权力压迫少数派，推行糟糕的政策。在理论上，测试选民能力的考试能够帮助纠正这种缺陷，新加坡的政治尚贤制是一种切实可行的替代选择。第二个缺陷是“少数派暴政”：拥有经济实力的小群体在政治博弈过程中发挥过大的影响力，要么阻碍符合公共利益的变革，要么游说决策者制定仅仅有利于该群体利益的政策。在理论上，这种缺陷可以通过在公民群体中排除富人精英的手段来纠正，中国的政治体制是切实可行的替代选择。第三个缺陷是“选民共同体暴政”：如果选民的需求和不投票者的需求之间存在严重的利益冲突，如政府政策可能影响到子孙后代或外国人等不投票者的利益时，选民的需求总是具有优先权。一种理论上的纠正办法是，政府官员承担起代表子孙后代利益的责任。新加坡的制度规定，总统有权否决政府官员实行危害子孙后代利益的政策，这是切实可行的替代选择。第四个缺陷是“竞争性的个人主义者暴政”：选举民主并没有减缓社会冲突而是导致其日益恶化，从而使那些支持利用和谐方式解决社会问题的群体处于劣势。以达成共识作为决策程序的体制能够帮助纠正这个缺陷。在消除社会冲突方面，中国的政治模式具有切实可行的优势。

简而言之，可能存在替代选举民主的其他选择，这些选择在道德上可取，而且在政治上可行。它们能够帮助纠正选举民主的重大缺陷。但是，如果我们的目的只是论证在中国实行政治尚贤制的合理性，那么我们无须说明政治尚贤制将会产生比选举民主更好的结果。我们只需要简单地假设由中国共产党领导的政治体制将持续下去并不断改善。

第二章会在如下假设的基础上展开论述：（1）一个政治共同体被高素质的统治者管理是好事；（2）中国的执政党政治体制将持续下去；（3）该体制的尚贤部分是合理的；（4）该体制还有改进空间。基于这些假设，本书会从社会科学、历史和哲学的角度提出若干建议：例如在规模庞大、热爱和平的现代化尚贤制国家中，政治领袖应该具备的最重要的素质是什么；如何提升挑选出具有这些素质的领袖的可能性；在这些国家中，政治领袖最重要的能力、社交技能和美德是什么？本书的这些结论可以作为评价中国现有贤能政治体制的标准。本书的结论是，中国能够并且应该改善其现有制度：通过改善考试制度，来更有效地测试候选人与政治相关的智识能力；提拔更多女性担任领导职位，以增强领导者在做出有效政治决策时的社交技能；更加系统地使用同级评议机制来提拔那些热心为公众服务的官员。

对政治尚贤制的任何辩护都需要考虑两点：一是如何将该体制的优势最大化，二是如何将其劣势最小化。

第三章将会讨论实施政治尚贤制的三大问题：（1）因能力超群被选拔出来的统治者可能滥用其权力；（2）政治等级体系可能固化，从而阻碍社会流动性；（3）在权力结构之外的人看来，这个体制的合法性很难令人信服。考虑到在高层实行选举民主在中国并不具有政治现实性，本书提出的问题是，是否有可能在没有民主选举的情况下解决这些问题？腐败问题可以通过独立监督机构、高工资和增强对官员的道德教育等方式来解决。等级体系固化可以通过谦恭的政治话语、执政党向多元社会群体开放、允许根据新的政治价值标准选拔政治领袖等方式来解决。但是，合法性问题只能通过更多的政治参与来解决，包括民众以某种形式明确认可该体制。在没有多党竞争和自由公正选举最高领导人的情况下，何以用道德上可取的方式做到这些？

第四章会讨论不同“民主尚贤制”模式的优缺点：更具体地说，这是将旨在选拔优秀政治领袖的尚贤制和让民众选择领袖的民主制结合起来进行探讨。第一种模式是在选民层面上将民主和贤能结合起来（比如给受过良好教育的选民额外的投票权），但是这种建议无论在哲学上有什么优点，在政治上都是不可行的。第二种模式（水平模式）在中央政治机构层面将民主与贤能结合起来，但是，即使在强烈支持政治尚贤制的政治文化中（如中国），这种模式几乎都是不可能实施和维持下去的。第三种模式（垂直模式）是将中央政府的贤能政治和地方政府的民主制结合起来。这个模式既没有严重偏离中国的政治现实，又能在哲学基础上得到支持。

但是，中国的政治模式不是简单的底层民主和高层尚贤：它还建立在广泛和系统的实验基础上。

第五章将会简要描述中国模式的三个支架，由此体现后毛泽东时代政治改革的指导原则一直是“基层民主、中间实验和高层尚贤”。但是，理想和现实之间仍然存在巨大差距，本书提出了缩小差距的办法。合法性问题可能是尚贤制遭遇的最严峻挑战。在某种程度上，如用全民公投的方式来推行垂直的民主尚贤制，中国政府或许需要获得民众的认可。本章最后将会论述中国贤能政治模式输出海外的可能性：虽然在整体上，这一模式不太容易被拥有不同历史和文化的国家所接受，但中国模式的要点能够被选择性地采用。在向海外推广这个模式时，中国政府可以发挥更加积极的作用。

本书关注的核心问题是：如何在当今中国的背景下，将挑选和提拔能力超群、品德出众的政治领袖的体制优势最大化，劣势最小化。除了论证政治领袖推行有益于民众的政策的必要性之外，我对其该做什么的问题有意识地保持模糊：中国是个庞大而复杂的国家，不同时期和地方拥有不同的需求和优先选择，任何明智的答案都至少需要建立在中国人实际需求的基础上。但是，某些笼统的指导性意见或许也会有所帮助，本书包括两个附录，第一个附录是有关和谐指数的分析，该指数根据国家在推动 4 种社会关系时的表现，将其按高低顺序排列，和平的社会秩序和对多样性的尊重是和谐社会的典型特征。我们可以适当利用这种指数判断中国或其他国家的社会进步（和退步）。在中国语境下，和谐指数的另一个可能的用途是，以升职或降职为目的评价政治官员的政绩，尤其是在人们普遍认为经济增长不再是评价政绩好坏的唯一指标的情况下。

第二个附录是我与一名中国政府官员的真实政治对话（包括面对面的交流和电子邮件）。我个人的道德伦理信念在很大程度上受儒家价值观启发。但是我并不认为儒家思想是唯一能够为政治尚贤制辩护的理论，所以在本书中，我并没有明确指出儒家思想在经验和规范上与本书的相关性。虽然如此，儒家思想能够影响人们对政治尚贤制的思考。第二个附录的焦点更直接地集中在儒家思想在塑造中国贤能政治中的作用。虽然，该附录的标题是“共产主义者与儒家学者的对话”，但是到了对话尾声，两个人的观点已经基本达成一致。

二、方法解释

虽然政治尚贤制这个话题很重要，但有关尚贤制的政治理论目前还非常匮乏（与此相比，有关民主理论的著作有数千部之多）。所以为了创作本书，我参阅了用英语、法语、汉语著述的涉及社会科学、哲学和历史等广泛的内容，并涉猎了很多与之有间接联系的话题。还有一点值得指出的是，我从与他人的交流中受益良多，他们帮助我弄清楚了政治尚贤制的理论和实践。出于进一步帮助我理清思路的自私目的，我与其他学者合作组织了两次国际学术会议，邀请了研究政治尚贤制崛起和复兴的知名哲学家、历史学家和社会科学家，探讨贤能政治对中国和其他国家的政治发展意味着什么。第一次会议（工作语言是英语）是我与新加坡南洋理工大学哲学系主任李晨阳共同组织的，于2012年1月在南洋理工大学召开，此后我与李晨阳合作出版了一本书：《东亚挑战民主：比较视角下的贤能政治》（*The East Asian Challenge for Democracy: Political Meritocracy in Comparative Perspective*）（剑桥大学出版社2013年版）。第二次会议（工作语言是汉语）是我与清华大学哲学系和上海春秋研究院合作组织的，于2012年10月在清华大学召开，2013年3月，《文史哲》杂志据此会议探讨的问题出版了一期特刊。在这两次会议上，我从与会代表的思想中学到了很多东西，我也从采访中国和新加坡的政治领袖中受益良多。非常感谢学界朋友慷慨地花费时间阅读本书的初稿。此外，我在过去几年里还把政治尚贤制的阅读文章（我要承认，还包括我自己的一些还不成熟的看法）分享给清华大学、上海交通大学和新加坡国立大学的学生，从他们的批评意见和建议中学到了不少。我还要特别感谢新加坡国立大学哲学系的研究生同学，他们组织了一个非正式的阅读小组对本书的初稿进行讨论。我希望他们会发现本书正是在他们的批评基础上得到了改善。

三、为什么研究这一话题

我为什么会关心这个话题呢？我逐渐对政治尚贤制感兴趣是在接触儒家传统之后。此前，我写的有关政治尚贤制的文章往往更多是受到儒家哲学而非现实政治的启发。在过去几年里，我逐渐认识到中国的政治体制具有尚贤色彩，这也许部分要归因于大学的优等生越来越多地加入中国共产党。于是，将政治尚贤制的哲学思考更加直接地与中国的政治现实相结合就顺理成章了。我意识到自己不经意地踏进了一个具有重要政治意义的领域，便在中国和西方的主流媒体上发表了一些评论文章。但是，我常常遭到批评家的无情抨击，对我的指控也是五花八门。有人说我是中国共产党的辩护者，也有人说我是高盛集团（我妻子在这个机构工作）的代理人。因此，我意识到有必要写一本书，提出更详细和深入的论证，并附上参考文献和注释（同时尽可能用通俗易懂的文字写成）。我不敢肯定这是否取得了成功，但是我在自己制订的5年计划中尽了最大的努力。

同样值得提出的问题是，我为什么在美国学术出版社出版一本主要论述中国的书。

原因之一是我用英语写作。但是，我希望这本书会在中国产生一定的影响。虽然中国读者对中国政治体制的运作方式更熟悉一些，但是该书或许有助于人们更多地讨论评价政治进步（和退步）的更加合适的标准。我也希望本书能够在英语国家中被广泛阅读，以推动人们更好地理解政治尚贤制——无论是作为一种理想还是作为中国政治制度的现实——甚至可能激发民主国家的尚贤尚能的改革。至少，在那些西方读者理所当然地认为应该以西方视角探讨的问题上，本书提供了中国视角。如果不是因为我在北京生活和工作了 10 多年，我根本不会写这样一本书。如果在 20 年前阅读本书，我或许会对自己的某些观点感到震惊。但是，事实上，如果与在中国生活和工作的学者相比，我的政治观点其实属于非常温和的中间派。本书既不打算发起挑战，也不特意追求与众不同，虽然西方读者或许抱此观点。尽管在西方国家，言论自由会得到更多法律保护，但中国对西方民主的了解要远远超过西方对中国尚贤制的了解，本书或许可以作为某种再平衡的努力。我渴望将来有一天，西方人和中国人可以就政治问题进行知情的辩论，而无须带上根深蒂固的意识形态隔阂或者文化误解。如果为了这一愿望的实现，尽了自己的绵薄之力，那么我就可以作为幸福之人安然入睡了。

近两年儒学研究十大热点（2015—2017）

山东大学儒学高等研究院

中国正在和平崛起，重建文化自信。儒学研究在复兴传统文化的时代大潮中全面繁盛，推动中国学术格局与思想版图发生重大变迁，进而影响了世界人文学术的走向：儒学正在成长为世界范围内堪与自由主义相抗衡的重要思想流派，中国大陆已经真正成为世界儒学研究的中心。在这样一个波澜壮阔的时代，儒学研究所表现出来的诸多特点和趋向，值得学界、思想界给予密切关注。

一、两办印发《关于实施中华优秀传统文化传承发展工程的意见》，以儒学为代表的中国传统文化复兴正式升格为国家战略

经过近四十年的高速发展，当代中国在物质上早已解决温饱问题，与此同时，“心归何处”的问题开始变得格外突出。作为填补信仰缺失、重建精神家园的努力，进入21世纪以来，以儒学为代表的传统文化在学界和民间日益呈现出强劲的复兴态势。在此背景下，以习近平为核心的中央领导集体，先后通过视察曲阜中国孔子研究院等一系列行动和讲话，向全社会释放出鼓励优秀传统文化复兴的信号。

2017年1月，中共中央办公厅、国务院办公厅印发《关于实施中华优秀传统文化传承发展工程的意见》，“着力构建中华优秀传统文化传承发展体系”被确立为“建设社会主义文化强国的重大战略任务”。至此，复兴传统文化正式升格为执政党和中央政府的整体战略，一个世纪以来“反传统”倾向占据主流的局面就此终结。

二、重建中国的政治哲学，“贤能政治”引发全球热议

改革开放以来，中国凭借特有的政治治理模式，以令世人瞩目的步调推进了工业化、市场化和城市化转型与发展。而以“普选”为特征的欧美政坛近年来却异动频现，民族主义与民粹主义大行其道，“欧洲一体化”等“全球化”理念遭遇空前挫折。在此背景下，加拿大籍学者贝淡宁《贤能政治——为什么尚贤制比选举民主制更适合中国》一书的英文及中文版于2015年、2016年相继面世。作者指出：源自传统的政治尚贤制更有助于中国这样的大国有效规避普选民主的“反智主义”风险。此论一出，旋

即在海内外引起“贤能政治”与“民主政治”孰优孰劣的激烈争论。支持者认为，必须以儒家原则为基础彻底重建中国的政治哲学，儒家思想“尊重人的差异性并强调人的可塑性，从而为贤能施教预留了充足的空间”。“贤能政治”能否最终提供一种全面替代“民主政治”的制度设计，人们拭目以待。

三、钩沉逝去的礼制礼俗，为儒家古礼再返现代生活重新奠基

传统中国在儒家思想的主导下，形成了一整套丰富而成熟的礼制与礼俗。然而近代以降，随着西风东渐与现代化进程的不断加快，中国社会一方面在各种场合几乎尽数移用西式礼节，另一方面却又因信仰门槛而无法照搬西式宗教礼仪。传统礼仪尤其是丧葬祭祀之礼的沦丧，已经在中国人的精神和生活世界造成了巨大的缺失。

近年来，婚丧嫁娶、祠堂祭祀等传统礼仪开始重新回归中国人的日常生活。与此相应，浙江大学、清华大学、北京大学、中国人民大学等高校相继成立礼学研究中心，分别从文献整理、古礼复原、中西比较、跨学科研究等进路组织学术活动，推动礼学研究的全面恢复。上述研究虽尚未进入“制礼作乐”的实践阶段，但作为守先待后的古礼钩沉和具有理论深度的当代解释，无疑有助于儒家古礼再返现代生活，进而重铸中国社会文化的独特风貌。

四、安乐哲《儒家角色伦理学》中译本出版，西方学界呼吁“第二次启蒙”

现代西方是一个个体主义大行其道的世界，社群与人际关系被视作人之为人的非必要条件。一段时期以来，经济上的自由放任导致贫富不均在全球范围内不断加剧，追求自我实现的人生观则消解着家庭的传统功能。有鉴于此，美国学者安乐哲等人呼吁在当代世界进行“第二次启蒙”，“儒家角色伦理学”在许多人看来有望成为取代“个体自由主义”的可靠选项。

安乐哲《儒家角色伦理学——一套特色伦理学词汇》一书的中译本于 2017 年问世。该书通过开掘儒家传统所强调的“人际关系赋予当事人以具体的社会角色”这一基本事实，尝试发展一种“基于直接经验的具有整体性的伦理生活观”。赞赏者认为该书为解决全球性伦理困境提供了重要的思想资源，批评者则认为过于强调具体角色反而会遮蔽儒学的普遍性与终极性。“儒家角色伦理学”是否足以为西方世界“第二次启蒙”提供充分的学理支撑，还有待于时间的检验。

五、国际学者对中国哲学方法论进行阶段性反思，中西比较在角力中前行

长期以来，笼罩在“中西比较”范式之下的海外中国哲学研究，时常被质疑能否准确呈现“中国哲学”的基本特质。而在汉语学界，随着本土化意识的日渐增强，中国哲学研究者开始不断对“反向格义”表达不满。如何处理中国哲学与世界哲学、汉语学界与国际学界的关系，成为一个突出的方法论问题，一大批海内外中西哲学史研究者就此进行了阶段性反思。总的来说，学者们一致反对“观念先行”（尤其是特定的西方哲学观念先行）的研究路数。在强调中西比较对等性前提的同时，学者们亦不得不正视在西方世界从事中国哲学研究所面临的“需切入西方哲学研究主流”等多重约束。尽管如此，若干学者仍然试图凭借传统中国哲学资源，作出独树一帜的世界性贡献。基于对西方哲学某些困境的诊断，“德性伦理学”“孝慈现象学”等带有中国传统思维色彩的新概念、新命题正在国际学界崭露头角。

六、学界争夺“大陆新儒家”定义权，儒学研究应否允许多派并存？

近年来中国传统文化复兴势头高涨，从不同立场认同儒学的大陆学者群体不断壮大。出现于20世纪90年代、原本在批评意义上命名的“大陆新儒家”概念，日益转变为一个光荣的头衔，究竟谁才是“大陆新儒家”之代表或正统的问题，开始浮出水面。

在2015年的“陆台新儒家之争”中，李明辉仍将蒋庆、陈明等人视为“大陆新儒家”之代表，这种“窄化定义”深深刺激了大陆其他儒学研究者的学术自尊。有学者拒绝将“大陆新儒学”与“大陆新儒教”画上等号，也有学者从自身立场出发检阅大陆儒学的研究成果，试图据此“为大陆新儒家正名”。上述争鸣的实质在于争夺当代儒学的主导权与正统地位，但问题在于，儒学研究是否只有在某种一尊独大的局面下才能走向繁荣，还是应当充分容纳多元？在儒学尚未真正复兴之时，儒家内部的党同伐异又将对复兴大业造成何种伤害？值得学界深思。

七、儒学所主导的社会形态再定性：“传统中国专制说”是否成立？

新文化运动将近代中国落后挨打的局面归咎于传统儒学所捍卫的“封建专制”制

度，“打倒孔家店”、否定传统儒学与批判专制制度、倡导社会革命，长期以来一直被视为一体之两面。

在中国人文学术本土化转向不断加剧的背景下，学界围绕“传统中国专制说”掀起了新一轮的争鸣。反对者将此说判定为典型的“学术殖民”和“自我殖民”话语，并指出，儒学素怀“天下为公”之理想，“君相分权”等制度设置不乏制约君主专权之功效；“传统中国专制说”的提出者孟德斯鸠认为“贵族可以制衡君主”，与之相较，传统士大夫虽无世袭封邑，然其制衡君主的角色与功能却堪比西方贵族。因此，传统儒学不仅不是专制制度的设计者或帮凶，而且还是培养士大夫自主人格的基本凭依。“专制说”的支持者则围绕制衡机制究竟是否真的有效提出争辩，儒学所主导的社会形态再定性问题正在进入新一轮的拉锯战。

八、“五经”“四书”何者为本？“汉宋之争”进入新的轮回

在儒学史上，汉学重“五经”，宋学崇“四书”。进入现代之后，新儒学所处理的是宋学延续下来的学术命题。与此同时，经学在辛亥革命之后退出政治舞台，遁化为学术领域内的经学史研究。其经世的旨趣和抱负基本被抛弃殆尽，思想与社会影响力也远逊于有着“现代宋明儒学”之称的现代新儒家。

尽管“宋学”在现代儒学史的第一个轮回中压倒了“汉学”，但就原始性与丰富性而言，兼含义理与制度的“五经”之学似乎更接近儒学本原。刘梦溪主张“国学为六艺之学”，便旨在强调“五经”的原发性地位。在当今中国拒绝照搬西方制度而趋于复兴传统的情势下，经学中的制度内容重新引起学人关注。受政治儒学与制度儒学思潮激荡，试图从“五经”中抽绎出现实治理之道，构成了新经学研究的基本动力。“回到经学去”的呼声一时高涨，“汉学”“宋学”之争由此进入新的轮回。

九、王阳明研究迅速升温，“知行一体”的心学思想被用来针砭空谈流弊

2016 年以来，“人类智慧与共同命运——中国阳明心学高峰论坛”等会议相继召开，阳明学研究机构在各地陆续成立，强调“知行一体”的心学思想熠熠重光。新中国成立初期，王阳明曾作为“主观唯心主义”的典型代表而饱受诟病。但实际上，以“心”为本乃打通知行关系的关键所在，心学因此获得了较理学更为突出的实践品格，一度成为针砭朱学“知行分离”弊病的良方。有学者据此断言，王阳明的心学就是实学。

20 世纪 80 年代起，林林总总的思潮在中国大地上交相激荡，在活跃思想氛围的同

时，也带来了诸如“理论脱离实际”的弊病。缺乏“实学”品格的理论空谈无法支撑起现实的繁荣，国家的复兴有待“在事上磨炼”的心灵不断推动，生活的福祉亦须在“知行合一”的实践中持续开拓。作为儒家经世致用精神的哲学升华，阳明思想遂复起于当下。

十、部分学者强调“儒马之辨”，儒学在意识形态领域的地位有待进一步厘定

中共十八大以来，以儒学为代表的传统文化日益成为治国理政的重要思想资源，并为思想宣传工作和社会整合提供了新的力量。上述动向一度给思想界造成一种印象，即儒学将被接纳为主流意识形态的组成部分。

但近两年来，这一印象有渐趋模糊之势。尽管有学者或指陈马克思主义与儒学在诸多方面存在深刻的相通之处，或主张两者完全可以二元并存、相辅相成，但鉴于部分儒家学者在论述中存在“复古更化”的倾向，一些学者还是对儒学采取了非常严厉的态度。他们强调，马克思主义中国化不等于马克思主义儒学化，儒学在当代中国只能从属于马克思主义。如何进一步厘定儒学在意识形态领域的地位，以便充分发挥以儒学为主干的中国传统文化对于国家建设和改革的积极作用，已经成为当下思想文化领域一个尖锐的理论问题。

获奖感言

2017 年度“世界儒学研究杰出人物”
蔡仁厚先生获奖感言

各位先生，各位女士：

今天我抱病参加大会颁给我的世界儒学杰出人物奖，实在是非常感动，感觉到非常光荣。同时也感觉到非常惭愧，因为我写了那么多书，并没有把我心中所想要完整表达出来的充分表达，我应该有更好的成绩，有更多的成绩，才能够得到这样光荣的殊荣。

我今年已经 88 岁了，而且一直在生病。在三四个月以前又得了疱疹。人老了，我现在就表现出一种病态，疱疹是因为自身免疫力不够得的病，疱疹是很难对付的一个对象，它常常痛，不分日夜的痛，那个痛有时候可以忍受，有时候不太能承受。所以，我能够在今天、远道而来领这个奖，一方面感觉到非常光荣，一方面感觉到很惭愧，向诸位问好。

另外，我表达一个意思，刚才第八届儒学大会的音乐演奏非常非常令人感动。儒家讲礼乐，礼乐之教、礼乐教化，但是平常我们从“五四”以来都说是礼教，甚至说礼教吃人，这种误解是非常没有道理的。应该恢复礼乐精神，在今天听了这场礼乐演奏之后，我增加了自信，将来孔子的礼乐教化，这个礼乐精神一定会得到光大发扬。

我在这里祝福大家，谢谢！

2017 年度“世界儒学研究杰出人物”郭齐勇先生获奖感言

各位先进，各位领导，各位嘉宾，女士们，先生们：

大家上午好！

很高兴获得这个殊荣，非常惶恐，非常不安。同时非常惭愧，做得很不够。能够得到这个殊荣，谢谢主办方、承办方、各位领导、各位嘉宾、各位学者提携我、鼓励我，我把它当作对我最大的鼓励。当此之际，非常激动，感谢山东省，感谢全国的学者们。能够有这样一个机会参加第八届世界儒学大会，获得这个殊荣，也是我一生最高的荣誉，也是个期盼。还有半个多月我就 70 岁了，70 岁的生日。我在学术界其实是小字辈，像蔡仁厚先生、杜维明先生，在座的很多学者前辈都是我的老师，非常感谢他们的提携。我感谢我的老师夏介夫（音）先生、李德勇（音）先生、汤铭邦（音）先生，师恩浩荡。我感谢我的父母，我的兄长、姐妹，我的家人、我的老伴，我也感谢我的一些朋友、同道、同事和学生，是他们把我慢慢地扶植起来，慢慢地提携起来，慢慢地帮助我来学得一点知识。

在此我表示两点。第一，儒学是生命的学问，也是学问的生命。我们要让儒学那样的生活，所以要活到老学到老修身到老，晚节一定要用儒家的德行来指导自己。第二，尽可能地来帮助青年人。希望青年人更多地推动乡村儒学、社区儒学，推到民间，让我们的国民、让我们的老百姓、让世界各国人民了解儒学。这个工作非常艰难，还有很大的空间，路漫漫其修远兮，吾将上下而求索。

谢谢各位。

学术论文·中国论文

儒学：一种可以作为“底色”的人生信仰

丁为祥
陕西师范大学哲学系教授

在中国历史上，儒学起初只表现为“儒”“儒生”或“儒家”，并没有一定要成为什么形态的自觉，直到佛教东来、道教产生，才使其成为“儒教”，于是“三教融合”也就成为中国文化发展的一个基本方向。待到西学东渐，面对西方传教士所传播的“福音”，儒家也根本不需要什么自我定位，只是根据其对人伦社会的范导作用就直接送他一顶“西儒”的帽子；直到鸦片战争以降，随着西方文化在兵革利器裹挟下的长驱直入，这才有了对自家身份的基本反思，而这一反思，同时也就开启了20世纪儒学研究中一个众说纷纭的问题：儒学究竟是不是宗教以及其与宗教的关系问题。本文未必能够澄清这一问题，但从儒学的历史传统及其反向观照的角度却可以提出一些基本的思考。

一、对儒学宗教性的认识

关于儒学与宗教的关系，站在文化之民族立场并对西方文化做出敏捷反应的康有为就曾明确地从宗教的角度加以认定。所以，还在戊戌变法时期，他就有了基本的构思；而在辛亥革命以后，则有“孔教会”的成立。就此而言，我们暂且不管“孔教会”在当时所起的作用如何，起码在康有为看来，孔子是和耶稣一样的教主；而儒学也就如同基督教一样是有其宗教性的。

但康有为的这一主张却受到了历史的嘲弄：当军阀、政客纷纷利用“孔教会”来为自己的复辟帝制作理论开道时，虽然康有为也曾愤而辞职，但却使“孔教会”陷入了万夫所指且无法逃避的深渊，是即所谓“遗老遗少”连同其复辟帝制的“遗梦”。所以，作为新一代的儒学研究者，比如五四新文化运动中崛起的梁漱溟、熊十力这些被视为20世纪新儒学开创者的一代，都一致回避儒学的宗教性问题，甚至明确主张儒学不是宗教。一方面，他们如此主张当然是在努力回避康有为的覆辙。同时，从当时的思潮趋势来看，在以科学为主流的新文化运动中，“宗教”往往是被视为“迷信”的同义语、科学之绊脚石的。因而不仅儒学研究者不承认儒学是宗教，就连佛教研究者也都在想方设法地逃避“宗教”的定位。但另一方面，由于社会毕竟不能缺乏人伦教化与人伦秩序之维护作用，因而当时不仅有“以美育代宗教”的精神倡导，同时还有“进德会”之类的各种维持风化的组织。

1935年元月发表的上海十教授关于中国本位文化的宣言，从表面上看，似乎既不关涉儒学，也不关涉宗教，但在西方文化狂飙猛进的背景下，其对“中国本位文化”的呼唤却使人们不能不想起儒学，也不能不想起儒学的定位问题。即：儒学究竟是一种文化？道德？还是说它本来就存在着一种宗教信仰的情怀与社会教化的功能？

1958年元旦，已经流亡港台的牟宗三、徐复观、张君劢、唐君毅四人联合在《民主评论》上发表了《为中国文化敬告世界人士宣言》，其中既深入反省了中国“自清末到五四时代之学者，都不愿信西方之宗教，亦不重中国文化之宗教精神”① 的问题，同时也以“宗教精神”或“超越信仰”的方式明确表达了中国文化中本来就存在着的人生信仰的事实。所以，唐君毅在《宣言》中论证说：

> 中国之儒家思想，则自来要人兼正视生，亦正视死的。所谓杀身成仁，舍生取义，志士不忘在沟壑，勇士不忘丧其元，都是要人把死之问题放在面前，而把仁义之价值之超过个人生命之价值，凸显出来。而历代之气节之士，都是能舍生取义、杀身成仁的。西方人对于殉道者，无不承认其对于道有一宗教性之超越信仰。则中国儒者之此类之教及气节之士之心志与行为，又岂无一宗教性之信仰之存在？而中国儒者之言气节，可以从容就义为最高理想，此乃自觉的舍生取义，此中如无对义之绝对的信仰，又如何可能？此所信仰的是什么，这可说即是仁义之价值之本身，道之本身。亦可说是要留天地正气，或为要行其心之所安，而不必是上帝之诫命，或上帝的意旨。然而此中人心之所安之道之所在，即天地正气之所在，即使人可置死生于度外，则此心之所安之道，一方内在于此心，一方亦即超越个人之现实生命之道，而人对此道之信仰，岂非即宗教性之超越之超越信仰？②

在20世纪的儒学研究中，这等于是第一次从中西思想之比较的角度明确承认儒学有其宗教性的信仰功能。

对于20世纪的中国文化研究来说，这一结论并不是轻易得出的，而是伴随着国人

---

① 唐君毅：《为中国文化敬告世界人士宣言》，载项维新、刘福增主编《中国哲学思想论集》，台北：牧童出版社1978年版，第8册，第11页。

② 唐君毅：《为中国文化敬告世界人士宣言》，载《中国哲学思想论集》，第8册，第13页。

对于世界上之宗教现象认识的不断深入实现的。比如在辛亥革命前后，康有为之所以成立“孔教会”，主要是与其所谓“保种”“保教”的思想相联系的；而五四时期的儒学研究之所以不认同儒学是宗教或有其宗教性，则又是因为当时的人们是把宗教作为一种非科学的“迷信”来理解的。即便是作为《中国文化宣言》起草者的唐君毅先生，其对宗教问题也经历了一个漫长的认识过程，他回忆说：“自清末到五四时代之学者，都不愿信西方之宗教，亦不重中国文化之宗教精神。”唐君毅还在回忆自己的精神历程时总结说：“直到民国三十七年写《宗教意识之本性》一文后，至今五六年，我才对宗教之价值有所肯定，同时认识儒家中之宗教精神。”① 由此出发，唐君毅比较说：

> 依良知为标准，可以说一切高级宗教中的超越信仰，都出自人之求至善、至真、完满、无限、永恒之生命之要求，求拔除一切罪恶与痛苦之要求，赏善惩恶以实现永恒之正义之要求，因而是人所当有的。②

请注意唐君毅先生对于宗教问题这一认识视角上的转向，他已经不再是唯科学主义的对象认识视角，而是转向了人，转向作为人之精神需求的主体性视角，因而其视宗教为“人之求至善、至真、完满、无限、永恒之生命之要求”。这说明，即使是对宗教的认识，唐君毅也表现出一种从对象性出发的外在认知到主体性之内在省察的深入。

到了20世纪60年代，刘述先继承了唐君毅这一主体性的方向，并通过借鉴西方当代神学家蒂利希（刘述先以港台习惯往往将蒂利希译为田立克）的神学研究，③ 并从人之主体精神的角度将宗教理解为人的一种终极关怀。刘述先指出：

> 当代基督教重要神学家田立克（Paul Tillich）之努力即指向一新方向。田立克把宗教信仰重新定义为人对终极之关怀（Ultimate Concern）。依田立克的见解，任何人无法避免终极关怀的问题。自然每个人有他自己不同的终极关怀。有的人终生为名，有的终生为利，有的终生为国家民族。如果把终极关怀的对象界定为神，那么每个人都有他自己的神，虽然内容可以完全不同……在这一意义下，人的宗教的祈向是普遍的，因为每个人必有他自己的终极的关怀。问题在有怎样的终极关怀才是真正的终极关怀，这是田立克的

---

① 唐君毅：《我对于哲学与宗教之抉择——〈人文精神之重建〉后序兼答客问》，《中国哲学思想论集》，第8册，第186页。

② 唐君毅：《我对于哲学与宗教之抉择——〈人文精神之重建〉后序兼答客问》，《中国哲学思想论集》，第8册，第204页。

③ 蒂利希（Tillich）指出：“宗教，就这个词的最广泛和最根本的意义而言，是指一种终极的眷顾。”［美］蒂利希：《文化神学》，工人出版社1989年版，第7页。

"系统神学"所要致力解决的问题。[①]

从对外在未知世界的"迷信"到人之内在精神所必需之终极关怀的肯定，这是刘述先对认知儒学宗教性问题的一种巨大推进，也是认知方向上的一种根本性扭转。所以，大陆儒学研究者郭齐勇先生评价说："从一定意义上说，20世纪儒学的一个重要面相是通过讨论儒学的宗教性问题，一方面与西方精神资源相沟通并对话，另一方面由此而深化对于先秦、宋明儒学等五经传统、四书传统的认识。"[②] 这就是说，就对宗教现象的认识而言，从对外在未知世界的"迷信"到对人之内在精神所必需之终极关怀的自觉这一定位，不仅架起了中西文化相沟通的桥梁，而且也打开了重新进入从先秦到宋明儒学传统之一个新的理论视角。

就对儒学宗教性的认知而言，郭齐勇先生明确指出：

> 只有扬弃"绝对他者"的一元神宗教的界定方式，只有扬弃排斥性的、二分法的寡头人文主义的启蒙心态，才能真正理解"儒学是什么""儒家的特质是什么"和"儒家精髓与精义是什么"的问题。[③]

这无疑是对20世纪儒学宗教性研究的一个深入反思与系统总结，但其指向则不仅仅是儒学的宗教性，同时也关涉到20世纪儒学研究的一个根本方向问题。

我们这里可以暂且不论关于儒学研究的方向性问题，仅就儒学之宗教性而言，五四时期的儒学研究之所以回避这一问题，是因为当时科学主义思潮往往是将宗教视为"迷信"的同义语的。而在此后一个漫长的时期内，儒学的宗教性问题之所以遭到漠视，又是因为人们往往持着所谓"'绝对他者'的一元神宗教的界定方式"，从一定程度上说，这也就是以"西"裁"中"——所谓西方标准的东方运用而已。但是，当刘述先通过借鉴蒂利希的神学研究从而从"终极关怀"的角度来重新定义宗教时，那么儒学的宗教性也就不言而喻了。而当郭齐勇通过对20世纪儒学宗教性研究的反思以指向整个儒学研究，并将宗教性视为重新解读从先秦到宋明、从五经到四书传统的一个新视角时，那么这个新视角是什么呢？这就是构成亿万国人人文传统之精神支撑的人生信仰。所谓终极关怀，说到底不过是人生信仰的一种总括性表达而已。

---

① 刘述先：《儒家宗教哲学的现代意义》，载《生命情调的抉择》，台北：学生书局1985年版，第57页。

② 郭齐勇：《当代新儒家对儒学宗教性问题的反思》，《中国哲学史》1999年第1期。

③ 郭齐勇：《当代新儒家对儒学宗教性问题的反思》，《中国哲学史》1999年第1期。

二、儒学与政治权力

说儒学是以人生信仰的方式表现其宗教性，往往会遭到人们对儒学与政治关系之过于密切的指责，尤其是在以往两千多年的集权专制社会中，儒学似乎也一直在为集权专制的合理性进行论证。从这个意义上说，儒学不仅产生于政教合一的土壤，而且也似乎是一直把维护这种政教合一作为自己的使命的。从这个角度看，儒学从其产生起似乎就一直是作为集权专制之思想代表出现于中国社会的。如果说这是对儒学的一种批评，那么儒家学者自然应当接受这一批评。但必须看到，这一批评本身又是从西方的政教关系尤其是近代以来西方的政教分离原则出发的。这不仅涉及东西方不同的政教关系，而且也涉及其不同的特色以及其不同的发展走向。

说到政教关系，所谓政教合一首先是指西方的中世纪，尤其是指其长期流行的“教权是太阳，王权是月亮”一说，因而，当西方迈入近代社会，一个基本的观念就是“上帝的事情归上帝，恺撒的事情归恺撒”这一政教分离原则。由此进行历史的反观，才有所谓“黑暗的中世纪”一说。而政教合一也就成为中世纪所以黑暗的一个基本原因了。与之相应，儒学既产生于政教合一的传统，又将维护政教合一作为自己的使命，因而儒学之落后、保守的性质也就是确定无疑的。但是，由于对儒学的这一批评主要来自西方政教分离之社会现实的直观比照，因而关于中国政教合一传统之类的说法也就必须有辨。

最首先的一点，就在于西方的政教合一是必须合“政”于“教”的，所谓“教权是太阳，王权是月亮”正是指其政权对于教权的绝对服从而言的；从拿破仑称帝必须请罗马教皇为其加冕这一点上就可以看出其教权高于政权的传统，虽然这时的加冕已经完全成为一种形式遗存了。但中国的政教合一却从来都不是合“政”于“教”的，毋宁说是合“教”于“政”的。比如尧舜之禅让，虽然其中也可能包含着某种所谓“教”的因素或成分，但却主要是指政权之禅让；而大禹王权在益与启之间的传承以及当时“诸侯皆去益而朝启”（《史记·夏本纪》）的抉择，其权衡之轻重主要就来自王权；而诸侯的抉择，也主要是由于“益之佐禹日浅，天下未洽”（同上）这一极为现实的因素决定的。至于汤、武革命以及其所以成功，也是由现实的人心向背及其力量对比决定的。这就充分体现出在权力交接过程中现实因素、现实力量的决定作用。

当然，我们也完全可以设想，从尧舜、禹汤到文武、周公，他们本身都是集政权与教权于一身的人物，但决定这一交替以及其所以成功之关键，则主要取决于现实的政权而不在于所谓教权。因为如果从教权出发，那么益才应当是大禹最合法的继承人；而当时的诸侯之所以要“去益而朝启”，也主要是由于“益之佐禹日浅，天下未洽”这一最为现实的因素决定的。至于汤之放桀、武王之伐纣，也仍然是以军事实力作为基础的。这说明，夏商周三代政权之传递规则，主要是按照对现实具有决定作用的政权实力及其逻辑来运作的。

上述现象自然可以说是儒学形成以前的中国传统。所以，作为儒家的创始人，周公之制礼作乐，并将殷商以来的天命观念落实于对礼乐精神的道德践履之中，首先也就依赖于其摄政称王的经历。这一点甚至也表现在孔子对自己“述而不作”（《论语·述而》）的人生定位中。甚至，就是到了子思，也感叹说：“非天子，不议礼，不制度……虽有其德，苟无其位，亦不敢作礼乐焉。”（《礼记·中庸》）由此可以看出，表示现实政权之“位”对于体现教权之“德”的决定作用。

儒学就形成于这一背景之下，因而，它也根本不可能通过对现实政权的冒犯来行使其教权，——孔子一生周游七十余国，也主要是通过游说的方式来推行其政治主张，但却绝不可能通过对现实政权的直接取代来解决其与政权的分歧，就主要是受这一绵长而又深远的历史传统决定的。

但对儒家来说，其所遭遇之更为严厉的打击还在后面。依靠法家之独裁专制并通过耕战国策夺取天下的秦王朝，其初始虽然也以博古通今的方式将儒学纳入“博士”之列，但由于秦王朝之国策与儒家的主张反差太大，导致天下议论纷纷，因而秦王朝也就图穷匕首见了，这就是以“是古非今”的罪名、以焚书坑儒的方式对儒学进行毁灭性打击，而政权也由此形成其独撑天下的格局。汉承秦制，因而首先得到继承的便是秦王朝的集权专制。但在总结秦亡教训时，一句“天下苦秦久矣”却成为整个秦汉社会的一种共同心声，由此便有了一段以主张清静无为的黄老之学作为与民休息的基本国策。而与这一主张相适应的恰恰是西汉王朝所面临的社会现实：“自天子不能具钧驷，而将相或乘牛车”（《史记·平准书》）。直到汉武帝时，由于其国力恢复，才接受了董仲舒“罢黜百家，独尊儒术”的建议，并终于把儒学像家庭教师一样请进了王权的辅佐之列。

由此之后，儒学所代表的教权似乎只有被选择的命运。而对皇权来说，则有所谓“汉家自有制度，本以霸王道杂之，奈何纯用德教，用周政乎”（《汉书·元帝纪》）之类的实用选择；但对儒学而言，既然已经进入了皇权系列，那就必须坚持“正其谊不谋其利，明其道不计其功”（《汉书·董仲舒传》）的立身原则。不过，就在董仲舒时，由于其不断地以灾异警戒其君，结果落了个“下仲舒吏，当死，诏赦之”（《汉书·董仲舒传》）的处理；至于其弟子眭孟，则又因为推原“先师董仲舒”之意，建议汉昭帝效法尧舜，“退自封二百里”，最后便得到了“妖言惑众，大逆不道”（《汉书·眭两夏侯京翼李传》）而伏诛的命运。

所以，在此后两千多年皇权“霸王道杂之”的独裁历史中，儒家所代表的教权似乎只有被选择的命运（但对皇权而言，则无论其“霸王道杂之”也好、“儒表法里”也好，儒家的人伦教化权却始终是无法他属的，这也可以说是一种历史的选择）；而对儒学来说，则所谓“文死谏”也就成为历代儒生之一种历史注定的宿命了。在这种状况下，以所谓“政教合一”来批评儒家的保守与复古倒退，简直就是郢书燕说。实际上，在中国两千多年的皇权专制独裁的历史中，儒家的“政教合一”不过是坚持其对皇权的一种建议权、批评权与纠错权而已，从而试图将专制皇权拉回到人性与人道的轨道上。但在两千多年的专制社会中，似乎也只有儒家在用自己的肩膀死死地扛着黑暗的闸门……

这样看来，在中国传统的专制社会中，儒学根本就没有选择的权利，他只能面对铁血历史的赋予从而被动地接受。从这个角度看，儒学作为一种“教”，根本就没有起到教权所应当起到的作用。不过另一方面，正因为儒学从来都没有起到西方中世纪教权对于王权所起到的作用，从而也就塑造了儒学历史性的开放与兼容精神。比如还在孔子时代，虽然他也清楚地知道儒道两家是“道不同，不相为谋”（《论语·卫灵公》）的关系，但他也只是坚持自己“与人为徒”[①] 的思想抉择而已；而儒学也由于其与道家思想主张的分歧从而获得了“儒家”的称号。两汉之际，佛教东来，儒家也没有以所谓“圣战”精神发起对佛教的打击，它只是小心地守护着自己“六合之内”的“方内”世界；儒家由此成为一种“教”，而国人也由此获得了“三教并行”的思想抉择权。正因为这一原因，所以从明代的西学东渐到清代的洋务运动，最早与西方传教士进行文化交流的仍然是儒生；而最早发起向西方学习也仍然是儒家学者。这就决定，虽然儒学作为一种“教”根本就没有起到西方基督教那样的作用，但却塑造了一种最不具有排斥性而又最能坚持平等相容精神的“教”。

最重要的一点还在于，由于儒学从来都没有起到基督教那种对世俗王权之强制性的规范与管束作用，那么它究竟是如何立足于社会，从而维系其所谓“教”的声望呢？这就主要表现在儒学对于现实人生的关注以及其对人之生命的范导与教化中；而孔子“与人为徒”的精神也同样表现在其对人伦文明的坚持、范导与教育、教化之中。

三、儒学与现实人生

谈到儒学对人生的教育与教化作用，与其说儒学是因为其作为“教”（无论是其宗教性的“教”还是因为其对人生坚持教育与教化的“教”）才走向人生的，不如说儒学首先是因为其对现实人生的关注以及其教育与教化作用才成为“教”的。从这个角度看，儒学的重心以及其全部关怀也就落实在现实的社会与现实的人生之中。

儒家创始于周公，虽然周公当时既没有“儒学”的名称也没有所谓“儒家”身份的基本自觉，但其以“以德配天”的方式落实殷商以来的“天命”、以制礼作乐的方式规范人伦关系，并以道德实践的方式实现对“天命”与“礼乐”的贯彻与落实，从

① 孔子云：“鸟兽不可与同群，吾非斯人之徒与而谁与？天下有道，丘不与易也。”（《论语·微子》）

这个意义上说，周公就是儒家的开创者。正因为这一点，所以作为殷周文化史专家的王国维就对周公的这一系列努力评价说："此数者，皆周之所以纲纪天下，其旨则在纳上下于道德，而合天子诸侯卿大夫士庶民以成一道德之团体。周公制作之本意，实在于此……"① 又说："以上诸制，皆由尊尊亲亲二义出，然尊尊亲亲贤贤，此三者治天下之通义也。周人以尊尊亲亲二义，上治祖祢，下治子孙，旁治昆弟，而以贤贤之义治官。"② 显然，周公作为西周的政治领袖，其对儒家文化的开创作用，首先也就体现在其对礼乐文明及其道德实践方向的开辟上。

不仅如此，作为儒家的创始人，周公也是中国历史上政教合一精神的真正体现者。虽然其一生的所有制作都首先是因为其摄政称王的经历才得以发挥作用的，但其思想诸如"以德配天""敬天法祖"以及"制礼作乐"包括以礼乐的形式指向人伦道德实践等等，则确实更具有"教"的特征。当然所有这些，首先取决于周公本人的德性。比如面对武王去世后所发生的三监之乱，周公的选择就是毅然决然地"履天子之籍，听天下之政，平夷狄之乱，诛管蔡之罪"（《淮南子·汜论训》），这无疑是代行天子之政；但当"成王既壮，周公属籍致政，北面委质而臣事之，请而后为，复而后行，无擅姿之志，无伐矜之色……"（《淮南子·汜论训》）这就不仅是还原其臣子的本分，而且也彰显了其宗教领袖的德性。比如当周公还政之后，由于成王需要他继续辅佐，所以其封地就只能让儿子伯禽代他就封。临行前，周公曾以如下语言告诫伯禽：

> 我文王之子，武王之弟，成王之叔父，我于天下亦不贱矣。然我一沐三捉发，一饭三吐哺，起以待士，犹恐失天下之贤人。子之鲁，慎无以国骄人。（《史记·鲁周公世家》）

在儒家的语境中，所谓"一沐三捉发，一饭三吐哺"主要表现了周公如何勤于王事，所以后来还有曹操"周公吐哺，天下归心"的赞叹。实际上，这并不仅仅是一个为政的问题，而首先是一个如何对待人、如何看待他人的问题，所以周公对伯禽的叮咛就是："子之鲁，慎无以国骄人。"在这里，如果我们认为周公是一位政治家，那么他就是以信仰的虔诚来从事为政实践的；如果我们认为周公是儒家的创始人，那么其对儒家人生信仰的开创也就表现在他的为政实践中。——儒家的政教合一精神在周公的人生实践中得到了最圆满的体现。

但周公的政教合一毕竟首先决定于其本人之先后天条件的一致——"德"与"位"的统一。到了孔子时代，则其"从大夫之后"的出身也就只能使他成为一名"士"了，因而所谓"吾少也贱，故多能鄙事"（《论语·子罕》），也就成为孔子早年

---

① 王国维：《殷周制度论》，《观堂集林》第二册，中华书局1959年版，第454页。
② 王国维：《殷周制度论》，《观堂集林》第二册，中华书局1959年版，第472页。

最基本的人生经历；至于其政治理想，也只能通过游说的方式展开。——孔子一生周游七十余国也可以说就是他为推行其政治理想所付出的实践与努力。正因为孔子有“德”无“位”的现实以及其政治努力的失败，因而也就使他不得不将周公政教合一的理想全然落实于个体的现实人生中，并从个体人生的角度塑造出一种“君子人格”。如果说周公的制礼作乐是以政治领袖的身份发动了一场文化改革，那么孔子一生的努力则完全是从个体人生与思想文化的角度指向政治的，并以君子人格的方式对其政治理想进行了具体做人精神的落实。

孔子的这种努力首先是从其父子间的家教展开的，比如《论语》中就有如下一段记载：

> （孔子）尝独立，鲤趋而过之，曰：“学诗乎?”对曰：“未也。”“不学诗，无以言。”鲤退而学诗。他日又独立，鲤趋而过庭，曰：“学礼乎?”对曰：“未也。”“不学礼，无以立。”鲤退而学礼。（《论语·季氏》）
>
> 子曰：“小子何莫夫学诗？诗，可以兴，可以观，可以群，可以怨。迩之事父，远之事君。”（《论语·阳货》）

这就是孔子在父子与师弟间所推行的做人教育。而其弟子也都是从“入则孝，出则悌，谨而信，泛爱众”（《论语·学而》）的角度做起的，因而也完全可以说是一种学以成人式的教育。儒学与现实人生的密切关联或者说其全部学说之所以直接扎根于现实的人生，应当说就是从孔子开始的。

那么，这种教育的指向如何呢？请看孔子与颜回的一段对话：

> 颜渊问仁，子曰：“克己复礼为仁，一日克己复礼，天下归仁焉。为仁由己，而由人乎哉?”
>
> 颜渊曰：“请问其目?”子曰：“非礼勿视，非礼勿听，非礼勿言，非礼勿动。”
>
> 颜渊曰：“回虽不敏，请事斯语矣。”（《论语·颜渊》）

“仁”当然是孔子思想的核心，也代表着孔子人生的最高追求。但孔子一句“克己复礼为仁”就使“仁”必须落实到对“礼”的践履之中，并且还必须达到“非礼勿视，非礼勿听，非礼勿言，非礼勿动”的地步，这就成为一个非常值得品味的规定了。因为一方面，就“仁”与“礼”的关系而言，“仁”无疑代表着“礼”的最高指向，但要真正“为仁”，却又必须从“克己复礼”做起；儒家的“仁”与“礼”在这里构成了一个相互支撑与相互印证的回环。对现实的人生而言，所谓君子人格也就体现在对非礼勿视听言动之具体的实践追求之中。这样一来，所谓“克己复礼”“为仁追求”

与君子人格也就形成了一种三位一体的关系。

更重要的一点在于，所谓君子人格、“克己复礼”与“为仁追求”难道仅仅是孔子对颜回的要求吗？显然，正是从这个角度看，孔子对儒家思想的人生落实与推进也就显现出了极大的意义。虽然他的教育与教化活动全然集中于现实的人生，但其君子人格却是在现实的人生中所展开的一种人生信仰追求，是在现实的人生中实现其超越于现实的人生理想，并且还要达到“非礼勿视，非礼勿听，非礼勿言，非礼勿动”的地步。就是说，由君子人格所展现的礼乐文明精神对于人伦行为的规范和要求完全可以落实到人的视听言动之际，落实于其行住坐卧之间。如果就对人之言行、心理的约束与规范而言，世界上可能还没有一种宗教对人的规范与约束可以达到如此严格的地步。也正是从这个意义上说，儒学的宗教性完全可以称之为道德性的宗教或人文性的宗教。说其为道德宗教，是指其所有的追求完全由道德的进路而展开，并在道德实践中达到超越道德的境地；说其为人文宗教，则又是指其以从不脱离人伦实践的方式从而达到超越于人伦文明（自然而然）的目的。这就涉及儒学作为一种信仰以及其所以成立之关键性因素。

四、儒学的信仰蕴含

儒家的信仰是什么？其信仰追求如何表现？其人生信仰有没有一个底限？当我们以如此方式展开对儒学的多重叩问时，那么儒家的人生信仰主要也就表现在如下几个方面。

首先，如果以“你的信仰是什么”为题进行问卷，那么大量的国人可能会以“天”为答，当然这个回答也可能会遭到“从来天意高难问”式的反驳。但“天”这个观念自其形成以来就一直是作为中国人的基本信仰出现的（这一点可以说是中国农耕文明早熟的产物和表现），比如当殷纣面临“西伯戡黎”的格局时，其一个最直接的反应就是“呜呼！我生不有命在天?”（《尚书·西伯戡黎》）这说明，殷纣确实是以“天”为信仰的，也是以“天命”作为其王权存在之合理性依据的。直到今天，国人仍然很难摆脱“天”的影响，所谓“谋事在人，成事在天”就体现着“天”之最后根源与最高仲裁的作用。

但“天”在殷周之际却遭到了一次重大质疑：当然，所谓“文王拘而演周易”固然还可以说是文王试图通过“演易”的方式来探索天意之所在，但武王的忧患就已经明确转化为自己虽然已经打下了江山，却并没有获得殷纣那样的“天之明命”，于是也就有了“我未定天保，何暇寐”（《史记·周本纪》）的长夜之思。但到了周公，则通过所谓“以德配天”“制礼作乐”以及对礼乐之道德践履的方式彻底解决了文、武以来的忧患意识，这就是将“天命”直接落实为人的德性，并表现于具体的礼乐践履之中。整个这一过程，就是将“天命”“德性”化、将“礼乐”人伦实践化，所以，后来的孔子之所以对诸侯、大夫的各种僭越行为痛加批评，其实并不仅仅是在批评各种不守礼节的行为本身，而在于批评这种僭越对于“天命”和“天意”的违逆；至于子思的“天命之谓性”，则又可以说是对殷商以来“天命”观念之人性化落实的表现。这样一来，原本对“天”或“天命”的信仰也就转化为一种更具有现实性品格之内在人性的信仰了。

在这一过程中，如果说文、武主要表现了由“天命”之转移而来的历史危机所形成的忧患意识，那么周公则是通过“以德配天”与“制礼作乐”的方式，从而实现了王权从“天之明命”到德性与礼乐实践的转向。而这一转向，同时也就成为礼乐文明的塑造者了。[①] 到了孔子，由于周文疲惫、礼崩乐坏，因而他也就不得不从个体之士的身份对礼乐文明作出承当，这就从个体人生的角度，通过“仁”“礼”关系的反复辨析，从而成为“仁人志士”的塑造者；至于所谓君子人格，其实也可以说是对仁人志士的一种标准化表达。请看孔子对君子人格的表达：“志士仁人，无求生以害仁，有杀身以成仁。”（《论语·卫灵公》）而曾参则表达为：“可以托六尺之孤，可以寄百里之命，临大节不可夺，君子人与？君子人也！”（《论语·泰伯》）曾子又说：“士不可不弘毅，任重而道远，仁以为己任，不亦重乎？死而后已，不亦远乎？”（《论语·泰伯》）所有这些，既是对君子人格的规定，同时也是对志士仁人的塑造。所以徐复观才以“开辟了内在的人格世界”[②] 来赞扬孔子对中国文化的巨大推进。

当文化通过道德实践的方式直接落实于个体人生时，个体能否担当起这一重任呢？这就需要孔子思想中的另一维度，即所谓天道性命相贯通来开拓个体的精神世界。子贡曾感叹说：“夫子之文章，可得而闻也；夫子之言性与天道，不可得而闻也。”（《论语·公冶长》）子贡虽然感叹“夫子之言性与天道，不可得而闻”，但是，如果我们对应于孔子的“文王既没，文不在兹乎！”（《论语·子罕》）“天生德于予，桓魋其如予何？”（《论语·述而》）之类的感慨，也就完全可以看出孔子有关“天”与“人”在德性上的贯通关系。所以到子思，就明确地提出了“天命之谓性”一说。至于孟子，则又通过对“四端”“本心”之层层上溯，从而明确提出：“尽其心者，知其性也。知其性，则知天矣。”（《孟子·尽心上》）很明显，这就把天与人在德性上的贯通关系明确表达出来了。所以说，沿着周公、孔子的方向，也必然要将“天命”落实到“人性”的层面。

但儒家的性善论既不是一种“命定”的善，也不仅仅是一种理论主张上的善，而主要是通过人生实践抉择所彰显出来的善，所谓“从其大体为大人，从其小体为小

---

① 关于周公对儒学形成的开创性作用，请参阅拙著《发生与诠释——儒学形成、发展之主体向度的追寻》一书中的“周公的特殊经历及其制礼作乐”一节，人民出版社 2015 年版，第 168—184 页。

② 徐复观：《中国人性论史》，上海三联书店 2001 年版，第 61 页。

人”（《孟子·告子上》）也就明确地表达了儒家性善论之实践抉择的性质；至于“君子所性，仁、义、礼、智根于心，其生色也，睟然见于面，盎于背，施于四体，四体不言而喻”（《孟子·尽心上》）等等，则又明确地表达了儒家性善论之实践抉择与实践生成的性质。这样一来，如果说中国人在殷商时代确曾经历过一个天命信仰的时代，那么到了孔孟，原来那种外在的天命就已经为内在的人性信仰所取代了。①

说中国人信仰人性，绝不是说儒家认为人性就必然为善而不会为恶，而是说，从人们日常交往中所表现出来的善到整个人伦文明，都必须以善为根本支撑；否则的话，不仅日常生活中的善行不可说明，而且整个人伦文明究竟以什么为支撑也同样无法说明。从日常生活来看，“今人乍见孺子将入于井，皆有怵惕恻隐之心，非所以纳交于孺子之父母也，非所以要誉于乡党朋友也，非恶其声而然也。由是观之，无恻隐之心，非人也……”（《孟子·公孙丑上》）甚至，就是那些一直被视为惯于为恶的小人，其对于善也仍然具有一种不能掩抑的向往之情。比如《大学》云：“小人闲居为不善，无所不至，见君子而后厌然，掩其不善，而著其善。”（《礼记·大学》）再从整个人伦文明来看，如果不是对人之有别于禽兽的“几希”之善的一种坚信，我们究竟凭什么对人类文明的发展怀着一种乐观的期待呢？如果人根本无别于禽兽，那么人伦文明的发展说到底也就不过是在丛林世界中兜圈子而已。所以说，当天命下贯于人性并落实于“君子所性”以及其对“大体”“小体”之实践抉择时，儒家的人性信仰也就真正形成了。

那么这种信仰的指向是什么？其底限何在呢？这就存在于人性的不断自觉与人伦文明的不断发展之中。在孔子思想中，就有所谓夏夷之辨，也有所谓“乡愿，德之贼也”（《论语·阳货》）的激烈批评。所谓夏夷之辨自然是文明与野蛮之辨。至于其对“乡愿”的批评，孟子解释说：“恶紫，恐其乱朱也；恶乡愿，恐其乱德也。”（《孟子·尽心下》）这说明，儒家之所以永远对人伦文明怀着一种乐观的期待，实际上正是以对人性的信仰为基础的；而在“乡愿”包括各种现实的困厄面前，孔子之所以能够始终坚持一种“与人为徒”的心态，也同样存在着一种对人性的信仰并坚信人伦文明之不断发展的心理基础。

五、兼容与底色：作为人生信仰的儒学

这样一来，当我们将儒学视为一种对人性与人伦文明的信仰时，马上就会发现，与其他外向超越性宗教相比，儒学所以存在的不同特色：首先，仅从外在形式来看，

① 关于儒家性善论的历史形成，请参阅拙作《历史危机、人生信念与实践抉择——儒家性善论的发生学分析》，《哲学研究》2016 年第 5 期。

儒学并没有末日审判，也没有来世期待。其全部希望，也就寄托于此在的人生与当下的现实生活中，寄托于人性的幡然悔悟与不断的自我提升之中，——儒家所谓的境界追求，不仅表现了其对人性的自觉与人生的领悟，而且也表现着其主体精神及其对现实人生的超越，——所有宗教的来世期盼，也就被儒学直接融化于现实生活之中了，融化于人生境界的提升与对现实人生超越的过程中。这样，我们也就可以确认：儒学确实是一种“自力宗教”，这种自力，不仅表现为其对内在人性的坚信，而且也表现在其对“他力宗教”及其外在形式的扬弃；儒学正是通过对内在人性的信仰、对人伦文明的期待，从而将“他力宗教”之“末日审判”与“来世期盼”全然融汇于此在的人生与当下的现实生活中，并通过自我之内在提升，以化解人生中的种种困厄，从而使现实生活显现出终极关怀的理想色彩。所以说，这是一种真正属于人的宗教，是人对于其内在人性连同人伦文明信仰的宗教，也是通过人之内在人性而又落实于当下的现实生活中之人的一种自我拯救、自我实现的宗教。显然，这也可以说是中国人在扬弃了外在的天命信仰之后所展开的一种自我塑造与自我拯救的宗教。

如果说这种自力宗教是在经历了“靠山山倒，靠水水流”之后通过人之内在人性的觉醒并依靠自身力量之一种悲壮的自我拯救，那么其所展现的也就全然是人自身的力量——理想与信仰追求，因而也完全可以说是一种人之自我实现、自我拯救的宗教。那么，这种信仰追求的缺点与底限在哪里呢？由于其完全依赖于人自身的力量，因而人生的多样性以及人生追求的多层次性往往也就容易使其滑转为一种自我安慰、自我肯定的相对主义思潮。从孔子怒斥“乡愿”为“德之贼”到孟子指责“乡愿”是“同乎流俗，合乎污世，居之似忠信，行之似廉洁，众皆悦之，自以为是，而不可与入尧舜之道”（《孟子·尽心下》）的尖锐批评来看，说明所谓人伦相对主义就是这种信仰的大敌；而将超越的理想追求精神滑转为一种“非之无举也，刺之无刺也”的“乡愿”则又几乎可以说就是这种自力宗教难以自医的“内伤”。因此，对儒学而言，高扬超越的理想追求精神永远是其抖落各种“乡愿”顽症的内在力量。

正由于儒学是一种凝聚其全部力量于此在人生的信仰，而其全部追求也就集中于现实的人生中，因而任何来自“方外”的力量包括所谓“方外”的标准也就从根本上缺乏对其约束的效力，——所谓末日审判、来世期待等等也并不具有威慑或感召的力量。但也正是因为这一原因，所以儒学对于各种来自“方外”世界的设计及其说教，也并不具有强烈排拒的态度，而是以面对“天外来客”之心并以所谓“存而不论”的心态进行自我的观照和欣赏。所以在中国历史上，面对佛教的东来，儒家士大夫反而可以欣赏的目光来打量这种解脱追求与不落两边的中道智慧，从而也就成为其对人伦文明设计与塑造之一种巨大的推进力。在这一点上，儒道两家很早就形成了一种比较强烈的比照关系。佛教传入后，由于从道家到道教都存在着一种退隐人生或不脱离现实人生的修仙追求，因而其与佛教在“方外”世界也就存在着对“道场”的争夺，——历史上所谓“三武一宗”的灭佛事件，都有道士参与其间，反倒是儒家能够平和地看待佛教对于“涅槃净土”的追求。同样的情形也发生于中晚明，面对传教士所传播的“福音”，不仅儒生可以自省的心态、欣赏的目光从容面对，而且还可以像面对“西儒”一样的心态进行心理上的认同。所以，从这一点来看，由于儒学并没有“方外”的追求与期许，因而面对各种关于“方外”世界的设计，儒学反而可以一种平等的心态从容面对。——中国历史上之所以从未发生过宗教战争，也就不能不归功于儒家“六合之外，圣人存而不论”（《庄子·齐物论》）之现实、平和而又清醒的智慧。

不仅如此，就是对于自己所念念守护的“方内”世界，儒学也始终坚持着一种“六合之内，圣人论而不议”（《庄子·齐物论》）的态度。这究竟是为什么呢？这就需要从殷周以来尤其是秦汉以降中国社会政治结构之特殊性来说明。如前所述，夏商周三代政权之递相取代，虽然也存在着所谓“天命”与“德性”的基础，毕竟是以实力为后盾的；至于秦汉以降，则依靠武力打天下便成为改朝换代的唯一途径。在这种条件下，无论是历史还是民众，其对于专制皇权根本就没有选择的可能；就连儒学也始终居于被选择的地位，并且也是因为其适应于专制皇权的需要才得以进入权力系统的。这样一来，如果儒学也像其他外向超越性宗教一样有着强烈的排拒精神，那么民众也就真正成为一种“会说话的工具”了。但是，由于儒学的重心始终定位于现实的人生；而在人生的方向选择上，儒家也始终坚持着一种“为仁由己，而由人乎哉”（《论语·颜渊》）之“我不欲人之加诸我也，吾亦欲无加诸人”（《论语·公冶长》）的态度，这才给亿万民众提供了一种思想上的自由抉择权，否则的话，专制皇权的压迫连同其对思想言论的钳制，那么人民大众也就真正成为家畜一族了。从这个意义上说，儒家的“存而不论”连同其“论而不议”不仅是中国文化长期发展的产物，而且也是中国社会结构特殊性的表现。

作为一种人生信仰，儒学这种聚焦于现实人生的特点也与世界上各种外向超越性宗教形成了一种非常有益的互补关系。其与佛教、基督教的兼容关系已见前述；而其聚焦于现实人生的信仰追求不仅与各种外向超越性宗教形成了一种兼容关系，更重要的还在于，其聚焦于现实人生的特点不仅可以构成各种外向超越性宗教之相互沟通的中介，而且还可以成为各种外向超越性宗教之一种可以相互借鉴的“公分母”。关于这一点，当代新儒学的代表人物杜维明先生有一段非常精彩的比较。他分析说：

> “儒家式的基督徒”和“非儒家式的基督徒”的区别在哪里，这个问题一直困扰我，现在我想明白了。所谓“儒家式”的就是入世的，现实的。不但关注自己的内心，也关心现实的改善。一个基督徒可以不关心政治，可以不参与社会，可以不顾及文化，只追求自我的修行，到达彼岸，超脱一切。

> 但是儒家不可以，儒家式的一定是关心政治，参与社会，热心文化的。[①]

所谓“关心政治，参与社会，热心文化”等等，其实就指儒家的现实关怀而言，就指儒家对于现实社会与人伦文明的积极参与和促进作用而言。由于外向超越性宗教往往聚焦于末日审判与来世期待，而所有这些“末日”“来世”又不能不以现实社会与现实人生作为自己的形下存在之根，因而儒学不仅可以作为各种外向超越性宗教相互沟通的中介，而且其现实关怀也正好可以成为各种外向超越性宗教的“公分母”。这就正好表现出儒学之“兼容”特色及其“底色”的作用。

在这一点上，杜维明先生特意提出了一个“儒家式”的概念，以说明儒家的现实关怀对于各种外向超越性宗教的“底色”作用。他分析说：

> 什么叫儒家式呢，就是说他们比较关切政治、参与社会、注重文化。那么，你既然是儒家式的佛教徒、儒家式的基督徒和儒家式的伊斯兰教徒，儒家这一人文精神就可以在文明对话中起一个中介的作用。[②]

在以各大宗教为基础的文明对话中，所谓“儒家式”的可以起到一种“中介”作用自然是不言而喻的。因为儒家既没有外向超越性宗教的各种外在形式，但也并不排斥这些形式，因而完全可以起到一种入乡随俗而又不丧失其主体性的效果。更重要的是，这种“儒家式”的信仰实际上又可以构成各种外向超越性宗教之间之一种共同的“底色”；至于所谓“儒家式的佛教徒、儒家式的基督徒和儒家式的伊斯兰教徒”等等，则完全可以在这一“底色”的基础上形成一种新的融合与新的创造。所以说，兼容与底色，也就构成了儒学在现代社会作为一种人生信仰的价值与意义。

---

① 杜维明：《儒家一定是入世的》，《南方人物周刊》2004 年第 19 期。

② 杜维明：《对儒家人文精神的多元观照》，《中国教育报》2004 年 11 月 11 日；另请参阅杜维明《儒学的超越性及其宗教向度》，中国社会科学出版社 2001 年版，第 33—55 页。

西医东渐主线新论

马来平
山东大学儒学高等研究院教授

在19世纪中叶之后的西学东渐中，西医东渐是最重要、最具特色和最有魅力的部分。这一时期，新教传教士奉行藉医传教方针、西医传入后对中医的冲击特别巨大而中医却在中国传统自然科学诸学科中唯一整建制地顽强保留了下来。因此，应当重视和加强西医东渐史的研究。研究西医东渐史，一个带有方法论性质的问题就是要从西医东渐浩如烟海的史料中，理出鲜明的主线，以期在西医东渐研究中收到总揽全局、纲举目张之效。

原则上，西医东渐主线的认定应当满足以下两个条件：一是在一定程度上反映西医东渐的本质；二是贯穿西医东渐的始终。依此条件，诸如医史界通常所谈到的西医在东渐中的体制化、中医体制在西医东渐中的转型、医学思潮的纷争和变幻等，均可作为西医东渐的主线。本文认为，儒学与科学的关系也是西医东渐的主线之一，而且地位十分重要。

一、儒学与科学的关系反映了西医东渐的本质

儒学与科学的关系是否反映了西医东渐的本质？这里仅从中医和西医关系的本质、西医东渐中各种医学思潮论争的核心，以及西医东渐最深层的制约因素等三个主要侧面窥见一斑。

（一）中、西医的关系表征着儒学与科学的关系

西医以生物学、微生物学、遗传学、分子生物学、化学和物理学等自然科学为基础，是自然科学在医学领域的具体应用，甚至已赫然成为自然科学的重要分支之一，自不待言。而中医奠立在儒学的基础之上，甚至可说是儒学在医学领域里的特殊表现形式，也是不容否认的。

在中医的起源期和早期，道家对中医的影响较大。自汉代始，儒家思想逐渐成为中医的主要理论基础。人们公认，中医最重要的理论基础是阴阳五行学说和元气说。

阴阳学说早在春秋时代就被引入了医学，但单是阴阳学说不足以说明人体的生理和病理现象，因此，在引入阴阳学说之后，中医在汉代又引入了五行学说和元气学说。而汉代不仅儒学已经取得独尊地位，而且，阴阳五行学说和元气说也已是儒学的基本理论。为此，有中国哲学史专家指出："由于从董仲舒开始，阴阳五行学说已是儒家学说的基本组成部分，所以儒和医之间的联系也建立起来了。后世有不少医家都认为，作为医，如果不懂得儒家那一番道理，就只能是个庸医。这种情况也表明，中国的医学，乃是儒家哲学为父，医家经验为母的产儿。"① 其实，不仅如此。儒家的"天人合一"宇宙观、儒家的纲常伦理原则、儒家的"中和"思想和"执同两中""执中权变"的中庸之道，以及儒家的辩证法思想等，无不渗透进中医，成为中医之魂。所以，汉代以后，中医与儒学的关系是相当密切的。甚至在一定的意义上可以说，中医是儒家思想在医学领域里的特殊存在形态。

既然中医和西医分别以儒学和自然科学为基础，甚或分别是儒学的一种特殊存在形态或自然科学的分支学科，那么，从本质上看，中医与西医的关系就不仅是两种医学之间的关系，而是表征着儒学与科学的关系，则是理所当然的了。

（二）西医东渐中各种医学思潮论争的核心表征着儒学与科学的关系

西医传入中国，对中医产生了巨大冲击，使得中医由一家独大，降为西医的配角，甚至数度发生了生存危机。在这个过程中，相继促生了许许多多、此起彼伏的医学思潮。这些思潮，尤其"废止中医论""保存中医论""中西医汇通论"和"中医科学化论"等有代表性的若干思潮的论争，始终围绕着儒学与科学的关系这一核心。如"废止中医论"割断了中医与科学的联系，认为中医与科学是完全对立的，是伪科学；"保存中医论"主张中医是与现代科学技术性质不同的"另一种科学"，它与现代科学技术"道并行而不相悖"，甚至既相容又可以互补；"中西医汇通论"认为中医与科学技术存在局部可通约关系，可以有选择地用科学技术完善和补充自己；"中医科学化论"认为中医与科学技术是完全可以通约的，中医发展的唯一方向是不断用现代科学技术解释、完善和发展自己。总之，各种思潮的论争始终汇聚于：中医和科学的基本关系是对立的，还是相容的？若基本关系是相容的，那么，二者是否存在可通约性？中医是否应该用现代科学的理论和方法解释、完善和发展自己？所有这些，从现象上看是中医与科学的关系，但由于中医是儒学在医学领域里一种特殊的存在形式，所以，本质上乃是在一定程度上表征着儒学与科学的关系。

（三）西医东渐最深层的制约因素是儒学与科学的关系

对于中国而言，西医既是一种新的医疗疾病的技术体系，也是一种以科学技术为

---

① 任继愈主编：《中国哲学发展史》（秦汉卷），人民出版社 1985 年版，第 611 页。

基础甚或是作为科学技术象征的异质文化。因此，西医进入中国，立即受到了来自以儒家文化为主体的中国文化的强力作用。由于这种作用是发生在文化层面上的，所以，它必定会成为制约西医东渐方向、规模、速度和效果的最深层因素。

儒学对于进入中国的西医的作用方式是多种多样的。其中较为重要的方式之一是以儒学化了的人为中介，即儒学思想首先内化为人的世界观、价值观、认识论，乃至生命观、身体观、生理观、疾病观念等，然后，通过人对西医施加影响。从西医东渐的历史实践看，充当当时儒学对西医作用中介的，不仅仅包括社会上层，而且也包括社会基层的老百姓。此外，从根本上说，当时儒学对西医的作用主要是一种“选择”的作用，而选择的结果，又进一步表现为许多种形式。其中，最重要、最典型的是“欢迎”与“排斥”两种形式。

西医东渐史表明，从整体和主流上看，儒学对于西医是持欢迎态度的。这里，将主要从以下两个角度略予说明。

1. 主要儒家流派的代表人物对西医的肯定和赞扬态度

鉴于西医对于儒学的冲击和影响直至清末才格外明显起来，所以这里将主要聚焦于清末民初主要儒家流派的代表人物对西医的态度。清末民初，最有代表性的儒家流派是以康有为等为代表的今文经学、以章太炎等为代表的古文经学，以及以梁漱溟等为代表的第一代新儒家。限于篇幅，这里，仅扼要考察一下上述流派的三位代表人物对西医的态度。

康有为热情赞扬西医。《日本书目志》（1898 年）是康有为为国人介绍西学的一份详备的书目表，当时曾产生过重大影响。在这份长达 15 卷的书目中，生理学和医学雄居篇首。皆因康氏认为“大治在于医，故以冠诸篇焉”[①]。书目表每卷卷后均有作者“序”。在这些“序”中，康有为热情赞扬西方的解剖学、妇产学和生理学。他说：“近泰西解剖之学至精微，贤列氏其冠冕矣”[②]；“若产婆学，尤关生理之本，泰西皆有学人专门考求。而吾中人弃于一愚妪之手，草菅人命数千年”[③]；“如生理之学，近取诸身，人皆有之，凡学者所宜，尽人明之。吾《素问》少发其源，泰西近畅其流，鳖杰儿氏、兰氏、歇尔蔓氏，大唱元风，兰氏阐析尤精矣”[④]。

章太炎出身中医世家，本人亦精通中医医理，却不讳中医之短，不妒西医之长。

---

① 康有为著，姜义华、张荣华编校：《康有为全集》第三集，中国人民大学出版社 2007 年版，第 278 页。

② 康有为著，姜义华、张荣华编校：《康有为全集》第三集，中国人民大学出版社 2007 年版，第 268 页。

③ 康有为著，姜义华、张荣华编校：《康有为全集》第三集，中国人民大学出版社 2007 年版，第 278 页。

④ 康有为著，姜义华、张荣华编校：《康有为全集》第三集，中国人民大学出版社 2007 年版，第 267 页。

他说："脏腑血脉之形，昔人椾尝解剖而不能得其实，此当以西医为审，……脏腑锢病，则西医愈于中医，以其察识明白，非若中医之悬揣也。"① 他认为，较之中医，"西医则有化学家植物学家矿物学家助其药学；理学家发明探热针 X 光显微镜，助其诊断；电学机械家助其治疗。此中西医一进一退之关键在焉"②。

梁漱溟终生研究儒学和传统文化，被誉为"中国最后一位儒家"，其"中西文化比较"思想享誉海内外。他基于中西医比较，对西医赞誉有加。他说，中西文化"两方比较，处处是科学与手艺对待。即如讲到医药，中国说是有医学，其实还是手艺。西医处方，一定的病有一定的药，无大出入；而中医的高手，他那运才施巧的地方都在开单用药上了。十个医生有十样不同的药方，并且可以十分悬殊"③。他认为西医追求客观共认的确实知识，中医习用猜测、崇尚天才，"这种一定要求一个客观共认的确实知识的，便是科学的精神；这种完全蔑视客观准程规矩，而专要崇尚天才的，便是艺术精神"④。他还认为："西医是解剖开脑袋肠子得到病灶所在而后说的，他的方法他的来历，就在检察实验。中医中风伤寒的活，窥其意，大约就是为风所中，为寒所伤之谓。但他操何方法由何来历而知其是为风所中、为寒所伤呢？因从外表望着像是如此。这种方法加以恶谥（shi）就是'猜想'，美其名也可叫'直观'。这种要去检查实验的，便是科学的方法。这种只是猜想直观的，且就叫它做玄学的方法。"⑤ 且不说梁漱溟对中医的看法是否准确，单就他对西医是否持有肯定和赞扬的态度说，则是一清二楚的。

2. 不同时期的主政者对西医的认同与支持态度

康熙先后所患疟疾、心悸病、上唇生疮等，均由传教士用西药治愈，因此他对西医西药兴趣浓厚、大加赞赏：他任命通晓医术的传教士罗怀中（J. Joseph da Costa）为"内廷行走"；任命传教士罗德先（Bernard Rhodes）和安泰（Etienne Rousset）为"扈从医生"；他令法国传教士巴多明（Dominique Parrenin）翻译法国皮理《人体解剖学》，并亲自向传教士学习人体解剖知识；经常把西药金鸡纳赏赐给大臣等等。洋务运动时期，洋务派对西医表现出了较高的热情，并把创办西医教育作为洋务运动的一部分。1871 年官办京师同文馆增设了医科。李鸿章十分推崇西医："予久伟其用心之精而立法之善矣"；认为西医"藏（zang）真府俞（shu）悉由考验，汤液酒醴更极精翔"；西药"格致微渺多务尽其实用，非仅以炮制为尽物性"。⑥ 1881 年李鸿章在天津创办了后来被命名为"北洋医学堂"的医学馆，等等。维新派高度重视西医。1898

① 章太炎：《论中医剥腹案与吴硕书斋》《华国月刊》，1926 年 3 月，第三册。
② 陈仁存：《章太炎先生医事言行》，《存仁医学丛刊》（香港）第二卷，1953 年。
③ 梁漱溟：《梁漱溟全集》第一卷，山东人民出版社 1989 年版，第 354 页。
④ 梁漱溟：《梁漱溟全集》第一卷，山东人民出版社 1989 年版，第 355 页。
⑤ 梁漱溟：《梁漱溟全集》第一卷，山东人民出版社 1989 年版，第 357 页。
⑥ ［美］洪士提反：《万国药方》，上海美华书馆 1890 年版，李鸿章序。

年，光绪帝谕示："医学一门关系至重，亟应另设医学堂，考求中西医理，归大学堂兼辖，以期医学精进"；梁启超案曰："医者……泰西大学为一科，今特许增之，实为维新之一政也。"[①] 只可惜维新变法昙花一现，诸多宏愿未及实现。但与西医有关的一件事毕竟实现了：1903 年京师大学堂增设医学馆，招收医学专业学生。清末，清政权积极推进留学政策。1907 年清朝学部和日本千叶医学专科学校订立了接收中国留学生的办法，鼓励中国留学生通过日本学习西医。民国以后，西医逐渐在中国扎下根来并在中国医药界获得了主导地位。民国政府十分重视西医事业：仿照西方的医疗卫生体制，建构起新的国家卫生体系；1913 年公布了壬子癸丑学制，规定医科划分为医学、药学两门，并对课程设置和学制等做了明确规定，使中国的西医教育事业步入了正轨；自 1912 年起，在各省建立了官办医院和医学院等等。

诚然，不同时期中国的主政者对西医的态度并非仅仅是由儒学支配的，但儒学作为官方意识形态和文化传统的主体部分，它对于主政者关于西医态度的向背，无疑是有重大作用的。儒学对西医整体上的欢迎态度，显示了儒学对异质文化海纳百川的博大包容气度。

儒学对西医也产生过一定的排斥作用。尤其是鸦片战争以后，新教传教士借助西方殖民势力进入中国，并且以行医作为传教和西方殖民势力经济活动先导的历史阶段，西医所遭遇到的以儒学为主体的中国文化的排斥情况更是司空见惯。从西医剖腹和截肢等外科手术长期不被接受、西医在老百姓中间被妖魔化（"挖眼""剖心""蒸食小儿"）、教会医院与民众之间层出不穷的医患冲突事件，一直到西医的生理观、身体观、疾病观与儒家传统观念的深层冲突等，应有尽有，不一而足。这种排斥作用贯穿于西医东渐全过程，只不过在不同的历史时期，排斥作用的广度和深度及其表现形式，均有所不同而已。

二、儒学与科学的关系贯穿西医东渐的始终

儒学与科学的关系是否在明末清初至 1949 年尤其是自 19 时期中叶至 20 世纪 30 年代的西医东渐过程中[②]贯穿始终？历史事实告诉我们，儒学与科学的关系的确贯穿西医东渐过程的始终且呈现出以下特点。

---

① 中国史学会编：《戊戌变法》第二册，上海神州国光社 1953 年版，第 80 页。

② 考虑到医学的技术应用性质、中央研究院中医研究所力量薄弱而且直到 1949 年仍是筹备处等情况，本文以 1930 年规模较大的中央医院的建立作为西医东渐终点的标志性事件（当时一些省份也已建立了省级医院）。

（一）重点：西医和科学技术对中医的作用

在西医东渐中，儒学与科学的关系主要包括以下两方面内容：

1. 儒学对科学的作用。就医学领域而言，其中主要是儒学作为一种文化环境对作为科学技术在医学领域里的特殊表现形式的西医的作用，以及作为儒学在医学领域里特殊表现形式的中医对西医的作用。关于儒学对西医的作用，前面已经讲道：关于中医对西医的作用，在西医东渐的初期，主要表现为在中医的作用下，西医对中医所做的适应性努力，或者说中医对西医的某种形塑作用。如传教士行医时，为了适应病人不了解西医而相信和依赖中医的心理，往往要学习一点中医；在西医诊断中加进了中医把脉问诊的步骤；有的传教士在自己所办的诊所里，聘请中医坐诊，用以招徕病人、配合和补充西医；英国传教士、医学硕士合信（Benjamin Hobson）主张中西医应该沟通，在临床上中西药并用，甚至说："药剂以中土所产为主，有必须备用而中土所无者间用番药"[①]；在整个西医东渐过程中，中医作为一种在中国延续数千年、市场极其广大、卓有成效的医学所具有的诸如整体论，有机关联论等长处，对西医乃至其背后强大的现代科学技术都具有巨大的诱惑力和挑战性，促使西医和科学技术不断自新。

2. 科学对儒学的作用。其中，主要是西医和科学技术对中医的作用。该作用的性质和程度，已足以用"冲击"来形容了。其主要表现扼要列举如下：

1879 年，洋务运动期间，经学家俞樾作《废医论》，力证中医是巫术，当废，开"废医论"之先河。晚年又作《医药说》，通过考据，否定《内经》和《神农本草经》的医学经典地位，提出了"医可废，而药不可尽废"的"废医存药"观点。1911 年，民国政府颁布新学制，将中医摈斥在外引发中医界大规模的救亡请愿活动。1917 年，留日学医回国的西医余云岫发表《灵素商兑》，依据现代自然科学，全面批判中医关于阴阳五行学说、五脏六腑理论、经脉与络脉的划分、十二经脉行次、疾病传播路径、病因论、切脉术等。结论是：《内经》无一字不错，呼吁废止中医。不久后，恽铁樵、杜亚泉等起而迎战，形成中西医论战高潮。1928 年，全国教育会议上，留日西医汪企张步余云岫后尘，重提废止中医案。1929 年在南京国民党政府卫生部的第一届中央卫生委员会会议上，通过了时任中华民国医药学学会会长余云岫提出的《废止旧医以扫除医事卫生之障碍案》。此案一出，舆论哗然，立即引起中医界的奋力抗争。除十四年抗战稍有缓和外，双方论战一直持续至 1949 年国民党政府撤离大陆。1933 年，国民政府的"中央国医馆"相继发布《中央国医馆学术整理委员会统一病名建议书》等文件，试图以西医病名统一和取代中医病名，引发全国性的"统一病名之争"。

以上情况表明，随着西医在中国势力的逐渐增强，特别是民国以后，西医界的某些人对中医的围剿和国民党政府对中医的打压从来没有真正停止过。所有这一切，尽

---

① 转引自赵洪钧《近代中西医论争史》，学苑出版社 2012 年版，第 58 页。

管原因是多方面的，但大都与西医和科学技术的东渐有关。如果说中医和儒学对西医与科学技术的作用比较和缓的话，那么，西医和科学技术对中医的冲击则特别剧烈。这表明，在西医东渐中，较之儒学对科学技术的作用，西医和科学技术对儒学，尤其是对中医的作用，当是儒学与科学关系的重点。这一作用主要表现在两个层面：一是从事实层面上，促使中医踏上了现代化征程；二是从理论层面上，围绕中医提出了一系列理论问题。

（二）亮点：西医和科学技术促使中医踏上了现代化征程

尽管西医和科学技术的东渐对中医带来了巨大冲击，而且频频造成中医生存上的困境，但总体而言，中医对西医和科学技术是持欢迎态度的。其突出的表现是：随着西医和科学技术的传入，中医自觉不自觉地做出了种种调整，发生了深刻变化，使得中医焕发青春、如虎添翼，从而踏上了现代化的征程。这一点当是西医和科学技术对中医乃至儒学作用的硕果，是其亮点。中医的变化主要表现为如下几个方面：

1. 中医学术内容上的变化

中医接受了现代科学技术关于人体细胞、人体生理功能、人体基本组织及运动系统等方面的大量知识，纠正了延续多年的大量错误和偏见。如区分了经络与血管、知道了心脏会跳动、尿液不是从肠子进入膀胱的、人吸入的空气不是在五脏之间周游一圈而是进入肺；接受了许多西医病名，将中医的诸如气虚、血虚、痰湿、气郁等病名改称为“证”；诊断由单纯的“四诊合参”，转变为采用四诊法的同时也适当运用现代仪器进行检查；药物方面除了讲究君臣佐使配伍原则外，也较为重视药物的构成成分等等。

2. 中医人才教育方式的变化

中医人才教育由父传子、师授徒的传统方式转向了现代学校教育方式。优点是提高了培养人才的效率，实现了人才教育的体制化和规范化等。缺点是学生在校大部分时间是闭门读书，理论学习和临床实践结合得不那么密切了；不利于中医感悟性、体验性等缄默知识的传授；中医经典的学习和研究有所削弱等。迄今，关于学校教育如何适应中医特点、如何把师傅带徒弟的授业方式适当引入学校教育等，一直是中医教育改革的热门话题。

3. 中医学术研究方式的变化

过去，中医的学术研究主要囿于中医经典的注疏、考据和药方的积累与编辑等方式，西医东渐以来，中医除了继续开展古籍的整理和研究外，已经开始利用现代自然科学和人文社会科学的理论和方法，进行广泛和深入的中医药基础研究，以及临床研究和药物研究等。例如，西医东渐以来，我国在藏象肾脾研究、证候研究、经络研究、针刺镇痛和针刺麻醉研究，以及中医学术标准的规范化建设等医学基础研究方面，均取得了显著成就。在我国，中医的许多学术研究越来越成为现代自然科学研究的重要组成部分。

4. 中医学术交流方式的变化

中医传统的学术交流十分有限。著书立论，把自己从医的心得，以及搜集和研制的药方公诸于世，被称赞为“不藏私”，是“立论以济天下万事”（明代名医吴有性语），这大概是古代医界学术交流最重要的方式之一。一般情况下，医生们处于“进与病谋，退与心谋”（清代名医吴鞠通语）的相对封闭状态。西医东渐以来，中医学术交流已经实现了成立社团、创办期刊、举行学术会议等现代化方式。这一转变，活跃了学术氛围，提高了交流效率，有效促进了中医的进步。

西医和科学技术促进中医所发生的变化，绝不限于以上所述。诸如医生职业化、医院及其管理制度的设立和完善、公共卫生体系的建立等均属此范畴。但上述这些变化已经足以说明，中医正在朝向科学化的方向发展，那种否认和反对中医科学化的观点是不符合实际的。然而，中医科学化之后，还是不是中医、是否会变成西医？我们认为，首先，中医的科学化是一个相当漫长的过程，至少截止到目前，现代科学还不具备全面解释中医的理论和方法；其次，中医的科学化意味着中医汇入世界科学主潮流，是中医对壮大世界科学做出了贡献，而不是中医变成西医。近代自然科学诞生于西方，在科学诞生初期，称之为“西方科学”乃理所当然。但是，随着现代科学事业的全球化和科学知识的祛地方性，自然科学已逐步变为世界性的了。与此相关联，现代医学也已逐步具有普世性，而非单单是西方的了。所以，“西医”称谓不过约定俗成，仅具象征意义，中医的科学化绝不等于中医的西化，而是中医的现代化。为此我们说，西医和科学技术促进中医所发生的变化，实际上意味着促使中医踏上了现代化的征程。此外，中医的变化也说明，中医和儒学并非某些人所攻击的那样是封闭的、保守的，而是具有求新、求变的开放性的。

（三）焦点：围绕中医与科学的关系提出了一系列理论问题

西医传入中国后，从诊所到医院，从传教士办医院到国人办医院，从医院量的扩张到医院人才、管理、器械和设施等方面质的提高，西医在体制上迅速得到了巩固和发展。尤为重要的是，西医建立在精密的自然科学基础之上，它在许多疾病的治疗上，表现得医理清晰、诊断准确、医疗过程透明、疗效立竿见影等。这给作为千年古医的中医造成了泰山压顶之势。于是，围绕中医与科学的关系，引发了一系列宏观理论问题。例如，如何看待中医的科学性？中医与科学有无可通约性？中医是否“另一种科学”？中医的发展是回到中医经典，还是主要依靠现代科学技术提升自己？如何看待中医在与西医觌（音 di）面的过程中所暴露出来的现代科学技术局限性？如此等等。其中，核心乃是中医的科学性问题。否认了中医的科学性，有关中医的评价、中西医的比较和中医发展的方向等问题，就失去前提了。因此，那些怀疑中医、主张废弃中医的人纷纷在中医的科学问题上发难，而那些拥护中医、主张保存国粹、发展中医的人，也把为中医辩护的焦点集中在了中医的科学性问题上。在一定意义上，甚至可以说，一部西医东渐史实际上就是一部关于中医科学性的论争史、认识史和发展史。

在西医东渐中，在中医的科学性问题上，中医界和思想文化界基于为中医辩护的立场，所提出的较为集中的一种意见是：中医正确与否不能以科学为标准，中医是与现代科学不同的“另一种科学”。例如，民国著名中医理论家恽铁樵认为：“西方科学不是学术唯一之途径，东方医学自有立脚点。”① 理由是：“鄙意以为科学是进步的，昨日之是，今日已非，故不能谓现在之科学即是真是。”② 就是说，在恽氏看来，科学的发展实际上是不断纠错、不断自我扬弃的历史，昨天、今天和明天的科学尽管面目不同，但同样都是科学，因而科学是多元的。既然如此，中医为什么不能称为科学呢？这种观点的要害是混淆了科学知识和非科学知识的界限。的确，科学是带有一定假说性质、具有一定社会建构性的。但是，科学追求真理的终极目标决定了，科学的发展既是不断纠错的历史，更是从相对真理走向绝对真理的过程。尽管追求绝对真理的过程是无止境的，但是，基于经验事实的理论抽象、具有可检验性而又和已有科学知识相一致的知识，是与错误知识或无法判定其真假的知识有天壤之别的。客观真理性和普遍性是科学知识的本质属性，是科学知识与一切非科学知识相区别的分水岭。因此，科学归根结蒂是一元的，和科学平起平坐的所谓“第二种科学”是不存在的。

当然，认定中医不是“第二种科学”，并不必然意味着一刀切断中医与科学的联系。必须看到，中医是有合理性的。其根本的合理性是，相对于西医“看人为各部机关所合成，故其治病几与修理机器相近”，而中医“即在其彻头彻尾为一生命观念，与西医恰好是两套”。③ 具体说来，其合理性主要是：其一，中医注重人体器官之间以及器官与人体整体之间的有机联系；其二，中医注重人体及其器官与自然环境和社会环境的有机联系；其三，在中医医理的指导下，经过数千年无数医家的反复试验和大胆探索，中医积累了无数行之有效的药方。此外，还有魅力无穷的经络理论和针灸方法等等。这些合理性不仅对于中医形成特色和提高疗效至关重要，而且对于整个现代医学的未来发展，可资借鉴和利用的潜力十分巨大。因此，我们应当坚定不移地爱护中医、发展中医；同时应当坚信，凡是中医有合理性的地方，大都是合乎科学的地方，即便一时不能说明其科学原理，随着科学的发展，将来迟早会得到越来越充分的说明的。

---

① 恽铁樵：《对统一病名建议书之商榷》，《医界春秋》，1933 年，第 81 页。
② 恽铁樵：《对统一病名建议书之商榷》，《医界春秋》，1933 年，第 81 页。
③ 梁漱溟：《梁漱溟全集》第二卷，山东人民出版社 1990 年版，第 128 页。

三、以儒学与科学的关系作为西医东渐主线具有重要理论意义

长期以来，在我国的西医东渐史研究中，儒学与科学的关系并未受到应有的重视，甚或是缺位的，令人十分遗憾。须知，以儒学与科学的关系作为西医东渐的主线具有重要的理论意义。

（一）开辟西医东渐研究的新范式

原则上，西医东渐研究的范式是多元的。任何一条能够反映西医东渐发展本质的主线的发现，都足以据此形成西医东渐研究的一种新范式。立足于儒学与科学的关系，西医东渐过程中的所有历史素材，都将获得新的生命，呈现出不同寻常的面貌。所以，理清西医东渐时期儒学与科学关系发展的基本线索，将有助于创建西医东渐研究的新范式。

与此同时，现代科学编史学的研究告诉我们，研究科学史应当寻求外史与内史的恰当结合，单纯的外史研究路线或内史研究路线都是片面的、肤浅的。例如，单纯以西医和中医在西学东渐中的体制化或体制转型作为主线研究西医东渐，是外史的路线；单纯以医学思潮纷争与变幻作为主线研究西医东渐，是内史的路线。为了使西医东渐的研究较为深入和全面，应当寻求这些主线的结合及其较为恰当的结合方式。儒学与科学的关系关乎中西两种医学的文化本质，在所有有可能作为西医东渐主线的线索里面，是最重要、最核心的一条。缺失儒学与科学关系主线的西医东渐历史，必定是不全面、不到位的。因此，以儒学与科学的关系为主线之一，同时恰当地辅以其他主线，必定会有效地促进西医东渐研究的深化。

（二）全面总结百年间中西医宏观理论研究的成果

西医东渐过程中，尤其是19世纪中叶至20世纪上半叶的约百年间，与中医命运多舛直接相关，西医东渐的历史实践提出了上文提及的以“中医的科学化”为核心的大量尖锐的中西医宏观理论问题。对于这些问题，当时的医学界乃至整个思想文化界进行了积极探索，取得了大量成果。

例如，民国名医恽铁樵针对以余云岫为代表的“废止中医”派攻击中医的脏腑学说、五行学说违反科学的观点，依据《易经》的有关理论，在中医史上第一次提出“四时五脏说”。认为，《内经》以肝属之春，以心属之夏，以脾属之长夏（专指农历六月），以肺属之秋，以肾属之冬。则肝当授气于心，心当授气于脾，脾当授气于肺，肺当授气于肾，肾当授气于肝。所以，“《内经》之五脏，非血肉的五脏，乃四时的五

脏”[①]，就是说，中医意义上的五脏，代表着人体四时的机能状态。同时，恽氏还以四时变化为纲赋予五行以全新的意义：中医学上的“五行”并非是五种元素或“不过将物质区分为五类”（梁启超语），而是代表春、夏、长夏、秋、冬五个季节；五行的相生根于五季的相顺，五行的相克根于五季的相逆等等。总之，“五行相克”之理，即是指五季气候的常与变。恽氏以“四时”及其演替来理解五脏和五行内涵的观点，既形象地体现了人体脏腑器官的整体性、有机关联性和顺应自然的特性，而且消解了“废止中医”派关于中医脏腑器官与生理解剖学不相符合的责难，从而为中医的科学性提供了较有力的辩护，当然也招致了一些人的激烈反对。“中医科学化论”的代表人物陆渊雷主张“国医所以欲科学化，并非逐潮流，赶时髦也。国医有实效，而科学是实理，天下无不合实理之实效，而国医之理论乃不合实理”[②]。他承认“有实效”是中医之长，但认为没有无根据的实效。一切实效都应当源于实理，而世间最可靠的实理乃是科学。所以，他主张应以西医作为参照，用科学方法研究中医，对中医实效的机制做出科学的解释，以促进中医的科学化。对于陆氏观点有褒有贬，究竟应当如何评价？“中西医汇通论”的代表人物张锡纯一反中医界人士拘泥于从理论上为中医辨是非的做法，而倾心于利用西医资源创造新的中医验方。他既不固守中医，也不忌惮西医，而是完全依据临床需要，立足于中医，大胆采用西医病名、病理或酌情使用西药，以纠正和补充中医、中药的不足，从而在一个个医疗验方上巧妙地实现了中西医的有机互补。如何评价张氏的这一做法？它是否代表着中医发展的方向？

诸如此类的理论、观点和做法，均从不同的侧面，关涉着儒学与科学的关系。超越具体的医学，而从儒学与科学关系的层面去审度，将会有利于深刻反省中医的儒学理论基础、进一步澄清儒学与中医的关系，为中医奠定更正确、更稳固的基础；同时，也会有利于洞察中医和儒学的现代价值及其生命力之所在，为中医和儒学的创造性转化和创新性发展开辟更广阔的道路。

（三）推进儒学与科学关系的研究

和西方科学其他学科东渐中的儒学与科学关系相比，西医东渐中的儒学与科学关系具有以下诸多特点：

第一，形式多样。西医东渐中儒学与科学的关系的表现形式至少有这样几种：（1）中医与西医的关系。前面已经说过，两者分别奠立在儒学与科学的基础上，二者的关系实质上既是东西方两种医学的关系，也在一定程度上表征着儒学与科学关系。（2）中医与科学的关系。实际上是以中医为中介的儒学与科学关系。（3）儒学与西医的关系。实际上是以西医为中介的儒学与科学关系。（4）中医内部医理与诊疗、药物

① 余云岫、恽铁樵：《〈灵素商兑〉与〈群经见智录〉》，学苑出版社2007年版，第113页。
② 陆渊雷：《生理补正》，上海广学书局1931年版。

等部分之间的关系。在中医是中国古代科学重要组成部分的意义上，由于中医的医理浸透着儒学，所以，中医医理与诊疗、药物等部分之间的关系也是儒学与科学的关系。(5) 儒学与科学的关系。其中，对于儒学与科学的关系说来，分别作为儒学与科学具体存在形式的中医与西医间的关系最重要。

上述情况在其他学科东渐中的儒学与科学关系中极为少见。形式影响内容，它决定了西医东渐中儒学与科学关系的内容必定是丰富多彩、独具特色的。

第二，儒学形式双重性的长期存在。和西方古代科学包容于哲学相类似，中国古代科学整体上主要隶属于儒学，所以，在西医以外的其他学科东渐的过程中，都曾一度存在儒学形式的双重性情况。所谓儒学形式的双重性是指，西学东渐过程中，在科学领域，儒学有两种基本的存在形式：一种是以直接形式存在的儒学；一种是以间接形式存在的儒学即以古代科学形式存在的儒学。由于在西方科学的冲击下，中国古代科学的其他学科相继汇入世界科学的主潮流，只有中医顽强地独立存在下来，所以，儒学形式的双重性，唯独在西医东渐领域中一直保留下来了。

第三，以一种特殊的形式表现了科技对儒学的促进作用。科技对儒学的促进作用，在西学东渐的所有学科领域均有所表现。西医东渐领域和其他学科领域的不同，在于这种促进作用是通过一种特殊的形式，即中医的自我反省和自我更新而得以表现的。

众所周知，尽管“保存中医论者”中间有相当一部分人力主中医应该与科学彻底划清界限而独立发展，但事实上，中医从来没有也不可能与科学彻底划清界限。在西医及其背后的现代科学技术的猛烈冲击下，不仅中医被迫不断从根本上躬身反省，自新自强，而且中医不论在生理、病理、诊疗方法和手段方面，还是在方药方面，都实实在在地发生了许许多多的更新和变化，从而深深地打上了科学的烙印。百年间，中医有了显著的进步和发展，乃不争事实。这种进步与发展的重要动力之一正是科学技术。

第四，彰显了儒学的现代科技价值。和中国传统科学的其他学科相比，中医与科学的关系表现出了两个突出特点：一是这种关系的深度与广度无与伦比，中医比中国传统科学中的任何学科都更加鲜明、更加集中地表征着儒学；二是中医集中放大了儒学所具有的整体性、关联性和有机性等特点。关于后者，无独有偶，恰恰是西医以其往往治标不治本和防不胜防的药物副作用等许多缺陷，也同样集中放大了科学技术所具有的分析性、机械性和还原论的弱点。于是在西医东渐中，当中医遇上西医，这两种放大共同造成了一种效应：彰显了儒学的现代科技价值，即彰显了儒学对于西医和现代科技具有补偏救弊的作用。不少人认为儒学的补偏救弊作用只是到了20世纪后半叶甚至更晚一些才显现出来。其实，早在西医东渐时期就已经十分明显了。面对具有关注病灶、细菌、细胞病变和头疼医头、脚疼医脚等特点的西医，中医以其“重在治人”、“治未病”、辨证论治，以及重视人体器官的有机关联、人体与自然环境的和谐相处和情志保持平衡等特点，在预防疾病、治疗顽症和慢性病、克服药物副作用等方面，显示出了突出的优点。其实，中医相对于西医的优点在很大程度上就是儒学对现代科学补偏救弊的作用即儒学现代科技价值之所在。在现代，尽管西医和科学技术发展迅速，但由于人体生命是一个复杂的巨系统，具有自组织性、自稳态性和开放性，而且人的各种疾病还具有随机性、偶然性等不确定性。所以，西医在许多疾病面前无能为力。如何从中医和儒学中汲取智慧和营养，乃是关乎西医甚至整个现代科技前途和命运的重大时代性课题。

总之，西医东渐中儒学与科学关系所具有的上述各项特点必定会极大地丰富儒学与科学关系研究的内容，增进儒学与科学关系研究的深度。

中华儒学话语中人的价值使命论

王国良
安徽大学哲学系教授

儒家对人生价值意义使命的论述内容极其宏富，在世界哲学史上都罕有其匹。基本内容可概括为人与万物一体、人最为天下贵、人要立己立人，以至于关心国家天下，以天下兴亡为己任，为使命。儒学的基本观点经过创新转化对当代人性的修养与发展仍然有巨大人文价值，并成为全人类共同价值。

一、人与万物为一体

任何文化、哲学思想的发生发展，都要认识和处理两种关系，一是人与自然的关系，二是人与他人、社会（历史）的关系问题。这两种关系在现实世界相互联系、相互作用，其中人与自然的关系问题又是首要问题。中国儒家哲学对人与自然的关系的基本观点首先是认为人与自然万物为一体，认为人与自然打成一片，融为一体，不可分离，如果借用思维模式的术语，可说儒家哲学对人与自然关系的态度是“万物一体”“天人合一”式。

儒家万物一体的观念与中国文明的起源、与农业自然经济模式有密切联系。人与万物虽各有特殊性，但在本性与所遵循的规律性方面都与天地自然一致，这种一致是人与天地万物的最高原则。儒家早就认识到人是自然的一部分，人是自然界长期发展的产物，如《易传 · 系辞》说：“日月运行，一寒一暑。乾道成男，坤道成女。”孔子曾说：“天何言哉？四时行焉，百物生焉，天何言哉?”（《论语 · 阳货》）天不说话，只是运行不已，产生万物，这个“生”字，表明儒家认为自然的本质就是“生”，《易传》说“生生之谓易”，“天地之大德曰生”《易传 · 系辞上》，肯定自然界生生不息，天地的根本德性就是“生”。后来北宋理学家据此正式确立儒家的生命本体论。

程颢说：“‘生生之谓易’，是天之所以为道也。天只是以生为道，继此生理者，即是善也。”[①] 认为“生”是天地宇宙之道，“仁者浑然与物同体”[②]，人与万物根据“生”的原理自然发展，就是善的实现。

朱熹认为天地“别无所为，只是生物而已，亘古亘今，生生不穷”[③]。人也是天地所生之物，故人心便是天地生物之心，人的生生是宇宙自然的最高表现，是自然生生不息的担当者。“当来天地生我底意，我而今须要自体认得。”[④] 理学家把仁提升为本体范畴，生生之谓仁，仁既概括了自然界与人的无穷发展过程的统一，又是二者实质的提炼，即把自然界的生理与人的性理结合起来，以生生不息之仁实现天人合一。

人与自然同根同类，人就能够与自然互相关照，互相为用，儒家学者认为，人能够从自然万物中引申出审美的价值，人伦的品格，化自然的品格为人的品格。孔子非常欣赏松柏的气质，他曾说：“岁寒，然后知松柏之后雕也”（《论语·子罕》），人应该具有松柏气节。我们赞许骥——千里马日行千里的能力，但我们更欣赏骥的品德，[⑤] 美玉则具有多种君子的品德，值得效仿，荀子认为“夫玉者，君子比德也”（《荀子·法行》），具有仁、知、义、行、勇等多种品德。此外还有“云水襟怀”“天地境界”等等，以云水比喻人的宽广胸襟，以天地形容人的境界高远。

人与万事万物的属性在大自然整体中平衡互补，人在利用自然的同时，也有责任维护自然，也就是维护自己的生存条件与家园。儒家人与自然和谐共存的思想，还包含以农为本的生产生活顺应自然节奏、保护自然环境、维护生态系统平衡的思想。据《论语·述而》记载，孔子“钓而不纲，弋不射宿”，孟子继承孔子思想，告诫人们要有节制的利用自然：“数罟不入洿池，鱼鳖不可胜食也；斧斤以时入山林，材木不可胜用也”（《孟子·梁惠王上》）。数张渔网不能同时在一个池塘里捕鱼，鱼类生物才能持续繁衍，上山伐木必待冬季，春季万木生长季节不能砍树，才能保证林木不可胜用。荀子把维持生态平衡看成是政治稳定、国富民安的基础：“上不失天时，下不失地利，中得人和”，“则万物皆得其宜，六畜皆得其长，群生皆得其命”，“春耕、夏耘、秋收、冬藏，四者不失时，故五谷不绝，而百姓有余食也；污池渊沼川泽，谨其时禁，故鱼鳖犹多，而百姓有余用也；斩伐养长不失其时，故山林不童，而百姓有余材也”（《荀子·王制》）。荀子还认为，人只要爱护自然，就能够与自然相生相养，长期和谐共存。

中国儒家人与自然万物为一体的思想，确实提供了丰富朴素而又精辟的关于保护生态环境的见解，这是不容否认的。积极继承和有效开发这些思想资源和生态智能，

---

① 程颢、程颐：《遗书》卷二上，《二程集》，中华书局 1981 年版。
② 程颢、程颐：《遗书》卷二上，《二程集》，中华书局 1981 年版。
③ （宋）黎靖德编：《朱子语类》卷五十三，中华书局 1986 年版。
④ （宋）黎靖德编：《朱子语类》卷六，中华书局 1986 年版。
⑤ 参见《论语·宪问》：“骥，不称其力，称其德也。”

无疑将对现代社会条件下保护环境、维护生态平衡有所启发和助益。

二、天地之性人为贵

儒家在肯定人与自然万物为一体的同时，又看到人与自然万物的差别，认为人高于自然万物，人是自然界长期发展的最高产物，人最为天下贵。儒家把自然与人看成是有机连续的统一体，把人看成是自然界长期生生不已发育流行的最高产物，人与自然处于发展序列的不同阶段，只有人能自觉地体认天命，体认生生不息之仁，穷理尽性，弘扬天命，使人的主体精神昂然挺立，人独立苍茫天地之间，人高于自然，又不遗弃自然，而是与天地万物成一体，儒家正是从人高于自然万物的立场确立天地之性人为贵的观念。

在被儒家奉为《五经》之一的《尚书》中，就提出了人高于自然的观点："惟天地，万物之母，惟人，万物之灵"（《尚书·泰誓》），天地生万物，人是万物之精华与灵长。荀子与《礼记》都表述了"人最为天下贵"的思想。荀子说："水火有气而无生，草木有生而无知，禽兽有知而无义，人有气、有生、有知亦且有义，固最为天下贵也。"（《荀子·王制》）荀子认为人高于自然之处在于人具有德性伦理和具有合群的团队精神。北宋理学家周敦颐和明代王阳明也认为人在宇宙自然的长期发展中因具有"中正仁义"之德性而高于动物，"惟人焉，得其秀而最灵"。[①] 实际上，人的"知"与动物的"知"也有根本区别，动物的智慧只能服务于自己的本能需要，而人的智慧比如孟子的良知良能与王阳明的良知，则能够认识自然万物，利用自然万物为人类的需要服务，人类正是通过认识与利用自然而生存。孟子曾指出，人正是通过种桑养蚕而使五十岁以上者可以衣帛，通过饲养鸡豚狗彘之畜而使七十岁以上者得以食肉，通过耕田种植而使数口之家得以温饱。值得注意的是《周易·易传》对人类认识自然、利用自然来为人类服务做出许多精到的论述："观乎天文，以察时变；观乎人文，以化成天下"（《贲卦·彖传》）。"天地之道恒久而不已也"，"日月得天而能久照，四时变化而能久成，圣人久于其道而天下化成"（《恒卦·彖传》）。天地自然之道永远变化，因此人类社会也要不断发展变革，这里的自然之道已经完全是自然规律的含义。《易传·系辞传下》对人类根据自然现象原理来制造器物、推进人类文明发展做了许多描述："刳木为舟，剡木为楫，舟楫之利，以济不通，致远以利天下，盖取诸《涣》。……弦木为弧，剡木为矢，弧矢之利，以威天下，盖取诸《睽》。上古穴居而野处，后世圣人易之以宫室，上栋下宇，以待风雨，盖取诸《大壮》。"上面的描述不一定正确，但人利用自然、高于自然的生存观已得到鲜明表达。最明确的表达人利用自然而生存的观

---

① 周敦颐：《太极图说》，《周敦颐集》，中华书局1990年版。

点的大儒应是王阳明。王阳明第一次把人的良知提升为宇宙万物的本体，提升到“与物无对”的绝对高度，高扬了人的主体精神。王阳明顺延儒家万物一体的思路，认为人是宇宙自然界长期发展的产物，而人的良知又是人的“灵明”，因此良知是天地的最高产物，用王阳明的话说就是“良知是造化的精灵。真是与物无对”[①]。良知赋予天地万物以规定性，能够决定万事万物的生灭变化，与良知相比，万事万物皆处于从属地位。故良知与物无对。王阳明说人的良知是宇宙万物的主宰，实际上也就是说人是宇宙万物的最高主宰，人最为天下贵。王阳明继续说：“人的良知就是草本瓦石的良知，若草木瓦石无人的良知，不可以为草木瓦石矣。岂惟草木瓦石为然，天地无人的良知，亦不可为天地矣。盖天地万物与人原是一体，其发窍之最精处，是人心一点灵明。故五谷禽兽之类皆可以养人，药石之类皆可以疗疾。只为同此一气，故能相通耳。”[②] 人与天地万物是一个有机系统，人是该系统的最高目的，其他事物都是为了人而存在，如果没有人的良知，其他事物的存在都失去了意义。自然万物，包括动物，都在为人利用服务的向度上才物尽其用，各遂其性。可见，王阳明是从人规定天地万物的性质、赋予天地万物以存在意义的角度确立良知为宇宙万物之本体。王阳明良知说的重要意义在于，天地万物不能认识、支配自然，只有人能够认识自然、规定自然。王阳明认识到，自然万物是互相依赖、互相为用的序列，低一级的生物服务于高一级的生物，人处于这一序列的最高处，人虽然要关爱万物，但不得不取万物以为用，这是具有合理性的有价值的推理。他说：“禽兽与草木同是爱的，把草木去养禽兽，心又忍得，人与禽兽同是爱的，宰禽兽以养亲与供祭祀，心又忍得，……这是道理合该如此。”[③]

应该强调的是，儒家认为人高于自然，必须利用自然而生存生活，但正如前述，儒家强调在利用自然的同时更要保护自然，关爱万物，把自然看作人类的生存家园，要维护自然的生态平衡，注意自然资源的可持续发展，决不允许破坏自然，破坏自然甚至会危及国家的安全。儒家认为要把核心价值仁爱的精神施及于自然，孟子提出为后世儒家一致尊奉的基本原理：“亲亲而仁民，仁民而爱物”（《孟子·尽心上》），《礼记·中庸》提出通过尽人之性达到尽物之性，“能尽人之性，则能尽物之性”。尽物之性就是，使物成之为物，即使物各得其所，按照其自身固有的秉性和规律存在与运行。《中庸》还提出“成己成物”：“诚者非自成己而已也，所以成物也。成己，仁也，成物，知也，性之德也，合内外之道也。”成己成物是指由己及物，自身有所成就，也要使自身之外的一切有所成就。从张载到王阳明，也都主张人与万物为一体，万物并育而不相害，人类要利用自然而厚生，但人又要像关爱人类自身一样关爱自然，保护生

① 王阳明：《传习录》下，《王阳明全集》，上海古籍出版社 1992 年版。
② 王阳明：《传习录》下，《王阳明全集》，上海古籍出版社 1992 年版。
③ 王阳明：《传习录》下，《王阳明全集》，上海古籍出版社 1992 年版。

态，而不是破坏自然，毁坏自己的生存家园。

三、立己立人关怀天下

先秦儒家认为，人首先要立己，立己然后才能立人。《礼记·中庸》说“自天子至于庶人，一是皆以修身为本”。个体只有首先修身养性，提升自己，尽己之性，方能尽人之性，尽物之性，才能实现齐家治国平天下。修身立己要依靠自己积极努力，自强不息，儒家将依靠自己的有为进取精神视为成就个体品德的重要途径，这是理解儒家个体特征的关键所在。没有个体的积极努力奋发，就不能获得较高的道德修养，更不能达到完美的理想境界。孔子提出“君子求诸己，小人求诸人”（《论语·卫灵公》）的论断，第一次把是否依靠自己作为一个界标来区分君子与其他类型的人。孔子在这里提出的“求诸己”，看起来是对君子的要求，实际上适用于任何个人。在这一论断中包含着对个体自觉自主的意识和信念，包含着对个体力量的自我理解和体认。从这里可以看出儒家的基本立场，作为君子，必须自己承担完善自己提高自己的责任，不能依靠别人，别人代替不了自己，即，“为仁由己，而由人乎哉!”（《论语·颜渊》）“我欲仁，斯仁至矣。”（《论语·述而》）孟子认为“祸福无不自己求之者”（《孟子·公孙丑上》），“求则得之，舍则失之，是求有益于得也，求在我者也”（《孟子·尽心上》），同样是突出个体自决的意义。这就需要开发自己的潜在力量，培养提高自己的能力，“君子病无能焉，不病人之不己知也”（《论语·卫灵公》），只要使自己的能力得到自觉充分的发挥，就能够达到理想目标，因为“人能弘道，非道弘人”（《论语·卫灵公》）。在这方面不须仰仗外在的权威，“文王既没，文不在兹乎?”（《论语·子罕》）“待文王而后兴者，凡民也。若夫豪杰之士，虽无文王犹兴”（《孟子·尽心上》）。同样也不能依赖天然环境的作用，“君子敬其在己者，而不慕其在天者，是以日进也；小人错其在己者，而慕其在天者，是以日退也”（《荀子·天论》）。所以儒家认为权威与环境并不能决定你是否具有高尚品德，根本的决定因素还在于你自己的不断奋发努力争取。“譬如为山，未成一篑，止，吾止也；譬如平地，虽覆一篑，进，吾往也。”（《论语·子罕》）人不但要依靠自己，而且要不断进取。人与人的差异同样通过是进不是止的选择而区分高下。“君子与小人之所以相县者，在此耳。”（《荀子·天论》）由此可见，积极进取是人人都应该具备的品格，孔子就主张积极进取，“与其进也，不与其退也”（《论语·述而》）。

学习、进取可以使人不断突破狭窄有限的眼界的限制，不断提高自己，超越自己，一旦停止，就会受到有限的控制，因此要“锲而不舍”。“真积力久”，只有不断“修身自强”，才能够“名配尧、禹”（《荀子·修身》）。《易经·乾卦·象传》中提出的“天行健，君子以自强不息”，就是以凝练的语言揭示了君子依靠自己不断发奋有为了崭新品格。君子只有通过自强不息的进取途径，才能达到志意修、德行厚、知虑明、功业美的光辉境界。

在个体与他人、社会的关系方面，孔子提出“克己复礼”“仁者爱人”，对他人要以礼相待，要关爱他人，关心社会。礼和仁的共通性是“敬”，“敬”就是相互尊重，平等相待。礼的精神实质就是“敬”。“居上不宽，为礼不敬，……吾何以观之哉!”（《论语·八佾》）可见“敬”是礼的属性。我们对一个大人物可以唯命是从，可以诚惶诚恐，但却不一定对他怀有敬意，所以孔子主张的“敬—礼”是双向度的互有平等反馈的交流表达，人与人之间相互尊重，就是“礼之用”，“为国以礼”就是“居敬而行简”。“非礼勿动”就是“君子敬而无失”，“立于礼”就是“修己以敬”，“执事敬”。孔子对“孝”的内涵有不同表达，但综而核之，“孝”的实质也是敬：“子游问孝，子曰：‘今之孝者，是谓能养。至于犬马，皆能有养。不敬，何以别乎？’”（《论语·为政》）

在公共社会交往关系中，儒家能从人性相同的原则出发，将别人看作是和自己一样平等的人。因而具有理解和尊重他人的人道精神。孔子提出了君子“可以终身行之”的基本社会交往准则是：“己所不欲，勿施于人”（《论语·颜渊》），这是推己及人的行为方式。即根据自己的思想情感意愿去类推他人。自己不愿意的，也勿强求他人。这就是仁的品格体现在社会交往方面的含义。“夫仁者，己欲立而立人；己欲达而达人。”（《论语·雍也》）这是从正面出发对他人的类推，自己有所树立、有所成就，也要允许别人有所树立、有所成就；或者说，自己有所树立、有所成就，应该有助于、有利于别人有所树立、有所成就，而不是损害别人的成就和利益，表现出君子“厚德载物”的襟怀风度。“君子成人之美，不成人之恶，小人反是”（《论语·颜渊》），在具体的行为方式上君子应该“温良恭俭让以得之”（《论语·学而》）行“恭宽信敏惠”（《论语·阳货》）于天下。甚至要具备“不念旧恶”（《论语·公冶长》）的宽容精神。孟子也认为：“君子莫大乎与人为善”（《孟子·公孙丑上》）。这都可以说是“仁者爱人”的原则在社会交往中的运用。使人际关系充满和谐的人情味。

儒家在一视同仁地平等宽厚待人的同时，又要“义以为上”，在社会交往中坚持个体的独立自主性和正义性。这表现在君子的活动光明磊落，不依附他人：“君子周而不比”（《论语·为政》）、“君子和而不同”（《论语·子路》），不与某部分人结成小集团、小宗派，而是保持个体交往自主性，“君子矜而不争，群而不党”（《论语·卫灵公》）、“人之过也，各于其党”（《论语·里仁》）。孔子所指的党就是某些人结成的小集团，构筑起把集团外的人区分开来的狭隘限制关系。这样就阻碍了人的社会性全面联系的畅通，造成人际关系的紧张，这就是人为之过错，孔子认为君子应该能“群”，即与一切人保持正常和谐的关系，无偏无党，只以公正为原则。“君子之于天下也，无适也，无莫也，义之与比。”（《论语·里仁》）

儒家的政治价值取向是以民为本。儒家力求通过政治来完成“博施于民而能济众”的既仁且圣的伟大功业。孔子认为从政要“节用而爱人，使民以时”（《论语·学而》），“足食，足兵”（《论语·颜渊》）。“庶矣”“富之”“教之”（《论语·子路》），孟子将仁政表述为“与民同乐”（《孟子·梁惠王下》）。“乐民之所乐”“视民如伤”。而且仁政是“兼济天下”的，不仅仅为一国之利。仁政的实质是以百姓人民为轴心，而不是为了执政者利益，“百姓足，君孰与不足？百姓不足。君孰与足?”（《论语·颜渊》）这也就是“民为贵，社稷次之，君为轻”（《孟子·尽心下》）。这都充分表现出仁政的人民性与人道精神。孔孟都反对为君主私利而争城略地的不义战争，反对横政暴敛，反对刑残百姓。这种仁政理想就是在今天仍然闪耀出光辉，具有积极的借鉴意义。

《大学》篇提出“是故君子先慎乎德。有德此有人，有人此有土，有土此有财，有财此有用”。《中庸》篇提出“唯天下至诚，为能尽其性；能尽其性，则能尽人之性；能尽人之性，则能尽物之性；能尽物之性，则可以赞天地之化育；可以赞天地之化育，则可以与天地参矣”。张载提出“为天地立心，为生民立命，为往圣继绝学，为万世开太平”，确立了儒家人生的使命观，范仲淹提出“先天下之忧而忧，后天下之乐而乐”，顾炎武提出“天下兴亡，匹夫有责”，集中表达了儒家的人生价值观。

四、儒家人学的现代价值

儒家关于人的价值和使命的论述，在当代仍有极大现实意义和世界意义。通过创造性转化和创新性发展，可以成为中国文化为世界贡献的全人类共同价值。保护环境、维护自然界生态平衡、保持自然资源的可持续发展已经成为全球共识与共同价值。儒家万物一体的自然观在这方面可以提供丰富的理论资源，对人类中心主义为满足人类需求而牺牲自然环境的弊病起到矫正与遏制的作用，有助于人们从新的视角看待自然。人类要与自然和谐相处，但人还要认识、掌握自然物本身的规律，以改造自然物、利用自然物，使自然物为人服务，为人利用，即正德、利用、厚生。儒家关于“人最为天下贵”的观念，人高于自然的观念，不同于西方的征服自然观，对正确认识处理人与自然的关系也有积极意义，比如王阳明特别强调“宰禽兽以养亲”是“良知上自然的条理，不可逾越”，表明人类要依靠利用自然而养生。这就与当代西方的一些非人类中心主义区别开来。在当代西方，一些人完全抹杀人与自然物的区别，认为动物与人具有同样的权利，具有同等价值，以致主张在夜间宁可让蚊子咬也不要打死它。佛教“众生平等”的思想在保护生物方面有一定积极意义，但也是抹杀人与动物的区别，主张割肉贸鸽、以身饲虎，忽视了人与动物的级差区别，不惜牺牲人类来维护动植物，过度地伸张了人类的慈悲之心。总之，我们现在建设生态文明、探索现代环境伦理时，要用儒家仁者以天地万物为一体的思想、境界为指导，在利用自然的同时，也使自然得到按其自身规律要求的发展，使自然与人类和谐共存，使自然环境成为人类的美好家园，使天地本身所具有的无言之大美，既按其本性又符合人类最高审美境界追求的面貌展现出来，让万物一体同时也成为真善美的统一。

儒家系统论证的人的价值和使命的观点，对现代人生观的确立、对当代培育和弘扬社会主义核心价值观具有重要意义。自强不息是中国文明史上首次出现的个体新道德、新精神。具有伟大的哲学革命的意义。在中国历史发展中始终起着积极作用，激励历代志士仁人为国家的富强努力奋斗，特别是经历近百年艰辛曲折革命历程考验证明仍然具有先进意义，有助于我们确立道路自信、制度自信、理论自信、文化自信。立己立人、达己达人的观念，在现代转化为互惠互利、合作共赢的中国经济伦理。立德、立功、立言，正德、利用、厚生，尽己之性，然后尽人之性，尽物之性，使人人得到共同全面发展，使万物得到符合本性的利用，使人类走向和谐和平美好的大同世界。

读经教育的基本原理

王财贵
文礼书院教授

前　言

有幸应邀参加第八届世界儒学大会少儿读经专题的讨论，笔者曾于2010年1月在台湾台中教育大学第一届读经宣导员培训会上，对“儿童读经教育”有一个理论建构的演讲，今将讲辞略作修订，发表于此，虽其表述形式不符论文格式，但其内容可能适合本会的主题。未能另作新文，敬请与会师友宥谅。

教育家教育人，无非是想让人“成人”。就是因为对于“成人”的意涵领会的不同，于是对于教育有不同的观念，于是有不同的手法，于是就各自开出教育的实践，于是后人考察诸多古人，便可以整理出多种的教育理论。古人是先有教育，然后有教育理论，今人则可以就着教育理论而开展教育。所以除非圣人，凡是想要做教育工作的人，都应该有一套自己遵行的教育理论，而最好是对自己所遵从以及所面对的诸种教育理论有完全的了解，才能决定教育的主要和次要方向，并且决定各自用多少力气去实践那些教育理论。既然这样，如果我们今天要讲读经教育，首先就要明白读经教育的理论，接着要再看看读经教育的理论合不合乎教育的原理，它是不是突出于其他的教育理论，它能不能把人培育成一个“人”。

读经教育真是合乎教育的本质吗？本文就尝试把我历来所讲的有关读经教育的理论和实务，做一个总整理，从几个层次和面向来展示，让它形成一个体系，以便方家的考察，考察它是否合乎教育的本质。现暂所整理出来的读经教育理论体系，可以用以下几个层面来展示：一的、二性、三原则、四标准、五特质。的、性、原则、标准、特质，是层次；一、二、三、四、五，是诸层所含的面向。

“一的”“二性”，是在教育工作之先，探讨教育背后的理论基础，那基础没有别的，就是“人性”。我曾为“教育”下了个定义：“教育是开发人性的工程”。而要把人性开发出来，当然先要了解人性，我用“二性”来把握人性的内涵；接着，要开发人性，就产生了“教育”的工作；而要进行教育的工作，必须遵守教育工作的基本规则，我分析为“三原则”；依照教育的原则去实际地操作，就要尽量合乎实施的要领和操作的标准，我举出了“四标准”。从一的二性三原则四标准建立起来的读经教育理论体系，跟别的教育理论就有所不同，我从五方面来说明它的特殊性，叫作“五特质”。我姑且用这五个层次十五个面相来讲读经教育的基本原理，也可以说是建构读经教育的理论体系。

一的——教育唯一的目的

所谓“一的”，就是一个目的。教育只有一个目的，读经教育也只有一个目的，而读经的目的应该合乎教育的目的才对。我们在人生中谈教育，可见教育不是首出的观念，教育应有它的目的，教育的活动是为教育的目的而开展的。没有教育的目的，也无所谓教育的行动，教育的目的一转向，教育的行动也要跟着转向。所以讨论到教育，最首要的议题是要明白教育的目的所在。那么教育的目的在哪里呢？教育的目的应该是在教人“成人”——成为一个“人”，而成人的标准应该在于“人性”。所以教育要针对人性，要开发人性，让人性尽情地实现出来，就是使人成为一个“人”。这是一个分析命题，不言而喻，不必再争论的。但何谓人性？则不容易说明。《中庸》所谓“唯天下至诚，为能尽其性；能尽其性，则能尽人之性；能尽人之性，则能尽物之性；能尽物之性，则可以赞天地之化育；可以赞天地之化育，则可以与天地参”，首先“唯天下至诚，为能尽其性”，可见一个顺着自然生命生老病死的人，并不一定能够尽其性。要尽其性，必须有所开发，此即是教育的基本功能。而且“能尽其性然后能尽人之性”，教育，不只要一个人尽自己的性，还要进一步尽所有人的性，这就是教育意义的扩大了。而人性的内涵是无穷的，“能尽人之性则能尽物之性，能尽物之性则可以赞天地之化育，可以赞天地之化育则可以与天地参”，依照《中庸》的理想，人性的开发，一定要达到人德通于天德，这样的“人格”，才算是完美的。现代西方人也有类似的讲法，他们说人要与自己和谐，与社会和谐，与自然和谐。能尽其性，相当于人与自己和谐，能尽人之性相当于人与社会的和谐，能尽物之性相当人与自然世界的和谐。而赞天地的化育就应该是人与宇宙创造的和谐，这一步西方人还没讲到，纵使西方人在宗教上可以讲到天地的化育，但那是上帝独有的事，还不能够讲人可以到达赞天地而与天地参，他们还是把宇宙当作外在的存在，把上帝看作超越的主宰，中国的智慧是内外相及，物我一体，这种境界西方人一向是很少触及的。不过，现代的中国人忘了自己的学问，大体上是以西方为标准了，所以最近西方人出来讲这些和谐，我们都叹为至理名言。为什么我们会赞叹它是至理名言呢？因为它确实是人类内在心灵的追求，而合乎内在心灵的追求，我们可以说是本于人性而起的追求，那本于人性而起的追求并不是现代人才有，更不是西方人所独有，凡是人，默默中都有，因为人性本来如此！

人性既然如此，则尽其如此之性，便是人生先天的，应有的追求，这应当也就是教育的目的之所在。所以凡是圣哲莫不因其所洞见之人性而向往之而自我教育之，并以此教化群众，期使人人都能尽其性。我认为，我们对教育，也要有这种高度的目的，要不然，教育为何而做便失去了意义，而教育的实践便无所适从了。我们如果细察近代以来世界各国所拟定的教育宗旨，有没有涵蕴这种目的？也就是有没有致力于这种目的的追求？倾向性有多强烈？针对性有多准确？就可以断定这个民族这个国家的教育能不能办好了。因为如果连目的都失去了，就如射箭，“的”的意思就是箭靶，射箭一定要对准箭靶的红心，才有可能射中，如果连箭靶在哪里都不知道，随便射，怎可能射中？所以，教育，首先要把握它的“的”，一切为“成人”之的而设立，一切回归于此“人性”之的。

二性——从教育实践的观点对人性的分析

以上说人性，说开发人性，而何谓人性？确是大哉问。“人性”是一个普泛的大概念，蕴涵之深广，几近无穷。说教育以人性为目的，是包天包地的大话，也很容易流为一句空话。所以，我们必须把它的内容说出来，然后再来看看我们是不是可以面对这些内容，并且确定那些内容是可以通过努力去实现的，当我们努力实现的过程，就是做了真正的教育，而当我们尽情地实现了这些内容，我们或许就可以说我们把教育办好了，因为我们尽了开发“人性”的责任。

我们说教育是开发人性的工程，既然要对人性有真实的开发，就不得不对人性有一个具体的了解，不得不给予一个具体的意义。这如何了解如何给出呢？当然是不容易的，也容许各人有各人的给法。我就着教育工作的需要，方便地把人性分析为两个性质，也可以说从这两个性质去把握人性。第一个是“人性内涵的全幅性”，第二个是“人性发展的全程性”。有关人性内涵的全幅性，其范围是广大无际的，谁也不知道人性到底有多少内涵，亚里士多德用“潜能”来说一个存在者的“性”，但人到底有多少潜能呢？也就是人性的全幅内涵有多少呢？谁能规定得完整呢？我想我们应该找到一个不会引起争论的方法。什么方法呢？就是从人类已经表现出来的成就，来反回去推证人性的本质，去探测人性内涵。也就是从“已然”，推论那“所以然”，当然，这类似归纳法，不是演绎法，所以其结果并不完全精准，但，虽不中不远矣，大体也八九不离十了。如果不用这方法，可能也没有别的可靠的方法了。

如果从人性的表现来了解人性，那人性的表现有些什么呢？我们从人类的历史看，人类发展到现在，有多少文化成绩？我们似乎可以把这些文化成绩归属于人性，于是我们可以就文化的全面性，窥探人性内涵的全幅性，这就比较容易把握了。一般的教育工作者、老师，大概对人类文化的全面性有多多少少的把握，也对人类文化总体的成就有一种向往之情。尤其家长和教师，都是有教育之真诚的，都对下一代有很高的期待，希望受教育者的生命有最大的成长以尽量达成理想的全面的成就，这可以说就是家长和教师把握的教育的目的之所在。只要教育工作者常常记得那期待，逐步逐步把那期待实现出来，就是一个教育家了。那么，一般人期待怎样的学生、怎样的孩子呢？我们不是常挂在嘴上说吗，就是："品学兼优"！

现代学界有"科技"与"人文"两概念，大学教育大体也分这两类学院，学者们说："科技与人文犹如车之两轮，缺一不可。"这话听起来似乎有点专业，其实，说得浅近一点，就是"品""学"两件事，或"品学兼优"一件事。而说得深刻一点，可以看成是人类文化的两大方向，而这两大方向可以大略地说是东西文化的特质。我们这个时代是大时代，至少是人类文化融会的大时代，也是人类命运转机的大时代，因为在这个时代，全人类的文化相遇了，有如《易经·说卦传》说离卦"离者，明也，万物皆相见"，人类的几千年的表现，都摆出来，明明白白的。处于这个大时代中的各民族，面对如此丰盛绚烂，需有心胸雅量，正法眼藏，方能注意所应注意的，把握所应把握的，这是一个人乃至一个民族重要的能力。其实一般人也不需要有太大的学问本事，就能见识到人类的文化在哪里，而且知道应该用什么心态去面对。譬如既然知道有所谓的"中西文化"，就代表有东方的文化，有西方的文化。而东方文化只不过两支，中国的跟印度的，佛教传到中国来，带来印度的智慧，与中国儒道两家相融合，形成一套含纳东方文化的智慧体系。一般人多多少少都感受到东西文化有所不同，即使不能细微地分辨，但是多多少少有些意识，知道东西方文化各有擅长，都是人类理性的成就，都是有价值的。于是可以从东西文化的表现来把握人类文化的全面性。把握文化的全面，不就等于把握到开发全面的人性的方向了吗？所以，我们教育的目的，不就可以定在中西文化的全面学习上吗？至于进一步把握中西文化的特质，以更深入了解人性的表现类型，牟宗三先生就曾经指出方便的入路，他说，中国文化是属于生命的学问，西方文化是属于知识的学问。所谓生命的学问用另外一个词语来代替，更容易跟知识相比对，就是智慧的学问，这个智慧有儒家性理的智慧，有道家玄理的智慧，有佛家空理的智慧，这都属于生命的智慧。所谓智慧，就是人类超越的心灵的表现，而西方的学问是属于知识的学问，知识的学问是属于现实的，是依托于人类认知心灵的要现，也可以说这是比较低层次的心灵之表现——所谓低层次，并不是轻视西方文化、轻视西方人，而是人类心灵的表现就有两个面向，这两个面向应该说为两个层次，一个层次是超越的，表现为智慧，一个层次属于现实的，表现为知识。用佛教的词语来讲，属于知识的是由于人类的识心所开出来的学问，属于智慧的是由于人类的智心所开出来的学问，佛教修行的主旨是要人"转识成智"。说转说成，可见它有高低之分。

不仅是中国人对于知识的学问与智慧的学问有高低之分，就是西方人用哲学的方法来追溯人类文化的表现之由来，追溯人性原初的功能，也会追溯出两层区分，譬如康德说人类理性有两种运用，一种是思辨的使用，一种是实践的使用，思辨的使用成就所谓知识的学问，实践的使用成就所谓行为的学问。这行为的学问，依康德之意，只目指道德的学问，所以康德的实践理论只切合儒家，康德比较少讨论到道家的玄智和佛家的空智。现在我们可以把康德所谓实践的学问，扩充为儒释道三家。

康德既说人类理性有两种运用，又说这两种运用中，实践理性有优先性，优先性这个判语，就说明这两种运用不是左右的横的摆列，而是竖的纵贯的次序，纵贯次序就有高低的层次。可见以智慧的学问为高，知识的学问为低，不只是中国人这样看，连西方人都这样看，这应该是古今中外人类的共识。而我们如果要开出教育理论，要教导下一代能为民族为人类负责，要对人性的内涵有全面的观照，希望把一个人教成一个完整的人，就应该有中西文化的共识，所以我们如果不好直接说教育是要全面开发人性，我们可以说要尽情开发人的两种理性，如果不好说要开发两种理性，可以说要兼容中西两种文化，如果不好说兼容两种文化，可以说要同时注重知识和智慧的引导，也就是要科技与人文并重，如果不好说科技与人文，最少可以说要培养品学的人格。总之，如果对人性没有深度的认识，就没有全面性的教育理论，则怎么努力，都只在片面处做功夫，其效果是可疑的。认清了人性内涵的全幅性，用一种号称为工程的活动尽情地把人性开发出来，才可以叫作“教育”。

但一个人是活生生的，是从小到大的，从懵懂到清明，慢慢地成熟的，所以要对人做教育，就要注意到另一个问题，就是，人性客观地说，是静态的整全的，但在现实中，它是动态的，是一点一滴慢慢开展的，它是有个历程的。所以，我们的教育实践，除了对人性的全幅性之掌握外，还应该配合人性的这种规律，我称为“人性发展的全程性”。

人类生命的发展，不论在生理上还是心理上，都大体以十三岁为分界点，可以分为两个阶段：幼稚期和成熟期，幼稚期的发展是成熟期发展的基础，这两阶段从教育的立场来看，是有“本质性”的区别的。一般地说，幼稚期是脑神经建构的时期，幼稚期是人格背景形成的时期，幼稚期是培养语文能力的关键期。幼稚期的学习特色不是运思、理解、分析、实用、发明，而是直觉、吸收、记忆、储藏、酝酿。后者是前者的基础，没有吸收和记忆，也就障碍了理解和实用。我们应当配合这样的能力特性，适时给予最恰当的教育。

这样，在以人性为教育目的的前提下，把人性又分析为“人性内涵的全幅性”和“人性发展的全程性”两大性质，作为建构教育理论的第二层纲领，这就是所谓的“二性”。

三原则

有了一的二性，就很容易落实下来，建构起教育的实践理论，我用三原则来说教育工作的三个基本规律：第一就是“教育的时机要把握”，第二就是“教育的内容要把握”，第三就是“教育的方法要把握”。第一点有关时机问题，是应合着以上所说的人性发展的全程性而说的，第二点有关内容问题，是应合着以上所说的人性内涵的全幅性而说的，第三点有关方法问题，是因为凡是实践的操作都必须讲究方法，使其操作过程进行顺利而达到效果。所以方法是附带的，它配合主题，为完成主题而设计。

内容跟方法两规律在教育工作中的关键性地位是一般人比较能够意识到的，因为那是教育现场的需要。所以，所有的师范学校重点课程，就是各科的“教材、教法”。所谓教材，就是我们所说的教育的内容，所谓教法，就是我们所说的教育的方法，这是一般人容易看得到容易想到的。近几十年来世界各国的教育改革，改来改去，无非在这两项中打转。而教育的时机问题，是不容易被注意到的，它不在实际的教育操作中，它是教育工作的前提，是教育工作的底子，它是比较抽象的，比较虚层的，所以比较不引人注意，世界各国教育专家对它的研究也比较少，但它却是最重要的。如果没有按照人生发展的历程来做教育，所谓错过时机，则无论教材、教法再好，也不会有好效果。尤其所谓的时机，是要面对人生发展的历程而把握，而我们都知道，一个生命是在时间中发展的，所谓“历程”，是有一定程序的，一个生命前期的所得，可以供后期的进展做依据，这叫“基础”，打定基础，将来就顺理成章，水到渠成；基础没有打好，往往将来就事倍功半，乃至于一事无成，即使想要奋发，往往被俗话说中：“错过时机，永不再来”！

说“基础”，是静态的比喻，而生命是动态的，所以，如要用“基础”作比喻，不如用“本源”一词。因为本者木之根本，源者水之源泉，木之根本扎实了，枝叶花果自然生长，水之源泉疏通了，则自然不舍昼夜，盈科而进，放乎四海。人生的本源及早奠定了，则教育之事，思过半矣。

可见对教育时机的把握，是非常重要的，而且这个时机大体上是指在人生的学习打基础的时候。什么时候是打基础的时候？或许每个人认识得不一样，孰是孰非，必须对人生的发展有全程的了解，才能下结论。西方人有所谓儿童心理学，研究儿童心理状况，又有所谓发展心理学，以研究儿童的生理心理为主题。这些研究，大体到十二三岁，就停了，难道人生从此不再发展？不是，而是大家都知道，人生发展的重要阶段，已经完成了。人类发展的脚步，进度最快、改变最明显的就是儿童期，到了13岁以上，人类几乎没有什么原则性的改变了，所有的发展往往只是量的增加，没有质的改变了。西方人既然这么注重儿童的发展，他们的教育理论动不动就引用那些心理学家研究的成果，而中国近百年来的教育理论都从西方来，那我们岂不是很了解儿童，岂不就能把握教育时机吗？其实大谬不然！甚至完全相反。所以对教育时机的把握，其是基础时期的把握，是教育实践中最首要的一个原则。

如何把握教育的时机？我们首先要追问：一个生命从什么时候可以开始接受教育，那时就应给他做教育了。经过一步步深入的追问，我们发现生命一开始，就接受世界的影响了，所以教育的开始的时机就应该从有生命的那一天开始，也就是从胎儿开始，甚至从怀孕的第一天开始。而经过胎儿，到出生，由婴儿到幼儿，由幼儿到儿童，一步一步的生命，都有其发展的特色，吾人应该就其特色给予恰当的教育。要给予恰当的教育，很切实的问题，在于慎选教育的内容。本来，教育的内容就应该配合教育的时机，就是要配合人性全程的发展，在发展全程的任何一时段里，找到与之相对应的教育内容，那内容无非就是人性内涵的全幅性下的内容。所以，全程就是从小到大到老的时机，全幅就是从内到外、从东到西、从上到下的整体内容。我们要对整个人生负责，所以一方面配合时机的全程性，一方面配合内容的全幅性，选择人生每一时段的教材。全幅性、全程性——如一个大十字，一横代表全幅，一竖代表全程，全幅是广度的，就是内容，全程呢，是纵贯的深度的，是指时间的历程，所以对全幅、全程的把握，就是在全程的每一阶段用全幅的眼光来安排合理的课程。

如果教育的时机把握了，教育的内容也把握了，现在剩下的，就是教育的方法也要把握。把握方法的要领很简单，就是顺乎自然，合乎人性，也就是依照人类学习的自然规律。我们可以先考查一下，现行教育所用的方法，合不合乎人性？合不合乎自然？我们发现，不仅不合，甚至几乎相反。刚才说近代的西方教育以理解认知能力为导向，因为人类认知能力的发展是随着年龄越来越高，越来越好的。认知能力与年龄成正比，这叫“学习能力递增原则”。而人类还有另外的能力也非常重要，譬如直觉的能力、吸收的能力、记忆的能力、储藏的能力、酝酿的能力等，这些能力跟认知能力的发展轨迹是大大不一样的。它们反而在年龄愈小的时候愈好，愈长大愈衰退。这种发展的模式，叫作“学习能力递减原则”。

当我们对人类的学习能力的发展轨迹有全程的了解以后，我们才可能注意各个能力开发的恰当时机。在基础教育阶段，就是在所谓“发展的关键期”，有发展关键期中特定的教学模式，应该选择教适合当下生命学习的方法特色给予教育，也就是要注重直觉的能力，要尽量给予吸收、记忆、储藏的教育，使之默默中产生酝酿的效果，才是最自然且最合基础时期的方法。基于以上的论述，我们归结出教育的这三个原则，作为教育的总纲领，用一句话讲完，就是：在最恰当的时机，用最恰当的方法，教最恰当的教材，让下一代成为最优质的人才。

四标准

把握了教育的三个基本规律，要落实于教育实践，应以教育的时机作为线索，教材是配合时机的，而方法是附属在时机与教材上的，所以我们要把教育时机首先提出来，然后考虑在这个关键性的时刻要用什么样的教材？可以让他的整个人性得到最良好的开发，也就是可以奠定最良好的人生基础，而选定了教材之后，再其次，又必须选用哪样的方法以适应他的学习心理？本文所讨论的“读经教育”便是在这三个教育原则的全面思考下凝聚出来的教育模式。所以吾人推广读经教育，不是一站出来就先宣称：“我们所做的是一种最恰当的教育！因为我们是热诚的，而且这种教育是有效的，所以大家要听我们的！”我们不是凭着热情感动人，甚至不是凭着功利吸引人，而是凭着“道理”——教育的道理。我们面对眼前待教的下一代，问：人生有没有学习的恰当时机？再问：有没有在该时机应用的恰当教材？最后问：在该时机该教材的情况下，有没有恰当相应的教学方法？这样一步一步自我省思，经过长期而缜密的思索，然后得出这样的结论——“读经”。

我们依人性建立教育的目的，又从教育的观点把人性分析出二性，依人性的二性讲教育的三原则，依教育的三原则讲“读经教育”。读经教育，更清楚地说，应该是“儿童读经教育”，其中，“儿童”就是对教育时机的把握，“经”就是对教育内容的把握，“读”就是对教育方法的把握。

教育是一种工程，是要落实的，要落实，就必须在教学现场里操作。如果三原则是合情合理的，而我们依原则而做的教学活动，也就应该是合理的了。怎样做才是合理的呢？有什么标准可以评判呢？依照三原则，我开出了四个检验的标准。就是：及早读经、老实读经、大量读经和悦乐读经。

及早读经，是有关教育时机的把握——越小越好，越早越好。老实读经，是有关教育内容的把握——越高深越好。对人生乃至于对整个天地宇宙最有意义的可以让人性在最快速的期间之内达到最高开发效果的内容，这种内容叫作“经典”。大量读经是有关教育方法的把握——就是他能够怎么学，我们就怎么教。譬如在人生的最早期，是听觉神经先发展，所以在胎儿期就能够听，能听的时候就给他听，大量地听，就这么简单，出生以后渐渐能看，能看就给他看，大量地看，就这么自然！至于听什么呢？听最高明的最好的声音，包括自然的风声雨声虫鸣鸟叫，和人间的古典音乐、经典诵读；看什么呢？看人类最高明的最好的作品，包括天地间的山光水色鬼斧神工，和人文世界名画、雕塑、建筑、舞蹈、戏剧。然后，能念的时候就给他念，一两岁他就能念了，念什么呢？除了一般日常语言之外，最重要的是给他念高度的语言，就是念经典文章。到后来能读的时候，就给他读，看着书读，读什么呢？除了直接记录语言的白话文之外，最有效的是让他读经典文章。当然，如果对下一代的教育，及早，最好早到胎儿，但荀子说："天地始者，今日是也"，每个人都可以从知道的那天开始。

其次，老实读经，也是尽量的老实，愈老实愈好。包括两项：第一，尽量从真正的经读起，第二，尽量只管读，花样愈少愈好。所谓真正的经，就是最高智慧、最高价值的书。是尽量从经典开始，不一定从蒙书开始，而经典是以智慧论，不是以难易论，不是以上口不上口论。如果是一个中国人，要选择最重要的书，则建议从《论语》开始。而教学的方法，就是只有读，不必有太多花哨。也就是呆呆地读，一来不问有没有兴趣，二来不问懂不懂。即使是大人，读多了，读进去了，也会渐渐读出味道，何况是本来就不以理解为学习标准的儿童期？有人认为只有读经，单调乏味，其实这正合内在的人性，只不过是不合人的动物性罢了。但内在的人性才是最深厚最真实的，它藏在人的心灵深层，不容易发用出来，用读经的模式最容易唤醒它。唤醒了这一层的人性，他的智慧品德与聪明才智，便默默地长进，有如高屋建瓴，不仅有了浓厚的学习兴趣，也有强大的学习的能力。由于有了学习的能力和兴趣，一生的教育就水到渠成了。

所谓大量读经，也是尽其可能地大量，越大量越好。为什么越大量越好，因为人类最佳的输入时间只有十三年，这是自然的限定，这十三年中酝酿的力量也最强，所以我们要把握这个时期尽量地给予，如果让一个人心灵空转了十三年，可能永远不过来。况且当前人类所要面对的文化内容比古人还多，古人一个民族只要面对他本民族的传统，现在我们要面对全人类的智慧，怎么可以不大量呢？至于大量到什么程度呢？吾人不能立一个强制性的标准，而只能说尽其可能。大量有三个要点，第一个就字数的大量，我们以背诵的字数来说，我初步的建议是，能够十三岁之前背完中文二十万字，外文十万字，这是一个很基本的数目。大量的第二个要点是反复遍数的大量，我提倡的基本量是一百遍，若要终身不忘，可能要二百遍三百遍。或者不用几遍计量，而提倡"包本"，一本书从头到尾背诵，譬如读《学庸论语》这本书，就从《大学》第一个字背到《论语》最后一个字，共计两万一千字，读《孟子》也从第一个字背到最后一个字，共计三万五千字，这叫包本。一般资质的孩子要包本，大约要念二三百遍以上。当然，如果不能包本，一百遍已经不错了，如果不能一百遍，能念个二三遍，也有长进了。大量的第三个要点，就是由于第一个字数多跟第二个遍数多而来的，就是时间需要大量。现在所能建议的最高标准，是一天读十个小时，读十年。一个中等资质的孩子，如果一天读十个小时，只要三年，应该就可以把这个基本的量，中文二十万，英文十万读完背完。比较聪明的孩子，按理推算，二年就可以读完背完三十万字。

第四个标准就是悦乐读经，悦乐是一种比较深层的快乐。衡量读经教育成功不成功，不仅要看他成果多少，还要看这个孩子悦乐不悦乐。假如我们没有太多的人为干扰，应该是悦乐的。有什么人为干扰？大部分都是因为父母老师急切，急切就会攀比，便会给孩子带来压力，不仅学习不会悦乐，也因不悦乐而影响了教育的效果。其实，只要依照人性，就是让他反复反复反复，他就印象深刻，印象深刻，再反复反复反复，就有短暂的记忆，短暂记忆再反复反复，就终身不忘。原来读经教学的方法就是只有反复反复。原来我们只是提倡“读经”，没有提倡“背经”。那为什么后来说一定要背，而且要包本背呢？其实也是为了让他多反复几次的意思因为从反复诵读中就会达到自然背诵的结果。不论儿童或成人，当他毫无功利之心，一心反复读经的时候，会让心沉静下来，而那美好的文句，琅琅的书声，更有一种舒畅的美感。而能背诵一段甚至一篇甚至一本书，如长江大河滚滚而来滔滔不绝，也会令人有一种成就感，也就是心里会有一种自我满足的自信感自豪感，那是生命得到充实的稳定感，那里有很真实的很难得的幸福感，那种幸福，它比一般说的快乐还要快乐，称为悦乐。而且这些成就，会像水的源木的根，滚滚不息，滋润一生，在一生中不断地开花结果，不只是当时的幸福，更是永久的幸福。

五特质

假如读经教育真是按照了“一个目的两种性质三个原则四个标准”，则必定会有不同于一般教育的特殊性。这些特性我把它归纳为五项，称为“五特质”。第一个特质是理论的根源性，第二是内容的完整性，第三是操作的简易性，第四是效应的笼罩性，第五是验证的广大性。

所谓理论的根源性，是表示读经的理论的根据是深远的，是从一种原则而来而服从原则的。我们是一般人对于教育普遍的向往开始，一步一步地往后追溯，追溯到教育的本质，从教育的本质出发，再一步步建构起全套理论。譬如我们从一般人对品学兼优的向往，推到人文与科技的学术规格，再推到中西文化的全面发展，最后归结出人类理性的本具的能力和永恒的要求。然后从人性下放到文化，依文化看出教育的责任，依教育的文化责任和学习心理的发展两面开出三个基本的原则，最后从教育的三原则落实为合情合理且简易有效的全套读经理论。所以读经教育的理论，不是突发奇想，乃是步步为营的思考结论，它的理论富有原则性、深刻性。

第二个特质是内容的完整性。不是读经本身即是完整的，而是因为这理论对人生有全面的考量，因着“物有本末，事有终始”的考量，强调以终为本以本为主的原则，但不忘知终亦知始，从本以开末。所以读经教育理论不限于读经，而是以读经为核心，而具有全方位的扩展性。首先，我们说读经的“经”之意义，是广义的，即举凡人类智慧高明的成就，人性应该开发的所有生命内涵，都属于“经”的范围。而凡是按照人性而教学，也就在他恰当的时机，以经典的眼光来选取教材，依照最自然的方法来教他，就可以叫作“读经”。在文字的经典方面，包括了中国文化的经典和西方文化的经典。中文经典不只是儒家，也包含道家，乃至于文史诗词歌赋，乃至佛学。西方经典也不只是英文，乃至于德文、法文、日文、拉丁文、希腊文等。以经典的诵读为本，带动整体语文能力的提升。所以中国语文要好，要从读经开始，西方语文要好，要从读经开始。

教学的科目除了文字之外，其他各种课程也都是读经关照的的范围，也都可以运用读经的观念去做高效的教学。譬如：音乐、美术乃至体育、数理等。所谓音乐美术读经，就是认定艺术教育的重点在培养艺术的心灵，而艺术心灵以能鉴赏为本，能操作为末，所以艺术的读经教育从听看名曲名画开始，先培养出高度的鉴赏能力，将来要学技巧，也就有了良好的根基了。所谓体育读经，也就是对身体做最恰当的教育，所以体育不仅是运动，应该比运动更深一层，也就是除了外练筋骨皮之外，还要内练精气神。我们建议的体育读经有两种，一种是中国武术，一种是印度瑜伽。

至于数理怎么也可以读经呢？因为如果数理是按照人性的发展而教，就可以叫作数理读经。人类的数理能力是与生俱来的，因为人的认识心灵自然就有逻辑推理的能力和认识世界的好奇心，所以数理应该是最容易的，甚至是不必教的。而且理解能力会随着生命的成长与日俱增的，既然愈来会愈聪明，数理的教学就不必那么着急了。所以我们就建议不要提早强灌数理功课，而应该善于鼓励和等待，依照每个个体当下的理解能力而做适性的教学。

第三个特质是“操作的简易性”，这个操作是非常简便的，为什么？因为它合乎人性，顺乎自然，所以就简易了。只要观念上了解了，真的及早了，加上老实和大量，就好了。一来老师不必有学问，二来学生不必有程度，因为老师只是看着书念书，学生只要跟着老师念，如果书上的字又注了音，则没有不会读的字，多念就多熟，念到很熟就能背，教育工作就完成，而此完成，不只当时即有效——直接有增进语文程度之效，间接有开发聪明之效，更有深远的文化陶冶之效。

第四个特质是效应的笼罩性。笼罩性是指教育的效率，有许多人质疑：“只有读经够吗？”我们也可以说够，也可以说不够，所谓不够，人间有那么多的学问要追求，只有读经怎么够呢？所以说不够。但所谓够，是就着它的笼罩性而说，所谓笼罩性就是它高屋建瓴居高临下。最简单明的证明，是一般人都知道的“语文是一切学习的基础”，语文学好了，其他学习就容易了。乃至依照人生的学习能力的发展，首先发展的就是记忆力，然后发展的是理解力，在记忆力发展的时机里，如果给他充分的资讯刺激，又可以建构脑神经系统，建构好的脑神经系统将来又可以供理解使用，所以凡是从小读经的孩子就聪明，聪明的孩子思考力就强。另外，语文能力好的孩子就喜欢阅读，阅读多的孩子知识丰富，知识丰富的孩子思考力越强。总之，读经，就是增聪明和思考力最简便有效的方式，读经就是一个全面性的，或者说笼罩性的，他的效用是笼罩性的，从语文笼罩所有的学科，从记忆笼罩了理解，及早老实大量的读经对全幅地人性开展就可以奠定一个良好的基础，让这个孩子步上学习的康庄大道。

此外，因读经的教育而形成的熏陶作用，让一个人默默中具有文化的情怀，甚至品德的情操、理想的追求。这是属于“德性的学问、智慧的学问”的范围。这些品质是虚层的，但它在人格的建构中是重要的成分，居于核心的地位，既重要又核心，它便有辐射发散的功能。也就是把属于德性和智慧的学问做好了，那属于知识的和技能的，也就容易好了。康德说实践理性具有优先性，牟先生说人的德性有优先性，因为一个有德者，他必定会尽其可能地追求知识，而一个有知识的人并不一定会反省到他需要有德，所以牟先生说道德世界包含知识世界，道德宇宙包含知识宇宙，这一观念很重要，我们教育是以道德为重呢？还是以知识为重？一定要想清楚。

第五个特质是验证的广大性。广、大，我们说广是指例证很多，说大是说其影响深远。读经的教育已经实验了两千多年，而且是中西方全人类已经实验过。所以读经成功的例证有其广大性。何况，读经教育的恢复推广，已经十几年了，我们的理念宣导资料已经相当完整，眼前海峡两岸以及世界华侨社会，已有许多的读经家庭、社区读经班、学校读经课，更有不少的读经私塾。读经的年纪，有胎儿，有婴儿，有幼儿，有儿童，有少年，有青年，有成人，有老人。在资讯发达的时代，或者你亲自查访，或者你从网上搜索，随时都可以找到例证，两岸硕博士以研究读经为题的论文，已有六七十篇，如果做的是成果调查，几乎都是正面的结论。这叫作验证的广大性。

荀子的道德动机论

——由万百安与黄百锐的论争说起*

东方朔
复旦大学哲学学院教授

阅读《荀子》一书，给人最深的印象莫过于，一方面，荀子信誓旦旦地宣称“涂之人可以为禹”，另一方面，又认为人之性“生而有好利”，人之情“甚不美”，“妻子具而孝衰于亲，嗜欲得而信衰于友，爵禄盈而忠衰于君”（《性恶》）。如果联系到《荣辱》篇所谓“人之生，固小人，无师无法，则唯利之见耳”的说法，荀子似乎认为，人之生一开始便是一个天性上没有任何内在道德倾向的唯利之徒。果若如此，我们又如何期待这样的人会产生愉悦于道德的情感？或者，我们有何坚实的理由可以让这样一个唯利之见的人化性成德，接受道德义务？类似问题涉及荀子的性情理论与道德动机的关系问题，在荀子思想研究中关系颇大。

理论上，任何一道德行为之实行必有其动机。所谓动机，按康德的说法，指的是“欲求底主观根据”①，而道德动机通常包含道德情感或道德欲求②。道德情感和道德欲求不同于一般的自然情感和自然欲求，一般的自然情感和欲求虽然并非一定不能“充作”道德行动的动机或动力，但它却是偶然的，并无必然性，无法自我作主。道德情感和欲求乃出于对道德法则的喜好，如孟子所言“理义之悦我心，犹刍豢之悦我口”（《孟子·告子上》）。若将道德情感和欲求排除在道德主体之外（如后期康德那样），那么，道德主体将“欠缺将道德法则的意识转化为具体行为的动力”③。

审如是，荀子思想中的道德动机问题，究其实质乃涉及一个性恶之人道德转化如

* 基金项目：本文为国家社科基金重点项目“荀子的政治哲学研究”（批准号：15AZX010）的阶段性成果。

① ［德］康德：《道德底形上学之基础》，李明辉译，台北：联经出版事业股份有限公司2005年版，第51页。

② 道德动机从内容和结构上看，可以有广义和狭义两种不同的划分，广义的道德动机包括人的知、情、意、欲等不同的心理状态，而狭义的道德动机则主要指的是人的情、欲。本文从道德转化的角度言道德动机，侧重于广义一面。

③ 李明辉：《四端与七情：关于道德情感的比较哲学探讨》，台北：台湾大学出版中心2005年版，第367页。

何可能的问题，倘若此一问题不能得到恰当的解释，那么，荀子处心积虑所建构的道德哲学的意义将会变得十分苍白与惨淡。所幸的是，此一问题已愈来愈引起学者的重视，本文则围绕 B. W. Van Norden（万百安）和 D. B. Wong（黄百锐）对相关问题的论辩，进而对荀子的道德动机论做出初步的说明①。

一

客观地说，有关荀子的道德动机问题是海外学者研究荀子思想的一个中心问题，D. Nivison、B. W. Van Norden、D. B. Wong、T. C. Kline Ⅲ、P. J. Ivanhoe 以及 Aaron Stalnaker、Kurtis Hagen 和 Dan Robins 等人对此皆做了极富启发的探讨。撇开其他线索和枝蔓问题不论，在一篇题为“孟子与荀子：人之主体的两种观点”的文章中，万百安对荀子的道德动机问题便提出了一个独特的解释②。依万百安，孟、荀两人在人性主体上的持论不同，孟子主性善，仁义礼智根于心，乃天生所有，故而我们每个人都有最初的道德倾向。从孟子“由仁义行，非行仁义”的说法中不难推出，我们不仅“必须行道德之行，而且也要有正确的动机”，因为真正合乎德性的行为需要出自“非自私的动机”（non-selfish motivation）③。面对孺子之将入于井，人援之以手，是直接出自于天生就有的怵惕恻隐之心，“非所以内交于孺子之父母也，非所以要誉于乡党朋友也，非恶其声而然也”。

然而，与孟子不同，万百安认为，荀子主性恶，否认人有天生的道德欲望（innate moral desire）④；同样，在荀子那里，我们也不能指望我们天生的感情（innately feelings）可以成为道德修养的主要手段。既然如此，在荀子那里，一个性恶之人的道德转化又是如何实现的呢？撇开其他繁杂的论述不论，万百安在孟、荀各自的文本中发现了一个有趣的对比，如《孟子·告子上》云：

> 鱼，我所欲也；熊掌，亦我所欲也……生，亦我所欲也；义，亦我所欲也……生亦我所欲，所欲有甚于生者，故不为苟得也。死亦我所恶，所恶有甚于死者，故患有所不避也。如使人之所欲莫甚于生，则凡可以得生者，何

---

① 本文之动意乃随顺万百安和黄百锐之论争作出相应的说明，非意在全面探讨荀子的道德动机理论，后者之论述可参阅笔者《“化性”如何可能？——荀子的性恶论与道德动机》（台湾中央研究院中国文哲所会议论文，未刊稿）一文。

② Bryan Van Norden, “Mengzi and Xunzi: Two Views of Human Agency”, in *Virtue, Nature, and Moral Agency in the Xunzi*, ed. by T. C. Kline Ⅲ and Philip J. Ivanhoe, Indianapolis: Hackett Publishing Company, Inc., 2000, pp. 103—134.

③ Ibid., p. 127.

④ Ibid., p. 122.

不用也？使人之所恶莫甚于死，则凡可以避患者，何不为也。是故，所欲有甚于生者，所恶有甚于死者，非独贤者有是心也，人皆有之，贤者能勿丧耳。

在《荀子》一书中，万百安则发现了《正名》篇中的一段，荀子云：

> 欲不待可得，而求者从所可，欲不待可得，所受乎天也；求者从所可，所受乎心也。所受乎天之一欲，制于所受乎心之多，固难类所受乎天也。人之所欲，生甚矣；人之所恶，死甚矣。然而人有从生成死者，非不欲生而欲死也，不可以生而可以死也。故欲过之而动不及，心止之也。心之所可中理，则欲虽多，奚伤于治？欲不及而动过之，心使之也。心之所可失理，则欲虽寡，奚止于乱？故治乱在于心之所可，亡于情之所欲。

以上两段文本读者可能耳熟能详，然而，万百安却于此发现了孟、荀两人的根本差异。万百安认为，荀子在《正名》篇通过区分“欲”与“可”的不同，明确地否认了孟子的主张。依万百安，孟子认为，人必定求其所甚之欲，所谓“所欲有甚于生者，故不为苟得也……所恶有甚于死者，故患有所不避也”。而荀子却断言，一个人的行为并不是由他的欲望所决定的，而是由他的“所可”所决定的（by what he approves of）[①]，所谓“欲不待可得，而求者从所可”。依孟子，人天生就有“四端”，教化的过程就是要通过“思”来培养这“四端”，所以孟子说“仁、义、礼、智，非由外铄我也，我固有之也，弗思耳矣。故曰：求则得之，舍则失之”（《孟子·告子上》）；而在荀子看来，自我教化的过程始于当我们的欲望引导我们作恶时，我们以“心之所可”自觉地克服我们的欲望。更进一步，荀子认为，任何人都可以做到这一点，因为（与孟子的想法相反）一个人并不是做他想做的，而是做他所可的事。

然而，究竟是什么使人做其所可之事？又是什么使得荀子相信一个人应当可其所可？事实上，陈汉生（Chad Hansen）在《古代中国的语言与逻辑》一书中，对上述《正名》篇的一段便并未如万百安那样注重区分“欲”与“可”，而是采用了传统主义式的解读方式。陈汉生认为，在荀子那里，“以言辞表达一个判断或区分的所可，仅仅只是社群认同的一个作用而已”[②]。但万百安引用了《乐论》中的“君子明乐，乃其德也。乱世恶善，不此听也。于乎哀哉”一段，认为如果所谓的善仅仅只是为社群“世

---

① Bryan Van Norden, “Mengzi and Xunzi: Two Views of Human Agency”, in *Virtue, Nature, and Moral Agency in the Xunzi*, ed. by T. C. Kline Ⅲ and Philip J. Ivanhoe, Indianapolis: Hackett Publishing Company, Inc., 2000, p. 118.

② Chad Hansen, *Language and logic in Ancient China*, Ann Arbor: University of Michigan Press, 1983, p. 98.

道”（the age）的所可所决定，那么，这个世道又怎么会混乱呢？荀子清楚地表明，自我转化的核心部分是升华旧的欲望，并且获得新的欲望，而在荀子那里，礼则是对欲望的再塑造（retraining）。然而，“为何一个人应该寻求改变难以驯服的欲望，去获得新的欲望？为何要去操心从事自我转化的过程？”对此，万百安认为，一方面，在荀子看来，以礼为核心的圣王之道是创造和维系社会秩序的最佳的独一无二的选择；另一方面，没有礼，人们只会生活在“争乱穷”的社会，这一点在《礼论》篇开头说得十分清楚。在这个意义上，万百安似乎把改变原有的欲望，获得新的欲望，看作是一种“目的—手段”的关系。万百安认为，在孟子那里，自我教化是经由集中从而强化一个人天生的道德性向（innate moral dispositions）而产生的，而荀子则否认人有天生的道德欲望，相反地，荀子认为，我们必须遵守礼的准则行事，获得好的老师的影响与默化，如是，我们则会逐渐爱上礼义的实践，因而也爱上德性自身。万百安认为，在孟子那里，一个人从事道德活动、参与礼的实践的自我修养过程，乃是其从一开始就乐于实行的过程，而“对荀子而言，自我教化的过程始于对礼义行为的实践，起初人们并不乐意于这样做，在对礼、文、史的学习中，人们还不能欣赏，也不能充分地理解。但是经过决定性的和持续不断的努力，人们最终会为了自身的原因变成乐意于礼的实践，并且了解和欣赏经典文本。依荀子，一个人必须被训练（be trained）成乐于礼义和道德”①。万百安对荀子道德转化的这种解释大概可以归诸于类似 D. Nivison 所谓的“德性的吊诡”（the paradox of virtue）②，亦即在教化征途的最开始，人们顺从礼义并没有自发的热爱和喜好，顺从礼义仅仅只是为了别的目的的手段，诸如获得作为一个统治者的权力、避免伤害和冲突，或者是使混乱的局面归于秩序等。然而，持续不断的努力和富有技巧的老师将逐渐引导人的欲望和理解力，以便使它们与“道”相和谐。到这时，人们将会因礼义自身的原因而热爱礼义，而不是把礼义作为实现其他任何目的的手段，礼义将不再是一个简单的工具，而成为当下有助于形塑一个人的内在心理状态的表达。如是，与其说我们必须寻求并艰苦地遵循“道”，不如说依“道”而行将是显而易见且易如反掌之事。

基本上，万百安在这篇文章中，紧扣“欲”与“可”这一对概念在孟、荀之间的差别以抉发他们道德动机的不同特点。对孟子而言，人天生就有仁义礼智“四端”，恻隐、羞恶、辞让、是非之情乃天之所与我者，道德教化只是培养人自身内在所固有的天爵，使其盈科放海，不可胜用，故而孟子会说：“仁之实，事亲是也；义之实，从兄是也；智之实，知斯二者弗去是也；礼之实，节文斯二者是也；乐之实，乐斯二者，

---

① Bryan Van Norden, “Mengzi and Xunzi: Two Views of Human Agency”, in *Virtue, Nature, and Moral Agency in the Xunzi*, p. 123.

② David S. Nivison, *The Ways of Confucianism: Investigation in Chinese Philosophy*, ed. with an Introduction by Bryan W. Van Norden, Chicago: Open Court, 1996, pp. 31—44.

乐则生矣；生则恶可已也。恶可已，则不知足之蹈之，手之舞之。”（《孟子·离娄上》）但相比之下，正如T. C. KlineⅢ所说，“荀子的教化与其说是一个由内到外的一个过程，毋宁说是一个由外到内的过程。师、经典文本、礼、乐乃是从外面形塑一个人的道德感的工具。”① 对此，万百安有非常简洁的表述：孟、荀之间的差别，孟子会说，一个人行善是因为他想往行善（desire to do good）；而荀子则会说，一个人行善是因为他认可行善（approves of doing good）②；孟子认为，我们的行为由最强的欲望所决定，而荀子则认为，欲望乃是人的情性的直接反应，人的行为最终乃由“心之所可”的能力所决定。万百安赞同荀子的看法，亦即人能选择地做事，而非做其最想做的事③，无论欲望有多么强烈，皆会被“心之所可”的力量所克服。在极端情况下，人们可以违背其最强烈的欲望而行动，如好生恶死乃人之大欲，然而，人们为了追求其“心之所可”的原则或理想，宁可舍生蹈死，故荀子云：“人之所欲生甚矣，人之所恶死甚矣。然而人有从生成死者，非不欲生而欲死也，不可以生而可以死也。”（《正名》）

二

万百安的文章在相当程度上披露出孟、荀两人在道德主体方面的不同的心理机制，这种观察对于突显他们之间不同的道德动机的特点无疑是有意义的。但问题显然在于，看到“欲”与“可”之间的差别是一回事，弄清“心之所可”的力量来自何处、又如何克服欲望乃是另一回事，类似疑问或许构成了黄百锐质疑万百安的一个重要原因。依黄百锐，在荀子那里，一个人的道德转化如何发生的问题，的确需要对心的力量如何克服天生的情欲得到有效的澄清与说明。不过，“心之所可”的力量在荀子的思想中毕竟应当如何得到恰当的理解？对此，黄百锐认为，在荀子那里，心之可与不可的能力可以有“强解释”与“弱解释”两种不同的方式，在“强解释”之下，“心之所可”能够克服欲望，尽管其与那些将长远满足行为主体的总体欲望体系毫无关系，换言之，在“强解释”的模式下，“心之所可”的力量与欲望无关，是一种独立地产生行为动机的机能。不过，在这种情况下，黄百锐认为，这种“心之所可”只有两种解释是可能的，要么“心之所可”是建基于对不可化约的道德属性的知觉上，这是柏拉图式的处理方式；要么“心之所可”是建基于纯粹理性活动的基础之上，这是康德式的处理方式。由于荀子不认为存在有不可化约的道德属性，同时他也不相信“心之所

---

① T. C. Kline Ⅲ, “Moral Agency and Motivation in the Xunzi”, in *Virtue, Nature, and Moral Agency in the Xunzi*, p. 157.

② Bryan Van Norden, “Mengzi and Xunzi: Two Views of Human Agency”, in *Virtue, Nature, and Moral Agency in the Xunzi*, pp. 123—124.

③ Ibid., p. 128.

可”是纯粹实践理性的功能，因此“强解释”的模式并不适合荀子的“心之所可”。

那么，在“弱解释”的模式下，情况又会怎么样呢？依黄百锐，在“弱解释”之下，“心之所可”能够让行为者做出与他最强烈的当下欲望相违背的行为（如舍生蹈死等），只不过在这种解释模式下，心所可的东西最终是建立在那些能最好地满足行为者长远的总体欲望体系之中的，因而“弱解释”较接近于实践理性角色中的“目的—手段”的观点。在这个意义上，这种解释模式有点类似于休谟式的伦理学，亦即理性是激情的奴隶，但为了欲望的长远的最佳满足，理性能够驾驭（manage）激情。即此而观，黄百锐认为，在“弱解释”下，“心之所可”与欲望之间有着本质的相关性，作为行为的动机，“可”与“欲”之间的差别，其实只是欲望所表现出来的范围的差别，亦即一个人“当下的口腹之欲”（immediately sensual desires）与一个人经由对长远利益的反思而产生的欲望之间的选择①。依此解释，在荀子的主体概念中，欲望是唯一发动行为的心理状态，或者说荀子哲学所给出的对行为所可的唯一基础就是欲望，心之判断的最终的动机力量乃是从欲望中衍生出来的。但如果对荀子而言，仅仅在“弱解释”下，“心之所可”能够克服欲望，那么，“任何通向自我转化的途径，皆必须从人的自利的天性开始，而不是从能够独立地激发自利的心之所可的能力开始”②。果如是，则第一个圣人是如何转化其自己的问题，相比于“强解释”而言，将会变得更加困难，因为在“强解释”下，我们的道德心理学似乎至少有一个因素能够作为一种与“不可爱”的情感和“口腹之欲”相反力量而行动，而这个因素原是我们本性中的一部分，然而，现在看来，它们只不过是各种竞争着的欲望的不同类型罢了③。至此，黄百锐得出结论认为，“简言之，除了弱解释外，荀子不可能允许任何意义的‘心之所可’能够克服欲望。但如果荀子心中只有弱解释，那就不可能有万百安所主张的存在于孟、荀之间的主体观的戏剧性对比”④。

不过，综观《荀子》一书，荀子言之凿凿地肯定，自利之人经由积善为学而有的道德自我转化不但是可能的，而且也是相当可观的，如荀子云：“积善成德，而神明自得，圣心备焉。”（《劝学》）“涂之人百姓，积善而全尽，谓之圣人。”（《儒效》）“今

---

① David B. Wong, “Xunzi on Moral Motivation”, in *Virtue, Nature, and Moral Agency in the Xunzi*, p. 141.

② Ibid., p. 142.

③ 黄百锐的这种解释颇有哲学的锐气，但也有许多学者并不同意，如 T. C. Kline Ⅲ, “Moral Agency and Motivation in the Xunzi”, in *Virtue, Nature, and Moral Agency in the Xunzi*, pp. 160－161；同样，Aaron Stalnaker 也认为，在荀子那里，“心之所可并非基于对长远欲望的满足”，而是基于心能够审查、筹划、思考可能的行动和结果，以及把相关的根本不同的感觉和观念组成一个复杂的总体，通过对特殊的目的和目标的许可，心学会驳倒追求欲望满足的自发性。参阅 Stalnaker, *Overcoming Our Evil*, Washington D. C.: Georgetown University Press, 2006, pp. 77, 79.

④ David B. Wong, “Xunzi on Moral Motivation”, in *Virtue, Nature, and Moral Agency in the Xunzi*, p. 141.

使涂之人伏术为学，专心一志，思索孰察，加日县久，积善而不息，则通于神明，参于天地矣。”（《性恶》）对此，我们先暂且撇开在已有礼义文明的社会中道德动机形成的问题不论，我们当然有理由去探究，在荀子那里，毕竟一个人在一开始时是如何由自利的情性欲望为行为的动机逐渐转至于接纳或融合他人的欲望和利益？其最初的道德动机是如何形成的？在黄百锐看来，万百安虽然突出了荀子“心之所可”的力量，但即便荀子所言的“心”可以从人的自私的欲望中分离出来而具有“非自利的动机”（non-self-interested motivation），我们仍需要解释，此心毕竟是如何能实际地重塑自私的欲望，并且为道德创造一个新的欲望的？换言之，欲望如何被创造并转化，而不仅仅只是被“心之所可”所克服？黄百锐认为，对于类似的问题，至少我们不能简单地把转化欲望的神奇能力归因于荀子的一个信念（亦即“心之所可”的信念），因为如此一来，会使荀子所强调的通过“礼”和“乐”来塑造（training）欲望的方法变得毫无意义。

有鉴于此，黄百锐对荀子的道德动机转化提出了两种可能的解释，一种是来自穆勒（J. S. Mill）的比喻，亦即在穆勒看来，人们之所以会把道德本身当作目的而不是手段，其实出于某种习惯性的联想，正如金钱原本只是获得快乐的手段，但由于金钱与快乐的恒常联结（constant association），使得金钱本身具有了与快乐一样的目的的性质，换言之，我们已习惯了（conditioned）从道德中获得快乐①。不过，黄百锐转念就否认了这种解释，在他看来，假如我们以这种观点来理解荀子，我们就必须首先对圣王如何在道德与快乐之间创造联结有一个解释，因为只有圣王已经把道德内化并赢得了人们的追随时，道德才可能成为满足长远欲望的工具；只有在圣王成功地转化了他们自己，并且创造了一个使道德成为快乐的社会秩序之后，快乐与道德之间的恒常联结才能产生。因此，一个人只有在乐于践行礼之后，才能体验到礼所带来的长远利益的满足，没有这种体验便难以产生把践行礼义本身当作目的的习惯性联想。另一种解释则来自于倪德卫（D. Nivison），在《荀子论人性》一文中，倪德卫曾引《荀子·王制》篇“人有气、有生、有知亦且有义，故最为天下贵也”一段，认为此中的“义”是人特有属性中的“义务感”（sense of duty）②，但这种义务感只是一种能使人组成等级区分的社会，并能使人将某种义务当作道德义务来加以认知的单纯的能力（a bare capacity），“然而这种能力没有积极的内容”③。黄百锐顺此思路进一步认为，在荀子的思想系统中，人之有义的单纯能力，如果要发展成为有道德内容的能力，必须满足三

---

① David B. Wong, “Xunzi on Moral Motivation”, in *Virtue, Nature, and Moral Agency in the Xunzi*, p. 146.

② D. Nivison, *The Way of Confucianism: Investigations in Chinese Philosophy*, ed. with an Introduction by B. W. Van Norden, Chicago: Open Court. 1996, p. 206.

③ D. Nivison, “Critique of David B. Wong, ‘Xunzi on Moral Motivation’”, in *Chinese Language, Thought, and Culture: Nivison and His Critics*. P. J. lvanhoe ed., Chicago: Open Court. 1996, p. 324.

个要求，即当我们把这种能力归于人性时，必须与荀子的性恶论相一致；这种能力必须没有道德内容；当义务被产生时，这种能力必须提供动机效力。出于此一考虑，黄百锐通过荀子的文本发现，人性中存在着许多与道德“意气相投”（congenial）的自然情感，如对故去亲人思念的悲情，对仁慈心怀感戴的温情，受音乐的激发而调整行为的倾向，对和睦关系的向往及“以德报德”（return good for good）的强烈冲动等①。这些自然情感并不直接就是道德情感，相反，而是与人性的自利相关。因此，尽管这些自然情感与道德“意气相投”，但却能与荀子的性恶论保持一致。不过，人由于这些自然情感的驱动，会主动寻求表达，而礼、乐即为这种自然情感的表达提供了充分而恰当的方式。故荀子云：“礼以顺人心为本”（《大略》），又云：“夫声乐之入人也深，其化人也速”（《乐论》），礼、乐作用于未加工的人性的过程，即是人性顺从地被塑造成对道德的爱和对礼义的喜好的过程；礼、乐通过疏导、规范人性中本有的自然情感，使之转化为道德情感。如是，人们完全被教化，并且将礼义结构内的生活看作是唯一能够充分满足他们对悲、爱、乐之个人表达的生活。至此，黄百锐认为，正是由于这些内在于人性的自然情感为人们最初的道德义务感的养成提供了动机和条件②。

从上述黄百锐的论述中我们不难看到，与万百安强调“心之所可”此一侧面不同，黄百锐则紧扣着荀子人之性恶的论断，将注意力集中于作为第一个圣人如何从自利的情性中生发出对道德的喜好此一核心问题，并敏锐地注意到人类的自然情感与最初的道德之间所具有的意气相投的亲和关系，从而为性恶之人的道德的初始转化给出了合乎情理的解释。可以认为，黄氏的此一解释为荀子道德哲学中的道德动机的初始生成和解决找到了同时也提供了一个恰当的值得肯定的线索。

三

万百安和黄百锐对荀子道德动机的论争在理论上牵涉到许多复杂的面向，我们在此不能一一做出评述。我们想指出的是，荀子主性恶，今暂且搁置荀子论性此一概念的复杂性不论，性恶本身的含义至少意味着，人性在没有“伪”的矫饰下，会顺其天

① 黄百锐此处未提及“圣人恶其乱也，故制礼义以起法度”的“恶乱”情感。“恶乱”情感在《荀子》的文本中与道德的起源密切相关，《王制》《乐论》《性恶》《礼论》等篇皆有论及，但“恶乱”情感是否可以作为人的自然情感，而且可以与“人之性恶”的主张保持一致？我们觉得这是一个值得认真讨论的问题。

② David B. Wong, “Xunzi on Moral Motivation”, in *Virtue, Nature, and Moral Agency in the Xunzi*, pp. 147—151. 黄百锐所注意到的人的自然情感与道德之间具有“意气相投”的关系的看法，王国维当年也曾指出过，只不过其结论与黄百锐不同，认为荀子这样一来会导致人情与人性的自相矛盾。参阅《王国维文集》第三卷，中国文史出版社 1997 年版，第 215 页。然而，如果我们顺从黄百锐的解释，人的自然情感并没有预设利他主义为前提，两者之间似乎并不存在矛盾。

生的欲望无限制地发展，但在“势”“物”有限的情况下，在逻辑上必然会导致“争乱穷”的结果[①]。大概有一点可以确定，在荀子人性论的内在结构中，并不存在任何“现成”的道德倾向。因此，寻求对荀子的道德动机的解释，“现成”论的模式将会在文本上面临巨大的理论困难。不过，假如我们换一个视角，亦即从“渐成论”（epigenesis）的角度上看[②]，所谓道德在人性中的生成似乎并非只有“道德直接从原初人性中现成的道德成分中生发出来”这样一种解释模式或体现方式。如果这种看法可以成立，那么，因荀子主性恶，并进而一概断言，在荀子那里，行道德之事并不可能有任何的内在动机的认识在理论上就应该也可以得以松动。

假如我们把礼义理解为荀子所说的道德[③]，那么，荀子对道德产生的根源的确有其特殊的看法。依荀子，人生而有欲，欲而不得则不能无求，但由于“欲多而物寡”的原因，若无度量分界，其结果必将导致“势不能容”“物不能赡”（《荣辱》），及其至也，“则夫强者害弱而夺之，众者暴寡而哗之，天下悖乱而相亡，不待顷矣”（《性恶》）。故圣人恶其乱而生礼义起法度。至此，礼义道德至少在根源上是出于现实的需要为人所创制出来的，而不是如孟子那样从原初人性的结构中“现成”地推演出来的。也正因为如此，今若就礼义之作为道德义来理解，其最重要的意义的确在于保证人类的生存与秩序，在于保证社会的安定和生活的繁荣。从这个意义上，人们出于整体欲望的长远满足的目的而对当下的口腹之欲加以必要的限制[④]，虽然蕴含了荀子对欲望进行规范评价的主张，但在本质上这些作为都与利益的自我关涉（self-regarding）相关。在荀子性恶论的条例下，从原始的野蛮时代发展到文明时代，第一个圣人的出现，或道德的最初的产生，是由最早的一批圣人在漫长的历史演化中，出于生存的需要或对人类整体欲望的长远满足的目的而不断地进行“兼权”、“孰计”、分析、评估、取舍，最后采取决断的结果。换言之，人们最初欲求道德的主观根据（动机）是出于审慎的（prudent）考虑，荀子对此有许多的论述，如云：

> 欲恶取舍之权：见其可欲也，则必前后虑其可恶也者；见其可利也，则必前后虑其可害也者，而兼权之，孰计之，然后定其欲恶取舍。如是则常不失陷矣。（《不苟》）
>
> 凡人之取也，所欲未尝粹而来也；其去也，所恶未尝粹而往也。故人无

---

① 参阅拙文《荀子论“争”》，《中国哲学史》2016 年第 2 期，第 71－77 页。

② 参阅 P. Ricoeur, *The Conflict of Interpretation-Essays in Hermeneutics*, Evanston: Northwestern University Press, 1974, p. 109.

③ 荀子所言的礼或礼义涵容甚广，道德无疑是其中的一项最为重要的内容。但在根源意义上，荀子言礼的首出含义是政治学的而非伦理学的。参阅拙著《差等秩序与公道世界》第七章，上海人民出版社 2016 年版，第 165—191 页。

④ 荀子对礼所具有的“分、养、节”三大功能和作用的看法，非常清楚地表明了这一点。

动而不可以不与权俱。衡不正，则重县于仰，而人以为轻；轻县于俛，而人以为重；此人所以惑于轻重也。权不正，则祸托于欲，而人以为福；福托于恶，而人以为祸；此亦人所以惑于祸福也。（《正名》）

人之情，食欲有刍豢，衣欲有文绣，行欲有舆马，又欲夫余财蓄积之富也；然而穷年累世不知不足，是人之情也。今人之生也，方知畜鸡狗猪彘，又蓄牛羊，然而食不敢有酒肉；余刀布，有囷窌，然而衣不敢有丝帛；约者有筐箧之藏，然而行不敢有舆马。是何也？非不欲也，几不长虑顾后，而恐无以继之故也？于是又节用御欲，收敛蓄藏以继之也。是于己长虑顾后，几不甚善矣哉！（《荣辱》）

上述所引包含的意义很广，解释的空间也很大，但如果允许我们作一个明白简洁的解释，所谓“审慎”的动机大概就是荀子所说的“长虑顾后”的考量，在这一点上，万百安和黄百锐皆在不同角度上注意到荀子的此一主张。毫无疑问，这些研究对于我们进一步了解荀子的道德动机理论，具有重要的启发作用。

然而，尽管荀子有关审慎动机的说明对于理解早期阶段道德动机的形成和转化具有相当的解释力，同时，尽管荀子出于审慎的动机而主张节制或转化当下欲望的看法具有规范评价的功能，但是，如果站在康德的立场，出于这种动机而来的道德却可能沦为“假言令式”[①]，亦即为了达到某一目的，你必须如此这般去做。康德哲学一再教导我们，对道德的辩护，其最终的根据不能源自于那些对我们来说是“好”的东西，或者说不能通过达成人们的目的、需要或欲望，甚或因满足了人们生存的共同体的福祉就能证明其为道德的。具有普遍性和绝对性的道德律并不能在目的—手段的因果关系中，或者在各种混杂相异的所谓“好”中找到其最坚实的基础，行为的全部道德价值的本质取决于道德法则直接决定意志。审如是，我们就有必要问，假如在荀子那里还存在“惟仁之为守，惟义之为行”“畏患而不避义死，欲利而不为所非”（《不苟》）的道德动机的话，那么，人们又是如何从“视道德为手段”进至于“视道德为目的”的呢？

从人类动机心理学的发展角度上看，荀子有关道德动机的观念大体可以区分为礼义文明产生之前和之后两个阶段。如前所言，在礼义文明产生之前，亦即从野蛮时代过渡到文明时代的所谓道德产生的最初阶段，我们所面临的问题是，一个怀抱自利情性的人在最初阶段如何能够养成奉行和喜爱道德的动机？此一问题在理论上涉及对人之情性的能塑、可塑的看法[②]。正如许多学者的研究所表明的那样，虽然荀子与霍布斯

---

① 参阅李明辉《儒家与康德》，台北：联经出版事业公司1990年版，第27页。

② 参阅P. J. Ivanhoe，“Human Nature and Moral Understanding in the Xunzi”，in *Virtue*，*Nature*，*and Moral Agency in the Xunzi*，p. 242.

之间在理论的特点上有不少相似的可比较之处，但他们两人也有一些重要的区别。与霍布斯纯粹以政治方式处理人性问题不同，荀子还特别注意到对人性和人的行为的修养与转化[①]，实际上，荀子自己就明确地说过，“汤武存，则天下从而治，桀纣存，则天下从而乱。如是者，岂非人之情，固可与如此，可与如彼也哉!”（《荣辱》）而黄百锐则认为，荀子的自然状态理论与霍布斯的不同之处在于，霍布斯从未期待过人类的自利动机在从自然状态过渡到市民社会的过程中会发生改变，而在荀子那里则不同，当人们认识到他们在求取欲望满足的过程中需要有所限制后，人们不仅知道需要限制他们的行为，而且还认识到需要透过礼（ritual）、乐（music）和义（righteousness）来转化他们的品格。这样，他们就会知道他们是在兴趣上喜爱这些东西，而不仅仅只是让这些东西来约束自己[②]。假如我们认同这种解释，那么，一个自利之人接受和奉行道德的接合点，与其基本的自然情性的关系在最开始之时（at first begining）就应当是顺与适的关系，而不应是堵和截的关系。正是在这个意义上，黄百锐所揭发的《荀子》一书中记载有关人类的诸多自然情感与道德具有“意气相投”的关系以及礼、乐充分而恰当地表达了人类的自然情感的看法，显然比万百安一味强化“心之所可”的功能与作用以明荀子的最初的道德动机转化要更具解释力，同时也更切合荀子的本意。

不过，在人类的礼义文明产生之后，亦即当人们生活和生存于已有了各种规范系统的社会之后，性恶之人的道德动机的形成和转化似乎变得更为复杂，万百安强调“心之所可”、强调认知与评价的参与对一个人新的动机的形成所具有的作用，显然又比黄百锐强执欲望之于动机的根本性，似乎更让人启发[③]。我们想强调指出的是，认知、评价的参与对新动机的形成虽不排除审慎的考量，但随着积学、教化、环境和信念等因素的加入，以及上述诸多因素的积靡磨荡，新、旧欲望和新、旧动机的转化亦会有“他乡即故乡”的效果，此中原因似乎并不复杂，因为积学、教化、认知、评价和环境等综合因素将会对一个人新的欲望和动机的形成产生深刻的影响，盖按荀子的说法，人生而有欲，欲而不得则不能无求，“欲望”在此似乎被赋予了天然的正当性。但在进入礼义文明社会之后，由上述那些综合因素所形成的特定的价值信念，却会对一个人的欲望和欲望对象产生“为何去求?”“如何去求?”“是否可求?”的疑问和影响，如是，欲望的天然正当性与价值正当性之间的矛盾，便转化成了一个人在行为抉择时的动机冲突，因为有了动机冲突，所以新动机的产生便有了现实的可能。明乎此，我们也便可以理解何以荀子强调“心不可以不知道”（《正名》）、“学不可以已”、“学

---

① David Nivison, “Review of The World of Thought in Ancient China”, *Philosophy East and West*, *Vol.* 38, No. 4, October 1988, p. 416.

② David B. Wong, “Xunzi on Moral Motivation”, in *Virtue*, *Nature*, *and Moral Agency in the Xunzi*, p. 136.

③ 翻阅学者的相关研究，我们不难发现，P. J. Ivanhoe、T. C. Kline Ⅲ、A. Stalnaker 以及 K. Hagen 等人皆十分注意此一点。

莫便乎近其人”、“君子居必择乡，游必就士”（《劝学》）等等言说之于一个人动机转化所具有的意义。在荀子那里，经由为学去陋、慎思明辨、师法教化等熏习所产生的对某一欲望对象是否可欲、如何可欲的反省，进而产生和形成新的动机和欲望的事例在《性恶》和《荣辱》等篇中并不难看到。黄百锐将荀子的道德心理学了解为“对行为所可的唯一基础就是欲望，心之判断的最终的动机力量乃是从欲望中衍生出来的”，这种认识在我看来，在人类尚未进入礼义文明时代时有其合理的一面。然而，当人类进入礼义文明时代之后，“心之所可”的对象却并非如黄百锐所说只有欲望，甚至也并非直接就是欲望，而是“道”，正如艾文贺（P. J. Ivanhoe）所指出的，这种“道”就其自身而言即是善的，不仅意味着而且其自身就是最好的生活类型的象征[①]。故荀子云：“心不可以不知道；心不知道，则不可道，而可非道。”（《解蔽》）此处，“道”可以理解为礼义文明社会的一整套规范或规则系统[②]，它既是人的认知和评价的对象，也是对人的美好人生的承诺。人要“可道”，必先“知道”，“可道”后人会产生相应的信念，而此信念入于人心则能使人守道以禁非道，故云“率道而行，端然正己不为物倾侧”（《非十二子》）。久而久之，人们依“道”而行，即习惯成自然，如是，人便在无形中形成了一种新的动机机制，故荀子又云：“今使人生而未尝睹刍豢稻粱也，惟菽藿糟糠之为睹，则以至足为在此也，俄而粲然有秉刍豢稻粱而至者，则瞲然视之曰：此何怪也？彼臭之而嗛于鼻，尝之而甘于口，食之而安于体，则莫不弃此而取彼矣。”（《荣辱》）荀子此段常为学者所引，至其言“莫不弃此而取彼”则已明显地蕴含了新、旧动机之转化；及其至也，则一个人在行为动机上能够做到“使目非是无欲见也，使耳非是无欲闻也，使口非是无欲言也，使心非是无欲虑也。及至其致好之也，目好之五色，耳好之五声，口好之五味，心利之有天下”（《劝学》）。李涤生于此条下注云：“孟子曰：‘礼义（当为理义）之悦我心，犹刍豢之悦我口。’与此同义。”[③] 所注传神而端的。前引 Aaron Stalnaker 对黄百锐的批评已经表明了此一点，而 T. C. Kline Ⅲ 亦随顺万百安的思路认为，荀子的“‘心之所可’可以理解为不同于如此这般欲望（desire as such）的动机机制，荀子将‘所可’与‘知’相联系，与我们描述和评价我们的内在动机以及外在情境的认知能力相系……这种经由心之指向和控制的过程将原初欲望（original desire）转化成比与生俱来的、随情感状态而涌现的特殊反应更为复杂的动机。这种动机现在可以体现在更为广泛的认知和描述之中，同时也建基于对外在因素

① P. J. Ivanhoe, “Human Nature and Moral Understanding in the Xunzi”, in *Virtue, Nature, and Moral Agency in the Xunzi*, p. 239.

② 严格说来，“规范”与“规则”并不相同，对人而言，前者更表现为义务性和可选择性，而后者则更强调人对它的遵守。

③ 李涤生：《荀子集释》，第20页。

之性质的理解和敏锐感知之上”[①]。审如是，若依黄百锐的说法，如果我们将这种已经转化了的动机依然看作是欲望的话，那么，这种新欲望不仅会与荀子有关欲望的定义相违背，而且它简直就是假定，除了欲望，没有任何别的心理状态可以激发行为。“实际情形可能是，‘心之所可’表示另一类动机，也许我们可以把它称作一种‘实践判断’（practical judgment），它既有认知，又有意动（conative）的因素。”[②]

---

① T. C. Kline Ⅲ, “Moral Agency and Motivation in the Xunzi”, in *Virtue*, *Nature*, *and Moral Agency in the Xunzi*, pp. 160—161.

② T. C. Kline Ⅲ, “Moral Agency and Motivation in the Xunzi”, in *Virtue*, *Nature*, *and Moral Agency in the Xunzi*, p. 161.

清道咸时期京师理学社群建构的一个侧面

——以刘廷诏《理学宗传辨正》为考察

（中国台湾） 田富美
台湾铭传大学应用中国文学系副教授

一、前 言

道光二十年（1840）唐鉴（1778—1861）自金陵至北京任太常寺卿，据方宗诚载言：

> 嘉道间，海内重熙累洽，文教昌明，而暗然为己之学，兢兢焉谨守程朱之正轨……闻见所及约有数人：长白倭文端公、霍山吴竹如先生，官京师时与宗师何文贞公、湘乡曾文正公、罗平窦兰泉侍卿，日从善化唐恪慎公讲道问业，不逐时趋；其时在下位者，则有湘乡罗罗山先生，桐城方植之先生、永城刘虞卿先生，俱无所师承，而砥节砺行，为穷理精义之学。①

京师作为辐辏之地，提供了游学士人思想传承、扩展、转化的学术平台，形成一理学社群，进行讲学、会课，编纂学术史相关书籍等学术活动，成为晚清理学之所以能短暂复兴的重要契机。其中，有关理学家们纂述理学相关的学术史来巩固程朱理学在道统传承地位者，以唐鉴所撰《国朝学案小识》最受瞩目，另外是刘廷诏作《理学宗传辨正》诋斥孙奇逢（1584—1675）《理学宗传》；前者是从正面表彰程朱理学道统，后者则是以辩驳异己的方式来确立程朱理学的道统地位。

所谓“宗传”，即犹宗族的正统嫡传。按孙奇逢言：

> 学之有宗，犹国之有统，家之有系也。系之宗有大有小，国之统有正有

---

① 方宗诚：《校勘何文贞公遗言书叙》，《柏堂集·余编》（收入《清代诗文集汇编》，上海古籍出版社2010年版，清光绪六年至二十一年刻本），卷3，第582页。

闰，而学之宗有天有心。今欲稽国之运数，当必分正统焉；溯家之本原，当先定大宗焉；论学之宗传而不本诸天者，其非善学也。[①]

学脉源流正如同宗族血脉的承续，意味着嫡庶的厘清与谱系的形构，前者具有区别伪讹的排他性，后者则是统整相袭的共同理据，亦即道统的建构。孙奇逢将学脉划分为主、辅与内、外：[②] 作为宗统之主的儒者，除了周、二程、张、朱等理学家之外，亦包括心学家陆、王；其后则是自汉至明代具辅翼之功的儒者，最后则是“与圣人端绪微有不同，不得不严毫厘千里之辨”的“补遗”。[③] 对于孙奇逢建立的“宗传”，刘廷诏批评言：

理无二致，学只一途。理学之所宗所传而不取极于一正，恐其以异学乱正学，而宗失其宗，传失其传，裂道术而二之也，是安可以弗辨乎？兹于历代诸儒以“正传”“列传”分之于其学术之异，于诸儒者以“附录”别之，大抵一仍《宗传》之旧而稍有所增损焉：“正传”则只载濂、洛、关、闽诸子以上接邹鲁之传；“列传”则本历代名儒传补入数人；“附录”则只陆氏、王氏及其门人等十余人而止，总若干卷，名曰《理学宗传辨正》。[④]

基本上，刘廷诏强调“学只一途”“取极于一正”的“宗传”原则与孙奇逢如出一辙，但不同之处在于对明宗续统者的认定：刘氏以程朱为道统的正统，将陆、王列为“附录”以示贬抑，突显摒除心学于道统的意图。该书于道咸年间由倭仁（1804—1871）、吴廷栋（1793—1873）校订、刊行，倭仁言：

夫学必合于天理之正，即乎人心之安，乃可以信今而传后。濂、洛、关、闽上接孔孟，为吾道正宗，自宋至今，学者尊之，与四子书并重，岂其他偏颇之学所可同日语者。永城刘先生取夏峰（案：孙奇逢）之书辨而正之，统绪分明，厘然不紊，可谓趋向端而取舍审矣。是编予得之同年友丁角垞处……吴竹如（案：吴廷栋）见而好之，以为有裨后学，欲付剞劂以广其传，因为补其缺略，以增按语，复取罗罗山（案：罗泽南）王学辨附于后，此编

---

① 孙奇逢撰，万红点校：《理学宗传·叙》，《理学宗传》，凤凰出版社2015年版，第15页。

② 孙奇逢撰，万红点校：《义例》，《理学宗传》，第17页。

③ 孙奇逢撰，万红点校：《理学宗传·叙》，《理学宗传》，第16页。

④ 刘廷诏：《理学宗传辨正原叙》，收入刘廷诏撰，倭仁、吴廷栋校刊《理学宗传辨正》（中国哲学书电子化计划，http：//ctext. org/library. pl？ if = gb&res = 79918，同治十一年六安求我斋刊本），第2页右。

遂为完书。[①]

倭仁、吴廷栋刊刻《理学宗传辨正》的用意在于“是能救良知之害，而示学者以正途”[②]。全书编次仿《理学宗传》结合传记与学术资料选录的编纂体例：先节选传主生平学行，次辑录论学修德语录，其间以按语作为评骘；比较特别的是，刘廷诏亦引录《理学宗传》中孙奇逢之按语，并一一批驳，以达“辨正”之效，其间有倭、吴之按语以更进一步阐释程朱、陆王之学异同。方宗诚指出，刘廷诏著《理学宗传辨正》一书“以明辨陆王心学之非”，与方东树著《汉学商兑》“以明辨近世宗主汉学之失”皆为“闲道之书”，二书“可以相辅而行”，[③] 呈现出阐扬程朱之学共同理想。因此，《理学宗传辨正》可说是道咸时期京师理学社群道统观的呈现，在晚清理学复兴之际，实极具代表性意义。

本文尝试经由《理学宗传辨正》之探讨，论析道咸时期京师理学社群的道统观，厘清晚清理学家建立此一道统观之理据，从而说明这些儒者透过其信仰的真理以批判陆王心学之意涵，进而指出这个看似深陷门户泥淖的背后，一方面固然是强化程朱理学之价值；另一方面亦隐含了处于经世实践思潮下的理学家借由对理学的再诠解，使其在国势社会巨变的政教场域中取得新的意义。

二、《理学宗传辨正》编纂体例：衍良知之派而为狂妄之论者一概不录

《理学宗传辨正》共16卷，前五卷序列周、二程、张、朱五人为“正传”，彰显以程朱为宗统之主张；卷6至卷15则分列从汉至明代具辅翼道统之功的儒者109人；卷16为已逾出道统的“附录”，列陆九渊、杨简、王守仁等20人；吴廷栋并于《王守仁传》后大量引录罗泽南《姚江学辨》，表达对阳明心学的强烈批判。依此，这个看似与孙奇逢《理学宗传》编次相仿的纂辑，实则呈现的是迥异的学术倾向：基本上，孙奇逢以《易经》元、亨、利、贞演化之序为喻，言：“近古之统，元其周子，亨其程、张，利其朱子，孰为今日之贞乎？……盖仲尼殁至是且二千年，由濂、洛而来且五百有余岁矣，则姚江岂非紫阳之贞乎？”[④] 这是将陆、王纳入道统之续，其绾合理学、心学并严辨儒、释之别的意图明确。对此，刘廷诏抨击《理学宗传》言：

---

① 倭仁：《校订理学宗传辨正叙》，收入《理学宗传辨正》，第1页右。

② 涂宗瀛：《理学宗传辨正·跋》，收入《理学宗传辨正》，第85页右。按，相关记述请参李细珠《倭仁与吴廷栋交谊略论》，《安徽史学》1999年第2期，第42—47页。

③ 方宗诚：《校刊〈汉学商兑〉叙（代）》，《柏堂集·余编》，第3卷，第581—582页。

④ 孙奇逢撰，万红点校：《理学宗传·叙》，《理学宗传》，第16页。

周子固为元，程子固为亨，而大亨而利在于正，可以朱子之一身当之。朱子固见知于周子，而实闻知于孔孟者也。至周子、朱子而后，求所谓紫阳之贞而濂溪之闻知者，固已难乎其侣矣；道之正统待人而传，孟轲氏没，越千四百年而始得周、程、张、朱，其人五百岁之常运固难拘也，非其人莫与属其统，而非其统岂可妄推其人？况其人之所学所传，与前哲水火相敌者乎？而以继之濂、洛、关、闽之后，而以道统之系属于是乎在，吾恐数千年来，列圣相衍之正统将自此而混其所传，且失其所宗也。①

刘廷诏认为朱子不仅上继周、程，且是直承孔孟之学、集大成者，自此后世实难有足堪接续之人，更何况是“水火相敌”的王阳明，是以，他认为孙奇逢此举已混淆了圣学递衍，丧失了宗统真传。对于陆王心学，他引明儒顾宪成（1550—1612）“以紫阳为宗，其弊也拘；以姚江为宗，其弊也荡。拘者有所不为，荡者无所不为，与其荡也宁拘”② 之说作进一步论析，言：

拘者，谨礼法慎防维，绳趋尺步，有所不为，其为弊也微矣；荡则逾越乎防维之外，而于礼法一概蔑如，无所不为，其流弊也大矣。……拘者即有弊，而为其所宗者本自无弊；荡者其弊大，而为其所宗者其中弊蚤深。……学者只可以紫阳为宗，断不可以非其宗者为宗而遂至失其所宗。③

身处于晚清国势内外纷扰之际，儒者关注的是能够提供稳定政教场域的主张，讲究的是安定社会秩序的实际作为。是以，造成“逾越乎防维之外”“于礼法一概蔑如”等流弊的心学，自属“异学”，必须严加判别，刘廷诏言：

明代学术之误，始自白沙而昌于阳明，阳明之学以致良知为要，以无善无恶为宗，大抵推本于陆氏。……其事业赫奕足以惊饰世人之耳目而焜燿于一时，而蔓延于后世。始知悦其简易，慕其直截，相与益其薪而助之焰，以为道学之真脉果在是也。……呜呼！世无孔孟其人，无周、程、张、朱其人，吾恐正学之胥伦于异学也，吾恐异学之显托夫正学也，吾恐正学、异学混而

---

① 刘廷诏：《理学宗传辨正 · 后论》，《理学宗传辨正》，第 4 页右—第 4 页左。

② 刘廷诏之引录略有删节，于“荡者无所不为”后删去“拘者人情所厌，顺而决之为易；荡者人情所便，逆而挽之为难。昔孔子论礼之弊，而曰与其奢也宁俭。然则论学之弊，亦应曰与其荡也宁拘，此其所以逊朱子也”。参见顾宪成撰，冯从吾校对《丙申》，《小心斋札记》（台北：广文书局 1975 年版），第 3 卷，第 63 页。

③ 刘廷诏：《理学宗传辨正 · 附录前论》，《理学宗传辨正》，第 8 页左—第 9 页右。

无别，而世且依依然，其莫知所适从也。[①]

在刘廷诏看来，眼前儒学的危境在于陆王“异学”借由显赫的事功、警敏的论述，以及“简易”“直截”的外貌误导后学，且又缺乏足以“化之”“胜之”“势均而力敌之”的儒者相颉颃，恐将造成“正学、异学混而无别”；而道学真脉不明，则后学无所适从，因此，严辨“正学”“异学”即是《理学宗传辨正》的结撰动机。由此看来，刘廷诏作《理学宗传辨正》所欲辨明的，实是“阳儒阴释”的陆王心学，其言：

甚矣，儒释之界之难辨也。……若儒而已入于释而犹嚣嚣然自命为儒，则阳儒而阴释矣。……而观陆与王氏及其门人传中曰悟、曰觉、曰忽悟、曰忽觉、曰忽大省、曰始大悟、曰忽一夕大省，若有神启、曰洒然如物脱去、曰洞中有悟，恍惚大汗洒然无碍，凡此等悦心之趣，悟道之机，识一了万之学，求之于孔、孟、《四书》中无有也；求之于周、程、张、朱语录中无有也。……而陆与王氏及其门人传中则有之，此其所学所得儒耶？释耶？近于儒耶？归于释耶？在儒、释之间耶？在不儒不释之间耶？[②]

吴廷栋也指出：

自佛法入中国，其教大行，而贤智之士多陷入其中，然儒、释之辨犹易明也。迨张子韶以改头换面之术，为以似乱真之计，而后之阳儒阴释者遂一附于孔孟之传，以为藏身之固，其离合出入之际，务在愚一世之耳目，而使之恬不觉悟以入释氏之门，此人心之大变也。故昔之辨儒、释也易，今之辨儒、释也难。然则何以辨之？抑惟仍以程朱之言辨之而已。[③]

佛教传入中国后，对传统儒学产生极大冲击，尤其以“求心见性”见长的禅宗为主，几乎成为当时学术的主流，宋明儒者在此情势下，自儒学中深化、创发心性之学以回应佛学教义的威胁，逐步建构了“新儒学”体系；[④] 时至道咸时期，严辨儒、释疆界早已非理学家所关注之课题，取而代之的，是再次复兴的程朱学者重新检讨儒学道统内涵应该以何种形态为依归的问题。吴廷栋在引文中所言，儒学自张九成

① 刘廷诏：《理学宗传辨正·附录后论》，《理学宗传辨正》，第10页左—第11页右。

② 刘廷诏：《理学宗传辨正·附录后论》，《理学宗传辨正》，第10页右—第10页左。

③ 吴廷栋：《理学宗传辨正·前论·吴廷栋按语》，《理学宗传辨正》，第3页右—第3页左。

④ 余英时：《中国近世宗教伦理与商人精神》，收入氏著《中国思想传统的现代诠释》，台北：联经出版事业公司1987年版，第293—313页。

（1092—1159）施以“改头换面”之术后所形成“阳儒阴释”之学，致使儒、释之辨困难，即是朱子批评张九成之著为“洪水猛兽之灾”，并期许能“为后人指出邪径”[①]的延续，是以，厘清“以似乱真”的“异学”，才是其主要目的。在刘廷诏、吴廷栋的论述中，可明显看出，其在面对程朱、陆王传统旧讼所采取的策略，是透过批评心学家立论之语，直指陆王之学乃持禅宗教理而隐身于儒门之中，这种“儒而已入于释”之“异端”，必须一举逐出道统之列。换言之，刘廷诏所谓的“儒、释之界”，在此已转化为理学、心学之辨了。

诚然，攻讦陆王心学为异学，并非道咸理学家首创。所谓“异端”之名，承担者似乎往往直指心学。本文要指出的是，在清初、乾嘉、道咸不同的学术氛围中，看似对陆王的相同评价，但实有不同的意涵，姑且不论乾嘉汉学所持的义理系统与理学不同，即便是清初儒者，其批判的问题意识亦有差异：明清之际儒者对王阳明及其后学的抨击，恐多源自于目睹时局崩坏、身受亡国之痛，透过严厉批判以寄寓痛切之情，反映于性理之学的论述，流于浮泛者居多；但道咸时期批评心学为“异端”，则肇因于理学社群对儒学道统系谱的建构，故而结合了所处的时代境遇的需求，以程朱之学为思想资源，驱策其内涵的升降与聚合变化，透过对陆王的攻驳，逐步重构了具有其时代特色的新形态理学，因此，这一时期理学家“辟异端”隐含在背后“争正统”的意图，反倒是较近于乾嘉汉学者。有趣的是，不仅“争正统”的意图与乾嘉儒者相近，甚至批判的方法亦是延续了乾嘉学风。上述引文中，刘廷诏指出，心学家所言种种“悦心之趣，悟道之机，识一了万之学”等工夫，“求之于孔、孟、《四书》中无有也；求之于周、程、张、朱语录中无有也”，此一归返原始经籍以寻求理据的言论，亦是汉学家惯用的“回向原典”（return to sources）思考模式。[②]

是以，刘廷诏明确表达了《理学宗传辨正》择录的原则：

> 明正嘉以后，学者往往论涉狂妄，如云汉儒之于道不见于精，而宋儒不见于大。……周、程、张、朱之学有体有用，进可匡君而行道于一时，退则讲学而明道于后世，此岂不见于大者而能然乎？故凡正嘉以后诸儒衍良知之

---

① 朱子《答石子重之五》：“洪适在会稽尽取张子韶经解板行，此祸甚酷，不在洪水猛兽夷狄之下，令人寒心。人微学浅，又未有以遏之，惟益思自勉，更求朋友之助，庶有以追踪圣徒，稍为后人指出邪径，俾不至全然陷溺。”朱熹：《晦庵先生朱文公文集》（收入朱杰人、严佐之、刘永翔主编《朱子全书》，上海古籍出版社2002年版），第22册，第42卷，总第1924页。

② 余英时指出，“阳明以来儒学内部‘性即理’（程、朱理学）与‘心即理’（陆、王心学）的争论日趋激烈，尽管争论的两造都理直气壮，充满自信，但毕竟谁也不能说服谁。……心性官司的两造最后只剩下唯一的最高法院可以上诉，那便是儒家的原始经典。……这是思想史上所谓‘回向原典’（return to sources）的普遍现象”。参见氏著《清代学术思想史重要观念通释》，《中国思想传统的现代诠释》，第405—468页，引文见第412—413页；相关论述亦请参氏著《清代思想史的一个新解释》，《历史与思想》（台北：联经出版公司1976年版），第121—156页。

派而为狂妄之论者，一概不录。①

在此，刘廷诏面对披着儒门之外衣，而内以释氏之实的“良知之派”及其后学者，采取坚壁清野的策略，即是“一概不录”。当然，刘廷诏的批驳，实有其信仰的理论系统作为支撑，此即能济世致用，可“行道于一时”“明道于后世”的程朱之学，此间隐含了道咸时期理学家们对理学的诠解特色，以及对理学作用于政教场域价值的期许。

三、《理学宗传辨正》义理旨趣：格物穷理者学之所以本天之功

（一）紫阳为宗：以程朱之言辨之

刘廷诏作《理学宗传辨正》所持判教基准为“格物穷理”，其言：

> 自宋迄明中叶，朱陆异同之辨已聚讼数百年，明姚江之学兴，推本陆氏，而朱与陆王异同之辨，又聚讼数百年，将何以辨是与非而别白以定一尊哉？程子曰：圣学本天，释氏本心。……本天者必先知天者也，知天者必先即物而穷其理者也。……故格物穷理者，学之所以本天之功，而实孔孟程朱之所固然也。②

在这段文字里，刘廷诏以“本天”“本心”来界定儒、释的内涵，强调“格物穷理”为成就圣学工夫不二法门，这是以实践活动作为分判学术的视角，彰显了此一时期理学家赋予“正统”儒门内涵形态的特色。至于陆王所主的“能立其大”“能致其知”之工夫，刘廷诏言：

> 今也不格物不穷理，旷其思得之官而自谓能立其大，则吾恐立其所立者，只此心之昭昭灵灵而已。……不格物不穷理，废其虑学之职而自谓能致其知，则吾恐致其所致者，亦只此心之昭昭灵灵而已。③

显然，在刘廷诏看来，陆王之学旷废思虑之教，所主张的实践工夫追求的不过是

---

① 刘廷诏：《理学宗传辨正·后论》，《理学宗传辨正》，第4页左—第5页右。

② 刘廷诏：《理学宗传辨正·前论》，《理学宗传辨正》，第1页右。

③ 刘廷诏：《理学宗传辨正·前论》，《理学宗传辨正》，第1页右—第1页左。

如禅家的灵明浮光，属“本心”之学，自然应排除于儒门之外。是以，对于《理学宗传》中屡言程朱与陆王相契之说，便成为理学家们主要攻讦之处。倭仁言：

《宗传》于朱子语与陆子微有相似处，便极力牵合，以为终归一致，盖中有偏主，其弊遂至如此。①

因此，在《理学宗传辨正》中，往往针对孙奇逢眉批加以批驳，如《理学宗传.朱子文公》中，引录朱子“向来诚是太涉支离，盖无本以自立，则事事皆病耳”“多识前言往行，固君子之所急，某向来所见，亦是如此。近因反求，未得个安稳处，却始知此未免支离。……曷若默会诸心，以立其本，而其言之得失自不能逃吾之鉴”等言，刘廷诏对于此评论，痛斥言：

《宗传》云：“此与子静立乎其大、求放心有二耶?”“直入圣人之室，何劳几重公案耶！”按此为学者指示切要工夫，恐其汩没于书传中也。至孟子、程朱所谓立乎其大、求放心，与陆氏相去何啻天渊?②

基本上，关于“朱陆异同”的讨论，向来是明代之后理学家无法回避的论题之一，考察朱陆义理思想、工夫进路之差异，甚或实践的成效性，等等，除了划分出二大思想体系之外，隐含在各儒者理解的背后理据，当即是诠说者对朱、陆义理的重构、时代处境的投射。上述引文中，不难发现，吴廷栋、刘廷诏抨击《理学宗传》的重点，在于孙奇逢刻意拈出朱子某些自省溺于文字训诂等相关之言，并径直指为与陆九渊主张相近。按朱子论为学工夫的程序时，“下学”先于“上达”、突显“下学”工夫的重要性，均是朱之学术中极具分量的特点。即使至朱子晚年强调涵养主敬与格物穷理相互渗透的圆融之境，但最终指向的仍是为学工夫，③ 这是朱子义理体系展现于实践工夫中最为鲜明的特质之一，同时也是道咸时期理学家用以区隔陆王体证“本心”式修养论的重要旗帜。依此来看，《理学宗传》采取引朱入陆的策略，且只着眼于表述形态相近的话头，企图淡化朱子义理中“下学”工夫的成分，这种缺少溯及义理本源的批注，

① 倭仁：《朱子·倭仁按语》，《理学宗传辨正》，第5卷，第35页右。

② 刘廷诏：《朱子》，《理学宗传辨正》，第5卷，第36页左。

③ 朱子言：“事物之来，若不顺理而应，则虽块然不交于物，心亦不能得静。惟动时能顺理，则无事时始能静；静而能存养，则应接处始得力。须动时做工夫，静时也做工夫。两莫相靠，莫使工夫间断，始得。”参见黎靖德编，王星贤点校《朱子语类》，中华书局1986年版，第45卷，总第1162页。

确实颇有“疏略”[①] 之嫌，因此，吴廷栋、刘廷诏指出朱子话语动机：“因其疲敝精神，沉溺于迂史，痛下针砭耳”，“恐学者沧滥于学识之中”作为澄清，并再三强化“下学”为孔门立教首要工夫。如言：

> 子静之学自谓先立其大，然孟子立乎其大有“思则得之”一层工夫，思者，格物穷理之谓也，若不先从此处下手，而遽欲立乎其大，恐亦不免硬把捉而有正助之病。[②]

上述强调为学进路必须循序积渐之论，在《理学宗传辨正》中屡见不鲜。再看刘廷诏引朱子所言：“涵养中自有穷理工夫，穷其所养之理；穷理中自有涵养工夫，养其所穷之理，两头都不相离”，于其后加按语：

> 尊德性，道问学，文公之学固已兼之。后人不此之察，见文公立教必从下学入，遂谓偏于道问学，须用子静以救之。夫子静之撑眉努眼，喝骂将去，不为亏却问学工夫，即德性亦必不能尊，而乃云用子静以救晦翁。呜呼！何其左袒陆氏而敢于诬前贤耶？[③]

刘廷诏所引录的朱子之言，说明了格物穷理与居敬涵养二者在成德进路中相辅并进的工夫，这是朱子晚年在工夫论上的融通主张。刘廷诏借此以论朱子并不偏主道问学，至于陆九渊“撑眉努眼，喝骂将去”式的工夫，不仅毫无尊德性之实，更遑论道问学工夫。因此，刘氏痛批《理学宗传》绾合朱陆的做法，为“左袒陆氏而敢于诬前贤”；同时又言：

> 王阳明曰：“朱子晚年固已大误旧说之非，痛悔极艾。世之所传集注、或问之类，乃其中年未定之说。”《宗传》亦云：“朱子晚年始闻道，不必以未闻之前强合于既闻道之后。”呜呼！斯言诬矣。今试取章句、或问、集注诸传，平心静气读之，其辨晰理义、阐明道体，无一字一句与孔孟相左者，是耶？非耶？未定耶？固已较然而要，岂未闻道者所能为哉？乃执朱子晚年望道未见之心及因时立教之言，而以为大悟旧说之非，以附会己见，援儒入释，

---

① 黄宗羲撰：《明儒学案》（收入吴光主编《黄宗羲全集》，浙江古籍出版社 1985 年版，第 7 册），《发凡》，第 855—856 页。

② 刘廷诏：《陆子静》，《理学宗传辨正》，第 16 卷，第 3 页右。

③ 刘廷诏：《朱子》，《理学宗传辨正》，第 5 卷，第 40 页左。

莫此为甚。要皆陆氏取足于心之学有以启之，然则陆学流毒于后世，不信然哉?①

刘廷诏在排除陆王为儒门正统的目标下，反对王阳明《朱子晚年定论》以及《理学宗传》所言朱子晚年自悔其中年学说的主张，自不待言。事实上，自晚明以来，驳斥《朱子晚年定论》之论者甚夥，各有其批判的视角及所持理据，而刘廷诏所采取的策略，并不是由心学、理学在天道性命思想的差异入手，而是阐明朱子之论与孔、孟之言相契，这种以圣人经典为依归的检证方式是清代学风影响下的特色。更重要的是，道咸理学家标揭出格物穷理作为道统的内涵，显示出对经验领域探求的重视。换言之，在本体层面上的论究并非其主要关切的议题，彰扬理学在实践层面的价值才是此一时期理学家们自许继程朱事业之重责，这不仅为了扭转士人阔谈“奇险异说”之风，且亦为稳定社会秩序提供基础。

（二）批判心学：躐其等而至于阳儒阴释

在确立格物穷理为圣学核心之后，刘廷诏以此批判心学，其言：

甚矣！躐等之学之为害烈也。……其躐等之弊奈何？曰：学而躐等，而至于阳儒阴释也。……博文约礼，孔门造道之端也，而程朱以穷理居敬统之。……故曰程朱者，三代下之孔孟也，学孔孟而不于程朱，则躐其等也，则躐其等而至于阳儒阴释也。奚以知其然耶？曰：不思不得而自谓能立其大也，不虑不学而自谓能致其知也，不学识而一贯也，不详说而反约也，悟心自足也，师心自用也。……本释氏之虚而以为吾儒之虚，虚而至于无者也；本释氏之寂而以为吾儒之寂，寂而至于灭者也，是阳儒而阴释也，是躐等之极弊也，是显与程朱背也，可乎？不可乎？与程朱背即与孔孟背也，可乎？不可乎？……甚矣！躐等之学之为害烈也。②

前后反复感叹“躐等之学之为害烈也”，足见刘廷诏辟心学之深意。所谓“躐等之学”，意指悖反格物穷理工夫，也就是“不思不得”“不虑不学”“不学识”“不详说”，在刘氏看来，这是全凭胸臆式的修养方法，实即是“师心自用”；而“躐等之学”不仅造成学风陷入“猖狂以自恣”，③ 更甚者乃在于流于释氏之学而形成“阳儒阴释”，危害圣学道统。

---

① 刘廷诏：《朱子》，《理学宗传辨正》，第5卷，第61页右—第61页左。

② 刘廷诏：《理学宗传辨正·附录前论》，《理学宗传辨正》，第6页右—第7页右。

③ 刘廷诏：《陆子静》，《理学宗传辨正》，第16卷，第5页左。

首先，刘廷诏挞伐“躐等之学”败坏学风。在《理学宗传辨正》中载杨简（1141—1226）“悟道”之事，刘廷诏评言：

> 明正嘉以后诸儒多为此语所误者，不格物、不穷理、不循序以致精、不下学而上达、不究其同、不察其异，而只闭目静坐以默验其所谓一体者，安得不蹈空蹑虚，而有一旦顿悟之境乎？①

作为陆象山弟子的杨简，再三述及自身“闭目静坐”以冥契“天地万物通为一体”的经验，② 突显本心涵摄一切事理，如此一来，循序积渐的格物穷理之重要性自然淡化，取而代之的逆觉顿悟，便是造成“蹈空蹑虚”的缘由。是以，刘廷诏痛斥：“姚江一派悟心自快之学实本于此。世谓传象山者失象山，愚谓传象山者象山，使失象山者亦象山，而象山之学遂以得罪于圣门，流毒于后世。”③ 而对阳明及其后学则抨击言：“捐弃经典，诋訾前贤，举一世之学者而猖狂之。”④ 这些批评的背后，均指向下学工夫在道德涵养中的密切联系，按理学家认为，道德涵养是由考究、认知事理为先，经过反覆积累，便能逐步掌握义理，使内在对于人的本然至善贯通、彰显出来。缘乎此一理念，刘廷诏对于王阳明“知行合一”之说，提出严厉批判，其言：

> 一念之发动，未及施为，安可云行？以学之取足于心之故。而以一念之克治论知行，便不免遗却多少学问次第规模，而有挂漏之讥。……《易》所谓“学聚问辨，宽居行仁”；《书》所谓“非知之艰，行之惟艰”；《礼》所谓“博闻强识，敦善行而不怠”者，皆为先知后行之义。……且即如所云，晓得一念不善，便将这不善念头克倒，晓之而后克之，亦岂不分先后乎？安得云知行合一？于四书五经之外，而别立异说以炫智而骇愚，岂能免于舛错耶？⑤

刘廷诏列举《易·干卦·文言》《尚书·诰命》《礼记·曲礼》之文，说明自古所建构的修养工夫，在知行次第上，是以知为先，由习得事物之理为始，方能据以为准则而呈现于事为之中。在刘氏看来，王阳明“知行合一”是一种取足本心的蹈空工夫，

---

① 刘廷诏：《杨敬仲》，《理学宗传辨正》，第 16 卷，第 7 页右。

② 如言：“少年闻先大夫之论，宜时复反观。其后于循理斋燕坐反观，忽然见我与天地万物万事万理澄然一片，向者所见万象森罗，谓是一理通贯尔，疑象与理未融一。今澄然一片，更无与理之分，更无间断。”参见杨简《慈湖先生遗书》，山东友谊书社 1991 年版，第 5 卷，《家记·九》，第 10 页。

③ 刘廷诏：《杨敬仲》，《理学宗传辨正》，第 16 卷，第 8 页左。

④ 刘廷诏：《王柏安》，《理学宗传辨正》，第 16 卷，第 59 页左。

⑤ 刘廷诏：《王柏安》，《理学宗传辨正》，第 16 卷，第 56 页右—第 56 页左。

枉顾孔门为学次第，只不过求立异于圣贤经典以扬己欺愚，不免舛误立教之则。诚然，这种引述文本为证的方式以判定“知行合一”为异说，看似合乎理据，但事实上刘廷诏所论之“知”，指事理之知，属经验层面的追索，为一般语文词汇的理解；而王阳明“知行合一”所论之“知”，指“知行的本体”之“知”，[①] 是本体与实践合一，为其理论体系中的特有概念。[②] 而之所以强调“一念发动处”便是行，则是要突显意念阶段的省察克治。是以，在“知”的理解层面不相侔的情况下，刘廷诏的批判能否说服心学派儒者，恐怕是值得商榷的。同样的情形，亦出现于对王阳明在义理上将“致知”诠释为“致良知”的批评，刘廷诏言：

> 即物而穷其理，此正格致著实工夫，即如遇亲思孝，孝之理原根于吾之心，思得其理，心与理岂为二耶？今乃不即物以穷理，而曰致吾心之良知，恐所谓良知者早已落空而有遗弃事物之病，此正外义之见也。况事物之理未遽与心相浃，亦安能使之各得乎至？经明言“致知”，而乃云“致吾心之良知”；经明言“在格物”，而乃云“事事物物皆得其理”，其于经义合焉否耶？……强词固不足以夺理，而波词适足以害义，安得不为之精察而明辨也？[③]

“致良知”可说是王阳明论学宗旨的总括。“良知”即是天理在人心中的自觉，具超越性的普遍意义；“致良知”就是指人应扩充自身良知，并推致于事事物物，使其皆得其理并完成具体的实践。刘廷诏则是按程朱理学系统对“致知”的诠解，强调“即物而穷其理”，以认知意义为始，透过下学工夫以论孝亲之德，且或由于他在心性超越面向的理解有限，故而认为“致良知”之说“有遗弃事物之病”“外义之见”。另一方面，又在固守文本词汇训诂的原则下指责阳明之说与经义不契。

其次，刘廷诏批评心学为“躐等之学”，其流弊除败坏学风，危害至极则是以“阳儒阴释”的面貌摧陷儒门正学，其言：

> 正嘉以前，诸儒讲说道理及工夫效验处，皆平平实实，无一隐僻凌躐语，所以为正学之宗传。自良知之学出，一唱百和，其于讲学论道，皆所谓一闻

---

① 《传习录》：“爱曰：‘如今人尽有知得父当孝、兄当弟者，却不能孝、不能弟，便是知与行分明是两件。’先生曰：‘此已被私欲隔断，不是知行的本体了。’”参见陈荣捷《王阳明传习录详注集评》台北：台湾学生书局 2006 年版，第 33 页。

② 见陈来《宋明理学》，台北：洪业文化公司 1994 年版，第 252—253 页。相关讨论，亦可参张学智《明代哲学史》（北京大学出版社 2000 年版），第 101—118 页；蔡龙九《王阳明“知行合一”的再研议》，《台湾大学哲学评论》2013 年第 46 期，第 121—156 页。

③ 刘廷诏：《王柏安》，《理学宗传辨正》，第 16 卷，第 57 页左—第 58 页右。

可悟，一超可入者，不知已堕入释氏直指人心、见性成佛一途了。[①]

这里所抨击的，即是王阳明良知之学实已沦为禅门教理，不足为圣学宗传。刘廷诏论证的方式，一方面指出在形式上心学家悟道、论道模式近禅；另则是就“四无”之说提出诘难。再看有关刘廷诏评论“天泉证道”之事，言：

圣门无所谓证道者，即参之唯、回之叹、赐之方信忽疑，亦其深造之后自得如此耳。未闻相率于师前讨问宗旨，而相与证道也。“天泉证道”即是释氏机局，观阳明及王艮本传可知。[②]

在此，刘廷诏强调的仍是为学致知工夫在悟道过程中的重要性，除此之外，一切看似简易直截的论道、求道之说，在他看来，均非孔孟真传，都是必须辟除的。当然，在抨击阳明悟道、与弟子证道的模式类禅之余，针对“天泉证道”之主轴“四句教”，更直指为“禅机”。刘廷诏言：

无善无恶之说，禅机也。其始只是个善恶混，其究乃正是无善无不善，大抵阳明之意，谓有善有恶者人之情，无善无恶者人之性，为善去恶正以复其无善无恶之本体也。……性固无善之形矣，然发而有善之情，则善固性之所固有也；性既无恶之形矣，乃发而有恶之情，则恶亦性之所固有耶？此与善恶混之说奚以异？至论究竟工夫则为善去恶以复其无善无恶之本体，而性体光光明明落得一空，无欲障亦并无理障，此与无善无不善之说又奚以异？诋之为禅似不为过。[③]

吴廷栋亦言：

阳明之所谓为善去恶，非吾儒之所谓为善去恶也，亦非其言自相矛盾也，特不欲显言之自任为异端，而难托于儒耳。……学者慎毋为其言所眩也。[④]

道咸时期理学家们极力突显具体格究万物事理在寻索圣道中的必要性，将之视为儒门道统检证之判准，至于天道心性等超越面向的讨论，则是相对较疏略的，鲜少就

① 刘廷诏：《钱绪山》，《理学宗传辨正》，第16卷，第67页右。
② 刘廷诏：《周海门》，《理学宗传辨正》，第16卷，第83页左。
③ 刘廷诏：《王柏安》，《理学宗传辨正》，第16卷，第12页左—第13页右。
④ 吴廷栋：《王柏安·按语》，《理学宗传辨正》，第16卷，第15页右—第15页左。

格物穷理后，“一旦豁然贯通”，则“吾心之全体大用无不明矣”[①] 的部分进行相关阐述，即是明证。此一疏言超越面向的学术性格，自然限制了对程朱、陆王心性之学内在性差异的抉发，更遑论就王阳明“四句教”提出在哲理上的深层批判。“四句教”中首句“无善无恶心之体”，历来受到讨论最多，同时也是理学家批评最力者。刘廷诏、吴廷栋难以客观地理解与掌握阳明对至善无恶的形上设定，实是不同于经验世界中时时生、灭的善恶之念，故而仅能按朱子体系中心性的实践以诘难、抨击阳明，其护持程朱之心虽殷切，但对于心学思想的撼动成效，恐怕是十分有限的。

四、结　语

清代中晚期的程朱之学可说是一种思潮，同时也是一种学术的建构运动，特别是当时以唐鉴为代表宦游于京师的士人在共同崇奉程朱思想的前提下，透过纂辑学术史著作所形成的理学社群正体现了清代中晚期理学复兴的一个侧面，刘廷诏《理学宗传辨正》即是极具代表性之作。全书力辨孙奇逢《理学宗传》将陆王心学纳入道统嫡传，从编纂次第的安排以至就孙氏按语的驳斥、对陆王之学的批判，展现对程朱理学的护教企图。

透过本文的分析，可发现这些理学家们视格物穷理为儒门正学的形态，强调具体的积累渐进工夫以避免心学家向内省察心性而流于“猖狂自恣”之弊；关注的是在国势、社会纷扰的经验世界中，提取理学中能够稳定政教领域，并且有逐步实践成效可循的思想资源，至于理学中有关天道性命等超越层面，不再是刘廷诏等人所重视，因此道咸时期的“理学复兴”，其内涵的滑转，昭然若揭。此外，此一时期理学家对心学的批判，主要在于修养工夫的“躐等”，以及其义理陷于“阳儒阴释”。实际上，这些批判大都可归因于“天道性命”的疏略，故而以今日看来，这些批判的内容漏洞颇多，对心学体系的影响十分有限。然而，对于道咸时期的理学复兴却有了实质的作用，促使其更向致用、践履的面向挪动，呈现时代学术深意。

① 朱熹：《四书章句集注 · 大学章句》，第7页。

儿童读经与书院教育之思

冯 哲
四海孔子书院院长

一、全球化背景下的中国文化思考

近两百年的欧风美雨，使得中国文化又一次得到前所未有的冲击与洗礼，为其又一次的发展与飞跃提供了丰富的异质养分。学而时习之，有朋自远方来，勤奋好学的中国人在全面地消化西方文化过程中，练就了强大的肠胃功能，从“师夷长技以治夷”，到近30年的改革开放；全球化的市场经济，已使中国的产品流通版图遍及全世界，随之而来的是孔子迈开了新千年的世界步伐。

两百年来，中国人历经了西方从“经济、贸易版图”的扩张到“文化、信仰版图”的蔓延，今日中国不仅要“建体开用、取精用弘”，而且要启动“固本培元、中学西行”的新航程。

二、百年文教反思：从“尊孔读经”到“离经叛道”

近一百年来，中国的教育有人称之为“新学”，西学为主，是传授知识、训练技能的分科之学。此前的千年教育，国人称之为“旧学”，国学为主，是勤研经史、学为圣贤的生命之学。从民国政府1912年宣布废除“尊孔读经”的那一天起，中国读书人与经典圣贤渐行渐远，97年的历程，使越来越多的读书人意识到我们走在一条“离经叛道”的路上。

轴心时代的启示：2500年来孔子、老子、佛陀、柏拉图、苏格拉底、耶稣基督等圣哲的理性之光至今让全人类仍沐浴其师恩法雨。人类理性的重大进程，每次都是追本朔源，从源头汲取力量，找回自信，重新焕发生机与活力，从而完成质的发展与飞跃。

永恒的经典：人类精神与理想的载体，民族复兴与高扬的核心。《圣经》《古兰经》《论语》《道德经》，均富含普世的人类精神，为伟大心灵的永恒之作，不管地球的东方还是西方，最高品质的学习总是由此切入，自此而下才是人类智慧所开出的人文与自然科学体系。

鉴于此，唯有经典才能堪称人类的文化基因，我们的学习应该从这些经典入手。先有东方经典的学养，再有西方知识的训练，如此才能完成整体、均衡的教育。这叫“正本清源”和“固本培元”。

三、两条曲线背后的秘密：两条曲线，两类学问

在人的一生，不同的年龄阶段，其学习能力：记忆力和理解力的发展趋势是不一样的。我们每个成年人也都有这样的经验，年龄越小，记忆力越好，年龄越大，理解力、体悟能力越强。如果用坐标轴画曲线表示，以 13 岁为界，在此之前记忆能力曲线一直上升，居高位，在此之后，理解能力曲线开始上升，一直持续很多年。中国古人的学习符合了这两条曲线的不同发展规律，采取了“先记忆、后理解”的学习经典方式，先吸收储存，后消化理解，代代人才辈出；近百年来的中国却摒弃了这一古老而神奇的教育方式。

西学东渐的影响，近代中国采取的“新学”的教学方式，以知识传授、技术训练为主，其原理是按照学生“懂与不懂”的认知能力，所有学科均按“由浅入深、由低到高、由易到难”的方式排列，并把此放大为学习与教育内容的全部。这样就造成了举国上下“只重分而忘了人”的教育，丧失了在中国绵延两千多年，“以德为核心”的经典圣贤教育传统；偏重知识技能训练，而人文熏陶不足；只看“数理化外”，无人读“四书五经”；即便到了大学，写文章常常语句不通，待人不知进退应对，更缺乏孝亲尊师、敬业乐群的意识和服务社会、报效国家的内在动力。正可谓不认识两条曲线的作用，不知道两种学问的做法耽误了百年中国人。

四、恢复“诗书礼乐，耕读传家”

中国自古就有诗礼传家、晴耕雨读的传统，一个读书人的生活方式和内容及表情达意常常是琴棋书画诗词歌赋；其生命状态，穷则独善其身，身居斗室调素琴、阅金经，不出户知天下，半亩方塘“采菊东篱下，悠然见南山”；达则兼济天下，处庙堂之高，经邦济世，勤进有为，成教于国。无论贫贱富贵，只要立志于学，均能脚踩大地，仰望星空；其生活品质、幸福指数今人多不能。

五、高扬“为学在己，学在民间”

读书贵在明理。“古之学者为己”，“朝闻道，夕死可”，古人学习圣贤之道，先王之道是为了成就自己的君子人格，圆满自己的德行，能立于天地之间，有天地正气和天地精神；而今人读书多趋于名利，追情逐物，结果常常是精神抖擞地走向失败。

“古之教者，家有塾，党有庠，术有序，国有学”，“古之王者，建国君民，教学为先”，自古家国天下，无不以学为先；故《论语》“学而”第一。学在民间，是中国大道普传的学统，民间有识之士自发办教育，以家学、私塾、乡学、书院等方式使中国文化薪火相传。办学者多为平民或白衣，大多怀有“兴灭国，继绝学”的德治理想，自愿自发，教化一方，移风易俗。国家只主持最终的考试，选拔贤良德才。

六、经典文教：中国软实力的基石与未来三十年升沉的枢纽

三十多年的改革开放，已使中国“仓廪实、衣食足”，而紧随其后的三十年，则需要“知礼节、知荣辱”。惟其如此，才能谈得上科学发展与和平崛起。民族伟大复兴，从器物到精神，从风貌到内核，既要外在经济的强大，又需内在文化的高扬，其最核心的部分，最终一定要回到轴心时代，复兴到经典层面。

用经典教育培养一批真正掌握中国文化精髓，深刻体认中国文化真义，同时又能贯通东西方，向世界说明中国的人群，是民族复兴高扬的核心所在。

七、书院——经典教育的现代复兴

书院在中国有着悠久的历史，源于唐，盛于宋，衰亡于清末，历时千载，在世界教育发展史上独具特色，它集教学、学术、藏书为一体，以人物为中心，以经典为指归，以自我教育为主线，自学与论学兼具，师道与乐群并重，自我治学贯穿终生，对中国古代社会学术文化的发展，人才的培养，人文精神的塑造，起过巨大的推进作用。

书院不仅是传统人文教育的重要基地、读书人的“栖身之所”，也是一个特属于中国文化的美丽隐喻。每个时代，书院总是默默担负着传承道统的使命。传统书院，一有经典，二有山水园林，三有一群具有大志、诚恳笃实、喜欢学习的人。书院对于生活体验的强调，使得读者每一日对于经典的接触，都能如大自然般的活生生，其中的一字一语，皆有呼吸，皆有神圣的气息。书院，便是扮演这样的角色：以真诚的生活参与，活化经典。四海孔子书院进入了第十年，不但谨守“尊古”、“尊圣”、“尊经”、尊道的儒家家法，而更重要的，便是以书院形式，保守着儒学日新又新、向时代

开放、生生不息、自我更新的机制。中国优秀传统文化的核心在儒学，而儒学的光大与传承，是绝对不能离开书院，离开这种以生活体验为特色的“意义空间”的。

近代伴随国力衰弱，中学式微，西学一时蔚为风潮。1912 年，中华民国以政府令的方式宣布废除尊孔读经，开启新式学堂，书院教育退出历史舞台，新式学校全面取代了传统的书院、学堂。但是在革除旧学、全盘西化的喧嚣中，仍有为数不多的志士仁人为传承千年文脉奔走呼号、呕心沥血，先有马一浮先生的复性书院，后有钱穆先生的新亚书院。

20 世纪 90 年代以来，现代中国经济迅速发展，国家逐渐恢复元气，然而在文化传承上仍然面临断层的危机。1995 年，赵朴初、冰心、曹禺、夏衍、叶至善、启功、吴冷西、陈荒煤、张志公九位老人以政协第 016 号提案的形式发出《建立幼年古典学校的紧急呼吁》，以焦急迫切的文字，为我们敲响了传统文化正处于存亡续绝关键时刻的警钟。

进入 21 世纪，海内外兴起诵读传统经典的文化复兴运动，中华大地终于重新响起了朗朗的读经声。十年时间，百座城市，千万儿童参与了“经典诵读工程”。

2006 年 9 月，在经典诵读活动推展数年的基础上，以中外传统经典学习为主，面向海内外少年儿童的四海孔子书院于风景秀丽的北京西山正式创办，致力于：构建中华优秀传统文化的传承体系，重建以中国文化为主体的中国教育；汇通中西，培养现代中国的士君子；建立以中国传统书院为核心载体的中华文化传播体系，向世界说明中国；建立以儒家文化为核心的哲学研究体系，融合东西方文化及各大宗教精华，促进世界和平发展；建立以现代网络技术为核心的交流平台，实现中外经典文化教育的交融与普及。

八、四海孔子书院办院宗旨和教育理念

1. 办学宗旨

◎ 构建中华优秀传统文化的传承体系，重建以中国文化为主体的中国教育；

◎ 汇通中西，培养现代中国的士君子；

◎ 建立以中国传统书院为核心载体的中华文化传播体系，向世界说明中国；

◎ 建立以儒家文化为核心的哲学研究体系，融合东西方文化及各大宗教精华，促进世界和平发展；

◎ 建立以现代网络技术为核心的交流平台，实现中外经典文化教育的交融与普及。

2. 教育理念：读圣贤书，立君子品，做有德人

◎ 传承儒家核心的教育理念：长善救失、明明德、亲民、止于至善；

◎ 教授儒家核心的修身理念：正心诚意、格物致知；

◎ 遵循儒家的核心价值观：仁、义、礼、智、信、孝悌、忠恕、廉耻；

◎ 践行儒家核心的精神信仰：自强不息、厚德载物、兼容并蓄、和谐共生；

◎ 效法圣贤家国天下的情怀，修身齐家，做到爱家人，爱生活，爱自然，更要为国家昌盛效力，为天下和平尽心。

3. 教育观

《易》云："元"者，善之长也；"亨"者，嘉之会也；"利"者，义之和也；"贞"者，事之干也。君子体仁足以长人，嘉会足以合礼，利物足以和义，贞固足以干事。君子行此四德者，故曰"乾、元、亨、利、贞"。元亨利贞，皆言性善，儒家教育以性善为本，教育就是长善救失，诱发人之善性。

《中庸》：自诚明，谓之性，自明诚，谓之教。诚则明矣，明则诚矣。

九、夫子之道与礼乐之教

礼乐射御书数被称为儒家六艺，乃君子之能，修身之法也。君子无所争，必也射乎。揖让而升，下而饮，其争也君子。射御书数皆为君子修身之道器，技近乎道，凭借四技，让君子驰于天地之间、人伦之中，将六艺落实于师生、落实于教育和生活之中，实乃承夫子之教法也。

六艺之教，礼乐尤其为重。这是中国教育最动人之处。礼乐本根于仁，子曰："人而不仁，如礼何？人而不仁，如乐何？"礼主敬、别尊卑、合内外，乐主情、和身心、怡情志，礼乐洽洽、文质彬彬而后君子。故君子之教，礼乐也。

礼乐之教，是一套教育教化体系，这个体系事实上不再简单地局限在日常生活礼仪了。礼，体现在中国社会的各个方面。行走坐卧，洒扫应对，需要礼。从一个人出生，到结婚生子，走到生命的尽头，都离不开礼。每一次的重大礼仪感化，都意味着一次生命成长之飞跃。

在《说文解字》提到"礼"的本意就是祭祀，繁体字"禮"中的"豊（li）"是行礼之器。礼本义为举行仪礼，祭神求福。文明的发展，丰富了祭祀的意义。后来祭祀兼有追养继孝、礼报天地、感化人心的意义。《礼记·礼器》："礼也者，反本修古，不忘其初者也。"《大戴礼记·礼三本》："礼，上事天，下事地，宗事先祖而宠君师，是礼之三本也。"《荀子·礼论》："礼有三本：天地者，生之本也；先祖者，类之本也；君师者，治之本也。"所以，祭祀在今天的意义可以理解为对天地自然环境敬畏，从而保护生养我们的天地自然，对圣贤、民族英雄的追念从而继承我们的文化和民族精神。

在古代，释奠礼作为祭祀礼仪中的重要部分，亦蕴含着礼乐教化之意义。《礼记·

文王世子》："凡始立学，必释奠于先圣先师。"今天，在四海孔子书院，我们把祭孔作为每年最重要的礼仪活动，透过营造庄重肃整的礼乐氛围，让人心生诚敬，起到教化人心目的。通过祭祀孔子，慎终追远，体贴夫子的天地大德，继承夫子的修齐治平之道。

具体说，由儒家传统所阐发和塑造并在过去数千年秉持和奉行的"天人本一、分而合一、敬天法祖、慎终追远"的核心精神系统，及其诚敬谦和、仁义礼智、温良恭俭、孝悌忠信的人生价值观和基本生活形态。新的21世纪的今天，我们需要秉持"旧邦新命"之大义，让传统道德重新牢固树立。我们的释礼乐祭孔典礼所要表达的，就是要让孔夫子重新在国人的心中站立起来，让他那"高山仰止"的精神气象去影响今天的中国人，乃至全世界。

如前所言，祭祀的价值意义重大，我们愿意去突破现有条件，去努力实现这种价值。礼乐祭孔典礼，作为体察孔子教化思想的一种途径，不是一种演出，而是一种神圣的行为。是为了在特定场合，让参与者感受到经典的神圣性，激发对文化的情怀，油然而生一种敬重。我们希望我们的老师孩子，发自内心的对自己民族的经典和历史产生归属感。我们要为孩子的成长提供深刻的生命体验，提供让生命产生改变的机缘。这种在细微末节都要注意的场面，他的身心得到锻炼，生命因此得到升华。举办祭孔活动，就是要让孩子经历过这种场景，得到训练，让内在的敬重之感，彰显出来，把内心的诚敬谦和之心诱发出来。这就需要有效的训练，因此，我们把祭祀当作一次对生命的深刻教化。

书院既然是儒家文化的道场，教育需要有根有本，落实夫子之教，透过祭孔，让诚敬谦和的气质真正涵养到内心，行为举止得到训练。

十、文化原典

朱子云："问渠那得清如许？为有源头活水来。"经典是中国文化的智慧源头。《诗》《书》《礼》《易》《乐》《春秋》被儒家奉为六经，与六艺相得益彰。如果说六艺是书院落实于日常之教学与生活内容，六经则为统摄六艺之灵魂与主轴。《礼记》曰："入其国，其教可知也。其为人也：温柔敦厚，《诗》教也；疏通知远，《书》教也；广博易良，《乐》教也；洁静精微，《易》教也；恭俭庄敬，《礼》教也；属辞比事，《春秋》教也。"书院乃儒家之道场，自然重视六经，为此专门将同园童子部六栋楼以六经命名，其目的是让书院学子日常浸润其中，六经统六艺，六艺贯六经，六经与六艺，实相与名相，义理与内容，互为表里，互为增上，构成书院生活与教学。

十一、教育四阶段

幼儿养性——优美人格的奠定。零岁至三岁前，心无分别，尘垢未染，真如湛然，性德纯正，心如明镜，朗摄无碍，先入为主，深深入心，终身不移。幼儿怡养本性，正宜此时。

此阶段教育重在养。所谓“养”，就是不破坏。身体、五感、心性、家庭和乐的氛围、老幼有序、父母恩爱、饮食作息有度、美的熏习。书院为此阶段儿童设立的课程有：生活教育、读经、文字、诗歌、音乐、美术、手工、农耕、体育。书院管理：近山野庭院、素食、小班制、可走读可寄宿。

大家分歧点：蒙学经典读否，还是以来就读四书？识字否及如何识字，简繁篆金？

童蒙养正——圣贤智慧的陶冶。至十三岁前，物欲微薰，烦恼潜伏，知识略萌，性德仍净，记性犹强，悟性微弱。童蒙蕴养正见，正宜此时。

此阶段教育重在行。道德的养成，重在情感、环境、躬行；不可过多讲理。小六艺以养正：礼乐射御书数。书院为此阶段儿童设立的课程有：修身、经籍、国文、书画、礼乐、射艺、英文、数学、农耕。书院管理：近山野庭院、素食、小班制、周寄宿。

大家分歧点：纯读经，包本，一些极端学堂仅开设：生活自理、读经、体育。大部分学堂同时开设：书法、国画、古琴、数学、英文。

少年养志——理想抱负的鼓舞。十三岁后，知识渐开，物欲既染，烦恼增多，心逸情泳，故真性渐隐，记性渐泯，然性向显发，崇效楷范，悟性转强。少年启养心志，正宜此时。

此阶段教育注重理行并重。经义阐发、明理笃行、立志勤学、经史并进。大六艺以养志：诗书易礼春秋。书院课程：修身、经籍、历史、国文、书画、礼乐、射艺、英文、数学、农耕。书院管理：近山野庭院、素食、小班制、周寄宿、多导师、兼修大学课程。

大家分歧点：纯读经，包本，申请就读文礼书院。部分学生：进入体制内学习或出国，小学、初中、高中、大学。部分学生：访师游学，专学一艺：书法、国画、古琴、小学、诗文、中医。

成年养德——真实生命的开展。凡所当读书，如能自幼扎根熟读，庶以诚意正心，格物致知，学以致用，而为将来成学立业之深基，修身明德之永磐。唯德业无穷，学无止境故，成年学养行德，随时皆宜，无有终时。

综合来说，书院教育既重视小学的洒扫、应对、进退的习惯养成，也不忘琴、棋、书、画等艺以载道的美学与智慧开显。注重因材施教与经世致用，与时俱进，圣学日新。

读经教育与书院教育现状之思：

1. 读经教育的继续深化，建立完整的治学系统。
2. 读经教育要符合教育成长规律。
3. 书院教育的体制之困：学生学籍，书院户口，学生出路。
4. 书院教育的合法化、组织化、系统化建设。
5. 在坚守中国魂前提下的“国学国际化”探索。

朱子文化的基本精神 *

朱人求
厦门大学国学院教授

朱子文化，顾名思义，就是以朱子学为核心的前近代中国文化，即宋末以来至元明清以朱子学为核心的近800年中国文化，它是这一时期中华民族的思维方式、生活方式和价值系统的集中体现。众所周知，中国哲学发展到宋明理学，开创了一个别开生面意义非凡的精神世界。朱子总结了以往的思想，尤其是宋代理学思想，建立了庞大的理学体系，成为宋代理学之大成者，以其真知睿见和“致广大，尽精微”“综罗百代”的恢宏格局而名彰后世。钱穆指出，“在中国历史上，前古有孔子，近古有朱子，此两人皆在中国学术思想史及中国文化史上，发出莫大声光，留下莫大影响。瞻观全史，恐无第三人可与伦比。”[①]朱子的思想不仅统治了南宋以后元明清近800年的中国，而且影响到整个东亚世界，并演化为东亚世界的官方哲学和最高意识形态，成为近800年来中国社会统治秩序的精神支柱，形成了世界性的朱子文化品牌。在某种意义上，朱子学说奠定了近800年来中国人的生活方式、思维方式和治国理政的模式。近800年来，朱子学就是儒学的代名词，就是中国文化的代名词，陆王心学只不过是朱子学的反动，乾嘉学派则是朱子学的否定之否定，三者恰好构成一个正—反—合的逻辑发展历程。近现代是朱子文化的衰落时期，伴随着中国的崛起和中华文化的伟大复兴的机缘，当代朱子文化面临着新的发展机遇。

朱子学是朱子文化的精神内核。朱子学，顾名思义，就是指朱子的学说，这是狭义的朱子学概念。在更为广泛的意义上，它指朱子及其后学的学说。[②]在时间的向度上，朱子学与东亚在历史、现在与未来关系密切。朱子学是东亚文化所依凭的重要精神资源，在东亚的历史上曾经一度成为中、日、韩最高统治意识形态。在现代生活中，朱子学也是东亚世界仍然保持鲜活的文化模式。在未来时空中，朱子学也是能够在东亚地区乃至全球带来广泛认同的普适价值。在空间向度上，朱子学至今仍深深地扎根于

---

* 基金项目：国家社科重大招标项目“东亚朱子学的承传与创新研究”（13&ZD062）；国家社科基金项目“理学话语研究”（12BZX039）的阶段性成果。

① 钱穆：《朱子新学案》，台北：三民书局1971年版，第1页。

② 朱人求：《东亚朱子学研究的新课题》，《福州大学学报》（哲学社会科学版）2014年第2期，第5—9页。

八闽大地、国内大部分地区（含港澳台地区）、东亚、东南亚和世界各地华人的生活方式之中。全球的中华儿女，从修身齐家到建功立业，或隐或显，无不受着朱子学的支配和影响，并因为朱子文化的粘连而亲如一家。朱子学俨然已成为海峡两岸文化交流的重要桥梁，全球华人情感沟通的重要纽带。

已故的文化大师克里福德·吉尔兹曾经讲过，我们要研究那种具有全球意义的地方性知识，而朱子学正是这种具有“全球意义的地方性知识”①。朱子学有三个层次，就好像一个同心圆展开的过程。第一个层次，是中国文化圈里面的朱子学，在这个层次里，目前海峡两岸学术界有着非常丰富的研究成果。第二个层次，是东亚文明圈中的朱子学。第三个层次，就是全球化的朱子学。我们认为，朱子文化也有三个层次：第一个层次，是中国文化圈里面的朱子文化；第二个层次，是东亚文明圈中的朱子文化；第三个层次，就是全球性的朱子文化。② 朱子文化是中华优秀传统文化的重要组成部分，是东亚文化共同体的文化源泉，是世界文化的宝贵的精神财富。那么，什么是朱子文化的基本精神呢？朱子文化对现代社会和现代生活有什么意义？今天我们如何传承和发展朱子文化精神呢？换言之，全球化需要什么样的朱子文化？朱子文化的精神怎样参与人类精神的建构？

我们认为，朱子文化的基本精神就是全体大用的精神。③ 什么是精神？精神一般与物质或肉体相对应，表示存在于个别事物根底的普遍性，也用来表示对基本事物的思考模式。朱子文化的精神，指朱子的学问、思想的本质、终极的意义。日本楠本正继博士认为，朱子“在动态事象的内部深处思考其静态要素，此乃宋代文化之精神，进一步而言，此点亦触及到汉民族的根本性格”④。“全体大用”思想是朱子学的基本精神，朱子的政治实践、社仓建设、书院教化、家礼的推广与普及都是其“全体大用”思想的具体落实。所谓“全体”就是心中包含所有的道理，所谓“大用”就是人心自然能应接万事万物。在朱子文化中，全体大用就是明明德，就是见“道”之后的彻悟，就是仁的精神及其在宇宙间的发用。全体大用在元代上升为朱子学的精神，在明代演化为儒学的基本精神。明代以来，许多思想家用《大学》框架来诠释“全体大用”，全体就是格物、致知、诚意、正心、修身，就是儒家的内圣之道；大用就是齐家治国平天下，就是外王之道。至此，全体大用已经成为中华文化精神的旗帜与象征。

具体而言，朱子文化的精神又包括理一分殊的精神，主敬穷理的精神，正心诚意的精神，文化承传的精神，以家为本的精神，关爱民生的精神，教化天下的精神等，

---

① ［美］克利福德·吉尔兹：《地方性知识》，王海龙、张家瑄译，中央编译出版社 2000 年版。

② 朱人求：《东亚朱子学研究的新课题》，《福州大学学报》（哲学社会科学版）2014 年第 2 期，第 5—9 页。

③ 朱人求：《朱子“全体大用”观及其发展演变》，《哲学研究》2015 年第 11 期，第 39—48 页。

④ ［日］楠本正继：《宋明时代儒学思想之研究》第一编第四章，东京：广池学园出版部 1962 年版。

它们都是朱子“全体大用”思想的具体展开。

“理一分殊”是朱子学建构的基本方法，朱子把它形象化比喻为“月印万川”。“理一分殊”是宋明理学家广泛论及的哲学话语，朱子把它发展到了一个崭新的高度。朱子认为，天底下终极的理只有一个，但它派生了万事万物，每一个事物中又蕴含了这个终极的理，就好像天上只有一个月亮，但所有的江海湖泊中都有一轮明月，水中的每一轮明月都分有了天上那一轮明月。“理一分殊”论证了宇宙本体与万物之性的同一性，论证了本原和派生的关系，论证了普遍规律与具体规律的关系，一理摄万理，万理归一理。“理一分殊”适用非常广泛，可以对应一与多的关系，普遍性与多样性的关系，如全球一体化与民族文化的多元化，一国两制都可以用理一分殊来诠释。朱子为回应佛学的挑战，重点强调的是分殊，他提出要在“理一分殊”规约的指引下，重建道德伦理，这个方向，就是“存异求同”。在全球化的今天我们还可以将它要倒过来使用，既强调全球一体化的“理一”，也要保持各民族各种文化的自身特点，“求同存异”，和而不同。

主敬穷理是朱子学的工夫法门。朱子的学问宗旨，常常被概括为“主敬穷理”，所谓“主敬以立其本，穷理以进其知”。什么是主敬？朱子把“敬”上升到“圣门第一义”“圣门之纲领”的高度，认为敬是“教人随事专一谨畏，不放逸耳”。主敬其实就是一种内心的状态，也是一种行为的状态，内心要专注于一处，不要走作，时时刻刻都要保持敬畏。不做事时的主敬体现的是一种精神态度，即内心总是处于一种警觉、警省、敬畏的状态；做事时的主敬则表现了一种做事的态度和伦理，一种专一、敬业的态度。陈来先生指出，从做事的角度来说，朱子学的现代意义之一，是可以为东亚社会提供一种“工作伦理”，朱子学的主敬精神为传统到现代的工作伦理提供了一种现成的资源、现成的伦理概念。[①]“穷理”即格物穷理，就是接触事物来穷尽事物中所蕴含的天理，这是朱子学的“入德之门”。格物穷理之方法是多种的，朱子特别突出的是读书讲学，其中特别突出学习的精神，通过读书来明理。现代社会越来越是一个“学习型社会”，提倡终身学习，朱子的主敬穷理思想为我们提供了最好的指导。

正心诚意是朱子学说的行动纲领。朱子毕生以正心诚意为宗旨，于诚意用力最勤。诚意就是时时刻刻保持内心的真诚，不自欺欺人。朱子反复强调诚意是转关处，诚意是人鬼关，能做到诚意便是人，做不到的便是鬼；诚意又是善恶关，能做到诚意便是善，做不到的便是恶。诚意是除去内心许多私意，正心是在接触的时候除去外面许多私意。正心是存养的工夫。所谓正心，并不是将此心去正那心，自然而然，保持内心的纯净与真诚，摒弃外界干扰和不良情绪的影响，使内心始终保持一种中正平和不偏不倚的状态。在朱子的语境中，诚意是明明德的工夫，是内心的觉醒，是行动的开始，是改变自身的开始，是改变世界的开始。经由诚意，我们可以正心、修身、齐家，而后可以治国平天下。朱子以正心诚意来“格君心之非”从而达到“平天下”的政治哲

---

① 陈来：《朱子学的时代价值》，《光明日报》2015 年 5 月 14 日第 15 版。

学，是基于他对天下大势的一种理性思考，一种对历史必然之则的把握，既体现了中国古代知识分子政治上的品质，也是古代知识分子共同努力的政治方向。值得肯定的是，作为儒家核心价值观念之一的诚意正心，经过朱子的创造性阐释，有助于消解现代化过程中人们工于心计、虚浮欺诈、贪污腐化、世风淡薄的弊病，强化诚意正心，对于社会主义道德建设和市场经济的健康发展具有十分重要的意义。

文化承传与创新的精神最能体现朱子的文化自觉与文化担当。中国文化的承传谱系即道统，朱子自觉担当起自尧舜禹文武周公孔孟一脉相承的道统，修德讲学，教化百姓，弘扬斯学，第一次揭示出道统的十六字心传“人心惟危，道心惟微，惟精惟一，允执厥中”，这是朱子不可磨灭的伟大贡献。朱子是南宋书院教育运动的中坚与旗帜，终其一生，他以极大的热情投入到了书院建设之中。在南宋新建的 167 所书院中，与朱子有关的书院就有 67 所，占 40% 以上，其对于南宋书院运动的贡献，由此可见一斑。有趣的是，朱子的《白鹿洞书院揭示》不仅成为前近代中国书院共遵之学规，也是东亚书院共同信奉的学规，至今仍影响深远。通过书院运动，朱子思想也一步步深入人心，渐渐落实为近 800 年来中国人共同的生活方式。朱子的文化实践可归结为一句话，就是文化传承与创新。朱子自觉承传了中国文化的道统，积极进行书院文化实践，对古代文化做了全面的整理，对四书的结集与诠释尤花费了毕生精力，是继孔子以来文化继往开来、传承创新的典范。当代中华文化的伟大复兴必须建立在中华传统文化基础之上，如何推陈出新，如何为往圣继绝学，如何对传统文化进行批判的继承和创造性转换，朱子的文化传承与创新实践给了我们有益的启迪。

以家为本的精神是朱子外王思想的根基和出发点。家是中华传统文化的根基，齐家是链接修身和治国平台下的桥梁与纽带。朱子以家为本的理念集中体现了儒家文化的基本精神。朱子将原属上层社会的儒家礼仪世俗化和平民化，推广至民间，编成《朱子家礼》，成为后世最简明的通礼、冠礼、婚礼、葬礼、祭礼实用手册，规定了日常生活的方方面面。《朱子家礼》在元代颁布为国礼，从此，朱子学真正应用于庶民，落实到民间，并且深入到社会的最基本细胞——家庭，落实为一种普遍的生活方式。《朱子家礼》一书，成为对宋元以降的中国及其东亚社会的基本礼仪规范，对东亚世界产生了深远的影响。朱子还继承了传统的齐家思想，撰写《朱子家训》，提出“居家四本”——“循理保家之本、和顺齐家之本、读书起家之本、勤俭治家之本”，建构了一个系统而缜密的家哲学思想体系。“天理”构成朱子家哲学的本体论，读书穷理、居敬涵养、克己复礼、勤俭治家则是家哲学的力行实践，家国一体、万物一体、宇宙一家是家哲学的最高境界。随着科技进步、社会转型、现代化进程的加快，家庭生育功能退化、赡养功能弱化、教育功能分化，传统家庭的许多功能已经外化为社会的职能。在“家”的概念变得越来越模糊的同时，不可避免地出现了一系列矛盾和问题——空巢老人、家庭暴力、离婚率高、青少年犯罪等等。在这个物质日益丰富而精神相对贫乏的时代，人们开始渴望家庭的温暖和心灵的慰藉，呼唤一种新型家庭观念来保证现代家庭生活的温馨、和谐、健康和有序，找不到答案的现代人又把目光投到传统的家文化思想上。与此关联的是，以家族为核心的民间文化的勃兴壮大，家谱文化、祠堂文化、宗亲论坛等日益兴盛，方式也多种多样，这些文化实践活动起到了捍卫传统价值、复兴传统文化的作用，它也有力证明了朱子家文化的现代价值及其茂盛而顽强的生命力。

社仓制度的社会关怀最能体现朱子关爱民生，尤其是关爱弱势群体的精神。社仓制度，系南宋朱子首创一种民间储粮和社会救济制度。孝宗乾道四年（1168），朱子仿效“成周之制”建立五夫社仓。建立社仓的意义是“益广朝廷发政施仁之意，以养成闾里睦姻任恤之风”。可见，朱子设立社仓制度的根本目的仍然是要实现儒家政治思想中的仁政。朱子的社仓除了救荒之外，也有保护贫民尤其是“深山长谷，力穑远输之民”的意义。淳熙八年（1181），朱子将《社仓事目》上奏，“颁其法于四方”，予以推广。宋孝宗接受了朱子的建议，颁布《社仓法》。在官府的推动下，朱子的社仓制度成为一个民间自我管理的社会救济制度。社仓制度既是朱子恤民思想的具体体现，也是朱子民本思想在实践中的一座丰碑，它也充分体现了朱子全体大用、视民如子、天下一家的淑世情怀。当今世界，如何弘扬朱子的关爱民生的精神，关爱弱势群体的精神仍然是一个重大的时代课题。

化民成俗，教化天下，这是朱子最强烈的现实关切，也是朱子文化的现实归宿。楠本正继指出：“全体大用思想乃源于所谓：虽然存在于相对的时空中，同时却也要求绝对，并不断试图在人世中，实践此种绝对的人类精神之必然要求，此思想的意义全然在此。”[①] 朱子一生中，多次上奏，倡议天下大计，为我们留下的封事 7 篇，奏札、奏状 142 篇，这些上书无不传递着一个信息，劝勉皇上实践儒家内圣外王的理想。朱子认为，君主之心是国家兴衰的关键。君主唯有克去心中的私欲，才能保存天理的公正无私，才能开创太平盛世。朱子针对当时国家的时弊向孝宗进言，指出当时国家的急务是“辅翼太子、选任大臣、振举纲维、变化风俗、爱养民力、修明军政”这六项大事。只有正己，才能正家人、正朝廷、正百官、正天下，实现三代之治。对于普通民众，朱子强调经由《大学》之教，让每个人通过格致诚正而修齐治平，不仅要成就自我，完成内在道德的提升，而且要实现“修己安人”“化民成俗”的政治理想。《大学》教育的结果，“其学焉者，无不有以知其性分之所固有，职分之所当为，而各俛焉以尽其力”。经过《大学》的学习，每个人都能够充分理解自己所固有的性分，自己所当尽之职分，各自在自己的职分上尽职尽责、尽力尽心。每个人都在其社会职位上尽心尽力，国家自然就可得化民成俗之效。化民成俗，教化天下，不仅是君王的职责，也是每个人应有的社会关怀和责任担当，平治天下是每个人的生命格局和终极关怀。正是通过身心—家—国—天下的一体建构，朱子学的精神关切也从自我扩充到家族、国家和整个世界。

---

① ［日］楠本正继：《宋明时代儒学思想之研究》第一编第四章，东京：广池学园出版部 1962 年版。

仁：中国公益慈善事业的价值之源 *

朱汉民
湖南大学岳麓书院教授

中国公益慈善事业的存在与发展，必须有一个坚实的基础。这个基础应该体现在两个方面：其一，立足于我们天然的本性。我们坚信公益慈善理念的源头活水应该来自于我们的善良天性，这是我们的慈善事业得到持续发展的前提条件。其二，立足于我们的悠久文化传统。人是文化存在，公益慈善的精神应该源于我们的中国文化传统，这是中国公益慈善事业的深厚根基。

仁爱精神居中华传统文化价值观之首。以“仁爱”为中心的道德价值体系，恰恰体现出中华文化的人道主义精神，是我们当代中国人要特别继承、弘扬和躬行实践的。而中国传统文化以仁爱为核心的价值观，代表了中国公益慈善事业的人性与文化的基础，仁爱可以为我们提供公益慈善事业的价值之源与精神动力。

儒家经典常常被简称为“四书”“五经”。“五经”记载了中华文化的礼乐制度文化；“四书”则张扬了中华人道主义的仁爱精神。“四书”的仁学承传了“五经”的礼乐文化，而且还对“五经”的礼学做出了创造性发展，使礼乐制度与仁义精神合为一体，推动了中华礼乐文明的建设发展。孔子为什么要建立“仁”的思想体系？春秋战国时期，天神上帝的信仰受到怀疑，“礼”的政治秩序和社会规范难以维系人心。孔子及其早期儒家学者意识到“礼”的政治秩序和社会规范的重要性和必要性，但是必须另外确立“礼”的人道、人性依据，他们开始从人本身来寻找、建立“礼”的合理性依据。这样，孔子及其早期儒家学者建立的仁学体系，就是一种摆脱了崇拜外在天神上帝的宗教信仰、回归到人道、人性精神的人文思考。

所以，孔子及其早期儒家建立起“仁”的思想体系，就是这一人文思考的结果。孔子及其早期儒家学者反复强调“仁者，人也”，“仁也者，人也”。他们不仅是以“人”来定义“仁”，同时也以“仁”定义“人”。孔子及其早期儒家建立起以“人”为依据的仁学思想，他们认为，人的一切生物本能不属于人的“类”本质特征，我们必须从人道主义精神中去探寻人的“类”本质特征。孔子及其早期儒家坚持从人道主义精神出发，深入探讨“仁”的理念具有人的内在依据。

* 基金项目：国家社科基金重点项目“四书学与中国思想传统的重建和整合研究”（15AZD032）。

儒家人道主义之“仁”具有的三个基本的精神性要素，即仁的情感、仁的理性、仁的意志，体现出人不同于生物本能的人道主义的本质特征。

首先，“仁”是人与人相爱的先天情感。《论语·颜渊》载：“樊迟问仁。子曰：爱人。问知。子曰：知人。”孔子论“仁”有许多不同的说法，这是其中一个最为重要的说法。孔子明确指出，“仁”是一种人的爱人的情感，人为什么会产生这样的爱人情感？这恰恰是人不同于鸟兽等动物的“类”本质特征。孔子认为人永远是一种不可与鸟兽同群的社会存在，人不可能离开家庭、社会、国家的社群组织，同时，处在社群组织中的个人不可能不具有相爱的情感。孔子特别指出具有血缘关系的父母与子女、兄与弟之间的相爱，是仁爱情感确立的根本，人一旦有丧亲之痛，就会“食旨不甘，闻乐不乐，居处不安”[①]，这就是仁爱之情的本源，也是人之为人的社会本能和先天情感。正是这一种社会本能和先天情感确立了为仁的根本，孔子将孝悌看作是为仁之本。但是，儒家认为人的社会本能和先天情感具有普遍性，人会从亲亲之爱进一步拓展到“泛爱众”，这一种普遍性的爱人情感同样是人的先天情感。孟子对这一种人的普遍性爱人情感，做了一种人类学的界定：“无恻隐之心，非人也。”[②] 他认为人之所以具有爱人的情感，是源于人普遍具有的“恻隐之心”，即所谓“恻隐之心，人皆有之”[③]。孟子特别列举了一个十分典型的事例，即孺子将入于井，人人会皆有怵惕恻隐之心，他这样做并不是为了讨好小孩的父母，也不是为了个人的荣誉，他由此推出一个重要的结论：无恻隐之心，非人也。这是对人之爱人的普遍性先天情感的人类学界定。而作为经验形式的“恻隐之心”其实具有普遍法则意义，所以，孟子指出：恻隐之心就是仁。

其次，“仁”是人的道德理性，它源于人与人通过以情絜情而实现的社会交往理性。“恻隐之心”作为一种特殊经验的情感，如何可以成为普遍性的人道法则的呢？孔子的仁学依据，是人作为道德主体之间具有推己及人的推理，这可以看作是一种推己及人的社会交往理性。人的爱人情感不完全是个体经验和一厢情愿，人与人是一种互为主体的关系，故而是能够得到对方情感呼应的相互主体。这一种相互主体、情感推理是一种人人具有的理性能力，在孔子这里叫作“忠恕之道”“为仁之方”。所谓“忠道”，孔子认为是“夫仁者，己欲立而立人，己欲达而达人。能近取譬，可谓仁之方也已”[④]。所谓“恕道”，就是“己所不欲，勿施于人”[⑤]。所谓的“忠恕之道”“为仁之方”，就是以人人皆有的情感欲望、精神追求为基础，进而推己及人的社会交往理性。

---

① 《论语·阳货》。
② 《孟子·公孙丑上》。
③ 《孟子·告子上》。
④ 《论语·雍也》。
⑤ 《论语·颜渊》。

所以，孔子的为仁之方，后来被清儒戴震概括为“以情絜情”的情感推理和交往理性。人作为社会实践活动的主体，应该具有相通的情感欲望、精神追求的心理动力，人是一种具有社会交往理性的主体，他能够从自己的情感欲望、精神追求出发，进而推导并满足他人的情感欲望、精神追求，最终实现相互理解、相互满足的社会交往理性。所以，在以“四书”为代表的早期儒家典籍中，存在不少这一类以人人皆有的情感精神而推己及人的道德理性。《大学》所讲的“絜矩之道”，就是一种以人之“恶”的情感来推导人人交往的原则：“所恶于上，毋以使下；所恶于下，毋以事上；所恶于前，毋以先后；所恶于后，毋以从前；所恶于右，毋以交于左；所恶于左，毋以交于右。此之谓絜矩之道。”当然，人人皆有的情感欲望既是体现为喜怒哀乐的好恶情感，还包括亲亲爱人的道德情感，后一种情感也可以实现“以情絜情”的情感推理。如孟子提出“老吾老以及人之老，幼吾幼以及人之幼”①，这就是将孝亲慈幼的亲亲之情推广为一种普遍性的尊老爱幼之情，这一种普遍性的尊老爱幼之情在汉唐时期又称之为“博爱”。

其三，“仁”是人的道德意志，它依据于人内心不得不去做的自觉行为。孔子认为“仁”是人的内在情感和理性的需求，当一个人能够意识到仁的这一种情感需求和应然法则，就会在内心形成不得不主动实践仁的道德意志。“仁”是人的内在情感精神需求，而不是远于人的外在规范，每一个人均可以将“仁”转化为“我欲仁，斯仁至矣”②的自觉行动，成为以“仁”为目的的道德意志。所以，“仁”的内在依据就是这一个行仁的道德意志。孔子总是通过强调为仁的个体自觉性，论述“仁”依据于人人不得不行仁的道德意志。孔子指出，实践仁其实是每一个人均具有的能力，既然人人皆有行仁的能力与意志，那么，人人皆有的道德意志就成为仁的依据。当然，这一种道德意志并不是一种自发的行为，而是依赖于士人的自觉。孔子指出，实践“仁”实是每一个人均具有的能力，他说：“有能一日用其力于仁矣乎？我未见力不足者。盖有之矣，我未之见也。”③既然人人皆有行仁的能力与意志，那么，人人皆有的道德意志就成为仁的依据。当然，这一种道德意志并不是一种自发的行为，而是依赖于士人的自觉。孔子说：“志士仁人，无求生以害仁，有杀身以成仁。”④可见，正是追求仁道的道德意志，使士君子选择了仁道的自觉。孔门弟子曾子说：“士不可以不弘毅，任重而道远。仁以为己任，不亦重乎？死而后已，不亦远乎？”⑤儒家士君子就是一个能够自觉承担仁道的社会群体。孟子特别强调：“仁”是士君子以道德意志表现出来的人

① 《孟子·梁惠王上》。
② 《论语·述而》。
③ 《论语·里仁》。
④ 《论语·卫灵公》。
⑤ 《论语·泰伯》。

心，他说："君子所以异于人者，以其存心。君子以仁存心，以礼存心。"① 孟子还将士君子的仁道意志称之为"浩然之气"，他描述说："其为气也，至大至刚"，"其为气也，配义与道"。② 这一"浩然之气"其实就是为仁的意志形成并呈现出来的一种巨大力量。

由此可见，孔子及其早期儒家的"四书"体系，主要是一个以"仁"为中心的中华文化人道主义精神的思想体系。孔子坚持从人的主体性精神结构中，寻到了"仁"的内在依据。儒家"四书"的"仁"具有人的情感、人的理性、人的意志三个基本的精神性要素，体现出人不同于生物本能的"类"本质特征，建立起一种儒家人道主义仁学体系。

我们每一个中国人从事公益慈善事业，其实均可以追溯到以仁心为核心的自然本性和文化传统。儒家所提倡的仁的情感、仁的理性、仁的意志的精神传统，就是中国古代公益慈善事业最深层的思想基础与精神动力。中国公益慈善事业既要依赖于仁爱的道德情感，也要借助于推己及人的道德理性，还要通过"仁以为己任"的个体道德意志。中国人以儒家仁爱作为公益慈善事业的思想基础与精神动力，就决定了公益慈善活动的自愿性和自觉性，可以持久地推动中国公益慈善事业的蓬勃发展。

但是，在中国公益慈善界存在一些错误的观念，有人认为儒家的仁爱是有亲疏远近之别的，而公益慈善精神就是一种超越亲疏等差之别的爱。人们自然会产生一些质疑，儒家这一种有差等的爱可以成为中国公益慈善发展的文化基础吗？应该如何看待亲疏等差之爱与公益慈善精神的关系？

为了说清楚这一个问题，我在这里讲一个真实的故事。一位留美青年与其父母在公益慈善活动中产生了分歧。留美青年在美国居住期间经常参加针对非洲贫困群体的公益慈善捐赠，其父母看到了，提出是否也应该考虑针对家乡贫困群体的公益慈善捐赠。留美青年拒绝了父母的建议，认为只有摆脱亲疏的博爱才是公益慈善，捐赠给家乡贫困群体就不是公益慈善。而他的父母则主张一种由近及远、由亲及疏的慈善捐赠，相信这才是自己更愿意接受的公益慈善理念。

如何看待两种不同的公益慈善观念？过去我们对中国传统的仁爱精神理解有偏差，以为仁爱就是由近及远、由亲及疏的等差之爱。其实，仁爱是一种包容量很大的爱，它既肯定由近及远、由亲及疏的等差之爱，同样也包括"博爱之谓仁"的精神。可以说，仁爱是一种"极高明而道中庸"的公益慈善理念。

一方面，儒家仁学肯定由近及远、由亲及疏的公益慈善理念。自从孔子提出仁道以来，儒家一直将亲人之间的爱作为仁爱的起点。孔子说："君子务本，本立而道生。

---

① 《孟子·离娄下》。

② 《孟子·公孙丑上》。

孝弟也者，其为仁之本与!”[①] 孝、弟表达的正是父母与子女、兄与弟之间的天然情感，这恰恰是为仁之本。子思在《中庸》引用孔子的话说：“仁者人也，亲亲为大。”他们均是将“亲亲”作为最重要的仁爱，因为亲亲之爱是最强烈、最真实、最自然的同时也是最重要的爱。由此可见，儒家仁学首先是一种亲亲之爱，即是一种有差别等级的爱。但是，仁爱首先源于自己的亲情，进而由亲亲之爱拓展到乡亲、国人、天下。儒家这一种由亲及疏的仁爱情感，恰恰是爱人的普遍性先天情感的基础和前提。亲亲之爱是一种真实、自然的先天情感，同样的“泛爱众”“恻隐之心”也是人人之间的真实、自然的先天情感，特别是通过“推己及人”达到理性，更是可以将二者融通为同样的情感。这一种真实、自然的先天情感，恰恰就是公益慈善事业的坚实基础和内在动力。

另一方面，儒家仁学还主张从人的亲亲之爱中提升出人人相爱的博爱精神。儒家从来没有将仁爱局限在亲亲之间，而是主张推广这一种亲亲之爱，最终达到博爱的境界。所以，早期儒家在论述仁爱时，往往都超越了亲亲之爱，将亲亲之爱拓展为一种人与人之间的爱。孔子曾经说：“弟子入则孝，出则弟，谨而信，泛爱众，而亲仁。”[②] 这一个“泛爱众”，就是从亲亲之爱拓展而来。孟子也讲到人的亲亲之爱提升到人人之爱：“亲亲而仁民，仁民而爱物。”君子应该由“亲亲”而拓展到“仁民”，即对民众有广泛的仁爱之心。由此可见，儒家仁学又是一种不局限于亲亲之爱，同时也表现出没有差别等级的博爱精神。后来儒家提出“博爱之谓仁”的说法，即仁者是可能超越亲亲之爱而达到“博爱”。宋儒张载在《西铭》一文中，特别阐发了这一博爱的精神：“民吾同胞，物吾与也”；“尊高年，所以长其长；慈孤弱，所以幼吾幼”；“凡天下疲癃残疾、茕独鳏寡，皆吾兄弟之颠连而无告者也”[③]。可见，仁者就是能够通过推己及人，最终达到一种博爱的精神境界。

由于中国传统的仁爱精神的二重性，所以，中国古代公益慈善事业也体现为两种类型。一种是涉及宗亲族党的公益慈善事业，因为它体现了舍小家、为大家的公益慈善精神，仍然是一种公益慈善事业。受到儒家仁学影响很大的士大夫，往往是公益慈善事业的主体，他们推动的公益慈善事业，就是从宗族内部开始的。这一类公益慈善事业包括义庄、义学等各种机构，其受助对象主要为宗亲族党。义庄解决了宗族内部贫困人口的基本生活保障问题，而义学是为了解决宗族内部贫困子弟上学读书问题。范仲淹以多年积累之俸余，买田1000余亩设立了范氏义庄，推动了宋代宗族慈善制度的形成和发展。

另一种是宗亲族党以外的公益慈善事业。儒家的仁爱精神绝不限于亲族之内，而

---

① 《论语·学而》。

② 《论语·学而》。

③ 张载：《正蒙·乾称篇》，《张载集》，中华书局1978年版，第62页。

是推己及人，范仲淹即追求一种“先天下之忧而忧，后天下之乐而乐”的博爱精神。正如孟子所说的那样，“老吾老，以及人之老；幼吾幼，以及人之幼”。两宋儒者的这种推己及人的仁爱精神，会将公益慈善事业拓展到社会、国家、天下。所以，两宋士大夫的公益慈善活动十分广泛，包括捐建或募资兴建公益设施，如修桥造路、义井给水、兴修水利和改善交通等等。特别是出现自然灾害时，两宋士大夫成为公益慈善活动的积极推动者，他们领导、组织各种形式的赈饥活动。

所以，我们认为，中国传统仁爱的核心价值观，完全可以成为中国公益慈善事业的人性与文化的基础，以仁作为我们公益慈善事业的心理动力和精神基础。今天的社会结构发生了巨大变迁，人们越来越多地生活在陌生人共同体中，所以，我们可能越来越要强调仁学中推己及人的博爱精神，以“民吾同胞，物吾与也”“尊高年，所以长其长；慈孤弱，所以幼吾幼”的仁爱精神推动中国公益慈善发展。但是，我们同样也应该充分肯定，由近及远、由亲及疏的仁爱精神，仍然是中国公益慈善思想和行动的源头活水。

儒学的价值取向

——从“修齐治平”到“经世致用”兼论“为帝王师”

朱杰人
华东师范大学古籍所教授

儒学是一种学术，它的学术性，既体现在理论架构的完备与系统，亦体现为对实践与现实（社会的、自然的）的关怀。儒学是一种生活方式，不管你承认还是不承认，它实际上一直世世代代地在左右着中国人的饮食起居与行为规范。儒学是一种信仰，它不是宗教，但胜似宗教，中国人正是依仰着它的存在而得以在不断的灾患与灭种的危亡中延续而发展。儒学是一种思维方式，它成就了聪明的中国人。当然，儒学还是一种价值观，这是一种有别于其他文明的独特而具有时空超越性的价值体系。这一切，造就了中国人，中国人的精神、中国人的气质、中国人的意识、中国人的意志。

总的说来，儒学的价值取向是入世的，是关注现实政治和社会生活的，这和一般宗教形成了鲜明的对比。从远古的三代文明算起，儒学的萌芽和兴起即已蕴含着对现实政治和社会生活的关注与干预。可以这么说，没有对家国兴衰的关怀，就不会有儒学的产生。儒学价值取向的现实关切，因“修齐治平”的提出而成为儒家不可或缺的意志。

一

《礼记·大学》：

> 古之欲明明德于天下者，先治其国；欲治其国者，先齐其家；欲齐其家者，先修其身；欲修其身者，先诚其意；欲诚其意者，先致其知；致知在格物。物格而后知至，知至而后意诚，意诚而后心正，心正而后身修，身修而后家齐，家齐而后国治，国治而后天下平。自天子以至于庶人，壹是皆以修身为本。其本乱而末治者否矣，其所厚者薄，而其所薄者厚，未之有也。

这段话，强调“以修身为本”，但是修身的目的是为了“治国”“平天下”。所以它的关注点依然在现实社会政治。朱子在为《大学》作注时指出：“子程子曰：‘《大学》孔氏之遗书，而初学入德之门也。’”朱子认为，这一段话，是孔子之言，而且是儒者必须遵循的基本德行。也就是说，儒者的基本修养，就是为社会服务，就是要关注现实政治。

朱子把《大学》的这一段话归纳为八条目，从这八条目出发，又发展为后世的“内圣外王”。“内圣外王”之说，虽然出于道家，但是到了儒家这里就变成了不折不扣的儒学的价值取向——内圣，指修身；外王，指治国平天下。而内圣外王的统一，则成了儒家成贤成圣的最高追求。有一种观点认为，宋代理学的出现，尤其是朱子心性学术的出现和成为学术思想的主流以后，儒家的价值取向由外而转向内了，换言之，理学是性理之学而非治国平天下之学。这显然是一种误读。后人评论朱子，指出他是“致广大而尽精微”。所谓“尽精微”即是说他的心性之学，把孔孟之道中关于人性之本源的“微言大义”给充分地发掘出来了。但这并不能得出朱子的价值关怀抛弃或削弱了治国平天下的结论。恰恰相反，朱子之所以关注人的心性，正是他关注现实政治和国家治理的逻辑前提——治国平天下壹是以修身（收拾人心）为本，其本乱而末治者否矣！

“经世致用”是儒学价值取向的又一个突出范例。“经世致用”一词的产生很早，但是，它作为儒家价值取向的大旗而被高高祭起，是在明末清初与清末民初。

明末清初，是一个国家天下面临着大变局、大灾祸的非常时期。儒家知识分子们忧愤于王阳明心学空谈心性而误国、误民的弊端，高举“经世致用”的大旗，妄图把儒学重新拉回到“治国平天下”的轨道上来。王夫之认为，不能空谈天理，天理即在人欲之中。他强调“名”与“实”的统一：“知实而不知名，知名而不知实，皆不知也。”主张“理势合一”。黄宗羲批评知识分子“束书不观，游谈无根”的恶习，提倡“学贵践履，经世致用”，他改王阳明“致良知”为“行良知”，提出“必以力行我功夫”。顾炎武认为，理学家不切实际的空虚之学应予批判，儒家应该将“当世之务”——天下、邦国、生民之事作为自己治学之急务，以天下为己任。颜习斋等大力提倡的所谓“实学”就是对学术脱离实际、远离社会现实的一种反动。

清末民初，面对政治、军事与文化的西化的强大压迫，“经世致用”再一次被一些先知先觉的儒家知识分子所张扬。从康有为、梁启超的“公车上书”到章太炎的维新而革命，从陈焕章的《孔门理财学》到唐文治的兴办交通大学，无一不凸显出儒家经世致用思想的强大号召力和感召力。每当历史的重要关头，儒家学者们总是会在“经世致用”的旗帜下挺身而出、有所作为。

毋庸置言，经世致用，是儒学重要的价值取向，也是儒学一以贯之的精神与道德传统。

二

经世致用的价值取向，必定导向儒家关注世事，关怀民生的政治关切、治国理政的实践与国家长治久安的理论探索。

《论语 · 微子》篇有几段关于孔子对那些隐逸之士的议论：

> 楚狂接舆歌而过孔子曰："凤兮！凤兮！何德之衰？往者不可谏，来者犹可追。已而，已而！今之从政者殆而！"孔子下，欲与之言。趋而避之，不得与之言。

朱子注曰："孔子下车，盖欲告之出处之意。"这是说，孔子想告诉他，避世无为不是一种积极的人生态度。

> 长沮、桀溺耦而耕，孔子过之，使子路问津焉。长沮曰："夫执舆者为谁？"子路曰："为孔丘。"曰："是鲁孔丘与？"曰："是也。"曰："是知津矣。"问于桀溺，桀溺曰："子为谁？"曰："为仲由。"曰："是鲁孔丘之徒与？"对曰："然。"曰："滔滔者天下皆是也，而谁以易之？且而与其从辟人之士也，岂若从辟世之士哉？"耰而不辍。子路行以告。夫子怃然曰："鸟兽不可与同群，吾非斯人之徒而谁与？天下有道，丘不与易也。"

孔子认为自己与长沮、桀溺不是一路人，正因为天下滔滔，所以他才如丧家之犬到处奔波，甚至知其不可为而为之。他气愤地认为，那种不以天下家国之责而自任的人不是人而是"鸟兽"。对此，朱子注曰："岂可绝人逃世以为洁哉？""正为天下无道，故欲以道易之耳。"程子注曰："圣人不敢有忘天下之心，故其言如是也。"

在"子路从而后"章中，子路还有一句话："不仕无义。长幼之节，不可废也；君臣之义，如之何其废之？欲洁其身，而乱大伦。君子之仕也，行其义也。道之不行，已知之也。"他认为，不为国家服务，是不符合道义的。为了保住自己干净的名声，却违背了儒家的大伦理。君子为国家社会服务，是在为道义而行，其实国家、社会的无道我们都清清楚楚。这里，子路讲的就是儒家的责任与担当精神。

孔子周游列国，是为了推销自己的政治理想与治国理政的主张。他俨然以帝王之师自任（请注意，不是自居）。于是后世便有了"为帝王师"的议论。

何为帝王师？顾名思义，就是给最高统治者当老师。有没有帝王师？答案当然是肯定的。历代帝王，无不有师。这恐怕是个历史常识无须论证。从儒家对国家制度的设计层面看，帝师就是一个非常重要的设置。从储君为太子时，国家就为他配备了老师，所谓太子太傅，自商周时代即已出现。皇帝的老师，历代称呼不一，如宋代称“侍讲”，朱子就当过四十几天的侍讲。但，各朝各代，都设帝师是毋庸置疑的。封建时代，儒生都以能当帝师为人生奋斗的目标，这不但因为这是一种无上的荣誉，更因为，这个位子有可能施展自己的政治抱负并影响国家政治、政策、制度等的走向。不可否认，这是儒家政治制度设计上的一个杰作，它有效地保证了国家政治能沿着儒家之道而行。从儒家的道统理论来观测，这其实是将儒家道统凌驾于治统之上的一个制度保证。儒家充分地认识到，帝王拥有至高无上的权力，但帝王毕竟也是人，是人就必须接受教育，而只有一个接受了好的儒学教育的帝王，才有可能是一个好皇帝，才有可能成为一个不犯错误、少犯错误的皇帝。而教育帝王的使命，儒家认为是自己当仁不让的责任。

《礼记·儒行》篇记录了孔子与鲁哀公的一长段对话。

孔子的第一句话是这样说的：

> 儒有席上之珍以待聘，夙夜强学以待问，怀忠信以待举，力行以待取。

可见，在孔子的眼里，儒家与生俱来的一个使命就是“备顾问”——解答统治者的疑问，提供可行的解决方案。这一价值取向明确而毫不隐晦。我以为，这恰恰是中国历史的一个难能可贵的好传统，它张扬的是知识分子的社会责任和历史担当。它提示我们的是，我们孜孜以求的学问，我们皓首穷经的目的，不是为学术而学术，不是为一己之名利，而是为了家国社会，是为了天下苍生。

这难道有错吗？中国几千年的历史，出现了多少志士仁人，有舍生取义、有慷慨赴难、有威武不屈、有前赴后继，更有数以万万计的无名烈士、无名英雄，不都是这种精神养育和熏染的结果？试问，如果抛弃了这种精神，日本人打进来了还有人抗日吗？出国留学了还有人愿意抛弃高官厚禄回国效力吗？

奇怪的是，近年来，这种民族精神竟然成了某些人讨伐和批判的对象。前不久就发生过一次对所谓帝王师的声讨。我以为，在时下，大谈所谓帝王师，进而声讨批判，不是一种无知就是心怀叵测。

诚然，帝王师，是过去时代的制度与现象，它难免带有封建时代的某些印记。但是，他的精神和内核，并没有过时。我们可以抛弃“帝王师”这样太具封建标识的名词，但是我们能否认领导者，高至国家领导人也是需要学习，也是需要老师这样的基本事实吗？现代的领导者，即便西方通过所谓一人一票选出来的领导者，都是人，都不是神，也不可能是先知先觉者，就是哈佛、牛津毕业的高材生也不可能无所不知。这就需要学习，这就需要老师。批评帝王师的人，一般是对西方民主怀有不舍之情的人。但是，为什么你们对西方政治制度中设计的帝王师有选择性地回避呢？西方民主制度中就没有帝王师吗？答案是否定的。西方的国家制度设计中，有一个很重要的部类，曰“智库”。何为智库？不就是“备顾问”吗？请问，这与我国古代的帝王师有区别吗？基辛格就是西方最著名的帝王师？你为什么不去谴责他呢？你再看看围绕在特朗普身边的那些谋士们，哪一个不是帝王师？你们为什么不但不批评反而羡艳有加呢？这真是咄咄怪事！

儒家的情怀就是“修齐治平”，就是“经世致用”，就是对国家、对社会、对人民有担当、有责任，所谓“天下兴亡匹夫有责”，所谓“以天下兴亡为己任”，所谓“当仁不让”，所谓“仁以为己任，不亦重乎？死而后已，不亦远乎？”表达的正是这样的一种精神境界。这种精神，无论是古代，还是今天，都不应该被污名化。

三

帝王师问题的提出，其实质是对儒家价值观的一种否定。在中国传统文化全面复兴的当下，对儒家价值取向的研究和弘扬，必须提到议事日程上来。有一种观点认为，学者就是学者，学者以研究学问为主业，他们就应该生活在宝塔尖上，保持对现实的距离，尤其是要保持与官方的距离。我不否认这样的观点有他一定的合理性。学术研究确实是需要一定的自我空间和对现实的相对距离。学术研究也不应该简单地成为解释政策的工具。但是这并不是说，学术研究就应该为研究而研究，为学术而学术。研究的终极目标是为了探索真理，学术的彼岸是新的世界。它们都是为人类与自然的终极关怀服务。诚然，为了这样的目标，可以有一些人终身为研究而研究，为学术而学术，但是你有什么理由和资格去责难或批评那些为现实社会服务的学术和研究呢？自己把自己关在象牙塔里，却把那些关怀民生、关切家国天下命运与前途的知识分子斥为“不务正业”，贬为“不学术”，这公平吗？尤其不能容忍的是，我们的媒体们，对固守在象牙塔里的学者们，竭尽歌功颂德之词，却对关心社会现实的学者们漠不关心，甚至讥讽批评，这公平吗？

当今中国，需要为学术而学术的学者，但是更需要把学术献身于社会国家和民族振兴事业的学者。所以，我们今天来谈论儒学的价值取向，是有意义的。儒家的价值取向，今天不但没有过时，我甚至认为，它的现实意义甚至超过了以往任何一个时代的需要。

"文化何以现代化"?

——梁漱溟"乡村建设运动"和"乡村儒学实验"省察*

刘 伟
聊城大学政治与公共管理学院哲学系副教授

20世纪二三十年代，梁漱溟先生学以致用、亲力亲为，在河南、山东等地推行了"乡村建设运动"。虽然以失败而告终，但无疑是解决中国农村问题的一个大胆实践，影响较大，意义深远。与此相呼应，进入21世纪以来，"乡村儒学实验"[①]在全国多地悄然兴起，书院、学堂纷纷建立，读经班、诵经班、道德讲堂等应运而生，传播内容都是以传统文化为主。两者的共同点都是从文化入手来解决中国农村的根本问题。即都是从"文化现代化"的角度来寻找解决农村问题的"良方"。但两者的"良方"有着本质的不同：前者立足"重建"，以中为本，以西入中，注重传统文化与当代社会重构；后者立足"回归"，唯"儒学"独尊，主张回到传统。

一、"重建"：梁漱溟"乡村建设运动""文化现代化"的立足点

梁漱溟认为，"中国问题的内涵虽包括有政治问题、经济问题，而实则是一个文化问题——文化亦可概括政治经济在内。"[②]在梁漱溟眼里，"文化"是一个比较广泛的概念，政治文化、经济文化都包含在内，涵盖生活的一切。"文化，就是吾人生活所依靠的一切，意在指示人们，文化是极其实在的东西。文化之本义，应在经济、政治，乃至一切无所不包。"[③] "故与其说是政治问题、经济问题，毋宁说是整个文化问题。"[④]在"乡村建设运动"中，梁漱溟着眼"中国社会极严重的文化失调——伦理本位和职业

* 本文系国家社会科学基金项目"20世纪《论语》诠释研究"（17BZX060）阶段性成果。
① 赵法生：《乡村儒学：播撒在乡间的文化种子》，《中国德育》2016年第1期。
② 梁漱溟：《梁漱溟全集》第2卷，山东人民出版社1989年版，第234页。
③ 梁漱溟：《中国文化要义》，山东人民出版社1990年版，第9页。
④ 梁漱溟：《梁漱溟全集》第2卷，山东人民出版社1989年版，第641页。
⑤ 范丽娟：《文化现代化：梁漱溟乡村建设思想的着力点》，《安徽史学》2006年第5期。

分立社会被破坏”的实际，从文化建设入手，提出了“建立乡村组织”“政治问题的解决”和“经济建设”的方案。这些方案的立足点仍然是“文化现代化”。“梁漱溟乡村建设思想的着力点是文化现代化，通过文化的重建来解决当时的社会问题。”⑤“文化现代化”是基于当时中国的现实问题而提出的，基本路径是“重建”，即在原有的基础上改造和提高。“中国人于其固有政治、固有经济初未必到了不能忍受的地步；其所以成为问题，实出于文化改造文化提高之意，并有不得不改造不得不提高之势在。”①

“文化现代化”是客观环境使然，也是大势所趋，“重建”也是“不得不改造不得不提高”的必然举措。“因为中西文化相遇后中国改变自己学西洋因而破坏了乡村。”“如果不与西洋相遇，中国文化决不会有如此大的变动，他仍要照老样子继续演下去。可是既与西洋相遇，也就逼着中国人不得不有此大的变动了。”②“因为几十年来的乡村破坏，中国文化不得不有一大转变，而有今日的乡村建设运动。”③可以看出，“乡村建设运动”不是自发的，而是自觉的，是时代使然。

“重建”的基本内涵是“创造新文化”。这个“新文化”不是凭空产生，而是从旧文化中“转变”而来，是“推陈出新”的文化。“中国文化将要有一个大的转变，将要转变出一个新文化来。‘转变’二字最为切当，这便是我们创造新文化的办法。我们就是要从旧文化里转变出一个新文化来。‘转变’二字，便说明了将来的新文化：一面表示新的东西；一面又表示是从旧东西里转变出来的。换句话说，他既不是原来的旧东西，也不是纯粹另外一个新东西，他是从旧东西里面转变出来的一个新东西。”④“亦即以乡村为根，以老道理为根，开创出一个新文化来。”⑤“乡村文化建设运动”所建设的“文化”既不是推倒重来、破旧立新，也不是因循守旧，修修补补，而是立足于中国文化的真精神（中国人讲的老道理），借鉴西方文化的有益因素，对传统文化进行改造创新，“从真精神里开出一个新局面来”⑥。

由此，梁漱溟先生的“文化现代化”包括两个方面：一方面，“现代化”的指向是西方文化，借鉴西方文化中的合理要素来“化”传统文化，对农村进行改造，以适应现代社会。比如，他指出，中国有两大缺欠：“团体组织和科学上的知识技能。”“这两点是我们顶缺乏的，而同时却正是西洋人的长处。”⑦乡村建设的首要任务是“农民自觉”和“乡村组织”。而要增强“农民自觉”就必须学习西方，建立团体组

---

① 梁漱溟：《梁漱溟全集》第2卷，山东人民出版社1989年版，第641页。
② 梁漱溟：《梁漱溟全集》第1卷，山东人民出版社1989年版，第606页。
③ 梁漱溟：《梁漱溟全集》第1卷，山东人民出版社1989年版，第604页。
④ 梁漱溟：《梁漱溟全集》第1卷，山东人民出版社1989年版，第612页。
⑤ 梁漱溟：《梁漱溟全集》第1卷，山东人民出版社1989年版，第614页。
⑥ 梁漱溟：《梁漱溟全集》第1卷，山东人民出版社1989年版，第614页。
⑦ 梁漱溟：《梁漱溟全集》第1卷，山东人民出版社1989年版，第627页。

织，引进科学上的知识方法。[①] 另一方面，“现代化”的核心仍然是“中国的老道理”，即：“一是互以对方为重的伦理情谊；一是改过迁善的人生向上。”[②] “我们中国现在所急切需要的就是要有团体组织，就是要往团体组织里去变；而求得团体组织之道，在中国是必须发挥伦理关系，发挥义务观念。换句话说，就是必须以中国的老道理为根本精神。”[③] 换言之，“乡村建设运动”的外在方式（器的层面）是西方的，但内在精神（道的层面）仍然是中国固有的传统文化。“重建”就是以中为体，以西为用。“总起来看，梁漱溟新的社会建设的方案，是以乡村为基本单位，中心环节是通过乡农学校，实现经济上的生产与分配的社会化，为消费、不赢利地生产，以农业引发工业，组织合作社，整理不良风俗，引导大家关心社区问题，参与社区生活。在这个基础上，成就一个权力来自人民的自治式的民主政治。”[④]

二、“回归”：“乡村儒学实验”“文化现代化”的立足点

“乡村儒学实验”也有学者称为“民间儒学”[⑤]，尽管称谓不同，但其主要做法大体一致，都是立足基层，面对农民，在乡村传播弘扬以儒家为主的传统文化。“乡村最大的问题是文化真空，村民的人生失去意义和价值。”[⑥] 实验的初衷是填补这个“文化真空”，唤起人们对传统文化的重视，让被“遗忘”的儒学重新回到农村，回归到民众的日常生活。由此，“乡村儒学实验”“文化现代化”的立足点是“回归”。所谓“回归”，就是回到传统文化本身，回到儒家文化本身，回到儒家核心价值本身。从某种意义上看，这种“回归”带有很强的“复古”[⑦] 色彩。

在主旨上，以儒家文化重建乡村文明。“乡村儒学的基本理念是，以乡村儒家文化的重建带动乡土文明重建，通过儒家的孝道和五伦教育，培育民众的人生信仰和价值观念，重建乡村的人伦秩序和文化生态。”[⑧] 在内容上，传播普及传统社会核心的价值理念。主要运用儒家思想的核心价值，如“四维八德”，对村民进行教化。这也是传统社会有序运行的基础。比如，传统社会以“孝”治天下，“孝道”是做人做事的根本。

---

① 梁漱溟：《梁漱溟全集》第1卷，山东人民出版社1989年版，第616、644—647页。

② 梁漱溟：《梁漱溟全集》第1卷，山东人民出版社1989年版，第659页。

③ 梁漱溟：《梁漱溟全集》第1卷，山东人民出版社1989年版，第665页。

④ 李善峰：《儒学的现代转型与传统社会结构的重建——以梁漱溟的乡村建设实验为核心的讨论》，《山东社会科学》2016年第10期，第61页。

⑤ 颜炳罡：《由学术殿堂走向民间社会　2014年新儒学主流倾向显现》，《人民论坛》2015年第3期。

⑥ 赵法生：《乡村儒学：播撒在乡间的文化种子》，《中国德育》2016年第1期。

⑦ “乡村儒学实验”的复古与蒋庆的政治儒学不同，只是让儒家文化的核心价值观念回到传统社会，不涉及基层政治组织构建。

⑧ 赵法生：《乡村儒学的缘起与意义》，《儒道研究》2014年第12期。

“孝悌也者，其为人之本与!”（《论语 · 学而》）“乡村儒学实验”也多是从孝道讲起，让村民先学会孝顺父母，然后再讲授其他知识。“儒学在乡村的实践是从孝道开始的，孝道最贴近人性，可以引起不同年龄、不同性别人们的共鸣，由孝之一德延伸出去，忠、信、礼、让等自然跟进来，从而达到家庭和睦、邻里互助的局面，形成尊老爱幼的良好社会风尚。”① 在传播主体上，以志愿者义务讲学为主。“乡村儒学实验”由知识分子发起，高校教师、研究生博士生为主，以后逐步扩展到企业家、退休教师、退休干部、有文化的农民以及其他人员，但都是志愿、义务讲学，不计名利，不讲报酬。“既有在职高校老师、在职干部，也有地道的农民，还有研究生、博士生。我们培训的教师，成分不一，大都是国学爱好者。这些人经过我们的培训，有的成为乡村儒学的讲师，有的成为志工，多数人成为传统文化的践行者，儒家理念的体现者。”② 比如，在山东尼山开展的乡村儒学实验，就是以颜炳罡、赵法生等一批大学教授团结志同道合之士，到乡村进行义务讲学，被称为“背着干粮为孔子打工的人”③。在传播方式上，主要采用传统的“讲授法”。无论是不定期的培训班，还是日常性的百姓讲堂等，传授方式仍然是传统社会的讲授法，即一人讲、众人听，以教师讲解为主。

从上可以看出，在“文化现代化”方面，“回归”是“乡村儒学实验”的立足点。这种“回归”虽然针对的是农村的现实问题，填补农村文化的“真空”，但最终的目的则是弘扬儒家文化的根本大道。“儒学存续与发展不是几个学者的事情，而是全民族的共业。我认为儒家学者应该摆脱‘为往圣继绝学’的孤绝心态，让全民都成为道的传承者。道的传承，不仅仅是知识分子的事情，而是整个民族的事情，人人都是中华大道、中华正道的传承者、弘扬者，人人也能够成为道的传承者、身体力行者，这叫以身担道。”④ 这与传统社会以儒家文化为主体的教化在根本上是一致的。

三、“重建”和“回归”的本质区别

在“文化现代化”上，“乡村建设运动”与“乡村儒学实验”既有相同之处又有本质区别。

如果从宏观上来看，两者的相同点很多。比如，两者都是由知识分子发起、社会

---

① 颜炳罡：《由学术殿堂走向民间社会　2014 年新儒学主流倾向显现》，《人民论坛》2015 年第 3 期，第 61 页。

② 颜炳罡：《背着干粮给孔子打工　乡村儒学落地需“三化”》，凤凰国学，2016 - 04 - 16，http：//guoxue. ifeng. com/a/20160416/48482116_ 0. shtml。

③ 颜炳罡：《背着干粮给孔子打工　乡村儒学落地需“三化”》，凤凰国学，2016 - 04 - 16，http：//guoxue. ifeng. com/a/20160416/48482116_ 0. shtml。

④ 颜炳罡：《背着干粮给孔子打工　乡村儒学落地需“三化”》，凤凰国学，2016 - 04 - 16，http：//guoxue. ifeng. com/a/20160416/48482116_ 0. shtml。

多方力量参加的民间儒学运动。两者都认为农村问题的根本在于传统文化的“缺失”，要解决农村问题，就必须从文化入手。无论是梁漱溟在河南辉县创办“村治学院”，在山东邹平、菏泽创办“山东乡村建设研究院”，还是目前在全国多地开展的乡村儒学实验，都是立足农村，对农民进行以儒家文化为主体的传统文化教育。有学者认为两者在“动机”“主体”“模式”基本上是相同的。[①] 据此，有学者认为目前的“乡村儒学实验”是梁漱溟的“乡村建设运动”的延续。“在当前弘扬中华优秀传统文化的潮流中，适时兴起的‘乡村儒学’冀图重建儒学在乡村的教化体系，改变儒学目前魂不附体的状态，实现民族之‘魂’与民族之‘根’的重新对接，这在某种意义上承继了梁漱溟乡村建设运动的未竟之志。”[②] 但是，如果“文化现代化”的视角作深入省察，后者并不是前者的延续，而是有着本质的区别。

“乡村建设运动”是以中为体，以西为用，在倡导儒家核心价值的基础上，注重吸收现代文化中的合理要素。比如，梁漱溟认为，要解决乡村建设最迫切的问题：“农民自觉”和“乡村组织”，就必须建立“团体组织”，培养农民的“秩序意识”，学习西方的“知识方法”。“我们不怕东西短，就怕方法短；所以我认为此刻中国顶缺乏的就是缺乏方法；顶要紧的就是赶快想法子把我们所缺乏的方法学进来。”[③] 梁漱溟并不排斥西方文化，在实践中注重学习借鉴西方文化中的合理要素，为我所用。在这一点上，梁漱溟说的非常透彻：“我们安排这套组织，其用意就在：使乡村里面的每个份子对乡村的事都能渐为有力地参加，使乡村有生机有活气，能与外面世界相交通，吸收外面的新知识方法；能引进新知识方法，则乡村自能渐渐地向上生长进步，成功一个真的团体，扩展为一个新的社会制度。所以乡村建设，与其说是乡村建设，不如说是乡村生长；我们就是要乡村好像一棵活的树木，本身有生机有活气，能够吸收外面的养料，慢慢地从一株幼苗长成参天大树。换句话说，乡村建设，就是要先从村组织做起，从乡村开端倪，渐渐地扩大开展成功为一个大的新的社会制度，这便叫做‘乡村建设’。”[④] 从宏观上来看，这也是当时中国对“现代化”潮流的一种回应。“乡村建设运动”的真正意义是作为世界范围内对一种共同普遍的“非保守、非传统现象——现代化”回应的一个典型例子。[⑤] 这种回应显然不是单纯的“复古”“回归”，而是融入了现代元素。

与“乡村建设运动”的“开放性”相比，“乡村儒学实验”在“文化现代化”的

---

① 孔德永：《“儒学下乡”与乡村治理》，《东岳论丛》2016 年第 5 期。

② 李卫朝：《“乡村儒学”如何发展——以梁漱溟的乡村建设为经验教训》，《廊坊师范学院学报》（社会科学版）2016 年第 1 期，第 94 页。

③ 梁漱溟：《梁漱溟全集》第 1 卷，山东人民出版社 1989 年版，第 645 页。

④ 梁漱溟：《梁漱溟全集》第 1 卷，山东人民出版社 1989 年版，第 720 页。

⑤ 艾恺：《最后的儒家：梁漱溟与中国现代化的两难》，王宗昱、冀建中译，江苏人民出版社 2004 年版，第 9 页。

实践中却是“封闭性”的，即：以“儒学”为“至尊”，为“惟一”，对传统文化中其他文化以及革命文化、社会主义现代文化基本上排斥在外。“这项工程的推进方式，主要是选择合适的讲师定期为村民们讲课，以课程为基础建设一套儒家的教化体系，以理念改变农民的生活方式。”① 对此，“乡村儒学”倡导者颜炳罡在记者采访中说得非常明白：“当然，如果是马克思主义者，你也可以去乡村讲马克思主义；如果是研究西方哲学，如康德、黑格尔等等，你可以去讲嘛。平常百姓就不需要康德、黑格尔、海德格尔、马克思吗？我想同样需要。要讲给老百姓听，还得让老百姓听懂了，让百姓理解了，让百姓感到有用，我认为就是善行、善举。人类一切优秀的文化知识，对社会、对国民素质的塑造都有益处，作为儒家的学者，我只能据我之所长，做我自己能做之事。”② 很显然，“乡村儒学实验”所倡导的是儒家文化，对其他文化涉及甚少。从这个角度来说，“乡村儒学实验”的“文化现代化”只是在现代社会回归传统，回归到儒家文化，并没有真正“现代化”，而是儒家文化的现代“复古”。

由此，“乡村建设运动”和“乡村儒学实验”在“文化现代化”方面有着本质的区别：前者是以儒家文化的核心价值为本，以西方文化中“团体精神”“科学知识方法”为用，化西入中，为我所用，为乡村建设注入不同于传统的“新”要素，让农民学会“新”生活，适应新时代；后者则是完全以儒家文化为圭臬，以弘扬传播儒家的核心价值为主旨，对其他文化不予涉及，基本上是以儒学为全部内容的“封闭”式的传播。简言之，“乡村建设运动”立足于“中西合用”的“重建”，根植“传统”且借鉴“现代”，“重建”适应时代的乡村社会；“乡村儒学实验”立足于“儒学至尊”的“回归”，继承传统而忽视现代，“回归”到传统的乡村文明。

四、“共融”：“乡村儒学实验”“文化现代化”的必由之路

总体而言，在传统社会，儒学始终占据整个社会的主导地位，“四维八德”“修齐治平”等核心理念和价值渗透到中国人的血脉中，影响人们的行为规范，成为人伦日用之学。“历史上儒学的形态既有上层社会的经典注疏传统等研究性的层面，又有把经典中的精神与经验转化为治国平天下的外王制度与管理方略的层面，更有将其中的精神信念与价值体系通过各种方式教化民众，转化成‘百姓日用而不知’的行为方式的层面。”③ 近代以降，工业文明代替农耕文明，儒学受到巨大冲击，从台前走向幕后，衰落已成为不争的事实。尤其在20世纪初期，以儒释道为主干的中国文化基本上丧失

---

① 汪国新：《“乡村儒学”工程的喜与忧》，《成才与就业》2014年第23期，第29页。

② 颜炳罡：《背着干粮给孔子打工　乡村儒学落地需“三化”》，凤凰国学，2016－04－16，http://guoxue.ifeng.com/a/20160416/48482116_0.shtml。

③ 郭齐勇：《民间儒学的新开展》，《深圳大学学报》（人文社会科学版）2013年第2期，第29页。

了主体性。“特别是进入20世纪甚至可以说相当严重地存在着‘全盘西化’的情形。这就是说，在一定程度上中国丧失了对自身文化价值的信心。”① 纵观整个20世纪，儒学被贴上“封建落后”的标签，被忽视、被孤立、被边缘。这中间固然有时代因素、社会原因，是大势所趋，非人力所能为，但儒学在传承的过程中也有问题。主要体现在两个方面：一是学术上“以西化儒”。这是时代使然，整个中国学术基本上都是按照西方模式来反观自身。“就20世纪的大线索而言，无论中国与世界，占主流地位的可以说都是西方的概念或话语系统。西方话语以自由主义的生活方式为其基本内容。但这一话语系统无法准确表述或完整呈现中国经验。”② 这种“以西化儒”的最终结果是自觉不自觉地被“西化”，而不是“化西”，奉西方文化为圭臬，基本失去了“主体性”和“话语权”，由此出现了许多“怪”现象。比如，“儒教之争”。二是实践上不接地气。儒学自古就是“人伦日用”之学，世事洞察皆学问，人情练达即文章，学用合一，知行合一，与人们的学习、工作、生活密切相关。近代以来，由于社会分工、学科分化，儒学被分割到文、史、哲等不同的门类，从传统的贯通天地、指导人生，变成了单一的、具体的知识，从过去的“大众之学”变成了“精英之学”，离百姓的人伦日用越来越远，升格为“阳春白雪”，不接地气。“现代新儒家们除梁漱溟之外，熊十力、冯友兰、贺麟、唐君毅、徐复观、牟宗三等及其后学，将主要精力用于思想体系尤其是哲学体系创建，或对儒家义理现代性的发挥。现代新儒学体系越来越精密，理论越来越系统化，学说越来越玄远，同时也越来越远离百姓的日常生活。”③ 从这个角度来看，“乡村儒学实验”是对上述两个问题的积极回应，一方面坚持儒学传承的主体性，以儒学为至尊；另一方面坚守儒学的人伦日用本质，变“阳春白雪”为“下里巴人”，让百姓了解儒学，运用儒学。“当代中国大陆儒学研究者或爱好者，努力从事着儒学民间化、大众化、草根化、实践化的努力，让儒学回归百姓日用之道的本质。”④

进入21世纪之后，传统文化日益得到国家、社会以及民众的重视，儒家文化又重新回到人们的视野，从幕后逐步走向前台。“进入十八大以后，一个全面的、立体化的本土化时代已经来临。”⑤ 这也是“文化自信”的体现。在这种形势下，“乡村儒学实

---

① 汤一介：《〈20世纪西方哲学东渐史〉总序》，汤一介总编，胡伟希著：《20世纪西方哲学东渐史：中国本土文化视野下的西方哲学》，首都师范大学出版社2007年版，第26页。

② 王学典：《人文社会科学的“中国化”转型之路》，《世界社会主义研究》2016年第1期，第119页。

③ 颜炳罡：《由学术殿堂走向民间社会　2014年新儒学主流倾向显现》，《人民论坛》2015年第3期，第59页。

④ 颜炳罡：《由学术殿堂走向民间社会　2014年新儒学主流倾向显现》，《人民论坛》2015年第3期，第59页。

⑤ 王学典、黎虹：《整个中国正在朝着更加本土化的方向发展》，《理论建设》2016年第2期，第144页。

验”如何发展？是否还是坚持目前的“回归”？我觉得需要深思。

早在20世纪初，西学传入之际，梁启超就告诫学界：“第一勿为中国旧学之奴隶，第二勿为西人新学之奴隶。”① 这个观点现在看来仍有指导意义。彻底的“西化”或者完全的“复古”都不能从根本上建立中华优秀传统文化的自信。因此，“乡村儒学实验”的“回归”也应从“为中国旧学之奴隶”的危险走出来，变“儒学独尊”为“儒学主导，美美与共”，走上“共融”之路。所谓“共融”，是指融合贯通、和而不同，既要合理借鉴他者中对我有用的要素，消化吸收，融入本体，为我所用，又要从根本上保持自身的主体性；既不夜郎自大、唯我独尊，也不丧失自信，迷失方向，而是与其他文化美美与共，互鉴共存，共同发展。

（一）注重与其他文化的融通

习近平指出：“文化自信，是更基础、更广泛、更深厚的自信。在5000多年文明发展中孕育的中华优秀传统文化，在党和人民伟大斗争中孕育的革命文化和社会主义先进文化，积淀着中华民族最深层的精神追求，代表着中华民族独特的精神标识。”②“文化自信”的基础是中华优秀传统文化、革命文化和社会主义先进文化，而不是某一种文化。“乡村儒学实验”弘扬儒学固然没有错，但只讲儒学，而不涉及其他文化，往往就会带来许多问题。比如：儒学与道家文化、佛家文化的关系如何区分？儒学与社会主义核心价值观如何融合？儒学与马克思主义理论、中国特色社会主义理论如何融合？在现实生活中，民众会自然而然地碰到这些问题，作为儒学的传播者应给予解释，而不是“避而不答”。又如：在解决基层民众信仰的问题上，儒学就要与佛教、基督教等进行对话，学习他者之长，弥补自身之短。“与佛教、道教与其它民间宗教与文化一道成长，与已经在民间有了较大发展的基督教（含天主教、新教等）交往对话，保持良好的宗教文化的生态平衡，根本上是使人的精神生活有所寄托与安立。在这里，儒家中人要向基督教徒、教士学习，动心忍性，深入草根民间，博施济众，修己以安人，修己以安百姓。”③ 诚然，儒学之外的其他的文化不是“乡村儒学实验”传播的重点，但也应注意对儒学与其他文化的异同进行解读、辨析，让民众有正确的认知。从长远来看，这也有利于儒学的普及和发展。

（二）注重与基层政权相结合

儒学的普及与复兴，单靠学者、企业家、志愿者等民间力量是不够的，必须借助政府力量来推动。传统社会的书院不是单纯的民间力量，因为学仕不分，讲学的人多

---

① 梁启超：《近世文明初祖二大家之学说》，《新民丛报》1902年第2号。

② 习近平：《在庆祝中国共产党成立95周年大会上的讲话》，《人民日报》2016年7月2日第2版。

③ 郭齐勇：《民间儒学的新开展》，《深圳大学学报》（人文社会科学版）2013年第2期，第33页。

是官员或曾经当过官，能够调动公共资源来推广儒学。这一点与现代的书院明显不同。尤其在当前形势下，传统文化面临着千载难逢的大好机遇，儒学的传播更应该借势发力、依靠政府，而不是各行其道。梁漱溟在谈到“乡村儒学建设”失败的原因时指出了两点：“头一点是高谈社会改造而依附政权；第二点是号称乡村运动而乡村不动。”① 为此，有学者指出，“乡村儒学实验”以此为鉴，应借助于政府而不依附于政府。② 这种看法虽有道理，但在实践中并不可行，从长远来看并不利于儒学发展。目前，我们国家欣逢盛世、国泰民安，这与“乡村建设运动”所面临的“军阀割据”“政府软弱”迥然不同。政府支持儒学发展，弘扬传统文化，为什么不欢迎呢？况且，政府掌握公共资源，可以为“乡村儒学实验”提供长期的、稳定的财力支持。从长远来看，单靠志愿者的奉献、社会各界的捐助，而缺乏政府有力支持，注定是不可持续的。“乡村儒学实验”的根基在农村，在基层，必须依靠基层政权。当然，依靠政权并非完全听命于政府，而是为党委政府出谋划策，当好专家和助手，借力发力，效果会事半功倍。比如，“乐和社区”积极倡导和践行的“珍惜资源、俭约其行；修心养性、高尚其志；关爱生命、强健其身；乐在和中、身心境和”③ 等带有浓厚儒家思想色彩的生活理念，能够为百姓所接受，也有利于基层治理，与基层政权相结合、共同为基层民众服务，有什么不好呢？“‘乐和社区’在具体实践中归纳提出的礼义、俭约、乐道、和谐等治理方法、生活理念等，多来自于传统文化精华特别是儒家治理思想，其内涵简单易懂，具有一定普遍性，能够与科学发展观、和谐社会等当代治理思想实现良好融合与互补。这足以说明，传统的思想观念、行为方式并未过时，它可以辅助现代基层治理，能够取得形成共识、促进和谐的实践效果。”④

（三）注重与时代变化相结合

弘扬儒学不是“回归”，不是“复古”，而是与时俱进，贴近时代、贴近生活。比如，社会上对“二十四孝”“弟子规”等的争议，就说明在传播儒学的过程中出现了“食古不化”，忽视了时代的变化。有些东西不符合科学常识，也与现实生活相脱节，如“卧冰求鲤”（《二十四孝》）、“父母责，须顺承”（《弟子规》）等。再比如“孝道”。古代社会提倡“三年无改于父之道”（《论语·学而》）、“父母在，不远游，游必有方”（《论语·里仁》）、“无违”（《论语·为政》）等等，对这些思想的解读就需要与当今社会相结合，而不是仅做单一的“复读”。费孝通在阐述孝道的时候也曾经

---

① 梁漱溟：《乡村建设理论》，上海人民出版社 2011 年版，第 402 页。

② 李卫朝：《“乡村儒学”如何发展——以梁漱溟的乡村建设为经验教训》，《廊坊师范学院学报》（社会科学版）2016 年第 1 期，第 95 页。

③ 廖晓义：《绿色生活　适度消费》，载《首届环境与发展中国论坛论文集》，2005 年。

④ 苏爱萍：《基层协商与精英自觉：基层治理之儒家经验的借鉴》，《山东大学学报》（哲学社会科学版）2017 年第 4 期，第 106 页。

指出：孝道要求无违于长老，但长老作为传统的代表也需适应社会的变迁，传递有效的文化，以尽到教化的作用。[①] 儒学是“生生不息”之学，必须与时俱进，着眼“现代性”，“向前看”。“未来的儒学定位必须要打破‘向后看’的惯习，努力走出历史主义的阴影，用前瞻性的视野，追寻儒学的现代性联想，重新发现它的当代意义。传统的线性历史观是一维单向的，按此理解，儒学只能属于过去，无法超越时间的格限，不可能与现代性发生联系。而我们认为，‘什么是儒学’的追问并不是简单的历史学问题，尤其不是线性历史的命题；它本身就含蕴着现代性的意义，既是历史的也是超越历史的。”[②]

（四）注重教材课程的体系化、完整性

从目前来看，“乡村儒学实验”所讲的课程、所运用的教材缺乏体系，不成系统，随意性、个性化比较强，至今没有统一的教材。在教学内容上，尽管所讲的是儒学，以“四书五经”为主，但在具体传播过程中，往往因讲者而异，所讲内容在细节上也有差别，产生误读甚至错读也在所难免。因此，“乡村儒学实验”未来发展，急需一套权威的儒学传承教材，这也是当务之急。

（五）注重传播方式方法的科学性

儒学尽管有宗教性，但不是宗教，在传播过程中，不能采用宗教式、传销式的方法。比如，宣传“报应”“轮回”，集体“感恩跪拜”等等。更不能宣传“怪力乱神”，陷入“魔道”。这样最终的结果会把儒学带入歧途。另外，现在是“自媒体”时代，在保持传统讲学方式的基础上，应注重利用网络、媒体等适应时代特征的方式方法，宣传普及儒学，以满足多样性的需要。

---

① 费孝通：《乡土中国》，上海人民出版社 2006 年版。

② 景海峰：《新儒学与二十世纪中国思想》，中州古籍出版社 2005 年版，第 16 页。

王阳明论圣人一体之仁之教的伦理价值与社会实践

（中国台湾） 齐婉先
台湾暨南国际大学副教授

一、前　言

王阳明（1472—1528）晚年时期有两篇备受重视的文献，其一是《答顾东桥书》，为王阳明所写以回复顾东桥（1476—1545）来书，另一为《大学问》，是王阳明弟子钱德洪（1496—1574）记录王阳明讲授《大学》之教之作。这两篇文献的写作时间非常接近，皆在王阳明晚年时期，《答顾东桥书》的书写时间略早些。依据《王阳明年谱》、《大学问》钱德洪的序言及跋语，这两篇文献的著述时间为王阳明过世的前三年间，《答顾东桥书》作于嘉靖四年（1525），而钱德洪所录《大学问》则成于嘉靖六年（1527）。[①] 王阳明在《答顾东桥书》中倡言“拔本塞源”之论，热切期待可以此论兴发当时的豪杰之士，真有志于圣人之学，且能不为时俗积染，径以功利为学。[②] 钱德洪

① 《王阳明年谱》于“（明世宗嘉靖）四年乙酉，先生五十四岁，在越。……九月，归姚省墓。”之下系有王阳明答复顾东桥书信“答顾东桥璘书有曰”。参见《王阳明年谱》，收入吴光、钱明、董平、姚延福编校《王阳明全集》下册，上海古籍出版社 1992 年版，第 1294—1297 页。《答顾东桥书》今见于《传习录》中，收入于《王阳明全集》上册，第 41—57 页。在《大学问》序言及跋语中，钱德洪说明《大学问》成文的背景与缘由，由于王阳明非常重视《大学》，平时总是借用《大学》《中庸》首章向初次前来问学者指示圣人之学的完全功夫，提点入门阶梯，因此，“嘉靖丁亥八月”，即嘉靖六年，当王阳明奉派前往思、田出征，即将出发时，王阳明应门人弟子之请，同意将平日所讲授《大学》之教记录为文，钱德洪即是当时的记录者。《大学问》收入于《王阳明全集》下册，钱德洪的序言及跋语见于《大学问》，第 967、973 页。相对于《大学问》的著述时间十分明确，学者如陈荣捷、钱明对于王阳明撰写《答顾东桥书》的时间则颇有疑问，主要对于王阳明弟子南大吉续刻《传习录》的版本及时间，以及钱德洪续刻《传习录》的版本与南大吉版本的关系，无法明确判定。参见陈荣捷：《王阳明〈传习录〉详注集评》，台北：台湾学生书局 1983 年版，第 164 页；钱明：《〈阳明全书〉成书经过考》，收入《王阳明全集》，第 1632—1640 页。

② 参见王阳明：《答顾东桥书》，《王阳明全集》上册，第 53—57 页。依据钱先生推测，该封书信应为王阳明晚年之作，可能是 50 岁前后。参见沈善洪、钱明：《论王阳明早期思想性格的形成》，《杭州大学学报》1989 年第 19 卷第 2 期，第 6 页。

盛称《大学问》为“师门之教典”，学者阅读《大学问》，可以深思王阳明良知之教，明白其学平易切实，而圣智神化之机跃然纸上，因此不须另为他说。① 依钱穆（1895—1990）先生之见，拔本塞源论与《大学问》是王阳明晚年议论中特别值得注意的两篇文字，此外，尚有一篇四句教，与这两篇文字同样值得受到关注。② 三篇文献中，由于拔本塞源论与《大学问》两篇内容皆表达出王阳明以天地万物一体之仁诠释圣人之教的思维，故两篇文献实可合而观之。③ 这两篇文献无论自著述时间或内容要旨言，都具有代表性，也相互关联，实有助于我们可以深刻理解王阳明致良知之教发明孔孟儒学之仁义概念、对于《大学》《中庸》文本之解释与诠释圣人一体之仁之教的意涵。

所谓圣人一体之仁之教，是结合圣人以天地万物为一体的观点与孔孟儒学系统中仁义的概念，强调圣人之教，正是《大学》所言大人之学，教人“去其私欲之蔽，以自明其明德，复其天地万物一体之本然”。虽然王阳明并非是第一个将万物一体观与仁义之概念两相系联的思想家，但将一体之仁之教的诠释置于《大学》致知格物之心学诠释视域中，揭橥一体之仁之教的伦理价值，在教人致良知以见天命之性之至善；并且强调自身与家、国、天下，乃至于与天地间鸟兽、草木、瓦石诸万物的一体系联存在所相应的社会实践，即是以天地生生不息之心为其本体。据此而言，则王阳明确实为第一人。王阳明对于圣人世界的想象，与其对《大学》文本的理解与诠释密切关联，本文依据王阳明《大学问》《答顾东桥书》及其他相关文本进行分析，意在探讨王阳明融合《大学》致知之说于万物一体之仁的诠释进路，对于《大学》文本的诠释有何影响？借由《大学》文本王阳明建构出实践圣人之教的理想世界，在圣人的理想世界中，赖以支持的伦理价值为何？身处其中的个人如何以这些伦理价值为原则进行社会实践？有何内容？最后，本文将说明王阳明关于圣人一体之仁之教的诠释，对于儒者的圣人想象与圣人图像诠释传统所具有的意义。

二、一体之仁之教的伦理价值

“拔本塞源”论是《答顾东桥书》中极其重要的一段文字，该论要旨有二，一在申明王阳明所教授的圣人之学，正是唐、虞、三代之世尧、舜、禹相互授受的道心精一之教，二在批判世之学者所称说的圣人之学，其内容完全背离尧、舜、禹相互授受

---

① 钱德洪跋语见于《大学问》，参见王阳明：《大学问》，《王阳明全集》下册，第 973 页。

② 参见钱穆：《阳明学述要》，台北：兰台出版社 2001 年版，第 64—65 页。

③ 日本学者冈田武彦（1908—2004）、荒木见悟（1917—2017）皆曾提出类似看法，参见冈田武彦《警世の明文王阳明拔本塞源论：王阳明の万物一体思想》，第 35—39 页；荒木见悟《阳明学の位相》，第 250—264 页。此外，林月惠先生亦指出，拔本塞源论与《大学问》可合称为“双璧”，参见林月惠：《诠释与工夫：宋明理学的超越蕲向与内在辩证》，台北：中央研究院文哲所 2008 年版，第 21—22 页。

之圣人之教，世儒怀抱功利之见，追求五霸事业，遂令圣学王道日益晦暗，邪说霸术大肆横行，积习流衍，沦浃人心。基于此，王阳明认为世儒所谓求圣人之学，论圣人之学，其实已是拔本塞源如同无根之学，完全异于唐、虞、三代之世之圣学，以此为学者，势必深感圣学为劳苦繁难与拘滞险艰之学，自然无从得见圣人之学实为“至易至简”，“易知易从”，“学易能而才易成”，更无法领会圣人之学是“心学纯明，而有以全其万物一体之仁”，神感神应，有不言而喻之妙。王阳明说：

> 盖其（案：圣人）心学纯明，而有以全其万物一体之仁，故其精神流贯，志气通达，而无有乎人己之分，物我之间。譬之一人之身，目视、耳听、手持、足行，以济一身之用。目不耻其无聪，而耳之所涉，目必营焉；足不耻其无执，而手之所探，足必前焉；盖其元气充周，血脉条畅，是以痒疴呼吸，感触神应，有不言而喻之妙。此圣人之学所以至易至简，易知易从，学易能而才易成者，正以大端惟在复心体之同然，而知识技能非所与论也。①

依据上述文字所描述圣人之学有不言而喻之妙，王阳明显然以“心学纯明，而有以全其万物一体之仁”作为其诠释圣人之学的核心内容，而王阳明取得此一核心内容解释的诠释视域即是其所倡言之“心学”，要言之，即“复心体之同然”。王阳明将万物一体观与仁之概念绾合诠释圣人之学，这在儒学系统中固然不是第一人，但王阳明在以致良知教为核心思想的心学脉络下诠释圣人之学为“全其万物一体之仁”，这在儒学系统中可谓首出。值得注意的是，王阳明所诠释的圣人之学，在义理依据上，主要是本诸孔孟儒学之仁义概念、对于《大学》《中庸》文本之解释，以及“道心精一”说。王阳明曾明言：

> 圣人之学，心学也。尧、舜、禹之相授受曰：“人心惟危，道心惟微，惟一，允执厥中。”此心学之源也。中也者，道心之谓也；道心精一之谓仁，所谓中也。孔孟之学，惟务求仁，盖精一之传也。②

在这段文字中，王阳明诠释圣人之学的重点，有二，一是以心学解释圣人之学，直指尧、舜、禹相互授受十六字之教是上古圣人心学之教的根源，二是肯认仁为孔孟儒学的核心思想，并以上古圣人所传“道心精一”之教解释孔孟儒学教人求仁之意涵，以此传承圣人心学之教。王阳明在心学的视域中理解尧、舜、禹相互授受之十六字心传，所取得对于圣人之教的心学的解释，在“拔本塞源”论关于唐、虞、三代之

---

① 参见王阳明：《答顾东桥书》，《王阳明全集》上册，第55页。

② 参见王阳明：《象山文集序》，《王阳明全集》上册，第245页。

世圣人之教的诠释中，得到更为深刻的阐述。王阳明解释：

> 夫圣人之心，以天地万物为一体，其视天下之人，无外内远近，凡有血气，皆其昆弟赤子之亲，莫不欲安全而教养之，以遂其万物一体之念。天下之人心，其始亦非有异于圣人也，特其间于有我之私，隔于物欲之蔽，大者以小，通者以塞，人各有心，至有视其父子兄弟如仇雠者。圣人有忧之，是以推其天地万物一体之仁以教天下，使之皆有以克其私，去其蔽，以复其心体之同然。其教之大端，则尧、舜、禹之相授受，所谓"道心惟微，惟精惟一，允执厥中"。而其节目则舜之命契，所谓"父子有亲，君臣有义，夫妇有别，长幼有序，朋友有信"五者而已。唐、虞、三代之世，教者惟以此为教，而学者惟以此为学。当是之时，人无异见，家无异习，安此者谓之圣，勉此者谓之贤，而背此者虽其启明如朱亦谓之不肖。下至闾井、田野、农、工、商、贾之贱，莫不皆有是学，而惟以成其德行为务。①

这段文字说明王阳明诠释圣人之教的六个面向，第一，圣人之心是以天地万物为一体，无内外远近之别，因此圣人以亲爱、照顾并教养天下之人为念。第二，天下之人心，最初与圣人之心并无分别。第三，天下之人心之所以与圣人之心相去日远，究其原因在于受"有我之私"与"物欲之蔽"影响，致使"人各有心"，彼此有所隔阂。第四，圣人推扩心所涵具天地万物一体之仁教养天下之人克服有我之私、去除物欲之蔽，使天下之人心得以回复至最初时与圣人无异之心。第五，圣人之教的大端源自尧、舜、禹之相互授受的"道心惟微，惟精惟一，允执厥中"，圣人之教的节目则是舜任命契施行教化于天下的五伦内容，即"父子有亲，君臣有义，夫妇有别，长幼有序，朋友有信"的人伦要义。第六，唐、虞、三代之世施行之教化为成德之教，其根源是"道心精一"论，其内容是"父子有亲"之五伦，当是时，安于践行圣人之教者为圣，勉励践行圣人之教者为贤，即使身分低下如闾井、田野、农、工、商、贾，所学也在立身成德。这六个面向同时也表达出王阳明对于朱熹（1130—1200）注解《大学》与《中庸》文本，以及主张"圣人全是道心主宰"，② 以道心统御人心，"而人心每听命焉"③ 的理解与反思。朱熹在《大学》与《中庸》两个文本的"序"文中清楚说明，两个文本之著作对于儒学道统之传承具有承先启后的重要地位。朱熹认为《中庸》一篇正是因为子思（前483—前402）忧虑道学失传而作，朱熹说：

---

① 参见王阳明：《答顾东桥书》，《王阳明全集》上册，第54页。

② 参见朱熹：《朱子语类》卷78，收入朱杰人、严佐之、刘永翔主编《朱子全书》第16册，上海古籍出版社、安徽教育出版社2002年版，第2664页。

③ 参见朱熹：《中庸章句·序》，《四书章句集注》，收入《朱子全书》第6册，第29页。

《中庸》何为而作也？子思子忧道学之失其传而作也。盖自上古圣神继天立极，而道统之传有自来矣。其见于经，则“允执厥中”者，尧之所以授舜也；“人心惟危，道心惟微，惟精惟一，允执厥中”者，舜之所以授禹也。尧之一言，至矣，尽矣！而舜复益之以三言者，则所以明夫尧之一言，必如是而后可庶几也。①

依据朱熹的这段文字，《中庸》文本负有传承道统的使命，这一道统其来有自，远绍上古圣神，最初见诸经文为尧授予舜之“允执厥中”一句话，这句话言简意赅，其实已道出道学精义，之后舜为清楚申明“允执厥中”的道学意涵，又增加“人心惟危，道心惟微，惟精惟一”三句话，然后成为传承古圣道学的十六字箴言。对照王阳明以“道心惟微，惟精惟一，允执厥中”为尧、舜、禹相互授受之圣人之教大端，王阳明重视尧、舜、禹相互授受所代表圣学传承之意义，与朱熹之见非常相近；但对于圣学内容与意涵之诠释，则因反对朱熹将道心与人心析为二心的说法而有所不同。王阳明解释：

心一也，未杂于人谓之道心，杂以人伪谓之人心。人心之得其正者即道心；道心之失其正者即人心：初非有二心也。程子谓人心即人欲，道心即天理，语若分析而意实得之。今日道心为主而人心听命，是二心也。天理人欲不并立，安有天理为主，人欲又从而听命者？②

王阳明强调人之最初只有一心，所谓道心、人心，只是最初的一心是得其正？抑或失其正？换言之，道心与人心之辨别并非在心有两个，必须有所区分，而是道心之道与人心之人，在意义范畴的规定上，必须严加分辨。因为王阳明认为天理与人欲不可以并立，既然道心指涉的意义范畴就是天理，而人心指涉的就是人欲，则道心与人心就不可以被理解为两个心，因此，相较于反对朱熹之解释，王阳明反而可以理解程子所说“人心即人欲，道心即天理”。③ 王阳明晚年提出致良知教，遂以良知解释道

---

① 参见朱熹：《中庸章句·序》，《四书章句集注》，收入《朱子全书》第6册，第29页。

② 参见王阳明：《传习录》上，收入《王阳明全集》上册，第7页。

③ 值得注意的是，在《河南程氏遗书》中，程颢、程颐皆有类似于王阳明此处所引述内容的文字记载，程颢言：“‘人心惟危’，人欲也。‘道心惟微’，天理也。”程颐说：“‘人心’，私欲也；‘道心’，正心也。”然而，两段文字的用语不尽相同。唯当朱熹与人讨论天理人欲时，方伯谟（案：方士繇）引述程颐之言，又与《河南程氏遗书》所载录有些微分别，方伯谟说：“人心道心，伊川说，天理人欲便是。”程颢、程颐之言，分别参见程颢、程颐：《河南程氏遗书》卷11、卷19，收入《二程集》第1册，台北：汉京文化事业有限公司1983年版，第126、257页。朱熹与方伯谟之讨论，参见朱熹：《朱子语类》卷78，收入《朱子全书》第16册，第2670页。

心。[1] 因此，所谓“人心之得其正者”与“道心之失其正”，这“正”之意涵，乃可由王阳明解释《大学》格物、致知、诚意、正心功夫之“格”义理解，王阳明说：

格者，正也，正其不正以归于正之谓也。正其不正者，去恶之谓也。归于正者，为善之谓也。夫是之谓格。《书》言“格于上下”，“格于文祖”，“格其非心”，格物之格实兼其义也。良知所知之善，虽诚欲好之矣，苟不即其意之所在之物而实有以为之，则是物有未格，而好之之意犹为未诚也。良知所知之恶，虽诚欲恶之矣，苟不即其意之所在之物而实有以去之，则是物有未格，而恶之之意犹为未诚也。今焉于其良知所知之善者，即其意之所在之物而实为之，无有乎不尽。于其良知所知之恶者，即其意之所在之物而实去之，无有乎不尽。然后物无不格，而吾良知之所知者无有亏缺障蔽，而得以极其至矣。夫然后吾心快然无复馀憾而自谦矣，夫然后意之所发者，始无自欺而可以谓之诚矣。故曰：“物格而后知至，知至而后意诚，意诚而后心正，心正而后身修。”盖其功夫条理虽有先后次序之可言，而其体之惟一，实无先后次序之可分。其条理功夫虽无先后次序之可分，而其用之惟精，固有纤毫不可得而缺焉者。此格致诚正之说，所以阐尧舜之正传而为孔氏之心印也。[2]

依据上述文字，王阳明所说“未杂于人”且“得其正”者，包含有两个解释，一是正其不正之“去恶”，另一是归于正之“为善”。人之去恶为善的义理根源就是良知，依循良知所知之善，真诚就意之所在之物切实好善而为之，即是为善，依循良知所知之恶，真诚就意之所在之物切实恶恶而去之，即是去恶。王阳明以为善去恶作为道心精一之实际内容，并以即体言用，即用言体之体用一源论诠释道心惟精惟一之功夫条理。这就是王阳明关于《大学》文本中格物、致知、诚意、正心的诠释内容——格物以致其良知。王阳明不仅以致良知说解释尧舜授受之圣人之教，而且强调孔子儒学证悟之境界即在此。对于上古圣人以五伦立教，王阳明亦是在以致良知教为义理根源的心学诠释视域下提出解释，认为圣人之学无人己、内外之别，既不外人伦，亦不遗事物，“一天地万物以为心”，“尽心”以为学。[3] 王阳明说：

圣人之求尽其心也，以天地万物为一体也。吾之父子亲矣，而天下有未

① 王阳明曾说：“舜之‘好问好察’，惟以用中而致其精一于道心耳。道心者，良知之谓也。”参见王阳明：《答顾东桥书》，《王阳明全集》上册，第51—52页。

② 参见王阳明：《大学问》，收入《王阳明全集》下册，第972页。

③ 参见王阳明：《重修山阴县学记》，收入《王阳明全集》上册，第257页。

亲者焉，吾心未尽也；吾之君臣义矣，而天下有未义者焉，吾心未尽也；吾之夫妇别矣，长幼序矣，朋友信矣，而天下有未别、未序、未信者焉，吾心未尽也。吾之一家饱暖逸乐矣，而天下有未饱暖逸乐者焉，其能以亲乎？义乎？别、序、信乎？吾心未尽也；故于是有纪纲政事之设焉，有礼乐教化之施焉，凡以裁成辅相、成己成物，而求尽吾心焉耳。心尽而家以齐，国以治，天下以平。故圣人之学不出乎尽心。[①]

王阳明的这段文字作于嘉靖四年（1525），与《答顾东桥书》同年。在这段文字中，王阳明以“尽心”讲述圣人之学。尽心一词，出自《孟子》，[②] 王阳明取尽心一词，解释圣人设立纪纲政事，施行礼乐教化，目的在裁成天地之道，辅相天地之宜，不仅求成就自身，也需成就自身之外的一切。圣人之所以“求尽其心”，正因圣人之心乃“以天地万物为一体”，由自身成就父子之亲出发，推其天地万物一体之仁以教天下人，使天下人皆得成就父子之亲。由自身成就君臣之义出发，推其天地万物一体之仁以教天下人，使天下人皆得成就君臣之义。夫妇之别，长幼之序，朋友之信，尽皆如是。值得注意的是，王阳明以尽心涵括格物、致知、诚意、正心与修身之义，作为圣人立教以齐家、治国、天下之基础，则圣人全其天地万物一体之仁的伦理价值即在“尽其心”，其道德根源即是“仁”，因此，圣人以五伦立教，以成德为事，其目的即在“使之孝其亲，弟其长，信其朋友，以复其心体之同然”。[③] 故王阳明说：

大人者，以天地万物为一体者也，其视天下犹一家，中国犹一人焉。若夫间形骸而分尔我者，小人矣。大人之能以天地万物为一体也，非意之也，其心之仁本若是，其与天地万物而为一也。岂惟大人，虽小人之心亦莫不然，彼顾自小之耳。是故见孺子之入井，而必有怵惕恻隐之心焉，是其仁之与孺子而为一体也；孺子犹同类者也，见鸟兽之哀鸣觳觫，而必有不忍之心焉，是其仁之与鸟兽而为一体也；鸟兽犹有知觉者也，见草木之摧折而必有悯恤之心焉，是其仁之与草木而为一体也；草木犹有生意者也，见瓦石之毁坏而必有顾惜之心焉，是其仁之与瓦石而为一体也；是其一体之仁也，虽小人之心亦必有之。是乃根于天命之性，而自然灵昭不昧者也，是故谓之“明德”。小人之心既已分隔隘陋矣，而其一体之仁犹能不昧若此者，是其未动于欲，而未蔽于私之时也。及其动于欲，蔽于私，而利害相攻，忿怒相激，则将戕

① 参见王阳明：《重修山阴县学记》，收入《王阳明全集》上册，第257页。

② 尽心一语，见于《梁惠王上》《尽心上》与《尽心下》，唯主要讨论仍在《尽心上》与《尽心下》。

③ 参见王阳明：《答顾东桥书》，《王阳明全集》上册，第54页。

> 物圮类，无所不为，其甚至有骨肉相残者，而一体之仁亡矣。是故苟无私欲之蔽，则虽小人之心，而其一体之仁犹大人也；一有私欲之蔽，则虽大人之心，而其分隔隘陋犹小人矣。故夫为大人之学者，亦惟去其私欲之蔽，以自明其明德，复其天地万物一体之本然而已耳；非能于本体之外而有所增益之也。

上述这段文字对于圣人一体之仁的说明更为细致而全面，王阳明所开出圣人一体之仁由孺子及于鸟兽、草木，甚至是无生命的瓦石，亦在其中。如此无边际、通内外、兼人我的天地万物一体之仁，其根源必须深厚、高大，故王阳明说："是乃根于天命之性，而自然灵昭不昧者也，是故谓之'明德'。"王阳明所诠释之"明德"支撑其开出的圣人一体之仁，而其强调圣学乃以五伦立教，以成德为事，即是王阳明在反省当时儒士称说圣人之学后，重新为人作为道德主体与人所处整个世界的关系所给出具有心学视域的新诠释。诚如曾春海先生所说："对阳明而言，一体之仁是道德的存有学，确立道德主体的人与整个存在界所可能的道德关系。"①

三、一体之仁之教的社会实践

王阳明曾自言谪居龙场期间，在居夷处困，动心忍性之余，恍若有悟。② 这一经历无论就王阳明的个人生命或成学历程而言，都深具意义。余英时先生曾指出王阳明生命中经历的龙场一悟，可谓是王阳明对于士人为学的价值观由认同宋儒"得君行道"，转向"觉民行道"的最大关键。余先生特别强调，致良知教之提出，从开始到完成，也与王阳明"觉民行道"的意向有着密切联系。③ 余先生说：

> 阳明立"致良知"之教自始即与"觉民行道"相表里，所以他才说："偶有见于良知之学，以为必由此而后天下可得而治。"他发明的"良知之学"最后是为了"治天下"，绝不能止于个别士大夫的"自得"。换句话说，它是要重回宋代道学"为己而成物"的大传统，不过不再走"得君"的上行路线，而改走"觉民"的下行路线。因此"拔本塞源论"中理想秩序的建立，必须预设人人（包括"闾井田野、农工商贾"）都能"复其心体之同然"。所谓"复其心体之同然"当然便是"良知"，"论"末且正式揭出此两

---

① 参见曾春海："On Zhuang Zi's 'Qi Wu Lun' and Wang Yang-ming's 'Yi Ti Zhi Ren'"，《华冈哲学学报》2009 年第 1 期，第 98 页。

② 参见王阳明：《朱子晚年定论·序》，收入《王阳明全集》上册，第 127 页。

③ 参见余英时：《宋明理学与政治文化》，台北：允晨文化公司 2004 年版，第 308—311 页。

> 字，更无可疑。陈龙正说他“直接道统”“得道学一点真血脉”，确实抓住了阳明“致良知”之教的真精神。阳明在明代理学史上开创了一个全新的阶段，他的“良知”并非对白沙的“端倪”加以扩“大”而成，而别有其整体的构想……[①]

在上述这段文字中，余先生指出拔本塞源论中所建立的理想秩序与致良知教密切关联，由于王阳明提倡致良知教之最终目的仍在平治天下，因此，即使王阳明“行道”的方向不再寻求必须“得君”，而是改变为由“觉民”取径，但王阳明回归宋代道学“为己而成物”的大传统的发展，却是毋庸置疑。余先生的见解，十分深刻，令人有所启发。前文已提到圣人之学乃以五伦立教，以成德为事，以天地万物一体之仁之伦理价值在“尽其心”，亦即是人之得其正之道心。王阳明曾解释：

> 是故率是道心而发之于父子也无不亲；发之于君臣也无不义；发之于夫妇、长幼、朋友也无不别、无不序、无不信；是谓中节之和，天下之达道也。放四海而皆准，亘古今而不穷；天下之人同此心，同此性，同此达道也。舜使契为司徒而教以人伦，教之以此达道也。当是之时，人皆君子而比屋可封，盖教者惟以是教，而学者惟以是为学也。[②]

无论是尧舜相互授受的十六字心传，或是舜命契以人伦教化天下，对王阳明而言，其内容皆是“复其心体之同然”。尧、舜、禹、契尽其心以复天下人心体之同然，这在尧、舜、禹、契是“根于天命之性，而自然灵昭不昧”。然而，世人或因有我之私，或受物欲之蔽，“大者以小，通者以塞，人各有心，至有视其父子兄弟如仇雠者”，面对如此情境，圣人忧虑人心陷溺，人伦不彰，德行不成，教化不行，因此，推其天地万物一体之仁以教天下。圣人承担的社会责任与社会实践，尤其见诸于学校。王阳明解释：

> 学校之中，惟以成德为事，而才能之异或有长于礼乐，长于政教，长于水土播植者，则就其成德，而因使益精其能于学校之中。迨夫举德而任，则使之终身居其职而不易，用之者惟同心一德，以共安天下之民，视才之称否，而不以崇卑为轻重，劳逸为美恶；效用者亦惟知同心一德，以共安天下之民，苟当其能，则终身处于烦剧而不以为劳，安于卑琐而不以为贱。当是之时，天下之人熙熙皞皞，皆相视如一家之亲。其才质之下者，则安其农、工、商、贾之分，各勤其业以相生相养，而无有乎希高慕外之心。其才能之异若皋、

① 余英时：《宋明理学与政治文化》，台北：允晨文化公司2004年版，第317页。
② 参见王阳明：《重修山阴县学记》，收入《王阳明全集》上册，第256—257页。

夔、稷、契者，则出而各效其能，若一家之务，或营其衣食，或通其有无，或备其器用，集谋并力，以求遂其仰事俯育之愿，惟恐当其事者之或怠而重己之累也。故稷勤其稼，而不耻其不知教，视契之善教，即己之善教也；夔司其乐，而不耻于不明礼，视夷之通礼，即己之通礼也。[①]

王阳明在这段文字中清楚说明圣人以天地万物一体之仁力行社会实践的两个非常重要面向，一是学校教育宗旨在成德，人之才能虽然各有所长，但在学校之中的才能训练，必须“就其成德，而因使益精其能”。二是任人以德，使任职的有德之人“终身居其职而不易”两个面向的做法，目的即在使人才之培育与任用均能达到“同心一德，以共安天下之民”，使天下之人彼此对待即如一家亲人，无论各人之才质高下，各安其分，各勤其业，相生相养，若有才质特异者，各效其能，集谋并力，无分人我。王阳明在这段文字关于圣人一体之人的社会实践的描述，一方面说明其对唐、虞、三代之治的推崇，另一方面则是作为其批判当时士子错误解释圣学的论述。王阳明具象化勾勒出儒家传统中对三代以上的世界的想象，这个想象具有三个主要特征：其一，教化大端只在复人之心体之同然，但以成人之德行为务，使五伦关系和谐，异见与异习完全不存在；其二，从学校学习至职场举任一切依德而行，因为人人同心一德，所以相视如亲，安分勤业，各效其能，相生相养；其三，三代以上，心学纯明，人人本其心体之同，全其天地万物一体之仁，自然无人己的分别，以及物我的间隔。值得注意的是，王阳明对于三代的想象与朱熹不尽相同。朱熹认为伏羲、神农、黄帝、尧、舜命司徒之职，设典乐之官，乃因生民百姓有“气质之禀或不能齐，是以不能皆有以知其性之所有而全之”者，故设教以“复其性”。[②] 朱熹说：

三代之隆，其法寖备，然后王宫、国都以及闾巷，莫不有学。人生八岁，则自王公以下，至于庶人之子弟，皆入小学，而教之以洒扫、应对、进退之节，礼乐、射御、书数之文。及其十有五年，则自天子之元子、众子，以至公、卿、大夫、元士之适子，与凡民之俊秀，皆入大学，而教之以穷理、正心、修己、治人之道。此又学校之教、大小之节所以分也。

夫以学校之设，其广如此，教之之术，其次第节目之详又如此，而其所以为教，则又皆本之人君躬行心得之余，不待求之民生日用彝伦之外，是以当世之人无不学。其学焉者，无不有以知其性分之所固有，职分之所当为，而各俛焉以尽其力。此古昔盛时所以治隆于上，俗美于下，而非后世之所能及也！[③]

① 参见王阳明：《答顾东桥书》，《王阳明全集》上册，第54—55页。
② 参见朱熹：《大学章句·序》，《四书章句集注》，收入《朱子全书》第6册，第13页。
③ 参见朱熹：《大学章句·序》，《四书章句集注》，收入《朱子全书》第6册，第13—14页。

将朱熹这对文字与前文所述王阳明关于三代圣人教化天下的描述，朱熹所说聚焦在学校建置、学习者的入学规定与为学次第，是朱熹在道统观视域中取得的诠释；王阳明所述则专重在学校教育的德行化成的责任，以及人作为道德主体与人所处整个世界应当建立的一体意识与伦理观，自然是王阳明在心学视域中取得的诠释。朱熹与王阳明对于圣人教化天下诠释的差异，固然与其学说所重不同有关，然而，王阳明对于三代以上理想政治秩序的理解与解释，同时也是王阳明对于朱熹解释所进行反思的结果。余英时先生认为王阳明在拔本塞源论中以三代为象征，描绘其心中对于世界所怀抱之理想秩序，也表达出其持续致力于新儒家未竟的经世大业的心志。① 余先生之见，颇能作为考察王阳明反思朱熹圣学诠释所开出的新视域的观察点。此外，对于三代以降，王道、霸术的消长发展，以至于圣学晦暗而邪说横行的历史进程，王阳明同样在心学视域的理解与解释过程中，描述出士人或沉沦其中，丧心病狂，或卓然自奋，又不免于习染，对于士人处境，具有强烈的历史意识。

四、结 语

王阳明提出圣人以天地万物一体之仁之教，强调以五伦立教，以成德为事，视天地万物如一家之亲，尤其说明为学要义在“就其成德，而因使益精其能”，这些概念因为王阳明的心学的诠释视域，而开出其对于上古圣学与理想世界的想象。圣人一体之仁之教的伦理价值，本诸孔子揭示之仁说，应当也与王阳明对其父亲之爱的体悟有关，而其社会实践，本诸孟子申明圣人忧民说，以及义利之辨，却也与王阳明反思朱熹在道统视域中作出的《大学》文本解释不脱关系。钱穆先生曾称赞王阳明在拔本塞源论中建构的一体之仁具有理想性，也很具体。钱穆先生说：

> 现在再说到《拔本塞源论》那一篇文章的骨干，正面是天地万物一体之仁，反面是功利之私，论其大体，仍不出北宋以来理学家传统所争的天理、人欲之辨。只是内圣外王，有体有用，举凡政治、教育、道德、才能，莫不一以贯之。既理想，又具体，实足悬为将来人类社会所永远追求的一远景。我们从此来看阳明的良知学，可知其决非空疏，决非褊狭。②

钱先生借由拔本塞源论一文对研究王阳明良知思想者，提出四个必须深切思索的面向。其一，此论扩大及于人类全体，非特侧重于个人。其二，此论扩大及于人生一

---

① 参见余英时：《宋明理学与政治文化》，第315—320页；余英时：《中国近世宗教伦理与商人精神》（增订版），台北：联经出版事业公司2004年版，第89—92页。

② 参见钱穆：《阳明学述要》，第71页。

切知识才能与事业，非特侧重于内心。其三，此论同时涉及人与人之相异处，非特侧重于人与人之相同处。其四，此论同时涉及政治、经济、社会的一切问题上，非特侧重于伦理问题。[①] 以这四个面向思考王阳明所论圣人以天地万物一体之仁之教的伦理价值与社会实践，当更发人深省。

① 参见钱穆：《阳明学述要》，第71页。

伏羲文明是儒家和合文化的源头

安志宏
天水孔子研究院研究员

和谐思想是儒家文化的核心，它的源头可以追溯到伏羲时代。和谐社会是人类孜孜以求的美好社会，由于“和”的非现成性，意味着它只能作为高悬而有待遥期的存在境界，只有通过现实社会秩序的不断调适，才能达到的一种终极理想境界。《周易》在“卦爻象”的基础上构筑了感性的时空系统，而它的包容性则获得“弥纶天地之道”的强大生命力。后世流行的“阴阳五行”学说，是一种天人合一、万物一体的宇宙理论体系。[①] 关于《周易》的起源，古往今来的很多学者都认为是伏羲画八卦，我认为并非空穴来风。乃是上古史影的源源折射和孑遗。因为符号（包括伏羲八卦符号）是在书写语言，甚至有声语言之前就出现了的，或者说符号是原始人凭想象构思成的意象或观念载体，是不籍语言文字的哑口无言实体。[②] 伏羲“观物取象”“俯仰”“上下察也”画八卦的“象思维”方式，[③] 是“合天人、通物我”的“生生”之象。是“生殖崇拜”“阴阳观念”和“天人合一”人文背景下的动态整体直观，也是“天人相应”，天人（德）相一致，不违天意的天人和谐生态观和人生观。“俯仰”立足于“人与天地相参”，以效法天地变化规律为准绳，推天道、明人事，奉天人同构为最高追求，成为中国人与自然和谐相处的根文化和儒家文化产生形成的总源头。

---

① 参见拙文《伏羲“观物取象”与天水“卦台山”》，《天水师范学院学报》2010 年第 1 期；《天水“卦台山”与伏羲易学文化——从人文地理学和民俗学视角的探讨》，《周易研究》2011 年第 4 期。

② ［意］维柯：《新科学》，朱光潜译，人民文学出版社 1986 年版，第 215 页。

③ 参见拙文《伏羲“观物取象”与天水“卦台山”》，《天水师范学院学报》2010 年第 1 期；《天水“卦台山”与伏羲易学文化——从人文地理学和民俗学视角的探讨》，《周易研究》2011 年第 4 期。

一、伏羲先天八卦（符号系统）是儒家文化的总源头

（一）伏羲所创立的先天八卦方位图（符号系统），反映了宇宙自然正反手螺旋式（正反相）运行规律，描述了天地人“合而为一”的宇宙系统和时空模式，对儒家学派创始人孔子具有重要影响

先天八卦是伏羲最为重要的文明贡献，是中华先民理性思维和科学思想的结晶和高度智慧的标志，是中华民族认识自然、解释宇宙、规范社会人伦的钥匙，它既是一个解释系统，也是一个操作系统。这一完整严密、阴阳变异、和合大同的辩证思想和逻辑方式，深刻影响了中华民族的思维方式和文明进程，因之，《易》被称作大道之源、中国哲学之源。先民认为，“天地万物，皆为一体”。《易经·系辞》中有“易与天地准，故能弥纶天地之道”。八卦系统既可以表示一天中的“晨”“日中”“夜半”（天水三阳川有早阳寺、正阳寺和晚阳寺，为古代测日遗址）的日周期变化节律，又可以表示“晦”“朔”“弦”“望”的月周期变化节律，还可以表示“春”“夏”“秋”“冬”的年周期变化节律，也可以表示任何超年周期变化节律等等。可以说伏羲所创立的先天八卦是包罗万象，“天人合一”的宇宙观和“动态的整体直观”思维方式，是把人自身融于天地之中，将自然界、人类社会和人体自己密切联系在一起，有意识地协调三者之间的关系，通过联想和体验实现对宇宙人生的感悟思维过程，其核心反映的是人与自然的关系。“昔者圣人（伏羲）之作《易》也，将以顺性命之理，是以立天之道曰阴与阳，立地之道曰柔与刚，立人之道曰仁与义。兼三才而两之，故《易》六画而成卦。”[①]“俯仰”是兼顾天地人三才，“四时”是兼顾自然的春夏秋冬，“四正”是兼顾四方的东南西北，“爻卦象”是兼顾阴阳平衡和时空系统，“八卦”是兼顾四面八方。

（二）伏羲先天八卦符号系统是中华文明的源头和重要核心

阴（--）、阳（—）两爻的抽象，是效法自然界雌雄（公母），追求平衡、和谐的过程，而非对抗（立）。占卜、算卦是忧患意识支配下，由不安以求安、趋吉避凶、追求吉祥和美好生活的心理活动，这种活动在天水新石器时代（伏羲时代）的考古中已证明。例如：天水傅家门原始祭祀遗址中发掘出的卜骨和陶器上的符号“—”“|”“=”“S”和“∧”等五种符号，就是我国上古占卜、算卦的记录和保存[②]。

---

① 《说卦传》。

② 《甘肃武山傅家门史前文化遗址发掘简报》，《考古》1995年第4期。

方位是以人的身体为坐标的感知。身体坐标为“六”个方位，自然界也相应为“天（上）、地（下）、东、南、西、北”六方，原始八卦的三爻代表天地人，重卦的六爻表示六个方位。“方”的观念发生在原始狩猎或原始农耕所需的方位识别和“观象授时”。狩猎和农耕均与时令（四季、四时）、方位和天象等密不可分，先民在生活和生产实践中领悟与时间一体的空间宇宙，促成先民对方位、天文知识的积累和掌握。[①]《易经》上所说的“太极生两仪，两仪生四象”，“四象生八卦”的四，即指自然中客观存在的四时（春夏秋冬），又指东西南北四个方位，即“四正”。先民在四个方位的基础上，更细地标出了“四隅”，即东北、西北、东南、西南四个方位，即“四维”。古人将“四维”又与立春、立夏、立秋和立冬四个节气联系起来，这样由四到六再到八个方位的过程，不仅更加精确了人类活动的空间方位，而且促成伏羲原始八卦的产生。

卦是配了空间方位和四时运行的卦图。《易经》曰“君子所居而安者，易之序也”。卦对空间宇宙是很规范而有序的，天与地相对，天与地都是由对称和谐的中央和四方构成。《系辞·上》：“一阖一辟谓之变，往来不穷谓之通。”所谓“往来不穷”即指春夏秋冬、昼夜变化无穷性。《系辞·上·传》“变通配四时”。又称“变通莫大乎四时”。又说：“易与天地准，故能弥纶天地之道。……范围天地之化而不过，曲成万物而不遗，通乎昼夜之道而知，故神无方而《易》无体。”古人认为伏羲是“和八风以画八卦”，八风指“八方之风”（天地、雷风、水火、山泽），它以八方之物标示出了八方的方位，可见，卦与空间方位和四时之关系。更为重要的是八个方位配以“八节”，它不仅兼顾了方方面面，而且与时令俱进，动态整体的“生生”之象跃然纸上。所以，“八卦”合以“阴阳”别开了天地万物，开启了元隐喻思维。“八卦”并不是八种现象，而是“四面八方”的现象，包括宇宙间的万事万物。

（三）伏羲八卦与天文密不可分

《管子·轻重戊》：“虑戏（伏羲）造六法，以迎阴阳；做九九之数，以合天道。”《周髀算经》：“伏羲作历度。”《太平御览》卷七八引《春秋内事》云：“（伏羲）分阴阳之数，推列三光，建分八节，以爻应气，凡二十四，消息祸福，以至吉凶。”这些后世先哲根据口传史整理研究的成果，说明伏羲已通过“造六法”“作九九之数”“制历度”“建分八节”，在有意识地求得“元亨利贞”与“四时”，“六爻”与六个“方位”、“八卦”与“四方”“四维”的对应以及与天、人之间的和谐。周易六十四卦三百八十四爻的卦爻象系统具备了一种天然的优势，历代易学家对“周易与时间”做出各自的阐释，很自然地促成了人们对“象思维”的吸纳和体验。如后世对《乾》卦的

---

① 参见拙文《伏羲“观物取象”与天水“卦台山”》，《天水师范学院学报》2010 年第 1 期；《天水“卦台山”与伏羲易学文化——从人文地理学和民俗学视角的探讨》，《周易研究》2011 年第 4 期。

解释是“终日乾乾，夕惕若”，《谦》卦则进一步概括为“君子有终”，更显“屈尊下求”的谦卑是永恒的和谐治国之道。《周易·乾·彖》表述更直接，“乾道变化，各正性命，保合大（太）和”。在先秦礼乐之教的理论总结中，乐的作用是“和”，《礼记·乐记》“乐者敦和”“大乐与天地同和”，乐的核心是和谐。天地的和谐，人与人之间的和谐。乐的教化作用就是让人懂得人与人之间应该怎样相处，怎样配合。《易传》的宇宙论提出“乐者天地之和也”等等，这些“和”的思想与伏羲和谐理念一脉相承。

（四）伏羲八卦符号系统是中国思维模式和方法论体系的奠基性理论成果

伏羲以“观物取象”的思维方式，感知人类进化与包罗万象的自然之间的关系，得出“人与天地相应”“山与天空大地相连相通”的思想。《易传》里多次提及“通”的思想，如“天地定位，山泽通气”，又有“近取诸身，远取诸物，于是始作八卦，以通神明之德，以类万物之情”等。通是类的超越，在这里，万物、天地、神人、身心之间没有隔膜，达到了“以体天地之撰，以通神明之德”的境界。伏羲的这种思想，是对天、地、人的唯物表达，它是我国最早的有关“天人”关系的思想。河姆渡五叶陶纹块[①]，以树叶代替树木，其用意在表现万物生长的茂盛和自然的和谐，类似的纹饰在大汶口文化的陶尊、朱封龙山文化的玉冠饰上都广泛地存在着，这绝非偶然。它一方面表现了先民对自然的崇拜，另一方面也表达了要求与自然和谐相处的朦胧意识。殷商时，商人作邑、建城都要占卜以定吉凶，祈求自然给予庇佑。卜辞曰：“丙辰卜，壳贞：帝佳其冬兹邑。贞：帝弗冬兹邑？贞：帝佳其冬兹邑？贞：帝弗冬兹邑。”[②] 由卜辞可知商王为兴建城邑而进行占卜，希求“冬兹邑”，说明殷人对自然环境的倚重。特别是后世道家、儒家等继承和丰富了和谐思想，强调人类应当认识自然、尊重自然、保护自然，反对一味地向自然索取，倡导人和自然和睦相处，善待鸟、兽、草、木。老子：“人法地，地法天，天法道，道法自然。”表现为对客观规律的顺从，贵柔守雌，自然无为。孔子“钓而不纲，弋不射宿”，《荀子》“天地与我并生，而万物与我为一”，《庄子》“万物皆一，万物一齐”，《国语·郑语》“声一无听，物一无文，味一无果，物一不讲”。还有常说的“万物并育而不相害，道并行而不相悖”“网开三面”“里革断罟”等等，都体现了中国人善待自然万物的一脉相承性。先秦时，记录人和自然和谐相处，反对不破坏性的经济活动的文献不少，《孟子·告子上》《管子·国准》《吕氏春秋·义赏》《文子·上礼》《国语·周语下》和《诗》等均有大量记载，不再引述。汉代董仲舒“天人感应（天人合一）”的思想，影响了我国几千年的文化。

中国人在思维过程中总是以一个内化的、整体化而又极富有超越性的视角看待问

① 《浙江河姆渡遗址第二期发掘的主要收获》，《文物》1980年第5期。

② 张秉权：《殷墟文字丙编》，北京科学出版社1952年版。

题，这是因为中国人眼中的时空总是内化在生命的存在过程中，无论我们从生命的哪一“时位”出发，都能直接体悟到那“原发创生之象”。《易经》将“天地人”三者有机地结合起来，力图探索自然界和人类社会各种不同质和不同形态的事物之间发展变化的内在规律，并用这种规律以达到天与人、人与自然、人与人和人自身之间的和谐。这种“大和谐观”正是儒家文化所倡导的人类适应自然，与自然和谐相处，人与人和谐相处的核心思想，它的源头来自伏羲八卦。

二、伏羲阴阳八卦源于原始社会的生殖崇拜

伏羲的阴阳八卦源于原始社会生殖崇拜。[①] 他综合了时代流行的“生殖崇拜”现象，以“阴阳太极图”“八卦”的具体、形象而极富哲理的符号形式表示出来。以伏羲为代表的先哲最早有了男女意识，具体形象地类比抽象概括出“阴阳”，用“--”和“—”两个符号直观形象地表示出来。“--”和“—”的思维符号，在天水发掘出土的原始社会陶器、卜骨符号中有其充分的反映。[②]

阴阳是人类男女、动物公母和雌雄的高度提炼概括，这种原始文明是生殖崇拜现象在人脑中长期作用的结果。它完整地保存在黄河上游遍布的生殖崇拜岩画里，甘肃景泰、祁连山，宁夏贺兰山、内蒙古、新疆等地有大量生殖崇拜岩画。4000 多年前的马家窑彩陶陶罐上面绘制着两组对称图案，一组圆圈内有“卍”字符的鸟形，另一组是女性生殖器崇拜符号。“卍”字符身上绘有浓密的羽毛，居于圆形正中，恰如一只硕大的“太阳鸟”。将两组图案结合起来分析，太阳鸟符号代表“阳”，女性生殖器崇拜符号代表“阴”，它充分证明上古先民阴阳知识的丰富，也表明人类早期对生殖的崇拜。民间至今有以鸟暗喻男性生殖器的风俗，我认为它是上古民俗的孑遗。大量生殖崇拜岩画以及马家窑彩陶陶罐生殖器崇拜符号和现存民俗，不仅是原始生殖崇拜文化的写照和保存，同时也证明生殖崇拜在原始社会的普遍性，正是普遍的生殖崇拜时尚，孕育出伏羲的“原始阴阳思想”，从而奠定了伏羲创立易学的思想基础。

《春秋内事》载：“伏羲氏定天地，分阴阳。”《管子·轻重戊》：“虙戏（伏羲）造六法，以迎阴阳；做九九之数，以合天道。”可见，后世学人一般认为以伏羲为代表的先哲，最先提出了“原始阴阳观”，形成了“阴阳思维”，产生了“阴阳相克相生”的对立统一的思想，后人进而总结出“阳阴规律”。“阳阴规律”就是相互联系的阴阳对立统一规律，伏羲用它解释万事万物。“阴阳思想”和“象思维”，构成了中国人的思维模式，并对中国传统的自然科学和社会科学的创立与发展提供了理论依据，为中

① 参见拙文《“原始生殖崇拜”与伏羲易思想形成的关系》，《天水师范学院学报》2012 年第 3 期。
② 参见拙文《我国卜卦起源于天水新探》，《易苑》2008 年创刊号。

国传统文化的和谐特征提供了先决条件。自伏羲而后，阴阳便成为中国人最重要的观念，并渗透于一切事物之中。《黄帝内经·阴阳应象大论》："阴阳者，天地之道也，万物之纲纪，变化之父母，生杀之本始，神明之府也。"阴阳是事物发展过程中的对立统一概念，而非西方（身心）二元论；阴阳不是人和自然界处在主客体的对立中，而是处在完全统一的整体结构中，二者具有同构性；阴阳也非西方把精神和物质、灵魂和肉体看成两个实体，而是"身心合一""形神合一"的结构，精神和物质、思维和存在是完全统一的。即阴阳互根：阳在阴不息，阴在阳不离，也就是人们常说的"阴阳和平，万物蕃息"，无阳则阴无以生，无阴则阳无以化，故天地配之以阴阳。只有阴阳调和方能万物而生。春夏秋冬四季往复循环，任何时候都不会单独存在，寒极暖之机，暖极寒之兆也，所谓阴极则阳生，阳极则阴生，此乃天地自然之理也。任何事物的发展变化，都不是孤立的，没有矛盾就没有世界，没有矛盾的解决就不会有事物的发展变化，这一矛盾对立统一的理论是中国唯物辨证法——"阴阳相克相生"的内涵。

三、太极图是早期人类认识自然的理论成果，是天体运动变化规律的反映

（一）太极图的形成与天文密不可分

人文始祖伏羲凭着对大自然和人类自身的敏锐感觉及自己的深思睿智，为了更直观地表达他深邃的易思想，在天水邽山（今凤凰山）和三阳川的卦台山、早阳寺、正阳寺和晚阳寺（依据太阳在地球上的照射点，早、中、晚不间断地轮流观测、记录），不计晨昏，通过长年累月测量记录日影长度，依据其轨迹绘制出"阴阳太极图"，[①] 画出先天八卦；依据环境，参照山川、河流、方位和"四时"画出后天八卦。二者互为表里，描绘了整个宇宙组成的形式。不同的是先天八卦反映的是太阳及天时运转对地球和人类的影响，为人类揭示了宇宙运动的奥秘。而后天八卦方位代表的则是地球的地域环境和"四时"对人类生存的影响，天、地、山、水、人"五位一体"，调适协调，和谐发展。这些理念对中国生态环境学和人与自然关系的和谐相处等都起着至大的关键作用。大地湾人用多色的石子排出方阵与图案，来记录和表达他们对大自然的认知，对天人相互依存关系的认知，对天的敬畏与崇拜活动的规矩与范式，以及对四时节气感知和气候变化规律的认知与农耕中的应用等等。

"天地变化，圣人效之。"《礼记·祭义》："日出于东，月生于西，阴阳长短，终

① 参见拙文《伏羲"观物取象"与天水"卦台山"》，《天水师范学院学报》2010 年第 1 期；《天水"卦台山"与伏羲易学文化——从人文地理学和民俗学视角的探讨》，《周易研究》2011 年第 4 期。

始相巡。”《国语·周语上》：“阴阳分布，震雷出滞。”韦昭注：“阴阳分布，日夜同也。滞，蛰虫也。明堂《月令》曰：‘日夜分，雷乃发声。’”汉扬雄《太玄·攡》：“一昼一夜，阴阳分索。夜道极阴，昼道极阳。”《楚辞·九辩》：“四时递来而卒岁兮，阴阳不可与俪偕。”王逸注：“寒往暑来，难追逐也。”唐柳宗元《天说》：“寒而暑者，世谓之阴阳。”由此可知，阴阳、太极图、《周易》是从古天文观测中发现的。《后汉书·律历志》：“夫五音生于阴阳，……天效以景（注：指日影），地效以响，即律也。阴阳和则景至（注：指冬至、夏至），律气应则灰除。”可见，立竿测影之法与律历、太极图和易学的关系。

（二）太极图是天体运动和自然四时变化的自然规律的形象表现形式，反映了地球与太阳之间的关系和运转的宇宙规律

伏羲用“太极图”和简单明确的示意符号，描绘出阳和阴的和谐状态，将神秘的万事万物以智慧的思维通过立象的形式表现出来，达到“远取诸物，近取诸身，上究天纪，下极地理”之目的。太极的“太”有至的意思；“极”有极限之义，就是至于极限，无有相匹之意。太极既包括了至极之理，也包含了至大至小的时空极限，放之则弥六合，卷之退藏于心，可以大于任意量而不能超越圆周和空间，也可以小于任意量而不等于零或无。

“太极图”反映了静态和谐的最美好的时刻。事实上，随着时空和天体的运行变化，事物中阴阳成分依次变化，呈现出此消彼长的状态。后人将阳阴所占比例各不相同的状况，用符号示意并归属分类成“四象”（殷商时“四象”已经用四种不同动物表示）。[①] 这样，一切复杂的矛盾的事物都能够和谐统一起来。天人合一、宇宙万物和谐一体互相联系的思维模式。伏羲就这样总结出来了。因此，伏羲有“人文之元”“和谐之源”的美誉。

（三）“阴阳太极图”雏形在伏羲故里天水考古和民俗上有大量证明

太极图在渭河流域的天水考古上很普及，大地湾作为伏羲文明诞生的人文和历史背景，出土的陶器盆上多件绘有两组螺旋形线条互抱互缠，类似阴阳合抱的图案。天水地区的清水县永清镇出土的一件6500年前双龙古太极图的彩陶壶（现藏于瑞典远东博物馆），[②] 壶上绘画两组螺旋形线条上下互抱，中间绘有两个相对的鱼眼与现代流传的太极图案极其相似，距今6500年左右。另外，全国各地发现的女娲手持月亮、伏羲手持太阳的交尾图，西到新疆吐鲁番、阿斯塔纳哈拉和卓古墓群，东到中原广大地区、

① 参见拙文《伏羲“观物取象”与天水“卦台山”》，《天水师范学院学报》2010年第1期；《天水“卦台山”与伏羲易学文化——从人文地理学和民俗学视角的探讨》，《周易研究》2011年第4期。

② 现藏于瑞典远东博物馆。

山东半岛，北到东北地区，南到西南少数民族地区，都有大量的遗存。商代及西周青铜器上，亦锲有雌雄双龙相互缠绕之太极图。据天水文史工作者窦建孝先生文物普查得到的资料表明，在长江上游西汉水流域的天水镇一带，发现战国陶鼎上绘有太极图案，它是我国发现较早的成型的太极图。汉代时，太极图普遍用在天水生活和建筑上。东汉隗嚣割据天水时，在城北建的宫殿（隗嚣宫）和文庙（孔庙），所有的瓦当上都绘有太极图案，其目的是祈求平安、和谐和长久。北宋“秦州窑”烧制的“蛋青釉荷叶型蓝宝石矿料青花八卦太极云洗（碗）”等等。可见，双龙缠绕图实际上就是华夏始祖“伏羲女娲交尾图”的雏形。此外有人认为太极图来源于符号（青海民和县和乐都柳湾、辽宁翁牛特旗石棚山、广东曲江石峡中层遗址出土的新石器时代的陶器上都刻有符号），双鱼纹样图形（大地湾、半坡遗址出土人面鱼纹彩陶盆），双凤纹样图形（新石器时代骨刻与陶绘、河姆渡文化中有这种纹饰），也有人声称太极图来源于天水卦台山下渭河（姬水）与葫芦河（陇水）相汇后形成的“涡漩”。

“任何一个民族的民俗形成都是一定地域内的社会历史发展阶段的产物，并具有很深的社会根源、历史根源和地理根源”①，这也恰恰说明了太极图的文化形式与天水客观的自然环境，先秦及其以前文化发展状况起伏多变的历史发展都有着复杂的联系；太极图作为伏羲文明的重要符号，是天水地区重要的文化现象，它再次说明民俗一旦形成，就成为当地社会心理的表现形式，直接影响历史各个阶段人们的生活状态与精神面貌。例如：有名的苏蕙织锦回文图这一文化现象在天水地域的出现，也深深地打上了八卦、太极的文化烙印；天水历史上留传至今的夹板舞，其中两块板也叫“阴阳板”，敲打的鼓也分为阴阳；山脉也分山之阴和山之阳；钱币分阳面和阴面；厨师做的菜肴也有许多表现八卦、阴阳体裁的内容；近代工业兴起后，天水火柴厂生产的火柴包装盒，也饰以八卦、太极图图案；城乡建筑布局、阳宅、阴宅、石墓门、门环、寺庙树木栽植、雕刻绘画、音乐舞蹈、雕漆、刺绣、剪纸，景点、寺庙、路边、桥头卦摊等等无不体现出伏羲文化的因子。可见，太极图不仅在天水历史悠久，而且渗透在社会生活的各个方面，被物化和精神化后保留至今。

四、天人合一是人类社会发展的最佳状态

八卦系统中的主体思维是天人合一。它既是认识论意义上的主体思维，也是实践论意义上的主体思维。中国人的“和谐观”是与人所赖以生存的自然环境紧密关联的“生态观”相一致的，说到底也主要是指阴阳两个方面的平衡、和谐和人与自然的和谐相处，“太极图”是和谐最完美的呈现形式。太极是指阴阳相合而成统一的形态，也

---

① 王恩涌等编著《人文地理学》，高等教育出版社2000年版，第163页。

就是近世所说的宇宙。“天人合一”就是这个宇宙观的一种表述。我们大一统的概念就是“天人合一”在国家统治上的应用，中华文化一向反对“天人对立”，倡导“奉天承运”，反对无止境地用功利主义态度片面地改造自然来适应人的需要，而主张人尽可能地适应自然。伏羲始创“先天易学”的核心是“天人合一”的朴素辩证思维。在后来《易传》的太和思想中，倡导刚柔相济、阴阳协调互补，阳刚与阴柔紧密联结，追求中和之美等。河图是以和谐对称而表现的数学结构模式。十个奇偶数按五方排列，由一至十，五奇五偶，生成有序，和谐协调。如太阳居一而连九，太阴居四而连六，少阴居二而连八，少阳居三而连七，其和皆为十。阳极一、三、七、九之和为二十。阴极二、四、六、八之和也为二十。这十个数无论如何加减，皆对称而和谐。

（一）阴阳学说的基本内容包括阴阳对立（离合）、阴阳互根（依存）、阴阳消长（升降）和阴阳转化（化生）四个方面

一是阴阳同一。因为不论是阴还是阳，都是从太极转化而来——即太极生两仪，所以其“本”是相同的，都来源于太极，之所以阴阳表现出不同的性质和特征，是因为其“用”不同而已；阴阳相互依存，有阴必有阳，有阳必有阴。如果没有一方，另一方也不可能产生，阴是阳存在的肯定，阳是对阴存在的肯定。阴阳之间缺一不可，亦不可偏废，二者相对相合而存在。所谓“孤阳不生，孤阴不长”，《类经图翼》“阴根于阳，阳根于阴，阴阳相合，万象乃生”。二是阴阳对立统一。二者相反相成，既是冲突的，又是互补的。三是阴阳和谐。《易经》“故水火相逮，雷风不相悖，山泽通气，然后能变化，既成万物也”。庄子曰“阴阳聚则生，散则死”。《易传》“男女媾精，万物化醇”。《礼记》“阴阳和而万物得”。《礼记·郊特牲》：“乐由阳来者也，礼由阴作者，阴阳和而万物得。”《礼记·祭义》：“日出于东，月生于西，阴阳长短，终始相巡。”《国语·周语上》：“阴阳分布，震雷出滞。”《楚辞·九辩》：“四时递来而卒岁兮，阴阳不可与俪偕。”《楚辞·九章·涉江》：“阴阳易位，时不当兮。”宋高承《事物纪原·天地生植·阴阳》：“《春秋内事》曰：‘伏羲氏定天地，分阴阳。’”明归有光《贞女论》：“阴阳配偶，天地之大义也”等等，它都强调了人、自然是一个完整、和谐的整体。即“和，故万物不失”“和，故百物皆化”。四是阴阳互相转化。阴极则阳生，阳极则阴生，阴阳互化，是自然之道。

（二）阴阳理论是中国哲学和文化的核心

中和之美是中华哲学、美学和文化的根本精神，在几千年的易学传统中，薪火相传，它已经渗透到中国人生活的方方面面，中国的一切学科，如中医是形象地通过哲学的思辨去把握实体的。实践上是通过生命体验，依赖纯粹经验，通过临床观察，运用阴阳五行理论指导中医实践，再进行临床验证，反复多次得出的实证科学。因此，中医理论具有很强的直观性、思辨性和治疗上的综合、全面性等。中医药是我国各族

人民在几千年生产生活实践和与疾病作斗争中逐步形成并不断丰富发展的医学科学，为中华民族的健康提供重要保障，对世界文明进步产生了积极影响，今天仍然在为维护人民健康发挥着不可替代的作用，这也是近年来中医走出国门的重要原因。除此而外，中国的宗教、哲学、历法、建筑、堪舆、书法、绘画和美学等，无不是以阴阳和象思维理论为基础而建立起来的。

易文化秉持的核心是“万物皆负阴抱阳”。“石祖”“月窟”和“陶祖”以及马家窑彩陶陶罐上面绘制“太阳鸟”、女性生殖器崇拜符号等，是中国原始宇宙观阴阳论的物化表现形式，更反映了原始先民们对阴阳认识的原始哲学观念。例如：“二生三”是指天地相交，阴阳交合而产生生命（新事物）和事物发展的过程。生殖崇拜文化是人类及其他物种繁衍生息的原始文化，也是原始哲学在古代文化发展中的滥觞。因此，伏羲被誉为春神。文字出现后，先哲将口传了几千年的人类童年史补记到了经典里，流传下来。老子《道德经》中说：“道者万物之奥。”孔子《易 · 系辞》中说：“易有太极，太极生两仪，两仪生四象，四象生八卦。”《庄子 · 天下篇》所谓“易者道阴阳”，“万物皆负阴抱阳”。帛书《周易》言“易者，合天人之道”等。可见，在春秋、战国时，伏羲太极图阴阳二鱼互抱形态已经普遍地反映在当时人的著述中和能够保存下来的绘画实物中。

易文化后世广泛地运用在人与人的关系上，主张“人和”理念，追求“大同”社会。在人格修养上提倡宽厚处世，注重和谐的人际关系。孔子：“君子和而不同，小人同而不和”，“君子矜而不争，群而不党”。《礼记 · 礼运》“故人不独亲其亲，不独子其子。使老有所终，壮有所用，幼有所长，鳏寡孤独废疾者皆有所养”。孟子“天时不如地利，地利不如人和”，“老吾老以及人之老，幼吾幼以及人之幼”等等，这些都是人们追求人际和谐，建立大同社会的理想，是和谐思想的丰富和发展。和谐思想表现在身心关系上，老子也主张人之形体与精神的“合一”。“载营魄抱一，能无离乎？”“挫其锐，解其纷，和其光，同其尘。”这是说，具有和谐的人格，就能以开豁的心胸与无所偏的心境去看待一切人物。孔子主张保持平和、恬淡的心态，他说：“富与贵，是人之所欲也。”但又强调“欲而不贪”，人们在追求欲上，要掌握“中和”的原则，保持平衡谦和的心态，不能贪得无厌，不能把物质利益作为人生的全部追求，更不能见利忘义。

（三）儒家文化所倡导的和谐观，其源头就是伏羲文明

天地自然与人类社会是一个紧密联系着的有机整体，它们之间从来没有明显的界限。中华和谐文化一脉相承，川流不息。中华文化不仅主张同类事物之间和谐，更难能可贵的是异中求同主动追求和谐的精神。例如“和实生物，同则不继”，它是指不同事物和谐、融合才能产生、发展万物；“夫五音生于阴阳，……天效以景，地效以响，即律也。阴阳和则景至，律气应则灰除”。“和六律”才有悦耳动听的音乐，“和五味”

才有香甜可口的佳肴，如果都是同一个音符，同一个味道，便不成曲调和佳肴。倡导和谐太极文化是我国独有的传统文化。太极图是我国最早用直观的图像表现和谐的最完美的形式，阳和阴和谐共处，内涵丰富，奇妙无比，意义非同一般。面对当前矛盾凸显的世界局面，我们提出振兴中华传统文化，寻求的并非中华文化的一枝独秀，而是在世界文化舞台上倡导中国传统文化的“多元共生”理念。在一个多元交响乐里，中华文化作为世界文化很重要的一个声部，参与其中，共同解决世界今天面临的许多难题，开创一种新的精神世界。那么，应该用什么文化面对世界，扩大中华文化的影响力，我想就要向世界贡献新的思想，能够同他人一起解决人类共同的难题。“天人合一”“包容和谐”和“多元共生”等思维模式既是一个古老的话题，更是今天提倡建设生态文明与和谐社会的新话题。[①] 生态理性是人类社会持续、健康发展的必然选择，和谐社会是全人类的共同期盼。重振伏羲的和谐思维和生态智慧，古为今用，是现代意义上的“替天行道”，即替大自然行道，替全人类行道。从这种意义上讲，伏羲八卦、“太极图”的和谐理念无论从历史、科学、艺术和审美角度，或从建设生态文明、和谐社会的角度看，都体现了中华和合文化的源头和“中华和谐第一图”的美学效果和现实社会价值。

五、结 论

（一）任何新思想和新事物的出现，与当时人的认识水平息息相关，更与当时人文历史背景有关，因为它是任何新思想和新事物产生的社会条件

伏羲通过长年测量日影依据其轨迹绘制出“阴阳太极图”，“仰则观象于天”，画出先天八卦；“俯则观法于地”，画出后天八卦。先天八卦和后天八卦二者互为表里，描绘了整个宇宙组成的形式。不同的是先天八卦反映的是太阳及天时运转对地球和人类的影响，为人类揭示了宇宙运动的奥秘。而后天八卦方位代表的则是地球的地域环境和“四时”对人类生存的影响。可见，“和谐”思想从生活实践中来，“阴阳太极图”揭示的是宇宙科学奥秘，反映的是太阳及天时运转对地球和人类及动物界等的影响。所以伏羲“八卦”“阴阳太极图”有“通神明之德”和“类万物之情”的美誉。

（二）“联想、对比”的象思维是原始社会的主要思维形式

面对复杂的自然和无垠的宇宙，伏羲等先哲从自然界的普遍现象中，对比联想概

---

① 和谐主要包含下列几层意思：a. 人与自然的和谐；b. 人自身的和谐；c. 人与人之间的和谐；d. 人与社会的和谐等。

括出规律，完成了他伟大的创举——阴阳、太极和八卦。先民以八卦定方位的做法开了元隐喻思维。从这种意义上说，伏羲的“八卦”“太极”，对人类的思维科学的发展大大推进了一步，把人类由野蛮推进到文明时代。

（三）“天人合一”是人类追求社会和谐的文化基因

宇宙是一个万物一体的大系统，由于整体内各局部的相互关联，使大自然表现出了极强的规律性；而不是零散和静态的，整体和动态是易学的思维特征。整体动态意识最初源于巫术时代（原始社会）先民流变无常的世界观，因此筮算要以“刚柔相推，变在其中”的卦象以拟天地人事之变。观变以知通，知通而达于吉凶之理，这也就是易学为什么能够预测吉凶的奥秘。“万物皆备于我。”宇宙是和谐的，人是宇宙万物的一部分，人与自然（环境）应相协调、和谐相处。“象思维”它反映的是人与自然界万物形成生命的契合，构成了一个天地人一体的整体之象。“整体直观思维”是主体性的人和与人相对峙的自然（天）之生命契合的关系［天人合一（合德）］。伏羲太极、八卦文明的核心是对天、地、人系统的独立与统一的探索。它以象和数为内在特征，以符号的排列与组合形成完整的逻辑思维系统。太极、八卦系统最关注的是人类生命现象，它把人与自然界统一起来，从中寻求生命的意义和规律。在太极、八卦的整体结构中，自然界是一个不断变化着的有序过程，人是这一过程中的生命主体。人与自然界是双向交流和互感的两个系统，既相互独立又和谐统一，重视人类生命活动的实践意义和社会意义，这就实现了人的主体性，表现出主体思维的特征。太极、八卦系统中的主体思维，不仅仅是认识论意义上的主体思维，更是一种主体实践思维。“象思维”中那种“天地与我并生，而万物与我齐一”的浩大境界，体现了中华民族海纳百川的思维气度。

（四）中华民族易文化是整体超越性思维模式，与西方哲学思维模式有重大差异

自然和人不是处在主客体的分离对立中，而是处在完全统一的整体结构中，二者具有同构性；从宇宙观的角度看，也非西方身心二元对立的思维模式，把精神和物质看成两个实体，而是形神合一的结构，精神和物质是完全统一的。这是因为伏羲所说的阴阳都是从太极转化而来，即太极生两仪，因为其“本”是相同的，都来源于太极。后来老子的“道”，是指天地运行规律，文王、周公和孔子的“德”，是先哲对商朝残暴统治的反思和对天地及其规律的认识、利用所得。以宇宙的角度看人类，人类只有放下独尊的心态，才能适应自然，自觉承担保护生存环境的责任，在有序中得以持续发展。天人合一是人类社会发展的最佳状态。天，指日月星辰和地球及其规律性的运行状态，人类只有尊重这种规律，才能和自然和谐相处。生活在天地之间的人，在认识天地系统后，才能充分利用天地运行特征，尊重自然、顺应自然、天人合一，利用

它们丰富的资源，创造人类所需的财富，达到兴旺百业之目的。

（五）“和合思想”是伏羲时代人文生态环境下人与自然关系认识进化的产物，它滥觞于“阴阳”“太极”和“八卦”

经过历代先贤论述补充，逐渐形成中华民族的和谐（和合）文化。后世的“卦气说”和“八宫说”是对天人之学的继承、发展。追求天人合一，天人有序而和合，人生有序而和谐，是以天地人三才构建之道为核心的易学的永恒主题。易文化是在运动、变化中追求和谐的过程，人与天地参。六十四卦、占卜是忧患意识支配下而求安、期盼吉祥达到和谐的心理活动，它使易学中所蕴含的天人合一价值诉求得以彰显。中华文化是源源不断、生生不息、与时俱进、海纳百川的包容性文化。开放的中国，面对世界的根本文化态度应是对自己文化的认知、自觉和热爱。和谐社会是古今人类憧憬的美好愿望，和合文化今天成为普世的价值观，为世界先进文化的瑰宝，是中华民族贡献给世界人民的文化厚礼。

周敦颐思想的佛教渊源说试探

李勇强
中国人民大学孔子研究院研究员

周敦颐被尊为理学开山之祖，黄百家指出："孔、孟而后，汉儒止有传经之学，性道微言之绝久矣。"①《宋史·道学传序》亦称："孔子没，曾子独得其传，传之子思，以及孟子，孟子没而无传。两汉而下，儒者之论大道，察焉而弗精，语焉而弗详，异端邪说起而乘之，几至大坏。"② 而周敦颐的出现，则一转误入歧途上千年的儒家学风，而接续了孔孟天道性命之学。张栻《道州重建先生祠记》："以孔孟之遗意复明于千载之下，实自先生发其端。"③ 周敦颐作为复兴孔孟道统的"新"儒学的开创者，其学术思想的源流究竟何在？是纯儒？还是融汇了道佛二氏？这一问题，成为学界至今聚讼不已的一大悬案。

本文试图整理周敦颐与佛教的交通往还，为读者思考他与佛教的微妙关系作一参考，由此或可一窥周敦颐的思想中是否有佛教的渊源在。

一、《太极图》的佛教渊源说

最早论述周敦颐《太极图》渊源的是朱震，其《汉上易传》卷首《进周易表》说："濮上陈抟以《先天图》授种放，放传穆修，修传李之才，之才传邵雍。放以《河图》《洛书》传李溉，溉传许坚，坚传范谔昌，谔昌传刘牧。修以《太极图》传周敦颐，敦颐传程颢、程颐。"④

这段话说明，陈抟传授了三种图：一为《先天图》，一为《河图》《洛书》，一为《太极图》。这意味着，朱震将周敦颐《太极图》确认为源自道家。晚于朱震三十年出

① （清）黄宗羲原著，全祖望补修：《宋元学案》卷十一《濂溪学案上》，中华书局 1986 年版，第 482 页。

② （元）脱脱：《宋史》卷四百二十七《道学传序》，中华书局 1985 年版，第 12709 页。

③ （宋）张栻：《道州重建先生祠记》，王晚霞校注《濂溪志（八种汇编）》，湖南大学出版社 2013 年版，第 41 页。

④ 《周敦颐集》附录三朱震《进周易表》，中华书局 2009 年版，第 137 页。

生的胡宏，在《周子通书序》中说："推其道学所自，或曰：传《太极图》于穆修。修传《先天图》于种放，放传于陈抟。此殆其学之一师欤？非其至者也。"[①] 胡宏对于朱震的说法，以不确定的语气认为，陈抟一脉只是周敦颐所师对象之一，而绝非仅此一源，"道学之士皆谓程颢氏续孟子不传之学，则周子岂特为种、穆之学而止哉？"[②]

朱熹比胡宏小二十八岁，对于朱震和胡宏的说法，他在《周子太极通书后序》中说：

> 熹又尝读朱内翰震《进易说表》，谓此图之传，自陈抟、种放、穆修而来。而五峰胡公仁仲作《通书序》，又谓先生非止为种、穆之学者，此特其学之一师耳，非其至者也。夫以先生之学之妙，不出此图，以为得之于人，则决非种穆所及。以为非其至者，则先生之学，又何以加于此图哉？是以尝窃疑之。及得志文考之，然后知其果先生之所自作，而非有所受于人者。[③]

朱熹的结论是《太极图》为周敦颐自作，这和朱熹对周敦颐思想的总体评价是一致的："而先生出焉，不由师传，默契道体，建图著书，根领极要。"[④] 朱熹认为周敦颐并无师传，而是自家体贴出来，以天性聪明颖悟而"默契道体"。这自然更符合周敦颐作为儒家道统纯正宗主的形象。

到了明朝，黄宗炎在《图学辩惑》中又将《太极图》的源头推到了更远：

> 此图本名《无极图》，陈图南刻于华山石壁，列此名位，创自河上公。魏伯阳得之以著《参同契》，钟离权得之以授吕洞宾，洞宾后与图南同隐华山，因以授陈，陈又受《先天图》于麻衣道者，皆以授种放，放以授穆修与僧寿涯。修以《无极图》授周茂叔，茂叔又得先天地之偈于寿涯，乃方士修炼之术，其义自下而上，以明逆则成丹之法。[⑤]

所谓逆则成丹之法，是说《无极图》作为方士修炼之术，最下第五圈名"玄牝之门"，为人命门两肾空隙处，祖气所在。再上一圈为"炼精化气，炼气化神"。神与气周流五脏六腑，水、火、木、金、土五行流布，即名"五气朝元"。再上则名为"取坎填离"，将坎水中间之阳爻，填入离火中虚之阴爻，即成元亨利贞四德兼具的乾卦，

① 《胡宏集》，中华书局 1987 年版，第 160 页。

② 《胡宏集》，中华书局 1987 年版，第 161 页。

③ 《晦庵先生朱文公文集》卷七十五，载《朱子全书》，上海古籍出版社、安徽教育出版社 2010 年版，第 3629 页。

④ （宋）朱熹：《濂溪先生祠堂记》，《濂溪志（八种汇编）》，湖南大学出版社 2013 年版，第 66 页。

⑤ 《图学辩惑》，《四库全书》第四十册，第 751 页上。

从而水火交运，结成圣胎。最上一圈名“炼神还虚，复归无极”，从而得道成仙。

黄百家云：“周子得此图，而颠倒其序，更易其名，附于《大易》，以为儒者之秘传。盖方士之诀，在逆而成丹，故从下而上；周子之意，以顺而生人，故从上而下。”①

据黄百家的说法，周敦颐将方士炼丹的上逆之法，颠倒诠释的顺序，从而自上而下解释为天地造化的宇宙创生学说，太极—阴阳—五行—万物的创生模式，便是从天至人乃至万物的顺序生生过程。

其实，周敦颐的《太极图说》不仅仅有“顺而生人”的顺推法，也有“逆而知天”的逆推法，实则一个圆满的天人互动、天人合一的回环。周子以《中庸》之“诚”立说，以“诚”贯通，将此天人关系过程解释为诚通、诚复的互动过程。周敦颐《通书·诚上篇》云：

> “大哉乾元，万物资始”，诚之源也。“乾道变化，各正性命”，诚斯立焉。
>
> 纯粹至善者也。故曰：“一阴一阳之谓道，继之者善也，成之者性也。”元、亨，诚之通；利、贞，诚之复。大哉易也！性命之源乎！

在周敦颐看来，诚源于天，天道的流行，使万物各禀其性，各受其命，这一过程，也是立诚的过程，是纯粹至善植入万物的大化流行，也是《周易》所谓“继善成性”的过程。乾之四德，为元、亨、利、贞。元、亨，始而通，故为“诚之通”，天道之诚的生成、发展，赋予万物，即“继之者善也”；利遂、贞正，天道之诚的完成与贞固，根植于万物与人心，万物可复其本心之诚而上达天听，故为“诚之复”。由此，诚贯通了天道性命，贯通了天人。

黄宗炎将《太极图》源头上溯到汉代的河上公，又增加了魏伯阳、钟离权、吕洞宾的传授系统。吕洞宾与陈抟的交集，《宋史》陈抟本传有载：“关西逸人吕洞宾有剑术，百余岁而童颜，步履轻疾，顷刻数百里，世以为神仙。皆数来抟斋中，人咸异之。”②

比黄宗炎晚出生十余年的朱彝尊在《太极图授受考》中说：“自汉以来，诸儒言《易》，莫有《太极图者》。惟道家者流，有《上方大洞真元妙经》，著太极三五之说。唐开元中明皇为制序，而东蜀卫琪注《玉清无极洞仙经》，衍有无极、太极诸图。”③

不过，黄宗炎、朱彝尊的新说，为杨柱才先生的考证所否认：“黄宗炎、朱彝尊谓

---

① （清）黄宗羲原著，全祖望补修：《宋元学案》卷二十《濂溪学案下》，中华书局 1986 年版，第 516 页。

② （元）脱脱：《宋史》卷四百五十七《陈抟传》，中华书局 1985 年版，第 13422 页。

③ 《曝书亭集》卷五十八，《四部丛刊》初编集部，第 447 页下。

《无极图》创自河上公，经由魏伯阳而传至钟离权、吕洞宾又传至陈抟，以至周敦颐改为《太极图》，是很缺乏事实根据的。”[①]

不过，值得注意的是，黄宗炎的《太极图》源流序列中，出现了一位佛教人物：寿涯。这意味着将《太极图》的渊源中，加入了佛教之说。

而明末清初的毛奇龄，则在《太极图说遗议》中明确提出，《太极图》有两大传授系统，一为道家，一为佛教：“太极无所为图也。况其所为图者，虽出自周子濂溪，为赵宋儒门之首，而实本之二氏之所传。一传自僧寿涯。或云：‘陈抟师麻衣。’麻衣即寿涯也。则时稍稍相去，濂溪或不能从学。乃其所传者，则又窃取魏伯阳《周易参同契》中《水火匡廓》与《三五至精》两图，而合为一图。”[②]

毛奇龄认为，不仅《太极图》得二氏之传，《太极图说》也渊源有自，“乃其所为《说》，或不必果周子所作，即果周子所作，亦但就二家所授，而因以成文”[③]。

毛奇龄还引周敦颐著作与佛家相贯通，来论证其与佛教的一致性：

> 而唐僧圭峰于《圆觉经疏》讲《易》四德有云：“惟此四故，是五行故，是四时故。”则又正以五行搀四时之先，所谓“五行顺布，四时行焉”者。凡诸《图说》，与诸佛、道藏讲太极者，无不吻合。[④]

需要指出的是，毛奇龄以宗密将元亨利贞四德与周敦颐所说的五行、四时相通，只能说明宗密援儒入佛，而不能以此证明周敦颐援佛入儒。

我们姑且略去毛奇龄对《太极图》道家渊源的论述，他提及的麻衣和寿涯，不妨略作探析。

陈抟的易学据说师承于亦佛亦道的麻衣道者。《佛祖统纪》云：“处士陈抟受《易》于麻衣道者，得所述《正易心法》四十二章，理极天人，历诋先儒之失，抟始为之注。”[⑤]

佛教在中国遭遇的法难，“三武一宗”灭佛事件，后周世宗是最后一起法难的发起者。而麻衣道者显然经历了这一事件：

> 周世宗之废佛像也（世宗自持凿破镇州大悲像胸），疽发于胸而殂。时，太祖太宗目见之，尝访神僧麻衣和上，曰：“今毁佛法，大非社稷之福。”麻

---

① 杨柱才：《道学宗主：周敦颐哲学思想研究》，人民出版社 2004 年版，第 80 页。

② 《周敦颐集》附录三毛奇龄《太极图说遗议》，中华书局 2009 年版，第 141 页。

③ 《周敦颐集》附录三毛奇龄《太极图说遗议》，中华书局 2009 年版，第 150 页。

④ 《周敦颐集》附录三毛奇龄《太极图说遗议》，中华书局 2009 年版，第 161 页。

⑤ （宋）志磐：《佛祖统纪》卷四十四《法运通塞志第十七之十》，上海古籍出版社 2012 年版，第 1021 页。

> 衣曰："岂不闻三武之祸乎?"又问："天下何时定乎?"曰："赤气已兆，辰申间当有真主出兴，佛法亦大兴矣（其后太祖受禅于庚申年正月甲辰，其应在于此也)。"处士陈抟隐居华山，闭门卧，屡月不起。显德末，乘白骡将入东都，中道闻太祖即位，大笑曰："天下自此定矣。"①

宋太祖父子曾造访麻衣，表示了对毁佛的担忧，但麻衣从之前发生的北魏太武帝、后周武帝、唐武帝灭佛后，随即出现的佛教复兴，暗示了佛法将重现复兴的历史经验。对于赵匡胤建立政权，麻衣显然给予了图谶上的舆论支持，而以睡功闻名天下的陈抟，也在新政权建立后给予了清醒的肯定。可见，麻衣和陈抟在政治主张上也有师传默契。

下面的一则故事，也说明了麻衣和陈抟的亲密关系：

> 陈抟居华山，钱若水未第，去谒之，抟邀入山斋，见老僧拥纳附火，若水揖之，僧开目而已。坐久，抟问："何如?"僧曰："无仙骨法。"若水退，抟戒之曰："三日后可复来。"如期而往，抟曰："始吾见子神观清粹，谓可以学仙，故请决于老僧。僧言：'他无仙骨，但可作贵公卿，于急流中勇退耳。'"问僧何人，抟曰："吾师麻衣道者也。"②

麻衣精通《易》与《河图》《洛书》，又善相骨，故对钱若水是否适合学仙洞若观火，在这一点上，陈抟显然不如乃师。不过，陈抟还是继承了麻衣擅长相骨的功夫。《宋史》本传说他"能逆知人意"，并举例说明。

如果将《太极图》渊源上推至河上公，显然属道家一脉。而中间又出了个麻衣和尚做陈抟的老师，则又有了佛教的源头。

而更直接的佛教渊源，则有周敦颐师从寿涯之说。

《濂溪学案》载："先生（胡宿）尝至润州，与濂溪游。或谓濂溪与先生同师润州鹤林寺僧寿涯，或谓邵康节之父邂逅先生于庐山，从隐者老浮屠游，遂同受《易》书。"③ 这里说的隐者老浮屠，度正指明即寿涯："所谓隐者，疑即寿涯也。"④

周敦颐到润州（今镇江)，当因母忧。据朱熹弟子度正《周敦颐年谱》载，宋仁宗景祐四年，周敦颐二十一岁，"七月十六日，母仙居县太君卒。先是舅氏龙图公卒，

---

① （宋）志磐：《佛祖统纪》卷四十四《法运通塞志第十七之十》，上海古籍出版社 2012 年版，第 1017 页。

② （宋）志磐：《佛祖统纪》卷四十四《法运通塞志第十七之十》，上海古籍出版社 2012 年版，第 1022 页。

③ （清）黄宗羲原著，全祖望补修：《宋元学案》卷二十《濂溪学案下》，中华书局 1986 年版，第 528 页。

④ 《周敦颐集》附录一《周敦颐年谱》，中华书局 2009 年版，第 112 页。

葬润州丹徒县。先生遂扶梓厝于龙图公墓侧。是岁，居润，读书鹤林寺，时范文正公、胡文恭公诸名士与之游”①。

周敦颐二十四岁除服，方调洪州分宁县任主簿。这意味着，他有将近三年的时间在润州守丧，并师从寿涯禅师。

周敦颐从寿涯处何所学？“周子又得‘先天地’之偈于寿涯。”② 此偈为：“有物先天地，无形本寂寥，能为万象主，不逐四时雕。”③

《鹤林寺志》载：“宋寿涯禅师，与胡武平（宿）、周茂叔交善。茂叔尤依寿涯，读书寺中，每师事之，尽得其传焉。其后二程之学本于茂叔，皆渊源于寿涯云。”④又，晁公武《郡斋读书志》录周敦颐《通书》一卷，谓：“茂叔师事鹤林寺僧寿涯，以其学传二程，遂大显于世。”⑤

不过，对于从师寿涯是否意味着《太极图》即出自于佛道二教，黄宗羲的答案是否定的：

> 而后世之异论者，谓《太极图》传自陈抟，其图刻于华山石壁，列玄牝等名，是周学出于老氏矣。又谓周子与胡文恭同师僧寿涯，是周学又出于释氏矣。此皆不食其胾而说味者也。使其学而果是乎，则陈抟、寿涯亦周子之老聃、苌弘也。⑥

在黄宗羲看来，即便周敦颐之学有陈抟、寿涯的影子，但至多不过类似于孔子问礼于老子、问乐于苌弘，并不改变其儒家本色。相反，黄宗羲紧接着说：

> 顾泾阳曰：“周元公不辟佛。”高忠宪答曰：“元公之书，字字与佛相反，即谓之字字辟佛可也。”岂不信哉！⑦

黄宗羲肯定高攀龙（谥忠宪）的观点，周敦颐的《太极图说》《通书》等著作，

---

① （宋）度正：《年谱》，《濂溪志（八种汇编）》，湖南大学出版社2013年版，第14页。

② （清）黄宗羲原著，全祖望补修：《宋元学案》卷二十《濂溪学案下》，，中华书局1986年版，第515页。

③ （清）黄宗羲原著，全祖望补修：《宋元学案》卷二十《濂溪学案下》，中华书局1986年版，第524页。

④ 《鹤林寺志·高僧》，《中国佛寺志》第84册，台湾明文书局1980年版，第213页。

⑤ （宋）晁公武：《郡斋读书志校证》，上海古籍出版社2011年版，第450页。

⑥ （清）黄宗羲原著，全祖望补修：《宋元学案》卷二十《濂溪学案下》，中华书局1986年版，第523页。

⑦ （清）黄宗羲原著，全祖望补修：《宋元学案》卷二十《濂溪学案下》，中华书局1986年版，第523页。

恰恰是因其迥异于佛说而有辟佛之效的。理由正如高攀龙所说："元公谓'圣人之道，仁义中正而已矣'，会得此语，可谓深于辟佛者矣。"①

尽管朱熹说周敦颐之学"不由师传"，但对于《太极图》渊源的种种说法，似乎表现了游离不定的态度。

朱熹《再定太极通书后序》：

> 又读张忠定公语，而知所论希夷种穆之传，亦有未尽其曲折者。（小注：按张忠定公尝从希夷学，而其论公事之有阴阳，颇与图说意合。窃疑是说之传，固有端绪，至于先生然后得之于心，而天地万物之理，钜细幽明，高下精粗，无所不贯，于是作为此图，以发其秘尔。）②

朱熹提及的张忠定关于公事阴阳问题，张忠定《语录》载：公问李畋云："子还知公事有阴阳否?"对曰："未也。"曰："凡百公事，未着字前属阳，阳主生也，通变由之。着字后属阴，阴主刑也，刑贵正名，名不可改。"③

朱熹似乎也意识到，陈抟弟子张忠定关于阴阳刑名的说法，与周敦颐阴阳动静之说颇有相合之处（《太极图说》有"太极动而生阳，动极而静，静而生阴"之说）。不过，朱熹一方面未否定《太极图》传自陈抟之说"固有端绪"，但一方面也坚持周敦颐自身悟道，而贯通天人之说，《太极图》是周敦颐自作，以显明天道性命之秘要的。故下面这段朱子师生对话亦可见其微妙心态：

> "今人多疑濂溪出于希夷，又云为禅学，其诸子皆学佛。"可学云："濂溪书具存，如《太极图》，希夷如何有此说？或是本学老、佛而自变了，亦未可知。"曰："尝读张忠定公《语录》。公问李畋云：'汝还知公事有阴阳否?'云云。此说全与濂溪同。忠定见希夷，盖亦有些来历。但当时诸公知濂溪者，未尝言其有道。"可学曰："此无足怪。程太中独知之。"曰："然。"④

朱子的学生猜测，周敦颐出老入佛，如其诸子皆学佛，似乎能找到父子相承学佛的可能性。但周敦颐最终回归儒家妙道，直至二程将其学发扬光大。此处，朱熹似乎并未否定弟子的分析。更值得注意的是：

---

① （清）黄宗羲原著，全祖望补修：《宋元学案》卷二十《濂溪学案下》，中华书局 1986 年版，第 523 页。

② 《朱文公文集》卷七十六，第 1398 页下。

③ 《张乖崖集》卷十二，第 131 页。

④ 《朱子语类》卷九十三，中华书局 1986 年版，第 2357 页。

> 因问："周子之学，是自得于心？还有所传授否？"曰："也须有所传授。渠是陆诜婿。温公《涑水记闻》载陆诜事，是个笃实长厚底人。"①

朱熹这里以不确定的语气说出周子之学有所传授，而接下来端出陆诜，又有何暗示呢？据度正《周敦颐年谱》，宋仁宗景祐三年，时年二十岁的周敦颐"娶陆氏职方郎中参之女"②。陆参当即陆诜，而全真道南宗初祖张伯端曾在其府中典机要。这里似乎暗示了周敦颐可能受张伯端的影响。周敦颐有诗云："始观丹诀信希夷，盖得阴阳造化机。子自母生能致主，精神合后更知微。"③ 此诗颇值得玩味，其透露的信息中，一则周敦颐自叙读过陈抟的丹诀，虽未明言观陈抟之图，但对于陈抟的"阴阳造化"理论是有所了解且认同的，而《太极图说》恰恰前半段就是说宇宙造化的。"精神合后更知微"，如果将此句诗和《太极图说》的"立人极"部分联想起来，似乎颇有相合的意味，也许周敦颐对于"太极—人极"的体认自觉颇有心得，有见微知著的自我认同与欣慰，抑未可知。

而王阳明《咏濂溪图学》诗也颇值一提：

> 一窍谁将混沌开，千年朴子道州来。须知太极原无极，始信心非明镜台。始信心非明镜台，须知明镜亦尘埃。人人有个圆圈在，莫向蒲团坐死灰。④

王阳明将周敦颐的"无极而太极"与禅宗六祖慧能的"菩提本无树，明镜亦非台"相对举，似在暗示周敦颐之说与禅宗的相通处。

倒是度正坚信周敦颐的思想"皆天造自得"，坚持朱熹所谓"不由师传，默契道体"的观点，理由如下：

> 或谓陈抟传种放，放传穆修，修传先生。今种穆所著，存于世者，古文而已，然亦未纯于理。观抟与张忠定语及公事先后，有太极动静阴阳之意。然其所为《龙图记》，盖直陈其数，无复文言，与《太极图说》绝不相似。今观《太极图说》精妙微密，与《易大传》相类。盖非为此图者，不能为此说；非为此说者，不能为此图。义理混然，出于一人之手，决非前人创图，后人从而为之说也。或谓"无极"二字出于老子，先生之学，盖本与此。然老子之言无极，如《列子》《庄子》之言无穷无极，释氏之言无量无边，是

① 《朱子语类》卷九十四，中华书局 1986 年版，第 2397 页。

② （宋）度正：《年谱》，《濂溪志（八种汇编）》，湖南大学出版社 2013 年版，第 14 页。

③ 《周敦颐集》卷三《读英真君丹诀》，中华书局 2009 年版，第 69 页。

④ （明）王阳明：《咏濂溪图学》，《濂溪志（八种汇编）》，湖南大学出版社 2013 年版，第 104 页。

指四旁为义。先生之言“无极而太极”，是指中间极至之理，未形之妙。今以其字之同，而不察其指之大异，比而同之，不惟不足以知先生之意，恐于老子之言亦未识其指归也。①

度正之意，一则种放、穆修的存世文章，均为古文，未见有图，且于理不纯，不足以为周子师；二则张忠定关于公事先后阴阳之说，虽有周子太极动静阴阳之意，但张氏之作与《太极图说》完全不一样，看不出有影响周敦颐之处；三则《太极图说》从《易》入手，图与说相表里，必然出自一人之手；四则老子、释氏的“无极”，与周子的无极，含义不一样。由此，度正坚持周敦颐自作《太极图》的观点。

二、周敦颐的生活志趣与佛教

周敦颐通判永州期间，得到赵抃和吕公著的推荐，得以擢升为广南东路转运判官，在《谢公著启》中，周敦颐自称：“在薄宦有四方之游，于高贤无一日之雅。”②

与尽心职事、断狱如神的地方官迥异其趣的是，周敦颐内心中认同的，反而是“闲方为达士，忙只是劳生”③。黄庭坚说：“茂叔虽仕宦三十年，而平生之志，终在丘壑。”周敦颐性喜山水，经常出入佛寺道观。在《题赤水县龙多山书仙台观壁》诗中，周子自叙：“到官处处须寻胜。”④ 周敦颐妻兄蒲宗孟《周敦颐墓碣铭》云：“生平襟怀飘洒，有高趣，常以仙翁隐者自许。尤乐佳山水，遇适意处，终日徜徉其间。”由此可见周敦颐的道家情怀，不仅如此，周敦颐还喜欢在山水之游中与高僧相伴：“乘舆结客，与高僧道人，跨松萝，蹑云岭，放肆于山巅水涯，弹琴吟诗，经月不返。”⑤ 可见，周敦颐的山林从游，是佛道兼备的。朱熹说：“濂溪在当时，人见其政事精绝，则以为宦业过人；见其有山林之志，则以为襟袖洒落，有仙风道气，无有知其学者。惟程太中独知之。”⑥

宋嘉祐六年（1061），时年四十五岁的周敦颐“迁国子博士，通判虔州，道出江州，爱庐山之胜，有卜居之志，因筑书堂于其麓。堂前有溪，发源于莲华峰下，洁清绀寒，下合于湓江，先生濯缨而乐之，遂寓名以濂溪。”⑦ 此后周敦颐在虔州、永州、邵州、广东为官，直到十余年后，才定居于庐山，并终于此地。周敦颐在《题濂溪书

① 《周敦颐集》附录一《周敦颐年谱》，中华书局 2009 年版，第 113 页。
② （宋）度正：《年谱》，《濂溪志（八种汇编）》，湖南大学出版社 2013 年版，第 18 页。
③ 《周敦颐集》卷三《静思篇》，中华书局 2009 年版，第 64 页。
④ 《周敦颐集》卷三《题赤水县龙多山书仙台观壁》，中华书局 2009 年版，第 70 页。
⑤ 《周敦颐集》附录一蒲宗孟《周敦颐墓碣铭》，中华书局 2009 年版，第 94 页。
⑥ 《朱子语类》卷九十三，中华书局 1986 年版，第 2357 页。
⑦ 《周敦颐集》附录一度正《周敦颐年谱》，中华书局 2009 年版，第 107 页。

堂》诗中自述："庐山我久爱，买田山之阴。"他喜欢这样的生活："书堂构其上，隐几看云岑。倚梧或欹枕，风月盈中襟。或吟或冥默，或酒或鸣琴。数十黄卷轴，圣贤谈无音。"[①] 与诗相和，琴书相伴，圣贤相邀，寻风弄月，亦仙亦佛，岂不快哉！

周敦颐牵系庐山历岁十载，除了其山川形胜，与此地的佛寺高僧恐怕不无关系。

度正《周敦颐年谱》载，宋英宗治平二年三月十四日，在从虔州往永州赴任途经庐山时，游览了大林寺。今存周子诗中，有两首与大林寺有关，当非一次所写。《游大林寺》云："三月僧房暖，林花互照明。路盘层顶上，人在半空行。水色云含白，禽声谷应清。天风拂襟袂，缥缈觉身轻。"[②]《宿大林寺》："公程无暇日，暂得宿清幽。始觉空门客，不生浮世愁。温泉喧古洞，晚磬度危楼。彻晓都忘寐，心疑在沃州。"[③] 诗中可见，周敦颐流连大林寺时，对于空门清静，还是有忘情物外的超拔感。

在另一首《经古寺》中，周敦颐对于佛寺化解尘世烦劳的作用感慨颇深，"是处尘劳皆可息，时清终未忍辞官。"[④] 周子诗又说："傍人莫笑凭阑久，为恋林居作退谋。"[⑤] 周敦颐在佛门之地有了辞官之念，这种心态在下面这首诗中再度重现："久厌尘坌乐静缘，俸微犹乏买山钱。徘徊真境不能去，且寄云房一榻眠。"[⑥]

周敦颐"乐静缘"，《太极图说》称"无欲故静"，此间的微妙，当可揣摩。

除了诗作，周敦颐的《爱莲说》一文，将莲视为花之君子，"予独爱莲之出淤泥而不染，濯清涟而不妖，中通外直，不蔓不枝，香远益清，亭亭净植，可远观而不可亵玩焉。"莲之净而不染，与佛教的净染观暗合。莲花的出污泥而不染，在佛典中可找到对应："又《智度论》云：'世尊身好细薄皮相，尘土不着身，如莲华叶，不受尘水。'"[⑦]《涅槃经》云："诸佛如来虽处众恶，无所染污，犹如莲华。"[⑧]《涅槃经》还以莲花喻如来："又世间者，名曰莲华，解名不污，善男子，是名世间义。莲华者即是如来，不污者，如来不为世间八法之所染污，是故号佛为世间解。"[⑨] 明宗本《归元直指集》载："濂作《爱莲诗》曰：'佛爱我亦爱，清香蝶不偷。一般奇绝处，不上妇人头。'（出《郑谷集》）"如此诗果为濂溪所作，则《爱莲说》与佛学的关联便很明白了。

---

① 《周敦颐集》卷三《题濂溪书堂》，中华书局2009年版，第62页。
② 《周敦颐集》卷三《游大林寺》，中华书局2009年版，第65页。
③ 《周敦颐集》卷三《宿大林寺》，中华书局2009年版，第74页。
④ 《周敦颐集》卷三《经古寺》，中华书局2009年版，第68页。
⑤ 《周敦颐集》卷三《同石守游》，中华书局2009年版，第72页。
⑥ 《周敦颐集》卷三《宿山房》，中华书局2009年版，第70页。
⑦ （唐）释道世：《法苑珠林》卷十六，中华书局2003年版，第533页。
⑧ （北凉）昙无谶译：《涅槃经》卷十五《梵行品第八之二》，宗教文化出版社2011年版，第241页。
⑨ （北凉）昙无谶译：《涅槃经》卷十八《梵行品第八之五》，宗教文化出版社2011年版，第283页。

周敦颐的《养心亭说》，将孟子的“养心莫善于寡欲”的“寡欲”说发展为“无欲”说：“予谓养心不止于寡焉而存耳，盖寡焉以至于无。无则诚立、明通。诚立，贤也；明通，圣也。”①《道德经》讲“无欲”，如“我无欲，而民自朴”。

“常使民无知无欲。”而佛教的戒定慧，破除“贪”欲，基于贪欲乃众苦之源，如《法华经·方便品》云：“诸苦所困，贪欲为本。”故而提出“无欲”观，如《长阿含·三聚经》以“无欲”为涅槃九法之一，《法句经·爱欲品》偈云：“无欲无有界，恬淡无忧患。”《增一阿含经》卷二十五谓：“以无想念便无欲心，以无欲心便无乱想。”周敦颐从“寡欲”到“无欲”的递进，当为援佛道入儒的结果，但值得强调的是，周敦颐的旨归，决为儒家。

三、周敦颐游于禅门进而会通儒佛的可能

二程有“周茂叔穷禅客”② 之语，前文叙及周敦颐的山林之游多禅僧，在官宦生涯中，其交游之士也往往修禅，这与宋代禅学成为士大夫风尚有关。周敦颐的好友潘兴嗣是黄龙慧南禅师的法嗣，在合州、虔州任职时，号称“铁面御史”的赵抃两度担任周敦颐的顶头上司，在虔州时周敦颐才深得赵抃激赏。《宋史》赵抃本传说：“日所为事，入夜必衣冠露香以告于天，不可告，则不敢为也。”③ 赵抃焚香告天，也修禅。周敦颐有《万安香城寺别虔守赵公》一诗，说明二人相别是在寺庙中进行的，诗中说彼此“谈终道奥愁言去”，当为参禅论道。朱熹对于赵抃的深信佛教似有不解，“朱子《跋清献家问》曰：‘赵清献公晚知濂溪先生甚深，而先生所以告之者亦甚悉，见于章贡《道行》之篇者可考也。而公于佛学盖没身焉，何邪?’”④ 佛教方面的文献显示，周敦颐与禅宗的临济、云门二派均有交游。（此处暂略）我们姑且对来自佛门的周敦颐史迹持保留态度，即便这些材料真实可信，也只能说明作为士大夫中特别流行参禅的有宋时人，周敦颐交游禅师，为儒佛道三教合一进程中的一大客观现象，而周敦颐的《太极图说》和《通书》，以《中庸》和《周易》为主体思想来源，以“诚”为核心范畴，其主旨为地地道道的儒家学说，并无明显的佛教印迹。正是因为周敦颐作品和思想中的儒家本色，他贯通天地人三才之道，思考天道性命之学重回儒家道统的努力，才造就了一代道学宗主的地位。而这一切，是无关佛教的。为此，周敦颐与佛教的关系，更主要的是与禅师的交游，即所谓“方外友”，而非其主体思想渊源于佛教。

---

① 《周敦颐集》卷三《养心亭说》，中华书局2009年版，第52页。

② （宋）程颢、程颐：《二程集·河南程氏遗书·卷六》，中华书局1981年版，第85页。

③ （元）脱脱：《宋史》卷三百一十六《赵抃传》，中华书局1985年版，第10325页。

④ （清）黄宗羲原著，全祖望补修：《宋元学案》卷二十《濂溪学案下》，中华书局1986年版，第531页。

《周易》的大生命世界观

李振纲
河北大学政法学院哲学系教授

一、研究生命哲学的意义

生态、生存、生活、生命的意义日益成为现代人的现实关切。“可持续发展”“建设和谐社会”“低碳经济”“绿色生活方式”等说法，作为一种现代发展模式或对策，可以从更深层次上归约为一种天地人和谐共生的哲学理念。现代环境科学、生态经济学、生态社会学、生命伦理学诸多新兴学科均不同程度上表现了对儒道传统生命哲学的某种回归。法国现代思想家阿尔贝特·施韦泽最早提出“敬畏生命”的伦理学。敬畏生命的伦理学认为，我们生存在世界之中，世界也生存于我们之中，生命世界是一个有机整体。所以，“善是保存和促进生命，恶是阻碍和毁灭生命。如果我们摆脱自己的偏见，抛弃我们对其他生命的疏远性，与我们周围的生命休戚与共，那么我们就是道德的。只有这样，我们才会有一种特殊的、不会失去的、不断发展的和方向明确的德性”；“敬畏生命不允许个人放弃对世界的关怀。敬畏生命始终促使个人同其他周围的所有生命交往，并感受到对它们负有责任。对于其发展能由我们施以影响的生命，我们与它们的交往及对它们的责任，就不能限于保存和促进它们的生存本身，而是要在任何方面努力实现它们的最高价值”。有识者认为，随着当代生命科技的发展，人类主体力量日益彰显，生命样态正在从自然进化走向人工安排。在这一历史进程中，人的生命价值观也发生着变化。从生命哲学的原点出发，重新审视人类的生命科技活动，唤醒人类“敬畏生命”的伦理精神，对推动人类社会和谐健康的发展具有积极价值。就此而言，着力研究古代哲学的生存智慧——大生命世界观在调适人与自然关系，化解现代社会矛盾冲突，开发生命潜能，建构和谐生存世界方面的理论价值和现实意义，理应成为当今哲学研究的问题意识和现实关切。

二、易学大生命哲学四大理论基石

《周易》哲学对天、地、人“生生”之“德”的放怀咏颂，“保合太和”“大生”“广生”的价值关切，正蕴含着这样一种“敬畏生命”的哲学意识，此种意识根源于《易传》所构建的天人合德的大生命世界观。易学生命哲学基于如下四大理论基点之上。

（一）生命本体论

“生”是儒道哲学的一个根本观念。孔子说：“天何言哉？四时行焉，百物生焉。”孟子说：“苟得其养，无物不长。”老子说“道生之”，庄子更有“养生”“达生”之说。《管子》“四篇”的《内业》中说：“天出其精，地出其形，合此以为人。和乃生，不和不生。”荀子说：“天地合而万物生。”这些因素到《易传》形成一套系统的生命哲学或大生命世界观。《系辞上》云：“易有太极，是生两仪，两仪生四象，四象生八卦，八卦定吉凶，吉凶生大业。”《系辞》作者认为，宇宙生化的原理根源于“太极”，由太极分化出天地阴阳“两仪”，两仪继而演化出少阳、老阳、少阴、老阴“四象”，象征春、夏、秋、冬四时变化；四象复合衍生出乾、坤、震、巽、坎、离、艮、兑“八卦”，象征宇宙生命大时空赖以展演的八种自然现象，即天、地、雷、风、水、火、山、泽，由此构成了人的生存环境。《周易》哲学认为宇宙的本性是“生”。《系辞上》云：“日新之谓盛德，生生之谓易。”《系辞下》云：“天地之大德曰生。”又说：“天地氤氲，万物化醇。男女构精，万物化生。”（《系辞下》）生命世界的原创力不是“上帝”或任何其他外在的力量，而是宇宙本有的两种自然力或生命势能相互作用的结果，故云“一阴一阳之谓道”，又说乾坤二卦象征生命世界的两扇大门，“乾坤毁则无以见易，易不可见则天地之用息矣”。按照《易传》的宇宙创生原理，“太极”或“道”作为天地万物及人类的生命本原，此种“生生”之“德”构成“大生命”世界的存在本质与价值本体。天地自然不仅是人类生命的源泉，而且是人类创造自身历史、社会组织和人文化成的历史前提。人只有与天地合其德，把自己融化在天地自然中，才能找到生命的本原、生活的基础、道德的源泉。

（二）大生命时空观

《系辞下》云：“古者庖羲氏之王天下也，仰则观象于天，俯则观法于地，观鸟兽之文，与地之宜，近取诸身，远取诸物，于是始作八卦，以通神明之德，以类万物之情。”庖羲氏即伏羲氏，是远古先民智慧的一个象征。取象于天地自然的“八卦”图式源于远古先民的生产和生活经验，它用简易的符号演绎了生命世界的创生原理与时空秩序。《说卦》云："帝出乎震"一章以八卦方位配四时八节，演绎自然造物之周期节律和时空秩序。这一章被邵雍说成是文王所定的"后天之学"。依《说卦》传，《震》属东方，代表万物萌生的春分时节；《巽》属东南，代表万物茁壮发育的夏初时节；《离》属南方，代表万物争相展现的夏至时节；《坤》属于西南，代表万物都得到护养的立秋时节；《兑》属于西方，代表万物硕果累累赏心悦目的秋分时节；《乾》属于西北，代表阴阳相互逼迫的立冬时节；《坎》属于北方，代表万物劳倦归藏的冬至时节；《艮》属于东北，代表万物终结于此而又重新开始的立春时节。人类生活在生命世界的大时空中，不仅物质生产要与其保持共同的节律，诸如春种、夏耘、秋收、冬藏之类，就是社会活动、精神生活，诸如战争、商旅、祭祀、婚姻、教育等也是如此。

《易传》时空观对秦汉之际及汉代天文律历观念发生深刻影响。令人惊叹的是，古人构建的完备而和谐的生命世界及其时空秩序，其"时间"和"空间"性状，既不是牛顿设定的一维的、直线的、机械的流逝性和三维的、立体的、凝固的框架性，也不似康德所设想的两种彼此毫不相干的用来整合杂乱经验的"先验的"感性形式。此种与生命本体休戚相关、体用不二的时间与空间，两者是相互支撑、相互蕴含、圆融无碍的。时间是生命的绵延，空间是生命的展演。时间中有空间，所以时间不是终始两端之间的直线，而是"循环无端"的"圆"；空间中有时间，所以空间不是僵硬凝固的物质架构，而是"上下无常""周流六虚"的"变"。这就是生命本体呈现出来的本相。

（三）宇宙生命共同体

《周易》中的生命共同体，横着看，或者从空间关系看，就是《说卦》传中的八卦大家庭。《说卦》云："乾天也，故称父；坤地也，故称母；震一索而得男，故谓之长男；巽一索而得女，故谓之长女；坎再索而得男，故谓之中男；离再索而得女，故谓之中女；艮三索而得男，故谓之少男；兑三索而得女，故谓之少女。"八卦大家庭，乾父坤母和六男六女，各有各的象征和性格，既对立又统一，既差异又互补。在《易传》作者看来，宇宙不是一个机械的物理的存在，而是有情有义的大家庭。这个宇宙大家庭，自然也是人类的家园，用今天的话说就是我们的生存环境。张载在他著名的《西铭》中把这个宇宙大家庭所承载的生命伦理精神概括为"民胞物与"说，对其进行了充分的发挥。纵着看，或者从时间关系看，也就是《序卦》传所演绎的六十四卦排列顺序。《序卦》传说："有天地然后有万物，有万物然后有男女，有男女然后有夫妇，有夫妇然后有父子，有父子然后有君臣，有君臣然后有上下，有上下然后礼仪有所错。"这里从自然到人类社会是一个生命序列。六十四卦也就是人所面对的六十四种矛盾或问题，每一卦都可以看作生命存在所遭遇的一种时空境遇，它限制着人，也塑造着人，人也参与着生命世界的变化。总之，天地人是一个和谐共生的整体。《说卦》传论天地人三才共生之道云："立天之道曰阴与阳，立地之道曰柔与刚，立人之道曰仁与义。兼三才而两之，故《易》六画而成卦。分阴分阳，迭用柔刚，故《易》六位而成章。”《周易》八经卦组成的六画卦，上两画代表天，下两画代表地，三画四画处在天地之间代表人。天、地、人构成一个同心圆，人在中心，这意味着“人”是天地之“心”。既然如此，人就应该尽到自己“天地之心”的那一点责任。人的责任何在？就是与天地保持和谐，把天地生生不息的德性落实在“人文化成”的事业中，实现天地生生与人文化成的统一。圣人的智慧最突出的一点就在于此。所以乾卦的《文言》传说：“大人者与天地合其德，与日月合其明，与四时合其序，与鬼神合其吉凶。故先天而天不违，后天而奉天时。”（《乾·文言》）程颐说：“圣人先于天而天同之，后于天而能顺天者，合于道而已矣。合于道，则人与鬼神岂能违乎？”王阳明说：“先天而天不违，天即良知也；后天而奉天时，良知即天也。”（《全书》一，第137页）天人合德的实质是天地自然规律与人类社会实践方式的耦合，此种思维方式在《周易》六十四卦的《象辞》中得到淋漓尽致的发挥。

（四）和谐共生的价值观

《乾·彖》云：“大哉乾元，万物资始，乃统天。云行雨施，品物流行。大明始终，六位时成，时乘六龙以御天。乾道变化，各正性命。保合大和，乃贞。”这里《乾》卦象征太阳周而复始光照万物永不熄灭，六爻因时变化就像太阳驾乘六条神龙巡视宇宙变化的生命万象。天道变化赋予万物纯正的生命本性与命运，遵循天道规律，保持阴阳平衡达到高度的和谐，乃是包含人类在内的生命世界的根本利益。乾道是生长万物的本原，人道效法生生和谐的天道规律，天下万国也就太平无事了。大生命易学强调，天地自然生生不息的内在价值，需要通过人合理的生活态度来实现，合理的态度无非是：法象天地，继善成性，居中守正，崇德明时，师法乾坤大生广生、易知简能的崇高德性，在改变自然，实现天地自然的人文化的同时，邀请自然走进人的生活，实现人文化成的自然化。《贲·象》云：“观乎天文，以察时变；观乎人文，以化成天下。”意思是说，阳刚阴柔的相互作用构成自然界的形式秩序，止住于文明构成人类社会的形式秩序。观察日月运行，可以察知四时的变化；观察人道秩序，可以教化百姓止于文明之境。自然与人文的统一，体现了《周易》大生命哲学的基本价值取向。王船山在论及因天化以骋人能的易道精神时说：“天地之大德生也，珍其德之生者人也。胥为生也，举蚑行喙息、高骞深泳之生汇而统之于人，人者天地之所以治万物也。”人类生活在天地之间，与天地自然遵循着同样的变化规律和生命节律，所以在利用自然、改变自然的同时，要充分尊重乃至敬畏天地万物的生命本性，关爱其中的一山一石，一草一木，自觉与天地自然保持和谐。这是自然的福祉，更是人类的福祉，故曰“保合大和乃利贞”。唯其如此，才算尽到了以“人”化成天下的责任。

三、建构大生命易学方法的创新

研究内容决定研究方法。从经学史看，传统易学有三个显著特点：一是源流远长，二是家派林立，三是科学、人文精神与神秘主义杂糅。传统易学，论其大端，有汉易、宋易、清易之分。上述内容、特点决定了大生命易学的研究方法：1. 取法古代易学音韵、训诂、考证之方法，搞清《周易》经传文本原意；认真归纳梳理古代易学文献，厘定出与生命哲学相关的范畴、命题，进行观点汇诠。2. 超越象数学与义理学门户之见，在诠释原则上，以义理易学为基础而辅之以象数，以义理证象数，以象数明义理，呈现生生不息之大易精神。3. 阐扬易学的科学与人文精神，剔除其神秘杂质，在人文与自然兼容互补的语境中构建大生命易学体系；偏开正统的经学立场，从易学生成演变的历史看，儒家人文主义与道家自然主义是构成《周易》哲学中或显或隐的两大基本元素，儒道视域融合是进入《周易》生命哲学的逻辑枢纽，也是易学创新的重要途径。4. 将文本解读与语境转化相结合，综合并扬弃以往易学研究中以气、以图、以数、以理、以心解易等老程式，让哲学问题与现实问题、古代智慧与现代生活“对话”，激活大易之“道”中潜在的后现代生命意识，实现《周易》哲学研究范式的创新。

儒家艺术理论的普遍意义与永恒价值

李新风
中国艺术研究院研究生院研究员

在今天的儒学研究当中，关于儒家的伦理道德学说、政治学说等的研究，是比较充分的。相比较而言，关于儒家的艺术思想、儒家的艺术理论，当然也有一些哲学家、美学家、艺术学家和儒学家在对其进行研究。但是，我总觉得，这方面的研究有一点处于边缘状态，没有得到应有的重视，至少没有得到研究儒家伦理道德和政治思想的学者们的足够重视。

对于儒家的艺术思想、艺术理论，我有这样一个基本的看法。我认为，对于儒家艺术思想、艺术理论的评价，过去人们一般会说儒家的艺术思想、艺术理论是儒家学说的“一个组成部分”或“一个重要组成部分”。我觉得这种说法貌似给予儒家的艺术思想、艺术理论比较高的评价，但实际上太平淡了，太空洞化了，太套话化了，并没有清晰地阐释清楚儒家艺术思想、艺术理论在儒家学说当中究竟处于什么样的位置、什么样的地位，其与儒家整体思想、学说究竟是一种怎样的关系，等等。在我看来，儒家的艺术思想、艺术理论恰恰是儒家学说当中最核心的一个部分。换句话说，儒家那些最重要、最核心的思想、学说，假如离开了儒家的艺术思想，是根本说不清楚、说不完整、说不透彻的。

儒家的艺术理论主要包括哪些内容？儒家的艺术理论、艺术思想，当然是非常丰富的，可以说已经形成了一个非常庞大的理论体系，产生了十分丰富的艺术理论观点。但是最为重要、最为核心的观点，我们还是要到孔子的《论语》当中去寻找。我们走进孔子研究院，一进大门，就能看到两个牌坊，第一个牌坊上面写着“志道据德”；第二个牌坊上面写着“依仁游艺”。这两句短语，出自孔子《论语·述而》如下一段话：“子曰：‘志于道，据于德，依于仁，游于艺。’”这可以说是儒家思想中非常核心、非常重要的基本理念。其实，这也是儒家艺术理论的一个最重要、最核心的理念。这里面讲的是志道、据德、依仁，最后要“游于艺”。就是说，儒家的人格养成，儒家的道德修为，不经过“游于艺”的阶段，是不完整的，甚至达不到最高的境界。所以，我认为我们的儒学研究，以后应该更多关注儒家的艺术思想、艺术理论的研究。当然，刚才说到的《论语·述而》中所说的“游于艺”的“艺”，跟我们今天所说的“艺术”是有区别的，不完全等同于我们今天所说的“艺术”，但是，一般认为，这里所谓的“艺”，包括当时所说的“六艺”，即礼、乐、射、御、书、数，这是没有什么问题的。而当时所说的“六艺”里边，包括今天被称之为音乐和书法的“乐”与“书”，这都是与艺术有关的。总之，对儒家而言，不管是“道”还是“德”，以及最核心的理念“仁”，都离不开“艺”来提升、完善它的境界。

儒家另外一个重要的艺术观念就是《论语·泰伯》所记述的“子曰：‘兴于诗，立于礼，成于乐。’”即诗使人兴起、感奋，自觉地进行修身，但立身的根本却在于礼，即“不学礼，无以立”（《论语·季氏》）。然而，仅仅掌握了君子所必备的礼的修养，对于一个“成人”来说，仍不完整、全面，还需要经过最后一个阶段的陶冶，即通过对“乐”的学习掌握，将诗与礼乐融会贯通，才能说最后完成了一个人的培养过程。孔子在《论语·宪问》中所说的“若臧武仲之知，公绰之不欲，卞庄子之勇，冉求之艺，文之以礼乐，亦可以为成人矣”。意义与前文所说基本一致，也是把礼乐的修养的养成作为“成人”形成的最后阶段。之所以把“乐”的修养的养成作为成人的最高阶段和成人的标志，是由于这种“乐”的修养是在确立了“礼”这一立身的根本的前提下得以养成的，所以这种“乐”实际上是把“礼”这种外在的制约升华为内在的需求，由理性的强制变为感性的愉悦，由必然王国进入自由王国。这无疑是人的生存境界的升华。总之，就是把这个“乐”即今日所谓艺术，看作是人格的完成，即全面发展的人，最后要成于“乐”。只有“成于乐”，这种人格的养成才能真正达到完整，真正达到完善。这既是儒家最核心的伦理道德思想，也是其核心的艺术思想。也就是说，儒家的这个“礼”或者“仁”，离开最后的“成于乐”，也是不完整的，也不能完成通往仁学和礼学的道路。

儒家艺术理论的另一个重要内容是礼乐一体、仁美统一的思想。孔子继承周代的礼乐制度和礼乐思想，提出自己的礼学思想体系，一个重要特点是用他所创立的“仁学”来阐释和补充他的礼学。这种仁学有两个要点：一是政治上主张推行仁政；二是在个人伦理道德上提倡建立在宗法血缘关系基础上的“爱人”。他认为，只有实行了仁，才能推行其理想中的礼乐制度。如他说：“人而不仁，如礼何？人而不仁，如乐何？”（《论语·八佾》）“克己复礼为仁。一日克己复礼，天下归仁焉。为仁由己，而由人乎哉？”（《论语·颜渊》）

孔子经常将礼乐并提，把礼乐作为衡量天下有道无道的标志：“天下有道，则礼乐征伐自天子出；天下无道，则礼乐征伐自诸侯出。”（《论语·季氏》）

在他看来，礼乐与国家政事密切相关、相互作用：“事不成，则礼乐不兴，礼乐不兴，则刑罚不中。”（《论语·子路》）

而对于礼与乐的关系，孔子严格按照是否合乎“礼”这一标准评价“乐”的价值和人们所从事的乐舞活动。他赞美“《关雎》，乐而不淫，哀而不伤”（《论语·八佾》），是由于在他看来《关雎》所表达的情感符合于礼；他批评季氏：“八佾舞于庭，是可忍也，孰不可忍也?”（《论语·八佾》）则是由于季氏作为士大夫违背礼乐等级制度，僭用了天子才能用的“八佾”的乐舞。他讥笑“三家者以《雍》彻”，即孟孙、叔孙、季孙三家在祭祖时唱着为天子而作的《雍》诗来撤除祭品这一越礼行为时说：“‘相维辟公，天子穆穆’，奚取于三家之堂?”（《论语·八佾》）

由于孔子所继承和竭力维护的礼乐思想和制度，是行将成为历史的周代奴隶主贵族阶级思想制度的反映，这使孔子在艺术上往往体现出一种向后看的保守性。他所理想的艺术是旧时代的雅颂之声、《韶》《武》之乐，而对于一些民间的或新兴的乐舞艺术，则持一种厌恶或排斥的态度。比如：“颜渊问为邦。子曰：‘行夏之时，乘殷之辂，服周之冕，乐则《韶》《舞》，放郑声，远佞人。郑声淫，佞人殆。’”（《论语·卫灵公》）对郑国的新兴的、民间的音乐取抵制的态度。“子曰：‘恶紫之夺朱也，恶郑声之乱雅乐也，恶利口之覆邦家者。’”（《论语·阳货》）则说出了他排斥郑声等的理由。《孝经·广要道》记载孔子的话“移风易俗，莫善于乐；安上治民，莫善于礼”，集中地反映了孔子对礼与乐以及礼乐与政治伦理的密切关系的思想。

儒家艺术理论再一个重要的思想是“中庸”“中和”的艺术观。“中庸”思想是孔子思想的基本内容之一，也是儒家思想的重要特色。孔子曾说：“中庸之为德也，其至矣乎!”（《论语·雍也》）所谓中庸，也就是“过犹不及”（《论语·先进》）的意思。这一思想用之于艺术领域，便是对艺术中存在的各种矛盾进行调和，达到对立因素的和谐统一：不只乐与礼应该和谐统一，礼乐与治国安民的国家政事应该和谐统一，而且个体与社会也应该和谐统一，即所谓“群”（和而不流）；不只艺术作品的内容与形式、美与善应该和谐统一，即所谓“文质彬彬”（《论语·雍也》）、尽善尽美；而且作品所表达的思想感情也必须适中适度、无过无不及，即所谓“乐而不淫，哀而不伤”。《礼记·经解》曾引孔子的话说“温柔敦厚，诗教也”，“恭俭庄敬，礼教也”，可以说相当典型地表达了孔子中庸的礼乐思想。早在孔子之前，人们对于艺术之“和”便有广泛而深入的探讨。孔子的中庸艺术观既是对此前中和艺术观的继承，又是对它的改造和发展，并成为中国古典艺术论的基本观念之一。

孔子关于艺术功用的系统论述，也是儒家艺术思想中的重要组成部分。孔子对于艺术功用的论述，在其艺术论中占有很大比重，而他对艺术功用的看法，与其礼乐艺术观是密不可分的。孔子关于乐要符合于礼、礼乐要为国家政事、伦理道德服务的思想，实际上便是孔子对于艺术功用的一个重要规定。除此之外，他还讨论了艺术所具有的其他功能作用。在《论语·阳货》篇中，孔子提出诗具有“兴观群怨”的功能：“诗，可以兴，可以观，可以群，可以怨，迩之事父，远之事君，多识于鸟兽草木之名。”可以说提出了一个相当系统的诗歌艺术的功能理论：所谓兴，在这里不是指作为诗之手法的“引譬连类”之兴，而是指作为诗之功能之一的感发志意、使人兴起修身的“兴”；所谓观，讲的是诗对于认识社会、考察民风民俗、民心向背的认识作用；所谓群，就是讲诗能使个体的人与社会相沟通；所谓怨，则是指“怨刺上政”。

与孔子礼乐观和艺术功能论相联系，孔子还大量涉及艺术的文与质、美与善、内容与形式的关系问题，对这一艺术理论中的基本问题做了相当深入的思考。首先，孔子的理想是上述矛盾对立的两个方面达到高度的统一状态。他论君子时认为："质胜文则野，文胜质则史。文质彬彬，然后君子。"（《论语·雍也》）

孔子关于内容与形式应高度统一的理想在他对《韶》《武》的评价中充分表现出来："子谓《韶》尽美矣，又尽善也；谓《武》尽美矣，未尽善也。"（《论语·八佾》）

孔子对于《韶》的尽善尽美与《武》的尽美未尽善的比较，还有一点值得我们注意，就是他实际上把艺术作品的美与善、形式与内容明确区分开来，看到艺术的形式之美既有与内容之善相统一的情形，也有不相统一的情形。而不相统一的情况，有时是内容之善胜于形式之美；有时则是形式之美胜于内容之善。不管怎样，孔子已经看到了形式对于内容、美对于善的相对独立性，对于艺术理论的历史发展具有重要意义。不过应该说，当艺术的内容与形式发生矛盾时，孔子的基本态度仍是反对形式压倒内容的形式主义。"子曰：'礼云礼云，玉帛云乎哉？乐云乐云，钟鼓云乎哉？'"（《论语·阳货》）。可见他是极力反对对于礼乐的形式主义理解的。他常常表现出一种重视内容的倾向。如他评价《诗》时认为"《诗》三百，一言以蔽之，曰：'思无邪。'"（《论语·为政》）便完全是从内容角度评论的。有时甚至认为形式只要足以表达意思就可以了，即所谓"辞达而已矣"（《论语·卫灵公》）。但他的中心思想，还是主张内容与形式、美与善高度统一的尽善尽美的境界。

由孔子所代表的儒家艺术理论，徐复观先生将其概括为"孔门为人生而艺术的精神"（徐复观：《中国艺术精神》，华东师范大学出版社 2001 年版）。我们很认同徐先生的这一概括。在我看来，儒家的这种为人生而艺术的艺术理论或艺术精神有一个最突出的特点，就是与西方近代康德所代表的艺术观形成鲜明的对照——西方近代以来的艺术观就是把艺术与生活割裂开来，把艺术看作一个单独的自律的小宇宙，追求它的纯粹性，追求它的内在的自身的发展动力。而儒家的艺术思想恰恰与它形成一个鲜明的对照。儒家的艺术思想不是把艺术与人生相割裂，而是要把它沟通起来，相互交融。另外，儒家的艺术思想就是礼乐交融的思想，礼和乐相互之间有它内在的一致性。当然也有它们的区别，但是礼离不开乐，乐离不开礼。这是它的一个基本的观点。这种思想对于西方近代以来自律论的艺术观点是一个巨大的反拨，而且西方近代以来的自律论的艺术观在今天看来，它的弊端已经越来越明显了。现在全世界都在反思和解构这种康德式的自律论的、纯艺术的艺术观念。但是，应该用什么样的思想来反思和解构它呢？我认为，儒家的礼乐交融的思想对它而言，是一种可喜的、必要的矫正和补充，是一副十分有效的解毒剂。

回到我发言的题目上来，我认为，儒家的艺术思想、艺术理论，包括我刚才谈到的这些基本观念，它具有普遍的意义，也有永恒的价值。今天来看我们在艺术观念、艺术理论上，大家越来越强调艺术与人生相互的沟通交流，也就是我们古代所倡导的艺术人生化，艺术生活化，同时也是人生艺术化或者是生活艺术化。这一点我觉得具有非常宝贵的价值，甚至具有人类普遍适用的价值，也可以说具有永恒的价值。正如徐复观先生所言："由孔门通过音乐所呈现出的为人生而艺术的最高境界，即是善（仁）与美的彻底谐和统一的最高境界，对于目前的艺术风气而言，诚有'犹河汉而无极也'之感。但就人类艺术正常发展的前途而言，它将像天体中的一颗恒星样的，永远会保持其光辉于不坠。"（徐复观：《中国艺术精神》，华东师范大学出版社 2001 年版）

以上是我的一些粗浅的看法。我记得日本有一位著名的比较哲学和比较美学的学者，国际闻名的哲学家、美学家，叫今道友信。他有一句话我印象特别深。他在他的美学代表作《东方的美学》中说过这样一句话："读一读《论语》就会发现，它的内容至少有三分之一是关于艺术的大文章，人们果真是理解的吗？"[①] 我认为这句话很值得我们思考：《论语》至少三分之一的内容都在讨论艺术，而且是讨论艺术的"大文章"！这个观点我认为非常有道理。为什么呢？因为在今道友信看来，我们所说的礼乐的"乐"属于艺术的范围没有问题，在他看来，"礼"也属于艺术的范畴。因为这个"礼"，其实就是礼仪、典礼。而所有的典礼，他认为都是生活的艺术形态，是一种"典礼艺术"。假如我们认同他的这一观点，就可判断他有关《论语》至少有三分之一的篇幅都在讨论艺术的说法，此言不虚！总而言之，我们研究儒学，研究孔子，研究《论语》，对于其中的艺术思想、艺术理论理应给予更多的重视，更系统的研究，更深入的阐释。

---

① ［日］今道友信：《现代外国文艺理论译丛·东方的美学》，蒋寅等译，生活·读书·新知三联书店 1991 年版，第 11 页。

中华文明可为世界作出更大贡献

杨朝明
中国孔子研究院研究员

当前，世界文化格局互动加剧，强势国家不停地进行扩张，但各文化区之间及各文化区内部的力量对比此消彼长，在不断分化组合。中国曾经闭关锁国，在世界上被边缘化，而今，在中国逐渐靠近了世界舞台中心的时候，也必须看到并继续书写中国文化的变化。

政治、经济是文明土壤孕育的花果，中国正逐步成长为世界经济的重要“动力源”和“稳定锚”，由中华文明自身的特质所决定，中华民族也将为世界文化贡献“定心丸”与“稳定剂”。事实上，世界许多有识之士看到了中国儒家文明的价值，正如埃及前总理伊萨姆·谢拉夫所说，这个“无序混乱的世界”要“找到一个理想的平衡点”，做到这件事情的主角应该是有着悠久文明历史的中国。伊萨姆·谢拉夫强调，中国人一定要珍视自己传统的价值观，他还说，“不光中国人民需要这些价值观，全世界也需要”。

一、中华文明的高度与深度

今人认知世界文明，多提及德国哲学家雅斯贝斯的“轴心期”概念，认为公元前8世纪至公元前2世纪，尤其是公元前600年至前300年间，是人类文明的“轴心时代”，各个文明都出现了伟大的精神导师，古希腊有苏格拉底、柏拉图、亚里士多德，以色列有犹太教的先知们，古印度有释迦牟尼，中国有孔子、老子……他们提出的思想原则塑造了不同的文化传统，也一直影响着人类的生活。

中国在春秋战国时期，进入了社会发展的特殊阶段，人们熟知先秦诸子“百家争鸣”，认知到中国思想与中国智慧的繁盛与高潮，但我们需要知道的是，它远不是中华文明的初期，也不是所谓中华文明的“形成期”。实际上，雅斯贝斯的所谓“轴心时代”理论，并没有关注中华文明在诸子时代以前的漫长发展，没有注意中国许多思想家何以那样尊崇古代“先王”。

近四十年来，学术研究的重要进展与考古材料的惊人发现都一再证实，尧舜以来尤其夏、商、周“三代”时期的中国文明已经有漫长的发展历程，有较高的发展水准。走在学术前沿的学者其实早已经看清楚这一点，20世纪80年代，李学勤先生就呼吁人们“走出疑古时代”“重新估价中国古代文明”。其实，无论3000多年前甲骨文完备的文字形态，5000多年前良渚文化精美的玉器，还是8000年前舞阳贾湖遗址中的骨柄笛，都一次次地冲击了我们的固有思维，使我们重新认识古代文明的发展水平，理解我国先民的深邃智慧和文化创造，再也不能对上古典籍中那些丰富记载视而不见！

人们看到，“百家争鸣”其实是对历史文化的继承、总结与反思，诸子思想的形成有广阔的文化背景。夏、商、西周“三代”已经是“有道”时期，已经是中国文化形成与确立的时期。只是，到了春秋末年却变得“天下无道”“礼坏乐崩”。如果孔孟老庄的年代是我们民族文明的初创期，那么中华文明、儒道学说的“价值”或“超越意义”就会打下很多折扣。而事实是，在雅斯贝斯所说世界文明的“轴心”之前，中华文明已经有了漫长的发展历程，有了丰厚的文化积淀，有着自身深沉的精神凝结与创造。

中国的先民们认知世界，以天地为师，着眼古往今来，关注四方上下。“往古来今谓之宙，四方上下谓之宇”，在中华文化的早期典籍中，“天下”“万方”“四海”之辞层出不穷，这源于中华文明的天下观、世界观、整体观、系统论，在与世界互动中，他们深刻理解“天道成而必变”“道弥益而身弥损”之类的道理，讲究注焉不满，酌焉不竭，当位而行，允执厥中。

看清中华文明的绵延之路，探悉中华文明的深远辽阔，就会看到这样一个一定会越来越清晰的事实，早在孔子以前数千年的“三代之明王”时期，中华文明就已经为人类确认了坐标。孔子倡导“天下为公”，是希望天下的人都按照“社会人”的要求修养自身，而不是只考虑一己之私。所谓“公”，不过就是今之所谓“公共意识”“公共道德”而已。诚如安乐哲先生所说，儒家讲求的正是“角色伦理”，这就是儒家的“正名”主张。

是的，孔子儒家就是要人们加强修养，思考人的社会性存在。中华“先哲”“先王”站在人类发展的中心点，思考“人心”与“道心”的关系，为人类谋福祉，系统而完备。如果更多走近中国早期文明，更多了解中华文明，看到它的高度，了解它的深度，那么，中华民族的伟大复兴之梦，就不仅是嘹亮的呼唤，更是洋溢的动力。

二、中华思想的时空维度

传统属于历史，但传统绝不意味着过时，未必与现代社会不能相容。传统之所以为传统，一定有它内在的原因。中华思想的精华集中于孔子与老子，孔子则集中了尧舜禹汤、文武周公的思想精华。他向老子请教，他一定比今天的许许多多人更懂得老子，所以，他创立的儒学才影响更加久远，成为中国传统文化的主干，成为传统中国思想的杰出代表。在“诸子百家”中，孔子最重视对传统的继承总结与凝练提升，故而更具有生命力。孔子以后历代思想家思考世道人心，都在孔子思想的基础上继续发展与弘扬，所以，孔子才被尊为“万世师表”。西方学者常将中国称为“孔子的中国”，内在地决定于孔子思想的特性与特质，决定于孔子学说的巨大影响。

孔子的思想学说可不像世间有的智者那样，不是只依靠了“面壁”或“顿悟”而来，也不是受到了哪个神灵的启示。孔子自幼好学，他的“好学”成就了他的“博学”。典籍上说孔子“祖述尧舜，宪章文武”，他也自称“信而好古，述而不作”，那么，我们必须思考什么是“祖述”与“宪章”，并理解孔子何以“好古”？为何“不作”？显然，孔子的“思想高峰”立于三代时期的“文化高地”。所以柳诒徵先生说：“自孔子以前数千年之文化，赖孔子而传”；梁漱溟先生说：“孔子以前的中国文化差不多都收在孔子手里。”

1989 年，联合国教科文组织总干事代表泰勒博士说：“当今一个成功、昌盛的社会，在很大程度上仍然立足于孔子所阐述的许多价值观念”，他说，“这些价值观念是超越国界和超越时代的，它属于中国也属于世界，属于过去并照耀着今天和未来。”不难理解，孔子儒家思想的“时空维度”当然不在“一时一地”，它包含了“天地之美”“万物之理”“古人之全”，所以《庄子》才称“内圣外王之道”是“道术”而不是“方术”。

可是，我们想到孔子，往往首先浮现的是孔子栖栖遑遑、到处奔走的身影，往往是那个驾着马车“周游列国”的形象。看起来，孔子为政没有成功，但他清楚“穷达以时”的道理。但孔子信念坚定，也有充分的自信。孔子初仕，为中都宰。“行之一年，而西方之诸侯则焉”。他治理中都仅仅一年时间，便成为样板，各地诸侯纷纷效仿学习。鲁国国君问孔子：用你治理中都的办法治理鲁国，怎么样？孔子对曰：“虽天下可乎，何但鲁国而已哉！”孔子相信自己的为政方略可以有广泛的适用性。

孔子的自信源自他对礼乐本质的把握，源自他对人性和人的价值的思考，所以，有弟子问他“十世”以后的治世之道可知吗，孔子回答，别说“十世”，即使“百世”也可以知道。孔子认为：“殷因于夏礼，所损益，可知也；周因于殷礼，所损益，可知也。其或继周者，虽百世，可知也。”人组成社会，成为社会的人，就必须明于礼义。社会治理的根本，无非就是人心的端正，无非就是在人们的心中筑起道德的堤防。夏、商、周三代，礼的形式随着时代的变化而发生了“损益”，但礼的根本精神永远不会变，这就是人人都应该按照个人的社会角色做好自己。

由“中都”而“鲁国”而“天下”，这是空间的放大；由“三代”而“十世”而“百世”，则是时间的绵延。这显示了孔子思维的“时空维度”。他的高度与宏阔由此可见一斑。他倡言“内圣外王之道”，主张推己及人，修己安人，明德新民。比如，他思考如何立身处世的问题时，往往从根本上着眼，从简单处着手。

孔子弟子请教有没有一个字可以终身奉行，孔子认为这个字应该就是“恕”。孔子解释，所谓“恕”就是“己所不欲，勿施于人”。子张请教“行”，问如何才能使自己无论到哪里都能通达。孔子认为应当“言忠信，行笃敬”，说话忠诚守信，行事庄重严肃。人如果时刻牢记，将“忠信”“笃敬”装在心中，指导自己的行动，即使走到与自己文化不同的“蛮貊之邦”，也一样顺畅通达。

看起来，“孔子提出的方法是简单的”，但正如英国作家贡布里希（1909—2001）所提醒的那样，“也许你不会马上就喜欢他，但是其中却蕴含着比人们第一眼所看到的更多的智慧”。

三、中华文明的精神气象

每一种文明都有它的精神气象，中华文明最为突出的精神气象莫过于它的“王者之风”。中华文化追求以王道行天下，孔子继承发扬三代文化传统，王道政治是孔子心中的理想政治。

孔子常谈“王天下之言”，谈以“道”治国才能“致霸王”；孟子则言及“王”“霸”之别。霸道，靠的是兵甲之力，使人被动屈服，埋下隐患，自食恶果。王道，以德行仁，人们主动臣服，心悦诚服，自求多福。《孔子家语》有《王言》篇，记述孔子的王道言论，孔子思考“王天下之道”，希望听“王天下之言”。

王者气象使得中华文明有着多姿多元而又贯通如一的气质禀赋。中华文明崇尚礼让，源于礼让，使得许多矛盾不解自消。内心有王者情怀，才会能让则让，让于可让，同时还会在原则面前当仁不让。正如今天的现实世界里，中国在走近世界舞台中心的过程中，中国不能以牺牲本国利益为代价。在风云变幻、纷争逐利之中，立足长远，谋划全局，正是中华文明气象的时代彰表。

中华文化气象使中国主流价值追求清晰而坚定。中国者，执中而立于天下，安定四海，天下大同。王者的终极追求是什么？是仁、义、礼、智根于心、见于面、盎于背、施于四体，四体不言而喻。当内在的美德丰厚盈溢之时，光辉灿然的生命就巍然耸立。

在王者气象的追求中，言念君子，温其如玉。“庶几夙夜，以永终誉”。美国前总统奥巴马曾表示他一直致力于学习“确定自我身份的时候，不以降低别人来显示自己与他人的不同，而应该以抬高他人来找到彼此的相同”。其实，几千年前，“和而不同”“成人之美”“立己达人”这样的叮咛就在中华厚土掷地有声，而且在斗转星移的千年过往中从未间断，至今回响，使得近者悦，远者来。

中华文明的王道精神经得起时空的检验，她乃是从人心与人性出发，致力于满足人们的需求，向上仰望，是深远历史经验的总结，是天地智慧的体悟；向下扎根，是对多方利益的兼顾与平衡，求得最大公约数，昭示未来的发展方向。在疑惑中超越，于不确定中憧憬。《诗》云：“自西自东，自南自北，无思不服。”中华文明的精神气象、气质禀赋、价值追求，夯实了中华文明在世界价值体系中心点之坐标，它没有焦虑，而是如如不动，见证永恒。

四、中华文明的思维模式

在巴黎联合国教科文组织大楼前的石碑上，用多种语言写着一行字：“战争起源于人之思想，故务须于人之思想中筑起保卫和平之屏障。”人们应该如何思想？这是一个思维的方向问题。西方思想家培根说“知识就是力量”，但我们还要补充说“力量需要方向”。此即孔子所说“君子不器”，此即《中庸》所谓“道前定而不穷”，这正是历代儒家的致思方向，是中国儒学的特质所在。

思维模式标识、代表着价值取向，决定着行动走向。比如，以何为本，以何为末；以何为先，以何为后；以何为始，以何为终。在中华文明的思维模式中，将荣誉与责任高于一切，兼顾多方利益；遵循并行并育，没有相悖相害；信奉“创造、分享、助给”，创造在自己，分享给他人，助给予弱者。

中华文明价值取向清晰，更可贵的是，它以“一以贯之”的思维模式来落地。全然思索古与今、我与世界、价值观与方法论。这样的思维模式，成为通往中心坐标的最优路径、至佳选择。

在“一以贯之”之中，关注根本，将个人的修养放于中心点，反求诸已，从而聚焦于发展，聚焦于成长。人们看重内在的功力，如火之始燃，泉之始涌，扩而充之可保四海，反此甚至不能事父兄。这样的思维并不东张西望，没有左顾右盼，而有深邃的动力和发展的持续性。由进至近，絜矩成人，至诚无息，执中而立。朱熹云：“气至而滋息为培，气反而游散为覆。”由“天地位”而“万物育”，致广大而尽精微，极高明而道中庸。

也是源自一以贯之，自尊，尊人，被人尊；自敬，敬人，被人敬；自爱，爱人，被人爱；自知，知人，被人知；自信，信人，被人信。开放大度，和谐包容，智慧持中，踏实稳重。与基督教的博爱精神与神圣观念相类似，儒家最重仁爱精神和敬畏观念。孔子儒家十分看重的正是“爱”与“敬”，《论语》说：“孝悌也者，其为仁之本与”，孔子说“爱与敬，其政之本与”，又说“立爱自亲始”“立敬自长始”。美国的爱默生说：“我们确信，武力会招致另一种武力，只有爱和正义的法则才能实现彻底的革命。”其实，对于爱与正义，几千年前中华传统文明中的信奉全然而彻底。

子曰：“为政以德，譬如北辰，居其所，众星拱之。”在复杂多变的国际形势中，面对纷纷扰扰的多元追求，我们有德之民族，有德之国度，有德之文明，像北辰灿然居中，这正是中国的文化坐标。

我们如此思考与认知，其实是为了认清自己的文化方位，思索中华文化的竞争力，思考中华文明与人类共同价值之间的关系。这些，决定于我们文化的特点、特性与特色，决定于我们的哲学智慧和文化气象。我们在忙于为“优秀的传统”制作“得体的时装”时，还要更多地在认真理解“优秀的传统”上下功夫。事实上，我们在世界文明面前感到迷茫、在西方文明面前感到卑微，缺少的恰是对自身文明符合历史真实的认知。只有理解到了这一点，才能达致真正的文化自信；唯其如此，才可以与全人类共享中华文化的伟大智慧。

论“文化自信”

吴　光
浙江省社会科学院研究员

近年来，习近平总书记在坚持“道路自信，制度自信，理论自信”论述的基础上，明确提出了“文化自信”的论述，并强调文化自信是“更基础、更广泛、更深厚的自信”。这一论述是2012年中共十八大以后的新提法，也是对中国特色社会主义理论体系的丰富和发展。

那么，什么是文化自信？文化自信的本质是什么？中国文化的特质是什么？中国文化对世界的贡献是什么？如何构建当代中国的文化自信？在构建当代文化自信中应澄清哪些关于中华传统文化的误解？这是本文拟解析的问题。

一、文化自信的内涵与本质

（一）关于“文化”与“文化自信”的定义

要讲“文化自信”，首先要弄清什么是文化？在此我不想罗列那些令人眼花缭乱的中外数百种“文化”定义，只讲中国文化传统的“文化”概念。

中国人最早的“文化”概念即《周易·贲卦·彖辞》所说的“人文化成”，中心论述是“文明以止，人文也。观乎人文，以化成天下”，意思是所谓“人文”就是人类文明所达到的境界与高度，所谓“文化”就是以人文精神教育人民，达到移风易俗的教化目的。或如西汉经学家刘向所言以“文化”与“武力”相对。其《说苑·指武篇》说：“圣人之治天下也，先文德而后武力。凡武之兴，为不服也。文化不改，然后加诛。”这是说“文化”即文德教化，“武力”即武装征诛。可见在中国文化传统中，“文化”就是“文德教化”，就是“人文化成”，这比那些复杂玄奥的文化定义要简单明白得多了。当然，这个“文化”既涵盖精神义理，也包括制度文物与礼仪风俗。而且，“文化”一词历来是指正面的、优秀的力量，不包括武力或暴力。“武力”或“暴力”是用于征伐杀戮的，那不叫“文化”。

在这样的“文化”定义下，则所谓“文化自信”就可以理解为对本民族文德教化、人文精神传统和道义力量的信仰与践行。

中国是个具有悠久历史文化传统的文明古国。如果按照摩尔根《古代社会》和恩格斯《家庭、私有制和国家的起源》所讲的以文字与文献的产生为人类进入文明时代的主要标志，那么中国至少在5000前已进入文明时代了。因为中国的古文献《尚书》里有《尧典》《舜典》等文献，根据世系推算，这已经是距今4200多年前的文献了。再者，中国考古发掘的距今5000多年的西安半坡仰韶文化遗址出土的陶器刻画符号，根据郭沫若等文字学权威判断，已经是象形文字的雏形了。其时代是与距今近5000年的五帝三王时代相重叠的。

中国文化的辉煌时代首先是在春秋战国。那时诸子百家纷纷立言，游说诸侯，阴阳、儒、墨、名、法、道、兵、农、纵横家各展其长，可谓盛矣！其后，秦统一六国，独尊法家，丧失民心，二世而亡。汉初崇尚黄老，兼取众家，出现“文景之治”，然滋生流弊，尾大不掉。汉武帝采纳董仲舒建议“独尊儒术，罢黜百家”，历汉魏隋唐、宋元明清两千余年，中华文化形成了“儒学主导，多元发展”的基本格局。这上下五千年，中华文明始终得以传承发扬，没有断裂，并创造了中华帝国由汉至明延续一千多年领先世界的文明盛世。之所以出现这个文明盛世，究其原因主要有二：一是保持了中央集权、郡县分治的大一统政治格局，二是文化上保持了“一元（儒学）主导，多元（诸子百家）辅补”的文化格局。人们将这一格局称之为“儒家文明”。中国人的文化自信，归根结底来自于对“儒家文明”的信仰与践行。

儒家文明在中国两千多年的社会发展中，建设了中华民族特有的精神家园，培育了具有强大生命力与创造性的精神文化传统，这就是“以人为本，以德为体，以和为贵”的道德人文主义精神传统，尤其是形塑了以“仁义礼智信”为核心价值的中华核心价值观。这是中华民族取之不尽、用之不竭的精神源泉，是当代中国人“文化自信”的源头活水。

（二）文化自信的本质

那么，文化自信的本质是什么？我认为其本质在于道德自信。这从数千年来中国人关于核心价值观的论述可以看出。在《论语》里，孔子在不同场合论述了仁、义、礼、智、孝、悌、忠、信、温、良、恭、俭、让、宽、恕、敏、惠、勇、廉、正、中、和、慈、爱、勤、善等数十个道德观念，但他讲得最多的是“仁”与“礼”。“仁者人也”“仁者爱人”“克己复礼为仁”，这是孔子奠定的儒家思想最重要的命题。孔子的核心价值观可以概括为“仁本礼用”。到孔子的孙子子思则将核心价值观概括为“五行”（仁、义、礼、智、圣）与“六德”（仁、义、圣、智、忠、信），到孟子则简化为“仁、义、礼、智根于心”，战国中后期假托《管子》立言的齐国稷下儒家则以“礼义廉耻，国之四维”为核心价值观，汉儒董仲舒等则做出了“三纲（君、父、夫为纲）五常（仁、义、礼、智、信五常之道）”的论述，宋明理学家主要讲“仁义礼智信”五常之道，也讲“五伦（天地君亲师）八德（孝悌忠信礼义廉耻）”，直到清末，大体维系了“三纲五常”的核心价值观论述。

我们知道，核心价值观是文化的灵魂，自孔子至清末的儒家，都以仁义礼智信等道德观念为核心价值观的基本元素，可见精神文化的本质是其核心价值观的构成，所以说，文化自信的本质就是道德自信。

到近代，孙中山在三民主义的“心理建设”论述中，提出了“忠孝、仁爱、信义、和平”的“新八德”论述，也是以儒家道德观念为核心价值观的。直到中共十八大政治报告中提出“富强、民主、文明、和谐、自由、平等、公正、法治、爱国、敬业、诚信、友善”的24字社会主义核心价值观论述，以及习近平总书记在中央政治局学习会上提出“讲仁爱、重民本、守诚信、崇正义、尚和合、求大同”的“新六德”论述，其主要的思想元素也源自于儒家传统文化的“仁、义、礼、智、信、忠、廉、和、敬”等中华传统美德，揭示了文化自信的本质在于“道德自信”。

二、中华文明对人类文明的重大贡献

伟大的中华民族在长达5000年以上的历史发展中创建了灿烂辉煌的中华文明。英国著名历史学家阿诺德·约瑟夫·汤因比（Arnold Joseph Toynbee，1889－1975）在其著名的《历史研究》一书中，研究了人类在6000多年历史发展中形成的26种文明形态，其中6种是产生于原始社会的第一代古文明，15种是第一代古文明的派生性文明，5种是“中途夭折停滞”的文明。他指出，中国是第一代古文明中唯一没有断绝、消失的文明。中华文明在其发展进程中形成了和平主义与天下主义（世界主义）的特质与传统，这较之西方在工业革命以后形成的工业主义、技术主义与民族主义、民主选举更适合21世纪人类的未来。汤因比甚至在与日本著名社会活动家池田大作的“对谈录”中乐观地预言：19世纪是英国人的世纪，20世纪是美国人的世纪，而21世纪将是中国人的世纪。具有和平主义和世界主义特质的中华文明“将在21世纪成为全人类的共同精神财富，将引领世界与人类的未来”（汤因比：《展望21世纪》）。当然，我并不同意汤因比“中国世纪论”的断言，而认为21世纪将是多元文明沟通互补、共存并进的世纪，谁也不能压倒谁，谁也别想统治谁。但难能可贵的是，汤因比的这个预言是在中国尚处在“文化大革命”的混乱时期，经济发展远远落后于西方与日本的1973年，那时中国还没有“改革开放”与“和平崛起”的事实。可见这位历史学家的远见卓识。尤其值得强调的是，汤因比说21世纪是中国人的世纪，主要是指中国的文化将是以儒家文化、大乘佛教为特色的中华文化和西方文化相结合的产物。这一观点对于我们研究中华文化对人类文明的贡献是有启示性意义的。

那么，中华文明对于人类文明有哪些重大贡献呢？这里，我们不去谈中国在科学技术上的四大发明（指造纸术、活字印刷、火药、指南针）对于人类文明进步的影响与贡献，而主要从人类精神文明角度谈谈中华文明的世界性贡献。我认为，中华文明对人类精神文明的贡献主要体现在两大方面：

第一，对人类核心价值观念体系的贡献。中华儒家文明为人类提供了以“仁”为根本之道，以“义、礼、智、信、忠、廉、和、敬”为常用大德的“一道八德”核心价值观体系，这些核心价值观念与西方近代文明形成的“自由、民主、人权、法治、平等、博爱”的核心价值观体系是相辅相成、互补互利的，是具有普世性的核心价值观念。

“仁”是孔子也是历代儒家最根本、最具普遍意义的价值理念，是具有核心地位与主导作用的道德范畴。孔子说“仁者爱人”，就是对人之所以为人的价值的确立，是儒学道德主体性特性的确立。孟子说：“孔子曰：‘道二：仁与不仁而已矣。’”天下之道只有两类，一是仁道，二是不仁之道，这是对孔子核心价值理念的精辟概括。

作为儒学核心价值理念的“仁”，其基本含义有三：一指人是有德之人，即所谓“仁者人也”；二指“爱人”之德，即所谓“仁者爱人”；三是根本之道，如孔子所云“为政在人，取人以身，修身以道，修道以仁”，政治的要义在于以人为本，修身立德。孔子说：“我欲仁，斯仁至矣。”就揭示了“仁”是内在于人心的道德自觉。但这种道德自觉，并非先天具备，而是后天修养而成。所谓“克己复礼为仁”，就指明了“仁”是通过自我修养回归礼义最终达到“仁”境界的路径。

“仁”与诸德的关系是体用关系，诚如宋儒程颢所说：“仁、义、礼、智、信五者，性也。仁者，全体。四者，四支。”又说：“学者须先识仁。仁者浑然与物同体。义、礼、智、信皆仁也。”可见，仁是道德的核心，其他都是仁的表现形式。换言之，仁是道之体，诸德是道之用。

儒家核心价值体系的常用大德，是义、礼、智、信、忠、廉、和、敬。“义者宜也”，“义”就是合理、适当、公平、公义。“礼者序也”，“礼”就是有序、守法，讲规则、守秩序。中国传统社会讲礼治，现代社会讲法治，当代应提倡礼法共治。智，为历代儒家所重视，视为五常德或三达德之一。但现代人所谓的“智”，主要指认知的能力、知识的积累与智慧的运用，不再属于道德范畴。信，即诚信。《中庸》说：“诚者天之道，诚之者人之道。”“诚”是真实无妄的“天道”（客观规律），“诚之”是信守这个天道。“诚信”的基本含义是诚实、守信、践诺、守法，实事求是。“诚信”既是立身之本，也是立业、立国之本。“忠”在古代主要是指臣忠于君的为臣之道，如孔子所说“君使臣以礼，臣事君以忠”。也引申为忠于国家社稷、忠于人事。今天，“忠”包含了忠于祖国、忠于人民、忠于事业等多重含义，是中华文化核心价值体系中体现爱国主义精神的重要理念。“廉”是政德，其基本含义是廉洁奉公。《管子·牧民》提出了“礼义廉耻，国之四维”的核心价值观论述。孔子提出了“政者正也”的思想，讲廉政首要是廉正，即廉洁公正。当代中国的反腐倡廉是确保国家长治久安的战略任务。“和”是中道，其基本含义是执两用中，和而不同。中华传统文化中的儒、释、道都有丰富的和谐思想传统。但这个和谐传统，历来是提倡多元共生、和而不同的多元和谐，而非强求多元合一的合与同。“敬”即敬畏，有敬天、敬祖、敬师长、敬朋友、敬事业等多重含义。人若无敬畏之心，就会肆无忌惮，甚至无恶不作。20 世纪 60 年代“文化大革命”怀疑一切、打倒权威的严重教训值得记取。

总之，经过几千年历史洗礼而积淀的中华文明“一道八德”核心价值观，不但适合于历史的中国，而且适合于当代中国，也能为全人类所普遍接受，因而毫无疑问是一种普世价值。

第二，为人类贡献了具有东方特质的人文精神。中华文明在数千年历史中培育了中华民族的人文精神，这就是“以人为本，以德为体，以和为用”的道德人文主义精神，是与近代西方文明“以人权为本，自由为体，民主为用”的人权人文主义不同质的东方特质的人文精神，或曰中华人文主义。汤因比将中华人文主义具体解说为和平主义与天下主义（世界主义），基本上把握了中华人文主义的道德主体性特质。但其理解还是片面的，甚至是肤浅的。我认为，具有东方特质的中华人文精神具体体现在如下四个方面：

一是修身立德的自律精神。孔子说：“我欲仁，斯仁至矣”，“克己复礼为仁”，《大学》说，格物、致知、诚意、正心、修身、齐家、治国、平天下八件事，“皆以修身为本”，这正是儒家文明所强调的道德自觉与自律精神。

二是以民为本的仁爱精神。中国的民本思想历史悠久。《尚书》中“天听自我民听”“民惟邦本”的名句记录了夏商周时代的民本思想，孔子的“仁者人也”“仁者爱人”和孟子的“民贵君轻”论述则奠定了中国民本思想传统的理论基础。荀子“民水君舟”的比喻，宋儒范仲淹的“先天下之忧而忧，后天下之乐而乐”的忧乐论，清儒黄宗羲“天下为主，君为客”的思想命题，都体现了儒家文明的民本思想传统。这个民本思想传统反映了统治者对人民力量的重视，是堪与西方民主传统媲美、接轨的中华人文精神。

三是和而不同的包容精神。《论语》说：“君子和而不同”“礼之用，和为贵”；《老子》说：“万物负阴而抱阳，中气以为和”“知和曰常，知常曰明”，这都体现了中华文明的多元包容与追求和谐的人文精神。

四是知行合一的实践精神。儒家经典《论语》记录了孔子“知之为知之，不知为不知，是知也”的命题，班固《汉书·河间献王传》提出了“实事求是”命题，王充《论衡·对作篇》提出了“实事疾妄”命题，明儒王阳明提出了“知行合一”的思想命题，清儒黄宗羲提出了“致良知”即“行良知”“必以力行为工夫”的思想，这体现了儒家文明坚持实事求是、力行实践的优良传统。这是在解决“知行”关系即理论与实践的关系问题上的重大思想成果。

以上四大精神虽然具有中华文明的特殊个性，但同时也具有适合于全人类的普世性，是中华文明对于人类精神文明的重大贡献。

三、如何构建当代文化自信

自从1840年中国在中英鸦片战争失败以后，直至1945年抗日战争胜利的100多年间，中国饱受英、日、德、俄、法、美、葡、西等帝国主义列强的侵略、欺凌、压迫与掠夺，中华民族的民族自尊心受到严重摧残，文化自信心也受到极大打击。直到1912年创建了中华民国，才宣告了专制的结束与民主共和政体的诞生。而1949年创建的中华人民共和国，则由毛泽东代表五亿多中国人宣告“中国人民从此站起来了”。再经过六十多年艰难曲折的奋斗，今天的中国已成为世界第二大经济体，第三大军事强国，不仅从政治上站起来了，而且从经济上、军事上站起来了。但我们在文化上算得上是世界强国吗？恐怕未必。看一个国家、一个民族在文化上是否强大，虽然没有硬指标去衡量，而只能从综合软实力以及文化元素的世界影响力去分析，这些元素包括文化体制、哲学思想、民族精神、宗教信仰、民俗民风、教育普及率、文化政策、文化产业等诸多方面。从当代中华文化的综合软实力考量，中国虽然在历史上是文化大国与文化强国，但在当代世界的文化影响力，恐怕只能属于“中等发达”国家。因为我们的文化体制基本是举国一致的集中指导体制，还不够开放透明，缺少多元竞争，我们的哲学思想还有许多教条主义或西化话语，我们的民族精神缺少深刻的总结，没有成为全民共识，我们的宗教信仰还有许多禁忌和限制，我们的民俗民风存在严重的功利主义倾向，缺乏道义的引导，我们的教育普及率还不够充分，尤其是在农村还有很多教育死角，我们的文化政策也存在说教多、说理少，要么管得太死、要么放任自流的极端倾向，我们文化产业的规模太小太散、存在严重的产品重复与资源浪费、在全世界影响力太小等等。这种种问题，凸显了构建当代文化自信的必要性与紧迫性。

那么。如何来构建中华民族的文化自信呢？我谨提出如下四点设想：

（一）超越民族悲情意识，以仁爱、平等态度对待世界各国各民族

中国民主革命的先行者孙中山先生的临终遗嘱（写于1925年）要求后继者“唤起民众及联合世界上以平等待我之民族共同奋斗”，并以“废除不平等条约”为优先目标。这反映了那个时代的悲情。当时，中华民族受尽帝国主义列强的欺凌，他们强加于中国的不平等条约尚未废除。所以必须“联合世界上以平等待我之民族共同奋斗”。然而现在形势已大不相同。中国已经成为崛起的新兴大国，世界各国各民族大都承认中国的大国地位，希望与中国友好往来，平等互利。但个别霸权大国和国际反华势力却企图遏制中国的崛起，也有一些国家，担忧中国崛起之后走英、日、德、美等国谋求世界霸权、侵略别国的老路，因此在国际上流行着“中国威胁论”的流言蜚语。在

这种情况下，中国特别有必要超越昔日的悲情意识，以仁爱友善态度奉行与世界各国各民族的和平与平等战略，奉行“远交近和”的和平外交政策。这项平等战略与和平外交政策，将在世界人民面前展现中华文化的和平主义特质，它源自于儒家文化传统“仁者爱人”与“和为贵”的基本理念，也是中华民族“文化自信”的典型体现。

（二）广泛深入开展全民道德教育与干部廉政教育，使全国上下都能正确认识中华传统文化的特质与精神

由于“文化大革命”的“批孔反儒”运动，造成了对仁、义、礼、智、信、忠、廉、和、敬等中华传统美德的极大毁坏，改革开放中引进市场经济又滋生了功利至上、唯利是图的功利主义弊端，这是造成国民道德滑坡、干部贪腐成风的社会历史根源，所以，极有必要开展全民道德教育和干部廉政教育，把被毁坏的中华美德恢复起来，把失去的良知找回来，把廉洁奉公的政德发扬起来。全民道德教育的核心，是中华核心价值观的教育，要深入发掘中华传统美德“讲仁爱、重民本、守诚信、崇正义、尚和谐、求大同”的时代价值。干部廉政教育的重点，是进行以“实事求是，知行合一”的路线教育与“以民为本，天下为公”的政德教育，使广大干部确立起“敬畏天命（自然规律）、敬畏道德、敬畏历史、敬畏民心”的敬畏意识。

（三）深化文化体制与政治体制的民主改革

中共十七届六中全会发出了深化文化体制改革、建设文化强国的战略号召。其实，所谓“文化体制改革”的根本任务，就是打破原有的僵化文化体制，打破文化精英对文化的垄断，使文化走向广大民众，真正成为民族的、大众的、公益的文化。而要改革文化体制，就必须进行相应的政治体制改革。政治体制改革的根本任务，就是正确继承与发扬儒家“以民为本”的仁政理想，充分发扬民主，从而建立起与全球化、现代化适应的以“民主仁政”为模式的现代政治体制。

为完成文化体制改革与政治体制改革的根本任务，有必要在思想战线上坚持反左防右的思想斗争，既要彻底否定“文革”，防止极“左”思潮泛滥，也要反对全盘西化思潮的回流，而坚持中国特色社会主义文化的发展方向。

（四）运用从中央到地方的各级政府力量，采取切实有效措施，大力支持儒学与国学的复兴

应当承认，进入21世纪以来，中国的学校、企业、街道与农村，已经出现了自下而上、从自发到自觉的儒学与国学复兴运动，各级政府领导人，从观望到支持、参与乃至积极引导，大大推动了儒学与国学的复兴。这是构建中华民族文化自信的绝佳途

经与根本性举措[①]。

四、澄清若干误解

在构建文化自信问题上，现在思想文化领域存在种种似是而非甚至非常错误的思想观念，其中有些观念是党和国家领导人的说法，或者是某些智囊人物的错误见解，故有必要予以澄清。兹举四点为证：

1. “以爱国主义为核心的民族精神，以改革创新为核心的时代精神”，这是主流媒体甚至是党和国家领导人经常引用的一句话。一般而言，这个说法没有错，但细究起来是不准确的。其理由是：第一，爱国主义不是中华民族的专利，任何民族国家都要强调爱国主义，试问：美、俄、德、法、日本、韩国的爱国主义难道比我们弱吗？第二，中华文化观念体系中最核心、最根本的理念是“仁”或“仁爱”，其次是“礼”与“和”，所以我曾有“仁本礼用”的核心价值观表述[②]，也有学者主张“以仁为体，以和为用”[③]，而“爱国主义”理念在中华传统文化中的观念是“忠”，“忠”较之于“仁”是第二位的；第三，“改革、创新”无论哪个时代都很需要，并非只是当今时代的特色。当代中国的时代精神是“民主”与“法治”，“民主”是对“民本”传统的继承与发扬，“法治”是对“礼治”“德治”传统的继承与转型，这是不必讳言的时代真精神。我认为，这句话的正确表述应是“以仁爱和谐为核心的民族精神，以民主法治为核心的时代精神”。当然，我们并不否认爱国主义仍然是中华民族的基本精神之一，也不否认改革创新是推动当代中国发展所需要的基本精神之一。

2. “河东河西”论、“中国世纪”论、“王阳明世纪”论。有人用“三十年河东，三十年河西”的通俗说法来做比附，说“20世纪是西风压倒东风，21世纪则是东风压倒西风”，说“21世纪是东方文化的世纪，东方文化将取代西方文化在世界上占统治地位”[④]。甚至有人在“北京阳明心学高峰论坛”上喊出“21世纪是王阳明的世纪”口号。这些都是一种典型的“一元文化独尊”论的思维方式，缺乏多元包容、和而不同的文化精神，其危害是使中华文明孤立于世界文明之林，恰成为西方某些耸人听闻学者的“中国威胁论”的把柄。而5000年以上的中华文明发展史已经证明，中华文化历来奉行“己所不欲，勿施于人”的恕道，我们不要别人来压倒、统治我们，为什么

---

① 我曾撰写《中国当代儒学复兴的形势与发展方向》，总结了儒学复兴的十大标志。文载《杭州师范大学学报》2011年第1期；人大复印报刊资料《中国哲学》2011年第5期转载。兹不赘述。

② 参见拙著《从道德仁学到民主仁学——儒学的回顾与展望》，载《国学新讲——吴光演讲集集粹》，浙江人民出版社2016年版，第158—160页。

③ 参见陈来：《仁学本体论》，生活·读书·新知三联书店2014年版；牟钟鉴：《新仁学构想》，人民出版社2013年版。

④ 参见季羡林：《东学西渐与“东化”》，《光明日报》2004年12月23日。

却要去压倒、统治别人呢？你能在21世纪灭了诸如基督教文化、穆斯林文化等非中华文化而使中华文化或阳明心学独霸天下吗？简直是痴人说梦，狂妄自大！所以，此论不但不足取，而且是误国害民之论。

3. “国学阴谋”论。近年来，有人在博客发文并在微信公众号广泛散播所谓“复兴国学与儒学是对抗民主法治与普世价值观的大阴谋”的谬论，说什么“国学在国内的兴起，孔儒在国内重新被提倡，都是冲着民主浪潮与普世价值观来的。就是为了阻止中国的民主法治化进程与普世价值观的影响”。

这个“国学阴谋”论迷惑了不少人，尤其是青年学子，有必要著文批评：第一，儒学与国学在当代中国的兴起，是伴随着中华民族伟大复兴而出现的不可阻挡的思想潮流。第二，“国学阴谋”论者的思维方法非常片面极端，其所谓普世价值观只有根植于西方文化的普世价值，看不到根植于儒家文化与中国传统文化的核心价值观念的普世价值。第三，中华国学的仁爱、民本、诚信、正义、和谐、敬畏等核心价值观念都具有普世性，它与根植于西方文化传统的自由、民主、人权、法治、平等、博爱等观念一样，都是具有普世性的价值观念，二者是可以会通兼容、相辅相成而非相互敌对、水火不容的。因此，主张复兴国学绝非是对抗民主法治与普世价值观的“阴谋”，而是中华民族伟大复兴必不可少的根本性举措。

4. “建立国教”论。有人对中华国学缺乏自信，认为西方世界有基督教信仰，穆斯林世界有伊斯兰教信仰，而中国人没有信仰。所以他们主张建立中国的国教，或主张以“儒教”为国教。这种观点似是而非，不切实际。

中国人真的没有信仰吗？非也。中国人历来是有信仰的。但这种信仰不是宗教式的非理性信仰，而是建立在敬畏意识上的理性信仰。孔子说：“君子有三畏：畏天命，畏大人，畏圣人之言。”朱熹《四书章句集注》解释说：“畏者，严惮之意也。天命者，天所赋之正理也。……大人、圣言皆天命所当畏。”吕大临说“心服曰畏”，可见孔子所谓“畏”即敬畏、信仰、心服之意。其所谓“三畏”，即指对当然之理的敬畏、信仰与由衷的信服。

从历史上看，儒家的敬畏意识表现在四大方面：一是对天命（自然或客观规律）的敬畏；二是对道德的敬畏，视仁、义、礼、智、信等核心道德为做人、论学、为政的准则；三是对历史的敬畏，史书有扬善惩恶的功能，诚如孟子所说“孔子成《春秋》而乱臣贼子惧”，将那些恶人的劣迹笔之于书、记入于史，就是对恶人恶行的最严厉惩罚，使后人知所警惕；四是对民心的敬畏，《尚书》就有“天视自我民视，天听自我民听”“民惟邦本，本固邦宁”的教诲，孟子更强调“得民心者得天下，失民心者失天下”的道理。荀子以君民喻舟水，提出了“水则载舟，水则覆舟”的民本论命题，这都是提醒统治者要时时保持对民心的敬畏，以求长治久安。

不仅是儒家，佛、道与诸子百家也都有明确的敬畏意识。如道家敬畏那个主宰一切、自然而然的“道”，佛教敬畏那个主宰前世、今生与来世的“佛”，法家敬畏那个维持秩序、教化人民的“法”，等等。在中华文明史上，敬畏就是信仰！在敬畏中体现了中华民族的文化自信。千百年来，生生不息的中华民族培育了对天命、道德、历史、民心的理性敬畏而传承其民族的信仰。我们只要坚持真诚的敬畏，则就具备了充分的文化自信，也就确立了我们的信仰，因此，根本不需要建立一种什么国家宗教来画蛇添足。“建立国教”论可以休矣！

孔子军旅事迹考

余治平
上海交通大学教授

一、“未之学”否?

孔子隆礼法、重文教，一向被世人所认同，但他究竟懂不懂武略、是不是亲历过战伐征讨的实践、有没有自己的军事思想则历来争论不休。持否定意见者的理由主要是孔子本人对卫灵公曾经说过的一句话。《论语·卫灵公》记，“卫灵公问陈于孔子。孔子对曰：‘俎豆之事，则尝闻之矣。军旅之事，未之学也。’明日遂行。”① 而持肯定意见者则也有一定的文献根据，《史记·孔子世家》载，“冉有为季氏将师，与齐战于郎，克之。季康子曰：‘子之于军旅，学之乎，性之乎?’冉有曰：‘学之于孔子。’”② 孔子之于“军旅之事”如果真的“未之学”，那么，弟子冉有为什么还偏说自己“学之于孔子”呢？于是，孔子之于军旅，学与未学便成为一个事关儒学性质的重要问题。

弄清孔子之于军旅的学与未学，完全有必要首先了解一下《论语》中的“卫灵公问陈”的具体语境，乃至卫灵公的德行人品及其与孔子的瓜葛。卫灵公，是春秋卫国第二十八代国君，姬姓，卫氏，名元，乃卫襄公之子，卫后庄公之父，卫出公之祖父。卫灵公是中国历史上少有的昏君之一，好男宠，多猜忌，脾气暴躁，但也能够提拔和重用仲叔圉、祝鮀、王孙贾之类的贤臣，进而才保证了卫之国政能够正常运转，其本人在位竟达41年。

《史记·卫康叔世家》载，卫灵公“三十八年，孔子来，禄之如鲁。后有隙，孔子去。后复来”。孔子刚到卫国的时候，灵公对他非常尊重，按照孔子在鲁国的俸禄标准也“致粟六万”。但不久因为有人蓄意谗言、诬陷，卫灵公开始对孔子产生疑心，便派宠臣公孙余假跟随孔子师徒出入于内外，试图监视他们的言行举止。孔子害怕会被

① 陈，通阵，指双方军队开战前所排列的阵形、阵法。《说文解字·耳部》曰：“陈，列也。”俎、豆，是周人祭祀用的礼器，后又引申为动词化的祭祀、崇奉。《史记·孔子世家》：“常陈俎豆，设礼容。”又，《庄子·庚桑楚》：“而窃窃焉，欲俎豆予于贤人之间。”

② （汉）司马迁：《史记·孔子世家》，李金华标点，岳麓书社1988年版，第418页。

莫名其妙地治罪，在卫国仅住了十个月，就带弟子前往陈国。快到陈国的时候，路过匡城，匡人误将孔子当作阳虎，死死围困了五日，逼得孔子非常无奈地感慨说："文王既没，文不在兹乎？天之将丧斯文也，后死者不得与于斯文也，天之未丧斯文也，匡人其如予何！"逃离匡城后，到了蒲地，又碰上卫国贵族公叔氏发动叛乱，再次被围。逃脱后，孔子又返回卫国，卫灵公听说孔子师徒归来了，非常高兴，亲自出城迎接。卫灵公走上来就询问孔子："蒲，可伐乎？"孔子对曰："可。"卫灵公说："吾大夫以为不可。今蒲，卫之所以待晋、楚也，以卫伐之，无乃不可乎？"孔子回答说："其男子有死之志，妇人有保西河之志。吾所伐者不过四五人。"卫灵公说："善。"然后不伐蒲。这是我们所能够看到的卫灵公第一次向孔子询问战伐之事的文字记载，事情当发生于鲁哀公二年。孔子的回答可能早已充满了愤懑之情。因为刚刚从蒲地归来，叛军害民，已经身有所感，被围困的情景仍还历历在目，所以表态也便非常果断、干脆。孔子刚从战地前线逃亡归来，因而比较了解叛军的情况，蒲城之内，男人宁愿战死也不愿意把自己的城池拱手送给别国，女人也想保住地盘，因为胆小怕打仗，普遍存在厌战情绪。灵公军队所讨伐的只不过是追随公叔氏叛乱的一小撮人而已，因而没有不胜的道理。然而，遗憾的倒是，卫灵公最终并没有派兵讨伐蒲地的叛军。既然满心询问，却又不采纳意见，这可能已在孔子心中埋下了不悦。加之此后的卫灵公对孔子几乎一直爱理不理，孔子时常不得不喟然感叹："苟有用我者，期月而已，三年有成。"于是，又平添几次出于卫、返于卫的尴尬和挫折。出离是因为怀才不遇，始终不被当一回事，而返回则属于万般无奈，因为离开卫国，实在也没有合适的去处。

卫灵公"三十九年，太子蒯聩与灵公夫人南子有恶，欲杀南子。蒯聩与其徒戏阳遬谋，朝，使杀夫人。戏阳后悔，不果。蒯聩数目之，夫人觉之，惧，呼曰：'太子欲杀我！'灵公怒，太子蒯聩奔宋，已而之晋赵氏"①。太子蒯聩（一说非灵公所生）刺杀灵公夫人南子（一说是蒯聩的生母）不成，逃到晋国，投靠了赵氏。卫灵公企图追杀，所以便请教孔子是否可以排兵布阵、兴师问罪于晋国。孔子可能觉得，父子之争，乃家务事，谁对谁错，很难辨清，外人不便插嘴，无论打输了、打赢了过后，你们毕竟还是父子。再说，为了一点点的家务小事，而且最初还起因于一个淫乱异常的女人，就悍然发兵打仗，师出无名，不属于正义战争的范畴，也似乎太不拿百姓的生死当一回事了。这个时候，"卫灵公问陈"，着实令孔子难以正面回答，所以干脆搪塞一句"未之学"，应付了事。与卫灵公第一次询问战伐之事所得到的回答"可"相比，这一次孔子的态度则发生了明显的变化。讨伐叛军，符合礼法；为了夫人，攻打儿子，于情于理则说不过去。但孔子为什么没有把其间的道理直接向卫灵公挑明却只委婉否决呢？寄人篱下啊！如果孔子回答说"可"，则助纣为虐，为虎作伥，君子不为也；如果孔子回答说"不可"，则为必然自己制造麻烦，更何况灵公自己如果要兴师讨伐，任何

---

① （汉）司马迁：《史记·卫康叔世家》，李金华标点，岳麓书社1988年版，第291页。

人都是阻止不了的。回一句“未之学”，其中的意蕴还是让你卫灵公自己去好好反思吧！

而更为重要的背景还包括，孔子到卫国后就发现，卫灵公原本就是一个无道之君，没有按照仁、礼的要求去治理国家，卫国的政治过失就在于“本未立”，但此时的卫灵公见到孔子却根本不问仁义如何、礼乐如何，“俎豆之事”是我的强项，你不虚心求教，而走上来就谈征战、讨伐之事，孔子心里当然很不自在，很不愉快，回答一句“未之学”一句已经算是相当客气的了。[①] 按照郑玄的注释：“万二千五百人为军，五百人为旅。军旅，末事。本未立，不可教以末事。”[②] 在儒家看来，大凡治国理政，当以礼乐为本，军旅为末。一旦本之事确立了并牢固下来，末之事则水到渠成，无须刻意为之。“军旅之事”不是没学，也不是不会，而是你卫灵公作为一国之君连最起码的仁义、礼乐一类政治要务都还没有掌握和推行，教了你兵戎战伐经验，反倒贻害无穷。

二、孔门弟子之军旅武功

孔门弟子中，并不是个个都像颜回那样只善于修养身性而不善处理世事的羸弱书生，许多人都直接参与乃至有效推进了各大诸侯国的政治实践，能够带兵打仗也不在少数，冉有、子路、樊迟等都是当时闻名的军事将领。孔子的其他弟子并非没跟老师认真学过射、御等武事，而只是这几个人相对杰出、被后世称颂得多一些罢了。子路应该通于武备，其军事才能起码还得到过孔子的肯定和认可。《论语·公冶长》记，孟武伯问：“子路仁乎？”孔子说：“不知也。”孟武伯又问。孔子说：“由也，千乘之国，可使治其赋也，不知其仁也。”赋，指在民间征集兵员、军用物品或军事费用。[③] 治赋，即治兵、治军，这里泛指管理所有武备之事。在孔子的眼里，子路可以治军，但能不能施行仁爱则不敢保证。亦即，子路虽然可以帮助君王带兵打仗，但政治上还显得不够成熟，有待于进一步锻炼和考验。

孔子弟子中，公良孺甚至还有却敌撤退的神奇本领。《史记·孔子世家》载，孔子“过蒲，会公叔氏以蒲畔，蒲人止孔子。弟子有公良孺者，以私车五乘从孔子。其为人，贤，有勇力，谓曰：‘吾昔从夫子遇难于匡，今又遇难于此，命也已。吾与夫子再

---

① 事见《史记·孔子世家》，“孔子将西见赵简子，至于河乃还，而反乎卫，入主蘧伯玉家。他日，灵公问兵陈。孔子曰：‘俎豆之事，则尝闻之。军旅之事，未之学也。’明日，与孔子语，见蜚鸿，仰视之，色不在孔子。孔子遂行，复如陈。夏，卫灵公卒。”但据《春秋左传》，时间和人物则都有改变。哀公十一年，“孔文子之将攻于大叔也，访于仲尼。仲尼曰：‘胡簋之事，则尝闻之矣。军旅之事，未之闻也。’退，命驾而行”。

② 刘宝楠：《论语正义·卫灵公》，中华书局1990年版，第609页。

③ 钱穆指出：“古者征兵员及修武备皆称赋。治赋，即治军也。”见《论语新解》，生活·读书·新知三联书店2002年版，第115页。

罹难，宁斗而死。’斗甚疾，蒲人惧，谓孔子曰：‘苟毋适卫，吾出子。’与之盟，出孔子东门。”① 公良孺贤而又勇，关键时刻凭借殊死决斗、不怕牺牲的大无畏气概就足以让敌兵闻风丧胆，把蒲人逼到谈判桌上来，从而使孔子摆脱危厄、逢凶化吉。

孔子弟子的军旅武功，或来源于孔子，或来源于其他。而有据可查的唯一记录是，冉有曾坦率承认过，“学之于孔子”。《史记·孔子世家》称“冉有为季氏将师，与齐战于郎，克之”。事在鲁哀公十一年，齐师犯鲁，兵临城下的燃眉之急，《春秋左传》记，冉有建言季康子“一子守，二子从公御诸竟”。可惜，这个时候的季康子已不能凝聚和整合叔孙氏、孟孙氏两大力量而共同御敌了。冉有还鼓动季康子使用“激将法”，以形成广泛的抗敌统一战线，“一子帅师，背城而战。不属者，非鲁人也”。大敌当前，坐视国土流失、人民遭殃，叔孙氏、孟孙氏总归要有爱国心的。但如果叔孙氏、孟孙氏不想迎战齐军，也是有理由的，因为鲁国之政毕竟独掌于季孙氏的手中。但即使他们不出兵，仅凭季孙一族的兵力和实力也足以打败来犯之敌。冉有冷静、理性地分析说：“鲁之群室，众于齐之兵车。一室敌车，优矣，子何患焉！”正所谓知己知彼，才能百战百胜。但如果你季孙氏再不抗战，则一定说不过去。“当子之身，齐人伐鲁而不能战，子之耻也，大不列于诸侯矣！”季孙氏不出手还击打上门的齐师，鲁国则必死无疑。所以，抗与不抗的利害关系已经昭然若揭。季康子挂帅亲征之后，冉有任左军统帅，樊迟为右帅，他们率部抗击，身先士卒，以步兵执长矛的突击战术，先击溃齐军右师，齐人溃逃，正当“宜将剩勇追穷寇”之时，“冉有请从之三”，可“季孙弗许”②，否则，鲁师还可以取得更大的胜利。班师还朝之后，冉有趁机说服季康子迎回流亡14年的老师孔子。

冉有，名求，字子有，鲁国人。小孔子29岁，是孔子最器重的弟子之一，在孔门中以善于从政和打仗而著名，“智勇双全，了解战术，善于用兵”③，做过鲁国贵族季孙氏的家臣，孔子称其“可使治赋”。《论语》之《公冶长》篇中，孔子称冉有“千室之邑，百乘之家，可使为之宰”。《雍也》篇中，孔子又评价他说，“求也艺”。《先进》篇则明确把冉有分在政事一科，而不在德行、言语、文学之中。冉有不但深得孔子赏识，而且季氏也非常看重他。孔子周游列国时，季康子就指名邀请跟随孔子的冉求回国帮助治理政事，冉求回国后任为“季氏宰”，成为鲁国权贵家族的总管，因率军抗齐，英勇善战，而建立战功。但《论语·先进》又载，“季氏富于周公，而求也为之聚敛而附益之。子曰：‘非吾徒也，小子鸣鼓而攻之，可也。’”周公，指姬“周王室

---

① （汉）司马迁：《史记·孔子世家》，李金华标点，岳麓书社1988年版，第414页。

② 顾馨、徐明校点：《春秋左传·哀公十一年》，辽宁教育出版社1997年版，第375页。

③ 袁金书：《孔子及其弟子事迹考诠》，台北三民书店1991年版，第262页。

之公，犹三桓之世为鲁卿”①，职系周“天子之宰、卿士”②。季孙氏，作为鲁君之臣，作为一个诸侯国的卿士，所拥有的财富却堪比于周天子的宰相。而作为鲁宰之宰即季氏家臣的冉有显然难推其咎。“周公封鲁，取民之制，不过什一。自后宣公税亩，已为什而取二。季氏四分公室，已取其二，量校所入，逾于周公赋税之数，故曰‘季氏富于周公’。”③ 冉有因为帮助季氏进行田赋改革，进一步搜刮百姓，为季孙氏聚敛财富，而受到孔子的严厉批评，甚至要清理门户，声称冉求不再是他的学生，要求其他弟子予以围攻。④ 看来，在孔子的眼里，治国、治民者，仅仅善政事、精武功，还不够，而更离不开善心、德行的规劝和引导。

三、射、御之学

那么，孔子的军旅之学里，究竟含有哪些内容呢?《论语·雍也》中，孔子说，冉“求也艺”。冉有的“艺”应该不出于“六艺”范围。孔子是在回答季康子的问题：冉有因为精通六艺，所以方可跟随你从政、治国。而“古以礼、乐、射、御、书、数为六艺。人之才能，由六艺出”⑤。这里，礼、乐、书、数乃为文道，而射、御则属于武道。射，在孔子在世的教学实践中，可能是一门非常重要的课程。《论语·八佾》中，孔子说：“君子无所争，必也射乎？揖让而升，下而饮；其争也君子。”孔子所描述的射，应该是盛行于殷周上流贵族之间的一种大射礼。⑥ 君子一向恭逊谦让，待人以宽，唯独在操练射技的竞争中不让于人。但射之前，能够作揖互拜，一同升、降堂阶；射

---

① 钱穆：《论语新解·先进》，生活·读书·新知三联书店 2002 年版，第 290 页。

② 何晏、邢昺：《论语注疏·先进》，北京大学出版社 1999 年版，第 148 页。

③ 刘宝楠：《论语正义·先进》，中华书局 1990 年版，第 455 页。

④ 但季康子在推行田赋改革之前，一度专门派冉有请教、咨询过孔子。《春秋左传·哀公十一年》记，“季孙欲以田赋，使冉有访诸仲尼。仲尼曰：‘丘不识也。’三发，卒曰：‘子为国老，待子而行，若之何子之不言也?’仲尼不对，而私于冉有曰：‘君子之行也，度于礼：施取其厚，事举其中，敛从其薄。如是，则以丘亦足矣。若不度于礼，而贪冒无厌，则虽以田赋，将又不足。且子季孙若欲行而法，则周公之典在；若欲苟而行，又何访焉?’弗听。”在孔子看来，“施取其厚、事举其中、敛从其薄”一向是君王治政的基本原则，有典不依，有礼不遵，本已打算苟且行事，又何必派人造访呢！而在季康子的眼里，“周公之典”虽然完备，但已明显适应不了当下之需，既然有求于“国老”则无非希望拿出一个现实、可行的赋税改革方案，而你孔老夫子似乎也只会简单照搬、照抄而已。为政者与知识分子的差距常在于此。

⑤ 刘宝楠：《论语正义·雍也》，中华书局 1990 年版，第 222 页。

⑥ 春秋之射礼，可分为大射、宾射、燕射、乡射。“《礼经》言，射有四：一曰大射，天子、诸侯、卿大夫将祭而择士，天子于射宫，诸侯于大学，卿大夫于郊，士无臣，无所择，故无大射礼。二曰宾射，天子在治朝，诸侯则或在朝，或盟会在竟，卿大夫、士皆有之，亦射于郊。三曰燕射，天子、诸侯在路寝，卿大夫、士亦在郊。四曰乡射，州长春秋属民，射于州序，天子、诸侯皆无此礼。”见刘宝楠《论语正义·八佾》，中华书局 1990 年版，第 87 页。

之后，还能够举杯对饮，互敬互学，以礼化争，共同分享演习带来的乐趣和喜悦。恰好应验了今天人们非常流行的一句口号：友谊第一，比赛第二。根据《论语》一书的描述，孔子可能既会捕鱼，又能打猎，既懂一定的渔猎技法，又有一定的仁爱之德。《述而》篇称其“钓而不纲，弋不射宿”。钓，指用钩子钓鱼，通常是一竿一钩。纲，指在一根大的绳索上悬挂许多小钩，横放在河流里。钓，只有一竿子提起，愿者上钩，不至于殃及无辜鱼群。而纲则近乎一网捞尽，无论大小，悉数进账。用钩而不用纲，明显是怜惜那些还未到被人捕食时候的小生命。弋，即缴射，指用带有细绳的箭矢射杀飞鸟。宿，即宿鸟，指栖息于巢中的飞鸟。宿鸟不飞，或休养生息，或孵卵育雏，此时射杀，虽必能有所收获，但却难免偷袭之嫌，属不义之举。

《八佾》篇中，孔子要求弟子“射不主皮，为力不同科，古之道也”。上古之射，一般可分为军射和礼射。军射相当于皇族、官方的军事操练。而礼射则是平民喜闻乐见的习武、健身。军射强调一定要制敌于死地，以杀伤力取胜。而礼射则无意于厮杀，多重视礼乐属性。“古之射，张一布，称为侯。或画五彩画兽，为正。或于中心贴一皮，或熊或虎或豹，为鹄。不主皮，或说，射以观德，但主于中，不主贯革。”① 射箭的目的并不是军事、武功本身，毋宁始终在于培育优秀的政治品格与过得硬的道德素质。《仪礼·乡射礼》说：“礼射不主皮。主皮之射者，胜者又射，不胜者降。”② 兵帅士卒之于军射，理当全力以赴，不可苟且偷懒。但参加礼射的人并不以强取胜，体力有大小，身材有高低，只要射中目标就行，不必非得都穿透靶子中心的兽皮。礼射的目的，一方面，技艺要精，本领要强。另一方面，政治标准永远高于军事标准，部队也会首先重用那些具有盛德嘉行的人才。军射虽然能够征服敌人，但也必须辅以礼射。两军对垒，短时间内是比军事实力，拼武器、拼战需，而时间一长则一定靠人心、靠道德。

御，也是六艺之中的一科。御，即驾御，指驾驶车马。上古时代，车马来之不易，比较珍贵，非寻常百姓所能拥有。车和马最先可能都只用于军旅战伐，后来才普及到民间而成为一种常见的交通工具。即便到了孔子活着的时代，车马仍然稀缺，所以驾御竟还排得上一门非常重要的专业本领和军事技能。春秋末期，诸侯国的大小、国家的强弱通常都以车马的多少来衡量，一车四马为一乘，“百乘之家”“千乘之国”“万乘之国”一类的说法在当时非常流行。作为战斗单位，每一辆战车可载兵甲三人，坐在两边的叫作车左、车右，坐在中间的则叫作御。车左主射，负责射击；车右持戈，负责砍杀；而御则手执缰绳和旌绥，指挥左右，掌握方向，控制速度。《论语·子罕》

---

① 钱穆：《论语新解·八佾》，生活·读书·新知三联书店2002年版，第70页。
② 陈成国点校：《仪礼·乡射礼》，岳麓书社1989年版，第173页。

记，达巷党人[①]说："大哉，孔子！博学而无所成名。"孔子听了，则对弟子们说："吾何执？执御乎？执射乎？吾执御矣！"项橐赞美孔子博学而不器，追求仁道大义而没有沦落为徒具一技之长的专家，然而，"夫子谦言但当执一艺以成名，不敢当党人之誉已也"[②]。既然要做出一种谦虚而有教养的姿态，干脆就挑六艺之中最卑微的一技以表明自己仍还只是专家，还不没有达到"博学"的层次。《礼记·曲礼下》说："问大夫之子，长，曰：'能御矣。'幼，曰：'未能御也。'"[③] 可见，在春秋时代，御可能是男子从少年走向成年的入门课，属于必须学习的最基本技能。而将御纳入到"六艺"中来，至少说明原始儒家的精神气质中也还具有一定的崇武、尚武要求。

《论语·乡党》记，孔子"升车，必正立，执绥车中，不内顾，不疾言，不亲指"。孔子懂御，当然也没必要这般小心翼翼、如履薄冰，所以这里的描述可能是孔子向弟子演示乘车之礼的整个过程。"不内顾"说明孔子时代的战车制造技术已获得进一步提高，开始有车厢装置了，更安全，更实用。按照御之礼的要求，登车"必正立""不内顾"[④]"不疾言""不亲指"[⑤]，但打起仗来，杀敌保命最要紧，哪里还顾得上这么多繁文缛节呢?! 所以，打仗归打仗，礼节归礼节，但又不是互不搭界，孔子所做的工作正是为了给必备的军事技能上一道必要的政治路线和德性基础的保险栓。

而孔子本人的军旅之学又学之于哪里呢？或学之于时人，或学之于先人。学之于时人已经无从稽考。但分析现存史籍，孔氏家族还真不乏武士传统，或可成为孔子军旅思想的家学渊源。孔子的祖上一度是殷商王朝宋国之君，上溯三代，在鲁国也出过武士。《春秋左传·昭公七年》中，鲁国贵族孟僖子明确称孔子为"圣人之后"，可能就是指孔子具有殷人的血统，祖先曾经具备非常美好的德行。孔子"其祖弗父何，以有宋而授厉公"[⑥]，弗父何原本应当做宋之国君，但后来却主动让给了弟弟厉公。而宋国又是商纣王在平定武庚叛乱之后分给庶兄微子的一个封国，辖殷商旧都附近的地区。于是，孔子的祖先开始由王室世家变为诸侯之家。《孔子家语·本姓解》说："孔子之先，宋之后也。"[⑦] 据钱穆的《孔子传》说，弗父何的曾孙是"正考父"，辅佐过宋戴

---

① 达巷党人，这里可能指聪慧过人、能够不学而自知的项橐。《淮南子·修务训》称："夫项橐七岁为孔子师，孔子有以听其言也。"《汉书·董仲舒传》中，董子"对策"亦曰："臣闻良玉不琢，资质润美，不待刻琢，此亡异于达巷党人不学而自知者也。"

② 刘宝楠：《论语正义·子罕》，中华书局1990年版，第322页。

③ 陈戍国点校：《礼记·曲礼下》，岳麓书社1989年版，第293页。

④ 不内顾，《白虎通·车旂》解释说："'车中不内顾'者，何？仰即观天，俯即察地，前闻和鸾之声，旁见四方之运，此车教之道。"而何晏正义则曰："言孔子在车中，前视则不过衡、轭之前，傍视则不过輢、毂之后。"

⑤ 不亲指，当为"不妄指"之误抄。《礼记·曲礼上》曰："车上不广欬，不妄指。"

⑥ 顾馨、徐明校点：《春秋左传·昭公七年》，辽宁教育出版社1997年版，第277页。

⑦ 《孔子家语·本姓解》，见《百子全书》第一册，岳麓书社1993年版，第86页。

公、武公、宣公，三朝皆为上卿，曾校定《诗·商颂》十二篇。[①] 这样，诸侯之家便又变成了公卿之家。正考父为人非常恭敬、节俭，其鼎铭文曰："一命而偻，再命而伛，三命而俯。循墙而走，亦莫余敢侮。饘于是，鬻于是，以糊余口。"[②] 显示出极高的谦卑精神和德性修养。正考父生孔父嘉。宋穆公时，孔父嘉一度为大司马。[③]

《春秋左传》桓公元年、二年所提及的"孔父"就是孔父嘉。孔父嘉的曾孙则是孔防叔。《史记·孔子世家》说，孔子"其先宋人也，曰孔防叔。防叔生伯夏，伯夏生叔梁纥。纥与颜氏女野合生孔子，祷于尼丘得孔子。"[④] 但按《孔子家语·本姓解》的谱系，则似应"弗父何生宋父周，周生世子胜，胜生正考甫，考甫生孔父嘉。五世亲尽，别为公族，故后以孔氏焉。""孔父生子木金父，金父生睪夷，睪夷生防叔，避华氏之祸而奔鲁。防叔生伯夏，伯夏生叔梁纥。"[⑤] 孔子以先祖的字为氏，而姓孔。[⑥] 叔梁纥是鲁国的郰邑宰，身高十尺，力气很大，《春秋左传·襄公十年》记载，偪阳之役中，他一人独自力托悬门。[⑦] 哀公十七年，齐鲁防之战中，叔梁纥率三百甲士夜袭齐军，救出并送走被俘大夫臧纥，然后又回师固守。[⑧] 于是，孔子的先祖便又由公卿之家变成了士族之家。于是，人们便可以得出一个不难理解和想象的结论："'军旅之事'乃是孔子世传家学，孔子既出身于这样一个'士'的家庭，必然带有父辈的遗传气质，不能不受其久远的武事家学的薰陶和影响。"[⑨]

---

① 陆德明《毛诗音义》说，后来孔子删定《诗》时，只保留了其中的五篇，见雒江生《诗经通诂·商颂·那》，三秦出版社1998年版，第897页。

② 顾馨、徐明校点：《春秋左传·昭公七年》，辽宁教育出版社1997年版，第277页。

③ 钱穆：《孔子传》，生活·读书·新知三联书店2002年版，第1、2页。

④ 司马迁：《史记·孔子世家》，李金华标点，岳麓书社1993年版，第408页。关于"防叔生伯夏，伯夏生叔梁纥"之说，清人崔述指出："此文或有所本，未敢决其必不然。然《史记》之诬者十七、八，而此文又不见他经传，亦未敢决其必然。"见崔述《洙泗考信录》卷一，中华书局1985年版，第2页。

⑤ 《孔子家语·本姓解》，见《百子全书》第一册，岳麓书社1993年版，第86页。然而，对《孔子家语》的这一段文字，崔述却予以了大胆怀疑与否定，理由主要有三条：首先，"郰叔以前，见于《春秋传》者仅弗父何、正考父、孔父嘉三世。见于《史记·世家》者，仅防叔、伯夏二世。此外皆不见于传记。《史记》之言，余犹不敢尽信，况《史记》之所不言者乎！"其次，"且孔父嘉为华督所杀，其子避祸奔鲁，可也。防叔，其曾孙也，其世当在宋襄、成间。于时华氏稍衰，初无构乱之事。防叔安得避华氏之祸而奔鲁乎？"再次，"《家语》一书本后人所伪撰，其文皆采之于他书而增损改易以饰之"。见《洙泗考信录》卷一，中华书局1985年版，第3页。

⑥ 关于孔姓的来历，钱穆在《孔子传·孔子的先世》中曾经指出："孔父是其字，嘉是其名。因获赐族之典，其后代以其先人之字为氏，乃曰孔氏。孔父嘉为孔子之六代祖。"生活·读书·新知三联书店2002年版，第2页。

⑦ 顾馨、徐明校点：《春秋左传·襄公十年》，辽宁教育出版社1997年版，第187页。

⑧ 顾馨、徐明校点：《春秋左传·哀公十七年》，辽宁教育出版社1997年版，第202页。

⑨ 柯远扬：《孔子军事思想试探》，见军事科学院战略部、后勤学院学术部编《先秦军事研究》，金盾出版社1990年版，第251页。

四、孔子“未尝屡临战事”乎？

孔子为什么能够教给弟子以军旅之学，或可也来自他本人亲历的战伐实践。于是，我们便必然面临——孔子一生有没有打过仗，如果有，他立没立过战功——之类的追问。钱穆一度说过“孔子未尝屡临战事”①，然而，《春秋左传》记，鲁定公十年：

> 夏，公会齐侯于祝其，实夹谷。孔丘相。犁弥言于齐侯曰：“孔丘知礼而无勇，若使莱人以兵劫鲁侯，必得志焉。”齐侯从之。
>
> 孔丘以公退，曰：“士兵之！两君合好，而裔夷之俘以兵乱之，非齐君所以命诸侯也。裔不谋夏，夷不乱华，俘不干盟，兵不逼好，于神为不祥，于德为愆义，于人为失礼，君必不然。”齐侯闻之，遽辟之。
>
> 将盟，齐人加于载书曰：“齐师出竟，而不以甲车三百乘从我者，有如此盟！”孔丘使兹无还揖对，曰：“而不反我汶阳之田，吾以共命者，亦如之！”
>
> 齐侯将享公，孔丘谓梁丘据曰：“齐、鲁之故，吾子何不闻焉？事既成矣，而又享之，是勤执事也。且牺、象不出门，嘉乐不野合。飨而既具，是弃礼也。若其不具，用秕稗也。用秕稗，君辱；弃礼，名恶。子盍图之?！夫享，所以昭德也。不昭，不如其已也。”乃不果享。
>
> 齐人来归郓、欢、龟阴之田。②

孔子作为鲁国的相礼，陪伴定公与齐景公在夹谷会晤。齐大夫犁弥以为孔子只知礼仪而缺乏勇猛，便建议景公乘机安排莱夷之人劫持鲁定公。齐景公听从了犁弥的计谋。孔子肯定是身怀武艺并具有一定的勇果精神的，否则便不可能带着定公突破陷阱、死里逃生。据《孔子家语·相鲁》描述，定公到达会晤之所，登坛进阶，“［献酢］既毕，齐使莱人以兵鼓噪，劫定公，孔子历阶而进，以公退”③。莱夷人刚一动手，孔子赶忙冲上前去，拽着定公，撒腿就跑，并当机立断，命令鲁国的左右司马及随从拿起武器，奋力还击，誓死保护定公的人身安全；同时又不忘进行一番严厉的政治说教——齐、鲁两国的元首聚会盟约，而俘虏来的东夷莱人却携带武器蓄意捣乱，这哪里是堂堂齐王用来命令四方诸侯的方式方法！历来，四边之民不得觊觎华夏之土，夷狄蛮族不干扰中原各国，败军之俘虏不可能破坏战胜国之间的盟会，武器并不是用来威胁友好会盟的，否则，对于神灵来说都是不吉祥的，对于道德而言则也丧失礼法正义。

---

① 钱穆：《论语新解·述而》，生活·读书·新知三联书店2002年版，第176页。

② 蒋翼骋标点：《左传·定公十年》，岳麓书社1988年版，第381、382页。

③ 《孔子家语·相鲁第一》，见《百子全书》，第一册，岳麓书社1993年版，第5页。

假如你们齐王知道了，肯定不会同意你们这么蛮干的。齐景公听了孔子的一番话，似乎感到很内疚，赶忙撤走了莱人。孔子凭借自己的勇敢和智慧粉碎了齐人劫持鲁定公的阴谋，可谓护驾有功。一句“兵不逼好”，儒韵十足，不可能出自纯粹的兵家之口，因而非常精妙地勾勒出孔子军事思想的灵魂。国之为国，征伐战戎之事在所难免，兵马师旅也不可或缺，但其最大的功能、最好的价值体现则是设而不用，保持震慑、威严之影响。武力一旦损害与别国的友好关系，则失去它自身的存在意义。

紧接着，齐人又故意设局。即将签约的时候，齐人在盟书上竟然还加了一个更为苛刻的条件：齐师将来离境作战，去讨伐别的诸侯国，鲁国如果不派出甲车三百乘跟随齐国，理当受到盟约的制裁。孔子处变不惊，让大夫兹无还边作揖、边对齐人说：你们齐国如果不把汶阳那块土地归还给我们鲁国，而唯独命令我们派出三百甲车跟随你们，你们也同样应该受到盟约的制裁。于无声处听惊雷，谈判桌上见胆略、见魄力、见智慧。然而，自古以来，武将战场上的赫赫军功很容易被人记起和传诵，但文臣在谈判桌上舌战群雄、寸步不让却总被人忘怀。其实，后者也为国家和民族做出了莫大的贡献。

接下来，齐景公打算设宴款待鲁定公。但孔子则以为此举多余，不合礼制。孔子对齐大夫梁丘据说，你难道没有听说过齐、鲁两国宴请宾客的惯例吗！盟会都已经结束了，才想起来设宴招待别国之君，这明显是让执事之人徒增劳累。再说了，牺尊、象尊一类的礼器根本不适宜拿出宫门，钟、磬之乐也不适合在郊外演奏。如果你们现在酒宴都已经准备了，则无异于置礼法于不顾。如果还没有准备，就宴请鲁君，则好比吃了秕、稗一样，根本就不值一提。你们如此马虎地对待宴请，受侮辱的只能是你们齐王自己。不合礼法，又坏了齐君的名声，你们这么做图的究竟是什么呢！盟会宴请原本是用来彰显君王大德的，如果做不到，则干脆取消了算事。后来，景公果真没再提宴请定公的事情。齐人似乎领教了孔子的厉害，最终不得不把郓、欢、龟阴三地归还给鲁国。齐、鲁夹谷之会应该是上攻伐心、外交斡旋取代兵戎血刃、不战而屈人之兵的成功案例，孔子一席话抵得上千乘之师的拼杀，让齐、鲁两国少流多少血，少死多少人啊！打仗未必立功，立功也未必打仗，显然，鲁国收回郓、欢、龟阴三地，也应该有孔子的一份功劳吧！

鲁定公十二年，孔子的弟子、担任季氏宰的子路向定公建议拆毁季孙、孟孙、叔孙三家的采邑费、成、郈，表面的理由是三桓城墙不合礼制，深层之原因则是三桓“强盛将为国害”[①]，敲山震虎，以防尾大不掉。《春秋》记，“叔孙州仇帅师堕郈”，不久，“季孙斯、仲孙何忌帅师堕费”。按照《春秋公羊传》的解释，“曷为帅师堕郈，帅师堕费？孔子行乎季孙，三月不违，曰：‘家不藏甲，邑无百雉之城。’于是帅师堕

① 《春秋经传集解·左传》，上海古籍出版社1997年版，第1686页。

郈，帅师堕费”[①]。春秋乱世，礼崩乐坏，诸侯既然能“八佾舞于庭”，诸侯手下的僚属权贵就胆敢越制造城筑墙。根据周制，公、侯之下，不得私藏兵甲。诸侯封邑之都城每面五百丈，方、圆各三里，超过此范围则都不合礼制，因而一定是整治、摧毁的对象。《春秋左传》记：

> 仲由为季氏宰，将堕三都。于是叔孙氏堕郈。季氏将堕费，公山不狃、叔孙辄帅费人以袭鲁。公与三子入于季氏之宫，登武子之台。费人攻之，弗克。入及公侧，仲尼命申句须、乐颀，下伐之，费人北。国人追之，败诸姑蔑。二子奔齐，遂堕费。

“堕三都”的建议虽由子路所提出，但一般都认为其幕后的策划者肯定是时任定公大司寇之职的孔子。[②] 老师向当政者推荐学生，学生遇到问题请教老师，在今古中国都是再正常不过的事情。《孔子家语·相鲁》记，“孔子言于定公曰：‘家不藏甲，邑无百雉之城，古之制也。今三家过制，请皆损之。’乃使季氏宰仲由隳三都。”[③] 抑制三桓私家，强化鲁之公室，尊君卑臣，师出有名，孔子的主意最初还能够得到大家的理解和支持。所以，拆毁叔孙氏郈邑的城墙还算比较顺利，但即将拆毁季孙氏费邑城墙的时候，公山不狃、叔孙辄却率领费邑人先下了手，突袭了鲁师。定公与季孙、叔孙、孟孙三人进了季氏的家，登上武子之台。一帮费邑人又开始攻打季氏的家，没能取胜，但他们的兵卒已经窜进来了，并已经接近了定公的身边。

危急时刻，孔子果断命令大夫申句须、乐颀到台下击退他们。[④] 费邑人未能取胜，仓皇而逃，鲁军乘胜追击，终于在姑蔑歼灭了他们。公山不狃、叔孙辄逃亡到齐国，费邑城墙才得以拆除。然而，子路“将堕成，公敛处父谓孟孙：‘堕成，齐人必至于北门。且成，孟氏之保障也。无成，是无孟氏也。子伪不知，我将不堕。’”公敛处父抗旨不尊，孟孙氏阳奉阴违，子路之师遭遇阻碍，孔子“堕三都”的政策无法执行下去。那么，孟孙氏为什么先拥后叛呢？原来，郈邑、费邑被拆毁之后，季孙、叔孙的产业大为削夺，土地、税赋也收归于鲁君，孔子又使弟子仲由、子羔据而用之，这足以引

---

① 雉，即周代计算城墙面积的单位，至于大小，说法不一。《春秋公羊传》称，“五板而堵，五堵而雉，百雉而城”。但杜预则注：“方丈曰堵，三堵曰雉。一雉之墙，长三丈，高一丈。”

② 袁金书说：“堕三都之事，是由孔子主谋，子路只不过是来执行孔子的主张，参与其事者。子路担任季氏宰，必然是孔子所引荐的，亦可见他在孔子的政治生涯中，扮演了一个重要的角色。”见《孔子及其弟子事迹考诠》，台北三民书局 1991 年版，第 58 页。

③ 《孔子家语·相鲁第一》，见《百子全书》，第一册，岳麓书社 1993 年版，第 6 页。

④ 身为大司寇，孔子何以能指挥大夫申句须、乐颀？而又为什么能够“行乎季孙，三月不违”？崔述解释说：“司寇，下卿耳。然至襄、昭之世，非上卿亦有为政者，宋乐喜以司城、郑子产以次卿是也。桓子知孔子，故使以司寇为政。”见《洙泗考信录》卷二，《丛书集成续编》，中华书局 1985 年版，第 34 页。

起孟孙氏的警觉和抵触。冬，十二月，即便定公亲自挂帅“围成”，也“弗克”。一场声势浩大的“堕三都”工程就此功亏一篑，三桓重新纠结在一起，共同对付孔子，迫使其不得不离开鲁国。[①] 然而，堕费之役中，孔子指挥若定，再次保护了一国之君的人身安全则铁定是一个不小的战功。

---

① 何新:《圣：孔子年谱》，中国民主法制出版社2008年版，第177页。

心学与理学争议的核心问题：一个礼法学的视角 *

宋大琦
山西省社会科学院哲学所副研究员

心学与理学的主要区别，过去有人从本体论上讲是“心即理”还是“性即理”的问题；有人从工夫论上主张是“尊德性”与“道问学”谁为先的问题。本文此处从礼法学的角度讲，亦即从构建或者拆解礼法观念体系的角度来讲。心学理学本为一体，心学是从理学的内部争论产生的，因此，它的问题都是对理学问题的讨论，不过理学是建构，而它是解构。不了解这一点，徒求建构一个独立的心学体系，那是缘木求鱼。

一、“心即理”还是“性即理”

“性即理”是程颐提出的，朱熹赞之为“颠扑不破”，从与汉学的思想史联系上看，“性即理”是天人合一的另一个说法，但是不限于此。理学之前人们说“性”都是从人性论上来说，天命之流化于人为性，而理学把“性”，提高到的本体地位，因此“性即理”，也可以说是“理即性”，在天之理在人之体现，或曰人性对天理的把握，此天人合一之处即超越了人从天禀之性，而隐隐成为人可主天的普遍理性。但是如果不排除感性和个性，这条道路很难走下去。朱熹曰：“性只是理，万理之总名。此理亦只是天地间公共之理，禀得来，便为我所有。”（《朱子语类》卷一百一十七）因此“性即理”是主客一致、内外一致、人己一致、情理一致、自然属性与社会属性一致、

* 关于礼法学视角的说明：本文是作者《礼法学的道统传承》书稿中的一部分。“礼法学”是现在学术界尚未广泛接受的一个名词，它脱胎于中国法律史学。几十年来中国法律史学接受当代法理学理论，偏重于法律的国家性、人定性、形式性特点，兼之接受日本学者提出的“律令说”，认为中国古代法的体系是“律令体系”，因此把不是律令、不符合现代法一些特征的礼、俗内容排除在外，或者仅认为是民间法、习惯法。这对全面理解古代法的特点造成了很大困惑，尤其是在论述到法的本质性问题的时候，古人一般是礼法同论，在词汇选择上以礼为论者占绝大多数，因此排斥礼则无以理解古代法，更难以从传统资源中开出现代法哲学。法律史学耆宿俞荣根先生、本文作者及其他一些年轻学者认为完整的中国古代法体系应是“礼法体系”，律令体系仅是其中一部分。因此作者广采古人关于礼、法及其天道心性依据的学说，以“礼法学”为传统学术关于秩序一般原理的学说，探赜索隐，落实于礼法构建。特此说明。

主体性与普遍理性一致的一个提法。但是，真的能一致吗？总是一致的吗？这个问题在朱熹自身就发生了分裂，性理一致不能解释人性中恶的问题。朱熹靠支离繁琐的分析，把性分成了“天命之性”和“气质之性”，这样下去，其实性理一致只是天命之性与天理的一致，性变成道德理性，“其大目只是仁义理智四者而已”（《北溪字义·性》）。这样，它自然与天理——在人伦领域，它不过是道德理性的另一个提法——相一致。然而人囫囵之心中的七情六欲呢？是不是天理？程颐、朱熹把它们叫“人欲”，克尽人欲，是复天理。然而在这个问题上，朱熹并不像程颐一样严苛，朱熹讲“心统性情”，“心”是个囫囵概念，里面既有道德理性，也有七情六欲。心者，思之官也，性不离心。“心统性情”远承于孟子，曰：“尽其心者，知其性也，知其性则知天矣。”（《孟子·尽心上》）近起于张载，曰：“心统性情者也。有形则有体，有性则有情。发于性则见于情，发于情则见于色，以类而应也。”（《性理大全》卷三十三）朱熹赞扬张载“心统性情”说极好，解释道：“统，犹兼也。心统性情，性情皆因心而后见，心是体，发于外谓之用。”（《朱子语类》卷九十八）“性者，理也。性是体，情是用，性情皆出于心，故心能统之。”按他的解释，是性、情都是心，心是体，性、情是用，也可以解释为性是体，情是用，此解释与程颐“性即理”的性本体有调和又有区别。朱熹最后坚持了理性本体的原则，但是给七情六欲的合理性论证留下了口子，进而给性本体向情本体的转换留下了空间。但是对他自己来说，这是个理论裂隙，这个裂隙上达理气、下至形而下的方方面面。

阳明心学的“心即理”远承孟子的“万物皆备于我”，近处是要对朱熹含糊的地方说个究竟，它既是本体论，也是认识论，是从认识中立本体。与“性即理”比照着看，性在程朱理学中是先验的道德理性，其内容是先验的，在这种情况下，人的认识是理自身的展开，是性对自身的认识，认识结果一定是“正确的”。在这一点上，陆九渊与程朱其实没什么区别，甚至比朱熹更强调认识结果的先验性。“先立其大者”，即在一事一物的具体认识之前就先有了“正确结论”，剩下的就是学习、领会这个正确结论并用其指导实践。而朱熹起码还要一件事一件事地去“格”。朱熹是归纳法，而陆九渊是演绎法，然而演绎的大前提是哪里来的呢？王阳明的心即理则更直接地以心对理，而不是先行立理。所谓“心与理同”与“性与理同”表面相似，而实质上，性与理同之“性”是经过理过滤、规定过的道德理性，是以道德理性反过来核定“性”，而心是兼备七情六欲的感性囫囵之心，所谓“善”“恶”其中兼备。是以“吾性自足”“心外无理”“心外无物”在礼法学上有两重含义：一是从认识论上，世界的意义是我的心赋予的，心在先，理在后，人心为世界制定法律；二是从本体论上，七情六欲皆为本，不独道德理性。这样又导致两个结果，一个是认识的解放，理不再是先验的，而是人心规定的，不仅是人心规定的，而且是个人之心规定的，一人之心有一人之理，这样理就不再是普遍的，这个思路从性理之说的内部导致了理的解构；另一个是七情六欲皆可为理，简单说，就是可能以欲为理，严重地说，“肆人欲而灭天理”的魔瓶被打开了。阳明身后的明朝生活验证了这一后果，阳明生前有所预见，亦有所防备，所以后来把他的理论修改成“致良知”。从心即理到致良知，简单地说，开始是说“你的心就是天理”，后来改为“你的良心才是天理”。从解构到重建，重心由个性解放转回公共理性的建设。

二、“一颗心”还是“两颗心”（一性还是二性）

感性囫囵之“心”和“良心”，其实是个老问题，不过理学一般称之为“人心”“道心”。古文《尚书·大禹谟》云“人心惟危，道心惟微；惟精惟一，允执厥中”，被理学家视为儒家千载道统心传。程颐认为“人心，私欲，故危殆；道心，天理，故精微。灭私欲则天理明矣”（《二程遗书》卷二十四）。朱熹说道心、人心“只是一个心，知觉从耳目之欲上去，便是人心；知觉从义理（即仁义礼智）上去，便是道心”（《朱子语类》卷七十八）。朱熹之说较明白易懂，人心是感性知觉之心，道心是义理之心，即道德意识。以朱熹之说，道心人性并不是截然两分的，而只在一心之上。此说比“天命之性”“气质之性”上分善恶更为合理。由于心、性的关系，理学说“性即理”某种意义上也是“心即理”，但此心不是感性知觉之“人心”，而是仁义礼智之“道心”。如果说“心即理”的意思是道心即理，那么二程、朱熹那里也是完全同意的，这其实是“天命之性”与“气质之性”问题在另一个角度的展开。一心与二心的问题，也就是一性与二性的问题，天命之性是纯然天理，气质之性包含人欲。如此分析下去，心是包含着性的，心就是天命之性与气质之性的总和。道心人心、天命气质之分是为了解决人性为何不“纯然天理”以及如何“纯然天理”的问题，有明显的二元论倾向，明代心学思想家从不同方向给予了其严厉的批评，并试图用一元论的方法解决之。王阳明说“人心之得其正者，即道心；道心之失其正者即人心”（《传习录》），这是比较明确的说法，而“无善无恶心之体，有善有恶意之动”则是更隐晦和更深刻的说法。心体上去掉善恶分别，某种程度上回到了“未发之中”，“意之动”是已发，已发之后有善恶，这其实是拒绝了对未发之欲的善恶评分，事实上也就解放了人性，下面只是人性发用过程中的度的问题。王阳明在一性还是二性的问题上用气来统一性，说：“生之谓性，生字即是气字，犹言气即是性也……若见得自性明白时，气即是性，性即是气，原无性气之可分也。”（《传习录中》）

以罗钦顺为始，又有一派理学家倾向于用气一元论解决善恶问题，黄宗羲、颜元、戴震都是其中的代表。事实上，在性善问题上，他们是比程朱更为彻底的理学家。颜元驳气质性恶曰：

> 程子云：“论性论气，二之则不是。”又曰：“有自幼而善，有自幼而恶，是气禀有然也。”朱子曰：“才有天命，便有气质，不能相离。”而又曰：“既是

此理，如何恶？所谓恶者，气也。”可惜二先生之高明，隐为佛氏六贼之说浸乱，一口两舌而不自觉！若谓气恶，则理亦恶，若谓理善，则气亦善。盖气即理之气，理即气之理，乌得谓理纯一善而气质偏有恶哉！（《颜元集·驳气质性恶》）

戴震与颜元的思想进路相似，他认为，“性”本无“义理”与“气质”之分，“性”是一元而非二元的，程朱离开人的“血气心知”空谈“义理之性”，不但违背了人性之本然，而且与孟子的性善学说相抵牾。于是得出结论说：“宋儒立说，似同于孟子而实异，似异于荀子而实同也。”又曰：“荀子之所谓礼义，即宋儒之所谓理。”（《孟子字义疏证·性》）此几乎揭发了人性论上宋儒实质上是荀子“人性恶”信徒的秘密。争论结果：人心道心，只是一心，天命气质，只是一性。它的礼法学意义是，礼法学必须面对人的感性欲望，不可以二分法把它们归之于“性本恶”而否定之。结合“心即理”，人们就有可能用血气心知之欲去规定天理。换言之，人的自然欲望因此有了逻辑上的法权可能。

三、一个圣人还是一群圣人

一个圣人，还是一群圣人、大家都是圣人，关系到威权之治还是众人之治。这是一个非常具有现代性的问题。中国古代传统中，有民本而无民主，圣王立法、圣人发现礼法，圣王固以民为本，但“民可使由之，不可使知之”（《论语·泰伯》），“唯上智与下愚不移”（《论语·阳货》）。也就是说，儒家传统一向是精英政治，而不是平民政治，古典民本主义即使可以解释成主权在民，也绝对解释不成治权在民。但在儒学中，圣凡之间又无鸿沟。孔子说“性相近也，习相远也”（《论语·阳货》），孟子说“人皆可以为尧舜”（《孟子·告知下》），鼓励普通人通过自己的努力成为圣贤。荀子也有“涂之人可以为禹”的说法（《荀子·性恶》），但与孟子的鼓励成圣成贤的意思不同，不是说普通人在人格智慧上也会提高到禹的境界，而是说在法制强迫之下，一个普通人也会向禹一样奉公守法。上古的“圣人”指智者，而秦汉以后一直至清朝，圣人集中在两者身上，一是圣王合一，君主越来越不羞愧于自称圣上；一是儒生集团则把圣人一词专归孔子，拉大圣人与凡人之间的距离。这两点在荀子对圣王的神化、汉儒对孔子的神化中理论体现比较典型。而宋明理学，本身就是一个“人的觉醒”，一个“学习圣贤”的运动，当然，这一觉醒首先是从士人开始的。周敦颐云“士希贤，贤希圣，圣希天”（《通书》）。朱熹在人性论中也拉近圣人与凡人的距离，虽然是圣人，不能无人心，虽然是凡人，也不无道心，圣人也是凡人作。王阳明的人生理想更是“作圣贤”。在这一段漫长的历史过程中，佛家的众生平等，人人皆有佛性，一阐提人皆可成佛的思想也冲淡了汉儒圣凡之隔的观念，为宋明理学的到来铺了道路。可以说，汉儒的“一个圣人”到宋儒变成了“一群圣人”，起码是“一群潜在的圣人”。反映在政治上，圣王干纲独断的威权之治就变成了士大夫群体的精英之治。这一点在南北宋政治上均有明显体现。到了明朝，道学下移，“一群圣人”又扩大成泰州学派的“满街都是圣人”。这在政治上意味着民主时代可能到来。宋明理学和心学对君主专制意识形态的反对不是站在对立面反对，而是从内部解构，即在肯定圣人治礼作乐的前提下，不断扩大圣人的范围。民智渐开，人人是圣贤，个个“心即理”，这样治权就被稀释了。“专制”的参与者越来越众，最后专制就变成了民主。这是一条非革命、非断裂、自生性的现代化转型。可以说，起码在明朝，这种“满街都是圣人”的观念已经站在了现代社会的大门口。

然而心学主流也并不是无条件肯定“满大街人”意志欲望的民粹主义者，他们肯定人性主要还是从“本性”“未发”，即可能性上来的，并非直接认可其为现实性。心学这方面的讨论主要以对良知本体的深入探讨进行。大体上，“人人有见成的良知，天下无见成的圣人”（《明儒学案·东林学案二》），人需要学习磨炼方能成圣。

四、理为先还是欲为先

理欲问题是理学中争论最多的问题，理学本体论、认识论、人性论、人生论最后都要通过理欲范畴来变成规范式命题，然后是实践。理欲关系的转换也是礼法学的核心问题，它代表着礼法基石从理本体向情本体的转变，从道德本位向利益本位的转变。若往早溯。理欲关系可以追到孔子的欲与矩，即个体欲望与普遍理性之间的关系。孔子是两者兼顾的，希望“从心所欲不逾矩”。《礼记·乐记》中则指出了理欲关系紧张的一面，穷人欲就会灭天理。理学中张载首先提出天理人欲之对立，并指出欲的特征是“攻取”。二程为理一元论者，强调天理的主宰性和性的统一性，有一个强调理欲一致到理欲对立的转变。程颢说：“天下善恶皆天理。谓之恶者，非本恶，但或过或不及，便如此。”（《河南程氏遗书》卷二上》）此处“恶”指的就是人欲。但程颐把天理人欲关系说得很绝对：“视听言动，非理不为，礼即是理也。不是天理，便是私欲。人虽有意于为善，亦是非礼。无人欲即皆天理。”（《河南程氏遗书》卷十五）此类言语比比皆是。朱熹开始也想调和理欲矛盾，曰“人欲便也是天理里面做出来，虽是人欲，人欲中自有天理”，但是“盖缘这天理须有个安顿处，才安顿得不恰好，便有人欲出来”，“人之固有天理、人欲，此胜则彼退，彼胜则此退，无中立无进退之理”（《朱子语类》卷十三）。终于还是走向了天理人欲不两立。“人欲”一词在理学中有模糊性，既指否定性的人欲、私欲，也指中性的自然欲望。理学并不一概否定自然欲望，朱熹说：“人欲也未便是不好，谓之危者，危险，欲望未堕之间。”（《朱子语类》卷七十八）甚至有很多话批评佛教的禁欲主义，如“终日吃饭，却道不曾咬着一粒米；满身着衣，却道不曾挂着一条丝”（《朱子语类》卷一二六），然而终不免沾僧侣禁欲之气。综合之，理学认为人的自然欲望出于天然之天理，人的欲望发用要符合礼法之天理，否则就是“人欲”。衡量自然欲望之发用是否合天理的先验标准就是礼法，因为“礼即是理也”。即使是出于好心善念，如果不合于礼，那还是人欲。此说在宋代占垄断地位，只有南宋胡宏提出了较大异议，曰：“天理人欲，一体两用，同行异情。”（《知言疑义》）陆九渊从道德本体论出发也质疑过理欲之分“裂天人为二”，说“若天是理，人是欲，则是天人不同矣”（《象山全集》卷三十四），但并未否认理善欲恶论。王阳明以心之本体为天理，人心发用正者为道心、天理，发用不正者为人心、人欲，某种程度上回到了人心道心，只是一心，天理人欲，同行异情。但是他出于惯性，虽然在认识论、本体论上已换了“新瓶”，但在道德论、礼法论上仍然保守“旧酒”，强调从一念发动处便克去人欲，以明天理，并把人欲归于“客气”。其仍未解决天理人欲中的二元论问题。王阳明的大弟子王畿（龙溪）则把气、欲、良知统一起来，直接从自然属性上说明人性—天理。天地间一气，“其气之灵，谓之良知”（《王龙溪全集》卷八《易与天地准一章大旨》），“口之于味，耳之于声，目之于色，鼻之于臭，身之于安逸，五者性之不容已者也”（《王龙溪全集》卷三《书累语简端录》）。偏于气派的程朱派大家罗钦顺浅显易懂地评述理欲关系说：

> 《乐记》所言“欲”与“好恶”，与《中庸》“喜怒哀乐”，同谓之七情，其理皆根于性者也。七情之中，欲较重。盖惟天生民有欲，顺之则喜，逆之则怒，得之则乐，失之则哀，故《乐记》独以“性之欲”为言，欲未可谓之恶，其为善为恶，系于有节与无节尔。（《困知记》）

也就是说，欲本无分善恶，关键在于有节无节，有节即善，无节即恶。刘宗周从理欲统一的观点进一步肯定人欲，曰：“生机之自然而不容已者，欲也；欲而纵，过也；甚焉，恶也。其无过不及者，理也。”（《原旨·原心》）“天理人欲，同行而异情，故即欲可以还理。”（《学言上》）。刘宗周的学生陈确进一步发展理欲合一说，曰：“人心本无所谓天理，天理正从人欲中见。人欲恰好处，即天理也。向无人欲，则亦并无天理之可言矣。”（《别集·与黄太冲书》）王夫之也主张理欲一致，曰：“人欲之各得，即天理之大同。”（《读四书大全》卷五）这几段论述的重要意义是：（一）宋儒以生生释仁，明儒以“生机”释欲，这样欲与仁之间就有了一个沟通，欲在生命本体的意义上有了仁的性质；（二）变程子、朱熹二元论主导的天理人欲不并立说为一元论的理欲一体；（三）在理欲之间，从程子、朱熹的“人欲也是从天理里面出来的”的天理流化说为“天理正从人欲中见，人欲恰好处即是天理”。第三点尤为重要，它意味着几百年来的理欲关系被颠倒过来了，理不再是先验的、本体的，而是在欲中被决定的。下面戴震进一步发展和明确了这个理论。

戴震的贡献一是继续发明了“欲”与“仁”的关系，二是在前人“欲中见理”的基础上具体提出了“定理”的原则。曰：

人生而后有欲，有情，有知。三者，血气心知之自然也。……惟人之知，小之能尽美丑之极致，大之能尽是非之极致，然后遂己之欲者，广之能遂人之欲，达己之情者，广之能达人之情。道德之盛，使人之欲无不遂，人之情无不达，斯已矣。（《孟子字义疏证·才》）

人伦日用，圣人以通天下之情，遂天下之欲，权之而分理不爽，是谓理。（《孟子字义疏证·权》）

饮食男女，生养之道也，天地之所以生生也……是故，去生养之道者，贼道也。细民得其欲，君子得其仁。遂己之欲亦思遂人之欲，而仁不可胜用矣。快己之欲忘人之欲，则私而不仁。（《孟子字义疏证·理》）

一人之欲，天下人之所同欲也，故曰"性之欲"。好恶既形，遂己之好恶，忘人之好恶，往往贼人以逞欲；反躬者，以人之逞其欲，思身受之之情也。情得其平，是为好恶之节，是为依乎天理。（《孟子字义疏证·理》）

凡有所施于人，反躬而静思之：人以此施于我，能受之乎？凡有所责于人，反躬而静思之：人以此责于我，能尽之乎？……诚以弱、寡、愚、怯与夫疾病、老幼、孤独，反躬而思其情，人岂异于我？（《孟子字义疏证·理》）

欲遂其生，亦遂人之生，仁也。欲遂其生，至于戕人之生而不顾者，不仁也。（《孟子字义疏证·理》）

我们看到，前面诸贤虽然都谈到了理欲的一致，但都是抽象的一致，只有陈确较为明白地说"人欲恰好处即是天理"。但是人欲恰当处到底在哪里？陈确也没说。戴震要求的是从欲念动处自我反思，我有此欲，人亦有此欲，我欲满足，人亦欲满足，我所恶者，人亦恶之，把孔子的己所不欲勿施于人具体化了，即以个人欲望与他人同等欲望冲突的边界为理。这就是人己权界、群己权界。理欲之争争了几百年，到这里明确为"以欲定理"。定理，也就是定分、定礼。也就是说，礼法不再是先验的训条，而是根据每个人的欲望，平等、众遂、将心比心地确定界线，这个界线规范性的体现就是分、礼、法，抽象性的表达就是理。戴震也提到了圣人制礼，但是，以往的圣人制礼是没有具体标准的，是凭着圣人的先知先觉甚至是生而知之来定分制礼的，而戴震这里有了具体界分标准"理在欲欲之分"，加上明儒心学"满街都是圣人"的成果，礼法制定的实质标准已经出来，就差程序性的设计了。具有儒学特色的是，戴震并没有冷冰冰地将礼法直诉于人的欲望，而是经过"仁"的元道德中介。因此戴震的欲望分界说并不是赤裸裸的利益博弈立法论，而是同情立法论。不仅如此，戴震还指出了政府的责任就是使人们"各遂其欲"，这也是这一种政府论。理欲之争的结果是使理学礼法理论从形而上的先验教条论过渡到了利欲本位的人己论，同时不离元者之仁。这具是有现代性意义的儒家"人权—法治"理论。

山东“乡村儒学”建设刍议

张颖欣
山东青年政治学院教授

“乡村儒学”是民间儒学教化的一个方面，因其开展地域为乡村，受众为乡村常住居民，故称“乡村儒学”。在乡村开展儒学教化由来已久，但被正式冠名为“乡村儒学”，始自21世纪初儒家学者在山东乡村开展的一场儒学教化实验。该实验由儒家学者发起、依托民间书院、以“义教”为主要形式。把儒学从学府推向民间，旨在儒学回复民间教化功能的灵根再植。尼山圣源书院是一所现代民间书院，受到当地及山东省政府的资助，由儒家学者主持其建设并不断发展。该书院自成立以来，致力于以儒学为主要内容的文化研究、交流与讲习，是“尼山世界文明论坛”永久会址，也是这次“乡村儒学”实验的发起地。在21世纪初的民间国学复兴过程中，该书院的儒家学者们针对日益凋敝的乡村文明、失序已久的乡村家庭伦理和情势严重的乡村社会道德滑坡，把儒家擅长的伦理教化内容从书斋的文字研究转为乡村居民生活的日用伦常。他们在书院中开设面向村民的公益课程，由资深儒家学者直接授课，以《弟子规》等儒学启蒙读本为教材，讲授儒家伦理与仪礼，以复兴儒学人心教化、生活指导的作用。2014年春，《光明日报》等媒体报道上述儒家教化活动时，称之为当代“乡村儒学”①。此后，凡在乡村举办的以农民为受众的儒学教化活动便被称为“乡村儒学”。至2017年，“乡村儒学”在山东及其他地方探索了近五年时间。乡村教化对乡土文明建设与乡村道德秩序的重建起到重要作用并取得显著成效，影响日渐扩大。同时在探索中也出现了不同教化走向和与之相关的问题及隐忧。本文旨在概述山东“乡村儒学”发展的状况，指出问题和隐忧所在，并就这些问题的解决方向提出初步的设想和建议。

一、山东“乡村儒学”的缘起与概况

2012年底，儒家学者牟钟鉴、王殿卿、刘示范、张践、颜炳罡、赵法生等，在泗水县陈洪夫等人的支持下，在山东尼山圣源书院所在地山东泗水县北东野村尝试开展

① “乡村儒学”因其探索始于山东，部分场合和媒体亦称其为“山东乡村儒学现象”。

儒学教化。针对农村的不良风气，尤其是孝道不昌、家庭不睦、邻里关系失序等问题，讲授儒家道德观念和家庭伦理。早期讲授形式为讲师主讲，课堂授课；教材选用由中国社会科学院赵法生编注并自费印发的传统儒家启蒙读本《弟子规》；讲授内容为《弟子规》文本结合生动感人的古今伦理故事。通过伦理的教化，感化、启迪村民的道德觉悟，敦促村民道德行为的践履，以发挥儒家的教化功能。这便是“乡村儒学”的滥觞。[①] 关于开展“乡村儒学”教化的动机，实验发起人之一赵法生说：“梁漱溟80年前指出，中国乡村最大的问题是文化破坏和伦理失调，所以他意图通过文化重建来振兴乡村。我们所以首先从乡村儒学开始，是因为乡村的文化衰落最严重，尤其是孝道的破坏使得众多老人处于老无所依的状态，这里对于传统文化复兴的要求最急迫。儒家文化的根在乡村，老子曰‘归根复命’，儒学这棵历史巨树的复活也应该从其根部的复活入手。”[②] 因此这次儒学在乡村的教化尝试，可以说是承续早年梁漱溟乡村文化建设的使命。乡村儒学的另一发起人颜炳罡曾经说过：儒者应该“放下身段，走向民间，呼应民间的诉求，顺乎人心之需要，在乡间、在村野、在社区、在校园，在一切有人活动的地方，重建儒学的生活规范，儒学的价值信念”[③]。“乡村儒学就是让儒学由少数人文学者的研究对象转化为百姓生活的向导，由精英知识分子谋生的手段、学术价值的实现方式转化为百姓人伦日用之道。”[④] 所以，“乡村儒学”又可以说是当代儒家学者文化建设的努力。

乡村儒学开始之际，不少村民对于儒家学者在农村办讲堂讲学的义教行为不理解，加之有对商业欺诈等的戒备之心，所以村民参与积极性不高。为了激发村民参与的积极性，学者们采取了一系列方法。比如争取到村支书的支持、走访慰问村中困难农户、加强课堂推介活动等。学者们有的自费购买毛巾、肥皂、洗脸盆等日常生活用品作为礼物，分发给听课的乡亲；有的出资为课堂购买音响设备，改善讲堂的条件；有的出资购买学习奖励或活动奖品等。学者们还探索开展各种教学活动和考核评比，以鼓励村民积极学习，比如选举“儒学活动模范”、评选“模范家庭”“好公婆”“好媳妇”等并给予鼓励，诸如此类。通过学者的不懈努力，村民不仅消除了疑虑，积极参与学习，而且对于学者的公益授课活动和无私奉献精神表示出发自内心的理解和感激。随着参与者精神面貌和家庭关系的明显改善，更多村民参与。听课参与者从开始的三五十人增加到近二百人，书院会议室的走廊和门口都挤满前来学习的村民。在学者的推

---

① 山东省聊城市茌平县的韩屯道德学校是较早开展乡村教化的纯民间力量，校长刘庆涛原是企业家身份，后转身传统文化的乡村教化。山东尼山圣源书院开展的乡村儒学实验，早期得到其帮助和指导，为学者的探索提供了民间智慧。

② 转引自《瞭望东方周刊》2015年5月25日采访赵法生文章。

③ 颜炳罡：《民间儒学何以可能?》，《2005年国际儒学高峰论坛专集》，2005年10月。

④ 颜炳罡：《“乡村儒学”面临的三大挑战》，“今日头条·三农”，2017年1月17日，http://www.toutiao.com/i6376501060688675330/。

动下，村民不仅积极听课，而且把所学的儒家道德落实在日常生活中。通过一年19次课的教化，“乡村儒学”便取得了全体村民公认的良好成效。笔者作为“乡村儒学”教化实验的参与者，亲眼看到率先开展乡村儒学的泗水县北东野村道德风尚发生的巨大变化。如报道所说：“原先婆媳纷争是村里的家常便饭，有的媳妇光天化日之下在大街上打婆婆耳光，这样的现象现在已经没有了，代之而起的是孝敬老人的风气。酒后骂街曾是村子的一大风景，开展儒学教育以后，这一奇特风景不知不觉消失了。以邻为壑乱倒垃圾的少了，人们宁愿往前走几步将垃圾倒进坑里。村里孝亲模范越来越多……助人为乐成为村民的新风尚。”①

泗水的乡村儒学教化活动引起了山东省乃至更高层的重视。其经验也借助官方推动得到很快推广。2014年春，山东省委省政府的有关部门在广泛调研泗水经验的基础上做出了全面推广“乡村儒学”教化的规划：“在乡村儒学方面，依托乡镇文化站、农村文化大院建设‘乡村儒学讲堂’，引导支持儒学研究专家、知识分子深入乡村开设讲堂，用儒家道德教化群众，提升乡村文明水平。计划到2015年底，全省乡镇和村级‘乡村儒学讲堂’实现基本覆盖。”② 不久，学者们把乡村儒学的课堂从东北野村推广到整个泗水县，以同样的方式开展教化活动。“乡村儒学”的教化经验还被官方复制到城市社区文化建设规划中：“在社区儒学方面，立足城市图书馆，创新推进‘图书馆+书院’的公共文化服务模式，将现代公共图书馆和传统书院有机结合，在全省县级以上153个公共图书馆建设‘尼山书院’，适时建立全省尼山书院联盟，逐步推动‘尼山书院’走出图书馆，走进社区，形成乡村儒学、社区儒学并举的良好局面。”③

虽然覆盖整个泗水县的七个教学点在实际教化中均取得不同程度的教化效果，但是学者们对于这种急速的规模扩大还是心有忧虑，尚在探索中的教化方式能否完全适合迅速扩张的规模？

与官方推动同时开展的还有各地民间自行组织的“乡村儒学”教化。这些教学点在热心人士的推动下，稳步探索，均摸索出各具特色的教化方式。据笔者亲证，济南章丘的三德范村、潍坊的青州和寿光以及胶东地区的不少村镇，在开展乡村儒学教化实验中收获颇丰。总之，经过五年不同地区的共同探索，儒家学者们“乡村儒学”实验的“初心”已经部分地实现。

虽然乡村儒学在山东乃至全国方兴未艾，然而，由于乡村儒学规模迅速扩大，涉及人员数量增长很快，而其中参与人员的学识，尤其是国学素养参差不齐。仔细考察和分析，我们可以发现其中存在一些显性或隐性的问题，这可能会对今后乡村儒学的

---

① 赵法生：《尼山脚下讲儒学》，《光明日报》2014年3月14日第16版。

② 《山东省实施乡村儒学和社区儒学推进计划》：“中华人民共和国文化部·文化资讯”，2014年9月10日，http://www.mcprc.gov.cn/whzx/qgwhxxlb/shandong/201409/t20140910_436005.html。

③ 同上。

健康发展造成妨碍。在各种问题中，教化内容关乎儒学乡村教化的方向、教化方式关乎乡村儒学教化的持久性，因此本文就教化的内容与方式两个方面展开探讨。

二、教化内容的问题与思考

从教化内容上看，存在的突出问题是各地教化内容的甄选缺乏统一原则，文本诠释没有统一标准，部分解读不能与现代法治社会建设很好地契合。

首先，文本知识深化的困难。这一困难主要有两个因素导致，一是大多乡村受教群众的学习能力不高，二是内容的深化选择缺乏统一的甄选原则和标准。此前，山东省乡村儒学讲授的内容是以《弟子规》为主，讲课时结合乡村实际讲授“孝、悌、谨、信、泛爱众、亲仁”等儒家价值或德行，以及一些基本的家庭伦理和人际交往礼节。由于乡村受教人口知识水平不高，所以蒙学读本的使用效果比较好。但是众所周知，《弟子规》《三字经》虽然属于儒家文本，通俗易懂、容易为广大普通群众接受，而它们都不属于儒家经典，只反映了部分儒家的观念和规范，而没有全面反映出儒家的内圣外王之道。深化儒家教化，儒家经典是必需的。但是，由于目前受众人员构成多为老年人和儿童，其学习能力和精力都不足以支撑儒家经典的深化解析，部分受教人群大部分为老人的教学点更需要现实关怀的内容。因此乡村儒学教化中经典阅读和讲授部分的深入，渐次扩展到《四书》《五经》等真正的经典学习和讲授上来，仍面临受教人群学习能力不足和现实需求错位的困难。此外，如何在《论语》等经典文本中甄选出适合乡村儒学教化水平的文本内容作为知识导入，目前学界还在探索中，尚未形成一个稳定的对民间自发教化规范性的指导意见。

其次，在部分没有儒学专家指导的乡村教化中，存在某些儒家理念诠释与现代社会脱节甚至矛盾的情况。比如，“孝”被视为儒家家庭伦理的第一美德。孝，也是目前乡村儒学教育的主要内容。但是，在讲孝道时，有些地方的讲师往往不加分析地讲解，导致不合时宜的观念再次被推到大众视野，比如“二十四孝图”中所讲述的“郭巨埋子”这种违反人性与现代法律的事例，是需要客观分析的。孝道中的“孝情感”是需要强调的，但“孝文化”则是需要根据时代的不同而有所殊别的。再如，传统社会中女性主要居家处理家庭内务，因此那时对妇女权利重视不足，反映在文化中即有像“三从四德”“饿死事小，失节事大”等置妇女于被动地位的观念，但那些都应该是过去特定时代的观念。现代社会女性则在职场中担当着重要角色，经济地位的改变引起夫妻家庭地位和家庭关系模式的改变，“夫为妻纲”的传统伦理已受到相当多具有现代思维的人士反对。因此现代社会需要重构女性权利义务观和家庭关系模式，虽然是开展在乡村的儒学教化也应尽量与社会发展保持同步。而在学理上“三纲”的去留仍未达成共识，这也给现实中的儒学教化带来一些不确定因素。还有的讲师不加分析地讲授某些所谓“女德”，不仅背离了儒家根本精神，更是脱离现代法治社会的要求。在这个问题上，讲师们应该注意到部分传统内容的时代性，注重传统伦理与现代法治精神的协调一致。

笔者以为，现代农村的儒学教育虽然应该因地制宜，各有特色，但是，也应该遵从某些基本的原则，以之为标准来甄别儒家文化中的精华与糟粕。尤其在迅速扩展的多地实验中、本土化讲师队伍不断扩大的情况下，探索一个教化内容甄选原则，有助于有效发挥儒学教化的正面作用。笔者不揣浅陋，在这里建议下面几条原则：符合人性，而不是压抑和违反人性；有利于培养健全平和的人格，而不致产生畸形、极端的人格；培养具有权利和责任双重意识的公民，而不要甘做臣民、奴隶的意识；使伦理道德有利于构建正常的社会秩序，而不是专制统治的工具。也就是说，进行“乡村儒学”教化，其宣讲内容应该是：讲传统而不排斥现代，讲女德而不忘女权，讲孝道而不抹杀人道，承认现实存在的等级而不忘法治社会人人具有平等的尊严，讲公民义务而不忘主张公民权利，讲民族特殊性而不忘人类共同的价值追求。假如这些原则得以遵守，乡村儒学在教化内容方面便不会偏离大方向。

三、教化方式的问题与设想

教化方式是乡村儒学实验一直在不断探索和改进的方面，但目前尚未能形成一套教化体系。课堂教学的方式因为运用较早，经过几年的修正已经基本形成了固定的模式，并且该课堂授课模式已可以在不同教学点复制。但是其他配套内容尚未形成一个稳定的组合，以支持完整的教化体系形成。因此，构建完备的教化体系是乡村儒学建设的另一个重点。迄今，“乡村儒学”的主要教化方式是讲堂授课。其基本做法是，从《弟子规》或其他典籍中选取一段文本，讲师带领听众朗读或由某个参与者宣读，然后由讲师讲解。当然，也有的讲师随机邀请某个听众重复或发挥所讲内容的含义。总之，不论是读经、宣讲都是在课堂（有时是在院子里或树荫下）内进行的。在乡村儒学的起始阶段，单纯的课堂教学是有明显效果的。但是，在讲师本土化过程中，如果讲解内容不能随着时间的推移而逐步深入，则会使听众产生倦怠感，部分开展较早的教学点已经出现了这种问题。由此可知：第一，虽然是给乡村人授课，但是讲师的素质与教学水平对乡村儒学教化的深入有着重要影响；第二，形成完备的环环相扣的教化体系，可以通过打磨出的教化程序，减少对宣讲者个人专业水平的依赖，可以使教学更加标准和规范，也更容易推广和深化。乡村儒学旨在用儒家思想教化人心，指导村民的现实生活，参与的人越多成效越显著，因此，通过对教化体系的建构和打磨，使教化方式更加具有吸引力，是乡村儒学建设需要着力解决的问题。

按照“乡村儒学”实验创始人赵法生的设想，建设新“三堂”[①] 作为乡村教化的依托。确实，乡村儒学教化需要一个固定的新式的结社场所。祠堂或宗祠，原本是乡村宗族的教化场所，曾经对于中国乡村社会的维系发挥过重要作用。在现代社会中，完全恢复宗族性的祠堂，已经没有必要。而新式的综合各种功能于一体的公共学习、交流、安放精神寄托的场所，可以增加社群的向心力、缓解个体的孤独焦虑。这样的公共场所中，给村民提供教育和探索实践新礼仪、商议村民事务、祭拜亡故的先人等，将对于乡村的伦理秩序、敦风化俗和移风易俗，增强村民的集体感和归属意识，形成精神共同体，构建和谐社会产生重要影响力。赵法生最近在儒家的课堂、祠堂和庙堂的“三堂”建设方面做出了积极有益的尝试。在继承并改进传统意义上的祠堂，使之适应现代社会，在新时期发挥儒家教化的正面作用。

教化体系的完备，还应该总结现有儒学教化方式的经验，使之多样化、系统化。迄今，有些乡村儒学教学点已经做了有益的尝试。例如，泗水的小城子村的儒学教化没有依靠村委而自组织起“学习小组”，让村民自己讲授心得体会，相互交流。寿光某村在村民生日、结婚等场合组织“饺子宴”，借此交流感情，增进友谊。但是，这类活动大都是各地零星的尝试，没有形成例行的教化制度。投身于乡村儒家建设的志士仁人当对此做全面的考察与提炼，发现其中可以常规化的方式，进而形成固定的教化程式以推广。

要改变目前教化体系不够完善的状况，非常需要借助学科交叉，利用一切有利的学科思想和方法，尤其是教育学、心理学等学科知识，来丰富乡村儒学建设的思路，不可闭门造车。而且，“乡村儒学”教化不应是社会中的一个孤立现象，因此在以下几个方面应该借助社会力量有所吸纳与结合：革新后的传统仪式、现代美学元素、其他领域的培训模式、国家的惠民政策、现实问题的社会帮扶等。将民间儒学教化打造成一个与现代社会生活方方面面均有联系的、生活新理念塑造的事业。

同时，教化体系的建构也要借鉴传统与外来文化发展的经验，从前人与其他教化模式中取长补短。儒学虽然不是宗教，但其教化功能与宗教是一致的。因此，其他宗教，包括外来宗教的做法是可以借鉴的。众所周知，基督宗教（新教和天主教）、佛教属于世界五大宗教，近年在中国大陆发展迅速。究其原因，除了二者强有力的传教外，教堂或寺庙里的宗教仪式、对现实生活的细致关照等也起着重要作用。以基督教宗教福音派为例。首先它有着基督宗教非常严格的程序化要求，从经典的宣读，到相对固定祈祷文诵读，神父或牧师的讲道，唱诗班的吟唱和管风琴的伴奏，圣餐的领取，等等，都是按程序一步一步进行的。这些固定的程序，强化了教堂仪式的宗教感——神圣、神秘、庄严——和信众的归属感，对信徒的影响极大。有鉴于此，乡村儒学似应组建并培养好固定而专职的教师队伍、严格执行讲堂仪规、按照既定的原则选取阅读

---

① 指儒学教化的课堂、祠堂、庙堂。

经典，并结合农村现实发表有针对性的宣讲，确定诵读内容并按规范进行诵读，并配以乐教内容。引入制度化的儒学宣道、礼仪，将会使乡村儒学的教化功能得到明显提升。这里强调指出的是，说外来宗教仪式的借鉴，无意照搬照抄哪个宗教，而是强调包括儒学在内的任何人文教化所应该遵循的常规，借以形成有儒家特色的教化制度，有效提高乡村儒学的教化功能。

在课堂和类似祠堂的教化活动之外，乡村儒学应该回归日常生活，融进村民的精神文化生活和行为。换言之，乡村儒学教化是儒学回归生活的转向实验，生活化是其目的所在。因此，儒学教化体系还应当加入各种形式的集体活动，比如文艺演出、义诊服务、科普等。还可以通过生活体验导入伦理观念，由此可以尝试设置定期的节日聚会。比如倡导注重传统的传统节日的聚会，中秋赏月诗会；维系传统习俗的聚会，如灯会、做汤圆、饺子宴；以倡导孝道为主题的长寿老人生日宴等。这样的聚会不仅可以拉近人与人之间的感情，而且加深人们对传统文化的认知与传承。可以建立走访制度，对生活中遭遇突然变故的成员、身体不便无法参加集中学习的村民等给予人文关照；还可以与公益组织联合增设帮扶项目，对有需要的成员给予相应帮助。

需要注意的是，乡村儒学虽然目前只是在乡村开展，但要解决乡村的问题，其教化课堂不能仅限于乡村，还应该涵盖到从乡村进到城市的务工人员，他们也是乡村儒学教化重要人群。在传统的中国农村，人口流动率极低，儒学教化功能是借助于家庭、宗祠、塾教等实现的。时过境迁，这些教化的依托有些已不存在，比如宗祠；有的则可以通过引导而焕发生机，例如家教家规、家风家礼。父母是孩子的第一任导师，其影响往往伴随终身。现代家庭虽然不同于从其的“扩展式”大家庭，而是“核心型”小家庭，然而无可否认，家庭仍然发挥着强大的无可替代的教化功能。因此，乡村儒学的建设着眼于培养中年父母的德性意识，从家庭情感和责任担当的实践入手，让父母有意识地用儒家思想、美德和礼仪率先为范并教导子女，将能起到承上启下的作用。由于现行乡村最大的人口问题是留守老人和儿童为主体，这就给乡村教化对最重要教化对象的施教带来难题。但是，乡村儒学不能放弃这个重要群体，在城市中针对来自农村的务工人员进行宣教和组织德性实践，同样应该成为乡村儒学建设的重要内容。

四、余　论

儒学是中国传统文化中最重要的部分，曾经是广大中国民众的世界观、价值观和行为规范，塑造了中国人的个体人格和民族的文化身份。在经历五四新文化运动以来的疾风暴雨的洗礼后，新世纪的传统文化复兴给儒学的返本开新提供了新的生机，乡村儒学便是中国文化复兴的新成果。乡村儒学受到大众欢迎，一方面是因为目前农村文化和道德建设的需要，另一方面是因为儒学所具有的深厚的群众基础和文化底蕴。

乡村儒学教化有许多成功的经验值得总结，当然也有一些不足和教训需要汲取。目前存在的教化内容不够标准化、民间自发教化鱼龙混杂、部分民间人士进行的经典诠释与现代社会抵牾、在教化方式上不够体系化等问题，应该引起从事乡村儒学建设的专家学者关注。发扬成绩，纠正不足，最重要的是坚持正确的教化方向。这个方向就是在现代法治国家建设基础上新公民的养成，以及建立一种具有本土特色的信仰体系、价值体系和符合全球一体化国际交流的行为规范体系。这需要一支具有较高文化素养和奉献精神的师资队伍，制定合理的讲授内容，丰富和规范多样化的教化方式，让乡村儒学充分发挥其应有的精神寄托、整合社会和生活指南的功能。

论儒家普遍主义

——回应朱利安《论普世》

陈乔见
华东师范大学哲学系暨中国现代思想文化研究所教授

法国哲学家兼汉学家朱利安（Francois Jullien）《论普世》[①] 一书是西方学者中为数不多的在跨文化视域中探讨普遍主义和普世问题的一部专著，该书不仅考察了普世观念的西方谱系，而且进一步追问并探讨了其他文化会不会提出普世的问题，其中对中国思想论述尤多。总体而言，朱利安倾向于认为包括中国在内的非西方思想不会提出普世的问题，但他又不得不承认中国思想中不乏普遍性的概念，并坦诚他批评西方传统那种基于先验哲学或理性必然性的普遍性，希望从共同经验入手重塑普世观念，这得益于对中国思想的阅读。朱利安对中国思想（主要是儒家）的论述洞见与错误并存，同时也比较零散。为此，本文跟随他的论点，从历史的视域较为系统地考察儒家的普遍主义，一方面呼应他的某些洞见并给予详细论证，另一方面则纠正其错误和偏见。最后借助现代进化论的研究成果来为儒家基于性善论的普遍主义提供某种辩护。

一 “普世”是西方文化的专利?

朱利安考察了“普世”观念的西方谱系，出人意料地发现它不具有统一性，而是一个多种文化因素的拼盘：“基于逻各斯的概念提纯，将普适化为抽象的甚至思维活动的目标；因罗马帝国政治扩张而带来的普及法权，使普适成为共同体的目标；至于让所有主体弃杂念、心空灵，响应上帝的召唤，则将普适化为灵魂的归宿，人类的目标。”[②] 在全书脉络概要中，作者如此概括：“概念确立时的逻辑层面，与罗马公民权

① 《论普世》中译者把法文 universel 随上下文分别译作“普遍”“普适”或“普世”，见［法］朱利安：《论普世》，吴泓缈、赵鸣译，北京大学出版社 2016 年版，代译序，第 5 页。笔者也根据上下文使用不同词汇，引文则随译文。有的论者试图在几个汉语概念之间做出区分，这是徒劳无益和不必要的，因为它们对应的是同一个西方词汇，否则就是在讨论不同的概念和问题。

② ［法］朱利安：《论普世》，第 74 页。

相匹配的法律层面，最后还有宗教层面，即圣保罗借上帝之爱以救赎之名对一切人间鸿沟的消解。"① 简言之，希腊哲学（概念提纯、逻辑）、罗马的法律、基督教的上帝之爱，这三者为西方的普世观念奠定了基础，但三者各自的目的却相当不一致。此外，朱利安又区分了三个概念："普世"（l'universel）、"划一"（l'uniforme，或译作"雷同"）和"共同"（le commun）。划一是伪普世，是作者极为鄙视的东西，与普世亦无甚关系，故不予多论。朱利安说："普世宣称是理性的概念，既然是理性的概念，它当然是一个先验性的必然，即先于一切经验事实的存在。"又说："所谓共同，指的是人人有份或人人参与，大家分享和人同此心。我们共享的正是让我们皆属于同一个城邦的东西，所以从根源上讲，该词是一个政治概念。"② 普世和共同在西方历史上有所交叉，互相成就，比如前文提到的罗马法便是随着罗马帝国的扩张而成就了普世。

透过朱利安对普世观念谱系的考察，我们可以尝试归纳出普世之为普世的特征。希腊的理性追求的是万象归一的普遍性（共相、本质），是概念提纯的普遍性，也是共相普遍性。这种普遍性适用于每一个个体。罗马法所规定的是在罗马帝国内人人具有或享有的公民权，或者说适用于帝国所有公民的法律，而不论其种族、地域和文化。基督教（尤其是经保罗改革后的基督教）的上帝之爱追求的也是人人享有或适用人人的爱，而不只是局限于所谓"上帝的选民"以色列人。可见，普世之为普世的要义可以概括为两句话："人人具有"（或享有、或分享）或"适用于人人"，这两种表述有时也可以理解为从不同角度表达同一事实，比如我们可以说"罗马公民人人享有罗马法规定的权利"，也可以说"罗马法适用于罗马的所有公民"。③ 然而，概念抽象的普遍性与上帝之爱的普遍性是先验地无一例外的，而罗马法的普遍性则是经验的，有限的，即限于罗马公民。实际上，朱利安又区分了强、弱两种版本的普遍性：前者是基于经验的普遍性，其表达是：迄今为止，无一例外；后者是由哲学设计的先验的普遍性，是理性的一种纯粹表述，在经过任何经验验证前认定，该事就应该这样发生，绝无例外。④ 朱利安指出，近现代欧洲人所谈论的"普世"无疑是后一种，比如"天赋人权"和康德的"绝对命令"。不过，朱利安所要反思和批判的正是这种强版的普世观，亦即基于"理性必然性"和先验哲学之普遍主义的普世观，他主张从"共同"的经验拓展入手来理解和重塑普

---

① ［法］朱利安：《论普世》，全书脉络，第2页。

② ［法］朱利安：《论普世》，第3、21页。

③ 程广云对普世价值的"普世性"做了语义分析，认为它有四个要件：（1）普遍适用性：普遍适用于所有人；（2）永恒性（不变性））；（3）普遍必然性的判断和命题的表达。参见程广云：《论普世价值如何可能》（《学术月刊》2002年第5期》）。后来他又加上（4）普遍享有，参见程广云：《普世价值的阐明》，见陈嘉映主编：《普遍性种种》（华夏出版社2011年版），第80页。实际上，（1）（4）最为核心，（2）与（1）重复，（3）可从（1）（4）中推出，因为（1）（4）本身即是普遍必然性的判断与命题的表达。

④ ［法］朱利安：《论普世》，第3—4页。

世，只不过他所谓的“共同”不再是政治共同体而是文化间的“可理解性”。

朱利安在考察了欧洲普世观念的谱系后，他又提出了一个值得深思的问题：“其他文化会提出普适性的问题吗?”他明确否定了伊斯兰教、印度教、日本会提出普适的问题。因与本文无关，兹不赘述。他对中国的论断却颇为微妙和吊诡，他说“中国没有提出普世性的问题”，乃是因为她“认为其文化普适性不言而喻”，“不需要再弄出一个普适概念来为自己壮声色”[①]。他引用了《诗经》中的那著名诗句“普天之下，莫非王土”来说明中国“普”的概念，“它本意上要表达的显然不是一个‘应然’的东西，但也从未想象过此‘普’还有什么涵盖不了的东西……（它）不是对必然性的召唤，而是根本没有想过会有他者（外在性）存在……她只不过是那她所知道（所承认）的唯一文明，所有周边野地在她眼中尚未开化，等待着被‘中国化’”。[②] 可见，朱利安认为中国没有提出普世性的问题的真实含义是中国思想中缺乏那种表达为“应然”或“理应如此”从而具有规范性的价值普遍主义。然而，朱利安对中国思想的论述不仅吊诡，有时还自相矛盾，因为与此同时，他又提及儒家的“礼”特别是“性”的概念具有某种普适性：“中国赋予普适的基础是‘性’（nature，即天性）。”[③] 透过其闪烁其词的论述，我们知道朱利安所要真正表达的是中国思想中缺乏那种先验的普遍主义：“我们终于明白中国人……为何对纯逻辑的普适不感兴趣了：既然他们高度发展的文明已显露出普适的气概，他们还有必要离开经验层面到另一层面——本质的层面——去建立普适吗?”[④] 故他又说：“中国设想的普世主义，从来就不是先验的、抽离的、法令性或理论性的，而是以文明进化为由的，人道主义的；这样一种普适主义，当然无须——至少无须以极端的方式——从经验中抽离出某种超验的玩意。”[⑤] 总而言之，朱利安对中国思想有无普遍主义的论述实际上呼应了他对强、弱两种普遍主义的区分，即先验的普遍主义与经验的（或基于文明进化）的普遍主义，他认为中国思想中不存在先验的普遍主义，但却笼统地说中国思想“没有提出普适性的问题”。综观全书，笔者以为，朱利安的这种矛盾论述与其说是措辞不严谨，毋宁说他根本倾向于认为普世是西方文化的专利。

朱利安对中国思想的如此论断，并非为了贬低中国抬高西方，毋宁说是想通过中国思想“迂回”并反思乃至攻击欧洲的先验普世观，他也一再说受益于中国思想。然而，笔者以为，他的论断并未切中中国思想的实质，而且他对中国思想文献的引用（准确地说是零散采集）实在有限，难免以偏概全，虽不乏洞见，但似未能深入中国思

① ［法］朱利安：《论普世》，第87页。
② ［法］朱利安：《论普世》，第87—88页。
③ ［法］朱利安：《论普世》，第89页。
④ ［法］朱利安：《论普世》，第90页。
⑤ ［法］朱利安：《论普世》，第89页。

想尤其儒学的内核，虽然他是一位著名的汉学家，但对中国思想尤其思孟心性之学和宋明理学的了解和理解毕竟有限（至少就该书该主题而言是如此）。在我看来，儒家尤其是以孟子和宋明理学为代表的心性之学的普遍主义思维是非常鲜明的。职是之故，笔者以为很有必要对儒家普遍主义的思想资源进行梳理、挖掘和阐释。

二、孔子对普遍价值的朴素表达

如前所述，朱利安曾提及中国的“礼”具有某种普适性，但他认为这种普适是实然而非应然。我们且先从这一观点开始检讨。“礼”可以说是中国早期文明（夏商周尤其是周代）的标签，直至礼崩乐坏的春秋时代，“礼”依然是普遍的价值。《左传》中最为常见的价值判断就是“礼也”和“非礼也”，这表明“礼”在彼时确为一种价值标准，具有普适的意义，所谓“夫礼，天之经也，地之义也”（《左传·昭公二十五年》）的说法无疑为礼的普适性提供了某种形而上的根据。

与“礼”相关的是儒家的“夷夏”之辨。“夷夏”之辨起初固然与地理的观念相关联，但它后来主要表达的是文明和价值的观念，换言之，“夷夏”之辨的实质是“文野”之辨，而“文野”之别的标志在于“礼”。孔子说：“夷狄之有君，不如诸夏之亡也。”（《论语·八佾》，以下只注篇名）邢昺疏云：“此章言中国礼义之盛，而夷狄无也……言夷狄虽有君长而无礼义，中国虽偶无君，若周召共和之年，而礼义不废，故曰：‘夷狄之有君，不如诸夏之亡也。’”可见，这章明确表达了“夷夏”之辨的核心在礼义，只要有礼义且普遍发挥其社会功能，即便无君（或无贤君）也比有君而无礼义的野蛮状态要更好更可欲。朱利安曾提及孟子之言“吾闻用夏变夷者，未闻变于夷者也”（《孟子·滕文公上》，以下只注篇名），笔者以为，孟子显然是一种“应然”的表达，这种表达也蕴含了某种价值判断，“夏”（代表文明）在价值上显然比“夷”（代表野蛮）更为可欲。既然“夷夏”之辨的实质内涵在于“礼”，那么就存在这种可能性：若夷狄有礼则可变而为华夏，反之华夏无礼则可变而为夷狄，“孔子之作《春秋》也，诸侯用夷礼则夷之，进于中国则中国之”（韩愈《原道》），这种观念更加表达了“礼”的普世意义——礼无间于夷夏。总之，在整个东周时代，夷夏之间或诸侯之间的交往伦理主要通过“礼”来体现，“礼”就是彼时的普适价值和通用原则，而且，时人和孔子对此都有充分的自觉，它不止是一个实然，而是一种应然的表达。那个时代的中国人所理解的“普世化”无疑只能是“中国化”。

孔子及其弟子虽然没有后来的孟子和宋明理学那么强烈的普遍主义色彩，但他也经常表达过非常朴素的普世观念，其中大部分关乎一般的交往伦理。《卫灵公》载子张问行，子曰：“言忠信，行笃敬，虽蛮貊之邦行矣；言不忠信，行不笃敬，虽州里行乎哉?”《子路》又云：“居处恭，执事敬，与人忠。虽之夷狄，不可弃也。”这是强调忠信、恭敬是人际交往的通行证，无论是在熟悉的州里乡党，还是在陌生的夷狄蛮貊之邦。孔门弟子子夏则说："君子敬而无失，与人恭而有礼。四海之内，皆兄弟也。"（《颜渊》）子夏这个说法是对"礼"（包括恭敬）之普世性的重申。而且，有别于我们所熟知的"礼别贵贱"的观念，作为交往伦理的礼侧重的是礼尚往来的交互性与平等精神。《卫灵公》篇又载子贡问"有一言而可以终身行之者乎?"子曰："其恕乎！己所不欲，勿施于人。"（《卫灵公》）这是把恕道视为人己交往的普遍规则。总括地说，"终身行之"表达了一定时间意义上的普遍性，"虽蛮貊之邦行矣"和"四海之内"表达了一定空间意义上的普遍性，"虽之夷狄，不可弃也"则表达了文明意义上的普遍性。概言之，在朱利安所谓弱版本的意义上，亦即基于共同体的交往经验，孔门认为礼、忠信、恭敬、恕等价值是可以而且应当普世的。进而，以上所提到的诸种德目或规范，实际上皆与"礼"相关联：仁和忠信是礼之实质，恭敬是礼之形式，恕是礼之具体化的规则。孔子上承周礼，却身处礼崩乐坏的乱世，所见所闻，或无礼，或礼而徒具形式，礼性精神丧失殆尽，故特拈出"仁"的观念赋予礼以实质内涵和意义，所谓"人而不仁，如礼何"（《八佾》）便明确表达了这一点。进而，孔子又以"仁"之观念绾合诸德，"以仁发明斯道"（陆九渊语），仁于是成为人的内在德性与做人做事的全德，而其核心内涵在于对他人的尊重与对生命的关爱。孔子无疑认为人人皆内在地具有仁的道德意识，故能"为仁由己""我欲仁，斯仁至矣"，而且，每个人无论处境如何都应当遵循仁道的原则，故云"君子无终食之间违仁，造次必于是，颠沛必于是"（《里仁》）。总之，在朱利安"弱版的普世"概念或他所谓"文明进化的普世主义"的意义上，孔子无疑认为礼（由恭敬忠信所体现出来的礼性精神而非具体的礼制礼仪）和仁是应当被普世化的价值观念。

三、孟子心性论对儒家普遍主义的奠基

前引朱利安说"中国赋予普适的基础是'性'（nature，即天性）"，这一论断是非常正确的，只不过，这一论断与他所谓"中国不会提出普适性的问题"的判断自相矛盾。无疑，以孟子为中心的儒家人性论更为明确地触及了今人所谓的普遍主义，值得详细展开论述。

孔子说"性相近也，习相远也"（《阳货》），他虽然谈到了人性的类似或相同，但他对"性"的内容似乎没给出明确的规定或解释，① 真正意义上奠定儒家人性论并赋予"心""性"予普遍性的是孟子。所谓"孟子道性善"（《滕文公上》），第一次明确给"人性"做了"善"的描述和规定。当有人问他缘何道"性善"时，孟子给出的根

① 笔者基本赞同对孔子作性善论的解释，详参杜维明：《二十一世纪的儒学》，中华书局 2014 年版，导言："精神性人文主义初探"，第 10—11 页。

本理由是："恻隐之心，人皆有之；羞恶之心，人皆有之；恭敬之心，人皆有之；是非之心，人皆有之。恻隐之心，仁也；羞恶之心，义也；恭敬之心，礼也；是非之心，智也。仁义礼智，非由外铄我也，我固有之也。"（《告子上》）类似的表达亦出现在《公孙丑上》："无恻隐之心，非人也；无羞恶之心，非人也；无辞让之心，非人也；无是非之心，非人也。恻隐之心，仁之端也；羞恶之心，义之端也；辞让之心，礼之端也；是非之心，智之端也。人之有是四端也，犹其有四体也。"综合此两章的论述，可知孟子道性善的根据在于人皆有四端之心，他是由心善言性善。而且，无论是正面表达"人皆有之"还是负面表达"非人也"，都是一种典型的普遍主义言说。

实际上，朱利安也注意到孟子论恻隐之心的普世意义："关于'普世化'，我们唯一能举的例子只有（欧洲的）人权吗？事实上，我还记得，以迂回的方式来重审普世性的问题，这想法是在读孟子时产生的。"于是他讲了孺子入井的例子后说："总之，不伸手救孩子者不是人。不是从人的定义出发……自一个不能容忍的'阙如'出发，凭空弄出一个自在的、作为人天性不可控的反应的、以普世为使命的东西……一个具有'普世化'效用的压制不住的拒绝：拒绝让孩子落井。'人'在此甚至不是主语而是述谓，因为是恻隐之心让他成'人'。"又说："孟子根据普世化，让普世性从经验层面脱颖而出……最终成功地在人天性中掘出一个无条件的东西，一个被他断言为先验的，当然也就是跨文化为全人类共享的东西。说得更干脆一点：面对这个摇摇晃晃即将落井的孩子，我们大叫（我们伸手）乃天经地义之事，无需任何关乎文化的思考与解说，人同此心，心同此理，这就是人性（仁）之本。"① 这是笔者所阅读到的对孟子论恻隐之心之所具有的普世意义的最佳阐释，故值得大段征引如上。

此外，关于普遍性，孟子还有一个重要论述。他通过经验观察得出一个结论："凡同类者，举相似也"，然后他以反问的方式肯定了人类亦必有共同之处："何独至于人而疑之"："口之于味也，有同耆焉；耳之于声也，有同听焉；目之于色也，有同美焉。至于心，独无所同然乎？心之所同然者何也？谓理也，义也。圣人先得我心之所同然耳。故理义之悦我心，犹刍豢之悦我口。"（《告子上》）在此，孟子通过人类的口、耳、目等外感觉有共同的倾向来推论人类的内感觉（心）亦必有共同的性向。② 在孟

---

① ［法］朱利安：《论普世》，第135—136页。

② "内感觉"（internal sense）是18世纪苏格兰道德情感学派的哈奇森发明的一个概念。哈奇森认为我们通常所说的视听味嗅触五官不能涵括所有的感觉，因为它们与美德、邪恶、同情、羞恶等观念和情感的形成毫无关系。为此，他在五种外部感觉之外又提出和区分了四种内感觉，即审美感、公众感、道德感、荣辱感。道德感（moral sense）是指我们观察到一个具有道德倾向的行为或动机时心中出现的一种特殊的快乐或不快，我们感受或接受这种快乐或不快的官能就是道德感。哈奇森的详细论证见其著作《论美与德性观念的根源》（高乐田、黄文红、杨海军译，浙江大学出版社2009年版）之第二篇"对我们的德性或道德善的观念根源的研究"部分以及《道德哲学体系》（江畅、舒红跃、宋伟译，浙江大学出版社2009年版）上卷第一篇第一部分"关于人性的构造与至善"。

子看来，“心之所同然者”就是对善（理义）会感到愉悦。恻隐与羞恶是从否定的不忍与厌恶来说人心天生“恶恶”，理义是从正面的愉悦来说人心天生“好善”，“好善恶恶”这就是人所先天共有的的道德情感。朱利安说中国人对纯逻辑的普适不感兴趣，他是对的。孟子对人心和人性的共同性和普遍性的阐明，就不是借助概念提纯和逻辑演绎，而是借由当下的觉情或指示、经验观察和必要的反思和一定的逻辑推理（对纯逻辑不感兴趣并不意味着言说毫无逻辑，毫无逻辑的言说是不可理喻的）来阐明的。

四、程朱理学论性理的普遍性

普遍主义的自觉似乎始于其他思想的挑战，唯其如此，某种思想文化才会努力去阐明和论证自己的普适性。这也解释了孔子为什么不太关注普适性的问题，而孟子则特别强调人之心性的普遍性，并在此基础上建立了一套他认为的普遍价值，因为孟子面临着杨、墨两家思想的巨大挑战，所谓“天下之言，不归杨，则归墨”（《滕文公下》）便道出了孟子时代的思想争鸣。如所周知，在经历了魏晋隋唐时期佛道兴盛和儒学式微之后，宋明理学家再次接续了孔孟道统，希望复兴儒学，重振儒家伦理价值。在此背景下兴起的宋明理学，一上来就自觉强调儒家道理尤其是人伦道德法则的普遍性是十分自然的事。程颢的一段话，明确表达了这一观念：“杨墨之害，甚于申韩。佛老之害，甚于杨墨……杨墨之害，亦经孟子辟之，所以廓如也。”① 言下之意非常明确，宋儒的历史使命就是“辟佛老”，落脚点就在阐明和论证儒家伦理价值的普遍性，宋明理学大讲特讲宇宙论、本体论、形上学等，最终目的都旨在证成儒家伦理价值的普遍性。纵观宋明理学史，程朱理学②和陆王心学对此种普遍主义最为自觉和显著，故下文主要对此两个思想流派分别论述。

程朱理学对儒家普遍主义和普世价值的阐明和证成，核心在于“理”（天理）—“性”两个概念的提炼、挺立和阐释。二程说：“《诗》《书》中凡有个主宰底意思者，皆言帝；有一个包涵遍覆底意思，则言天……上下千百岁，若合符契。”③ 二程注意到《诗》《书》中凡言“天”，皆有个包涵遍覆底含义，即包罗一切，涵括一切，遍及一切，覆盖一切，换言之，他实际上注意到中国古人常用“天”的概念来表达某种普遍性和超越性。“天”，理学家又或连带地说“天道”“天命”“天理”等（有时则单言“道”“命”“理”则随文势有省尔），这些不同的名称只是从不同的角度来讨论一超越的、普遍的、形而上的实体。如程明道说：“言天之自然者谓之天道，言天之赋予万物

① 程颢、程颐：《二程集》，中华书局1981年版，第138页。

② 学者一般认为，二程兄弟思想有差异，所谓“程朱理学”主要系指程颐和朱子。本文旨在讨论儒家的普遍主义和普世价值，就此而言，二程没有本质区别，故不区别对待。

③ 《二程集》，第30—31页。

者谓之天命。"[①] 程伊川说："称性之善之谓道，道与性一也。以性之善如此，故谓之性善。性之本谓之命，性之自然者谓之天。"[②] 朱子一弟子说："天则就其自然者言之，命则就其流行而赋予物者言之，性则就其全体而万物所得以为生者言之，理则就其事事物物各有其则者言之。到得合而言之，则天即理也，命即性也，性即理也。"[③] 朱子然之。明道尝言："吾学虽有所受，天理二字却是自家体贴出来。"[④] 这当然不是说他最早使用"天理"二字，而是说他率先赋予"天理"以至高无上本体地位并对之有所体悟和阐明，而理学家也正是用"天理"（或单言"理"）这一概念来绾合传统的"上天""帝""天道""天命"等观念，从而使得这一至高无上的本体进一步祛魅化，同时又能作为人类普遍价值的根源。二程一再肯定天理是超越的、永恒的和普遍的存在："天理云者，这一个道理更有甚穷已？不为尧存，不为桀亡。人得之者，故大行不加，穷居不损。这上头来更怎生说得存亡加减？是他原无少欠，百里俱备。"[⑤] 天理永恒常存，无所谓存亡加减，正因为此，理（天理）才具有普遍有效性："理则天下只是一个理，故推至四海而准，须是质诸天地，考诸三王不易之理。"[⑥] 所谓"推至四海而准""质诸天地"表达的是空间意义上的普遍有效性，而"考诸三王不易"则表达的是时间意义上的普遍有效性。

超越性的天理如何与人类价值相关？理学家认为这是因为我们的人性来源于天理（理学家认为人、物之性皆来源于天理，因此文讨论人类的普遍价值，故不论物性）。对此天人之际的关联，理学家给予反复确证。前文所引理学家的一些说法已经表达了这种关联。兹再举几例典型说法，程伊川说："在天为命，在义为理，在人为性，主于身为心，其实一也。"[⑦] 朱子说："这个理在天地间时，只是善，无有不善者。生物得来，方始名曰性。只是这理，在天则曰命，在人则曰性。"[⑧] 类似说法是理学家的共识，表述则容少有差异，简言之，天理赋予人即为性，这是理学家的共享观念。对于这一共享观念，程颐以"性即理也"这一命题简明扼要地给予表达出来，他说："性即理也，所谓理性是也。天下之理，原其所自，未有不善。"[⑨] 既然天理未有不善，而人性是源自天理，则就其本源而言，人性皆善；又因天理普遍地赋予了每一个人，故

---

① 《二程集》，第 125 页。
② 《二程集》，第 318 页。
③ 《朱子语类》卷五，《朱子全书》第 14 册，朱杰人、严佐之、刘永翔等主编，上海古籍出版社、安徽古籍出版社 2011 年版，第 215 页。
④ 《二程集》，第 424 页。
⑤ 《二程集》，第 31 页。
⑥ 《二程集》，第 38 页。
⑦ 《二程集》，第 204 页。
⑧ 《朱子语类》卷五，《朱子全书》第 14 册，第 216 页。
⑨ 《二程集》，第 292 页。

就其本源而言，人性皆同："性即是理，理则自尧舜至于途人一也。"[①] 概言之，本源之性之善是人类的共同性或共通性，也可说是人类的普遍性所在，而这种普遍性是由形而上的、超越的、至善无恶的天理作为其根据。

说"天理"尤嫌笼统，其实质内容到底为何，其在人性上的体现到底有哪些？就此而言，理学家基本上继承了孔孟尤其是孟子所奠定的价值观念。在被视为朱子晚年定论的《玉山讲义》中，朱子说："大凡天之生物，各付一性。性非有物，只是一个道理之在我者耳。故性之所以为体，只是仁义礼智信五字，天下道理，不出于此。"[②] 但是，程朱对"信"的理解不同于传统儒家，他们把"信"理解为实有仁义礼智，"信"自身无实质义。《朱子语类》卷六载："或问：仁义礼智性之四德，又添信字，谓之五性，如何？曰：信是诚实有四者，实有是仁，实有是义，礼智皆然。"[③] 故朱子有时只提"四德"而不言信："性是太极浑然之体，本不可以名字言。但其中含具万理，而纲理之大者为四，故命之曰仁义礼智。"[④] 总之，天理之在人性之大纲者只有仁义礼智。

综上所述，程朱理学的普遍主义思维体现对"天理"概念的建构上，天理是一超越的、永恒的、普遍的、公共的、纯善的绝对本体。这种普遍主义思维确实不同于古希腊由探询定义和概念抽象而来的普遍主义，毋宁说是对天道天理的体悟而来。程朱认为人性源自天理，天理落实在人性中的实质内容就是仁义礼智信（"信"字为虚格）。由于天理是超越的、普遍的，人性中的仁义礼智等价值观念当然也是超越的普遍的，人人具有，适用于人人。人性中具有仁义礼智（信）是一个普遍性的"事实"（所以然之理），而我们每一个人应当克服形气之私和物欲之蔽，以便"复其初"，从而使得普遍之理实有诸己，这则是普遍性的道德"应当"（所当然之理）。在此，事实与价值、是与应当之间没有不可逾越的鸿沟，毋宁说价值应当的根据在天理之实然。

五、陆王心学论本心良知的普遍性

陆象山对道德本心之普遍性的肯定直截了当。陆氏自谓其学乃自读孟子而得，在某种意义上，他确实得孟子之血脉精髓。陆九渊在列举孟子"仁义之心""四端之心""本心""存心"等说法后断言："人皆有是心，心皆具是理，心即理也。"[⑤] 又说："心只是一个心，某之心，吾友之心，上而千百载圣贤之心，下而千百载复有一圣贤，

---

① 《二程集》，第 204 页。

② 《文集》卷七十四，《朱子全书》第 24 册，第 3588 页。

③ 《朱子全书》第 14 册，第 243 页。

④ 朱熹：《答陈器之问〈玉山讲义〉》，《文集》卷五十八，《朱子全书》第 23 册，第 2779 页。

⑤ 《陆九渊集》，第 149 页。

其心亦只如此。心之体甚大，若能尽我之心，便与天同。”① 陆氏一方面高扬心的主体性，倡导“收拾精神，自作主宰”，但与此同时，他也更为强调“心”之所同然和“理”之普遍性。关于普遍性，他最为著名的一句话是：“东海有圣人出焉，此心同也，此理同也。西海有圣人出焉，此心同也，此理同也。南海北海有圣人出焉，此心同也，此理同也。千百世之上有圣人出焉，此心同也，此理同也。千百世之下有圣人出焉，此心同也，此理同也。”② 这被后人概括为“人同此心，心同此理”。东西南北表明了空间意义上的普遍性，千百世上下表明了时间意义上的普遍性。总而言之，“此心此理，万世一揆也”。③ 盖日常用语中“心”的用法带有主观和个人的色彩，所以陆象山在强调“心同”后紧接着说“理同”，实际上，心之所同者即为理，强调“理同”是为说明“心”非主观化个体化之私心。朱、陆虽然辩论很多，但在强调儒家道德价值即“理”的普遍性上，陆子的“心即理”与程朱“性即理”并无实质的区别。

陆象山之后，从心学的立场来论说儒家普遍主义最为杰出的哲学家是王阳明。阳明以“良知”与“致良知”说名世。“良知”的概念出自孟子：“人之所不学而能者，其良能也；所不虑而知者，其良知也。”（《尽心上》）“不学”“不虑”表明良知具有某种先天性和直觉性。阳明对人皆有良知（亦即良知的普遍性）的肯定也十分直截了当：“盖良知之在人心，亘万古、塞宇宙而无不同。”④ 这是从时空性来肯定良知之超越性与普遍性。阳明也从个体性与共同性之关系来说明人皆有良知，其良知皆同：“良知良能，愚夫愚妇与圣人同。”⑤“良知之在人心，无间于圣愚，天下古今之所同也。”⑥ 宋明理学对普遍性的论说，总是与先天性相关联，阳明也不例外，他以“天植灵根”⑦ 这一非常精妙的术语来说明良知之先天固有。当然，与陆象山的“吾心”概念一样，“良知”的概念首先是属于主体和个体的，难免带有主观色彩，因此，阳明也经常用“天”“道”“理”等更具超越性、普遍性和客观性的概念来界说“良知”，以说明“良知”的普遍性：“心之本体即是天理”⑧；“道即是良知”⑨；“先天而天弗违，天即良知也。后天而奉天时，良知即天也”。⑩ 总之，阳明用这些理学家的公共术语来界说“良知”，无非是为了表明“良知”绝非仅仅是主观的，而是具有客观性和普遍性。

既然人人皆有良知，人人皆能判断是非对错，人为什么会有贤愚之别，这是因为

---

① 《陆九渊集》，第444页。
② 《陆九渊集》，第388页。
③ 《陆九渊集》，第405页。
④ 《王阳明全集》，第74页。
⑤ 《王阳明全集》，第49页。
⑥ 《王阳明全集》，第79页。
⑦ 《王阳明全集》，第101页。
⑧ 《王阳明全集》，第27页。
⑨ 《王阳明全集》，第105页。
⑩ 《王阳明全集》，第111页。

功夫有别："良知良能，愚夫愚妇与圣人同。但惟圣人能致其良知，而愚夫愚妇不能致，此圣愚之所由分野。"[①] 如果每个人都致其良知，对于是非善恶一定会有一致的看法："世之君子惟务致其良知，则自能公是非，同好恶。"[②] 基于此，阳明提出了良知作为自家行动的准则："尔那一点良知，是尔自家底准则。尔意念着处，他是便知是，非便知非，更瞒他一些不得。尔只不要欺他，实实落落依着他做去，善便存，恶便去，他这里何等快乐稳当。"[③] 当然，因为人人皆有良知，良知皆能同好恶、公是非，所以这"自家底准则"也就是可普遍化的道德法则（套用康德的说法）。

在这里，王阳明的普遍主义和普世价值的思路是这样的：人皆先天具有良知（事实的普遍性），人皆应当致良知，遵循良知而行动（这是道德法则的普遍性）。朱子认为仁义礼智是儒家最为基本的普遍价值。关于良知与仁义礼智的关系，阳明认为恻隐、羞恶、辞让、是非四端之心与仁义礼智四德都是"表德"，亦即皆为良知之运用与表达。在此，"理"或"天理"不是如程朱所认为的那样是外在的固定不变的法则，而是由依良知自发自决自定的法则。如此，阳明确实虚化了外在的客观之"理"的重要性而更为突出了良知的自主自律品格和道德创生性。因此，阳明所认同的普遍价值的核心只能是人人皆有的良知，只有在此前提下，仁义礼智等儒家价值的普遍性才能得到贞定。就此而言，阳明"反程朱"，主要反对的是程朱的思辨方式，而非程朱所认定的儒家核心价值的具体内容及其普遍性。

普遍性总是与超越性、先验性相关联，在康德那里是如此，在儒家尤其是宋明儒家那里亦是如此。对此，牟宗三先生在《心体与性体》中有极为详尽反复的论述，他认为儒家虽然没有像康德那样费力去分解道德法则的先验性与普遍性，但是依儒家传统，这是"不待辨解而自明的"，他在引用了孔子"有杀身以成仁，无求生以害人"、孟子的"君子所性，虽大行不加焉，虽穷居不损焉"等语句后说："凡这些话俱表示在现实自然生命以上，种种外在的利害关系以外，有一超越的道德理性之标准，此即仁义、礼义、本心等字之所示。人的道德行为、道德人格只有毫无杂念毫无歧出地直立于这超越的标准上始能是纯粹的，始能是真正地站立起。这超越的标准，如展为道德法则，其命于人而为人所必须依之以行，不是先验的、普遍的，是什么？这层意思，凡是正宗而透澈的儒者没有不认识而断然肯定的。宋、明儒之大宗只是把孔、孟的规范把握得更紧、遵守得更严而已。其大讲性体心体者，亦不过是把这超越的标准提炼得更清楚更确定更不可疑而已。"[④] 牟氏之言甚为透彻精当，故引此作为我们讨论儒家

---

① 《王阳明全集》，第 49 页。

② 《王阳明全集》，第 79 页。

③ 《王阳明全集》，第 92 页。

④ 牟宗三：《心体与性体》第 1 册，《牟宗三全集》第 5 册，台北：联经出版事业公司 2011 年版，第 124 页。

有无普遍主义思维和普遍价值情怀的一个结论。①

六、基于性善论的普遍性是否可能

朱利安攻击西方传统的先验哲学式的普遍主义和普世价值观，但并不攻击“普世”本身，在普遍主义和相对主义之间，他好不犹豫地站到了普遍主义一边，在讨论“有世界通行的观念吗”一章中，朱利安承认世界上必有通行的某些基元性观念，“所以我觉得最好还是干脆肯定之，不再讨论普适性是否存在”，“否则人与人之间就无法沟通，无法理解”，而且，“无普适性，思想便是无本之木”。② 为此，朱利安在否定了当今世界寻求普世或共识的几种方案后，提出了自己的普世方案。简言之，朱利安反思和反对西方那种基于“理性必然性”和“绝不例外”的普世诉求，主张从“共同”来理解“普世”。粗率地概括，他主张从经验出发，拓展“共同”，发掘文化“间距”，提倡文化间的对话与翻译，并有意识地将之放在唯一的共同层面——可理解的逻各斯层面上，从而从不同的文化中受益。这显然是主张由先验哲学转向经验哲学。朱利安主张把“普世”作为一个“调节性观念”，而非某种构成性的显摆价值观念的现成品，经由这种观念引领不同文化之间的对话和翻译，互相受益，自我反观，改造自身。笔者非常赞同此种思路，不过，这里存在的问题是：其一，朱利安把文化间的唯一“共同”视为“可理解性”，这似乎仍未走出西方理性主义和逻各斯中心主义的窠臼（虽然这是不可或缺的），关键是这一“共同”太泛而缺乏实质内涵；其二，普遍价值的寻求似应放在个体层面而非文化层面，即人人具有（享有、分有）或适用于人人。

笔者以为，儒家的普遍主义思路在今天仍具有重要的意义。儒家也有儒家的“共同”，其“共同”就是人人所共同具有的某种性质，也就是孟子所说的“心之所同然”、陆九渊所说的“心同理同”、程朱所说的“天理”、王阳明所说的“良知”，这种“共同”的基本内核就是“人性善”。如前所言，“人性善”是基于当下觉情或指示、经验观察、理性反思和推理而得出的一个高度直觉化的信念。笔者赞同朱利安的“可

---

① 中国学者中，明确认为儒家是一种“非普遍主义”的是张祥龙先生。他对“普遍主义”的界定强调命题化的表达（参见张祥龙：《儒家哲理特征与文化间对话——普遍主义还是非普遍主义?》，见《复见天地心：儒家再临的蕴意与道路》）。在他文，张先生认为儒家具有“双非”的特征，即既非普遍主义又非特殊主义（参氏著《普遍性与人性》，见陈嘉映主编《普遍性之种种》）。笔者不敢苟同此观点，一则张先生所举的例子大都来自《论语》，不能涵括孟子和宋明理学；一则康德的“绝对命令”固然可以说是命题化表达，但孟子的“由仁义行”（你应当遵循仁义的原则而行动）或理学家的“循天理”（你应当遵循天理而行动）以及阳明所谓“良知是行动的准则”（你应当遵循良知而行动）等很难说就不是命题化的表达。

② ［法］朱利安：《论普世》，第95页。

理解性”标准，因此有必要根据现代学术来重新阐释儒家性善论的合理性。笔者以为，近现代进化论、生物学等实证科学研究成果似乎愈来愈有利于儒家的性善论，他们都由经验事实证明了人类具有善良的基因或本能，如同情心、同理心、羞耻感、恭敬心、是非感等。实际上，进化论的开创者达尔文早已指出动物的社会性本能具有遗传特征，他以近乎孟子“凡同类者，举相似也，何独至于人而疑之”（《告子上》）的方式反问道：“低等动物中间的一些社会性感觉是发乎本能的，是内在而固有的……在低等动物既如此，何独人就不能如此了呢？”后来的道德哲学“依我看来，将不能不把他对一切遗传的心理性能的熟视无睹认为是最为严重的一个缺点”①。关于社会性（道德）本能的最初演化，达尔文如此说道：“这些本能一开始大概也就把一些帮助旁人的意愿，把一些同情心的感觉，交付给他，并且迫使他重视旁人对它的毁誉。在很早的一个时期里，这一类冲动大概也就作为一些粗糙的辨别是非的准则而为他效劳。”② 这里提到的同情心、对旁人毁誉的领悟、辨别是非大体相当于孟子所说的恻隐心、羞恶心和是非心。当代生物学家弗朗斯·德瓦尔（Frans de Waal）的研究表明，“道德并非是一种近代的发明，而是人类本性的一个组成部分”，他特别提及孟子“孺子入井”的著名例子，认为他的研究与孟子思想遥相呼应。③ 当代进化论兼人类学家克里斯托弗·博姆（Christopher Boehm）探讨了道德的起源，尤聚焦在羞耻的演化上，认为以羞耻心为核心的是非感是人类特有的良心。④ 从进化论的视域来看，人类良心的获得无疑是一个漫长的演化过程，是经验性的；但是，由于这种良心具有遗传的特征，所以就每个个体而言，它就意味着先天性。借用李泽厚的术语讲，这就是“经验变先验”⑤。简言之，就人类的演化而言，道德心的起源是经验的；就个体而言，这种“天（自然经验）之所与我者”的道德心就变成了“我固有之者也”。⑥

---

① ［英］达尔文：《人类的由来》，潘光旦、胡寿文译，商务印书馆 2009 年版，第 191—192 页。

② ［英］达尔文：《人类的由来》，第 187 页。

③ ［美］弗朗斯·德瓦尔：《灵长目与哲学家：道德是怎样演化出来的》，赵芊里译，上海科技教育出版社 2013 年版，第 53—55 页。

④ ［美］克里斯托弗·博姆：《道德的起源：美德、利他、羞耻的演化》，贾拥民、傅瑞蓉译，浙江大学出版社 2015 年版，概括性观点见第 1、367 页。

⑤ 李泽厚：《人类学历史本体论》，天津社会科学院出版社 2008 年版，第 94 页。

⑥ 需要指出的是，性善论只是肯定人性中有善端，但它并不否定人性中亦有恶端或导向恶的因素，历代持性善论的儒家都是如此，无须多论。进化论在证明人有同情利他基因的同时，也并不否定人有利己自私的基因。就此而言，“性善”应该理解为“Goodness in human nature”而非“Human nature is good”，且“性善论”可涵摄“性恶”（解释恶的根源），但“性恶”论却很难解释“性善”。另外，道德本心固有，这也并不意味着一生下来的婴儿即有是非善恶判断的能力，正如婴儿的五官功能需要一定时间的发展完善，良知亦是如此，这种发展一定带有后天经验的输入，但不能因此而否定其先天性的一面。

综上，儒家毫无疑问具有普遍主义的思维，承认人类具有某些普遍价值。至于儒家到底认为哪些是普遍价值，文中虽然有所论及，但具体清单（是四德、五常还是五伦，抑或其他新的概括等）及其内涵仍有待进一步辨析和阐释。不过，此非本文所论主题，只能另俟他文详细展开。

“仁者寿”：董仲舒道德养生学述论

陈晨捷
山东大学儒学高等研究院副教授

一、道德养生学概述

董仲舒的养生理论大致可以分为两个部分：一为养体，一为养心。身体之养董子提到两个方面，其一为衣食等外在物质性的“利”，如云“天地之生万物也以养人，故其可适者，以养身体”（《春秋繁露·服制象》，以下引《春秋繁露》但书篇名）、“天之生人也，使人生义与利，利以养其体，……体不得利，不能安，……利者、体之养也”（《身之养重于义》）。饮食当合天所宜，顺应四时代兴变化，云：“饮食臭味，每至一时，亦有所胜，有所不胜，之理不可不察也。四时不同气，气各有所宜，宜之所在，其物代美，视代美而代养之，同时美者杂食之，是皆其所宜也。”（《循天之道》）荠以冬美、荼以夏成，则知冬夏之所宜服也，其基本规则大体为“各因其时之所美”，即根据时令选择食物。其二为行为举止，主要为男女之合，董子谓之“男女之法”，包括成婚年纪与行房次数。男女“不盛不合”，“使男子不坚牡，不家室，阴不极盛，不相接，是故身精明难衰而坚固，寿考无忒，此天地之道也”。“天气先盛牡而后施（精），故其精固；地气盛牝而后化，故其化良”，天地比阴阳，天地之阴阳当于男女，男女亦当阴阳，故当循天之道。行房则根据年纪及衰老程度而定，“新牡十日而一游于房，中年者倍新牡，始衰者倍中年，中衰者倍始衰，大衰者以月当新牡之日”（《循天之道》）。

养心之道尤其为董子所重视。心、身虽为一体却各有侧重，心为身之核心与统帅，“身以心为本”，因而治身当以治心为主，董子云：“气之清者为精，……治身者以积精为宝，……身以心为本，……精积于其本，则血气相承受；……血气相承受，则形体无所苦；……形体无所苦，然后身可得而安也；……能致精，则合明而寿。”（《通国身》）首先，人之身体固然有其养，但决定形体劳逸的血气状态却受到“精”的影响，“精”之“积”又取决于“心”，所以治身之根本在于治心。身服从于心，“心之所好，体必安之”（《为人者天》）。其次，养心（“义”）大于养体（“利”），云：“天之生人也，使人生义与利，利以养其体，义以养其心，心不得义，不能乐，体不得利，不能安，义者、心之养也，利者、体之养也，体莫贵于心，故养莫重于义，义之养生人大于利。……恶恶深，祸患重，非立死其罪者，即旋伤殃忧尔，莫能以乐生而终其身，刑戮夭折之民是也。”（《身之养重于义》）百姓常暗于大理“忘义而循利”，最终难免“贼其身而祸其家”，与养生之道背道而驰。

在养生之道中，融贯身、心，沟通天、人的是“气”。“精”为“气之清者”，因而“积精”即“积气”，“能致精”亦即“能积气”，则“合明而寿”。饮食、房事等因与气相关，是以能影响到人的寿命，而养心关键也在于积气，董子曰：“民皆知爱其衣食，而不爱其天气，天气之于人，重于衣食，衣食尽，尚犹有闲，气尽而立终。故养生之大者，乃在爱气。”（《循天之道》）天地之道以“中和”为要，“虽有不和者，必归之于和，而所为有功；虽有不中者，必止之于中，而所为不失”；而气也以“中和”为美，“和者，天之正也，阴阳之平也，其气最良”，“中者，天地之太极也，日月之所至而却也，长短之隆，不得过中”，“中者、天之用也，和者、天之功也，举天地之道，而美于和，是故物生皆贵气而迎养之”。仁者之行事需以“中和”为旨归，董子曰：“何谓仁？仁者，恻怛爱人，谨翕不争，好恶敦伦。无伤恶之心，无隐忌之志，无嫉妒之气，无感愁之欲，无险诐之事，无辟违之行。故其心舒，其志平，其气和，其欲节，其事易，其行道，故能平易和理而无争也。如此者谓之仁。”（《必仁且智》）养“中和”之气当如公孙（公孙尼子）所言避免如下十者——泰实、泰虚、热胜、寒胜、泰劳、泰佚、怒、喜、忧、惧，“凡此十者，气之害也，而皆生于不中和。故君子怒则反中，而自说以和；喜则反中，而收之以正；忧则反中，而舒之以意；惧则反中，而实之以精”。“中和”为天地间之至德、达理，只要能以“中和”为准则养心修身，自然气至寿极，“故君子道至，气则华而上”。不管是饮、食、动、静之类的外在养体还是喜、怒、忧、惧之类的内在心态均需以“中和”为本才能长寿，“是故男女体其盛，臭味取其胜，居处就其和，劳佚居其中，寒暖无失适，饥饱无过平，欲恶度理，动静顺性，喜怒止于中，忧惧反之正，此中和常在乎其身，谓之得天地泰，得天地泰者，其寿引而长，不得天地泰者，其寿伤而短”，“能以中和养其身者，其寿极命”（《循天之道》）。

中和之气（或曰“中和之道”）之所以能够令人长寿，其关键在于“气”之沟通天人。人与天具有内在的关联性，所谓“人副天数”，故而命亦相连，“天地之符，阴阳之副，常设于身，身犹天也，数与之相参，故命与之相连也”（《人副天数》）。在天人间搭起桥梁的是“气”，“天地之间，有阴阳之气，常渐人者，若水常渐鱼也。所以异于水者，可见与不可见耳，其淡淡也”，而人为万物之长，“最为天下贵”，故能以人间治乱之气、邪正之风与天地之化、阴阳之气“流通相殽”也，“生于化而反殽化，与运连也”（《天地阴阳》）。“世治而民和”，“世乱而民乖”；反过来，民和意味着世治，民乖则表明世乱，在此意义上，民所养之“气”与治乱之“气”是统一的，“或夭或寿，或仁或鄙，陶冶而成之，不能粹美，有治乱之所在，故不齐也。……故尧、舜行德则民仁寿，桀、纣行暴则民鄙夭。”（《天人三策·第一策》）人受天命而生，故先天寿有短长，但寿命并不因此而定型，后天的作为与努力仍能起相当大的作用，“寿之为言，犹雠也。天下之人虽众，不得不各雠其所生，而寿夭于其所自行。自行可久之道者，其寿雠于久；自行不可久之道者，其寿亦雠于不久。久与不久之情，各雠其生平之所行。……然则人之所自行，乃与寿夭相益损也；其自行佚，而寿长者，命益之也，其自行端，而寿短者，命损之也，以天命之所损益，疑人之所得失，此大惑也。是故天长之，而人伤之者，其长损；天短之，而人养之者，其短益。夫损益者皆人，人其天之继欤！”（《循天之道》）与对人性“天止人继”的看法相一致，董子认为人的寿命也是天人相损益的。

在道德养生学中，修“心”是关键。董子认为“凡养生者，莫精于气”，而“气从心”，“心、气之君也”，“仁人之所以多寿者”在于其能用心积气以养生，“外无贪而内清净，心和平而不失中正，取天地之美，以养其身，是其且多且治”（《循天之道》）。那么“心”如何积气？董子认为精（“气之清者”）积于其本（“心”），然后才能身安，而“夫欲致精者，必虚静其形；……形静志虚者，精气之所趣也；……故治身者，务执虚静以致精”（《通国身》）。而在其他地方，则云：“气从神而成，神从意而出，心之所之谓意，意劳者神扰，神扰者气少，气少者难久矣；故君子闲欲止恶以平意，平意以静神，静神以养气。气多而治，则养身之大者得矣。”（《循天之道》）大体而言，其流程为：“闲欲止恶”→“平意（‘虚志’）”→“静神”→“养气”→长寿。据《说文》云：“志，意也。”则“志”与“意”同，“志虚”与“平意”也应大致相近，同时“闲欲止恶”与“平意”同属于“心”的作用范畴。不过前者未涉及“神”，而后者则明确提出“静神”，观“神无离形，而气多内充”（《循天之道》）之语，大概“神”是沟通心（“仁”）与天命（“寿”）的关隘。

道德养生学背后的作用机制为：天能够对人的行为做出回应，所谓“礼无不答，施无不报，天之数也”（《楚庄王》），其中则是“同类相应”的“数”在起作用。董子以“五音比而自鸣”为例，认为“非有神，其数然也。美事召美类，恶事召恶类，类之相应而起也，如马鸣则马应之，牛鸣则牛应之”，美恶祸福均如其类，“无非已先起之，而物以类应之而动者也”。其事既非神又非自然，“其实非自然也，有使之然者矣，物固有实使之，其使之无形”（《同类相动》）。这一无形的力量就是“同类相应”的“数”。“人理副天道”（《王道通三》），因而当人贯彻天的意志守阳闭阴、喜怒当时、形心中和便能得到天道的响应，从而赋予“仁者”以“寿”。

二、道德养生学的思想史产生背景

孔子虽云“智者乐，仁者寿”（《论语·雍也》），但其具体语境与含义所指却无由推知。又，《论语·颜渊》载子夏曰："商闻之矣：死生有命，富贵在天。"子夏闻之于何人亦不得其详，或许为当时流行之谚语，不过学者大多认为应闻之于孔子。子曰："道之将行也与，命也；道之将废也与，命也。公伯寮其如命何！"（《论语·宪问》）冉伯牛有疾，子曰："亡之！命矣夫！斯人也而有斯疾也！"（《论语·雍也》）另据《史记》载，孔子赴宋，与弟子习礼大树下，桓魋欲杀孔子，孔子去。弟子曰："可以速矣。"子曰："天生德于予，桓魋其如予何！"可见在孔子看来，文明兴衰、寿命长短、富贵贫贱甚至个人德性等都取决于天或者命。①

《左传·昭公七年》载，鲁国权臣孟僖子临死前说："吾闻将有达者曰孔丘，圣人之后也，而灭于宋。……臧孙纥有言曰：'圣人有明德者，若不当世，其后必有达人。'今其将在孔丘乎！"所谓"闻"，说明其时世上已广泛流传这一说法。他人又有云："天下无道也久矣，天将以夫子为木铎。"（《论语·八佾》）所谓"木铎"，何晏注引孔安国言曰："木铎，施政教时所振也，言天将命孔子制作法度以号令于天下也。"皇侃疏："云天将以夫子为木铎者，言今道将兴，故用孔子为木铎以宣令之。"② 朱子之意也与此大致相同。可见当世时人多有相信孔子乃"受命而生"的"圣人"，而孔子本人对此显然也是认可的，也正是基于这一信念，他才能在厄难来临时安之若素。③ 尽管他自谦"非生而知之者"（《论语·述而》），但却宣称"天生德于予"；虽云"若圣与仁，则吾岂敢"（《论语·述而》），却默认吴太宰所冠予的"圣者"名号，也不反对子贡"固天纵之将圣"之美誉。④

总体而言，孔子笃信天命的不可控性与道德性：天欲文脉不绝，便赋予部分人以德性，同时其寿夭、贫富等均受天命保障。据《中庸》载，孔子坚信"大德必受命"，舜则为其典型，云："舜其大孝也与！德为圣人，尊为天子，富有四海之内。宗庙飨之，子孙保之。故大德必得其位，必得其禄，必得其名，必得其寿。……故大德者必

---

① 天与命具有内在的一致性，所谓"天令之谓命"：从天的角度来说是谓"天"，从人的角度来说则为"命"，在某些方面两者甚至可以互相替代。

② 何晏集解、皇侃义疏：《论语集解义疏》，中华书局1985年版，第42—43页。

③ 朱熹努力要抹除天命对孔子行事之影响，认为："圣人于利害之际，则不待决于命而后泰然也。"（朱熹：《四书章句集注》，中华书局1983年版，第158页）蒙培元先生的想法与此类似，认为"孔子并不是以上帝使者的身份，受命而行使特殊使命的"，其之所以自觉担当重任乃是出于历史使命感而非天命的感召（见蒙培元：《蒙培元讲孔子》，北京大学出版社2005年版，第36—37页）。笔者的看法正与此相反。

④ 《论语·述而》载："太宰问于子贡曰：'夫子圣者与？何其多能也。'子贡曰：'固天纵之将圣，又多能也。'子闻之，曰：'太宰知我乎。吾少也贱，故多能鄙事。君子多乎哉？不多也。'"观孔子之言，其所答者"多能"也，但对"圣者"这一高隆而有可能妄僭的称呼却避而不谈、不予坚决否认，可见孔子实际上是默认这一说法的。又言："若圣与仁，则吾岂敢。"孔子不敢以"圣"自居犹可理解，但其一直强调"为仁由己""欲仁斯至"，甚至认为颜渊能够"三月不违仁"，自己却不敢以"仁"自命则令人费解。因而是语必然为自谦之辞。

受命。”“必”字明确指出德福必然一致，即有德必受其福（位、禄、名、寿等）。[1] 不过事情的发展却超出孔子的预料：孔子的一生除了短暂仕宦外，多数时间都在周游列国、颠沛流离之中，于是晚年不得不怀疑自身受命之说，感叹天不与我，曰：“凤鸟不至，河不出图，洛不出书，吾已矣夫！”（《论语·子罕》）至西狩见麟，慨叹“吾道穷矣”（《史记·孔子世家》）。又曰：“甚矣，吾衰也久矣！吾不复梦见周公。”（《论语·述而》）而其有德却未受其福（无名、无位、无禄）的人生遭遇则使得其身后儒家天命观产生重大分化。[2]

孔子之后，为弥补“德”与“福”之间的裂缝、回应质疑，儒家天命观由肯认德福一致的道德天命观（简称“德命观”）转向以德福不一为前提的“时命观”。[3] 郭店楚简明确否定德性与人的命运臧否之间的必然关联，《穷达以时》明确提出：“有其人，无其世，虽贤弗行矣。苟有其世，何难之有哉。”“天人相分”是基本前提，天与人各有职司与作用范围：“有天有人，天人有分。察天人之分，而知所行矣。”在天人关系中，天命不为人所动，而人只能被动地服从天命。人即便具备各种充分的条件，但时不我与，人生的事功依然可能一事无成。舜、吕望、管夷吾等人的事例表明，人生穷达自有定数，其遭逢、际遇取决于天，“遇不遇，天也”，可见天命才是的最终决定因素；而智力、德性的作用相当有限：“初沉郁，后名扬，非其德加，子胥前多功，后戮死，非其智衰也。”

郭店楚简所倡始的儒家“时命论”与之前“德命论”的相同之处在于：天仍然具有道德属性，人应积极知天道、顺天道。首先，“天降大常，以理人伦”，道德仍有其天命根据。其次，人生在世依然需要知天、顺天而行。“圣人知天道也”，而“德之行五，和谓之德”，“德，天道也”“行之而时，德也”（《五行》），换言之，君子当将仁、义、礼、智、圣五行“形于内”并且“时行之”，如此方可与天合德。两者的差别在于：一，在天人关系中，人力屈从于天命——“虽贤弗行”；二，人的德性修养并不能必然地影响或者改变他的人生遭际，“知命者无必”（《语丛二》）。如此一来，道

---

① 这也是西周天命观的典型论调：周人因其有德而代殷有国，其后又多宣称德命之一致，如谓“皇天无亲，惟德是辅”（《尚书·蔡仲之命》）、“民之所欲，天必从之”（《尚书·泰誓上》）、“吉凶由人”（《左传·僖公十六年》）、“祸福无门，唯人所召”（《左传·襄公二十三年》）、“鬼神非人实亲，惟德是依。……神所冯依，将在德矣”（《左传·僖公五年》）、“神福仁而祸淫”（《左传·成公五年》）、“善之代不善，天命也”（《左传·襄公二十八年》）、“国之存亡，天命也，……‘天道无亲，唯德是授’”（《国语·晋语六》）、“天道赏善而罚淫”（《国语·周语中》）等。

② 对于天命道德性的质疑实际上早在西周末期、春秋时期便已产生，而孔子的人生落差则是导致天命观转变的一个重大契机与关键节点。

③ 《庄子》中的部分内容也可以作为孔子之后儒家“时命论”流行的一个旁证。庄子认为人的贫富、贵贱和穷通决定于时势，如谓“贵贱有时，未可以为常也”“我讳穷久矣，而不免，命也；求通久矣，而不得，时也”“当尧舜而天下无穷人，非知得也；当桀纣而天下无通人，非知失也，时势适然”（《庄子·秋水》）。

德虽仍有其形而上的根据，但其保障机制却只能付诸阙如。君子固然在此情境下仍能反求诸己、修身不已，但对普通人而言，善不一定有善报，恶也不一定有恶报，没有了天命这一“枷锁”，我们如何劝善惩恶？

其后孟子虽然努力以“四心”“四端”重建道德形而上学，强调尽心知性而知天、存心养性以事天、顺受性命之正，但也承认存在不可控的领域，此即莫之为而为、莫之至而至的天、命。孟子相信“五百年必有王者兴，其间必有名世者”，但是“由周而来，七百有余岁矣”，一个可能的解释就是“天未欲平治天下”（《孟子·公孙丑下》），可见他认为世事自有其定时，非人所能强求。如齐将筑薛，孟子劝滕文公“强为善而已矣”，但“若夫成功，则天也”（《孟子·梁惠王下》）。

荀子则言“人之命在天”（《荀子·天论》），又认为“节遇之谓命”（《荀子·正名》），王先谦注云：“节，时也。当时所遇，谓之命。”[①] 人之命很大程度上取决于“时”。而对于“孔子弗过”“宜为帝王”的荀子为何不能得君行道，其后学的解释是其生不逢时，“天下不治，孙卿不遇时也。……时世不同，誉何由生?”（《荀子·尧问》）[②] 在《宥坐》篇中更是明确否定“为善者天报之以福，为不善者天报之以祸”的德福一致论，认为：“今有其人，不遇其时，虽贤，其能行乎？苟遇其时，何难之有！故君子博学深谋，修身端行，以俟其时。”其说法与孟子一样符合“时命论”的基本旨趣。

在此大的时代背景下，孔子“仁者寿”的说法显然也受到挑战，后人通常以颜渊早夭、伯牛有疾作为例子以质疑。而董子多次提及“仁者寿”并且做出相应的理论论证，其目的无疑在于打通天、人，明确性命与天道之间的因果关联，重建人与天之间的双向、互动关系。当然，儒家后学的另一努力是修正“圣人”概念，提出“素王”说，[③] 以此维护孔子的人生际遇与天命之间的一致性，从而形成孔子之后儒家天命观的双重形态。

三、对“仁者寿”理论的质疑

董子的上述努力是否能够重建成功的天人关系，愚以为尚需一番考辨。

第一，道德养生学存在价值缺失。董子虽言“仁者寿”，但这并不意味着仁者必

---

① 王先谦：《荀子集解》，中华书局 1988 年版，第 413 页。

② 对于荀子“不遇时”的解释主要出现于《成相》《宥坐》《尧问》等篇，而这几篇普遍被认为是荀子后学所作。而这一类的说法必然属于“身后事”，只有在荀子故去后，弟子才需面对这一诠释难题。

③ 《论衡·指瑞》载：“《春秋》曰：‘西狩获死麟。’……儒者说之，以为天以麟命孔子，孔子不王之圣也。”郑玄《六艺论》云：“孔子既西狩获麟，自号素王，为后世受命之君制明王之法。”（见第 154 页）

寿。首先，他不曾明言个体性的德性修养对其寿命的影响。治乱之气方能与天地之化“相殽”，而治乱是对社会状态的一个整体性描述，如“人主以众动之无已时”，便能形成治乱之气与天地之化相殽，个体在其中的影响力微乎其微。其次，个体的寿命受限于政治生态。董子云：“王正，则元气和顺，风雨时，景星见，黄龙下；王不正，则上变天，贼气并见。”（《王道》）王者的德性、作为能够导致元气的变化，而普通百姓显然并无这般力量，作为“人之始”，王者的影响力要远大于普通百姓。“匹夫之反道以除咎尚难，人主之反道以除咎甚易”（《玉英》），除咎尚难，何况改易寿命？因而王者之“政”是使得百姓寿命发生转变的一个重大因素，“人始生有大命，是其体也，有变命存其间者，其政也”（《重政》），“唯天子受命于天，天下受命于天子，一国则受命于君。君命顺，则民有顺命；君命逆，则民有逆命”（《为人者天》）。因而董子认为尧、舜之世民仁寿，而桀、纣之世则民鄙夭。

第二，道德养生学背后深层的天命观存在内在理论冲突。董子虽然相信“施无不报，天之数也”（《楚庄王》），也认为“治乱废兴在于己”（《天人三策·第一策》），但不可否认的是，天地间也存在着人力所不能企及的领域。按照传统的天命理论，“其德足以安乐民者，天予之；其恶足以贼害民者，天夺之”（《尧舜不擅移汤武不专杀》），那么德性充足便能致受命之符、得国取天下，如“泰伯至德之侔天地也，上帝为之废适易姓而子之”（《观德》），然而董子同时又认为“西狩获麟，受命之符”乃“非力之所能致而自至者”（《符瑞》），委实令人费解。

在天、人关系中，到底是天的意志还是人的力量占主流？为“屈君而伸天”，董子赋予天以更高的独立位格，以此对人君产生震慑作用，规范其法天而行，那么人的力量必然要屈居于天命意志之下。董子认为“治乱废兴在于己”，“天下之人同心归之，若归父母，故天瑞应诚而至”，但只有“天之所大奉使之王者”，才能出现“必有非人力所能致而自至者”的“受命之符”；“文王受天命而王天下，先郊乃敢行事，而兴师伐崇”（《郊祭》），“受命”是前提，“先郊”则是崇天之志。显然，天道意志具有绝对的权威，“天之所弃，天下弗祐，桀纣是也”（《观德》）、“天若不予是家，是家者安得立为天子？立为天子者，天予是家”（《郊祀》）、“多福者，非谓人也，事功也，谓天之所福也，传曰：‘周国子多贤蕃殖，至于骈孕男者四，四产而得八男，皆君子俊雄也。此天之所以兴周国也，非周国之所能为也。’”（《郊语》）颜渊死、子路丧、西狩获麟，“阶此而观，天命成败，圣人知之，有所不能救，命矣夫！”（《随本消息》）圣人所“不能救”的范围既包括人生穷达（“获麟”），也包括人之寿命长短（“颜渊死”“子路丧”），道德养生学无疑也要服从这一规律。如此一来，“仁者”是否必“寿”就值得怀疑。

第三，道德养生学的效用经不住日常生活经验的考量。为合理解释“颜渊早夭”等事实，董子部分修正其天命观，云：“人始生有大命，是其体也。有变命存其间者，其政也。政不齐，则人有忿怒之志，若将施危难之中，而时有随、遭者，神明之所接，绝属之符也。亦有变其间，使之不齐如此，不可不省之，省之则重政之本矣。”（《重政》）何谓“随、遭”，董子未予细论，不过《白虎通·寿命》所云可作参照：“命有三科以记验，有寿命以保度，有遭命以遇暴，有随命以应行。寿命者，上命也。随命者，随行为命。……遭命者，逢世残贼，若上逢乱君，下必灾变暴至。”[①] 其间略有差异：《白虎通》以“随命”（个人）与“遭命”（世、君）相区别，但董子则将此二者均归之于“政”。不仅人命有变命，国命亦有变命。禹水汤旱，董子认为其“非常经也，适遭世气之变而阴阳失平”，“皆适遭之变，非禹汤之过，毋以适遭之变，疑平生之常，则所守不失，则正道益明”（《暖燠孰多》）。言下之意，善恶治乱各有其报，此为“常经”“正道”，以人之寿命而论，“仁者寿”在“常经”意义上是成立的。只是，如此一来仍为“时命观”留下理论空间。

那么，是否意味着，在同样的时政背景下亦即“遭命”“随命”一致的前提下，德性高尚的“圣人”“君子”“善人”等的寿命普遍要比“不及化”（《深察名号》）的“士”“民”长呢？董子认为“人之材”可以分为五种：圣人、君子、善人、正人，再往下的人则不入选，其根据在于“人生于天而体天之节，故亦有大小厚薄之变，人之气也。先王因人之气，而分其变以为四选”（《官制象天》），这种因先天所禀赋的“气”的大小厚薄不同而导致的德性差异无疑要反过来影响其后天之“气”的“养”与“积”，进而延长其寿命。但这种说法很容易在现实生活中受到质疑或者被推翻。事实上，“尧、舜行德则民仁寿，桀、纣行暴则民鄙夭”（《天人三策·第一策》）恐怕也是无根之论。

第四，中和之气或中和之道概念混乱。董子赋予阴阳以道德属性，称“恶之属尽为阴，善之属尽为阳”“阳气暖而阴气寒，阳气予而阴气夺，阳气仁而阴气戾，阳气宽而阴气急，阳气爱而阴气恶，阳气生而阴气杀”（《阳尊阴卑》），其意大体为阳尊阴卑、阳贵阴贱、阳善阴恶，故而天“任阳不任阴”（《阴阳位》）。“身之名取诸天”，天有“阴阳之施”，人则有“贪仁之气”；而人法天，“天禁阴”，人“安得不损其欲而辍其情以应天”（《深察名号》）？人之修身亦当以“义”养、“闲欲止恶”，不仅“恶”有伤于养生，负面不良情绪也不利于“生”，云：“忿恤忧恨者，生之伤也；和说劝善者，生之养也”（《循天之道》）。

但同时董子也认为应以“中和”之气、中和之道养其身，使“寿极命”。董子谓“天有两和，以成二中”，所谓中、和，苏舆引俞云：“两和谓春分、秋分，二中谓冬至、夏至。”[②] 春分、秋分“阴阳相半”，故云“和者，天之正也，阴阳之平也，其气

---

① 又《礼记·祭法》“司命”郑玄注：“司命，主督察三命。”孔颖达疏引《援神契》云“命有三科，有受命以保庆，有遭命以谪暴，有随命以督行。受命谓年寿也。遭命谓行善而遇凶也。随命谓随其善恶而报之”。其对“随命”的定义与《白虎通》不同，未知其所是。

② 苏舆：《春秋繁露义证》，中华书局1992年版，第438页。

最良，物之所生也，诚择其和者，以为大得天地之奉也”；冬至、夏至各得阴阳之极，冬极阴、夏极阳，故云“中者，天地之太极也，日月之所至而却也，长短之隆，不得过中”（《循天之道》）。中与和不同、春秋与冬夏不同，因而就饮食来说，“春秋杂物［食］其和，而冬夏代服其宜”。[①] 董子并用“中”“和”，其含义应为当用中则用中、当用和则用和，如谓“男女体其盛，臭味取其胜，居处就其和，劳佚居其中，寒暖无失适，饥饱无过平，欲恶度理，动静顺性，喜怒止于中，忧惧反之正，此中和常在乎其身，谓之得天地泰”（《循天之道》）：男女取诸“盛满”之“中”，视听言动、喜怒哀乐则视之“和”。那么，首先，“中和”概念容易引起混淆，何时该用中，何时又该用和？其次，就欲恶、喜怒之“和”而言，“和”意味着欲恶、喜怒、仁贪各半，如此便与“贵阳贱阴”“闲欲止恶”的主张相乖违。

自孔子之后，儒家后学努力填补天人之间即人的德性修养与其命运遭遇（“德”与“福”）之间的裂缝，郭店楚简因“穷达以时”而强调“君子惇于反己”、孟子的“四端”说以及荀子的功利主义道德理论均为对人的德性的重新安顿，董仲舒试图通过天人相副、人天合一以建构其道德形而上学也正是这一趋势下的一个有益尝试。然而基于以上分析可以发现，董子道德养生学（广而言之是为其道德形而上学）的理论大体上并不圆满，不过正是其中的不成功之处为“时命观”留下了发展空间——在董仲舒天命观上批判、继承和发展的王充天命观可谓“时命观”之典型，[②] 只是因其溢出本文的探讨范围，在此不便展开，对此笔者拟另文分析。

---

① 从董子对“中”的其他用法来看，“中”的含义有时与“和”类似，如谓“高台多阳，广室多阴，远天地之和也，故圣人弗为，适中而已矣”（《循天之道》），则“中”又等同于“和”。

② 西周以来强调德福一致的“德命观”有其内在的逻辑缺陷，事实上自西周末期开始就受到人们的质疑，尽管其后也有一些修正的尝试，但也无功而返（参照拙文《论先秦善恶报应理论及其衍变》，《周易研究》2016 年第 5 期）。汉代以后，这一质疑依然存在，司马迁的看法便相当典型：一方面他认为“为善者天报之以福，为恶者天与之以殃，其自然者也”（《史记·乐书》），但另一方面也心存疑虑，“或曰：‘天道无亲，常与善人。’若伯夷、叔齐，可谓善人者非邪？积仁洁行如此而饿死！且七十子之徒，仲尼独荐颜渊为好学，然回也屡空，糟糠不厌，而卒早夭。天之报施善人，其何如哉？盗跖日杀不辜，肝人之肉，暴戾恣睢，聚党数千人横行天下，竟以寿终。是尊何德哉？此尤大彰明较著者也。……余甚惑焉。傥所谓天道，是邪非邪？”（《史记·伯夷列传》）《淮南子·缪称训》也认为：“故善否，我也；祸福，非我也，故君子顺其在己者而已矣。性者，所受于天；命者，所遭于时也。有其材，不遇其世，天也。”王充则明确宣称天道“自然无为”，“夫人不能以行感天，天亦不随行而应人”（《论衡·明雩》），而世道治乱取决于“时”、人性善恶由气而定，云：“用气为性，性成命定”（《论衡·无形》），“教之行废，国之安危，皆在命时，非人力也”（《论衡·治期》）。

传统文化的当代审视

——从陈旸《乐书》谈起

郑长铃
中国艺术研究院研究员

一、陈旸与《乐书》

（一）《乐书》——回归上古礼乐制度的理想国

陈旸，福建福州人，祖居闽清漈上。宋哲宗绍圣元年（1094），策“贤良方正能直言极谏科”进士，授节度使推官，签判[①]顺昌府。宋徽宗建中靖国元年（1101），进《乐书》，上迁太常丞，进驾部员外郎，为讲义司参详礼乐官。宋徽宗政和二年至三年（1112—1113），言事放归，是年四十五岁至四十六岁。《乐书》是陈旸的心血之作，共二百卷，分为训义、乐图论、十二律、五声八音、歌、乐舞、杂乐、五礼等部分。

北宋后期，社会问题严峻，外有异族频繁侵扰，民族矛盾尖锐，内有财政危机，政治腐败，社会矛盾激化。面对这样的现实，陈旸基于“礼乐并行于世”的理想，创作了《乐书》，主张恢复三代礼乐文化。《乐书》不仅是一本儒家音乐典籍，还反映了更高层次的治国理想——明经正乐，以求治世之功。

首先，《乐书》重视礼乐的治世功能。《乐记》中载：“乐者为同，礼者为异”，“乐者，天地之和也。礼者，天地秩序也”。陈旸认为，“礼乐”是王朝“治体”之根本：“六经之旨同归，莫先礼乐”（进《乐书》表）；“先天下而治者在礼乐，后天下而治者在刑政”（《乐书·序》）；而“礼因天泽而制，乐象地雷而成，实本自然，非由或使。帝王殊尚，不相袭而相沿；文质从宜，为可传而可继”。（进《乐书》表）。

其次，陈旸崇尚三代礼乐制度，主张恢复三代礼乐文化。陈旸在《乐书》中直言：

① 签书判官厅公事，幕职官名。从八品，皆以京官充，位在诸使判官（选人充）之上。见龚延明编著《宋代管制辞典》，中华书局1997年版。

“臣因五礼之实辨六乐之用，庶几礼乐并行，有以形容太平之极功也，岂不盛哉!”（卷189《五礼论》）他对“古礼”仪式的执意和尊崇，无疑是要在“古礼”的规制下让“乐”发挥最实在的——至少陈旸认为本来就具有的——社会政治功用，即“礼”为实，“乐”为用。

最后，《乐书》强调“乐制”与“乐用”。陈旸强调“制”的规范和“乐用”的观念。他极力论证的是“乐”作为制度应该具备的规范特征和维持秩序的作用，强调“乐”的仪式重要性，通过这种仪式的规范来确立“乐”在国家政治事务中的崇高地位，也借此说明其追求“礼乐制度”的完备对于儒家知识分子而言是一项高尚的行为。

综观两百卷的《乐书》，陈旸对政治秩序的良好愿望是崇高的，面对黑暗的社会现实，他秉持着儒家知识分子的济世之心，用上古礼乐制度构筑了一个“礼乐治国”的理想社会。

（二）现实——“储之秘府，久而未彰”① 的命运

陈旸《乐书》虽然著述质量颇佳，创作精神也值得称道，但是该书的最终命运却是“储之秘府，久而未彰”②。这样的结局固然是因为在徽宗时期，统治者已不再视礼乐制度为支撑王朝声誉和统治秩序的手段，更重要的是，面对北宋社会的快速发展，陈旸的主张已显得“不合时宜”。

从唐朝中期开始的社会变革，到宋朝完全定型。由门阀士族和部曲、奴客、贱民、番匠、奴婢等组成的旧的阶级结构，到宋朝终于转变为官僚地主和佃户、乡村下户、差雇匠、和雇匠、人力、女使等组成的新的社会阶级结构，这是中国封建社会内部阶级关系的一次重大变化。在此基础上，宋代生产力发展取得了前所未有的成就，世态风情、生活风尚、民间流俗比前代更加异彩纷呈、绚丽多姿。宋人无论在人生理想、精神境界、审美意识、价值观念或社会心态，乃至生活情趣等方面，自与前代不同。刻板印书业及造纸技术的发展，使书籍的流通量得以扩大，加之宋代较为宽松的文化政策和科举的制度，宋代文化在中国封建社会的历史长河中达到了登峰造极的高度。

北宋的士大夫，有知识、明吏道，对国家大事的认识，有一定深度，故言事多能切中时弊，从而也增加了他们对于国家大事的兴趣和干预的信心。③ 他们参政、议政的积极性很高，以天下事为己任，对国家大事，必直抒己见，章凡数上，争辩不休，激烈交锋，蔚成风气。至仁宗时，台谏权势最盛，士大夫积极参政、言事成风而无杀身之虞④，限制着相权，也制约着皇权，使与皇帝共治天下的士大夫代表面更为宽广。

① 见陈岐《乐书 · 跋》所附迪功郎、建昌军南丰县主簿林字冲附言。
② 见陈岐《乐书 · 跋》所附迪功郎、建昌军南丰县主簿林字冲附言。
③ 张其凡：《宋初政治探研》，暨南大学出版社1995年版，第2页。
④ 北宋有一惯例：不杀大臣及言事官。

陈旸如此热衷礼乐制度，固然和他作为朝廷礼部官员的身份有关，但他作为“士”，个人的价值观仍是一个不容忽视的因素。包弼德先生把中国9世纪到北宋晚期的“士”称为“学者官员”，并进一步指出：

> 当宋朝国初的君主支持士，我认为，他们这样做是因为士是心甘情愿的下属，没有独立的权利，依赖于至高的权威来获得政治地位，而且他们是出于对文官文化的追求来履行职责，这对于中央权威的制度化，其价值之大，无法估量。……为了实现他们的政治和社会野心，士倚仗更高的权威去重建一个国家的社会政治集团，并把它们自己置于集团的顶端。这样一来，在所有的政治成员中，它们的利益最接近皇帝的利益：两者都相信他们将通过中央集权获益。[①]

陈旸极力强化君主至尊的地位，是作为弱势政治角色维护政治秩序的方式，体现的还是“官员”的价值取向。

然而，11世纪末，“更多的人开始坚持认为一个优秀的士德行高于仕宦，或者说为学的一生使做官变得不那么必要”[②]。虽然这期间，最有影响的思想人物仍是王安石，但在没有政治权利的民间思想世界中已呈现出一种高调的道德理想主义与文化保守主义的思想趋向，并以此来追究政府行为在伦理上的合理性——与“绝对的皇权”相抗衡。[③] 其中最具代表性的是程颢、程颐两兄弟。和程氏兄弟主张用“理”来制约皇权的理想主义思想相比，陈旸的建议显得更为保守——他试图用全面恢复上古三代的礼乐制度来维护皇权，而民间的思想潮流则是用“理”来制约皇权[④]。或许正是因为与时代潮流的相背而行，使陈旸用礼乐构筑的乌托邦只能成为幻影。

陈旸在当时的时代背景下，看到了社会乱象，出于作为知识分子的理想担当与儒家传统价值观，提出了对社会结构的理想化构想。可是，现实社会是不断发展的，所以陈旸对重构礼乐制度、回归三代社会秩序的希望，只能是他自己的理想。当然，处于当时的时代背景，他的理念是可以理解的，但是这样的构想已经不适应社会发展，所以他的理想注定不能得到当时统治者的接受，他的价值观也不能得到广泛的认同。

---

① 张其凡：《宋初政治探研》，暨南大学出版社1995年版，第57页

② 张其凡：《宋初政治探研》，暨南大学出版社1995年版，第77页。包弼德先生在《斯文：唐宋思想的转型》“士的转型”一章中对此有详细论述。

③ 见葛兆光先生在《中国思想史》中对“文化重心与政治重心的分离”的论述。

④ 葛兆光先生认为是为了保护国家与民众之间的“宗族社会”与“士绅阶层”的存在。《中国思想史》第二卷《七世纪至十九世纪中国的知识、思想与信仰》，复旦大学出版社2000年版，第313页。

二、传统文化复兴热潮下的思考

陈旸复兴上古礼乐制度的探索虽然失败了，却也给我们留下了宝贵的启示——对传统的复兴应该基于当代社会的发展。

实际上，对传统的继承与弘扬，一直是一个经久不衰的话题。今天，伴随着国家综合国力的发展，民族自信心的提升，对中华传统文化的讨论越发热烈而迫切。传统文化的复兴成为无人不谈的话题，甚至在国家宏观战略构建中占据了重要的地位。十八大以来，中华优秀传统文化成为习近平总书记治国理念的重要来源。习近平总书记多次强调中华传统文化的历史影响和重要意义，赋予其新的时代内涵：从参观孔子故里，到参加世界儒学大会；从组织政治局集体学习传统文化，到联合国教科文组织总部关于文化复兴的讲话……国家高层在多个场合展现出了对传统文化的高度重视。

党和国家高层领导集体的不断推动，终于在整个社会形成了复兴传统文化的风气：轰轰烈烈的“国学热”兴起了，一所所的孔子学院成立了，各种形式的传统文化保护运动应运而生了……仅就孔子学院来看，截至2016年12月31日，有关机构已经在全球140个国家（地区）建立了512所孔子学院和1073个孔子课堂，从数量和规模上看，可谓成果斐然。

国家到社会层面对传统文化的重视与推崇无疑是令人欣喜的。然而，当我们冷静下来，审视这些纷繁复杂的文化事项，我们珍贵的传统文化，真正传承下来的到底有多少，这样的文化热潮，确实实现了对传统文化的复兴与保护了吗？实际上，答案并不那么乐观。

在当前轰轰烈烈的文化复兴浪潮中，存在着许多不容忽视的现象。

一是有形无神，对传统文化的继承与复兴仅仅停留在形式，而忽略了更为重要的内容。许多人吃着昂贵而美味的粽子和月饼，却不知道端午节、中秋节的历史，忽略了传统节日背后的内涵。又如近年来雨后春笋般出现的各种国学班、儒学班，不乏滥竽充数之辈，收取高昂的费用，让孩子们穿着汉服，背诵《三字经》《弟子观》，对儒家经典的内容却不求甚解。这种流于形式的做法，看似声势浩大地弘扬传统文化，但是否能够真正促进民众对中华民族优秀传统文化的理解和认同，促进社会的精神文明建设，还要打上一个问号。传统文化之所以如此重要，是因为它是中华民族的几千年智慧的结晶，凝聚着丰富的精神文化内涵，如果我们只注意到外在形式的修复，而忽略了更重要的内容，所谓的文化复兴必然只是虚有其表。

二是“泥沙俱下”，对传统的一切内容都予以高度推崇。传统文化是过去历史时期的产物，是基于当时的时代社会背景而创造出来的物质精神财富，随着社会的进步，其中的一些内容必然会因为不适应社会发展而被淘汰。对于这样的内容，一味复古只能导致“水土不服”，复兴不仅无益，反而有害。近期引发社会关注的所谓“女德教育”，便是典型的例子。“男人谈大事，女人不能插嘴”，“受家暴了一定要忍，因为挨揍的人，身体好，不容易得病”……女德讲师将束缚女性、奴役女性、压迫女性的封建糟粕，包装成优秀传统文化，堂而皇之地搬上演讲台，甚至走进高校，不仅与社会文明发展相背离，也令真正值得传承和发扬的优秀传统文化因之蒙尘。片面地鼓吹传统文化，只会导致复古主义和狭隘的文化保守主义。

三是唯利是图，对传统文化的态度流于功利。一些地方只看到了文化资源的经济价值，却忽略了更重要的文化教育价值，“文化搭台、经济唱戏”的口号屡见不鲜。有的将弘扬优秀传统文化与发展文化产业画等号，只顾大力兴建文化场馆、文化产业园区；有的将文化遗产的申报当成了注册商标，申报成功后，便将重点转移到开发利用上，重申报，重开发，轻保护的现象时有发生；还有的将地方民俗、祭祀仪式等改造成为旅游表演项目，使其严肃性与精神内涵被消解，因为经济利益而产生的关于文化资源、名人故里的争端也层出不穷。随着文化热潮的兴起，还有一些人假借传统文化之名借机敛财，通过开办离岸社团、收费培训机构等方式，“挂羊头卖狗肉”，从事违法犯罪活动。在这种功利化的倾向之下，对传统文化的弘扬显得浮躁浅薄，缺乏厚度和重量。

四是戏说曲解，以娱乐化、庸俗化的手段消费传统文化。随着文化产业、大众娱乐的快速发展，传统文化作为资源转化为文化产品被民众消费成为必然的趋势，但是在这一过程中，过度娱乐化、功利化造成了消极的影响。一些人假借解放思想之名，肆意歪曲历史，抹杀历史真相，以混淆视听，企图消解主流意识形态；一些人高举文化创新的旗帜，随意恶搞历史事实、解构历史人物、颠覆文化常识。为了吸引观众，影视作品随意篡改史实，网络游戏中，历史人物被肆意恶搞，这种对传统文化的过度消费，丧失了对历史、对文化应有的尊重，扭曲了优秀传统文化的精神内涵。文化不应该成为娱乐的附庸，将传统文化变成娱乐至死的舞台，只会导致文化精神的枯萎。

可想而知，上述这样的“文化复兴运动”，是不能对中华传统文化的继承发展、中华民族的伟大复兴起到真正作用的。今天，我们或许需要更冷静地思考，什么是传统文化，传统文化的复兴，究竟指什么？

实际上，中华民族的传统文化，并不单纯指经史子集，也不局限于儒家经典，它是中华民族几千年来创造出的物质精神财富的总和，涵盖了政治、经济、文化等各个领域，贯穿于衣食住行诸多方面。而中华传统文化中活态的、真正有价值的部分，都凝聚在民众的日常生活之中，凝聚在我们的深层传统里，通过典籍、仪式、节庆等形式，在民众的世代相传中得以延续，诸如我们对孝道的重视、对诚信的尊崇、己所不欲勿施于人的宽容，等等。

今天的文化复兴运动之所以出现种种问题和乱象，究其原因，一是因为对传统文化的认识不够，没有真正认识到保护传统文化的重要性和紧迫性，同时急于求成，没有认识到文化传承的长期性、持续性；二是因为缺乏引导和规范，政府在弘扬传统文化的过程中，未尽到领导责任，传统文化的传承发展缺乏政策资金支持和有效的市场监管；更重要的原因是，对传统文化的转化不够，没有根据时代发展，对中华传统文化进行创造性转化和创新性发展。

今天，要继承和复兴中华民族优秀的传统文化，除了要让民众了解传统文化、知其所以然，建立起对自身文化的认同与自信之外，更重要的是，要挖掘传统文化的当代价值，让传统“活”起来。千百年前，陈旸《乐书》的探索已经告诉我们，无论何时，复兴民族文化，都不是要回归传统社会，而是要立足当代，挖掘传统文化资源，推动当代社会的发展。我们真正需要做的是，深深扎根于传统文化的土壤中，去吸收优秀基因，为当代实现“再创造”。

三、中华传统文化的创造性转化和创新性发展

近代以来，中华民族饱经风霜，在频繁战乱与政治动荡的倾轧之下，中华传统文化经历了有史以来最残酷的冲击。随着民众生产生活方式的转变，我们的传统文化正因为失去生存的土壤而逐渐衰亡、消失，“传统”似乎在名为“现代化”的洪流之中渐行渐远。

然而，正如我们不能抛却昨日，只谈今日一样，中华民族的传统文化，蕴含着本民族独有的文化基因和传统记忆，它或表现为物质的成果，或表现为具体的行为方式、礼仪、习俗，体现了特定民族的独特思想、情感、意识、价值观，而这些恰是民族和社会得以延续的命脉和发展的源泉，是该民族赖以存在和发展的根脉。当代社会的发展立于传统社会的基石之上，抛弃民族的传统文化，就如同抽去了脚下的基石，随之而来的是茫茫然无所依的混乱与失落。正因为意识到这一点，今天我们才回过头来，重新审视自己的来处，审视自己民族的文化遗产。

实际上，从20世纪80年代开始，我国的民族民间文化保护工作就已经拉开了序幕，从民族民间文化保护工程到对传统村落、非物质文化遗产等的保护，我们对传统文化的认识正逐渐进步和完善，从强调固守传统到认同合理利用，正是一个重要的转变。

美籍华裔历史学家余英时先生曾说过：“传统是在不断阐释中存在的。经过阐释的传统才是有生命力的传统。”① 在现代化的今天，我们重视传统文化，不仅因为它记载了中华民族发展的历史，更因为它具有无与伦比的价值——传统文化中蕴藏着丰富的文化资源，可以为当代社会文化的发展提供充足的资源与动力。正如前文所说，对传

---

① 陈致：《余英时访谈录》，中华书局2012年版，第207页。

统文化的重新审视并非意味着要机械地复刻传统，对优秀传统文化的继承和弘扬也不能仅仅停留在形式和表象，而应该让传统中的有益成分在当代重新发挥作用。要在适应当代社会发展的前提下，去重新寻求传承保护传统文化的思路和手段，只有如此，才能实现中华文化的创造性转化与创新性发展。

一方面，就是要将优秀的文化遗产转化为文化资源，使其成为文化生产力，让传统真正“活”起来。中华传统文化种类繁多、内容丰富，是当代文艺创作的良好内容与素材，是文化产业发展的重要资源。习近平总书记在文艺工作座谈会中曾经指出，中华优秀传统文化是中华民族的精神命脉，是涵养社会主义核心价值观的重要源泉，也是我们在世界文化激荡中站稳脚跟的坚实根基。由于传统文化具有的独特意义，合理利用传统文化资源创作出来的文化产品，天生就具有丰富的文化内涵，它会生动地体现出中华民族的价值观，不仅符合中国人的审美趣味，容易获得国人认同，也对促进中华文化的传承传播具有积极的作用。近年来，不论是以传统文化为主题创作的大型山水实景演出，还是博物馆、文物保护单位开发的各种文创产品，再到诸多传统文化题材的影视作品，相关的成功探索已不胜枚举。

另一方面，就是要在继承传统的基础上，根据社会的发展需要对传统文化进行“再创造”，从而促进中华文化的不断发展。中华传统文化，并不是凝固在某一历史时期的文化，它是几千年来中华民族在与自然和历史的互动中不断创造的积淀，是人类创造力和文化多样性的生动体现。文化的生命力在于创新和变革。一个民族的传统文化只有在创新与变革之中才能与社会发展相适应，才能生生不息地传承下去。传统文化的传承和发展本身，就是社会文化发展的组成部分。因此，要继承和弘扬中华民族的优秀传统文化，实现中华民族的伟大复兴，除了要将传统文化转化为文化资源，还应该结合社会发展的需要，为传统文化注入新的时代内涵。一是要按照时代特征和要求，对优秀传统文化加以改造，赋予其新的、当代民众乐于接受的表达形式；二是要根据时代的进步和发展，对优秀传统文化的内涵加以补充和完善，建立起优秀传统文化的当代体系。比如今天我们倡导的社会主义核心价值观，就是中华传统价值观念在当代的新发展，通过梳理和萃取中华文化中的思想精华，对其做出通俗易懂的当代表达，赋予了传统文化新的时代内涵，使之与中国特色社会主义相适应。[①]

总而言之，通过创造性转化与创新性发展，中华民族优秀的传统文化才能在继承中发展，我们的非物质文化遗产、物质文化遗产，还有经典中蕴藏的思想、融合在不同文化类型中的智慧，才能为现代社会的发展服务。

---

① 中共中央办公厅《关于培育和践行社会主义核心价值观的意见》。

四、路漫漫其修远兮

中华传统文化是一个巨大的宝库，我们曾拥有珍宝而不自知，也曾胡乱地挥霍，所幸的是，醒悟为时未晚。复兴中华传统文化需要长期的努力，需要教育、媒体等多种渠道的推进。

复兴中华传统文化，要做的还有很多。从宏观来看，应加快制定弘扬中华优秀传统文化的中长期规划，确保文化建设的正确方向；构建优秀传统文化的当代体系，为弘扬优秀传统文化提供坚实的理论基础。落实到具体实践，要促进中华传统文化的实践运用，从传统文化中寻找解决当代问题的方法；在文化与经济的融合发展中，增强传统文化的内在生命力；要重视传统文化教育，发挥传统文化的导向规范作用，提升社会对传统文化的认识。如何应用现代科技做好传统文化资源的搜集整理工作，运用媒体、影视、游戏等方式促进文化资源的合理利用，通过衣食住行的熏染强化民众对传统文化的认同，这些都是我们应该不断探索与思考的。

当然，传统文化传承的链条毕竟经历过冲击和断裂，对中华传统文化乃至整个文化生态的修复，需要长期的努力，不能操之过急。路漫漫其修远兮，文化的修复是一个润物细无声的过程，对中华民族优秀传统文化的传承，对中华民族的复兴，还应该少一些浮躁，多一些努力，也多一些耐心。

从“道的错置”到“道的正置”

——解开“儒学”与“专制”的根本困结

（中国台湾）林安梧
山东大学儒家文明协同创新中心、儒学高等研究院教授；
台湾慈济大学宗教与人文研究所教授

一、缘 起

“道的错置”是我近四十年来对于帝皇专制、父权高压与儒学体系的深层反省之一。面对着儒家人伦教化的核心，最为重要的“五伦三纲”，环绕着“血缘性纵贯轴”这概念丛结，展开了深层的哲学阐析。

犹记少时，读《论语》，喜其平易，平易中有坚定，坚定中有恒久，觉此孝悌人伦、道德仁义，高明中庸，天长地久之教也。因而立志，欲效孔子之周游列国，弘扬中华文化于天下。但我总觉得儒学有一难以处理的问题，那便是与“帝皇专制”“父权高压”及“男性中心”，纠结一处，为许多所谓现代化的进步开明派所摒弃。我亦觉此问题若不得解决，儒学之兴复，总是有个病痛在，动不动就会发起病来。而且一发起病来，就麻烦得紧。业力现前，难以了脱。

年轻时，读了许多对于儒学批判的书，总觉得这些书很少能进到里处，见到病源，往往只就现象说说，概括出一些病征，说出些片面的道理。有些虽进到历史诸多层面，但由于哲学的高度所限，其反思看似有些知识理论的建构，但仍只是概括而已，实不足以解其病痛也。除此之外，我年轻时，更多时间阅读了当代新儒家的书，他们对儒学既有虔诚之敬意，也有较为深刻的反思，但我还是觉得这些反思，仍有进一步探求的必要。

20世纪70年代，接闻阳明学，读《传习录》，直捷简易，透辟明达，读之欢喜，踊跃不已。我当时想，这等大学问，一体之仁，落于人间之实践，却有千万个困难，此又何也。我觉得此中一定有个大病痛、大困结在。当时，好读书，广搜中西、举凡社会哲学、历史哲学、文化哲学，莫不搜读，摘抄笔记，反复思考，何以权力之纠葛，如此其深也。大道之不明，如此其久也。此中纠结处，必当点出，儒学方有重生之可能。

二、问题点——“孔子与阿Q”的对比张力

华夏族群积累了数千年的文化传统，在宗法封建、帝皇专制、小农经济、圣贤教养下成了一自家的性子。这性子有好有坏，可上可下，或善或恶，或高或低。天下有道时，这性子可能显示的是“天行健，君子以自强不息”，“地势坤，君子以厚德载物”[①]；天下无道时，它却也可能“处士横议，诸侯放恣”，“世衰道微，邪说暴行有作”[②]，“富岁子弟多赖，凶岁子弟多暴”[③]。诡谲而难理的是，原本的“敦厚朴实”居然滑转为“世故颟顸”；原本的“人情义理”竟也扭曲为“私情恩义”。多年以前，我即曾为此撰了一篇《孔子与阿Q：一个精神病理史的理解与诠释》，我的提法是这样的：

> 原先孔子所开启的儒学强调的是一“道德的社会实践意识”，但显然的世代并未真从宗法封建与帝皇专制中解放出来；因而在此两面向的纠葛下，道德的社会实践意识无法畅达的发展，遂滑转为一“道德的自我修养意识”。原先之转为一道德的自我修养意识，为的是要归返生命自身，而再度开启社会实践意识，传统之要求由内圣通向外王，所指殆此。问题是：内圣通不出去为外王，反折回来，又使得那道德的自我修养意识再异化为一“道德自我的境界之追求”。此时之道德转而为一境界型态之物，而不再是实理实事。原先的道德精神境界的追求所为的是自我的治疗与康复，俾其能开启道德的自我修养之可能；但在世衰道微的情况之下，即如道德精神境界亦成为一虚假而短暂的境界。这再度往下异化便成为一“自我的矫饰”与“自我的休闲”，明说其理由，实则为虚，终而堕入一自我蒙欺，万劫不复的魔业之中。魂魄既丧，游走无方，来去无所，这失魂症的病人也只能以“道德的精神胜利法”自我蒙欺罢了。

如上所说，“孔子”与“阿Q”两者可以关联成一个井然有序的系谱。由“道德的社会实践意识”滑转而为“道德的自我修养意识”，再滑转为“道德自我的境界追求”，而后再异化为“道德的自我矫饰”与“道德的自我休闲”，终而堕到以“道德的精神胜利法”而转为一“道德自我的蒙欺”。我们之所以将“孔子”与“阿Q”做这

---

① 语出《易经》“乾、坤”两卦的《大象》传。

② 语出《孟子·滕文公下》。

③ 语出《孟子·告子上》。

个精神病理史的关联性理解，并不是要去说当代中国族群之为阿Q为可接受的，而是要借由这样的理解与诠释达到一治疗的作用，进而得以瓦解这个奇怪的综合体，让中国文化及在此中长养的中国子民有一重生的可能①。

大体说来，这样的问题已纠缠整个中国民族数千年，作为一实存的体会者、研究者，它着实如鬼魅般纠缠了我几十年，挥之不去、弃之不得。这问题引生了我哲学研究的重要环结，它大底环绕着“道的错置”与如何克服此“道的错置”，而拨乱反正，回归于“道的正置”的过程②。或者换个话来说，那是从生命的异化状态下，经由批判、治疗与回归的历程。

三、“帝制化的儒学”与“儒学化的帝制”的纠结

对于中国政治哲学的深层探索，让我深切体会到“道的错置”问题，隐含着儒学与帝制的复杂问题，或者，简单地说，这里有着帝制式儒学与儒学式的帝制的纠结。我以为深入阐释儒学所强调的五伦与三纲，就可以充分的把这关节处显题化。1996年出版的《儒学与中国传统社会之哲学省察：以“血缘性纵贯轴”为核心的理解与诠释》，应是对这问题总体的哲学性反省。其分析主要着重在五伦及三纲的论题上③。

显然地，“父子”这一伦原是五伦的重心，他们的理想关系是“父慈子孝”。“慈”是对于自己生命的延展自然而有的一种情感，而“孝”则是回溯自己的生命根源，对于自己生命根源的崇敬。“慈”是一种自然的情感，而“孝”则是自觉的。自然是顺着自己的血气就会的，但自觉则是人文的、符号的，是经由意义的诠释而开启的，这是逆返于自家生命根源的。“父子”这血缘性纵贯轴的关系既是中国人存在的原型，因此其理想关系的“父慈子孝”便是最重要的德性。更由于父子是一上下的、隶属的关系，因此落在德性上说，大家所要求的便落在“子”上说得多，而落在“父”上说的少，并且因为是上下的、隶属的关系，因此连带“孝””而说的便是“顺”，甚至就不明就里的“以顺为孝”，忽略了“孝”的深层意义④。

血缘性的纵贯轴关系推到极处，整个天、地、人、我四方通包在内，进而由这一主轴而说“纵贯的创生”，说天命性道相贯通为一。血缘性的纵贯轴不只用来说明“家”的原型，而且可以推到一切存在的实况。这也就是说，这样的一个血缘性的纵贯

---

① 请参见林安梧《孔子与阿Q：一个精神病理史的理解与诠释》，原刊于《鹅湖》第262期（1997年4月），第56—57页。

② 关于“道的错置”问题，请参看林安梧《道的错置：中国政治传统的根本困结》，台湾学生书局2003年版。

③ 林安梧：《儒学与中国传统社会之哲学省察》，台湾幼狮文化事业公司1996年版。

④ 此段所论，请参见林安梧《儒学与中国传统社会之哲学省察》第三章。

轴是一撑起整个天地六合的纲维，我们一般所说的“三纲”的“纲”便带有这样的宗教意义。三纲里的“忠君”“孝亲”“守节”便带有宗教性的意义了。什么是宗教性的意义呢？宗教性的意义便是一终极性关怀的意义，把“忠君”“孝亲”“守节”看得这么重，不是没有理由的。而这三者，就其原型来说，当以“父子”这血缘性的纵贯轴为主导，因而这个民族也就格外重视“孝道”，孝不只是“行”，而也不只是“德”，而是提到了“道”的层次。“道”指的是整体的、根源的、终极的。儒家是不是宗教，自来有许多讨论[①]，但若以“孝道”的分量来说，当然它十足的是个宗教[②]。

其实，“孝亲”“忠君”并不能等同为一，但我们平常则听到“忠臣必出于孝子之门”，他们好像又密切地结合成一个整体，不可分别。这里隐含了一个大问题，须加以说明。“父子”是血缘性的纵贯轴关系，而“君臣”就理上说，当然不是血缘性的纵贯轴关系，他们应是左右的、横拓面的、可能是地缘的、也可能是人缘的关系。古代儒家强调“君使臣以礼，臣事君以忠”[③]，“君臣以义合，合则留，不合以义去”[④]，这大体还是与“父子”这伦清楚地分立出来的。但后来俗谚中常听到的“君要臣死，臣不得不死，不死谓之不忠”“君臣之义，无所逃于天地之间”，并且“君父”连着说，“臣子”连着说，这显然就与以前大大不同，甚至可以说天差地别。

一般人常将“大一统”与“大统一”混淆做一样看待，其实两者大有不同。孔老夫子强调的是“春秋大一统”，这与秦汉及以后的“大统一”是不相侔的。在大统一的专制皇朝还没建立前，列国并立，自然“君”也是如此，因此“君”的绝对性并没有建立起来，至于“天子”这观念则又高出“国君”一个位阶。天子是一符号或征符式的统治者，此不同于国君是一实际或力量的统治者。天子是就“王道”说的，而国君则是就“霸道”而说的。秦汉以后，天子即是国君，这是将王道与霸道的分际搞乱了，直将霸道当王道来说了[⑤]。

秦汉大统一专制皇朝建立起来了，君是唯一之君，君成了皇帝，皇帝这词是比天子夸奢得太多了。“始皇帝”一词，大有天下洪荒、宇宙六合就从我开始的意思，这显

---

① 请参见林安梧《儒教释义：儒学、儒家与儒教之异同》，2014 年 12 月 15 日，应中国社会科学院世界宗教研究所五十周年所庆之邀，所作之讲座，文刊于《当代儒学》第十辑（2016 年 11 月），第 104—124 页。

② 梁漱溟于所著《中国文化要义》论中国之“以道德代宗教”，并征引胡石青之言论中国之宗教乃“大教无名，唯中国系之宗教足以当之”，其所论“敬祖”即如此。见氏著，问学出版社 1977 年版，第 100 页。又请参见徐复观《以孝为中心的伦理观念之普及与宗族功能》，见氏著《周秦汉政治社会结构之研究》，台湾学生书局 1975 年版，第 329—333 页。

③ 语出《论语·八佾篇》。

④ 荀子：“从道不从君，从义不从父，人之大行也。”《白虎通》：“君臣以义合，不可则去。”《周易》：“不事王侯，高尚其事。”皆可见此胜义。

⑤ 请参见徐复观《典型专制政体的成立》，见《周秦汉政治社会结构之研究》，第 128—162 页。

然已离失了原来“天子”的意思①。但值得一提的是，到了汉朝虽然仍是大统一的专制格局，但仍有着“天子”的意味，换言之，其皇权专制仍然不是一命令式的、权力式的、支配式的专制，而是一符号式的、象征式的、身份式的专制。这样的专制既言之为专制当然有其命令式的、权力式的、支配式的一面，只不过一切命令式的、权力式的、支配式的都不是第一义的，而是由那符号的、象征的、身份的这样的一面所衍生出来的。

自秦汉以来，“君臣”成了一宰制的纵贯轴，它是具有主导性的。原来这样的主导性是与“父子”这一血缘性的纵贯轴相冲突的。《韩非子》书上说“父之孝子，君之暴臣”②，便是这个意思，法家之所以要大大非儒，所争的就在于“忠君”与“孝亲”何者为优先的问题。这问题似乎到了汉朝就被消解了，我们看《孝经》所说，就将“忠君”与“孝亲”完全结合在一起了，而且“移孝做忠”，“忠君”的思想取得了绝对的优位性③。在思想史上，常把这历程称作儒学的法家化。其实，不只是单面的而已，因为从另一个角度来看，不只是儒学的法家化，而且是法家的儒学化。我以为这时候起，整个儒学与专制便结合在一起，两者不可分，一方面成了一“帝制化的儒学”，而另一方面则是一“儒学化的帝制”。

帝制化的儒学最重要的表征在于将儒学所最强调的“父子”血缘性的纵贯轴“君臣化”了，也就是帝皇专制化了。于是“父子”不只是自然骨肉的亲情而已，更是整个社会构造、政治权力所赋予了一绝不能改易的上下的、绝对顺服的关系。平常我们听到“父要子亡，子不得不亡”所指的就是如此。“父”这时候便不只是那血缘性的自然联结的最高象征，而且具有绝对的宰制性、权威性，“父”不再只是“家庭”里的“父‘亲’”，而且是整个“社会”里的“父‘权’”。不过，我要强调的是尽管他是“父权”，但仍带有几分的“父亲”味道，亲情第一、身份第二，至于权力、命令则第三。乱世时，这几个分际就搞乱了，“父道”被误置了，父亲就变成了“暴君”，这时候的父权是当该受到严厉谴责的。至于，如理的“父道”下的父亲与父权，则有其存在的时空，亦有其存在的当然理由。

儒学化的帝制，使得“君臣”这一轴，有可能从绝对专制性的纵贯轴，再转而

---

① 太史公司马迁《史记·秦始皇本纪》之“琅琊台刻石”曰“皇帝作始，端平法度，万物之纪”，又彼对三皇五帝评之曰“古之五帝三王，知教不同，法度不明，假威鬼神，以欺远方，实不称名，故不久长”，此可见一斑。

② 此可参看《韩非子·五蠹》，有言曰“楚有直躬，其父窃羊，而谒之吏。令尹曰：‘杀之！’以为直于君而曲于父，报而罪之。以是观之，夫君之直臣，父之暴子也。鲁人从君战，三战三北。仲尼问其故，对曰：‘吾有老父，身死莫之养也。’仲尼以为孝，举而上之。以是观之，夫父之孝子，君之背臣也。故令尹诛而楚奸不上闻，仲尼赏而鲁民易降北。上下之利，若是其异也。而人主兼举匹夫之行，而求致社稷之福，必不几矣”。于斯可见。

③ 关于此演变，请参见徐复观《西周政治社会的结构性格问题》《封建政治社会的崩溃及典型专制政治的成立》《汉代专制政治下的封建问题》，收入氏著《周秦汉政治社会结构之研究》，台湾学生书局 1975 年版。

"父子化"了，它加上了那血缘性的纵贯轴之意味。这时，一方面，"血缘性的父子"变成了"专制性的君臣"，而"专制化的君臣"亦被视同一"血缘性的父子"。此即是我常说的"父子君臣化""君臣父子化"。君臣父子化的结果使得大家所理解的君臣关系成为一"天经地义"的关系，是无所逃于天地之间的关系。显然这已经不再是原始儒学所以为的君臣关系[①]。

当"父子"被"君臣化"之后，原先的"孝道"，除了作为自家生命根源的追溯与崇敬外，重要的是由此"内在自觉的反省"转而为一"外在专制的规定"。原来所要求的是做子女的应经由一内在的自觉与反省来对待父母好，现在则一转而成了做父母的用一外在专制的方式来规定与要求，要子女对自己好。孝道一旦外化为一专制的规定，它也就逐渐地沾染了强烈的专制性格，逐渐失去了本来应有的父子亲情。后来专制化的儒家所提倡的"孝道"，其弊在此，而它已远离了原始儒学所说的"孝道"，它只是一味地"孝顺"（或愚孝）而已。这两者必须厘清，不可含混为一。今之中国研究学者于此常常未能拣别清楚，殊为可惜。

"君使臣以礼，臣事君以忠"[②]，具体的规矩、仪节是礼，乃至分寸都可以叫作礼，君臣有君臣之礼，在此君臣之礼下，臣事君以忠。忠是就事上说，是就事之合于义上说，所以又说"君臣以义合，合则留，不合则去"，这样的"忠"是合于原来儒家所说"忠恕之道"的"忠"，是就"尽己之谓忠"而说的"忠"，是如曾子所说"为人谋而不忠乎"这意义下的"忠"。"忠"原义上要求的是归返到自己内在生命而做的是非善恶的标准[③]。"君臣有义"下的"忠"并无不妥，但大统一的专制皇朝建立了。"君臣"成了一绝对宰制血缘性纵贯轴，这时就不再是"君臣以义合，合则留，不合以去"，而是"君臣之义，无所逃于天地之间"，这时候所说的"忠君"就不再能是回到自己内在生命而做的是非善恶的恰当分判，而是一切依于外在绝对权威的势力所加予自己生命的任何要求。"忠"成为一绝对外化的规约性的、命令式的伦理，而不再是相对的、互动的、感通式的伦理。再者，当"君臣"被"父子化"之后，一方面看似"父子"血缘性的纵贯轴所强调的"孝道"应可以柔化这"绝对外化的规约性、命令式的伦理"，但柔化是柔化了些，但可不要忘了那被异化了的"孝道"则与"忠君"彻底地结合在一起，"君父""臣子"当然无所逃了。"忠君"成了一彻底的顺服性的

① 原始儒学所强调的君臣关系可以《论语》《孟子》作为理想，如下所引可见——定公问："君使臣，臣事君，如之何?"孔子对曰："君使臣以礼，臣事君以忠。"（《论语·八佾》）。孟子告齐宣王曰："君之视臣如手足，则臣视君如腹心；君之视臣如犬马，则臣视君如国人；君之视臣如土芥，则臣视君如寇雠。"（《孟子·离娄下》）。

② 语出《论语·八佾》篇，"定公问：'君使臣，臣事君，如之何?'孔子对曰：'君使臣以礼，臣事君以忠。'"

③ 先秦儒学强调的是"忠恕"，而后来被法家化的儒学则"忠孝"合称，以为"忠臣必出于孝子之门"。前者是一内返的自主性道德，而后者则是外控的奴性道德。这是一个极重大的转折点。

伦理、奴隶式的伦理，清朝大臣之自称“奴才”，于此可见其一斑。“忠君”之道而至于此，是整个民族的堕落，真是可悲！

讨论了三纲里的“父子”“君臣”的关系，再者我们来讨论“夫妇”这一纲。原先的夫妻的“妻”字强调的是“妻者齐也”，但一落到“妇”来说则是“从女持帚洒扫也”[①]。若以原先《易传》所强调的“一阴一阳之谓道”“乾坤并建”的原则，当取的是“夫妻”之义，较近于前者，若取后者则较近于帝皇专制化后的儒学解释。简言之，帝皇专制化的儒学对于“夫妇之道”的解释已失去了其对列性、互动性。在三纲的说法里，“父为子纲”“君为臣纲”“夫为妇纲”，“夫妇”是顺着“父子”“君臣”而往下说的。当“父子”的血缘纵贯轴、“君臣”的专制的纵贯轴，已然联成一个整体，父子君臣化，君臣父子化，这时候“夫妇”这纲也受到严重的影响。一般所谓的“三从四德”，“未嫁从父，既嫁从夫，夫死从子”“妇德、妇言、妇容、妇功”，这在在说明了妇人唯一的德性就是“顺从”[②]。《孟子》书中，齐人那一章就说“良人者，所以仰仗终身也”[③]，这里所说的“仰仗”，其实指的仍是“顺从”，只不过“仰仗”一词，比较是站在妇人的立场上来说，而“顺从”则是就良人那面说，所指并无不同。夫妇当然不会是像“父子”一样是一血缘性的纵贯轴关系，但它却是成就这血缘性的纵贯轴之所以可能的根据，如果依照“一阴一阳之谓道”[④]“乾坤并建”[⑤]的原则来说，夫妇当是平等的、互动的、感通的，而《易经》“咸卦”所谈及的爱情之道正是如此。再者，就文字学的意义来说，“妻者，齐也”，夫妻本是平等的。“夫妻”是一平等的、对列的、互动的、感通的两造而一体的存在；但“夫妇”则不同，“妇”这字原是放在“翁姑—媳妇”这样的格局下来说的。一般世俗将媳妇称呼丈夫的父母亲叫作“公公”“婆婆”，这显然地是把“媳妇”的地位往下数一个位阶，而与孙子相同。这么一降，媳妇之于她自己的丈夫，也就变成了“父子”这样的角色关系了，尽管在实际上它并不是“血缘性的纵贯轴”，但它却被类拟的血缘化了，纵贯化了[⑥]。

值得注意的是，这里所说的类拟的血缘化，并不能真有父子般的血缘亲情，而能有的却是父子般的宗法社会的位阶与角色。血缘亲情是自然的，而位阶与角色则是社会所订定的，两者固然都有其文化的、征符的、权力的关系，但血缘亲情是以自然的

---

① 依许慎《说文解字》“妻，妇与己齐者也，从女从中从又，又，持事妻职也。……妇，服也。从女持帚洒扫也”。又《白虎通·嫁娶》“妻者，齐也，与夫齐体”。

② 《仪礼·丧服传》“妇人有三从之义，无专用之道；故未嫁从父，既嫁从夫，夫死从子”。曹大家《女诫》“女有四行，一曰妇德，二曰妇言，三曰妇容，四曰妇功”，郑注谓“妇德谓贞顺，妇言谓辞令，妇容谓婉娩，妇功谓丝枲”。

③ 语出《孟子·离娄下》。

④ 语出《易经·系辞上传》“一阴一阳之谓道，继之者善也，成之者性也”。

⑤ “乾坤并建”主要是由船山易学之理解而来，可参见曾昭旭《王船山哲学》，远景出版社1983年版。

⑥ 关于此，请参见林安梧《儒教文化中“夫妇轴家庭观”与“君臣轴家庭观”的对比》，载《复旦哲学评论》第一辑，上海辞书出版社2004年版，第76—87页。

爱为首出的，而位阶、角色往往是权力所派生的、文化的、征符的关系。如此一来，我们便很容易了解，“夫妇”的角色极容易滑转为“君臣”的关系。在大统一的专制皇朝下，“君臣”是上下的、隶属的、专制的关系，不幸的是这样的角色不但内化到“父子”这血缘性的纵贯轴上，它更厉害的内化到“夫妇”这一轴上头。一般俗语中，妇人对自己的丈夫一般称为“夫君”，将“夫”与“君”连在一起，当然自己就模拟成“臣子”，而丈夫也就称自己的妻子为“卿”，昵称就叫“卿卿”。就这些称呼而言，可以说是很重要的象征与符号。

显然地，儒学并不一定会走向帝制，但自秦汉以来已走入帝制两千年，父子被君臣化、君臣被父子化，夫妇也被君臣化，兄弟被父子化进而君臣化，朋友则兄弟化、父子化、君臣化，如此一来，整个儒学与专制便结合在一起，两者难分难解，这时的儒学是一“帝制化的儒学”，其帝制则为“儒学化的帝制”。

四、结语：解开与重建的可能

这几十年来处理“道的错置”问题，大体集中检讨了“血缘性纵贯轴”的构成及其带来的限制。我指出了“君、父、圣”的奇诡结构，把父子之伦收摄入于君臣之义的结构之中，强调“君父—臣子”。再者，将文化教养的师儒圣贤传统收摄入于君臣之伦，转成了“圣君—贤相”的格局。再者，由于权力的扭曲与异化，让“圣君”变成了“君圣”，让“圣王”转换成了“王圣”。如此一来，便形成了一严重的“道的错置”状态。

所谓从“道的错置”回返为“道的正置”，便是要将“圣王”与“王圣”作区隔，进一步厘清“圣”是“圣”，“王”是“王”。让“君父”做一适当的区隔，“君”是“君”，“父”是“父”。做了这区分后，保住了“父”与“圣”，而该瓦解的是“君”，“君”被瓦解后，转成了“群”，而开启了“公民社会”，在由此公民社会建立起“民主宪政”。这就是我所说的瓦解了“宰制性的政治联结”，开启了“契约性的社会联结”，重新缔结了“委托性的政治联结”。至于原先所强调的“血缘性的自然联结”，以及“人格性的道德联结”则应守着它应该有的份位，人伦次序的定位当然是必要的，文化教养的生长也是必要的；但他们应该被区隔于政治权力的控制之外，并且回过头来对于政治权力有所审议与鉴察。

这些论题厘清以后，我们将清楚明白地知道，我们可以反“父权高压”，但不能反“孝道人伦”。我们可以反“帝皇专制”，但不能反“圣贤教养”。我们将更确认圣贤教养、孝道人伦是我们生活所必需者，是我们存在的基础所在，而且他回过头来适足以制衡父权高压与帝皇专制的。民初的反传统主义者，反孝道、非人伦、反对孔子、非议圣贤，这并不足以瓦解父权高压，更不足以瓦解帝皇专制，这仍被归在“道的错置”的范围之中。

当代新儒学虽对彻底的反传统主义者多所批评，但他们所提出的中国政治传统

“只有治道，而无政道”，中国古代“只有科技，而无科学”，中国重视的是“道德”，而不重视“知识”，这些论点，看似分明，其实并不准确。其实，有治道当然也就有政道，只是这政道不是西方近现代以来的政道；有科技当然也就有科学，只是这科学不是西方近现代以来的科学。中国当然有道德、有知识，西方也是，只是彼此的道德之长成、知识的习得，却大有差别。西方以前的君主专制，其专制的严苛绝不下于中国古代，甚至是有过之无不及，但与中国古代的专制是有不同之处。西方的民主并不是他本质上就如此，他也是在历史的发展历程中长成的，中国文化传统当然也可以在学习的过程中，长育而成。我以为打破了文化的理解上所使用的方法论上的本质主义，而待之以方法论上的约定主义，这是使得“道的错置”拨乱反正的最重要理由；经由这样的拨乱反正，就可以回到我所谓的“道的正置”。

“血缘性的纵贯轴”解开了，“人际性的互动轴”生长起来了；除了“血缘性的自然联结”，更开启了“契约性的社会联结”，并在这契约性的社会联结所成的公民社会中重新调整了原先的“人格性的道德联结”，开启了新的心性之学、新的内圣之学。同时，也在这样的状况下，将那已经瓦解了的“宰制性政治联结”，转化为“委托性的政治联结”，缔造了一良善的民主宪政传统。这样的儒学，不再是传统社会，以血缘亲情为主导的“君子儒学”，而是以契约正义公民社会为主导的“公民儒学”。

伴随着原先“道的错置”下的儒学，与帝皇专制、父权高压、男性中心，相待依倚、相抗相持的理学、心学、道学传统，也得做出一崭新的调整。最明显的是，当代新儒学所强调的良知学（本心论）的优位传统所建构的道德的形而上学，也得做一番大调整。他将由“道德的形而上学”转为一“道德的人间学”。公民儒学不再宣称如何的“从内圣开外王”，而是清楚地知道，这不是依“理论的逻辑次序”所能处理，而是要依循着“实践的学习次序”才能得当。这应该是一由新外王的学习转而新内圣的调整。新儒学也就在这样的历史进程里，呼吁着如何从传统迈向现代化；再转化成，在现代化及现代化之后，中国文化传统如何起着一崭新的交谈、互动与融通。

尽管现代化还是如火如荼，但显然地世界已到了“后现代”；儒学也跨过了“新儒学”，到了“后新儒学”。儒家已然有机会宣称：有“人伦”的人权，比起没有人伦的人权，会是更好的。有“民本”的民主，比起没有民本的民主，会是更好的。有“自觉”的自由，比起没有自觉的自由，会是更好的。

熊十力经学思想中的外王说

胡治洪
武汉大学中国传统文化研究中心教授

外王是内圣在社会政治乃至宇宙生态领域中的实现。由于内圣在历史情境中或者归于无从确证的传说，或者处于圣、王分离的状况，所以儒家外王说基本上不是对社会历史实际的记述，而是关于社会政治和宇宙生态的理想表达或制度设想，其不朽意义在于为人类提供了批判现实、改良社会的思想资源。

熊十力一生对诸经外王说做了大量阐发。在经济方面，他指出“《易·序卦》曰‘物不可不养也，故受之以需。需者，饮食之道也’，此义宏通，深得治母，未有民困至不给予食饮而可为治也”[①]，表明诸经以物质生活或经济利益为一切政治的根本前提，所以熊十力又说“《周礼》于经济问题已盛有发明；《大学》言理财归之平天下；……《易》之《乾》曰‘利者义之和’，尤为精义；《尚书》论治，以正德利用厚生为常经；此实千古不磨之训，何尝有如后世小儒空谈仁义而讳言利者乎”[②]，由此确证圣贤不仅不讳言利，而且重视经济问题。不过诸经虽然不讳言利，但却反对不公平地攫取占有经济利益，而主张均平大公之道，“《大学》言平天下而本之絜矩。（自注：絜矩，所以求平也。只计及我一方面的利害而不顾他方面，即非絜矩之道，即无以求平。）《周礼》立政，唯本均平。将来世界人类而有自觉之一日也，舍平等执中之道而何以焉”[③]，“《论语》‘不患寡而患不均’。《大学》以理财归之平天下。而官吏不许与民争利，《礼》有明文，不独防商贾垄断而已。《易》之《损》《益》二卦，明两利为真利，损己益人非利也，损人益己亦非利，损上益下非利也，损下益上亦非利；国家与人民之利益，必斟酌以得其平，一国与他国之利益，必斟酌以得其平；此损益之宏旨。通古今万国经济学说、经济政策，格以吾群经均平之大义，而其得失可知也”[④]，“是故吾古昔圣帝明王以礼让化民，使人皆知让而无相侵，其有不率教者，则又本礼让之意

---

① 《熊十力全集》第五卷，湖北教育出版社 2015 年版，第 680 页。按“物不可不养也”当作“物稚不可不养也”。

② 《熊十力全集》第八卷，第 47 页。

③ 《熊十力全集》第二卷，第 668 页。

④ 《熊十力全集》第三卷，第 583 页。

以制法，故豪强占田多者有禁，均田限田之议不绝于士大夫之口，工商垄断货利者有禁，自周、汉以来，历世承此政策。又以行法自在位始，《春秋》之义，君子不尽利以遗民，《诗》云‘彼有遗秉，此有不敛穧，伊寡妇之利’，故君子仕则不稼，田则不渔，食时不力珍，大夫不坐羊，士不坐犬。天不重与，有角不得有上齿，故已有大者，不得有小者，天数也。故圣明象天所为，为制度，使诸有大俸禄，亦皆不得兼小利，与民争利业，乃天理也”[①]，“《公羊春秋》与《礼运》皆除私有财产之弊，使民习于群体生活，而勉进大公之道”[②]，“《大学》盖孔门之学规，文虽简寡，而义则总括六经。其言天下大同之道，特揭示一条根本原则，曰平而已。平无私也，平无偏也，平无诈也。天下者，天下人共有之天下，彼此同恪守大平至平之原则，一切图谋、一切事业、一切建设皆从大平至平而发出，自然天下一家。反乎平，则大乱之道也”[③]。由均平大公之主张，体现出诸经的社会主义取向，“《易》言开物成务，裁成天地，辅相万物。而《论语》言治，既庶必富，（自注：富归众庶，不可专之一人或一阶级也。）既富必教；其答子贡问政曰‘足食，足兵，民信之矣’，皆通于《易》。足食、足兵、民信三者，是言立政规模，其实施之曲制法度，要在因时制宜，故不虚拟也。足食之原则云何？证以《论语》‘患不均’之言及一部《周官》大意，则孔子注重社会主义及生产发达可见，此与《易》之开物成务等意思正合”[④]，“孔子明其所志曰‘老者安之，少者怀之’，明是社会主义，以养老、育幼由公共团体负责，与《礼运》不独亲亲子子适合”[⑤]，“惟《地官》有保息六法，以养万民，可略窥其社会政策。保息六者：一曰慈幼，二曰养老，三曰振穷，四曰恤贫，五曰宽疾，六曰安富。愚按此六法甚切要。《周官》为社会主义，其振兴产业既以国营为主，人民私营之业当受限制，如此则家庭组织必缩至极小，否则不能化家庭为社会，不能化私为公，故慈幼养老必须由公家负责。至于纯粹共产制，当难一蹴而几，私有制仍为有限度之保留，而人民之体力、脑力不必同等，则其自营之能力有小大，穷者、贫者、疾者皆社会所必不能无，故疾有宽，贫有恤，穷有振，亦公家之任也。唯民之能自致于富者，在私有制之限度内，公家当平其徭役，不可苛取于富民，使民安享其富，于社会繁荣大有裨益也，安富一条即为保护私营之原则”[⑥]，“《大易》有《比》与《同人》，（自注：比者，比辅义。伊川《比卦》传曰万物以互相比而生。《同人》之卦亦与《比》卦互相发明。）社会主义原于此也”[⑦]，“《周官》建国之理想在成立社会主义之民主国，以农工为主体，此非附

---

① 《熊十力全集》第三卷，第595—596页。
② 《熊十力全集》第三卷，第614页。
③ 《熊十力全集》第七卷，第634页。
④ 《熊十力全集》第三卷，第867页。
⑤ 《熊十力全集》第五卷，第678页。
⑥ 《熊十力全集》第五卷，第691—692页。
⑦ 《熊十力全集》第五卷，第701页。

会之词。细考《地官》乡遂之大多数农民与各种职工互相联系，或直接参预国营事业，或选举代表，及国有大故，得出席全国会议之类，可为农工居主体地位之确证”①。而唯有以均平大公为原则的社会主义，使“天下之利归之天下之人人，而无有一夫得自私者”，才可能臻于“至均而太和”的太平世界，② 熊十力认定“治今日中国，道必由是；为人类开万世太平之基，道必由是！”③ 至若“西人言治者，大抵因人之欲而为之法纪度制以调节之，将使人得各遂所欲而已。然欲则向外追逐无餍，非可自外调节者也，故其驰逞，卒成滔天之势。资本家之专利，帝国主义者之横暴，皆欲壑难填，而罔恤其他。甚至颠狂之独裁，束其国人如机械，而用之以狼奔虎逐于天下，恣其凶噬，遂使坤舆之内，鸟毙于空，鱼烂于泽，腥闻于天，帝阍难诉，则人道至此而穷矣”④，“近世帝国主义者，内则庇护资产阶级以剥削劳苦众庶，外则侵略弱小之国，其祸患既大且深，而极难挽矣！……全世界人类所以陷于自毁者，则以强者拥有天下之财权而不恤弱小之怨恶，以为其怨恶无足轻重，吾可弗虑也，不知天下之势，屈伸恒相报，伸之已甚而其势终穷，屈之既久则其势已郁积甚深，将一发而不可御”⑤，“帝国主义国家对内则剥削大多数劳动人民，对外则侵略弱小的众国，人间世根本找不出一个平字，此真人道之忧也”⑥，即是说，以私有制为基础的现代资本主义帝国主义必将刺激人类最恶劣的私心与贪欲，不公平的财富拥有状况则必将导致阶级之间、国族之间的无尽冲突，致使人类永无宁日甚至争斗毁灭，熊十力因而慨叹“惜其不闻圣学也”！⑦

关于人在社会中的存在状态，熊十力指出诸经是主张人应该自由平等的，“中土圣哲是主张人生有自由，如《易》与《中庸》说圣人范围天地、曲成万物及位育参赞等功用，你看他主张个人自由的力量多么大”⑧，“人各自治而亦互相为理也，人各自尊而亦互不相慢也，人各自主而亦互相联系也，人各独立而亦互相增上也，（自注：增上者，扶助义，借用佛典名词。）人皆平等而实互敦伦序也，全人类和谐若一体，无有逞野志、挟强权以劫持众庶者，此亦群龙无首之众”⑨，“《春秋》之道，归于去尊以伸齐民（自注：贬天子，退诸侯，讨大夫，是不容有统治阶级也，人民皆得自治自由自尊自主，所以致太平。）”⑩，“就万物各具辟之全以言，则万物平等一味。《大易》‘群龙

---

① 《熊十力全集》第五卷，第729页。
② 《熊十力全集》第三卷，第1068页。
③ 《熊十力全集》第四卷，第262页。
④ 《熊十力全集》第三卷，第585—586页。熊先生还说：“晚世列强之政，使其民逞嗜欲而习争噬，将使人道毁绝。”见同卷第868页。
⑤ 《熊十力全集》第五卷，第689—690页。
⑥ 《熊十力全集》第七卷，第634页。
⑦ 《熊十力全集》第三卷，第868页。
⑧ 《熊十力全集》第一卷，第590页。
⑨ 《熊十力全集》第三卷，第946—947页。
⑩ 《熊十力全集》第三卷，第1014—1015页。

无首'，庄生'太山非大，秋毫非小'，皆此意也。若推此意以言治化，则当不毁自由，任物各畅其性。各畅者，以并育不相害为原则"①，"古者儒家政治理想，本为极高尚之自由主义，以个人之尊严为基础而互相协和，以成群体，期于天下之人人各得自主而亦互相联属也，各得自治而亦互相比辅也。《春秋》太平之旨在此"②，"夫子于《春秋》著三世义，将使民众各得自主自治自由自立，任大公而废统治"③，"《大易》之社会政治理想，依据其玄学上'群龙无首'之宇宙观，必以辅赞各个人之自主自治为主旨，而成立共同生活之结构。如《礼运》之大同规画即依据此义，其中最要者，如'不独亲其亲，不独子其子'与'货不必藏于己，力不必为己'诸条，皆所以导扬其协和精神，去个人自营之私，以适宜于集体生活。然于思想及言论等，均无有纳于一轨、冶于一炉之规定。此所以辅赞个人自主自治之权能，而成天下为公之盛治也。《中庸》申大《易》之旨曰'万物并育而不相害，道并行而不相悖'，此为太平自由之极则"④，熊十力此类阐述尚且多多。不过熊十力又抉发了诸经关于自由平等不是无条件的而是有条件的这一思想，其条件就是德性，他说："故平等者，发于本心之不容已也，天性也。天性本来自在，本来洒脱，于一切时，于一切处，无有屈挠，是谓自由，自由正是天性，不待防检。盖自由与放纵异，才放纵时，便违天性，便已不是自由也。西谚曰，人得自由，而必以他人之自由为界，此非真知自由义者。真正自由唯是天性流行，自然恰到好处，何至侵犯他人？天性上本无物我分之，自然泛爱万物，故博爱者，本心之不容已也，天性也。"⑤ 这是说，真正的自由平等以及博爱当是本体赋予主体的至善本性的称体发用，任何违反本性的防检和放纵都不是自由平等。由此，熊十力反复申说"《春秋》太平世，人人有士君子之行，是为众阳，是为群龙；无首者，至治之隆，无种界，无国界，人各自由，人皆平等，无有操政柄以临于众庶之上者，故云无首"⑥，"仁以贞天下之志，礼以通天下之情，天下自消其险阻，而游于大同之宇（自注：大同之世，人各自由而互不相碍也，人各自治而亦互相助也，不相碍而互助，亦自有组织与经纶大业。）"⑦，"《易·乾卦》曰群龙，所以比喻太平世全球大同，全人类皆有圣人之行也，故其时之人在共同生活之结构内，各各皆得自主自由，互相比辅，至赜而不乱，无有野心家敢挟私侮众者，故不须首长，故曰无首"⑧，"'群龙'者，全人类之道德、智慧以至知识、才能皆发展到极盛，是谓群龙。古代以龙为至灵

---

① 《熊十力全集》第四卷，第 13 页。
② 《熊十力全集》第四卷，第 148 页。
③ 《熊十力全集》第四卷，第 293 页。
④ 《熊十力全集》第四卷，第 577—578 页。
⑤ 《熊十力全集》第二卷，第 662—663 页。
⑥ 《熊十力全集》第三卷，第 618 页。
⑦ 《熊十力全集》第三卷，第 967 页。
⑧ 《熊十力全集》第五卷，第 683 页。

至贵之物，全人类皆圣明，故取譬于群龙也。是时人类皆平等，无有领导与被领导之分别，故云无首”[①]，“《春秋经》言太平世，天下之人人皆有士君子之行。士君子者，道德、智慧、才能三者莫不淳备也。天下之人人皆成士君子，即皆有纯健之德，（自注：天下者，谓普天之下，犹言全世界。人人者，则总括全人类而言之也。）正符合于《乾卦》六爻皆阳之象。全人类无有一个不是健者，即人人各各自主自治而未尝不同群合作，人人各各自由而未尝不各循规矩，人人皆务变化日新而无或偷安守故。至此则人类一齐纯健，都不需要领导，亦无敢以领导者自居。《乾卦》‘用九，见群龙无首，吉’，乃此象也。此为《春秋》太平世之极轨”[②]，乃以“天下之人人皆有士君子之行”“全人类皆有圣人之行”“全人类皆圣明”亦即道德的普遍实现作为真正自由平等的前提条件。但是反观由西方价值主导的现代世界，熊十力慨叹“此学此理在今日无可与人说，今人精神完全向外追逐，其为学又纯恃客观方法，不知有反求内证之功，故于此学竟成隔膜，其闻天性二字，且不知作何感想也。总之，道德有其内在的源泉，即本心不容已处是也，即天性是也。若不于此处用力，只在伦类间的关系上讲求种种规范，谓之道德，仍是外面强作安排，非真道德也。人类终古不得复其天性中自然之善，而互相攻夺，无可幸免，终必自毁而已矣!”[③] 他比较儒家传统自由理想与现代西方社会现实说：“《中庸》申《大易》之旨曰‘万物并育而不相害，道并行而不相悖’，此为太平自由之极则。西洋之治，去此远甚。（自注：有谓民主之治颇合于‘群龙无首’义者，此说未允。今之民主国家，劳资尚未跻于平等，对外亦难言放弃宰割也。）”显然将儒家自由理想作为人类的归宿。

在政治方面，熊十力肯定诸经乃以民主政治为社会理想，他说：“夫民主之法治，必于个人自由与群体生活二者之间斟酌其平，吾儒《礼经·中庸》一篇明其原则曰‘万物并育而不相害，道并行而不相悖’。并行并育，则注重群体可知；不相悖害，则不妨碍个人自由可知。圣言高远，所以为万世准也。”[④]“《春秋》于升平世为虚君共和之治。《周官》之王，虚位而已。虚君制不必可实现于后世，然《周官》要旨在发扬民主之治，犹是《春秋》升平之境，其去群龙无首、天下为公之盛犹迢乎远矣。故国界未泯，暂存虚君，其势然也，但在实际上确是民主。”[⑤] 熊十力着眼于《周官》治起于下、人民选举、全民参政、穷民之法、三询之制等制度设计，论证“《周官》之政治思想，推翻统治，纯为民主，使其融己入群，会群为己，（自注：《周官》之乡遂制度，其精神即在不许小己得孤立，必融合于大群之中。）故其经济制度与政策完全化私

① 《熊十力全集》第七卷，第571页。

② 《熊十力全集》第七卷，第632—633页。

③ 《熊十力全集》第二卷，第663页。

④ 《熊十力全集》第五卷，第295—296页。

⑤ 《熊十力全集》第五卷，第682—683页。

为公，（自注：《礼运》主张天下为公。）而小己在大群中，乃得各尽所能，各足所需，以成大均至均之治，此《周官》全经宗趣也。……《周官》之政治，已推翻王权而为民主共和政体，此民主政体之经济制度则破除私有制而为群众共同生活之均产制，是乃以经济与政治互相联系、互相促进，但其间主动力却在政治为民主”①。不过，与对自由平等的看法相似，熊十力认为民主的实现也是有条件的，其条件仍然在于道德。他说：“儒者本以王道寓其至治之理想，必人人皆有王德，然后天下可言太平大同。”②“盖治道必以真正民主自由为极则，《春秋》太平大同之隆，由此道也。然真正民主自由，必如《春秋》所谓天下之人人皆有士君子之行，而后可获致，谈何容易哉!”③ 在《读经示要》中，熊十力将群经之言治者归纳为“仁以为体”“格物为用”“诚恕均平为经”“随时更化为权”“利用厚生本之正德”“道政齐刑归于礼让”“始乎以人治人”“极于万物各得其所”，结穴方为“终之以群龙无首”，显然将民主的实现建基于社会道德的充实浃洽之上，所以他说“治道必极乎万物得所，而蕲向群龙无首之盛者，则亦仁体自然不容已之几也!”④ 而在社会道德未臻充实浃洽之前，熊十力指出诸经主张实行保育主义，他有一段极其精彩的言论曰：

> 儒家经籍中，有一极精警之语曰“未有学养子而后嫁者也”。夫女子未嫁时，从不学养子之术，及已嫁而有子，则其养子之术至繁赜、至周密、至微妙，皆不学而自能者，何耶？彼不知其子与己为二也，彼之爱护其子者，一出于诚而不自知所以也，诚之至而术自出，无事于学也。儒家经典谓“王者为民之父母”，（自注：天下之所归往曰王，圣人领导天下，故称王，非必以为君主方谓之王。）此中意义深远，惜从来学者作平常语句，轻忽过去。父母于子无彼我之分，爱护之如其自护自爱也，唯然，故父母教养其子，尽心调顺扶导，（自注：调顺一词，意义无穷。佛度众生，特注重调顺，亦取法父母之道。扶者扶助，导者引导。）时或不便调柔，不堪随顺，则严加禁戒，纳之正道。其子苟非生而气质顽劣特甚者，当其受戒，立即感悟。子既长成，巍然独立，秩然自由，完其天赋之良知良能，一切不曾受损，一切无所阻遏。其所以如此者，则父母于子无有我与非我之对峙观念，非若霸者视天下群众为自我以外之物也。既无我、非我对峙，即无自视为统治者之观念；无自视为统治者之观念，即无宰制其子之观念；无宰制其子之观念，故有调柔随顺，

① 《熊十力全集》第五卷，第708页，并参见同卷，第695—708页。

② 《熊十力全集》第二卷，第225页。按熊先生每以《周易》所谓“群龙无首”、《春秋》所谓“太平”、《礼运》所谓“大同”指称社会政治之至善境界，亦即德性民主之实现。

③ 《熊十力全集》第五卷，第332页。

④ 《熊十力全集》第三卷，第624—625页，并参见同卷，第581—621页。

有扶持引导，皆所以养成其子之独立自由与发展其子之天赋良知良能；即或严加禁戒，亦所以养成其子之独立自由与发展其子之天赋良知良能，何则？父母之禁戒其子，本于一体不容已之爱护，非有宰割劫制之意欲存于其间，故其子于精神物质任何方面不唯无压抑之感，而只觉严父慈母春温秋肃气象，其感发兴起于无形，不能自明所以。如人不谢覆载于乾坤而以七尺昂然挺立，实由乾坤浩荡，覆而无己，载而不有，故人得昂然其间而相忘于无何有之乡也。圣人责长民者以父母之道，此为真民主自由之法治，人类如不自毁，必由此道无疑。真民主自由，今之英美何堪语是？《读经示要》第一讲以九义明治化，未可忽而不究。欲达到真民主自由，必如《春秋经》所谓天下人人有士君子之行，谈何容易哉？方其未至天下人人有士君子之行，则对于民群保育之功万不可无。而一言保育，则唯取法父母之道方不伤害人民之天赋良知良能与其独立自由，天地可毁，此理不可易！①

从圣贤主导的保育主义渐进至人各自治的群龙无首，这才是实现社会道德浃洽的民主政治的正确途径。若社会道德缺失，则根本不可能有真正的民主。正是基于这一认识，熊十力才说“真民主自由，今之英美何堪语是”！他强烈批评标榜为民主政体而耽溺嗜欲、贪利无义、率天下而食人的现代西方社会，其曰：“西人言治者，大抵因人之欲而为之法纪度制以调节之，将使人得各遂所欲而已。然欲则向外追逐无餍，非可自外调节者也，故其驰逞，卒成滔天之势。资本家之专利，帝国主义者之横暴，皆欲壑难填，而罔恤其他。甚至颠狂之独裁，束其国人如机械，而用之以狼奔虎逐于天下，恣其凶噬，遂使坤舆之内，鸟毙于空，鱼烂于泽，腥闻于天，帝阍难诉，则人道至此而穷矣！”②“近世列强之治，皆以利用厚生为本。吾先哲经义何尝不注重于此，然有根本不同者，则利用厚生必以正德为本也。……若唯以利用厚生为本，则率亿兆之众共趋功利之途而竞富强之效，行之一国纵可遂志，然已使其国人唯嗜欲之殉，乐杀尚斗以为能，则生人之理已绝矣。且功利之习大开，富强之图过甚，必求逞志于他国，其终必毙人以自毙，断然无疑矣！”③“今世所谓文明国者，其为治也，绝不知治道在使群生咸畅其性，咸遂其生；绝不知人类生活内容实超越形限而为全体性，常创新而富有，扩大而深厚，决非如草木之拘碍于蕞尔之顽形。申言之，西人唯拘于七尺之形，而不获自识性分之至足至乐，故私其七尺，而向外争夺不已。今战祸既烈，识者亦凛然知人类自毁之可忧！”④ 面对现代西方政治大行于世的局面，熊十力痛言“圣学不

① 《熊十力全集》第五卷，第330—331页。
② 《熊十力全集》第三卷，第585—586页。
③ 《熊十力全集》第三卷，第591页。
④ 《熊十力全集》第三卷，第597—598页。

修，人极不立，吾于斯世，有余恫焉”①，于严斥西化狂潮的同时表达了经学救世的信念。

关于国际规则或世界秩序，熊十力主要依据《大易》《春秋》《礼运》《中庸》，指出诸经皆以比助、太平、大同、尊亲为旨归。他说：“比道大明，而后世界大同可期。建万国，亲诸侯，即联合世界上一切国家，而为统一之结构，此大同初步也。《春秋》太平之治，于斯肇端。”② “夫三世本为一事。一事者，拨乱世反之正也。拨乱世者，革命之事；反之于正者，明天下为公之道，创天下一家之规，为全人类开万世太平之治，《易》云‘开物成务’‘先天而天弗违’是也。……故大地人类无有距离远近之分隔，无有曩昔大国小国之差异，乃浑然若一体也。”③ “若夫世界大同，此在将来为势所必至，无容疑者。……圣人为全人类计，必首破种界国界，以进于大同，使强无凌弱，众无暴寡，智无诈愚，勇无侵怯。其时社会组织，必迥异乎种与种争、国与国竞之世，而与大同治道相应。”④ “《礼记·礼运》孔子曰：‘大道之行也，天下为公。’案此言天下为一家，全人类若一体，故一切共同生活之组织，皆本天下人之公共意力以为之，无有一人得参私意于其间者。……又世至大同，交通尽利，远近若一，其时全球之上无量治区共讲信义，互修亲睦，而无量治区之间又必有联合之总机构，庶几全世界融通为一体，无麻木不仁之患。”⑤ “《中庸》一书本为《易》《春秋》二经之会要，惜乎秦汉间人多所改窜，而精义微言犹复不少。如今本《中庸》三十一章云‘舟车所至，人力所通，天之所覆，地之所载，日月所照，霜露所坠，凡有血气者，莫不尊亲’，（自注：言全人类莫不互相尊，莫不互相亲也。）此章从‘舟车所至’迄‘莫不尊亲’，在古本《中庸》说，当是另为一章，其上下文句今无从考，然玩此数语，确是太平世天下远近小大若一之义。”⑥ 这些论述都表达了诸经蕴含的圣人为万世开太平的高远理想。但是，现实与理想却有着天壤之别，“今世列强，社会与政治上之改革与机械之发明可谓变动不居矣，然人类日习于凶残狡诈，强者吞弱，智者侵愚，杀机日炽，将有人类自毁之忧。而昏乱之群复不思自存自立之道，且以其私图而自伤同气，尤为可悯。盖今之人皆习于不仁，即失其所以为人之常道，宜其相残无已也”⑦，“侵略他人或他群之财富与领土者，均谓之盗窃。逞兽欲、运奸谋而祸天下者，

---

① 《熊十力全集》第三卷，第1056页。

② 《熊十力全集》第三卷，第987页。按此语是对《周易·比卦》的阐发。

③ 《熊十力全集》第六卷，第490—492页。按此语是对何休《春秋公羊经传解诂》所说三世义的阐发，熊先生认为何休此说“独传孔子之真”。所谓三世，即“所传闻之世见治起于衰乱之中”，“所闻之世见治升平”，“所见之世著治太平”。参见同卷，第485页。

④ 《熊十力全集》第三卷，第619页。按此语是对《礼记·礼运》的阐发。

⑤ 《熊十力全集》第三卷，第1056—1057页。

⑥ 《熊十力全集》第六卷，第492页。

⑦ 《熊十力全集》第三卷，第554页。

均谓之乱贼。今德、倭虽败，而天下之为盗窃乱贼者，犹实繁有徒也，太平未卜何时也”[①]，熊十力认为这样的世界就相当于《春秋》据乱世。[②] 按照《春秋公羊传》何休解诂所谓据乱世“内其国而外诸夏”乃至升平世尚须“内诸夏而外夷狄”，[③] 故处在这样的世界就必须秉持国家主义和民族主义，熊十力说：

> 《春秋》三世义归趣太平，国界种界终于泯除，人类一切平等，互相生养，犹如一体，无有相陵夺相侵害者。然在未入太平之前，则国家思想、民族思想必须涵养肫挚，不容舍弃。但其所谓民族，亦以同一国土、能敦义礼而认为同一族类，并非狭隘之血统观念，此所以为人道之隆也。国各自爱自立，族各自爱自立，则无强凌弱、智欺愚、众暴寡之事，而世界乃大同，人类始太平。倘有一国一族不自爱自立者，则人间世无可望平等，而弱者必见夺于强，愚者必见害于智，寡者必见侮于众，世界恶乎大同？人道恶乎太平？《春秋》最高之蕲向在太平，而必以国家民族思想为达到太平之阶梯，此义无可易也。但国族思想不容狭隘，自爱其国而不可侵他国，自爱其族而不可侵他族，若怀侵略之志，如今帝国主义者所为，则世界终无由大同，而人类将趋于自毁。《春秋》于侵略者斥之以夷狄，等之于鸟兽，其诛绝之严如此，圣人重人道而忧天下来世也无已，其仁矣哉！[④]

又说：

> 《春秋》三世义，由国家思想、民族思想而进入大同思想，此圣人权衡之妙。霸者利用人民之国族思想以发展野心，而逞侵略雄图，则斥之为夷狄，等之于鸟兽，必诛绝之，不容存在，此圣人之秉大义以大雄无畏也。愚贱之徒剥丧人民之国族思想，甘为牛马，效顺于侵略者，亦等之于兽类。如《定四年经》：“夏四月庚辰，蔡公孙归姓帅师灭沈，以沈子嘉归，杀之。”沈子嘉平日无国族之爱，故政乱而不足自存，为蔡公孙归姓所灭。书曰以归杀之，犹曰猎得一兽，以兽归杀之云尔。以者，贱极之辞也。此特一例，圣人于无国族思想者嫉且贱之如此其甚，何耶？如有甘为奴，方有奴人者，而世界无

① 《熊十力全集》第三卷，第1059—1060页。

② 熊先生概述据乱世说：“夫世方据乱，列国各有向外扩张之欲，亦各有对外抗拒之志，抗拒力大者存且强，抗拒力小者弱以亡，故抗拒之志不可无也。若乃导国者怀扩张之欲，虽并民力以向外，可收一时之效，而隐患亦萌于此矣。”（《熊十力全集》第六卷，第487页）与他所处的时代社会状况颇为符合。

③ 《十三经注疏·春秋公羊传注疏》卷一，中华书局1980年版，第2200页。

④ 《熊十力全集》第五卷，第212—213页。

可大同，人类无可平等也。有甘受侵略，方有侵略者，而世界无可大同，人类无可平等也。此圣人所以于受侵略及侵略者与为奴及奴人者两皆鸟兽之、诛绝之，两皆不许存在，是圣人权衡至当也。圣人之仁义惠爱于万物也，欲全人类共存共荣也，欲全人类同得平等自由也。有为奴与奴人者两阶级存在，即无平等自由可言，即无共存共荣可言。圣人削除此两阶级，欲人各自爱自立，而后世界大同也，此圣人之仁义惠爱也。①

这些言论虽也反对囿于血缘观念和昧于私利贪欲的狭隘民族主义，但要在痛斥面对强敌而自行泯灭民族国家思想的愚贱之徒，等之于兽类！熊十力依据《春秋》经义反复申述据乱之世国际关系准则道："自古有国者，虚内而结好于外，将恃以不亡，则其亡可立而待也。恃人者，无论恃一二强国，或结好于数强之间，要皆速其亡。惟卓然求内有以自恃，而不予人以可乘之隙，国权所在，据理力争，争之不得，终不献赂；彼侵略者虽强力侵夺，亦必犯世界之忌，而有多行不义必自毙之日矣。"②"升平将进、据乱未离之际，夷狄方以凶狡横行，危害人类，诸夏之族若非互相结合，以强大武力制止夷狄之行，则夷狄兽欲未有餍足，人相食之祸无已止也。故诸夏驭夷狄，不宜退让，而当持霸权以威服之。"③"弱小自暴自弃，其离人道而即禽兽，使枭桀得纵其欲，罪不下于侵略者，则论者不可不察也。夫国虽小，苟能愤发图强，内修善政，外联与国，虽有大邦，不敢启戎心也。小国而不自立，则授人以可攻之隙，罪不可逭也！若乃国大民众而积弱不振，其群偷涣无深虑，其持柄者暗而自私，专而无耻，则其国有危亡之祸，乃自作孽不可活，非不幸也。……夫国于大地之上者，倘皆有以自立，虽或有枭桀之材，亦当消其野心而归于逊顺，侵夺息而太平之瑞至矣。唯有不自立者，而后强者肆志。故《春秋》诛侵略者，而于不求自立之弱小亦诛而无赦，此其用法所以为平且明也。"④ 表明据乱之世各国都须自主自立、愤发图强、振武禁暴，而不可虚己恃人、自暴自弃、畏葸屈服。唯其如此，才可能"由国家思想、民族思想以渐开化夷狄，使其进于文明礼让，而后乃归趣太平"！⑤

外王之极致在于宇宙万物各得其所，各遂其性，生生不已，可大可久；而人类则

---

① 《熊十力全集》第五卷，第368—369页。

② 《熊十力全集》第三卷，第1065页。

③ 《熊十力全集》第三卷，第1075页。

④ 《熊十力全集》第三卷，第1090—1093页。

⑤ 《熊十力全集》第八卷，第283页。熊先生反复指出《春秋》所谓"夷狄""不以种类为分别，而实以文野为分别"；而"文者文明"，又"非徒以其知能大进、富于政治与文化各方面优越之创造已尔，而其特长在有礼义"，表明"夷狄"不是一个种族范畴，甚至不仅是一个文化范畴，而主要是一个道德范畴。见《熊十力全集》第三卷，第1068—1070页，另参见第六卷，第485、488、493页。

应当亲合、爱惜、辅助、尊重宇宙万物，成就天人和谐的生态环境。熊十力勾稽了诸经关于这一方面的许多精彩表达，如谓“《乐记》篇有曰：‘及夫礼乐之极乎天而蟠乎地，行乎阴阳而通乎鬼神，穷高极远而测深厚。’又曰：‘天地将为昭焉！天地䜣合，阴阳相得，煦妪覆育万物，然后草木茂，区萌达，羽翼奋，角觡生，蛰虫昭苏，羽者妪伏，毛者孕鬻，胎生者不殰，而卵生者不殈。’《祭义》篇曰：‘树木以时伐焉，禽兽以时杀焉。夫子曰：“断一树，杀一兽，不以其时，非孝也！”’《论语》：‘子钓而不纲，弋不射宿。’物茂卿《论语征》云：‘天子诸侯为祭及宾客则狩，岂无虞人之供？而躬自为之，所以敬也。狩之事大，而非士所得为，故为祭及宾客则钓弋，盖在礼所必然焉。天子诸侯田则三驱，士则不纲。不射宿，不欲必获，所以惜物。上考《王制》言田狩之猎，天子不合围，诸侯不掩群；獭祭鱼然后虞人入泽梁；豺祭兽然后田猎；鸠化为鹰然后设罻罗；草木零落然后入山林；昆虫未蛰，不以火田，不麛不卵，不杀胎，不殀夭，不覆巢。’《公羊春秋》主三时田。《说苑》曰：‘夏不田何也？曰：天地阴阳盛长之时，猛兽不攫，鸷鸟不搏，蝮蛇不螫。鸟兽虫蛇且知应天，而况人乎哉？’何氏《公羊解诂》曰：‘不以夏田者，《春秋》制也。以为飞鸟未去于巢，走兽不离于穴，恐伤害于幼稚，故于苑囿中取之。’（自注：《礼经》言治，期于草木鸟兽咸遂其生，故不许轻损物命。中国数千年来服习礼教，民食以五谷为主，极少用肉食者。海通以来，渐染西俗，肉食之风顿盛。礼失而物之受祸烈矣！）如上所述，可见礼治期于万物皆得其所，一物失所，便非善治。《中庸》云‘天地位，万物育’，以是为治道之极则”①，“夫法天地之化者，法其因物付物而无私意私欲与其间也；无私意私欲与于其间，故不张己而轻万物；不张己而轻万物，故可类通万物之情；类通万物之情，则于物之倾者覆之，栽者培之，皆因物自然也。其于万物并育而不相害、道并行而不相悖者，天亦因物自然而未尝有爱憎于其间也”②，“儒者言治，极于草木鸟兽虫鱼各遂其生，各得其所，人之于物，不可非礼暴杀，此类章则，《礼经》详载。近儒曾涤生犹言‘一物未康，即亏吾性’，尚承经义”③，“自然虽为无穷无尽之大宝藏，然自然界之万物不是为吾人而生，吾人却资万物以遂其生。人之资取于自然也，时有不获满足其欲求之患。自然之发展本未尝为人谋，人固取给于自然，而自然不必供人之求，甚至予吾人以危害者尤不可胜言，故吾人与自然之间确有巨大矛盾存在。然则化除矛盾为吾人不容放弃之权责，固已甚明而无待论矣。矛盾如何化除？则在吾人对于大自然尽裁成之道、有辅相之宜而已耳。自然不曾留意于吾人，吾人要不得不关心自然。人道统天，毋自隳其主动之心也。……自然力量虽有丰富雄厚、无穷无尽之储藏，终赖吾

---

① 《熊十力全集》第三卷，第616—617页。

② 《熊十力全集》第五卷，第360页。

③ 《熊十力全集》第五卷，第369页。所引曾国藩（涤生）语，见氏撰《罗忠节公神道碑铭》。

人辅相，而后睹其发展之盛，此辅相所为不可已也”①。凡此诸经体现的宇宙生态伦理原则和规范，熊十力预言乃是“将来人类所当取法者也”。②

熊十力还阐发了诸经所述之实现外王的手段，主要就是科学③与革命。他说：

> 吾《易》言大有，有而大者，富有而日新，此与西洋似同而实不同。夫人之所茂者神明也，神明独运，如日之升，光辉盛大，是谓生命创新。若夫资生之具，人生不可或无，则备物致用尚焉。求丰于神而不惜绝物，少数人以是孤修则可，率群众为之，则贫于物者将累其神。吾《易》已知此，而以制器尚象则物用不匮，而群生亦得有开通神智之余裕。《易》之言大有者，崇神而备物，物备则众人之神得伸，故备物所以全神也，惜后儒未能衍其绪耳。西洋人大抵向外发展之念重，努力于物质与社会等方面生活资具之创新，其神明全外驰。夫人之神明炯然不昧，卓尔无倚，儒者所谓独体是也。今一意向外驰求，而不务凝然内敛，默然自识，以泯绝外驰之纷，则神明恒与物对而不获伸，即失其卓尔无倚之独体。是则驰外之所获者虽多，（自注：如自然界之所发见及一切创造。）而神明毕竟物化，人生不得离有对而入无待，故曰其失也物，此西洋人所不自知其失者也。然则外驰之用可废乎？曰：否否！人生不能离万物而生活，申言之，人生有实际生活，即不能不设定有外界，而对于外界之了解与改造之希求，自为所不容已者，云何可废外驰之用？夫外驰而不迷于物则者，斯亦神明遍照之功也，又何可废？④

此语虽也批评一意外驰、神明物化之弊，但更明确肯定了解外界、制器尚象、备物致用一类科学活动乃是人类社会生活趋于健全的必要资具。熊十力还说“六艺皆实用之学，其在今日，相当于科学知识。利用厚生必讲求科学而后可期，此固近代思想所专注，而经义实已包举之”⑤，“《礼·祭法》曰‘黄帝正名百物’，《论语》曰‘名不正则言不顺，言不顺则事不成’，《春秋繁露》‘《春秋》辨物之理，以正其名。名物如其真，不失秋毫之末’云云。夫名学者，本为研究思想轨范与论议律则之学，而施诸有政，则正名甚为切要。名不正而可以立事者，古及今未尝有也”⑥，“夫经学之于科学，本有可融摄而不待强为凑合者。《大学》之教注重格物，其源甚古。《易》之为书，名数为经，质力为纬，自然科学靡不包通；而制器尚象，则工程技术于是造端；

---

① 《熊十力全集》第六卷，第494—495页。

② 《熊十力全集》第三卷，第617页。

③ 此所谓科学，大体包括认识世界、发明创造、利用厚生等意义。

④ 《熊十力全集》第三卷，第579—580页。

⑤ 《熊十力全集》第三卷，第591页。

⑥ 《熊十力全集》第三卷，第598页。

穷变通久，裁成辅相，其道与《春秋》《周官》《尚书》诸经相表里；通群变之万殊而驭之有则，究治制之得失而损益随时，均平以定天下之计，（自注：计者，犹言经济。世界经济问题，必依均平之原则而解决之。）公诚以开百代之治，（自注：治道唯公而无私，诚而无伪，可使万物得所，人各足其分愿。）大哉《易》也！政治社会之理想宏富无匹。《春秋》改制，《周官》法度，皆自《易》出，治社会科学者何可不取则于斯"[①]，表明诸经皆以为科学思维、科学知识、科学发明与社会经济、政治之良善密切相关。不过，熊十力也反复陈述诸经对于科学的制约态度，他说："人类如只注重科学知识，而不求尽性，则将丧其生命，而有《礼经》所谓人化物之叹，此人生之至不幸也。"[②]"由孔子之道，科学发明唯用于生产工具之改进，不得为帝者奴役，造作杀人利器。儒者以正德为利用厚生之本，与近世帝国主义之文明相较，其骨髓自迥别。位天地，育万物，不由儒氏之道而何由哉？"[③]他指出诸经关于科学与道德之关系的观点是二者并重而究以道德为本，其曰："《中庸》演《易》之书也，首以性道教，即证体工夫也。然必极之于位育，则以离用无体，故必有位育工夫，即始用而发展其本体。《大学》以明明语始，而必极之于修齐治平诚正格致，其义与《中庸》同。不见体而格物，道德无根，认识无内在之源，自反无基。忽视格物之学而高谈证体，即以万德皆自性具足，其实遗下实物，德于何有？根本或良知唯说成大圆镜，而不去格物，如何得发展其知？"[④]此言科学与道德并重。又曰："近世列强之治，皆以利用厚生为本。吾先哲经义何尝不注重于此？然有根本不同者，则利用厚生必以正德为本也。……然经以六德六行居六艺之先，则仍以正德为本。会群经之通旨，亦无往不是归本德治，所以立人极而臻上理者，诚无逾于此。"[⑤]此则显然以道德为科学之本。熊十力对诸经关于科学与道德关系之观点的阐发，与他尊崇性智而不遗量智的量论思想是一致的，也与他对宋明以降朱子（学派）与阳明（学派）关于《大学》格物致知的论争的双向扬弃是一致的。[⑥]

至于诸经论述革命对于社会的作用，熊十力说："《春秋》拨乱世而反之正，贬天子、退诸侯、讨大夫，曰贬、曰退、曰讨，则革命之事，所以离据乱而进升平，以几于太平者，非革命，其可坐而致乎？"[⑦]"庶人久受统治阶层之压抑与侵削，今始出而革命，故曰'首出庶物'。万国庶民以共同的意力共理天下事，故咸宁！"[⑧]"《易经》

---

① 《熊十力全集》第三卷，第726—727页。
② 《熊十力全集》第三卷，第673页。
③ 《熊十力全集》第五卷，第669页。
④ 《熊十力全集》第八卷，第644—645页。
⑤ 《熊十力全集》第三卷，第591页。
⑥ 参见胡治洪《〈大学〉朱王之争与熊十力的评论》，载《贵阳学院学报》2016年第6期。
⑦ 《熊十力全集》第五卷，第667页。
⑧ 《熊十力全集》第六卷，第754页。

是思想革命之宝典，开体用不二之洪宗，而天帝废，人道立，上古术数之迷失其据，统天之义为科学思想导先路。……‘群龙无首’与‘首出庶物’诸义，则《春秋》废统治、张三世与《礼运》之反对小康思想皆自《易》出，而为政治革命、社会革命之先声。《周官》一切生产事业国营，发动人民合作，为生产革命之开端。”① “夫革命开始，消灭阶级，是乃无首之初步，而非真无首也。《周官经》之制度，确是革命进程中之领导制，然王为虚位，六卿联合领导；天官以六卿之一，兼领冢宰，听众议而裁决，不为专断；三公参预大政，而持地方众志以监之；则其集众思，广众益之宏规，诚哉远大矣！及天下庶民飞跃进上，达乎全人类纯健之极顶，领导自然消失，是乃真正无首也。”② 表明唯有通过革命，方才可能进于三世太平，实现万国咸宁，涤除迷信思想，趋向富有日新，终至于群龙无首的真正自由平等社会。

熊十力从以科学和革命为手段最终实现经济均平、社会自由、人际平等、政治民主、世界大同、宇宙和谐的角度抉发诸经外王思想（实际上他最终也是以此作为判断诸经真伪的依据），无疑体现了他对现代性的追求。而他一贯强调每个人或一切人的道德品质乃是经济均平、社会自由、人际平等、政治民主、世界大同、宇宙和谐以至科学手段得以实现的根本，则确凿表明他的儒家立场。熊十力对诸经抱有至高无上的信仰，他反复说：“至哉六经之道！大中至正。遍诸天，历万劫，而斯道无可易也！”③ “呜乎！是道也，岂惟吾地球人类所不容自外，使金星火星之上而或有人焉，其弗可自外于斯道也夫。”④ “呜呼！经学者，仁学也；其言治，仁术也；吾故曰常道也。常道者，天地以之始，生民以之生，无时可舍，无地可易也。而况经学之在中国也，真所谓日月经天，山河行地，其明训大义，数千年来浸渍于吾国人者至深且远。凡所以治身心、立人纪、建化本、张国维者，何一不原于经？则谓吾民族生命为经义之所滋润焉孵育焉可也。”⑤ “夫六经广大，无所不包通，而穷极万化真源，则大道恒常，人生不可不实体之也。若乃群变无常，敷宣治理，莫妙于经。……故经者常道，不可不读。人生一方固须从事知识之学以通万变，一方尤须从事超知之学，（自注：经学不限于知识之域，而给人以参造化、究天人之广大智慧，故是超知的学问。）以于万变中而见常道。人生如不闻常道，则其生活纯为流转，绝无可据之实；其行事恒随利害易向，而不以公正为权衡，此古今所以治日少、乱日多也。”⑥ “圣学广大悉备，未始遗知能而实超过知能之境，此其所以别于宗教，（自注：宗教尚信仰而不任知能，求主宰于外而不见自性。）而为哲学之极诣。（自注：哲学家尚知能，驰思辨，未能返己而证物我同

---

① 《熊十力全集》第七卷，第383—384页。
② 《熊十力全集》第七卷，第633页。按原文“冢宰”误为“冢军”，径改。
③ 《熊十力全集》第三卷，第581页。
④ 《熊十力全集》第三卷，第618页。
⑤ 《熊十力全集》第三卷，第626页。
⑥ 《熊十力全集》第三卷，第691—692页。

体，未能遗知而冥于无待，此哲学家之自画也。儒者六经之道，方是哲学究极境地。）甚深难穷哉！圣学也！”[①] 由此可见，无论如何认可现代理念，熊十力终以儒家经典作为普遍的至上价值，如其所谓“人类如有趣向太平之几，必待儒学昌明而后可，此余所断然不疑者”[②]，这也正是他的经学思想的旨归。

---

① 《熊十力全集》第三卷，第 710 页。

② 《熊十力全集》第五卷，第 23 页。

学习、孝悌、交友与事物正义：《论语·学而》释义

柯小刚
同济大学人文学院教授

“事物正义”是指万事万物各在其位、各得其宜。各在其位是正，各得其宜是义。无论中西，古典正义思想的关键可能都在这里。说《论语》是一部教人如何达到“事物正义”的指南，可能大体不错。至少，《论语》中包含这个方面。

《论语》首篇《学而》交织着三个主题：学习、孝悌、交友。为什么是这三个主题？它们之间是什么关系？“学”（以及相关的“教”“觉”“效”）、“孝”、“交”等几个字读音相近，又有共同的构字符“乂”，似乎都在暗示这三个主题可能是同一件事情的不同表现？如果有这么一件事情的话，“事物正义”与这件事情有什么关系？带着这些问题，我们不妨逐章展开《学而》的阅读。

> 子曰：“学而时习之，不亦说乎？有朋自远方来，不亦乐乎？人不知而不愠，不亦君子乎？”

“学”字打头，带起全篇，乃至《论语》全书。学是儒教的命脉，斯文之命有赖教学传承。只不过，儒家之教不是灌输、宣传、传教，而是学。《书》云：“惟敩学半”，“教”“学”本是一字，都是“效”“觉”之义。“教”“学”只有“先觉”“后觉”的不同，是走在同一条路上，只有时间先后的区别，“及其至，一也”。这条路就是《中庸》所谓“天命之谓性、率性之谓道、修道之谓教”的“道”。今天，“教”“学”之义不彰，导致其他一切儒家概念都不得其义。譬如，脱离“教”“学”之道，孝悌和友爱就只有或“积极”或“消极”的社会伦理意义；“正义”亦如此，脱离“教”“学”之道，“正义”不再相关于事物之本性（正）及其处在变化情境中的合宜（义）。

学从来不是一个东西的事情，而是两个东西之间的关系。孝悌和交友亦如此。为什么“学”“孝”“交”皆有一个交叉的构字部件？似乎都在显示这一点。学总是在两个东西之间的对话中进行，即使“自学”也是与古人对话、与自己对话。对话的展开需要时间，是在时间中工夫的深化，所以“时习”是“学”的具体方式。

学习是知一道——走上一条道路，逐渐展开风景，而不只是黑白分明的明白或不明白。朋友之交亦如是：见面相识只是开始，“日久见人心”。孝的前提自然也是一次性的出生事件，但孝道是一条道路，如《孝经》所示，是一条有始有终的道路，父母生我只是一个生物学的起点。无论教学，还是孝悌和交友，都是道路性的、工夫论的生命成长之事。我与父母、老师、朋友都构成一种生命道路的相交相感相通。在此过程中，各种关系和事物不断得到校正。正义也是一个道路性的、工夫论的概念，所以孟子曰：“仁，人心也；义，人路也。”（《告子上》）“求放心”的工夫与“由其路”的正义是同一条道上的生活方式。

物之相交既可通，亦可错。相通是学习、孝悌和交友的正面可能性，相错则是负面可能性。所以，有学习之悦、朋来之乐，也会有“人不知而不愠”的遗憾。这种遗憾不导致愤怒或压制，因为这是生命成长之事、行道和工夫之事，需要等待。学习需要等待，朋友需要等待，孝悌也需要等待。无论在学习还是孝悌和交友的工夫中，舜都是等待的典范。父母和兄弟的加害、尧的考验、时贤的观望和怀疑，都在“人不知而不愠”的等待中渐渐化解，由相错转为相通，终于让所有事物都得到校正，各在其位、各得其宜，达致事物的正义。

有子曰：“其为人也孝弟，而好犯上者，鲜矣；不好犯上，而好作乱者，未之有也。君子务本，本立而道生。孝弟也者，其为仁之本与！”

“本”从“木”，是从生命成长的角度出发来谈孝悌。“本立而道生”：道是生命性的，像树木一样，是从本根生长出来的。孝悌是“人道”或“人之路”的本根，从中可以生长出人之为人的生活方式。这种生活方式就是“仁”或“为仁”（在此，读为“仁之本”或“为仁之本”并无区别）。“仁”从“人”从“二”，是在人与人之间展开的道路，走在这条路上，人才是人。“人本”是仁，“人路”是义。“人路”的通达是仁，“人本”的生长和展开是义。仁、义有区别又有相通和交错。

子曰：“巧言令色，鲜矣仁！”

言、色本为仁之具，以便达到人与人之间的沟通。但如果言巧色令就过了，容易导致相错，故“鲜矣仁”。教学、孝悌、交友亦难免过度所致的交错。太过努力的学习和太过积极的表现，会让学习缺乏《礼记·学记》所谓“息”“藏”“游”的方面，或《易》“蒙”之义，导致学习中的“鲜矣仁”——不通达。通达总是在默会中悄然到来的，爱亦如此。孝子有深爱，绝不是大张旗鼓的烦扰，也不是毫无谏诤的谗佞。交友和学习亦如此。《易》曰：“丽泽兑，君子以朋友讲习”，《诗》云“如切如磋，如琢如磨”。君子“学以聚之”，像湖泽一样相互滋润，互相切磋，非以巧言令色可以讨好的。

曾子曰："吾日三省吾身：为人谋而不忠乎？与朋友交而不信乎？传不习乎？"

以孝著称的曾子，为什么三省之事恰恰没有"事父母不孝乎？"孝是"为仁之本"，是"人路"或"义"的出发点。致力于本根和出发点的曾子，每日三省之事恰恰是问自己有没有从本根生出道路？有没有从出发点走向他人和远方？为人谋事和交友都是直接与他人相关，即使学习之事的表述，这里也与首章不同，强调的是传习，更加关注代际之间的传递。

可见，所谓"曾子之学本于孝道"并非意味着"以孝为专业"，而是"以孝为本"。"为本"的意思并非门户之见、狭隘专守，而是以之为出发点，生长出一条可以无限延伸的道路。第二章"本立而道生"，即此意也。今人常指责孝道导致裙带关系、门户封闭，这种指责有对的地方，也有不对的地方。对的地方在针砭所指，不对的地方在归咎孝道。提倡孝道的儒家人士应该主动设置议题，批评这种社会现象，孝道才能摆脱被利用、被误解的历史包袱，重新发扬出来。深思此章曾子三省之事，极有益于发明此义。

子曰："道千乘之国，敬事而信，节用而爱人，使民以时。"

"道"者"导"也，此二字本为一字，先秦多通用。可见，在古人那里，道还没有固定化为一个本体性的名词，而是从导流、导引和行道的经验得来的活生生的东西。"政治"的"治""道德"的"道""伦理"的"理"，都必须从"导"的源初经验才能得到如实的了解。

国之大小制度以"乘"之多少为计，既是出于军事技术的实际考虑，也是出于"政"之为"道"的理解。"乘"无论多少，有道可行才能成为有效的战斗力。无道之国，虽万乘亦将自败。导乘于道，以义统师，是治国的第一要务。"国之大事，在祀与戎"，祀必须在戎前面。《孙子兵法》开篇"始计第一"，"庙算"必在两兵相接之前。始计五事，得道与否又在第一。正义或立国的正当性基础是第一战斗力。没有这个道，无论多么强大的军队都是纸老虎。

但正义或立国基础又是什么？除了人民生活中的事物都各在其位、各得其宜之外，又能是什么呢？任何一套理论说辞都不及事物正义更能成为立国的真正根基。摆正事物的正义有一个自然次第，就是孟子和《大学》一再发明的由近及远的"推扩"，也就是"道"或"导"的工夫实践。事物（古人的事物概念包含人，人物和人事）被带上道，各安其位，则有敬有信、有节有爱；各得其宜，则有时。物各有其宜而不可强，

"以时"则顺道导之，是谓正义。"政者正也"。"敬事""爱人"如学而时习之悦、朋来之乐，是"导"的积极一面，更多"政"的一面；"节用"与"信"犹"人不知而不愠"中的双重"不"字所示，是自我节制和禁止的一面，是"导"的防范一面，更多"治"的一面。

子曰："弟子入则孝，出则弟，谨而信，泛爱众而亲仁。行有余力，则以学文。"

"行"是贯穿这一章的关键词。孝悌、谨信、爱众亲仁都是行，"行有余力，则以学文"。然而，这是否与开篇首章以"学"贯通相矛盾？并不矛盾。开篇"学而时习之"，今天的读者往往不假思索地脑补为"学文"。但经文其实只是说"学"，并非仅指学文。学未尝不是一种行动。如果"所学所乐何事"包含孝悌亲仁的实践，学就更是一种行。古人于此讨论多矣，不容误解。

首章是讲一个"学者"的生活状态，大小远近皆化，"人不知"亦化，所以没头没脑地说一个"学"字，万事尽在其中。此章是讲"弟子"，是首章学者生活方式的"前传"，既是往回倒叙这样的学者是怎样养成的，也是向前培育更多这样生活的人。

如果说"行"字是显性的关键词，"余"则是此章的隐性关键词。"悌"（本字"弟"）自然是对兄而言，然而家之外岂得皆为兄也？"四海之内皆兄弟"意味着什么？意味着人人皆为兄之"余"。如此，则"孝"亦不仅限父母明矣。"孝"之"余"实含天地，"悌"之"余"实含万物。故横渠先生云"乾称父、坤称母"，"入孝"之余也，"民胞物与"则"出悌"之余也。余也者，自然之效也，亦在先之可能性前提也。犹如行道之前必有远瞻之望，闻乐之后必有绕梁之想也。故侍坐章曾点言志之前，须"舍瑟而作"也。舍瑟而音未绝，作则望远，皆曾点言志之余事也，而在言志之前，构成言志的动作前提。孔子叹"与点"成为侍坐章的焦点，而此前的"浴乎沂，风乎舞雩"实为"与点"之余，而曾点言志之前的"舍瑟而作"又为舞雩之余。①

因此，真正的余不一定在后，往往更在前。孝悌、交友、学习莫不如此。有余地空出，方有发生的可能。"本立而道生"的"本"不一定是"本体"，而恰恰可能是余地的空出，以便生出道。孝道是一种向上空出自己的实践，是通过起源的追溯把自己这个"体"置于更加浩瀚的天地空间和世代时间之中；悌道和友爱是向旁边空出自己的实践，是通过"旁通情"的"泛爱众"来把个体置于"宽以居之、仁以行之"的生活环境；学习是向内空出自己的实践，是通过"如切如磋、如琢如磨"的探讨钻研来打开成心的痼弊，日新其德。当然，在所有这些空出自己的实践中，自己又恰恰是空

---

① 更多相关分析，参拙文《春天的心志》，见收拙著《在兹：错位中的天命发生》，上海书店出版社2007年版。

出行动的实行者，也是行动的着力点。所以，孔子说“人能弘道，非道弘人”。南郭子綦说“今者吾丧我”而仍然有“吾”（《庄子·齐物论》）。

> 子夏曰：“贤贤易色，事父母能竭其力，事君能致其身，与朋友交，言而有信，虽曰未学，吾必谓之学矣。”

“易色”是一种非常困难的空出，“致其身”更加困难。“力孝”似较容易，“竭力”则近乎“致其身”。“言而有信”也是克服自己的任意性，空出人我“之间”，以便“信”可以感应通达。这是学之为学的根本。能如此，则虽然没有专门去学习过经典和礼乐，也可以算是学了。

有时候，专业的学习反而会遮蔽为学之本，使自己痼弊不通。孝悌、交友与学习同时进行，则可以有效地防止专业学习的弊端，可以帮助学者打开生命整全的渊泉大井，“下学上达”，“旁通情也”，带来“平天下”的事物正义。这才是“大学”，不是狭隘的现代学习和教育观念。

根据一种流行的现代意见，学习和孝悌、交友主题的交织，往往会被不假思索地判定为“封建思想局限性的表现”，尤其是其中的孝悌思想会被认为有碍社会正义的实现。然而，如果我们能更多一些耐心，跟随《论语》文本的脉络，进入孔子及其弟子的生活世界，我们会发现相反的情形。在那个生活世界，事物之间更加敞开，“万物皆相见”，各在其位、各得其宜。在那里，事物正义如《中庸》所谓“诚”，“不诚无物”。这个古典的正义世界诚然是已经隐没了，但并未丧失其永远当代性的批判意义和批判力量。

> 子曰：“君子不重则不威。学则不固。主忠信。无友不如己者。过则勿惮改。”

“固”或解为“坚固”，以“不坚固”为“不重”的后果，与上句连读；或解为“固蔽”，以“不固蔽”为“学”的效果，与上句不连读。无论哪种读法，都会赞同“坚固”，反对“固蔽”。固蔽或假的坚固是学习要克服的状态，真正的坚固是学习要达到的状态。重、威亦然。气不通则不静，不静则不沉，不沉则不威。

这个道理，诉诸身体经验比较容易明白。气不通则不降，浮在上面，导致“上火”、呃逆、反胃、哮喘等症状，脾气也容易变坏。气机顺畅则能自然沉降，沉降则感觉松快。书法的经验也可以印证。找不到书写节奏，笔势不畅，就容易心浮气躁，笔画不沉，送不到位，圭角妄出。找到节奏，笔势洞达，就能“得笔”，沉下去，写出“锥画沙”的线条。

真正的重是“松沉”，是通达之后的自然沉静、自然恬淡。这样的沉静恬淡自然有一种庄严气象，这便是“不怒而威”的“威”、“威仪三千”的“威”。庄严不是装严。装出来的威仪一点都不威，反倒很可笑。在礼的堕落时代，礼成为自然的反义词。但礼的本义恰恰是如何返归自然的习练。礼要纠正的并不是自然，而是习俗。礼的习练是通过纠正习俗而返归自然。

人成为人，首先有自然的前提，所谓“天命之谓性”。但这个前提的实现却总是在习俗中落实的。现实的人总是习俗的人，习俗对自然总难免有扭曲。如何在习俗中复归自然本性，便是“率性之谓道、修道之谓教”的“复性礼教”。故颜渊问仁，孔子答曰“克己复礼为仁”（《论语·颜渊》）。仁便是能通达“天命之谓性”的自然。克己是空出，让出通道，使自己可以复归自然。放松、沉静而庄敬的自然气象是一种工夫，必须通过礼的习练才能逐渐积累。“自然”是“自己如此”。认识自己究竟如何，正是哲学的出发点。人们容易误认习气为自己。只有通过学习来破除习气，才能认识自己，找回自然。认识自己是破除固蔽，找回自然是建立真实的坚固的自己。这样的自己，自然是重而威的。

“仁”是如此不易，以至于孔子从不轻许“仁”（《公冶长》对子路、冉有、公西华皆曰“不知其仁也”），也不敢自诩“仁”（《述而》“若圣与仁，则吾岂敢”）。但“仁”又是那么容易，以至于“吾欲仁，斯仁至矣”（《述而》）。同时是极端的容易和不容易，便是《易》所谓“易”。“道”与“自然”亦如是。对于习俗之人来说，“自然”必须通过学习才能以返回的方式达到。“达到”极不容易，“以返回的方式”则暗含其本自固有的容易性：复归自己的本性而已，无借外求。学涵不学，知涵不知，不用力的努力，才能接近“仁”这种远的近、返回的本己、不易之易。故“子曰：‘若圣与仁，则吾岂敢？抑为之不厌，诲人不倦，则可谓云尔已矣。’公西华曰：‘正唯弟子不能学也。’”从来没有“果位”一类的东西，圣与仁只是工夫。

忠信表现为与他人的关系，其实质却是真实的自己或“自己如此”，亦即自然，也就是《中庸》所谓“诚”。《庄子·人间世》记孔子对颜回说的“先存诸己，而后存诸人”，亦与此义相通。“忠信”之所以能“主”，正在于它处在人我之间，可以促进学习的发生。这一章的五句话之间，似乎关联很大，但又似关联不大。阅读无标点的古文，读者可以在这种关联无关联之间涵泳其义。试着给它标点，却破费踌躇：用逗号太连贯，用句号则太断开。“忠信”可以为“主”，因为忠信可以疏通气机、感通人我。

“无友不如己者”历来有很多争论，此不详述。大抵诸家意见虽不同，但以为人之高下可一评而定则一。实则《述而》篇所谓“三人行必有我师焉，择其善者而从之，其不善者而改之”可为此章注脚。人皆有所长，亦有所短。善于发现人之所长并学习之，则无友不如己者。相反，如果不善于学习，总是拿别人的缺点比自己的优点，则虽然高朋满座也会误以为鹤立鸡群。如果联系到开篇首章的“友”“朋”包含学生，后文孔子又感慨不如颜回好学（《公冶长》“弗如也，吾与女弗如也”），则此章之义犹可惊叹。

能时时学习他人优点，反省自身缺陷，主忠信，不固蔽，通达而沉着，自然可以从善如流，“过则勿惮改”。至于“过则勿惮改”连上读，以“过”为“交友不慎”，还是分开读，不限定“过”之所在，也就不那么重要了。

曾子曰：“慎终追远，民德归厚矣。”

今人常误解孔子说的“未知生，焉知死”，以为儒家不重视死亡和终极问题。这种观点将无法解释儒家为什么如此重视丧祭之礼（可能是人类文化中最重视丧礼和祭礼的）。其实，孔子这句话非常平实：如果不知道自己是活着的生命（“未知生”），死亡便是不存在的事件（“焉知死”）。孔子提醒人去思考的，正是死亡中的生理。生与死是同时到来的知识。知生所以知终有一死，知死所以知目前犹生。生与死都是返回的知识：从死返回而知生，从生返回而知死。

然而，没有人能经验自己的死亡，正如没有人能回忆自己的出生。死亡隐没在未来经验的尽头，犹如出生隐没在过去记忆的尽头。一终一始，两个端点都在经验和记忆之外，却一起构成了人生经验所以可能的条件。祖先和后世亦如此。逝去的先人和未来的子孙，很多都在此生经验之外，却构成了生命的深度背景。

生活常常需要遗忘这个深度背景，变得薄一点。这是必要的薄。不过，如果丧失返回的能力，必要的薄将变成过度的轻薄。那样的话，人类生活将不再可能。丧、祭礼仪就是这样一种返回能力的培养，帮助我们时时回到那个深度背景，使“民德归厚”。

“厚”是在先的，也是返回的。是通过慎终追远的丧、祭礼仪，返回到生命的深度背景。每次返回，都会重新认识到那个背景虽然常常被遗忘，但总是潜在地构成着人类生活的基础，先于个体生命而存在。牟宗三在《五十自述》开篇写到儿时在墓地感受到的，就是这样的深度背景。每当回到这个背景的自觉，生命就可以“归厚”。

个人生命历程亦如此。一个人虽然不可能经验自己的出生，也不可能经验自己的死亡，但只要父母生我的艰难，未来时日的有限，都可以唤起生命的自觉，使人“归厚”。《韩诗外传》云：“昨日何生？今日何成？必念归厚，必念治生；日慎一日，完如金城。诗曰：‘我日斯迈，而月斯征。夙兴夜寐，无忝尔所生。’”（《韩诗外传》卷八）亦慎而归厚之谓也。

学习之道亦如此。学习是为了知，然而不知的领域永远大于知，包围知，构成知的深度背景。学习之道的起点并不是知，否则学习不再必要。学习之道的前方永远隐没在不知的暗影中，否则这条路没有必要往前走。子曰“知之为知之，不知为不知，是知也”：真正的知既包含对已知的自觉，也包含对不知的自觉。以知的形式自觉我所知，以不知的形式不知我所不知。不知总是潜在地构成知的深度背景。对此背景有返回的自觉，便有自知无知的知识。这样的知识是可以“归厚”的。相反，自满和炫耀的知识必然是浅薄的。

交友又何尝不是如此？交友之初并不了解朋友，未来也永远处在开放的相互学习之中。《诗》云“一日不见，如三月兮”，此之谓也。

> 子禽问于子贡曰：“夫子至于是邦也，必闻其政。求之与？抑与之与？”子贡曰：“夫子温、良、恭、俭、让以得之。夫子之求之也，其诸异乎人之求之与！”

“温良恭俭让”是不求之求：恕让出一个空间，似有期待但不要求，等待他人的自由给出。人们愿意说，似乎不是因为想对你说，而是想对空间的“信”说。这种空间本身的“信”来自“温良恭俭让”的不求之求。完全的不求让人感觉漠不关心，无法引发诉说之愿；急切的要求让人感觉促迫，无法恕让出空间本身的“信”。有“信”的空间是事物正义的空间，事物正义的发生必须以空间本身的“信”为前提。“丘之祷久矣”，亦此义也，只不过这是对天，“温良恭俭让”是对人。孔子对天之祷亦是不求之求，异乎人之求。

> 子曰：“父在，观其志；父没，观其行；三年无改于父之道，可谓孝矣。”

孝与教、学、效、觉总是密切联系在一起的事情。“观其志”“观其行”都是一种学习。解为“观子”（孔安国、朱熹等），则“观”是惕励，解为“观父”（范祖禹、钱大昕等），则“观”是体认。以“观其志”“观其行”的学习为前提（无论解为“观子”还是“观父”），“三年无改”的东西就不是某种固陋的教条，而是道。《中庸》云：“夫孝者，善继人之志，善述人之事者也”：唯善者能继，唯继者能孝，唯孝者能学，唯学者能道。

> 有子曰：“礼之用，和为贵。先王之道斯为美，小大由之。有所不行，知和而和，不以礼节之，亦不可行也。”

“礼”通“理”。礼并不是一套僵固的规矩，而是能使事物各在其位、各得其宜、各适其性的生活方式（古人所谓“物”含“人”“事”）。“和”是在这种生活方式中，事物所表现出来的状态。为了达到这种状态，必须“以礼节之”：按照事物之性调其位、节其度，以合其宜。诚能如此，万事万物自然能各遂其性而相和。这是“和”的由来。如果不知其由来，徒知和之为贵，“知和而和”，就会堕落为乡愿，失礼之本矣。

有子曰："信近于义，言可复也。恭近于礼，远耻辱也。因不失其亲，亦可宗也。"

信言之可复不是一个形式化的要求，礼之恭敬也不是教条化的自卑要求。礼中含有一种节度和距离，给人以保护。信之所以为信来自事物正义的合宜，即事物之间的契合。契合的前提是各自的独立性，各自的"尽性"。物各尽其性，就可以走上一条"并行而不相悖"的"道"，无不可信，无不可复。不尽其性，则相互龃龉，其信硁硁然，其害亦硁硁然，如响之应声。子曰："好信不好学，其蔽也贼"（《阳货》），贼者害也。唯好学可以免好信之害。

同样，"因"无论读为本字，还是读为"姻亲"之"姻"，都涉及人之相与的选择。只有在共同学习的关系中，才能学会"依于仁"，因其亲，得其宗。

子曰："君子食无求饱，居无求安，敏于事而慎于言，就有道而正焉，可谓好学也已。"

好学是一种生活方式的整体性，不只是生活的"智性方面"。好学的生活方式总是向着远方敞开的，随时准备重新出发。从远方返回，眼前事物容易安顿，也可以随时变迁。正如《曲礼》所云："安安而能迁。"所以，"食无求饱、居无求安"并不是忽视日常生活或刻意的苦行，而是一种恬然安顿但不沉溺其中的生活状态。子曰："人无远虑，必有近忧。"（《论语·卫灵公》）有远虑，则颜子"一箪食，一瓢饮，在陋巷，人不堪其忧，回也不改其乐"（《论语·雍也》），孟子"有终身之忧，无一朝之患"（《孟子·离娄下》）。

"终身之忧"并不是忧愁，而是更接近"好学"的"好"字所说的生命状态。《关雎》"窈窕淑女，君子好逑"近之。"敏于事而慎于言"的"敏"和"慎"是一种自反性的"仁"，是因自我节制而更能感通他人和事物。这种自反能力的增强来自远方之"好学"的返回，来自"终身之忧"对于眼前事物的观照，类似于君子因爱慕淑女而带来的自我反省和自我提升。

食物、居所、言语的节制，都是为了"就有道而正焉"的增益。老师被称为"有道"者，说明他给好学之人的增益主要不是知识，而是带上一条道路，带来更多朋友，朝向更远的远方敞开。这样的老师就是"依于仁"的仁者。

子贡曰："贫而无谄，富而无骄，何如？"子曰："可也。未若贫而乐，富而好礼者也。"子贡曰："《诗》云：'如切如磋，如琢如磨'，其斯之谓与？"子曰："赐也，始可与言《诗》已矣。告诸往而知来者。"

“告诸往而知来者”就是“兴”：闻“关关雎鸠”而兴“君子好逑”，见“葛之覃兮”而兴“归宁父母”。“兴于诗”：起兴既是诗的写作方法，也是诗的读法和“活法”。“兴于诗”的生活是由近处的事物起兴而朝向远方的生活，也是在远方事物的起兴下重新开启日常的生活。在远方和近处之间往复起兴，相互开启，生活于是成为道路的展开。“告诸往而知来者”正是道路的展开方式。言此而志彼的起兴之所以能成为《诗》的基本方法，前提正在于道的经验。

“告诸往而知来者”是修道之人的生活方式，“如切如磋、如琢如磨”是学习之人的生活方式。在这种生活方式中，所告所知者，切磋琢磨者，首先并不是知识意义上的细化完善、精益求精，而是修道意义上的往复涵泳、往来穷通。在这种生活中，贫富没有多大区别，好学而已矣。贫无以学礼，亦不妨乐道；富可以好礼，而初心不改。或贫或富，有教无类，好学无类。如果走不上这样一条道路，贫富就仍然难免还是生活的核心关怀。即使能做到“贫而无谄，富而无骄”，仍然不过是以一种反思和自制的形式表现出来的贫富价值观。贫只是物质的匮乏，穷则是道路的闭塞不通。济贫者富，救穷者学。

子曰：“不患人之不己知，患不知人也。”

终篇之句遥遥呼应首章的结句，且又向前进了一步。“人不知而不愠，不亦君子乎”的关心重点还在自己；即使解为“人不明道而我犹不愠”，落脚点仍在“我不愠”，仍然没有开始以“知人”为怀。朋友在首章的出现只是带来我的快乐，朋友相知的错位或失败亦无妨此乐。这是学习之乐，也是交友之乐，但还处在积累阶段。要到“不患人之不己知，患不知人”的时候，“为己之学”及其快乐的充盈才到达一个更高的阶段。也只有到这里，才能做好“为政”的准备。

“学而”“为政”虽然都不过是取篇首二字为题，但其意蕴却是无比精确的。“而”的未完成性表明《学而》是一个乾卦式的开端，永远向着未来开启；“为”的踏实勤勉则标识了《为政》的坤卦品格，需要更质朴的读解。所以，上面对于《学而》的逐章疏解只是一个开头，其中谈到的学习、孝悌、交友与事物正义等主题要到更多后续篇章的解读中才能真正展开和落实。不过，这几个主题之间的原初关联在这一篇中已经有了提示。可能只有在这个提示之下，《论语》全书的解读才能找到“一以贯之”的道路。

以中化西光明无限

——曲阜国学院传统教育综述

段炎平
曲阜国学院院长

9月，第八届世界儒学大会在孔子的故乡召开，六百位国际儒学与中华文化名家齐聚一堂，在这个最高端的学术论坛上探讨教育，说明了大家的重视度。曲阜国学院（圣贤教育学校）是目前能够用传统教育兼容学历教育，融汇古今，有学籍，有体系，孩子们能成才的学校。我结合十几年全日制教学的经验谈谈自己的心得，也谈谈曲阜国学教育的定位与规划。

"读经教育"20年，必须要峰回路转！最早读经的孩子已经进入社会了，一代人的付出终归何处？王教授给我留下深刻印象的一句话："我们做的是教育！"假如世界上有比读经教育更成功的教育，相信每一位真正的教育家都会去坦然选择！因为教育最终是以人为本的，是以学生为本的！夫子当年神道设教的目的是为了人，而不是为了神！让孩子成功与幸福的教育才是真正的教育。

一、怎样才叫成功的教育？

当你遇到一个孩子，问他将来想做什么？他说："读书志在圣贤"；当你提问一位少年，他说："我要修身齐家平天下"；当你问一个青年，他说："我在传承先哲道统"；当你问一位中年人，他说："我在试着造福天下人"；当你问一位老者，他说："我在整理自己的诗稿，还要陪孩子们温习圣贤书"……这才是中国最成功的教育！人成而道成，最好的教育让人生与圣贤同在。

当年惠能大师不识字，却荷担了如来家业；老子西出函谷，仅仅留下五千言；宰相赵普治理天下只靠半部《论语》。我们为什么而读经？只是为了成大才吗？假如为了这个目的，我说还是不要读了。经典不会让人成大才，经典是让人成为本来的那个自己，让你忘记成不成才，忘记如何功成名就，而去放眼看世界，关怀天下人，造福身边人。读书读着读着忘记了自己，乐不思归，志在大同，你做到了吗？做不到，读多少书都没用。

二、什么教育最成功?

什么教育最成功?中国传统教育!有异议吗?试想一下,如果不成功哪有这五千年不倒的人类文化大国。"建国君民教学为先",一个人人皆可为尧舜的国家,靠的是国民的素质,靠着颠扑不灭的文化与精神,靠的是伟大的教育。中国教育曾经中断,究竟在哪里中断的?不是焚书坑儒,不是满蒙入侵,不是在五胡乱华,而是在"五四""文革"!因为那个年代专门反文化。谁有文化就反谁,有文化的人更要加倍反文化,不反就是死路一条。只有一个人强立而不反,发狮子吼:"三军可夺帅,匹夫不可夺志!"世人把他看作"最后的儒家",他就是当代儒学的泰山北斗,连毛泽东都要敬三分的梁漱溟夫子。中国的文脉因他在而没有断!这是"天意"!

梁夫子为什么没有被打垮!原因是他熟悉那个想把中国文化置于死地的西方文化,他学贯中西,汇通儒佛,他是文化元老也是政治元老,更是社会实践的泰斗。你用西学攻击他,他比你更了解西学。所谓知己知彼百战不殆!都是老中医还玩什么偏方,大陆儒学的根因为有他而没有断!

中国教育在"五四""文革"中断之前是什么样子的?还是传说中的那样伟大吗!您说对了!尽管战乱不断,"五四"之前的教育很多内容依旧是最适合中国少年的!如果我们立志接续传统教育的源头活水,一定要直追那个年代!现代很多人都在研究民国教科书,研究民国文人,这件工作肯定会成果丰硕!因为这是在关注和思考真正的中国传统教育,回归的过程收获无限!趣味无限!

梁夫子在北大执教时期深感"五四"崇洋之风对青年学生心灵的毒害,辞职到曲阜创办大学,可惜条件不具足,他的愿望许多年后由弟子高赞非先生初步实现,高先生在创办曲阜师范学院之初最重要的工作就是传承儒学,培养儒学人才,可惜在"文革"风暴中停滞,又是二十年过去了。我与杨朝明院长努力尝试恢复儒家书院讲学时,很多学者还心有余悸。我们国学院目前已有两百名优秀学生,无论如何,梁夫子的志愿后继有人了!

接续梁夫子的办学理念就是在接续传统教育思想。因为他是传统教育的元老,学贯中西的现代文人志士的代表!他代表了那些中国传统教育培养的人,代表了当代传统教育的高度!

三、近代中国传统教育的特点是什么?

用中西合璧的智慧齐家平天下!中国是道的智慧,西方是器的智慧,道不离器,器不违道，道器本是一体。儒家如果只偏重形而上，为何古代中国会有四大发明，会有精妙绝伦的技术工艺天文水利数学化学采矿冶金？中国仅仅是哲学发达，伦理学发达吗？现在一提科技就去转头看西方。我们确实是要学习西方，因为“五四”耽误了我们自己的科技事业。但不是儒学妨碍了科技，儒学作为民族主导文化的年代，中国是科学与技术的强国。儒家学者自古就有海纳百川的心胸，有融汇中西的气魄，只有不懂儒学的人才会排斥科技，不顾民生之需的人才会轻视器用之利。要经世致用强国富民，近代儒学首责是学习和发展科技，真正的儒家道器兼济学贯文理。

不学数理化就是真正的传统教育吗？以为数学是买菜算账才用的，化学物理纯粹耽误时间，他不懂什么叫道器相济，不懂器物之理亦不会懂道之理，这种形而上学不是因为右脑发达而是因为左脑萎缩，算不清这笔账。醒醒吧！什么叫一事不知儒之耻也，生活在当代社会，一位不懂科技的青年人想齐家治国平天下，他的理想和幻想有差别吗？所以我们让十五岁以下的同学一边读经解经一边学习语数外理化生。我们曲阜国学院的孩子都有学籍，都敢于和体制学校比分数，可以去参加中考高考。

其实经典纯熟的孩子学习数理化很轻松，数理化能学好的孩子经典更能学好！因为道器是相济的。对于十五岁以上长期读经没有数理化基础的同学，可以安排他们通过学习文史哲、学习文秘、教育学等专业，参加正规院校的自考，考取本科也不是难事！自考本科通过之后再考研深造，选修清华、北大、山大等名校的国学专业，拜真正有情怀的传统文化导师，这就是与体制并行！

四、传统的德育怎么开展？

当代中国人有缺点，但是最终还是成功了！成功地站立起来了，然后要恢复自己本来的使命！以五千年文明大国的风范引导世界！引领好了才是中央之国，才叫中国。“千秋礼乐归东鲁”。作为中国圣贤的学生，你准备好了吗？立起平天下的志向了吗？志立起来再读经典，每天都有收获，否则总是得不到想要的东西，因为他不知道自己想要什么。真正的传统文化学校是给你一片土地让你学会耕耘，而不是准备一屋子知识等你来索取！

人无德不立，国无德不兴。传统教育如何提升青少年的品行修养？“无规矩不成方圆”，“克己复礼”，不能只是口号！曲阜国学院要求的规范，同学们在老师示范带领下努力去做，进而要做到更好！作为学长，带领小同学晨练晨读，你要像老师那样一板一眼一丝不苟；“食不语寝不言”，先做到再说。老生要谨言慎行，成为榜样；新生在规矩面前要当仁不让。不是不能张扬，节日舞台等着你潇洒的身影。读经要入心，解经要力行，研习礼乐要如理如法，不是怎么好看怎么做。

琴棋书画是陶冶性情养心正身的，传统才艺中自有少年的风采乐趣；上马扬鞭，挥洒驾驭的胆气；弯弓习射，把握君子修身的准绳；沉吟在阙里古街、周公庙前，在圣贤常走的小道上，你是否收拾好了智慧的心房。虚怀若谷，能容纳四书五经的博大精神，就能承接天赋的使命。心里成见一大团，知识与知识打架，到最后是哪个你赢了？抱着试试看挑挑拣拣来学习，你具备这种判断力吗？心里面上了锁的孩子什么也学不进去，这把锁其实都是家长锁的。自己不懂真心尊师重教，还想让孩子学有所成？在这种关键问题上思路理清晰才好！

国学院的同学们十五岁就可以登台分享经典心得，十八岁就可以在论坛上传播诗书礼乐知识。这听起来好像是在拔苗助长，其实真懂教育的人都知道，孩子的智慧更贴近自然，孩子的感悟更敏锐。自古英雄出少年，千万不要看轻少年的心力，他们缺少阅历但不缺少灵气，成什么样的材就看老师怎么教。

有人提出校舍不够高档，言下之意是委屈了孩子，我想问的是：咱们做家长的年轻时生活环境如何？估计既不殷实也不高档吧？真正的“贵族”教育以简朴为美，以吃苦为荣。孔子当年辗转奔波，到哪里找高档的教室开讲？在大树下山洞中一坐，一堂课下来效果超过任何讲堂。他弟子三千，贤者七十二，子路帅兵找不到对手，子贡经营富可敌国。抗战八年，西南联大师生饿着肚子在茅棚里上课，成绩世界一流！简以养德！不懂简朴之道，不养节俭之心，将来会很容易迷失的。千教万教，教的是一颗心，千学万学，学的也是一颗心。

五、传统教育如何培养格局?

梁夫子的夙愿是以中国文化统摄西方文化，恢复中国文化为天下文化，这就是平天下。平天下不是战胜天下人，而是引领天下人。用文化的软力量，让人心悦诚服，通过修己来安人，带领世界和谐共进，新民而止于至善，这样的目标心里有吗？有就是圣贤的学生，没有就只是个门外汉，有缘入得宝山，读了几十万字，最后却空手而回。

修己安人怎么修？不学贯中西，不贯通人文与科技，不会管理不会经营，只会思考就等于是在做梦。平天下就是梦想而不是理想，更不是志业。别人与你比管理的时候你和他比艺术，别人与你比艺术的时候你与他比哲学，别人研究哲学的时候你展示禅茶，人家喝咖啡去了，你怎么办？要想成就国家软实力怎么办？西方人崇尚科技，我们就用科学发明引领他们，就像我们的四大发明引领世界一样。西方人崇拜财富，我们就用经济力量引领他；西方人信奉宗教，我们就用崇高信仰引领他；西方人崇拜力量，我们就用团结一致的大国神威引领他；西方人喜欢旅行，走进自然，我们就用田园情趣引领他；西方人崇拜哲学我们展示道德经的奥妙；西方人迷信自由，我们告诉他们奉献社会承担亲情才有无限的生活空间。西方人推崇博爱，我们用和而不同的智慧，化解愁怨，真正的博爱也包括爱异教徒……成就这样的青年才俊，只读经，不学习科技知识能行吗？

孔子告诫在先，“君子不器”。只能培养哲学家的教育注定是失败的！因材施教，博学弘毅，贯通中西，超出学科局限的才是大才！一个国家要发展，需要青年人真正拥有的胸怀格局是：文理兼修，德艺并进，跻身一流，尤其是在少年时代。学习数学不做数学家，不等于数学知识没用。它可以用在管理企业，规划蓝图，计算行程，设计目标，拓展大脑思维想象空间。科技知识可以让孩子成为有实践能力的人，有执行力，能做试验，会动手，知行合一，在洽谈合同时不被糊弄，在管理员工时有理有据，在与人合作时进退自如，开拓事业中审时度势，游刃有余，不当百无一用的书呆子。

六、如何让传统教育进入当代课堂？

学习初高中理化知识辛苦吗？不辛苦！只要掌握了孔子启发式学习法，学会研究式学习，一边探索一边思考兴致盎然，收获满满，一节课眨眼过去，走出教室欢心愉悦舒展筋骨打球嬉戏，累也是享受。电子游戏不累吗？为考试发愁不累吗？少年时代没有这份发奋学习的经历太可惜了！我们与其他学校不同之处是，不因为发奋而辛苦，而因为勤奋得快乐，不为经典而焦虑，而因经典得潇洒。不被课堂所拘束，走进课堂而获得心灵的舒展，畅游知识的海洋。传统的启发式学习本身就是大快乐！国学院的孩子们在快乐中超前学习，三年级学完四年级课程的孩子有的是，四年级学完小学全部课程的也不少。

今天来自昨天，时代来自传统！优秀的传统教育应该统摄现代教育。以中化西光明无限，以西化中昙花一现。如何将传统教育智慧运用在当代课堂上，诀窍是通过数学来培养青少年自主学习的好习惯，授人以鱼不如授人以渔。因为理科以数学为先导，数学不能只靠刻苦，学习不得法再刻苦也没用，一旦用上背公式的方法就基本等于和数学无缘了。学好数学最好的办法是学会思考，学会动脑。而教学最难的是教会思考，教会学生用脑去分析。“不愤不启不悱不发”，老师在课堂上培养起孩子自主思考能力，这是最高明的教学法，传统的启发式教育教数学事半功倍。

先让孩子在知识层面知道正确的学习方法？引导多了孩子会形成心理依赖，出现习惯思维，思路被定式捆着放不开。说的少也不行，孩子心里没有数，盲目翻书入不进去。一定要循序渐进引导孩子学会分析问题研究问题……等孩子看书入进去了，成效如何，老师要从神情和答题效果上敏锐观察，及时掌握。遇到难题理解不透怎么办，孩子因暂时的成绩而骄傲，心浮气躁怎么办……一系列问题决定了传统教育的个性化、小班化、“心性化”、“一对一”的特点。

只有老师身心修养过硬才能潜移默化引导培养起孩子的学习素养，敏而好学，不温不火戒骄戒躁，这是更上一层楼的心性教育。修身力行，义理讲解，礼乐熏陶，没有传统的教育智慧就没有着落！无论将来孩子们成为学问家、思想家、科学家、企业家、艺术家、外交家、社会活动家，还是成为一个善良朴实的普通人，他都需要智慧的涵养，需要心性培养，这些西方教育提供不了。

七、以教学实例来说明

学习是一种天性，越是优秀的孩子好奇心越强，越喜欢观察思考，孩子思考记忆是天生的素质，没有不爱学习的孩子，只是他们关注的兴趣点不同。小鹰天生就要飞翔，骏马天生就会奔跑。老师的责任不是强迫学生去学习，而是鼓励孩子发挥好他固有的学习本能、思考本能。欣赏孩子每一点进步，每一次收获，让课堂成为施展才华的舞台，给他一片广阔的天空。引导孩子更高效率地吸取知识，更明确地找到重心，在学习中获得回报父母帮助朋友的力量和自信。学会学习，步步登高，直到一览众山小，踏上智慧的顶峰，这才是教育原本的目的。哪有不喜欢登山的少年，哪有不爱知识的心灵。只要你懂得孩子正在成长，他会很好地完善自己，一定会培育出甜美的果实和参天的大才。人人心中都有最美的梦想，只要你不打破它，孩子都能给父母带来惊喜。应试教育却拔苗助长，把梦想打回现实，用夹板强制为孩子大脑定型……试卷上没有展示灵感的余地，你不能尝试，标准答案就是那个成熟的你。什么叫以人为本，什么叫因材施教，什么叫启发式教育，一切让位给了分数。获得分数最保险的方法是死记硬背和反复大量做题，小学的孩子们已经不知道什么是甜美的睡眠了，午夜灯光换来厚厚的眼镜、黄黄的面容、沉沉的心。嚼过所有的配方食物就证明你得到了足够的营养？不管你是否消化吸收。分数有了，孩子的味觉却丧失了，好奇心没有了，敏感、探索、创造还会有吗？学习的天性一旦被扭曲，活泼可爱的小宝贝立刻变成父母最重的负担。

举一个实际的例子。有一位来自广州的七年级女同学，清秀文静，稍显内向。被学习的压力和机械的氛围重重包围，几乎失去自信和风采。生硬的分数衡量不出一个女孩善良温婉心灵的可贵。一旦名次不理想，优雅的言行和美好的品质好像都不值得一提。围绕考试成绩，一分定输赢，埋没了她的灵气。孩子母亲经过审慎的选择和全面的考察后，确定让女儿尽快学习传统文化。女儿进入国学特色校园，不用看老师冷冰冰的脸色，不用背沉沉的书包，不用挑灯夜读，不用写大量作业。不敢想初中一年级的传统文化课堂是这样的！就在这个课堂里，她用一个半学期的时间扎扎实实地变成了另一个人。“对学习有着极大的热情，自主学习能力比较强，充分利用了自主学习法的优势，合理规划自己进度。上学期通背了《弟子规》《大学》《论语》《中庸》，本学期背诵《孟子》。语数外都已完成八年级上册内容，副科知识全面掌握……经过一年的历练，性格也由内向腼腆变得开朗大方，担任过多个活动的主持人，参加各项活动和比赛都发挥自如，在朗诵演讲比赛表现突出，获得了个人第一名的好成绩，各方面都得到了提升……”

传统课堂一切围绕学生，超小班化，老师了解所有孩子的特点和心思，总是在最需要鼓励的时候带给她温暖和关爱，总是在最需要启迪的时候传递有价值的思路，但是不可以未经思考就得到答案，不能靠死记硬背来完成测试。学习是游戏，测试是闯关，孩子是主角，老师是朋友，知识是伙伴，校园就成为了乐园，这是中国孩子喜爱的教育。没有心理压抑，没有作业压力，没有老师督促，自己思考得出的答案还用反复抄写十遍吗？把学习当成趣味游戏，你还用为他的测试担忧吗？只需要四个月，半学年，曾经厌学焦虑熬夜流泪的孩子再也找不到了，变成了才华横溢自主自强，从容潇洒风采无限的小才女。

在德行方面：“她对于自己品行方面要求非常高，孝敬父母，尊敬师长，勤俭节约、自觉自律，热心帮助同学，把经典中的知识力行于生活，将来一定会成为一名优秀的儒家文化传人！”这是班主任老师的评语。其实教育本该如此，学习本应如此！建国君民教学为先！一个曾经最伟大的民族，依靠的是教育，一个即将重回巅峰的民族，选择的一定是优秀传统教育！

再举一个有关于“纯读经”的例子。

“嘉斌”是一位来自江苏的男孩，虽然只有十三岁，却已是学院的老同学了。我清楚记得：四年前举行开笔礼，亲手教他持毛笔，当时个子才到我腰间，现在已经是英俊潇洒的翩翩少年。2015 年英国 BBC 拍摄《古代圣贤孔子》，著名历史学家贝特妮·休斯找寻梁漱溟先生的衣钵传承，来到曲阜国学院。一眼选中他来出演少年孔子习礼的镜头。这位闯进国际文化圈的“小明星”，2016 年的夏季却闹着要离开学院……老师们深深知道其中缘由，无奈地同意他外出试试。像嘉斌这样因为厌倦读经而排斥学习的孩子太多了，尽管他们只有十一二岁。

中国有成千上万的读经少年，出于对传统文化的向往毅然放弃了应试教育。十几年过去了，他们并未都成为满腹诗书志向远大的栋梁之才。“许多小孩也能背过不少，可是却反应迟钝，萎靡不振。经文前记后忘，仿佛丧失了思考力；逻辑混乱，词汇贫乏。不会查字典，因为没学过拼音；到街头超市买点东西，连基本的四则运算也不会。许多读经几年的孩子，除了如呆滞般的善良听话，心智仿佛未曾发育，不见了童年的灵气，更没有正在成长中的蓬勃朝气；如同被吸走了魂魄……”这或许是许多读经儿童的普遍写照。

虽然嘉斌的父亲敏锐地发现了问题，四年前就带他来到曲阜求学，但并不看好全面学习自然科学。因为“语数外理化生全都无用”。真是这样吗？梁漱溟先生提出中西方文化融汇互补的治学思路，科技作为西方的精粹，正可以与经典义理之道互补，形成道器兼济体用一如的大才教育全才教育。当代青年精英如果不懂科学排斥外来文化不可能担当起修齐治平引领社会的使命，等待他们的只有枯燥封闭的书斋生活。古代中国曾是第一科技强国，真正的儒家不会排斥科技！自然科学没有错！错的只是僵化的应试教学！

为了实现传统文化与现代教育接轨的目标，学院成立了拥有正规学籍民办学校，全面开展语数外理化生课程，并面向读经基础扎实，年龄超过十二岁的初中学生专门成立了一个传统特色的“英才班”。

在没有进入英才班学习综合课程之前，嘉斌虽然脱离了纯读经，接受了丰富多彩的书院教育，老师平时结合生活深入浅出启发他理解经典，琴棋书画陶冶，读经习礼游学力行……传统的书院教育依然没有让嘉斌找到全面的自信，发挥出真正的潜力。以至于曾想要转学，老师们安排他去尝试，看看有没有更喜欢的国学学校。父亲带他四处访学，所到之处不是依旧枯燥的纯读经，最后只好回到了曲阜。这时我抓住时机劝导一定要发挥男孩子的数理逻辑优势，让嘉斌接触自然科学，眼界会更开阔，心志会更成熟，知识扎实有用，肯定能找到兴趣点。孩子会成为传统修养与现代知识兼备的全才……父亲被老师们的责任心所打动，抱着试试看的态度同意他进入英才班。学习为他量身定制的浅显课程……

仅仅半年时间，在启发式学习法帮助下，他第一次全面突破了自我，快速练就独立思考能力。课堂上思维活跃，回答问题积极主动，摆脱了应试教育障碍的科学知识有着自身的魅力，在数理智慧面前终于找到了男孩子应有的信心！少年的光彩与内心的德性被激活。在英才班，他自我要求严格，对难题一丝不苟，过去囫囵吞枣的知识点，能自觉主动地复习，不放过失误，不仅把小学六年的知识补上了，还超前完成了初一各科课程，成绩门门优秀。距离暑假还有一个月，又已经开始研习八年级上册。丰富的课余活动中也都有他的身影，朗诵比赛、辩论赛、运动会、诗词大会、手工竞技，他都参与其中，内心充满趣味、信心与成就感，同时锻炼着团队精神。“作为班干部，他做事沉稳，考虑周全，积极管理班级事务，热心帮助同学，力行经典，兄友弟恭，帮带新同学充满爱心，展现出传统文化滋养的特有品质。”

嘉斌还非常孝顺，让远在家乡的父母欣喜欣慰。谦谦少年，君子之风，成为父母的骄傲。真正的儒家教育是以人为本、因材施教、融汇中西、贯穿古今的！这样的转变是中国传统教育应有的成效。

总 结

孩子在成串儿的成功面前潇洒超脱而能更上一层楼，在不停的失败面前百折不挠，而依然勇往直前……如何做到勤奋而又节俭，正直而又包容，坚持原则而又和而不同，聪慧而又豁达，懂谦让而又善于竞争。中西合璧，道器兼成……只有中国的传统教育能做到。孩子德行才能、心性培养都需要我们找到传统文化真正的源头活水。

传统教育善用引导而不是督促来提升您孩子学习成绩，激励而不强求，老师们宽容而体贴，辅助孩子心灵成长而不用模具把他们塑造成“标准件”，这才是因材施教的个性化教学。可以有不同进度，不同解题方法，不同答案，所以才有了浓浓的学习兴趣，孩子们才能超前学习，一学期等于一学年，为自己节省下宝贵的青春时光。

读经的进度自己来定，琴棋书画可以按照兴趣自己选修……当孩子得到尊重之后他才学会尊重他人，当孩子自主学习之时才知道知识的可贵。国学院很多孩子给人的印象是迫不及待地钻研学问，快乐自信，有灵感，有风采。只有在少年时代通过传统教育一门深入长时熏修，将来的他们才能在国际化竞争的海阔天空中潇洒翱翔。

谢谢与会的诸位专家！这是我们教学中的一点经验与心得，请多提宝贵意见。

儒学与当代生活

祝东力
中国艺术研究院研究员

回顾历史上，儒学曾经历过汉儒（董仲舒）、宋儒（程朱）的两次整合和更新，焕发出新的活力。晚清之际，士大夫阶层救亡图存，试图用儒学整合、消化西方近代工业文明，所谓中体西用，这一尝试失败后，儒学即被社会边缘化。从五四时期到20世纪80年代，经过启蒙、革命、市场化改革，一方面儒学持续衰落，另一方面现代化进程也面临诸多问题。如何借助儒学的核心价值来解决当代社会的某些困境，是儒学能否重新焕发生命力的关键。

一、儒学的内核是什么

儒学与当代生活关系如何，首先要回答什么是儒学的基本内核这个问题，以及当代生活的基本特点和当代生活出现的问题是什么。很多文献都讨论了儒学的基本内核，就我的阅读和了解的范围，有不少都比较含糊和空泛。比如有人认为，仁爱、民本、和谐是儒家的三个基本价值理念，是儒家的重要内涵和核心精神。就这三个概念和范畴来讲当然不能说错，儒家确实有这三个基本的价值理念。但是，如果我们放眼世界，在启蒙运动以来的西方社会，比如说博爱和民权政治是其基本价值取向——这两个概念、两种价值当然不能等同于儒家所说的仁爱和民本，但是和仁爱、民本密切相关，它们同仁爱、同民本的具体区别究竟是什么，如果说不清楚，我们对儒家基本内核的理解就可能是含混的。

西汉初的时候，司马迁的父亲司马谈写过一篇《论六家要旨》，非常有名，其中比较了阴阳、儒、墨、明、法、道各家各派学说的精要。关于儒家是这么说的："儒者博而寡要，劳而少功，是以其事难尽从。然其序君臣父子之礼，列夫妇长幼之别，不可易也。"这话前半段说的是儒家比较繁文缛节，后半段则简明地指出了儒家学说的特点，这个特点怎么概括呢？就是儒家要构建和维护以君臣、父子、夫妇、长幼为代表及标志的人际关系和世间秩序。但是，从比较的角度看，其他文明体也是要构建、维护某种人际关系和世间秩序的。所以，儒家所要构建维护的人际关系、世间秩序和其他文明体需要构建的关系和秩序到底有什么区别，我们还要进一步加以区分。

儒家讲求君仁臣忠、父慈子孝、兄友弟恭、夫义妇贞、长惠幼顺，并且用这些来结构社会关系，形成了从家庭、宗族到国家的大大小小的共同体。总体上看，君臣、父子、兄弟、夫妇、长幼，在这些关系中，双方都是上下关系，不是平等的关系，也就是说双方的权利、义务并不对等，这是一方面。另一方面，至少按照儒家的理想，双方又维持着深情厚谊的亲密关系。总之，一方面尊卑有序，另一方面又温情脉脉。所以，儒家要构建和维护的人际关系、世间秩序和其他文明体的区别可以这样来概括：一种不平等的，同时又是过密的人际关系。特别是和我们现代社会和工商业文明或者和资产阶级社会中那种形式上平等的冷漠的契约式的人际关系形成了鲜明对比。这种概括也许能更准确地描述儒家的基本内核。

二、儒学是如何陷入困境的

从历史上看，儒学经历了几次大的综合，形成了历史上发展的各个阶段。在先秦的孔、孟、荀之后，汉代董仲舒杂糅阴阳、道、法诸家，使儒学成为当时国家的官方学说，这是儒学的第一次综合。到中国封建社会后期，以二程和朱熹为代表的理学，消化佛、道学说，实现了儒学的第二次综合。这当然是非常简单的说法。近代以来，传统儒学遭遇到了前所未有的挑战，即遭遇到异质的，同时又是强大的西方文明的挑战，所以晚清提出了中体西用论。中体西用论的实质，是在杂糅了先秦诸子（董仲舒），消化了佛、道（程朱）之后，儒学在近代要进行第三次综合，就是以传统儒家学说为内核，兼容、吸纳西方工业文明，这也就是晚清的曾（国藩）、左（宗棠）、李（鸿章）、张（之洞）要做的工作。但我们知道，这个尝试，以失败告终。由此儒学的支配地位，在国家意识形态，在国家政治生活和整个社会当中，就发生了动摇。这之后又经历了20世纪启蒙、革命、市场化改革，因此，从19世纪末一直到20世纪80年代，儒学都是相当边缘化的，陷入某种困境。

具体来讲，革命就是打碎和改造原有的社会结构，释放底层群众的政治潜力。启蒙和市场化改革有相似的地方，都是按照工商业文明的原则，以个体为本位，构建一种法律上平等的契约式的自由交易的人际关系。革命、启蒙和市场化，这些彼此不同的历史变迁过程，都有一个共同点，就是破坏原有共同体，也就是上面讲的君臣、父子、夫妇、兄弟、长幼所存在于其中的传统的共同体，儒家所构建和维护的那个温情脉脉的尊卑秩序由此也就颠覆了。因此可以说，现代社会在性质上、结构上就是天然排斥儒家的这套价值观的。

三、儒学对于当代有什么意义

明确了儒学的内核以及曾经经历的困境，进一步来思考儒学对于我们当代社会的意义所在。

在儒家的价值体系当中，实事求是讲，女性和年轻人在一定程度上是受到压制和排斥的。但是在现代社会，年轻人代表新技能、新经验、新潮流；女性日益平等接受教育，所以他们的地位是显著提高的。这样，儒家式的尊老抑少、男尊女卑的伦理就失去了社会存在的前提和土壤。但是另一方面，现代工商社会越来越分裂成原子式的个人。有一位美国社会学家叫艾里克·克里南伯格（Eric Klinenberg），他在2012年写了本书叫《单身社会》，这本书有中译本。他揭示了这样一种社会趋势，越是发达地区，人们越选择独居的生活方式，即“单身社会”，这种单身社会在日本叫“无缘社会”，无血缘、无亲缘，等等，跟谁都没有关系。这是当代社会的一个基本特点。作为社会土壤，当然对儒家的价值观是排斥的。儒家所倡导的一系列——一方面是不平等的，另一方面又是过密的人际关系和世间秩序，这种关系和秩序都依托于一定的社会共同体。在现代社会，这种共同体越来越离散，分裂成原子式的个体。但是，孤立的个人受到权力和资本的控制和支配，常常处在孤独和焦虑的紧张体验中。因此，原子化是当代生活的特点，也是当代生活的困扰所在。个人要摆脱这种困顿的状态，就必须重新联结为某种社会共同体。在这种新的共同体当中，儒家的价值观经过彻底改造，铲除其中等级制的因素，保留其所包含的仁爱或恩义温情的成分，也就是说，经过启蒙主义平等观的洗礼校正之后，儒学仍有可能为重建和维护未来的社会共同体做出某种贡献。特别是在东亚，在中日韩这样传统的受儒家影响的文明圈内，重建和维护某种未来社会共同体，儒家的核心价值，特别是温情密切的人际关系的传统，能够提供某种精神资源。

浅说“述而不作”强调践行

姜玉芳
中国艺术研究院研究员

孔子作为周公礼乐制度、文化思想的崇拜者，也是其传承者。他采取的讲学方法，是对于过去的传统继承和复兴。“述而不作”是他的思想体系更注重“践行”的一种重要表征。当代国学热应该正视这一点，注重践行，不要流于空学文字。

一、“述而不作”是一种传承方法

儒学的圣人孔子“述而不作”：

子曰：“述而不作，信而好古，窃比于我老彭。”（《论语·述而》）

今天人称他的学说核心是“仁”，这个“仁”，孔子的解释有一个叫作“克己复礼为仁”（《论语·颜渊》）。这其实不是孔子的原创思想，而是出自古代经典：

（楚灵）王揖而入，馈不食，寝不寐，数日，不能自克，以及于难。仲尼曰：“古也有志：‘克己复礼，仁也。’信善哉！楚灵王若能如是，岂其辱于乾溪?”（《左传·昭公十二年》）

而“克己复礼”的“礼”，孔子对儿子伯鱼说过：“不学礼，无以立。”这句话则原本出自孟僖子：

九月，（鲁昭）公至自楚。孟僖子病不能相礼，乃讲学之，苟能礼者从之。及其将死也，召其大夫，曰：“礼，人之干也。无礼，无以立。吾闻将有达者曰孔丘，圣人之后也，而灭于宋。……今其将在孔丘乎？我若获没，必属说与何忌于夫子，使事之，而学礼焉，以定其位。”故孟懿子与南宫敬叔师事仲尼。（《左传·昭公七年》）

孔子所处的时代，是奴隶制度向封建制度大转型的时代，思想空前活跃，孔子的出身、阶级、经历塑造了他的思想倾向，他所“述”的思想既有前代的传承，也同时吸取了当时各种思想的精华，所谓集大成。如《左传·昭公七年》所说的，孟僖子竟然预言了孔子的“达”，他的两个儿子孟懿子和南宫适也因此礼孔子为师。可知孔子集大成的，也是这个时代很多人还在认同的正统的文化思想传统。这种文化思想的传统，在孔子，正是古之学问，是他学习的对象、“述”的对象。

古之学者为己，今之学者为人。(《论语·宪问》)

关于这句话的解释，孔安国作为后世嫡孙的解释是：

为己，履而行之。为人，徒能言之。(何晏《论语集解》引孔安国语)

这种解释比较通行，却也招致后世聚讼纷纭，我个人倾向于孔安国的说法。我认为，孔子对于当时很多风气看不惯，古今对举，说的就是当时浮躁的学风：不肯践行学问中的道理，只是讲论学问。这句话的潜台词是：孔子认为儒学是一种知行合一的学问，是需要实践的真理，而不仅仅是为了讲论而讲论的单纯学问。

对于道理的践行，要达到一个什么目的呢？个人层面，当然是要成为一个君子、仁者。社会层面，孔子曾说：“如有用我者，吾其为东周乎！”(《论语·阳货》)有人简单地批判孔子喜欢复古，其实这句话只是说明孔子要传承的是东周还存在的礼乐制度及其文化精神，好比我们今天说要为了传统文化的全面复兴而奋斗，并不意味着开倒车、复古倒退，而是在新的历史条件下，重新衡量历史文化传统的价值，借鉴学习，古为今用。

孔子周游天下的时候，很多新的学问都在兴起当中，尤其是富国强兵的王霸之学，大行其道。孔子对于这种完全为了适应而适应的学问表示不屑：

卫灵公问陈于孔子。孔子对曰：“俎豆之事，则尝闻之矣；军旅之事，未之学也。”明日遂行。(《论语·卫灵公》)

其实孔子对于军队战阵之术的不屑，并不代表他完全拒绝学习军事、使用武力等方式方法，就像他在《论语·卫灵公》中所说的另一段话：

知及之，仁不能守之，虽得之，必失之。知及之，仁能守之，不庄以莅之，则民不敬。知及之，仁能守之，庄以莅之，动之不以礼，未善也。

那些被他统称为“知”的学问，应该是世间的学问知识的总和，当然包括军事。孔子认为知识系统本身并不具备真正的力量，必须辅之以仁义、庄敬、礼义等，才能借由知识获得真正的利益。虽然他在《论语·颜渊》中对于军事的重要性也有阐释：

子贡问政。子曰：“足食，足兵，民信之矣。”

他本人也曾经在鲁定公与齐景公夹谷会盟的时候，既以“礼”服人，也毫不畏惧地指挥军队击退了齐国指使来攻的莱人。但是孔子认为在军事等“知”之上，有一个更高的东西。子贡问政的问话后面还有一段：

子贡曰：“必不得已而去，于斯三者何先?”曰：“去兵。”

子贡曰：“必不得已而去，于斯二者何先?”曰：“去食。自古皆有死，民无信不立。”（《论语·颜渊》）

思想的高度才是真正的高度，才是仁人君子应该追求的。但是这样一个道理，很多君主都不能真的接受和理解，所以孔子周游列国，无功而返。最后只能讲学以终身。孔子的这个选择也说明，传承可以在当代，也可以在后世，这就是他“有教无类”的教育热情背后真正的动力。正如他教导出来的弟子子路在遇到荷蓧丈人之后所说的：

子路曰：“不仕无义。……君子之仕也，行其义也。道之不行，已知之矣。”（《论语·微子》）

君子要“行其义”，做该做的事情，所以他们师徒不畏艰险地奔走、知其不可而为之，这不仅仅出自他们作为传统文化热爱者的热忱，更是一种传承传统的方式方法。

世界儒学大会上这么多专家学者齐聚一堂、著作等身，其实也是“述而不作”，述的是孔子为代表的儒家贤圣的学说。我们的偶像是孔子，孔子的偶像是周公。至于周公的偶像，因为历史资料的稀缺，我们无从得知，但是毫无疑问的是，他的大智慧当是周民族的文化传统，也是一种传承。远古而周民族、而周公、而孔子、而两千多年来无数儒学大家、而儒学大会，也是在传承这个体系。

“述而不作”四个字后面还有四个字，叫作“信而好古”，是孔子的文化自信的表现。他学习了很多典籍，终身都在学习，习得六艺，世间知识涉猎广泛；也周游了列国，看到各种制度方法，对于当代的思想风潮、制度变革了然于心。他从来没有动摇过，而是更加坚定了自己的文化自信。所以，他才讲学不辍；然后，才有了我们今天膜拜无已的万世师表。我们今天接力于他的，不仅要接住“信而好古”的文化自信，也要接住他“述而不作”的践行精神。

二、“述而不作”强调实践

孔子的传承方法——述而不作本身，强调的是儒学的实践意义，而非文本的、学术的意义。所以孔子学说的核心经典《论语》中，充满了生动的实例教学。仅以《雍也》篇来看：

> 宰我问曰：“仁者，虽告之曰井有仁焉，其从之也?”子曰：“何为其然也?君子可逝也，不可陷也；可欺也，不可罔也。”（《论语·雍也》）

宰我的问题很具体，反映的是他还有很多人对于“仁者”这个形象理解不当的普遍现象，孔子的回答充满智慧，也具有非常好的现实针对性。

> 子曰：“贤哉，回也！一箪食，一瓢饮，在陋巷，人不堪其忧，回也不改其乐。贤哉，回也!”（《论语·雍也》）

他对于颜回居于陋巷、箪食瓢饮的赞叹，是通过对于具体人物的表彰来给其他学生树立一种正确的人生观。

> 子谓子夏曰：“女为君子儒，无为小人儒。”（《论语·雍也》）

这分明是针对社会上充满了小人儒的倾向的一种有意识的反拨。

> 子曰：“孟之反不伐，奔而殿，将入门，策其马，曰：非敢后也，马不进也。”（《论语·雍也》）

人物故事取自于生活，那个不肯矜夸的君子形象跃然纸上。

> 季康子问：“仲由可使从政也与?”子曰：“由也果，于从政乎何有?”
> 曰：“赐也可使从政也与?”曰：“赐也达，于从政乎何有?”
> 曰：“求也可使从政也与?”子曰：“求也艺，于从政乎何有?”（《论语·雍也》）

人的个性与治理政事的关系，在这里十分辩证。

> 子华使于齐，冉子为其母请粟。子曰："与之釜。"
> 请益。曰："与之庾。"
> 冉子与之粟五秉。
> 子曰："赤之适齐也，乘肥马，衣轻裘。吾闻之也，君子周急不继富。"

一场关于如何使用奖励、如何合理去周济的生动教学。

《论语》作为以孔子为核心思想家的儒学重要经典，它本身的著述方式就透露了这样的信息：要在生活中践行孔子的思想。

这个传统，从汉朝的经生恢复经典开始，一直没有中断过，直到民国时期，历代的儒学大家，或者那些经世致用的名臣大将，无不是学问、人品都可圈可点的人物。所以，儒学在中国，从来都既是一种学术、一门学问，也是知识分子修齐治平的修行指南，一直没有离开它的实践意义。无论是汉代举孝廉，还是隋唐开科取士，历代读书人既要利用经典来干禄，也要在这个过程中，不断用经典的精神做自己的导师，期望自己早日成为圣人所言的君子，兼善天下。

三、当代国学热应如何从儒学汲取智慧

当代国学是一个复杂的概念，因为使用情况复杂，这里就不具体辨析它的内涵和外延。而无论怎么解释这个概念，中华民族传承数千年的儒学传统总是包含在其中，也根本是其主要内容。

近年来，国学成为外语、艺术之后的第三大教育培训热点，这是令人欣喜的现象，也有不容乐观之处：在社会层面，因为传统文化传承体系中有一个百多年的断层，人物凋零，严重缺乏师资。虽然书籍很丰富，但是能正确解读书籍的人却不够多，与巨大的需求形成了反差。这个巨大的反差，带来很多负面的东西。各种匆匆上马的国学教育机构，各路真真假假的专家学者，一时间泥沙俱下，带给时代的文化影响也必然是积极与消极并存。当代媒体的空前普及，也使得这种影响发挥起来力量特别大，速度特别快。说《论语》、讲《老庄》，诗词大会，都起了普及的作用，但也播下了不少莠草甚至毒草。在最重要的学校教育层面，刚起步的还有些不知所措，不知道这算是教学大纲里的哪一种诉求；见机较早，看得比较透的，则毫不犹豫地听从于高考这个唯一的指挥棒，把国学作为新的敲门砖之一。当然，中小学普诵《三字经》《千字文》，中学语文课本增加中国传统文化内容的分量，于普及而言，功不可没，但是，最重要的，儒学作为践行的学问，仍然没有归位。这应该都是当代人的共识，这里就不

展开说。

改革开放三十年多来，中国经济腾飞，人民生活富足，富国强兵，已经不是梦，而是现实。这是社会现实的一个方面。另一个方面，世间人对于功名富贵的热衷追求，超越了一切的伦理道德，而且愈演愈烈，在很多领域，可以说到了目不忍睹的程度。比如学术腐败，知识分子、人民教师，公然盗窃他人的学术成果；比如法大于伦理，父子兄弟可以上电视析分家产，大打出手；比如笑贫不笑娼；比如欠债的才是爷；比如“我爸是李刚”；比如国家级领导成为打击腐败的对象……乱象横生，让人不禁感叹：这个时代怎么了？这个时代还会好吗？

孔子说了很多话来针对这个问题，随便举几个例子：

> 子曰：“饭疏食饮水，曲肱而枕之，乐亦在其中矣。不义而富且贵，于我如浮云。”（《论语·述而》）
>
> 子曰：“富而可求也，虽执鞭之士，吾亦为之。如不可求，从吾所好。”（《论语·述而》）

在孔子的时代，功名富贵也是无数人追逐的目标，也是乱象迭出，所以孔子悲叹过“天丧斯文”：

> 子畏于匡，曰：“文王既没，文不在兹乎？天之将丧斯文也，后死者不得与于斯文也；天之未丧斯文也，匡人其如予何？”（《论语·子罕》）

但是孔子在这样的乱象中，依然坚持，他觉得自己看到了这个“斯文”，就证明自己是要传承“斯文”的人。而这个“斯文”能不能承续下去呢？即使匡人逼得他走投无路，他依然相信天不丧斯文。

所以，这个时代会好起来还是不会好起来，斯文在兹的传承问题，完全在于今天已经“与于斯文”的一批人有没有决心和信心，这应当是今天国家层面高喊的文化自信的内涵之一。

而光是有自信，没有办法，问题也是解决不了的。孔子给他的时代开出了药方（可惜那个时代肯吃这个“药”的人很少，所以没有起到太多的作用，但是斯文毕竟传下来了）。仅以《论语》为例，孔子也给我们的时代开出了药方。我把它归结为两个层面：

1. 社会层面的价值观取向如何调整？

2. 个人的价值观如何定位和实现？

孔子“罕言利”（《论语·子罕》），也拒绝跟卫灵公这样无德的君主谈军事，说明他认为社会层面、国家层面不宜推崇利益、不宜只重军事；他赞美的君主，如“三以天下让”（《论语·泰伯》）的泰伯，如“卑宫室而力尽乎沟洫”的大禹（《论语·泰伯》），都是把个人的富贵、利益完全放在百姓之后，放在真理之后，这与孔子推崇的颜回是一样的，也是孔子自己所居的：“欲仁而得仁，又焉贪?”（《论语·尧曰》）

孔子说了很多话，归结起来其实很简单：当全社会都在不推崇谈利益，领导人、公务员都是泰伯和大禹那样的人，所有的人都求仁得仁，那些乱象自然无从生起。虽然无法奢求百分之百的实现，却也可以推动一个时代产生崇德尚义德的思潮，转变全民言利的败德气象。而后，社会层面的问题解决了，个人的价值观如何确立和实现，也就不言而明了。这两个层面的问题，其实解决了一个就解决了另一个，是总和分的关系。

孔子每到一个国家，首先要去游说君主；当代的文化建设，也要从国家层面来着手。百年人生很短暂，如何在未来的国家主人身上推行传统文化的传播和教育，是最要紧的事情。我们虽然不能重复汉代的举孝廉制度，也无法完全取消高考的选拔机制，那就要从思想层面，释放我们一直以来都紧紧抓住不放的所谓“成功教育”，重新定位成功的人生，把经典里的仁义礼智信通过国家机器的力量，层层输入，直至个人。

如果不能实现儒学在践行层面的这些需求，我们谈多少次儒学的价值，也都无济于事，甚至有可能让儒学一直传承不绝的火光断灭在当代。

我所了解的现代私塾教育

袁　彦
广东私塾联谊会会长

一、现代私塾教育绪言

私塾，一个熟悉而又陌生的名词，一次次不经意间出现在我们的视听中，又一次次地咫尺天涯，恍若隔世。曾经，她主导了中华民族两千四百余年的国民基础教育，培养出圣贤豪杰无数，为中华民族的生生不息源远流长奠定了基础，缔造了中华帝国汉、唐、宋、明的盛世梦华；曾经，她是教育的代名词，是国民公认的教育模式，是每个人接受教育的必经阶段。然而近一百年来，她却如同她所承载的儒家文化一起，被冠之以“落后”“封建”“阻碍进步”等莫须有罪名，逐渐淡出人们的视野，拉下帷幕，成为历史的绝响。

一直到1995年，在大陆，伴随着九位老人的呼吁，以及后来海峡彼岸季谦先生（王财贵先生字季谦）的全力推广，曾经作为私塾教育核心内容的“四书五经”，涅槃重生，又一次出现在了人们的视野中，天道往复，否极泰来，虽然此时私塾的形式尚未兴起，私塾的内容却日渐受到有志之士的重视，显现出其不同寻常的魅力。

全球读经教育首倡者季谦先生说：“既然花一点时间，读很少一点内容，都有孩子成绩提升品德进步的优异效果，倘若花更多时间，读更多内容呢?”

或因孩子学校应试成绩不佳而无助，或因对于孩子管教无力而迷茫，或因对于人生、工作与早年所受教育的反思，或因宗教信仰本来熟悉读经之传统，总之，这四类人士成为读经教育的最先响应者与实践者。于是，或独自在家教孩子，或者数个家庭联合组成一个小家塾，这便是现代私塾的雏形。

二、现代私塾的发展历程

随着读经教育推广的日渐深入，对于被误导了近一个世纪的中国人来说，其冲击力可想而知。从1995年到2004年，十年的积累终于导致关于读经教育的第一次全国性大讨论展开，而主题正是“为什么要读经?”2006年，随着“孟母堂”风波的持续发酵，现代私塾经过数年的扎根，第一次正式通过各种媒体，出现在公众眼前，同时也预示着现代私塾教育正式问世。

然而此时，现代私塾在理论实践上除了有南怀瑾先生关于古代私塾教育的只言片语和季谦先生所提出的一套儿童读经教育理论之外，现代私塾的实践者们并无任何具体的成法可依傍，于是各个私塾无论规模如何，在教学上皆处于摸索阶段。

一直到2008年夏，早期有学佛经历的山东赵升君先生，在仔细研读过季谦先生的儿童读经相关资料后，经过一届夏令营的集训实践，提出了“老实大量”读经原则，并很快受到了季谦先生的赞许和推崇。现代私塾教育从八仙过海各显神通的无序阶段，随着季谦先生的演讲所及，渐渐回归到以读真正经典，多读遍数，多背字数，多读时间为原则的“老实大量”阶段，而赵升君先生所创办的现代私塾也成为全国私塾的模范，其本人则被季谦先生赞许为“比王财贵更了解王财贵读经理念的人”。

与此同时，深圳梧桐山，一个远离闹市的山村，因有季谦先生多次驻足作读经演讲，吸引了数十上百所私塾的入驻和许多慕名而来的家长学生，成为全国读经教育重镇，名扬四方。

赵升君先生之私塾在季谦先生的演讲推介下生源不断，当然作为回报，赵先生也更加用心地贯彻着“老实大量”的读经原则，甚至完全搁置识写字，禁止阅读，取消周末，取消才艺，唯以学生之背诵字数为准。一时间，全国各地私塾前来参观学习者络绎不绝，纷纷效法。

当然也有少数较为特立独行的私塾，并不以为然，在孩子读经同时，兼顾着才艺与基础知识教导，一般会被“老实大量”的学堂讥笑为“不老实不大量”“对读经理念不了解”。

一直到2010年，随着赵先生“七节五轮法”问世及全国读经夏令营的联动，在以背诵经典字数为标准的考核体系下，“老实大量”读经可谓登峰造极，全国私塾高歌猛进，处处“老实大量”，孩子的包本字数，成为现代私塾读经家长最关心的事情，也成为读经老师评价学生的唯一标准。

然而，随着背诵字数超过二十万（注：此为季谦先生规定的中文经典背诵字数）的学生日渐增多，却并未出现季谦先生在读经推广中所说的种种效果，依然有迷恋电游的，行为乖张的，人生迷茫的，不知经典为何物的，对圣贤全无感觉的，乃至一些从小读经的孩子在识写字等基础知识能力方面严重滞后，尚且不及上体制的同龄人。

久久的困惑不安，直到2012年中华吟诵学会秘书长徐健顺教授，在采录吟诵资料同时了解过数百位读过私塾的老先生的读经经历后，一篇十数万字的皇皇大文《我所理解的中国古代教育》横空出世，详细介绍了清末民初私塾教育的具体细节，这让身处迷茫中的赵先生如同看到了曙光，于是，赵先生的私塾开始向以“吟诵、训诂、一对一”为原则的古代私塾教学法调整。

作为全国"老实大量"领军人物，赵升君先生的突然转向带动了许多追随者一起转向，直接导致了以季谦先生为首的读经界的地震，许多新人瞬间不知该何所适从，原来的"老实大量"私塾开始分裂为两大阵营，在网络和现实中激烈论辩，前者旨在反思矫正，而后者则重在维护权威。

与此同时，以同样有着佛教信仰的广东程云枫先生为代表，坚决拥护季谦先生的儿童读经理论，并正式以包本录像为教学成果，在季谦先生的力推下，逐渐取代了赵升君先生在读经界的位置。尤其随着2013年10月文礼书院在北京开班，20万中文，10万英文的包本录像入学标准再次得到强化，以"纯读经，三十万，上文礼，成大才"为口号，以程云枫先生为核心的纯读派强势崛起，而吊诡的是，文礼书院第一批十二名新生，有十名竟来自赵先生学堂。只可惜代表读经反思声音的赵升君先生，因对古代私塾教学法的实践尚在完善中，故一时并无显著成果可以拿出，慢慢被边缘化，其声音也被彻底淹没。

2014年9月，《南方周末》刊发题为《十字路口的读经村》文章，专题报道深圳梧桐山之私塾目前在教学与生存方面面临的诸多困境，使得许多从事私塾教育多年的堂主老师突然意识到，文章所提到的诸多问题尤其教学方面与自己学堂的竟如此相似。于是，随着时间的推进，更多曾经"老实大量"的堂主开始反思，发出不同的声音，而"纯读经"的堂主和支持者们则开始组成讲师团，巡讲于全国各地，介绍着他们的读经妙法。因其入门简单便于操作直通大才，吸引了越来越多的人加入其中，并为之摇旗呐喊。结果便是开始反思的私塾危机重重，而宣传纯读的私塾则生源广进。在名不见经传的诸位私塾堂主与名闻天下的季谦先生之间，一般人会毫不犹豫地选择信任后者，纯读经的信息铺天盖地，无处不在。

2016年初，以《读经十年行思录》为引子，以《为现代私塾读经教育告世界人士宣言书》为代表，广东私塾联谊会副会长袁彦先生，山东铭谦学堂吴亚波先生，沈阳齐谦学堂孟庆锋，上海悦谦学堂蔡锋英女士，盐城明德学堂田亚坤先生，天台乐学堂吴军祥先生，率先开始了对于多年来"老实大量"及当前"纯读经"模式的反思批评，并多次举办交流会。尤其上海同济大学柯小刚先生一篇题为《当代社会的儒学教育》的演讲，因涉及对纯读模式所导致诸多现象的批评，引来众多纯读支持者攻击，柯先生的持续回应拉开了全国关于读经教育的第二次大讨论，而这次的主题是"如何更好地读经"，季谦先生和文礼书院一度被推到风口浪尖上。这次讨论被认为是大陆儒家内部的一次集体发声，也是对季谦先生"老实大量纯读经"模式的正式表态。

三、现代私塾的不同模式

随着对古代私塾教学法了解的不断深入，越来越多的早期实践者发现，季谦先生所倡导之读经教育理论实践，系其独创，虽有其文化荒芜时期的不得已，然其流弊也很严重。对于古代私塾教学法的回归成为觉醒者们的共识。于是，现代私塾已经分化成两大派别，即纯读派和非纯读派。

纯读私塾的理论实践模式，显而易见简单易行，那便是尽力落实季谦先生的儿童读经教育理论，以达到入读文礼书院三十万字中英文包本录像为目标，每日除了必要的体育活动，读经时间均在八小时以上，诵读内容便是季谦先生早期编订的中英文读经教材。一般不开设识字、写字、阅读、作文、数学、才艺等基础课程，坚信只要背诵三十万字经典，这些都会迎刃而解。即使不会，送到文礼书院，季谦先生也会轻易解决。当然也不会安排有助于理解经典的课程，认为这样会过早开发学生聪明，导致学生不能再安心读经，容易流于表现和肤浅。坚信趁着学生年龄小，记忆力好，只管多读多背经典才是最高明的教育模式。对于先行者反思的声音，只是一句“他们不了解教授读经理论”以否决之。个别私塾为了能够教学生尽快包本，以突显其教学成果，赢得家长安心和生源稳定，在教学过程中惩罚手段甚是严厉，常有学生或身体或心灵受到伤害而半途退出。而随之伴随多数家长而来的，便是对现代私塾教育的失望，又硬着头皮送孩子回到体制去了。少数家长，依然抱着纯读包本成大才的梦想，继续送到另一家纯读学堂，而反思到可能是读经方式不对的个别家长，则会送孩子到非纯读的私塾继续学习。如此纯读模式的现代私塾代表性的有明德堂，昆山臻谦学堂，黄河孔子学堂，北京千人行书院，沈阳新谦学堂等。

纯读经的模式只有一种，非纯读经的现代私塾模式则可谓是百花齐放，然大致可归为两类，一者老实大量模式，一者古代私塾教学法模式。

季谦先生曾言，“凡一日读经时间在四小时以上者，皆可谓之老实大量读经。”故凡基本遵循季谦先生读经理念，每日读经时间接近此标准之私塾皆可归于此类。这类私塾或因对“纯读经”信之不及，或因对之前的“纯读经”模式有所反省，故在读经方法上基本遵循老实大量原则，一般不涉及解经，或涉及很少，只是多读多背，同样以背诵字数作为标准。然鉴于对纯读经不良后果的警惕，或对于孩子全面发展的重视，在读经之余，会有识写字、阅读、才艺、体制等课程的开设以作为补充。于读经则定位为更好的语文教育方式。这类私塾既有实践较久，形成成熟体系并成果斐然深受家长信赖的私塾。也有尚且处于摇摆中，既可能转向纯读模式，也可能转向古代私塾教学法的私塾。虽然此模式总体而言从学习效果上可谓博而难精，然较之纯读模式，对学生却无伤害及副作用。这类模式代表性的有上海孟母堂，福州南山学堂以及遍布全国的伏羲学校。

至于古代私塾教学法模式，目前大致可分为两派：一者宗汉儒，取其义；二者宗清儒，取其法。这两种模式在国学之外的课程如基础知识与才艺方面教学方面基本相似，乃至在教学方法上都基本相似，最大的区别乃在于教育内容与学习次第方面。

前者因宗汉儒义理之教，故重视解经读史，经史合参，以汉唐以来的《十三经注疏》为标准解经系统，以读史作为读经教育的重要补充。在教学过程中大体遵循古代私塾教学法，强调因材施教、循序渐进、读解并行、目标管理、正确复习五个原则。在识字上实践因文识字，即掌握汉字在文章中涵义即可。虽亦学习《弟三百千》《幼学琼林》等蒙学，但只是作为一识字词、了解常识典故、提升文言能力与亲近经学的途径。其中更有先行者参照中国近代私塾与韩国私塾所用教材，直接回归到使用《十三经古注》为经学教材，实行经注齐背的教学法。如此私塾代表性的有崇儒塾教体系的曲阜崇儒学堂，沈阳齐谦书院，上海悦谦学堂，天台乐学堂等。

后者则结合清末民初以来有私塾教育经历的老先生的指引，在教学次序、方法与内容上完全恢复有清以来的私塾教学模式，强调先通过《说文解字》《广韵》《尔雅》掌握常用汉字音形义，然后读经，则易于理解，在读书方法上强调要吟诵，重视诗词对联才艺教学，对于解经之标准系统并无特别分别，一般用宋儒解经系统。代表性的有莱州东莱国学，深圳梧桐塾，海印古小学体系等。

纯读与非纯读两种模式之分际，总而言之，从依据上，源于对人类理解力发展规律的认知不同所致，前者认定理解力不需照顾会自然发展，兼顾理解会阻碍记忆，而后者则认定理解力同样需要照顾，且两种学习能力是相辅相成的。从情感上，前者则是坚定维护季谦先生之读经理论，后者则是择善而从，遵守“吾爱吾师吾更爱真理”。

笔者以为，从理论实践的合理可行而言之，将来民间私塾较成熟的模式主要以古代私塾教学法指导下的两种模式为主。

四、现代私塾的当前困境

现代私塾因始自民间关心教育父母对子女教育现状之不满，对体制教育之失望，对传统经典教育之认可，所发起的一场教育自救运动。既无政府财政支持，又无法令保障，故自从诞生之日起，便困难重重，艰难前行。从社会及家庭成员的不认可到逐渐认可，从教育相关部门严令封查到个别地区逐渐允许以合法身份存在，现代私塾犹如石上开花，在固若金汤的中国公办教育体系之外另辟蹊径，终于打开了一个新的局面。

时至今日，现代私塾已经走过了至少十五个年头，然全国私塾所面临的诸多普遍性困境依然存在，同时也制约着私塾的发展和完善，兹梳理主要五方面以作说明。

（一）资金短缺

现代私塾除个别创办者有雄厚财产外，大多皆由只凭一腔热血与教育情怀的人士所创办。一切的支出都有赖于学生之学费支撑，学生少，固然艰难，学生多，则需扩大场地，稍有建设，资金又捉襟见肘。外界常批评现代私塾收费高，然所谓“不当家不知柴米油盐贵”，不同于公办学校由政府财政支付一切开销，现代私塾的日常生活，硬件维修，房租，教师工资等每一项开支都必须由办学者负责，故大多数现代私塾基本生活在收支勉强持平的边缘线上，生源的质量也因此受到制约。若非坚定不移的信念与情怀，就商业的眼光来看，这绝对是个吃力不讨好的生意。

（二）师资薄弱

由于现代私塾有限的工资支付能力，以及半个世纪来国学教育的全面缺失，无论是专业的国学教师，或者是教基础知识的普通老师，很少有人愿意放弃体制待遇而来私塾从教。所以私塾的师资力量主要靠自己培养，在此过程中难免对教育的成效有影响。迫于现实物欲竞逐的生存压力，很多老师因理想而选择私塾，往往又因现实而离开私塾。季谦先生所倡导的“老实大量纯读经”所以能够风靡全国，广受堂主老师热捧，既因其“只要认识拼音就可以当读经老师”的低门槛，又因其“只要包本三十万，我都可以培养他成大才”豪言壮语，这样的教学模式，对老师的要求可以极低。

（三）生源流动

导致生源流动而不稳定的原因主要在于家长对于读经教育的了解不够容易动摇，以及对孩子未来前途的担忧。一般家长，自己并未接受过真正的国学教育，突然听说有一种读经的教育可以教孩子品德端好，成绩提升，乃至成为中西贯通的大才，于是便不假思索地送孩子去上私塾了。而在现代私塾教育圈，先不论哪一种教育理念是对是错，往往谁的宣导力度越强，谁越容易受到追捧信任，学生越容易涌向哪个私塾。又，在小学阶段，鉴于小学的学习内容简单，故可以让孩子休学数年读私塾，然一旦接近小升初阶段，一边是大学和文凭，一边则是未可知，大多数家长便没有了继续让孩子读私塾的勇气。另，各个私塾之师资力量也是良莠不齐，由此所导致的学生在一个私塾的学习状态良好与否，也是家长选择私塾的重要依据。这三方面原因共同造就的结果便是，私塾学生普遍流动性大，能持续在一个私塾读三年以上的学生很少，当然私塾教学的成效，堂主老师的付出，往往也会随着学生的离开化为乌有，一切又要重新开始。

（四）政策无助

正因为目前尚无任何一个法令保障现代私塾的合法性，也没有任何一个政府部门作为现代私塾的负责部门，所以现代私塾处于法律保护的边缘，随时可以被以“违法办学”的名义取缔。而对于那些有广大家长群体支持的私塾，则需要再换个地方接着办了。又，因体制学校的学籍统一管理，对很多家长来说，入读私塾便意味着放弃体制，而读过私塾的学生想回到体制学校，则是困难重重，也极大制约了公办体制与民办学校之间的自由选择与互通。

（五）龙蛇混杂

因为缺乏法律的保护与相关部门的主导，所以现代私塾从理念到实践，都缺少一个最大的公约数，往往各自为政，各行其是，甚者更有宗教信仰掺和其间，偏离了基础教育的正道。而私塾的办学水准直接决定于办学者的学问见识，个别私塾创办者的极端偏执做法不但会伤害到前来求学的孩子，一旦曝光，又会使整个私塾界蒙受影响。加之当下时代普通民众的易于盲从，不能真正实现优胜劣汰，往往谁的宣导力强，便可鼓荡人心。外人却很难分辨谁是真的办学，谁根本是个外行。最后，哪个家长能找到真正的私塾，只能取决于其见识和运气了。

五、现代私塾的未来展望

截至2016年，据统计，全国大大小小的私塾已有3600余家，由季谦先生直接命名的私塾已超过800家，上述五方面困境在大多数私塾未来数年内将继续存在，现代私塾依然要在重重困境中艰难前行，良莠不齐的现象短期内也难以避免。

然整体而言，无论教学理论实践为何，现代私塾的师长们都在为“中国梦”的实现拼搏着，为“回溯源头，传承命脉”努力着，都在用自己的方式，推动着以儒学为核心的传统文化之复兴，致力于和谐社会之重建。希望能够以私塾教育这种中国固有且延续两千四百余年的教育模式，在新的时代里，为国家社会培养出一批批栋梁之材，服务于中华民族的伟大复兴，服务于现代中国之重新崛起。

作为民间自发的与中国古代私塾教育一脉相承的现代私塾教育模式，随着时间的推移与实践的深入，必定会有越来越多的堂主老师加入到回归古代私塾教学法的行列中，也会有越来越多的家长通过自我学习深明私塾教育的道理和意义，使孩子接受正确的私塾教育。现代私塾正因其自发性与主动性，所以能够轻易地自我完善提高。

现代私塾合乎人性的教学方法及其优异教学的成果，将日渐显现，助力于公办体制学校的改革，而现代私塾所培养出的优秀人才，也将走进社会各个领域，施展他们的才华，贡献他们的力量。现代私塾教育又以其便利条件，通过学生影响着其家长对于传统文化的了解和认同。并以其顽强的生命力，终将获得其真正的合法身份，扎根于中国乃至全世界所有有华人的地方，作为中国现代教育的重要组成部分，以传统文化为基础教育的主要内容，与不断改革中的体制学校，共同构成中国现代教育的完整体系。

中、和、乐 vs 真、善、美

——略论东亚价值系统

郭 沂
韩国首尔大学哲学系教授；曲阜师范大学研究员

随着20世纪下半叶亚洲四小龙的经济腾飞，东亚价值就一直是人们所关注的一个焦点。然而，时至今日，什么是价值？什么又是东亚价值？它与西方价值的关系如何？这些前提性的问题似乎都不明朗。另外，真、善、美为三大基本价值范畴，早已成为常识。然而，大约七十年前，钱穆先生就指出："其实此三大范畴论，在其本身内涵中，包有许多缺点。第一，并不能包括尽人生的一切。第二，依循此真、善、美三分的理论，有一些容易引人走入歧途的所在。第三，中国传统的宇宙观与人生观，亦与此真、善、美三范畴论有多少出入处。"① 遗憾的是，这个重要问题至今也没有得到妥善解决。有鉴于此，笔者愿略述己见，以就教于大方之家。

一、价值及其类型

让我们首先探讨一下什么是价值，其实质是什么。

就像许多重要的哲学概念一样，学者们对价值的理解也是千差万别的。愚见以为，所谓价值，就是对人的存在最具关切性和重要性的理念。这里的人，既指具体的个人，也包括由个人组成的诸如社群、种族、国家乃至人类等不同层次的共同体。由对价值的判断和选择所形成的观念就是价值观。

什么是人的存在？我认为人的存在可以分为自下而上的四个层面，一是生物存在，二是社会存在，三是精神存在，四是信仰存在。人是以生命作为存在形式的，故在这个意义上，这四个层面又可分别称为生物生命、社会生命、精神生命和信仰生命。在这里，我之所以将信仰从精神中分离出来，主要是因为它同精神的其他方面处在不同

① 钱穆：《人生十论·适与神》，见《钱宾四先生全集》第39卷，第11—24页，联经出版事业公司1998年版。下引钱说，皆见此文。

层面上。可以说，信仰是人类精神生命的最高形式。

这四个层面之间是环环相扣、密不可分的：从客观上看，它们之间是递为体用的关系；从主观上看，它们之间又是递为目的与手段的关系。即除了信仰生命为纯粹的体和目的、生物生命为纯粹的用和手段之外，精神生命相对于信仰生命为用和手段，相对于社会生命则为体和目的；社会生命相对于精神生命为用和手段，相对于生物生命则为体和目的。

如此看来，这四个层面对人存在的意义是不同的，其中信仰生命是最高之体、最高目的，或者说是生命的最高形式，其次是精神生命，再次是社会生命，至于生物生命，则是纯粹之用、纯粹手段。如果说只有目的才能体现意义和价值的话，那么生物生命就不具有意义和价值的属性。也就是说，只有信仰生命、精神生命和社会生命才能体现价值，而生物生命则不在价值论讨论的范围之内。

关于这个问题，早在两千年以前，孟子已经做了很好的阐述。他笼统地把人之为人分为"大体"和"小体"两个部分："体有贵贱，有大小。无以小害大，无以贱害贵。养其小者为小人，养其大者为大人。""耳目之官不思，而蔽于物。物交物，则引之而已矣。心之官则思，思则得之，不思则不得也。此天之所与我者。先立乎其大者，则其小者弗能夺也。此为大人而已矣。"（《告子上》）这里的"小体"为"耳目之官"，大体则指仁义礼智"四端"。用我们今天的话说，"小体"是生物生命，为人和动物所共有；"大体"则是精神生命，只有人才具有，是人之为人的本质。不难看出，在孟子看来，只有"大体"即精神生命才能体现人之为人的意义和价值。

人的存在既然分为生物生命、社会生命、精神生命和信仰生命四个层面，那么能够满足这四种生命形式之需要的事物则是对其具有关切性和重要性的事物。显而易见，能够满足人的生命四个层面之需要的事物分别为物质世界、社会文化、精神文化和信仰文化。其中，物质世界所满足的是人的生物生命，而作为用和手段的生物生命难以体现人之为人的价值，因而物质世界不具有价值的属性。这样一来，对人的存在真正具有关切性和重要性的事物为各种社会文化、精神文化和信仰文化。因此，价值就是体现在社会文化、精神文化和信仰文化中，对人的存在最具关切性和重要性的基本理念。

存在于信仰文化、精神文化和社会文化中的价值，可以分别称为信仰价值、精神价值和社会价值。这正是价值的三种类型和三个层面。

二、信仰价值

信仰是人的最高存在形式。什么是信仰呢？在我看来，信仰就是对生命根本意义的坚信与景仰，由此可以获得心灵的最高自由、最高自在、最高快乐、最高满足、最高安顿。可以说，它体现了生命的终极关怀，是生命的巅峰状态或巅峰体验，也是人最终的、真正的精神家园。因此，信仰一方面体现了人存在的最高意义，另一方面也为人的存在提供了最可靠的保障。显而易见，这是每一个人、群体、民族乃至人类整体所追求的最高目标。在过去，人们似乎很少从价值论的角度去讨论这种人的最高存在形式，所以也没有一个大家都认同的概念来表达它。在这里，我把这种价值称为“安”。“安”字的本义是，家中有女人，因而安宁、安静、安定、安心、安顿，这当然是站在男子的角度说的。由于信仰所体现的生命巅峰状态是人类真正的精神家园，因而用“安”字来表达处在这一精神家园中人们精神的最高自由、最高自在、最高快乐、最高满足、最高安顿的状态是恰当的。这才是价值的最高形式，才是终极价值。

人们一般将信仰与宗教等同起来，这是对信仰的极大误会。宗教并不等同于信仰，而是培育和树立信仰即安的价值的途径和方式。不过，我以为除了宗教之外，至少还可以通过五种途径来培育和树立信仰乃至达到心灵最高自由、最高自在、最高快乐、最高满足、最高安顿的生命巅峰状态，从而实现安的价值：一是自心了悟的路径，像庄子提到的“心斋”“坐忘”，佛教谈的“顿悟”，都指不需要任何的凭借，而是通过人自身，也就是人的内心体悟便可达到这种状态；二是各种身心修行的路径，各种有关人生的学说都有这种讨论，比如宋明理学的功夫论、佛教的渐修论等等，都属此类；三是道德的路径，通过伦理道德修养达到这种状态；四是审美的路径，也就是说，通过欣赏和领略大自然之美、人文之美，也可以到达这种状态；五是教育的路径，即通过教育来启迪通往信仰之路。其中，第一种路径是人心无所凭借、直截了当的对生命根本意义的彻悟和洞察，是最高超的觉悟路径。其他四种路径虽然分别借助于修行、道德、审美和教育，但仍然是依赖人心自身的认识能力。因而，这五种路径都是通过人自身、依恃人自身来实现的。在这个意义上，我把通过这五种途径来实现的信仰称为恃人信仰。相对于恃人信仰，我把通过宗教路径来实现的信仰称为恃神信仰。

恃人信仰和恃神信仰共同造就了信仰文化。就各大文明系统的情况看，东亚文明恃人信仰和恃神信仰并行而以恃人信仰为主，而其他文明则多对恃神信仰情有独钟。

值得强调的是，恃人、恃神只是培养和树立信仰路径的不同，最终的目标则是一致的。好比从不同方向、借助不同的手段爬同一座山，虽然路径不同，但最终所达到的是同一个顶峰，即我所说的安的价值。正所谓道通为一。只不过各家对这同一个顶点称谓不一，晚年孔子谓之易（代表孔子晚年思想的《易传》有“易有太极”之语），后儒谓之天，道家谓之道，佛教谓之真如，基督教谓之上帝，伊斯兰教谓之真主，如此等等，其实一也。《易》曰：“天下同归而殊途，一致而百虑。”

总之，对安的追求，是各种人生学说所追求的共同目标。就此而言，安可谓人类共同价值。

三、精神价值

在我看来，精神文化主要包括三个方面，即道术、道德和艺术。其中道术一词来自《庄子 · 天下篇》，这里指探索人道究极真理所形成的文化现象。

与信仰价值不同，精神文化具有很强的民族性。我认为，真、善、美三大基本价值范畴属于精神价值，所代表的正是西方核心精神价值，三者分别是西方文明对道术、道德和艺术所体现的基本理念的总结，而在西方文化中，道术主要表现为科学，因此科学真，道德善，艺术美，就成了人们对真、善、美三大价值范畴与精神文化关系的标准表述。

科学有广狭两义。狭义的科学为自然科学，广义的科学还包括社会科学和人文科学。不过，人们一般用其狭义，这也是人们对“科学真，道德善，艺术美”断语中“科学”的理解。问题是，自然科学所探讨的是物质世界的究极真理，而物质世界是不具有价值属性的，因此，在这个意义上科学之“真”便非价值，更不应该成为基本价值范畴。

尽管如此，这并不意味着西方人就缺乏探索人道究极真理的道术。其实，西方的道术恰恰存在于为人们所忽略的人文科学和社会科学中，这是他们探索人道究极真理的结果。因此，如果我们在广义上理解科学，那么“科学真”的判断还是成立的。

作为来自西方文明的真、善、美是否像人们所想象的那样，是人类的共同价值呢？回答是否定的。

我们承认，作为价值，真、善、美在各个文明中都是存在的，但不一定是各个文明核心的精神价值，至少它们并不是东亚文明的核心精神价值。也就是说，虽然真、善、美在东亚精神价值中也很重要，但还构不成东亚核心精神价值。

什么是东亚文明的核心精神价值呢？我以为，在东亚文明中，足以担当核心精神价值之任的是中、和、乐三种价值。具体言之，就是道术中，道德和，艺术乐。

“中”即不偏不倚、适中、中正、中道、中庸，是东亚人人道真理观的最高体现，其地位高于“真”。从《论语 · 尧曰》篇看，早在尧舜禹时代，“中”就被当作核心价值与最重要的政治智慧代代相传：

> 尧曰：“咨！尔舜！天之历数在尔躬，允执其中。四海困穷，天禄永终。”舜亦以命禹。

其后，“中”又为夏、商、周三代的统治者奉为法宝。如《尚书 · 汤诰》曰：“惟皇上帝，降衷于下民，若有恒性。”[①] 蔡沈《书集传》曰：“衷，中。”[②] 据此，《汤诰》是说“中”由天所降，并成为人性。在最近出土的清华简《保训》中，我们又一次见证了文王临终传“中”于武王的场景。在这篇短短的临终遗言里，文王还叙述了帝舜探求“中”，以及商之先公上甲微施行“中”，又传之于汤的过程。

“和”即和合、协同、合作、亲和，是东亚文明中的最高道德理念，其地位高于“善”。《周易》乾卦《彖传》最早提出了“大和”的概念：“乾道变化，各正性命。保合大和，乃利贞。首出庶物，万国咸宁。”“大”，一本作“太”，二字通。朱子《周易本义》曰：“太和，阴阳会合冲和之气也。”在古代文献中，“和”有“会合”之义，尤其就阴阳二气的关系而言。这样一来，从朱子的解释看，太和包含两层含义，一是阴阳二气的会合、合一，二是阴阳二气的和谐、调和。太和也相应地拥有两个基本内容：一是万物合一，包括天人合一、人神合一、物我合一、主客合一等等；二是万物和谐，包括人与自然的和谐、人与人之间的和谐、人内心的和谐等等。

东亚早期的艺术精神主要体现在音乐之中，而音乐之“乐”与快乐之“乐”又是密不可分的。《说文》云：“乐，五声八音之总名。象鼓鞞。木，虡也。”可见，“乐”的本义是一种乐器，引申为“五声八音之总名”。音乐的功用是让人快乐，正如《礼记·乐记》所说：“乐也者，圣人之所乐也”；“乐，乐其所自生。”《庄子·大宗师》“回忘礼乐矣”。郭象注也说：“乐者，乐生之具。”因此，我们以“乐”为东亚最高艺术价值是符合事实的，其地位高于“美”。“乐”字大量出现在《诗经》等早期经典中，兹不赘述。

许多西方文化名人是抑郁症患者，甚至是疯子，但东亚文化名人都是乐观的和积极向上的，这首先要归功于乐的价值观。

总之，早在夏、商、周三代以前，中、和、乐就被奉为重要价值范畴，至春秋、战国乃至在后来儒、释、道三足鼎立的局面中，它们一直是各家各派共同尊奉的核心价值，分别体现了东亚人的真理观、道德观和艺术观，故三者以构成东亚文明的精神价值。

四、社会价值

社会价值也是一个民族或一个文明在漫长的历史中逐渐形成的，因而具有较强的

---

① 笔者认为，《尚书》各部分成书时代不一，其中只有《周书》属于原作，而《商书》是经后人加工整理的，其语言风格和部分思想观念和《周书》相近，故当定型于同时，即西周时期。故出于谨慎，本文将《汤诰》放在西周来讨论。至于《虞书》《夏书》，当由后人根据口头资料加以整理编纂，形成文字，其成书时代当在《周书》之后，但不晚于春秋末年。

② 国学整理社：《四书五经》，世界书局1936年版，第45—46页。

民族性。

一个世纪以来，诸如民主、自由、平等等等已经被当作普世价值为世人所接受。这些价值同作为信仰价值的安和作为精神价值的真、善、美不在同一个层面上，应该归之于社会价值。事实上，这些社会价值都是在西方历史中逐渐形成的，是西方的核心社会价值，并不能代表其他文明中的社会价值。

东亚核心社会价值有哪些呢？在博大精深的东亚文化中，社会价值不胜枚举，但要想从中选出若干最有代表性的核心价值，却并非易事，难免见仁见智。我认为，对最能反映东亚核心社会价值的思想文化体系加以提炼，是一条稳妥的途径。

数千年来，最能反映东亚核心社会价值的思想文化体系是道、儒、释三教，其核心价值分别是自然、仁义和慈悲。我以为，此三者可以作为东亚社会价值的代表。

老子的最高概念是道，但道是以“自然”为法则的。他说：“有状混成，先天地生，寂寥，独立，不改，可以为天下母。未知其名，字之曰道，吾强为之名曰大。……人法地，地法天，天法道，道法自然。”（郭店《老子》本）这意味着自然代表道家的核心价值观。“自然”的本义为初始的样子、本来的样子、本然。老子主张，世间万物，包括人、地、天、道，都应“法自然”，即依其本性而存在。就人的心态而言，要保持虚静质朴；就社会而言，要弃绝人为、谋虑等背离道、背离自然的因素；就政治而言，要无为而治。后来，庄子在老子“自然”的基础上，特别突出心灵的“自然”状态。

儒家的核心价值观，早在西汉时期的董仲舒已经归结为仁义礼智信五常，但如若从中再加提炼的话，我以为非仁义二字莫属。孔孟都将“仁”解释为“爱人”。孔子政治主张的基本倾向是德治，后来孟子在此基础上明确地提出仁政思想，而仁政的实质是重民、以民为本。义就是适宜、应当、正当。由这种含义，可引申出正义、公平的意思。如果说仁是一种内心欲求的话，那么义则更多地依据外在因素。因此作为一种价值观，仁义含有仁爱、仁政、民本、正义、公正等丰富的含义。

《观无量寿佛经》中说：“佛心者，大慈悲是。”《大智度论》则明确指出：“慈悲是佛道之根本。”据此，如果我们把慈悲作为佛教的核心价值，大概是不会有多大的争议的。具体言之，慈和悲的含义是不同的，正如《大智度论》卷二十七所说：“大慈，与一切众生乐；大悲，拔一切众生苦。大慈，以喜乐因缘与众生；大悲，以离苦因缘与众生。”慈是慈爱众生并给予他们快乐，悲是悲悯众生并拔除其苦难。看来，就像儒家的仁、义一样，佛教的慈、悲相辅相成的价值理念。

五、价值的民族性与世界性

以上我们从价值的三个层面大致地勾勒出了东西价值系统的基本轮廓，如下图所示：

价值类型	东亚价值系统	西方价值系统
信仰价值	安	
精神价值	中、和、乐	真、善、美
社会价值	自然、仁义、慈悲	民主、自由、平等

纵向地看，由于东西思维方式和文明形态的差异，东西价值系统具有不同的特点。首先，在西方分析性思维方式的影响下，西方价值系统的三个层面之间的界限还是比较清晰的，表现为中断性的特征；而在东亚整体思维方式的主导下，东亚价值系统的三个层面之间没有明显的界线，甚至你中有我，我中有你，表现为连续性的特征。其次，东亚价值系统立足于主观世界，可称之为“主观型价值”或“内在型价值”，西方价值系统立足于客观世界，可称之为“客观型价值”或“外在型价值”。

横向地看，在价值的三个层面中，只有作为信仰价值的安是人类共同价值，至于精神价值和社会价值，都具有鲜明的民族性。

既然如此，应该如何看待价值的民族性与世界性呢？

第一，世间的一切，当然包括人类价值，皆来自作为宇宙之本原、世界之本体的道体。道体是一个无穷无尽的价值源泉，人类对道体所蕴含价值的体认与发现也是永无止境的。任何人，乃至整个人类，对道体所蕴含价值的体认与发现皆不过以蠡测海，永远不可能穷尽它。迄今为止，人类对道体所蕴含价值的发现，包括各种信仰价值、精神价值和社会价值，不过沧海一粟而已。至于真、善、美，仅仅是西方的精神价值而已，既不能反映其他文明的精神价值，也不能代表信仰价值、社会价值两个价值层面，远远不能涵盖价值的全部。

第二，既然价值就是对人的存在最具关切性和重要性的理念，而所有人的存在形式即生命形式是相同的，因而从理论上说所有人对价值的需求也是相同的。在这个意义上，道体所蕴含的所有价值都潜在地适用于所有人。

第三，不同的人、不同的族群和不同的文明都是在现实生活和社会实践过程中逐渐体认和发现价值的。一方面，由于他们具有共同的价值需求，所以会不约而同地发现相同的价值，作为信仰价值的安就属于这种情况。另一方面，由于各种主观、客观条件的限制，他们也可能发现价值的不同层面，这就形成了价值的民族色彩，上文阐述的东西精神价值和社会价值就属于这种情况。

第四，这些具有民族色彩的价值，既是民族的，也是世界的。事实上，由于道体所蕴含的所有价值都潜在地适用于所有人，因此不同人、不同族群和不同文明所体认和发现的价值也潜在地适用于所有人。也就是说，这些本来潜在地适用于所有人的价值，只是偶然为某一文明所首先发现而已。就此而言，不同人、不同族群和不同文明所体认和发现的价值都属于人类共同价值，这就与中国人发明的纸适用于全人类、西方人发明的汽车适用于全人类一样。

第五，既然如此，这些具有民族色彩的价值就是相互融通、相互补充的。世界上各个族群、各个文明之间只有相互学习，相互吸收，取长补短，才能更加茁壮，更加强大，世界一体化的进程才能更加平稳，更加踏实。

就此而言，东西价值系统都有其长处，也都有其不足。例如，东亚主观型价值的优势是充分挖掘人类自身的价值，牢牢把握主体性，不足是过于忽略外在世界，以致不能自发产生包括现代科学、民主政治在内的现代性。西方客观型价值的优势在于充分认识外在世界，从而自发产生现代性和现代化，其缺陷是导致了人为物役、精神失落乃至价值扭曲等种种弊端。

因此，东西价值系统的融通与互鉴，势在必行！

加强儒学与人的发展之间关系的研究 *

涂可国
山东社会科学院文化研究所研究员

在中华文化复兴的时代背景下，要承继儒学，发展儒学，弘扬儒学，就务必加强儒学与人的发展之间关系的研究，尤其是要关照儒学对人发展产生的影响，这主要是基于以下三方面的考虑。

一、有助于进一步推进儒学研究事业的发展

儒学是中国传统文化及古代哲学的主干，自汉代独尊后转变成中国封建社会官方统治思想，它不论在理论上还是在实践上都给人的发展造成了相当大的影响。关于儒学对人的发展带来多大影响、带来什么样的影响、当代如何汲取儒家文化资源促进人的健康发展等问题的研究，从 20 世纪迄今为止主要集中在两个时间段。一是 20 世纪初期。这一时期既有严复、梁启超等维新人士针对儒家纲常名教导致人畸形发展而提出“新民说”，又有胡适、陈独秀、鲁迅等激进派人士对以孔儒之学为核心的传统文化造成的国民劣根性（如奴隶性）、“礼教杀人”等的文化批判学说，还有以梁漱溟、辜鸿铭等人为代表的文化保守派人士对儒家文化促进人的发展的认同和辩护。此外，还有林语堂等人以客观公允态度对儒家文化影响人的发展所做的分析。这一时期的专著并不多，主要有梁启超的《新民说》、林语堂的《中国人》（1935）、贺麟的《文化与人生》（1947）、辜鸿铭的《中国人的精神》（1915）等。二是 20 世纪中叶以来。这一阶段尽管有某些新儒家人物如牟宗三（《心体与性体》《道德的理想主义》）、唐君毅（《人文精神之重建》）、杜维明（《人性与自我修养》）等从正面角度探讨了儒学对人的发展的积极作用，但显得较为单薄，而从反面阐述儒学对人的发展造成的腐蚀、钳制、片面化等负面作用则较多。海外主要有台湾自由主义学者韦政通对儒家思想影响下的个人的分析（《儒家与现代中国》）、柏杨的“丑陋”说（《丑陋的中国人》），等等，大陆则有王润生的“性格悲剧”说（《我们性格中的悲剧》、林岗等人的“主奴根

* 本文系国家社会科学基金项目“中西伦理学比较视域中的儒家责任伦理思想研究”（项目编号：14BZX046）的阶段性成果。

性”说和“道德阴影”说（《传统与中国人》），以及任剑涛对中国国民性的检讨（《从自在到自觉》）等。

迄今为止，围绕儒学对人的发展产生的影响这一论题所进行的研究，大致呈现以下特点：较为分散，不够系统，缺乏专门探讨儒学对人发展的影响的成果；主要停留在探讨儒家伦理思想和人学思想（人性论、人生哲学、人文精神、人格论、成人之道等）对人全面发展所造成的影响上，而忽视了儒家的天人观、宇宙观、政治观等思想以及儒学的基本特质、儒学的社会化这些方面给人的发展带来的作用；侧重于纯理论分析，缺乏对儒学实际上对人的发展产生的影响的客观考量。

也许有的人会说探讨儒学对人发展的影响这一论题充其量会加深对儒学社会作用和意义的理解，并不能丰富和发展儒学本身。这是偏颇之见。这一则是因为当引入人的发展这一参照系去观照儒学时，就会发现它呈现出某些被人忽视的新特征，例如当代中国人身上存在着个人任性与对他人的依赖（啃老）双面人格，由此返本溯源，就会得知人深受影响的传统儒学原本蕴含着个人本位主义与社会本位主义的辩证特质。二则是为了获得有关儒学与人的发展关系方面的真知灼见，迫使我们选择对人发展产生直接、深刻、广泛作用的儒学内容去作精深分析。可以说儒家人伦规范特别是仁礼孝等是决定中国人文化性格的重要基因，为此我们着力探讨仁爱问题，发现“仁”不仅是指爱人，也包括自爱；而“孝”又可以分为普遍性与特殊性、一元性与多维性、原始性与继发性三个层次；同时，儒家之“礼”包括普遍之礼与特殊之礼、思想之礼与政治之礼、实质之礼与形式之礼，这些不同类别的“礼”对人发展的作用并不完全相同。这使我们对儒家伦理重新获得了某种新的认识。三则是从人的发展视角去反观儒学，可以窥见到儒学具有某些独有的特征。为了探索儒学已经和将会对人发展产生的影响，可以提炼概括出儒学的主位性、层次性、人情性、实用性、二重性五大特征，这不失为对儒学研究的新拓展。

二、有助于对儒学的社会价值与功能做出准确定位

儒学自从创立伊始，其命运可谓坎坷，几经沉浮。孔孟奔走诸侯列国宣扬自己的德治仁政主张，却屡遭碰壁，被以为“迂远阔于事情”。虽然汉代“独尊儒术”，但历代有些统治者实际奉行的却是“阳儒阴法”。汉唐自佛道两教在中土生成输入之后，逐渐发展成为上层统治者和下层民众的崇奉信仰，儒学一度被边缘化。宋初流传着“佛教治心，儒教治世，道家治身”的观念，宋明一大批道学家为了挽救“儒门淡泊”的景况，援佛道入儒，使儒学发展到第二期，儒家经典成为科考的必备科目。然而，进入中国封建社会中晚期，儒学因其经院化、贵族化使其被认为“袖手空谈心性”，遭到具有实学倾向的启蒙思想家的怀疑、批判。鸦片战争以后，由于资本主义经济的发

展，西学东渐与冲击，特别是科举制的被取消，儒学在文化生存环境、政治制度依托和经济社会基础等方面遭受巨大冲击，出现了不可阻挡的衰落之势。太平天国取下孔子牌位、“五四”运动打倒“孔家店”以及“文化大革命”批林批孔、评法批儒，这些激进的反传统运动，使儒学遭到瓦解、颠覆。如今，虽然伴随着中国国力的强盛，中华传统文化得到一定的复兴，出现了一定程度的“儒学热”，但是，由于社会的市场化、世俗化、大众化、西方化，绝大多数人对儒学还是很陌生、很疏离。总之，儒学的历史地位和价值并不是那么巩固，它一再受到人们的怀疑。

到底如何看待它的地位、作用和意义呢？笔者认为，儒学不论是在过去还是在将来，因其呈现以下四大特征而具有不可替代的、极其重要的作用。一是主导性。自从汉代“独尊儒术”之后，儒学上升为官方统治思想达两千多年，成为中华主流文化。二是普适性。儒家创造性发展出来的纲常伦理、治国理念、人生准则、教育方法等由于建立在超越时代的文化心理结构、社会关系结构、生存环境等基础之上，使之具有普遍适用性。三是丰富性。儒家思想博大精深、流派众多，它涉及人类思想的各个方面，人们从中可以汲取到各种各样的有益精华。四是独特性。虽然世界各国思想家提出了许多同儒学共同或相近的思想观念，例如亚里士多德的“中道”原则、罗梭的“同情心”，但儒家基于道德人文主义做了独到的解释，尤其是对诸多伦理范畴之间的辩证相互规定做了深刻的揭示，如“仁者必有勇，勇者不必有仁”“知耻近乎勇”等，同时儒家的经典名言精辟凝练，它们大多可成为人生格言。

如何认识和评价儒学对人发展的影响，历来是仁者见仁、智者见智。通过对此作深入探讨，可以从一个侧面正确把握儒学的地位、作用和意义。自从戴震提出儒家学说会导致“以理杀人”之后，一些文化激进人士对儒学给予人发展的积极影响产生了怀疑，有的人认为它是束缚个人发展的绳索，是阻碍个人自由全面发展的枷锁。而一些文化保守主义者则坚称儒学是关于生命的学问，是指导人健康成长、自我修养的“大本”“大道”。

通过研究，笔者发现，儒学对人的发展会产生积极和消极的双重影响。不妨选择儒家道德思想和儒学的二重性、主体性扼要加以说明。

一是儒家的伦理思想。由儒家所提出和强调的天人合一、天人同心、与仁与命、与天地合德、取仁于天、阴阳二分、天地流变等生态伦理宇宙观，往往使人多敬畏之情，易培养谦逊、诚信美德，但易使人相信命运，侧重玄想，不大注重向自然的进取开拓。儒家所阐述的为政以德、孝治天下、礼治教化、亲亲仁民、等差有序、民贵君轻、尊王贱霸、正己正人、尊贤任能、内圣外王、富民保民等政治伦理思想的制导，有助于个人的职业分途和发展、道德品质的培养、人际关系的稳定、社会角色的合理定位，但也会限制人的个性，不利于人才流动，造成人的片面道德化发展，易培植人的主奴根性。而由儒家大力倡导的修己安人、克己制欲（存理灭欲）、以私利公、仁者爱人、和善忠恕、恭宽信敏惠、义以为上、重义轻利、安贫乐道、厚德载物、孝悌尊亲、和合中庸、均平隆礼、严己宽人、见贤思齐等人生伦理思想，一方面有利于人道德潜质的发掘（扬善抑恶）、伦理人格的完善和人性关系的建立，但不利于个人被发现，不利于个人摆脱家族藩篱而向外发展，不利于个性和公德观念的培养，多乡愿而少进取精神。

二是儒学的文化二重性。儒学具有个人本位和社会本位、人文主义与非人文主义、伦理主义与非伦理主义三大二重特质，这三大基本特质均给人带来正面和反面的二重化影响。首先，儒家的社会本位主义固然有助于人的社会性、合群性和社会关系的发展，可以提升人的仁爱心、利他心及树立集体主义观念，但以社会为本，也会削弱个人自我发展的动力和空间；而儒家的个人本位主义诚然为我们每个人的成长和发展提供了十分切近的“为人之道”和“成人之道”，但也会造就重世故的自私品格。其次，儒学对人非伦理的品性、才能、需要等的阐述将引导我们注意开发人的理智和道德潜质，塑造才智和德性兼备的人才，其重智、尚志、崇美的人学主张及其彰显的“成人之道”，启发我们培养德智体美全面发展的人格；而儒学的伦理至上主义有助于加强社会主体道德品质修养，纠正当前社会的过度物质化、功利化、金钱化、享乐化、个人化倾向，但它也会导致大量片面的、畸形的“伦理人”（假道学、伪善）。再次，儒家重人轻神、重人轻物、以民为本、重生爱生、内在超越、天人分立等人文主义理念有助于对人的生命存在、人的独特价值的重视，提高人的地位，有助于人主体性能力的展现和综合素质的培养，而其非人文主义（宿命论、缺乏感性自然和世俗功利的诉求、把人文自然化等）因素则使人生成萎缩性人格，造成个人的不发展。

三是儒学的主位性。儒学上升为政治意识形态，成为政治化儒学，使人的生存、成长和发展有了信仰支持、精神支柱和基本规范，但“独尊儒学”的后果则是在一定程度上限制个人思想的充分发展和多样化选择，文化的一元化不易使人展现多样化的文化创造、享受能力。儒学作为重要的传统文化被纳入教育体系（如科举）、渗入各类读物、融入文艺作品（文以载道）乃至潜入百姓习俗文化之中，为个人做什么样的人及怎样做人（为人之道）提供了有用的思想资源、生存智慧、行为规范和人文环境，但它的过度政治化、社会化也在一定程度上束缚人创造性的发挥，阻遏人对文化多样性的择取。

三、有助于为人的全面发展提供精神资源

人的发展本质上是指人的德智体美等方面素质得到普遍提高、人的个性得到尊重和展现、人的各种能力得到提升和发挥、人的需要得到满足以及人的各种关系尤其是社会关系得到协调。然而，在当代中国，个人发展却出现了一系列较为严重的问题。一些人只讲功利不讲道德，成为畸形的如马尔库塞所说的被物欲所控制的“单面人”。

有的人为了金钱不择手段，成为金钱的奴隶，成为拜金主义者，成为纯粹的“经济人”。有的人良知麻木、道德沦丧，或见死不救、冷漠围观，热衷于当过客或看客；或者是杀人越货、制假贩假、贪污腐败，成为犯罪分子、土匪强盗，成为阶下囚。有的人沉湎于酒色财气之中，变成十足的享乐主义者。有的人则是消极沉沦、不思进取、得过且过，做一天和尚撞一天钟。产生这些金钱至上、个人至上、享乐至上等问题固然有着各种复杂的客观原因，但主观上是一些人世界观、人生观和价值观出现了扭曲、偏差，缺乏人生信仰，缺乏规范内化。而从文化上讲，恰是缺乏文化认同意识，失去了传统文化的根，失去了传统权威的支撑。

儒学的被冷遇、被妖魔化，变得花果飘零，使之逐渐远离人们的日常生活，从而使人的人生实践缺乏儒学的行为导向和价值指导。要知道，儒学不仅可以成为当代人赖以安身立命的精神家园，成为人立德立功立言的文化支撑，还为每个人的成长与发展提供处世之道、为人之道，同时它也提出了许多用以处理人与自然、人与社会、人与人之间的行为准则、道德规范。儒家文化作为主导文化，作为文化遗因，作为中华民族的集体记忆，它为传统中国人创设了行为伦范、价值观念、道德伦理、情感模式等，它通过不断的积淀内化到民族大众的血液中，成为个人无意识和集体无意识。对于儒学对人的发展产生了何种影响、多大影响这一问题，决不能加以回避甚至嗤之以鼻，而是应该抱着诚心和敬意去客观地认识它、正确地把握它，以从中挖掘可资用来指导个人发展的价值资源。站在现代化的历史背景下，可以相信，通过体认儒家文化，解读儒家文本，发掘儒学微言大义，定会不断地开出新意蕴、新内涵，必将为每个人的全面自由健康发展提供行之有效的行为规范、伦理精神与人生智慧。

那么，如何加强儒学对人发展的影响的研究呢？笔者认为应当从儒家基本思想和主要特质两大方面加以展开。

一方面，选取对人发展产生最大影响的人学思想、道德思想、德治思想、社会中和思想和儒学传统分别加以论述。

一是分析儒家人学思想与人的发展问题。天人之学是整个儒学的逻辑起点，故要首先叙述儒家天人合一的宇宙本体论以及它的仁民爱物生态伦理智慧，指出儒家的天人之学有助于对人进行生态道德教育，优化人的自然发展环境。人性论可以说是儒学理论的基石。为了对其进行创新性解读，应分别从先天性、层次性、伦理性三大特质去进行较为系统的梳理，揭示儒家人性论在人的潜能开发、弘扬人的主体性、构建合理的性情结构、正确对待人的本能欲望等方面的作用。为人之学同人的发展息息相关，它可以为人提供成人之道、处世准则和做人智慧。为此，应当探讨儒家有关为人的意义、为人的理想、为人之道等问题，揭明儒家为人之学是我们寻求为人处世经验的重要参照。

二是探讨儒家道德思想与人的道德发展问题。儒家伦理是儒学的主干，也是它的最大价值所在，故此应着力探讨儒家道德本体论与人的道德发展、儒家道德规范论与人的行为范导。考虑把儒家道德本体论分为天命说、心性说和人为说三个方面，阐释它们可以助成人培养谦逊之心、道德自信心，确立人的道德权威，为人的道德成长提供主体性基础。道德规范论是儒学的重心，对人的发展作用最明显、影响最深广，它可以分为核心道德规范、基本道德规范和普通道德规范三大类型。要就两种道德规范如仁义礼智信忠孝节俭等的内涵、特征及其对人发展的影响作较为系统的探索，说明儒家道德规范可以在塑造人的德性、提升人的精神境界、调节人的行为等方面发挥着重要作用。

三是论述儒家德治思想与社会主体素质提高问题。主要探讨儒家德治思想的前提、内涵，对道德与法律的分合关系作哲理性辨析，展现儒家德治理念能够为人的素质提高创立政治导向机制、文化教育机制、社会奖惩机制，指明它有助于各级官员加强自身道德修养。

四是剖析儒家社会中和思想和人的全面发展问题。中和包括自然中和和社会中和，由于儒学界尚缺乏对儒家社会思想的探讨，故只能以点带面，依据社会中和思想去窥见儒家社会思想对人发展带来的影响。把儒家中和分为自然中和、实践中和、伦理中和、政治中和及心性中和五大层面，研究儒家以他平他、执两用中、礼义有序、安贫乐道、等差有分等致和之道及其基本特征，揭示它对人发展的双重效应。

五是立足于社会理想维度探索儒学传统在人从事公益事业、企业文化建设和小康社会建构中的作用。不仅分析儒家的人性论、仁爱学说、同情理论、德政民本观念可以为人的慈善行为提供良好的精神动力，也说明儒商精神能够帮助创建优秀企业，同时阐明儒学传统伦理精神是全面建设小康社会、美德中国的价值目标、精神力量和精神资源。

另一方面，着眼于探析儒学的基本特征对人发展产生的影响。大致可以分为儒学的二重性、实用性、人情性、层次性和主位性五个方面，依次透视它们在人发展中的地位、作用和意义。

一是儒学的人情性。儒学是一种重情的哲学，同时它对中国的人情文化产生了巨大作用。要在揭示人情文化的含义、特征、功能之后，重点探讨儒学对人情文化形成和发展的影响，指明儒学可以为人情文化创设情理基础、行为规范和社会根基，并据此提出扬弃人情文化、吸收儒学合理资源以优化人际关系的途径、方法，例如倡导正常交往、合理人情规避、遵循普遍理性原则、弘扬正义精神和社会公德，等等。

二是儒学的二重性。主要选取儒学的人文—反人文、社会本位—个人本位、伦理主义—非伦理主义三大双重特性加以解析，彰显儒学能够提高人的地位、展现人的主体性能、培养人的利他主义精神、塑造德智体全面发展人格等价值，同时也阐释儒学二重性会导致它在一定程度上助长萎缩性人格、个性不发展、义务本位乃至个人主义等消极后果。

三是儒学的实用性。致力于从经世致用维度分梳儒学的社会实用特征——不离人伦日用、追求学以致用、强调通体达用等，选择实学这一儒学特殊形态探讨儒学与实学的既对立又统一关系，指出儒学有助于培养人的务实品格、求真精神、朴实作风等实用理性。

四是儒家文化的层次性。儒家文化是一个以儒学为核心的，包括多种要素、多种层面的多元一体系统，从不同层面制约着中国人的众趋人格、价值取向、道德情感、处世方式等。可以把儒家文化的层次性概括为理论的结构性、传统的结构性、学派人物的结构性三个方面，重点探讨儒家文化层次性的评判标准问题以及它对人的文化重构的启示，强调要科学对待儒家文化同中国现实社会存在的冲突、融通与转化，树立对待儒家文化的正确态度。

五是儒家文化的主位性。从比较分析角度阐明儒家文化是中华传统文化的主流、正统，它对个人和社会产生的影响最大，这一重大影响包括文化、社会、政治三个领域。着力探讨儒家文化在中华民族精神建构中的地位与作用，从而得出一个重要结论就是儒学在人发展中的影响和意义最根本的是为人的安身立命提供精神家园。

加强对儒学与人的发展之间关系的研究，还应遵循以下思路，即从文化与人双向互动角度去分析儒学这一特定文化样式对人的模塑、陶铸和制约。不仅要从各种文献中汲取前人对儒学给人的发展造成的影响的研究成果（如启蒙思潮和文化激进派对儒家礼教“杀人”的分析），还要从各种传统文化典籍（如文艺作品、家谱、启蒙读物等）中分析儒学的传播与教育对人的发展带来的影响。同时也要深入到实际社会生活中进行实地考察，以探讨儒学对个人的人格、能力、个性、社会关系、品性等造成的影响，在此基础上，把实证分析和规范分析、归纳法和演绎法有机结合起来，借以把握儒学对人发展产生的多种社会历史作用。

中华文明与中国模式的崛起

——基于中华文化对世界文明贡献的考察

彭彦华
中国孔子基金会研究员

一、中华文化与现代化之两难

近代以来中国被欧美文明所压倒，在延续传统与全盘西化之间无所适从。甚至有学者认为，此后中国的所有发展都是在西方话语框架内进行的，所有的成就都被认为是学习西方的结果，西方价值与逻辑甚嚣尘上，中国作为文明核心国家的根基遭受持续的侵蚀，也缺乏可明确界定的东西加以替补。持续的经济与政治磨难使中国丧失了自身文明存在感的自觉，而割断了传统血脉的中国日益成为悬空的文明，被剥夺了固有文明的话语权。

这源于西方中心主义的现代化理论。黑格尔断定中国是“仅仅属于空间的国家”，停止在历史的起点上，没有发展。因为中国的伦理政治文化缺乏自由精神或精神的自我意识。中国文明暂时的、历史中的相对落后，在他那既普遍适用又难以落实的想象推理中变成一种宿命。黑格尔作为西方资本主义扩张、帝国主义与殖民主义、欧洲中心主义的最博大系统的代言人，他的理论证明中国永远停滞与落后的目的是想证明西方永远发展与先进的“奇迹”或“神话”，他所代表的西方中心主义思想，将现代中国与中华文化置于一种尴尬的状态。如果中华文化的本质决定中国的停滞与落后的命运，那么，只要在文化上依旧是中国，中国就不可能进步或现代化，而中国一旦要发展或现代化，就必须全盘否定中华文化，于是，中国就失去了文化认同的身份，现代化的中国也不再是中国。黑格尔的思路在现代西方思想中具有典型性。他们在西方中心主义的前提下对中华文化的封闭、落后、停滞、衰败的思考，旨在用中国“理所当然的失败”证明西方“理所当然的成功”，并通过文化本质主义将这种优胜劣败的秩序在观念中固定下来。

马克斯 · 韦伯假设文化对人与历史命运的塑造起作用，探讨所谓“西方个性”与

“亚洲个性的结构”，他认为西方之所以胜出，是因为新教伦理塑造了现代资本主义，尽管亚洲社会、政治、文化具有各自不同多样性与复杂性，但都缺乏“新教伦理与资本主义精神”。韦伯的问题的设定中，已包含着问题的回答。儒教中国没有西方的精神，可如果中国具有西方精神，中国岂不就是西方了吗？两人如出一辙，他们不是在思考中国，而是思考中国与西方的不同，不是在思考中国如何现代化，而是在思考中国如何西方化。他们为中国的现代化设定的选择是，或者现代化或者要中华文化，如果要现代化就不能要中华文化，如果要中华文化就不能要现代化。

二、中华文化千年轮回之考察

事实胜于雄辩，中华文化从未停止过它对世界文明的贡献。孟子曰：五百年必有圣者出。孟子认为中国五百年出一圣人，笔者愿将中华文化做千年一个轮回的考察。

——从秦汉至大唐的近千年里，以中国为中心，整个东亚与东南亚部分地区都经历了一个“华夏化”的文化同化过程。

纪元前后世界有两个中心：秦汉帝国与罗马帝国。公元前331年，亚历山大东征到兴都库什山，在今天阿富汗建立了“极远的亚历山大城”，此后的希腊化时代，从地中海到伊朗高原，以亚历山大里亚为中心形成了一个相对一体化的世界。一个世纪以后，秦始皇统一六国，书同文，车同轨，华夏九州也成了一个政教文物一体化的世界。在这两个世界之间，是从小兴安岭一直到喜马拉雅山的一系列横贯中亚、辉煌隆起的大山，像一道由雪峰与高山森林树立的天然长城。只有那些险隘的山口，维持着两个世界间微弱的交通。马其顿帝国在瞬间建立又在瞬间破裂，罗马帝国继承了它的西半部，安息骑兵杜绝了他们东扩的幻想。中华帝国延续下来，由秦入汉。大汉帝国的天下向西北扩张，一直到中亚，两个世纪的交通从“丝绸之路”开始，从长安到罗马。然后就是漫长的20个世纪。罗马帝国分裂之后，再也没能在旧址上重整。秦汉、隋唐、宋元、明清，其间虽有阶段性的分裂动乱，但广土众民、天下一统，不仅是一贯的思想，也是现实中的常态。从张骞出使西域到马戛尔尼出使中国，这20个世纪是“世界走向中国”的时代。两个帝国都试图在自己的版图上建立共同的价值与信念基础、共同的语言文化传统与统一的政治经济制度，两个帝国都曾创造过稳定的政治、富足的经济与繁荣的文化，两个帝国也都先后陷入分裂和战乱。伟大的笈多王朝在此后的一段时间里将印度变成世界的中心。正是借着如此强大的国力，他们的高僧来到中国，用佛教武装灾难中的中国人的精神。使中华文化曾一度出现“坐享千古之智”“人耕我获”的佳境。

如果说秦汉帝国只是当时世界的两个中心之一，盛世大唐则是世界的中心。罗马帝国衰败以后，便再也没有复原，秦汉帝国的遗产被完整地继承下来。三个世纪的战乱之后，隋唐重新统一了中华。在秦汉帝国的版图上重建了一个胡汉混血、梵华同一的世界帝国。长安是世界之都，宫墙御道、街市佛寺，东西 10 公里，南北 8 公里。比我们今天看到西安城墙圈出的地界大得多。四邻藩帮归附贡献，万里商贾远来贸易。波斯的流亡公子贵族、大食的药材宝石商人、日本的留学生、东非或爪哇的“昆仑奴”，居住在同一座都市里；康国、吐蕃的马匹、皮毛，阿拉伯的鸵鸟，天竺的孔雀、白莲花，波斯的铜器、树脂，林邑的大象、爪哇的犀牛、拂秣的水晶玻璃、高丽的纸，陈列在同一处市面上；佛教徒、道教徒、景教徒、摩尼教徒、拜火教徒与前来避难的伊斯兰教徒在毗邻的寺庙里礼拜。长安是帝国之都，有世界胸怀与气象。阿富汗人与叙利亚人骑着波斯战马在大唐军队里服役，近 10 万大食番商则在广州城里居留。广州、扬州是市民的城市。波斯舶、大食舶、昆仑舶，停在城外珠江面上，暖风温润，夹着岸边荔树黄花的芬芳与居家沉醉的人烟味儿；扬州位于长江与运河交接处，比广州更近于帝国中心也更繁华，歌台舞榭，胡姬当垆。大道如青天，李白仗剑远游的那些年里，中国就是世界！

大唐中国是世界文明的中心，其文治武功，影响西到印度，东及朝鲜、日本。西北天然屏障的大山被超越，征战、和亲、贡纳、贸易曾经将大唐势力远播到吐蕃与波斯，直到“安史之乱”，才中断了大唐国力向西北的扩张。

中华文化在东亚传播同化，由中国而朝鲜、日本，越南而南洋诸岛，华夏文化圈到唐代已基本形成。越南很久以来就接受了中华文化的影响，大唐疆域的南界已经深入，北越基本上是汉化地区。李朝建立，尊崇儒学，开科取士，以汉文为通用语文，将中国的制度与法律，文字与文学全盘搬到越南。曾经的“华夏化”与目前的“西化”或“现代化”，是个同类概念，它包括语言、思想、制度、器物不同层次同化过程，一体化的文言文、儒家思想、家族与政治伦理、太学与科举制度、货币土地制度与税制等等。

公元第一个千年，整个东亚与东南亚部分地区都经历了一个“华夏化”的文化同化过程，以中国为中心形成了一个超越政治国家与民族、超越战争与敌意的“华夏文化圈”。礼制天下、世界大同的儒家思想，为这个文化圈奠定了普世主义理想，汉字为这个文化共同体提供了语言基础，建立在儒学科举、唐朝律令，汉传佛教基础上的共同的政教制度，为这个文明类型创立了统一的制度体系。此阶段中华文化对世界最大的贡献，是创立了一个代表着当时最先进文化的“华夏文化圈”。

——从盛世大唐到宋元时代，中国的文化国力影响，逐渐超出东亚“华夏文化圈”，通过启发西方的现代化运动，最后影响到全世界。

汉唐中国，从世界的中心之一到世界的中心。千年帝国持久的文化影响，不仅在东亚塑造了一个地域广阔的华夏文化圈，而且将文明的种子远播到连当时的中国人都无法想象的地方。怛罗斯战役（751）之后，中国工匠流落到中亚西亚，不久造纸术就由西亚传播到西班牙。1150 年，西班牙出现欧洲第一家造纸厂。宋人毕昇发明了活字印刷术，至少在13世纪朝鲜已学会用金属活字印刷朝文书籍。又过了两个世纪，德国人古腾堡才用活字印刷出欧洲的第一本书《古腾堡圣经》。宋朝军队曾用火药打败金人，蒙古军队围攻开封，守城金军用“震天雷”，可能是原始的火炮，13世纪的英国哲学家罗杰斯·培根曾将火药的秘密配方用暗码记在自己的书里，1326年，佛罗伦萨市政会宣布了造炮的命令，同年德·米勒梅特作的爱德华三世画像上就出现一门金光闪闪的铜炮。《梦溪笔谈》详细说明指南针在风水术中的应用，《萍洲可谈》《梦粱录》中记载：“舟师识地理，夜则观星，昼则观日，隐晦则观指南针。”三个多世纪以后，葡萄牙亨利王子的舰队装上了磁罗盘与船尾舵。地理大发现开始，西方进入现代文明时代。英国著名哲学家弗朗西斯·培根在《新工具》中写道：“……印刷术、火药和磁铁。因为这三大发明首先在文学方面，其次在战争方面，第三在航海方面，改变了整个世界许多事物的面貌和状态，并由此产生无数变化，以至似乎没有任何帝国、任何派别、任何星球，能比这些技术发明对人类事务产生更大的动力和影响。”

如果说盛世大唐是世界文明的中心，宋元中国则是转动世界的轴心。大唐衰败之后，阿拔斯王朝曾经一度独领世界风骚，《一千零一夜》里著名的哈里发哈伦·赖世德统治下的巴格达变成世界之都。但是，很快中华帝国又在故土上复兴了。唐强宋富。在西方的现代化之前，宋代中国是世界上最“现代”的国家。宋代中国是世界上人口最多、人民生活水平最高的国家，它有最完善、最有效的文官制度，有最大的城市与最大规模的贸易，有世界上最先进的科学技术，17世纪最博学的英国人培根对那些改变世界的发明的“起源……模糊不清”，20世纪他的同胞李约瑟用毕生的精力研究中国科技史，证明那些伟大的发明都来自宋代中国。然而，幸福到苦难的转化往往在一瞬之间。蒙古征服对西方来说是个发展的机会，对中国却是灾难。随着蒙古大军，从中亚到南欧的冒险家、商人、传教士，赶着骆驼骑着马，或乘季风航船，涌向大汗的国土——中国。中国是世界财富的源头，人源源不断地流向中国，洗劫或贸易，或洗劫式贸易，财富又源源不断地从中国流出，丝绸之路海上与陆上的那些商镇，在蒙古劫难后迅速恢复繁荣，中国是它们的财富的源头。

宋元时代开始，中国的文化国力的影响，开始超出东亚华夏文化圈，通过启发西方的现代化运动，最后影响到全世界。中华文化对西方现代的影响，经历了从器物到制度到思想的三个阶段，“东学西渐”与“西学东渐”的过程上基本相同。首先是中国的科技发明促成了文艺复兴与地理大发现，然后是启蒙思想家塑造的中国开明君主制度与孔夫子哲学的典范影响到西方政教改革与革命。

——从16世纪末开始，中国自身经历了衰落与磨难，中华文化从一种强势文化转变为弱势文化；21世纪伊始，中华文化迎来了伟大的复兴，并昭示了西方模式之外的世界现代化的另一种模式。

从16世纪末叶开始，世界进入资本主义时代后，中华文化由于封建统治者抱残守缺和封闭自守，才落后于快速发展的西方科技文明，从一种强势文化转变为弱势文化。

18 世纪 20 年代以后，清朝政府长期奉行一条闭关自守，拒绝学习外国先进文明，也拒绝改变自己的政策，结果导致政治腐败，科技落后，经济落后，经济凋敝，国势衰微，在外国侵略者面前割地赔款，丧权辱国，使曾经是世界上先进国家的中国落伍了。

中国从发动世界的轴心逐渐变成被西方中心冲击带动的边缘，它不仅降低了中国的国力，也一度动摇了华夏文化的价值与世界影响。康乾盛世之后，中国开始衰落，主要原因除了中国内部的问题，如人口膨胀超出农业经济的限度，帝制周期性的政治腐败，一个重要的原因就是西方的工业革命打破了世界平衡。

东西消长，大国沉浮。鸦片战争以后，中国的文化国力基本上停止了它两千年持续不断的世界影响。衰落在屈辱与抗争中到来，但是，中华文化的生命力却没有就此完结，它已经经历了许多劫难，迎来过一次又一次的光荣复兴。这一次衰落，终将证明的，不是中华文化沉寂与败落，而是中华文化的生机与活力。

中华文化的复兴从华夏文化圈的边缘开始。19 世纪中叶西方资本主义扩张达到高峰的时候，世界格局发生了一系列将改变未来的事件。欧洲内部出现了《共产党宣言》，预示着一个世纪以后世界范围内对抗西方资本主义阵营的出现；印度爆发了雇佣军起义，印度一个世纪的独立运动从此开始；中国的太平天国起义，是中国现代革命的起点，最终将在帝制废墟上建立一个共和国；日本“明治维新”也在世纪中叶开始，它使日本迅速变成一个现代化的国家。东方现代化运动中最初成功的，不是与西方对抗的东方国家，而是主张“脱亚入欧”的日本。

传统观点认为，日本的成功完全在于摆脱华夏文化。这种观点既有西方中心主义的现代化理论的影响，又有华夏文化普遍失败的背景，看上去是合理的。但是，如果华夏文化国家在世界现代化运动中的成功者不只日本，还有后继的“四小龙”，中国，西方中心主义的现代化理论与华夏文化普遍失败主义观点就都变得可疑。

日本的现代化是第一波，华夏文化圈内的现代化第二波在亚洲“四小龙”的崛起中到来。20 世纪 90 年代，新加坡、中国台湾、中国香港、韩国的人均收入已与西方发达国家不相上下。全世界除了西方文化圈（包括西欧、北美、澳大利亚与新西兰）外，只有华夏文化圈内的国家，不仅成功地完成了现代化，而且开辟了另一种现代化模式。东亚现代化在几个华夏化的国家相继获得成功，使世界开始关注这种成功的文化基础及其个性。只有华夏文化的儒家传统，才可以为这些崛起的东亚与东南亚国家提供共同的文化基础与解释性理由。华夏文化不仅可以完成现代化而且可以开创不同于西方的另一种现代化模式。华夏文化的复兴不仅在历史中挑战了西方在世界现代化运动中的权力中心，而且在理论上挑战了从黑格尔到韦伯形成的西方中心主义的现代文化理论。

华夏文化圈开始了它的现代化复兴，从边缘逐渐走向中心。日本的经济发展 90 年代出现停滞，“四小龙”也受到金融风暴的冲击。但这既不能阻碍华夏文化复兴的大潮，也不能动摇人们对华夏文化的现代化信念，因为中国的现代化复兴最终开始了。

近40年来中国经济一直保持着高速增长，如果按照日本与“四小龙”的经验，这种经济高速增长可以维持近半个世纪，那么，到21世纪中叶，中国的综合国力有望重新成为世界之强。日本成功了，“四小龙”成功了，中国正在以更大的力量更大的规模崛起，它将最后最有力地证明华夏文化的创造力。中国崛起是一个自我转变的内在过程，立足于自身的历史，立足于几千年根深蒂固的文明所传承的价值，且融合了西方的经验，接续了全球市场经济的历史脉络，因此中国崛起更具可持续性。

也只有中国的崛起，才能最终证明华夏文化圈在世界文化格局中的复兴及其永恒活力。如果相信韦伯的观点，文化传统决定现代化，那么华夏文化决定了中国独特的现代化。如果相信马克思的观点，经济基础决定上层建筑，现代化的中国将使中华文化越发强盛，中国不断加强的国力正在复兴着中华文化，并重新开始贡献世界。中国曾经创建了华夏文化，这种文化为东亚国家的现代化准备了必要的文化基础或底蕴，这是中华文化传统的活力所在，华夏文化圈的复兴从边缘向中心，中国的现代化将开辟不同于西方的华夏文化模式，这是中华文化的创造力的体现。中华文化从未停止过它对世界文明的贡献。在公元第三个一千年到来的时候，中华文化将以现代化的方式影响世界。

三、中华文明与中国模式之现实考量

复兴中华文化，实现中国梦，是历史赋予我们这一代和后几代人的一项重要历史使命。习近平总书记讲，中华民族创造了源远流长的中华文化，也一定能够创造出中华文化新的辉煌。既要在社会和经济发展水平上赶上世界先进水平，也要在文化上保持自己的独特性，使中华文化继续保持世界主流文化之一的地位，能长期与西方文化并行发展。要达到此双重目标，烛照着我们前行的依然是鲁迅先生所倡导的中国文化发展的基本思路——“明哲之士，必洞达世界之大势，权衡较量，去其偏颇，得其神明，施之国中，翕合无间。外之既不后于世界之思潮，内之仍弗失固有之血脉，取今复古，别立新宗。”

习近平在参加纪念孔子诞辰2565周年国际学术研讨会开幕会上强调，不忘历史才能开辟未来，善于继承才能善于创新。只有坚持从历史走向未来，从延续民族文化血脉中开拓前进，我们才能做好今天的事业。中华文化积淀着中华民族最深沉的精神追求，包括中华民族最根本的精神基因，代表着中华民族独特的精神标示，是中华民族生生不息、发展壮大的丰厚滋养。中华传统文化是我们民族的“根”和“魂”，如果抛弃传统、丢掉根本，就等于割断了自己的精神命脉。

中国共产党人不是历史虚无主义者，也不是文化虚无主义者。中国共产党人是中国优秀文化的忠实继承者、弘扬者和建设者。对中华文化与中国模式的现实考量，可从以下三个方面：

其一，从执政党的层面来看，凝聚社会共识，获取治国理政启示。历代政权在社会稳定、经济有所发展之后，都面临着重新凝聚人心，增强政权合法性的问题。现在中国已经成为世界上第二大经济体，而经济发展也进入一个新的阶段。更重要的是，经济、社会的急速转型，也给中国带来了一系列社会问题，而这些问题的解决直接挑战着党的执政能力。在这种情况下，执政党该拿什么凝聚人心，达成新的社会共识呢？我们党这时候提出要建设社会主义文化强国，继承和弘扬优秀传统文化。中国优秀传统文化中丰富的哲学思想、人文精神、教化思想、道德理念等，可以为人们认识和改造世界提供有益启迪，可以为治国理政提供有益启示，也可以为道德建设提供有益启发。

其二，从国家层面来看，确立文化自信，实现文化重建。全球化使得世界变得越来越小，以至于都有了地球村的说法。但它同时也强化了各个国家和民族对自己文化的认同。面对全球化，文化最根本也是最深层的问题就是确立文化自信。文化自信除了有维护和实现自己利益功能之外，还有在全球范围内展示和实现自己的文化价值和内在价值，确立自己形象和地位的作用。文化自信不仅是一种精神产品和精神观念，也是作为积淀下来的人的行为规范、行为模式和生存方式，人们对各自文明和文化有着根深蒂固的认同。

其三，从世界层面来看，世界和平需要东方智慧。在全球化的历史背景下，由于各种文明之间的冲突似乎越来越明显，所以人们广泛地意识到，要想在不同的族群、语言、宗教、国家间解决好紧张、争论、矛盾和对抗，最好和必要的文明手段就是对话。现代社会的一个基本特征是见物不见人、重外不重内、工具理性消解价值理性。这必然导致对“心”或精神的漠视，对本源或存在完整性的遗忘，以及心灵的压抑与人性的扭曲。加之传统宗教与人文精神的失落，最终导致人类精神家园的残破，精神流浪、心灵漂泊、无家可归，神圣感、意义感、敬畏感和归属感沦丧。这是导致现代社会各种冲突与危机的主要原因，也是现代主流文化与中国传统文化的根本差异。从这个意义上讲，中国文化在应对现代社会的各种挑战尤其是在重建人类精神家园的过程中理应发挥更大的作用。

基于上述思考，习总书记在系列重要讲话中广泛引用中华传统文化经典，指出“文化是民族的血脉，是人民的精神家园”，这充分体现了中国领导人重构话语体系的强烈自觉意识。他讲现在国际舆论格局总体是西强我弱，我们往往有理说不出，或者说了传不开。习近平强调，要“着力打造融通中外的新概念新范畴新表述，讲好中国故事，传播好中国声音”，增强在国际上的话语权。总书记在最近的“七一”重要讲话中明确提出：“中国共产党人和中国人民完全有信心为人类对更好社会制度的探索提供中国方案。”“中国方案”来源于我们对发展道路、理论、制度和文化的自信。而文化自信，是更基础、更广泛、更深厚的自信。我们对道路、理论和制度的实践也会慢慢内化为文化的基因。这个方案，是一个区别于西方资本主义国家传统发展模式，体现中国智慧的创新方案，以推进人类对更加美好制度的探索。

中国模式不是西方模式的过渡，它本身就是独立自足的价值模式。中国是文明核心国家，拥有独立自足的文明体系。中国模式的背后是文明底蕴的支撑，中国崛起自然地越出经济与政治领域，在自身文明的复兴中得到了最终表达。中国在200年的国家生存斗争与文明窘境中，在西方持续的政治歧视与文化挤压下，以中国模式实现了自身文明的再生，这一成功标志着中国与西方接轨改革的终结，是中国发展与西方观念脱钩的分水岭，意味着中国自近代以来第一次摆脱了西方困扰，进入了脱胎换骨的独立自足发展阶段。中国模式浮现是继中国政治秩序重建、改革开放实现经济复兴以来第三次最伟大的国家远征，它摆脱了近代以来国家发展最重大的困扰之一，即在固守传统与全盘西化之间的两难困境，为漫长而悠久的华夏文明重光奠定了一个坚实的基点。其终极意义，是为人类打开了新的文明进步的通途，中国开始拥有力量和机会重新阐释文明的含义并重建人类精神秩序。

对人性的肯定与激励

——《孟子·公孙丑上》“四端”的属性及其在修养上的意义

（中国台湾）董金裕
台湾政治大学中文系名誉教授

一、前　言

《孟子·滕文公上》记载说：“孟子道性善，言必称尧、舜。”① 语虽简约，却能很精准扼要地道出孟子之学的意蕴。按性善说为孟子思想的核心，而性善的标杆人物则为尧、舜，因尧、舜之所行所为乃在顺此本然的善性，自然而毫不勉强地合乎圣人的境界。孟子即曾屡屡言之曰：“舜明于庶物，察于人伦，由仁义行，非行仁义也。”②“尧、舜，性之也。”③“尧、舜，性者也。”④ 可见“道性善”与“称尧、舜”实乃同一事而不可歧分为二。故朱熹说：

> 孟子见人即道性善，称尧、舜，此是第一义。若于此看得透，信得及，直下便是圣贤，更无一毫人欲之私做得病痛。⑤

刘宝楠也说：

---

① 朱熹集注：《孟子集注·滕文公上》，《四书章句集注》，台北：大安出版社2005年第5版，第351页。

② 朱熹集注：《孟子集注·离娄下》，第411页。

③ 朱熹集注：《孟子集注·尽心上》，第502页。

④ 朱熹集注：《孟子集注·尽心下》，第524页。

⑤ 朱熹著，陈俊民校编：《朱子文集·答梁文叔三》，台北：财团法人德富文教基金会2000年版，第1995页。《朱子语类》亦载：“‘道性善’与‘称尧、舜’，二句正相表里。”见黄士毅编，徐时仪、杨艳汇校《朱子语类汇校》，上海古籍出版社2014年版，第1389页。

> 孟子生平之学，在道性善，称尧、舜。……孟子学孔子之学，惟此道性善，称尧、舜两言尽之。①

都在指明“道性善，称尧、舜”为孟子之学的要义所在。

按孟子的性善说见于《告子上》所载，孟子在弟子公都子历述当时之人各种人性的看法后，对孟子的说法质疑道：“今曰性善，然则彼皆非与”之后的回答：

> 乃若其情，则可以为善矣，乃所谓善也。若夫为不善，非才之罪也。恻隐之心，人皆有之；羞恶之心，人皆有之；恭敬之心，人皆有之；是非之心，人皆有之。恻隐之心，仁也；羞恶之心，义也；恭敬之心，礼也；是非之心，智也。仁、义、礼、智，非由外铄我也，我固有之也，弗思耳矣。②

实则上引话语似已有所简化，其较详尽者盖出于《公孙丑上》：

> 人皆有不忍人之心。先王有不忍人之心，斯有不忍人之政。以不忍人之心，行不忍人之政，治天下可运之掌上。所以谓人皆有不忍人之心者，今人乍见孺子将入于井，皆有怵惕恻隐之心。非所以内交于孺子之父母也，非所以要誉于乡党朋友也，非恶其声而然也。由是观之，无恻隐之心，非人也；无羞恶之心，非人也；无辞让之心，非人也；无是非之心，非人也。恻隐之心，仁之端也；羞恶之心，义之端也；辞让之心，礼之端也；是非之心，智之端也。人之有是四端也，犹其有四体也。有是四端而自谓不能者，自贼者也；谓其君不能者，贼其君者也。凡有四端于我者，知皆扩而充之矣，若火之始然，泉之始达。苟能充之，足以保四海；苟不充之，不足以事父母。③

文中明白指出恻隐、羞恶、辞让、是非之心为仁、义、礼、智之端，亦即仁、义、礼、智乃是出于恻隐、羞恶、辞让、是非之心。善性既然出于心，孟子乃就不忍于他

---

① 赵岐注，焦循疏：《孟子正义·滕文公上》，《新编诸子集成》第一册，台北：世界书局1972年版，第186—188页。

② 朱熹集注：《孟子集注·告子上》，第459页。

③ 朱熹集注：《孟子集注·公孙丑上》，第328—329页。按朱熹于《孟子集注·滕文公上》“孟子道性善，称尧、舜”下注曰：“孟子之言性善，始见于此，而详具于《告子》之篇。”按上引《告子上》所言并不如《公孙丑上》详尽，但朱熹如此言之，盖《告子上》曾出现“性善”之词，而《公孙丑上》则否的缘故。又按孟子举孺子将入于井之例，证明人皆有恻隐之心的仁之端以后，便不再举例而直接说人亦有呈现义、礼、智之端的羞恶、辞让、是非之心。焦循云：“不忍人之心，即是恻隐之心，恻隐之心为仁之端，仁、义、礼、智，四端一贯，故但举恻隐，而羞恶、辞让、是非即具矣；但有仁之端，而义、礼、智之端即具矣。”第139页。

人受到伤害之善心，类推到人皆具有善性之端，故曰："仁、义、礼、智根于心。"①

在《公孙丑上》的这段文字中，三度提到"四端"之词，一方面指明恻隐之心、羞恶之心、辞让之心、是非之心分别为仁、义、礼、智之端。二方面说人有此"四端"，就如同有四体一般的自然。三方面更强调如能就此"四端"扩充之，则其效用将十分宏大。

为什么说恻隐、羞恶、辞让、是非四种善心乃是仁、义、礼、智四种善性之端？人具有仁、义、礼、智四种善性之端，何以就如同我们天生即有四体一般？如果能扩充仁、义、礼、智四种善性之端，怎么就能达到宏大的效用？凡此都必须就"四端"的属性，以及"四端"之说在修养上所具有的意义去了解，此两点即为本文所欲探究者。

二、"四端"的属性

所谓"四端"，据前所述，指的是仁、义、礼、智四性之端，而此四性之端则出于恻隐、羞恶、辞让、是非四心。此性、此心究竟具有何种性质？约而言之，盖可分为三点。

（一）独特性——专指人的心、性，并非泛指动物的心、性

要了解孟子对心、性的看法，必须先认识他对心、性的定义。就心而言，《公孙丑上》已指出："由是观之，无恻隐之心，非人也；无羞恶之心，非人也；无辞让之心，非人也；无是非之心，非人也。"② 可见人如不具备此四心就不成其为人，故赵岐《孟子注》曰：

> 言无此四者，当若禽兽，非人心耳，为人则有之矣。③

焦循《孟子正义》引而申之曰：

> 孟子四言非人，乃极言人心必有此四者。赵氏此注，深得孟子之旨，不愧通儒。④

两人皆明白指出孟子所谓的心是指人心而非禽兽之心。

① 朱熹集注：《孟子集注 · 尽心上》，第 497 页。
② 朱熹集注：《孟子集注 · 公孙丑上》，第 328 页。
③ 赵岐注，焦循疏：《孟子正义 · 公孙丑上》，第 138 页。
④ 赵岐注，焦循疏：《孟子正义 · 公孙丑上》，第 139 页。

就性而言，《尽心下》曰：

口之于味也，目之于色也，耳之于声也，鼻之于臭也，四肢之于安佚也，性也。有命焉，君子不谓性也。仁之于父子也，义之于君臣也，礼之于宾主也，智之于贤者也，圣人之于天道也，命也。有性焉，君子不谓命也。①

孟子在此认为耳、目、口、鼻、四肢等生理的欲望，包括人在内的动物皆有之，固然可以说是人的本性，但是能否充分满足此本性并非强求可得，而是命中注定的，所以君子不认为那是真正的人的本性。至于仁、义、礼、智、天道等，是上天所赋予我们人的，只要能存养扩充，必然可以拥有，这才是人的真正本性。

综上所述，可见孟子所讲的心是专指人心，所讲的性是专指人性，而不是泛指动物的心、性，这也就是孟子为何要强调人与禽兽之别的原因所在。《离娄下》曰：

人之所以异于禽兽者几希，庶民去之，君子存之。②

朱熹即根据其理气论，分辨人与禽兽的极少差异，他说：

人物之生，同得天地之理以为性，同得天地之气以为形；其不同者，独人于其间得形气之正，而能有以全其性，为少异耳。虽曰少异，然人物之所以分，实在于此。众人不知此而去之，则名虽为人，而实无以异于禽兽。君子知此而存之，是以战兢惕厉，而卒能有以全其所受之理也。③

焦循虽不持理气论立场，但其说与朱熹并无二致，同样强调人与禽兽在心、性上的分别，他说：

饮食男女，人有此性，禽兽亦有此性，未尝异也。乃人之性善，禽兽之性不善者，人能知义，禽兽不能知义也。因此心之所知而存之，则异于禽兽。心虽能知而舍而去之，则同于禽兽矣。庶民不能自存，必赖君子教而存之，此孟子道性善之本旨。④

---

① 朱熹集注：《孟子集注 · 尽心下》，第 519 页。

② 朱熹集注：《孟子集注 · 离娄下》，第 411 页。

③ 朱熹集注：《孟子集注 · 离娄下》，第 411—412 页。

④ 赵岐注，焦循疏：《孟子正义 · 离娄下》，第 334 页。按《孟子 · 滕文公上》："人之有道也，饱食、暖衣、逸居而无教，则近于禽兽。圣人有忧之，使契为司徒，教以人伦：父子有亲，君臣有义，夫妇有别，长幼有序，朋友有信。"焦循之说与之相同。第 360—361 页。

由是可见孟子所谓的心、性乃是专指人的心、性，而非泛指动物的心、性。必须有此认识，才不至于误解孟子的性善论，并如实地掌握其说的本旨，而在修养上发挥其作用。

（二）先在性——心、性乃先天所本有

孟子于《公孙丑上》提及人皆具有恻隐、羞恶、辞让、是非之心，此四心乃仁、义、礼、智四性之端，称之为“四端”。紧接着又说：

> 人之有是四端也，犹其有四体也。①

朱熹注云：

> 四体，四支，人之所必有者也。②

焦循也说：

> 四端之有于心，犹四支之有于身，言必有也。③

两人都称“四端”犹如“四支（肢）”般，乃人所“必有”，意谓人天生本来就具有。故孟子举人之乍见孺子将入于井为例，说明人天生即有恻隐之心，说：

> 今人乍见孺子将入于井，皆有怵惕恻隐之心。非所以内交于孺子之父母也，非所以要誉于乡党朋友也，非恶其声而然也。④

朱熹引谢良佐之言曰：

> 谢氏曰：“人须是识其真心。方乍见孺子入井之时，其心怵惕，乃真心也，非思而得，非勉而中，天理之自然也。”⑤

---

① 朱熹集注：《孟子集注·公孙丑上》，第329页。
② 朱熹集注：《孟子集注·公孙丑上》，第330页。
③ 赵岐注，焦循疏：《孟子正义·离娄下》，第139页。
④ 朱熹集注：《孟子集注·公孙丑上》，第328页。
⑤ 朱熹集注：《孟子集注·公孙丑上》，第329页。

既然是“天理之自然”，当然为天生即具有，故孟子又说：

恻隐之心，人皆有之；羞恶之心，人皆有之；恭敬之心，人皆有之；是非之心，人皆有之。恻隐之心，仁也；羞恶之心，义也；恭敬之心，礼也；是非之心，智也。仁、义、礼、智，非由外铄我也，我固有之也，弗思耳矣。[①]

所谓“我固有之”，即十分清楚地指出善心，亦即善性之端，乃是我们先天所具有的，故孟子称之为“良能”“良知”：

人之所不学而能者，其良能也；所不虑而知者，其良知也。孩提之童，无不知爱其亲者；及其长也，无不知敬其兄也。亲亲，仁也；敬长，义也。无他，达之天下也。[②]

对于“良”字，朱熹释之曰：

良者，本然之善也。[③]

又引用程子之言说：

程子曰：“良知良能，皆无所由；乃出于天，不系于人。”[④]

所谓“本然”，意谓本来如此；“乃出于天”，更明白指出人的心、性是出自于天；凡此皆可见其具有“先天”的属性。

至于赵岐虽然将“良”字解释为“甚”，曰：

良，甚也，是人之所能甚也。[⑤]

但他还是又说：

---

① 朱熹集注《孟子集注·告子上》，第459页。
② 朱熹集注：《孟子集注·尽心上》，第495页。
③ 朱熹集注：《孟子集注·尽心上》，第495页。
④ 朱熹集注：《孟子集注·尽心上》，第495页。
⑤ 赵岐注，焦循疏：《孟子正义·尽心上》，第529页。

> 不学而能，性所自能。[①]

既然是“性所自能”，当然是出于自然，依然是属于先天的。[②]

综合以上各家的看法，都可看出他们一致认定：善心（善性之端）皆是由上天所赋予。

（三）遍在性——心、性乃人人都具有

前已述及，孟子在《公孙丑上》说：“人之有是四端，犹其有四体也。”[③] 朱熹注及焦循疏都称人之有“四端”，犹如人之有“四支（肢）”，乃人之所“必有”，一方面固然可以说“四端”是人天生本来就具有的，另一方面也可以说“四端”是每个人都具有的。所以孟子在《告子上》述及恻隐之心、羞恶之心、恭敬之心、是非之心时，都说“人皆有之”；并且进一步指出此四心乃仁、义、礼、智四性之端，强调“仁、义、礼、智，非由外铄我也，我固有之也”[④]。

是故，孟子在举今人乍见孺子将入于井为例，说明人皆有恻隐之心时，赵岐即注解道：

> 所以言人皆有是心。凡人见小小孺子将入井，贤愚皆有惊骇之情。情发于中，非为人也，非恶有不仁之声名，故怵惕也。[⑤]

所谓“人皆有是心”，即在指明不论贤愚见此情景，皆有惊骇之情，可知此恻隐之心乃是普遍存在的。另外，孟子又在《告子上》以舍生取义为例，指出人皆有羞恶之心，曰：

> 生，亦我所欲也；义，亦我所欲也；二者不可得兼，舍生而取义者也。生亦我所欲，所欲有甚于生者，故不为苟得也；死亦我所恶，所恶有甚于死者，故患有所不辟也。如使人之所欲莫甚于生，则凡可以得生者，何不用也？

---

① 赵岐注，焦循疏：《孟子正义·尽心上》，第529页。

② 焦循对“良”字的解释，采赵岐之说，曰：“良，甚之义。……良能犹言甚能；良知犹言甚知；甚能甚知，即最能最知；最能最知，即知之最，能之最也。”第529页。赵岐、焦循两人皆就程度训解，“良能”“良知”即是“最高（或最好）的能”“最高（或最好）的知”，但与孟子所言“不学而能”“不虑而知”之义显有不符。可见朱熹将“良”解释为“本然”，才能符合孟子的本意。

③ 朱熹集注：《孟子集注·公孙丑上》，第329页。

④ 朱熹集注：《孟子集注·告子上》，第459页。

⑤ 赵岐注，焦循疏：《孟子正义·公孙丑上》，第138页。

使人之所恶莫甚于死者，则凡可以辟患者，何不为也？由是则生而有不用也，由是则可以辟患而有不为也。是故所欲有甚于生者，所恶有甚于死者，非独贤者有是心也，人皆有之，贤者能勿丧耳。①

按此章上引文句之下又云："一箪食，一豆羹，得之则生，弗得则死，呼尔而与之，行道之人弗受；蹴尔而与之，乞人不屑也。"阐明虽遭遇困穷而濒于死亡之际，仍能保有羞恶之心；以与随后所述"万钟则不辨礼义而受之。万钟于我何加焉？为宫室之美、妻妾之奉、所识穷乏者得我与?"拿来互相对照，以质疑后者做法之大不当。指出若"失其本心"，则将毫无羞耻之心，以致胡作非为。故朱熹于此章下注曰：

此章言羞恶之心，人所固有。或能决死生于危迫之际，而不免计丰约于宴安之时，是以君子不可顷刻而不省察于斯焉。②

虽意在警诫我们当随时省察是否"失其本心"，但也明白地指出"羞恶之心，人所固有"。

除所举恻隐之心、羞恶之心两个例子外，孟子又以口之于味、耳之于声、目之于色，人人皆有同好，拿来与人心相对照，说明人心亦有同好，曰：

口之于味也，有同耆焉；耳之于声也，有同听焉；目之于色也，有同美焉。至于心，独无所同然乎？心之所同然者何也？谓理也，义也。圣人先得我心之所同然耳。故理义之悦我心，犹刍豢之悦我口。③

既然是"我心之所同然者"，可见此心、性乃普遍具备于每个人身上，但"贤人能勿丧耳"，故如何存心养性即成为修养上的大课题。

三、"四端"之说在修养上的意义

"四端"具有上述独特性、先在性、遍在性等特质，认为每个人都是天生具备有别于禽兽的心、性。但是具有此善心及善性之端，并不代表每个人的行为即可据此而完美无缺，所以在后天上仍有赖于人从事修养，尤其是后天的修养更是吾人所应着力之处。故"四端"之说其实是兼顾先天与后天的，其在修养上盖具有以下所述两方面的

① 朱熹集注：《孟子集注·告子上》，第465页。
② 朱熹集注：《孟子集注·告子上》，第467页。
③ 朱熹集注：《孟子集注·告子上》，第462页。

意义。

(一) 为修养成为可能提供依据

孟子认为凡是人皆天生具有恻隐、羞恶、辞让、是非之心，此四心为仁、义、礼、智四性之端，称为“四端”。按“端”字本作“耑”，《说文解字》云：

> 耑，物初生之题也。上象生形，下象根也。①

段玉裁注曰：

> 题者额也，人体额为最上，物之初见即其额也，古发端字作此，今则端行而耑废，乃多用耑为专矣。《周礼》“磬氏以下则摩其耑”，耑之本义也。《左传》“履端于始”，假端为耑也。②

由是可见“端”只有开端、萌芽之意，是故“四端”仅仅是人性之善的开端、萌芽，并非人性之善的完成、完满，要完成人性之善以达到完满的境地，还有待于人借此开端、萌芽努力开展。赵岐即抱持这种看法，注解说：

> 端者，首也。人皆有仁、义、礼、智之首，可引用之。③

焦循疏也先从训诂上讲明“端”的字义，并进而引用《大学》《中庸》之文句，阐发孟子注重人事的用心，其言曰：

> 《仪礼·乡射礼》注云：“序端，东序头也。”头，首也，故端为首。端与耑通，《说文》耑部曰：“耑，物初生之题也。”题亦头也，故《考工记》“轮人凿端”，注云：“内题方有头”，可由此推及全体。惠氏士奇《大学说》云：“《大学》致知、《中庸》致曲，皆自明诚也。”《中庸》谓之曲，《孟子》谓之端，在物为曲，在心为端。致者，扩而充之也。④

或称“题”，或称“额”，或称“首”，或称“头”，都只是开端、萌芽之意。但既

---

① 许慎著，段玉裁注：《说文解字注》，台北：黎明文化事业公司1978年第4版，第340页。
② 许慎著，段玉裁注：《说文解字注》，第340页。
③ 赵岐注，焦循疏：《孟子正义·公孙丑上》，第139页。
④ 赵岐注，焦循疏：《孟子正义·公孙丑上》，第139页。

然称之为“四端”，意谓仁、义、礼、智之性可以将恻隐之心、羞恶之心、辞让之心、是非之心作为开端，而“引用之”“扩而充之”。

综上所述，故陈澧就明言孟子的性善仅仅是说人性皆有善，并非认为人性为纯善，其言曰：

> 孟子所谓性善者，谓人人之性皆有善也，非谓人人之性皆纯乎善也。……后儒疑孟子者，未明孟子之说耳。①

孟子的本意乃是人人皆具有善的开端、萌芽，亦即具有善的因子，如此才有可能发展为善；并不认为人天生就是纯粹至善，并不需要作任何的努力。这才是孟子性善说的真谛。

按我们的任何行事，首先必须要考虑是否为可能，如属可能，才能展开计划，按部就班地依程序执行，以达成目标；如属不可能，则尽管再怎么努力，也是白费心力，终归徒然。既然说肯定人性具有善性的开端、萌芽，即表示有可能期待其抽枝、展叶、开花、结果，如此浇水、施肥等人事的努力才属有效。故性善说的一大意义，即在保证修养的可能达成。

（二）强调修养的关键在于自己

孟子虽然肯定所有的人先天即具有善心而为善性之端，但他更强调人在后天的努力。由于只有贤者能不丧失本心，② 所以他认为我们首先必须“求”，以找回放失的本心，故曰：

> 仁，人心也；义，人路也。舍其路而弗由，放其心而不知求，哀哉！人有鸡犬放，则知求之；有放心而不知求。学问之道无他，求其放心而已矣。③

又曰：

> 求则得之，舍则失之，是求有益于得也，求在我者也。④

本心原来就为我们所有，所以只要知道去求，必然会有所得。

---

① 陈澧撰：《东塾读书记》卷3，台北：台湾中华书局1966年版，第1页。

② 《孟子·告子上》：“非独贤者有是心也，人皆有之，贤者能勿丧耳。”第465页。

③ 朱熹集注：《孟子集注·告子上》，第467页。

④ 朱熹集注：《孟子集注·尽心上》，第490页。

找回本心之后就要注重存养，一方面使其不至于再放失，另一方面又可让其日益滋长茁壮，以求心、性与天道合一，故曰：

苟得其养，无物不长；苟失其养，无物不消。孔子曰：“操则存，舍则亡，出入无时，莫知其乡。”惟心之谓与！①

又曰：

尽其心者，知其性也。知其性，则知天矣。存其心，养其性，所以事天也。殀寿不贰，修身以俟之，所以立命也。②

意谓能尽心以知性，则可以达到天人合德的境界；进而存心以养性，就能让我们的身心性命获得最好的安顿。

此存心以养性之道即为扩充的工夫，如能知而行之，则其效用将不可限量，故曰：

凡有四端于我者，知皆扩而充之矣，若火之始然，泉之始达。苟能充之，足以保四海；苟不充之，不足以事父母。③

又曰：

人皆有所不忍，达之于其所忍，仁也；人皆有所不为，达之于其所为，义也。人能充无欲害人之心，而仁不可胜用也；人能充无穿逾之心，而义不可胜用也；人能充无受尔汝之实，无所往而不为义也。④

不论是“足以保四海”，或者是“仁不可胜用”“义不可胜用”“无往而不为义”，皆可看出如能推广己之所能，以及于其他人、物，则将可以利济众生、泽被万物，所谓“知天”“立命”者即指此而言。

包括求其放心以及存养扩充，其关键实皆在于自己，诚如朱熹《孟子集注》引程子曰：“圣贤千言万语，只是欲人将已放之心约之，使反复入身来，自能寻向上去，下

---

① 朱熹集注：《孟子集注·告子上》，第463页。
② 朱熹集注：《孟子集注·尽心上》，第489页。
③ 朱熹集注：《孟子集注·公孙丑上》，第329页。
④ 朱熹集注：《孟子集注·尽心下》，第522—523页。

学而上达也。"[1] 又再引程子曰："人皆有是心，惟君子为能扩而充之。不能然者，皆自弃也。然其充与不充，亦在我而已矣。"[2] 所谓"将已放之心约之，使反复入身"、所谓"充与不充，亦在我而已矣"，指的都是有赖于自己。故性善说的另一大意义，即在强调修养的关键乃在于我们自己本身。

四、结　语

孟子"四端"之说一方面肯定人人先天皆具有善性之端，另一方面更着重后天的尽人事，立论兼顾先天、后天而不陷于一偏，思虑极为周到。以孟子所举"今人乍见孺子将入于井，皆有怵惕恻隐之心"的例子观之，恻隐之心虽然是先天所本来具有，但如无后天的认识，并不知晓孺子若入于井将会遭遇危险，就不可能引发怵惕恻隐之心，可见此怵惕恻隐之心的引发已包含后天的认知在内。进而言之，既有怵惕恻隐之心，如不及时采取适当的举动以避免孺子之入于井，则孺子必然会遭遇危险，可见只有其心仍旧不足，必须还有进一步的行动，更显示后天举措的重要。

"四端"说在修养上的意义，既然可以归纳为两点：第一点为修养成为可能提供依据，认定人人本来都具有善的开端、萌芽，此为先天者。第二点强调修养的关键在于自己，举凡求与存养扩充的一切工夫皆有赖于自己本身，此为后天者。钱穆先生即就此而归纳说：

> 盖孟子道性善，其实不外二义：启迪吾人向上之自信，一也。鞭促吾人向上之努力，二也。故凡无向上之自信与向上之努力者，皆不足以与知孟子性善论之真意。[3]

言简意赅，十分精准地掌握到孟子"四端"之说的要义。所谓"启迪吾人向上之自信"，乃是对人性的肯定，系就先天而言；所谓"鞭促吾人向上之努力"，则为对人性的激励，系就后天而言。我们探讨孟子的性善说，必须明乎此义，才能掌握到孟子立论兼顾先天、后天的深切用心，一方面珍惜我们在先天所已经拥有者，另一方面更要注重后天应该下的工夫，期使修养日益精进，完成人性之善以达到完满的境地。

---

① 朱熹集注：《孟子集注・告子上》，第 467 页。

② 朱熹集注：《孟子集注・公孙丑上》，第 330 页。

③ 钱穆：《孟子要略・孟子之性善论》，钱宾四先生全集编辑委员会编《钱宾四先生全集》甲编第二册《四书释义》，台北：联经出版事业公司 1998 年版，第 252 页。

孔子人格塑造论新探

蒋国保
苏州大学哲学系教授

孔学本质上讲即“仁学”。“仁也者，人也”（《孟子·尽心下》），“仁学”本质上讲就是阐释做人道理的学问。做人的道理，概而言之，无非是指“怎样做人”与“做怎样的人”的道理。“怎样做人”的道理，指示人格塑造之途径；“做怎样的人”的道理，揭示人格理想之真谛。没有正确的人格塑造途径，就不可能到达高尚的人格理想境界；反之，不确立高尚的人格理想，就不可能有正确的人格塑造途径。孔子“人格塑造论”关于人格塑造与人格理想之辩证关系的论述，深刻地揭示了这个道理。但长期以来，虽然谈孔子“仁”说的文章汗牛充栋，却很少有人从“人格塑造”的意义上论述之。有鉴于此，本文侧重讨论孔子的“人格塑造论”，希望通过这一讨论以加深对孔子“仁学”即“人学”的认识。

一

孔子以“爱人”说明“仁”①。这是否算作定义“仁”，姑且不论，这里当先论孔子所爱之“人”，是特指还是泛指。有一种以阶级分析方法得出的观点，以为孔子所谓“爱人”，是特指爱奴隶主阶级，而非泛指爱包括“民”在内的一切人②。这种观点的史料依据，照赵氏所说，就是在《论语》中，“爱人”与“使民”是相对而言的，例如《学而》第5章：“节用而爱人，使民以时”，这表明在孔子看来，爱的对象只是“人”而不是“民”，“民”只能是驱使的对象。换言之，孔子区分“爱人”与“使民”，就是为了表明“仁爱”不是抽象的泛爱，而是特殊的阶级关爱。孔子所谓“爱人”（仁）是否指抽象的泛爱，可以讨论，但以孔子对“人”用“爱”、对“民”用“使”的遣词上的差异来证明之（仁爱并不包括“民”，只是特殊的阶级性质的关爱），却失之片面，因为在《论语》中亦有“人”为“使”之对象的说法，例如《子路》篇

① 《论语·颜渊》第22章有云：“樊迟问仁。子曰：‘爱人。’”
② 详见赵纪彬《释人民》，该文收于人民出版社1976年出版的《论语新探》。

第25章，两次出现“及其使人也”的说法，而在《阳货》篇第6章，更出现“惠则足以使人”的说法。这三处“使人”句中的“使”字都作动词用，与“使民”句中的“使”字用法完全相同，足以证明孔子不仅对“民”用“使”字，而且对“人”也用“使”字。赵氏辩解说：《论语》“对‘人’言‘使’，乃是另有所指，‘使人’与‘使民’，仍有阶级界限”[①]。但是，我认为这一辩解不难反驳。赵氏认为《论语》对“人”言“使”另有所指的主要理由，就是在《论语》中“‘使人’与‘君使臣’为同义语”[②]，是指执政者范围内，“上级对下级的‘使令’而言”[③]。赵氏的这一辩解，为了将“使人”与“使民”区别开来，特意将“使人”限定在统治阶级内部。但当他这样限定时，显然回避了一个问题：在《子路》篇，“使人”既是对“君子”而言的，也是对“小人”而言的。也就是说，在孔子看来，“君子”固然可以“使人”，“小人”也可“使人”。既然如此，如果“使人”只限于统治阶级内部，岂不等于说“小人”——被统治阶级[④]反倒驱使统治阶级（人）。圣如孔子，能如此糊涂？孔子当然不至于这么糊涂，那么他在《论语》中将“使人”与“使民”并用，又为了说明什么？它说明“人”这个概念，在孔子的论述里，统指包括“民”在内的一切人，是泛指而非特指。“人”既是泛称，则正如孔子自己所强调的，“仁者人也”（《礼记·表记》），他所谓仁者“爱人”，就是指对一切人的关爱，非狭义的阶级之爱。

以《论语》中没有出现“爱民”的说法而否认孔子的仁爱是对人的普世性的关爱，同样站不住脚。其理由很简单：孔子固然认为“民”是驱使的对象，但因为视“民”为“人”，他以为“民”也是关爱的对象。这如何证明？不妨这样证明：既然孔子说过“惠则足以使人”，则只要证明孔子所谓“惠”属于“仁”的范畴，而“惠”的对象就是“民”，就可推出仁爱亦包括“民”的结论。首先，不难证明“惠”无疑属于“仁”范畴。证据是孔子自己明确地将“惠”纳于“仁”：“子张问仁于孔子”，孔子回答：“能行五者于天下为仁”。子张追问“五者”具体指什么。孔子回答：“恭、宽、信、敏、惠。恭则不侮，宽则得众，信则人任焉，敏则有功，惠则足以使人。”（《论语·阳货》）其次，亦可通过分析以证明“惠人”即“惠民”，而“惠民”其实就是指“爱民”：有人问孔子，子产是什么样的人，孔子回答说：“惠人也”（《论语·宪问》），他是能施恩惠于人者。为子产所“惠”的“人”，具体限定的话，就是指“民”，因为孔子评价子产就说过子产能做到“养民也惠”：“有君子之道四焉：其行己也恭，其事上也敬，其养民也惠，其使民也义。”（《论语·公冶长》）“惠”是就“养

---

① 赵纪彬：《论语新探》，人民出版社1976年版，第3页。

② 赵纪彬：《论语新探》，第3页。

③ 赵纪彬：《论语新探》，第3页。

④ “小人”这个词，有二义，或指道德卑下者，或指地位卑下者。作地位卑下者用时，实际就是指“民”，如樊迟想学种稼种菜，孔子以为他志向低如庶民，就批评他是“小人”。

民”而强调的，而所谓“养民”，在经济上是指“足民”，让人民富足；在政治上是指“教民”，让人民讲信用，能征战；在理想上是指“博使于民而能济众”（《论语·雍也》），实现圣王伟业。由“养民”以“惠”这些具体层面来断，孔子主张“爱民”是无疑的。

“爱人”与“爱民”、“惠人”与“惠民”之所以在孔子的论述中混而不分，含义相通，是因为“人”在孔子那里，是作为“类名”来使用的，它是个类概念。据杨伯峻先生的统计与分类，《论语》中，“人”共出现162次。其中，作量词用的9次，作代词用的31次，置于地名之下的1次①，用指人才的2次；其余119次，又被就分为两种用法，一是一般用法，泛指所有的“人”，有114次，另是狭义用法，特指“民”之外的“士大夫以上之人”，有5次。杨氏这样区分“人”，显然是希望表达这样的认识：不能将孔子所谓“人”简单地视为“类名”，因为它有时亦作“私名”用，特指统治阶级成员。但是，杨氏作此区分，可商榷者有二：就逻辑上讲，如果“人”不包括“民”，则所谓“人”在孔子那里就只能是“特殊用法”，那么他所谓《论语》中“人”有“一般用法”又从何谈起；就史料讲，杨氏是以《宪问》42章中的“修己以安人”与“修己以安百姓”之区别来说明“百姓”（民）不归于“人”②，殊不知“百姓”（民）一旦不纳入“人”范畴，“民”便成为无法归类的怪物。以孔子之圣明，想必不至于连“百姓（民）”是“人”也不清楚。其实，以“人”是统称，而以匡人、野人、大人、小人等为特称，这在孔子论述里，本来分得很清楚。在孔子看来，形形色色的人都是“人”，将“人”就形色上区别开来，就产生了所谓“大人”“小人”之类的特称。同是“人”而分以“大”“小”，大与小只是用以表现社会地位上的高低，并不是用以规定本质上的差异。“小人”与“大人”一样是“人”，只不过它是“民人”③，为“大人”所务④所使⑤而已。“民人”这一概念早见《诗经·大雅·瞻卬》：“人有土田，女反有之；人有民人，女覆夺之”，本来就是用以特指“民”，孔子既袭用之，则足以表明他的确以“民”为“人”。既然“民”（百姓）同样是“人”，那么所谓“修己以安人”与“修己以安百姓”，就不能如某些学者所特意所理解的：“安人”并不包括安“百姓”（民），乃特指使上层人物（大人）安康；而应这样理解：“安人”泛指使别人安康，当然包括“安百姓”。而一些学者之所以将“安百姓”排斥在“安人”之外，是由于对《宪问》第42章之叙述层次的理解太拘泥，以为由“修己以敬”到“修己以安人”再到“修己以安百姓”既然依次递进，就表明“修

① 杨氏以“鄹人”举例，然《论语》尚有“匡人”称谓，则“人”系于地名之下的当不止一次。

② 参见杨伯峻《论语译注》，中华书局1980年版，第159页。

③ 《论语·先进》第25章有云：“有民人焉，有社稷焉。”

④ 《论语》中有“务民”的说法。

⑤ 《论语》中亦有“使民”的说法。

己”当作用的对象是不同的，所以“安人”不能包括“安百姓”。其实，这一章也可以循由抽象到具体的思路来理解：当子路问孔子怎样做君子[①]，孔子笼统地回答：修养自己以便严肃地处事（“修己以敬”）；子路觉得答得不具体，就追问：这就够了吗？孔子于是比较具体地回答：修养自己以便使别人安康（修己以安人）；子路还觉得答得不太具体，又追问：这就够了吗？孔子于是更具体地回答：修养自己以便使老百姓安康（修己以安百姓），然后强调说：“修己以安百姓”连尧舜做起来还感到困难，让子路明白：君子当作的事说到底就是指“修己以使老百姓安康”，再不能做出比这更具体的回答了。

孔子把“人”概念作为“类名”来使用，以它统称社会上下层一切人，有其哲学“人性论”的理论基础。孔子以一句“性相近也，习相远也”（《论语·阳货》）表明其“人性论”是“人性一元论”。“人性一元论”以为凡是人在本质上都是相同的，人之间不存在先天的差异，人与人的差异，是由后天的影响造成。问题是，人之相同的本质是什么？孔子说：“仁者，人也”（《礼记·表记》），以“仁”定义“人”的本质。人的本质既为“仁”，则人一旦不讲“仁”，丧失其本质，外在的规范约束与情感陶冶对人之复性将难以起作用，这用孔子自己的话说，就叫作“人而不仁，如礼何？人而不仁，如乐何？”（《论语·八佾》）》由此可见，“仁”在孔子的“人学”中，并非只是指一种道德条目[②]，亦是指总括仁、义、礼、智、信诸道德条目之道德本体。这个本体是人所以为人的本质所在，它决定了人乃道德存在。人是道德的存在，又决定了人之存在价值就在于有道德。而人之存在价值则决定了人欲要活得有意义，就必须讲道德，做一个有道德的人。孔子告诫人们说：“早晨听懂如何做人的道理，哪怕晚上就死去，也值得。”[③]孔子这样教导人，似乎有悖人之常情，因为人总是将自己的性命看得重于一切。但深入去理解，不难体会孔子正是要以这种有悖常情的说法令人警觉，使人一下子觉悟做人首先要懂得做人的道理，真正明白“志士仁人，无求生以害仁，有杀生以成仁”（《论语·卫灵公》），深刻认识护卫做人的道理，比护卫人的性命更重要。基于这一信念，孔子要求“无终食之间违仁”（《论语·里仁》），要求人们一刻也不能缺少仁德，一刻也不能忽视做人的道理，否则就不是有道德的人。

二

既然孔子的“人”说旨在论证人是道德存在，人之存在价值在于有道德。那么他的“人格塑造论”说到底就是阐述如何成就人之道德性。人之道德性，是相对人的本

① 君子有两义，或指道德高者，或指地位高者。在此章指地位高者，相当于“大人”。

② 即具体地指对别人的关爱。

③ 《论语·里仁》有云：“朝闻道，夕死可矣。”

能而言的，人出于本能的自然行为，就无所谓道德不道德，凡道德行为，一定是指对于本能的自然行为加以限制与约束的行为，例如，食色是人的本能，无所谓道德不道德，然而是放纵还是限制食色就体现了道德：放纵食色非道德，限制食色合道德。从“已矣乎，吾未见好德如好色者也”（《论语·卫灵公》）这句话可以看，孔子不但清楚地发现了在人身上所表现出来的道德与本能的背反，而且深刻地认识到：在道德与本能的抗衡中，本能往往占上风，成为人之主导的所好（价值取向）。基于这一认识，孔子不难推想，塑造人格从根本上讲就是调动人的道德性以扭转人的主导所好——顺乎本能去好（hào）。换言之，人格的塑造，对于孔子来说，就是由所好在本能转变为所好在道德，使人之主导所好不在本能而在道德，套用孔子的话讲，就是使好德胜于好色。

塑造人格既然必须首先调动人的道德性，那么这个可以被调动的人之道德性，就不能是后天存在，而只能是先天存在，因为它若是后天存在就属于已造就，便无须再调动人的主动性以成就之。儒家的确认为人先天具有道德本性，无论从孟子的“良知”说还是从李翱的“复性”说，抑或从宋明儒家的“性即理”（天理）说，都不难证明这一点。问题是，儒家此认识，是否能追溯到其祖师孔子？由于孔子从不与他的学生谈论人性本于天道①，我们今天也就难以直接以孔子论人性与天道关系的原话来回答他是否也认为人之道德性本于天道，是先天存在的。但是，我们能以他论“仁”的言语来分析之。上面已经说过：孔子以为“仁”就是人之所以为人之所在，体现了人的本质。这显然是以“仁”为道德本体，将人所以能有道德归结为人本来就有仁德。人之本有仁德，在孔子那里，不是从“天命之谓性”（《礼记·中庸》）的意义上说的，应是相对于禽兽无所谓仁德而言的。也就是说，在孔子看来，相别于禽兽，人内在地具有仁德②。正因为人内在地具有仁德，所以“仁德”的呈现与否就完全取决于人的能动性。从积极方面说，“仁”不是远离人的超越的存在，“我欲仁，斯仁至矣”（《论语·述而》），人只要愿意实践“仁”，人的仁德立马就呈现；从消极方面说，“仁”意味着本能欲望的压抑与限制，“克己复礼为仁”（《论语·颜渊》），人只要克制自己的本能欲望、照礼的规范行事，人的仁德也立马就呈现。仁德的呈现既然是人能主动决定的，那么从中可以推断两点：（1）人能调动其道德性是毫无疑义的；（2）人所以能调动其道德性是因为仁德乃人先天本有的。

孔子强调仁德的内在性，当然是为了保证其所倡导的人格塑造要成就的不是知识

---

① 《论语·公冶长》有云“夫子之言性与天道，不可得而闻也”。对句中“与”字，我不从众作连词解，而是作动词解，从而对全句这样理解：孔子从不说人性连通天道，他的弟子们便听不到此类言语。从孔子盛赞子产来推断，他将人性与天道分裂的认识，很可能受子产的“天道远，人道迩”说的影响。

② 我认为，孔子强调仁德的内在性，只是为了否定人之仁德来自外在的“天命”，至于仁德内在性本身之成因，孔子没有说明，我也就不作推出，以免臆测之讥。

人格，而是道德人格。知识人格与道德人格的区别，不在于或者重知识或者重道德，而在于或者以知识理性为做人根本或者以道德理性为做人根本。所以，孔子虽然期望造就道德人格，但他认为健全的道德人格其实体现了“智、仁、勇”三种品性的统一，决不将道德人格的品性限定在道德。不过，孔子同时强调，人之三种品性的统一[①]，是以“仁”为体、以“智”与“勇”为用，乃统一于“仁”，因为“智”者知“仁”，“勇”者行“仁”，“智”与“勇”品性都有赖于“仁”这一品性。对“勇”有赖于“仁”，因为有孔子自己的“仁者必有勇”（《论语·宪问》）之原话可作证，不必再赘言；而对“智”有赖于“仁”，由于迄今未发现孔子说过“仁者必智”之类的话语，则有必要稍作分析。《论语》中未出现“智”字，却出现116次“知”字[②]。这116个“知”字，除作动词用（知道）89次、作名词用（知识）2次外，其余25次皆通“智”。综合分析这25处“智”（知）字，可以清楚地了解，相对于“仁者不忧，勇者不惧”（《论语·子罕》），“智者不惑”（《论语·子罕》），“智”者的长处在于“不惑”。但“智”者的不惑，在孔子看来，主要不是指知识理性意义上的不迷惑，而是特指对于“仁”的不迷惑，这用孔子的话说，叫作“知者利仁”[③]。“知者利仁”（《论语·里仁》）是相对于“仁者安仁”（《论语·里仁》）来说的，“安仁”是一种不凭借前认知而随处安然地呈现仁德（行仁），而智者则需要认知行“仁”之利之所在来保证其行仁，两者在境界上虽高低不同，但这高低毕竟只能说明仁者、智者走向“仁”的境界表现出不同的状态，并不足以证明“仁”者与“智”者是否必相通还是必相背，反倒足以证明仁者与智者在以“仁”为理想之价值取向上是一致的，不存在本质上的差异。“仁者”与“智者”本质上的一致，就决定了“仁者必定有智”。否则，仁者何以能做到“不忧”。孔子所谓“不忧”，作为一种乐观的生活状态，主要不是指道德性的消解生活之困境与苦难，而主要是指智慧地对待与处理生活之困境与苦难。所谓“诗意的生活”，应该就是“仁者”生活态度的真实写照。这应该是一种高度智慧的生活态度。由此生活态度亦不难体悟“仁者必智”。

三

人是道德存在，对每一个个体而言，做一个有道德的人，就是指成就道德人格。成就道德人格，用孔子的话说，就叫作“成人”。孔子所谓“成人”究竟是什么意思？朱熹解曰“犹言全人”[④]。一个“犹”字表明朱熹并不是径直将“成人”训为“全

---

① 意味健全人格。

② 据杨伯峻统计。

③ 对“利仁”有许多分歧的理解，我将之理解为：懂得“仁”之对于人之“利”所在。

④ 朱熹：《四书章句集注》，中华书局1983年版，第151页。

人”，他是以时人所谓“全人”去理解孔子讲的“全人”。尽管如此，朱熹的这一解释，对后人的影响极大，以至于现代的大小注家莫不从之，或谓之“犹完人，谓人格完备之人”[①]；或谓之“完全的人”[②]；或谓之“完美的人”[③]。这些解释，实际上并不十分准确。孔子所谓“成人”直训就是“成就人格”，如果从他把人看作一个道德存在来讲，它实际上是强调成就道德人格，并不是强调在人格上成为完美无缺的人。人格上完美无缺，是圣人的人格，不是一般意义上的“成人”所能具备的。那么，做到什么地步就可以视为“成人”？对这个问题，孔子有明确的回答：

> 子路问成人？子曰：“若臧武仲之知，公绰之不欲，卞庄子之勇，冉求之艺，文之以礼乐，亦可以为成人矣。”曰：“今之成人者何必然，见利思义，见危授命，久要[④]不忘平生之言，亦可以为成人矣。”（《论语·宪问》）

孔子在这里将“成人”分为高低两个层次，首先指出成就高层次的道德人格，要做到有知（通智）、不欲（应理解为没有过多的欲望）、勇敢以及能做到以礼乐修饰才艺（使艺术才能的展示合乎礼乐规范）。这四点，实际上就是强调成就高层次的道德人格，必须做到“知（智）仁勇”三达德的高度统一。[⑤] 但正如孔子自己所强调的，实现了三达德高度统一乃君子，而成就君子人格属理想，作为对广大普通人的要求不现实，所以孔子更强调，就普通人而言成就一般的道德人格更重要。如何成就一般的道德人格？这就是上面引文中后半段所指出的低层次的成人标准，即要做到“见利思义，见危授命，久要不忘平生之言”。“要”通“约”，作穷困解，一个人长久地居于穷困的生活处境，仍能不忘平生之言，可谓守诺言，有志向；“授命”通“受命”，一个人危难当头，敢于挺身而出，不惧性命之忧，受命解危，可谓有胆识。有志向、有胆识对成就一般的道德人格来说固然是不可或缺的，但相对于“见利思义”而言，其重要性又较低，因为一个人如果不能做到“见利思义”，那么他在利益面前，就势必迷失志向，丧失胆识，成为平庸甚至卑劣的人。可见，孔子虽然从总体上主张成就一般道德人格应具备上述三种德性，但实际上他更强调能否做到“见利思义”对于成就一

---

① 钱穆：《论语新解》，中华书局2002年版，第361页。

② 李泽厚：《论语今读》，安徽文艺出版社1998年版，第331页。

③ 古棣等：《孔子批判》下《孔子译说》，时代文艺出版社2001年版，第456页。

④ 通“约”，作穷困解。

⑤ “冉求之艺，文之以礼乐”，就其有艺（才能），体现了其有“知”（智），就其能做到以礼乐文饰艺能，体现了其有“仁”，因为“仁”的重要体现就是能“克己复礼”；“不欲”当理解为少欲，颜渊之所以被视为有仁，就在于其少欲，一箪食，一瓢饮，人不堪其苦，他却不改其乐。达德，就是普遍意义的德性。成就三达德人格者，就是君子，所以孔子说君子做人的原则有三：“仁者不忧，知者不惑，勇者不惧”（《论语·宪问》）。

般道德人格具有根本意义。这也就是说，孔子实际上是将“见利思义”确定为成就道德人格的最基本的标准。

在孔子之前，正如晏婴所担心的，“凡有血气，皆有争心，故利不可强，思义为愈。义，利之本。蕴利生孽。姑使无蕴乎？可以滋长”（《左传·昭公十年》），追求“利”被看成人之罪孽的根源，所以晏婴在这里从人都有争心出发，指出不能强求利益，而要以思义为愈。“愈”有注家解为“胜”，意思是说与其强求利，不如多想想义。为什么？因为“义，利之本”，义是利的根本，有义就可生利。反之，强求利则生罪孽。但又不可以假定人能做到不求利，因为人即便被弄得没有一点积蓄，他也总想着财产可以滋生出来。晏婴在这里遇到了思想上的悖反，他固然希望人以思义来克制争利之心，从而杜绝“蕴利生孽”，但他又深深地认识到人不可能真正做到放弃对利的追求。如何在承认人之利益追求合法性的基础上以克服人之争利之心，这就是孔子为克服晏婴所遭遇的困境所希望解决的问题。

解决这个问题，在孔子看来，出路不在于取消“利”，因为“富与贵，是人之所欲也”（《论语·里仁》），对利益的追求，是出于人之本性的欲望，是不可能被取消的。既然取消“利”是不现实的，孔子也就只能在讲“利”的前提下寻求解决这个问题的途径。这决定了孔子只能这样思考问题：人怎样才能做到求利而不去争利。在今人看来，“求利”与“争利”没有什么本质区别，不争利也就不能求得利益。但孔子认为，“求利”与“争利”是有根本区别的，其区别就在于“求利”不必以损害别人的利益为前提，而争利就一定要损害别人的利益。如何既不损害别人的利益又取得自己的利益，在今人看来，这是个无法破解的悖论性的难题，但它却是孔子极力要回答的问题。孔子对这个问题的回答，固然有浓厚的道德理想主义的味道，但也不失现实主义的考虑。这从他将“见利思义”作为“成人”之最基本的标准就能看明白。

四

道德人格的成就，使人区别于禽兽，实现了人作为天地间最宝贵存在之价值，但这只意味着以道德体现人的本质与价值，对于人来说，尚不属于高尚道德人格[①]的实现。在孔子看来，高尚人格的塑造，为了保证其在价值取向上恪守道德理性而不偏向知识理性，固然要基于道德人格之成就，但是，作为人格理想，高尚人格的塑造必须突破道德人格的局限，把道德人格提升到理想的道德境界。对于如何实现由道德人格到高尚人格的提升，孔子未作说明，但从《论语》中关于“贤人”“君子”“圣人”“仁人”的言论来分析，不难发现他实际上论及如何从不同的道德层次上区分高尚人

① 下简称高尚人格。

格的不同的生命境界。就分析得出的结论言之，我认为，孔子关于高尚人格的塑造，分为纯理想与现实理想两层。纯理想是指成就“仁人”，现实理想是指成就“君子”“贤人”与“圣人”。“君子”“贤人”“圣人”都属于“仁人”范畴，但他们不比“仁人”，终究只是理想人格，而是可以现实成就的高尚人格。虽同作为高尚人格，但在层次上“圣人”高于“贤人”，“贤人”又高于“君子”。照孔子的人格塑造论之理论来说，“圣人”在价值层次上高于“贤人”，“贤人”在层次上高于“君子”，应体现在道德境界上，但孔子实际上却是从地位的层面说明“圣人”何以高于“贤人”，又从才能的层面说明“贤人”何以高于“君子”。这反映了孔子人格塑造论理论上的不周全性。为了证明以上观点，下面就孔子的有关论述作具体分析。其分析将循“君子”“贤人”“圣人”“仁人”的次序进行。

孔子不是平面的并列高尚人格，而是将高尚人格立体地设定分为高中低三个层次。低层次意义上的高尚人格是君子。君子同成就了一般道德的人——成人——在人格上有相通性，这就是他们都能做到“见利思义”，所以说“君子喻于义”（《论语·里仁》）。但是，君子属于理想人格范畴，不仅仅意味着人具备了做人的基本道德（见利思义），而且体现了做一个高尚之人起码的理想。作为最低层次的理想人格，君子应具备以下品德：“君子食无求饱，居无求安”（《论语·学而》）；“君子无终食之间违仁，造次必于是，颠沛必于是”（《论语·里仁》）；“君子不忧不惧”（《论语·颜渊》）；“君子敬而无失，与人恭而有礼”（《论语·颜渊》）；“君子成人之美，不成人之恶”（《论语·颜渊》）；“君子名之必可言，言之必可行也”（《论语·子路》）；“君子和而不同”（《论语·子路》）；“君子耻其言而过其行”（《论语·宪问》）；“君子固穷”（《论语·卫灵公》）；“君子义以为质，礼以行之，孙以出之，信以成之”（《论语·卫灵公》）；“君子矜而不争”（《论语·卫灵公》）；“君子贞而不谅”（《论语·卫灵公》）；“君子义以为上”（《论语·阳货》）；“君子惠而不费，劳而不怨，欲而不贪，泰而不骄，威而不猛”（《论语·尧曰》）。孔子关于君子人格的这些论述，主要强调的是：对于成就君子人格来说，必须做到：①内本仁义，外守礼信；②任何时候、任何场合下都必须本仁义以做人，一刻也不脱离仁，将“仁”化为生命过程；③安于贫穷，乐观生活；④无所忧愁，也无所恐惧；⑤不与别人争利；⑥与人和谐相处，但决不人云亦云，随流合污；⑦言行一致，难以行者不说，说了就一定做到。这些品德，显然不是从做一个有道德的人的意义上强调的，而是从做一个有较高道德的人的意义上强调的。

相对君子，贤人要数中层次意义上的理想人格。贤人与君子有相同的品德，即他们都具备了“仁”，所以《论语·述而》第15章在论及伯夷、叔齐为“古之贤人”时，就说他们不怨恨别人是因为他们具备了“仁”的品德：“子贡曰：‘诺。吾将问之。’入曰：‘伯夷、叔齐，何人也？’子曰：‘古之贤人也。’曰：‘怨乎？’曰：‘求仁而得仁，又何怨乎？’”又，《论语·雍也》有对颜渊的评价：“贤哉，回也”。从这个评价来看，贤人同于君子还在于能安于贫穷，因为颜渊最显著的品德除了不犯同样的过失就是能安于贫穷，不因清贫的生活而改其志。但是，孔子强调说："不逆诈，不亿不信，抑亦先觉者，是贤乎！"（《论语·宪问）孔子学生子贡也说："卫公孙朝问于子贡曰：'仲尼焉学？'子贡曰：'文武之道，未堕于地，在人。贤者识其大者，不贤者识其小者，莫不有文武之道焉。夫子焉不学？而亦何常师之有？'"（《论语·子张》）根据这两条论述，贤人不但是"先觉者"而且是"识其大者"。所谓"先觉者"，是指这样的人：常人难以觉悟的他能觉悟、常人尚未觉悟到的他已觉悟到，他比常人要早觉悟，所以具有引导常人觉悟的使命；所谓"识其大者"，是指能够了解文王武王治国安邦大道之根本原则的人。由此可见，贤人超胜于君子者不在于"德"而在于"智"。换言之，作为一个君子，未必德、智兼备，既具备深厚的德性又具备高度的智慧。而作为一个贤人则必须德、智兼备，即既德性深厚又智慧高深，两者不可缺其一。

贤人之"智"，虽是秉受于气之清者，但成于后天学习，在层次上又低于圣人之智，因为圣人之智乃"天纵之"（《论语·子罕》），非学而成之。贤人与圣人"莫非知也"，都是高智慧者，但"圣人则生而知之，贤人则学而知之"①，贤人之智毕竟难比圣人之智。不过，在孔子看来，圣人所以为圣人，主要不是因为其生而具备的高智慧，甚至也不因为其实现了"仁智合一"或"仁智勇一体"，而是因为其实现了"内圣"与"外王"的高度统一。这也就是说，作为圣人，内有高度的道德，实现了仁智勇"三达德"的有机统一，外有王者的非凡业绩，以高度的道德为保证成就了千古伟业。"贤人之志则入而成己，圣人之志则出而成物"②，圣人不同于贤人，就在于其不仅做到了道德臻于完善无缺，而且在事业上做到了王者的业绩，其业绩之伟大无愧于其道德之高尚，其道德之高尚不逊于其业绩之伟大，道德与事功，高度的一致。所以孔子强调说，"博施于民而能济众"这一外王业绩不是"仁者"所能办到的，一定是圣人才能做到："子贡问：'如有博施于民而能济众，如何？可谓仁乎？'子曰：'何事于仁！必也圣乎！'"（《论语·雍也》）

人能在现实里成就的最高的理想人格就是圣人人格，但正如孔子所强调的，"若圣与仁，则吾岂敢"（《论语·述而》），连他自己都不敢以成就圣人人格、仁人人格自诩。但孔子之所以不敢以成就这两种人格自诩，却出于不同的考虑。圣人既然是"内圣"与"外王"高度统一人格，这就要求欲做圣人首先得高高在上，地位上是个国君，有治国王天下的资格，这对于布衣身份的孔子来说，当然是不可企及的，所以即便时人以其"多能"（《论语·子罕》）而誉之以"圣"，孔子也不敢以"圣人"自居，因为他清醒地认识到：既然圣人能做到的"博施于民而济众"（《论语·雍也》），连尧舜都难以做到，那么他纵有才能也无资格、无条件做到。可见，孔子不敢以"圣人"

① 陈祥道：《论语全解》卷三。
② 陈祥道：《论语全解》卷三。

自诩，是考虑到自己无成就“圣人”的现实可能性，而不是因为他根本否认成就圣人人格有其现实可能性。

那么，孔子何以又不敢以成就“仁人”自诩呢？这是因为在孔子的设想里，“仁人”本来就是作为纯理想的高尚人格来设定的，它可以由任何高尚人格，例如君子、贤人、圣人来呈现，但不是任何一种高尚人格所能界定的。“仁人”在《论语》中，似乎只二见，一见于《卫灵公》第9章：“志士仁人，无求生以害仁，有杀生以成仁”，另见于《尧曰》第1章：“虽有周亲，不如仁人”。依孔安国注云：“亲而不贤不忠则诛之，管、蔡是也；仁人，箕子、微子，来则用之”[①]，此章中的“仁人”，实指箕子、微子。证之《论语·微子》第1章：“微子去之，箕子为之奴，比干谏而死。孔子曰：‘殷有三仁焉。’”孔安国的注的确可取。问题是，这种实有所指的“仁人”，也都是如同君子、贤人，只不过是从其人具有“仁”德的意义上确定的，还不属于孔子心目中纯理想的高尚人格。孔子心目中的纯理想的高尚人格，诸如《学而》所谓“泛爱众，而亲仁”、《颜渊》所谓“一日克己复礼，天下归仁焉”，往往仅以一“仁”字隐指。对于以“仁”隐指的“仁人”，孔子从来都不轻许予人，所以每当人问他某人是否够得上仁，他总是回避说他不知道，从不作正面回答。但孔子又从不轻视人“志于仁”（《论语·里仁》）的任何努力，只要某人所作所为哪怕只是一定意义上合乎“仁”，他也会称赞说：“如其仁、如其仁”（《论语·宪问》），予以积极的肯定。这也就是说，孔子认为人之走向“仁人”理想人格的任何努力都有意义，可以归于“仁”，但无论何种意义的“为仁”（《论语·学而》）之努力结果，都达不到“仁人”理想人格的完美程度。这表明，孔子在君子、贤人、圣人之上再设立“仁人”纯理想人格，只是将它作为人之一个“死而后已”（《论语·泰伯》）的理想上的永久的期盼。在孔子看来，是否真正成了“仁人”并不重要，生命的价值恰恰在于朝着“成仁”的目标不断追求。孔子强调，这一追求是无止境的，成就了“君子”还有“贤人”等着、成就了“贤人”还有“圣人”等着，一个目标的实现意味着另一个更高的目标就等在前头；如果说有什么止境的话，那只能“止于至善”（《礼记·中庸》），其最终的归宿只能是那体现生命价值极度圆满的境界，而它实际上永远都是一个理想的境界。

---

① 《影印日本〈论语〉古钞本三种》之《三十郎盛政传钞清家点本〈论语集解〉》，北京大学出版社2013年版，第399页。

初唐儒家话语下的三教关系

韩　星
中国人民大学国学院教授

一、贞观之治是儒家治理之道的典型体现

唐太宗是中国历史上的一代英主，在其执政的贞观年间（627—649），由于君臣的共同努力，全国上下一心，经济发展很快，百姓丰衣足食，社会秩序安定，出现了夜不闭户，道不拾遗，欣欣向荣的大同之世的景象，史称“贞观之治”，其治绩一直为后世所传颂，无愧为古今治理之道的辉煌乐章。贞观之治所采取的基本治国方略是以儒家思想为指导形成的，是儒家治理之道的典型体现。大致有以下几个方面：

第一，君臣合治，儒家君臣之道的完美体现。太宗豁达大度，嘉言懿行，堪垂后世！其济世康民，伟有成烈，卓乎不可及，可称媲美三代之盛；其贤臣有如房玄龄、杜如晦、魏徵、王珪、李靖等，感其知遇，相与献替可否，竭忠尽智，以效股肱之劳。“其君臣上下，共同望治，齐一努力之精神，实为中国史籍古今所鲜见。”①

第二，选贤任能，是儒家贤能政治的集中体现。太宗认为只有选用大批具有真才实学的人，才能达到天下大治，因此他求贤若渴，曾先后5次颁布求贤诏令，并增加科举考试的科目，扩大应试的范围和人数，以便使更多的人才显露出来。由于唐太宗重视人才，贞观年间英才辈出，可谓是人才济济，文武兼备。正是这些栋梁之材，用他们的聪明才智，又勤于听政，为“贞观之治”的形成做出了巨大的贡献。

第三，以民为本，儒家民本思想的实践。太宗从波澜壮阔的农民战争中认识到人民群众力量的伟大，吸取隋朝灭亡的原因，非常重视老百姓的生活。他强调以民为本，他说：“君依于国，国依于民。刻民以奉君，犹割肉以充腹，腹饱而身毙，君富而国亡。”② 太宗即位之初，下令轻徭薄赋，让老百姓休养生息。他反复引用荀子的话来告

① 钱穆：《国史大纲》上册，商务印书馆1996年版，第390页。
② 《资治通鉴》卷192。

诫臣下和太子："舟所以比人君，水所以比黎庶，水能载舟，亦能覆舟"①，把民众看作是国家的根本，把从民意、顺民心的重民思想作为制定国策方略的出发点。

第四，文治太平，儒家治道的主体精神。太宗通过总结历史经验教训认识到"武以克敌，文以致治"，一即位就提出了为国之道，安静为务的方针，推行仁政，宣布"戡乱以武，守成以文"，才能实现"中国既安，天下大宁"②。所以，对外，他尽量避免战事；对内，他提倡文治。还没有即位之前，他就广招文人学士进入秦王府，形成十八学士作为他的智囊团，后来就成为贞观宰相的主要班底。他即位第一天的群臣大会上就提出了"偃革兴文"，随后就广招文臣，贞观元年至四年，以文人入相而充实政事堂的诏令和任免即达 18 次之多，不断精选体现儒士补充进中央和地方的官吏班子，逐步形成了稳固的文人掌权的政治局面。

第五，建章立制，儒家制度化的完善。在制度建设方面，太宗君臣论政讲民主谏诤，皇权帝制改革，辅之以均田、府兵、科举、刑律、义仓、政事堂等制度建设与改革，尽可能地实现对权力的合理配置和制约体系，最大限度地体现了民主精神，是贞观之治得以出现的关键，也是唐代在经济、法制、文化、军事方面逐步走向繁盛的重要条件。

第六，礼法兼治，儒家的法律化。唐太宗十分注重法治，他洞悉隋炀帝滥刑滥杀之弊，吸取了其教训，认为只有把德礼与法治结合起来，才能移风易俗，治理好国家。他说："为国之道，必须抚之以仁义，示之以威信。"③ 这里的"抚之以仁义"，就是推行仁义礼教，"示之以威信"，就是施行刑罚。这样几年之后，海内升平，路不拾遗，外户不闭，商旅野宿。

唐太宗处理儒道释三教关系的政策是其治理之道的有机组成部分。在三教关系方面，太宗尽管注意三教排列次序，但他深层关注的是国家政治与社会发展二元结构的平衡与稳定，一直在寻求国家意识形态与社会民众信仰的合理结构。汉代以来意识形态方面成熟的经验是以儒为主，以佛、道为补充和辅助，这点唐太宗继承下来了。在初唐他需要进一步宏观调控的是如何使三教形成合理的分工，构建立体的国家意识形态体系和国民信仰体系。

二、重　儒

唐太宗很清楚马上打天下不能马上治天下，立国之后要治理好国家，则必须儒家出场。

---

① 《贞观政要》卷 4《教戒太子诸王》。

② 《资治通鉴》卷 192。

③ 《贞观政要》卷 5《仁义》。

唐初朝廷都非常重视复兴儒教，主要是为了寻求道统的合法性，借以确立儒学作为治国理政的主体。两晋以及隋代政治秩序混乱，社会分裂动荡，其主要原因在于重文轻儒，儒道沦丧，而唐朝廷吸取了历史教训，重新重视儒教对于国家治理的重要性。高祖就极为重视儒家。据《旧唐书》载："高祖建义太原，初定京邑，虽得之马上，而颇好儒臣。以义宁三年五月，初令国子学置生七十二员，取三品以上子孙；太学置生一百四十员，取五品以上子孙；四门学生一百三十员，取七品以上子孙。上郡学置生六十员，中郡五十员，下郡四十员。上县学并四十员，中县三十员，下县二十员。武德元年，诏皇族子孙及功臣子弟，于秘书外省别立小学。"① 武德二年高祖下诏在太学建周公、孔子庙，四时致祭。并博求其后，具以名闻，详考所宜，以加爵士。这一兴儒的举动使学者慕向，儒教聿兴。② 武德七年，高祖亲赴国子学祭奠先圣，下诏以周公为先圣，孔子配享，又令徐文远在国子学讲《孝经》，亲临听诸生讲解经义，以示对儒学的重视。高祖又下《兴学敕》："自古为政，莫不以学为先。学则仁义礼智信五者俱备，故能为利深博。朕今欲崇本息末，崇尚儒宗，开后生之耳目，行先王之典谟。"③ 在高祖看来，儒教以仁义礼智信为核心价值的教育对国家政治的积极作用深远，与道、佛比较起来，儒教是本，道、佛二教是末，他要崇本息末，崇尚儒宗。

太宗还为秦王时就"锐意经籍"。武德三年，战争基本结束，李世民在秦王府开文学馆，广泛招引天下文士，以杜如晦等十八人为学士，给五品的待遇。即位以后，就在正殿左面设弘文馆，精选天下的儒者，如虞世南、褚亮、姚思廉等，让他们以本官兼任学士。并让学士们在其中轮流值班，在政务闲暇时，皇帝就和学士们讨论经义，商量政事，有时一直讨论到深夜。又让功臣、贤者和三品以上的子孙为弘文馆学生。这样的讨论，使李世民本人也对儒学有了很深的造诣。

像汉初刘邦一样，唐初李世民也明白"马上得天下，不能马上治天下"的道理。在《遗萧德言书》中他说："自隋季板荡，庠序无闻，儒道坠泥涂，《诗》《书》填坑阱，眷言坟典，每用伤怀。顷年以来，天下无事，方欲建礼作乐，偃武修文。"所以太宗非常重视复兴儒家。贞观二年，大征天下儒士为学官。亲自多次到国学馆，令祭酒、博士讲论儒学。学生能通一大经以上，就授予署吏。又于国学增筑学舍一千二百间，太学、四门博士也增置生员，达到三千二百六十多人。这样的重儒政策，使各地儒士抱负典籍，云会京师，就连吐蕃、高昌、高丽、新罗等地的贵族派子弟前来学儒，一时"济济洋洋焉，儒学之盛，古昔未之有也"④。

太宗善于吸取历史的经验教训，贞观二年他就形成了关于儒、释、道三教的历史

---

① 《旧唐书》卷139《儒学上》。
② 《旧唐书》卷139《儒学上》。
③ 《唐大诏令集》卷105《兴学敕》。
④ 《旧唐书》卷139《儒学上》。

观。他说："尧、舜率天下以仁，而人从之；桀、纣率天下以暴，而人从之。下之所行，皆从上之所好。至如梁武帝父子志尚浮华，惟好释氏、老氏之教；武帝末年，频幸同泰寺，亲讲佛经，百寮皆大冠高履，乘车扈从，终日谈论苦空，未尝以军国典章为意。及侯景率兵向阙，尚书郎以下，多不解乘马，狼狈步走，死者相继于道路。武帝及简文卒被侯景幽逼而死。孝元帝在于江陵，为万纽于谨所围，帝犹讲《老子》不辍，百僚皆戎服以听。俄而城陷，君臣俱被囚絷。庾信亦叹其如此，及作《哀江南赋》，乃云：'宰衡以干戈为儿戏，缙绅以清谈为庙略。'此事亦足为鉴戒。朕今所好者，惟在尧、舜之道，周、孔之教，以为如鸟有翼，如鱼依水，失之必死，不可暂无耳。"① 就是说他是在总结历史经验教训的基础上，认识到是否兴儒是决定一个王朝生死存亡的关键，如果没有儒家居中制衡，佞佛佞道，就会导致亡国之祸，故而重儒。唐太宗在《帝范·崇文》中开篇就指出："夫功成设乐，治定制礼。礼乐之兴，以儒为本。宏风导俗，莫尚于文；敷教训人，莫善于学。因文而隆道，假学以光身。"鲜明地表达了以儒为本，高扬儒家道统的明确意识。

儒学的传承要靠经学。鉴于儒家典籍流传久远，文字多有讹谬，贞观四年太宗就诏颜师古与国子祭酒孔颖达等诸儒，撰定《五经正义》，并诏令天下传习。除了经籍，唐太宗还以儒家思想为指导设馆修史，这就是《群书治要》与《隋书·经籍志》的编撰。《群书治要》是唐初著名谏官魏徵及虞世南、褚遂良等受命于唐太宗辑录前人著述作谏书，为唐太宗提供警示的匡政巨著。书中撷取经典要义，阐明古圣先贤以德为本、修己为要的治国大纲；甄选历代史实，既有明君用贤、忠良辅国达致天下太平的经验，也有昏主宠佞、奸臣欺主导致朝政危亡的实录；以儒家为主体，整合诸子百家，是中国古代治国安邦、匡政利民的治道思想的集大成。②《隋书·经籍志》是以儒家为主，融合三教，在各种典籍的排列次序上，以儒家经典放在第一位，即依次为经、史、子、集四大类，道、佛经籍置于集后的附录位置，并说明道："道、佛者，方外之教，圣人之远致也。俗士为之，不通其指，多离以迂怪，假托变幻乱于世，斯所以为弊也。故中庸之教，是所罕言，然亦不可诬也。故录其大纲，附于四部之末。"这明确指出了道、佛为出世宗教，但与圣贤之教也有一致之处，只是世俗之人不通其深意，往往背离原有的宗旨，走入迂、怪、假、幻的歧路，造成了许多弊端。因而要以儒家中庸之道为指导，抑其弊而不诬其利，所以就把有关佛教的资料作为四部的附录收录在子部杂家部分。

值得提及的是唐太宗"贞观之治"时期的儒学是在文化多元、三教并存情形下以儒为治国的主导思想，尽管李世民都主张效法西汉的以儒治国，对董仲舒也持肯定态度，但并没有提倡"罢黜百家，独尊儒术"；相反，唐太宗对非主流思想都采取宽容、

① 《贞观政要》卷21《慎所好》。

② 韩星：《〈群书治要〉的治道思想及其当代意义》，《观察与思考》2014年第11期。

谦和的态度，既在国家意识形态和民族主体信仰方面上坚持以儒家为主，兼容百家的同时，又在社会上奉行信仰自由，兼容道佛的基本国策。

三、崇　道

隋唐之际天下大乱，民间流传“天道将改，将有老子子孙治世”等宣扬改朝换代的谶语和预言，一定程度上反映出李渊集团崛起人心所向的情势。李渊也开始利用谶语为自己的起兵反隋造势。隋末道士中许多人认为李渊父子能取得天下，便纷纷投其麾下，为建立李家王朝效劳。如楼观道士岐晖（558—630），在大业七年（611）即对弟子说：“天道将改，吾犹及之，不过数岁矣。”弟子问他今后谁可能做皇帝，他说：“当有老君子孙治世，此后吾教大兴。”① 大业十三年（617），当李渊起兵反隋入关时，他非常兴奋：“此真君来也，必平定四方矣。”乃改名平定，发道士八十余人至蒲津关接应，尽以观中粮资唐军。李渊称帝后，认为岐晖资助兴唐有功，“武德二年（619），高祖下令修缮楼观台，营造老君殿、天尊堂、尹真人庙，并赐田十顷，任命岐晖为观主。”② 武德三年（620）再临楼观台祭祀老子并召见岐晖并说：“朕之远祖，亲来降此。朕为社稷主，其可无兴建乎？”③ 于是下诏改楼观台为宗圣观，并赐予帛、米以供观中使用。李渊称帝后，曾一再宣称“李氏将兴，天祚有应”，“历数有归，实惟天命”。这样，既可借神权提高皇朝地位，又可借以宣称李氏取代隋朝为“奉天承运”，并为李唐王朝王权的正统性、合法性奠定了基础。

李世民还在为秦王时，在洛阳刚刚平息王世充，便与房玄龄微服谒见道士王远知，王预言他会作太平天子。李世民登基后，即对王远知特加优宠，诏在茅山建太平观，并度道士二十七人。太宗“玄武门之变”也得到道士的支持，所以他登基后对道士倍加礼遇，秉承高祖遗业，崇道抑佛。唐初道佛二教互相攻击，都想赢得统治者的青睐和重视，而唐初社会上则有重佛轻道的风气。贞观六年（632），诏令修订《氏族志》，原因是修订人员将山东崔姓和李氏同列一起，这使太宗感到门第轻重失宜。为了重新肯定自己的出身，并进一步明确了李氏王朝与老子的祖孙关系，他指示在重修《氏族志》时必应“崇重今朝冠冕”的撰修原则，追赠老子为始祖。贞观十一年（637）继李渊之后再次下诏，规定道士、女冠在僧尼之上，宣称：“朕之本系，起自柱下，鼎祚克昌，既凭上德之庆；天下大定，亦赖无为之功。宜有改张，阐兹玄化。自今以后，斋供行立，至于称谓，道士女冠可在僧尼之前。庶敦本之学，畅于九天；尊祖之风，

---

① 《混元圣纪》卷8。

② 《混元圣纪》卷8。

③ 《混元圣纪》卷8。

贻诸万叶。”① 这个诏书表达了明确的崇道抑佛倾向，反映了唐朝廷在宗教方面的基本国策。

据相关史实可以看出，高祖，特别是太宗是有清醒的政治理性的，并不真的相信神仙方士之事。他们之所以抬升老子，杜编祖系，拔高道教的地位，不过是借以确立自己的血缘的正统性，作为提升皇权合法性的基础，是一种很强功利性的政治运作，还谈不到信仰道教。

四、尊 佛

李渊最初因为个人原因也曾信过佛，在他为隋朝郑州刺史时，儿子李世民得了重病，他亲自到当地大海寺庙里烧香祈愿。不过，从李渊本人的宗教观看他总体上是比较理性的，其亲信温大雅曾记述李渊对待佛道的态度说：“帝弘达至理，不语神怪，逮乎佛道，亦以质疑，未之深信。”② 后来他即位以后面临隋朝几代帝王过度崇佛，导致僧尼人数大增，寺院财富激聚，严重影响社会经济发展的情况，以及身边一些道教出身的官员对佛教的强烈批评，逐渐使其对佛教采取限制措施。武德九年发布诏书曰：“朕膺期驭宇，兴隆教法，志思利益，情在护持。欲使玉石区分，薰莸有辨，长存妙道，永固福田，正本澄源，宜从沙汰。诸僧、尼、道士、女冠等，有精勤练行、守戒律者，并令大寺观居住，给衣食，勿令乏短。其不能精进、戒行有阙、不堪供养者，并令罢遣，各还桑梓。所司明为条式，务依法教，违制之事，悉宜停断。京城留寺三所，观二所。其余天下诸州，各留一所。余悉罢之。”③ 他首先说明他的本意还是要“兴隆教法”的，并没有完全否定宗教的教化作用，只是要区分真正的信仰者与混进佛道的伪烂之徒，所以不得不限制二教。从具体限制措施来看，似乎佛道均衡，甚至在京城还留寺三所、观二所，但如果考虑到当时佛道二教规模非常悬殊，对佛教来说无疑是更大的打击。这鲜明地表现了李渊崇道限佛的基本政策。不过，由于武德九年六月发生了“玄武门之变”，李渊的诏令还没有来得及实行。李世民继位后，即宣布废止这一诏令，开始“度僧立寺，广事弘持”。

对于唐太宗与佛教的关系，学界历来有两种截然相反的说法：一谓太宗弘赞佛教，一谓太宗实不以信佛见称。其实唐太宗对佛教的态度前后是有变化的，和对待佛教的政策是在三教关系互动中动态把握的。

太宗从小就有与佛教打交道的经历，前述李渊到当地大海寺庙里烧香祈愿之事就是例子。太宗在平定各地割据势力的战争中，也得到过地方僧侣的支持。武德四年

---

① 《唐大诏令集》卷130《道士女冠在僧尼之上诏》。

② 《大唐创业起居注》卷2。

③ 《旧唐书》卷1《高祖本纪》。

（621），在围攻据守洛阳的王世充这一关键性战役中，嵩山少林寺僧志操、慧旸、昙宗等主动协助破城，并俘获王世充的侄子仁则。这种特殊关系使他对佛教必然会产生某种特殊的感情。

太宗对佛教早先是肯定其正面价值，利用其教化作用辅助国家治理。在创建唐王朝的过程中，太宗勇猛善战，军功显赫，同时也必然军士殒命，生灵涂炭，手上沾满鲜血。即位后，他就在战阵处广立寺庙，超度战争亡灵。在相关诏书中他说："释教慈心，均异同于平等。……有隋失道，九服沸腾。朕亲视总元戎，致兹明罚，誓牧登陑，曾无宁岁。老弱被其桀犬，愚惑婴此汤罗。……犹恐九泉之下，尚沦鼎镬；八难之间，永缠冰炭。愀然疚怀，用忘兴寝。思所以树其福田，济其营魄。可于建义以来交兵之处，为义士凶徒殒身戎阵者，各建寺刹，招延胜侣。望法鼓所震，变灾火于青莲；清梵所闻，易苦海于甘露。所司宜量定处所，并立寺名。支配僧徒，及修造院宇，具为事条以闻，称朕矜愍之意。"① "释氏之教深尚慈仁，禁戒之科，杀害为最重，承言此理，弥增悔惧。……冀三途之难，因斯解脱。万劫之苦，藉此弘济。灭怨障之心，趣菩提之道。"② 他也检讨自己"自征讨以来，手所诛翦前后之数将近一千"③。他认识到佛教慈悲为怀，崇尚仁慈，能够平等对待众生，倡议在交兵作战，死亡惨重的地方各建佛寺，延招僧侣，让那些死难的亡魂，闻到晨钟暮鼓之声，能够变炎火为青莲，易苦海为甘露；他自己在战争中杀人太多，怕受到惩罚，以至于心怀忧惧。所以试图通过佛教使那些游魂有所归宿，同时对自己犯下的杀孽忏悔，借以解脱内疚之苦，使自己的心灵也得以安顿。

贞观三年，太宗为报亲恩，将自己旧宅，改建为兴圣寺。贞观四年（630），有诏命上宫，绣了一尊一丈六尺高的释迦文佛圣像，安奉在胜光寺。佛像安座时，还设千僧大斋，供养大众。贞观五年，太宗又为穆太后，在庆善宫内造慈德寺，昭陵建瑶台寺。并请玄琬法师在禁内德业寺，为皇太后写佛藏经。贞观八年（634）为追念穆太后，在台城以西，真安城内建弘福寺，太宗曾亲自到弘福寺为佛像开眼。在太宗为太穆皇后的追福手疏里他说："圣哲之所尚者孝也，仁人之所爱者亲也，朕幼荷鞠育之恩，长蒙抚养之训，《蓼莪》之念，何日忘之？罔极之情，昊天匪报。朕每痛一月之中……欲报靡因，唯资冥助，敬以绢二百匹奉慈悲大道。傥至诚有感，冀销过去之愆，为善有因，庶获后缘之庆。"④ 这里显然是以佛教的途径表达其孝敬感恩之情，一定程度上有某种信仰情怀。

唐太宗即位后相继颁行度僧的诏令，因为当时经过战乱佛教衰落，所以允许度僧

---

① 《全唐文 · 为战阵处立寺诏》。

② 《广弘明集》卷 28《唐太宗为战亡人设斋行道诏》。

③ 《广弘明集》卷 28《唐太宗为战亡人设斋行道诏》。

④ 《全唐文 · 为太穆皇后追福手疏》。

来一定程度复兴佛教。史料记载:“昔隋季失御,天下分崩,……朕属当戡乱,躬履兵锋,亟犯风霜,宿于马上。比加药饵,犹未痊除,近日以来,方就平复,岂非福善所感。而致此休徵耶。京城及天下诸州寺宜各度五人,宏福寺宜度五十人。”① 但从诏令中可以明显看出他对僧人数量有控制,只是允许佛教在有限制地复兴。同时他也注重以法治教。鉴于社会上长期以来有些僧徒戒律松弛,不思佛法,假托神通,招摇撞骗,借善男信女的信佛之心,大敛不义之财,等等。这些都违背了佛教慈悲为怀,济世度人的根本精神,太宗为了净化佛门,制定了一些律令,以规范寺僧。“朕情深持护,必无宽舍,已令依附内律,参以金科,具陈条制,务使法门清整,所在官司,宜加检察。其部内有违法僧不举发者,所司录状奏闻,庶善者必采,恶者必斥。伽蓝净土,咸知法味;菩提觉路,绝诸意垢。”② 太宗的这些措施说明他允许佛教的发展,但不是没有节制的发展;同时在发展中要遵循国家基本的政策法令,合法发展。

结 语

学界一般认为,唐初三教政策是儒、释、道三足鼎立,这种说法稍嫌笼统。历史地看,南北朝中后期的三教并存是一种自然发展,到了唐代,统治者对儒佛道采取的基本政策是三教并用。当然并用不是平均使用,而是根据三教各自的历史渊源、思想特点、不同功能,立足于朝廷与国家的稳定,帝王的政治理性,以及帝王个人的喜好与信仰,采取了重儒、崇道、尊佛的总体政策。具体即重儒以寻求道统的合法性,确立治国理政的主体;崇道以寻求血统的正统性,为提升皇权合法性的基础;尊佛以重建精神世界信仰,以为归化民心的工具。大致格局是在确立儒学意识形态正统和国家民族主体信仰地位的前提下,以儒为主,以佛、道补充和辅助,逐渐形成了儒、佛、道三教并行,三元和合的局面,其中儒教居中制衡,具有主体的地位,与国家政权紧密结合,指导和支配政治生活、公共领域的一切方面及个人生活的某些领域。后来,在面对景教等其他多元宗教的形势下,又不断调整,形成了以儒为主,整合多元文化,构建立体的国家意识形态体系和国民信仰体系。这充分表明唐统治者在总体治理体系确立后,处理三教关系的方法和手段开始成熟起来。这一格局由隋代开启,唐初高祖和唐太宗二帝奠基,历经高宗、武周、唐中宗、睿宗的发展,大致到了唐玄宗开元时期最终完成。

---

① 《全唐文·诸州寺度僧诏》。

② 《全唐文·度僧于天下诏》。

当代儒学发展的形态及趋向

景海峰
深圳大学人文学院教授

“国学热”兴起之后的儒学复兴运动，经过了二十多年的演进，已经由微渐著，面临着重要的关节点。当代的儒学研究也已然进入了一个新的时代。如果我们把儒学在新文化运动中遭遇顿挫之后、从现代文化的语境和背景再出发的历程梳理一下，这大致经过了三个时期。一是现代主义的昌盛期，在全盘西化的压力下，儒学式微，几乎沦为惨遭批判的靶子，一切与现代性不符的内容都堆在了儒家的头上，委曲求全的辩解式生存成为常态，一再退守，百口莫辩。二是在以西释中、中西互释的方式中，逐渐走出了一条融合与会通的路子，以容纳西方普遍价值、接受现代性的基本原则为前提，发展出具有儒家色彩的现代主义，在当代世界立定了脚跟。三是正在走出现代性与古典儒学二元对立的格局，打破中西对列的既定思维模式，试图在新的全球化背景下，重释儒家文化的价值，建构其独立的文化主体性，以自立于世界。在这个漫长的过程中，儒学的发展经历了艰难曲折的摸索，演绎出波澜壮阔的景象，也产生了各式各样的表达方式。这些形态各异的系统所面对的时代问题是有差别的，因而其时运也有所不同，有些具长久的影响力，而有些可能昙花一现。就儒学发展来讲，这些不同的形态在当代的理论与实践活动中可能都有蛛丝马迹，只是畸轻畸重，乃至杂糅交错，形成了非常复杂的阵势，往往让人虚实难辨，故留下很多疑惑。所以，如何从理论上来归纳、辨析和探讨这方面的问题，便成为当前儒学研究的重要任务。

一、现代性与保守主义

对现代性的全面拥抱构成了20世纪中国儒学发展的主调，离开了现代化的背景，就无法理解和描述儒学在现代中国所经历的曲折和走过的道路。在经历了一系列的历史创痛和文化选择之后，中国走上了一条向现代化迈进的途程，如何向西方学习以应对西方的挑战，便成了时代的主潮。一个世纪以来，现代主义者对儒家思想发动了大规模的批判，进行了各式各样的打击和改造，这种清算是带有根本性的。伴随着儒家文化所赖以生存的制度结构和社会土壤的惨遭瓦解与根本铲除，从经典系统到话语方式，儒学都成了有一搭没一搭的状况，像是随风飘散的浮云，已在若有若无之间。反传统主义者所着力打造的现代性神话，造成了现代与传统之间严重对峙的分割之局。在他们看来，只有现代性才能够创造自由的空间，使个体免于习俗、贫困和专制的奴役，从而获得精神上的解放；同时，只有迈向现代化才能够创造中国未来社会的繁荣与进步。而与现代精神不相契合的儒家传统，则造成了社会的衰败、大众的愚昧和国家的贫弱，是需要被彻底检讨、批判，乃至于抛弃的。现代主义的这种二分方式可以说是随处可见，在现实生活中造成了强大的定势，影响所及，各种思想观念都无不染上了它的印迹，人们对此早已经习以为常，乃至于在当代中国的文化现象中仍显得盘根错节，至今还牢牢地占据着许多人的头脑。

“五四”以来对儒学摧枯拉朽般的打击，使得传统文化的声誉和知识分子赖以建立的自尊自信一落千丈。当时先进的学人无一不站在反传统的行列，“决心要对于圣人圣经干裂冠毁冕、撕袍子、剥裤子的勾当”（钱玄同语），而维护传统几乎成为“反动”“落后”“顽固”“冬烘”的代名词。充满激情的理性批判精神，对传统的普遍怀疑和彻底决绝，成为那个时代不可抗拒的历史意愿和潮流。五四的时代批判精神和对科学、民主的高扬，对于古老中国所起的震古铄金、振聋发聩的作用是空前巨大的，它的启蒙意义也具有永久的历史价值。正像舒衡哲（Vera Schwarcz）所说的：“回顾五四启蒙运动的历史，我们不禁为中国知识分子同旧的、过时的封建心态进行斗争的顽强精神所震撼。”① 但从文化层面来省视，现代主义者的激烈反传统和历史虚无主义的态度，特别是全盘西化的主张和对传统文化的简约化处理，显然是失当的，这就不可避免地引出了后五四时代相当一批思想家，对中国传统文化的重新评估和对激烈反传统主义的全面回应。史华慈（Benjamin Schwartz）将这种抗衡全盘西化、立足传统、融汇古今，以适应时代要求的意愿和趋向，称之为“文化的保守主义”，譬如现代新儒学的众多先驱人物就属于此列。

按照曼海姆（Karl Mannheim）等人的描绘，保守主义和一般的传统主义不一样，传统主义是一种普遍的心理属性，而保守主义却是特殊的历史与现代交融的现象。“保守主义就是这样一种客观的、历史嵌入的、动态变化的结构复合体，总是某一特定时期的社会历史现实的总的心理——精神结构复合体的一部分。”所以他在讲到19世纪的保守主义时，“指涉的是与不同哲学非常明确的紧密联系和与此相连的思想方式上的独特性，而不仅仅是不同的政治渴求”②。这一思潮在现代中国的表现，又有它的独特之处，这就是其文化方面的主导意向，“现代中国保守主义的另一特色是，它主要是一

① ［美］舒衡哲：《中国启蒙运动——知识分子与五四遗产》，刘京建译，新星出版社2007年版，第339页。

② ［德］曼海姆：《保守主义》，李朝晖等译，译林出版社2002年版，第60、73页。

种文化的保守主义，基本上不牵涉主要的社会政治现状”①。文化保守主义与政治上的保守主义有密切的关系，但又有很大的不同，从根本上来说，文化保守主义者并不是墨守现行政治制度和社会现状的政治保守主义。譬如熊十力对现代中国革命的态度便是如此，在政治上，他是一位坚定的爱国民主人士，对封建专制主义深恶痛绝，对民主革命有着深切的向往和极大的关怀。但在对待传统文化方面，却恭敬虔诚、态度保守，远远地落伍于时代。面对五四以来反传统的巨大声势和由此所产生的强烈震撼，他一方面为反帝反封建的昂扬气势和科学民主的时代声浪所打动，另一方面对批判传统文化的喧嚣情状又深深地感到不安。这种矛盾的心境，可以说是伴其一生，在他著作的字里行间无处不流露出来。

文化保守主义对传统的自尊感和维护感，随着西风渐炽和传统文化的日趋失势而日见其长，传统文化越是面临困境，它表现的就越是强烈。而这种自尊感和维护感，往往又是和民族主义的情绪交织在一起的。近百年来，中国所面临的亡国灭种的危机和传统文化左右不逢源的困境，恰恰为文化保守主义思想的植根和繁衍提供了丰沃的土壤。史密斯（Anthony D. Smith）认为，“民族认同感往往威力无比，能够激发许多公民，即使不是大多数公民，产生一种为了国家的利益而自我牺牲的精神，在民族危机与战争时期，尤其如此”。他具体分析了民族情感和传统记忆之间的关系，提出“重新启用文化”的概念：

> 开始时，本土知识分子极小的核心部分接触发达国家的文化，在经历合法性危机之后，他们激动起来，希望重新发现自己共同体的族裔过去，开始意识到该历史的范围或历史知识的不足，开始与其他共同体已知的传统、神话和共同的记忆进行比较。我们可以把这称作重新启用历史的第一阶段。历史学家、语言学家和作家试图重新发现共同体的过去，试图把一代代慢慢传递下来的各种集体记忆、神话和传统，阐发、整理、系统化并合理化为一部前后一贯的族裔历史。②

在现代主义的强势笼罩下，现代性的刺激促使中国人在文化上自我反省，同时也激发了其迎头赶上的勇气和力量，20 世纪 30 年代，正值抗战之时，民族空前的危难加重了这种自尊感和维护感的悲壮气氛，并且形成了时不我待的紧迫性，一批立足于民族本位的哲学创造活动及精神产品便由此产生。

---

① ［美］史华慈：《论“五四”前后的文化保守主义》，《思想的跨度与张力——中国思想史论集》，王中江编，中州古籍出版社 2009 年版，第 199 页。

② ［英］史密斯：《全球化时代的民族与民族主义》，龚维斌等译，中央编译出版社 2002 年版，第 74 页。

二、中西会通的哲学之路

我们观察当代儒学发展的形式，它的选择大多是调和式的，走的是中西会通的道路，与现代主义的形态有着交叉和重叠的地方，并且是一个由远及近、由弱转强的过程，在一定程度上，中西会通已经渐渐地成了现时代的主要潮流。譬如现代新儒家群体，从熊十力到牟宗三，基本上都是走中西融合的路子。他们对现代主义者持一种批评的态度，认为其一边倒的选择显然是过于简单化了，因而强调中西方的融合。在这调和的一派看来，西方文化有着许多值得肯定的地方，比如科学精神、理性主义的求知欲、理解和改造外部世界的力量、对个体生命的尊重及其制度创新的能力等，这些确实为儒家传统所不及，故需要大力的吸收。而西方文化中的个人主义、极度的物欲膨胀和畸形的消费观、对内对外的强力盘剥乃至导向军国主义以及道德和精神性的衰退等，这些则是需要我们高度警醒和予以强有力的拒斥的。而要想矫正这些方面的弊端，就需要调动传统的资源，坚守儒家的立场，乃至于回归到传统。发生在现代语境之下的调和主张，始于新文化运动时期，在随后的数十年中，它始终笼罩在现代主义的浓重阴影底下，只是到了晚近的20年来，才独显峥嵘，渐入佳境，成为有着相当影响力的文化形态，也是达致了某种共识的、颇为流行的社会思潮。

这一调和方式所面对的“中西”“古今”之争的复杂局面，要求它有紧扣时代脉搏的意识、纵览全局的眼界和“十字打开”的气度，也要求它能够用比较恰当的方式来处理儒家的历史，对之做深刻的思考、全面的分析和理性的批判，这样才能把已经破碎化和片断化了的儒学材料，重新地置于新时代的话语场中，将已经“博物馆化”了的儒家起死回生。就传统儒学主导的经学形式而言，科举收场、帝制终结，特别是社会意识形态的根本改变和新知识体系及其保障制度的扎根，使得纯粹经院式的儒学已经完全没有了“现实存在”的可能性，其承载和运转儒家思想的现实功能也难以为继。入民国之后，被处理成“史料”、编织为“经学史”，而做现代学术方式之研究的“经学”，更是失去了它原有的意义，变成了历史性研究的边缘化知识和学术界可有可无的点缀品。这样，儒学的“非经学化”和儒家思想叙述方式的转移，就成为儒家身份能否通过时代之“过滤”和有可能继续存活的前提条件，也成为儒学资源“与时偕行”、实现现代转化所必须要面对的抉择。

在这种情况下，新儒家主流人物走了一条“哲学”之路，用思想提纯的方式，将儒家经典原有的社会背景和历史条件尽量地撤去，有意抛离开传统经学的特定语境、叙事脉络和外在形式，而着力拔举儒家的精神性因素，突显它的思想性，以显示其能够适应新时代要求的永恒价值。当然，这一举措是否有效地保存了儒家的成果、延续了儒学的生命力？是否达到了儒家思想实现现代转化的要求？这些问题，都尚可考量、讨论，乃至于商榷，但其尝试的必要性，以及迄今为止所取得的突出成绩，却是有目共睹，毋庸置疑的。

当代儒学向哲学的“靠拢”，有其时代的必然性。20 世纪中国社会所发生的翻天覆地的巨变，使儒家思想赖以扎根的“土壤”日渐地贫瘠，远离人们日常生活的儒学，越来越成为遥远的记忆。“悬置”的边缘状态，使得儒家资源已经变成了一些“思想的碎片”和“漂浮的观念”。而面对现实的欲振乏力和实际影响力的日渐消退，也逼使儒学研究走向更为观念化的创作之途，以思想的“抽离”与“提纯”，作为应对现实挑战的基本方式。在场域收缩和思想漂移的过程之中，当代新儒家人物重新挑拣和串缀着散裂的文化片段，以编织为新的系统。而他们的工作也必然地趋向于高度的玄思化，从而日渐地远离儒学的“草根性”，变成一种纯学院化的形式。作为现代学科的哲学，比较适宜于儒家思想形态之转变的需求，提供了容纳儒学素材的“庇护”形式和儒学家们的安身场所，故成为儒学尝试着延续其生命力的首选，因而，当代新儒家人物多为哲学家就并非偶然。就学科形式的预期值而言，比之历史学，哲学所展开的思想诠释显然更能拓展文化传统可以想象的空间，也更能在历史与现实之间寻找到某些观念的结合点，所以，含藏乃至孕育儒家文化之新的生命力的期盼，也就落在了哲学的头上。事实上，熊十力、牟宗三等人一再高扬“哲学”的旗帜，用意之一，就是能够最大限度地保存一点儒家思想的“活性”，而不至于使之完全的材料化，以便在人们内心深处，终归能唤起一种精神延续的联想。

对民族文化传统的眷顾和其儒学价值信念的执着，使得当代新儒家的哲学化诠释工作，不可能是完全照搬西方哲学的，而只能是“为我所用”式的借拿。虽说熊十力的体系和方法与柏格森、怀特海等，有些暗中相合，而对康德则是“照猫画虎”式的直接誊摹；但他始终注意区别自己的“哲学”和西方之“哲学”的不同，强调这两者之间是不能画等号的。唐君毅、牟宗三等人的“西化”程度，要远远地高于熊氏，对西方哲学的吸纳和采撷，已经达到了相当的深度，甚至产生了某种“依赖感”，这为当今某些保守的儒学研究者所指责。但唐、牟对于西方哲学家的工作，基本上是不认同的，否定多于肯定，批判大于学习，在关键之处均要划清界限。这说明，儒家思想现代诠释的哲学化路向，并不是对西方哲学的简单移植或者粗浅模仿，也不是完全拿西方的哲学来解释中国的传统，更不是中国思想的“西方化”。而是在儒学传统的表达形式被彻底地消解之后，试图找到一种新的媒介和新的载体，把儒家思想的精义用现代人可以理解和接受的方式重新呈现出来。这个过程本身就是创造性的，既是一种批判，也是一种诠释，正是在批判与诠释的双向互动中，吸收包括西方哲学在内的新知识来改造传统儒学，以图重建儒家本位的文化系统。所以，这一“现代化”的努力方向，适应了时代发展的趋势和新学术建构的要求，为儒学的现代转化做出了有益的尝试，也为中国思想的现代发展提供了某种典范。它既部分地回应了西方形而上思维的挑战，也在一定程度上保留和发掘了中国儒学的精神。从中西文化碰撞与交融的大背景而言，这一路径必将会延续下去，并且会不断地得到深化与开拓。而其中所产生的问题和缺失，也只能在不断的探索当中得到解决和弥补。

三、批判的传统主义

随着国际形势的变化，改变了人们打量儒家的眼神，对儒学的重新认识、理解和评价翻开了新的一页，近代以来一边倒的负面印记得以洗刷，儒学的声誉和形象得到了根本性的改观。特别是改革开放以来，中国从闭关锁国的封闭状态和意识形态的紧张绷峙中逐渐地舒缓过来，儒家符号也从以往所附赘的种种污泥浊水之中拔举而出，经过一系列的“拨乱反正”之后，向着正面的、健康的方向大踏步地挺进。这个变化可以说来得很快，多少有些出人意料，因而充满了戏剧性；也是20世纪所不曾有过的，真正称得上是一次历史性的转折。

在这种新形势下，儒学发展的形态出现了一种新的趋向，既不认同于现代主义，也批判以新儒家为代表的中西调和主张，而是选择或者创辟一条新的回归传统的路，我们姑且称之为批判的传统主义。这种思想主体性的转移，显然是在经历过现代化的洗礼之后的一种新的形式，它对现代主义并不陌生，也不简单地拒斥之，而是在现代性的泥淖里摸爬滚打了一番之后，想要抖落一身征尘，可谓是曾经沧海、回首再望。批判的传统主义对现代主义做了很多深刻的检讨，认为现代科学的状况是受到理性主义者傲慢自大的损害，汲汲于外部世界的征服和人类社会的控制，而日常生活却严重的科层化和流于精英主义，人类普遍的精神性日渐地萎靡。各种暴戾的现象层出不穷，理性之设计和安排则捉襟见肘、应对乏力。往往只掌握在少数人手中的政治和知识权力，反而可能成为对自然与社会施暴的渊薮。在主流文化形态以外的民间知识和传统智慧被彻底地边缘化。以科学和理性的名义，漠视其他方面的人类潜质，对生命的意义和日常生活方式，要么是关注的太少，要么是随意的规划与支配，人的存在成为各种力量拨弄的玩偶。批判的传统主义在面对现代性的姿态上，与主张调和的一派稍许相像，其理性的分析立场可以看作是对西方的情绪性拒斥的小小的调整。但他们并不瞩目于融合的方式，甚至不认同中西会通的说法，认为一个社会只能有一个主体，必须回归到自己的本真性。而这种本真性是基于特定的文明传统和特定的历史文化，其社会共同体的形成和所属成员的思想变化是有其自身轨迹可循的，不因时代的改变和评价标准的游弋而彻底丧失掉认同感。所以，儒家对其他文化的借鉴和吸纳，只是批判性地自我反省的辅助手段，而不是“以西化中”式的改变掉自身的主体性。虽然说文化形态的变化是必然的，但道路却不是固定的和唯一的，在面对挑战之中的更新，就是于实践活动里找到最能够发挥其自身潜质的那种复兴方式。批判的传统主义相较于成熟的现代主义和中西会通派，可以说尚处在一种意识汇聚的状态之中，还不是那么的清晰和明显，因此在思想主张和学派表征上，还缺乏鲜明而又统一的特征，在当下的儒学实践中，其理解的路径和表述的方式也是各行其是、散乱无序的。

从表面上看，批判的传统主义仍然延续了求援于传统的策略，甚至有一种似曾相识的复旧感，好像是又回到了传统。但实质上，这一新的思考和相关论域的出现，代表了现代性反思的最为前沿的动向，是建构的传统，而非简单地重回旧的历史。正像哈贝马斯（Jürgen Habermas）所说的，“作为对席卷一切的现代化大潮的反应，传统主义本身表现为一场彻底的现代革新运动”[①]。近十多年来的儒学话语，已经开始了新的身份建构（the construction of identity），它的语境已不再是对西方中心主义的倾慕、拜服和对自身文化的反观自省，而是试图跳出中西对列的格局，在新的全球化版图中重置中心与边缘，将儒家价值的普遍性和西方价值的普遍性放在同一个平台上来衡量。萨义德（Edward W. Said）指出：身份的建构与社会中的权力运作联系在一起，身份建构绝不是一种纯学术的随想。随着东亚现代化的成功和中国的崛起，西方价值的中心地位遭到挑战，蕴含着优越性、先进性的“西方”观念开始动摇；而长期臣服于西方霸权的“东方”急于寻找自我伸张的方式，重新设定自己和“他者”的身份。萨义德说：

> 每一时代和社会都重新创造自己和“他者”。因此，自我身份或“他者”身份决非静止的东西，而在很大程度上是一种人为建构的历史、社会、学术和政治过程，就像是一场牵涉到各个社会的不同个体和机构的竞赛。[②]

正是在这样的背景下，儒学复兴的当代性和复杂性在全球化的动态格局之中一一地呈现出来，和我们的现实生活紧密地联系在一起，并且在新的身份建构中，逐渐地找到了它当下的根源性。

儒学的复兴，标志着儒家价值的自觉和自悟，标志着民族文化向自身传统的回归。一种文化，若长期处于迷茫的状态，跟风逐臭、无所依归，甚至模糊掉自己的身份性，丧失自我，那一定是没有前途的。近百年来的危机，使中国文化的自信心丧失殆尽，文化的主体意识和自觉性都降到了最低点。中华民族的复兴离不开中国文化的复兴，中国文化的复兴必先要有文化之自觉，必先寻回失落了的精神家园。作为中国文化之主体部分的儒学，其价值的自觉和重新诠释，关乎未来中国文化的前途。我们要从近代以来一维单向的线性历史观中走出来，重新发掘儒学传统中超越时空的普遍价值。

---

① ［德］哈贝马斯：《民主法治国家的承认斗争》，载汪晖等编《文化与公共性》，生活·读书·新知三联书店 1998 年版，第 360 页。

② ［美］爱德华·萨义德：《东方学》，王宇根译，生活·读书·新知三联书店 1999 年版，第 426—427 页。

同时，我们也要扩大文化的视野，把儒学放在世界文明的大格局当中来省察。

在今天全球化的时代，各种文明形态高度融合，各种文化模式也错综交汇，这就决定了任何的排他性都是不可行的。所以“儒学的复兴”，和近代以前的情形是完全不同的，它并不是要把中国文化和西方文化对立起来，更不是要拿儒学作为排拒外来文化的口实。恰恰相反，这样的儒学需要在更大规模和更深层次上来吸收人类文明的各种优秀成果。特别是在经受了西方文化的全面冲击和深刻洗礼之后，它的开放性、坚韧度、鉴别力和取精用宏的能量，都应该是以往的任何时代所无法比拟的，它也必能担当起任何的考验。同时，这样的一种儒学，并不是仅局限在讲堂之上的喧闹，而完全是基于现实的要求，是和世界变幻的风云、时代发展的脉搏和社会大众的意愿紧密地联系在一起的。所以，儒学形态在当代就不是封闭的，不是孤立主义的，更不能走向各种极端。

基于这样的理解，我们对儒学复兴中所出现的一些偏执和狭隘的观念深感忧虑，比如说盲目的排他主义和自大的民族主义，还有试图将儒学宗教化的倾向。特别是有些人仿照现代宗教的模式，渲染原教旨主义的想象，竭力制造儒学的神圣性，将现代化放置在世俗的一边，从而形成了一种神圣与世俗的假想性对峙。如果说在西方的文化背景下，本来就有一个漫长的以基督宗教为主体的神圣系统，追求超越，幻想以彼岸来拯救现实，而启蒙运动的发生则打破了这种信仰形态的独断性，迈入了所谓“世俗时代”。那中国文化的历史发展却并不存在类似的情景，并没有一个从“神圣”跨向“世俗”的转折，也没有一个像查尔斯·泰勒（Charles Taylor）所说的“大脱嵌”（the great disembedding）的发生。① 因为儒家传统从来都不追求摒弃现实的超越性，是故将西方社会神圣与世俗的二元对立简单地移植到儒家的身上，只能说是一种观念的错置。儒家的现实主义本质接近于所谓的世俗性，但它又不是与神圣性二元对立的那种境况，如果硬要用西方对列格局的框架来解释之，那就是融神圣于世俗当中，以世俗来显发神圣，既世俗又神圣，即凡而圣。所以，我们没有必要非得用西式的宗教来比附和装扮儒学，硬要制造出一个不伦不类的现代儒教来，然后再拿腔拿调的以儒教的口吻来言说现代社会的事情，什么教主、圣裔，曲阜为“圣城”之类，不是显得很滑稽吗？尽管以塑造儒教的方式来摒弃现代主义、批判中西调和的只是一小部分人，但这种极端的主张颇能够吸引人们的眼球，也潜藏了很大的危险，可能将儒学的现代复兴引向死胡同。

---

① ［加］查尔斯·泰勒：《世俗时代》，张容南等译，上海三联书店2016年版，第169—182页。

乡村儒学：重建乡土中国的意义世界

曾凡朝
齐鲁师范学院教授

一、中国乡村意义世界的瓦解和异化

随着1840年西方列强的入侵和中国近代化的开始，侵华战争不断发生、外国资本大肆侵入，商品经济畸形发展。整个中国，包括乡村社会，即已开始受到以工业化为主的西方文明的强烈冲击和巨大影响。在工业化、现代化、城市化发展浪潮的冲击下，农业、农村、农民的生产方式与生存状态发生了剧烈变化，农民的生活方式、价值观念和思维模式等也随之发生深刻的变化，工具理性不断高扬，价值理性不断退场，以功效为取向的工具理性不断损毁价值理性的人文世界。乡村生态受到了巨大的冲击和挑战，乡村文化逐渐出现异化、失衡。

在漫长的百年变迁过程中，随着中国整个社会结构的转型和中国乡村社会结构发生巨大变化，中国乡村社会的意义世界也开始巨变、异化、瓦解和重构。正如费孝通先生所说："中国的乡土社会中本来包含着赖以维持其健全性的习惯、制度、道德、人才，曾在过去百年中，也不断地受到一种被损蚀和冲洗的作用，结果剩下了贫穷、疾病、压迫和痛苦。"① 梁漱溟认为中国乡村社会的破坏主要是儒家文化传统的被破坏。中国共产党领导领导的土地革命，改善了农民的经济、政治地位，与此同时，也改变了农村农民的意义世界："土地改革所建构的社会结构，不是以单个原子式的个体农民为独立单元的自耕农社会——像许多研究者以为土地私有达成的结构方式那样，而是党组织与农民结成的牢不可破的伦理关系。"② 在土地革命及土地改革中，中国乡村社会的意义世界在变迁中有新的创生："党与农民的伦理关系"的牢不可破的结成。

中华人民共和国成立后所进行的过渡时期的农业社会主义改造，不仅仅是把小农经济逐步改造成为社会主义集体经济的所有制的改造，而且是对农村社会主义意识形

---

① 费孝通：《乡土重建》，岳麓书社2012年版，第56页。
② 谢遐龄：《重建意义世界：重建中国农村社会的核心》，《天津社会科学》2011年第1期。

态的重塑，到1963年至1966年城乡开展的社会主义教育运动，都伴随着对宗族习俗文化、儒学人际关怀等民间信仰体系的破坏。“文化大革命”虽然以“文化”为名，但实际上是包括政治、经济、文化等领域的社会大革命。“文革”中的“政治革命”“经济革命”和“文化革命”又进一步摧毁了中国数千年的传统价值和意义世界，取而代之的是官方意识形态及其信仰。当时人人高唱革命歌曲，带着内心的虔诚与庄严感“早请示、晚汇报”。“对组织忠诚老实”取代“父为子隐，子为父隐”，“孝顺”“承顺颜色”转变为“听党的话”。以党的利益和指示为标准，亲子、兄弟、夫妻之间互相揭发受到鼓励。这些对乡村深层次的文化心理和意义世界的摧毁不可低估。

20世纪70年代末，极“左”的“文革”被否定，改革开放被启动，但在文化领域中，作为中国人传统信仰支柱的儒家传统——书院、宗祠、孔庙等普遍性的民间信仰都未恢复，传统文化并未正名。改革开放起始于农村，但主战场很快转向了城市。大批的农民离乡离土，到处寻找工作机会，乡村社会结构的解体进一步加剧。传统的义利关系又重新被辩论。“‘义在利先’不能取消或降格、代之以‘利在义先’。……义永远在先。拨乱反正是改变义之内涵而已，‘义在利先’须坚持不懈；绝不是让利居于义之前。”[①] 但是，经济的功利化趋势呼啸前进，以市场化为导向的改革高歌猛进，“利在义先”大肆抬头，“义在利先”节节败退。不正之风、不择手段日益滋长，拜金主义肆虐，强大的经济致富诉求对乡村道德世界反复碾压，对家庭关系、道德价值、心理情感、乡村习俗产生巨大冲击，并对其产生深度解构。农村的集体活动、公共交往空间渐趋消逝，乡村的人际温情不断被消弭，越来越淡漠。乡村的价值认同危机越来越突出，尤其是孝道的式微问题。“如果说，从近代到‘文革’完成了对于传统乡村精神信仰的解构，改革则在实际上完成了对于传统信仰替代物的解构。经由此两次解构，客观上造成了乡村信仰的空心化，我们现在面对一个既没有传统宗教信仰和人文精神，又没有现代法治理念的乡村。历史的断裂就这样发生了，价值的真空就这样造成了。”[②]

传统文化被扫荡，乡村信仰空心化，乡村的文化生态严重失衡，形成严重的文化断裂与失忆，出现乡村文化的沙漠化，导致基督宗教和一些邪教在乡村快速传播，“乡村文化话语权缺失，失去了认同的基础”，“传统道德碎片化，农民的道德世界处于无序状态”，“乡村精英趋于没落，逐渐失去凝聚人心的力量”[③]，中国乡村的意义世界逐步坍塌、瓦解和异化。

在中国乡村，在东方文明和西方文明之间，内在心灵应该如何安顿？在工具理性

---

① 谢遐龄：《重建意义世界：重建中国农村社会的核心》，《天津社会科学》2011年第1期。

② 赵法生：《乡村儒学的缘起与意义》，载卢国龙主编《儒道研究》（第2辑），社会科学文献出版社2014年版，第208页。

③ 赵霞：《传统乡村文化的秩序危机与价值重建》，《中国农村观察》2011年第3期。

和价值理性之间，我们到底应该走向何方？在致富欲望的冲击下，如何才能支撑起中国乡村的温馨情感、价值空间和意义世界？集体的、情感的、归属的、交往的内在心理诉求将魂归何处？这就需要我们重新认识乡土文明和传统儒学的价值和意义。

二、重新认识乡土文明和传统儒学的意义

中国的近代史开启了中国的工业化和现代化。从世界范围看，现代化的过程在某种程度上就是城市化的过程。“100 年前，90% 的人生活在原野、森林、农村地区。在发达国家，到 20 世纪末这样的人只有 10%—15%。”但是，“一切都是相互依赖的、生态/经济、城市/乡村、北方/南方、人类/自然”。[①] 不管城市还是乡村，地球上的人类是一个休戚相关的命运共同体。实际上，“迄今为止的城乡关系演变的过程是：古代是城市乡村化，从近代工业革命开始直到现在，是乡村城市化。恩格斯预言：未来是城乡融合。”[②] 中国几千年的历史中以农立国，城乡一体化明显。美国学者施坚雅等研究中国的城市后用“城乡连续统一体”的概念进行描述。[③] 中国社会学者张玉林认为，“乡村和城市（城镇）在概念表述上是截然分开的，但在实际形态上并不是非此即彼的。……各种聚落都处于这个连续谱系中的某个位置，而兼有城乡二者特征的形态较为多见”[④]。

但是，将乡村和城市作为两种对立的生活方式的观念以及“农业与现代化不能两立”的思想和“贱农主义”非常普遍。对于城市和乡村的消极描述和负面看法不胜枚举：“说起城市，则认为那是吵闹、俗气而又充满野心家的地方；说起乡村，就认为那是落后、愚昧且处处受到限制的地方。”[⑤] 近代中国受到了西方的强势压迫性影响，逐渐遗弃了整体化思维、一体性观念和中道智慧，在思想方式陷于西方式的二元对立的认知模式，逐渐形成了某些积重难返的片面观念，认为彻底推翻传统、打倒孔子才能完成现代化，现代化就是要消灭乡村，消灭乡村才能实现工业化，打碎旧世界才能建设新世界；认为现代化就是城市化，而农村这两个字就意味着落后和愚昧。“来自于文

① ［法］克洛德·阿莱格尔：《城市生态，乡村生态》，陆亚东译，商务印书馆 2003 年版，第 134 页。

② 傅崇兰：《中国运河城市发展史》，四川人民出版社 1985 年版，第 431 页。

③ “城乡连续统一体”这一概念见施坚雅（G. William Skinner）所编《中华帝国晚期的城市》（*The City in Late Imperial China*, Stanford, CA: Stanford University Press, 1977）一书的导言及 F. W. Mote、G. William Skinner、Sybille van Der Sprenkel 等人的章节（第 102—103、258—261、609 页）。中文译本见：［美］施坚雅主编《中华帝国晚期的城市》，中华书局 2000 年版；牟复礼《元末明初时期南京的变迁》；施坚雅《导言：中国社会的城乡》；西比勒·范·德·斯普伦克尔《城市的社会管理》。

④ 张玉林：《当今中国的城市信仰与乡村治理》，《社会科学》2013 年第 10 期。

⑤ ［英］雷蒙·威廉斯：《乡村与城市》，韩子满、刘戈、徐珊珊译，商务印书馆 2013 年版，第 1 页。

化人或城里人的对农民或农业劳动者因其‘土气’‘缺少见识’而产生的瞧不起，以及当事人因为农业活动艰辛而产生厌农、离农的现象，在长期的历史过程中应该只是个人层面的认知或‘审美’观念的问题，以及个体选择的问题。而将文化层面的轻视、蔑视和厌烦情绪发展成国家制度和政策层面的‘贱农主义’，则是20世纪50年代以来，特别是90年代以降出现的独特现象，这在古今中外实属罕见。”① 这种实属罕见的“贱农主义”既是我国长期以来城乡二元政策的产物，又反过来加剧了城乡失衡，是一种文化危机和文明危机，理应从根基上破除乡村属传统社会城市属于现代社会、乡村是农业社会城市是现代社会、乡村是自然经济城市是市场经济的城市—乡村的二元叙事，彻底转变以农为贱的观念、话语、价值取向和政策取向，新认识乡村和乡土文明的价值，破除和化解“贱农主义”的文化危机或文明危机。

现代化过程中的城乡关系不像我们相信的那样简单，现代化绝不能简单地等同于非农化。城乡关系本身就是一个复杂的概念，其研究涉及地理学、经济学、社会学、人口学、生态学等学科，其含义有地理学意义上的、经济学意义上的、社会学意义上的、生态学意义上的，等等。城乡之间的关系也是互为因果、相互连带的。20世纪70年代以来西方发达国家出现了逆城市化潮流，乡村及其文明并没有随着现代化进程而衰败凋敝。即使在20世纪的早期，老牌的工业化国家英国，虽然优先发展工业，其乡村一度也遭到城市化的蚕食，但其乡村仍然是其文化和人格的基础。当时到访英国的华盛顿·欧文在实地考察后说：“外国人想要准确地了解英国人的性格，绝不能将观察范围局限在大都市。他必须深入乡野，旅居于农庄村落，探访古老城堡、郊区别墅、农场小屋以及村舍。他应该去公园和花圃漫步，沿着树篱和林荫小道溜达，去逛逛乡村教堂，参加守夜、集市和其他乡村节日，与不同的人打交道，了解他们的生活状况、风俗习惯和各种脾性。”② 现代化的英国，其精神在乡村。中国依然，乡村中国和儒家文化仍然是整个中国和中华文明的原乡。

乡土文明强调着人与自然、人与乡村、人与人、人与自我之间的和谐共存，是乡村命运共同体的“精神家园”，其所蕴含的自然、淳朴和静谧是历代人们的精神原点。从人类文明的发展历程和本身结构看，工业文明代表了人类征服利用自然的一面，农耕文明则代表了人类与自然和天道之间的和谐共处；人类文明的维系存续，依赖这两方面的协调平衡实际上也就是中国传统文化中所说的天人之际的协调平衡，二者不是单纯的一分为二，而是两极的一体两面和阴阳互补，从人类文明史的源流看，乡村是

① 这里所说的“贱农主义”，是指以农为贱的观念、意识、言说、价值取向和政策取向。它表现为压制农民的权利、贬损农村和农业的价值，从文化和价值层面否定、从物理和实践层面上消灭农业、农村和农民。它不只是停留在对农民的制度歧视，而是包括了对农业和农村的轻贱，也即以整个“三农”为贱。见张玉林《当代中国的贱农主义》，《流动与瓦解——中国农村的演变及其动力》，中国社会科学出版社2012年版。

② ［美］华盛顿·欧文：《英伦见闻录》，黎曦译，江苏文艺出版社2014年版，第53页。

孕育人类文明的母体，“在英语中，‘country’可以表示一个国家，也可表示一片‘土地’；‘the country’可以是整个社会，也可以是该社会中的乡村。在人类漫长的居住史上，我们直接或间接地以之谋生的土地与人类社会成就之间的这一联系，历来为人们所熟知。”① “从文明史的角度看，乡土社会中隐藏着人类文明更为本原性的精神力量。尽管工商文明在制度建构和科学知识方面成就斐然，但是，农耕文明却为迄今的人类提供了最主要的宗教信仰和哲学思想，正如大自然才是人类永恒的家园一样，这些来自农耕文明中的伟大宗教与哲学，迄今依然为现代人类提供着必不可少的精神滋养。如果说，工商文明代表着人类在制度建构与理性推进方面的巨大成就，则发达的理性与知识，依然需要古老的农耕文明所孕育的宗教信仰情怀来引导。”②

传统儒学来源于农业社会，有着天地交泰的宇宙观基础、有着自强厚德的人文主义情怀，有着重视宗族和家庭孝悌仁爱道德价值观。“从儒学是社会教化、以文育人、人文化人、人文成人的意义上说，儒学是人文化成之道；从个体生命成长的意义上说，儒学是反躬修己之学；从人际关系的意义上说，儒学是生活的智慧学，是爱的艺术；从理论的出发点以及理论终极目标设定的意义上说，儒学是道德的理想主义；从开物成务、社会治理的意义上说，儒学是经世济民之学；从横的角度说，儒学是内圣外王之道；从纵的方面说，儒学是天人性命之学。”③ 在由农业文明而演进到工商文明时代、在呼吁“全球伦理”的“全球化”下，来源于农业社会的传统儒学是否有其适应性呢？正如西方将古希腊苏格拉底、柏拉图和亚里士多德等人的思想称为永远的智慧一样，古代圣哲孔子及其创立的儒学的智慧也具有永恒的魅力。儒家文明是中华文明的主体，是中华民族应恪守的价值标准，同时，“儒家文明不是针对中国人而设计的，而是对所有称之为人的人而讲的。在儒家看来，孝悌忠信礼义廉耻不仅中国人要恪守，只要是人都应恪守，否则，人就不成为其人。”④ 东西方文化在建构“人类命运共同体”的新文明时都能够做出自己应有的贡献。“被中国的历史传统、文化积淀和特殊国情所决定，中国的工商文明仍然应该把‘根’扎在乡土文明中，如果这个‘根’枯萎了，那么中国的工商文明势必会出现种种病态。就全球化的普遍伦理来讲，家庭仍然是社会的基本细胞，是人生的第一所学校。”⑤ “数千年以来，人类的许多宗教和伦理传统都具有并一直维系着这样一条原则：己所不欲，勿施于人！或者换用肯定的措辞：你希望人怎样待你，你也要怎样待人！这应当在所有的生活领域中成为不可取消

---

① ［英］雷蒙·威廉斯：《乡村与城市》，韩子满、刘戈、徐珊珊译，商务印书馆 2013 年版，第 1 页。

② 赵法生：《乡村儒学的缘起与意义》，见 http：//www. rujiazg. com/article/id8369/？ from = timeline。

③ 颜炳罡：《人伦日用即道——颜炳罡说儒》，孔学堂书局 2014 年版，第 4 页。

④ 颜炳罡：《全球化语境下的儒家文明》，《光明日报》2015 年 4 月 14 日第 7 版（国学特刊）。

⑤ 李存山：《中华民族的耕读传统及其现代意义》，《中国社会科学院研究生院学报》2017 年第 1 期。

的和无条件的规则，不论对家庭、社团、种族、国家和宗教，都是如此。”① “己所不欲，勿施于人”，推己及人，将心比心，这就是孔子儒学提倡的忠恕之道。忠恕之道、孝悌为本、崇尚道德的儒学价值取向，在现代社会仍然有其重要的意义。

三、乡村儒学：重新构建乡土中国的意义世界

“乡村是儒家文化的根，儒学是乡村文化的魂。儒学自创始起，就没有离开过乡土，乡村广阔而深厚的文化沃土是儒学的原乡，是儒学持续生长的力量源泉。”② 先秦儒学原本是以民间学术的形态在当时出现的。众所周知，先秦儒学是九流十家之一，当时并未成为国家官方意识形态。儒家的开山鼻祖孔子虽曾在鲁国当官、后行摄相事，但他一生以恢复传统礼乐文明为己任，周游列国，栖栖惶惶，终不见用，退而授徒讲学，教书育人，传播文化，这都非鲁国政府的官方行为。秦定天下后还出现了焚书坑儒的现象。西汉建国 70 年间仍是黄老当道。儒学一直处于弱势，不受官方重视。“自汉代至民国，儒学本来就是活在民间社会，起着指导、凝聚人心作用的精神价值。历史上儒学的形态既有上层社会的经典注疏传统等研究性的层面，又有把经典中的精神与经验转化为治国平天下的外王制度与管理方略的层面，更有将其中的精神信念与价值体系通过各种方式教化民众，转化成‘百姓日用而不知’的行为方式的层面。”③ “乡村儒学”之前的说法是“民间儒学”，之前还有“民间的儒家”之说。1999 年 7 月 6—8 日在由中国文哲研究所筹备处主办之“儒家思想在现代东亚”国际研讨会上，刘述先先生曾将“民间的儒家”从“精神的儒家”与“政治化的儒家”两大意义系统中分离出来。④ 2005 年 10 月 29 日至 31 日在由国际儒学联合会和北京师范大学举办的“2005 国际儒学高峰论坛”上，颜炳罡先生做了《民间儒学何以可能?》的报告⑤。2013 年 1 月 18—20 日在深圳大学举办的“儒家思想与当代中国文化建设”国际学术研讨会上，郭齐勇先生对《民间儒学的新开展》做了专题演讲⑥。2015 年赵法生先生发表专文《乡村儒学的缘起与意义》⑦、2015 年 11 月 14—16 日在北京由中国社会科学院

---

① 附录 1：关于《走向全球伦理宣言》的几点解释性评注，见［美］列奥纳多·斯威德勒、保罗·莫泽《全球对话时代的宗教学》，朱晓红、沈亮译，四川人民出版社 2014 年版，第 273 页。

② 颜炳罡：《“乡村儒学”的新挑战》，《人民政协报》2016 年 2 月 22 日第 9 版。

③ 郭齐勇：《民间儒学的新开展》，《深圳大学学报》（人文社会科学版）2013 年第 30 卷第 2 期。

④ 刘述先：《儒家哲学研究：问题、方法及未来开展》，上海古籍出版社 2010 年版，第 400 页。

⑤ 发表于《国际儒学研究》第 14 辑《2005 年国际儒学高峰论坛专集》，九州出版社 2006 年版，第 367—384 页。后收入颜炳罡《人伦日用即道——颜炳罡说儒》，孔学堂书局 2014 年版，第 155—175 页。

⑥ 正式刊发于《深圳大学学报》（人文社会科学版）2013 年第 2 期。

⑦ 见卢国龙主编《儒道研究》（第 2 辑），社会科学文献出版社 2014 年版，第 207—220 页。

世界宗教研究所儒教研究中心、国际儒学联合会普及委员会、尼山圣源书院、云深书院联合主办了“乡村儒学与乡土文明”学术研讨会。不少专家学者针对“乡村儒学”或“民间儒学”进行了论述，在此不一一赘述。

什么是乡村儒学呢？借用颜炳罡先生的说法，乡村儒学即儒学的乡村形态。它既是传统乡村儒学的延续，“又是新的历史时期应对人类问题对儒学的新发展”。乡村儒学本色是扎根于乡村社会，切合于民众生活，贯穿于民众的伦理实践，乡村儒学最基本的特质是“大众化、草根化、世俗化、生活化、实践化”，从这个意义上说，乡村儒学也可称为“大众儒学、草根儒学、世俗儒学、生活儒学、实践儒学”。从传统意义上说，乡村儒学“是相对官方儒学、权力儒学而言的。当官方儒学解体之后，它主要是相对于学术儒学或精英儒学而言的”。“相对精英儒学或学术儒学言，乡村儒学是大众的而非精英的，是通俗的而非学术的，是生活的而非理论的。”[①] “乡村儒学的基本理念是：以乡村儒家文化的重建来带动乡土文明的重建，通过儒家的孝道和五伦教育，培育民众的人生信仰和价值观念，重建乡村的人伦秩序和文化生态。”[②] 这种“儒学的新发展”和儒学的“重建”，用郭齐勇先生的话说就是“儒学灵根再植、重返社会人间的文化思想形态”，“是活生生地在老百姓的生活中起作用的儒学的精神价值”，“儒学灵根再植”。[③] 也就是使儒学的仁义礼智信、忠孝廉耻等核心价值进入寻常百姓之家，成为老百姓的生活指南与安身立命之道，安立世道人心。乡村儒学是“以现实的活生生的人伦生活为体”[④]。“儒学一定要进入民间”[⑤]，走向乡村，“由百姓日用而不知之学转化为百姓日用应知、能知、可知、所知之学”[⑥]，使儒学在乡村成就为人间的无垠绿色，实现乡村儒学在当代社会应有之发展。

传统的乡村社会是儒学伦理的，是温情脉脉的，“传统中国乡村是一个独特的社会文化生态系统，梁漱溟先生将它定性为‘伦理本位，职业分立’。所谓伦理本位就是以伦理关系和伦理情谊为本位”[⑦]。费孝通先生认为，“乡土社会是‘礼治’的社会”[⑧]。但是，这种乡村的“伦理本位”和“‘礼治’的社会”已经遭到重创和破坏。梁漱溟先生早就感叹中国近代史就是一部乡村的破坏史：“所有文化，多半是从乡村而来，又

---

① 颜炳罡：《人伦日用即道——颜炳罡说儒》，孔学堂书局 2014 年版，第 155 页。

② 赵法生：《乡村儒学的缘起与意义》，载卢国龙主编《儒道研究》（第 2 辑），社会科学文献出版社 2014 年版，第 211 页。

③ 郭齐勇：《民间儒学的新开展》，《深圳大学学报》（人文社会科学版）2013 年第 2 期。

④ 颜炳罡：《人伦日用即道——颜炳罡说儒》，孔学堂书局 2014 年版，第 113 页。

⑤ 王绪琴：《“大陆新儒家”与民间儒学的发展——李明辉先生访谈录》，《济南大学学报》（社会科学版）2017 年第 2 期。

⑥ 颜炳罡：《人伦日用即道——颜炳罡说儒》，孔学堂书局 2014 年版，第 160 页。

⑦ 赵法生：《乡村儒学的缘起与意义》，载卢国龙主编《儒道研究》（第 2 辑），社会科学文献出版社 2014 年版，第 207 页。

⑧ 费孝通：《乡土中国》（修订版），上海人民出版社 2013 年版，第 47 页。

为乡村而设，——法制、礼俗、工商业等莫不如是。在近百年中，帝国主义的侵略，固然直接间接都在破坏乡村，即中国人所作所为，一切维新革命民族自救，也无非是破坏乡村。所以中国近百年史，也可以说是一部乡村破坏史。"① "目前乡村伦理问题比梁漱溟时代更为严峻，那时，传统乡村的教化体系如祠堂、乡绅、家训、家谱等基本还在，可是，由此后来过激的反传统运动，乡村的一切教化体系已经荡然无存。"② "目前农村的意义世界残缺不全，主流尚未确立。国家意识形态停留在村委会（城市则是居委会）干部的口头里，远离农民的日常生活。"③ 而人们对文化需求却日益迫切。因此，重建乡村伦理是乡土重建的当务之急。

儒学是乡村的根，其价值之一，"在于以传统优秀伦理来唤醒我们内心固有的善性，以合乎伦理的行为来唤回我们失去很久的敬畏之心、羞恶之心、感恩之心"④。乡村儒学融入乡土中国，重建乡村"礼治"社会，重构乡村的意义世界，使乡村走向和谐有序。尽管儒家被摧残得很厉害，但幸运的是，几千年的儒家文明史，"儒家心灵的积习、潜存的影响非常大，只要是中国人就会受到影响——人的自我了解、人与人之间的关系、人与自然的关系、人与天道的关系，都和儒家有关。陆象山讲过，吾虽一个大字不识也可以堂堂正正地做人。⑤ 民间所蕴含的儒家的基本价值，远远比一般知识分子更为深厚"⑥。"也就是说，中国人一般都自觉不自觉地受到儒家文化观念的影响，越是社会底层的老百姓，越是拥有儒家的基本价值。"⑦ 它已深入到国人骨髓里的价值观，融合于中华民族的血液中，是中华文化的主体，是中国人做人的基本规范、做事的行为准则。"虽然经过一次又一次、一浪高过一浪百余年批孔反儒的狂潮冲洗，儒学并没有随着这些时代的狂飙而风吹雨打去，儒家的灵根没有从这个民族灵魂深处冲刷干净，儒家的价值观依然是中华民族普遍认可的价值尺度、是非标准。"⑧ "儒学的核心价值体系仁义礼智，或仁义礼智信，至今仍然活着。虽然未公开起主导作用，毕竟还发挥着重要作用。"⑨ 儒家的血脉在乡村生生不息，绵延不断。儒学的血脉和旺盛的内在生命力，一直在乡村百姓的血液里，这就使得乡村儒学在乡村生活规范和价值信

---

① 梁漱溟：《乡村建设理论》，《梁漱溟全集》（第二卷），山东人民出版社2005年第2版，第150页。

② 赵法生：《乡村儒学的缘起与意义》，载卢国龙主编《儒道研究》（第2辑），社会科学文献出版社2014年版，第211页。

③ 范丽珠、谢遐龄、刘芳主编：《乡土的力量——中国农村社会发展的内在动力与现代化问题》，上海人民出版社2014年版，第9页。

④ 刘云超：《"乡村儒学"与当代中国知识分子的文化担当》，《人文天下》2015年第1期。

⑤ 原文为"若某则不识一字，亦须还我堂堂地做个人"，语出《象山全集·卷三十五》。

⑥ 杜维明：《体知儒学》，浙江大学出版社2012年版，第39页。

⑦ 郭齐勇：《民间儒学的新开展》，《深圳大学学报》（人文社会科学版）2013年第2期。

⑧ 颜炳罡：《人伦日用即道——颜炳罡说儒》，孔学堂书局2014年版，第75页。

⑨ 范丽珠、谢遐龄、刘芳主编：《乡土的力量——中国农村社会发展的内在动力与现代化问题》，上海人民出版社2014年版，第12页。

念的重塑以及乡土中国的意义世界的构建中有了根基性的前提。

"儒学本质上是生活的智慧和现实的学问，是人伦日用规范之道"[①]，重视宗族和家庭，重视宗法秩序和家庭伦理。"历史是发展的，社会是变化的，但家庭中的亲情是不能改变的，家庭也是不会消失的。……事实上，在现代竞争激烈和紧张忙碌的生活中，正是家庭使人有归属感，家庭亲情使人得到温暖。家庭亲情不仅使人的情感得到安慰，而且是人类幸福的源泉。这一点被越来越多的人所认识，所体验，所证实。"[②]儒学重视爱亲敬长，有着以孝悌为仁之本始仁爱道德观。在《论语·学而》篇，孔子说："弟子入则孝，出则弟，谨而信，泛爱众，而亲仁。"孔子的弟子有若说："君子务本，本立而道生。孝弟也者，其为仁之本与！""孝是中国文化最根源的观念之一，早在孔子之前就已经出现且为社会普遍接受。以孔子为代表的儒家文化系统继承了这一价值观并加以系统的说明、发挥、论证，上升为人之所以为之道，强化为华夏民族的共识而已。通过长达两千多年的政治提倡、学校教育、文学艺术作品的宣扬乃至官吏选拔等方式，'百善孝为先'成为中华民族普遍接受的价值观念。""仁义是儒家最为根本的价值观，是儒家全部理论的依据所在，仁与义，一柔一刚，一阴一阳，撑开儒家的价值世界，昭示了人与禽两重世界的根本差别。"[③] 儒家的孝悌仁义重新接续乡村的丰饶大地，解决最突出的乡村孝道式微、老人处境艰难、自杀率持续攀升等一系列问题，修复乡村社会不断消解而所剩无几的人与人的温情，化解人与人之间关系的功利和冰冷，把乡村儒学化为民间大众的行为规范、生活指南、思想向导和信仰皈依，增加乡村深层的价值认同，重建乡土中国的意义世界。

然而，在历史的重创和摧残后，乡村儒学的弘扬和乡村意义世界的重建犹如新生命的开始，任重而道远。余英时先生在《现代儒学的困境》一文中，曾将现代儒学比喻为"游魂"[④]。为什么？余英时在文中指出儒学困境的空前性，"自 19 世纪中叶以来，中国社会在西方势力的冲击之下开始了一个长期而全面的解体过程；这个过程事实上到今天还没有走到终点。由于社会解体的长期性和全面性，儒学所面临的困境也是空前的"[⑤]。过去儒家通过制度化而在很大的程度上支配着传统文化，但近现代以来，中国传统社会全面解体，中国传统的政治制度与社会制度先后动摇和崩溃，"儒学和制度之间的联系中断了，制度化的儒学已死亡了"。儒学失去了可以托身的制度，犹

---

① 颜炳罡：《人伦日用即道——颜炳罡说儒》，孔学堂书局 2014 年版，第 113 页。

② 蒙培元：《儒学的核心价值及其意义》，《社会科学战线》2009 年第 8 期。

③ 颜炳罡：《儒学复兴之门何以开启？——从中国大陆孝道推行运动说起》，《人文天下》2015 年第 4 期。

④ 余英时：《新民说·余英时文集》第 2 卷《中国思想传统及其现代变迁》，广西师范大学出版社 2004 年版，第 264 页。

⑤ 余英时：《新民说·余英时文集》第 2 卷《中国思想传统及其现代变迁》，广西师范大学出版社 2004 年版，第 261—262 页。

如失去身躯的魂魄，成了“游魂”。“但从另一方面看，这当然也是儒学新生命的开始。”[①]“新生命”如何开始？余先生在此文中并未明确回答，但在他的另一篇文章《儒家思想与日常人生》中对此有初步的回答：“近年来我对儒家究竟怎样融入现代中国人的生活之中的问题曾反复思索。我所得到的基本看法是儒家的现代出路在于日常人生化，唯有如此儒家似乎才可以避开建制而重新发生精神价值方面的影响力。”[②]

乡村儒学是具有责任心和使命感、担当意识和文化情怀的儒家学者在21世纪乡土中国创造的新的文化实践。“台湾的儒学进入乡村，主要靠的是宗教的力量”[③]，而大陆的儒学进入乡村则要依赖于一切儒学精英的有力支撑。“儒学从来就不是少数哲学家、思想家、历史学家的奢侈品，而是民众的生活向导，是人们的生活规范系统。发扬孔子‘有教无类’的精神，接续泰州学派的讲学传统，让儒家从神圣的高等学府、科研机构中解放出来，走向现实生活，将其还给平民百姓，使儒学成为百姓日用之学，成为愚夫愚妇能知能行之学，这是儒学在现代社会应有之发展。”[④] 儒家学者理应带有强烈的现实关切和参与意识，走出书斋，去解读社会这本无字天书，去研究和回应当代社会中出现的新问题，“儒家学者的工作不应只停留在撰写研究论著上，儒生的本性在知行合一，身体力行，有理想有人格，落到做事做人的实处，积极参与社会政治生活，扶掖青年，弘大正气，鞭挞丑恶”[⑤]。

“人类社会的文明史是天理良知不断展现的历史，也是仁义不断实现的历史。仁义在不同的国家、不同的民族、不同的时代有不同的表现方式。然而，无论人类如何追求，仁无止境，义无穷期，人类永远只能在追求仁义的过程中。就人类社会发展目标而言，虽然追求仁至义尽，但仁的全副实现、义的全副实现，永远处在既济而未济的过程中。”[⑥]

弘扬乡村儒学，重建乡土中国的意义世界，儒学学者应当发挥上天的刚健和土地的质朴及天地交合的不息生命力，“自强不息”“厚德载物”，做出长久而持续的努力。让儒家的活水流向中国乡村，使乡民的生命有所归依，内心有所安顿，重建起乡土中国的意义世界。

---

① 余英时：《新民说·余英时文集》第2卷《中国思想传统及其现代变迁》，广西师范大学出版社2004年版，第263页。

② 余英时：《现代儒学的回顾与展望》，生活·读书·新知三联书店2004年版，第255页。

③ 王绪琴：《“大陆新儒家”与民间儒学的发展——李明辉先生访谈录》，《济南大学学报》（社会科学版）2017年第2期。

④ 颜炳罡：《人伦日用即道——颜炳罡说儒》，孔学堂书局2014年版，第154页

⑤ 郭齐勇：《民间儒学的新开展》，《深圳大学学报》（人文社会科学版）2013年第2期。

⑥ 颜炳罡：《人伦日用即道——颜炳罡说儒》，孔学堂书局2014年版，第135页。

民心即天命：董仲舒政治哲学漫议 *

曾振宇
山东大学儒学高等研究院教授

在20世纪学术史上，如果对研究董仲舒思想的代表性人物进行梳理，徐复观先生是一位无法回避的大家。他的治学方法以及许多观点，至今在学术的星空依然熠熠生辉。他认为，“汉代思想的特性，是由董仲舒所塑造的”[①]。“仲舒建立了儒家的哲学大系统。”[②]与此同时，徐复观也客观指出董仲舒思想具有多面性特点，“横看成岭侧成峰”，要对董仲舒思想作一公允、厚实、全面的评价，实非易事。徐复观先生慨叹：“这是思想史上很难处理的一位大思想家。”[③]非常有趣的是，并非徐复观一人青灯黄卷之下发出这一感慨，当年胡适先生撰写董仲舒哲学时，几易其稿，一度还是搁笔不写。[④]由此看来，“很难处理”确实是研究董仲舒思想一大特点。尽管如此，释读董仲舒思想的多种“面相”，梳理董仲舒思想内在脉络，探寻其思想真实动机，分析其思想的现代价值，仍然是当代学人任重道远的学术使命。缘此，本文在前贤今哲研究基础上，力图对董仲舒政治思想中的天命、天心、民心与最高权力制约之间关系进行考辨与分析。在行文逻辑上，首先从天论与天命、天心入手，进而证明“民心即天命”；民心在“人道”的具体呈现是仁义；继而从“民心即天心”高度论证制约最高权力如何可能，董仲舒政治哲学如何由此获得一非常厚重的形而上根基；最后阐释董仲舒在政治哲学上一个根本问题——何为政治之善？

---

* 本文是教育部基地重大项目“汉代哲学基本范畴研究”（项目批准号：13JJD720011）阶段性成果之一。

① 徐复观：《先秦儒家思想的转折及天的哲学的完成》，《两汉思想史》第二卷，华东师范大学出版社2001年版，第182—183页。

② 徐复观：《先秦儒家思想的转折及天的哲学的完成》，《两汉思想史》第二卷，华东师范大学出版社2001年版，第185页。

③ 徐复观：《先秦儒家思想的转折及天的哲学的完成》，《两汉思想史》第二卷，华东师范大学出版社2001年版，第184页。

④ 《中国中古思想史长编》附录《中国中古思想小史》第五讲“儒教”，论及董仲舒思想，篇幅甚少。

一、民心即天命

在董仲舒思想体系中，“气”范畴的位格有天壤之别。本体论层面的“气”有别于宇宙生成论层面之“气”，二者不可混同为一。本体之气先于天地，气无方所，气无终始，气是一抽象的存在，气已获得了绝对的形式，所以气“不得与”① “不可见”②。董仲舒于此所表述的气，是本体论层面的范畴，有些类似于黑格尔所说的“思想的一种抽象”③ 和“普遍的本质”④。此外，气也是宇宙生成论层面的概念。在宇宙生成论意义上，“天”时常可与“气”可以相互替代、相互说明。所以《春秋繁露》一书中，经常出现“天气”一词。天是气的隐喻之原型，气是无形无相的本原。“为生不能为人，为人者，天也。人之人本于天，天亦人之曾祖父也。此人之所以乃上类天也。”⑤此处之“天”与“曾祖父”，实质上都是气之具象化表述，在具象化背后隐伏的是抽象的万物之根。厘清了气与天之逻辑关系，才能读懂董仲舒建构在气学基础上的宇宙图式：“天地之气，合而为一，分为阴阳，判为四时，列为五行。行者，行也，其行不同，故谓之五行。五行者，五官也，比相生而间相胜也。故为治，逆之则乱，顺之则治。”⑥ 气—阴阳—四时—五行（金木水火土）—五行（仁义礼智信）—五官，构成一庞大、完备而又相互感应、相互证明、相互作用的宇宙理论。

在《春秋繁露》中，多义一身、多位一体，也是“天”概念一大特点。除了自然之天，至上人格神之天和义理之天也是“天”固有内涵。⑦ 在很多篇章中，至上人格神之天和义理之天合二为一。义理之天是体，人格神之天是用。换言之，义理之天借助于人格神之天这一颇具威严性、圣神性的“面具”出现。因此，在董仲舒思想体系中，“天”的主导性内涵是德性之天，而且这一内涵在董仲舒哲学中占据核心地位。⑧“天者，百神之大君也。事天不备，虽百神犹无益也。”⑨ 汉武帝沉溺于神仙之教，奉祀“太一”“三一”诸神。董仲舒指出，遍祭群神而不祭天，有百害而无一益，借用

---

① 《春秋繁露・重政》。

② 《春秋繁露・天地阴阳》云：“天地之间，有阴阳之气，常渐人者，若水常渐鱼也。所以异于水者，可见与不可见耳，其澹澹也。”

③ ［德］黑格尔：《哲学史讲演录》第1卷，商务印书馆1995年版，第332页。

④ ［德］黑格尔：《哲学史讲演录》第1卷，商务印书馆1995年版，第185—186页。

⑤ 《春秋繁露・为人者天》。

⑥ 《春秋繁露・五行相生》。

⑦ 自然之天，义理之天和至上人格神之天，在《春秋繁露・阴阳义》等有些文章中，并非泾渭分明，而是交融、糅合于一体。

⑧ 金春峰先生指出：“天命”的内容，不只是上帝的意旨，也指支配宇宙的道德原理以及气的赋赐。”参见金春峰著：《汉代思想史》，中国社会科学出版1992年版，第123页。

⑨ 《春秋繁露・郊语》。

孔子之言就是“获罪于天，无所祷也”。上天与人一样，有喜怒哀乐之情感，“以类合之，天人一也”①。上天拥有至高无上的权力，不仅化生与养育万物，决定人之富贵寿夭，尤其重要的还在于：上天主宰着人类社会最高权力的兴替。《春秋繁露》经常讨论“王者改制”，真正的“王者”理应“受命于天”②，得到了上天的承认与佑护。换言之，凡是没有得到天命首肯的王朝与统治者，其政权存在的合法性与正当性值得怀疑。因此，一个新王朝创建之初，往往需“徙居处，更称号，改正朔，易服色”③。“王者改制”的所有举措，其目的在于证明新政权“顺天志”④。但是，“王者改制”有所改，有所不改。有所“有为”，有所“无为”。“制”可以改，“道”与“理”不可更易。“若夫大纲，人伦道理，政治教化，习俗文义尽如故，亦何改哉！故王者有改制之名，无易道之实。”⑤ 道是无形的体，制是有形的用。有形的、可见的制，只有建立在无形的、不可见的道基石之上，才获得存在的文化依托与道德基础。荀子当年就严格区分了“国”与“天下”的不同。称号、正朔、服色等等象征的是“国”，文明及其背后隐伏的民心属于“天下”范畴。“故可以有夺人国，不可以有夺人天下；可以有窃国，不可以有窃人天下也。夺之者可以有国，而不可以有天下。窃可以得国，而不可以有天下。”⑥ 国可以篡夺一时，但“天下”不可篡夺，因为天下实质性内涵之一是民心。董仲舒政治思想受荀子思想影响深厚，在“天下”观方面，董仲舒与荀子不同之处在于更多从天与天命角度立论。

由此而来，董仲舒进而想阐述的观点为：凡是顺受天命而立的君王，必定是顺应民心的君王。其实，董仲舒真正想要表述的观点是：凡是赢得民心的政权，一定是顺受天命的政权；凡是丧失民心的政权，必定也是被天命所否定乃至废绝的政权。一个新王朝建立之初，既要应天命“改制”，也必须从长远考虑赢取民心“作乐”。“改制”不同于“作乐”，“改制”与“作乐”有两点区别：

其一，“改制”意味着新政权得到了天命的支持，“作乐”意味着新政权得到了人民的拥护与爱戴。“制为应天改之，乐为应人作之。”⑦ 天命与民心，犹如一枚钱币的两面，其本质内涵是一致的。“彼之所受命者，必民之所同乐也。”

其二，时间上不同。“改制”往往出现于新政权建立之始；“作乐”一般发生在新政权运行很长一段时间之后，或者某位杰出统治者去世之前。“是故大改制于初，所以

---

① 《春秋繁露·阴阳义》。
② 《春秋繁露·楚庄王》。
③ 《春秋繁露·楚庄王》。
④ 《春秋繁露·楚庄王》。
⑤ 《春秋繁露·楚庄王》。
⑥ 《荀子·正论》。
⑦ 《春秋繁露·楚庄王》。

明天命也；更作乐于终，所以见天功也。"[①] "作乐"并非时常出现，只有在类似尧、舜、禹、文、武等圣王时代才会发生。"王者，民之所往"[②]，才会萌发"人心之动。"舜时期的《韶》，禹之时的《夏》，汤之时的《濩》，文王时代的《武》，皆是"天下同乐"[③] 产生的"天功"。正如《史记·乐书》所论："治定功成，礼乐乃兴。"

缘此，我们实际上已开始进入了董仲舒真实的内心世界。如果我们将以上论述"抽茧剥丝"，作一逻辑上梳理，自然而然得出以下结论：民心即天命。

论及"民心即天命"，我们不妨再分析一个颇具代表性的事例——如何评价"汤武革命"？儒家与法家在这一问题的立场与观点，可谓泾渭分明。法家韩非从君臣尊卑有序视阈立论，明确否定汤武革命的正当性。儒家则一以贯之，异口同声高度肯定甚至称颂这一通过暴力斗争实现政权转移的路径。孟子认为周武王"一怒而安天下之民"[④]，丧失民心的君王，只是独夫民贼。因此，弑杀商纣王只不过是"诛一夫"而已。《周易·革卦·彖》作者认为"天地革而四时成，汤武革命，顺乎天而应乎人"。顺应天命与顺应人心并提，但前者是铺垫，后者才是本质。荀子进而提出"天下"无法通过暴力革命的方式夺取，因为"天下"的本质内涵是民心。夏桀、商纣"暴国之君"已沦落为"独夫"，按照先秦时期"杀盗非杀人"的逻辑推演，独夫民贼甚至连人都不是，只能说是"禽兽"。汤、武并非用武力夺取天下，而是"天下归之"。"天下归之之谓王，天下去之之谓亡。"[⑤] 在汤武革命的评价上，荀子思想充盈着自由思想的因素。"天下归之""天下去之"，都是天下大众自由意志的表达与实现。如何评价汤武革命，在西汉时期是一个热门话题。汉景帝时期，围绕汤武革命正当性，发生了一场御前大辩论。黄生抨击汤武革命是以下犯上的僭逆行为，辕固生反驳说："夫桀纣虐乱，天下之心皆归汤武，汤武兴天下之心而诛桀纣，桀纣之民不为之使而归汤武，汤武不得已而立，非受命为何？"[⑥] "天下之心"是因，"受命"是果。谁赢得"天下之心"，谁才是"受命"而立的真命天子。这一场讨论在当时颇具政治敏感性，所以汉景帝指示今后不宜再讨论此话题。但是，董仲舒仍然在学术领域深入思考这一问题，并且从天论高度提升这一话题的理论深度。董仲舒首先从形而上视野树立一个政治哲

---

① 《春秋繁露·楚庄王》。
② 《春秋繁露·灭国上》。
③ 《春秋繁露·楚庄王》。
④ 《孟子·梁惠王章句下》。
⑤ 《荀子·正论》。
⑥ 《史记》卷一百二十一《儒林列传》，中华书局 2014 年版，第 3793 页。

学根本原则：“且天之生民，非为王也；而天立王，以为民也。”① 政府是谁之政府？洛克指出，人类自愿放弃其“自然法的执行权”，“授权”给社会，从而脱离“自然状态”，进入有“国家的状态”②。卢梭进而认为，人类为建立一个平等、公正的社会与政府，自愿放弃“自然的自由”。但是，“约定的自由”还存在，这一自由是对人类自愿让渡部分自由的补偿。洛克、卢梭从“人生而自由”“天赋人权”理论出发，旨在阐明政权属于人民。儒家从孔子“天下为公”发端，经荀子“天为民立君”、《吕氏春秋・贵公》“天下非一人之天下也，天下之天下也”，到董仲舒“天为民立王”，再到东林党人“以众论定国是”，继而延续至黄宗羲“古者以天下为主，君为客”思想，在绵延数千年思想长河深度，隐伏着一个亘古不移的观点：权力顺应人民意志。这已成为儒家思想代代相传的思想“道统”。在确立“天为民立王”政治哲学原则基础上，董仲舒进而阐释商汤弑夏桀、周武王弑商纣王，是“天夺之”，“天之所弃，天下弗祐，桀、纣是也”。③ 商汤与周武王分别建立新王朝，属于“天予之”④，“至德以受命，豪英高明之人辐辏归之”。⑤ “天夺之”与“天予之”的标准在于：统治者是“安乐民”还是“贼害人”⑥？如果统治者是“贼害人”之流，那么已丧失君王之所以为君王的资格，堕落为“一夫”（孟子语）、“一夫之人”⑦（董仲舒语）。对于“贼害人”的统治者，人人皆有权讨伐，汤武革命不是逞一己之力、泄一己之怒，而是替天行道、为民除害。所以登高一呼，应者云集。“王者，天之所予也；其所伐，皆天之所夺也。”⑧ 在“天为民立王”思想中，天是虚，人民是实。在“天夺之”与“天予之”这一大旗背后，张扬的恰恰是民心所向。⑨ 汤武革命，在人类历史进程中，并非一偶发的孤立事件，而是前后相续、瓜瓞连绵，呈现出周期性、规律性的历史特点。“故夏无

---

① 《春秋繁露・尧舜不擅移、汤武不专杀》。董仲舒这一思想显然源自荀子“天之生民，非为君也。天之立君，以为民也”。二者不仅观点一致，文句也基本上雷同。荀子与董仲舒思想皆与齐学有涉，其间的源流关系，于此也可窥其一斑。荀子这一观点，在战国秦汉时期比较流行。《左传・襄公十四年》：“天生民而立之君，……天之爱民甚矣，岂其使一人肆于民上，以从其欲，而弃天地之性？必不然矣。”刘向《说苑・君道》云：“夫天之生人也，盖非以为君也；天之立君也，盖非以为位也。夫为人君，行其私欲而不顾其人，是不承天意，忘其位之所以宜事也，如此者，《春秋》不予能君而夷狄之。郑伯恶一人而兼弃其师，故有夷狄不君之辞。人主不以此自省，惟既以失实心，奚因知之。故曰：有国者不可以不学《春秋》，此之谓也。”

② ［英］洛克：《政府论》下册，瞿菊农、叶启芳译，商务印书馆 2016 年版，第 54 页。

③ 《春秋繁露・观德》。

④ 《春秋繁露・尧舜不擅移、汤武不专杀》。

⑤ 《春秋繁露・观德》。

⑥ 《春秋繁露・尧舜不擅移、汤武不专杀》。

⑦ 《春秋繁露・仁义法》。

⑧ 《春秋繁露・尧舜不擅移、汤武不专杀》。

⑨ 黄宗羲进而在《明夷待访录・原臣》中提出了“万民之忧乐”理念：“盖天下之治乱，不在一姓之兴亡，而在万民之忧乐。是故桀、纣之亡，乃所以为治也；秦政、蒙古之兴，乃所以为乱也。”

道而殷伐之，殷无道而周伐之，周无道而秦伐之，秦无道而汉伐之。有道伐无道，此天理也。所从来久矣，宁能至汤、武而然耶！”[①] 有道讨伐无道，“天理”昭昭。“万民之所欲”[②] 就是“天心”“王心”“王道”[③]，“天心”“王心”“王道”就是天理，这一天理在历史长河中屡次得到证明。将人心与“天理”相牵扯，从天理高度论证人心所向，这一思想在中国哲学史上是一大进步。金春峰认为宋明理学所阐述的“天者理也、义也，仁为天心”，都是董仲舒思想的“变相”[④]。

行笔至此，势必进而回答一个问题：在董仲舒心目中，符合“天心”“王心”“王道”的“王”，该作如何界定？“古之造文者，三画而连其中，谓之王；三画者，天地与人也，而连其中者，通其道也，取天地与人之中以为贯，而参通之，非王者庸能当是？”[⑤] 只有能贯通天道、地道与人道的统治者，才可称之为“王”。董仲舒对“王”概念的界定，并非出于对汉朝最高统治者权力的辩护。恰恰相反，对现实社会政治灌注了充盈的批判精神。在天道、地道与人道三者当中，天道下贯而为人道，所以天道是核心。天是人格神之天与义理之天的综合同一，“仁之美者在于天，天仁也，天覆育万物，既化而生之，有养而成之，事功无已，终而复始，凡举归之以奉人，察于天之意，无穷极之仁也”[⑥]。天有“生生之德”，这一论证思路与观点，基本上效仿《易传》路径。从“生生之德”，归结到天有道德属性，天有大德，天是一德性的存在，天是德性本体[⑦]。“天志仁，其道也义。”[⑧] 仁属于天之德，“人之受命于天也，取仁于天而仁也”[⑨]。张之纯认为，“此言人之性理皆出于天”[⑩]。从人性论视阈分析，张之纯这一观点有一些道理。因为董仲舒认为天有阴阳，所以人性之中先在性蕴含“仁”与“贪”两种因子。但是，从《王道通三》这篇文章立意分析，“人之受命于天”之“人”应当是指最高统治者“王”。王在政权存在正当性上受天命而立，自然而然应高标仁作为政治最高追求与最高德性原则。

“取仁于天而仁”，在政治伦理与制度伦理上，具体表现为“治其志而归之于

---

① 《春秋繁露·尧舜不擅移、汤武不专杀》。

② 《春秋繁露·俞序》。

③ 《春秋繁露·俞序》。

④ 金春峰：《汉代思想史》第五章“董仲舒思想的特点及其历史地位”，中国社会科学出版社2006年版，第179页。

⑤ 《春秋繁露·王道通三》。

⑥ 《春秋繁露·王道通三》。

⑦ 在中国哲学史上，董仲舒较早地提出“气”有道德特性。

⑧ 《春秋繁露·天地阴阳》。

⑨ 《春秋繁露·王道通三》。

⑩ 张之纯：《春秋繁露评注》，转引自钟肇鹏主编《春秋繁露校释》上册，河北人民出版社2005年版，第734—735页。

仁”[①]。“仁，天心。”[②] 仁，是天道根本精神的凝聚，“霸王之道，皆本于仁”[③]。这一表述是针对统治者而言的，要求君王守仁德、行仁政。当年荀子曾提出：“天地生君子，君子理天地。”[④] 又云：“故仁人之用国，非特将持其有而已矣，又将兼人。”[⑤]“兼人”，就是通过施行仁政，赢取天下民心。董仲舒继而提出：“是故《春秋》为仁义法，仁之法在爱人，不在爱我；义之法在正我，不在正人；我不自正，虽能正人，弗予为义；人不被其爱，虽厚自爱，不予为仁。”[⑥] 董仲舒托《春秋》大义，从形式逻辑角度界定“仁”与“义”。在人伦意义上，与孔子思想相比，似乎新义不多。但是，在社会政治哲学领域，董仲舒对仁义的诠释有自己独特的思考。仁是“王道之体”[⑦]。王道有体用之分，仁是体，制度、措施、器物、正朔、服色等等是用。董仲舒实际上是在为天下立法，大而论之，也可以说儒家为天下立法。董仲舒力图从制度伦理层面重新诠释国家制度、法律与文化，力图为国家制度、法律与文化建构一个焕然一新的文化基础与道德依托。何种制度才是完美的？何种国家才是完善的？何种国家与制度，才是值得人类去追求的？概而言之，何为政治之善？董仲舒认为，国家制度、法律与文化如果符合仁义这一儒家王道之根本精神，就获得了存在的正当性；反之，如果国家制度、法律与文化违逆仁义，就丧失存在正当性。“‘苟志于仁，无恶。’此之谓也。”[⑧]“梁亡”，是古代学者津津乐道的一个话题。对于梁国的灭亡，《春秋》仅仅用了“梁亡”两个字表述。但《春秋》笔法隐含的微言大义，却引发人们无尽的思考。《左传》评论说：“梁亡，不书其主，自取之也。”《公羊传》认为，“此未有伐者，其言梁亡何？自亡也。其自亡奈何？鱼烂而亡也。”《谷梁传》认为，“自亡也，湎于酒，淫于色，心昏耳目塞，上无正长之治，大臣背叛，民为寇盗，梁亡，自亡也”[⑨]。梁国国君大兴土木、征发徭役，民众不堪其命，挈妇携子纷纷逃离梁国，梁国几成空城，国君成为孤家寡人。《左传》《公羊传》和《谷梁传》虽然评价不一，但都指出属于“自亡”“自取”。“自亡”就是在没有他国入侵情况下，由于内部原因，导致国家灭亡。《公羊传》特意用了“鱼烂而亡”四字来评述，寓意深刻。鱼烂是由内因引发，由内而外蔓延。“梁亡”是由于统治者背仁弃义，公信力丧失，民心溃散，国君成为“枉上”“枉君”。民众选择逃离，在古代社会是一种行之有效的表达自己权利意识的

---

① 《春秋繁露·王道通三》。
② 《春秋繁露·俞序》。
③ 《春秋繁露·俞序》。
④ 《荀子·王制》。
⑤ 《荀子·富国》。
⑥ 《春秋繁露·仁义法》。
⑦ 《春秋繁露·俞序》。
⑧ 《春秋繁露·俞序》。
⑨ 傅隶朴：《春秋三传比义》上，中国友谊出版公司1984年版，第480—481页。

方式。“独身者，虽立天子诸侯之位，一夫之人耳，无臣民之用矣。如此者，莫之亡而自亡也。《春秋》不言伐梁者，而言梁亡，盖爱独及其身者也。故曰：仁者爱人，不在爱我，此其法也。”① 康有为继而评论说：“止爱其身，无臣民之用，故为独夫。虽在位，而如无位；虽未亡，而以为亡矣。”② 董仲舒虽然还没有像明末黄宗羲那样从政治制度层面提出君王有“大害”，但已从权利意识高度探讨人民大众的政治诉求。权利意识属于自由思想的基本内涵，缘此，在董仲舒政治哲学中，已经蕴含些许古代自由思想的色彩。

二、“屈君而伸天”：君权必须制约

既然“天为民立王”，民心即天心、天命，仁即天心，仁是社会政治与制度伦理的“天理”，那么要求统治者因循仁义天理而行，奉王道、行仁政，就是题中应有之义。换言之，如何制约最高权力，为权力运行套上天命、天心“紧箍咒”，成为董仲舒进而要思考的社会政治问题。《春秋繁露・玉杯》篇中的一段话，时常被人误读。“故屈民而伸君，屈君而伸天，《春秋》之大义也。”在学术史上，曾经有人认为这是董仲舒为专制主义中央集权政治进行理论辩护。③ 但是，如果将这一段话放在《玉杯》篇乃至《春秋繁露》全书架构中衡评，徐复观先生的论断发人深思。他认为，“屈民而伸君”是“虚”，属于“陪衬”，目的是在策略上“先迎合统治者的心理”④。“屈君而伸天”一句话才是“实”，才是“进而说出自己的真正主张”的“主体”。先虚后实，虚晃一枪，“盖欲把君压抑（屈）于天之下，亦即是压抑于他所传承的儒家政治理想之下，使君能奉承以仁为心的天心，而行爱民之实”⑤。在两屈两伸中，落脚点是“伸天”。“天”指谓天命、天心，天命、天心的本质就是民心。因此，“屈君而伸天”的真实意义在于高扬民心，制约君权。

如何将“屈君而伸天”思想付诸社会政治，将美好的政治理想化为具体的政治实践，是董仲舒政治哲学反复讨论的现实课题。从《春秋繁露》与《天人三策》分析，董仲舒在如何制约最高权力方面的论述，呈现出立体化、多层面的特点。

---

① 《春秋繁露・仁义法》。

② 康有为：《春秋董氏学》，《康有为全集》第二集，中国人民大学出版社 2007 年版，第 405 页。

③ 李泽厚先生认为，“董仲舒搞这一套，主要是为了以这种宇宙论系统确定君主的专制权力和社会的统治秩序”。参见李泽厚《中国古代思想史论》，人民出版社 1986 年版，第 149 页。

④ 徐复观：《先秦儒家思想的转折及天的哲学的完成》，《两汉思想史》第二卷，华东师范大学出版社 2001 年版，第 212 页。

⑤ 徐复观：《先秦儒家思想的转折及天的哲学的完成》，《两汉思想史》第二卷，华东师范大学出版社 2001 年版，第 212 页。

（一）用知识扩展统治者的眼界，提高统治者的智慧

“君子知在位者不能以恶服人也，是故简六艺以赡养之。”① 以“六艺”教育君王，属于“王教”。《汉书·儒林传》尝言：“六学者王教之典籍。”《书》是上古政治思想，“故长于事”。《诗》是文学，《庄子·天下》说：“《诗》以道志”。《礼》是古代伦理学，《礼记·乐记》说：“先王之制礼乐，人为之节。”《易》是自然哲学，学《易》明天道。《春秋》是史学，学《春秋》明人道。《史记·自序》引董仲舒言：“《春秋》辨是非，故长于治人。”《乐》是乐教，可以化民成俗，“故长于风”②。知识多，则愚昧少；知识多，则智慧多。统治者知识量的增加，有利于提升统治者的管理智慧。

（二）用儒家伦理熏陶统治者的德性，用道德自律提升统治者道德情操

知识之真与政治之善是何种逻辑关系？知识之真必然导向善政吗？董仲舒显然已认识到两者之间的逻辑关系，所以大力倡导君王应“法天之行”，以天德制约君王自身的性情。董仲舒首先从阴阳气论高度，论证天之暖清寒暑与人之喜怒哀乐，皆源起于阴阳之气。“人有喜怒哀乐，犹天之有春夏秋冬也。”③ 人的情感有其存在的正当性，因为都是“天气之然”④。春夏秋冬、暖清寒暑是上天的性情，上天性情的发生，有时、有序、有节、有常⑤。春天当时而发，呈现“和”之德；夏季当时而发，呈现生养之恩德；秋季当时而发，展现公平正义之德；冬季当时而发，彰显自重威严之德。“圣人视天而行”⑥，喜怒哀乐的收放应因循“有序而时”“有度而节”的原则。时、节、序、常、度五者综括而言，就是遵循义而行。“人主有喜怒，不可以不时，可亦为时，时亦为义。喜怒以类合，其理一也。故义不义者，时之合类也，而喜怒乃寒暑之别气也。”⑦ 知识之真与性情之善相结合，才有可能引向政治之善。性情之恶，必将淆乱天下，生灵涂炭。“人主当喜而怒，当怒而喜，必为乱世矣。”⑧

（三）祥瑞与灾异

祥瑞与灾异建基于汉代普遍的大众信仰基础之上。上自王公贵族，下自贩夫走卒

---

① 《春秋繁露·玉杯》。
② 《春秋繁露·玉杯》。
③ 《春秋繁露·如天之为》。
④ 《春秋繁露·如天之为》。
⑤ 《春秋繁露·天容》云：“天之道，有序而时，有度而节，变而有常，反而有相奉，微而至远，踔而致精，一而少积蓄，广而实，虚而盈。”
⑥ 《春秋繁露·天容》。
⑦ 《春秋繁露·天容》。
⑧ 《春秋繁露·王道通三》。

引车卖浆者流，都对祥瑞与灾异之说深信不疑。汉武帝元光元年“诏贤良”，行对策。他所提出的问题中，居然有两个问题皆涉及祥瑞与灾异。“三代受命，其符安在?”“灾异之变，何缘而起?”[①] 董仲舒的回答为：灾异皆源发于人事。统治者的政治行为违忤自然规律与人民意愿，必然招致“不常之变”。“凡灾异之本，尽生于国家之失。”[②]“国家之失”刚刚萌芽，上天出于仁爱之心，“振吾过”，“救吾失”，于是引发地震、洪水等灾害，表达上天的“谴告”；假使统治者昏庸暴虐，执迷不悟，上天进而引发日食、荧惑守心、夏雨雪等怪异天象来“惊骇”君王；假如统治者仍然不及时幡然醒悟，痛改前非，江山易主、汤武革命必将应时而至。“不若于道者，天绝之。”[③] 祥瑞与灾异的主导者、施行者是有意志的上天，“王者必受命而后王”[④]。王权源出于上天，只有得到上天认可的王权，才获得存在的合法性，才会得到上天的庇护。但是，天命并非仅仅胶滞于一家一姓，而是天命无常，“唯命是德庆”[⑤]。只有德侔天地之人，“皇天佑而子之，号称天子”[⑥]。既然地上王权由上天所赋予，上天如何通过祥瑞与灾异表达意志、行使权力，就成为人间统治者如履薄冰般关注的话题。如前所述，上天只不过是一只披着“狼皮”的“羊”而已。“天下之人同心归之，若归父母，故天瑞应诚而至。”[⑦] 天命的本质是民心，民心借助于上天这一外在超越性的外壳，才更显得具有神圣性、绝对性。

在《王道》《五行五事》《五行顺逆》《顺命》等多篇文章中，董仲舒不惜笔墨，反复阐明祥瑞与灾异如何与“国家之失”紧密相连。天降祥瑞还是天降灾异，关键在于“王正”抑或“王不正”。“王者，人之始也。”[⑧] 符合儒家王道理想的“王”，利用公权力积极推行人道。“王者承天统理”[⑨]，君王上承天道，进而将天道贯彻于人道，这就是“正”。“教以爱，使以忠，敬长老，亲亲而尊尊，不夺民时，使民不过岁三日。民家给人足，无怨望忿怒之患、强弱之难，无谗贼妒疾之人，民修德而美好，被发衔哺而游，不慕富贵，耻恶不犯。”[⑩] 天下太平，人心归顺，上天将降甘露，“朱草生，醴泉出，风雨时，嘉禾兴，凤凰、麒麟游于郊”[⑪]。类似于夏桀、商纣之流的暴君，毁弃仁义，骄溢妄行，将招致灾异。“日为之食，星賈如雨，雨螽，沙鹿崩；夏大

---

① 《汉书》卷五十六《董仲舒传》，中华书局 1962 年版，第 2496 页。
② 《春秋繁露·必仁且智》。
③ 《春秋繁露·顺命》。
④ 《春秋繁露·三代改制质文》。
⑤ 《春秋繁露·三代改制质文》。
⑥ 《春秋繁露·顺命》。
⑦ 《汉书》卷五十六《董仲舒传》，中华书局 1962 年版，第 2500 页。
⑧ 《春秋繁露·王道》。
⑨ 陈立撰：《白虎通疏证》卷六《封禅》，中华书局 1994 年版，第 283 页。
⑩ 《春秋繁露·王道》。
⑪ 《春秋繁露·王道》。

雨水，冬大雨雪；霣石于宋五，六鹢退飞；霣霜不杀草，李梅实；正月不雨，至于秋七月；地震，梁山崩，壅河，三日不流。”祥瑞或者灾异，都是人所招致。人的言行，会直接而深刻地影响自然天象。

透过天人感应层层迷障，我们其实不难发现，祥瑞与灾异学说充满了浓郁的社会功利目的。通而论之，充分利用社会大众对祥瑞与灾异的普遍信仰，达到制约君权的政治目的。对荀子思想深有研究的大哲董仲舒，自然对荀子“君子以为文，百姓以为神”的思想领悟极深。参悟了这一点，我们才能读懂《五行五事》篇。董仲舒将君王貌、言、视、听、思与木、金、火、水、土相配，论证两者之间存在逻辑与事实关联。[①] 君王如果心有不敬，会招致树木不直，“夏多暴风”。如果君王不诚信，将招致“金不从革，而秋多霹雳”。如果君王不辨贤良奸佞，“则火不炎上，而秋多电”。如果君王心胸狭窄，将直接导致庄稼歉收。貌、言、视、听、思五事，基本上涵盖统治者言行、政治伦理、行为伦理和政治决策，涉及面极广。耐人寻味的是，《尚书》《孔子家语》《说苑》《汉书》《论衡》等典籍皆有五行、五事方面记载，五行与五事具体如何一一对应，各种典籍略有差异。譬如，“貌”应该配水抑或配木？董仲舒对此并无意去深究。董仲舒真正关注的焦点在于：如何让统治者相信五行五事学说，进而以此约束自身的行为。

祥瑞与灾异学说，是董仲舒政治哲学非常重要的一环。借助于祥瑞与灾异，董仲舒力图向天下统治者表达一个政治理念：“不敢有君民之心。”[②]“君民”有别于“报民”，《礼记·表记》也有类似记载：“子曰：下之事上也，虽有庇民之大德，不敢有君民之心，仁之原也。”“君民”意味统治者高踞于平民百姓之上，权力非源自人民所授。政权存亡与平民百姓无关，平民百姓只是被奴役者、被统治者。统治权不是“为公众谋利益”[③]，而是以实现统治者的利益为目的；“报民”意味政权建立在仁义价值理念基础上，统治者意识到权力来自天心、天命（民心），得民心者得天下，因此对权力始终有敬畏之心，对天下大众始终有感恩之情。恰如孔子所言：治国理政，犹如“懔懔焉如以腐索御奔马”[④]。康有为评论说：“不敢有君民之心，盖圣人以为吾亦一民，偶然在位，但欲为民除患，非以为尊利也。此为孔子微言，后世不知此义，藉权势以自尊，务立法以制下，公私之判，自此始矣。”[⑤] 康有为认为，董仲舒“不敢有君民之心”是对孔子思想的赓续与发展，是孔子“天下为公”王道理想的进一步深化。康有为所言“为民除患”，近似于洛克所说“统治的剑”并非“单为统治者自己的利

---

① 在学术史上，《尚书》《孔子家语》《战国策》《汉书》等典籍，皆有五行五事方面的记载。

② 《春秋繁露·王道》。

③ ［英］洛克：《政府论》上册，瞿菊农、叶启芳译，商务印书馆2016年版，第79页。

④ 《说苑·政理篇》，华东师范大学出版社1985年版，第173页。《孔子家语》也有类似记载。

⑤ 康有为：《春秋董氏学》，《康有为全集》第二集，中国人民大学出版社2007年版，第403页。

益”服务，而是为了保障天下所有人的权利与财产“不受他人的暴力或侵犯”。[①]

（四）贤能之人治理天下

主权在民心，治权在贤能，是儒家王道政治的核心理念。重贤、尚贤，“任贤使能”，是儒家“治权在贤能”理想实现与否的前提性条件。“能致贤，则德泽洽而国太平。”[②] 治权在贤能理念存在的正当性，又与“君道无为”“臣道有为”理论紧密相关。关于“有为”与“无为”，老子、庄子、韩非子、《论语》、《中庸》、《易传》皆提及。但是，儒家孔子所说的“无为”[③]，其实质内涵与政治追求，与老子、韩非子相比较，有显著区别。《大戴礼记》的诠释比较精确：“参！女以明主为劳乎？昔者舜左禹而右皋陶，不下席而天下治。”[④] 臣劳君逸，任贤使能，贤能依据仁义之道治天下，孔子儒家无为思想既有别于韩非子、申不害的“无为”之“术”，也有异于老子“道法自然”意义上的无为。相比之下，董仲舒的无为与有为思想，既有儒家思想的浸润，又有韩非子、申不害思想的渗透。董仲舒从天地之道论证“君无为”“臣有为”，“天地之行美也。是以天高其位而下其施，藏其形而见其光，序列星而近至精，考阴阳而降霜露。高其位，所以为尊也；下其施，所以为仁也；藏其形，所以为神也”[⑤]。所以君王应“取象于天”，“以无为为道，以无私为宝”[⑥]。垂拱而治，分权与贤，任贤使能，“亲圣近贤”，施行仁政；另一方面，君王既然“取象于天”，也应“藏其形”　“隐居深宫”[⑦]，“为人君者，居无为之位，行不言之教，寂而无声，静而无形，执一无端，为国源泉。因国以为身，因臣以为心，以臣言为声，以臣事为形”[⑧]。君王虽然“隐居深宫”，但可以借助权术巩固自身君位，借助赏罚驾驭臣下，通过“执一无端”辨别臣下忠奸。与君王“取象于天”相对应，臣子则“法地之道”[⑨]。“暴其形，出其情”[⑩]，积极有为，勤勉奉职，朝夕进退，委身致命，伏节死难，辅佐君王，化成天下。君王“无为”，“其法取象于天”；贤能之臣“有为”，“其法取象于地”[⑪]。臣道源出于地道，地道有为，所以臣道理应积极有为，“臣道有为”理念由此获得了形而上的根据。这一

---

① ［英］洛克：《政府论》上册，瞿菊农、叶启芳译，商务印书馆2016年版，第79页。
② 《春秋繁露·通国身》。
③ 《论语·卫灵公》“子曰：‘无为而治者，其舜也与！夫何为哉？恭己正南面而已矣。’”
④ 《大戴礼记·主言》，中华书局1983年版，第3页。
⑤ 《春秋繁露·天地之行》。
⑥ 《春秋繁露·离合根》。
⑦ 《春秋繁露·天地之行》。
⑧ 《春秋繁露·保位权》。另外，本篇“黑白分明，然后民知所去就，民知所去就，然后可以致治，是为象则”一段话，与商鞅思想比较接近。
⑨ 《春秋繁露·离合根》。
⑩ 《春秋繁露·离合根》。
⑪ 《春秋繁露·天地之行》。

论证过程，在逻辑上尽管有比附的瑕疵，当然也不如黄宗羲直截了当地从社会分工理论出发喊出“故我之出而仕也，为天下，非为君也；为万民，非为一姓也”[①] 痛快淋漓。但是，如果我们从历史主义立场评判，汉代董仲舒能从天地之道高度论证“臣道有为”，思想创新的色彩已灿然可观。

依照“君道无为”“臣道有为”理念，势必从政治伦理学高度重新界定君臣之间政治关系。值得注意的是，董仲舒将君臣之间政治伦理界定为忠义。

孔子经常将忠与信并举，“主忠信”，主于内为忠，发于外为信。《论语》一书中尚未出现作为名词的“诚”概念，“忠信”已蕴含了些许宋代学者“诚”的韵味。《孟子》出现“忠”8次，不及《论语》出现频率一半。孟子的“忠信”往往与“孝悌”并举，后者是家庭伦理，前者是社会政治伦理。受孔子“士志于道”影响，孟子倡导忠于“道”，而非忠于君。《荀子》一书“忠信”概念出现25次，主要表现为政治伦理。荀子要求君王“务忠信”[②]，同时要求臣下“忠信而不谀”[③]。忠信既是对君王的政治伦理约束，也是对臣子政治伦理的界说。忠有“大忠”“次忠”“下忠”和“国贼”之分，大忠是“以德覆君而化之”[④]。“德”与“化”，都是立足于儒家王道政治立场而论，荀子具体诠释为“从道不从君”。在先秦以孔孟荀为代表的儒家思想中，对君臣之间政治伦理的设计，达到最高水平的是思孟学派。“友，君臣之道也。”[⑤] 友意味着平等，君臣之间是平等政治关系，当然这种平等是指人格上的平等，而非现实政治地位的平等[⑥]。郭店楚简这一思想，直接昭承孟子“土芥—寇雠”思想而来，后来又深刻地影响了黄宗羲政治哲学[⑦]。黄宗羲认为，臣子“以天下为事，则君之师友也”[⑧]。

与孔孟荀“忠”论不同之处在于，董仲舒别开生面地从五行学说视阈论证“忠”德的合法性。火生土，土生金。土受之于火，火与土形成父子关系。“常因其父，以使其子，天之道也。”[⑨] 在五行之德中，董仲舒尤其推崇土德，“土者，五行之主也”[⑩]。在学术史上，将土列为五行之首，董仲舒是第一人。土位居中央，称之为“天润”，金

---

① 黄宗羲：《明夷待访录·原臣》，《黄宗羲全集》第一册，浙江古籍出版社1985年版，第4页。

② 《荀子·强国》。

③ 《荀子·臣道》。

④ 《荀子·臣道》。

⑤ 刘钊：《郭店楚简校释》，福建人民出版社2005年版，第208页。郝大维、安乐哲对此给予高度评价：“古典儒学界定君臣关系不是简单地如同父子关系，而是将父子关系与朋友关系结合的一种关系。”（参见郝大维、安乐哲：《先贤的民主》，江苏人民出版社2004年版，第86页。）

⑥ 《庄子·人间世》云：“内直者，与天为徒。与天为徒者，知天子之与己皆天之所子。”这一论述在一定程度上已蕴含政治地位平等的思想。

⑦ 《郭店楚简·鲁穆公问子思》载：“鲁穆公问于子思曰：‘何如而可谓忠臣？’子思曰：‘恒称其君之恶者，可谓忠臣矣。’”

⑧ 黄宗羲：《明夷待访录·原臣》，《黄宗羲全集》第一册，浙江古籍出版社1985年版，第5页。

⑨ 《春秋繁露·五行之义》。

⑩ 《春秋繁露·五行之义》。

木水火皆需仰仗土德才能成就其功业，而土兼具金木水火四行和春夏秋冬四时之德。因此，土的地位显赫，土德最崇高。“土者，天之股肱也。其德茂美，不可名以一时之事。故五行而四时者，土兼之也。”[①] 五行既是金木水火土，又指谓五德。土德对应的是忠，“是故圣人之行，莫贵于忠，土德之谓也”[②]。从火生土，推导出忠为土之德，在形式逻辑上难免存在一些瑕疵。“是故孝子之行，忠臣之义，皆法于地也。地事天也，犹下之事上也。”[③] 但是，问题的关键在于，我们今天所要深究的并不是董仲舒土德为忠结论的得出，在逻辑上是否周全，概念内涵与外延是否周延。我们真正感兴趣的地方在于：董仲舒所阐述的“忠”，与孔孟荀儒家相比，出现了哪些变化？有哪些新的发展？此外，董仲舒所论述的忠德，有没有愚忠的色彩？忠与义是何种关系？秦汉以降，因为政治上产生专制主义中央集权体制，在国家主流意识形态上，“忠孝合一”“移孝作忠”慢慢渗透进“忠”观念之中，“忠”有逐渐“窄化”的趋势，臣下“绝对服从”君王逐渐成为“忠”的基本内涵。值得庆贺的是，董仲舒所倡导的忠，尚不可等同于愚忠。董仲舒通过诠释《春秋》大义，以“安社稷，利国家”[④] 为忠臣信奉的最高政治圭臬。公元前675年，陈宣公娶卫国之女，鲁国以女陪嫁。公子结受国君之命，送鲁国之女前往陈国。按照周礼，应该送至卫国都城。但是，当公子结一行走至鄄城，听说齐和宋两国将联合攻鲁。于是公子结临时改变行程，自作主张代表鲁国国君参与盟会，最终化解了一场政治危机，保卫了鲁国的安全。对于公子结“专权”这一历史事件，《春秋》不仅没有批评，反而加以称许。其中原委在于，《春秋》有“常经”，也有“应变”，只要有利于“安社稷，利国家”，大夫也可以专权“遂事”。董仲舒对此评论道：“故有危而不专救，谓之不忠。”[⑤] “忠”自然有忠于君王的职分，但是，忠建构在“安社稷，利国家”这一最高政治信条之下。如果君王言行与“安社稷，利国家”有所违忤，忠臣完全可以抗君之命。“唯天子受命于天，天下受命于天子，一国则受命于君。君命顺，则民有顺命；君命逆，则民有逆命。”[⑥]《礼记·表记》有类似的记载，并且明确标明这一段话是“子曰”。“君命顺”抑或“君命逆”，其原则是君王言行或政治决策是因循天心、天命，还是忤逆天心、天命？如果君命有违于天心、天命，忠臣完全可以“逆命”；如果君命因循天命，忠臣才可以“顺命”而行。董仲舒的“忠”观念，显然还没有遭受西汉主流意识形态的“污染”，对孔子“主忠信”思想进行了政治哲学层面的发展。其实，如何刨根问底，我们发现荀子“忠”论可能更是董仲舒思想的直接源头。“有能抗君之命，窃君之重，反君之事，以安国之

① 《春秋繁露·五行之义》。
② 《春秋繁露·五行之义》。
③ 《春秋繁露·阳尊阴卑》。
④ 《春秋繁露·精华》。
⑤ 《春秋繁露·精华》。
⑥ 《春秋繁露·为人者天》。

危，除君之辱，功伐足以成国之大利，谓之拂。”① 敢于“抗君之命”“强君挢君”，才是真正的忠臣。

尤其值得一提的是，《春秋繁露》论忠，往往与义并提。孟子当年明确提出“事君无义，进退无礼，言则非先王之道者，犹沓沓也”②。荀子也说：“以礼待君，忠顺而不懈。”③ 在荀子思想建构中，“礼义”是一复合词，礼外而义内。孟子、荀子“义”论，对董仲舒有所影响。董仲舒的思维方式与叙事模式有二：一是从宇宙论高度为其理论寻找形而上的根据；二是从《春秋》具体事例出发，推导出“放之四海而皆准”的普遍适用的社会法则。董仲舒是研究《春秋》大家，阐述忠义思想，也往往通过我注《春秋》与《春秋》注我并重的方式发端。《春秋》所称赞的祭仲、仇牧、孔父、荀息、公子目夷等人属于忠臣，“此皆执权存国，行正世之义，守惓惓之心，《春秋》嘉气义焉”④。义是忠背后隐伏的文化精神，只有真正符合义的忠，才是真正意义上的忠。春秋时期齐晋爆发鞍之战，齐国战败。危难之际，逄丑父假扮齐顷公被俘，作为一国之君的齐顷公于混乱之中狼狈逃脱，其后逄丑父被俘身亡。对于这一历史事件，《春秋》批评逄丑父“不知权”。董仲舒直截了当批评逄丑父“弗忠”。“由法论之，则丑父欺而不中权，忠而不中义。”⑤ “忠而不中义”这一观念非常重要，“不中义”之忠，只是愚忠、伪忠。董仲舒认为，逄丑父有两大罪过：其一，以“邪道”辅佐君王，结果让一国之君的齐顷公蒙受耻辱；其二，欺骗其他诸侯国，致使齐国国君陷于奇耻大辱的窘境，“当此之时，死贤于生”⑥。儒家认为人的生命有两重：一是生理生命，一是德性生命。生死关头应当牺牲生理生命去成就德性生命。“故君子生以辱，不如死以荣。”⑦ 耻辱之心是情，情是已发。未发是性，耻辱之心源发于义，义是人性中先验的存有，义普遍存在于人性之中。“天施之在人者，使人有廉耻。有廉耻者，不生于大辱。”⑧ 由此可见，在董仲舒思想体系中，忠与义不可分离，忠外而义内。以邪道辅佐君王，导致君王蒙受耻辱，就是不义，不义也就是不忠。

从“臣有为”和忠义理论出发，董仲舒进一步阐释忠臣应如何积极有为地制约君权：

首先，从“天之数”高度，论证政府组织机构设置的合法性。换言之，“民心即天心”理念开始与制度建设相结合，“民心即天心”已是一个明确的可作为制度操作

---

① 《荀子·臣道》。
② 《孟子·离娄上》。
③ 《荀子·王道》。
④ 《荀子·王道》。
⑤ 《荀子·王道》。
⑥ 《荀子·竹林》。
⑦ 《荀子·竹林》。
⑧ 《荀子·竹林》。

的概念。天地自然之数的第一个规律是：天地万物呈现出数字“三”或“三”的倍数。“何谓天之大经？三起而成日，三日而成规，三旬而成月，三月而成时，三时而成功。寒暑与和，三而成物；日月与星，三而成光；天地与人，三而成德。”① 从天地自然之数皆是三或三的倍数，进而推导出应相应设置三公、三卿、三大夫、三士、九卿、二十七大夫、八十一元士等官职。“是故其以三为选，取诸天之经。”② 此外，“五”也是天地自然之数呈现出来的一大规律。“天地之气，合而为一，分为阴阳，判为四时，列为五行。行者，行也，其行不同，故谓之五行。五行者，五官也，比相生而间相胜也。”③ 由气到阴阳、四时，再推演至五行，由五行进而推导出五官：司农、木、东方、春、仁，司营、土、中央、信，司徒、金、西方、秋、义，司马、火、南方、夏、智，司寇、水、北方、礼。五种官职分别与四时、五行搭配，而且五种官职分别引领仁义礼智信一德。不仅如此，五种官职必须由圣人、君子、善人和正人担任。只有好人当政，才能真正实现王道理想，董仲舒称之为“立王事”④。

在“三”“五”这些似乎神秘的数字崇拜背后，其实彰显更多的是董仲舒在汉代文官制度建立方面的沉潜思考。批判与否定建立在宗法血缘关系之上的世卿世禄制，倡导建构由士人阶层组成的文官制度，“故州郡举茂才孝廉，皆自仲舒发之”⑤。李泽厚先生评价说：“进’教化’，立官制，重文士，轻武夫；建构一个由‘孝悌’、读书出身和经由推荐、考核而构成的文官制度，作为专制皇权的行政支柱。这个由董仲舒参与、确立于汉代的政治—教育（‘士—官僚’）系统是中国历史上的一件大事，也是了解自秦汉以来中国历史的重大关键之一。”⑥ 尤其重要的是，司农、司营、司徒、司马、司寇等五官，无论分工如何，皆有从仁义礼智信不同角度规谏君王、制约君权的责任。譬如，司农崇尚仁德，“进经术之士，道之以帝王之路，将顺其美，匡救其恶”⑦。司营崇尚信德，“称述往古，以厉主意，明见成败，微谏纳善，防灭其恶，绝源塞隙，执绳而制四方，至忠厚信，以事其君”⑧。

其次，政府各部门之间权力相互制约。董仲舒从五行生克理论出发，进而论证权力相互制约如何可能。齐学邹衍比较重视五行相克学说，董仲舒受其影响，把依据五行理论设置的五大政府部门分别赋予五行属性：司徒属金，司农属木，司空属土，司寇属水，司马属火。按照五行相胜理论，司徒（金）克司农（木），司农（木）克司

① 《春秋繁露·官制象天》。
② 《春秋繁露·官制象天》。
③ 《春秋繁露·五行相生》。
④ 《春秋繁露·官制象天》。
⑤ 徐天麟撰：《西汉会要·选举下·举廉》，中华书局1966年版，第461页。
⑥ 李泽厚：《中国古代思想史论》，人民出版社1986年版，第153页。
⑦ 《春秋繁露·五行相生》。
⑧ 《春秋繁露·五行相生》。

空（土），司空（土）克司寇（水），司寇（水）克司马（火），司马（火）克司徒（金）。譬如，司空本来有谏劝君王的职责，但是，如果司空玩忽职守，“主所为，皆曰可，主所言，皆曰善，谄顺主指，听从为比。进主所善，以快主意，导主以邪，陷主不义”①。既然司空沦落为谀臣，司农有权依照“木胜土”理论“诛之”。当然，我们应该看到，董仲舒关于政府各部门之间权力相互制约的学说，并未对汉代政府产生直接的影响。权力相互制约的理念是黄昏起飞的那只“猫头鹰”，属于沉思的理性。但是，立足于儒家为天下立法的高度，为贤能政治存在正当性进行理论证明，我们也可以说董仲舒的权力相互制约理念是一只晨曦初现就在树枝上叽叽喳喳唱歌的小鸟，这只“哲学的小鸟”具有不朽的理论超前意识。

三、结　语

冯友兰先生认为，董仲舒作为“群儒首”“儒家宗”，代表了一个历史时期的“时代精神”，“此时之时代精神，此时人之思想，董仲舒可充分代表之”。② 反思董仲舒政治哲学一系列命题与思想，譬如：民心即天命、“仁，天心”、“天为民立王”、“屈君而伸天”、“臣道有为”、“不敢有君民之心”、尚忠义、贤能治天下、“逆命”与“顺命”等等，我们逐渐发现董仲舒实际上一直在矻矻思索并力图论证政治哲学的一大根本性问题：何为政治之善？儒家“王道”不同于“霸道”，王道政治本质何在？众所周知，殷周之际是思想观念大变革之时。小邦周战胜大邑商，取胜的法宝不是军事力量，而是道德人心。从西周开始，一个新观念开始普遍传播：“天命靡常”，唯德是从。天命已有德性色彩，道德人心才是政权存在正当性的基石。孔孟荀对此多有论证，董仲舒进一步从形而上维度加以阐释。董仲舒的回答是：超越现实个人利益和国家利益，将现实政治制度、政治决策、政治伦理、制度伦理和社会政治理想目标建立在仁义这一文化依托与道德精神之上，以是否“爱民”作为政治原则，以是否顺应民心、是否符合仁义作为社会政治最高圭臬与终极奋斗目标，就是政治之善。洛克尝言：政府一切权力“只是得自人民的一种委托权力”③。既然权力来自人民的“授权”，政府所追求的最高目标就是“为人民谋福利”④。公元前594年，楚庄王派遣大将司马子反围攻宋国。宋国粮食耗尽，“易子而食，析骸而炊”。宋国大将华元夜见司马子反，以实情相告。司马子反听闻平民百姓陷于水深火热之中，顿生恻隐怜悯之心，与华元订盟退

① 《春秋繁露·五行相胜》。

② 冯友兰：《中国哲学史》下，第二章“董仲舒与今文经学”，华东师范大学出版社2000年版，第9—10页。

③ ［英］洛克：《政府论》下册，瞿菊农、叶启芳译，商务印书馆2016年版，第89页。

④ ［英］洛克：《政府论》下册，瞿菊农、叶启芳译，商务印书馆2016年版，第90页。

军。“司马子反事件”是《春秋》以及三《传》讨论的一大热点话题，对于司马子反这种“废君命，与敌情”的“轻君”“不臣”[①]之举，《春秋》不仅没有批评，反而“大之”，其缘由在于司马子反以仁义作为军事决策最高原则，无辜平民百姓的生命高于现实的政治与军事利益。“推恩者远之为大，为仁者自然为美。今子反出己之心，矜宋之民，无计其间，故大之也。”[②]董仲舒认为，司马子反真正领悟并践行了儒家的“当仁不让”。仁义的本质就是对生命敬畏、对他人怜悯与关爱。《春秋》作者对公元前242年期间发生的战争，不厌其烦地作详细的记载，其中“大义”就是战争对平民百姓造成深重的灾难。“且《春秋》之法，凶年不修旧，意在无苦民尔；苦民尚恶之，况伤民乎！伤民尚痛之，况杀民乎！”[③]《春秋》作者对“苦民”“伤民”“杀民”之事深恶痛绝，“苦民”“伤民”“杀民”是最大的政治之恶！爱民是最大的政治之善！爱民是儒家仁义王道政治的具体体现，举凡国家制度、人伦习俗和军事行动，建基于仁义这一根本性的道德精神和文化依托之上，并以民心和仁义作为国家主流意识形态所信奉的最高价值原则，才是王道政治。董仲舒思想的核心是仁学，董学就是仁学。

① 《春秋繁露·竹林》。
② 《春秋繁露·竹林》。
③ 《春秋繁露·竹林》。

易学国际化是中国文化自信与文明对话的核心

温海明
中国人民大学哲学系教授

引　言

中国文化自信与中华文化的国际化密不可分，而中国文化自信的核心是易学的国际化。自古以来，《周易》就是“五经之首”，“大道之源”，本来就是中国文化的起源和核心，只是近代以来，被西方冲击得七零八落的国人，在“打倒孔家店”和革自己的文化命的同时，把文化的大本大源都几乎抛弃了，成了托着金碗向西方乞食的文化贫儿，如张君劢所言：“近年之国人激于环球大通后所受之惩创，反而自鄙其文化，若已不足自存于今世者”[①]，在几乎一个世纪之后，并没有完全过时。今天，在中国文化国际化并日益自信的历史时期，易学是否能够真正国际化，才是中国之文化自信的试金石，也是中国文化是否真正国际化的标准。

南非人伊恩·戈尔丁认为，全球发展已经进入“新文艺复兴时代”，在他的新作《发现的时代：21 世纪风险指南》中，他认为“新文艺复兴时代”与 14—17 世纪的文艺复兴有很多相似之处。思想的传播是新旧两次文艺复兴的共同基础，文艺复兴时期，活字印刷机扣动了变革的扳机，而今，互联网、数字媒体颠覆了人类获取和共享信息的方式。上一次文艺复兴“颠覆世界”用了 300 年，这一次只用了 30 年。上一次西方人回到古希腊和古罗马时代，重新改造了思想与文化的方向；这一次轮到古老的东方哲学思想开始征服和改造整个西方思想与文化的方向，在这个全球性的新文艺复兴时代，能够真正颠覆现有的西方主导的思想世界秩序的是中国的哲学思想与文化，而周易是中国哲学与思想文化的核心。所以周易的国际化，是中国哲学思想与文化世界化的真正核心所在。

---

① 张君劢：《中华民族文化之过去与今后之发展》，见李军策划，赵宇飞主编《中国人的文化自信》，孔学堂书局 2014 年版，第 24 页。类似的说法，很多学者都有提及，如王蒙《文化自信与文化定力》，见李军策划，赵宇飞主编《中国人的文化自信》，孔学堂书局 2014 年版，第 137 页。

一、易学是中国文化自信的核心

正因为易学对当代中国社会有着重要意义，所以它更应该成为中国优秀传统文化的总根源，也当仁不让成为中华民族文化自信的大本大源，更是中国哲学与文化历史性复兴的基石。国家领导人多次在重要的国际场合引用《周易》的话，说明《周易》的道理在今天仍然能够促进国计民生，推动国家和民族发展，可以运用于“一带一路”等国际战略当中。

首先，易学是中国优秀传统文化的总根源，因为“易道广大无所不包”，而且《易经》几千年来都是中华最优秀文化的源泉，所以中国优秀传统文化都可以回溯到《周易》这部最为根本的经典当中。《周易》可以说是中国历史上在经学、哲学与文化史上影响最为深远和广泛的经典。易学的历史包括《周易》的起源、演变、成书、诠释和传播等各个方面。除了作为哲理著作之外，《周易》的特色是通过卜筮文化体现出与其他经典不同的实践智慧，能够给予不同境遇中的人从易理到现实策略的指导。所以易学可谓涵盖天地万物之道的运行，而易学史好比是综罗百代，涉及中国传统文化方方面面的百科全书。由此可知，易学就是中国文化自信的核心和涵盖文化各方面的浓缩版，所以今天谈文化自信的核心是对易学文化的自信和易学的国际化。

《周易》哲学强调，阳极阴生，静极复动，如果一般来说，“中国民族特征的性格大多数属于阴的、静的、消极的，适宜一种和平坚忍的文化”①，相比西方来说，中国文化确实有这样的特点，但阴的动力性在静到极点之后将会发动和显现，甚至最后有可能转化阳力，所以中华文化复兴进而改变西方文化的力量不可小觑。虽然中国的古人没有用西方那种“逻辑的推理、数学的演绎、物理学的考察”去观察和理解世界，但中国人用孔子感慨“天何言哉”的态度去观照和“体验宇宙间生生不已的节奏”②，从而体验和享受现实的美，而不去征服对方，改造对方。

其次，《周易》是中华民族文化自信的大本大源，因为是《周易》奠定了中华民族的思维方式和生活模式。《周易》代表中华文明的古老起源，也是中华文明远比跟古希腊同时期的春秋时代发源的儒家和道家思想要久远和成熟的见证。李学勤指出：“中国是古代世界中有自己独立起源的文明国家之一。”③ 他认为，中华文明的起源在

---

① 林语堂：《谈中国文化之精神》，见李军策划，赵宇飞主编《中国人的文化自信》，孔学堂书局2014年版，第56页。

② 宗白华：《中国文化的美丽精神往哪里去?》，见李军策划，赵宇飞主编《中国人的文化自信》，孔学堂书局2014年版，第24页。

③ 李学勤：《解读文明历史　增强文化自信》，见李军策划，赵宇飞主编《中国人的文化自信》，孔学堂书局2014年版，第129页。

5000年前，那种认为中华文明从西方来的说法是非常荒诞不经的，也是要坚决反对的。《周易》思维模式也是今天为世瞩目的“中国模式”的根源所在，是形成中国独一无二的文化和发展模式的根本出发点。《周易》当中的很多思想，如“凡益之道，与时偕行”的发展观念，“穷则变，变则通，通则久”的变通之道，“调和鼎鼐”和“保合太和”的和谐思想等等，都是我们今天指导社会政治和人生的重要思想。易学是足以“究天人之际，通古今之变”的经世致用之学，是中华文明的核心和顶级智慧，《易》因与天地准，所以天地万物的规律就都包含在其中，所以，易学现代化和国际化过程，就是把中国人洞察、认识“道”和社会人生真相的根本方法和工具现代化和国际化。

再次，易学对于当代中国的社会和文化，对于民族精神的凝聚和弘扬，对于中华民族真正走向世界，与世界各大文明对话，促进各文明的共生共荣，形成人类文明的命运共同体，未来走向全球文明的大融合，都将发挥出巨大的积极作用。俄罗斯远东研究所所长季塔连科曾说：“中国文化的特征之一就是从不机械地学习外国文化，而是把一切外国的经验‘中国化’。”① 这样的结论，也是很多著名学者如章太炎②、汤用彤③和王蒙④等的共识。周易文化是儒家文化、道家道教文化的根源和基础，在跟佛教文化和西方文化的中国化版本对话过程当中也扮演着重要角色。以周易为核心的中华文明，今天可以自信地与美国为主的新教文明⑤，以及世界其他文明平等对话。

二、易学国际化是中国文化走出历史低谷的标志

今天中华文明与世界文明的对话，再也不能停留在技艺的表层，而应该从道的哲学思想文化层面去深入展开，所以易学国际化当是中华文化自信地与世界上其他文化对话的核心。我们可以回溯到世界文明史上一次最影响深远的历史事件，来理解易学

---

① 李学勤：《解读文明历史　增强文化自信》，见李军策划，赵宇飞主编《中国人的文化自信》，孔学堂书局2014年版，第131页。

② 章太炎：《读史与文化复兴之关系》，见李军策划，赵宇飞主编《中国人的文化自信》，孔学堂书局2014年版，第5—8页。

③ 汤用彤：《文化思想之冲突与调和》，见李军策划，赵宇飞主编《中国人的文化自信》，孔学堂书局2014年版，第35—39页。

④ 王蒙：《文化自信与文化定力》，见李军策划，赵宇飞主编《中国人的文化自信》，孔学堂书局2014年版，第134页。

⑤ 新教文明指基督教经过新教改革，帮助整个西方文化从神学和信仰走向理性与科学，实现工业化和现代化，并把这种新文化作为普世价值推向世界的文明形态。在新教文明从兴起到极盛时期，都采取了对异教的宽容态度，但随着新教文明主导世界，就开始排挤和排斥其他文明形态。参见刘云德《面向21世纪的中国文化》，见李军策划，赵宇飞主编《中国人的文化自信》，孔学堂书局2014年版，第198—208页。

国际化划时代的重要意义。1620年，受英国圣公会迫害的清教徒被迫离开英国，经荷兰乘“五月花号”抵达美洲大陆东北角，从而使得美国成为新教文明的代表。新教徒借助美洲大陆不断经营发展，达到历史上从未有过的强盛状态。如今，世界文明之间最为广泛的冲突和争端在新教文明和伊斯兰教文明，以及新教文明和复兴中的中华文明之间展开。上一次是中世纪末期，部分新教徒在欧洲大陆无处容身，但因到达美洲大陆，经营有方而绝处逢生，如今新教文明成为当今世界的领导文明。《周易》既是一部能够帮助个人绝处逢生的著作，也是一部帮助国家和民族命运绝处逢生的重要经典，中华民族深知物极必反的运动规律，所以总是能够走出低谷，闯出一片光明灿烂的天地。

或许，与“五月花号”改写历史的重要意义可以相对比的是，过去的一百多年中，中华文明曾受到西方列强（包括近邻日本）的迫害和蹂躏，几乎到了灭国和根绝自身文化的悲惨境地，易学文化作为中华文明的根源，也遭到了毁灭性的打击。但是，将近两百年之后，华夏儿女在易学变通之道的指引下，也开始绝处逢生，不断发展壮大，这一次，在中华文明的苏醒过程之中，如何与上百年来意图灭绝自己的西方强势文明，和受到整个西方强势文明影响的各种文化去交流和对话，是以中国大陆为中心的中国文化圈需要仔细思考和掂量的问题。

在世界文明的交流史上，文明自身的普适性不是文明是否能够取得普适性影响的关键所在。每种文化本身多少都有一些普适性的内容，也都在交流之中强调自身的普适性，但是，文化和文明的普适性与文化自身内在的普适性没有直接的关系。易学文化与中华文明和其他文明一样，都具有内在普适性的内容，但易学国际化将来是否可能有普适性的影响，跟易学本身具备普适性的内容没有必然关系，而是取决于中国大陆作为易学的起源地和中华文明的主要载体，是否能够充分展示其最为广泛和宽容的普适性。

可以说，哪种文明被证明具有最根本和最广泛的普适性，哪种文明就终将在文明对话和竞争当中最后胜出。以易学文化为核心的中华文明，有两千多年的文明交流对话的历史经验，早已证明其具有最为宽泛和包容性的普适性，所以也终将在与新教文明竞争的历史赛跑当中胜出。诚如李泽厚所言：“中国没有出现类似宗教战争之类的巨大斗争，相反，存别异乃求同，由求同而合流。”① 未来是中华文明与新教文明对话和交流，并且让全世界明确中华文明具有最大的普适性和包容性的关键时期，而基于易学文化的中国文化自信将成为最核心的内容，也就是说，以易学为核心的中华文明有机体将能够不断同化吸收以新教文明为主体的世界其他文化的营养，其吸收和融汇各种文化的普适性将超越新教文明曾经的自信和胸怀。

---

① 李泽厚：《谈谈中国的智慧》，见李军策划，赵宇飞主编《中国人的文化自信》，孔学堂书局2014年版，第115页。

在可见的将来，新教文明与伊斯兰文明的冲突将持续升级，而伊斯兰文明与中华文明从历史到现代都有很多成功的交流与融合经验，[①] 中华文明不仅可以用作为核心文化的易学，也可以用儒家、道家道教等文化来与伊斯兰教交流和对话。中华文化应该像消化佛教文化、西方文化并构造出中国化的佛教文化和中国化的西方文化那样，重构其他文化的中国化版本。

相对于中华文明的自信与复兴，印度文明和以日本文化为主的东亚文明可能不太开心，比如日本文明可能觉得其历史最高点已经很难再回来了。今后，应加强东亚文明认祖归宗的文化意识，因其本来就来自传统中华文化圈，在中华文明崛起之后就更应该正视自己文化当中中华文化因素的影响，从近现代认同西方文明的强力主义影响当中解脱出来，重新回到中华文明的和合精神系统之中。[②] 未来以易学为核心的中华文明当与日本、韩国、新加坡和东南亚等地区文化加强对话，通过以易学国际化为核心的文明对话进程将东亚文明圈重新归化到中华文明圈。今天的印度文明在中华文明和伊斯兰文明的夹缝中间，虽然保持着传统印度文明本身的特质，但其普适性和包容性的提升还有待时日，所以应促进以易学为核心的儒道文化进一步参与中华佛教的世界化进程。

从世界性的文化格局和战略来看，过去十年，孔子学院五洲开花，却因缺乏文化传播思路而失去战略和方向，没有在文明对话的历史性关键时刻发挥其应有的作用。孔子学院对以易学为核心的中华文化国际化的推动作用可谓微乎其微，其推动儒家文化与其他文化对话的成就乏善可陈，更不要说对周易文化、道家道教文化、佛教文化和西方文化的中国化版本的国际化推动作用。孔子学院成为一种现象，而没有成为承载文化自信和文化定力的、生生不息的有机体，是一个历史性的遗憾。

三、易学国际化是中国文化与世界文明对话的核心

易学国际化当是中华文明与其他文明对话的关键所在，需要借助不同于孔子学院的文化对话和交流平台，才能够达到最大化地推动中华文明普适性的历史使命。而一旦全世界各文明都意识到以易学为核心的中华文明是比新教文明更加具有普世性的文明体系，那么新教文明的历史性制高点将逐渐过去。郭齐勇指出，儒家、墨家、道家、

---

① 如费孝通指出，犹太民族虽然宗教观念很强，但在中国这样一个相对宽松的文化氛围里面，也跟中国人和中国文化同化融合了。费孝通：《“美美与共”和人类文明》，见李军策划，赵宇飞主编《中国人的文化自信》，孔学堂书局 2014 年版，第 92 页。

② 张立文提出“和合学”，这样的思想得到许嘉璐的赞同，参见许嘉璐：《中华文明——唯一未中断的文明》，见李军策划，赵宇飞主编《中国人的文化自信》，孔学堂书局 2014 年版，第 159 页。

佛家“都是了不起的调节身心的安身立命之道，也是对世界文明的伟大贡献”[①]。文明的对话和冲突的本质是人心的交流与冲突。在工业化和网络化时代，人心的交流已经远远超过传统的方式，如军事冲突、经济交流和以人为载体的文化交流，而且可能通过文化的方式直接改变群体性的人心。为此中华文明需要开发以易学为核心的普适性文化产品，从人心层面，尽快让最大多数人意识到，以易学为核心的中华文明比新教文明更加宽容和包容，而且足以融汇新教普世性内容的全新文明体系。

相比之下，新教文明系统化约其他文明系统的工作，已经被证明是历史性的失败，从其过去包容和宽容的时代走入封闭与保守的新时代，标志就是亨廷顿“文明冲突论”[②] 的提出和实践。“冲突”证明新教文明自身的封闭和狭隘，也宣布其历史性低谷的开始，而随着其冲突理论付诸实践的层层加码，新教文明终将在冲突当中迎来其历史性的转折点，而在这个转折点到来之前，正是把易学国际化并让中华文明向全世界说明其具备最为宽广的普适性的关键性历史时期。诚如许嘉璐指出，弗朗西斯·福山在《历史的终结及最后之人》一书中的那种观点，即认为基督教文明将终结人类历史，美国的价值观、伦理观和人生观将成为地球上所有人的最后标准，恰恰说明基督教文明的封闭性[③]，杜维明确定地指出，“‘历史终结论’的提法是荒谬的”[④]。而以《周易》为核心的中华思想体现了中华文明从未间断的变通性和韧性，将从根源上唤醒中华文明的文化自觉和自信。[⑤]

传统儒家的天下观念，在 19 世纪中叶西方与中国的战争性冲突发生之前，都是边界模糊的，自以为是天下之中心的中国意义上的“天下”观念，而中西冲突战败之后的一两百年里，中国人的天下观是混乱的，或者是以西方的世界观念为中心的，随着中华文明与欧美新教文明的竞争开始进入实质性的拉锯战，“一带一路”开始成为老大中华文明突破新教文明包围圈的“华容道”，而随着突破包围圈之后天地的逐步扩展，中华民族的“天下”观念才真正重新鲜活起来，这一次是有崭新边界和内涵的新“天下”观念，即地球村意义上中华文明终极边界的新天下观念。诚如杜维明所言：“这种‘天下’观念是十分了不起，在西方非常少见的资源。”[⑥] 可见，文化自信的重

---

① 郭齐勇：《中国梦的文化底蕴》，见李军策划，赵宇飞主编《中国人的文化自信》，孔学堂书局 2014 年版，第 183 页。

② ［美］萨缪尔·亨廷顿：《文明的冲突与世界秩序的重建》，周琪等译，新华出版社 2010 年版。

③ 参见许嘉璐：《中华文明——唯一未中断的文明》，见李军策划，赵宇飞主编《中国人的文化自信》，孔学堂书局 2014 年版，第 157 页。

④ 杜维明：《以儒家核心价值观对话西方》，见李军策划，赵宇飞主编《中国人的文化自信》，孔学堂书局 2014 年版，第 163 页。

⑤ 参见许嘉璐：《中华文明——唯一未中断的文明》，见李军策划，赵宇飞主编《中国人的文化自信》，孔学堂书局 2014 年版，第 162 页。

⑥ 杜维明：《以儒家核心价值观对话西方》，见李军策划，赵宇飞主编《中国人的文化自信》，孔学堂书局 2014 年版，第 164 页。

要维度之一，就是要让古代中华文明的“天下”观念在今天边界清晰的时代焕发新生。

儒家天下观念的世界情怀需要逐步恢复，因为相比世界上其他一神教影响的政治主张，只有儒家的天下观是真正世界主义的。“罗马帝国解体后，西方的政治传统是民族主义的，而不是世界主义的”[①]，西方基于“民族—国家”理念的普世价值包装，在文明冲突的一元论宗旨之下，已经开始还原其本来面目，“9·11”事件既是宗教冲突，也是强化了文明边界的文明冲突，而中国文化因为其包容和普世性，有助于化解这种文明冲突。[②] 张西平认为：“只要了解西方国家现代化的历史，我们就可以深深感到中国成就的伟大意义，它是人类历史上唯一一个和平崛起的文明型国家。”[③] 可见，世界文明最后相对稳定和谐的形态，应该是以易学为核心的中华文明和新教文明对话和融通的新形态[④]，而伊斯兰文明可能是要融入偏于中华文明的“人类命运共同体”当中去，随着中华文明主导的经济发展，和帮助伊斯兰文明一起实现经济繁荣，将大大降低新教文明通过经济制裁和经济萧条导致的敌意和战争冲突，从而化解伊斯兰文明对于现代化之后的中华文明的敌意，进而因为国计民生的改善也相应降低与新教文明的冲突和敌意，这样中华文明通过经济发展而降低与伊斯兰文明和新教文明的敌意，从而真正实现人类命运共同体建构之可能，也就以实际行动给出了世界向何处去的答案。

“全球化”是新教文明的全球化运动，已经在多方面受到反击，并被迫回缩，如英国脱欧、特朗普的上台就是对新教文明之扩张的反省而有所收缩的前兆，而“一带一路”与反全球化浪潮相结合，会进一步带给新教文明的全球化进程以压力。正是新教文明想要同化伊斯兰文明，同化不了就要打烂而导致反抗的力量持续不断。[⑤] 新教文明在扩张中长期致力于建立全球化的世界体系，是让其他国家和地区变相朝贡的系统，这个系统随着“一带一路”横贯亚欧的推进，将逐步化解新教文明坚持的零和游戏及文明冲突的现状，而欧美中心的全球正义，将逐渐被平衡东西方，有利于各文明的新全球正义体系所取代。

---

① 毛峰：《中国照亮世界——中华文明的普世价值传播》，见李军策划，赵宇飞主编《中国人的文化自信》，孔学堂书局2014年版，第277页。

② 参见刘云德：《面向21世纪的中国文化》，见李军策划，赵宇飞主编《中国人的文化自信》，孔学堂书局2014年版，第198—208页。

③ 张西平：《在比较中增强文化自信》，见李军策划，赵宇飞主编《中国人的文化自信》，孔学堂书局2014年版，第189页。

④ 汤因比认为，中国可能为世界提供全人类都需要的礼物，即“现代西方的活力与传统中国的稳定二者适当的结合体”。参见刘云德：《面向21世纪的中国文化》，见李军策划，赵宇飞主编《中国人的文化自信》，孔学堂书局2014年版，第205页。汤因比的观点和池田大作接近，参见毛峰：《中国照亮世界——中华文明的普世价值传播》，见李军策划，赵宇飞主编《中国人的文化自信》，第276页。

⑤ 如陈来指出：“基督教对异教排斥性很强，要毁灭一切异教的祭坛，从中世纪的十字军到现代帝国主义，都可以看到它缺乏‘和’的精神，只有强加于人的精神。”见李军策划，赵宇飞主编《中国人的文化自信》，孔学堂书局2014年版，第196页。

结 论

归根结底，对易学文化的自知和自信是中国文化自信的源泉与底色，而以易学为核心的中华文明与天下文明的关系也到了一个历史性的转折时期，这个时期的关键就是易学的国际化进程是否成功。正如汤一介曾经指出，“儒道两家可以化解为‘文明的冲突’、实现‘文明的共存’提供有意义的资源”[①]，而儒家与道教的哲学根源都在《周易》，所以易学国际化是实现文明融合与共存的重要标杆[②]。以《周易》为核心的中华文明经典体系，历史上吸收过佛教的思想资源，开创了中华文化发展的新历史阶段，在不远的将来，也将吸收其他文化，包括新教文明和伊斯兰文明的精神资源，成就全新的经典系统，成为中华民族未来文化自信的精神资源与文明对话的坚实基础。

---

① 汤一介：《中国文化能否为“文明的共存”做贡献》，见李军策划，赵宇飞主编《中国人的文化自信》，孔学堂书局2014年版，第109页。

② 傅佩荣指出：“在中国悠久的历史中，朝代虽有更迭，而文化总是一脉相承，展示某些基本理念。这些理念的主要成分是由《易经》、儒家和道家所构成的。”参其《中国文化的软实力》，见李军策划，赵宇飞主编《中国人的文化自信》，孔学堂书局2014年版，第191页。

敬天情结与儒家仁政

谢文郁
山东大学哲学与社会发展学院教授

儒家的政治理念一般称为仁政，就其政治思路而言属于责任政治。[①] 一个基本的思想史事实是，在五四新文化运动的冲击下，作为政治理念的儒家仁政近百年来没有得到学界的认真而深入的研究和讨论。作为中国历史上历代朝廷一直实行的儒家仁政（虽然并不完善），已经很少被中国学者提及。这对于中国思想界来说是一场灾难。未来中国政治的发展方向，如果不深入考究历史传承，将无法避免从五四运动到"文革"这段历史所追求并实行的那种理想型的政治治理，即把某种被认为是理想的政治制度强加给中国社会。[②] 中国政治发展的未来模式需要承接中国传统，特别是要重视儒家仁政。

我这里打算基于儒家仁政的基本思路，在当代中国社会语境中，采用生存分析方法，对儒家仁政的治理思路进行分析和厘清，呈现其内在的情感结构。具体来说，儒家仁政是一种建立在情感秩序上的政治理念，涉及各种情感之间的结构性关系。限于篇幅，本文将通过分析儒家仁政关于一些基础性情感的界定，如忠、敬、诚等，展示它们之间的结构性关系，呈现儒家仁政作为一种责任政治的运作机制。我希望这个分

---

① 孟子在《孟子·梁惠王》中提出仁政的说法，并对仁政的基本思路进行阐述。孟子提出的仁政包括伦理和政治方面的内容。儒家在后续讨论中依据不同时代的问题而不断地丰富仁政思想。我这里采用现代汉语的表达式，把仁政的政治方面内容归结为责任政治。严格来说，本文不是历史学论文，甚至也不是思想史研究。我想做的是，遵循儒家仁政的思路，在当代社会语境中，探讨并阐述责任政治的内在机制和在现实中的运作。关于责任政治的界定，可参阅谢文郁的《自由与责任——一种政治哲学的分析》（《浙江大学学报》2010 年第 1 期），以及《儒家仁政和责任政治》（《原道》总第 22 辑，2013 年第 2 期）。就其行政治理而言，熟悉西方政治哲学的人也许会把责任政治和亚里士多德所讨论的贤能政治加以比较。不过，责任政治（儒家仁政意义上的）涉及的是社会治理，涉及面要大于贤能政治。近年来贝淡宁教授在中英文学术界提出贤能政治问题，并强调中国政治具有贤能政治的特征，参阅［加拿大］贝淡宁（Daniel A. Bell）：《贤能政治：为什么尚贤制比选举民主制更适合中国》，吴万伟译，中信出版集团 2016 年版。贝教授的这种西方观察是相当到位的。不过，我认为，贤能政治这种提法尚不足以指称儒家仁政。贝教授所讨论的，准确来说，涉及贤能治理，属于责任政治中的吏治问题。

② 放弃儒家仁政的做法始于 1905 年清朝政府开始实施的所谓宪政改革。五四运动的旗手们进而鼓吹"打倒孔家店"。自此以后，中国思想界一直都在强行推行某种外来的理想的政治制度，以图彻底改造中国社会。共产主义理想和自由主义宪政都在这个思路上。

析可以帮助我们体验和理解当代中国的政治惯性，为未来中国政治的设计提供一种儒家视角。

一、忠心与责任意识

责任意识是责任政治主导意识。我们来分析责任意识的内在组成。一般来说，责任意识包括知识和情感两方面内容。我们先来分析一下儒家对这个问题的一些思想和说法。我们知道，儒家是在“天”这个概念中谈论“三纲五常”的。这里的“纲”表达了儒家关于宇宙秩序的基本预设，即宇宙和社会都是在一种共同的秩序中存在的。这个秩序如同一个网状，由彼此相接的结联系在一起，有纲有目。社会秩序中的职位便是网状结构中的结。不过，社会和自然世界不同，职位占有者是拥有意识（情感、思维、意志）的人。他们的责任意识对社会之网的维持和运作起着决定性作用。因此，我们需要对职位占有者的责任意识的培养和维持进行分析。

以纲目之喻来理解宇宙秩序，最早文字见于《礼记·乐记》：“然后圣人作，为父子君臣，以为纪纲。”汉代的《吕氏春秋·离俗览·用民》用纲目之喻来理解社会秩序：“用民有纪有纲。引其纪，万目皆起；引其纲，万目皆张。”汉代的班固在《白虎通义·三纲六纪》中列出三纲：“三纲者，何谓也？君臣、父子、夫妇也。”这三种关系，在儒家看来，是社会关系（包括道德伦理和政治秩序）的出发点。“夫妇”是成人之间的最直接最亲密的关系，因而是所有其他人际关系的出发点（伦理秩序）；“父子”则是代代相传的纽带，因而是传统承传的关键环节（秩序承传）；“君臣”关系则是社会治理的起点（政治秩序）。本文以政治秩序为主题，搁置关于“夫妇”和“父子”这两种原始关系的讨论，而集中分析作为“君臣”政治秩序之基础的情感秩序。

就语义而言，“君臣”指的是政治制度中的上下级关系。“君”作为上级是带领者，下级的“臣”则是服从者。上下级是任何政治制度的主线。在制度设计中，上下级的基本规定是“服从”：“臣位”服从于“君位”。上下级的划分，下级服从上级；一级一级，直到最高级，如君王、皇帝、总统等。制度设置中的“职位”都有一定的职责界定；最高职位（皇帝、领袖等）也是一个职位，拥有具体职责。任何职位，无论何人占据，都要求占有者对职位的责任界定拥有一定的意识，并要求他在责任意识中执行和完成本职工作。缺乏责任意识而占据职位，就必然导致此职位的功能丧失，进而破坏政治秩序。职位越是重要，职位功能丧失带来的秩序破坏就越严重。如果最高职位的占有者未能尽职，则整个社会走向失序。在儒家仁政中，“君臣”纽带被界定为“君为臣纲”，说白了，就是下级听从上级。作为政治秩序的主线，为臣者是在服从君命中做好本职工作的。反过来说，如果下级不服从上级，政治秩序就无法维持。

当然，上下级的服从关系并非尽职的全部。如果一位官员的责任意识仅限于上下级的服从关系（他这样做可以保证政治制度的基本运作），却无视本职与其他直接或间接的相关职位的平级关系，那么，他对所占职位的认识是不全面的。任何一个职位在纲目网络中都涉及和其他职位的关系。职位占有者必须在上下级关系的基础上不断扩展对其他相关职位的认识。只有这样，他才能形成对本职位的深入认识，建立较为全面的责任意识。严格来说，在这种网状结构中，每一个职位都是网上的一个结，和其他职位（网结）有直接或间接的联系。这一点是儒家仁政在“君为臣纲”思路中关于政治秩序的基本理解。[①]

我们看到，君为臣纲的关键是职位占有者对职位所要求的职责有基本认识，即一定的责任意识。在不同的政治制度中，各级职位的职责界定并不相同。至于哪种政治制度更好，孔子说：“吾从周。”不过，孔子的政治制度倾向似乎没有规定在他之后的中国政治制度发展历史。周朝制度没有成为中国历代政治制度的选项；反而，法家所设定的秦制一直被采用。至于未来中国的政治制度，当然需要政治家们去构思和设立。这不是本文打算深究的议题。撇开政治制度问题，我想就责任意识的基本构成和培养机制进行分析讨论。我更加关心的是，在责任政治这个大思路中，我们需要什么样的责任意识？如何培养并维持职位占有者的责任意识？或者说，从儒家仁政的思路出发，建立一种健康的责任政治，制度设置当然是很重要的。对此需要专文讨论。但是，责任意识的界定，及其培养维持，从长远的角度看，对于我们理解责任政治来说更加重要。

责任意识是职位占有者在占有职位之后开始形成的。一般来说，责任意识出现在如下情境中。首先，职位占有者在接受职位之后，受职责的要求而被迫发展自己的责任意识。任何职位都有职责界定。对于职位占有者来说，他刚入职时就必须对他所占据的位置之职责界定有所了解，尽管开始时所知有限。一旦入职，这个职责界定就作为一种外在制约，强制他做某些事（只做分内事，不做分外事）。不然，他就无法继续占有这个职位。因此，职位的责任界定是这位占有者的责任意识培养导向。一个设计完好的政治制度必须给出清楚的职位之职责界定。这样，它就能在制度上给职位占有者在入职之初就有明确的责任意识，并进入职场。不过，职位还会要求他在行使职责时不断地加深对职责的认识，不断地培养责任意识。可以说，责任意识的这方面内容属于知识性因素。

从政治治理的角度看，设立一个职位，设计者必须充分考虑并限制它的责任范围，以防官员在行使职责时越位。孔子称此为“正名”。[②] 孔子的“正名”涉及的是社会制

① 关于“三纲”的一些讨论，参阅方朝晖的两本书：《“三纲”与秩序重建》，中央编译出版社 2014 年版；《为“三纲”正名》，华东师范大学出版社 2014 年版。

② 参阅孔子和子路的一段对话：“名不正，则言不顺。言不顺，则事不成。事不成，则礼乐不兴。礼乐不兴，则刑罚不中。刑罚不中，则民无所措手足。”见《论语·子路》。

度设立和职位界定。这是一件十分复杂的工程。就其导向而言，职位设立和职责界定必须围绕并满足社会管理和发展的需要。至于具体应该设立什么政治制度，在不同社会、不同时期、不同情境等中有不同的要求，不一而论。企图千篇一律地设想普遍适用的社会制度是不可能的。在这个问题上，儒家强调与时俱进。一旦制度确立之后，职位设立及其职责界定可以由执政者给出，也可以在实践中因为某些需要而修改。孔子承认他自己喜欢并想要恢复周礼，但也没有强调周礼的永恒性。一般来说，在一个好的制度中，一旦职位设立了，它就有基本的职责要求，职位占有者就必须接受职责的约束，以此为导向而发展自己的责任意识。

其次，在儒家仁政中，职位占有者还必须自觉地发展自己的内在责任意识。内在责任意识在儒家语言中称为“德性”。对于任何职位占有者来说，在占据职位期间，他必须把分内事做得越来越好。考虑到他的责任意识培养是一个不断深化对职位的认识的过程，而且，考虑到在不同责任意识水平上行使职责会导致不同结果，不难指出，责任意识之建立是一个持续不断的过程。比如，他对所占职位的上下级关系，以及和其他职位之间的关系拥有越来越多的认识，他的责任意识就越丰富和深刻，而他的本职工作就能做得越好。如果职位占有者总是停留在一定的责任意识中，缺乏进一步深化自己的责任意识的冲动，那么，他的本职工作就不会有长进。于是，我们这里遇到了这样的问题：他为什么要不断深化责任意识？是什么力量推动他不断深化他的责任意识？这就涉及责任意识中的情感因素。

培养并发展职位占有者的责任意识是一个十分复杂的工程。显然，对于领导岗位的占有者来说，其责任意识培养至为重要。我们来分析这种情况。比如，地方官如县长这个职位，其基本职责界定是：造福于一方百姓。县长上任之时，如果缺乏这点意识，他就肯定无法胜任这个职位。在制度上，一个设置健全的职位都必须有具体的强制性职责要求。称职的职位占有者必须对这些职责的基本要求有所认识，并不断深化之，以达尽善尽美地做好本职工作。对于这种人，我们会称赞他们为“忠于职守”。一个县官究竟在哪个程度上做到尽职是很难衡量的。这里涉及他的能力、努力程度以及态度等等。一般来说，只要忠于职守，他就会尽自己的努力去做好本职工作，不断提升自己的工作能力。这里，忠于职守的主导因素便是“忠心”这种情感。就词语界定而言，忠心是当事人指向职位的一种情感。责任意识之培养和维持是在忠心这种情感中进行的。当然，对于任何一种政治制度，从责任政治的角度看，它必须在体制上选择那些能够胜任本职工作的人去占有相关职位。中国古代的科举制对此有重要贡献。但是，这里要强调的是，如果缺乏忠心，无论职位占有者有什么能力，都将无法做好本职工作。能力是中性的，可以在做事的过程中培养。从这个角度看，较之工作能力，忠心对于职位占有者来说更为重要。我们通常用“德才兼备”来指称那些胜任本职的人，其中的“德”主要是指忠心；“才”则属于知识才能的范畴。我们说，责任政治要求职位占有者在一定的责任意识中忠于职守。责任意识中的忠心是主导性因素。因此，理解责任政治，需要我们对忠心这种情感的内在结构进行分析。

忠心作为一种情感，它的对象可以是一个人，也可以是一个职位。忠心驱动当事人服务于他所忠于的对象。一方面，如果忠心的对象是一个人，比如奴隶对主人或臣子对君主的忠心，一旦有忠心，当事人一定会在内心中接受主人指令，按照主人意愿行事，尽力完成所托职责，让主人感到完全满意。另一方面，忠心所指对象也可以是一种职位，如我们在"忠于职守"这种说法中谈到的。无论是人是物，无论是高尚还是低级，只要成为忠心的对象，忠心都会驱动当事人对他或它负责，努力按照他的意愿或它的要求来做事。从这个角度看，忠心也被称为责任感，作为责任意识中的情感因素。

我们继续分析。前面指出，在一种网状秩序中，其中的结便是职位。政治运作要求不同的人去占据各个职位，并执行职位所要求的职责。对于当事人的爱好来说，他可能喜欢他所占据的职位，也可能不喜欢它。但是，无论如何，当他占据这个职位时，如果他想做好这项工作，他就必须对它有忠心。换句话说，缺乏忠心，他就不可能做好本职工作。就现象而言，入职者对所占职位可能出于爱好（出自内心），也可能出于生活所迫（迫不得已），在这两种情况下，他入职后都会忠于职守。一般来说，只要他任职后忠于职守，他就能够做好本职工作。或者说，从评价的角度看，只要他在实际上做好了本职工作，他就是忠于职守。其实，任何入职者，无论在什么情境中入职，入职之后都可能产生并维持忠于职守情感，并做好本职工作。

忠心是责任意识的起点和基础。可以观察到，忠心这种责任感的出现虽然依赖于其他情感，但是，忠心一旦出现就独立运作，并不依赖于其他情感。也就是说，职位占有者可以仅仅在忠于职守情感的基础上做好本职工作的。至于他在此之前的喜好或厌恶，只要忠心已经形成，那些情感对于做好本职工作无关重要。现在，我们可以对责任意识做如此界定，责任意识包括两个因素：作为情感的忠心和关于职位的具体认识。忠心既推动当事人去认识职位，也推动当事人去做好本职工作。值得注意的是，一个缺乏忠心的人也可以对某个职位有所认识。不过，他关于职位的认识并不一定服务于他的本职工作。相反，他可能在某种与本职工作无关的意图中运用这些知识。在这种情况下，他不可能做好本职工作。比如，贪官缺乏忠心，他占有职位是为了其他目的或利益；他在贪腐时使用了他所拥有的关于职位的知识。在缺乏忠心的情况下，他对职位的知识越多，他进行贪腐时就更为狡猾高明而不为他人所知。因此，在责任政治中，忠心更为根本。责任政治要求职位占有者在忠于职守这种情感中形成他关于职位的知识，培养发展他的责任意识。任何在其他情感基础上建立起来的关于职位的认识都不是责任意识的组成部分。

然而，我们注意到，一方面，忠心是单独地支持职位占有者做好本职工作的。换句话说，只要忠于职守，他就能在一定程度上服务于本职工作。做好本职工作，需要忠心来支持。然而，另一方面，忠心无法恒久地单独存在。忠心需要其他情感的支持才能持续下去。可以这样分析，忠心所指向的对象对于当事人来说是一种需要他为之负责任的外在物。这个外在物可以和他完全没有关系。它不像那些由己而出的东西，如父母生子女因而对子女负有责任，工匠造物因而对所造之物负有责任等等。人在生存中可以对于很多外在的东西完全置之不顾，比如，我可以完全不理会湖北省民政局局长助理的这个职位；我也完全不关心某个遥远星球上的一种生物。可见，对职位的忠心不是源生性情感，而是派生性情感。我们来分析“忠于主子”这种情感。我们知道，自爱是一种原始性情感。在自爱中，一个人可能会自发地要求他人忠于自己，但绝不可能自发地忠于另一个人。但是，在“忠于主子”中，当事人是忠于另一主体。这种“忠心”是如何发生的？历史上，在原始社会的部落之争中，战胜方往往会把俘虏当作奴隶来使用。奴隶一开始不可能忠于主人。但是，他为了活下去而不情愿地做了战胜方的奴隶。成为奴隶之后，每次他没有做好奴隶这个职位的工作而惹主人生气时，他都会受到程度不一的惩罚。惩罚引发了他的恐惧情感。为了避免惩罚，他开始忠于职守，进而发展出忠于主人的情感。这里，恐惧情感就成了支持他的忠于主人情感的基础性情感。也有这种情况，主人善待奴隶而激发奴隶的感激，进而忠于奴隶这个职位：感激成为忠心的基础。又如，当主人要求奴隶照顾主人的小孩时，这小孩成了他的新主人。这时，他获得了一种新职位。他不惧怕也不感激小主人。但是，他对老主人的感激可以转移到小主人身上而形成对小主人的忠心。又如，一个人因为生活所迫而不得不接受某个工作，他也许根本不喜欢它；但是，它提供了生活来源，吸引他不得不接受并进入这个职位。这时，对工薪的向往便成了他忠于职守的基础性情感。这样的例子很多。

如果忠于职守这种情感无法独立存在，而必须以其他情感为基础，那么，寻找一种能够恒久支持忠于职守情感的基础性情感，对于忠心来说就至为必要。我们知道，许多源于自爱的情感都可以成为忠心的基础性情感，如利益向往、害怕惩罚、兴趣指向等等。考虑到很多情感都是不稳定的，我们容易发现，如果维持忠心的基础性情感是短暂的，那么，随着这种情感的消失，忠心丧失了基础性情感的支持，也无法独自地长久存在。比如，职位占有者可能因为害怕上级领导的监督而忠于职守。这里，惧怕情感是他忠于职守的基础性情感。随着在位时间延长，他取得了丰富的关于职位的知识，甚至多于上级领导而可以自如地应付上级监督。于是，原来那种惧怕情感随之消失。如果没有新的其他基础性情感的支持，那么，他对职位的忠心就不会加强，反而开始减退乃至消失。失去忠心后，他在工作岗位上就得过且过，甚至监守自盗、贪污腐败。又如，一个人带着美好的憧憬进入某职位。在职之初，他在期望情感中忠于职守。不久，他发现这个职位无法满足他的美好憧憬。于是，他无法继续忠于职守。辅助情感可以是这样的或那样的，但是，对于忠于职守来说，无论是什么样的基础性情感，只有能达到维护忠心的作用就行。因此，如要使忠心长存，并在忠于职守中做好本职工作，相应的基础性情感就必须具有恒久性。在责任政治的设计中，寻找一种持久而开放的基础性情感，使之在官员中产生共鸣，并成为他们的共享情感，对于官员的忠于职守情感之培养和维持来说，直接关系到一种责任政治能否成功运作并持续长久存在。

此外，我们还要注意到，在现实政治运作中，人们往往把忠于职守情感误用或偏向到某个人身上。比如，在上下级关系中，由于职位的关系，上级对下级的重要性是不言而喻的。如果下级的忠心仅仅指向上级，那就必然导致下级职位占有者忽略了对自己的职位和其他职位之间关系的认识和处理，无法建立健康的责任意识，进而导致相关的政治秩序之破坏。特别地，在君臣关系中，忠心很容易转为“忠君情结”；在上下级关系中，忠心演变为“结党情结”。误用忠心这种现象在历史上和现实中的政治生活中是常见的。而且。这种误用导致职位占有者无法建立健康的责任意识，进而破坏责任政治秩序。防范并避免这种误用对于责任政治来说至关重要。在建制上，责任政治要求忠心单单指向职位，并在此基础上培养责任意识，做好本职工作。

总的来说，职位占有者的责任意识（忠心和关于职位的知识）是责任政治运作的基本前提。没有责任意识，责任政治就无法运作。但是，责任意识是在忠于职守这种情感中建立起来的。如无忠心，则无法建立责任意识。忠心在人的生存中并非原生的，它依赖于其他情感。究竟忠心依赖于什么情感才能长久地维持忠心呢？——这需要我们进一步分析。

二、敬天与社会秩序

儒家仁政作为一种责任政治，在过去几千年来之所以能够得到相当稳定的维持，其中一个关键的原因就是儒家一直在培养一种具有恒久性的共鸣性情感，即敬天情感。在敬天情感中生成的忠心是持久的，由此培养出来的责任意识也是持久的。这是儒家仁政长期稳定的关键力量。我们在此略加追踪，以帮助我们更深入地理解儒家仁政的内在结构。

殷商交替之际，人们遇到了一个严重的政治问题。商朝君王纣王有一个坚定的信念：作为君王，他是受命于天而治理社会的。由于他的治理受到挑战，他深感不解，感叹道：“我生不有命在天！”① 可以看到，纣王是在他的敬天情感中感到困惑的。在他的信念中，天是一种巨大无比的力量，非人力可以对抗。“天命”如是上天所赐，则无人能够剥夺。但是，周朝推翻了他的统治。对于纣王来说，这等于是破坏了天命，等于公然挑战天的权威。如果天的权威是可以挑战的，这天下秩序就必然陷于混乱！针对这个困惑，周公提出“德”一词来加以解释，认为天命不是一劳永逸地赐给某个

① 见《尚书·西伯戡黎》。

人；为政者必须认识天命并遵守天命而行，即以德配天命。于是，问题就集中在“德”的问题上。语言上，“得”通“德”。“配天命”需要认识天命；认识一点就得着一点，日积月累而积成厚德。周公称此为“敬德”。天的权威通过有德之人而落实在人间。德者根据自己对天命的认识，顺从天命秩序，得道天助；无德之人对天命无知而违背天命，所以受罚。因此，认识天命，顺从天命，成为德者，这才是天命秩序的关键所在！①

但是，人是如何认识天命的呢？《诗经》有一首题为“荡”的诗，据传为召穆公所作。召穆公在解释纣王失败时引用文王的说法：“匪上帝不时，殷不用旧。虽无老成人，尚有典刑。曾是莫听，大命以倾。”② 这段文字的意思是，纣王的失败并非因为天（上帝）不引导他做事，而是因为纣王“不用旧”。所谓的“旧”指两件事，一件是“老成人”，一件是“典刑”。就具体所指而言，“老成人”是指那些被纣王杀光了的老臣。没有这些“老成人”，纣王就无法知道天命，从而脱离了上帝的保佑。这里，一般地，人们把“老成人”理解为“老臣”。不过，并非所有的老臣都是老成人；只有那些一辈子追寻天命的人，在自己的生活经历中，积德而厚德，因而对天命有深入体会和领受。“典刑”则主要指由祖宗传承而来的成文规范。显然，这段文字表达了如此信息：上帝是古代圣贤传给我们的经典内含天命，而“老成人”的厚德内含天命。

天或上帝在儒家传统中包含两层意思。《诗经·大雅·烝民》有一句这样的话：“天生烝民，有物有则。”一方面，天（上帝）是人和万物的起源。由于时间上的原因，人不可能见过上帝；但是，作为人和万物的起源的上帝，其存在则是可以证明的。我们每一个人都由父母生出；父母也各有其父母生出；作为一个连续链，必有一个最早的起源。只要我们理解了这个论证，我们就可以肯定上帝作为起源的实在性。尽管我们无法像经验描述那样呈现这个起源，但是，我们可以清楚地知道，如果没有它，就不可能有我们的存在。对于这个起源，虽然在感觉经验层次无法认识它，但它的存在却是实在的，值得我们心存感激和敬仰。简单来说，上帝乃是我们的敬仰对象。

另一方面，天是宇宙万物的秩序（“则”）给予者或规定者。我们生活于其中的世界是有秩序的。这个秩序从人和万物的出生之始就给予这个世界。对于这个秩序是如何运作的，考虑到人的有限性，人不可能完全认识并把握这个秩序。但是，有一点可以肯定的是，在我们的有限观察中，这个世界的有序性是显然的，比如，一年四个季节的运行，人可以依据而耕种作物，获得食物；恒星运行周而复始，日月交替不易等等。这些秩序都是可以直接观察到的。人的有限能力可以支配有限的运动；但是，对

① 关于周公的敬德说法，参阅《尚书·召诰》。《尚书·多士》记载了周公对迁徙后的殷周后裔的一段话：“非我一人奉德不康宁，时惟天命。”意思是，并非我自己个人喜欢折腾，而是我们做事的时候要遵循和依靠天命。

② 《诗经·大雅·荡》。

于整个宇宙的秩序，那是需要巨大力量来维持的。这个力量便是主宰者。人虽然无法完全认识它，但可以肯定它就在那里运行。对此，人唯有在敬仰中指向它。一句话，天或上帝是实实在在的，尽管无法被我们完全认识和把握。而且，作为起源和主宰，它与我们的生存密切相关。这也是儒家的敬天传统的基础。

在敬仰中呈现的天或上帝是一种外在力量。它独立于我们的思想和生存之外。如果我们顺从它的安排，并且所做之事符合它所设定的秩序，即天命，那么，我们的生存就顺利并受祝福。吻合愈近，福气愈大。反之，如果我们在生存中与之发生冲突，我们的生存就必然受到损害。冲突越大，损害越大。对于这样一种外在力量，人只能敬畏。我们称此为敬天情感。也就是说，天或上帝不是我们的经验认识对象，而是情感对象。敬天情感所呈现的天是一种不可抗拒却独立自行的力量。它自行其是，作为人和万物的起源，并设立了宇宙的秩序。遵循这个秩序就能得到从天而来的好处，而违反者则会受到惩罚。因此，在敬仰中面对天，人还会伴随着畏惧。这是一种敬和畏结合在一起的情结。

天之秩序（天命）也即是世界秩序，包括宇宙秩序和社会秩序。儒家认为宇宙秩序（自然界）就是现象界的空间和时间秩序。这些秩序都是在感觉经验中显明的，无须更多地深究。或者说，宇宙秩序是感觉经验对象，比如，万物在空间上有四面八方，井然有序。这是可以在感觉经验中呈现的；在时间上则顺序有别，春夏秋冬。万物没有意识，自然而动，因而人在其中生存，只需遵循它们的运行法则，如四时耕种，日出而作，日落而息。孔子谈道：“大哉尧之为君也！巍巍乎！唯天为大，唯尧则之。”（《论语·泰伯》）儒家在面对自然界时从来没有把它当作思想对象，因而没有研究内在结构和运动规律的冲动。但是，儒家是承认宇宙秩序的，并且仅仅从视之为感觉对象和敬畏对象。作为感觉对象，宇宙秩序就是时空秩序；时间秩序指四时变化、生命时序等；空间秩序指星辰运动、几何方位等。它们直接呈现在人的感觉经验中，而人凭着经验知识而“则之”即可。作为敬畏对象，宇宙秩序是固定不变的，强大而神圣。因此，儒家没有改造世界的想法。在敬畏中，改造世界这个想法本身就有不敬的倾向，因为这样做会导致改变宇宙秩序，破坏天命。[①]

儒家更关心的是社会秩序。与宇宙秩序不同，社会秩序涉及人的判断选择。人是在思想中进行判断的。在现实生活中，我们不难观察到，人受自己的有限视角的限制，犹如井底观天。这个有限性导致了人在思想和判断中会不断犯错误。当人们在错误的判断中选择时，人就破坏了天所设立的社会秩序。这便是孔子所处的“礼崩乐坏”局面。社会秩序问题于是成了孔子的主要关注。作为天所设立的秩序，社会秩序在人为作用下已经混乱不堪。如何走出这种混乱状态呢？对于孔子来说，天命秩序是在敬仰

① 也许，正是儒家把宇宙秩序当作敬畏对象，导致了儒家在自然科学研究上受到阻拦。参阅谢文郁《传统宗教意识和中国科学发展》，《自然辩证法研究》2003 年第 7 期。

中呈现的，因而具有神圣性。虽然当下处于失序状态，但是，既然天命秩序是真实的（在敬仰中），我们就可以以此为目标而努力修复当下的混乱社会秩序。敬天情感是恢复天命秩序的动力。

孔子没有直接提出“敬天”这种说法，而是反复谈论“敬事”。《论语·子路》有一段对话：“樊迟问仁。子曰：‘居处恭，执事敬，与人忠。’”这里的“事”指的是在一个职位（或官位）上做事，主要是为官的意思。孔子为什么把“为官”这样一件事情上升到“敬”的高度呢？就孔子的思路而言，“事”涉及维护社会秩序的问题。每一个职位都是社会秩序之网的一个结，牵动其他的结而动及整个大网。因此，把“事”做好职位关键。而且，社会秩序是天所命定的。人在“敬”中做事，就是敬天。进一步，在孔子看来，只有在“敬”中做事才能把事做好。他甚至把“敬事”当作是君子的本质属性之一。他说：“有君子之道四焉：其行己也恭，其事上也敬，其养民也惠，其使民也义。”（《论语·公冶长》）“敬事”乃君子四道之一。又说：“君子有九思：视思明，听思聪，色思温，貌思恭，言思忠，事思敬，疑思问，忿思难，见得思义。”（《论语·季氏》）“敬事”乃君子九思之一。

就语言上看，孔子强调敬事，不同于周公所强调的敬德。不过，他们都用了“敬”字。我们知道，周公要回答的是朝代更换的合理性问题，而孔子则面临社会秩序之恢复的问题。也就是说，他们是在不同的语境中说话。有一点是可以肯定的：周公和孔子在使用“敬”时，都是指向天命这个绝对者。“敬”这种情感指向一种高贵的力量。一个人可以拥有各种消费品，也许可以惹人羡慕，但不会被人“敬”，因为这些消费品缺乏高贵性，不会激发“敬”这种情感。但是，如果一个人拥有“天命”这种高贵的品质，那他就会激发人们对他的“敬”，称为“敬德”。同样，一个人可以做各种各样的事，包括很多微不足道的事；但只有他所做的事是天所命定的，“敬”这种情感才能被激发出来。这种人是“敬事”的君子。因此，“敬”所指向的乃是“天”；无论是“敬德”还是“敬事”，最终都指向天命。换句话说，“敬德”和“敬事”，归根到底都是敬天。

孔子要求人在“敬”中做事，乃是把敬天作为做事的基础性情感。我们注意到，孔子似乎并没有进一步分析“敬”和“事”之间的关系。“事”主要是指一项工作，或一个职位的职责。在天所命定的网络秩序中，职位是维持这个秩序的关键环节（网结）。在孔子看来，我们需要在“敬”里做好本职工作，以维持天命秩序。前面分析指出，做好本职工作是在“忠”这种情感中实现的。这里，“敬事”和“忠于职守”是一种什么关系？《说文解字》用“敬”来解“忠”：“忠，敬也，尽心曰忠。”可见，“忠”和“敬”是两种十分接近的情感。虽然孔子没有使用“忠事”的说法，但在《论语·八佾》中，孔子谈到“臣事君以忠”，认为臣位（职位）在“忠”这种情感中就能做好。而在另一处，孔子说：“事君，敬其事而后其食。”（《论语·卫灵公》）可见，“敬事”和“忠于职守”在一些情况下其实是一回事。

不过，进一步分析发现，这两种情感虽然有一致性，但其中的区别值得重视。“忠于职守”所指向的对象（职位）是确定的，其中的职责也是具体的。“敬事”虽然也指向一个确定的职位，但同时指向天命秩序。天命秩序来自于天命，可以不断地被我们认识；但是，对于我们现在的认识状态，它只是我们认识活动的方向和目标。也就是说，“敬”所指向的对象是一种终极性的存在，是万物的根源和主宰，是各种职位的安排者。因此，面对这样的对象，我们只能在“敬”里不断地认识，与时俱进。只要尚未完全认识它，就只能在“敬”里仰望。显然，“敬”可以是一种恒久的情感。相比之下，“忠”对指向的对象是有限的。我们指出，对于任何职位，如果缺乏“忠”，职位占有者就不可能做好本职工作。由于“忠”无法独自地长久存在，孔子引进“敬”来谈论做事，对“忠”和“敬”做了更细致的区分，即人应该在“敬”中忠于职守。不难指出，“忠”这种情感，如果建立在“敬”的基础上，就能长久维持。人在“敬”中“忠”于职守，就能做好本职工作。“敬”是“忠”的基础性情感。

三、“敬”的情境分析

《论语·宪问》有一段谈论君子的文字：

> 子路问君子。子曰：“修己以敬。”曰：“如斯而已乎?”曰：“修己以安人。”曰：“如斯而已乎?”曰：“修己以安百姓。修己以安百姓，尧舜其犹病诸?”

孔子要求君子在“敬”中“修己”，并在此基础上“安人”及“安百姓”。“修己”是君子这种人的生存出发点。这就是说，“敬”是君子生存的原始性情感。我们前面关于“忠”和“敬”的关系的讨论也涉及了“敬”的基础性功能。在君子生存中，“敬”对于其他情感来说是原始性的，同时也是基础性的。可见，“敬”这种情感的出现对于人的生存来说就是一件至关重要的事件。我们需要做一些情境分析。

人在情感中会遇到三种对象（包括主体性存在和物体性存在），一种是有害的；一种是有益的；还有一种是中性的。对于有害对象，我们会讨厌、嫌恶、仇恨、惧怕等等，这类情感是消极性的。对于有益对象，我们则会喜爱、期望、相信和向往等等，这些都是积极性情感。至于中性对象，如果它们的存在和运动不妨碍我们的生存，我们会冷淡（也是一种情感）待之；如果它们是巨大的主体性力量，我们往往会对它们产生敬仰情感。在敬仰情感中，这种中性的主体性力量显现为自行其是，可以有益于我们的生存，也可以损害我们的生存。因此，在敬仰中，我们期望它赐福于我们，但同时还会害怕它损害我们。换句话说，敬仰对象作为一种主体性力量，它对于敬仰者来说，可以是积极的，也可以是消极的。因此，我们在面对它的时候不仅有喜爱和向往的一面，同时还有畏惧的一面。这种积极和消极同在的情感，我们称为“敬畏”。可以看到，敬仰情感指向的对象在力量上如果足够大，就很容易转变为敬畏情感。在敬畏中，敬畏对象是一种强大力量。敬畏者在做事时追求与之在方向上保持一致，从而使它的力量成为自己的行动力量。同时，敬畏者还努力避免与之对立冲突。显然，在强大力量面前，对抗的结果就是自己受损。

前面谈到，儒家的“天命”是在敬畏对象，指的是一种神圣而不可抗拒的宇宙秩序（包括时空秩序和社会秩序）。儒家出于敬畏情感而努力顺从感觉经验所呈现的时空秩序（在西方近代科学语境中称为“自然界”），如在农业季节、河流治理以及手工生产等领域都是如此。值得注意的是，敬畏情感阻拦他们去研究和讨论时空秩序的改造问题。正是如此，儒家对于从认识论的角度研究自然界这一点是没有兴趣。这也就导致中国的自然科学研究缺乏发展的动力。但是，“礼崩乐坏”之时，社会秩序出现了混乱。消除混乱，恢复秩序，就是摆在当时思想家面前的迫切关注。儒家在敬畏天命这种情感中追求恢复社会秩序，显然，他们要恢复的必须是天所命定。在这个思路中，对于儒家来说，如下问题相继提出：何为天命中的社会秩序？或者说，我们是如何认识、体验或把握天命之社会秩序的？在敬畏情感中呈现的天命对于敬畏者来说是实实在在的。但是，作为敬畏对象的天命如何能够成为敬畏者的认识对象，从而为敬畏者所认识，并作为其行动的依据呢？

在孔子看来，这些敬畏天命的人便是君子。孔子自己开设杏坛，不加限制地招收学生，但不断引导学生关怀社会（仁），从人际关系出发理解天命之社会秩序（礼），把体验天命而遵循天命作为自己的立命根本（诚），并积极投身于社会治理中，寻找自己的“位”，在“敬事”中做好本职工作（忠）。不难看到，孔子希望培养一批君子（立志追求天命的人群），让他们投身于社会治理中，追求并维持天命之秩序。认识并遵循天命是君子立命的根本，也是君子毕生的追求。因此，君子之所以成为君子，关键在于对天命的敬畏，并在敬畏中为人处世。

我们在前面分析责任政治时，认为职位占有者忠于职守是这种政治得以维持的关键；并指出职位占有者的“忠”需要一种基础性情感的恒久支持。在儒家仁政的思路中，这种基础性情感便是敬天情感。因此，建立并维持一种责任政治，需要培养一批以敬天命为立志取向的君子。但是，人如何能够敬畏天命呢？

孔子之后，为了实施仁政，儒家在敬天问题上有两个相辅相成的思路。一个是思孟学派的内在思路，认为人的生存起点是天之命定，即《中庸》所言“天命之谓性”。每一个人在出生之时就禀赋了天命，认识并遵循自己的天命本性，就是合宜的生存。君子立志追求天命，就必须诚实地面对自己的本性，在“诚”这种情感中呈现天命本性。君子不是孤立地在“诚”中认识并把握天命。建立并维护一种完善的社会秩序是君子的职责所在。因此，君子是在人际关系中认识并把握天命的。这里的“诚”是指向人所禀赋的天命（本性）；“敬”则指向那个命定人之本性的天。诚是内向的；敬则是外向的。如果缺乏对自己的天命本性之诚，那就无法去敬畏外在的天；如果缺乏对天的敬畏，那就不会真诚地面对自己的本性。在君子的品格中，敬和诚是融为一体的。

另一个思路是隋朝开始的科举制。这是一种外在思路。人从小到大，究竟谁是君子这个问题不能简单划分。君子是在诚中追求天命而修身养性。但是，如何分辨一个人是否为君子呢？这需要一些外在的考察和评价。社会需要符合天命的秩序，建立天命秩序需要君子。因此，评判一个人是否为君子，从社会治理的角度看，就必须有一些共同的标准。科举制便是在这种需求中产生的。科举制的最初目的是挑选君子，即通过各种形式的考试，考核候选者是否具有追去天命情怀，以及有没有能力胜任即将担任的工作。科举制思路采纳了如下观念：古人追求天命而把自己所得留在经典中；后人只能通过读古代圣贤留下来的经典来体会圣人之意，进而认识并把握天命。因此，今人读经典必须在敬中进行，即认为古代经典包含了古人对天命的理解，如果今人追求天命，就必须在阅读中认真理解体会古代圣贤的意思。科举制外在地要求书生敬畏经典，并及天命。在中国历史上，科举制的实行很快就成了鼓励学子成为君子的动力。

从责任政治的角度看，敬天情感还包含着因失职而遭受惩罚的方面。“敬”指向的是一种独立的强大力量。它可以给君子带来益处，也可以带来坏处。一般地，顺服在它的力量之下，君子就受到祝福；违反了它的命定，君子就遭受惩罚。因此，在责任政治中，任何下层官僚未能忠于职守都将收到惩罚。而且，这种惩罚被认为是来自天命。如果社会秩序遭受全面性失序，这就说明最高领袖未能忠于职守，因而必须更替。在习惯性的血缘继承制观念中，最高领袖只能来自家族的血缘传承。由于血缘传承无法在严格意义上保证政治上的最高领袖具有足够的敬天情感和专业知识，因而无法保证责任政治的完整贯彻。这就导致了中国历史的所谓“分久必合，合久必分”现象。天命永不改变，但人缺乏在敬天情感中对天命的认识和把握，于是，中国历史只能通过改朝换代来展示天命的权威。

培养君子这个社会群体是当代中国政治的当务之急。中国文化发展的主导方向是在儒家的敬天情感中规定。所有传世的儒家经典都包含了中国古代圣贤对天命的认识。因此，当我们不再通过敬畏经典而敬畏天命时，我们就失去了君子培养的内在机制。同时，五四运动之后，在简单的西化思维中，我们未能就遴选君子机制问题展开讨论，提供一种取替科举制的新机制，从而失去了从社会的角度规范君子的外在力量。简单来说，五四运动以来，在“打倒孔家店”的口号下，社会舆论和教育机制基本上都放弃了对古人的尊重，淡漠经典，淡化对天命的敬仰，丧失了培养君子之诚而修身养性的社会氛围。而且，清末的所谓宪政（1905 年），科举制被完全抛弃，并简单地采用西方的教育体制，在教育机制上放弃敬天情感的培养，在政府官员推举和遴选上放弃了以君子品格定向作为选择的标准。于是，在西方教育体制的主导之下，我们仅仅培养专业技术人员，并从他们当中选择官员以充实各个政治职位。由于缺乏对技术官员的敬天情感培养，具有君子品格的技术官员就成为偶然事件。在很多场合，他们虽然拥有对本职工作的专业知识，但往往把自己的专业知识用作谋取个人利益的工具，导致官员腐化的大面积化。

因此，营造一种敬天气氛，引导并培养君子群体，在政治体制中向君子开放各种职位，特别是关键职位，在位者在敬畏天命的情感中培养和发展自己的责任意识，忠于职守，从而使在位者能够尽职，建立一种健康的责任政治。这是未来中国政治的走向。

海外儿童读经之源流与现况

杨 嵋
文礼书院学术总监

前言 海外华文教育的分期问题——历史的眼光与教育的眼光

中国人移民海外的历史颇久，有史可查的移民年代甚至可回溯至一千年前，大规模的海外移民则有几百年历史。自古中华民族皆重视教育，纵使身居异国也不忘教育子女学习中文和继承文化传统。本文所论述的“海外华文教育”指针对海外华人华侨的中国语言及文化传统的教育①。

目前可考的海外华文教育历史有300多年，其间更历经几番跌宕，既有复杂的社会历史状况而导致的变迁，也有来自华文教育本身变革而引发的兴衰。目前华文教育界对于海外华文教育的分期主要依据前者，最主流的分期大致是：

- 1840年以前 初创期
- 1840—1911年（辛亥革命） 起步期
- 1911—1949年 发展期
- 1949—1979年 低潮期
- 1979年至今 复苏繁荣期②

以这种重大历史转折点所进行的分期，更多着眼于影响华文教育的外因，比如华人社群。

在当地社会地位对于华文教育的影响，排华或者中国热、汉语热对于华文教育的影响，来自中国或者当地政府的支持力度的影响。然而华人华侨在海外生存发展的历史极为复杂，有洲际间华人移民族群体的差异，有各国对华政策和中国政局更迭波及的影响，有移民的在地化倾向变迁导致的不同……我们所看到的海外华文教育的形态，

① 海外华文教育，有广义或者狭义两种定义。广义的海外华文教育则不仅有针对海外华人华侨的中文语言文化教育，也包括在海外针对外国人的中国语言文化教育。

② 张向前、朱琦环、吕少蓬：《世界华文教育发展趋势及影响研究》，《云南师范大学学报》2005年第5期，第1—8页。

也是从个体、家族式教学，或小范围社群的教学团体，进入综合社团，从完全来自民间的自发教学到政府逐步参与并给予指导，两岸侨办、侨委会积极开展海外华文教师培训，编撰派发系列教材，令海外华文教育渐成体系。特别是近四十年来，随着留学、投资类、技术类海外新移民在美洲澳洲的急速增加，海外华校数量、在校学生人数以及各种华文教育相关活动也迅猛增加，海外华文教育呈现兴旺繁荣之势。

这样的海外华文教育分期有其历史学和社会学上的价值，但是更多的是一种直观的陈述与记录。目前已有的相对比较细致的研究中大都只能针对一国一地，比如马来西亚、印度尼西亚、新加坡……或者针对一洲，比如北美洲、澳洲阐述其华文教育历史之经过，思考其中的现象与提出问题或解决办法，而其中交织的历史、文化、经济与政治因素足以令作者与读者眼花缭乱。而且按照这样的历史分期描述，令人看到的海外华文教育发展趋势虽然中间有曲折，似乎仍然是一个由弱到强的向上发展的过程。然而另一方面，无论是在生活中还是从媒体信息中，我们都了解到另外一个事实，即海外华裔学童经过数年中文学习仍然不会中文、不喜欢中文甚至厌恶中文者都大有人在。而在传统私塾教育为主的海外华文教育时期，海外华裔子弟中，虽然并非人人都有机会入学读书，但是凡能接受传统私塾教育的学生，其华文水平在几年私塾学习后并不逊于国内生徒，皆可以识文断字，读文言典籍、吟诗作对，其程度佳者，还可回国参加科举考试。

面对如此矛盾的事实，显然以纯粹历史发展的观点来为海外华文教育分期的做法就显得不够全面了。教育的发展纵然和历史与社会的发展息息相关，然而有时我们看到的只是历史的表象。教育本身的规律无时无刻不在这些表象的背后起着至关重要的作用。能否穿破迷雾，以教育的智慧来思考现象纷杂的海外华文教育，这正是笔者在本文中试图完成的工作。

海外华文教育作为教育的一种，其开展要遵循教育的三原则，即教育的时机、教育的内容和教育的方法。同时海外华文教育作为国内华文教育的一种外在延伸，一直以亦步亦趋的姿态在效仿国内。如果暂时抛开各异的外在影响，以此来考察这三百年来的海外华文教育，会发现海外华文教育的重大变革与中国国内教育，特别是语文教育的变化步调相一致，具体而言，就是与20世纪初取消读经而提倡白话文的思潮息息相关，即这些变化都因为一个关键词——读经，这就是来自教育内容与方法的重大改变。

笔者曾在拙文《读经教育是海外华文教育的解决之道》中论述并指出，是否以读经教育为华文教育的核心，是造成一百多年来华文教育效果天渊之别的根本原因。[①] 因为教育的内容与方法是教育的核心与关键，而忽视了对于核心与关键的认识，也就缺

① 杨嵋：《读经教育是海外华文教育的解决之道》，《第一届读经教育国际论坛论文会议论文集》，2010年。

少了真正了解海外华文教育的基础。所以在华文教育的历史分期方法之外，笔者认为这三百多年来的海外华文教育，可以以教育的内容与方法，即以是否以读经教育为主为标准来大致划分为三个阶段，当然每两个相邻的历史时期都有一些交迭的年代：

1. 20 世纪初期以前　读经为主的海外华文教育；

2. 20 世纪初至今　读经教育渐渐退出海外华文教育，白话文教育为主导的海外华文教育；

3. 20 世纪末至今　白话文教育仍居主导，新时代的海外读经教育为华文教育带来希望之光。

下面笔者以读经教育之兴衰为核心视角，来考察海外华文教育三个阶段的历史沿革与发展。

一、20 世纪以前——读经为主的海外华文教育

（一）概况

在 20 世纪初读经教育从教育体制内消失之前，凡有机会接受教育的中国人，皆在传统私塾（家塾、义塾、私塾等等）中接受最基础的也是最重要的人生教育——读经。几百年前，中国出现了向东南亚的大规模移民，这些移民在番外之地，为了不使子弟忘记祖国和祖国文化，其令子弟学习中文的方式，也都是在海外开办和国内相仿的私塾。

有文字记载的第一所海外华文教育机构是在 1690 年成立的荷属印度尼西亚明诚书院[①]。此书院最初是传统蒙馆性质的私塾，及至 18 世纪则以四书五经为教材。在越南，明末雷州黎部族人莫玖父子率众 400 多人南投越南，被真腊王任命为河仙总兵之后，他建孔庙，令华人子弟读识书字和读经史[②]。1819 年，马来亚槟榔屿华侨开办五福书院，而新加坡的华人教育也始于 19 世纪华人创办的私塾，后来东南亚地区最负盛名的私塾即是 1854 年新加坡开办的“萃英书院”。据说当时印度尼西亚巴城和各地的私塾超 439 间学生 7835 人，也都以方言和四书五经教学。[③]

---

① 据《开吧历代史记》载，清康熙二十九年（1690）6 月，巴城（即印度尼西亚首都雅加达）华人首领郭郡观曾向荷兰总督提建议：“凡唐人有疾病癫狂失性，无依倚者，盖筑美色甘病厝（即济贫院）以居之”，“至若唐人父母弃世，无人教导及贫乏之儿，建一义学，请一唐人先生以教之……则病人有可延其性命，贫儿不致艰于读书”。总督应允。是年 8 月即在巴城创办明诚书院，延聘一位老塾师教些“之乎者也”一类的中国文字。

② 林蒲田：《海外华文教育溯源》，《海外华文教育》2000 年第 1 期第 13—14 页。

③ 《浴火重生共赴大同・八华学校是东南亚现代华文教育先驱》，印度尼西亚《星洲日报》2012 年 5 月 30 日。

19 世纪下半叶，开始有大量移民到达北美，则那里也陆续出现华文私塾。到 1875 年已有私塾和专馆 10 多家。光绪年间，美国金山大埠已有启蒙式的私塾和讲授经书的专馆约十余间。[①] 加拿大维多利亚华侨于 1899 年开办乐群义塾。而古巴华侨于 1899 年在清廷驻美公使的督促下，办起了华侨中西学校。[②]

（二）特点

在 20 世纪初之前的两百多年，东南亚与北美洲各国华人华侨子弟的华文教育都以家塾、私塾性质的教育为主。这些私塾的共同特点是，规模一般很小，设备也通常比较简陋，最初只是请识字较多的人教授蒙书，后来则多从国内聘请落第秀才等担任塾师。主要以方言（例如闽南语）来教授各种儒家经典，主要教学内容是四书五经或者一些蒙学教材，比如《三字经》《千字文》以及尺牍、珠算等。然而正是这些私塾家塾，为早期移民的后代传承祖国文化立下功劳。

（三）教学效果

海外私塾中讲授的课程包括四书、五经、《左传》等。当时学生，如用功于中文的攻习，其程度并不低，若有志回国再读专馆，庶几可以衔接。比如民国名人廖仲恺 16 岁以前在旧金山就曾受业于当时旧金之山专馆陈馨甫门下，16 岁回国时先在家乡从儒师研读经史策论旧学，可见其华文水平不俗[③]。还有早年曾追随孙中山参加革命的张兆祥（蔼蕴），也是 14 岁方返国，衔接在番禺族叔张灏楫孝廉馆肄业，续修经史子集，17 岁考入两广西学堂，攻读四年，21 岁参加全省会试中式，得庠生秀才功名。早年华侨也重视国内科举，子弟读书，倘能回国应试者，无不引为极大光荣。[④]

故从历史资料可见，20 世纪以前的海外华文教育以私塾、家塾为主，教育方法为传统的读经。固然其规模狭小，没有所谓现代教育的系统教学，没有外在的语言大环境，和国内相比塾师水平也不尽人意，但是因为植根于读经传统，教学效果不俗，生徒的华文水平与国内相去不远，甚至不相上下。

---

① 黄国俊：《美洲中华中学校》，http：//www.cchsia.org/061230mingpao.html。

② 林蒲田：《海外华文教育溯源》，《海外华文教育》2000 年第 1 期，第 13—14 页。

③ 习之：《廖仲恺的“艳诗”——民国时期的遗闻轶事之五十四》。廖仲恺先生诗词造诣亦甚高，“其用事取典，化盐入水，自然天成；巧用比兴，托物言志，意境阔远，借景生情，寓情于景，妙合无垠”。廖仲恺早年曾参加过柳亚子先生组织举办的著名文学团体——南社，并曾被柳亚子先生赞誉为“新南社的代表”。2015 年 4 月 2 日，http：//www.ccthere.com/article/4108015，最后访问日期：2015 年 4 月 5 日。

④ 黄国俊：《美洲中华中学校》，《明报》2006 年 12 月 30 日。

二、20 世纪的海外华文教育——读经渐渐退出的新式华校

读经教育为中国古代儿童教育的核心与基础。然而这种教育在 20 世纪初因为一系列来自政府的文化举措，几乎在中国消失殆尽。1905 年，科举制度废止，经典学习长久以来的合理地位备受挑战。各地出现纷纷兴办新式学校，努力学习西方文明的新潮流。1912 年 1 月 19 日，蔡元培接任中华民国临时政府教育总长一职，随后旋即于 1 月 25 日制定《普通教育暂行办法通令》，特别是其中的《公教育废读经》政策，对中华民族其后一百年的教育影响深远。1917—1919 年从胡适之的《文学改良刍议》到其领军的“白话文运动”，又直接推动了小学课本全部采用白话和中学课本中部分采用白话文。后来虽有几度文白之争，最后小学使用白话文课本还是大获全胜。而在废止读经教育的前后十几年间，政府更多次以法律法令的形式，竭力消除开展读经教育的私塾，与此同时政府大力倡导新式学校的建立。

在 20 世纪初期这一系列重大文化政策变化之下，海外华文教育也随之产生变化。传统海外私塾渐渐式微，海外的新式学堂和新式小学纷纷设立。1902 年和 1903 年清王朝相继公布了《钦定学堂章程》和《奏定学堂章程》；民国成立后，于 1912 年、1913 年相继公布了壬子、癸丑学制，奠定了中华民国的学校体制；1922 年北洋政府公布了《学校系统改革草案》，又称壬戌学制。这几个学制，成为新式学校教育的法制基础，而海外华文教育机构主要依据这些学制办学。[①] 最初这些新式学堂的课程设置还仿照清朝维新运动中“中学为体，西学为用”的教学目标，设立有读经和修身课。而待读经课从国内学校体制中废止之后，一直紧随国内步伐的海外华教，也把读经课从侨校课表中删除。在旧金山的美洲中华中学校在初创时期，是以侨社的通用四邑方言，来讲授四书五经及《幼学故事琼林》等传统私塾教材，民国后改用教育部编定之标准课本。[②] 在马来西亚，1912 年海外华校即改用中华民国政府所订的教育纲领；教科书大多选用中国商务印书馆及中华书局出版的教材。1919 年五四运动后，新马地区的华校开始采用白话文的教科书，并以华语取代方言作为教学媒介语。到 1920 年，华文私塾基本上已为新式学校所取代。[③]

当然在读经教育从海外华教中消失而白话文逐渐占据上风的过程也和国内相仿，在有些地方经历了几十年的时间，即这二者在 20 世纪初期的海外华文教育中有几十年的并行期。而在移民东南亚的海南侨民文教史的描述中，我们也可以看到这个海外侨教演变过程的缩影：

---

① 林蒲田：《海外华文教育溯源》，《海外华文教育》2000 年第 1 期，第 13—14 页。

② 黄国俊：《美洲中华中学校》，《明报》2006 年 12 月 30 日。

③ 《马来西亚华侨常识手册》第 8 版，教总、林连玉基金、校友联总联合整理，2015 年 3 月。

> 抱着传播中华文化，将传统的儒家伦理植根于侨居地的理想，原籍文昌白延边海乡的清末秀才符和京，于民国二年（1912）到新加坡，他感到应把自己在清政府学堂中学到的《四书五经》孔孟之道，灌输琼侨年青一代……这些补习班、夜校共同的特点是，规模小、简陋、学生人数少。课本基本上是国内私塾的翻版，教学以达到使学生熟悉传统文化，不致数典忘祖为目的。①

这是20世纪初期的情况，后来几十年：

> 华侨教育由分散到统一，由旧教材到新教材。海南华侨办的学校，初时是各自为政，课程课本也不一致，多数甚至使用海南方言教学。1939年新加坡成立新教师组织“六六社”“华校教师联合会”，在当时国民政府驻新领事馆文教部统管下，琼侨学校在使用教学语言上、在编制上、教材和课程上，都逐渐趋于统一，基本上使用国语教学，教材也使用国内编写的教科书。②

随着国内教育中文白之争的尘埃落定，海外华文教育的模式最终也毫无悬念地走在白话文当道的路途上。虽然从20世纪40年代到70年代，因为战争、各地民族独立、冷战等种种原因，海外华文教育从形态上、机构规模上和教学时间上有非常大的起伏。但是抛开这些外在因素来看，其核心的教育方法——白话文教育，并没有改变。而进入20世纪80年代、90年代，随着全世界政局的相对稳定，中国大陆经济和政治地位的崛起，汉语热在全世界弥漫……诸种原因之下，世界各地的华校也都得到了更加良好的外部发展环境，传统东南亚的全日制华校在一些地方得到恢复，欧美澳洲周末华文学校数量则随着大量新移民的到来成倍增加，学生人数一路上升；世界各国对当地华人的华文教育给予政策上的首肯与支持，在很多国家华文教育甚至进入学校体制，成为可以获得学分的外语学习科目；大陆台湾两地政府机构的侨办和侨委会也为海外侨民子弟的中文教育在教材、教师与资金上给予更多的投入……凡此种种，足见国内政府对于海外华教的重视程度。因此华教学者普遍认为这几十年华教在内外兼具的良好条件下，得到了稳定与长足的发展。这个时期甚至被称为侨教发展的“复兴期”与“高涨期”。根据大陆官方的统计，全世界有华校两万多所，入学学生超过三

---

① 《海南省省志·华侨志·祖籍海南的华侨·华人华侨的教育》，海南省地方志办公室网站，http：//www. hnszw. org. cndatanews－09/61640/，最后访问日期：2015年2月20日。

② 《海南省省志·华侨志·祖籍海南的华侨·华人华侨的教育》，海南省地方志办公室网站，http：//www. hnszw. org. cndatanews－09/61640/，最后访问日期：2015年2月20日。

百万。然而除了数量上的繁荣、投入上的大幅增加，最后的教学效果如何呢？因为华教机构并不属于国内侨办直属的教育机构，故至今并没有确切的官方统计数字可查。

笔者以十年来的海外华文教育实践和对近几十年来海外华文教育状况所做考察来看，大致估计出目前占海外华教比例最高的周末中文学校的教学效果，其中拥有合格的听、说、读、写四方面能力的海外华裔学生的百分比如下：（这里所指听说读写的内容限于日常中文表达）①

听	80%—90%
说	50%—70%
读	<5%
写	<2%

上面数字表明，绝大部分海外华裔子女可以听懂中文，口语表达能力稍差，及至阅读则绝大部分海外华裔学生不能胜任，能阅读中文者也大多停留在浅阅读的层次上，能使用中文写作者凤毛麟角。而一个人是否能阅读一种语言所记录的文字，是标志着一个人是不是此种语言文盲的标志。换言之，十年周末华校学习，加之平均每天30—45分钟的华校作业，最后的教育结果竟然是大部分华裔学生还是中文文盲。

至于学生可以参加全日制华校的马来西亚等东南亚地区，现在的华文教育水平如何呢？是不是因为有全日制的学习就更好呢？我们只要看一下那里的小学华文的教学大纲即可略知一二。虽然马来西亚素以在东南亚地区华文教育水平高而著称，但是其华文教育也被久为诟病。比如过度重视拼音教学，识字速度很慢，到四年级学生才能认识超过1500字，错过了培养儿童阅读的先机，课本课文数量数年减少，语文教育中充满了支离破碎的语法分析，枯燥至极……②本来，马来西亚的华文教育虽然是在模仿中国大陆或者台湾的小学华文教育，然而是远为逊色的，然而大陆台湾的语文教育，都被称为“十年时间，二千七百多课时用来学本国语文，却大多数不过关”③。“长期以来，社会上对语文的批评之声不绝于耳，许多人一提到语文就心生怨恨，用‘怨声载道’四个字来评价并不为过。”④ 那么模仿并为这种效率低下的白话文教育打了折扣的马来西亚小学华文，又怎么可能有更好的教学效果呢？

纵观这百年来华教之风云变幻，有英姿勃发、朝气蓬勃的20世纪初年，有跌宕起

① 在2014年9—10月和2015年3—4月，笔者曾经随同王财贵先生访问欧洲6国16个城市和北美20个城市，并在每个地方的华人社群做儿童读经教育讲座，与会者都是海外华裔父母或者华文教师。大家对这样一个比例估计都表示认同。可见笔者的估计去事实不远。

② 吕立民：《正视我国华文小学〈华文〉课程与教学问题》，《马来西亚华文教育》2008年第8期。http：//www. djz. edu. my/resource/index. php？ option = com_ content&view = article&id = 647： 2009 - 07 - 13 - 02 - 53 - 01&catid = 70： 20088&Itemid = 2，最后访问日期：2015年2月20日。

③ 马智强：《语文课的出路：回归传统》，《光明日报》2008年12月15日。

④ 马智强：《语文变革欠考虑　“三无”登场后果严重》，《光明日报》2009年2月9日。

落、惊心动魄的20世纪中叶，也有日渐兴盛、顺风顺水的近几十年来的全球大趋势，然而华文教育水平并未有真正的提高，反而困境依旧。海外华文教育的问题引发了多方反思，华文教育专家多认为问题在于华裔新一代的文化认同淡漠，海外华文教育专业化不足，没有真正适合本土的教材……并且在此基础上一直努力改善。然而二三十年来，收效甚微。笔者在《海外华文教育的解决之道》中已经清楚地指出，百年海外华教的失败局面，也不过是国内语文教育失败的翻版。有语言环境的大陆台湾用这样的白话文教材都失败了，没有语言环境，学习时间更少难度更低的海外华教怎么可能成功？不仅是不可能成功，而且是注定失败。

三、读经教育重现，开启21世纪的海外华文教育新篇章

然而海外华文教育的结局就是注定失败吗？不仅仅是海外华文教育界在追问这样的问题。国内语文教育专家们多年来也在寻求解决国内语文教育水平徘徊低迷的答案。众多学者专家在为语文教育寻找正途的过程中，都不约而同地把目光重新转向被弃置已久的传统教育。其中尤以1994年王财贵先生率先在台湾发起的儿童读经教育的推广影响最大。近二十几年大陆民间与教育界反思的呼声不断。大陆官方近年也开始全面重视传统文化与传统经典教育，传统经典教材逐渐回归语文课堂①。

正是在这样的大势之下，20世纪90年代末开始，诵读四书五经的琅琅书声，再次在海外响起。现在所知的最早的当代海外读经班都得益于王财贵博士直接和间接的推动。比如马来西亚的读经班和北美台湾侨民中的读经班，都是如此。然而因为海外读经人数少，所在区域又极为分散，似乎一时间并没有像在国内一般形成风气。

自2006年起，又一波海外儿童读经的风潮从德国发起。笔者有幸，亲自见证了读经教育从海外华教中消失近百年后在欧洲再次出现的经过。从2006年汉堡第一家儿童读经班成立开始已经走过11个年头，如今欧洲已经在德法英荷瑞芬6国二十几个城市

---

① 1995年3月，赵朴初、冰心、曹禺、启功、叶至善、夏衍、陈荒煤、吴冷西、张志公等九位老人在全国政协会议上发出“建立幼年古典学校的紧急呼吁”；2004年大陆语文特级教师韩军在《中国教育报》撰文《没有文言，我们找不到回家的路》，掀起又一场“文白之争”；2005年《光明日报》刊文《在语文教育的路上我们失落了什么?》；2008年《光明日报》上马智强先生撰文《语文课的出路：回归传统》，激起大陆语文界的广泛关注；2014年9月《人民日报》（人民时评）刊载的《请呵护孩子们的文化基因》明确写道“在基础教育中被疏离于中华文化之外的孩子，等于被文化之母遗弃。‘无根’，则必有文化抑郁与惶惑，又怎能以健康包容的心态，坦然自处于世界文化之林?”2015年1月《人民日报》（海外版）刊文《让中华传统文化伴娃娃成长》写道：“中小学是一个人奠定文化基础的阶段，也是记忆力的黄金时期，小时候学到的东西，往往一辈子都忘不掉。在一个人的知识结构中，既要有自然科学知识，也要有人文科学知识，缺一不可。对于本国本民族文化的学习应该占据人文科学学习的相当大比重。纵观世界各国，无不重视国民的语文教育，尤其是中小学生的语文教育。”

都出现了周末读经学堂或读经班；北美的大陆侨民华教也在之前仅有台湾侨民读经班的基础上，在各地的大陆侨民小区涌现一批批的读经家庭、读经班和读经学堂。以保守统计，全球各地的海外读经儿童，在最近短短数年间，就从过去的一两百人达到数千人，相比于三百万海外华裔学童而言，这个数字仍然微不足道。然而海外读经学童和读经学堂的数量，正以几何级数在增长。十年的海外读经教育经验，上百个不同国家不同地区不同家庭种族背景的华裔读经学童学习华文的真实案例，几十家有一定教学经验的海外读经学堂和读经班，逾百期海外读经密集营课程，已经以事实证明了海外华裔学生可以和本土学生一样学好华文，甚至其程度可以超过国内接受白话文教育为主的学生的中文程度。

这样的实践完全颠覆了百年来，特别是近几十年来白话文为主的海外华文教育为海外华裔学生预设的中文水平框架。以目前在欧美发行量最大的侨办请暨南大学编写的《中文》教材为例，这套教材一共12册，每册学习一年，最后的生字量为2035个，而这2035个字的学习是从第一册持续到最后一册。其最高年级的第十二册的课文难度仅与大陆人教版三年级难度相当，而第12册的使用对象是已经进入青春期的青少年。可以想见这样的课本对他们而言是多么的枯燥乏味，更遑论因为中文识字速度过慢，让学生在八九岁可以熟练阅读西文时仍无法有效阅读白话文，最终造成这些失去了阅读中文的兴趣。没有阅读的能力，也就无法真正中文脱盲，无法自主吸收中文知识和中文信息，并失去学习的兴趣，华文学习最终溃不成军。

而对海外华裔学生而言，以读经的方式学习中文，首先这就是非常出色的正音教育、识字教育。读经周末学堂的学生，可以在两年到两年半之间完成《学庸论语》《弟三百千》和《老子》的诵读（50—100遍），这些经典中包含有2143个生字。而如果再花一到两年时间学习《孟子》，则生字量达到2659个。而不仅仅是暨南大学的《中文》教材，实际目前海外使用最多的十种华文教材中，没有一个在小学部时间段里完成2500汉字的识字任务。这也是多年来海外中文教学的最大瓶颈。[①]

读经在轻松突破识字瓶颈的同时，学生又因为反复诵读文言的学习方式，习得了更为精密复杂与精确的高度的语言，面对白话文阅读，有如履平地之感。有了轻松阅读白话文的能力，海量阅读才成为可能。而能够海量阅读的学生才能大量地累积中文词汇和知识，写作才不是巧妇难为无米之炊，而是水到渠成之事。更重要的是，海外读经学生在学习过程中潜移默化地接受了优秀的中国文化熏陶，在最优美的文言经典中触及中华文化的生命核心。总而言之，读经教育可以从眼耳舌（身）诸方面综合训练开发儿童大脑聪明，提高孩子的记忆力、静定力与意志力，又令其他课业与才艺的

---

① 宁茜、朱宝兰：《海外10套中文教材小学部分内容对比分析》，美国马里兰长城中文学校网站，2010年9月28日，http：//www. gwcs - md. org/uploads/海外中文教材对比分析 . pdf，最后访问日期：2015年2日19。

学习更加轻松高效，不愧是立本开末，一元带动多元，从核心到外围的海外华文教育的解决之道。更重要的是，读经教育为海外华裔子弟的生命培植了深厚的文化教养与智慧根底，从现实的层面到超越的层面，全面地给予孩子生命所需的教育，为孩子的一生立定幸福的根基。

目前海外儿童读经有几种开展方式：

1. 普通华校学校兴趣班。每周末 1 小时。学生仍然以华校白话文课程为主。

2. 普通华校读经班/国学班。每周末 2—3 小时，学生只参加读经班学习，学校其他班级不读经。

3. 周末读经学堂。专门的周末读经华校或者读经班，所有班级都读经。每周末课程 2—3 小时。

4. 课后班（After School）。学生每周周内参加 1—5 次课后读经课程。每次 1—2 小时。

5. 假期密集读经班。利用假期连续密集读经，每次 3—60 天，一般以每次 5—7 天为多。每天 4—6 小时读经。回国参加读经夏令营。

6. 在家自学读经。或者在当地政府申请 Homeschooling，开展家庭读经教育，或者回国参加读经学校学习。

7. 网络读经，每日或者每周数次通过网络参与 0.5—1 小时读经课程。

这些方式当中，第一种只是把读经作为白话文课程的补充，虽然其总体学习效果优于纯白话文为主的学习，但因为学生的华文学习主要围绕白话文教材展开，故无法有效保证读经时间，其效果仍未如人意。其他以读经为核心的海外读经方式都各有特色。海外目前开展得最为普遍的是周末专门读经学堂 + 密集读经课程这样的读经方式。特别是密集课程可以大大提高读经的效率，几乎所有学生参加 5—10 十天乃至 1 个月的密集课程之后，都不仅可以接受读经学习，而且很多都开始喜欢上读经课程。因为密集课程可令学童在一定时间内反复诵读熟悉一部经典文本或其部分，而孩子对于熟悉的文本就更加喜欢诵读，以此可以形成对读经学习的良性循环。而 Homeschooling 读经的华裔学生，从几年前的完全没有到逐渐出现在欧洲、美洲、澳洲、亚洲等各地。特别是在学前幼儿园阶段，有越来越多的海外华裔儿童开始读经。可以预期随着对于读经了解的深入，在允许 Homeschooling 的国家中，将会有更多在家读经的海外华裔学童。随着网络时代的到来，网络读经也成为海外华人不甚密集或者华人居住分散地区的一种良好补充学习方式。这也充分展现了作为网络时代的 21 世纪的鲜明特色。

四、今日海外读经教育与历史上海外读经教育之异同

今日之海外读经与百年前也有不同之处。

一个不同是传统断绝百年，当年海外私塾的教学细节不得而知，也无法全然恢复，但是应当是遵循模仿国内之私塾教育。今日之海外读经在很多外在形态和教学过程与传统海外私塾会有差别。然而海外读经教育的核心为在“儿童少年时期”开展“经典诵读”，即教育的时机是儿童和少年时期为主，教育的方法是“诵读”，教育的内容是“经典”，这三点和过去的海外私塾读经并无差异。把握了教育的核心则保证了教育的大方向不再失之偏颇，细节上的不同可以有因时因地相应的变通。

今日海外读经最主要的不同在于当前的海外读经教育是来自于海外华人对于教育道理的认识而做出的主动选择，而不似过去——无论百年以前的海外私塾读经还是这一百年的白话文学习，只是机械复制国内的国语文教育模式。如果说百年前的海外华文教育以读经教育为主是成功的，是合于教育的道理的，那也是暗合道妙，实则华文教育从业者与华裔父母对于教育的道理并没有主动的认识与思考。也因此在20世纪初白话文教育席卷中华大地之时，海外华裔父母和华文教育从业者依然以固有的惯性跟随国内的教育风潮，最终令海外华文教育陷入百年困境。

如今的读经教育在海内外重新兴起，台中教育大学退休教授、文礼书院院长王财贵先生功不可没。王先生倡导的儿童读经理论不是简单的复古或恢复传统，而是对于教育的道理的思考与回归。对于道理的理性思考与认定才是教育之路不再随波逐流的保证。故此次海外读经教育重兴，一方面固然受到国内读经教育复兴的影响，另一方面则主要来自于海外华裔读经父母与教师对于海外华文教育的深刻反思与对读经教育的理性认同。

在国内，习近平主席对于传统文化和儒家文化大力倡导，教育部持续推动“经典进校园”活动，2017年1月25日，中共中央办公厅、国务院办公厅又印发了《关于实施中华优秀传统文化传承发展工程的意见》，指出“文化是民族的血脉，是人民的精神家园。文化自信是更基本、更深层、更持久的力量”，并发出通知要求各地区各部门结合实际认真贯彻落实。2017年9月1日更颁布了“部编本”语文教材，其中小学有古诗文129篇，初中有132篇。大大提高了古诗文在语文教育中的分量。这种变化是令人喜悦的，也让国人清晰地看到了未来的文化发展趋势。国内语文教育的变化，也直接影响着海外的华文教育。而海外华文教育，因为几乎都是民间办学，发展灵活，只要主办人或者华裔父母明白了读经教育的道理，就可即知即行，特别是可以依据法规注册中文学校或者教育文化协会，合法合理地在住在国开展形式多样的读经教育，在很多国家，还有来自当地政府对于华文教育的补贴。而海外华文教育因为没有体制内国语文考试的压力，更能真正地把教育的效果、教学的效果放在首位，从道而行。因此海外读经教育以其远远优于白话文教育的效果，在海外华人社群和华校中快速拓展，进展速度令人惊叹。而读经教育在海外华文教育中大放异彩，也反过来会引起国内国语文教育界与国内父母的关注，鼓舞国内读经教育的风气。在这个历史文化转折的大时代中，海外读经教育的发展不仅仅对于海外华教意义重大，对于中华民族的教育发展也可尽一份力量，反哺母国文化。

在这个时代的海外华人族群的组成结构和他们在世界上的地位与100年前更大有不同，这导致了今日之海外读经教育有着更加不同凡响的价值。20世纪以前的华人移民海外多数为谋生之计，劳工和社会阶层较低者占大多数，故其中能受教育者有限，反过来对于国内的影响也有限。而这30多年来出国者中留学后定居当地者与技术或者投资移民者甚众，这些精英阶层在国内外的社会地位和社会影响远远大过20世纪以前的海外侨民，故而他们的教育选择对于国内的教育有着不可低估的影响力。同时地球村时代的海外华裔子弟，普遍在住在国学校中接受体制教育，融入当地文化与社会顺理成章，而这些学童又有机会接受华文读经教育，而且越来越多海外华裔读经父母也在以读经方式教导子女学习住在国古典语言，则华裔子弟可以兼具中华与住在国文化两种语言两种文化，特别是生活在西方的华裔子弟，更可有机会中西兼备、平衡掌握东西方两种文化。

结　语

纵观300年海外华文教育史，在交织错杂的多层面变动变化之外，我们可以清楚地看到是否以读经为主要教育模式决定了海外华文教育水平的高下。这不仅表现在华文知识的学习本身，表现在最终海外华裔学生对于中国文化的理解与认同的差别，也间接地影响着海外华裔子女的其他教育。

教育应以人为本，抛开教育的影响或者教育的效果来讨论教育都是第二位的事情。在20世纪初以前，以读经教育为主的华文教育时期，有机会读经的学生的华文程度与本土学生相去不远；而自20世纪初私塾消失或改为新式学校并改读经为白话文教育以后，即使中间有一段发展低潮期，近几十年海外华教则在规模上日益扩大，资金上日益雄厚，华文教育大环境越发顺遂，然而这一切仍不能掩饰华文教育低效的事实；随着20世纪末、21世纪初的世界各地海外儿童读经的相互推动与相互呼应，如今越来越多的海外华人开始为子女选择以读经的方式学习华文，并成立海外读经班、读经学堂。十几年来的海外华文教育由此重新展现希望的曙光。这对百年来徘徊不前已经进退无路的海外华文教育而言，不啻为一场重大的变革。如果说20世纪初从读经教育转至白话文教育的变化导致了海外华教长期以来的困顿与停滞，是一场令人扼腕的变局；那么目前正在海外华文教育界中悄然发生的读经教育的回归则预示了华文教育对于教育的道理的回归，对于人性的回归。所以这一场变革，实则是回归于道的变革。

在此，笔者预测，在未来十年、二十年中，读经教育将在海外华文教育中重新回到主流地位。而这种变化，不是此消彼长的风水轮流转，而是人们对于百年来华文教育失败的痛彻反思，是对于教育之道的重新认定。因为错失正途而空转百年的海外华文教育，已经为此付出了惨痛的代价，似乎又再次回到当年歧出的地方。同时，面对一百年来实用主义教育导致的全球性教育水平下降，西方人也在寻找教育的出路，一些西方教育学者也在大声疾呼教育要回归经典，因此倡导西方的 classical education（古典教育）。而发自于当代中国的这一波读经教育浪潮，无论在理论上，还是实践上，都远远领先于世界各国，也必将带领全球教育回归经典。

身处海外的华裔子弟，如果能开始接受读经教育，一方面接续经典传承，将变革拯救百年华教之颓势；另一方面面对此亘古未有的东西文化、全球文化汇通之大时代，他们可以对于中西方经典兼容并蓄，并为西方世界直接展现读经教育的卓越风貌。这将为远离经典的当代世界教育，带来重大启示与重大贡献。

传统文化是中共主义与中共学的基础 *

——以哈佛学者费正清、史华慈的研究为例

路克利
中国人民大学马克思主义学院副教授

中国共产党在革命建设和改革过程中，独立自主开创发展了取得巨大成功的实践和理论——中共主义。哈佛大学学者史华慈把以毛泽东代表的中共独立自主开创的适合中国国情的革命实践和理论称之为毛主义。以费正清、史华慈等为代表的哈佛大学费正清中心学者较为深入地研究了马克思主义中国化与中国传统文化之间的关系，提出了“传统文化张力”“毛主义的儒家德性”文化间的“刺激—反应”等概念，从文明冲突与融合等角度分析了中国共产党与中国传统文化的互动关系。

一、中共主义形成过程中的“传统文化张力”

史华慈提出，“作为一个当代中国的观察家，我有这样一种感觉。即所有的问题都和中国的历史高度相关。具体地说，中国现在仍处在一种大一统的单一意识形态传统框架中。这种张力，仍然存在于马克思列宁主义毛泽东这一意识形态框架中”①。“文化革命的主题与传统中国道统和政治思想是相应的。”②史华慈认为，中国传统文化对中共理论的影响很大。他提出“在文化革命期间，尽管出现了反传统因素，跟西方文化相比，更体现着着中国文化的认同”③。

哈佛学者认为，中国共产主义继承了中国传统的政治体制。费正清认为，毛泽东

* 本文系国家社科基金一般项目“中国特色社会主义国际话语权研究”（14BKS112）的阶段性成果。

① Benjamin I. Schwartz, "The Rousseau Strain in the Contemporary World", Daedalus, Vol. 107, No. 3, *Rousseau for Our Time*, Summer, 1978, p. 205.

② Benjamin I. Schwartz, "The Rousseau Strain in the Contemporary World", Daedalus, Vol. 107, No. 3, *Rousseau for Our Time*, Summer, 1978, p. 205.

③ Benjamin I. Schwartz, "The Rousseau Strain in the Contemporary World", Daedalus, Vol. 107, No. 3, *Rousseau for Our Time*, Summer, 1978, p. 205.

的政治体制继承了儒家政治体制。他提出“所有这些‘代理型统治者’（client rulers），在东亚中国文化区内的部分地区的执政者，是传统的伟大的儒家政治的继承者（正如毛泽东），他们正如当代的天子，他们的政治行为可以源于一个与西方不同的世界，而西方的政治学家对这些传统几乎没有研究甚至还没有引起重视”①。中共政治文化继承发展了中华优秀政治文明。哈佛学者看到了中华政治文明在当代的延续，但具体内容分析不够准确。中共继承的主要是为天下人谋福利的传统政治文化理念。

史华慈也认为中国传统文化是中国共产党理论家的思想源泉。在研究中共思想史过程中，他特别关注的问题是“中国的共产主义或者毛泽东思想代表对传统的延续还是与传统的断裂”②。他提出，“不了解中国的客观实际和传统文化，就无法理解马列原理与中国实际之间的张力，也无法理解党内派别斗争以及中共与莫斯科之间的关系”③。史华慈认为，中国共产党的理论家的思想来自中国传统文化，“尽管中共领导人从外国寻求救国救民的解决方案，但他们脱离不了自己所处的中国”④。他还提出，“就像那瓦霍部落酋长是那瓦霍传统文化的典范一样，毛泽东是中国传统文化的化身”⑤。

二、中共主义（毛主义）的“儒家德性”

费正清对比分析了毛主义的传统德性根源与西方价值观。他认为，“人权外交的一个缺点是人权没有人的正义那样的具有普遍性。自尊性革命如俄国和中国操纵着正义拒绝美式的教义”。而且，“中国德治传统远比基督教和罗马法对人们的宣扬灵魂永恒和公民自由历史悠久得多。儒家的德性强调责任，而非权利，一词作为社会和谐的粘合剂，在人民共和国，个人主义仍然是一个贬义词，事实上，人权概念，尽管在在自称为普遍性的宣言中被尊奉，仍然是有其特定的文化基础的。这种观念认为法律和程序正义高于道德说教。但是思想健全的毛主义者不能容忍法律的主导，批判法权，抬高毛主义的德行教条。他们认为我们的公民权利是一种与经济富裕相联系的，中国不

---

① John K. Fairbank, “Dilemas of American Far Eastern Policy: A Review”, *Pacific Affairs*, Vol. 36, No. 4, Winter, 1963—1964, p. 433.

② Benjamin I. Schwartz, *China and Other Matters*, Cambridge: Harvard University Press, 1996, p. 15.

③ Benjamin I. Schwartz, *Chinese Communism and the Rise of Mao*, Cambridge: Harvard University Press, 1951, p. 1.

④ Benjamin I. Schwartz, *Chinese Communism and the Rise of Mao*, Cambridge: Harvard University Press, 1951, p. 3.

⑤ Benjamin I. Schwartz, *Communism and China: Ideology in Flux*, Cambridge: Harvard University Press, 1968, p. 229.

可用。中国的个人与国家和社会的关系与西方不同”。[①]

费正清在给史景迁著《外国影响》一书写的述评中指出，“史景迁的分析模式认为，中国对西方仅仅是记述的反应，而非价值的反应，是一种相当特殊的情况。其意义在于，中国文化是不可渗透性。这不仅是因为人口巨多，墨守成规，形成了强大的惯性力。也与这样一个悖论有关：中国19世纪物质技术的落后，可归因于中国早期在这方面较之西方的先进性，尽管这看起来有些怪异。早期中国的物质上的优越性不仅表现在瓷器、丝绸、纸张、印刷、火药等诸多方面，而且表现在政治制度的建设方面，官僚主义的早期发展，唐代监察机构科举制度的设立，这些都形成了一个强大的政治实体。

三、从中西文明冲突反应的角度考察马克思主义中国化

马克思中国化研究中“刺激—反应”（stimuli-response）分析范式的提出是西方学界对马克思主义中国化研究深入发展的必然结果。20世纪40年代，费正清就已试用“刺激—反应”范式分析中国思想变化和发展。他的早期学术作品停留在“中国对西方刺激的反应”这一宏大主题上，把中国作为宏大“反应整体”来分析，还没有深入到把马克思主义中国化研究这一相对具体的领域中。1949年，在波士顿召开的美国历史学会年会上，芮沃寿[②]、卫德明[③]、史华慈三位学者发表的论文分别探讨了中国隋唐时期、晚清以及民初中国思想界对由西方出入思想刺激的反应。长期担任哈佛费正清中心研究员的施拉姆[④]也采用了“刺激—反应”分析模式，他提出，“中国对西方刺激的反应始于19世纪中叶”[⑤]。费正清的学生史华慈探讨的是陈独秀对西方思想的的反应，认为：“教条式的西方主义不会被中国接受”。[⑥] 1957年，史华慈在中共主义的研究中提出了相似的分析范式，他提出了分析中共思想史的“意识反应”[⑦]（conscious response）理论，把思想发展看成是对“环境”（situation）的“反应”。60年代，费正

---

① John K. Fairbank, *Mrs. M. and the Masses*, May 12, 1977.

② 芮沃寿（Arthur F. Wright，1913—1976），耶鲁大学教授，美国著名历史学家。

③ 卫德明（Hellmut Wilhelm，1905—1990），西雅图华盛顿大学教授，汉学家。

④ 施拉姆（Stuart R. Schram，1925—2012），伦敦大学教授，哈佛大学费正清中心研究员，研究领域为毛泽东思想。

⑤ John K. Fairbank and Albert Feuerwerker, eds. , *The Cambridge History of China*, Volume 13: Republican China 1912 – 1949, Part 2, Cambridge: Cambridge University Press 1986, p. 861.

⑥ Benjamin Schwartz, “Chen Tu – Hsiu and the Acceptance of the Modern West”, *Journal of the History of Ideas*, Vol. 12, No. 1, Jan. , 1951, p. 74.

⑦ John K. Fairbank, *Chinese Thought and Instituions*, Chicago: The University of Chicago Press, 1957, p. 16.

清曾把“刺激—反应”模式称为“中国对西方接触的反应”①。80 年代，费正清把“刺激—反应”分析模式引入到对中国共产党的理论创新研究中。

“刺激—反应”分析范式体现着“逻辑与历史的统一”。1987 年，费正清出版了研究中国革命的力作《伟大的中国革命》，明确提出了马克思主义中国化研究的“刺激—反应”分析范式，其基本逻辑和过程是：西方思想的传入是对中国思想界的巨大刺激，“20 世纪把中国带入了一个受到西方思想巨大刺激的环境中”，而且，“1911 至 1949 年的中国空档期（没有主导政府和意识形态）是一个对西方社会秩序理论最为敏感、最为强烈的反应期”；毛泽东等人是中国思想界应对西方思想挑战的主体，“毛泽东这一代人，经历了儒家的衰落，为了拯救国家，接受了进步进化观念和社会达尔文主义，并与高涨的民族主义和对传统的反思融合在一起”；中国思想界对西方“刺激”的“反应”为马克思主义中国化理论成果——毛泽东思想，“毛泽东思想是在受到苏俄思想影响后产生的”。② 这样，费正清就较为完整地提出了马克思主义中国化研究的“刺激—反应”分析范式。他把自苏联传入中国的思想归为西方思想。此前，他曾明确提出，“苏联对中国的冲击是西方影响中国的一个阶段”③。

马克思主义中国化研究的“刺激—反应”分析范式借用和发展了汤恩比历史研究中的“冲击—反应”范式。英国历史学家汤恩比④引入了“挑战—反应”范式分析人类社会文明的发展。在其著作《历史研究》中，汤恩比提出了文明发展的“挑战—反应”模式。他认为，“我们发现了一个有节奏的循环式过程，当挑战激起了成功的反应时，文明便生长发展，而文明的生长和发展又会激发新的不同的挑战”⑤。在其著作中，“挑战”一词出现的频率非常高，有数百次以上。他在著作中也多次把“挑战”（impact）替换为“刺激”（stimuli）。他已经开始把这一模式引入到了对意识形态的分析中，提出，“共产主义发端于西方思想，是对西方资本主义的反应和批判”⑥。他甚至也把中国思想界作为反应主体进行了研究，他认为，“中国像俄国，对西方冲击的反

① John K. Fairbank, *Trade and Diplomacy on The China Coast: The Opening of the Treaty Ports*, 1842 - 1854, Cambridge: Harvard University Press, 1964, p. 176.

② John K. Fairbank, *The Great Chinese Revolution*, 1800 - 1985, New York: Harper and Row, 1986, p. 287.

③ John K. Fairbank, Edwin O. Reischauer, *China: Tradition & Transformation*, Boston: Houghton Mifflin, 1978, p. 441.

④ 汤恩比（Arnold J. Toynbee, 1889—1975），英国著名历史学家。

⑤ Arnold J. Toynbee, David Churchill Somervell, *A Study of History: Abridgement of Volumes VII - X*, Oxford: Oxford University Press 1987, p. 274.

⑥ Arnold J. Toynbee, David Churchill Somervell, *A Study of History: Abridgement of Volumes I - VI*, Oxford: Oxford University Press, 1987, pp. 203—204.

应是把源自西方的意识形态——马克思主义——作为工业化的理论基础"[①]。汤恩比在历史研究中已经初步提出了马克思主义在中国扎根也是中国对西方刺激的反应。在他看来，马克思主义进入中国是中国对西方"冲击"的"反应"。

四、马克思主义中国化是通过中西文化互动实现的

中国传统思想文化与西方思想文化的互动是"刺激—反应"分析范式中的重要内容。哈佛学者马克思中国化研究中，"刺激"方与"反应"方都是主体。发出"刺激"的主体是西方思想和文化，"反应"的主体是中国思想文化，"反应"的结果体现为中国化马克思主义。"刺激"具有一定的主动性。反应也并非被动，也有一定的主动性。"刺激"是双向的。哈佛大学费正清中心研究员柯文[②]认为，"仅用西方刺激和中国反应的观点来解释历史，是不够的。这里面也有中国刺激而西方反应"[③]。在此以前，费正清已经专门谈到了"中国对西方的冲击"[④]，他提出，"中国对西方的反应是多种过程复杂的，也是互动的"[⑤]。马克思主义中国化本身体现着两种思想文化的互动。

费正清曾提出"文明冲突论与融合论"分析中西文化互动。他从中西文明的角度考察马克思主义中国化与中美关系。认为"自从西方侵略中国5个世纪以来引发的中西文化冲突一直存在着"[⑥]。这种东西文化之间的冲突表现为"社会和政治体制的冲突，价值的冲突和生活方式的冲突。这些都是冲突都是已经长期积淀在西方入侵者和东方本土人民中的"[⑦]。"我们对西方的扩张和东方的反应的理解，还没有达到从东西两种文明冲突和融合的角度来把握的高度。"[⑧]"中国对西方侵略的认识，已经超出了马克思列宁主义的帝国主义范式，1890年代的金融资本的扩张激发了霍布恩—列宁的帝国主义理论，但在此以前，基督教的平均主义教条对中国来讲就已经是一个比金融资本侵略更为严重的问题，颠覆了儒家的社会等级秩序。1860—1890年代发生了200

---

① Arnold J. Toynbee, with Jane Caplan, *A Study of History*, new one-volume abridgement, Thames & Hudson, 1972, p. 393.

② 柯文（Paul A. Cohen，1935— ），哈佛大学费正清中心研究员。

③ Paul A. Cohen, *Discovering History in China: American Historical Writing on the Recent Chinese Past*, New York: Columbia University Press, 1984, p. 14.

④ John K. Fairbank, *The United States and China*, Harvard University Press, 1983, p. 155.

⑤ Ibid., p. 145.

⑥ John K. Fairbank, " 'American China Policy' to 1898: A Misconception", *Pacific Historical Review*, Vol. 39, No. 4, Nov., 1970, p. 410.

⑦ John K. Fairbank, " 'American China Policy' to 1898: A Misconception", *Pacific Historical Review*, Vol. 39, No. 4, Nov., 1970, p. 414.

⑧ John K. Fairbank, " 'American China Policy' to 1898: A Misconception ", *Pacific Historical Review*, Vol. 39, No. 4 , Nov., 1970, p. 414.

多次反教事件。这主要是一种政治理念的冲突，而非经济冲突。”[①] 费正清认为，西方的对中国的侵略，这种侵略主要是一种“文化帝国主义”而非“经济帝国主义”。

费正清的文明冲突与融合论，实际上也是考察马克思主义中国化的一个维度。这种维度认为，实际上，马克思主义中国化过程中，东方文明仍然表现较为强劲。在中西方关系中存在冲突的既有资本主义与社会主义马克思主义之间的矛盾冲突，也有两种文明之间的冲突。而且两种文明冲突已经超越了列宁主义的帝国主义理论。在分析中西文明互动方面，亨廷顿[②]的“文明冲突论”与费正清的“刺激—反应”分析范式和“文明冲突与融合论”以及汤恩比的文明“冲突—反应”论基本上是一致的。1970年，费正清明确提出了“文明冲突与融合论”，他认为“我们对东方历史的把握还没有达到从两种文明的冲突与融合的意义上理解西方扩张和东亚反应的高度”[③]。他认为应当从文明冲突与融合的高度理解中国历史。这里的冲突与融合也是两种文明之间的互动。费正清的文明冲突与融合理论得到了著名政治学者亨廷顿的呼应。亨廷顿是费正清的同事，他多次引用费正清的观点。1993 年，亨廷顿较为系统地提出“文明冲突论”[④]，认为，“未来世界的国际冲突的根源将主要是文化的而不是意识形态的和经济的，全球政治的主要冲突将在不同文明的国家和集团之间进行，文明的冲突将主宰全球政治”。亨廷顿用文明的冲突替代了政治意识冲突作为世界动荡的根源。他在《文明冲突与世界秩序的重建》一书中提出，“文明的兴起实际上是对挑战的反应，经过一段通过少数有创造力的人的领导实现的增长期，然后进入困顿期，大国崛起，然后又进入了分裂期”[⑤]，这就是其“文明循环增长论”。显然，费正清的“刺激—反应”范式和“文明冲突与融合论”与亨廷顿“文明冲突论”和汤恩比的文明“冲突—反应”都认为中西文明是一种主体间互动关系。

马克思主义中国化过程本身包含着中西文化的互动，哈佛学者对中西文化关系的分析具有一定的客观性。毛泽东在论述新民主主义文化时指出，一方面，“这种新民主主义的文化是民族的。它是反对帝国主义压迫，主张中华民族的尊严和独立的。它是我们这个民族的，带有我们民族的特性”[⑥]，另一方面，“它同一切别的民族的社会主义文化和新民主主义文化相联合，建立互相吸收和互相发展的关系，共同形成世界的

---

① John K. Fairbank, “‘American China Policy’ to 1898: A Misconception”, *Pacific Historical Review*, Vol. 39, No. 4, Nov., 1970, p. 418.

② 亨廷顿（Samuel P. Huntington, 1927—2008），哈佛大学教授，著名政治学者。

③ John K. Fairbank, “‘American China Policy’ to 1898: A Misconception”, *Pacific Historical Review*, Vol. 39, No. 4, Nov., 1970, p. 414.

④ 1993 年夏季号《外交》（*Foreign Affairs*）季刊发表亨廷顿的《文明的冲突?》（The Clash of Civilization?）一文，引起学术界广泛而激烈的争鸣。

⑤ Samuel P. Huntington, *The Clash of Civilizations and the Remaking of World Order*, New York: Simon and Schuster, 1996, p. 44.

⑥《毛泽东选集》，第二卷，人民出版社 1991 年版，第 706 页。

新文化”，“中国应该大量吸收外国的进步文化，作为自己文化食粮的原料”①。显然，毛泽东所言中外文化的“互相吸收和互相发展”体现了中西文化的互动。哈佛学者对中西文化互动分析认同中西文化相互吸收和互相发展的关系，分析较为客观。

哈佛大学学者有关中共与传统文化关系的研究坚持了中国逻辑和中共逻辑。中国逻辑和中共逻辑强调以中共根本和逻辑起点，强调中共在实践和理论上的独立自主性，强调中共对中国传统文化的继承，强调中共的主体性。中共主义是中国共产党完全享有自主知识产权的主义。毛泽东思想是中共主义的伟大开创，毛泽东带领中共独立自主开创了伟大革命道路，创造了世界革命奇迹。哈佛大学学者的国际中共学强调了中西文化的“刺激—反应”研究模式，视角独特，很有见地。

参考文献

1. Benjamin I. Schwartz, “The Rousseau Strain in the Contemporary World”, Daedalus, Vol. 107, No. 3, *Rousseau for Our Time*, Summer, 1978.

2. John K. Fairbank, “The Problem of Revolutionary Asia”, *Foreign Affairs*, Vol. 29, No. 1, Oct., 1950.

3. John K. Fairbank, “Dilemas of American Far Eastern Policy: A Review”, *Pacific Affairs*, Vol. 36, No. 4, Winter, 1963 – 1964.

4. John K. Fairbank, *The Great Chinese Revolution*, 1800 – 1985, New York: Harper and Row, 1986.

5. John K. Fairbank, Edwin O. Reischauer, *China*, *Tradition & Transformation*, Boston: Houghton Mifflin, 1978.

6. John K. Fairbank and Merle Goldman, *China: A New History*, Cambridge: Harvard University Press, 2006.

7. Arnold J. Toynbee, David C. Somervell, *A Study of History: Abridgement of Volumes VII – X*, Oxford: Oxford University Press, 1987.

8. Samuel P. Huntington, *The Clash of Civilizations and the Remaking of World Order*, New York: Simon and Schuster, 1996.

9. Paul A. Cohen, *Discovering History in China: American Historical Writing on the Recent Chinese Past*, New York: Columbia University Press, 1984.

---

① 《毛泽东选集》，第二卷，人民出版社 1991 年版，第 706 页。

儒家君子观及其价值 *

解光宇
安徽大学哲学系教授

一、君子的品格

在我国传统文化中，君子是一个非常常用的称谓。在我们一般人的观念中，君子是具有完善的人格的人，讲礼貌、讲义气、行仁道、有修养、有正气的人被我们称为君子；反之，则是被称为小人。

在我们平时的生活之中，君子的观念也是非常的流行的，某某有君子的风范，某某有失君子之风，某某是一个小人。现在也有很多的俗语，比如："以小人之心，度君子之腹"等等。说明君子的观念深刻地融入到了我们的血液之中，已经形成了深层的文化心理结构。

君子的名称在中国文化中早已存在，在《诗经》里就经常提到君子。如大家所熟知的"窈窕淑女，君子好逑"；《隰桑》中也说："隰桑有阿，其叶有沃。既见君子，云何不乐。"等等。而这个古代的观念经过孔子与其弟子的阐述，变得更加常用和流行，同时也被赋予了一些更为丰富的内涵。《论语》中提到君子的地方非常多，通过《论语》对于君子的阐述，使我们更进一步理解"君子"的内涵。

在《论语》中，孔子从多角度来论述君子的含义。我们首先从君子的本质来讲。孔子说："君子去仁，恶乎成名？君子无终食之间违仁，造次必于是，颠沛必于是。"① 我们知道，"仁"是孔子思想的核心。孔子认为"仁"是君子的本质所在。意思是说，君子离开了仁，怎么还能称为君子呢？君子是一刻也不离开仁的，与仁融为一体，密不可分。又说"君子义以为质，礼以行之，孙（逊）以出之，信以成之。君子哉！"② 认为义是君子的质，义和仁同样是君子的本质。作为一个君子，义是基础，质，礼、

* 本文为国家社科基金项目"中韩儒学发展路径及其现状比较研究"（项目编号：15BZX067）。

① 《论语・里仁》。

② 《论语・卫灵公》。

③ 《论语・卫灵公》。

孙（逊）、信是君子的行为，是文。孔子说："文质彬彬，然后君子。"具备了仁义，再以礼、孙（逊）、信，就是一个真正的君子了。孔子又说："君子义以为上。"[③]认为义是君子的一个根本的素质。在孔子看来，仁义就是君子的本质所在。这也说明，仁义是儒家思想最本质的特征，也是君子的根本特质。

君子所具有的品格，孔子也有很多的论述。他说："君子上达，小人下达。"[①] 认为君子是积极进取、向上发展的；而小人则刚好相反，是消极颓废、沉沦向下、走下坡路的。孔子又说："君子坦荡荡，小人长戚戚。"君子是坦荡荡的，是光明正大的，是心胸广阔的，是没有什么见不得人的东西。这种坦荡，不仅是指作为处世上的坦荡，也是指心态和修养上的坦荡。有了这种坦荡，自然也就能够从容不迫、一身正气。而小人则不然，心胸狭小、不坦荡，常常会感到忧愁和悲伤。还会为犯罪等违背良心的事情而感到害怕。孔子通过君子和小人的对比，更加把君子的这些光明磊落、积极进取的品格体现出来。

孔子认为，君子的心里面总是关心着道德之类的大事情。孔子说："君子怀德，小人怀土；君子怀刑，小人怀惠。"[②] 也就是说君子关心道德建设、治安秩序和社会的发展，而小人却只是关心自己的土地财产，以及自己个人的利益。孔子又说："君子喻于义，小人喻于利。"[③] 君子明白道义，而小人只是明白私利。

君子的品格更多的是通过行为所体现出来的。我们可以从下面的几个方面来看一看。一是君子的志向和胸怀；二是君子的言行；三是君子对人的态度；四是严谨的生活作风。

君子的志向是远大的，不会仅仅局限于个人的一己之私和利益得失，而是关注全社会和人类的命运和道的实现。孔子说："君子谋道不谋食。耕也，馁在其中矣；学也，禄在其中矣。君子忧道不忧贫。"[④] 就是说君子注重于道的实现，而不会去注重谋取食物。也就是说，君子是为了实现道而努力，不是为了生活和生存而打拼。何况仅仅是为了生活去打拼的话，也会有挨饿的时候。学习是为了道的实现，俸禄也会因此而来。君子所忧患的是道能否实现，而不会因为贫而感到忧愁。孔子又认为"君子食无求饱，居无求安"[⑤]。对于食物和居住条件没有特别的要求。"隐居以求其志，行义以达其道。"[⑥] 在隐居的时候，也不会放弃自己的志向，能够出来做事的话，就以行义来实现自己所要推行的大道，"士志于道"也就是这个意思，说明了君子的志向在于道义，同时也表现了君子的广阔胸襟。

---

① 《论语·宪问》。
② 《论语·里仁》。
③ 《论语·里仁》。
④ 《论语·卫灵公》。
⑤ 《论语·学而》。
⑥ 《论语·季氏》。

孔子在《论语》中多次提到和论述君子的言行。子贡问什么是君子，子曰：“先行其言，而后从之。”[①] 孔子认为君子对于言，首先是要去实践，再去说出来。在这里，孔子也是针对子贡的。因为子贡经常话说得好，但不一定能够去做。虽然有针对性，但却同样具有普遍的意义。孔子认为言行要一致，他说：“古者言之不出，耻躬之不逮也。”[②] 即古人的言论不轻易出口，是以自己的行为跟不上为可耻，就是说古代有修养的人，是要做得到才说的。孔子认为君子“敏于事而慎于言”，“君子欲讷于言而敏于行”。[③] 语言不必太多，同时还要慎重，而行动却是敏捷的，对事情也是敏捷的，就是要多干实事。因为“君子耻其言而过其行”。即我们常说的“言过其实”，对于言行不一致会感到羞耻。

君子对于人的态度，也是值得我们去学习的。孔子说：“君子有成人之美，不成人之恶。”这也是我们中国文化的一个特质。君子会去成全别人的好事，而不会去成全别人的恶。假如成人之恶的话，那就不是君子了。

君子生活在社会当中，表现出来的是高尚的操守和修养。孔子说“君子矜而不争，群而不党”[④]。作为一个君子，有自己的坚持的操守，而不会去争夺什么，也不会像小人一样的去拉帮结派，集合起来去干坏事情。就是有所争的话，也是君子之争：“君子无所争，必也射乎！揖让而升，下而饮。其争也君子。”[⑤] 君子之争如体育竞赛的射箭，按照一定的礼仪规范来，比完以后还要一起来喝一杯，在规则的范围内竞争。

君子重视朋友的感情。曾子认为，君子以文会友。曾子说：“君子以文会友，以友辅仁。”[⑥] 可以看出，君子重视友情，以文会友，探讨共同的话题，有一种很自然的深沉的友爱之情，同时也具有高雅的情致和仁爱的情怀。孔子认为，“君子易事而难说也”[⑦]。君子和人交往，很容易共事，而不会取悦别人。又说：“君子和而不同。”跟人的关系重视和谐，而不要求无原则的同。

君子的生活作风是严谨的。君子在平时的生活中，很注重自己的修养和仪表。曾子认为君子所贵乎道者三：“动容貌，斯远暴慢矣；正颜色，斯近信矣；出辞气，斯远鄙倍矣。”[⑧] 意思是注意修饰自己动作和外貌，举止优雅，热情待人，这样就会避免粗暴放肆；端正自己的态度和表情，这样就会让人觉得可信；讲究语言和语气，这样就会远离粗野和背理。子夏赞扬孔子说：“君子（孔子）有三变：望之俨然，即之也温，

---

① 《论语·为政》。
② 《论语·里仁》。
③ 《论语·里仁》。
④ 《论语·卫灵公》。
⑤ 《论语·八佾》。
⑥ 《论语·颜渊》。
⑦ 《论语·子路》。
⑧ 《论语·泰伯》。

听其言也厉。”子夏把孔子称为君子。孔子的外在修养有三种情况：远远的看上去很威严庄重，和他交往却是很温和的，听到他说话，觉得很深刻、有道理。孔子也认为“君子不重则不威，学则不固”。告诉我们要庄重、端正，这样学习的知识也就会牢固。这也就是孔子在日常生活中所表现出来的君子之风。

实事求是也是君子优秀品格之一。《论语》中说：“君子于其所不知，盖阙如也。”① 对于自己不知道的事物，不会去乱讲，就放在一边，不表示自己的观点。这也就是所谓“知之为知之，不知为不知，是知（智）也”的意思。

君子做事情，是融入了自己的真挚的情感的，也就是带着自己的情感去为人处世的。孔子认为：“君子之居丧，食旨不甘，闻乐不乐，居处不安。”② 君子在有亲人不幸离开人世的时候，就是吃东西也不会感到甜，听到音乐也不会高兴，居住的时候也总是在怀念。这也是人天性的表现，君子保持了纯真的天性，把内心的深厚的情感表现在日常生活之中。

而君子的上述品格，通过和小人的对比，就会更加地凸显出来。孔子经常把小人和君子对比。如“君子和而不同，小人同而不和”；“君子易事而难悦，小人易悦而难事”；等等。小人的品质刚好和君子是相反的：“君子泰而不骄，小人骄而不泰。”③ 君子是安泰从容而不会骄傲自满，小人刚好相反，骄傲自满而不安泰从容。孔子告诫子夏：“女为君子儒，无为小人儒。”君子儒自然要有君子的风范，而小人就是读书再好、知识再多也还是小人。君子与小人对待过错的态度也是截然不同的。子夏说：“小人之过也，必文。”子贡说：“君子之过也，如日月之食焉：过也，人皆见之；更也，人皆仰之。”④ 小人有过错了，必然会文过饰非；而君子有了过错，承认过错，改了过错，大家同样赞扬。

总之，君子的观念在孔子那里是指仁义的、道德品格高尚的、有远大抱负的人，这也是儒家所谓“内圣”的内涵。

二、君子的修养

君子追求的是“内圣”，要达到内圣的境界必须加强内在的修养。儒家有较系统的修养理论，尤其是关于人性问题，集中体现了君子的修养。孟子的“性善说”是儒家人性学说的主干，指出“善”仅是“善端”，需要培育、扩充才能为善。荀子认为“人性恶”，并首次明确地提出“情”的概念。荀子说：“性者，天之就也；情者，性之质也；

① 《论语·子路》。
② 《论语·阳货》。
③ 《论语·子路》。
④ 《论语·子张》。

欲者，情之应也。”[①] 荀子把性、情、欲三者联系在一起，认为情欲是性的表现。“情”表现在哪些方面呢？荀子提出“六情说”：“性之好、恶、喜、怒、哀、乐谓之情。”[②] 特别是“好”，往往表现为恶的欲望，即所谓“目好色，耳好声，口好味，心好利，骨体肤理好愉佚”[③]，就是说人“生而好利焉”，“生而有耳目之欲，有好声色焉”，如果“从人之性，顺人之情，必出于争夺，合于犯分乱理而归于暴”[④]，因此，人性恶其表现的情欲也恶。人向善或成为善，必须加强教化和修养，乃至礼义法度制约之。

孟、荀以降，历代学者都力图对人性的善恶问题进行理论上的综合。有“性有善有不善”“善恶混”“无善无不善”等观点。但是，照朱熹的说法大都不得要领，仅有韩愈的“性三品”说“却是说得稍近”。然而朱熹又说韩愈的“性三品”说尚有不尽之言。那么，韩愈的不尽之言又是什么呢？“韩退之原性中说三品，说得也是，但不曾分明说是气质之性耳”[⑤]，“盖人之所以有万殊不齐，只缘气禀不同”[⑥]。如此看来，“气禀之性”对于解决人性问题的争端是何等重要。

首先明确提出“气质之性”思想的是张载。张载说：“形而后有气质之性，善反之则天地之性存焉。”[⑦] 在这里，张载把人性分为“天地之性”与“气质之性”。天地之性纯善，气质之性则有善有不善。气质之性是由特殊体质而具有的特性，所禀什么气，就具有什么性。张载认为：“大凡宽褊者，是所禀之气也。气者自万物散殊时，各有所得之气。”[⑧] 可见，所禀之气决定所具之性。问题在于张载并没有提出如何改善气质之性成为天地之性，也就是说，没有提出如何进行道德教化使人恢复善性的问题。显然，张载的气质之性并没有从理论上解决人性善恶的矛盾。

如果说“气禀之性”是人性学说发展过程中的一个重要纽结，那么，是程颢系起了这颗纽结。程颢在坚持孟子“性善说”的基础上，把人性理论推向一个新的高峰。程颢说：

> 人生气禀，理有善恶，然不是性中元有两物相对而生也。有自幼而善，有自幼而恶，是气禀有然也。善固性也，然恶亦不可不谓之性也。……皆水也，有流而至海，终无所污，此何烦人力之为也。有流而未远，固已渐浊；有出而甚远，方有所浊；有浊之多者，有浊之少者，清浊虽不同，然不可以

---

① 《正名》。
② 《正名》。
③ 《性恶》。
④ 《性恶》。
⑤ 《朱子语类》卷四。
⑥ 《北溪先生字义·性》。
⑦ 《正蒙·诚明》。
⑧ 《语录》下。

以浊者不为水也。如此则人不可以不加澄治之功。故用力敏勇则疾清，用力缓殆则迟清。及其清也，则却只是元初水也。不是将清来换却浊，亦不是取出浊来置在一隅也。水之清则性善之谓也。故不是善与恶在性中为两物相对，各自出来。①

这段论述主要贡献在于从“气禀之性”逻辑地推导出加强道德教化的“澄治之功”。“澄治之功”实质上就是强调伦理纲常教育的重要性。

王彦霖以为：“人之为善，须是他自肯为时，方有所得，亦难强。”曰：“此言虽是，人须是自为善，然又不可为如此却都不管他，盖有教矣，‘修道之谓教’，岂可不修！”②

显而易见，“修道之谓教”的“澄治之功”就是有加强道德教化，通过道德教化来恢复人的善性。

上述可见，程颢以“气禀之性”为出发点，然后过渡到“修道则谓之教”的“澄治之功”，最后上升到天道观，可谓逻辑严密。所以，朱熹对程子的“气禀之性”十分赞赏：

孟子未尝说气质之性，程子论性，所以有功于名教者，以其发明气质之性也。以气质论，则凡言性不同者，皆冰释矣。③

道夫问：“气质之说始于何人？”曰：“此起于张、程，某以为极有功于圣门，有补于后学，读之使人深有感于张、程。”④

即是说，朱熹非常赞赏把性区分为“天命之性”和“气质之性”，认为这种区分解决了人性学说的种种矛盾。张、程提出“气禀说”和“定性说”，为解决人性善恶问题、性与情关系问题作出了重大的理论贡献。

“天命之性”与“气质之性”的关系也就是性与情的关系。关于性与情的关系，程颢以前的许多思想家都作了有益的探讨。例如荀子认为人性恶，实际上是把性作为情。李翱以孟子的性善思想为基础，吸收佛教“灭情见性”思想，提出了“灭情复性”的学说。宋理学家们往往把人的情感欲望谓之“人欲”，把伦理道德、纲常义理看作是“天理”。“天理”与“人欲”是对立的，要维护伦理道德与纲常义理的“天

---

① 《河南程氏遗书》卷一《二先生语一》，《二程集》，中华书局2008年版，第2页。
② 《河南程氏遗书》卷一《二先生语一》，《二程集》，中华书局2008年版，第2页。
③ 《朱子语类》卷四。
④ 《朱子语类》卷四。

理”，就必须克服“人欲”。当然，这里的“人欲”并不是指人生存本能的欲望，而是指违背伦理道德与纲常义理的欲望。怎样才能做到“存理灭欲”呢？这就是程颢在《答横渠先生定性书》中所要解决的问题。

《答横渠先生定性书》是程颢和张载讨论“定性”问题的一封书信，后人称之为《定性书》。朱熹的语录中有一条云：“《定性书》说得也诧异。此性字是个心字意。”[①]即是说“定性”的实质就是“定心”。张载希望得到“定性”，但“犹累于外物”，以致于不得不动。程颢回答说：

> 所谓定者，动亦定，静亦定，无将迎，无内外。苟以外物为外，牵己而从之，是以己性为有内外也。且以性为随物于外，则当其在外时，何者为在内？是有意于绝外诱而不知性之无内外也，既以内外为二本，则又乌可遽语定哉？[②]

张载累于外物不能定性，“以性为有内外”，导致“以外物为外，牵己而从之”。这样，己性为内，外物为外，外物引诱己性，使己性逮于外物而不能定。程颢认为，必须认识己性与万物一体，无所谓内外之分。“仁者浑然与物同体”，“天地之用，皆我之用”，只有认识己性与万物一体，才能做到“动亦定，静亦定”。

己性与万物一体，己性无内外，这不是一般人能做到的，只有那些圣人才能做到：“夫天地之常，以其心普万物而无心；圣人之常，以情顺万物而无情。故君子之学，莫若廓然而大公，物来而顺应。”[③] 天地化生万物，天地之心也就是万物之心，万物与天地一体。圣人之情顺应万物，圣人之心好像一面镜子，能照一切东西。在这里可以看到佛老的痕迹：“圣人用心若镜，不将不迎，应而不藏，故能胜物不伤。”[④]“圣人之情，应物而无累于物者也。”[⑤]“善知识，我此法门，从上以来，先立无念为宗，无相为体，无往为本。无相者，于相而离相。无念者，于念而无念。”[⑥]

那么，一般人与圣人的根本区别在何处呢？“人之情各有所蔽，故不能适道，大率患在于自私而用智。自私则不能以有为为应迹，用智则不能以明觉为自然。”[⑦] 一般人与圣人的根本区别在于一般人“自私”“用智”，圣人则“廓然而大公”。一般人的思想行为都是以自己的利益为出发点，出于自私的动机，都是有所为而为，而不是对于

---

① 《朱子语类》卷九十五
② 《定性书》。
③ 《定性书》。
④ 《庄子·应帝王》。
⑤ 何劭：《王弼传》。
⑥ 《坛经·定慧品》。
⑦ 《定性书》。

事物的自发反应，故“自私则不能以有为为应迹”。

“自私”“用智”是不知“性之无内外也”。如果以“内外为二本”，这就必然“累于外物”，不能抵御外物对己的诱惑。所以“定性”必须做到：

> 与其非外而是内，不若内外之两忘也。两忘则澄然无事矣。无事则定，定则明，明则尚何应物之为累哉！圣人之喜，以物之当喜，圣人之怒，以物之当怒，是圣人之喜怒，不系于心而系于物也。[①]

张载以己性为内外，这样永远达不到“定性”的精神境界。若想“定性”，就必须“内外之两忘也”，以“内外为一本”。

上述可见，程颢关于“定性”的论述，并不像李翱那样简单地割裂性与情的关系，生硬地“灭情复性”，而是承认情感欲望的客观性，让人情顺应万物。所谓“内外为一本”，就是以封建义理纲常为内的“天理”，统率人的情感欲望，情动不能超越封建纲常义理所规定的范围。只有这样，方能“澄然无事”，“无事则定，定则明”，情就不会有应物之累了，这就是“定性”的实质所在。

综上所述，程颢在前人的思想资料基础上综合创新，提出了“气禀说”，致力解决关于性善与性恶、性与情的矛盾，并且提出以“定性”为核心的修养方法，使人性学说日臻完善。儒家“性善说”中的“修道之谓教”“定性”等理论和修养方法，即强调道德他律，又强调道德自律，并且通过道德他律向道德自律的转换，达到君子理想的道德人格境界，这些思想可为当代的伦理建设和道德修养提供很好的借鉴。

三、“君子”与“内圣外王”

儒家要求“君子”要做到“内圣外王”，即“内圣外王”是君子的人生观。

人生观是指对人生的目的、意义和价值等看法和态度的总和。说简单一点，人生观就是对人活在世上的看法。如认为“人为财死，鸟为食亡”，人生在世就是吃喝玩乐，这是一种人生观；过去的古人发愤科举，为的是金榜题名，光宗耀祖，享尽人间荣华富贵，这也是一种人生观。可见，不同的人有不同的人生观，不同的人生观又有不同的层次之分。

儒家的人生观是什么？儒家强调入世，强调进取，强调对社会的担当意识，所以，“自强不息”是儒家人生观的重要特征。儒家的这种人生观在不同的历史阶段有不同的表述，如在先秦为“内圣外王”的人生观；而北宋的理学家张载的“四句教”，更

---

① 《定性书》。

是将儒家的担当意识发挥得淋漓尽致，即“为天地立心，为生民立命，为往圣继绝学，为万世开太平”。我们可以把张载的“四句教”解释如下：为社会建构精神世界，为民众提供生存保障，传承古代学术与文明，开拓万世太平。“四句教”涉及社会和民众的精神价值、生活意义、学统传承、政治理想等内容，可以说，张载的“四句教”是对“内圣外王”人生观的具体化。

那么，如何理解“内圣外王”呢？

“内圣外王”是儒家为人生确立了根本的方向。“内圣”即内在的知识修养和道德修养达到了较高的境界，也就是我们常说的一个有道德的人，一个高尚的人，综合素质比较高的人；“外王”即是用知识和道德报效国家，服务社会，也就是我们现代意义上的当公务员，为人民服务。

“内圣外王”的思想原出自于儒家的经典《大学》。《大学》所提出的“三纲八目”，集中表述了儒家内圣外王的人生观。《大学》一开篇提出“三纲”：“大学之道，在明明德，在新民，在止于至善”。“明明德”就是使美好的品德显明，包含个人品德和社会道德风尚；“新民”即是亲民，走群众路线，既深入民众又改造和影响民众；“止于至善”就是要达到“善”的境界，实现平天下、民富国强的理想。

所谓“八目”，就是为了实现“三纲”所确立的具体步骤。“八目”即“格物、致知、诚意、正心、修身、齐家、治国、平天下”。一般又把“八目”分为两大方面，即“格物、致知、诚意、正心、修身”为自我内在的修养功夫，也就是“内圣”功夫；“齐家、治国、平天下”为外在的实践功夫，即服务社会，报效国家，也就是“外王”的功夫。“八目”后来简化为我们常说的“修身、齐家、治国、平天下”，就是“修、齐、治、平”。“修身”就是加强自身的道德修养，使自己成为一个高尚的人，一个有远大理想的人。“齐家”就是要管理好自己的家庭和家族。因为家庭是社会最基本的细胞，能够管理好自己的家庭，才有可能管理好国家。如果连自己的家庭都管理不好，就更说不上治理国家了。“治国、平天下”是儒家外在努力的最高目标。这个目标的提出，应与春秋战国时代整个中国的政局有关。因为这个时代中国诸侯国林立，周王朝名存实亡，中国面临分裂。而儒家一贯主张中国的大一统，所以，维护中华民族统一的“治国、平天下”，就成为儒家外在努力的最高目标。

“三纲”和“八目”构成了一个有机的逻辑整体。“三纲”是最高境界，“八目”是具体实现步骤。“三纲”“八目”以精练的语言揭示了儒家思想丰富的精神内涵，以及儒家理想人格修行和作为的整个过程，形成了一个由“内圣”到“外王”的缜密思想体系，展示了儒家服务社会、报效国家的远大志向和宏伟抱负。孔子所说的“修己以安人”，“修己以安百姓”，就是“内圣外王”之道，其中“修己”是“内圣”，“安百姓”是“外王”。“圣”是理想人格的最高境界，达到这一境界的就是“圣人”。只有“内圣”，才能成就“外王”的事业。这种“外王”事业，以“博施济众”为极致，孔子将它树立为儒家的最高政治理想。

四、“内圣外王”的当代价值

儒家“内圣外王”的人生观，体现了个人与社会、自我价值与社会价值的高度统一。儒家很重视人的社会本性，个人不脱离社会群体而生存。而要生存，就必须处理好个人与社会的关系。儒家“内圣外王”的人生观，正是建立在个人与社会关系的基础上。个人生存的意义乃是个人价值与社会价值的统一，自我满足与满足社会的统一。孔子说：“夫人者，己欲立而立人，己欲达而达人。”己立、己达是起点，立人、达人是归宿，满足自己也要满足他人，才是仁者情怀。人的价值与社会的价值在本质上是统一的，人的个人价值只有转化为社会价值，才有意义，也就是说，社会价值的实现也就是人的自我价值的实现。

儒家“内圣外王”的人生观，不仅对中华民族精神的形成与发展产生了巨大的推动作用，而且对我们今天塑造理想人格以及培育良好的个人修养有着重要的借鉴意义。“内圣”即是进行道德修养，成就圣贤人格，形成正确的人生观、世界观和价值观。养成高尚的道德人格是做人的根本，是建功立业的条件。“外王”则是从事实践以建功立业。“内圣外王”就是正己才能正人，修己才能修人，才能治国平天下。从道德建设这个角度来说，一个道德高尚的人必然会感染他人、教育他人，激发起他人内心的道德意识，进而使他人自觉或不自觉地向往、学习、效法。如果人人都注重个人修养，起榜样示范作用，就会带动周围人相互学习，从而改善不良的社会风气。

儒家“内圣外王”就是提倡“忧国忧民”的忧患意识和献身精神。儒家的忧患意识表现出一种爱国情怀，是“天下兴亡，匹夫有责”的强烈的责任感与捍卫民族尊严、维护祖国利益的崇高品德，表现在行动上就是奉献精神。学习儒家的忧患意识和献身精神，使我们主动把自我与社会责任、义务联系起来，处处以大局和国家民族为重，激发爱国情怀。

诚然，“内圣外王”的人格模式并非十全十美，但不容否认，这种人生观的理想人格、价值取向是积极的、有意义的，是中华民族文化的主体精神。尤其是其中自强不息、积极有为、以天下为己任的使命感和责任感，以及“国家兴亡，匹夫有责”的博大精神，更是中华民族精神不可分割的一部分。中国历代知识分子常常以“穷则独善其身，达则兼济天下”“乐以天下，忧以天下”来激励自己，这和“内圣外王”的人生观思想是一致的。就是在现代，这一思想体系仍然有其积极的成分，仍能为我们所借鉴。它所提出的知识的学习和道德的修养，以及“治国、平天下”的人生目标，要求我们既要有较强的知识才能，又要有较高的道德修养，更要有胸怀祖国的远大目标。为了这样的目标而去奋斗，就是一个高尚的人，一个纯粹的人，一个有道德的人，一个有远大抱负的人。在推进中华民族伟大复兴的今天，我们对于这一传统的理想人格模式应加以吸收和改造，使其在培育和弘扬当代中华民族精神的过程中发挥其积极作用。

牟宗三《圆善论》对孟告之辩诠释之省思

（中国台湾）蔡家和
山东大学儒家文明协同创新中心访问学者
台湾东海大学哲学系教授

一、前　言

牟宗三先生对于《孟子・告子上》的诠释，主要见于《圆善论》与《孟子讲演录》[①]，前者为牟先生自己执笔，表现较精；后者是学生对牟师上课的录音[②]，则无法细致一一呈现，然大致前者可以概括后者。

牟宗三并未把《孟子》原文全讲，在《圆善论》主要谈《告子上》与《尽心篇》。谈《告子上》的原因在于，《圆善论》主要探讨德福一致的课题，而《孟子》虽没有德福一致的概念，但其论及天爵、人爵辞语，则有近似之处。此《天爵人爵章》在《孟子・告子上》第十六章，《告子上》共有二十章，而牟先生只解到第十六章，乃至于德福问题后则止。又由于《告子上》的文字特别难，牟先生觉得有特别加以述解的必要；一般认为，《告子上》前五章与《浩然章》可说是《孟子》一书最难部分，如陆象山便曾认为，若功力不及，不用于此颠弄精神，此牟先生亦是知晓。

《圆善论》谈《孟子》有两个重点：第一，天爵、人爵可比配于德、福观念[③]；第二，孟子《告子上》的孟告之辩最难解，而中国人的思辨力弱，在当代，中国哲学需要学习西方的主知传统，故于《序言》处牟先生表示，虽是进行孟学研究，也要人加强思辨知识，并以康德的知识分析的方式用以讲德性，以根本恶的解析比配孟子的性

---

① 《心体与性体》也谈孟告辩"生之谓性"，《圆善论》又重新录之，故《圆善论》亦可包括《心体与性体》中的《生之谓性章》。

② 1984 年 1 月至 4 月间，牟宗三先生于香港新亚研究所讲授《孟子》。今由卢雪昆教授据录音整理，杨祖汉教授校订，全文共十讲。当时牟先生 76 岁，如今十讲分别刊在《鹅湖月刊》（2004 年 5 月到 2005 年 4 月，总第 347 期到第 358 期），《圆善论》则于 1985 年出版。

③ 《孟子》一书少用"福"概念，其中有"永言配命，自求多福"，《孟子・离娄上》。此中的"福"近于圆善，依德而来的福。

论。此详于下节。

二、《圆善论·序言》以重知识方识解“生之谓性”

牟先生言：

> 我之疏解《孟子》是取《孟子·告子篇上》逐句疏解之。这一篇文字由孟子与告子辩“生之谓性”起直至最后篇尾止，乃一气呵成者，甚有条贯性。然而两千多年来，真能通解、切解、确解此篇文字者却不易得。只一“生之谓性”即不易辨明。象山即谓“不必深考，恐力量未到，反惑乱精神”。（详见《全集》卷七《与邵中孚》）此虽劝人，然其本人终亦未深考也。程明道亦言“生之谓性”，但成另一义，非告子之原义。至若就“无分于善恶”而涉遐想者皆不相干，如阳明及刘蕺山皆对于告子语有无谓之遐想。朱注顺通文句虽大体不误，然于论辩之经过则不能使人有确切之理解。凡此俱见《心体与性体》第二册《明道章·生之谓性篇》。仁义内在只象山、阳明能切明之，朱子不能明也。①

牟先生在1978年已在台湾大学讲授孟子学，而1984年发表《圆善论》一书，亦是说其酝酿这本书的想法已好几年了。牟先生认为，孟告之辩从头到尾可说是条贯分明，虽然中国哲学的文字少有系统性，然此文字已属佳作，首尾一贯，义理分明。又以为两千多年来，真能确解之学者甚少，言下之意，应是以自己为确解者之一，甚至是其中的佼佼者。

这里还谈到了阳明、蕺山、明道、象山、朱子等人。不过，历代批注《孟子》者，岂只有这些宋明理学的学者？当中原因，应是牟先生属心学，若判其学派归属，而于汉学与宋学择一的话，牟先生当属宋学，而反对汉学②，故其举例之大家系以宋学为主。

牟先生之宗于宋学，与其师承有相关，熊十力尝言：

---

① 《圆善论》，见《牟宗三全集》第二十二册，台北：联经出版事业有限公司2003年版，《序言》第12页。

② “清朝的人讲孟子的时候，把‘良知’‘良能’‘良贵’的‘良’讲成‘好’。甚么叫做‘好知’‘好能’‘好贵’呢？这种讲法不通嘛。清朝的焦里堂就是这一类人，你不能说焦里堂的中文不通，他是故意的，因为他要反宋明儒，戴东原也是这一类，根本没有义理训练。”《孟子讲演录·第九讲》，《鹅湖月刊》（2005年总第357期，第5—14页）。牟先生不欣赏汉学家焦里堂、戴震的讲法。

吾幽居深念，未尝不太息隐憾于清儒之自负讲明经学者，实所以亡经学也。夫清儒治经，正音读，通训诂，考制度，辨名物，其功已博矣！若其辑佚书，征考古义，精校勘，订正伪误，深究语言文字之学，而使之成为独立之学科，其嘉惠后学固不浅。吾于清儒长处，何可否认？然而责以亡经学者，此必有故矣。清儒所从事者，多为治经之工具，而非即此可云经学也。①

熊十力与牟先生都属宋学，且在宋学中，视心学为正，然而宋明理学心学的代表，如阳明与象山，都反朱子学，朱子有格物穷理而求知于天理的要求，而象山、阳明却无，朱子重知识，心学则不重视。如阳明尝言，孝亲的道理一两日讲尽，而象山亦言，不识一个字亦可以堂堂正正做个人。也许可以称象山、阳明为古典心学，至于熊与牟二家却不是古典心学，而是当代新儒家的心学，他们面对的时代问题，是如何以儒家义理摄受民主与科学。故古典心学对知识并不看重，也不喜闻见之知，而当代心学却要重视。若如此，亦可知牟先生对于孟告之辩之困难，何以一定要解明，并强调中国人思辨力之训练的重要。

上文所引熊先生一文，主要是看出牟、熊之间有其学术的相似传承性②。熊先生反对汉学，认为汉学所从事者，系治经之工具，而不是经典生命本身，就此而言，是不及于宋学的，故熊先生较欣赏宋儒，特别是阳明心学③。

在此想要强调的是，牟先生的孟子学诠释有其自己建构体系的立场，一方面取宋学，以心学为宗，另一方面，由于心学对于学问的摄受并不重视④，而牟先生的时代使命则加入知识于其自己的心学体系中⑤。所以牟先生虽认为朱子不懂仁义内在，却仍是择取朱子所解孟告之辩的义理，因为朱子的两层存有，正好可与牟先生的体系相通；

---

① 熊十力：《读经示要》，见《熊十力全集》（三），湖北教育出版社2001年版，第565—566页。

② 牟先生的义理与熊十力先生不全同，然相似度颇高。

③ 于宋明学者之中，熊先生甚是欣赏船山与阳明，内圣取阳明，外王取船山。至于船山的内圣之学常批评阳明，而熊先生则依阳明，甚至认为船山晚年定论已宗阳明。

④ 阳明心学其实也受有禅学的影响，而禅学更是谈明心见性，对于文字施设等并不重视。

⑤ “言至此，尚有不能已于言者，熊先生每常劝人为学进德勿轻忽知识，勿低视思辨。知识不足，则无资以运转；思辨不足，则浮泛而体统。空谈修养，空说立志，虚馁迂陋，终立不起，亦无所修，亦无所养。纵有颖悟，亦是浮明；纵有性情，亦浸灌不深，枯萎以死。……人多不能解其意之切而当下心领神会，以为何以如熊先生之高明而犹宾宾于琐碎之糟粕！不自知其空疏而无似，遂转而枵腹自大，袭取古人话头以自文，动辄言吾虽不识一字亦堂堂正正做一个人。此诚然也，然象山说之有衷气，汝说之只成一遁辞。不识一字固可堂堂正正做一个人，非谓堂堂正正做一个人，便可不须识字也，亦非谓尽不识字者皆可堂堂正正做一个人也。”《圆善论》，见《牟宗三全集》第二十二册，台北：联经出版事业有限公司2003年版，《序言》第16—17页。熊先生《新唯识论》只完成境论，而以不及于量论为恨，量论者，知识论。而牟先生此段，便认为知识也是很重要，不可轻忽。所以他在《圆善论》取康德对根本恶的分析，用重知识的分解方式讲道德，希望对孟告之辩的理解及中国哲学的提升有帮助。

一方面以性即理为形而上，一方面又有气质之性；从知识的然，穷格而为天理的所以然。同时亦取朱子的性之为理与性之为气两端。唯朱子与牟先生义理不能相通之处，乃牟视朱子为“心不即理”，理不能活动而下贯到心。

又牟先生认为，象山劝人于《孟子》难读处不必深考，此表示象山自己也许未能通晓孟告之辩的义理[①]。依牟先生之见，象山学为心学，此学问方向正确，心即于理，懂得仁义内在，较朱子为优，然象山本人对于孟告之辨者，则有未明之处。

关于此，是否真如牟先生所言？如在《朱子语类》提到：

> 孟子之意，是心有所失，则见于言，如肝病见于目相似。陆子静说：“告子亦有好处，今人非但不识孟子，亦不识告子，只去言语上讨不着。”陆子静却说告子只靠外面语言，更不去管内面。以某看，告子只是守着内面，更不管外面。[②]

根据《象山文集》与《朱子语类》之记载，虽象山所谈的告子，常集中在《浩然章》，孟子谓告子不知义，以其外之也。然此义之为外，与孟告之辩中的第四章、第五章是相关的，第四章告子主张义为外，故以“彼长而我长之”与孟子辩。第五章虽主角是孟子弟子，然最后的结论是“然则饮食亦在外也?”这里都是就人性中包含仁义与食色，此皆为内而不是外而发言。故象山已知仁义内在，亦知告子守其言义之外。故牟先生认为象山终未深考，似亦难为定论。因为象山亦不是以注经的方式释孟，所以不易看出他对《告子上》的见解。

至于牟先生认为明道的“生之谓性”不是原义，此为固然。明道谈“生之谓性”提到：

> “天地之大德曰生”“天地絪缊，万物化醇”“生之谓性”（原注：“告子此言是。而谓犬之性犹牛之性，牛之性犹人之性，则非也。”），万物之生意最可观。此“元者善之长也”斯所谓仁也。人与天地一物也，而人特自小之，何耶?[③]

---

① 《心体与性体》第二册，论“明道”章第五节谈生之谓性，牟先生也加入了象山论性的评述，而举了象山四段话，第一段引朱子之语，认为象山不喜人说性，第二段谈心性情才都是一般事，象山认为以心说性便可。第三段谈象山要人面对孟告之辩，不要太用力气，以免精神外用。第四段谈象山言，《告子上》前四章中，孟子亦一一破告子之论。然牟先生质问象山，孟子是如何破之?故牟先生判象山对孟、告之辩亦不清楚。

② 《朱子语类》(四)，台北：文津出版社1986年版，第1236页。

③ 《二程全书·遗书第十一》，《明道先生语一》，《师训》，刘质夫录。

明道以“天地之大德曰生”说性，以生意通贯而为仁说性，此非告子意的生之谓性，却可以近于孟子的性意，非是告子的性意。此可谓明道对生之谓性的创造性诠释。而明道又有另一种说法，其言：

生之谓性，性即气，气即性，生之谓也，人生气禀，理有善恶，然不是性中元有此两物相对而生也，有自幼而善，有自幼而恶（后稷之克岐克嶷，子越椒始生，人知其必灭若敖氏之类），是气禀有然也，善固性也，然恶亦不可不谓之性也。①

这里说善是性，恶亦是性，而告子认为性无善无不善，孟子认为性善，二人与明道的讲法还是不同，故牟先生判明道的讲法不是原意。然而牟先生既然以原意要求明道，则或许认为自己能够得于孟告之辩的原意。不过，牟先生的解释似乎还须斟酌②，此于下文详之。

至于阳明谈生之谓性，其言：

“生之谓性”，生字即是气字，犹言“气即是性”也，气即是性；“人生而静，以上不容说”，才说“气即是性”，即已落在一边，不是性之本原矣。孟子性善，是从本原上说。然性善之端，须在气上始见得，若无气亦无可见矣。恻隐、羞恶、辞让、是非即是气。程子谓“论性不论气，不备；论气不论性，不明”。亦是为学者各认一边，只得如此说。若见得自性明白时，气即是性，性即是气，原无性、气之可分也。③

阳明此书信是《答周道通书》，周道通问为何才说性已不是性，阳明于是有此说明。则阳明是把明道人生以后的性与生之谓性同等之，而认为性与气相即。然程子的“论性不论气”的不备之性，此性是孟子的性，而不是告子的性，而阳明却把告子的“生之谓性”，与孟子的性善之性合而言之，故阳明亦不是孟、告之辩的原意④。

---

① 《二程集》（一），台北：汉京文化事业有限公司1983年版，第10页。

② 牟先生哲学继熊先生而来，都是学问体系的建构，故为当代新儒家。于返本儒家处，再做开新，开出民主科学等，这些都不是儒家所固有。因此，若以创新而言，牟先生的学问事业是相当伟大，然若以原意为准，则牟先生之说亦有未尽于原意之处。

③ 陈荣捷编著：《王阳明传习录详注集评》，台北：学生书局1998年版，第150条。

④ “此是依‘天命之谓性’、‘人生而静以上不容说’、明道‘生之谓性’之新义疏解孟子，把孟子所说之性首先推远到本原上，然后再说‘性善之端须在气上始见得’，此非孟子意也。”见《牟宗三全集》第六册，台北：联经出版事业有限公司2003年版，第222页。此认为阳明的生之谓性非孟子意，可见牟先生要求回到孟子原意。

又如蕺山，曾于《原性》中提到：

告子曰："性无善无不善也"，此言之似之而非也，夫性无性也，况可以善恶言？然则性善之说，盖为时人下药云，夫性无性，前人言之略，自学术不明，战国诸人始纷纷言性，立一说复矫一说，宜有当时三者之论，故孟子不得已而标一善字以明宗。①

蕺山认为"性无性"，故孟子以善言之，亦不恰当，善恶言之都不恰当，而告子以无善无不善言之亦不对，因为性无性，性不可独立而为性，其意思是性不可离心而言性的意思。蕺山说孟子言性善是不得已而下药，这也难说是孟子的原意。

以上牟先生所要表明者，孟子之后，能解孟告之辩者，可谓少之又少，宋学优于汉学，宋学中，如明道、阳明、蕺山、象山等人，虽谈及生之谓性，但常流于创造性诠释，非孟子原意。至于朱子的解法则近于原意，却对于心即理、仁义内在有所不足（牟先生有时批朱子为别子为宗，也视其为他律的道德）。故牟先生的诠释有其时代的重要性，一方面，作为当代新儒家，如何承于宋学，而用以诠释孟子体系；另一方面，对于孟子之难解处，要以知识的解析，为中国哲学划上里程碑。对于孟告之辩，历来能及之者少，而他正要承传此工作。

而牟先生对朱子的孟告之辩诠释，认为有优点、有缺点，其有三点评论：第一，朱子注大体不误；第二，朱注于论辩经过不能使人明白；第三，朱子不知仁义内在。依此，牟先生认为朱子之注亦有不及之处，故须重新疏解。下节便对朱子的诠释进行讨论。

三、朱子对孟告之辩的诠释

牟先生认为，朱子所解孟告之辩大致正确，因此这里即有必要来了解朱子的相关诠释。依牟先生看来，朱注之不善处在于不知仁义内在，只要仁义内在处（其实正是牟先生所言的心即理）打通，再逐字逐句顺通孟告之辩，则朱子的批注就完美了。

不过，这里想提醒的是，即使朱子的注释修正为心即理、仁义内在，还是回不到

---

① 《刘宗周全集》（二），台北：中央研究院文哲研究所1996年版，第328页。

原意[①]。这是本文与牟先生看法不同之处。那么，为何牟先生欣赏朱子的注释呢？理由在于，牟先生此处孟告之辩的诠释，常用到两层存有论，此则近于朱子的理气二元论。

由于牟先生在解释孟、告之辩处，义理架构常用朱子的说法，这里便先检视朱子的诠释。先看朱子对于“生之谓性”一章的诠释，其言：

> 生，指人物之所以知觉运动者而言。告子论性，前后四章，语虽不同，然其大指不外乎此，与近世佛氏所谓作用是性者略相似。[②]

牟先生的二层性义，同于朱子，朱子视气性为知觉运动，即形下的性。牟先生接受这看法，而自己的用语是：所谓知识的或是材质义的性。在朱子认为，《告子上》前四章谈孟告之辩，归结在于告子的主张是“生之谓性”，故其性犹湍水、性犹杞柳，都就生之谓性谈。而朱子又把告子的形下之知觉运动，比配于佛教的“作用是性”，即在用处的不执，而为空性，则佛教亦可被吸纳于儒学之内。朱子视儒家的实理为形上，性即理为形上，至于佛家理为空，故只是作用是性，是形下的，儒家形上、形下之性都有，而佛氏只有形而下的知觉运动之性。朱子如此把告子与佛氏等同。

朱子于此《生之谓性章》又注言：

> 性者，人之所得于天之理也；生者，人之所得于天之气也。性，形而上者也；气，形而下者也。人物之生，莫不有是性，亦莫不有是气。然以气言之，则知觉运动，人与物若不异也；以理言之，则仁义礼智之禀岂物之所得而全哉？此人之性所以无不善，而为万物之灵也。告子不知性之为理，而以所谓气者当之，是以杞柳湍水之喻，食色无善无不善之说，纵横缪戾，纷纭舛错，而此章之误乃其本根。所以然者，盖徒知知觉运动之蠢然者，人与物同；而不知仁义礼智之粹然者，人与物异也。孟子以是折之，其义精矣。[③]

朱子认为，伊川所言“性即理”是万世不可颠扑之语。性中只有仁义礼智，性是人生而静以上不容说处，性是形上。至于朱子眼中的“生”，则是形下之气，性是形上，而生是形下，如何能如告子所言“生之谓性”呢？一个是形上，一个是形下，岂能相比配？这是朱子的理气论，从程子继承而来，程子有“论性不论气，不备”之说，

---

① 朱子注“生之谓性”不准处，理由有四：第一，朱子视动物亦能得仁义之偏，这是孟子所无；第二，朱子的诠释视人与犬牛之不同，在前者得其仁义之全，后者得其偏，然孟子认为，犬性与牛性亦不同；第三，在孟子，似亦不像朱子之分解为理与气，性也不是如朱子所言，只是理，而是仁义、食色都是人性；第四，朱子言性有二性，孟子只有一性。

② 朱熹：《四书章句集注》，台北：鹅湖出版社 1984 年版，第 326 页。

③ 朱熹：《四书章句集注》，第 326 页。

光是形上之理、道德之性，无法解释何以有个性之不同。而朱子认为，人之存在，乃形上与形下的结合体，其中有知觉运动，用当今的话来说，则指人有其动物性，但人还有其形上性，即是道德性，人是此二者的结合。

而人的动物性或是知觉运动，是与禽兽无异；而人的道德性，则人得其全，物得其偏。朱子认为，动物亦为性善，只是不全。这种说法的确是一种创造性的诠释，因为在孟子而言，性善乃人所独有，孟子言："人无有不善"，而不是说"性无有不善"，性既然不是无有不善，就不可言犬性善、牛性善。然朱子的体系认为，牛、犬之性皆善，只是气偏，表现不全罢了。

除此之外，朱子的二层性论，亦与孟子言性只有一性的见解有异。朱子认为，孟子言性要随文看（《论语》亦同），因为有时谈的是材质之性，有时谈的是天地之性，如孔子的"性相近"之说，则是为气质之性，非本然之性，因为本然之性，性只能相同，而不能言相近。然朱子学是一种体系建构，是顺着程子而来的理气论之建构，此为先秦所无。

朱子二层性义之说，在明清之际受到甚多挑战。例如黄宗羲对程朱学的批评，黄宗羲言：

> 别教有云："丈夫食少金刚，终竟不消，要穿出身外，何以故？金刚不与身中杂秽同止。"故天命之性，岂特如金刚？一切清浊偏正刚柔缓急，皆拘他不得。如谓水本清也，以净器盛之则清，不净器盛之则臭，以污泥之器盛之则浊，本然之清，未尝不在，但既臭浊，猝难得清。果若是，则水一性也，器一性也。性之夹杂如此，安所称"无极之真，二五之精"乎！[①]

黄宗羲认为，若有天地之性与气质之性，而天地之性又是性落在气质中而夹有气质者，则天地之性亦可分离于气质，而回到"人生而静以上不容说"之境地。如同金刚不愿与杂秽同住一般，此为二物之相合，而可相离，故黄宗羲反对朱子的二性之说。在周子的《太极图说》，朱子尝释太极是理、是性，因此若真有二性，有天地之性，又有气质之性，则夹杂如此，岂为二五之精，岂为纯乎？

黄宗羲反对二性之说，系本于其师蕺山，蕺山认为只有气质之性，更无义理之性[②]，亦是要把二性之支离合一。更早则东林学派孙淇澳亦已反对朱子的二性之说，孙氏认为：

---

① 沈善洪主编，吴光执行主编：《黄宗羲全集》（一），第138页。

② "凡言性者，皆指气质而言也。或曰：有气质之性，有义理之性。亦非也。盈天地间，止有气质之性，更无义理之性。如曰'气质之理'即是，岂可曰'义理之理'乎？"黄宗羲：《蕺山学案》，《黄宗羲全集》（八），第905页。

> 若禀气于天，成形于地，受变于俗，正肥硗、雨露、人事类也，此三者，皆夫子所谓习耳。今不知其为习，而强系之性，又不敢明说性，而特创气质之性之说，此吾所不知也。如将一粒种看，生意是性，生意默默流行便是气，生意显然成象便是质。如何将一粒分作两项，曰性好、气质不好。故所谓善反者，只见吾性之为善而反之，方是知性。若欲去气质之不善，而复还一理义之善，则是人有二性也。二之，果可谓性否？①

孙氏认为，朱子认“习”字太窄以致不知性、习之分，而强分以天地之性与气质之性以诠释《孟子》，果真有二性乎？《孟子》原文并无二性之说，孙氏认为于《孟子》此章，若能懂得将性与习，用先天与后天来做区分，则可以解通《孟子》全书，而不必强分天地之性、气质之性。

孙氏与黄宗羲更引此章，用以诠释《孟子·告子上·第七章》，其中的原文提到："口之于味，有同嗜也，易牙先得我口之所嗜者也。如使口之于味也，其性与人殊，若犬马之与我不同类也，则天下何嗜皆从易牙之于味也。"② 这里清楚地说，口之于味也是性！若如此，孟子的性义该如何解释？依笔者之见，孟子只有一性，性中有口之于味、目之于色等，也有仁义礼智之端，故性中有食色，亦有道德，而不必如朱子的区分为二性之说。

由于牟先生采朱子的二元分解方式以论性，故本文此处讨论朱子的孟告之辩中的性论是否合理。在明清之际，反对朱子的二元性论学者甚多。朱子以告子的生之谓性为知觉运动之性，而不及于道德性；然孟子言性，两层都及之，形上的道德性与形下的知觉材质之性皆言及。无论如何，朱子的二元性论，为牟先生所宗主，而只修改朱子的性即理为心即理。本文于此则对朱子的二元性论是否合于孟子原意来提出质疑。

四、牟先生对孟告之辩的诠释

《孟子》一书记载孟、告之辩者，共有五章，前四章是孟子与告子的论辩，第五章是孟子学生公都子与孟季子的论辩，内容亦是讨论义内或义外的问题，亦可视为孟告之辩的延续。至于牟先生的诠释，由于他认为历来学者对孟告之辩皆无善解，又感叹中国人的思辨力之弱，故牟先生对这几章几乎全解：第一，白话翻译；第二，阐述义理；第三，对其中义理又加以评论。

笔者以为，牟先生之诠释较为特殊处有二，以下尝试论之。在《告子上·第四章》

---

① 孙淇澳：《困思抄·气质辨》（万历本），第20页。又可参见沈善洪主编，吴光执行主编：《黄宗羲全集》（一），第137页。

② 《孟子·告子上》。

处，孟子与告子论辩内容如下：

> ［告子］曰："吾弟则爱之，秦人之弟则不爱也，是以我为悦者也，故谓之内。长楚人之长，亦长吾之长，是以长为悦者也，故谓之外也。"［孟子］曰："嗜秦人之炙，无以异于嗜吾炙。夫物则亦有然者也。然则嗜炙亦有外欤？"①

这一章讨论告子的见解，仁何以为内，义何以为外？告子认为，吾弟乃血缘关系，此生而有，故为内，且仁主爱，而秦人之弟没有血缘关系，故为外，故不爱，这也是解释何以仁为内的意思。悦与不悦，依着我之血亲而有悦、不悦之别，此生而有之而为内。至于义，则长楚人之长，亦长吾之长，不是以我为悦，长是对象客观的，非我决定的，故为外，义者敬重也，敬重由对象决定，非我主体决定。这是告子的论辩。

至于孟子的回答，则以嗜炙为例，炙虽在外，但能嗜的主体在于内，则反问告子难道嗜炙亦有外欤？此乃以我为悦，为何以我为悦呢？因为"理义之悦我心，犹刍豢之悦我口"，天下皆从于易牙之普遍性，此普遍性亦不从外来，人这一类的天生决定性的口味之欲，而是天生本有，故为内，乃因人性之口之于味，如同心之于理义，都是本有的②，而不同于禽兽，一方面，禽兽无道义，二方面，禽兽之内在本有之饮食亦不同于人。③

此一章旨在言义之为内，结果孟子是以饮食之为内，折服告子。此证明了饮食与义同为性，性是本有、固有。

至于牟先生的诠释，其捉准孟子的仁义内在来做阐释，但在诠释过程中，还是将二层性论的义理掺于其中。牟先生对此《告子上》第四章诠释言：

> 这是以同嗜之不能定嗜炙由外表示亦不能以同长定义外。孟子此例亦只是依一般常情而论。其实嗜炙既是口味问题，亦不必有同嗜，此同嗜之同并无必然性。又这只是随同长举同嗜为例方便表明同长不必能表示敬长之义是

---

① 《孟子·告子上》第四章。

② "孟子曰：'理义之悦我心，犹刍豢之悦我口'，非喻言也，凡人行一事，有当于理义，其心气必畅然自得，悖于理义，心气必沮丧自失，以此见心之于理义，一同乎血气之于嗜欲，皆性使然耳，耳目鼻口之官，臣道也，心之官，君道也，臣效其能而君正其可否。"《戴震集》，上海古籍出版社 1980 年版，第 272 页。戴震以血气心知之一本，用以诠释人性中有理义，亦有食色，都是人性中的血气心知。故视刍豢之悦口不是喻言，而是人性的一部分。

③ 船山言："毛嫱、西施，鱼见之而深藏，鸟见之而高飞，如何陷溺鱼鸟不得？牛甘细草，豕嗜糟糠，细草、糟糠如何陷溺人不得？"《船山全书》第六册，第 1066 页。这意思是指人性之食色自与禽兽不同。

> 外，实则告子亦不是单以同长来表示义外，其要点只在义随客观事实而定，故谓之外。客观是什么，我就应当说它是什么。这种应当之义是由客观事实而定，亦可以说由认知之知识而定，亦可以说是“义者宜也”之义，例如冬天宜于裘，夏天宜于葛，凡此皆无道德的意义。①

孟子以嗜炙而折服了告子，牟先生却在诠释中认为，这亦无所谓的必然性，口味与冬日裘裘等都无道德的意义。笔者认为，这里牟先生受了康德的道德原则与幸福原则二分的影响，以致有如此判断，似乎孟子的论证性亦不必然。然这恐怕不是孟子的意思。

牟先生视告子的见解为实在论的头脑，此可得于告子的义理。而牟先生对于孟子的回答，是有点不认同的。牟先生认为嗜炙是口味问题，不必有同嗜，故此无必然性，若无必然性，则告子刚好可以反驳，因为若有人嗜炙，有人不嗜炙，则此义内之说，又如何能得其证明，此例正好不能反驳告子。因为每个人的主观嗜炙不同，反而要依从于客观，则论辩结果反而是告子得胜。也因为牟先生的诠释中，提出了一个一般性与必然性的区别，其认为道德的性善是为必然性，人人如此，不可反对；至于嗜炙性，则人人可殊，有人嗜中式口味，有人嗜西式口味，则人人不同。

但牟先生的诠释其实已加进康德的义理②。康德《道德形上学基础》一书中，视道德是绝对而必然，至于幸福，则为相对的。如今牟先生把康德义理套用于孟子③，于是觉得孟子之反驳，力道并不够。因为若用口味而言，则人人口味不同，牟先生又举“冬宜于裘，夏宜于葛”，这些都是幸福，而不是道德，都没有必然性。然而，这是康德的思路，不是孟子的思路。

孟子对于嗜然之饮食，视之为内在本有，是有必然的性，孟子言：“理义之悦我心，犹刍豢之悦我口。”又言：“口之于味，有同嗜也，易牙先得我口之所嗜者也。如使口之于味也，其性与人殊，若犬马之与我不同类也，则天下何嗜皆从易牙之于味也？至于味，天下期于易牙，是天下之口相似也。”④ 孟子认为，人性的饮食之嗜与犬马之嗜是类上的不同，故饮食之欲亦不同，人之嗜炙是有其相同性的，天下人的口是相似

---

① 《圆善论》，见《牟宗三全集》第二十二册，台北：联经出版事业有限公司 2003 年版，第 14 页。

② 孟子谈天爵、人爵，固然有近似于康德的道德与幸福、先验与经验之二分，但在性上只有一性，不可如朱子、康德、牟先生一般，在性上又分为德道与幸福，而是性中既有仁义亦有食色。

③ 康德言：“他意欲财富吗？则将有多少忧心、忌妒，与轻蔑，他可不因此财富而引到他身上来！他意欲知识与明察吗？那或许证明只是一种如此更锐利的眼光足以把那‘现在虽暂时对他隐蔽（潜伏），而他终不能避免’的如此更可怕的罪恶指示给他，或足以把那更多的欲求置于那‘早已使他十分关心’的欲望上！他愿有长寿吗？有谁能保证他那不是长期的受苦？”牟宗三译：《康德的道德哲学》，见《牟宗三全集》第十五册，第 54 页。

④ 《孟子·告子上》第七章。

的，而不同于犬、马。

至于牟先生的诠释，视孟子的回辩只到一般性，而没有必然性，这反而会把孟子判为败方，以牟先生未能顺于《孟子》一书的脉络，而是以外在的康德义理来诠释，而康德旳先验、经验之两层存有，正好与朱子的理气论接近，而可以相接轨。然如上文所云，朱子的诠释与孟子原意亦有差距。

而关于《告子上·第五章》的理解，牟先生对孟子似乎更是缺少同情与理解。第五章中，论辩者已不是告子与孟子，而是孟季子与公都子，公都子代表孟子，孟季子则代表告子，前者为义内之说，后者为义外。第五章提到：

> 孟子曰："敬叔父乎？敬弟乎？彼将曰：'敬叔父。'曰：'弟为尸，则谁敬？'彼将曰：'敬弟。'子曰：'恶在其敬叔父也？'彼将曰：'在位故也。'子亦曰：'在位故也。'庸敬在兄，斯须之敬在乡人。"季子闻之曰："敬叔父则敬，敬弟则敬，果在外，非由内也。"公都子曰："冬日则饮汤，夏日则饮水，然则饮食亦在外也？"①

公都子为孟季子的义外所难，而求援于孟子，孟子教以回辩之方法，而孟季子还是非难之。而公都子最后援引饮食内在，以让孟季子折服。如同第四章一般，告子已承认"食色性也"，孟子亦不反对，于是孟子以食色之喻让告子明白，嗜炙之饮食欲望亦为性，亦为内在。至于此章，亦是以饮食做回辩。而朱子认为，第四章的回辩是与第五章的方向一致的，即孟子以嗜炙之为内在回辩，同于公都子以"冬日饮汤，夏日饮水"的回辩，二人（孟子与公都子）的方向一致，都是在谈义内，而以饮食为内以辩之。

何以仁义之为内，而与饮食为内相关呢？因为性中有仁义，亦有食色，两者都是固有而本具者，故为内在。朱子在此提到："此亦上章嗜炙之意。范氏曰：'二章问答，大指略同，皆反复譬喻以晓当世，使明仁义之在内，则知人之性善，而皆可以为尧舜矣。'"② 朱子认为此章与上一章的宗旨相同，用以晓喻告子仁义内在。而赵歧的见解是："汤、水虽异名，其得寒、温者中心也。虽随敬之所在，亦中心敬之，犹饮食从人所欲，岂可复谓之外也？"③ 赵岐认为，敬虽随外，但必要有心中的敬心，若无此，则亦不敬，故不可视敬为外；同样地，水、汤因时而异名，但能喜其寒温者，乃因生性如此，此饮食之性是内在、生而有之，非可外之也。

但牟先生的诠释则与以上学者都不同，不同于赵岐，亦不同于朱子，而较朱子极

---

① 《孟子·告子上》第五章。

② 朱熹：《四书章句集注》，第328页。

③ 见赵岐注：《孟子·告子上》第五章，引自《十三经注疏》。

端些，牟先生言：

> “冬日则饮汤，夏日则饮水，然则饮食亦在外也?”案：公都子如此答可谓不伦不类。言至此，可谓一团乱丝，纠缠不清，完全迷失。冬日饮汤，夏日饮水，正如冬日宜于裘，夏日宜于葛。孟季子与告子正由此说义外，何竟陷于其中而又发“然则饮食亦在外也”之问而期图明饮食为内？冬日饮汤，夏日饮水，表面看，似与前孟子所说“嗜秦人之炙无以异于嗜吾炙，然则嗜炙亦有外欤”相同，其实完全不同。嗜炙发之于尝觉之悦，故可方便由之以明悦由内发，而冬夏之异饮则随时而转，与嗜炙之同嗜完全不同，何可相类？公都子此答甚无谓，可以不理。[①]

朱子认为，第四章与第五章宗旨一样，前者就嗜炙以明饮食内在，仁义内在；后者就冬日饮汤、夏日饮水，以明饮食内在，仁义内在。但牟先生认为，孟子于第四章，是以嗜炙的一般性以明仁义内在，此尚可说得过去，至于公都子的讲法则不伦不类。

其实牟先生在第四章的解法，已经有些反对孟子了；因为嗜炙之说尚达不到道德的必然性，乃因饮食只有一般性，可能人人殊嗜，有人好西式餐饮，有人好中式，则人人不同，没有必然性。然如上文笔者所言，这是在康德的幸福观之下所做成的解释，孟子却不如此。而今，牟先生认为冬日饮汤、夏日饮水，更是证明仁义外在、饮食外在，此因着外在气候之变化，而人随顺于外，反而告子、孟季子是胜方，而孟子、公都子是败方了。

当然，牟先生于此可有自身之论断，然而，若真如牟先生所言，则公都子是败方，既是败方，则可有以下合理的疑点：首先，《孟子》一书是孟子与学生一起编著的[②]，孟子为何还把自己论辩失败的过程引用出来（自己与学生之说败给了告子与孟季子)？孟子何不直接删去即可。第二，若公都子所言有误，为何孟季子不再反驳？

再者，即便是较近于牟先生的朱子，在此亦与牟先生的解法不同。朱子心目中并未把性义如康德般的极端二元化而为道德与幸福，而牟先生有。

至于《孟子》的原文，第四章谈到“然则嗜炙亦有外欤?”第五章提到“然则饮食亦在外也?”也就是若反对第四章，则亦该反对第五章，若肯定第四章，则亦该肯定第五章，如朱子与赵岐，肯定第四章的嗜炙为内，故肯定第五章的饮食为内。至于牟先生的见解，我们也可以说他的见解一致，既反对第四章，又反对第五章，因为在第

---

① 《圆善论》，见《牟宗三全集》第二十二册，台北：联经出版事业有限公司2003年版，第18页。

② 朱子《孟子序说》引《史记列传》，提到：“而孟轲乃述唐、虞、三代之德，是以所如者不合。退而与万章之徒序诗书，述仲尼之意，作孟子七篇。”朱熹：《四书章句集注》，第197页。这里记述到《孟子》一书的编者之一，正是孟轲。

五章，牟先生批评公都子不伦不类；在第四章，认为以嗜炙为内，亦只有一般性，而没有必然性。不过，这里牟先生的判断根据，却是偷偷地以康德为宗，以至于面对《孟子》，一方面反对公都子，另一方面，甚至把孟子于第四章之回答也否定了。

若看到牟先先解告子上第三章，其真有反对孟子。倘若依于孟子自己的见解，其正是要“正人心，息邪说”，而依于牟先生，孟子的论述亦有误，这大概是孟子本人不愿意承认的事。以下可参见牟先生于《生之谓性章》处如何诠释孟子，又指出孟子的错误为何？牟先生先对此章做出白话翻译，并加上案语，言如下：

> 孟子问曰：性者生也，如其生之自然之质谓之性，此是分析语，犹白者说为白，是这个意思吗？（案：此“犹”非）。
>
> 告子答曰：是。（案：此答非是。）
>
> 孟子又问曰：那么白羽说为是白的就好像白雪说为是白的，白雪说为是白的就好像白玉说为是白的，是吗？
>
> 告子答曰：当然是。（案：此答是。）
>
> 孟子又问曰：此既如此，那么犬之生犹牛之生，牛之生犹人之生。既如此，然则犬之性犹牛之性，牛之性犹人之性吗？（案：此模拟非是。）①

括号内加有牟先生的案语，其案语的评断，告子对了一个，而错了一个，至于孟子则有两处错误（孟子此段有三问，而有二问有误）。告子若有误，其实也不是我们关心的，因为此书以孟子为标准，故告子常有误，而《孟子》一书正是要彰显孟子学说的正确性。而牟先生却认为孟子此中的推断有了两处错误②。

这便是问题之所在。若依于孟子本人，会说这一段自己有两处错误吗？这正是站在孟子的角度，与站在牟先生的视角而言之不同，至于牟先生要求得到孟子原意，应该是站在孟子角度，以孟解孟，同情理解才是。

依上文，牟先生认为孟子的两个错误，第一，生之谓性，犹白之谓白，这里的推论比喻，“犹”字的运用不恰当。第二，孟子所言，然者犬之性犹牛之性，牛之性犹人

① 《圆善论》，《牟宗三全集》第二十二册，台北：联经出版事业有限公司2003年版，第6—7页。

② 牟先生言：“同‘生之谓性’是就个体生命之自然之质而说性，此是理解性的一个原则。将此原则应用于人，可如人之自然生命之自然之质而说其性；应用于犬牛等，可如犬牛等之自然生命之自然之质而说其性；此即为‘如其生之自然之质谓之性’。同是‘生之谓性’（原则同），而‘如其生之自然之质’而说的性可各不相同。故‘生之谓性’并不函‘犬之性犹牛之性，牛之性犹人之性’。孟子此推辩显然有误，告子不及知也。”牟宗三：《心体与性体》第二册，见《牟宗三全集》第六册，第163页。牟先生之论“生之谓性”，早在五十多岁写《心体与性体》时已做讨论，七十多岁写《圆善论》时，大致义理没改变。又从其著作年谱看来，牟先生这二十多年的心力大多放在《佛性与般若》等书，及康德的翻译与消化上。

性，这里的推论亦不当。

先看第二个牟先生认为孟子有误的推论。牟先生在《心体与性体》第二册曾言："故'生之谓性'并不函'犬之性犹牛之性，牛之性犹人之性'。孟子此推辩显然有误，告子不及知也。"① 亦是说告子的生之谓性，其实是不必推论出"犬性犹牛性，牛性犹人性"的。以下抄出《圆善论》原文来做说明：

> 盖"生之谓性"既是一原则，当然可以到处应用，用于犬把犬之自然之质说出来，用于牛把牛之自然之质说出来，用于人把人之自然之质说出来，然而这既不等于说"犬之生（个体存在）犹牛之生，牛之生犹人之生"，一切生皆是生，同是个体存在，因为这并没有说什么；亦不等于说"犬之性犹牛之性，牛之性犹人之性"，因为虽都是"生之谓性"，然"自然之质"之实却各有不同。夫既如此，你何以能根据白羽之白犹白雪之白，白雪之白犹白玉之白，而推至犬之性犹牛之性，牛之性犹人之性呢？这是孟子的第二步错误。②

牟先生认为"生之谓性"作为一原则，则等于是把生物的自然之质说出，如人性是人的生物自然之质，此自然之质，是类概念的生物之质，仍是就知觉运动处所言的生物之质，而尚未至于人之所以为人的道德存在。以至于"生之谓性"一语所函着，并不能从白羽之白犹白雪之白，而推牛性同人性，人性同犬性。因为"生之谓性"都在生物层面上发言，不能推出道德价值，实然推不出应然。

不过，这里可以举出牟先生推论上的一个盲点。他认为在"生之谓性"之上还有一个道德之性③，故要区别人、禽，则要在道德上区分，而不是从"生之谓性"处可以推出"人性犹牛性，牛性犹犬性乎"之反问，因为在"生之谓性"的层次上，都是动物性，都是知觉运动之性，人有饮食男女之欲，动物亦同，此推不出人性别于牛性之处。牟先生反对戴震用血气心知（性）、类概念用以诠释人性、牛性之不同，而要在类概念、生物层次的知觉运动之上再找一个道德性，始能区别人、牛。然究其实，类概念的见解不必同于牟先生的认知，其视之只有动物性，但戴震的见解是类之用以区别人、禽，不只是在动物性层次上，人能以情絜情，动物不能④，这也是类概念。牟先

① 《牟宗三全集》第六册，第163页。

② 《牟宗三全集》第二十二册，第8页。

③ 真实而言，人性就已别于犬性了，人性的道德与食色都与动物不同，不必如牟先生，视人生在生物层上与动物不同，在道德层上又与生物不同，而有两性之说。

④ 戴震学的类概念是指生而有之，是存有论的，即人这一类在与生俱来即与动物不同，人是一种道德的存有，而动物不是。

生把类概念置于只有生物食色层次而言，故觉得孟子的推论有误。

这里，也许可以尝试对《生之谓性章》白话诠释如下："告子说生（存在）之谓性，乃就性也者生也，生也者性也，二者可以互相定义而言，所谓性就是存在，存在就是性。于是孟子问：您所谓的生之谓性，就像白之谓白一般吗？生者性也，性者生也，如同白者白也，如此一般，是吗？告子回答：是。于是孟子又问，白羽的白与白雪的白是同一白吗？告子回答：是。孟子回答：依您所说，那么犬性犹牛性，牛性犹人性吗？告子不语。"

又此章的义理可解析如下：孟子的推论是一种归谬证法，即先接受告子的前题"生之谓性"，以至于最后产生矛盾（犬性犹人性），故生不可与性互训。其中的白雪之白、白羽之白可共相出一个白，如同告子所谓"生"的意思，生者大家都同，牛也是存有，马也是存有，人也是存有，犬也是存有，就存在这一点，大家都同；至于性，则是类上的殊别，即性落在人身上与犬身上，则表现不同，人有其推理、道德，而犬则无，故生者是大共相，而性者是类之殊相，故二者（生与性）的内容与外延（外延是指概念所能运用的范围，如人概念，则包括古人、今人，国人、外国人、所有人）不可等同。生的外延可用在所有物，性虽也可用于所有物，但是性是随不同类物而有，不同类则有不同性，故性者，则要分殊，人性不同于牛性，牛性亦不同于犬性。

故孟子反对"生之谓性"，是反对生与性之概念运用的不等同、不兼容，故生不可以性训①，而不是反对"生之谓性"之生物层次的性，孟子若反对之，则食色之性也要反对，人之吃喝亦不合法，但明显地，《告子上》第四章，告子言"食色性也"，孟子并不反对。

以上是本文对于《生之谓性章》的诠释，以本文观之，孟子并无错误。

然而，牟先生之所以有如此判法的根据为何？下段文字也许更为清楚，牟先生言：

> 然则纵使告子依理可以如吾上所拟者而答辩，即答辩说：虽都是"性者生也"，仍可表示出犬之生之自然之质之实不同于牛者，而牛者亦不同于人者，以明孟子推论之非，虽可如此，然而孟子仍可据其所想之"异"以驳斥"生之谓性"一原则而谓其仍不足以表说出其心中所想之人之所以异于犬牛者之异。然则"生之谓性"一原则所表说的犬牛人之性之异是何种异，何以仍表示不出人之所以真正异于犬牛者，又孟子所想之"异"是何种异，何以

---

① 告子以生来说性，性本是用以区别类，如人性、犬性之不同，如今性以生释之，则人亦存在，犬亦存在，则区别不开，则人禽无别，犬牛无别。之所以于此章末推出牛之性犹犬之性之诘问，是因为告子肯定了生与性之范畴外延一样大所导致，然在孟子的概念，生是存在，外延（指概念所能运用的对象）甚大，就牛是存有，人是存有，人人相同，万物相同，但就性就不是万物相同，性若在不同类，表现便不同。

独能表示出人之所以真正异于犬牛者，此不可不首先予以决定也。①

在牟先生而言，人之所以异于禽兽者的异有两种异，一种是生物学上的异，一种是道德上的异，而孟子要表明的是后者，即道德上的异。亦是说以生物学而言，人与犬异，此是生物上的归类原则不一，人的饮食与犬亦不同。但这不是真正的异，真正的异是道德的异。在牟先生而言，则有此两层存有的见解，故其人禽之异亦有两种，而以道德的异为主。

然而孟子只有一种性论，而不是如牟先生所言：孟子既懂得形上的性，又懂得形下的性，而告子只懂得形下的生之谓性。依于孟子，只是一性！而且性善是就人性而言，人性之为类概念，不只是生物学上的，也是道德的，人之存有是道德的存有，动物无与，人有道德，动物则无，人之饮食亦不同于其他动物，一性之中，既有道德，亦有食色，如此诠释孟子则顺，不必反对告子的食色之性，真实而言，孟子亦不辩告子的食色之性。

牟先生又认为，告子其实可以回答孟子质问，因为牛之性是不同于犬性的，但这是在“生之谓性”的层次，而不是道德的层次（现实上告子并无回答，一般认为告子是败了，而牟先生认为告子被孟子的语言所惑了，而不知其实有回答的空间)。牟先生的预设概念，在于把道德与食色之二分，把道德与幸福二分，于是有二性，于是有“生之谓性”上的人、犬之不同，又有一种是在道德性上的人、犬之不同。然这是孟子所无。

吾人认为，孟子与告子辩，虽常以人、禽之不同，人有道德价值而动物则无辩之，但不是每一处都以道德辩之，如仁义内在一段的论辩，只要辩其仁义与饮食一样内在则可，不必处处举出道德以论之。甚至《生之谓性章》，其实只谈到各类的不同，如犬性、牛性、人性的不同，至于人性是否为善之处，此章尚未精细论之。若孟子处处都以道德折服告子，则在《生之谓性章》“犬之性犹牛之性?”犬性亦不同于牛性，此何道德之有？此章只是说生与性之范畴不同，不当如告子比配在一起。也就是说，孟子言性，只有一性，未有二性，不用如牟先生的两层的性②。孟子之论性，是一性而两名(两名者，理与气，道德与食色，即性中有道德，亦有食色)，非两性而一体（牟先生与朱子都认为有形上道德性与形下的知觉之性合而为人性)。

至于牟先生所举孟子《生之谓性章》的第一个错误，如下：

其语意是“生而有的自然之质就是性”，这明是说性的一个原则。“生”

① 《牟宗三全集》第二十二册，第8—9页。

② 牟先生的二元性论刚好合于朱子，朱子认为孟子论性要随文看，有时谈天地之性，有时谈气质之性。然而孟子只有一性，非如朱子之说。

等于个体存在，个体存在时所其有的“自然之质”曰性，而个体存在并不等于性。是则“性者生也”或“生之谓性”并不同于“白之谓白”（白说为是白）。告子辨别不清而答曰“是”，……这是孟子之误解（想的太快），把“生之谓性”（性者生也）误解为像“白之谓白”（白说为是白，白者白也）一样。这是第一步错误。①

牟先生认为，“生之谓性”与“白之谓白”是不同的，后者是同语重复，也是套套逻辑，与“生之谓性”不同。而告子回答“然”，牟先生则认为告子为孟子所惑。依笔者之见，孟子其实是一种归谬证法，即肯定您的前件、生之谓性，推出矛盾，故生不可谓性。告子、孟子谈的是生与性之间的关系，而不是肯定或否定“生之谓性”。至于“生之谓性”，何以能推出“白之谓白”呢？生者性也，性者生也，生与性互训，有存在则有性，有性者则有存在，故推出“白之谓白”。

至于整章后段所言，白是大家所共，无论是白羽、白雪、白玉，共有此白，如同大家共有生（存在），但性却是落在类上的殊相，落在羽、雪、玉上的殊性，牛性与犬性与人性则都不同。白代表着生，大家同此白，雪白、羽白同一白；性代表着殊类则殊性，牛性与犬性与人性三者都不同性。生与白是共相的，而性却无此共，只在类上显，人性可以皆同，但跨出人性之外，人性则与牛性、犬性都不同。如孟子诘问告子：您所谓的“性也者生也”这讲法，就如同白物都共有此白，是吗？（告子答：是）若然，则性以比配白物（如白玉不同于白羽，但就白而言相同），而生比配于白。

以上，乃是试着回到孟子角度而来进行解析。若依牟先生，则是套以二性之说，一种是知觉运动的性，人与物亦不同，犬与牛亦不同；至于道德性又是一性，则人与牛犬不同。二性之解，即如朱子所为。若如此，则孟子以道德性反对生物学之性，于其下章处，又如何能不反对食色之性呢？然而孟子只反义之为外，而且接受了告子的食色性也的说法，认为嗜炙亦性也，亦不在外。

五、结语与反思

牟先生一方面取朱子的二性说，另一方面又取康德的道德、幸福之区分，用以诠释孟子，此二人（康德与朱子）亦有相近之处，如实然不该推出应然的说法。但孟子论性，其实既是实然又是应然，实然中有应然，即生而有的类概念之性，其中人是道德的存有，而动物不是。

本文主要是对牟先生于孟、告之辩的诠释再做爬梳。其实，若回到如赵岐等人的

---

① 《牟宗三全集》第二十二册，第7—8页。

脉络，其诠释早准了，只是牟先生接受了朱子的判准以及康德的义理，对孟子便少了几分同情理解。牟先生自言其标准要取孟子原意，因此本文即尝试贴回原意而来述解。笔者以为，如朱子或如牟先生之释孟，已属体系之建构，用以重新赋予孟子文本新生命，就此而言，牟先生与朱子学皆有其贡献，然而，若欲标志为原意，则应有所保留。

本文大致分为三节。第二节，谈到牟先生《圆善论·序言》中，对于孟告之辩，特别是《生之谓性章》的义理阐释，其叹中国人的思辨力之弱，而以康德的理性范围内之宗教之根本恶而做补充。于其中，认为明道、阳明、蕺山等人的“生之谓性说”皆非原意，故有牟先生《圆善论》一书的出现。

第三节，主要谈朱子对孟告之辩的诠释，此系顺着牟先生认为朱子的诠释大致正确而来。然而，若以原意要求朱子，则朱子与原意亦有距离，牟先生取朱子，而本文不取。

第四节，谈牟先生《圆善论》第一章。主要是孟告之辩处，在《告子上》第四章，牟先生认为，以嗜炙之同以反对告子，其实达不到必然性；《告子上》第五章，牟先生认为，公都子以冬日饮汤、夏日饮水，此诠释不伦不类；《告子上》第三章，牟先生视《生之谓性章》孟子的推论，其中错误有二。然而，依于本文之检视，牟先生之判论应已先取康德、朱子义理而为框架，以至于与孟子经典产生距离。牟先生既取康德的义理，故认饮食是一般性而言，未达到必然性，但在孟子，并无一般性与必然性之区别，此系以今述古，而有距离。

以上，乃就朱子学及牟先生以来的孟学诠释所做的反思。朱子学与牟先生都是新儒学，前者称为新儒学，后者称为当代新儒学，都有其创新性，也都加入外来义理以使儒家体系更为多元，的确有其贡献，但若要回到《孟子》本身，个人学问体系的制约则应愈少愈好。

用孔子智慧建设乐和家园

——从曲阜书院村说起

廖晓义
北京乐和社会工作服务中心主任

在山东曲阜的泗水河边，有一个平常的村庄，却有着不平常的名字：书院村。因为与这个村庄一墙之隔，有一座不平常的书院“洙泗书院”。洙泗书院位于洙水和泗水之间，儒家文化发源地即在此。孔子周游列国返鲁，在此删诗书、定礼乐、赞周易，聚徒设坛讲学。汉代至宋金均名洙泗讲堂，元代改称洙泗书院。因此，洙泗书院就是儒家祖庭。紧挨着这座书院的乡村因此得名为书院村。

2014 年 10 月，北京地球村受曲阜市委市政府邀请，为乐和家园建设提供社工服务。我第一次走进这座当时还是未开放的省级文物的洙泗书院时，深深为其静穆深沉的历史文脉所震撼，并且希望就在书院身边的村庄建设乐和家园试点。但有关领导好心建议我们不要选这个村做试点，因为这个村庄硬件条件不够好，更重要的是各种矛盾问题不少，既然是试点，最好先易后难，另选一个条件好些的村庄来做。我谢谢这份关切后还是选择了书院村，理由是“谁让这个村庄就在洙泗书院旁边呢？如果传统文化不能帮助今天的乡村建设，为什么我们需要传统文化呢?”于是我带着团队，带着“守望儒家祖庭共筑儒乡书院”的共识走进了书院村。

三个月后，古老的“礼运大同篇”成了妇孺老少能诵会唱的“流行曲”；过去冷漠自私的村民，现在能够积极参与村里的公共事务；过去从不登台的妇女，现在成了小剧场的演员；过去一毛不拔的村民，能把家里的老农具老家具捐给村里的“乡村记忆博物馆”；过去不懂礼貌的孩子，现在见到长者能够鞠躬，而大多数村民学会了以传统礼仪相见。节日节气成为日常的公共生活，村民的义务大扫除成了常规，公共区域植绿护绿成了本分，为公共事务出力，为食育工坊捐物，为公共基金捐款，也成了几乎家家参与、人人争先的风尚。这个过程中，许多乡贤站出来分担公共责任，村干部也不同程度地改进了工作方法和工作作风，使得干群关系得到显著改善。村民们受到更多的尊重，村干部受到更多的尊敬。守望相助、天下为公的儒家思想在这里播下种子，成为看得见、摸得着、走得进的百姓生活。

听到有人感叹书院村“三月大变”，我问村书记，果真是三月大变吗？他回答：“哪里是大变，是巨变！”

书院村的故事，只是乐和家园8年实践中又一个令人欣喜的例子，自从2008年我带领团队走进地震极重灾区彭州通济镇大坪山实地乡村建设以来，还遇到过许多令人欣喜甚至令人惊喜的实例。从四川的大坪山到巴渝的巫溪县，从重庆的主城南岸区的乐和社区，到湖南长沙县的乐和乡村，从杭州的永和镇到贵州的对门山，乐和家园的种子总是能开出花结出果。尽管地域不同方言不同，但其中总有共同的历史基因，这就是中华共同体文化。

如果我们不以现代西方的术语和标签，而以中华文化的本质来理解中国社会的特质，可以看到，中华文明一脉相承五千年，是有她的治理智慧和治理结构的。中国的天地人和的道统是学统的内容；学统给政统输送修身齐家治国平天下的人才；而政统是挺道统的。道统、学统、政统是中华民族几千年生生不息的顶层设计。她还有自己的底层设计，这就是乡村的祠堂、学堂和中堂。

学堂是学习空间，每一个乡村都有私塾和乡绅，培养出很多人才；祠堂是公共空间，处理很多的公共事务，包括矛盾的化解、环境的维护、老人的照顾、小孩的教育以及这个社区的诸多的其他公共事务；每一个中国人家里有一个中堂，是生活空间和精神空间。正是基于三堂的信仰支撑了生活，也是根于三堂的生活留住了信仰。

一代又一代的中国，通过道统的信仰而传递，通过学统的养育而传播，通过政统的维新而传承，通过乡村的祠堂、学堂和中堂而延绵。无论遭遇怎样的苦难，无论她有怎样的瑕疵，中国人不会放弃共同体的理想；一次又一次，她喋血式地守望，奇迹般地再生，以至于入侵者都会被同化。留住共同体文化的根，这棵老树总要发芽！

如今的中国，面临比历史上更为严峻的考验。经历了“三千年从未有之变局”和灭祖、挖根、破家的文化浩劫，这个根正在遭受前所未有的撕裂和侵蚀，这种撕裂和侵蚀不仅仅到了社区到了乡村，甚至到了社会最小的细胞——家。国学大师梁漱溟先生说，乡村社会是中国有形的根，道德文化是中国无形的根。如果根坏掉了，这棵树会不会轰然倒下？

如何吸纳中国传统的社区共同体的经验与智慧，创造性转化为当代的城乡社区治理模式？中华共同体文化不仅提供了和而不同天下为公的世界观方法论，也为我们今天解决方案和路线图给出了方向和方法。和许多的乡村建设者一样，乐和家园的共建者们怀着复兴中华文化的使命，带着当代与时偕行的眼光，用行动用时间用探索在回答。

乐和家园是以中华共同体文化为根基的社区治理与服务创新实验。通过党政主导和社工服务，激活乡村社会组织以实现乡村道德文化的复兴，由此将以传统文化为基本内涵的公共文化服务落实到社会末梢，构建乐和治理、乐和礼义、乐和生计、乐和人居、乐和养生五位一体的生态家园。其基本要素可简述为“一站两会三院六艺”：

“一站”是社工站，社工站作为街镇在乡村的社会工作平台，由街镇分管领导负责，引进社工组织提供社会工作的培训和服务。乐和社工也可以理解为今天的士君子、当代儒生。社工住在乡村，发挥方法提供、能力建设、教育辅导、精神感召和资源引进五个方面的功能，进行社会调研、社会组织、社会活动、社会教育、社会宣传、社会记录六个方面的服务。

“两会”是乐和互助会与乐和联席会。互助会是基于村民小组的公益性互助性自治组织，也是儒家自治思想的现代机制。互助会将村民自治落实落细落小，分担村民小组的公共事务，如环境保护、矛盾化解、文艺活动、孤寡老人的照顾和留守儿童的关爱等。联席会则是儒家共治思想的协商平台，由村支书负责定期召集，互助会骨干、社工和共建单位等多方参与，通过联席会试行“大事政府办、小事村社办、私事自己办”的三事分流、责任共担的方法，学习用儒家思想和现代治理相结合的新方式来讨论和处理公共事务，用自下而上、一事一议的方式形成村规民约、礼法合治。

“三院”是大院、书院和庭院。乐和大院作为公共空间，乐和书院作为学习空间，乐和庭院作为生活空间，是现代公共文化服务的载体，也是对祠堂、学堂和中堂的传统文化基因的传承与创新。村委会提供行政支持，社工提供技术辅助，乐和代表作为乡贤出面张罗，进行公共空间的设施建设、氛围营造和活动组织，通过乐和大院开展公共活动，讨论公共事务，培育公共精神，通过乐和书院开展社区教育课程提升综合素养，通过乐和庭院落实家规家训开启传统家教。

在书院村茶艺轩的墙上，挂着一幅孔子时代的六艺图“礼乐射御书数”，那是孔子“志于道，据于德，依于仁，游于艺”的生活方式和社会理想的呈现，在这古老的六艺图旁，是与乐和家园的“耕读居养礼乐”新六艺活动。“耕”是农耕园，以生态农耕守护田野；“读”是国学堂，以圣贤经典安顿人心；“居”是绿色风，以绿色时尚回归自然；“养”是节气行，以生命智慧唤醒真情；“礼”是人生礼，以乐和礼义淳化乡村；“乐”是小剧场，以礼乐文明陶冶生活。

如果说“一站两会三院六艺”是乐和家园的内容，那么乐和就是其中的灵魂。“乐和”源于“乐道尚和”的古老智慧，体现着“大道之行，天下为公”的儒家理想。孔子的智慧如果用两个字来表达，就是一个“和”字，一个“乐”字。无论仁义礼智信还是相关的其他学说都是围绕一个“和”字展开，差异互补共生的社会，自立互助共享的人生。乐和，作为孔子智慧在今天的通俗话语，一头连着儒家的源头活水，一头走进百姓生活，

“大道之行也，天下为公，选贤与能，讲信修睦，故人不独亲其亲，不独子其子，使老有所终，壮有所用，幼有所长，鳏寡孤独废疾者皆有所养”《礼运大同篇》是儒家的社会理想，是社会主义核心价值的源头活水，也是乐和家园的内涵和愿景。乐和不是创造一种全新的理念，而是激发大家心中潜在的火种，那潜藏于心的自主精神、互助精神和公益精神。当你听到妇孺皆诵、老幼齐唱礼运大同，当你亲临村里的互助

会联席会看他们怎么理性而热烈地讨论村里的公共事务，当你看到村民把集中起来制作环保酵素这样的事情也要当作村规民约签字按手印，当你明白整洁的公共领域是因为村民的义务保洁队在定期打扫和随时维护，当你知道村民们在一块“公田”唱着歌、聊着天、欢声笑语地劳作，并且为了这块地里生态黄豆安全而凌晨三点半起来轮流巡逻，当你作为“乐和春晚”的观众看看村民们怎么在舞台上演绎自己的故事自己的生活，你会明白乐和的力量，“乐和”作为中华共同体文化的通俗表达，正在成为老百姓“心中愿认的理儿，手上爱做的事儿，嘴里能说的词儿，身边会布的景儿，戏里能演的角儿，群里能冒的星儿!”

如今在书院村里多了十几个年轻的“村民”，他们是来自全国各地的年轻大学生，有的是已经在村里服务了三年的老社工，有的是“国学社工百日训练营的”新学员。他们的宿舍就是乡村的小院，白天在旁边的洙泗书院听大师讲课，晚上在村里的大院和村民一起活动，他们称自己为“国学社工”，国学社工就是从传统文化中汲取精华，将国学智慧内化为本土社工价值观，转化为社会工作方法论，外化为社工工作技能，从而丰富社工本土化的理论与实践，更好地解决现实中国的各种社会问题的复合型本土社工人才。他们和村民一起要建设的是这样一个家园：

你参与，我参与，乐和治理一家人；

你有礼，我有义，乐和礼义一条心；

你守仁，我守信，乐和生计一股劲；

你护河，我植树，乐和人居一道景；

你扶老，我携幼，乐和养生一片情!

这样的家园是一个共同体社会，其中党委政府是主导，村民居民是主体，传统文化是主脉，社工服务是助力。乐和思维是共同体思维，把政府和社会各个方面作为差异互补共生的整体来聚合，把社会、文化、经济、环境和健康作为一个整体来调和。在利己主义物质主义盛行的工业文明时代，倡导整体主义的价值观，营造彰显个体也凝聚个体的公共精神和公共生活。乐和的本质，就是以共同体意识构建共同体社会。

当然，建设这样的家园是一个艰苦而长期的过程。乐和家园只是中华文化复兴大潮中的一朵浪花，一场正在进行还未完成的实验，还有太多不尽人意之处，还有太多的困难需要去克服，太多的问题需要去解决，我们期待着更多的人汇聚起来参与进来。毕竟，从乡村开始的中华共同体文化的传承与创新，是我们共同的使命!

企业儒学：当代儒学的一个新形态

黎红雷
中山大学哲学系教授

企业儒学，是儒家思想在现代企业中的应用与发展，它将儒家的治国理念转化为现代企业的治理哲学，以儒学之道驾驭现代管理科学之术，不但解决了企业自身的经营管理问题，而且为儒学在当代的复兴拓展了新的领域。服膺儒学的当代中国企业和企业家，尊敬儒家先师孔子，承担儒家历史使命，践行儒家管理理念，秉承儒家经营哲学，弘扬儒家伦理精神，履行儒家社会责任，在企业的组织、教化、管理、经营、品牌塑造、领导方式、战略变革、社会责任等方面，对企业儒学进行了积极的探索，从而为当代儒学的发展，开拓了一个新的形态。

一、拟家庭化的企业组织形态

中国人是世界上最重视家庭的族群，儒家学派是世界上最重视家庭的思想学派。中国人的家庭，不仅是生儿育女的地方，而且是生产消费的组织，更是学习教育的场所。《周易·序卦》上说："有男女然后有夫妇，有夫妇然后有父子，有父子然后有君臣，有君臣然后有上下，有上下然后礼义有所措。"在儒家看来，家庭组织是所有社会组织的基础，家庭关系是所有社会关系的前提，家庭制度是所有文明制度的起点。概括起来，儒家的家庭观主要包括"家道观""家计观""家教观"等内容。

服膺儒学的当代中国企业和企业家，承续传统的家文化，企业家把公司当作"家"，把员工当作"家人"，自己则当一名尽职尽责的"大家长"。在这样的互动参与过程中，员工逐渐形成了主人翁精神，对企业产生了依恋和热爱，使劳资关系更为和谐，企业氛围更为融洽。这样的"拟家庭化组织"，既维护了组织的秩序又满足了员工的情感需求，具有强大的生命力。他们清醒地看到，现今的企业家很多人把80后、90后的员工当成机器，把女人要当男人用，男人当机器用，机器往死里用，基本都是这样一种方式，你把他们当成东西，没有把他们当成家人，他们就把老板当成提款机。所以需要大家一起来改变现状，管理者多对员工进行人文关怀，员工多融入企业的文化与生产环境中。企业的价值在于员工的幸福和客户的感动。现代社会发展的一个重要推动力量来源于企业，企业已经成为社会的中坚力量，我们要创造一个和谐美好的幸福社会，推行拟家庭化的企业组织，建设幸福企业大家庭，就是一个很好的途径。①

二、教以人伦的企业教化哲学

在儒家看来，对于人的教育，最根本的是伦理道德的教化。据《孟子·滕文公上》描述，在尧的时代，天下还不太平，尧便提拔舜来全面治理；大禹疏通河道，百姓才能耕种收获；后稷教人民种植五谷，人民才能养育。但人们吃饱、穿暖、安居而没有教育，便同禽兽差不多。圣人又忧虑这件事，便任命契担任司徒，把伦理道德教给人民——父子讲亲爱，君臣讲礼义，夫妇讲内外之别，长幼讲尊卑次序，朋友讲真诚守信。这就是所谓"教以人伦"。由此，便形成了源远流长的儒家教化传统。

服膺儒学的当代中国企业和企业家，立志以儒家思想构建学习型企业，积极推行人伦教化，为社会培养德才兼备的栋梁人才。在他们看来，中国传统文化以"五福"（长寿、富贵、康宁、好德、善终）作为人生圆满的最高追求。而"五福"里面最重要的一点就是"好德"，德行是因，长寿、富贵、康宁、善终都是果，有因才有果。我们只要把好德的因种好了，长寿、富贵、康宁、善终就自然会有结果，才有真正的"五福临门"。现在的人把其他四福丢了，只剩下追求财富，当一味追求财富时，就偏离了富贵、康宁、长寿，丢掉了好德，最后也没有善终。所以，人生的这些福报一定要把它平衡了，不能光追求财富。如果我们没有了健康、没有了长寿、没有了善终，那再多的财富也是没有意义的。企业不仅仅只是提供员工一个工作岗位和工资，最重要的是要给员工营造一个学习成长的环境。员工不能一味沉浸于追求利益，停留在每天获得一点工资上，最重要的是要成长，成长才是大利。而从企业来说，能为社会培养一批又一批承担中华民族复兴的栋梁之才，则是光荣的使命和最高的追求。②

三、道之以德的企业管理文化

"德治"是儒家管理哲学的基本原则。孔子指出："道之以政，齐之以刑，民免而无耻；道之以德，齐之以礼，有耻且格。"（《论语·为政》）其中的"道"是"引导""领导"的意思，"政"指政令，"刑"指"刑罚"，"德"指"德教"，"礼"指"礼法"。至于其中的"格"字，有多种解读，综合起来，可理解为"自我改正而真心归服"。如此，孔子原话的大意是：用政令来引导他们，用刑罚来规范他们，民众只是企

① 资料来源：苏州固锝官方网站。
② 资料来源：东莞泰威官方网站。

求免于犯罪，内心却没有羞耻感；用德教来引导他们，用礼法来规范他们，则民众不但有羞耻感，并且能够自我改正而真心归服。①

服膺儒学的当代中国企业和企业家，致力于塑造新时期的工商业文明，创立独特的经营和管理机制，把社会、他人、自身利益融为一体，创造了以中华传统优秀文化为底蕴的崭新管理模式，使中国特色的社会主义价值观和世界级企业的管理制度融为一体，确立了中西合璧的普适性企业文化。在他们看来，企业管理分为三个层次：第一是管人，管人就是管心、管思想，把员工的思想凝聚在一起。第二是管理中需要企业文化，需要柔性的东西，如价值观、人与人之间的相互关系以及企业氛围，企业的长治久安要靠企业文化。第三是奖励和激励制度，让每个员工都能分享到企业发展带来的收益，都能为企业的发展贡献自身最大的力量。中国文化的内涵就是一个“德”字。“德”是做人应有的规矩、做人最基本的属性，丢掉了这个根本，人在处理事情、处理人与社会、与自然的关系的时候，无论做官、经商，还是做学问，就会出现大麻烦。以“德”为根本，每个人都会严格要求自己，从而构成企业健行致远的不竭动因。②

四、义以生利的企业经营理念

长期以来，人们以为儒家只讲“义”而不讲“利”，其实这是一种误解。儒家义利观有一个发展变化的过程。在先秦时期，孔子确实说过“君子喻于义，小人喻于利”（《论语·里仁》）；但这里的“君子”与“小人”是阶层地位上的区别：“君子”指国家统治者，“小人”则指小民老百姓。所谓“君子喻于义”，是在承认当时国家统治者已有的物质利益的基础上，对他们提出更高的道德要求；所谓“小人喻于利”，则是强调只有满足被统治者的基本物质需求，才能对他们进行必要的精神指导。因此，君子之义中含有利，小民之利中也含有义。儒家的这种义利合一观，体现在管理活动中，就是“义以生利”，据《春秋左传·成公二年》记载，孔子曾说过：“礼以行义，义以生利，利以平民，政之大节也。”管理者的职责就在于循礼而行义，只有行义，才能创造出物质利益，从而满足人民的需要，这就是为政的真谛。所谓“义以生利”的管理活动，是精神价值创造物质价值、精神价值制约物质价值的过程。这一过程，包括价值认识上的“见利思义”，行为准则上的“取之有义”，实际效果上的“先义后利”，以及价值评判上的“义利合一”等各个环节。③

---

① 参见黎红雷：《儒家管理哲学》第九章“‘道之以德’的管理控制观”，广东高等教育出版社2010年第3版。

② 资料来源：海航集团官方网站。

③ 参见黎红雷：《儒家管理哲学》第四章“‘义以生利’的管理价值论”，广东高等教育出版社2010年第3版。

服膺儒学的当代中国企业和企业家，以“利他主义”为基础，形成了自己的经营哲学。在他们看来，考量企业成功的重要准则，不是我们有没有成功，而是我们的客户有没有因为我们而成功？如果我们过早地成功了，客户就不会成功。当然，如果能够做到一起是最好，我也成功了、客户也成功了，但是只有一条路的时候，你要放弃什么？那就是放弃自己的利益，让别人先成功。他们认为，这不是一个企业独特的商业模式，而是21世纪做企业的普遍原则。20世纪做企业要用好IT（个人电脑），21世纪做企业则要用好DT（互联网），两者有巨大的区别，DT代表这个世纪最了不起的东西，利他主义。相信别人要比你重要，相信别人比你聪明，相信别人比你能干，相信只有别人成功你才能成功。21世纪一定是从以我为中心，变成以他人为中心。①

五、诚信为本的企业品牌观念

“诚信”是儒家的道德范畴。所谓“诚”，就是真实无妄、诚实不欺的意思；所谓“信”，就是心口合一、言行一致的意思。儒家创始人孔子十分重视“信”德，指出：“人而无信，不知其可也。”（《论语·为政》）孔子的孙子子思则十分重视“诚”德，指出：“诚者物之终始，不诚无物，是故君子诚之为贵。”（《礼记·中庸》）在子思所著的《中庸》一文中，“诚”与“信”开始相提并论：“在下位不获乎上，民不可得而治矣。获乎上有道，不信乎朋友，不获乎上矣；信乎朋友有道，不顺乎亲，不信乎朋友矣；顺乎亲有道，反诸身不诚，不顺乎亲矣；诚身有道，不明乎善，不诚乎身矣。”孟子沿着子思的思路，进一步明确将“诚”与“信”联系起来，说道：“彼以爱兄之道来，故诚信而喜之。”（《孟子·万章上》）荀子也把“诚”与“信”结合起来，说道：“诈伪生塞，诚信生神，夸诞生惑。”（《荀子·不苟》）从此，“诚信”作为一个表达“内诚于心而外信于人”的重要道德范畴，成为立身之本、交往之道、治国之要和事业之基。

服膺儒学的当代中国企业和企业家，基于儒家的诚信思想，提出“人品、企品、产品，三品合一”，以员工高品行的人品，形成高品位的企品，生产出高品质的产品。这样的品牌观念，追求的是消费者百分百的安心，体现的是企业对消费者的承诺与责任，赢得的是消费者对品牌的信赖与赞誉，是一种更为高超的品牌营销学。企业要经营，要生存，要盈利，经营之道是什么？《论语》里面有一句话叫“修己以安人”，表面上看好像和经营没什么关系，但事实上，这是最根本的经营之道。“修己”，有两个主体，一个是企业家自身，一个是全体员工。每一个人都要修己，修身心、尽本分。然后“安人”，是让人心安定。主要有两个对象群体，一个是员工，一个是顾客。如果把自己修炼好，同时把顾客、员工安顿好，企业还会不成功？还会没有利润吗？品牌

① 资料来源：阿里巴巴官方网站。

的一个涵义是定位品牌在消费者心目中的感觉，品牌的口碑，就是消费者对品牌的信赖与赞誉，企业的品牌追求就在于消费者百分百的安心，这与儒学是相融的。①

六、正己正人的企业领导方式

儒家经典中虽然没有使用“领导”一词，却有着十分丰富的领导思想。实际上，儒家所追求的“圣王之道”就是一种领导之道。历代先贤对领导素质、领导风格、领导方式、领导技巧、领导体制、领导作风、领导艺术等方面的探索已经形成了一套较为成熟的套路，并有着自己鲜明的特色。从领导者的素质修养来看，儒家强调由“内圣”开出“外王”，即通过领导者内在的道德修养实现外在的王道理想。从领导活动的风格技巧来看，儒家主张执经达权，唯变所适，因时制宜、因地制宜、因人制宜、因事制宜，左右而逢源，无往而不通。从领导活动的行为方式来看，儒家主张以“为政以德”而达到“无为而治”，以身作则，因势利导，以最小的领导行为获得最大的管理效果。特别是儒家所主张的“正己正人”的理念，已经成为中国人（包括领导者与被领导者）普遍接受的领导原则。②

服膺儒学的当代中国企业和企业家，十分强调企业领导者的以身作则，就是中国式领导风格的体现。在他们看来，以身作则，不是劝导他人的重要途径，而是唯一途径。这里“唯一途径”的话说得固然重了点，但是以身作则确实是能不能树立企业文化的根本基础。企业做什么事，就怕含含糊糊，制度定了却不严格执行，最害人。一个企业立下规矩是要求其全体成员遵守的，而全体成员遵守的关键是这一企业的领导者要带头遵守。领导者既是一个组织中发号施令的人，也是这个组织中的排头兵——所有的成员都向领导看齐。在军队里，领导应该身先士卒；在企业里，管理者更应该如此。一个领导的执行力是下属执行力的上限。一个公司风气正不正，最关键的还是第一把手自己为人正不正。假如领导人有一个办大企业的目标，那么就得要求自己把事做正。③

七、与时变化的企业战略思维

与很多人心目中儒家的“保守”形象不同，真正的儒家其实是主张与时变化、趋时而动的。现代新儒家学者方东美曾以人格类型拟喻中国古代哲学思想流派之格局，

---

① 资料来源：方太集团官方网站。

② 参见黎红雷主编：《中国管理智慧教程》第十二章“中国式领导的智慧”，人民出版社2006年版。

③ 资料来源：联想控股官方网站。

他将儒家称为崇尚“时”“中”的“时际人”；将道家称为崇尚“虚”“无”的“太空人”；称佛家为崇尚“不滞”“无住”的“时空兼综而迭遣者”。方东美指出：“儒家代表典型之时际人，意在囊括万有之一切——无论其为个人生命之尽性发展，天地万物自然生命之大化流衍，社会组织之结构体系，价值生命之创造成就，乃至性体本身之臻于终极完美等等，——悉投注于时间之铸模中，而一一贞定之，使依次呈现其真实存在。问题的关键是：何谓时间？最简单之答复曰：时间之本质在于变易。”① 儒家的时变观，其内容有：时变与顺变、时变与因变、时变与权变、时变与不变、时变与时中等。

服膺儒学的当代中国企业和企业家，致力于成为“时代的企业”，随着时代变化而不断变化。在他们看来，只有时代的企业，没有成功的企业。为什么这么说呢？企业都想长盛不衰，但实际上我们很难看到这样的企业。一般来讲，很多企业都是昙花一现。如果这个企业成功了，那么，它所谓的成功，只不过是踏上了时代的节拍。所以说，企业应该是时代的企业，也就是说跟上了时代前进的步伐就是成功的企业。儒家经典《周易》当中有个“三易”，就是变易、不易、简易，非常适合市场的原则。“不易”就是市场有一个原则，就是对用户的真诚，这个是永远不变的，“变易”就是市场万变，你应该变到它的前面去；但是“简易”就是所有的管理都应该是最简化的，我们用最简化去应付最复杂的东西。这就是最高的智慧。中国最高的智慧是中庸，应该是找到一种方法，这就是《中庸》当中说的“极高明而道中庸”。②

八、善行天下的企业责任意识

儒家的责任观，集中体现在孟子的这句话上：“穷则独善其身，达则兼善天下。”（《孟子·尽心上》）孟子主张，士人要崇尚道德，喜爱礼义，失意时不失掉礼义，得志时不背离正道。失意时不失掉礼义，所以能够保持自己的操守；得志时不背离正道，所以不会使百姓失望。得志时，施给人民恩泽；不得志时，修养品德立身于世。失意时，能独自修养自己的身心；得志时，便使天下的人都得到好处。孟子这里说的，原本是“士人”即读书人的品质，但也可以理解为对一切仁人志士的要求；从“独善其身”到“兼善天下”，则包括了对自己、对他人、对社会、对自然等四个方面的责任。

服膺儒学的当代中国企业和企业家，提出“共创财富，公益社会”的企业使命。在他们看来，企业怎么发展更快，就是八个字：小胜靠智，大胜靠德。小聪明是小胜，大道德才能大胜，做生意的人一定要明白这个道理。民营企业家赚大钱真正的秘诀，

---

① 方东美：《中国哲学之精神及其发展》第三章“原始儒家”，见《方东美集》，群言出版社 1993 年版。

② 资料来源：海尔集团官方网站。

就是带头承担社会责任，带头做好人，带头做好的企业家。企业履行社会责任主要有四个方面，第一是诚实经营，第二是绿色环保，第三是关爱员工，第四是慈善捐助。特别值得一提的是，企业应当把“关爱员工”作为企业履行社会责任的重要内容。作为一个企业家首先应该善待自己的员工，企业发展成果首先惠及员工，然后才能说惠及社会帮助别人。如果企业家连自己的员工都不善待，员工收入很低，流动性很高，他还到外面作秀，甚至贷款去捐款挣面子，这就不是好的慈善。企业还要倡导人人公益的理念，在企业当中普及一种慈善文化，让慈善的理念成为绝大多数员工共同的认识，成为一种文化，使每个人能够尽可能地保持一颗善心，无愧于社会。[①]

目前，企业儒学的探索正方兴未艾。由笔者提议创办的华商书院，以“尊德问学，修己安人”为院训，以“育商海领袖，铸中华商魂”为宗旨，自 2006 年 9 月 28 日孔子诞辰日成立以来，已有受业企业家弟子 5000 人，并通过推广《企业员工弟子规》等形式，影响学员企业员工 300 万人。由笔者发起成立的博鳌儒商论坛，以“弘扬儒家商道精神，创建当代工商文明”为宗旨，以“构建学者与企业家相互交流的平台，帮助企业成长，促进儒学振兴，为人类社会的发展作出贡献”为使命，则聚集了长江商学院、中欧国际工商学院、华商书院等一大批有志于践行儒家商道的企业家，以及来自北京大学、清华大学、复旦大学、中山大学、中国社会科学院等一批愿意与企业家交朋友的学者。企业是当代社会最活跃的组织，也是当代儒学最活跃的生长点。我们完全有理由相信，企业儒学的兴起，必将为当代儒学的发展、中华民族的复兴，做出特殊的贡献。颂曰：

巍巍中华，郁郁文明；伟哉孔子，集其大成。
三千弟子，惟道是弘；子贡一脉，货殖精英。
神州崛起，企业引领；富而好礼，正心明性。
尊德问学，修己安人；商界领袖，重铸魂灵。
敬天循道，进退守正；仁义礼智，诚信经营。
德法并用，化育员工；义利合一，博施济众。
率先垂范，易俗移风；悦近来远，和而不同。
与时俱进，达权执经；合作发展，共生共赢。
当代子贡，誓担大任；振兴华夏，勇当先锋。
天地立心，生民立命；弘扬圣学，万世太平！

---

① 资料来源：万达集团官方网站。

学术论文·外国论文

孔子学说的“人文主义”与普世性

［法国］程艾兰（**Anne Cheng**）
法兰西学院教授

当今人们约定俗成且习以为常地，将孔子的学说视为“人文主义”。如果说“人文主义”蕴含着“普世性”，那么儒家人文主义是否能够宣称，具有如普世宗教（基督教、伊斯兰教与佛教）般的普世性呢？在这个问题的背后，不可避免地，也必须思考究竟儒家思想应被归类为“哲学”，还是“宗教”？这个长期困扰着我们的问题，至今依旧纠缠不休。孔子其人及其教导像是一颗棋子，在近代欧洲知识版图的棋盘上，任人摆布，从18世纪启蒙时期眼中的理性哲学家，变成19世纪欧洲人眼里的宗教领袖。而这个转变的关键点在于，19世纪的欧洲将古希腊文明视为自身智识认同的起源。同时，欧洲也开始将重新定义的“哲学”——亦即在新式现代大学系统里、作为一种专业的哲学——视为自己智识认同的构成要件。既然中国与希腊根源以及“哲学”此一范畴都没有关联，因此产生了两个结果：一方面，19世纪上半叶，法国开创了“汉学”这个新学科；另一方面，19世纪下半叶，在英语世界形成的“宗教学”将儒家思想定位为宗教。

20世纪初，英法两国在汉学领域中的竞争，例如牛津的理雅各（James Legge）和法兰西学院的 Jules Barthélémy - Saint - Hilaire 之间的论争，渐渐被法德两国在社会学领域里的竞争取代：法国有涂尔干及马塞尔·莫斯（Marcel Mauss，1872—1950）建立起的学派，在汉学中的代表人物为葛兰言（Marcel Granet，1884—1940）。相较于法国，德国则以社会学家马克斯·韦伯（Max Weber，1864—1920）的理论为代表。韦伯的《儒教与道教》是他在1915—1920年所著、关于“世界宗教的经济伦理”的三部曲其中之一。虽然不是汉学家之作，仍可看出韦伯对于中国的“社会学基础”——城市、国家、行政制度以及韦伯口中的“士大夫群体”——都有深入的涉猎。此书的第六章题为“儒家的生活倾向”，其中韦伯写道：“中文里没有特别指涉‘宗教’的字词，而只有第一、某一士大夫学派的教条（或教诲）；第二、“仪式”，但没有特别区分这些仪式是属于宗教性质，或一般惯俗。中文里正式指称儒家思想的名词意指‘士大夫的教条’（儒教）。在这个脉络中，不管人们与宗教的关系是玄秘的还是祭祀性的，都具有倾向世俗界的意义。”①

与韦伯同时代且同样来自德国的汉学家格鲁伯（Wilhelm Grube，1855—1908），也写了一部探讨中国人宗教与祭祀的书，题为《中国人的宗教与祭典》。在这本书中，作者做出与韦伯类似的观察：“事实上，对中国人而言，宗教（Religion）与教诲（Lehre）之间，没有区别。因此，这两个概念在语言上也没有差别。我们必须彻底理解，对中国人来说，所谓宗教其实就是众多教诲的其中一项。……儒家思想（Konfuzianismus）在中文里被称为‘儒教’，意思就是‘儒者或饱学之士的教诲’，亦即奉行孔子学说的的人，或者说，由孔子学说形成的学派。跟我们在讲柏拉图学派、康德学派、黑格尔或达尔文学派，意思是一样的。”②

因此，格鲁伯和韦伯都注意到，中文里没有特别指称宗教的字词，但有两个相关的词汇，亦即，教诲或教条（Lehre）和仪式（Riten）。前者指涉一个文人组成的学派，后者在中文的用法里，并没有特别“区分其宗教性或约定俗成的社会性本质”。此外，中文称为儒教的思想，在欧洲语言里，则是创了一个新词，Confucianism，来指称它，但其中文的原意不代表宗教，而是“儒者的教条或教诲”。换言之，韦伯和格鲁伯皆发现，欧洲脉络下，特别是基督教文化中对宗教的认知——亦即，一个由信仰与实践构成的有组织系统，完全独立于俗世社会之外，并将信徒凝聚在一个教会之内——不能用来理解中国人“教”的概念。

然而，直到今日都还不能解决的种种误会，就是由“教”这个字产生。这个字的复杂之处在于，1900年前后，受到日文的影响，中国人创造“宗教”一词，来指涉西方的宗教概念。如果我们把这个新名词拆开来看，“宗”指的是从祖先开始、代代相承的主要族系，延伸意义为原则或宗旨，而“教”指的是教诲或教条。根据巴雷特（Timothy H. Barrett）与乐羽音（Francesca Tarocco）的研究③，日文中的“宗教”一词可能借自中国佛教里的专有名词，特别与“禅”相关。在禅宗佛教里，我们可以时常看到“宗教”或“教宗”等词汇出现。“宗教”一词就是在明治时期（1868—1912）初期引入东洋，之后又于19世纪末重新输入中国，大量出现在阐述基督宗教与教会的中文书籍里，用以翻译“宗教”的概念。由于日本在公元第一个千禧年间，自中国引进了文字，两国之间的书写系统具有一致性。因此，日本在近代，自从矢志效法西方、

① Confucianisme et taoïsme, Catherine Colliot - Thélène & Jean - Pierre Grossein, eds., Paris, Gallimard, p. 209.

② Religion und Kultus der Chinesen, Leipzig, Verlag von Rudolf Haupt, 1919, p. 9.

③ “Terminology and Religious Identity: Buddhism and the Genealogy of the term zongjiao”, in Volkhard Krech & Marion Steinicke, eds., Dynamics in the history of religions between Asia and Europe. Encounters, notions, and comparative perspectives, Leiden & Boston, Brill, 2012.

迈向现代化国家后，发明的一系列用来翻译欧洲概念的新词汇，也就原封不动、整套完整地被中国人借用。

自从中国人透过日本的媒介，将西方 religion 的观念译为宗教，儒家思想到底是否具有宗教性质的此一问题，便开始困扰着学界，逼着学者在赞成与反对之间，做出一个抉择。中国台湾“中央研究院”研究员陈熙远，在他的博士论文中便提到，直到19世纪末以前，儒家思想不仅被视为一套教诲，也被视为是一种“范形”的“教”，必须被理解为“礼教”，亦即其字面上意谓的“礼学之教导”。毕游塞（Sébastien Billioud）与杜瑞乐（Joël Thoraval）在他们出版的《圣贤与人民，中国的孔教革新》[①] 中也指出，“礼仪的范畴”以及“礼教”在儒家思想中扮演核心角色。围绕着官方祭祀与献祭，所凸显的就是皇权里不可分割的政治与宗教面向。非常真知灼见地，这两位作者也强调，欧洲传统中的宗教概念包含断裂，与中国仪式主义中自然呈现的连续性，形成强烈对比。然而，如果说此一联系性的倾向有时很明显，“首先是因为它并非由任何单一论述或单一主张所承载。它不是由一组抽象的价值或概念所组成，而比较像是一些指导如何具体实践的架构，可以在彼此非常不同的脉络下可有可无地实现，例如从医疗、美学、营养学到占卜。再者，这也是由于连续性宇宙观将宇宙视为不同层次的递嬗，所以在微观宇宙界内实践的行为，不管就个人还是家领域而言，都遵守与宏观宇宙界相通的行为原则。……因此，我们首先必须体认到，当连续性的倾向遇见足以使它成形的条件，它便超越现代诠释试图将它禁锢的二元论框架。欧洲专有的‘宗教世俗化’议题，只有在二元论的框架中才能被理解，因为，举例来说，二元论将超圣与世俗对立起来。这样的视角无法适应于中国这种将可见与不可见（光明与黑暗、阳与阴）视为一体（单一互动）两面的观念与实践”。

二位作者论及仪式主义的连续性，与宗教观念隐含的断裂性互为反面；断裂性则包含了超验与内在、神圣与人性、超圣与世俗、圣职与在俗信徒、宗教与俗世等等之间的断裂。我们从汉朝时期留下的礼仪书籍中，便能明显看到仪式连续性的展现。汉朝时代正值新形态中央集权帝国秩序建立其社会与政治基础之时。此时期留下了许多仪典，篇幅之浩瀚，按照当时的著书规模而言，显得非常惊人。种种迹象显示，当时的当务之急，在于将社会与政治生活的种种要素纳入一个单一思想之框架下时，对仪式以及礼仪文化的重视，也构成了一个重要的时代特征。这些汉代仪典，不仅涉及官方典礼（例如大祭献及宫廷仪式），也介绍家庭生活中的仪式（例如婚礼及守丧），甚至也论及私人、个人生活中的礼仪（例如如何进退合宜、穿着及进食）。所以更正确地说，“礼”是一个类词，概括许多属性不同、层次不一的情形与行为。《礼记》是诸多仪典的其中一部。其中的《礼运》篇借孔子之口，说明礼仪乃建立天界与人世间之连

---

① Le Sage et le peuple. Le renouveau confucéen en Chine, Paris, CNRS Editions, 2014, pp. 233 & 339—340.

续性的桥梁：

言偃复问曰："如此乎礼之急也？"孔子曰："夫礼，先王以承天之道，以治人之情。故失之者死，得之者生。《诗》曰：'相鼠有体，人而无礼；人而无礼，胡不遄死？'是故夫礼，必本于天，殽于地，列于鬼神，达于丧祭、射御、冠昏、朝聘。故圣人以礼示之，故天下国家可得而正也。"

这里所表达的，就是将天与人并列、并行的观念，乃战国末年与西汉初期的所谓天人宇宙观中，非常重要的特点之一。接下来，《礼运》又继续阐明宇宙与人世、自然与超自然元素之间的连续媒介：

故圣人作则，必以天地为本，以阴阳为端，以四时为柄，以日星为纪，月以为量，鬼神以为徒，五行以为质，礼义以为器，人情以为田，四灵以为畜。

此一人类秩序与宇宙秩序完美的结合，在《荀子》一书中得到最清晰的阐述。这本书收录的文章，被认为出自荀子之手。《荀子》的第十七章为《天论》，当中阐述天地人三者之间的关系，各司其职：天覆盖、地承受，而人则务使万物遵循秩序：

天行有常……故明于天人之分，则可谓至人矣。不为而成，不求而得，夫是之谓天职。如是者，虽深、其人不加虑焉；虽大、不加能焉；虽精、不加察焉，夫是之谓不与天争职。天有其时，地有其财，人有其治，夫是之谓能参。……列星随旋，日月递照，四时代御，阴阳大化，风雨博施，万物各得其和以生，各得其养以成，不见其事，而见其功，夫是之谓神。皆知其所以成，莫知其无形，夫是之谓天功。

由天地人关系表征的人类与宇宙之间的紧密互动，此一概念非常为人接受，以至于在汉朝时代，甚至有人运用这个概念，替"王"这个字的字源，做出了纯粹出于幻想的解释；也就是将"王"字中的三横杠分别认定为天、地（上下两横）、人（中间一横），三横由一综线贯穿，代表国王或君主如世界轴心般，将天地人三个宇宙秩序联系在一起。在这个三角关系中，人居于天地之间，贯彻天地的宇宙创造。人的角色，以及人相对于天的自立性，在《荀子》中得到最极致的发挥。这点尤其可从荀子认为人是礼仪唯一来源的论点看出。第十九章《礼论》，全篇探讨礼仪，便这么说：

礼起于何也？曰：人生而有欲，欲而不得，则不能无求。求而无度量分界，则不能不争；争则乱，乱则穷。先王恶其乱也，故制礼义以分之，以养人之欲，给人之求。使欲必不穷乎物，物必不屈于欲。两者相持而长，是礼之所起也。

由此观之，《荀子》是透过客观的人类学分析，来证成仪式活动，亦即，在人类社会之初始，人类为争夺资源而造成秩序混乱，因此需要建立礼制，作为区分人类与动物的客观标准，继而才能借由礼制中的分配原则，来平衡每个人心中的争夺欲。《荀子》的一些段落，尤其是全篇谈礼的第十九章《礼论》，几乎是一字不漏地收录在前引《礼记》以及《大戴礼记》中。以下取自《大戴礼记·礼三本》的引文可以为证：

礼有三本：天地者，性之本也；先祖者，类之本也；君师者，治之本也。无天地焉生？无先祖焉出？无君师焉治？三者偏亡，无安之人。故礼，上事天，下事地，宗事先祖，而宠君师，是礼之三本也。

《荀子》第十九章第五节，用几乎相同的文字，同样将天地（生命的根本）、先祖（家庭的根本）、君师（社会与政治秩序的根本）视为礼仪的三个根源或基础。这五大根本，直到今日还是民间祭祀的对象。因此，无论是上古或秦汉时代的文献，甚或当代的文化行为，都在显示，中国人世界观的精髓，就是天地秩序（宇宙秩序）与人间秩序的连续性。宗教上，这个连续性具体表现在祖先崇拜、政治上表现在君主的权威，而社会方面，则表现在师徒传承上。在仪式文化所建立的人与超人（无论是宇宙、神界或不可见的世界）间的连续性中，轴心角色则由祖先与祖先崇拜担任。祖先祭祀在公元前2000年殷商时期便已具有非常重要的地位。当时已有崇拜自然力量的仪式与献祭，例如黄河养育的大地、名山、风或方位。但献祭与占卜活动中最重要的部分，还是以王室祖先为对象。相较于许多崇拜自然神的仪式，祭祖仪式非常有组织。

如果说祖先祭祀源于远古时期的死者崇拜，两者却不能混为一谈。当然，祖先被视为居于冥界的鬼，具有担任超自然力量媒介的能力，但他们同时维持和活着的后代之间的有机关系。同属一个家族社群，超越生与死的界线。成为人鬼的祖先继续在这个社群里扮演他们的角色，他们在亲属关系中的地位，也继续保有其重要性。换言之，逝去的亲属和在世的家人之间的关系，本质上无异于活人的家庭关系。因此，可视为纯属宗教行为的祖先祭祀，与必须在活人之间遵守的礼仪规范，两者之间也存在着连续性。即便作为一种宗教现象，祖先崇拜也显现，社会组织的典范乃亲属团体。而毫无疑问的，这也是为什么除了纯粹的宗教功能外，祖先祭祀也与中国的社会秩序观和政治观的形成，息息相关。

祖先不仅是冥界的一个亡灵，他更重要的代表一个家族地位与家族角色。在这个地位与角色中，祖先完全失去他在阳世间、作为一个个人的经历与命运。中国人赋予祖先鲜少的神秘色彩。中国宗教文化里的神话相对贫瘠，除了由于儒家传统刻意将它边缘化，也是因为祖先祭祀与祖先概念的本质，让生与死之间、人与神之间有穿透的可能。意在托祖先代为向神明请求的献祭，按部就班，受到非常严密的规范，甚至有点官僚主义的倾向，一点也不能恣意随便，遑论掺杂一丝丝的超自然幻想。由于祖先彼此的“职权”可能互相侵犯，所以必须按照辈分与年纪加以区别，献给不同祖先的祭典，也必须按照固定的时程表执行。占卜活动就是为了决定某天予某位祖先之牲礼的数量与内容。商朝晚期，此类占卜仅限于用在告知祖先祭典正在进行，并且简单表达希望仪式中没有犯任何错误或禁忌。

由许多角度观之，占卜的目的不在于确认祈愿是否实现，也不在于“猜测”亡灵的意图，而是在于确保祈愿能够被执行。此乃一种让亡灵了解生者欲望的方式，并且确保讯息的传达无误。占卜者严格来说不会向亡灵询问问题，而只是用心观察他们对献祭的反应。占卜者的技艺在于捕捉任何显示所求的玄秘活动会发生的迹象，而非就一个具体的问题得到响应。这就是精刻在兽骨或兽壳上的求神谕文所具有的咒语功能。意想不到地，商朝晚期的占卜，并非向未知界求索答案的行为，而是相反地，它的目的在于针对一个事先划定的范围，提出一些我们可称之为修辞性的疑问。也因此，如此得出的神谕其实不具预言性，而是仪式性。

杰出的法国汉学家汪德迈教授（Léon Vandermeersch）在其著《王道，或圣王之径：上古中国制度的精神》① 用大篇幅探讨他称为古代中国的“宗教意识之仪式变异”。他指出，古代中国的祖先祭祀皆由君父或家族首长亲自主持，不透过专门的祭司阶级之手。此外，本来在祭祀典礼完成后才顺带执行的占卜，最后演变成在祭祀之前执行，用于为祭典做事前规划。基于这两点，我们可以发现，在献祭这个严格属于宗教的行为，与占卜此项带有仪式功能与形式的活动之间，距离越来越大。从商代晚期开始的仪式形式化之趋势，到了周代则经历了一个过渡期。由此观之，周代的俗世文化，可以说是商代神秘宗教文化之理性化后的遗产。关于神谕证言的研究指出，灾厄在此时开始倾向被解读为在世子孙自身行为的后果，而不再取决于阴间祖先不可捉摸的恶念。而关于在世后人的行为，也开始有了一个整体的宗教价值来加以论述。活人能够与祖先所代表的超自然力量之世界直接沟通，这大概就是古代中国思想中天人间的连续性之所源。

在我们阅览的礼仪文献中，祖先常被描绘为种属或属类的本，亦即不同世代之间的黏合剂。更精准地说，祖先在人与超人界之间、在他们曾经属于的世间与鬼神界之间，居中媒介，建立起连续性。此一连续性解释了为何丧礼在中国社会经历了那么长的历史后，依然保持它的重要性。丧礼不仅在王室及其支系中十分重要，在社会的各

---

① Wangdao ou la Voie royale：recherches sur l'esprit des institutions de la Chine archaïque，Vol. 2，Paris，EFEO，1977，1980.

个阶层皆是如此。

19 世纪末，荷兰宗教史家高延（Jan Jakob Maria de Groot，1854—1921）在他的名著《中国的宗教系统及其古代形式、演变、历史与现况一与相关风俗习惯与社会制度》[①] 为当时中国人的丧礼习俗，提供了非常详尽的描述。在一篇关于此书的书评中[②]，莫斯强调生与死之间的连续性无所不在：人们认为，亡者即使已逝去，仍然持续参与活人的生命。当谈及墓葬建筑之设计，乃以亡者的舒适为考虑，好像死者还健在一样，莫斯如此写道："这种种一切，皆预设了死者持续生活在他的墓室里，他必须遵行这样的生命，所以标明死者姓名的牌位目的在于将亡者的灵魂固定在墓穴周遭。"莫斯也感到非常讶异，"墓葬形式充满了家族性色彩：死者被葬在同族人之间。这就是为何离乡的中国人，总是希望死后能够归葬家乡、与其家人长眠。宗族与家族的凝聚在死后仍然持续着……但是更令人吃惊的，是丧礼的仪式紧密地与整个家族的生活联系在一起：在世家人的成功与幸福，取决于对所有丧礼规范是否都有恪守。如果死者在良辰吉日下葬、安葬在合适的地点，有吉风吹抚，则全家便会兴隆：这就是风水的原理。"莫斯甚至做出以下结论："这整套系统的过度渲染变成了中国文明的一个伤口，因为只要死者安眠之地遭到任何一点物质上的变动，亡灵便无法安宁，而这对活人而言是场灾难。死人的生命挤压活人的生命。"

因此，继承莫斯与涂尔干（Durkheim）社会学的葛兰言，在 1924 年的一篇文章《中国宗教的精神》[③] 中，十分正确地写道：

> 在中国，圣域与俗世不曾被视为两个严格分离的界域。如果说这两个界域相连，又显得理解不够彻底。一个行为到底是伴随着宗教情绪而做，还是基于纯粹实际的精神而行，都取决于行为当下的情境。我们都知道，一些传教士认为祖先崇拜是一个无害的活动，另一些传教士却视之为迷信的危险表征。两派人马都各有道理，也各有错误：就一个单独个人而言，祖先祭祀同时是单纯的家族传统纪念，也同时是一个充满玄秘情绪的时刻，这两者是同时并存，而且没有固定的比例。在中国，没有任何一个界域，是完全与圣域分开。神的世界并非凌驾于人的世界之上。也没有任何一个领域是需要神职人员的。

作为一个跳脱传教士观点的社会学家，葛兰言提出了被人类学家借用的重要论点，

---

① The Religious System of China. Its ancient forms, evolution, history and present aspect. Manners, customs andsocial institutions connected therewith, Leiden, Vol. I, 1892; Vol. II, 1894; Vol. III, 1897.

② Rites funéraires en Chine, Année sociologique, No. 2, 1899, pp. 221—226.

③ "L'esprit de la religion chinoise", Scientia (1929).

亦即，古代中国的概念中，自然与超自然，如同可见与不可见之间，存在着连续性。而此一连续论证使得将宗教范畴套用在儒家思想上，显得不十分正确。至于当代人类学家，他们则强调，家（家屋、家庭、家族）作为一个单位，同时包含生人与死者（也就是祖先）。透过祭祀，死去的祖先留在生人的群体中，生人也希望得到死者的保护与庇荫。死人与活人就是借由这种各方面、各层次的交换与转移，永恒地紧紧联系在一起。此外，在中国特有的宗教融合主义之脉络下，祖先祭祀乃极少数存在于各个社会阶层的祭祀种类之一，也因此的确形成了社会体的基石。

历史学家伊佩霞（Patricia B. Ebrey）称之为“家庭仪式”的典礼包含婚丧礼仪及祖先祭祀等的家族或家庭仪式。这些仪式的目的在于永保人文传承的世代绵延。伊佩霞认为，这些仪式里含有的长时间中的连续性，乃中国家庭仪式中的一大特点，而历史学者的工作不同于人类学家之处，就是必须分析探究此一特点：“使中国的例子显得如此独特的一点，就是家庭仪式之大部分象征性内容所具有的长久性。许多古代经典描述的贵族礼仪，在两千年后，即使社会结构遭到巨大改变，即使佛教此一完全不同的宇宙观被引入，仍继续被一般老百姓奉行着。”①

人类学家华琛（James L. Watson）也持类似看法。在由人类学家与历史学者合著的《清朝晚期与现代中国的死亡仪式》中，华琛在导论中这么写道：“中国礼仪仪式的标准化，乃中国文化的一致性之所以能够被创造并维持之核心要素。身为中国人，就是能够了解并且深信，在与生命阶段息息相关的礼仪中，尤其是婚礼及丧礼，都必须行礼如仪。透过遵守既定的礼仪范式，就连一般老百姓都参与了文化一统的过程。一般民众基本上都是心甘情愿地遵守，不需要国家政权加以规范。我们今日所认为的‘华人’，其实就是几个世纪以来仪式标准化的产物。”② 至于历史学者的看法，则透过同为此书作者之一的罗友枝（Evelyn S. Rawski）所阐述：“祖先崇拜强调死者与生人之间的亲属联系，认为祖先能够为了活着的后代子孙与神明互动，是使华人的死亡礼仪如此繁复的主因。关于祖先崇拜的信仰，与死亡礼仪的执行是密不可分的。从铜器时代以来，中国人便坚信生者与死去祖先之间的联系永不断裂。”

除了死者与活人间的联系，罗友枝也强调更为广泛的家族与政治层面之间的关联。的确，父子之间最自然的血缘关系，就是君臣或君民之政治关系的原型。也因此，汉朝时发展出一套认为忠孝对等的思想；孝界定儿子对父亲的关系，同时也是祖先祭祀文化在当下社会中的缩影；忠则是人臣或百姓对君王的理想化关系：“对儒家来说，死亡的社会价值在于教人行孝。孝，则是以家为核心的中国式国家中，极重要的一项美

① 参见氏著《中国的儒家思想与家庭仪式：一个礼仪书写的社会史》（Confucianism and Family Rituals in：Imperial China：A Social History of Writing about Rites，Princeton University Press，1991），p. 5.

② Death ritual in late imperial and modern China，Berkeley，University of California Press，1988，pp. 8 & 23—24& 26.

德。”罗友枝在此引用的是《孟子·离娄上》：“孟子曰：‘人有恒言，皆曰天下国家。天下之本在国，国之本在家，家之本在身。’”在整个中国史中，都可以看到这句名言在社会政治层面上的附带结果：“正当家庭成为国家的隐喻，孝道此一家族关系最重要的表征（其中当然支持某种阶级秩序），便在孔子的年代开始与遵守服丧规范合而为一。到了清朝晚期，国家对孝道的提倡直接在律典里表现，若有违反服丧规范，会受到法律惩罚。”

服丧礼制代表儿子即便在父亲亡逝后，依旧忠于父亲。罗友枝此处谈的，乃孝道与服丧礼制之间直接的制度性关联。此项关联在《论语》里已是非常关键的课题。当被问到何为孝道，孔子答曰：“生，事之以礼；死，葬之以礼，祭之以礼。”（《为政》）在另一个段落（《阳货》），孔子和宰我有一段对话。宰我是个孔子似乎不甚喜爱的弟子，经常训诫他。这段对话关于三年守丧期（其实意指守丧到第三年，所以原意是守丧二十五个月）。为死去父母守丧的三年，是象征他们花了三年养育保护幼儿，所以在父母去世后，子女须守丧同样的时间。然而，宰我却认为可以缩短至一年。他的理由充满功利主义，惹怒了孔子：

> 宰我问：“三年之丧，期已久矣。君子三年不为礼，礼必坏；三年不为乐，乐必崩。旧谷既没，新谷既升，钻燧改火，期可已矣。”
>
> 子曰：“食夫稻，衣夫锦，于女安乎？”
>
> 曰：“安。”
>
> “女安则为之！夫君子之居丧，食旨不甘，闻乐不乐，居处不安，故不为也。今女安，则为之！”
>
> 宰我出。子曰：“予之不仁也！子生三年，然后免于父母之怀。夫三年之丧，天下之通丧也。予也，有三年之爱于其父母乎？”

服丧礼制展现的孝道精神，在前引书《礼记》亦有许多章节讨论，特别是《祭义》篇。下文所引（第二节到第五节）具体且生动地描绘为父母守丧的心理与情感表现：

> 致齐于内，散齐于外。齐之日，思其居处，思其笑语，思其志意，思其所乐，思其所嗜。齐三日，乃见其所为齐者。
>
> 祭之日，入室，僾然必有见乎其位。周还出户，肃然必有闻乎其容声。出户而听，忾然必有闻乎其叹息之声。
>
> 是故先王之孝也，色不忘乎目，声不绝乎耳，心志嗜欲不忘乎心。致爱则存，致悫则着，着、存不忘乎心，夫安得不敬乎？
>
> 君子生则敬养，死则敬享，思终身弗辱也。君子有终身之丧，忌日之谓

也。忌日不用，非不祥也。言夫日志有所至，而不敢尽其私也。

这些引文的内容，一言以蔽之，可以《论语》的这段话总结：“祭如在，祭神如神在。子曰：‘吾不与祭，如不祭。’”

魏伟森（Thomas Wilson）在他与戴梅可（Michael Nylan）合著的《孔子的生活》[①]里强调，孝道最重要的就是将祖先当作还在世一样的崇敬着。亦即，对仍在世父母的尊敬，其实是祖先崇拜的一种转喻：“将亡者当作活人般地侍奉，标志着孝道的极致，它需要一种藉由净化仪式而达到的敏锐感知能力”。在上文的《礼记》引文当中，可视化扮演十分重要的角色。献祭之前整个净化与斋戒的过程，为的就是让祭祀者进入能够“看到”往生亲属的状态，仿佛他们依然在世。因此，与人们对中国仪式主义的刻板印象恰好相反，礼仪实践的目的，总的来说，并非只是遵守或者顺从地屈服一个外在规范。《礼记·祭义》之后一章《祭统》的开头便足以证之：

凡治人之道，莫急于礼。礼有五经，莫重于祭。夫祭者，非物自外至者也，自中出生于心也；心怵而奉之以礼。是故，唯贤者能尽祭之义。

正如《孟子·尽心上》所言，祭拜已逝之长辈与祖先的心意，不仅出于职责或由外强加的道德义务，而是自然而然发自人的内在良知：

孟子曰：“人之所不学而能者，其良能也；所不虑而知者，其良知也。孩提之童，无不知爱其亲者；及其长也，无不知敬其兄也。亲亲，仁也；敬长，义也。无他，达之天下也。”

礼与仁是密不可分的。《论语》多次以不同的论述强调这点，例如：

子曰：“人而不仁，如礼何？人而不仁，如乐何？”（《八佾》）

不过，最直接表明礼与仁之间关系、最常被引用也最引起争论的，莫过于为《论语》颜渊篇揭开序幕的这几句话：

颜渊问仁。

子曰：“克己复礼为仁。一日克己复礼，天下归仁焉。为仁由己而由人乎哉？”

---

① Lives of Confucius, New York, Doubleday, 2010.

颜渊曰："请问其目。"

子曰："非礼勿视，非礼勿听，非礼勿言，非礼勿动。"

颜渊曰："回虽不敏，请事斯语矣。"

总而言之，无论是礼仪书籍的片段，还是孔孟二人之言，这些关于亡者祭仪的文字似乎都与前引书《清朝晚期与现代中国的死亡仪式》之作者华琛持相反意见。他说："表现在外的礼仪流程，其重要性大过人们的信仰。只要大家行礼如仪，人们对死亡或死后生活持有什么样的想法，其实并不重要。礼仪能够按部就班地完成……才是参与者心中最要紧的事，与他们的内在状态、他们的个人信念以及心理倾向，毫无关联可言。"另一位同为人类学家的学者则如此总结："关于礼仪，再明显不过的就是要知道仪式如何进行，而不是它的意义为何。"然而，在华琛眼里与仪式"毫无关联可言"的参与者之"内在状态"，孔子却在《论语》中不下一次地强调其重要性（《八佾》《子张》）；没有这些内在状态，仪式就没有意义。孔子对他的时代感到忧心，因为当时的礼仪只剩下空洞又机械性的重复动作，缺少情感的投入（《为政》《阳货》）。华琛进一步将仪注规范大于正信的重要性，视为礼仪标准化过程的基石："透过加强仪注规范（正确的实践），而非加强正统信念（正确的观念），国家官员找到了将百姓凝聚在一起的方法。清朝子民由来自不同种族、不同籍贯的个人组成，各有自己多样的想法与态度。这些群众透过仪式章程而能够结合成今天我们称为'中国'的社会体系。如果国家官员没有使用此一策略（有意识或无意识地），中国文化就不会具有它在清朝晚期所达到的高度一致性与融贯性。"①

相对于华琛的人类学观点，历史学家罗友枝的意见则较为持中："大多数历史学者应该都会同意，儒教国家强调仪注规范。但他们大概不会和华琛一起，认为国家没有将仪注规范（正确的实践）和正统信念（正确的观念）结合在一起。……大多数历史学者会断言，即便有一些明显的变异，中国文化在清朝时代在信念上达到了相当大程度的普世性，使得区域之间与社会阶层间的藩篱能够被跨越……用 Braudel'长时段'的观点论之，信念的确形塑了礼仪的实践形态，简言之，仪式表述了信念。"罗友枝继而阐明仪式如何能够"表述信念"："仪式表现了上对下、父母对子女、夫妻与长幼之间的不对称关系，同时，它藉由典礼的程序，传输关于核心价值的教导，例如孝道。儒者不预设信仰必居仪式之先、仪式必由信仰驱使；他们也理解，仪式的'演出'有助于信仰的灌输。中国的统治精英不在信仰和实践之间做严格区分，他们更倾向将这两者视为彼此互相影响、互有关联的有机体。就孩童以及教育程度低下的广大百姓而言，儒者确实有可能首要强调实践。但针对高知识水平、追求儒家思想熏陶的学子们，儒者就会把重点放在别的地方，也就是更加重视一个道德上完美的动作，如何能够诠

① Death ritual in late imperial and modern China, pp. 4—6 & 10—11.

释个人的内在精神状态。无论如何，此二者必然为一体之两面，这是毋庸置疑的。”①

人类学家华琛与历史学家罗友枝之间的歧见，有可能来自对“信念”或“信仰”(belief) 一词的误会。如果仅就这个字的宗教意义言之，它所意指的是对真理或教条的信服，像是基督教圣体圣事中的圣体实体转变（transsubstantiation）是个信条，如果对此不信，圣体圣事就会缺乏意义。在此一字义下，很显然地，“信念”或“信仰”一词不适用于儒家的仪式活动。当然，这些仪式不容否认地含有宗教性，这也是为什么我们必须对儒家思想是否为一种人文主义此一问题，做出具有批判性的反思，就像我们在去年课堂上所做的那样。的确，2017 年，我们指出了关于儒家思想的一个悖论：20 世纪关于孔子学说的介绍，多数强调它的伦理学面向，对继承启蒙思想的现代理性主义者而言比较能够理解及接受，甚而有人以《论语》中“仁”此一核心概念出发，将儒家思想发展为一套人文主义。就像美国汉学家顾立雅（Herrlee G. Creel）在一篇于 1932 发表《孔子是不可之论者吗?》② 中所做的总结：“在所有多数写作关于孔子的作者都坚信不移的事情当中，有一点最不可置疑、最受到广泛同意的也许就是：孔子是不可知论者、实证主义者，纯粹关注与人类世界相关的事物，对‘形而上’没有丝毫兴趣。”

若由此非常俗世的观点论之，《论语》第十卷通篇讨论的“礼”，就像个令人尴尬的多余配件，过于古老、较之于孔子的“现代”形象则显得理性主义不足。对这些属于过去封建中国的礼仪，表征着阶级、垂直、不平等社会的仪式，该拿它们如何是好?一直到 1970 年代，才开始有人重视仪式主义的面向，并将它视为孔子学说的核心。由芬格莱特（Herbert Fingarette）写于 1972 年的《孔子，亦俗亦圣》③ 开启了一个新时代，认为所有儒家对“仁”的论述皆由“礼”而来，因此以“礼”作为理解《论语》的一把钥匙。依芬格莱特之见，孔子借由将礼“去神秘化”，来彰显其真正的人文主义本质：人原原本本就是个礼仪的存有，因为他一出世便置身于一个社会化的人类世界。

透过古今文献，我们发现，如果真的有任何一种形式的儒家人文主义，我们也不能按照“哲学”或“宗教”这些源于欧洲的范畴来形容它。就像我们注意到的，儒家认为人与其所处的世界构成一个连续体，由“礼”的精神带动，仪式形塑了社会、政治与制度架构。因此，这个表面最属于文化特有的特征，其实就是最普世人性的一切根本。

---

① Death ritual in late imperial and modern China, pp. 22—24 & 27—28.

② “Was Confucius Agnostic?”, T'oung Pao (1932), Vol. XXIX.

③ Confucius, the Secular as Sacred, New York, Harper Collins, 1972.

Moral Foundation of Religion in Kant and Religiousness in Moral Practice in Confucianism from Kant's Moral Philosophy of Religion to Confucian Religiousness in Moral Practice Daxue and Practical Reason in Kant

[USA] Chung-ying Cheng (成中英)
University of Hawaii at Manoa

Is Confucianism a Form of Religion? Is Western Religion a Form of Morality?

In recent times whether Confucianism is a form of religion has been hotly debated. Most of the times the position taken depends in which respect we would regard and describe Confucianism. Is Confucianism thought as a system of ideas and beliefs which reflects our understanding of reality, human nature and moral cultivation. In this consideration Confucianism obviously is a philosophy of reality, human nature and morality. When we learned Confucianism we learn the truth and value of life and self, others and community. We learn to behave ourselves in our relationships with other people from family to community, from society to the world. Clearing what we have earned is a system of ideas and beliefs which leads to norms of action. In this manner of practice one need not to deal with deities or God. It cannot be said to be religious in any seriousness of religion as we know it. But we must recognize that Confucianism being a practical philosophy and a moral philosophy has not assumed any transcendent or supernatural being. It is yet capable of being fully practiced so that the practioner would have to only make a choice of practicing and understanding, not a choice of believing in or committing oneself to a transcendent object such as God. In this regard we may say a few things about the notion of heaven in the Confucian discourse. In the first place, we must take notice of the fact that the term heaven (tian 天) has a double meaning of a heavenly or spiritual creator and cosmic natural force as we see in the Analects of Confucius. In the second place, we see the meaning of heaven has changed from a personal power to a depersonalized way of creative change in a period of two hundred years from Confucius to Mencius. When Mencius speaks of "尽其心者，知其性也。知其性，则知天矣", the tian is to do with the ordering and determination of life beyond our own power and it needs not to do with a transcendent God but rather with the cosmic force which is productive and yet also limiting. That is why Mencius says immediately following the above: "存其心，养其性，所以事天也。夭寿不贰，修身以俟之，所以立命也。" Even though tian seems to be still be conceived as an subject, it is no doubt a subject which does not speak nor see or hear by itself but through eyes and ears of people. That tian is something to be revealed or realized in the nature of life, the nature of human person and the nature of people at large.

Moral Foundation of Religious Beliefs in Kant

There are two fundamental questions in modern rationalist philosophy: why is there something rather than nothing? What is the purpose of existence of all things in nature? Perhaps these two questions are related, because once we know why there is anything in the world, the reason may be seen as containing of the purposefulness of things. That is the purpose of a thing is to be found in its reason or cause for its existence. In some ultimate sense a reason is the purpose of cause of a thing whereas a cause of a thing is made purposive by the reason for the existence of the thing. Although we normally inquire into the causes of events and things we experience so that we can answer questions of origin of a thing, we do not necessarily stop at the question of the cause but could go further to speculate and inquire why something is what it is and why it is connected with other things in reality. One might consider the question of cause as a question of science which is to seek objective origins of things. On the other hand, we may consider the question of reason as a question of purpose and meaningfulness which is based on our reflective understanding of ourselves as moral agents in the world. Question of cause need not to lead to seeking meaningfulness and purpose as conceived until it is brought to the attention and consideration of understanding in human reason and subjectivity. It is for this reason we can see how Kant has to reason the question of reason and purpose in his understanding of nature. As he said: "If we assume the mere mechanism of nature as our basis for explaining nature's purposiveness, then we cannot ask: What are things in the world for?" (In Critique of Judgment, section 84, translated by Werner Pluhar, Indianapolis: Hackett publishing, 1987, 322, F434—435). However, there is the noumenon of man who has to raise the question of purpose because, according to Kant, man is by nature teleological and man can determine what purposes there are in nature from his freedom of will which is unconditioned, unlike the things of nature which are conditioned. Kant says, "Only in man and in him only as moral subject, do we find unconditioned legislation regarding purposes. It is this legislation, therefore, which alone enables man to be a final purpose to which all of nature is teleologically subordinated." (323). In other words, for Kant, due to his legislating power from his moral freedom, it is up to man to determine the final purpose of things in nature once the chain of purposes of things have been determined. This amounts to the assertion that man has to recognize a teleological universe of things and recognize that things eventually serve an supreme purpose as determined by a supreme moral being which is God.

What is important in this Kantian argument for purposiveness of nature is that he has to draw out God as the final arbiter for the purposes and final purpose of things. He has now decided that we cannot come to a concept of God simply based on conception of nature as a matter of natural forces and thus there is no such a thing as physicotheology (section 85), namely a theology and hence theory of existence of god on the basis of physics. One has to conceive God and argue for his existence in terms of an unconditioned being which is man. As unconditioned being man is morally free or rather as man being morally free he is unconditioned in his creation. This means that it is only God which could bring in such an unconditioned being for the cause cannot be lesser than the product of the cause. Here Kant came to speak of something called ethicotheology (section 86), which would suggest that theory of or argument for existence of God rests on the basis of the existence of man as moral agent. What is interesting to note is that while Kant considered ethics without theology is possible, morality or ethics cannot determine a final purpose without theology. That is to say that for Kant reason which is the foundation of ethics cannot determine the final purpose of human life and hence the final purpose of ethics. Hence we need God to make that determination. On the other hand, he argued that theological ethics is not possible, for if laws of action are not determined by reason, but by God as a pure practical power, these laws cannot be moral laws as embodied by the autonomy of human reason. (* It is interesting to observe at this occasion that although theological ethics suggests a loss of moral autonomy and hence only theological heteronomy, can we say the same thing with reference to the concept of onto-ethics where ethics emerges from human reflection of being and becoming. It is clear that in such case as the subject of ontology is still human being, there is no worry about losing the autonomy of man; on the contrary, it is only on the basis of human feelings toward human beings'own development and growth that morality is formulated. Therefore there is no issue of reduction of human autonomy of reason but merely a recognition of emergence of human reason for ethics. At this point we also see how Mou Zongshan's speaking of a moral metaphysics has closely followed Kant in form but not in content. Kant's idea of theology becomes Mou's idea of metaphysics, and thus Kant's idea of ethicotheology becomes Mou's moral metaphysics. However, the peculiar thing is that morality requires a metaphysical grounding to be conceived transcendentally. This is to contrast again with the onto-generative argument with regard to onto-ethics which is empirically established by conceiving allowing the genuine reflective creativity of the human reason or human heartmind. That is, we must speak of an onto-generative ethics which enables being to be generative of human being and enable human being to be generative of human ethics or ethics for humans.)

From the above, about the final purpose of life which reason cannot determine, Kant sees that one must appeal to God as an outlet in his argument for the source of human freedom. But he also recognizes that our feelings of happiness, gratitude, obedience and humiliation play an important role and this means that he has another line of thinking which makes the appeal to God meaningful if not necessary. This argument is not based on theoretical need which is contained in our concept of final purpose. This is not based on our being free and unconditioned in our noumenal existence. But it is based on what he titled "the attunement of the mind" or moral feelings of the above that appeal to God is necessary. Actually he has put his second argument very vividly:

"…yet the basis for this mental attunement is unmistakable, ie. Its basis is the moral predisposition within us, as the subjective principle not to settle for considering the world in terms of the purposiveness it has through natural causes, but to regard the world itself as based on a supreme cause that rules nature in terms of moral principles. Add to this fact that we feel urged by the moral law to strive toward a universal highest purpose, while yet we feel that we and all of nature are incapable of achieving it. Add also the fact that it is only in so far as we strive toward that purpose of an intelligent world cause (if there be such a cause)." (page 336 Section 86, F 446—447).

The essence of Kant's insight is that even though we do not have knowledge of God, but the moral principles of moral reason has given rise to our conception of God as an intelligent, moral and unconditioned supreme being from which man's existence depends. As to whether this supreme being exists or not, Kant further points out that it is our "inner moral destination of man's existence for a purpose" which prompted us to the belief in such a supreme being and thus has compensated for the lack of knowledge of nature and God, for the purpose of realizing the final purpose of all things and Kant considered this conforming to principles of our moral reason for practical life.

When we come to the writing called the Religion Within the Limit of Reason Alone in 1793, we see that this moral argument for the existence of God becomes quite formalized in our desire for happiness.

In 1788 one see how the practical reason as freedom of will of a person is cogently argued and articulated. The very definition of practical principles of action discloses a general determination of the will as experienced both subjectively and objectively, namely experienced s maxims which holds only for one's will and as practical laws, namely as holding the will of every rational being. In this way Kant has shown how the human will (in the form of desire) has to be rationally self-determinative with regard to how he should act. This of course assumes that a human being is a creation which is endowed with self-reflective reason and is a member of a species which should as it were conform with the highest purpose of existence (namely the supreme good as such) as required by human reason. In the axiomatic definition of practical reason we find an axiomatic definition of the human being as rational being and a being of free will. The question arises as to how this rational being is a being with a free will is theoretically possible. This inevitably leads to a foundation of knowledge as presented in his First Critique.

For Kant, there are suppressed pre-understanding as to how human being compares with the other beings in the world. We have to believe and know things in the world. The possibility of knowledge and understanding leads to premises that we know things in the world and ourselves as subjects of knowledge. In fact Kant has to take for granted that we do reflectively know that as human beings we are unique in the exercise of reason which exhibit a conscious and conceptual power of analysis and synthesis. What we know includes time and space, things in nature and ourselves equipped with an intellectual minds and sensible bodies. We are also assumed to have reflective power of thinking to raise questions on what makes knowledge possible and thus to inquire conditions which makes knowledge possible. This methodology of transcendental inquiry is now well known. What needs to be pointed out is that once we come to identify the conditions of our knowledge formation and validation, we can then justify and verify our knowledge according to those constitutive conditions as criteria of determination. In this way what has served as premises for transcendental inquiry could become the basis for extension of knowledge in so far their own validity is warranted. Of course Kant has not examined the status and content of knowledge in his own time, although he could wish to do so. But he realizes in order to do so one needs a methodology and a criterion in order to distinguish what is genuinely known and what is not. This is precisely his transcendental deduction is intended to do. Any future knowledge has to conform to this criterion or the methodology as suggested. He thus comes to see how he could determine the metaphysics of morals and metaphysics of nature which would have to conform to criteria as established by his First Critique. Thus we can see that we can be assured of knowing time and space and things in nature as determined by our categories of understanding. That means that by thinking transcendentally we come to recognize the formation of categories of understanding as a necessary condition of rationally thinking so that we can be said to know things in the world. Without going into details what Kant has shown is how our pure reason works in the constitutive activities of mind on the three levels of aesthetic intuition, conceptual formation and dialectical reasoning toward resolution of issues and conflicts. Given these mind powers we are not only justified in claiming that we know but what we know. In this manner we are thus enabled by our transcendental deduction to do justification of what we know but even perhaps to determine and perhaps for some definitive sense to discover what we know. It is in this spirit of self-determination Kant comes to speak of the future metaphysics of knowledge and morals for what is to be in the future must be rationally within the ken of our knowledge validating powers.

Now let us come to our knowledge of the man as having a will which is free and which is self-legislating for practical action. It is clear that he has already argued for the moral law as a "fact of reason" (in *Foundations of Metaphysics of Morals*, 31, 46—50 (Cf Pr 31—32, page 28—29) Mary Gregor Cambridge University Press 1997, 2008). Kant says, "In order to avoid mis-interpretation in regarding this law as given, it must be noted carefully that it is not an empirical fact but the sole fact of pure reason which, by it, announces itself as originally law giving." (sic volo, sic jobeo) (page 29). It could be regarded as metaphysically statement, but on the other, one may also see an element to do with his concept of pure reason as pure reason is to be practically functioning. It just behooves our rational mind to think that a rational way of action must be universal or universalizable in order to qualify as reason. In this sense reason is conceived normatively, not just descriptively. It appears to our deep experience to give it plausibility and validity. In turning reason into our will or practical use, we can see how Kant comes to develop a whole philosophy of morality founded on freedom of will and the consequent self-legislation of the universal moral laws. He says as a corollary "Pure reason is practical of itself alone and gives (to the human being) a universal law which we call the moral law". Kant does recognize various possibilities of practical material determining ground as subjective and objective which can be seen as either internal or external. Thus one's education and civil constitution or one's sensible feeling or moral sentiment, one's ideas of perfection or one's idea of the will of God could be the determining ground. But basically Kant denies or slides all these determining grounds as these would betray a contradiction with the intended freedom of the free will. As the will is considered as a noumenal existence apart from its manifestation as activities of the will. This I can see how power of choice and decision making in will is to be distinguished from the will itself, for the will has to dictate the moral aw as defining action of the will and thus the subjectivity and objectivity of the will. The will has to be the cause of its action and nothing else is. Of course the action of the will has to manifest itself in nature or in relation to perception and knowledge of things, but apparently it is not the perception and knowledge of things in a situation determines what should be done. It is instead an action of the will which would makes the decision in light of knowledge not by the knowledge so that a best course of action in some theoretical sense will be chosen and it is up to the will to know what is the best and what conforms to the supreme purpose of one's life. Kant further specifies the distinction between good and bad in so far as whether one conforms to the supreme purpose or not. Hence for him good and bad is a matter of way of action or the maxim of the will in its choice. It is a matter of the agent namely the human person which embodies such a will. It is with regard to this idea of good and evil that categories of freedom can be identified, for these categories are ways to do with the determination of the good and evil classified as quantity, quality, relation and modality. Eventually the moral law is the basis for the morality of an action for which no other incentive is considered possible. In this connection one sees that Kant makes it clear that it is the respect for the law which makes, not any other feelings which make our moral action moral. To say in this context is to say that the moral law as legislated by our will only has the power of resisting the inclinations of a person as a human being, but that it could induce a feeling for itself which would then considered a proper incentive for the moral action according to the law. Next to this, Kant wants also to make clear that the moral action could generate a feeling of pleasure rather than pain (although this is also possible). The totality of such feelings for our moral actions is what satisfied our human desires and feelings and thus called happiness. In this understanding perhaps we should distinguish two senses of happiness here, happiness as desired by our irrational self as desires, and happiness as made possible by our moral action which creates a condition for making us happy. This happiness of courses needs not to do with the Epicurean type of pleasure, but a pleasure which arises from the essence of our being. It is in this sense of happiness we can speak of whether we are worthy of it or not. It is of course to be understood that only when one acts according to law that one is worthy of such happiness. If such happiness comes another way if it would come at all, one may not be worthy of it as it may be a bestowal from a kind and benevolent God. On the other hand, one may not have the happiness which one is worthy of as one may suffer pain in the moral actions according to moral law. Hence there is the gap between virtue and duty on one hand and happiness and worthiness of happiness on the other. That is one is worthy of happiness from one's moral action and yet one does not have it.

Now I see two metaphysical ground s in which Kant would argue for the two postulates of his moral philosophy. First we recognize that we have a moral will and this is knowledge that we must have given the analysis of our moral experience and our use of language. But then in order to fulfill the moral demand of a human being to seek supreme good he has to pursue good or moral action in endless way as he is a finite being. His life on earth is limited and his fulfillment of his destiny for pursing the supreme good or production of highest good in the world can be done in any limited time, hence he has to have a soul which would allow him to pursue his good supreme. This of course has to do with the mode of the existence of human being. For Kant it is necessary that we make the postulate of the immortality of soul so that human existence can be said to be human existence in view of its vocation to produce the highest good in endless time. What is extraordinary is the fact that everyone is called purposefully to produce the highest good and thus everyone must have immortal soul. From this practical use of pure reason we come to determine what we are and what we should be. What we see is not only that there is the case generates what should be the case, as the fact of reason requires we further see what should be make it possible to postulate what is to be. If we do believe in immortality of the human soul, then we have a moral ground and reason for believing it. Any religious belief needs to be justified in this moral way of thinking. Our mode of being therefore implies what it should be and therefore determines what it is in a deep understanding. Will any religious belief carry such a moral understanding of humanity and morality?

Certainly it is also true with the belief that there is God. Here Kant postulates the existence of god as a matter of pure practical reason. Again we see that God is needed for the possibility of the achievement of the highest good to go with happiness which a moral person is worthy of. In other words, in so far we need immortality of soul to produce the highest good in the world, we also make sure that each of us who makes efforts to produce the highest good is capable to be rewarded with happiness he is worthy of. In this connection we see Kant defining happiness as follows: "Happiness as a state of a rational being in the world in the whole of whose existence everything goes according to his wish and will. And therefore, on the harmony of nature with his whole end as well as with the essential determining ground of his will." (page 104, 5: 124—125) in this sense of happiness, one must achieve harmony of one's whole end with the whole of nature in terms of all relations and for all his motivating reasons of his actions, which are the determining grounds of his will. It is a state of freedom as resulting from action of his will in morality which would objectively harmonize with the world. But how could this be possible? It must be due to the power of the cause of harmonizing of morality with nature and moral disposition of man and consequent well being and hence the power of God which is understood and postulated as the cause. It is in this sense that supreme good can be said to be realized. Here God is understood to be such an intelligence who understands and will the highest good and will also make it possible for those who share the same will and who may have pursue the supreme good in endless time. God is perfectly conceivable in this sense and is conceived as necessary if such a state of harmony and good is to be secured and attained. Here Kant makes God to be possibility of the supreme original good which makes consequently a derived best possible world possible. Hence it is morally necessary to presuppose God as we follow morality as a way of realizing this best possible world. With this understanding we see the God is not only presupposed in our performance of duty but the hope for the success of our realization of the supreme good. Hence, existence of God becomes a ground of all our duties.

Besides the existence of God being the condition for the realization of supreme good in the world, in existence of God one also sees the final end in creating the world. With God we came to see that the final end of the world is not to make rational beings happy, but to make them worthy of happiness and to make every one to be hopeful for being worthy of happiness on account of God. This is to say that we do not simply depend on God for being worthy of happy but must strive for being work of happiness in our action according to moral law and has conviction and belief that you will be happy if you are worthy of happy. God thus becomes a principle of existential realization and thus a creative power not only for the original world but of a final world. God thus being wise and reliable, he is worthy of love and a fitting object of worship. Human beings of course can acquire love by good work and respect too if is worthy of being good. In this sense God is needed for our practical purpose and therefore should be believed not as a hypothesis but as a practical necessity. To conclude, Kant's theory of God is such that he wants to make freedom, happiness and moral will altogether which can not be possible until we have God as presupposed. For this reason he criticized the Greek, the stoic and the epicurean for lacking a principle of realization of achieving the supreme good in this sense. Now how about the doctrine of Christianity? One thing is clear: Kant wants to have a version of Christianity which fulfils all these conditions with stress on the autonomy of human reason in its vision of the supreme good and in its observance of the duties toward achieving the supreme good. He wants to make the Christian principle of morals not theological or heteronomous, namely by grounding our moral laws as divine commands of god only. Instead he wands to see those divine commands as moral laws we legislate for our selves. He says: "Nevertheless, the Christian principle of morals itself is not teleological (and a heteronomy); it is instead an autonomy of pure practical reason by itself, since it does not make cognition of God and his will the basis of these laws, but only of the attainment of the highest good subject to the condition of observing these laws, and since it places even the proper incentive to observing them in the results wished for but in the representation of duty alone, faithful observance of which alone constitutes worthiness to acquire the latter." (107, 5: 129—130). In his efforts to make the freedom of will the foundation of morality, belief in immortality of soul and existence of God are necessary elements of the moral action of the free will of a rational being such as the human being. In this conception the difference between man and God is that man is a being in time which requires duration and efforts for the completion and accomplishment of the supreme good while God is conceived to possess highest good and makes attainment of supreme good possible for every being in seeking its moral action according to the highest good. One can perhaps also say that man is on parity with God in so far as their autonomy of freedom of will is concerned, but man can hope for joining God by believing in a God which would have to secure happiness for virtue. In a metaphysical sense we see that human life is destined to pursue an endless pursuit once being born while he can conceive an ideal state to be accomplished by believing a principle of realization which is God. This is of course is not the historical religion called Christianity but a transformation of Christianity into a theory of morality and its realization.

With our understanding of the above it is not far reaching to conclude that for Kant God is indeed a projection of our reason when the reason is to be conceived a practical principle for realizing supreme good through the human actions in accordance with moral laws established by his free will. The positing of God is based on the need for perfecting morality. Once God is posited, we may say on one hand that we have established an ultimate end and value which fulfill our sense of perfect justice and harmony or consistency of our moral feelings and on the other hand we may come to see this positing of God as required by the Being of the human person and thus may have an ontological connotation as revealed in the order of things in the world. Kant have argued for the purposiveness of nature on the basis of our own projection of our life and yet it cannot be denied that our observation of nature may actually confer a sense of purpose on our life when we may not find a purpose in our life because of frustration and suffering. But life goes on and things keep arising and being generated is no doubt a powerful sign why life should be valued and hope for fulfillment of life may not be an empty dream. In this regard we may finally conclude that the moral foundation for religious belief is after all a completion of a total picture of how human life could be refined, improved and eventually perfected on the basis of a full sense of justice and harmony of the ultimate and supreme good. In a certain sense God for Kant is a rational construction for the rational consistency of moral life which nevertheless is actually needed for practice of moral life and hence has practical meaning which goes together with.

Religiousness in the Moral practice in Confucianism

What is religiousness? We must separate two aspects of religiousness, namely religiousness as caused by belief in an powerful object which dispenses justice and administer punishment and religiousness due to preserving a moral order which is essential to community life. In other words there are religious feelings and ritualized actions which are directed to a religious object such as God and there are also religious feelings which arise from performance of moral duties and conduct of virtuous life. It is clear that religiousness comes to a form of religion naturally whereas religiousness must result from stress on ritual in connection with the moral practice. At this point we may bring out the normative meaning in the religiousness as we experienced in life. We shall show that religiousness is matter of our devoutness of the belief, religiousness as a performance of ritual which governs human relationships. We may indeed speak of forms of religiousness to connote the serious mindedness of abiding by a moral teaching or principle. We may indeed speak of the collective and individualized religiousness as exhibited in the life behavior of a community or an individual. As a final definitive description we may indeed define religiousness as a sense of wholeness of life as rooted in one's belief or moral practice.

At this point I may point to some religious leaders and moral life philosophers in the axial age as examples of the religiousness I have defined and conceived. We may first consider Confucius as a person of religiousness which may not derive from a transcendent belief in the first place but from understanding of humanity which inspire his attitude toward life and community. In Chapter 10 of the Analects we see how Confucius conducted himself and shows a form of engagement of life which pervades all minute details. In talking with his community he shows modesty and affinity but in going into a government hall or public place he is careful and respectful. When he meets the ruler he shows earnestness as a token of his response. In sacrificial ceremony he is solemn and dressed properly. These may be record of his role as a magistrate in serving his State. In his free time as a private person, he is relaxed and cheerful but shows great sensibility to his environment and the hygiene of living. For example if here is a funeral in the neighborhood, he speaks low. When there is a fire, he is concerned with whether people get hurt. In ordinary life he also dresses carefully and properly in consideration of customers normally observed by the community. As to eating, we may note that Confucius is quite conscious and self-restraining as any contemporary nutritionist or weight control doctor would teach: he does not eat meat overnight, not each over amount, not eat more meat than rice and vegetable. He does not drink without control. He does not sit if the seat is not rightly put and does not eat if the food is not properly treated or apportioned. From all these we see that Confucius has tried to maintain a holistic attitude of life which is consistent with his virtue of modesty, self-restraint, respect for other s and respect for the health of himself. One may then ask what is the internal faith or understanding which sustains this form of life and wither this internal understanding or vision is fixed on a form of religion of transcendence or authority or rather is resting on a fundamental perception of humanity and its harmony with the heaven and each as source and environment of life.

From the Analects we can clearly see that there are two important matters which gives order and unity to the life of Confucius and which inscribes his language and inspires his disciples. These two principles are that of ren and that of li. The idea of ren has been much discussed yet the essence of ren has been difficult to be grasped. Here I wish to focus on ren as Confucius explains in three aspects: first, ren as deep care and concern with other people and hence with all people so that one would not do harm to them and also would then do benefit to them. This care and concern or concernful care is a deep feeling within me which I am capable of experience and yet I may not experience because my habit of thinking of my own benefit and because of instinctive self-centeredness. Besides I may be used to think that to care for others is to put myself at a disadvantage. Hence to experience ren we need to breakthrough one's own niche for self-interest and self-centeredness so that one can be open to others. To do so is to restrain one's habitual thinking and face a larger self which sees oneself as another or as anyone in things one dislike and also in things one like. This shows that the self has a deeper level or has a deeper structure which goes beyond one's ordinary self. This means that one can still be oneself even one could feel for others and think for others. It is to see that all our feelings and thoughts are events of humanity which includes myself and others and which should be not simply basis for benefiting myself alone. We are not simply for ourselves but also for others and are not just in ourselves alone but also in other people. Hence our concrete feelings and actions should be evaluated from the point of view of the totality of humanity and we should therefore come to take a point of view of others and the totality of people. This is then not a matter of simply restraining oneself but a matter of universalizing for others and all. This is how Confucius come to speak of "己所不欲勿施于人" "己欲立而立人，己欲达而达人" . It is this opening up of the self which makes us both moral and free for we would realize that we have to act with inclusive consideration of others toward not harming others and toward helping others for their self-fulfillment. There is then no need to condemn our own desires and thoughts in so far as they are subject to the requirement of no harm and mutual enhancement. Then comes the third aspect of ren which is to link to the requirement of ren to the requirement of li. What is then li? Li is the form and rule and consequently the ritual in which we normalize our thoughts and actions. It is a matter of attuning our universal and others—regarding feelings to individual relations so that not only our actions are motivated by virtuous feelings but are properly directed to the concrete others in concrete situations and contexts of relevance. This recognition of concrete situations and contexts is important for it will bring our moral sentiments and moral principles to bear on reality and generate the desirable results according to situations and contexts. For example, we could ask how do we avoid hurting our parents in normal circumstances? Or we could ask how doe we help a friend or a stranger in a situation? We have to consider and think in terms of benefitting an innocent child in danger or an old man in drowning? We have to see that in normal circumstances to care for oneself without hurting others is the duty of one toward one's self, but in unfortunate circumstances it is the duty of one toward other when we are related. Ren is therefore not an imperfect duty as Kant has proposed, but instead a perfect duty under proper circumstances of relationships. The rules of li which are established by considerations of all relevant considerations makes our morality of ren into morality of righteousness, morality of intelligent knowledge and morality of trustworthiness.

Li of course is directed to concrete circumstance and hence is subject to change and transformation when circumstances have changes. This means that we should take note of changes in society and environment so that we may find the best system of li rules which could best serve the purpose of ren. There are of course fundamental rules of li which respond to unchanging or constant feature so of our communal life and need for self-cultivation. Thus Xunzi has pointed out that there are three sources for the establishing a system of li. He says: "礼有三本：天地者，生之本也；先祖者，类之本也；君师者，治之本也。"（《礼论》，《新译荀子读本》第285页）This means that in so far we consider li as derived from these sources they should be relevant and respected. In fact the very essence of li is a sense of respect. The sense of respect enables us to take facts and traditions seriously and at the same time leads also to take our feelings and reflective thoughts seriously so that we may apply our principles and feelings to concrete circumstances. Thus we can see that our natural feelings of respect must take this cosmos of vitality seriously, must take our history seriously and must take our civilizations seriously. In this sense we can see how li is founded actually on our knowledge and recognition of the cosmology of life, the historical development of life and the culture of political ordering seriously. These are important because they are corner stones of our life form and conditions for sustainability and prosperity of our life as a whole. It is in this consideration we can see how ren will be naturally and also intelligently preserved and effective. On this basis Xunzi even argues that li is actually embodied in the natural order of heaven and earth, sun mouth and stars and rivers and shows itself in the functions and processes of these natural forces. This no doubts lead to the idea of li as li or reasons or rationality o be discovered in the existence of things. For this reason we may even say that li is embodied in the feelings and natures of animals not to say in humans. In this sense although morality is to be realized in human actions and behaviors, it is in fact a disclosed reality of human nature which we should be accustomed and befits the ultimate good of the humanity.

The very explanation that I expose the ren in terms of li gives justification for the Confucian statement that "克己复礼为仁" which means in essence that in the ultimate sense of ren, ren is realized in the transcending of the private self into a communal and even an cosmic self in which order of behavior and relations are displayed and principles of reason are observed. If we have such a life, not only we have achieved the morality in the social communal sense but also in a religious sense in which each individual will feel composed and holistically fulfilled. Xunzi argument for serious and elaborate funeral reflects his sense of wholeness of life in the sense that in death we can see one's life is celebrated as achieving a wholeness and order which is regarded as deserving respect and honor. His argument for three years of morning for parents also exhibits how death is an occasion for memory and preservation of the life of a child under the parental care and hence a celebration of the love and care of the parents. Religiousness is a matter of feeling which can be felt as a feeling of the way of humanity and yet can be also felt as a way of spirits by people. He says: "圣人明知之，士君子安行之，官人以为守，百姓以成俗。其在君子，以为人道也，其在百姓，以为鬼事也。" (Ibid, 293). What is important is these moral feelings of respect and love and this natural feeling of aspirations and care.

Kant may still ask what we can hope for the future in terms of a metaphysics of eternal soul. This hope is no doubt still justified in the li system of Confucius and Xunzi. The li system provides a cosmology and ancestors in terms of which one dies to become an ancestor is certainly a minimal hope one may entertain. Whether one becomes a worthy wile ancestor or be commemorated by posterity however depends how he has made himself in terms of his humanity.

In order to develop the idea of how a person could make himself worthwhile so that he could lead a richer moral life with deep sense of religiousness we may have to look to the doctrine of human nature and doctrine of developing one's nature and rectifying one's heart and mind. This is precisely what the Confucian doctrine of the mean in the Zhongyong is up to. Again we must see Zhongyong as a comprehensive theory of reality, humanity and morality in which the existence of human beings in the world is such that they are capable of participate in the creative activities of heaven and earth. This means that human beings can live a form of life in which morality is naturally incorporated. As a comprehensive theory Zhongyong has defined the nature and position of the human beings in the world and how they are to be related to the ultimate reality. The beginning statement that "heaven has determined the nature of man" does not mean that man has been determined in his activities by heaven in the sense of determinism. The determining or mandating of heaven (tianming) is a matter of creation or formation of what there is in the human being so that it can act and develop according to the way of heaven which is creation of things. Man can be thus said to have creative abilities and also the freedom to participate in the creativities of heaven and earth. Even though man may have the capability of creative activities in conformity with heaven and earth, he may choose not to do so or to choose the opposite as we have witnessed. This means that there is freedom of choice in human beings. Precisely because human beings are equally capable of destructing an order rather than enhancing it, it is necessary that the human beings would recognize the importance of the moral living which according to Zhongyong is the Confucian way of the mean. Zhongyong explicates this way of the mean (Zhongyong) on two levels: on one level, the individual human person has to be able to respond to an out situation or even with proper feelings which would bring harmony to the situation. The question is what a proper response to a situation is. This no doubt requires intelligence and knowledge so that once response to the situation is self-sustainable. On the second level, there is explicitly request that observe the reciprocity principle to the effect that one detest from the above do not apply to the below what one detest from right equally apply to what comes from left. In ordering one's life this manner there is no problem of living a truthful and yet fulfilling life. One might point out that the Zhongyong has brought the this order of human life is ultimately determined by his idea of the tian. It is the way that morality is not a restraining but rather enhancing one. One might point out that there is the belief in heaven which brings out a form of human nature which makes harmonious living possible. Does this conform to the belief in transcendent Go? In a way I agree that there is indeed a parallel understanding between the two. But then there is the difference of heaven as inherent nature and god as transcendent power-entity. It is due to this that one can see how religiousness comes out from a robust moral feeling or moral living in the Zhongyong case whereas one has to justify the religious beliefs and practice from a moral practical perspective. As a matter of fact, we have seen that it is from the need for a perfect morality that god was sought after as a ground. Conversely speaking, one must ground religious beliefs and faith in God the positing of which has to be justified by appeal to a moral form of life. What is then the difference between the two makes a difference?

It is clear that Kant has started with a moral phenomenology and moral metaphysics based on free will of the human person and yet ends with an effort of attempting to justify a transcendent religion in the fashion of Christianity which presupposes existence of God and immortality of human soul. He has argued from moral reasons and practical need to his conclusion on religious beliefs. Is this a moral justification of religion or a religious grounding of morality? Although it can be said to be both, it is obvious that his purpose is to provide a moral rational or practical rational ground for a transcendent religion. In doing so he has to a large extent ignores the question how do we lead a moral life and how do we cultivate our humanity so that we can be said to be moral in a robust sense. For him What is important is moral reasoning, not moral living. In light of his seeking a religious warrant for his morality of free will it appears that morality is narrowly conceived to be actions according to categorical imperative, but not a way of open and creative experience toward self-understanding and self-growth of the human person. There is no vision of an integrated life of humanity in which a person may pursue his moral life in his virtuous dealing with humanity and community. He wants a morality which is religiously guarded and which can be formalistically rigid and narrow or dry. Not to say that his rational argument has made available a metaphysically posited theology, he has introduced a metaphysical dualism of moral practice and religious faith. While he has strongly criticized any metaphysical system in his earlier critiques, now it appears inconsistent that he has reversed his own critical position for both practical and metaphysical purpose. In contrast it is clear that for Confucianism morality is a matter of acting right from one's good nature and there is no need to struggle for a metaphysical theory for the grounding of morality. (* In contemporary Neo Confucianism Mou Zongsan has formulated a doctrine of moral metaphysics for providing a metaphysical foundation for Confucian morality, he has not led to any personal religion, but instead implicitly based his view on a cosmology I have explicitly argued above in the Zhongyong.) To be moral for Confucius is to be able to maintain one's heart mind in an equilibrium which would enable itself to respond to any situation with natural feelings of the good nature. What is important is to be aware of the moral feelings so that one can further strengthen oneself in developing one's nature. There is indeed an appeal to heaven as ground and source of one's nature but this appeal is based on a vast cosmology rooted in comprehensive observation of our experience of reality and the world. In other worlds, it is more based on experience than on reasoning. It is an openness to this world as evolving process of creative change and generation of life than an appeal to a transcendent God. Heaven can be conceived to be transcendent or above this world, and yet as a constant power and source of life generation, heaven is more cosmological rather than ontological or metaphysical. The focus is on the way of heaven embodied in movements of nature rather than heaven as an separate entity. As a consequence morality for Confucianism has its burden on humanity and remains a story of how humanity manifests and perfect itself and how it lives out itself in individual lives no matter what religious faith could one holds. There could be Christian Confucian and there could Islam Confucian as well as Buddhist Confucian. On the other hand there could be also Confucian Christian or Confucian Muslim or Confucian Buddhist.

With all these being said the difference which makes a difference is the introduction of theology of Christianity which has transformed morality into a part of the religious drama and thus make morality to lose its autonomy, while for Confucianism moral humanism and moral autonomy of moral reason of heart mind remains thoroughly independently of personalistic theology even though a moral nature of humanity is experientially explored. There is instead a cosmology of life which is given a moral significance through cultivation of moral nature in humanity. Thus there is no separation of morality from religious justification of morality nor a dualism of morality and religion in Confucianism. Yet still we can speak of a religiousness in the sense of coherence of practice and belief and in the sense of the wholeness of moral cultivation of self in practice.

Concluding Remarks

I have claimed that Kant has been exposed to the influence of Confucianism in his position on the autonomy of reason and will in his moral philosophy which in effect is an assertion of the independence of morality from religion and theology. But in the end Kant still falls back onto religion and invoked the ridicule of Nietzsche in comparing him to a fox who returned to his gate of prison. However we have to acknowledge Kant for his efforts to reconcile morality and religion and described his final position as a dualisitic ambiguity of morality above and religion below and or morality below and religion above. He has exhibited also a combination of the Greek element of rationalism and a Jewish element of spiritualism. This is highly symbolic of the nature of modernity in the European enlightenment and indicates how a thorough enlightenment philosophy is impossible without containing elements which would overturn it. The key-point is how to establish a moral philosophy of life world in which reason and faith can be fused rather than usurping each other. What is needed is a cosmology of experience of life which is open to practice of moral life under different religious and cultural traditions. It is also important to recognize that we can not separate an ethics from a moral life practice totally independent of tradition and culture. A world ethics has to be core of moral practice focusing on the cultivation of humanity for mutual support and mutual recognition. Although religious justification is always needed, there is no need nor reason to make such justification an overriding and exclusive one, since in a global and cross cultural contexts we can always recognize and see how each religious tradition could invest in each morality a religious signification which is far beyond the morality itself. What is needed is to always ask how could be act as a member of humanity and how I could be responsible as a moral agent, the question which is strongly present in early Kant and always present in Confucianism.

As to how Confucianism is to be conceived, it must be said that it is not a system of abstract principles but a life form which is compatible with tradition and yet is rationally independent of tradition as shown by the life and words of Confucius. What is even more important to recognize is that Confucianism as a system of morality has its rich and robust content of moral practice and therefore contain or retain a strong culture of religiousness of its own. What is religious about is that it is devoted to act according to li of a society which preserves harmony and human relationship on the one hand and on the other prompts a self reflection which leads to deeper understanding of oneself and humanity. There is no doubt a reference to the outside world which is regarded an environment of life humanity needs to appreciate and relate in a context of cosmological and ecological understanding. This results in a cosmology of nature and an organic ecology of how humanity is related to heaven and earth as described in the book of the Yijing. All in all although Confucian morality can not be regarded as a religion nor requires a religious justification, it remains nevertheless a thinking and practicing system which caters to both spiritual and moral needs of humanity and which makes no qualms about which to do or which religion it may have endorsed. It is in this sense is spiritually religious as a holistic form of life of practical wisdom and reflective understanding of both man and the world.

The Influence of Confucianism on the Emergence and Regulation of Nonprofits in China

[USA] Trent A. Engbers (特伦特·恩波斯)
University of Southern Indiana

Introduction

In 2009, The Ministry of Civil Affairs (MoCA) of the People's Republic of China commissioned a study of international experiences with the use of direct and indirect public policies for nonprofit① organizations to deliver social and human services. The study conducted by the United States based Comparative Nonprofit Sector Project at Johns Hopkins University examined common strategies for funding and supporting nonprofits in dozens of countries around the world to establish best practices and to advocate for the Chinese government to provide greater financial support and increased contracting with nonprofit organizations (Irish, Salamon & Simon, 2009). In particular, the study encourages the MoCA to outsource more traditionally government-provided social services, to foster an appropriate legal framework to facilitate this outsourcing, to provide significant managerial and financial support to nonprofits and to utilize a wide range of tools for policy implementation including but not limited to contracts, block grants, grants, vouchers, and preferential tax policy.

While the study does produce a number of practical and interesting policy recommendations for the MoCA, there is an inherent problem with this type of research in that it assumes that lessons learned from one county context can be applied to other political and cultural domains

---

① This paper will use the phrase nonprofit or not for profit organization to reflect a wide range of civil society organizations. This term is the dominant term in Western countries and reflects a type of organization for which owners accrue little or no personal benefit and which often have preferential tax treatment. However, in this paper, this usage reflect any civil society organization whose primary purpose is social improvement and which do not exist to enrich owners. With the exception of the uniquely Chinese "Government Nonprofit Organization", these organizations are privately owned.

without recognizing the unique cultural elements that shape the policy context.

In China, an important cultural consideration is the influence of Confucian and Neo-Confucian traditions and beliefs. Confucianism has influenced Chinese culture for over 2500 years and while its popularity has risen and fallen over time, it remains influential in Chinese society. The Confucian tradition with its focus on the group over the individual and on responsibilities over rights seems to be highly conducive to fostering a robust system of nonprofit organizations (Fukuyama, 1995). Moreover, given the humanistic tradition of Confucianism and thus its unique focus on this world and the realization of moral virtue today, one would expect a robust nonprofit sector facilitated by norms of responsibility (Ip, 2009).

The conclusion of this paper that the influence of Confucianism is more complex than initially though, Confusion values have had significant influence on the shape of the nonprofit sector today. It particular, it is influence by the following values:

- Shu (恕): Shu denotes a sense of reciprocity in which social bonds create indebtedness and obligation.
- Ren (仁): Ren refers to a way of being human and the virtue of a perfected human. It suggests an obligation to the rest of humanity and while not well reflected in any one English word will be referred to as beneficence (Ackerly, 2005).
- Li (礼): Li refers to ritual propriety. Li as a system of action and etiquette bring Ren into fruition through service to others.
- Wu lun (五伦): Wu lun is the sense of relationships that are both hierarchical and familial in nature. It narrowly refers to the five cardinal relationships but may be thought more broadly as a system that structures obligation and responsibility among people.

The topic of nonprofit organizations is particularly important in light of the economic reforms of Deng Xiao Ping and increasing economic liberalization in the 21st century, greater inequality has emerged along with unfilled welfare gaps. This is most evident in the dismantling of the "iron rice bowl" and the significant plight faced by migrant and other low skilled workers (Bergman, Bergman, Liu, & Zhang, 2015, Yu, 2011). Consequently, a rich and robust nonprofit sector that is congruous with Confucian values and the communist political system needs to continue to emerge to fill the gaps left by a retracting state.

This paper seeks to explain the influence of Confucianism on the emergence and regulation of nonprofits in the People's Republic of China (China). It will do so by examining Confucian influences in three areas which are central to the effective operation of nonprofit organizations: volunteerism, philanthropy and charitable activity, and state-nonprofit relations. It will conclude with lessons for fostering civil society within a Confucian context.

Volunteerism

Volunteerism refers to programs and services in which the delivery is conducted without consideration of pay and without coercion and there is a long tradition of volunteerism in modern China, with the early days of the rise of the Communist Party of China advocating "learning from Lei Feng to do good". However, it wasn't until the 1980s that government recognized voluntary organizations really began to emerge with the Community Volunteer Association of Xin Xin Sub-district Office of He Ping District, Tianjin. This was followed by voluntary associations sponsored by the MoCA, the Community Youth League Central Committee, the Red Cross Society of China, the All China Women's Federation and All-China Federation of Trade Unions (Han, 2009). This discussion will begin with an exploration of volunteerism in China and then turn to an interpretation of that volunteerism in light of Confucian principles.

Chinese Volunteerism

Estimates of rates of volunteerism in China are widespread. Some estimates are upwards of 79% of Chinese adults reporting doing unpaid volunteer work when ask to explain their involvement in 13 different types of organizations. While not nearly as high, but still promising MoCA estimates suggest that in 2010 there were 289, 000 volunteer organizations with probably been 22%—25% of Chinese volunteering.

This is in stark contrast to single question surveys by Gallup and Civicus which suggests that Chinese identify their rates of formal volunteering in the single digits (Smith and Zhao, 2016). Perhaps this in and of itself is telling of Chinese volunteerism that Chinese are engaged in voluntary action but don't think of that involvement in terms of nonprofit volunteerism. This is one explanation for why China comes in 138th place in the Charities Aid Foundation (2016) report with 4% reporting volunteering with a nonprofits. This is in contrast to top ranked Turkmenistan (60% volunteering), Myanmar (55% volunteering), Indonesia (50% volunteering) which lead the world in volunteerism. The United States is 5th with 46% Volunteering (Charities Aid Foundation, 2016).

These pessimistic estimates mask great strides that have taken place around short-term volunteerism in China. There have been dramatic burst of volunteering motivated by the Olympics and the Wenchuan earthquake in 2008. Though there has been a verily significant dip since then (Wei & Cui, 2011). This is in spite of 44% of Olympic volunteers who expressed a desire to keep volunteering.

There has been some systematic effort to increase volunteering in China. Politically 29 of 33 provinces and municipalities have promulgated and implemented volunteering laws. Interestingly, 20 of these laws support universal volunteerism while nine focus exclusively on youth. Nationally, the Office of the Spiritual Civilization Development Steering Commission, the Communist Youth League, and the MoCA have pursued policies, regulations and administrative support of volunteerisms (Wei & Cui, 2011).

Following initial efforts by nonprofit organizations to mobilize volunteers to teach in rural areas, starting in the 1990s the Chinese government under the Ministry of Education and State Council advanced a series of policies to encourage long-term volunteerism by recent graduates. Chinese government estimates suggest that 5, 000—6, 000 volunteers are now placed annually. In 2006, further policies were advanced to encourage volunteering in a wider range of industries from agriculture to medical services to poverty in rural areas by recent college graduates. More recently, the "Three Assistance and One Alleviation Plan" has further formalized these actions and created incentives to volunteer such as bonus points for graduate school exams or preferential civil service consideration. These examples of government organized volunteerism run parallel to more informal self-organized patterns of volunteerism in which citizens based on personal experience or identification set about addressing social problems without compensation (Zhang & Lin, 2008a). These programs have resulted in a strong workforce of Chinese out to make a difference, but one that is not representative of China as a whole. Youth and college educated Chinese are over represented. For example, in 2002, college students represented 1% of youth but 53% of youth volunteers (Ma, 2002).

Yet, these examples are all drawn from governmental-based service organizations and not from traditional nonprofits as motivators of volunteers. Interestingly, in contract to many western cultures where volunteerism as a product of social movement pressed against government action, within the Chinese context, government has been a major facilitator of volunteerism (Zhang & Lin, 2008b). This is exacerbated by the dual registration system (discussed below) that has significantly curtailed nonprofit organizations in encouraging volunteerism (Han, 2009; Ma, 2002; Yu, 2011).

Confucianism and Volunteerism

Volunteerism often comes about as a result of personal morality, belief, conscience, sympathy and responsibility (Han, 2009). Juan Zhuang (2010) in his analysis of the history of volunteerism in China argues that current Chinese understandings of volunteerism are informed by Confucianism, Mohism, Daoism and Buddhism, but that the origin of volunteerism in Chinese culture is the Confucian call to benevolence.

The Confucian concept of Ren, roughly translated as benevolence or human goodness, suggests that a person is defined in relationship to his or her part in the larger community and the demand to act ethically toward others (Bergman, Bergman, Liu, & Zhang, 2015). Flowing from the idea of Ren is the notion of Li, which has tended to focus on rites and rituals of religious practice, but in the context of understanding volunteerism in China, can be seen as an extension of ren in that it brings this benevolence into practice in service of one another. "A Ren person recognizes and responds to others as persons, or is responsible for carrying out actions appropriate to those relations. According to Confucian principles, personhood is a function of interdependence, and it is cultivated through the social and spiritual accomplishments of people's personal interactions". (Bergman, Bergman, Liu, & Zhang, 2015, p. 7) Thus volunteerism offers a way for ren and li to shape individuals from their original state into diligent and responsible people who carry out their responsibility to others.

To better understand the relationship between Confucianism and volunteerism in China, one might look at the decision to be a volunteer blood donor. Beginning around 2004, China switched from an employer coordinated system to a purely volunteer strategy for sustaining the medical blood supply. Using a survey of over 900 Beijing blood donors who donated either as part of an employer-organized drive or as volunteer donors, scholars demonstrate an evolving picture of blood volunteers in China. Donors who tend to donate because of their altruistic belief structure differ significantly from those who donate based on employer obligation. In particular, they are more likely to be younger, less educated and lower income. However, the more interesting findings of this study suggest that Chinese culture on the whole is supportive of this type of charitable activity. Three quarters of Chinese report that "society commonly views blood donation as a normal activity" and over 90% state that "society commonly views blood donation as something that kind or altruistic people do". This is in spite of traditional Chinese notions that see the loss of blood as unhealthy or a draining of energy or a life. This social acceptance of charitable activity aligns with Confucian notions of benevolence and the requirement to act on this disposition (Tison et al., 2007).

While Zhuang (2010) agrees with others scholars that volunteerism transcends familiar obligation, blood relationships take precedence over a more generic call to be kind hearted. He also notes that Confucian benevolence extends to service to the state. "For example, Mencius called for the virtue that... scholars should maintain their own integrity... [and] that they should make perfect the whole empire which advocates that, for the well-being of the state, successful people should share their good fortune with those in need." (Zhuang, 2010,

2844). This statists perspective on volunteerism has two effects. First, it creates a hierarchical structure in which greater social need is subjected to the needs of ones clan. Second, a focus on benevolence to the state undermines civil society because in encourages state run volunteerism and service over grass roots efforts.

Certainly, in the modern era, these traditional notions of volunteerism informed by Chinese philosophy were not eliminated but were moderated by western influences in the form of Christian missionaries, western media, oversees Chinese and eastern influences such as Chinese nationalism and the power of the communist state (Zhuang, 2010). However, one should not overlook the effect of Confucianism and its impact on volunteerism.

Philanthropy

When referring to philanthropy, we are referring to the giving of funds for charitable purposes in a way that is both voluntary and discretionary. As with the previous section, this section will proceed by first examining the current state of Chinese philanthropy and then analyzing that pattern in terms of Confucian values.

Chinese philanthropy

The level of giving to charitable organizations in China is comparatively low. The Charities Aid Foundation publishes the World Giving Index which ranks countries based on the percentage that donate money to charity. Myanmar (91%), Indonesia (75%), and Australia and Malta (73%) lead the world in percentage of the population donating money to a charitable organization. The United States is 13th with 63% giving. 35% of Koreans give, and China comes in 138th place with only 6% donating to charity (Charities Aid Foundation, 2016).

Likewise, in a study of 41 countries, private and corporate philanthropy on average compose 15% of nonprofit revenue. This number varies from country to county with 44% of charitable revenue coming from philanthropy in Pakistan and 38% in Uganda. Comparatively, most Eastern European democracies have less than 5% of revenue as charitable (Irish, Salamon & Simon, 2009). While accurate estimates from China are elusive, the significant presence of Governmental Non-Governmental Organizations (GONGOS) suggest that philanthropic revenue is unlikely a major source of nonprofit activity (Ma, 2002). Likewise, corporate philanthropy is hard to gauge as much of the corporate philanthropy that has existed historically was been strategic as opposed to charitable (Bergman, Bergman, Liu, & Zhang, 2015).

This is not to say that Chinese are not philanthropic. Since joining the World Trade Organization, corporate philanthropy in China has risen gradually with rapid burst of generosity following the 2003 SARS outbreak, 2004 Tsunami in the Indian Ocean, 2008 Frost Disaster and most significantly after the 2008 Wenchuan earthquake (Gao, 2011). However, it is clear that many formalized voluntary associations in China have failed to sustain permanence as result of philanthropic insufficiency (Han, 2009). This failure comes as a result of structural, capacity and cultural reasons.

Structurally, there is little incentive for Chinese to give. Only government and government sponsored foundations can legally solicit donations from individuals and there are few tax incentives to charitable giving (Zhang, Go, & Cai, 2011) Likewise, the notion of philanthropy has been somewhat limited in China for a number of reasons. First, under communism, the role of private enterprise has historically been largely subjugated. Thus in the absences of private enterprise, there is little opportunity or incentive to give philanthropically. Second, communism is based on a system of state-led welfare that is inconsistent with private philanthropic activity (Bergman, Bergman, Liu, & Zhang, 2015).

From a standpoint of capacity, philanthropic levels may be lower merely based on ability to give and the infrastructure for giving (Michon & Tandon, 2012). As economic power has risen in China, so too has expectations for corporations to engage in philanthropic activity. Given China's increasing economic power and the rapid pace of growth, one would expect expanding levels of philanthropy in the future. This would have a positive impact on the number and strength of nonprofits as increased fundraising spurs local growth and greater visibility (Michon & Tandon, 2012).

Lastly, the influence of culture cannot be ignored. Private giving is best explained by value systems (Michon & Tandon, 2012). With Confucianism as a dominant value of Chinese society, it is important to consider its effect on philanthropic activity.

Confucianism and Philanthropy

"Traditionally, philanthropy virtues such as civic betterment, benevolence, charity, compassion, or generosity have always mattered in Chinese culture as evidence by the teachings of Confucianism… [Confucianism] regarded philanthropy as the distinguishing characteristic of man, as one of fundament constituents of nobleness and superiority of character (Menkhoff, 2009, 63)." Philanthropic behavior is linked to Confucian tradition through the recognition that personal development requires the cultivation of social relationships. Thus philanthropic support becomes a method by which one realizes their obligations in relationship and the acting out of Li for the purpose of Ren. This is reinforced by other Confucian values such as contribution to society (she hui de yi wu he ze ren 社会的责任和义务), moderation (shi du 适度)

and reciprocation (Shu 恕). These latter values emphasize social responsibility in addition to the demands of ren for self-development (Bergman, Bergman, Liu, & Zhang, 2015).

The concept of benevolence as directed toward philanthropy suggests four main points (1) benevolence exists in relationship and thus is didactic, (2) that the fulfillment of people is the highest spiritual realm, (3) understanding ideal social relationships are central to Confucianism, and (4) benevolence transcends fate, family, and political power (Chen, 2004). Chen (2004) argues that this transcendent element serves as an important justification for philanthropic activity.

In a review of emerging philanthropic markets, Michon and Tandon (2012) find that countries with capitalist economics and protestant traditions are the most likely to engage in philanthropic activity. However, emerging markets with a Confucian tradition share similar ethics and are increasingly candidates for private philanthropy. Using predictive modeling Michon and Tandon (2012) suggest that as ability to give increases, Confucian countries such as China, Taiwan and South Korea will become major actors in global philanthropy.

However, the Confucian influence is not only one way. While the effects of Ren and Li on giving is generally positive, the effects of shu and wu lun are more ambiguous. Under the confines of Shu, the Chinese notion of philanthropy has placed greater emphasis on reciprocity than western notions and thus emphasized giving to one's personal community rather than targeting root problems (Menkhoff, 2009). This limits the ability of nonprofit organizations to benefit from a charitable mindset. Likewise the Confucian emphasis on self-reliance and the importance of personhood discourages organizational giving. To be a person or Wei jen/tso jen flows directly from the meaning of jen. Thus people are the primary unit over groups and other levels of society and thus the primary recipients of aid. The Confucian mandate of "person-family-state", doesn't necessarily translate into a modern notion of "person-family-large social group-state" (Liu, 1978).

Additionally, under the concept of wu lun, there are multiple effects. From a positive standpoint, wu lun fosters filial piety (Xiao 孝) which when viewed from a transcendent perspective, suggests an obligation of love that extends beyond traditional relationships. In this way the need to act from a vantage point of love fosters the desire to engage in philanthropic activity (Chen, 2004). This is consistent with those who have suggested that the Confucian focus on familiar responsivity should not be interpreted strictly to mean biological family but rather that this charge generates the need to be philanthropic with a wider set of subsidiary entities (Bergman, Bergman, Liu, & Zhang, 2015),

At the same time, this same notion of filial piety can more narrowly be justified as existing to cement the bonds between fathers and sons or more broadly between rulers and subjects

(Chen, 2004). The significant focus on blood relationships and family obligations in China has stunted the development of civil society as individuals give preference to more immediate kin relationships over wider philanthropic obligations (Bergman, Bergman, Liu, & Zhang, 2015).

This is further complicated by the fact that under wu lun, the sense of obligation to reciprocity is asymmetrical as a result of the hierarchical nature of relationships (Ip, 2009). As such, the cultural norm to give freely without return is limited. The ability to give upwards in order to satisfy the reciprocal norms of wu lun are limited when charitable giving is facilitate through impersonal organizational formats.

State Structure

"In advanced market economies, private nonprofit organizations constitute a third sector apart from the public sector and the for-profit sector, playing a significant role in socioeconomic spheres (Xin, 2005, p. 10)." However, the state of the nonprofit sector in China is somewhat unique. In order to understand, the influence of Confucianism on the state-nonprofit relationship in China, this section will proceed in three sections. It will begin with a review of the types and numbers of nonprofits in China and the political context in which they operation. Next it will review the regulatory framework that constrains nonprofit organizations. Finally, it will conclude with an application of Confucian theory to understanding the regulatory environment.

The Current State

Around the world, there are a wide range of differences in how governments relate to their nonprofit organizations. In the United States and United Kingdom, governments provide an increasing level of funding but this funding is fairly small and administration is more hands off than in other countries. By contrast, in Germany and the Netherlands, state-nonprofit relations are highly structured and largely dependent on government funding (Irish, Salamon & Simon, 2009).

Since the reform and opening, there have been increasing numbers of privatized organizations including a greater number of nonprofit organizations. There are four types of groups: profit oriented public organizations (state-owned enterprises), nonprofit organized public organizations (public services), profit-oriented non-government organizations (private sector), and nonprofit private groups (civil society) (Xin, 2005). In particular, these nonprofit organizations are characterized by three main forms (Ma, 2002; Xiaomen, 2011):

• Social Organizations（SO，she hui tuan ti 社会团体）：These include associations，foundations，chambers of commerce，and federations.

• Nongovernment Noncommercial Enterprises（NGNCE，min ban fei qi ye dan wei 民办非企业单位）：These are income making institutions that do not produce profits but provide social and professional services.

• Trade associations：Trade associations serve as intermediaries between industry and government. They serve both private and public interest by advocating for the needs of industry while providing coordination services demanded by government.

Since 1998 and 2004 when the relevant regulations were relaxed，the number of nonprofit organizations has increased dramatically. In 2009 there were 190，000 registered nonprofits①up from zero in 1998 when the Chinese government first began recognition（Yu，2011）. This number comes from the MoCA and is conservative relative to many outside estimates that likely reflect a wider range of organizational types. A breakdown of the sector by industry can be found in Table 1. Yet despite the increasing number of nonprofits，they represent a comparatively small portion of the economy or 8% of total employment. This is in contrast to 15% in the Netherlands，9% in the US and a global average of 5. 5%.（Irish，Salamon & Simon，2009）.

Table 1：Chinese nonprofits by industry

Sector	**Number of organizations**
Education	92703
Social Service	28060
Health Care	27237
Scientific and Technological Research	9760
Culture	7188
Sports	6591
Industrial and Business Services	2080
Vocational Services	1628
Agriculture and Rural Development	1466
Ecology and Environment	1049
Legal Services	782
Religion	271
Other	11608

Nonetheless，there will likely continue to be limits to its further development. These in-

① These numbers refer to the registered nonprofits. The number of unregistered nonprofits or de facto nonprofits who register as private organizations to escape regulation vastly outstrips the number of registered noprofits（Smith and Zhao，2016）.

clude political limits such as a tradition of service provision dominated by shi ye dan wei（事业单位）and an expectation that government funding will flow to she tuan（社团）（Irish, Salamon & Simon, 2009）. There will also likely be limits to freedom based on cultural norms and governmental scrutiny（Yu, 2011）.

Regulation

In recent years, the government has reduced funding to nonprofit organizations as a symbol of their independence; this allows the nonprofit to claim independence in the face of international expectations for free and voluntary action. However, this lack of funding does not demonstrate true independence as the government is still actively involved in managerial expectations and regulations（Ma, 2002）. Nonprofits in China are managed by the Bureau of Management of NGOs, an office of the MoCA（Ma, 2002）.

Many nonprofits in China operate under a system of dual registration. A dual-control system requires that most nonprofit organizations（essentially all SO outside some experimental provinces）register with both MoCA but also with a government agency in a related field which agrees to supervise the work of the nonprofit. The relevant competent department must operate within the domain of service which the nonprofit provides and is responsible for oversight and compliance within its area of expertise（Ma, 2002）. This policy of government registration and affiliation with a supporting agency effectively limits the number of recognized nonprofit organizations.

The MoCA is mainly concerned with registration, annual inspection, and ensuring compliance and punishment with any relevant rules and regulations. There has been a hesitancy on the part of relevant competent departments to provide sponsorship for fear that they will be held accountable for violations of policy（Han, 2009; Ma, 2002）. These relevant competent departments have been nicknamed "mothers-in-law" agencies as they exercise day to day oversight. As a result, many nonprofit organizations have chosen to register as for-profit organizations because of their inability to find and secure an oversight partner（Ma, 2002）. Moreover, all organizations are required to reregister periodically resulting in frequent purges which quickly lower the number of nonprofit organizations（Ma, 2002）. This system requires the examination and approval by both the MoCA and a "relevant competent department", or the ye wu zhu guan dan wei（业务主管单位）and the deng ji guan li ji guan（登记管理机关）.

In recent years, there has been greater support of charitable organizations including the 2005 "Law of Donations" and Article 5 of the 2006 Chinese company law both of which encouraged corporate philanthropy though preferential tax treatment（Bergman, Bergman, Liu, & Zhang, 2015）. Moreover, the 12th 5 year plan which covers the period of 2011—2015 has given priority to increased social investment in education and health care through the use of nonprofits and a command to "strengthen and innovative social administration regime" with greater citizen participation (Yu, 2011).

This has resulted in a series of reforms that have relaxed the dual registration system. Two of the biggest reforms include local and direct registration for some types of organizations and the documentation system. Under the first reform four types of nonprofit organizations can now register directly with the MoCA without identifying a relevant competent department. These agencies include trade associations, charities and foundations serving public good, urban and rural serving agencies and science and technology nonprofits. The second reform, the bei an (备案) or "documentation system", began as a Shang hai experiment that has gained national traction. Under this system, nonprofits which are ineligible for registration because they are not legal persons have another option. The goals is not so much promotion put rather regulation since nonprofits are given the opportunity to document their existence with their local government. Practices vary from jurisdiction to jurisdiction as there is not yet a national policy (Smith & Zhou, 2016).

Ultimately, the level of autonomy of nonprofit organizations in China varies depending on (1) the ability of nonprofit officials to influence their government regulators, (2) the nonprofits financial independence, and (3) whether the nonprofits supervising agency takes their responsibility seriously (Smith and Zhao, 2016). This results in uneven autonomy among nonprofits and a highly ambiguous environment for those wishing to start new nonprofits.

Confucianism and State Regulation

Early scholars attempted to understand the existence of nonprofit organizations that existed to outside government from a largely western construction. They cite the emergence of civil society groups in the late Qing Dynasty that served to advance the interest of intellectuals, merchants, and land owning groups. This western construction stressed the focus of these groups as intermediary between individuals and government. They were based on economic interest and ensuring rights of the state. In contrast, one might think of a Chinese-based notion of nonprofits that is based on obligation and interdependence rather than rights and responsibilities (Ma, 2002).

There are two Confucian principals that inform our understanding of nonprofits in china: statism (political Confucianism) and capitalism (Confusion personal ethic) (Michon & Tandon, 2012). Political Confucianism emphasizes the group over the individual and thus the state over other subordinate organizations. Personal Confucianism focuses on the ethic and thus is facilitative of philanthropic activity.

Scholars of civil society in China have advanced an argument that there are two conflicting perspectives that reflect different notions of nonprofit organizations. The first perspective views nonprofits as an instrument for individuals to have their collective voice heard and to improve their lot vis-à-vis government. This is the dominant notion of nonprofit organizations in the west (Zhang & Guo, 2012). In this sense, you will find the effect of ren and li similar to those discussions above. Namely, that they serve to foster a stronger sector based on norms of beneficence and reciprocity in a way that is consistent with personal Confucianism.

The decline of the welfare state and greater privatization has resulted in more traditionally government services being provided outside of government by nonprofit organizations. This can be seen in many western welfare states but also in China as the Chinese government maintains a need to keep some balance of quality of life among its citizens. This has several benefits that are consistent with beneficence in that the nonprofit agencies which are closer to the client than centralized government are better able to respond to the unique situations of their needs (Xin, 2005). This can be seen in the Chinese concept of "small government big society" in which the Chinese government has abdicated responsibility for many welfare programs but allowed the continued expansion of civil society to fill these voids (Ma, 2002).

The second perspective is often thought of as the corporatist perspective in which nonprofits and government are intertwined rather than being seen in opposition to each other. Empirical research on advocacy activities of nonprofit organizations suggest that political Confucianism and the connection between nonprofits and the state is more true than not (Zhang & Guo, 2012). This is where one sees an impact of political Confucianism and a willingness to subjugate civil society goals to state interest.

To better understand this, one returns to the concept of wu lun. As noted above, relationship plays a critical role in understanding the influence of Confucianism in Chinese society. While there is a myriad of relationships that exist, most literature focuses on five relationships and ten reciprocal values (Table 1).

Table 1: Five relationships and Ten Reciprocal Values

Dominant	Subordinate	Value
Ruler	Subject	Benevolence-Loyalty
Father	Son	Righteousness-Filial Piety
Husband	Wife	Love-Obedience
Elder Brother	Younger Brother	Gentility-Humility
Senior	Junior	Considerateness-Deference

The effect of these values on state-nonprofit relationships is three-fold and not particularly supportive. First, the emphasis of the benevolence of the state crowds out non-state actors. Consequently, the state's requirement to serve its subjects makes nonprofits superfluous. While, the Chinese government has begun rolling back this responsibility, its influence remains.

Second, the focus on loyalty to the state found in wu lun requires an element of deference. There is debate among Confucian scholars about the level of deference to the state required. The Mengzi perspective certainly requires less hierarchical deference than the Xunzi perspective and thus would necessitate less political hierarch (Ackerly, 2005). However, recognizing the capacity of civil society organizations to work against as opposed to for government, there have been ebbs and tides of control over these nonprofit groups. The 1998 regulatory policy restricted independent action while some recent reforms have led to relaxing of government oversight. However, the nonprofit state in China is certainly heavily influenced by government action. This can be seen by an estimate from the early 2000s that suggests that nearly 50% of nonprofit organizations are in fact Government-Organized Non-Governmental Organizations (GONGOs). Consequently, many nonprofit organizations are not truly third sector organizations as they are conceived as in the west because they lack independence. They fulfill the service function of nonprofits but rarely address the representative or advocacy role that is seen in western nonprofits (Ma, 2002).

Third, Fukayama (1995) presents an alternative perspective. "If civil society is weak in China, the weakness is due not to a statist ideology, but rather to the strong familialism that is basic to Chinese culture, and the consequent reluctance of Chinese people to trust people outside of their kinship groups. The problem that will confront the institutionalization of democracy in China in the future will not be a culturally ingrained deference to state authority, but a sense of citizenship too feeble to generate spontaneous coherence or call for sacrifices for the sake of national unity (Fukuyama, 1995, 28—29)." To this end, nonprofits are limited be wu lun because of its strong notion of familial piety that buffers against a temptation to engage in collective action that crosses traditional ties.

Consequently, we see a similar tension to that found in the discussion of volunteerism and philanthropy. There are elements of Confucianism that serve to both support and restrict the expansion of the nonprofit sector in China.

Conclusions

As China has evolved its political, economic and legal framework, it has not been able to tackle all issues at once. Consequently, there is a need to develop social policies and legal guidelines that address and support voluntary action (Han, 2009). In order to aid this development, there is strategy to be employed to use Confusion traditions and ideas to bolster the nonprofit sector. This includes emphasizing some aspects of Confucianism while reinterpreting others.

In particular, this paper advocates for three strategies: (1) a renewed emphasis on ren and li as an instigator of social responsibility, (2) A diminishment of shu in favor of a more western perspective of altruism, and (3) a less hierarchical interpretation of Wu lun. First, with the exception of concerns that ren shifts responsibility for services to the government, the effect of Ren and Li is largely positive on the development of civil society in China. Just as the Chinese communist party, which once was very hostile to Confucianism, has used Confucianism to bolster popular support and fill an ideology vacuum (Bell, 2006), so can it use Confucian principles to support and encourage greater investment in civil society. Attempts should be made to develop marketing materials and educational curriculum that build on these traditions.

Second, the elements of Shu found in Confucianism should be downplayed. While the intention of social function of Shu has a positive intent, its effect is largely negative on nonprofit action. This is very similar to how the concept of guanxi which while intrinsically positive has been a source of corruption in Chinese government. The Chinese understanding of nonprofits should replace Shu with notions of altruism and pro social behavior that are common in the west as well as in Korea.

Third, Confucian scholars and government officials while maintaining a sufficient level of hierarchy of social control, should preference interpretations of wu lun which are more consistent with interpretations from Mengzi (Mencius) than Xunzi (Xun Kuang). This perspective views the state as a steward and thus diminishes the role of hierarch and consequently the level of deference expected. This opens up society for expertise and influence from outside of government.

In conclusion, the strong emphasis of government provided services and management of volunteers limited the ability of Chinese citizens to tap into value systems other than patriotism and governmental obligation. The decentralization of service provision creates an opportunity for Chinese citizens to engage in volunteerism and nonprofit involvement form more personalized and spiritual justifications. Consequently, a rise of relevance of Confucianism will continue to inform nonprofit action in greater ways in the coming years (Han, 2009).

References

1. Ackerly, B. A. (2005). Is liberalism the only way toward democracy? Confucianism and democracy. *Political Theory*, 33 (4), pp. 547—576.

2. Bell, D. (2006). China's leaders rediscover Confucianism. *International Herald Tribune*, 14.

3. Bergman, Z., Bergman, M. M., Liu, B., & Zhang, J. (2015). The roots of corporate philanthropy in China. *Journal of International Business Ethics*, 8 (1), p. 3.

4. Chen, J (2004). "Benevolence" and "public philanthropy". Journal of Zhaotong Teachers College, 6, pp. 16—10.

5. Fukuyama, F. (1995). Confucianism and democracy. *Journal of Democracy*, 6 (2), pp. 20—33.

6. Gao, Y. Q. (2011). Philanthropic disaster relief as a response to institutional pressure: evidence from China. *Journal of Business Research*, 64, pp. 1377—1382.

7. Irish, L. E., Salamon, L. M. & Simon, K. W. (2009). Outsourcing Services to CSOs: Lessons from Abroad. World Bank. https://openknowledge.worldbank.org/handle/10986/3105.

8. Ip, P. K. (2009). Is Confucianism good for business ethics in China? *Journal of Business Ethics*, 88 (3), pp. 463—476.

9. Liu, J. T. (1978). Liu Tsai (1165 - 1238): His Philanthropy and Neo-Confucian Limitations. *Oriens Extremus*, 25 (1), pp. 1—25.

10. Ma, Q (2002). The governance of NGOs in China since 1978: How much autonomy? *Nonprofit and Voluntary Sector Quarterly*, 31 (3), pp. 305—328.

11. Menkhoff, T. (2009). Chinese philanthropy in Southeast Asia: Between continuity and change. Social Space, 2, pp. 62—67.

12. Michon, R. & Tandon, A. (2012). Emerging philanthropic markets. *International Journal of Nonprofit Voluntary Sector Marketing*, 17, pp. 352—362.

13. Smith, D. H. & Zhou, T. (2016). Review and assessment of China's nonprofit sector after Mao: Emerging civil society? *Volunteeristic Review* 1 (5), pp. 1—67.

14. Tison, G. H. Liu, C. Ren, F. R. Nelson, K. & Shan, H. (2007). Influences of general and traditional Chinese beliefs on the decision to donate blood among employer organized and volunteer donors in Beijing China. *Transfusion*, 47, pp. 1971—1879.

15. Wei, N. & Cui, Y. K. (2011). The development of volunteerism in China: Con-

text, role of government and influences. *Journal of Cambridge Studies*, 6 (2), pp. 12—26.

16. Charities Aid Foundation (2016). CAF World Giving Index. CAF: Kent, ME Yu, X (2011). Social enterprise in China: driving forces, development patters and legal framework. *Social Enterprise Journal*, 7 (1); pp. 9—32.

17. Xin, G. U. (2005). The Reform of Public-sector Organizations and the Transformation of the Nonprofit Sector in China: Towards an Enabling Role of the State [J]. *Hebei Academic Journal*, 25 (1), pp. 11—17.

18. Zhang, Y. L. & Lin, J. (2008a). Volunteerism in China (1): National policies, student responses, and two case studies of self-organized volunteer programs. *Chinese Education and Society*, 41 (3), pp. 3—13.

19. Zhang, Y. L. & Lin, J. (2008b). Volunteerism in China (2): Implementation, Issues and Challanges. *Chinese Education and Society*, 41 (4), pp. 3—12.

20. Zhang, Z. & Guo, C. (2012). Advocacy by Chinese nonprofit organisations: towards a responsive government. *Australian Journal of Public Administration*, 71 (2), pp. 221—232.

21. Zhuang, J (2010). Beijing 2008: Volunteerism in Chinese culture and its Olympic interpretation and influence. *The International Journal of the History of Sport*, 27 (16—18), pp. 2842—2862.

儒教的家庭教育

——理想的亲子关系

[韩国] 严锡仁 (**Eom Seogin**)
日本筑波大学副教授

一、引　言

现今，“家庭”正被重新审视。主要基于儒教思想的东亚世界传统家庭自无须多问，连作为其替代物在18世纪之后伴随产业化的进行和发展成立的近代家庭观，时至今日也被卷入了巨大的变革旋涡之中。最近经常能听闻的诸如家庭崩塌、家庭革命，以及家庭个人化、家庭生活方式化等词语，正是其集中体现。而且趁着家庭价值观的多样化、不稳定而潜入的，家庭内部暴力、虐待儿童、对老人的置之不理、离婚率升高等社会病理现象的扩大，也是现今不容忽视的严重问题。未来的家庭究竟会走向何方？在为了解决问题而进行的种种讨论中，本稿试图以儒教伦理的传统思想，尤其是从亲子关系的角度来接近真相。

但是，也许会有人对这种尝试有所怀疑。因为当现代人谈到儒教的家庭伦理时，恐怕多半会首先联想到父性原理、服从原理以及权威主义等负面因素。不可否认的是，在儒教中，大量存在着类似“事父母能竭其力，事君能致其身”[①]，“父命呼，唯而不诺，手执业则投之，食在口则吐之，走而不趋”[②] 等，从字面上来看是强迫下级对上级单方面顺从、服从的言论。在无比强调个人自我尊严的现代，恐怕无法接受儒教伦理那样单方面的服从原理。孝是什么？对试图分析其本质的现实意义的怀疑，甚至孝这一词语本身都被贴上死语的标签，并出现无视孝的风潮的原因，无疑都在于此。

但是，那样的父性原理——服从原理，仅仅只是儒教所拥有的一个否定性的属性。在东方悠久的历史长河中，由于儒教是政治统治的意识形态，政治家、统治阶级总会

---

① 《论语·学而》。顺便一提，这不是孔子的言论，而是被收录进《论语》的其弟子子夏的言论。
② 《礼记·玉藻》。

强调和利用对其有利的父性原理、服从原理等伦理。以“三纲思想”为例。所谓三纲思想，即“君为臣纲，父为子纲，夫为妇纲”，具体来说，它是汉武帝在推进中央集权时，作为其思想理念，由董仲舒（前179—前104）构想的。董仲舒用“阳尊阴卑”的理论来说明三纲思想，认为君—父（夫）为阳，臣—子（妇）为阴是绝对不变的自然原理①，将君—父—夫和臣—子—妇两者规定为绝对的隶属—从属关系。在其基础上，他认为父子关系为“父之所生，其子长之。父之所长，其子养之。父之所养，其子成之。诸父所为，其子皆奉承而续行之，不敢不致如父之意，尽为人之道也”②，即子应该恭谨地顺从父亲的意思，这才是人应该遵守的正道。

儒教是在各个时代根据该时代承担的使命和目标不断进行调整的思想体系。春秋时代的原始儒教，统一中央集权期的汉唐儒教，与为了对抗北方异民族的侵略而试图弘扬中国文化传统的宋、明儒教虽然同是儒教，但却表现出了各自所处时代的特征。这也意味着家庭伦理的内容随着历史的变迁而发生变化。加之，儒教中的大多数文献，由于汉字表意文字的特性，并不具备现代意义上科学、严密的伦理构成。换句话说，某种程度上，读者自身可对其进行自由的解释。在思考现代中儒教的作用，以及其家庭伦理时，以上两点是非常重要的。也就是说，家庭伦理的内容随着历史的变迁而发生变化，意味着家庭伦理的原意—本质在于别处。而读者自身可对其进行自由的解读，则意味着家庭伦理在面向现在—未来不断变化的过程中，可以随着时代和状况的变化，相应地修补其不适应该时代的部分。相信可由此重新展望儒教家庭伦理的未来吧。

儒教绝不是博物馆里的老古董，让它在今日复苏也绝不是错误迷茫的时代选择。至于为何它总是被如此看待，是因为不合时代的，诸如服从伦理之类负的遗产总是在拖其后腿。当然无论何种理由，家长似的权威主义、服从伦理也是儒教的一个侧面。但是在儒教中，也蕴藏着许多能够克服西欧物质主义带来的道德缺失、极度个人主义、人的机械化等弊害的智慧。因此，现在我们要积极地探索对现在和未来的生活有所帮助的儒教伦理中的优点。本稿的目的并不是要关注儒教应该被否定的负的遗产，而是想重新思考时至今日仍然有价值的儒教家庭伦理的本质。

二、亲子关系——“亲”

本节想对儒教亲子关系的本质进行考察。津田左右吉在他的《儒教的实践道德》

---

① “阳始出，物亦始出。阳方盛，物亦方盛。阳初衰，物亦初衰。物随阳而出入，数随阳而终始。三王之正，随阳而更起。以此见之，贵阳而贱阴也”（《春秋繁露·阳尊阴卑》），“不当阳者，臣子是也。当阳者，君父是也。故人主南面以阳为位也。阳贵而阴贱，天之制也”（《春秋繁露·天辨在人》）。

② 《春秋繁露·五行对》。

中有这样的见解。“儒教的孝的建立似乎并不是基于子女对父母的自然之爱。对于妻和子的爱本是自然之情，但孝却被规定为必须努力实践的严肃义务”①，“因为本来就是想要维护基于上下尊卑关系的秩序，想用礼来统制人民之物，即要求处于下位——卑贱之位的人服从处于上位——尊贵之位的人，所以儒教道德总体上即是基于这种意义上的东西，孝当然也是其中之一”②。即，他认为，儒教的亲子关系就如同命令者与服从者的关系，孝并不是子女体谅父母的自然情感，而是被设计出来的强化子女对于父母的服从意识的伦理。

正如前文所述，津田主张的服从伦理也是儒教的一个侧面，本文并不想对此全盘否认。加之，作为儒教亲子关系代表性道德的孝，确实包含有努力的必要性以及义务的意识。但笔者对孝并不是基于人类的自然情感，而是出于某种政治上的目的才被设计出来的伦理，并且这是儒教孝的本质的观点抱有很大疑问。儒教的亲子关系真的是基于政治上的理由而产生的僵硬、不自然的关系吗？以及，时至今日它仍然可以被我们接受吗？

我们先来看一下《论语》中的一节。

> 叶公语孔子曰：“吾党有直躬者。其父攘羊。而子证之。”孔子曰：“吾党之直者异于是：父为子隐，子为父隐。直在其中矣。”③

叶公从身为“叶”地长官的立场出发，以社会的共同利益——法的秩序为先，认为告发自己父亲非法行为的孩子是正直的人。对此，孔子则回应说即使父亲和子女犯了罪，也应该互相保护，这才是正直的真正的含义。这段轶事充分反映了儒教独特的家庭中心主义。④ 但这里也潜藏着偏向“只要是为了自己的家庭利益，即使损害他人的正当权利、利益也在所不惜”的家庭利己主义危险。从追求社会正义的现代社会来看，这样的主张恐怕应该被废弃吧。但是，这段轶事里表现出来的法律不能干涉父子互相保护的感情乃是人类最基本的本性，而人类秩序的本质正根基于此，因此这样的主张在现代依然有效。朱子（1130—1200）在《论语集注》里曾有过以下主张。

> 父子相隐，天理人情之至也。故不求，而直在其中。

---

① ［日］津田左右吉：《儒教的实践道德》，岩波书店 1949 年版，第 15 页。

② ［日］津田左右吉：《儒教的实践道德》，岩波书店 1949 年版，第 115 页。

③ 《论语·子路》。

④ 《孟子》里也能看到与此类似的话。弟子问孟子，舜即天子位后，假如舜的父亲杀了人，舜会怎么处置。对于弟子的问题，孟子答，“舜视弃天下，犹弃敝屣也。窃负而逃，通海滨而处，终身欣然，乐而忘天下”（《孟子·尽心上》），即，为了父亲舍弃天下，背着父亲逃到谁也不知道的海边，在那里和父亲共度余生。从中可以看出孟子认为父子之情高于天子之位——法的秩序的观念。

父亲为了子女，以及子女为了父亲而隐瞒其罪行的行为是“天理人情之至”，即无上的自然之理和人类的真情、真心。而把那份真情原封不动地表现出来即是正直。但是，朱子也认为最初就歪曲和隐藏事实的行为不是正直。《朱子语类》中有这样的话。

父为子隐，子为父隐，本不是直。然父子之道，却要如此。乃是直。①

亲子互相包庇的行为本身并不能说是正直。但是亲子之情是超越世间法的秩序的特别的存在。《孝经》用“父子之道天性也”② 来表现这样的亲子关系，认为亲子之情是每个人与生俱来的自然的、本能的感情。而《孟子》则从无须学习和思考，天生就精通的能力这个意义出发，将对兄长的感情也一并包括进来，并将其表现为“良能”和“良知”③。为何如此呢？儒教将其理由求之于血缘、骨肉等先天性因素。司马迁（前 145 左右—前 86 左右）的《史记》中有这样一段话。

微子曰，父子有骨肉，而臣主以义属。故父有过，子三谏不听，则随而号之。人臣三谏不听，则其义可以去矣。④

微子是商纣王的大臣，孔子称其为“仁者”⑤。纣王施暴政造成民不聊生的事众所周知，微子在这里讲述了对待这样的暴君时作为人臣的行为处事。父亲与子女是“骨肉”相连的关系，所以无论什么情况下都不应该分离，但君臣却不是这样的关系。君与臣的关系是通过“义（理）”来连接的，所以当君过而不改时，作为“义”是可以离开君主的。从中可以看出，微子认为父子关系远比君臣关系来得稳固。虽然随着时代的发展，儒教有认为君臣关系凌驾于亲子关系之上的趋势，但微子的话则鲜明地表现出了基于血缘、骨肉的初期儒教家庭伦理的特征。再举几个例子。

父母生之，绩莫大焉。⑥

---

① 《朱子语类》卷二四，第 106 条。

② 《孝经·父母生绩》章。

③ “孟子曰，人之所不学而能者，其良能也。所不虑而知者，其良知也。孩提之童，无不知爱其亲者。及其长也，无不知敬其兄也”（《孟子·尽心上》篇）。

④ 《史记·宋微子世家》。

⑤ “微子去之，箕子为之奴，比干谏而死。孔子曰殷有三仁焉”（《论语·微子》）。

⑥ 《孝经·父母生绩章》。

身也者，父母之遗体也。行父母之遗体，敢不敬乎。[①]

没有比父母生子这一行为的意义（功绩）更重大的东西了。所以，持这一立场的曾子认为，因为自己的身体是父母的“遗体”，所以必须认真对待。这里的“遗体”，并不是“尸体”的意思，而是父母“遗留下的身体”的含义。换句话说，孩子就是“父母身体的复制品”[②]。即，亲子之间有着宛如同为一人的亲密关系。对此，尽管各个时代先人们的表达不尽相同，但大致都抱有相同的观点。朱子学用“气”的理论来说明这个问题。

如父子本是一气，子乃父所生。[③]

盖父子本同一气，只是一人之身分成两个。其恩爱相属，自有不期然而然者。[④]

中国自古以来就将“气”视为构成万物最基本的要素。如《庄子》“人之生气之聚也。聚则为生，散则为死”[⑤] 所说的一样，它被认为是人类的生命根源，以及万物生死、变化的主宰。虽然到了宋代的朱子学，为了说明气的原因、根据，在“气”之外又建立了“理”的概念，用理气二元论来说明，但并没有改变将“气”视为生命现象直接要素的框架。在这也许可以用现代生命科学的“基因”来代替。无论如何，朱子认为“父子本是一气”，“父子本同一气”。甚至，朱子有时不用“气”的概念，直接认为父子就是同一人。

如父之慈，子之孝，须知父子只是一个人。慈孝是天之所以与我者。[⑥]

父与子“只是一个人”。《礼记》里有“听于无声，视于无形”[⑦] 的话，认为子女在父母说话之前就已经听到，在父母表现出态度之前就已经看到。这也许是因为《礼记》认为亲子是一气相连的同一存在，所以才认为那样的事情是可能的吧。因此，如后文所述，朱子认为父方的道德“慈”和子方的“孝”，既不是契约也不是强制行为，而是“天之所以与我者”，即人天生就有的东西。

如前所述，儒教将亲子关系定义为以血缘、骨肉为基础的无法被切断的紧密关系。

---

① 《礼记·祭义》。

② ［日］加地伸行：《沉默的宗教——儒教》，筑摩书房 1994 年版，第 66—67 页。

③ 《朱子语类》卷四，第 64 条。

④ 《朱子语类》卷十七，第 43 条。

⑤ 《庄子·知北游》。

⑥ 《朱子语类》卷二三，第 82 条。

⑦ 《礼记·曲礼上》。

最能表现这种关系的是居儒教伦理纲领首位的"父子有亲"的"亲"。将"亲"而非"孝"作为亲子间伦理纲领行为本身的含义就不应该被轻视。"亲"字既有"父母"的含义，也有"亲切""慈爱""自发"等没有强制性意味的含义。许慎在《说文解字》里认为"亲"是"至也。从见亲声"。白川静在其基础上，认为"亲是辛加上木，将它砍倒就是新，将其做成神位祭拜就是亲（親）"①，还认为"亲"有"父母的含义是因为新的神位多为父母的关系"②。对于子女来说，父母是身边最亲近的存在，所以"亲"字就派生出了父母的含义。如果再对"亲＝至也"发挥一些想象的话，也可以解释为子女到父母之处和父母合为一体。所以儒教强调无论如何"亲"都是不可侵犯的。

事父母几谏。见志不从，又敬不违，劳而不怨。③

这是《论语》中孔子的话。所谓"几谏"，就是温和地劝谏。即使是亲子也会有意见不合的时候。而且也会出现明显是父母的判断—行为出错，以及对子女作出过分要求的情况。但是，这句话教导子女要对父母秉持尊敬—虔诚的态度，怀着诚意遵从父母。江户时代的儒者山崎暗斋（1618—1682）虽然没有直接提及这句话，但将此场景设为前提，认为"父母是生我养我的存在。因此，明知天下没有坏父母却也不生孝心，或者即使父母有错，也认为那只是一时之错并不是父母的本意，无须在意。看轻父母是因为将父母的一点小错想得太卑鄙"④。他认为，世上应该没有对孩子不好的父母，就算父母真犯了错，那也只是一时的糊涂，根本无须在意，所以要理解和顺从父母。不过对于重视社会正义的现代人来说，这句话可能会被视作助长家父长权威主义，或者是家族利己主义的代表性言论。但是事实上，孔子是想通过这句话来警告我们，当父母犯错的时候，以及亲子意见不合之时，孩子如果为了坚持自己的主张而对父母做了过激的事情，那结果可能会丧失亲子间最重要的"亲密"。孟子在下面这段话里，从实际生活的视角具体地论述了亲子间的"亲密"是最重要的。

公孙丑曰："君子之不教子，何也？"孟子曰："势不行也。教者必以正。

① ［日］白川静：《字统》，平凡社1984年版，第478页。

② ［日］白川静：《字通》，平凡社1996年版，第867页。

③ 《论语·里仁》。

④ 《大和小学》，日本教育思想大系《山崎暗斋》（上）所收，日本图书中心1979年版。"父母はわれを生て、やしなひたてたまふぞかし、されば天下にあしき父母なきをしりなば、孝心などかおこらざらん、あるひはよろしからぬは、たゞかりそめの事にて、其本意ならねば、さらに目にかけおもふべからず。親をなみすることの出来るは、わづかのことを、あさましくもおもへばにや。"

以正不正，继之以怒。继之以怒，则反夷矣。‘夫子教我以正，夫子未出于正也。’则是父子相夷也。父子相夷，则恶矣。古者易子而教之。父子之间不责善。责善则离。离则不祥莫大焉。”①

孟子在这段话中指出了父母在亲自教导子女时容易发生的问题。父母最初从想要好好地教导子女这样的爱出发来教导子女，但是当子女辜负了父母的期望时父母就会发怒，这反而会有损父母对子女的爱。并且这样的话，亲子关系会被扭曲，子女对父母的敬爱之情也会受损。所以，孟子才会提醒我们，这样下去亲子间的爱“亲密”就会减少，这是最大的不幸。这段话中的“父子之间不责善”换成现在的话来说，就是（父母）不能过分干涉子女，要尊重子女的隐私和人格。从强调家庭伦理和家庭教育重要性的儒教总体上的倾向来看，认为保护亲子间的“亲密”是非常重要的，孟子的这段话是比较特别的②。

不过可以说之前孔子的话强调子女方不损害亲子间的“亲密”的努力，而孟子的话则是讲述了父母方应该遵守的注意事项。这样看来，亲子间的“亲密”与其说是先天性的、自然的爱情，不如说有着浓厚的后天性努力、义务的色彩。这和本节最初引用的津田左右吉的主张正好相反。

但是与生俱来的东西和在成长中养成的东西不是不同维度上的东西吗？至少儒教是这么认为的。孟子有名的性善说理论实际上正是在讲述这一点。孟子认为，恻隐、羞恶、辞让、是非等所谓纯粹的四端之情是人与生俱来的东西。但是这只是作为人类最基本的条件，并不是说现实中人人都是善良的。四端是“求则得之，舍则失之”③的东西，孟子强调人必须在有生之年努力扩充它们④。亲子之间的“亲密”之情也是如此，尽管是人通过血缘—骨肉天生的东西，但为了维持它，父母和子女的努力不可或缺。那么，儒教对父母和子女具体有哪些要求呢？在下一节中我们将探讨这个问题。

三、父母的理想模式——“慈”

儒教的家庭伦理常被诟病的理由之一便是，儒教较少向父母言及应如何对待子女的道理，而只是反复向子女强调对父母应尽的义务。孔安国所著的《古文孝经序》中“父虽不父，子不可以不子”一语，正是这一说法的典型体现。对于这一非难，儒教坚

---

① 《孟子·离娄上》。

② 《孟子》中还有“责善，朋友之道也。父子责善，贼恩之大者”（《孟子·离娄下》）这样的话。

③ 《孟子·告子上》。

④ “凡有四端于者，知皆扩而充之矣。若火之始燃，泉之始达。苟能充之，足以保四海，苟不充之，不足以事父母”（《孟子·公孙丑上》）。

决主张，父母爱子之情远比子女爱父母之情更加深远，本为无须赘言的理所当然之事。不仅儒教，《庄子》中也有“忘亲易，使亲忘我难”[①] 一语，明确表达了父母爱子之情深，如此看来，儒教为父母辩护的主张也不无道理[②]。

然而，在父母虐待幼儿、杀害幼儿等惨痛事件频繁曝光的当下，儒教的这种消极性防卫的家庭伦理是很难被认可的。父母也必须要名副其实地具备身为父母的自觉并采取与之相应的行为。先来看孔子的一段话。

> 君君，臣臣，父父，子子。[③]

这里主张事物的名称应与其实质吻合，即所谓的正名思想。也就是说，家庭、社会的构成人员，均须具备与其自身名称相符的实质。并且，儒教将父母（父）作为父母（父）应具备的实质视为“慈”。来看一些儒教文献中出现的例子。

> 何谓人义？父慈，子孝，兄良，弟悌，夫义，妇听，长惠，幼顺，君仁，臣忠，十者谓之人义。[④]
>
> 哀爱无失节，是以父慈子孝兄爱弟敬。此皆先王之所先施于民也。[⑤]
>
> 为人君，止于仁；为人臣，止于敬；为人子，止于孝；为人父，止于慈；与国人交，止于信。[⑥]
>
> 夫有物必有则，父止于慈，子止于孝，君止于仁，臣止于敬。[⑦]
>
> 父母威严而有慈，则子女畏慎而生孝矣。[⑧]

其中阐释了各种各样德的细化条目中各项名称与地位应如何相符，将视线聚焦到父母这一条上会发现，儒教的观点认为父母不可不“慈”。“慈”字，《说文解字》将其解释为“爱也”，意为对子女的疼爱与慈爱之情。父母认为自己的子女可爱而对其

---

① 《庄子·天运》。

② ［日］宇野哲人在其《中国哲学》，讲谈社学术文库，1992 年版，一书中，引用了《诗经·蓼莪》中“欲报之德，昊天罔极”与孟郊《游子吟》一诗中“谁言寸草心，报得三春晖”二句为儒教辩护道“それで父母に対する教よりは、孝を説くこと詳細を極めるのも决して不当でないと思う。之を評して儒教は父を責むること寛にして、子を責むること酷というのは、最も不通の論である（164～5 頁）”。

③ 《论语·颜渊》。

④ 《礼记·礼运》。

⑤ 《大戴礼记·四代》。

⑥ 《大学章句》传三章。

⑦ 《伊川易传·艮卦·彖传》。

⑧ 《颜氏家训·教子》。

倾注疼爱之情原本再自然不过，儒教却硬将其赋予了一种道德纲领上的义务。换言之，这意味着子女所遵守的“孝”这一道德纲领，正是由父母对子女的疼爱之中导出的。这一点，除在上述资料的最后一条，南北朝时期的颜之推（531—约590）所著《颜氏家训》的一节中明白可见①，从《论语》中也可得到证实。

> 孟武伯问孝。子曰：“父母唯其疾之忧。”②

对于“孝”是什么这一问题，孔子并未直接从子女的心理世界作答，而是描述了父母为子女担忧的心情，给出了稍显迂回的答案。围绕孔子的这一回答，一直以来有多种解读，这里主要考察朱子《集注》中的理解。即“父母爱子之心，无所不至，惟恐其有疾病，常以为忧也。人子体此，而以父母之心为心，则凡以守其身者，自不容于不谨矣，岂不可以为孝乎？”③ 也就是说，作为子女道德纲领的“孝”的萌芽，首先是以父母对子女抱有的担忧、疼爱之情为重要契机的。江户时代初期的儒者藤原惺窝（1561—1619）对这一“亲慈—子孝”的因果关系论述如下。

> 在某件事上探求内心真实的话，不必对其一一强求，顺其自然便好。如赤子啼哭之例便是。婴儿因感受到父母真实的慈爱之情，不知不觉间便顺应父母之心而不再啼哭了。④

基于《大学》所引《书经》中的话，父母若以所持真实的慈爱之情相待，子女自然也会在不知不觉中回报父母以“孝”。

不过，在这里应该进一步发问的是，所谓“慈”的具体内容为何物。如前文所述，父母对子女所倾注的慈爱之情确实是一种自然的感情流露，但事实上对于慈爱之情究竟应该如何表现出来一事，无论古今，都是一个难以作答的问题。接下来的一段资料，来自上文所举《颜氏家训》一例文后，论述了中国彼时（6世纪）由于父母慈爱之情的表现不当所产生的恶劣影响。

---

① 关于这一点，颜之推解释为“夫风化者，自上而行于下者也，自先而施于后者也。是以父不慈则子不孝”（《颜氏家训·治家》）。

② 《论语·为政》。

③ 对于《论语·里仁》中“子曰：‘父母在，不远游。游必有方。’”一语，《集注》中解释为“子能以父母之心为心，则孝矣”。可以认为与此处解读相同。

④ 《大学要略》，岩波日本思想大系《藤原惺窝·林罗山》，第67页。“我ガ心真実ナレバ、其事ヲ求メザレドモ、自然ニ其事ニ応ズルゾ。タトヘバ赤子ノ如シ。父母真実ノ慈愛誠アル故ニ、ワレモ不知シテ其事に応ジテ啼ヲヤムルゾ”。《大学章句》原文为：“康诰曰：如‘如保赤子’。心诚求之，虽不中不远矣。未有学养子而后嫁者也。”（传九章）

吾见世间无教而有爱，每不能然。饮食运为，恣其所欲，宜诫翻奖，应呵反笑，至有识知，谓法当尔。骄慢已习，方复制之，捶挞至死而无威，忿怒日隆而增怨，逮于成长，终为败德。[①]

可以说这与现代多数家庭中的情景别无二致。这里颜之推敦促人们注意，父母的慈爱之情若不伴随着管教、教诲的话，就无法期待子女流露出孝心，结果只能是糟蹋了子女的一生（败德）。该文强调了幼儿教育的必要性，故而也应该可以说这种教育是以“慈”为核心的。《孟子》说道“人之有道也。饱食、暖衣、逸居而无教，则近于禽兽”[②]，只单纯地提供给子女丰富的衣食住行的话，并不算真正的慈爱。必须辅以将子女引向正确道路的教育才行。看一下《论语》的例子。

子曰：“爱之，能勿劳乎？忠焉，能勿诲乎？”[③]

正因为爱着对方，才必须考虑到对方的发展，让他努力，这种真实的爱（忠），正是要给对方忠告并教导他牢记。孔子此语虽非直接以亲子为讨论对象，但藤原惺窝的得意门生之一，松永尺五（1592—1657）在这句话的基础上对父母慈爱之情进行了如下论述。

有父子之道。为人亲，应尽慈。所谓慈，即让子女掌握技能、懂得世间的道理、将其养育成堂堂正正生活的人。孔子云：“爱焉能勿劳乎？”乃是正因有爱子之情，才要让他辛苦之意。此为父母之慈悲。世上没有认为子女不好的父母，当是不知孔子此语之故[④]。

也就是说，父母的慈爱之情（慈—慈悲），应该是以将子女养育为经济独立、走正

---

① 《颜氏家训·教子》。

② 《孟子·滕文公上》。

③ 《论语·宪问》。

④ 《彝伦抄》，岩波日本思想大系《藤原惺窝·林罗山》，第319页。“サテ父子ノ道アリ。人ノ親タルモノハ慈ヲツクスベシトアリ。慈トハ、子ドモニ芸能ヲモサセ、ヨキ道ヲモナラハセテ、身ヲモツヤウニソダツルヲ云ナリ。孔子ノ“愛焉能勿労乎”トノ玉ヘリ。子ヲカハユクオモハバホネヲオラセヨトヲシヘ玉ヘリ。コレオヤノ慈悲ナリ。親ノ子ヲアシカレトオモフハナキユヘニ、シルスニヲヨバズ”。

道的人为目标，并为实现这个目标而督促子女努力①。再看一段《韩诗外传》中的话。

为人父者，必怀慈仁之爱，以蓄养其子。抚循饮食，以全其身。及其有识也，必严居正言，以先导之。及其束发也，授名师以成其技。十九见志，请宾冠之，足以成其德。血脉澄净，聘内以定之，信承亲授，无有所疑。冠子不詈，髦子不笞，听其微谏，无令忧之。此为人父之道也。②

这段话详细地阐述了伴随着子女的成长，在各个年龄段父母（父）慈爱之情的表现，即应如何具体地对子女进行引导及教育。首先，父母要有对子女的慈爱之情，在幼儿阶段给子女充足的饮食来养育他们；懂事以后，要教导他们正确的言谈举止；少年时要让他们跟随老师学习学问；成人后，让子女结婚、成家自立，尊重子女的意见，并努力做到不让子女为父母担心。这便是作为父母的理想状态。

不过，如前文所述，亲子关系是先天性“亲密感情”的产物，且父母对子女的慈爱之情既可以说是一种道德纲领，也可以说是基于先天性本能（亲密感）的自然情感流露。正因此，像颜之推所告诫的那样，也会产生错误的父母爱子之情。

故谚有之曰：“人莫知其子之恶，莫知其苗之硕。”此谓身不修不可以齐其家。③

人之处家，在骨肉父子之间，大率以情胜礼，以恩夺义，唯刚立之人，则能不以私爱失其正理。④

父母常常会不由自主地觉得自己的孩子可爱，便难免无视子女的错误。此外，由于亲子之间基本以“情”与“恩”为中心，往往极易偏离公共价值。因此，儒教强烈要求，为人父母的另一个重要条件就是父母自身“人格的完善”（“修身”“刚立”）。关于“父”字，《说文解字》解释为“矩也。家长率教者”，即以父亲为整个家庭成员行为模式的模范与依据，与上文的解释一脉相承。

《周易》家人卦彖传中记载道：“家人有严君焉，父母之谓也。”意为父母对子女保有权威性，理应对其进行严格的教育及指导。但是，要想正确地教育子女，父母自

---

① 附上一段日本学者藤原惺窝的话。“凡为人父者，爱子乃天道之自然，不爱何以云父？有爱子之道，能使子识物，令其智深德高以正君之德，使其习天下之政道，以此为实爱也。徒爱之，不以道理教之时，与彼鸟兽之爱其子、牝牛之舐犊无异”（《惺窝先生倭謌集》卷五，国民精神文化研究所编《藤原惺窝集》上卷所收）。

② 《韩诗外传》卷七。

③ 《大学章句》传八章。

④ 《伊川易传·家人卦·六二传》。

身若不以身作则的话，是无论如何无法实现的。这里虽使用了“权威”一词，但重在强调家庭中“父性”的重要性，借林道义的话来说，“所谓权威，是指其持有者因拥有优于他人的能力与人格而使他人主动心服口服并服从的能力”①。父母的言行如果自相矛盾，单方面以强制性压制的方式来对待子女的话，反而会动摇父母的权威，在教育上也会产生负面效果。前文所述孟子所说的话，即父母不直接教育子女即是考虑到这种情况，与其说这是一种儒教的消极处理方法，不如说更强调了父母应该首先严格要求自己。

上九：有孚威如，终吉。象曰：威如之吉，反身之谓也。②

《周易》中也有类似之语。为了管理好家庭，家长（可以等同于父母）需要具备诚心与威严（权威）。这种威严，只能来自于反省自己与严格要求自己。程伊川对此处的“反身”进行了详细说明。

治家之道，以正身为本，故云反身之谓。爻辞谓治家当有威严，而夫子又复戒云，当先严其身也。威严不先行于己，则人怨而不服。③

上文提到的林道义所著《父性的复权》一书中，有一段颇有兴味、让人联想到与此相关的现代性意义的文章，特摘录如下！

一个家庭中最理想的状态是形成以父亲为中心的秩序。父亲自身须具备能够成为中心的才干，并时时为之努力。无能却居于中心，采取专横的态度或不得不使用虚张声势、欺瞒等手段的话，反而会招致家庭成员的反抗与轻蔑。父亲应具有一家之主的自觉，并为成为名副其实的一家之主而不断努力。④

林道义以现代心理学为基础论述了父亲的理想状态，与2000年以前业已存在的儒教考量有异曲同工之妙。

总而言之，儒教所主张的父母的理想状态应是，父母有疼爱（慈爱）子女并正确

---

① 林道义：《父性的复权》，中公新书1996年版，第122页。此外，林氏总结了产生权威的四个条件，即能力、信赖、智慧、爱（第122—123页）。

② 《周易·家人卦·上九传》。

③ 《伊川易传·家人卦·上九传》。

④ 林道义：《父性的复权》，中公新书1996年版，第86页。

对其进行教育的义务。为了实现这种义务，父母自身也必须在行动上不断自觉地践行修身。

四、理想模式

接下来将论述子女的理想状态，儒教是以“孝”为追求目标的。众所周知，儒教的古典中关于孝的内容与教诲浩如烟海，至今为止对于孝的研究也数不胜数。举例来说，有侍奉双亲、立身行道、谨丧祭、保护好父母的遗体、使父母心安、确保双亲的名誉、对父母的关怀与照料等等①。在这里将对提到“侍奉双亲”时，作为子女究竟应该如何“侍奉”的问题重新进行探讨。

《说文解字》中对孝字的解释为“善事父母者。从老省从子，子承老也”，意即子女对年迈父母的侍奉。将着眼点置于“老”与“子”二字之上考虑的话，可以说孝的第一步始于对年迈双亲的奉养。不过，儒教的古典中反复强调，这种奉养不应该仅仅单纯地停留在肉体上的、物质上的奉养这一层面。

> 子游问孝。子曰：“今之孝者，是谓能养，至于犬马，皆能有养，不敬，何以别乎？”②

意为与衣食等物质上的奉养相比，敬重父母的精神、态度才更为重要。不过，关于敬重父母的具体内容也不尽相同。儒教所说的敬重父母的具体行为究竟是什么呢？先来看一段《礼记》中曾子的话。

> 曾子曰：“孝有三，大孝尊亲，其次弗辱，其下能养。”公明仪问于曾子：“夫子可以为孝乎？”曾子曰：“是何言与？是何言与？君子之所为孝者，先意承志，谕父母于道。参，直养者也！安能为孝乎？”③

这里曾子将孝分为三类来说明。最有价值的孝为“尊亲”，也就是“先意承志”，首先要理解父母对子女有何期待并为实现它而努力；其次是“弗辱”的孝，即为了让父母不误入歧途而提示以正确的道路；最末等的孝才是衣食等物质上的奉养。由此可见，本节视为话题的“敬重父母”便是要“先意承志”。换言之，即努力成为遵从父

① 参见宇野哲人《中国哲学》，第166页，下见隆雄《孝与母性的机制》，研文出版社1997年版，第63—73页。

② 《论语·为政》。

③ 《礼记·祭义》。

母意志、希望的人。用儒教古典中的另一句话来概括的话，也可以说是“夫孝者，善继人之志，善述人之事者也”①。

那么，继续追问一下的话，“先意承志”“善继人之志”又是什么意思呢？用一句以儒教追求的理想境界来概括，其最终目标，与父母被要求的理想状态相同，都可以概括为成为人格出色的人。

> 身体发肤，受之父母，不敢毁伤，孝之始也。立身行道，扬名于后世，以显父母，孝之终也。②

这是《孝经》第一章中的名句。这里的“立身”一语，在现代多被加以“出人头地”“飞黄腾达”等意思，意味着获得较高的社会地位与名声，被社会承认（扬名）。但是，这却与其原意相悖。“立身”一词后紧随而来的词是“行道”，修身并实践以正道，意即要成为一个具有出色人格的人。子女成为了人格优秀的人，因此而让父母之名广为人知，这才是孝顺的最终目标。《中庸》说道：

> 在下位不获乎上，民不可得而治矣。获乎上有道：不信乎朋友，不获乎上矣；信乎朋友有道：不顺乎亲，不信乎朋友矣；顺乎亲有道：反诸身不诚，不顺乎亲矣；诚身有道：不明乎善，不诚乎身矣。③

这一句明确表达了，遵从父母的意志、回应父母的期待时，从根本上要反省自身并将自身置于真实无妄的“诚”的状态，正确认识善恶，也就是说应该努力提高自身的道德人格。

不过这里出现了“顺（顺从—承顺）”一词，有必要从其他角度来审视一下“顺乎亲”的含义。这与前文所举曾子的“弗辱亲”相关。

> 孝子所不从命有三：从命则亲危，不从命则亲安，孝子不从命乃衷；从命则亲辱，不从命则亲荣，孝子不从命乃义；从命则禽兽，不从命则修饰，孝子不从命乃敬。故可以从而不从，是不子也；未可以从而从，是不衷也。明于从不从之义，而能致恭敬、忠信、端悫以慎行之，则可谓大孝矣。④

---

① 《中庸章句》第十九章。

② 《孝经 · 开宗明义章》。

③ 《中庸章句》第二十章。

④ 《荀子 · 子道》。

这是《荀子》中的一段话。传达出与前文孔子所述向父母谏言却未被采纳时的“又敬不违”不同的意思。无条件地听从父母之命，并不是真正的孝。即便是父母的命令与意思，如果那会让父母身陷危险、会损害父母的名誉，或是会导致父母偏离人道的行为的话，都不应该去遵从。进而准确地区分了可以听从的命令与不可以听从的命令，阐明在日常生活中厉行恭敬、忠信、端悫（正直诚谨）等的训练，才是大孝的条件。归根结底，荀子也认为尊敬父母这一种孝的最基本要素，在于提高自身的道德人格。

最后，用《孟子》的话再来佐证一下侍奉双亲与修身并成为人格完善的人之间的联系。

> 事，孰为大？事亲为大。守，孰为大？守身为大。不失其身而能事其亲者，吾闻之矣；失其身而能事其亲者，吾未之闻也。孰不为事？事亲，事之本也；孰不为守？守身，守之本也。①

总而言之，侍奉双亲之孝的内涵是“守其身而不失”，亦即以努力提高道德人格的自我修养为核心。

五、结　语

在上文中，我们对儒教家庭伦理中的亲子关系进行了考察。重新确认了“亲密”是亲子关系区别于其他人际关系的本质，“父慈子孝”并不是一方的强制而是双方的义务，以及其慈爱的感情、孝行，要求道德性的自我修养，这是贯穿儒教伦理的铁律。

现代社会依赖制度——法律等他律性的装置来调和社会秩序。“家庭”问题，如本稿开头提到的家庭内暴力、虐待儿童、对老人的置之不理、离婚率升高等，也急切地需要社会性制度和法律的完善。但是，制度和法律并非万能，也并不能从根本上解决这些“家庭”问题。如果只利用制度和法律来解决“家庭”问题的话，只会越来越削弱家庭的羁绊，甚至可能引发更加严重的事情。家庭是社会的最小单位，家庭崩溃的话，也就无法保证社会秩序的正常运行。从这个层面来看，保护亲子间的“亲密”，鼓励亲子自觉地各居其位并履行其责任，并提升自身的道德修养这一儒教家庭伦理思想，对当下依然具有巨大的意义。

---

① 《孟子·离娄上》。

Reflections on the Confucian Philosophy and Praxis of Harmony

[India] Kanungo Pralay & Wei Ning (康朴雷 魏 宁)
Leiden University, The Netherlands

Confucian philosophy is a vast ocean of knowledge and our understanding is limited. Moreover, Confucian paradigm of harmony, which we have chosen to reflect upon, is complex and subject to multiple interpretations. Despite limitations, in this paper we try and understand Confucian philosophy and praxis of Harmony by raising four simple questions: what is harmony? How has it been philosophised by Confucius and his disciples? Why do we invoke Confucius today and what are the challenges? How will it serve the mankind and what role China has to play?

Section I What is Harmony?

Harmony, in common parlance, suggests concord, accord, agreement, togetherness, etc. Its etymology comes from the Greek word harmonia which means agreement of musical notes which create internal togetherness and mutual support among the individual notes. Hence, musical harmony is a totality of parts which are inter-related and each part contributes to the formation of the totality in the sense of the wholeness. Later this concept of harmony was extended to other areas, such as mathematics (harmonic mean) and physics (harmonic progression and harmonic motion).

Since ancient times, harmony (he) has been one of the most celebrated ideals in Chinese culture as well. The Chinese origin of the term was expressed by an ideograph, indicating the conjoining of grain with the mouth. In 7th century BC, Yan Ying describes: "Harmony is like making soup: [one has to use] water/fire, sauce/vinegar, salt/plum in order to cook the fish and the meat; one has to burn them with firewood. The cook will mix (harmonise, he) them, and reach for a balanced taste. [He does this] by compensating what is deficient and releasing/dispensing what is excessive. When the master eats [food], his heart and mind will *be purified.*"①

The ancient Chinese extended the idea of harmony beyond food incorporating other areas like the hearing of music and sound as well. Yan Ying further proceeds: "Sound is like taste. It is founded on one qi (vital force), two styles, three types, four instruments, five sounds, six measures, seven notes, eight winds, nine themes. These things mutually complete one another [to produce music]; [it is also founded upon] purity/impurity; smallness/bigness; shortness/longness; speediness/slowness; sorrow/joy; firmness/softness; lateness/forwardness; highness/lowness; inness/outness; inclusiveness/non-inclusiveness. These matters complement one another [to produce music]; when the superior man hears of this, he will calm his heart/mind. When his heart/mind is calmed, his virtue (te) will remain harmonious. ②

Is there any difference between the Greek and the Chinese perceptions of harmony? Greek notion of harmony is very much embedded in a "Structure"; the Pythagoreans found such a structure in music and numbers, thereby developing a "scientific orientation". In contrast, the Confucian approach focuses on "daily examples such as soup". Chenyang Li argues that Chinese cosmogony did not accept any ultimate pre-set order. Unlike Pythagorians, their universe did not begin with a pre-set order; all forms of order are generated subsequently. ③

In Buddhist philosophy, the ideal of harmony is implied in the term, "the Middle Path". ④In India, the most popular musical instrument is called Harmonium. Thus, harmony of sound or musical concord is expressed as talaikyam, svaraikyam, …ekatalah, ekatanah, ekalayah. Harmony of singing, dancing and music is expressed tauriyatrikam, samgitam. Harmony in the sense of agreement or concord is expressed as aikyam, ekata, sangha, etc. ⑤In Sanskrit, the word for harmony, samanvaya; Sam + anvaya: Sam means "to join together" and anvaya means "to put things in an order". Another Sanskrit, which is frequently, yet erroneously, used to denote harmony is samarasa, which literally means, "to have the same taste". Though both these words seem to be the same, they are not. Samanvaya means to join together in order to methodically engage in a common pursuit. Real harmony does not mean

---

① Tso Chuan, Duke Chao 20th year, Quoted in Chung-ying Cheng, "On Harmony as Transformation: Paradigms from the I Ching". In Shu-hsieh Liu and Robert E. Allinson (eds.), *Harmony and Strife: Contemporary Perspectives East and West* (Hong Kong: The Chinse University Press, 1988)', p. 227.

② Ibid..

③ Chenyang Li, "Confucian Harmony, Greek Harmony, and Liberal Harmony", Dao (2016) 15: 427—435. Yu Jiyuan however argues that an order from Heaven (tian) indicate that there is a preset order.

④ For more on Buddhist concept of Harmony, see Hajmime Nakamura, "The Significance of 'Harmony' in Buddhist Thought", In Shu-hsieh Liy and Robert E. Allinson (eds.), *Harmony and Strife*: Contemporary Perspectives East and West, pp. 91—112.

⑤ Monier Williams, *A Dictionary: English and Sanskrit* (Delhi: Motilal Banarasidas, 1976), p. 333.

homogenising everything based upon the common traits shared by all denominations/groups. In this context, it needs to be underlined that harmony and identity (tong) have two different meanings; while harmony admits disagreement and difference in unity, identity admits no disagreement and no difference at all. "Harmony generates while identity/sameness stifles vitality (he shi sheng wu, tong ze bu ji)". ①

Thus, since ages, the Greek, the Chinese, the Indian, and the Buddhist thoughts have shared this understanding that harmony results from different elements being related in an appropriate way to create a totality of wholeness leading to agreement and unity. With this basic understanding, we now proceed to the Confucian world of harmony.

Section II How do Confucians philosophise harmony?

When Confucius advocated his philosophy in later Chou period, he was responding to the chaotic situation of his times. The world had become chaotic as Tao—the supreme ultimate harmony—did not prevail. As Confucius observed, though the Tao was temporarily not prevailing, it was very much hidden in the hearts/minds of rulers and people, which might be "awakened" to its presence, in order to bring harmony and order to the world. Confucius did not invent the idea of harmony; it was very much part of the Chinese thought prior to him. He only retrieved and reconfigured it as a fundamental ethical, moral, social and political ideal. Thus, he became a criterion for the characteristic quality of the morally cultivated person (Junzi).

Three Seminal Concepts: Li, Yi, Ren

The major concern of Confucius was how to achieve complete ordering of human activities or bring harmony. His constructed his philosophy of harmony on the foundation of three seminal concepts: Li or the order of life, Yi or the right and Ren or the will-to-right. Which one of the three gets evaluative superiority in the Confucian scheme? Different readings of these three concepts lead to different ordering. ②While some scholars would put their premium on Ren, other would find superiority either with Li and some even with Yi. Without prioritising one over the other, it may be useful to amplify and understand their key features and inter-connections.

---

① Zhao Wei. *Guoyu: Wei shi jie*. Shanghai: Shanghai Zhonghua Shuju, 1936.

② Shirong Luo, 'A Defense of Ren-Based Interpretation of Early Confucian Ethics', In Kam-por Yu, Julia Tao and Philip J. Ivanhoe (eds.), *Taking Confucian Ethics Seriously: Contemporary Theories and Applications* (Albany: SUNY Press, 2010), pp. 123—43.

Li, for Confucius, is a very fundamental principle. Confucius makes a distinction between Li and Yi. While Li means the order of life, Yi refers to the concrete rules to be observed in some rituals. Concrete rules may change with time, but Li, as order of life, should remain as constant goal in human life. This has been clearly enumerated in the Analects. The Master said: "The linen cap is what is prescribed by the rules of rituals, but now a silk one is used. It is economical and I follow the common practice. "①

This shows that Confucius has agreed to change the rules if it is justified. But he would refuse to accept if a change is not justified. For example, he said: "The rules prescribe that people bow below the hall, but now the practice is to bow after ascending the hall. That is arrogant. I follow the rule in spite of the common practice. "② These two examples show clearly that rules of rituals do not represent a principle of human conduct. On the other hand, Li, as order of life, is considered as an imperative principle.

Yu Roh, a disciple Confucius, makes a clear statement in the Analects. Yu Roh said: "Among the functions of Li, harmony is the most essential one. It is the gist of the classical principles. All things, great or small, must conform to it. But bare harmony is not a working principle. When you know the meaning of harmony and purse it without Li as the regulative principle, it is still untenable. "③ Hence, Li is the order, and real harmony be achieved only by order.

For Confucius, rites are not merely external rules which constrain people's behaviour and confer powers and duties, but they constitute a necessary part of a conception of an ideal moral person—the man of Ren, an inner requirement of morality founded in humanity. Rites are based on a deeper ethical foundation, Ren. The moral ideal for each individual is the attainment of Ren-the highest and most perfect virtue. ④

For Confucius, Ren is an expression of humanity. It can be manifested in different virtues, from personal reflection and critical examination of one's life to respect, concern, and care for others. These qualities of self-examination, sympathy, and caring for others are essential to the spirit and vitality of rites. Confucius says: "What can a man do with the rites who is not benevolent (Ren er bu ren, ru Li he)?" Ren thus instills a strong humanistic spirit into rites, providing an ethics of sympathy, reciprocity, and care into an otherwise essentially hierarchical

---

① Analects, IX. 3, "麻冕，礼也。今也纯，俭，吾从众。" Quoted by Yung-wei Lao, "On Harmony: The Confucian View", In *Harmony and Strife*: Contemporary Perspectives East and West, p. 191.

② Ibid. "拜下，礼也。今拜乎上，泰也。虽违众，吾从下。"

③ Analects, I. 12, Ibid.

④ See Joseph Chan, "Confucian attitudes toward ethical pluralism", In Daniel Bell (ed.), *Confucian Political Ethics* (Princeton: Princeton University Press, 2008), pp. 113—138.

system of social relationships. In concrete terms, the superior party in a hierarchical relationship should always show concern to the inferior. For example, the ruler should show benevolence to the people, the father should show fatherly love to the son, and the husband should show respect to the wife. Harmony is easier to achieve in a relationship in which Ren is the guiding force. ①

In Confucian vision, harmony will be established when things and persons fall into proper places in a whole order and are also related to each other in a supportive manner. Ren (humanity) will enable an individual to embrace the whole and the higher (ruler) and relate to the lower (people); Yi (righteousness/justice) enables each individual to relate to other individuals in concentric systems of relationships without upsetting the balance or the stability of the system and ensures justice taking consideration of time/place/relationship/goal/value and the total underlying harmony of the society. Hence, Yi is an individualistic principle embedded in a totalistic criterion. Finally, Li (propriety and ritual) is a social order derived from a sense of harmony cultivated in an individual and objectified through common consciousness in the social behaviour of individuals. Hence, Li is a social harmony which integrates all different persons in the same community, while allowing individual differences. Hence, Li becomes the form and the discipline which captures the best results of the application of Ren and Yi in a society.

Thus, all the basic Confucian virtues such as Ren, Yi and Li ideas and norms for developing a harmonious personality for an individual, and when cultivated and realised, become the very ingredients of the harmony of social behaviour.

Confucian Harmony: Metaphysical and Cosmic

The concept of harmony, besides being an ethical, moral and political concept, exhibits metaphysical and cosmic dimensions as well. The Chapter in the Book of Li entitled "Chung Yung" or "The Golden Mean" says: "We call it the mind-in-substance, when feelings, such as delight, anger, sorrow and joy, do not appear; We call it the mind-in-harmony, when these feelings appear in accord with their principle."② Thus, the harmony of mind has been emphasised while defining the concept of harmony through the concept of "accord". For Mencius, "what distinguishes human beings from animals is only a delicate element. Ordinary people usually ignore this element but men of virtue preserve it" (Mencius, IV. B. 19). This

---

① See Joseph Chan, "Confucian attitudes toward ethical pluralism", In Daniel Bell (ed.), *Confucian Political Ethics* (Princeton: Princeton University Press, 2008), pp. 113—138.

② Paraphrase of the original version. *Harmony and Strife*: Contemporary Perspectives East and West, p. 195.

delicate element is Hsing or the innate moral power of human mind. It makes human beings what they are.

Chung Yung also traverses to the doctrine of essence and a theory of cosmic order. "Substance is the foundation of the world; Harmony is the universal way of the world. Under the principle of substance and harmony, the heaven and the earth get their right position and the myriad things develop."① The cosmic ontology is clear again: "Only the man of perfect purity [in will] can achieve full realization of his own essence; being able to realize his own essence, then he can realize the essence of other human beings; being able to realize the essence of other human beings, he can realise essence of all things; being able to realize essence of all things, he can join the heaven and the earth in their creative and nourishing activities. Able to do so, he is ready to form a Union with heaven and earth."② Harmony as cosmic order is amplified further: "Side by side, all things develop without doing harm to one another, and all principles realize themselves without contradicting each other."③

The Confucian harmony is summarised by Chenyang Li: First, harmony is a metaphysical as well as an ethical notion; it describes both how the world at large operates and how human beings should act. Second, harmony is by very nature relational; it presupposes the existence of multiple and diverse parties and these parties are of largely equal significance. Third, harmony is always contextual; epistemologically, it calls for a holistic approach. the requirement of harmony places a constraint on each party in interaction and, in the meantime, provides a context for each party to have optimal space to flourish. Finally, Confucian harmony is by no means "perfect accord" or "complete agreement".④

Section III Why do we invoke Confucian Harmony today?

Confucianism could be traced back to the teachings of Confucius (551 BCE—479 BCE). But the core tradition was not created wholly by Confucius himself; he rather creatively interpreted and transmitted the tradition. The Analects became a fundamental text and record of the teachings of Confucius; but his philosophy was not systematic. Confucianism continued to e-

① Chung Yung, Section 1 (paraphrase), Ibid.

② Ibid., Section 22.

③ Ibid., Section 30. I "万物并育而不相害，道并行而不相悖"。

④ Chenyang Li, "Harmony as guiding principle for governance", In Julia Tao, Anthony B. L. Cheung, Martin Painter and Chenyang Li (eds), *Governance for Harmony in Asia and Beyond* (London & New York: Routledge, 2010), p. 38.

volve; Mencius (approx. BCE 379—BCE 289) and Xunzi (approx. 340 BCE—245 BCE) developed a systematic thought and gave a new orientation to this philosophy and tradition. As evolution of Confucianism has been a response to the social and political needs of the time, Confucian thoughts reflected a range of characteristics over the millennia. If Han Confucianism stood for a rigid and hierarchical socio-political order, Song-Ming Confucianism, on the contrary, turned its inquiry inward into the human mind and constructed robust theories of inner life of human individuals. ①

Despite these diverse and plural traditions within Confucianism, it has never lost its focus harmony or a well-ordered universe. Confucianism continued to evolve reflecting on ethics, society and politics. Like ancient Greek philosophers Plato and Aristotle, Confucius also developed conceptions of the good life, good society and ideal politics. Confucianism stressed on ethics to be based on values, virtues and norms; in social sphere, it prescribed enhancement of ethical capacities and skills of people necessary for good life; and in political sphere, it instructed the state to ensure good life for the people through law, education and provision of resources. Thus, this philosophy, always looked for equilibrium, harmony, order and perfection.

Today, the world is increasingly becoming chaotic and insecure, unequal and predatory, vacuous of virtue, ethics and morality. Aggression, violence, conflict, and war occur every now and then across the world and across regimes. Does Confucianism have the answer? Which Confucianism should we invoke? For the liberal democratic West, Confucianism, for long, was considered illiberal as it idealised feudalism, patriarchy and authoritarianism, and it still remains under critical scrutiny.

Western scholars like Creel, de Bary and Fingarette have dispelled many myths surrounding the Confucian tradition. However, Richard Rorty, one of the finest liberal philosophers, critiques many Confucian concepts as antithesis of liberal ideals②Similarly, Stephen Angel's appreciation of democratic centralism gets criticism for being undemocratic in nature. Daniel Bell's Confucian democracy and left Confucianism gets a strong rebuttal from another distinguished liberal Michel Walzer. But it is also true that Chinese communism and Confucian communitarianism do share some common characteristics.

Besides freedom and security, the humanity is also aspiring to have a just, equitable and

---

① Joseph Chan, 'Confucian attitudes toward ethical pluralism'. In Daniel Bell (ed.), *Confucian Political Ethics* (Princeton: Princeton University Press, 2008), pp. 113—138.

② Richard M. Rorty, "Responses to Critics." In Yong Huang (ed.), *Rorty, Pragmatism, and Confucianism: With Responses* (Albany: State University of New York Press, 2009).

humane world. As good governance becomes the buzz word today, could we invoke Confucian ideals of governance? Confucian traditions identify good government as one that serves the best interests of the people. Ren is translated as care, love, benevolence, etc. But the true meaning of Ren as the highest moral ideal connects it to "humanity". Though Kantian approach is rationalistic, yet both Kantian and Confucian ethics treat human being as the end never merely a means. Together with the notion of the "gentleman" (Junzi), the concept of Ren forms the core of Chinese humanism, which takes for granted that everyone is endowed by Heaven with the moral capacity for humanity and justice. Yet the Confucian concept of Ren has not always been consistently applied. Moreover, Confucian order may turn out to be paternalistic despotism.

Section IV The Challenges and China's Responsibility

Confucius inherited early Zhou idea of the rule of virtue. The Book of Rituals prescribed that certain fundamental principles of human relationship should not change: respect and obey those who are in a social position (the emperor and the noble lords); show filial piety to one's parents; show respect to the elderly in one's family; and maintain the distinction between men and women. Limited by the historical conditions of the time, these principles were endorsed by Confucius, and later by Mencius, Xunzi, and other Confucians. They all took for granted the legitimacy of the existing social order and monarchical form of government and for that reason laid great emphasis on loyalty and obedience to the kings. This led to the construction of a hierarchical social order. In which way the concept of harmony will redefine the tradition of hierarchy in the contemporary context?

Patriarchy has been one of the defining characteristics of Confucian theory and practice. As some observers argue, yin and yang were not correlated with the genders of male and female when these ideas first emerged in early Confucian texts. Early Confucianism treated yin and yang as complementary forces; yin was not meant to be denigrated in comparison to yang. For example, "Music comes from yang, rituals come from yin, when yin and yang harmonize, myriad things are fulfilled". Since rituals (li) constituted the core of Confucianism, to conceive of yin as their source suggested a very respectable status conferred to yin. Later the yin-yang distinction became an integral part of Neo-Confucianism and came to imply a hierarchical relationship between the "female" yin (symbolising dark, cold, night, passivity, softness, weakness, and the moon) and the "male" yang (symbolising light, warmth, day, activity, hardness, strength, and the sun). During the rule of Han dynasty Confucianism, when Confucianism was elevated into official state ideology for the first time, yin-yang relationship was reconfigured and codified as male-female a hierarchical relationship was constructed at the expense of complementariness, thereby leading to the severe oppression of women. Thus, the foundation of a harmonious world cannot be based on any kind of gender discrimination.

Moreover, the doubts are also raised on the relationship between the philosophy of harmony and human rights. Theodore de Barry however argues that Confucians were participated in the original formulation of the Universal Declaration of Human Rights (UDHR) and later this was adhered to by the countries sharing Confucian cultures; thus, there is no inherent incompatibility between Confucianism and the human rights.

Liberals like Yu Kam-por questions how much room the Confucian philosophy of harmony leave for individualism and pluralism? For him, the holistic understanding of harmony does not seem to be in congruence with the emphasis on the due of each and every individual. Chenyang Li observes that Confucians try to maintain a delicate balance between the good of the whole on the one hand and giving each her due on the other. Though ideally the flourishing of the whole facilitates individual flourishing, and vice versa, yet, there can be an inevitable tension between these two. In contrast to liberalism and libertarianism, the philosophy of Confucian harmony leans more toward social. Yu Kom-por asks, "Does the Confucian philosophy of harmony approve the act of 'harmonization' as in Contemporary Chinese politics?" Can harmony coexist with authority?

With China's emergence in the contemporary world as a strong economic, military and diplomatic power, to what extent Confucian philosophy of harmony would be relevant in China's global role. Confucian ideal of harmony does not leave any scope for an aggressive behaviour as Confucianism denigrates the efficacy of military force as an instrument of statecraft; the Great Wall had been a great example of China's strategic culture of peace and defense. How does China comply with such tradition today?

The Chinese defence had been consistent that because of Confucian culture it had not behaved aggressively toward others throughout history and would continue to follow pacific policy irrespective of its rise as a global power. Chinese strategists always distinguished between the brutal, hegemonic way (ba dao) of the Western powers and the benevolent, Kingly way (wang dao) of the Chinese world order. As stated in Mencius, "When one subdues people by force, they do not submit to him in heart; they submit only due to the fact that they are not adequate to resist. When one subdues men by virtue, in their hearts'core they are pleased, and sincerely submit."① Against the realpolitik tradition of the West, China had been arguing that

① Chen, Lai. *The Core Values of Chinese Civilization*. Springer Verlag, Singapore, 2017, p. 135.

it did not expand in history even when it was powerful.

Even in the West, the pacifist image of China has been in existence since the Enlightenment. Max weber, writing on the pacifist character of Confucianism, observed: "The Confucianists, who were ultimately pacifist literati oriented to inner political welfare, naturally faced military power with aversion or with lack of understanding."① John K. Fairbank, an authority on China, also finds the Chinese pacifist who use force only as a "last resort". As Daniel Bell observes, "Confucian theorizing on just and unjust war has the potential to play the role of constraining China's imperial ventures abroad, just as it did in the past."② However, others countered the view that Confucian culture did not constrain the Chinese to use force and China, much like other great powers, had practiced realpolitik throughout world history. Overall, China's grand strategic choices were shaped by the country's power position, with Chinese leaders having adopted an offensive posture when relatively strong and defensive one when relatively weak.③

A fair assessment would perhaps suggest that the truth lies somewhere between the two extreme strands. No doubt, China had transgressed the line when challenged by others politically or militarily or whenever it perceived threat to its land and sovereignty. At the same time, it needed to be emphasized that the Chinese ethos and culture, being embedded in the ideals of Daoism, Confucianism and Buddhism, had been broadly pacific and defensive. China perhaps needs to reaffirm its commitment to its rich civilizational ethos more demonstratively today to reassure the world of its non-aggressive and pacifist objectives.

Conclusion

Confucianism has been a living tradition for more than two thousand years. Emerging at a critical historical juncture, it primarily responded to chaos seeking harmony and order for man, society and polity. Its ethical and moral concerns had metaphysical and cosmic concerns as well. All through its journey, while retaining some core principles, it simultaneously evolved in order to construct and maintain a harmonious and ordered moral, social and political order,

---

① Max Weber, *The Religion of China: Confucianism and Taoism*, trans. Hans H. Gerth (Glencoe, Ill.: Free Press, 1951), p. 140, 169.

② Daniel Bell, *China's New Confucianism: Politics and Everyday Life in a Changing Society* (Princeton: Princeton University Press, 2008), p. 35.

③ Yuan-kang Wang, *Harmony and War: Confucian Culture and Chinese Power Politics* (New York: Columbia University Press, 2011), p. 181.

and became quite successful in its endeavour. In the present chaotic world, Confucian harmony needs to be reconfigured to tackle the challenges on the question of freedom, rights, inequality, oppression, violence and strife and to bring in harmony, peace and prosperity. China, as the custodian of this cultural treasure, has not only to profess and practice the philosophy of harmony itself, but also has to disseminate it in the larger world.

References

1. Chen, Lai. *The Core Values of Chinese Civilization* (Springer Verlag, Singapore, 2017).

2. Chenyang Li, 'The Philosophy of Harmony in Classical Confucianism', *Philosophy Compass*, Vol. 3, No. 3 (2008): 423—35.

3. Chenyang Li, 'In Defence of a Conception of Confucian Harmony', *Philosophy East and West*, Vol. 67, No. 1 (2017): 256—66.

4. Chenyang Li, *The Confucian Philosophy of Harmony* (New York: Routledge, 2014).

5. Chung-ying Cheng, *New Dimensions of Confucian and Neo-Confucian Philosophy* (Albany: SUNY Press, 1991).

6. Daniel Bell (ed.), *Confucian Political Ethics* (Princeton: Princeton University Press, 2008).

7. Daniel Bell, "Reconciling Socialism and Confucianism: Reviving Tradition in China", *Dissent* (Winter, 2010): 91—99.

8. Eske J. Mollgaard, 'Political Confucianism and the Politics of Confucian Studies', *Dao* (2015) 14: 391—402.

9. Herbert Fingarette, *Confucius-The Secular as Sacred* (New York: Harper Torchbooks, 1972).

10. Julia Tao, Anthony B. L. Cheung, Martin Painter and Chenyang Li (eds), *Governance for Harmony in Asia and Beyond* (London & New York: Routledge, 2010).

11. Kam-por Yu, Julia Tao and Philip J. Ivanhoe (eds.), *Taking Confucian Ethics Seriously: Contemporary Theories and Applications* (Albany: SUNY Press, 2010).

12. Michael Walzer, "Michael Walzer Responds", *Dissent* (Winter 2010): 100—101.

13. Mu Qian 钱穆, *A new interpretation of Analects* 论语新解 (Chengdu: Bashu Publishing House. 1985).

14. Richard M. Rorty, "Responses to Critics." In Yong Huang (ed.), *Rorty, Pragmatism, and Confucianism: With Responses* (Albany: State University of New York Press,

2009）.

15. Roger T Ames, On How to Construct a Confucian Democracy for Modern Times (or Why Democratic Practices Must Not Lose Sight of the Ideal), Philosophy East and West, Vol. 67, No. 1 (2017): 61—81.

16. Roger T. Ames, *Confucian Role Ethics: A Vocabulary* (Hong Kong: The Chinese University Press, 2011).

17. Shu-hsieh Liu and Robert E. Allinson (eds.), *Harmony and Strife: Contemporary Perspectives, East and West* (Hong Kong: The Chinse University Press, 1988).

18. Stephen Angle, *Contemporary Confucian Political Philosophy: Toward Progressive Confucianism* (Cambridge: Polity, 2012).

19. Thome H. Fang, *The Chinese View of Life: The Philosophy of Comprehensive Harmony* (Hong Long: The Union Press, 1957).

20. W. M. Theodore De Barry, *Asian Values and Human Rights: A Confucian Communitarian Perspective* (Massachusetts: Harvard University Press, 1998).

21. Yu-lan Fung 冯友兰, Youguang Tu 涂又光译, *A short history of Chinese Philosophy* 中国哲学简史（Beijing: Peking University Press, 1985）.

22. Yuan-kang Wang, *Harmony and War: Confucian Culture and Chinese Power Politics* (New York: Columbia University Press, 2011).

23. Zhao Wei 韦昭, *Guoyu: Wei shi jie* 国语韦氏解（Shanghai: Shanghai Zhonghua Shuju, 1936）.

易经哲学中境遇伦理诠释

[韩国] 金圣基（**Kim Sung Kee**）
韩国成均馆大学教授

一、生活儒学的起步点：人道的新奠定

20 世纪初，随着新文化运动的兴起，儒学开始没落，甚至被边缘化，丧失了作为“国家哲学”而具有的“治国兴邦”的重要指导作用。到了 20 世纪上半叶，儒学复兴运动日渐提上日程，所谓的当代新儒家作为主导，力图恢复儒家思想的主导地位，重建儒家的价值系统，并在此基础上吸收、融合西学，积极推动儒学的现代化。在推动当代新儒学发展的过程中，涌现出了许多杰出的思想家，其中，最具代表性的是当代新儒家的第一代学者，他们积极对儒学进行了阐释与宣扬。例如，牟宗三的“新心学”、冯友兰的“新理学”、马一浮的“新经学”等都各自具有诠释的独特理路，都为实现儒学复兴做出了积极贡献。但对此，吴光曾经指出过其局限性，即它们“恐怕很难突破经院哲学的藩篱而为普罗大众所接受……但绝不可能像倡导者期望的那样成为‘国教’”。可见，学界虽然认可当代新儒家在复兴儒学中扮演的重要角色，但却弊端重重，仍无法实现我们所期待的真正意义上的复兴。

后来，儒学又经过了多次迂余与曲折。直到 20 世纪 90 年代，儒学与传统文化越来越受到重视，呈现出了“国学热”“儒学复兴”的文化新气象。那么，何为儒学复兴之方向自然成为当代儒学学习研究者的探索主题。当今，“国学热”“儒学复兴”运动等正在紧锣密鼓地进行，并且也已初步取得了不少突出成就。本人首先赞同儒学复兴要脱离“经院哲学”藩篱的主张。然后必须探索其他具有可能性的儒学发展方向。即，成就自身在生活中的价值，面向生活实践的“生活儒学”。所谓的生活儒学是通往梦想之城的必由之路，为我们提供了一个能够深入社会生活与大众理性中的儒学发展方向，是实现儒学复兴的方向所在。

人生于激变的现代社会中，不能没有对人类处境的关怀。如果我们同意哲学不能度外于人生存的现实，尤其是一个在基本上把儒家思想当作终极关怀的人，不能忽视对现代与后现代的思想反思。

人类当今面对的情况愈来愈严重苦难，让人已造成了非人化的现象。因而人类社会便难以安处了。我们已经目睹了对传统价值观念的崩溃破坏现象，然而，新的价值观如何才有可能？再此，儒家普遍的生活伦理之可能根据如何可提出呢？

本文要探索通过易经哲学的分析，如何建立人的生活价值观和其普遍意义。笔者认为易经哲学中人道发现与其律则化，皆具有后现代的普遍价值。

本文首先对易道发现之基本原理加以阐述。透过此可了解易经哲学源起于“普遍观察”与“直觉体悟”的两方向。其次则讨论人道、易道发现之途径。其主要目的是阐述易道发现过程中所发现的变化现象。这时候，人已经成为变化现象之综合作用以及其律则化的主体。接之则讨论从易经的自然宇宙论到人道成立与其意义。人在探索宇宙万物变化现象中先把握宇宙原理，而后再与人道世界结合的内涵。

二、宇宙人生大境遇发现的基本原理

（一）外观的方法：普遍观察

本文先要讨论在宇宙人生大境遇，易道发现之基本原理。本文先要注意的是勿论普遍观察、内省的方法皆是人的价值奠定之起步点。

本文为了探讨易经哲学中人道发现之基本原理，首先要提出易的思维模式的特质。易经哲学体现了天地万物的变化始终、生生不息之道，并对人生的本源以及宇宙创造力的内涵作了充分的发挥。现在本文的问题是一个人如何能认知易的本体和流行？又如何获得易的经验和体验？又如何从易的经验和体验中掌握易的观念和易的实体呢？[①]这种探究过程产生易经思维模式的特质。

如果我们好好分析《易传》，可以发现易经思想源起于“对万物的观察”。

《系辞下传》曰：

> 古者包犠氏之王天下也，仰则观象于天，俯则观法于地，观鸟兽之文与地之宜。近取诸身，远取诸物，于是始作八卦。以通神明之德，以类万物之情。（第二章）

《系辞上传》亦曰：

① 成中英：《现代新儒学建立的基础——“仁学”与“人学”合一之道》，台北：《国际当代新儒家学术大会论文集》，1989年版，第17—18页。

易与天地准，故能弥纶天地之道，仰以观于天文俯以察于地理，是故知幽明之故。原始反终，故知死生之说。

这两段文章，是在说明易经哲学之开端是在于对宇宙万物变化之“普遍观察”。

伏羲氏在普遍观察现象界之后，得到了一个普遍原理，八卦就是这一普遍原理的代表符号。因此可知，观察乃能透视万物之相对相应，对之而不融，乃能融合万物为一体，形成天地人的宇宙一体论的基础。而终于能达到“通神明之德”“类万物之情”。总之，人能观天地，则表示人有认识和接纳天地万物的能力，而所谓“观”则在观照大宇宙的现象，在“观”的活动中、宇宙中的天地形象都生动地呈现在观者的眼前。也可说透过“观”，天地万物之象向人类显示，故“观”也可以看成是一种透露真实的能力及活动。

“见”有时也有这种意义，《系辞上传》说：

圣人有以见天下之赜，而拟诸其形容，象其物宜，是故谓之象。圣人有以见天下之动，而观其会通，以行其典礼，系辞焉以断其吉凶，是故谓之文。（第四章）

有关这活动，《贲卦》彖云：“观乎天文，以察时变；观乎人文，以化成天下。”又《咸卦》彖云：“天地感而万物化生，圣人感人心，而天下和平；观其所感，而天地万物之情可见矣。”又《萃卦》彖云：“聚以正也……观其所聚，而天地万物之情可见矣。”对此，自天文、地理以至人事均在观察之列；由观察的结果，知道它们发展的法则、规律和趋向；然后配合以适当的实践行动，可以趋吉避凶，这就是“化成天下”的途程。

（二）内省的方法：直觉体悟

易经哲学中“观”“见”等理智活动虽然很重要，可是其有限制。所以，只可以说是“认知”，而不能说“证知”。至于“证知”的路，吾人可称为“直觉”体悟的路。这方法融己身于宇宙万物一体之中，由心领神会而得宇宙之究竟，证知其真实为如何。

《系辞下传》云：

古者包犠氏之王天下也，仰则观象于天，俯则观法于地，观鸟兽之文与地之宜，近取诸身，远取诸物，于是始作八卦，以通神明之德，以类万物之情。（第二章）

在此，想要提出的是，上文包含易经得宇宙万物之理的三个步骤。第一个是由观察中取万物共通的理。然后“近取诸身”“远取诸物”，即再回顾自己身心的变化情状。与外物互相比较印证。第三个即为“通神明之德”“类万物之情”的结果。这阶段即发觉外、内或物、我相应，其理一致，然后才可到的境界。上面两层境界，是理智思考力能胜任达到的。下面“以通神明之德”即属于直觉体悟之境界。这种易经思想的发展，在《说卦传》也说：

昔者圣人之作《易也》，幽赞于神明而生蓍，参天两地而倚数。观变于阴阳而立卦，发挥于刚柔而生爻。和顺于道德而理于义，穷理尽性以至于命。(第一章)

这是易经思想发展的总纲，所谓“观变于阴阳而立卦”，是说观察现象世界的阴阳（两仪）变化，以阴阳变化的原理来建立先天八卦的系统。“发挥于刚柔而生爻”，是说把阴阳概念应用于自然世界，建立自然宇宙论，“阳”为“刚”，“阴”为“柔”，爻是用来解释自然世界生成变化的符号。“和顺于道德而理于义，穷理尽性以至于命”，这是说明阴阳概念应用于道德世界，建立道德宇宙论，“和顺于道德而理于义”是说依顺道德理想而建立合乎“义”的行为原理，然后充分发挥这个原理以及道德本性，直通天命。① 所以，“穷理”与“尽性”是属于由观察得万物之理，次验之己身而得的“理智思考”，“至于命”是属于直觉体悟之功。这种观念在易经哲学中表现于“感”与“通”的概念上。我们可说“观见”的方法是敞开主体胸襟以接受外在世界，并使之与己交感共鸣，于是我们可称之为即人与世界万物的“感通”。例如：

易，无思也，无为也，寂然不动，感而遂通天下之故，非天下之至神，其孰能与于此。(《系辞上传》第十章)

在此所说的易道，不但是宇宙本体，也是人之心性的本体。一般以此处之“易”字指占卜中的蓍草自然能成卦象，而示事物之动向，但易卜之有此种功能，实乃人心之有此功能，则无思无为之心，因接触外界事物而有所感，因而有所通，遂能发明意蕴、洞烛事物流向。②

那么，我们为了发展这种能力，易经哲学显示我们要培养“极深研几”的能力。故《系辞上传》有云：

---

① 黄振华：《康德哲学与易经》，台北：《国际东西哲学比较研讨会发表论文集》，1989 年版。

② 成中英：《现代新儒学建立的基础——“仁学”与“人学”合一之道》，台北：《国际当代新儒家学术大会论文集》，1989 年版，第 17—18 页。

夫易，圣人之所以极深而研几也。唯深也，故能通天下之志。唯几也，故能成天下之务。唯神也，故不疾而速，不行而至。（第十章）

能够极深研几，也就自然能够“知微知彰，知柔知刚”。如此不但认知了易的本体，才能因易之体以成易之用，也因易之体用而能修德立业，“穷理尽性至命”了。

总之，在易的哲学中的方法论就是易的体验和思想。观见、感通、察知的活动并非纯理性抽象，而是以人之主体精神全部投向事物以及其全体，因之易经的“易”的经验自然促成易的认知模式和表达方式，又自然导向真理之建立，更因而彰显了人生追求智慧，以及通变变通的性能，更重要的是，普遍观察的理智活动以及直觉体悟方法都可说是易之本体在人之主体的活动。①

总之，由本文讨论可了解，易经哲学中易道、人道发现之基本原理有二。这就是普遍观察与直觉体悟的方法。人先脱离命定、宿命观念，再进一步着手用人自己的自律力量来探索宇宙人生之原理。

三、宇宙大境遇的发现：变化现象之综合作用

基于以上《方法论》上的探讨，我们可以发现圣人之目的，即为要明白过去一切的发展，认识以往的经验和教训，以推测未来的趋势。所以“仰观俯察”的结果产生“以通神明之德，以类万物之情”②。

那么，圣人在自然秩序与人文秩序中把握住的一般普遍性的原理如何呢？

《易经》认为万事万物，总是处于变动之中，刚柔相易，变动不居，从人事到自然界，没有不变之物。是以《易经》将事物的变化流行，概括为盈虚、消长、兴衰的过程。《丰卦·彖传》云：

丰，大也。明以动，故丰。……日中则昃，月盈则食，天地盈虚，与时消息，而况于人乎，况于鬼神乎。

《周易正义》说：

此孔子因丰设戒。以上言王者以丰大之德照临天下，同于日中。然盛必

---

① 成中英：《现代新儒学建立的基础——“仁学”与“人学”合一之道》，台北：《国际当代新儒家学术大会论文集》，1989 年版，第 17—18 页。

② 严灵峰：《易学新论》，台北：正中书局 1979 年版，第 8 页。

有衰，自然常理；日中至盛，过中则昃；月满则盈，过盈则食；天之寒暑往来，地之陵谷迁贸，盈则与时而息，虚则与时而消。天地日月尚不能久，况于人与鬼神而能长保其盈盛乎？勉令及时修德，仍戒居存虑亡也。①

日中则西斜，月满则亏损，天地万物有盛有虚，因时而消长。这表示他们已经把握住宇宙中万事万物，变化无常的道理。《系辞上传》又云：

子曰："天下何思何虑？天下同归而殊涂，一致而百虑，天下何思何虑？日往则月来，月往则日来，日月相推而明生焉。寒往则暑来，暑往则寒来，寒暑相推而岁成焉。往者屈也，来者信也，屈信相感而利生焉。尺蠖之屈，以求信也，龙蛇之蛰，以存身也。精义入神，以致用也，利用安身，以崇德也，过此以往，未之或知也，穷神知化，德之盛也。"（第五章）

这段话是孔子借日月往来而明生，寒暑往来而岁成，以说明屈信往来而利生的道理。《易经》对自然宇宙循环原理揭示最明者，是《泰卦》九三爻辞中的两句话：

无平不陂，无往不复。

泰卦象为九三为下卦乾阳之盛极，进则入于上卦之坤阴，故云"陂"、云"复"；然而阳极变阴，阴极变阳，乃易道之常，故"无平不陂，无往不复"二句，为言常道流行之律则。

这种物极必反观念集约于"穷则变""变则通""通则久"思想。《系辞下传》云：

易穷则变，变则通，通则久。是以自天佑之，吉无不利。（第三章）

易学的道理是穷极则变化，变化则能通达，能通达则能恒久。能够循此变通的原则，何事不成？所以有如天助一般，当然吉无不利了。按此说法，事物的变化，总是穷而后变，变而后通，通而后久。这种变化从何而来？《系辞传》云：

阖户谓之坤，辟户谓之乾；一阖一辟谓之"变"。阖、辟就是代表坤、乾，也就是阴、阳；一阴一阳的互相运动，于是就发生变化。

天地之道，恒久不已也。……则有始也。日月得天而能久照，四时变化

① （唐）孔颖达：《周易正义》，《十三经注疏》（一），台北：蓝灯出版社1993年版，第126页。

而能久成，圣人久于其道而天下化成；观其所恒，而天地万物之情可见矣。

总之，由上文可知，易经哲学宇宙变化循环中发现，宇宙间一切都是在运动、变化和反复；同时，也只有运动，变化，反复是永恒不变的。这就是，“恒久不已”的道理。同样，也说明了“易穷则变，变则通，通则久”的整个发展过程。①

四、变化法则之发现与其律则化

由上文可知，易经思想源自综合变化现象，且其思想含义很丰富。然而，这种变化现象，有待系统化、律则化的历程。这种系统化的内容最集约于《系辞上传》下一句：

乾知大始，坤作成物。乾以易知，坤以简能。易则易知，简则易从，易知则有亲，易从则有功，有亲则可久，有功则可大，可久则贤人之德，可大则贤人之业。易简而天下之理得矣，天下之理得，而成位乎其中矣。（第一章）

上文所谓的“易”“简”代表易经综合变化现象的律则。据此，后代易学家为了系统性地说明论及“易有三义”之说。最早提出易有三义的是《易纬·乾凿度》。其开宗明义即提出易有三义云：“孔子曰：易者，易也，变易也，不易也。管三成为道德苞龠。”郑康成注云：“管，统也；德者，得也；道者，理也；龠者，要也。言易道统此三事，故能成天下之道德，故云包道之要龠也。”②

由上述引用文中可知，“易有三说”之“三义”是意味着“易简”“变易”“不易”，兹分别说明如下：

（一）易简

关于易简之义，则可见于《系辞上传》第一章：

乾知大始，坤作成物。乾以易知，坤以简能。易则易知，简则易从。易知则有亲，易从则有功。有亲则可久，有功则可大。可久则贤人之德，可大则贤人之常。易简而天下之理得矣。

---

① 严灵峰：《易学新论》，台北：正中书局1979年版，第5页。

② 郑康成注：《易纬乾凿度》卷上，台北：老古文化事业公司1981年版，第1页。

那么，“易简”两个字的含义如何？

韩康伯注云：

> 天地之道，不为而善始，不劳而善成，故曰易简。[①]

孔颖达疏：

> 乾以易知者，易谓易略，无所造为，以此为知，故曰乾以易知也。坤以简能者，简谓简省凝静，不须繁劳，以此为能，故曰坤以简能也。[②]

韩氏以“不为”与“不劳”，孔氏以“易略”与“简省凝静”，分别释“易”与“简”。清代李道平《周易集解纂疏》云：

> 《乐记》曰：“大乐必易，大礼必简。”又曰：“乐着大始，而礼居成物。”又曰：“乐由天作，礼以地制。”盖乐出乎自然，故象乾之易知，而曰必易；礼起于微渺，故象坤之简能，而曰必简。易故着乎乾知大始之初；简，故居乎坤化成物之位。记文曰：圣人作乐以应天，制礼以配地，礼乐明备，天地官矣。故观乎礼乐，而乾坤之易简思过半矣。[③]

李氏以“乐出乎自然，故象乾之易知”“礼起于微渺，故象坤之简能”，此言甚妥当。自然者，不知其然而然，乾之始动为不知其然而然，不假他力，也不用自力；微渺者，言其卑小逊顺，坤顺承乾，自居微渺而成乾功。由此可知，“易”“简”之义，“乾”与“坤”本来之性，所谓“易道成乎自然”之谓。

关于“易简”之义，除了最主要的上引《系辞传》首章以外，尚有如：

> 阴阳之义配日月，易简之义配至德。(《系辞上传》第六章)
>
> 夫乾，确然示人易矣；夫坤，隤然示人简矣。(《系辞下传》第一章)
>
> 夫乾，天下之至健也，德行恒易以知险；夫坤，天下之至顺也，德行恒简以知阻。(《系辞下传》第十二章)

上文中，都含有“易简”之意。

---

① 韩康伯注：《周易注疏》，《十三经注疏本》(一)，台北：蓝灯出版社 1993 年版，第 144 页。
② 韩康伯注：《周易注疏》，《十三经注疏本》(一)，台北：蓝灯出版社 1993 年版，第 144 页。
③ (清) 李道平：《周易集解纂疏》，中华书局 2004 年版。

（二）变易

《系辞上传》第一章：

> 是故刚柔相摩，八卦相荡，鼓之以雷霆，润之以风雨，日月运行，一寒一暑。乾道成男，坤道成女。

易道即变道，所谓乾与坤二大作用，原无形迹可见，以其变才证知其存在。如何成其变？在于乾坤二作用的往复运动上。故变易之义特指明往复交错之运动，此《系辞传》之文中所以言“相摩”“相荡”，所以言“日月运行、一寒一暑”之故。《复卦》卦辞：“反复其道”，《泰卦》九三：“无平不陂，无往不复”，《蛊卦》彖传：“终而有始”，《系辞传》：“一阴一阳之谓道”，等等，都是如此。由此可说，变化都是由于乾坤之“感应”与“动静”而生。

接着探讨的是“如何变化”，也就是所谓的“变化之法则”。

（三）不易

《系辞上传》第一章云：

> 天尊地卑，乾坤定矣。卑高以陈，贵贱位矣。动静有常，刚柔断矣。方以类聚，物以群分，吉凶生矣。在天成象，在地成形，变化见矣。

《易纬·乾凿度》为“不易”所作解释，只取《系辞传》之言“位”之一端说：“不易也者，其位也。天在上，地在下。君南面，臣北面。父坐，子伏。此其不易也。”熊十力先生解释云：

> 此不易义，郑玄以来皆不得其旨。夫易者象也。象者假彼以明此也。不易之义，盖谓本体之流行，虽现作万物，变化不居，而其虚无感动，清净照哲，无不烦不挠，淡泊不失诸德，实恒自尔，无有变异。譬如水可成冰，亦可化气。此其变易也，而其滋润诸德终不改易，是谓不易。纬言不易者其位云云，盖以位之不易，象本体之成变化，而恒不改易其德也。夫天上地下、君南面、臣北面、父坐、子伏，古人皆以此为定位不易。今欲明本体之有常德而不可变易也，故取象于定位以明之，所谓假彼以明此也。取象于位，而意不在说位，犹乾之取象于龙，而意不在说龙。[1]

① 熊十力：《熊十力别集：读经示要》卷三，中国人民大学出版社2006年版。

熊十力此一解释甚为妥当。

“不易”是指在往复交错之变化中不失乾坤阴阳之常性，而又因有此常性，故万变不离其宗，错综中也有理路常在。但此“不易”，乃言“变易”中有“不易”，即“变”中之“常”。易道无“不变之体”：“变”即是它的“体”，即“变”而言“体”，有其常位、常性，是谓“不易”。自然界赖此常性而不失其自然之序，人事上因此常性，才能得以相妥生活。因此“不易”是维系宇宙人世存在的主要因素。“变”中之“常”可寻于《恒卦·彖辞》。其云：

> 彖曰：恒，久也。……天地之道，恒久而不已也。……日月得天而能久照，四时变化而能久成，圣人久于其道而天下化成；观其所恒，而天地万物之情可见矣！

《周易正义》注云：“得其所久，故不已也”，“得其常道，故终则复始，往无穷也”。（注四十八）此即为“变易”中有“不易”之义。

总之，易经哲学把宇宙大境遇的现象律则化为易简、变易、不易之大纲。

五、从易经哲学的进展看大境遇的价值奠定

（一）象征宇宙变化整全的境遇：太极生两仪

一部《易经》都是在讲宇宙变化之道。且《易经》以卦爻象征宇宙的变化。《易经》的卦、爻皆从“阴阳”概念出发，“阴阳”是宇宙生成变化的根本原理。由“阴阳”往上反省，出现“太极”的理念；往下发展则产生三爻、八卦以及六爻、六十四卦的原理。换言之，上自“太极”、下至六十四卦，都以“阴阳”概念贯通于其中。

《系辞上传》曰：

> 易有太极，是生两仪，两仪生四象，四象生八卦。（第十一章）

此处“两仪”指的是“阴阳”两仪，“太极”是“两仪”产生的最高根据，“四象”与“八卦”则是由“两仪”发展出来的。所谓“易有太极，是生两仪”，是指“太极”生两仪（阴阳）。所以一切变化历程的最原始处称为太极。太极一词，在《易经》中仅在此处出现一次。历来学者对太极之看法，咸认为太极是宇宙中万物生成变化之本源。至论太极为宇宙至上之实体或仅为虚理？若系实化，则究为何种实体？自

来众说纷纭，莫衷一是。[1] 关于太极的含义，有以下几种解释：唐孔颖达在《周易正义》云：

> 太极谓天地未分之前，元气混而为一，即是太初太一也。故老子云“道生一”，即此太极是也。又谓混元，既分即有天地，故曰太极生两仪，即老子云“一生二”也。[2]

孔氏认为太极指宇宙最初浑然一体的元气。孔氏这种解释，是受了韩康伯的影响，韩康伯把“太极”解释为：

> 夫有必始于无，故太极生两仪也。太极者，无称之称，不可得而名，取有之所极，况之太极者也。[3]

孔氏接受了韩康伯注解，进一步解释“太极”，而结合汉儒郑玄与虞翻之解释，“太极”说成“即是太初、太一也”。

由上文可知，历来学者都认为太极系宇宙中万物生成变化之本源。且太极不但是万物之理，而万物所由生的终极原因。

（二）宇宙万物发生的大境遇：从两仪到八卦思想

《易经》吉凶判断的根据是卦象。卦象有两类：一是八卦，一是六十四卦。六十四卦是从八卦演变而来。对其具体内容，在《系辞上传》云：

> 是故易有太极，是生两仪，两仪生四象，四象生八卦。（第十一章）

这个四层次的八卦思想发展说明，最先有“—”为太极，代表根本的第一原理，绝对而无待。其下“—”“--”即为两仪乾与坤，代表太极中之两大作用，落入相对。再下“⚌、⚏、⚎、⚍”为四象，代表乾与坤二作用相交。最下“☰、☱、☲、☳、☴、☵、☶、☷”为八卦，则表示现象世界之具体事物，分别取象于“天、地、雷、风、水、火、山、泽”以作为代表。本文先对八卦哲学思想的意义，加以阐述。

对八卦的哲学思想，《系辞下传》云：

---

① 曾春海：《王船山易学阐微》，台北“国立”编译馆，先知出版社 1976 年版，第 55 页。
② （唐）孔颖达：《周易正义》，《十三经注疏本》（一），蓝灯出版社 1993 年版，第 156—157 页。
③ （唐）孔颖达：《周易正义》，《十三经注疏本》（一），蓝灯出版社 1993 年版，第 156—157 页。

古者包犧氏之王天下也，仰则观象于天，俯则观法于地，观鸟兽之文与地之宜，近取诸身，远取诸物，于是始作八卦。以通神明之德，以类万物之情。(第一章)

上文明确地指出，八卦思想的源起，那就是起于“对万物的观察”，就是由“普遍观察”而来的。因为,《系辞传》接连用了“仰观”“俯观”“近取”“远取”，观“天”之“象”，观“地”之“法”，观“鸟兽之文与地之宜”，取“诸身”，取“诸物”等之描述，皆要加强“普遍观察”之意。由此，得到了万物之普遍原理，八卦就是这一万物普遍原理之代表符号。下面“以通神明之德，以类万物之情”两句，则是说八卦画成以后，再反用于现象世界，以说明万物的变化。由观察而得原理，在思想活动上是由多而一，是上行的归纳；由所得原理而说明万物，在思想活动上是由一而多，是下行的演绎。

对八卦在《系辞下传》云：

八卦以象告。(第十二章)

“以象告”者，是告之以象。所以，“八卦”之作用，是告诉我们变化之象。在《系辞上传》又云：

圣人立象以尽意，设卦以尽情伪。(第十二章)

圣人有以见天下之赜，而拟诸其形容，象其物宜，是故谓之象。(第十二章)

由上文可知，八卦思想已含有对宇宙万物一道流行变化原理。所谓“赜”为深远之意。“象其物宜”的“象”是动词用。即指的模拟其象，“是故谓之象”的“象”是卦爻之象。所以此句意味着：“圣人能看出天下万物各有性能，而仿真其形态圣人观察宇宙万物后，发现万物虽然形形色色各不相同，但却有一个共同的性质，流行变化，此一流行变化的作用，广为宇宙万物的本质，由是他创制了一个符号来代表此一流行变化，这就是八卦的自然宇宙论。”对八卦思想的特质可概括如下几点：

第一，八卦所代表的是一个完整的思想体系，虽然粗略，但确已把握到了宇宙的本质，并树立起宇宙生成的六间架。

第二，这一思想体系融通了理性界与现象界的统一，中国哲学心物合一的精神，自此始便已建立。

第三，伏羲氏之建立其哲学，乃由观察开始，然后进入理性思考，作深入探求，复归而印证于现象界事物。其间无丝毫神路玄虚，甚至于不用假设。

第四，哲学思想体系不止于“四象”，而止于“八卦”，以表现万物阴阳不均衡之义终，尤令人心折。

第五，以至简单的符号赅宇宙万物之理，明白而成系统，人类哲学界迄今未见其匹。[①]

（三）宇宙人生大境遇的奠定：六十四卦思想

据上文可了解，易经八卦思想虽尚未成熟完整，而其思想已概括宇宙万物的本质。本文将对六十四卦哲学思想加以讨论。《系辞下传》云：

> 因而重之，爻在其中矣。（第一章）

这是说重八卦为六十四卦。关于六十四卦的构成，诸说不一。然而六十四卦由八卦相重而生，为易学家共同认识中一。所以《说卦传》云：

> 兼三才而两之，故易六画而成卦。（第二章）

而对八卦所以演为六十四卦，看来是出于占筮的需要。随着占筮的发展，八卦卦象不足以包括所占之事，于是加以推衍，成为六十四卦，三百八十四爻，就可以应付无穷事变了，所以《系辞上传》说：

> 八卦而小成，引而伸之，触类而长之，天下之能事毕矣。（第九章）

那么，六十四卦与八卦之不同如何解释呢？可概括如下几点。

（1）八卦为创制，而六十四卦则为重八卦而增演。

（2）八卦纯粹阐释宇宙万物之发生，其所象天、地、雷、风、水、火、山、泽，都是自然现象，其间没有“人”的消息。而六十四卦则发降到人类社会之中，从卦名称讼、师、同人、谦等及爻义中可见，全然是人生思想。

（3）八卦只是说明宇宙万物是为是如是的发生情状，乃作者借以表达其思想见地。而六十四卦则是旨在借卦象以行教化，有其教化人民的大用心。[②]

所以，从八卦到六十四卦之演变，意义深大。八卦是一个宇宙万物发生的思想体系，其间并未道及人事，这当然是因为时代太早，当时人事未兴之故，到了周初，便

---

① 高怀民：《大易哲学论》，台北：成文出版社 1978 年版，第 44 页。

② 高怀民：《周易的思想方法》，台湾大学哲学研讨会发表论文，1990 年。

情况不同了，此时人事繁兴，社会活动、国家制度、家族伦理、人生轨范等各方面都要求公众的善恶标准以维系人群的秩序，这是历史的要求。八卦象宇宙自然法则，人生于宇宙自然，有理性者乃思透过八卦将宇宙自然之法则应用到人生，使以天道为法而立人道。然而人事复杂，八卦之象过少，他遂将八卦胡重，成为六十四卦。重八卦为六十四卦之义，含有六十四卦虽在于明人事，而八卦天道之理在其中而不失。这是六十四卦成立的主要意义。

本文再进一步借六十四卦排列之序明易道之大则。

《易经》中六十四卦排列的顺序，被称为卦序。本文据通行本为对象。通行本排列的顺序是乾卦为首，次为坤卦，终于未济卦。值得注意的是，今六十四卦卦序，应是当时人经过细心考虑，深思熟虑的结果，因为其中包含着几方面的逻辑思维：①

第一，表现“生生”之义。乾、坤二卦居首，其他六十二卦则以屯卦之始生、蒙卦之渐长，继续展开。乾、坤二卦象天、地或父、母，在思想活动与卦象制作方面，均为生生。自乾—坤以下，是屯、蒙、需、讼等卦，屯义取始生，蒙为童年蒙昧，需为须待义，不犯难以行事，讼为起争执，师为因争而兴兵事等，以下辗转相生，描绘人间物界种种现象。

第二，表现“天人相应”之义。六十四卦分为上、下两分，后人名为上经与下经。上经始乾、坤，象天道之始；下经起咸、恒，象人道之始。天道在先，人道在后，阴含人法天之义。

第三，表现“圆道周流”之义。六十四卦中，乾、坤为能生变化的抽象作用，互相循环而成圆道。其他自屯、蒙起，落入所生现象变化中，至最后既济、未济，成一大圆道的终而复始。再自屯至否、自同人至剥、自复至离、自咸至蹇、自解至困、自井至旅、自异至未济，又是大圆道变化中的小圆道，恍如一年中之有四时，四时中之有昼夜。

第四，表现“对立统一”义。六十四卦之排列，两两比邻，或相错，或相反对。“相错”指阴阳爻对立之两卦，称“错卦”，如“乾”与“坤”，“颐”与“大过”等。反对指一个卦体作两面观，称“反对卦”，如“屯”与“蒙”，“需”与“讼”等。六十四卦序之排列，非相错即相反对，相错或相反对之二卦象必相接近，以明二者原为一体之分之义。

第五，六十四卦序的前卦与后卦之联系，为变化世界的常态，如屯之于蒙、同人之于大有，如随之于蛊、谦之于豫，如讼之承以师、豫之承以随等，在人事物界常见的变化。

以上五个原理，简要提出六十四卦排列方面之含义。六十四卦不唯是占筮用途，而是其中含有高度的人类智慧。

---

① 高怀民：《大易哲学论》，台北：成文出版社 1978 年版，第 52—53 页。

六、自然宇宙的大境遇与人生大境遇之终极关怀

（一）自然宇宙的大境遇：生生

易经哲学以乾坤两卦为万物化生的根源。所以，天地之道就是“生”。所谓“天地絪缊，万物化醇，男女构精，万物化生”是也（《系辞下传》第五章）因此可知，中国易经哲学非常重视生命，肯定“生生”之为善。

本文先探讨“生生”之意义。《系辞上传》有云；

一阴一阳之谓道，继之者善也，成之者性也。仁者见之谓之仁，知者见之谓之知，百姓日用而不知。故君子之道鲜矣。显诸仁，藏诸用。鼓万物而不与圣人同忧，盛德大业至矣哉。富有之谓大业，日新之谓盛德。生生之谓易。成象之谓乾，效法之谓坤。(第五章)

上文中“一阴一阳之谓道”，来知德注曰：

一阴一阳之谓道，若以易论之，阳生阴，阴生阳，消息盈虚，始终代谢，其变无穷，此则一阴一阳之道。在易书，易之所由名者此也。①

易道乃使阴阳产生作用的，也就是阴阳交互、变化无穷的。戴震《原善》云：

《易》曰：“一阴一阳之谓道，继之者善也，成之者性。”一阴一阳，盖言天地之化不已也，道也。一阴一阳，其生生乎？其生生而条理乎？以是见天地之顺，故曰一阴一阳之谓道，生生，仁也，未有生生而不条理者，条理之秩然，礼至着也，条理之截然，义至着也，以是见天地之常。②

戴震以“一阴一阳”注为“天地之化不已也”。且“一阴一阳”之道，就是“其生生乎”。对“生生之谓易”，历代学者有各各解释。孔颖达《周易正义》云：

生生，不绝之辞，阴阳变转，后生次于前生，是万物恒生谓之易也。③

---

①（明）来知德撰：《周易来注》卷十三，载于《易经集成》第六十五册，第1193页。

②（明）来知德撰：《周易来注》卷十三，载于《易经集成》第六十五册，第1193页。

③（唐）孔颖达：《周易正义》卷七，第8页。

易者何物也？生生无息之理也，是理也，具于天地，散于万物，聚于圣人，形于八卦，合而言之，命之曰易。①

王船山亦云：

生生之谓易。此以下，正言易之所自设皆一阴一阳之道而人性之全体也。生生者，有其体而动几必萌，以显诸仁；有其藏必以时利见，而效其用；鼓万物而不忧，则无不可发见。以兴起富有日新之德业，此性一而四端必萌，万善必兴，生生不已之几。②

经由上面所引历代对“易”之“生生”的注疏总合言之：

(1)“生生”乃阴阳之交互变化，因而化生万物。

(2)“生生”乃易之周流运转，乾坤因此而成万物。

(3)“生生”乃日新之变化，其中具有盛德，故能显仁。

由此可知“生生”乃阴阳之交互变化，因而化生万物。方东美先生对此亦有诠释，他说：

《系辞传》曰：“易与天地准，故能弥纶天地之道”，易谓天地之道？曰生。所谓“天地絪缊，万物化生”是也。《易》曰：“夫乾，其静也专，其动也直，是以大生焉。夫坤，其静也翕，其动也辟，是以广生焉。”……综此以言，天地之大德，悉备于生生不已之易。举易以言天之经、地之义、人之纪，则智慧之门可得而久也。③

总之，易经哲学所言“生生”不只是言变化，而更重要的是言变化中的化生，在其内有着自然的生机，且蓬勃的生气，盎然充满，便生生不已，这就是“生生之谓易”。因此，其“生生”乃至广大而化生及覆庇万物，故《系辞上传》说：

夫易，广矣大矣，以言乎远则不御，以言乎迩则静而正，以言乎天地之间则备矣。夫乾，其静也专，其动也直，是以大生焉。夫坤，其静也，其动也辟，是以广生焉。广大配天地，变乃配四时，阴阳之义配日月，易简之善配至德。（第六章）

---

① （宋）杨万里撰：《诚斋易传》卷十七，《四库全书》第十四册，第724页。

② （明）王夫之撰：《周易内传》卷五，《船山易学》上册，第14—15页。

③ 方东美：《生生之德》，台北：黎明文化事业公司1989年版，第133页。

总之，易经哲学从“生生”的观念来诠释宇宙大境遇的终极关怀。

（二）宇宙和人生的大境遇——“生生之道”与“仁道”

现在，我们的问题是，如上述，“生生之道”能包括统贯天地间一切的道理，那么，“生生之道”与人道有什么联结？先看《系辞上传》一句文章：

> 易与天地准，故能弥纶天地之道。仰以观于天文，俯以察于地理，是故知幽明之故。原始反终，故知死生之说。（《系辞上传》第四章）

易理之所以能“弥纶天地之道”，是由于作易者能从天地自然的道理，去了解人生许多奥妙的现象。作易者能周知万物的情态，故是以匡济天下，成为“人道”之基础。使通易道者能乐天知命，即乐行天道之所当然，知天命之造化，且安于所处之境，而敦行仁道，以能泛爱天下，这是人人必须自强不息以达到“参赞天地之化育”。（《中庸》第二十二章）所以《系辞上传》接着上文而言：

> 与天地相似，故不违。知周乎万物而道济天下，故不过。旁行而不流，乐天知命，故不忧。安土敦乎仁，故能爱。（《系辞上传》第四章）

由于上文，可见“易”之“生生”乃贯通“天道、地道、人道”，才能从“生而又生”地发显变易之道。从此，易之“生生”之道与人的“仁”互相联结了。所以：

> 天地之大德曰生，圣人之大宝曰位，何以守位，曰仁。（《系辞下传》第一章）

所以，罗光先生说：“仁字和生字意义相通，在普通用语上也有，例如桃仁、杏仁，代表果子核中的生命根源，仁字不单单是生，而且包括“生生之理”的原则，位置和次序。”[①]

因此，我们可知“易”之“生生”在人身上的“显诸仁”。所谓“显诸仁”可见于下文：

> 显诸仁，藏诸用。鼓万物而不与圣人同忧，盛德大业至矣哉。富有之谓大业，日新之谓盛德。生生之谓易。（《系辞上传》第五章）

---

① 罗光：《中国哲学的展望》，台北：学生书局1977年版，第210页。

所谓“显诸仁”者，其必与“一阴一阳之道”相称而言，方能使在生化大流中的万物呈现其畅旺的生机；此生机实乃“乾”之“大生”及“坤”之“广生”相生相辅而成的“生生”。因此，“一阴一阳之道”的生生在“显诸仁”时，必与“乾坤”相拜而言，因为“夫大人者，与天地合其德”。（《乾卦·文言传》）天地合德即乾坤合德。如对“人”而言，就是“仁”与“义”。《系辞下传》云：

> 易之为书也，广大悉备，有天道焉，有人道焉，有地道焉，兼三才而两之，故六，六者非它也，三才之道也。（第十章）

《说卦传》又说：

> 昔者圣人之作易也，将以顺性命之理，是以立天之道，曰阴与阳，立地之道，曰柔与刚，立人之道，曰仁与义。（第二章）

上文表示易经哲学的发展到达最高峰时，出现三个境界，一是“天道”的境界；二是“地道”的境界，相当于自然世界；三是“人道”的境界，相当于道德世界。“天道”的法则是阴与阳，“地道”的法则是柔与刚，“人道”的法则是仁与义。仁、义乃人之德性，所以孟子说：“仁，人心也。”① 又说：“仁也者，人也。”②《中庸》篇亦云：“仁者，人也。”“仁”乃是人生命的“生生”的表现。戴震更说：“仁者，生生之德也。”③

总之，“显诸仁”乃万物所呈现的生机，自人生立场言之，此即为人生命之“仁”德的流露，即将此“生生之仁德”的大化流行潜运于日常生活中，为百姓之所用。

从此，易经哲学达成宇宙和人生的妙合之道。

七、结论：如何实现生活大境遇的“再圣化”

“现代哲学起步于形而上学的废弃宣言。”这句话意味着象征现象背后那种永恒不灭的真理的西方形而上学，即一种实体形而上学的崩坏。与此同时，宗教界也将现代看成是“丧失超越”的时代，并努力建立合乎时代意义上的新“超越”的概念。

西欧形而上学和宗教学界的现况使我们醒悟到，形而上学中存在论的争论已经毫无意义。因此，儒家思想的最基本的出发点，首先要脱离“超越之存在”本身的论争，

---

① 《孟子·告子上》。
② 《孟子·尽心下》。
③ （清）戴震：《孟子字义疏证·性》卷中，《戴震全书》卷六，黄山书社 1995 年版，第 182 页。

从这种意义上看，基督教的三位一体，启示，神的显在等是没有意义的，还有信仰界，如来、涅槃、真如、太极等“超越论式存在”本身都没有多大意义。

如果已经同意了对超越要有脱存在论式的把握，然而，新的价值如何才有可能？在此，儒家复兴的方向之可能根据可寻而提出。

由上文可知，儒家哲学中，与西欧二分法思维不同的普遍伦理的可能性，其出发点还是要从“天地模式（paradigm）”中去找。如果说西欧的形而上学和神学的构造，具有唯一神或者“神—人—自然”式垂直构造的神人关系的框架，然而，儒教是将“帝—天模式（paradigm）”成功之转移到“天地模式（paradigm）”的思维体系。这一过程，我们可以通过，先秦儒学形成期（孔子以前），孔子集大成期，《中庸》《易传》的完成期加以分析。

简而言之，先秦儒学到了《易传》《中庸》时期“天”脱离人格的，主宰神的意义，与“地”形成相对的概念，以新的“天地”概念诠释宇宙，从这里我们已经看到，“天地”概念的导出是靠“脱二分法”的思维来完成的。这是作为普遍伦理的最小可能性的依据向天地（paradigm）的转换得以实现了儒教伦理中，通过“天—地模式（paradigm）”而实现超越，可视为脱存在论式合理的定础过程。然而，普遍伦理的第二段阶的可能性依据，应以归纳式价值体系为原理而进行，也就是说，儒教中道德价值的实现方法及其到达方法，亦业已完备，即从对“神”或“上帝”的“存在论式超越”的构图转换方向而实现“自我超越”，这一点从儒教的修养论中足可见到。

儒教通过自我修养，将其目标制定在通过人伦秩序和宇宙万物的自然秩序的调和，而发现自我，并与天地合一。这是儒家的伦理和修养论的重要特色。儒家的修养论，将一生当作超越的领域，将每时每刻当作达到修养的领域的场。

总之，儒教中的价值实现，其出发点设定在日常生活的宗教性省察，并通过日常生活的省察和修养，追求与天地自然的合一，儒教的伦理价值的实现，带有归纳性形态，是从小学和日常中出发，但绝不停留在自己的完成，而把成己、成人、成物当作理想的境界，这是人参赞天地之化育，达到天人合一，这是神、人和自然为一的“天人合一”的境界。

综上所述，窃以为儒家价值能担当21世纪全球人的生活的普遍价值，而且其结构来说，既符合于生活价值体系，然而进一步而言，其价值之结构，以及自然观、宇宙观、人观等皆符合于后现代生活伦理价值系统。

毋庸置疑，儒学是一个积极先进的庞大思想体系，它从来不是一成不变的，而是在每一时代具有每一时代的儒学，每一时代有不同学派的儒学，例如先秦儒学、两汉儒学及宋明理学，再如同属先秦时代的儒学行列的孔、孟、荀“三大阵营”，在不同的历史形态下都存在不同的样相。因此，复兴儒学的过程中，就面临着方向选择的重大问题。即应该选择哪个时代的儒学，抑或是哪个学派的儒学，并对其进行激活。明确了前进方向之后，接下来就面临着如何实现儒学复兴，即儒学的复兴何以可能的问题。

在对前代的核心价值的继承过程中，须证明或显现它具有现代性，能与现代化社会之体制、结构、价值标准相适应、相结合，或能对现代社会产生积极的作用。因此，笔者认为，当今实现儒学复兴过程中的一个重要任务就是重新找回被蹂躏的、已丧失的儒学神圣价值，实现儒学的“再圣化”。这与龚鹏程先生所说的“让人重新注意到非世俗的神圣力量，由其中再度寻回生命归依的价值性感受，重新体验宗教、道德等之实质力量，并以之通达于美感之举”。似乎具有相同的脉络。

进而，如何实现生活的“再圣化”自然就成了我们应当直面的问题。对此，本人极其赞同龚鹏程先生的见解，他说道：“面对现代社会，若想重建礼乐文化，让儒学具体作用于生活世界，就需要在反现代性的世俗化及形式化方面着力。反世俗化，有两个方式，一是重新注意到非世俗的神圣世界，由其中再度寻回生命归依的价值性感受，重新体验宗教、道德等的实质力量，并以之通达于美感世界。二是针对世俗化本身再做一番厘清。现代社会的世俗化，其实并未能真正符应于社会生活的原理，要让社会世俗生活恢复生机，即必须恢复礼乐揖让之风，使人各得其所，各安其位，显现出人文之美来。”然而，归根到底，当今我们需要做的就是重温儒家经典，反复思考与体悟儒家核心价值，树立自身对儒家文化的崇高信仰，以儒家所追求的“成己成物”的圣人境界为指向，时时刻刻激励自我，涵养省察，严于律己，遏制受外部环境影响而产生的欲望。

但值得注意的是，在实现生活“再圣化”的过程中，应十分警惕再次陷入“经院哲学”的藩篱，空谈形而上者谓之道的部分，仅在道、仁、心、性上考诠辨析，而忽略了视听言动、食衣住行等形而下者谓之器的部分。因而，生活儒学为我们提供了一个能够深入社会生活与大众理性中的儒学发展方向。

韩国忠清儒教传承的现代路径

［韩国］李相均（**Lee Sanggyun**）
韩国忠清南道历史文化研究院首席研究员

一、序　言

在人类文明史上，儒教文明对于东亚各国人们的生活方式以及国家的运行方式都产生了极大的影响。作为代表“儒学知识”的四书三经和家礼等书籍不仅融入东亚各地区社会文化脉络，甚至经过本地化过程（localization）在当地生根发芽。因此从人类文化的多样性角度研究基于东亚各国文化特点的儒家文化，具有十分重要的学术价值与现实意义。本文将从这一方面分析韩国忠清地区儒教本地化的过程以及传承脉络，并介绍目前忠清圈范围内的4个广域市，道地方政府正在极力开展的有关忠清儒教文化圈旅游开发事业，最后简单介绍“忠清儒教文化院”这一专业机构的论证、筹建过程，以此说明儒教在现代社会的意义及运作的机制。

历史上韩国通过与东亚各国的文明交流来发展本国的文化力量。由于忠清道濒临黄海[①]，从古代乃至近代在儒教、佛教、天主教等文明的交流过程中起到了窗口的作用。而且忠清道在韩国历史上属于百济王国（前18—660）的中心区域，曾经接受中国先秦儒学，设置精通《周易》《诗经》《书经》《礼记》《春秋》等五种经书的五经博士率先推行国学教育[②]。百济的王仁博士把孔子的《论语》和《千字文》传到了日本并成为日本太子的老师。[③] 这说明与韩国其他地区相比，忠清处于与中国交流更为便捷的地理位置，能够更早接受儒教，并试图将其作为当地社会文化传承下来。

对韩国历史感兴趣的学者，对把朝鲜时代定义为儒教时代大致上没有太大的争议。朝鲜将宋明儒学作为一门学术加以接受，其儒教化过程契合朝鲜社会文化脉络，涵盖

---

① 朝鲜后期忠清道按行政区域分忠清右道和忠清左道，大约是现在的忠清南道、忠清北道、大田广域市、世宗特别自治市等四个广域、道的领域。

② 梁起锡：《百济博士制度的运用及变迁》，《百济文化》第49辑，公州大百济文化研究所，2013年版。

③ 崔永禧：《百济王仁博士的文献考察》，《文化史学》第5辑，韩国文化史学会，1996年版。

了政治、社会、经济等较为广泛的领域。[1] 从忠清道的地域史脉络来看，忠清道也是从佛教盛行的高丽末期开始接受性理学。例如，忠清南道保宁人氏白颐正（1260—1340）于1298年开始在元朝的燕京滞留10年专门研究性理学，并带回《家礼》等书籍培养后辈。以儒教传统为基础的忠清道成为朝鲜儒学的两大山脉之一，是与岭南儒学比肩的畿湖儒学的中心。根据上述历史脉络如今的韩国忠清圈设想了多种方案，不仅要利用过去忠清儒教的文化资源进行旅游开发事业，而且还准备设立儒教专门机关。

二、韩国儒学的两大山脉，忠清儒教的特征

韩国儒学史通常把以退溪李滉为核心人物的岭南儒学和以栗谷李珥为核心人物的畿湖儒学视作韩国儒学的两大山脉。[2] 分析中国学界与韩国儒学相关的研究成果可以发现，中国学者着重于从历史及思想史的角度来研究儒学的韩国特色及发展面貌[3]，研究朝鲜时代具有代表性的个别儒学家等。[4] 其中朝鲜时代退溪李滉的研究所占的比重最大，其次是有关栗谷李珥的研究。在韩国儒学史上，退溪李滉是岭南儒学的代表人物，栗谷李珥为畿湖学派的代表人物。尤其继承栗谷李珥成为畿湖学派主要人物的那些人就是忠清儒学的核心人物。

中国学界与忠清儒学家直接相关的研究中，关于秋史金正喜的研究所占的比重最大，这是因为金正喜与清朝的翁方纲、阮元等中国文人有过许多关于儒学以及诗、书、画等艺术领域、金石学领域等多方面的交流。中国学界有关忠清儒学思想的研究主要有如下几个方面：对于被公认为构筑了朝鲜礼学框架的沙溪金长生的研究，对于主张春秋义气的尤庵宋时烈的研究，对于就‘人物性同异论’问题展开重要论争的南塘韩

---

① Martina Deuchler, The Confucian transformation of Korea: a study of society and ideology, Harvard University Asia Center, 1995.

② 最近也出现一些学者对于有关岭南学派和畿湖学派的“非此即彼”分类方式提出质疑，但在韩国儒学的普遍叙述中仍以岭南学派和畿湖学派为中心。

③ 李甦平：《论韩国儒学的特性》，《孔子研究》2008年第1期；邢丽菊：《韩国儒学的道学思想》，《烟台大学学报》（哲学社会科学版）2011年第3期；刘毓庆：《韩国李朝〈诗经〉学以〈礼〉解〈诗〉的文化意义》，《河北大学学报》（哲学社会科学版）2014年第3期；王雅、刘明山：《四端七情说中的道德原则先在性问题研究》，《辽宁大学学报》（哲学社会科学版）2014年第6期；邢丽菊：《韩国儒学的“理”概念》，《世界哲学》2015年第6期；洪军：《韩国儒学史上的“四端七情”论辩——以退溪和栗谷为中心》，《哲学研究》2015年第12期；等等。

④ 中国对朝鲜时代个别儒学家的研究要数退溪李滉的研究成果最多，在中国知网搜索“退溪李滉”可以搜到125项研究成果。其次研究成果最多的就是“栗谷李珥”，可以搜到51项研究成果。关于“忠清畿湖学者”的研究有关秋史金正喜的研究成果有15篇，此外有关沙溪金长生的4篇，尤庵宋时烈4篇，南塘韩元震4篇，巍岩李柬1篇。

元震的研究。[①] 可以看出，中国学界对于韩国忠清儒教的关注，主要是在2000年以后出现的，且集中在一些特定的儒学人物身上。尽管如此，笔者认为忠清儒学引起中国学界的关注，这一事实颇为令人鼓舞。

如果现代韩国社会用忠清儒教这一术语来指代出现在忠清地区的儒家文化的整体的话[②]，则忠清儒教的历史将追溯到古代百济时期。就朝鲜时代儒教思想的发展中出现的学风这一方面而言，先前提到的畿湖儒学是讨论忠清儒教的朝鲜时代学风的重要支点。那么在韩国是如何讨论忠清儒教的呢？由于到目前为止有关忠清儒教的讨论尚未被中国学界所充分认识，笔者将在本文中着重考察忠清儒教整体的历史流向以及重要特征。综合对于韩国的忠清儒教进行了长期研究的黄义东、韩基范、金文俊等三名韩国学者的见解，忠清儒教的发展及特征如下：[③]

第一，忠清儒教的发展始于韩国的百济时期。百济（前18—660）通过与中国南北朝的交流接受了汉字文化和儒教经典，从近肖古王（在位期间346—375）时期开始任命精通《周易》《诗经》《书经》《礼记》《春秋》等经书的五经博士来普及儒学教育。熊津、泗沘都邑时期，武宁王（在位时期501—523）也曾任命五经博士，成王（在位时期523—554）也从南朝的梁国邀请毛诗博士和讲礼博士深化儒家教育。并且百济派遣五经博士、天文学博士、医学博士等人到日本传播儒家文化。尤其是阿莘王（在位时期392—405）时期，据《日本书纪》和《古事记》记载，阿莘王曾经把阿直岐和王仁派到日本教授学问和传播文物。

第二，忠清地区的儒士们积极接受高丽末期性理学，为朝鲜开国奠定了基石。忠南保宁人氏白颐正（1260—1340）追随忠宣王在元京学了十年的性理学并带回朱子的

---

① 有关忠清儒学家沙溪金长生的中国论文如下。全锦子：《沙溪金长生礼学思想研究》，硕士学位论文，延边大学，2004年；张立文：《仪礼与民族化——论退溪以后礼的民族化进程》，《学术研究》（中国人民大学孔子研究院）2005年第6期；金顺今、全锦子：《试论金长生礼学思想的特点》，《延边大学学报》（社会科学版），2005年第2期；金顺今、全锦子：《金长生礼学思想的特点及其意义》，《延边党校学报》2005年第2期。有关尤庵宋时烈的论文如下：彭林：《朝鲜时代的礼讼与君统、宗法诸问题》，《中国文化研究》2003年第3期；孙卫国：《试论朝鲜王朝尊明贬清的理论基础》，《史学月刊》2004年第6期；宫键：《论尤庵宋时烈的春秋义理观》，硕士学位论文，延边大学，2009年；李甦平：《论王夫之和宋时烈的气学思想》，《船山学刊》2013年第1期。有关南塘韩元震的论文如下：邢丽菊：《朝鲜朝时期“人物性同异”论争的理论来源及其差异——巍岩李柬与南塘韩元震之人物性同异论比较》，《哲学研究》2008年第11期；李甦平：《论南塘韩元震的性理学思想》，《延边大学学报》（社会科学版）2009年第2期；周兴：《韩元震性理学思想探析》，硕士学位论文，延边大学，2015年；杨小婷：《人物性异——朝鲜儒者韩元震对朱子性论的发展》，硕士学位论文，华东师范大学，2016年。

② 现在的忠清地区是指忠清南道、忠清北道、大田广域市、世宗特别自治市等四个地区。可以将忠清儒教理解为在此四个地区出现的儒家文化。

③ 黄义东：《忠清儒学的学脉和学风》，《畿湖儒学学会》，忠南历史文化研究院，2014年；韩基范：《忠清儒教文化圈广域旅游开发的实践方向和前景》，《政策讨论会资料集》，《金刚日报》，2016年；金文俊：《忠清儒学的流向及根本问题》，《重读忠清学》，忠南大儒学研究所，2017年。

《家礼》等书籍培养弟子。他的学问由李齐贤（1288—1367）继承，李齐贤将性理学传授给忠南舒川韩山人氏李谷（1298—1351）、李穑（1328—1396）等人。当时忠南的忠清儒学家们批判佛教和道教不问世事不关心老百姓的痛苦，把性理学作为修己治人为本的救世学问来接受。尤其是国子监李穑在成均馆首先振兴性理学，培养了朝鲜的开国功臣郑道传（1342—1398）、李崇仁（1347—1392）、权近（1352—1409）、郑梦周（1337—1392）、吉再（1353—1419）等儒学家。

第三，忠清儒教作为畿湖学派的发祥地树立了威望。畿湖学派由栗谷李珥的门生沙溪金长生（1548—1631）和重峰赵宪传承下来。金长生和他的儿子金集一起配享文庙，在壬辰倭乱之后试图通过礼学克服社会的混乱。继承金长生学问的尤庵宋时烈（1607—1689），同春堂宋浚吉（1606—1672），草庐李惟泰（1607—1684）等人在王道治国的明朝已亡，霸道治国的清朝侵略朝鲜的时候主张“北伐论”“尊明排清论”以强调信义。朝鲜时期的王，正祖称宋时烈为大老，并称赞他“多亏宋时烈，朝鲜才避免沦为蛮夷，沦为禽兽”①。活跃于16—17世纪的畿湖学派以忠清地区为中心对于朝鲜社会的政治社会文化都产生了极大的影响。

第四，忠清儒教深化发展了性理学。作为朝鲜时代重要的儒学论争，“四端七情论争”和“人物性同异论争”被认为是最具有代表性的论争。“四端七情论争”是以理气论阐释四端和七情的一场哲学论争，争论究竟是作为人之本性的“理”先发，还是作为情感的“气”先发。岭南学派的李滉强调“理”，而畿湖学派的李珥强调“气”，这一场针锋相对的哲学论争一直持续到朝鲜后期。尤其18世纪初忠清儒学家南塘韩元震和巍岩李柬之间的“人物性同异论争”持续了4年之久，争论人和动物的本性如何不同，如何发现至善无恶的人类心性之本质。忠清儒学家们希望通过这样的哲学论争实现社会之“善”，即人类本然之性。

第五，忠清儒教向往能够反映各时代的变化，体现时代精神的实践理念。由于壬辰倭乱，丙子胡乱等战争，社会秩序极度混乱的16世纪朝鲜，金长生、金集等儒学家试图通过礼学整顿社会秩序。社会相对稳定的17世纪，湛轩洪大容（1731—1783）本着文化自豪感，发展追求实事求是的北学②，秋史金正喜（1786—1856）以忠清儒教的文化自豪感，通过与翁方纲（1733—1818）、阮元（1764—1849）等清朝时期文人的交流来拓展诗书画等艺术世界。19世纪到20世纪初则强调儒学之节义，对抗外国侵略，以儒学家为中心的救国运动在忠清圈整个地区如火如荼地展开。下一章节将分析该如何衡量近代以后忠清儒教传统的变迁。

① 尤庵宋时烈在朝鲜后期被称为继承孔子—孟子—朱子道统的“宋子”。

② 北学是朝鲜英正祖时期接受并试图运用清朝的先进学术和文物的学术倾向。

三、韩国儒教的近代路径和忠清儒教的传承

笔者从历史人类学角度出发，主要关注如下议题：中国与韩国儒教传统的近代化路径；对当今儒教传统文化的人类学阐释；儒教传统所遗留下来的文化遗产的社会性活动。具体而言，笔者曾经对儒教传统文化的重要社会主体，即中国的宗族文化和韩国的“宗中”[①] 文化进行过研究。[②]

自19世纪末到20世纪初期，处于近代化过程中的中韩社会内部，亲属集团的社会影响力、地区内部的权威等均已弱化。在19世纪前的中国，地域社会里强有力的宗族集团通过科举制度和地方行政业务等，有效地占有了政治权力和经济资源，对村落的日常政治起了主导性的作用[③]，韩国也是如此。而且，20世纪初由于遭到列强的侵略，受标榜西欧文明价值的启蒙（Enlightment）运动等的影响，对传统的批判性认识在两个国家扩散。中国由于新文化运动（1915—1919）和马克思主义的影响，出现了“打破封建”“打倒孔家店”等口号，毛泽东在1927年写的《湖南农民运动考察报告》里对“封建传统”的批判可谓代表了1949年解放后国家对传统的主流认识[④]。

与此相反，韩国在日本帝国主义殖民统治期间，儒教传统反而成了日本殖民政府大规模的习俗调查对象，过去的“习俗”经历了部分转换为近代“制度”形态的过程。这可以理解为日本帝国主义为了加强殖民统治，避免不必要的矛盾，在特定时期反而鼓励“亲日儒教”，把儒教作为统治术的一个环节。[⑤]

从朝鲜时代儒教礼书“家礼”的社会实践上看，韩末在全国各地分布着大量由亲属构成的仪礼集团“宗中”，作为宗中公有财产的祖坟和墓祭田地的所有权通过不动产登记制度得到认证。另外，亲属集团的祭祀先祖的活动也延续了下来。在地域社会

---

① 韩国称以祖先仪礼为中心组建而成的亲属集团为宗中或门中。

② 李相均：《现代中国社会宗族传统的实践与脉络》，《东亚文献研究》2013年第64期；李相均：《首尔近郊宗中和宗中财产的演变：以潘南朴氏西溪公派为中心》，韩国学中央研究院博士论文，2016年。

③ Joseph W. Esherick Mary Bakus Rankin 编辑的 Chinese Local Elites and Patterns of Dominance（University of California Press，1993）举出许多有关中国地方精英的统治方式的事例，从事例中了解到主要地方精英大多都是该地区主要宗族集团出身。

④ 《湖南农民运动考察报告》（1927年），所谓“过分”的问题，“农民的主要攻击目标是土豪劣绅，不法地主，旁及各种宗法的思想和制度，城里的贪官污吏，乡村的恶劣习惯。这个攻击的形势，简直是急风暴雨，顺之者存，违之者灭。其结果，把几千年封建地主的特权，打得个落花流水。地主的体面威风，扫地以尽。地主权力既倒，农会便成了唯一的权力机关，真正办到了人们所谓‘一切权力归农会’”。

⑤ 可以参考当时分析亲日儒教相关新闻报道的研究资料。金贤优：《1910年代〈每日新报〉中的儒教面貌》，《儒教文化研究》第20辑，成均馆大学儒教文化研究所，2012年。

通过教育和祭祀明贤的活动对儒教传统进行再生产的乡校和书院，在现代教育制度引进之后，其教育功能被弱化，但对配享人物的祭享仍得以延续。考察韩国日帝时期儒教传统的变化，会发现以下特点：

第一，从实践日常儒教文化的社会主体这一方面来看，亲属集团“宗中”的仪礼活动，以及出入地区社会乡校和书院的儒林们的活动还在持续。我们还可以知道日帝时期忠清范围内各地域分布着由相同姓氏的人居住的“集姓村（Korean lineage village)”，亲属组织“宗中”也按地域均匀地分布着。[①] 据采访朝鲜聚落的善生永助的报告书上说，全国分布着 14672 个“同族集团”，其中忠清圈内，忠清南道有 642 个宗中，忠清北道有 507 个。出入乡校和书院的儒林，主要由忠清圈宗族集团的首长或年长者们兼做儒林活动。朝鲜约 500 年儒教文化的实践造成了社会人类学的特征，即全国各地域都分布着宗族集团，而这样的特征对于日帝时期地域社会继承儒教文化传统发挥了重要的作用。

第二，从维持儒教文化的空间和场所的持续性方面来看，举行宗中仪礼的祠堂、祖坟和斋室等空间能够得以维持。分布在全国各地的乡校和书院由于科举制度的废止等原因，其活动和影响力虽然减少了，但斋室和空间却得以继续。朝鲜时代忠南地区在郡县级行政区域设立了 34 所乡校，迄今仍在运营着。日帝将乡校理解为公立学校，重新调整了各地区乡校的运营。首先，派职员将关于学校运营的各种事项汇报给中央的经学院或总督府，并将中央的各种告示文传达给儒林。[②] 另外，为了使乡校财产属于府尹、郡守，制定了《乡校财产管理规程》（1910. 4. 23）。[③] 而书院在高宗时期经兴宣大院君大规模的废除之后，于日帝强占时期反而出现重新设立被废除的书院的现象，例如 1581 年创建的忠清南道最早的书院——忠贤书院——曾因为朝鲜语被废止，将遗物移交给公主乡校后在日本强占时期的 1925 年被重设。

第三，从日帝时期儒教文化的社会影响力方面来看，从朝鲜时代国家的统治理念，法律与制度到日常生活，原本作为一个整体文化落地生根的儒教，缩小到以祭祀祖先为中心的生活文化领域。一方面，在日帝的殖民统治下，各个姓氏的宗中为了守护从传统社会传下来的祖坟和墓祭田地，从以共同的祖先为中心形成的仪礼共同体进一步强化为常设组织，另外，以已经转变为现代组织的大宗中为中心，过去作为两班身份象征的族谱的发行也比朝鲜时代更为活跃。日本殖民统治时期的这种状况，对 1945 年光复之后现代韩国的儒教传统的传承产生了很大的影响。但是大韩民国政府所执行的农地改革，致力于改善地主—农民关系，因而宗中的经济基础——墓祭田地——的规

---

① 日本帝国对于朝鲜的村落及姓氏的调查报告资料可参考此书，《朝鮮の聚落》（1928），《朝鮮の姓》（1934）。

② 金明友：《日本帝国殖民时期乡校研究》，博士学位论文，中央大学，2007 年。

③ 金明友：《日本帝国殖民时期乡校研究》，博士学位论文，中央大学，2007 年。

模发生缩减。

另外，政府制定并公布的仪礼准则经历了六次修改，努力想简化儒教传统礼仪。[①]但是这些措施并没有对实践儒教仪礼的生活文化产生长远的影响。反而，1970 年代以后韩国正式进入工业化时代，农村人口流向城市，核心家庭的趋势越来越严重等，由于社会构造变化而引起的儒教传统的萎缩更加突出了。

相反，像乡校和书院一样，有地区社会运营主体的设施的儒教文化传承相对来说有其持续性较强的一面。忠清南道在 1948 年设立了当时管辖道内 38 个乡校的财团法人“忠清南道乡校财团”，并参与了忠南地区的乡校财产和运营。换句话说，就是与地方行政组织挂钩并得到了能够管理乡校的依据。到目前为止，忠南的乡校财团通过重组行政区域等来参与忠南道内 34 个乡校的财产管理和运营。[②]

比如书院，书院的主要配享人物和地区的宗中出身的人们一同被供奉着，宗中的年长者兼做书院活动的情况很常见。在忠南规模最大的遁岩书院供奉忠清畿湖儒学的核心人物金长生、金集、宋时烈、宋浚吉四位的牌位，主要由金长生的后代光山金氏在宗中持续参与遁岩书院的管理和运营。政治上与遁岩书院（老论书院）并称双杰的鲁冈书院（少论书院）供奉坡平尹氏的贤哲尹煌（1571—1639）、尹文举（1606—1672）、尹宣举（1610—1669）、尹拯（1629—1714）等四人的牌位，由坡平尹氏宗中运营。此外，忠南公州的忠贤书院成立社团法人运营书院，其书院的创建人徐起的后代利川徐氏在宗中起着很大的作用。

总的来说，在现代韩国社会里，虽然忠清儒教的传承依靠特定的社会主体和地域社会儒林们维持着先祖的祖坟和墓祭田地，还有乡校和书院，但它的技能被限制在类似祭礼以仪礼为中心的事上。对儒家经典的学术性的探究，在大学专业中被当作不同于儒教传统空间，客体化的（objectified）学术主题。而乡校和书院等若被国家指定为文化财产，将被当作特殊保护的对象来管理。在朝鲜时代，如果说这里的忠清儒教是所有社会主体都来参加并向往的目标，那么如今忠清地区所呈现出来的儒教的面貌只是为少数爱好者而存在的次文化（subculture）。

四、忠清儒教的现代传承

如上所述，忠清圈在朝鲜时期儒学中担当着重要的角色。目前忠清儒教的有形、

---

① 最初的《仪礼准则》于 1934 年开始施行，1945 年光复之后大韩民国政府成立，于 1957 年制定国民再建运动本部的《标准仪礼》，1961 年制定保健社会部的《标准仪礼》，1969 年制定《家庭仪礼准则》及《有关家庭仪礼准则的法律》和《施行令》，1973 年制定《有关家庭仪礼的法律》，1993 年制定《有关家庭仪礼的法律》，1999 年制定《健全家庭仪礼准则》，等等。

② 目前忠南乡校财团管理的财产计房地产和动产，约为 928 韩圆（折合人民币 5 亿 4500 万元）。

无形资源以多样的形态延续了下来。教育资源有乡校和书院，景观资源有名胜、九曲和楼亭，生活资源有古宅、宗家美食等。另外，思想资源有人物、礼学、畿湖儒教思想，艺术资源有诗、书、画、国乐等。与东亚其他地区不同，忠清儒教的传承以代代相传的地区亲属集团“宗中”，以及乡校、书院的儒林的存在为特征。韩国政府一直在寻求一个方向，试图使韩国认同感以及有形、无形儒教文化遗产与现代社会接轨。

第一，把儒教作为解决现代社会问题的对策，以人文学、人文精神文化的振兴为主题。第二，把各地区儒教的特殊性与地域文化相联系，振兴地域文化。第三，以儒教文物为中心，保护和管理历史文化资源。第四，把儒教视为与历史文化旅游相衔接的开发对象。通过政府的政策方向可以了解到，政府希望把儒教这一文化遗产融入现代社会并通过多种方式与国民分享。

与上述国家政策相联系，忠清圈地方政府为了能够继续保存与利用忠清儒教文化资源①，建议把忠清儒教文化圈旅游开发事业作为文化体育观光部的国策事业来推进。这项事业的内容为，在十年时间里对忠清圈儒教文化旅游开发投资7947亿韩圆（折合人民币约46亿7000万元），开发出能够让忠清地区游客享受的忠清儒教旅游资源，并以韩国地域社会的均衡发展与搞活区域经济为目标。并且忠清南道正与下属市——论山市——合作，准备共同设立一个儒教专门机关，暂名“忠清儒教文化院”。从忠清儒教有形、无形资源的学术基础研究到开发多种相关文化、教育内容（contents），忠清儒教文化院正在谋求重新审视忠清儒教的传统和价值，使忠清儒教文化走向大众。

另一方面，现代韩国社会大部分人都重视教育，容易接受强调等级制的组织文化，认同家庭责任感与孝道，熟悉团队文化，可以说儒家文化已经渗透到社会各方面。尽管如此，一般人很少认识到或在日常生活中体验到儒家文化。不仅如此，提起儒教，人们通常都会联想到“枯燥乏味”“父权主义”“大男子主义”等负面印象。② 因此忠清儒教文化圈规划地区旅游与开发的主办机构，将以批判性思维来审视伦理压迫、不合理的身份制度、父权主义社会结构的原因，重新发现、重新阐释符合现代的儒教价值，探索儒教未来的方向。因此，正在规划的旅游开发事业，目的是让对儒教仅仅拥有浅层次认识的普通人也可以产生共鸣。

有关忠清儒教文化圈的开发，目前正通过国会政策讨论会、地区社会论坛等方式进行涵盖各种议题的广泛讨论。在儒教、旅游、地区开发这一组合里该怎样体现儒教的本质？旅游开发项目将如何突出忠清儒教的特色？能否克服将儒教文化视为旅游资

① 韩国的忠清南道、忠清北道、大田广域市、世宗特别自治市等四个广域市和道级政府正在协同进行忠清儒教文化圈的广域旅游开发事业。

② 在韩国也常常有一些专家对于儒教持否定意见。1999年，一个中文系教授出版了一本名为《孔子亡，国家兴》畅销书而成为话题，作者阐述了对于儒教的批判性思维，成均馆等儒林对此事提出诉讼，告教授出版诽谤孔子的书籍，破坏崇尚孔子要繁荣儒教的儒林的名誉。审判结果以儒林败诉而告终。

源这一文化消费的观点，作为可持续性文化重新讨论儒教？有没有一种方案可以通过忠清儒教文化圈的开发事业，培养出能够深入研究儒家文化的下一代人才？诸如此类与重新审视忠清儒教相关的讨论正在进行中。与此同时，还提出了以儒教文化为媒介，与东亚儒教文化圈各地区进行国际交流事业的必要性。

五、结　语

前面介绍了韩国忠清圈儒教文化，同时考察了忠清儒教的传承路径。目前笔者所属的忠清南道历史文化研究院协同忠清圈地方政府正在推进在现代性的视域中重新审视忠清儒教的事业。我们认为目前正在进行的重新审视忠清儒教文化的事业，其社会意义如下：

第一，通过在东亚儒教文化圈里重新审视儒教文明在韩国忠清圈的本地化过程，可以作为人类文化多样性的一个事例，建立与全世界文化共享的基础。第二，通过重新审视忠清儒教文化，客观地看待在韩国社会中与岭南儒教并峙的忠清儒教的历史地位，以及客观看待韩国儒教文化。第三，从忠清地区的观点来看，是关系到忠清人的历史定位，振兴地区文化，促进地区发展的一个契机。最后，也是最现实的一点，是为了保护和继承趋于遗失殆尽的儒教文化资源而做的一份努力。

可以肯定的是，目前关于忠清儒教的重新审视事业，不应该片面追求拘泥于传统的忠清儒教，而是应该朝着与现代社会兼容的多元化方向发展。就此而言，我认为我们需要儒家想象力（Confucian Imagination）。

Confucian Value Realism

[USA] Jeeloo Liu (刘纪璐)
California State University, Fullerfon

Introduction

Value realism in moral philosophy is the claim that there are objective moral values whose existence does not depend on individual perspectives or cultural conventions. Even though not all values are objective in this sense, the values that serve as the foundation of moral truths are. Value realists are also often committed to moral realism①, defending the view that moral truths have determinate truth-values independently of assertability, verifiability, or perspectives. Furthermore, a robust form of value realism makes an ontological assertion: there are moral facts and values that exist "as part of the fabric of the world". (Rachels, 1998, p. 10) However, value and objectivity are often seen to be incompatible. According to James Rachels, "The question of ethical objectivity is as old as philosophy itself. In the ancient world, sceptics were attracted to the idea that morality is nothing more than a set of social conventions." (Rachels, 1998, p. 1) In this paper, I shall explicate Confucian value realism in the robust sense, and defend it against the challenge of moral skepticism.

There are two key questions that I will address in this paper②: (1) In what sense can we say that moral facts and values are part of the fabric of the world? (2) What are the values that

① This paper focuses on objectivity in value particularly, since there is a reasonable sense in which moral properties and ethical properties are "human-dependent". As Bernard Williams says, "If the general direction of Mackie's critique is right, then ethical qualities are felt to be in some sense independent of us and our motivations, whereas in truth they are dependent on us and our motivations." (Williams 1985, 211) In the context of my reconstruction of Confucian value realism, the crucial value underscored by Confucians is the value of life. I argue that this value is not "dependent on us and our motivations".

② There is also the epistemological question: If there are such objective values, how do we recognize them as such? If we cannot see or touch moral facts, with what cognitive capacity would we be able to perceive them? In this paper I shall not deal with this question, since I have addressed it in another article.

Confucian value realism asserts as objective? The first question is what Hume has identified as the ontological problem, namely, "Do ' moral facts'really exist? If we take an inventory of the world, we find plants and animals and rocks and atoms and stars. We find that Antarctica is bigger than England, that dinosaurs lived 65 million years ago, and that smoking causes cancer. But do we find good and evil?" (Rachels, 1998, p. 2) The second question concerns the theoretical core of Confucian value realism, which will be constructed from passages in the Yijing and the Analects, in particular. I shall list some examples of the values that early Confucians take to be part of the fabric of the world.

In order to highlight the distinctive features of Confucian value realism, I will also contrast it against the Fitting Attitude (FA) theories of values of some leading Western value realists. I shall compare how the FA theorists address the objectivity of moral values and how a Confucian value realist would uphold the objectivity of moral values. The contention between the two positions is whether values are ultimately "response-dependent" . On the FA theorists'view, values are dependent on human responses, and objectivity boils down to intersubjectivity. On the Confucian view, on the other hand, values are recognized by humans, but are not dependent on human responses. I shall argue that only Confucian value realism is robust because values are seen as natural facts in the world.

Before I explicate the two forms of value realism, I will first introduce the challenge of moral skepticism.

The Challenge of Mackie's Moral Skepticism

According to Bernard Williams, J. L. Mackie "held that values, in particular ethical values, were not objective, a denial which he took to mean that they were not part of the fabric of the world" (Williams, 1985, p. 203) . In this respect, Williams says, Mackie "found a parallel between value properties and secondary qualities, … being prepared to say of both that they were ' projected'on to the world" (Williams, 1985, p. 203) . In "A Refutation of Morals" (1946), Mackie brought out one of the most devastating critiques of robust moral realism. According to Mackie, our moral judgment is nothing but the expression of our own attitude of approval or disapproval. In other words, the statement:

(1) This act is right.

Expresses nothing but the speaker's concession:

(2) I approve of this act.

In this analysis, Mackie turns moral language into a speech act: all statements are merely utterances of the speaker with a particular intention and serves a particular function; namely, to express his or her attitude. He grants that ordinary people do not think that they are merely expressing their subjective attitude when they voice their moral judgment; rather, people are adamant in defending their moral judgment exactly because they believe that these judgments represent objective moral facts. However, according to Mackie, ordinary people are making a mistake in "objectifying" their feelings and turning them into qualities existing independently of them (Mackie, 1946, p. 81). In truth, moral values and moral truths are not facts of the world.

Mackie argues that any positive moral term such as "good" and "right" expresses simply the objectification of desire and approval. He says, "Almost every moral term and style of moral thought may be seen to be borrowed from less lofty spheres, and in the course of the transfer objective qualities have appeared where only emotions were previously recognized." (Mackie, 1946, p. 84) He makes a sweeping claim: "not only are moral judgments derived from feelings, but there are no objective moral facts: the feelings are all that exists." (Mackie, 1946, p. 86) He concludes that our moral thought is "not nonsense, but error": "the imagining of objective facts and qualities of external things where there exists nothing but our feelings of desire and approval." (Mackie, 1946, p. 90) This is Mackie's famous error theory. Williams'interpretation is that the "error" in question is that of "taking moral values to be objective" (Williams, 1985, p. 204).

In "The Subjectivity of Values" (1977), Mackie furthered his critique of moral realism by rejecting the objectivity of values. Mackie's own thesis can be formulated as moral subjectivism①:

Moral Subjectivism: Values are not objective and are not part of the fabric of the world.

Under "values", Mackie includes "not only moral goodness, which might be most naturally equated with moral value, but also other things that could be more loosely called moral values or disvalues—rightness and wrongness, duty, obligation, an action's being rotten and contemptible, and so on" (Mackie, 1977, p. 15). What Mackie explicitly rejects is the ontological status of these values, not the meaning of these terms. We may hold a certain act to be wrong and a certain state of affairs to be good, but there is no objective relation between the acts or state of affairs and the positive or negative values we attribute to these acts and states of affairs. Facts exist independently of us, but values do not. There is no objectivity in values.

Mackie frames his critique of value realism in two forms of arguments: the argument from relativity and the argument from queerness. The argument from relativity begins with the simple

---

① Mackie also calls his view moral scepticism.

fact that moral codes vary from one society to another and from one period to another, and moral beliefs differ between groups and classes within a complex community. Such differences in moral codes and moral beliefs are not simply the result of inadequate evidence as other factual disputes are. On the contrary, moral disagreements are entrenched in people's adherence to and participation in different ways of life. Therefore, moral codes merely reflect people's ways of life and there are no objectively perceivable moral truths. (Mackie, 1977, p. 36)

The argument from queerness points to the different ontological status of "objective values". We cannot see them, touch them, as Mackie argues, the way we can perceive entities or relations in the world. When asked how we can be aware of these objective values, Mackie continues, "none of our ordinary accounts of sensory perception or introspection or the framing and confirming of explanatory hypotheses or inference or logical construction or conceptual analysis, or any combination of these, will provide a satisfactory answer." (Mackie, 1977, p. 40) The so-called "objective values" are therefore queer in the sense that they are not perceivable, not there in the world, and not linked with natural facts in any logical or causal way. The connection between the natural fact of a cruel act, for example, and the negative value (being bad) associated with this fact, "cannot be an entailment, a logical or semantic necessity." (Mackie, 1977, p. 41) It would be much simpler if we simply take the subjectivist stance, according to Mackie, and acknowledge that values are not to be found in the natural facts themselves. On a subjectivist view, "the supposedly objective values will be based in fact upon attitudes which the person has who takes himself to be recognizing and responding to those values." In reality, values are nothing but the individual's "projection or objectification" of her own moral attitudes (Mackie, 1977, p. 42). Based on these two arguments, Mackie concludes that the objectivity of values is nothing but the result of the objectification of values.

Mackie has raised a serious challenge for all forms of moral realism and value realism that treat moral values as objective, as part of the fabric of the world, as holding independently of humans'valuation. To meet his challenge, a value realist must explain in what sense values are indeed objective. As Rachels puts it, "An adequate theory must solve the ontological problem: it must account for ethics without assuming the existence of anything that does not actually exist." (Rachels, 1998, p. 15) The realist's response is typically to treat values as partly dependent on humans'evaluative attitudes, and partly on facts of the world. This group of theories is called the Fitting Attitude (FA) theories of values.

Fitting Attitude Theories of Value

A defining thesis of the FA theory of value is the claim that "to be valuable is to be the fitting object of some evaluative attitude" (Jacobson, 2011). The FA theories of value do not deny the role human attitudes play in the creation of values, but they argue that the creation is governed by normativity—values should be analyzed "in terms of evaluative attitudes endorsed as fitting—or, alternatively, as appropriate, correct, merited, proper, rational, or warranted" (Jacobson 2011). In other words, even though values cannot subsist prior to or independently of human evaluative attitudes, there is nonetheless an objective standard in accordance with which human attitudes are judged to be either fitting or in error. We shall look at three leading views. ①

John McDowell compares moral properties to what John Locke called "secondary qualities" —qualities that are not really in the object, but are perceived by us to belong to the object. According to McDowell, Mackie's mistake is in treating moral properties and values with the same perceptual model of primary qualities, and "this makes it comparatively easy to argue that the appearances are misleading" (McDowell, 1985, p. 111). McDowell suggests that secondary quality is a better analogy to values: secondary qualities are such that they are truthfully ascribed to an object "in virtue of the object's disposition to present a certain sort of perceptual appearance: specifically, an appearance characterized by using a word for the property itself to say how the object perceptually appears" (McDowell, 1985, p. 111). In other words, apples are truly red when they are represented as red by human perception. Even though the experiences or the red-sensations are in us, whatever property causing the red-sensations is there in the object, "independently of the experience itself" (McDowell, 1985, p. 112). Granted, McDowell argues, secondary qualities have to be conceived "in terms of certain subjective states", but this does not mean that they are therefore illusory (McDowell, 1985, p. 113). They should simply be regarded as "properties that objects are represented as having" (McDowell, 1985, p. 115). We might say that under McDowell's view, appearance is reality when it concerns secondary qualities since they are intrinsically phenomenal. McDowell's focus is on the phenomenal aspect of secondary qualities rather than the dispositions in objects that cause these phenomenal experiences.

In the same vein, we may now consider the ontological status of values. McDowell suggests that values are to be conceived not merely as what elicit the response or attitude, but "rather

---

① McDowell, Railton and Wiggins are all grouped under the FA theories of values in that they all treat values as partially dependent on human responses, even though they may reject such a grouping. In Jacobson's characterization of the FA theories, "The second tenet of FA theory is its response-dependent account of value, on which values are partly determined by human responses and attitudes." (Jacobson 2011) The focus here is on the essentiality of human responses in the ontological makeup of values.

such as to merit it" (McDowell, 1985, p. 118). What he means by "merit" is another way of talking about "validation": the state of affairs in the world is such that it validates our response in attributing the value to it. However, such a value-attribution is not independent of our evaluative attitudes. As McDowell puts it, "Values are not brutely there — not there independently of our sensibility — any more than colors are: though, as with colors, that does not stop us supposing that they are there independently of any particular apparent experience of them." (McDowell, 1985, p. 120) In other words, values are not projected onto reality by any individual evaluator; at the same time, values do not exist independently of humans'collective evaluative attitudes either.

Peter Railton also argues that we can accept the claim that moral judgments are derived from our attitudes or our responses, and are thus "response-dependent". He thinks, however, even if our value concepts are response-dependent, there are genuine properties in the world that can cause our response. Unlike McDowell, Railton focuses on the cause of our responses rather than on the nature of our experience. Railton treats these objective properties as the dispositions in objects to produce the "fitting" responses from us. Railton claims, "in making moral distinctions, we are responding to actual features of the world that answer to our moral concepts" (Railton forthcoming, 23, original italics). Even if the concept of color is response-dependent, we can attribute the property of redness, for example, to the object x iff x is such as to cause redness sensations in humans under normal conditions. By the same token, we can say that x is good iff it tends to cause approval in humans under normal conditions. Since causation takes place between naturalistic properties in things and our responses/evaluative attitudes, both must be real. We can also argue that since our response and attitude are real, their cause must be real too (Samuel Alexander's dictum: To be real is to have causal power).① Railton is a committed value realist. He argues that the properties that produce our ethical responses are natural properties, and the fact that part of the causal order involves human psychological states does nothing to suggest that these properties are in any sense "unreal".

Railton does not presume that a final consensual intersubjectivity must be reached in order to achieve objectivity. To Railton, moral thought, language and practice can have objectivity even if "persistent, substantive" moral disagreement may be inevitable. He says, "We need not all agree on exactly which features figure with which weight in moral assessment—a high degree of overlap is sufficient to begin mutual engagement." (Railton, 2009, p. 205) However, on the basis of human psychology, we are "made for morality" in virtue of our sense of

① This dictum of Samuel Alexander was made famous by Jaegwon Kim. In Kim's *Supervenience and Mind*. New York: Cambridge University Press, 1993, p. 202.

"empathy, reciprocity and a capacity to recognize and follow rules" (Railton, 2009, p. 213). Railton calls his view "moral factualism", and argues that moral factualists "can offer an account of how our moral beliefs and practices might be seen as responsive to moral facts", and by moral facts he means facts about human rationality, moral character and empirical human psychology. (Railton, 2009, p. 215) Such facts about human psychology, according to Railton, are indeed facts about the world. In other words, what Railton takes to be natural facts are simply facts about human psychology and social conditions. Given the way we are, our moral beliefs and practices are truth-apt.

Railton suggests that the traditional debates over realism and anti-realism "concerned the existence of things in their own right, 'things-in-themselves', whose existence does not depend upon being perceived or conceived by a mind" (Railton, 2012, p. 297). However, in the moral realm, such a debate makes no sense, or at most, is "a misleading way" of putting things. In Railton's opinion, realism does not need to be committed to metaphysical mind-independence. Human experience plays an essential role in the characterization of values. He says, "After all, morality has to do with subjects, that is, beings capable of experience or agency, so no blanket exclusion of facts about subjects could be right." (Railton, 2010, p. 312) Railton calls it "subject-ive" (to distinguish it from the usually derogative "subjective"), "that which is essentially connected with the existence or experiences of subjects, i. e., beings possessing minds and points of view, being capable of forming thoughts and intentions." (Railton, 1995, p. 263) On the other hand, a thing is "object-ive" if it has to do essentially with "entities that lack a mind or point of view, entities that are not a locus of experience or intention" (Railton, 1995, p. 270). Beliefs, for example, are fundamentally subject-ive in this sense: there cannot be beliefs without believers; any belief must always require a subject. Moral value, according to Railton, has the same status as belief: it "essentially has to do with subjects". He says, "Just as a world altogether without conscious beings would contain no beliefs, so would it lack moral phenomena." (Railton, 1995, p. 272) To him, values are objective not in the way of being completely independent of and prior to human experience. We should not expect the objectivity of value to be cashed in the same terms as the objectivity of physical objects. "Moral properties could hardly do their job if they were radically object-ive, physical objects could hardly do their job if they were not." (Railton, 1995, p. 275)

Last but not least, David Wiggins'approach takes an openly anthropocentric point of view. He argues that objectivity does not need to stand opposed to human conditions and human attitudes: "No attempt to make sense of the human condition can make sense of it if it treats the objects of psychological states as unequal partners or derivative elements in the conceptual structure of values and states and their objects." (Wiggins, 1991, p. 141) We should not expect objectivity to consist in a view from nowhere. Wiggins says, "We do not need to pretend to be outside our own conceptual scheme, or at a point that ought to have been both inaccessible and unthinkable." (Wiggins, 1991, p. 148) In Wiggins'view, objectivity is not to be sought independently of human perspectives, because "in reality there is no such thing as The Good, no such thing as knowledge of it, and nothing fixed independently of ourselves to aim at" (Wiggins, 1991, p. 157). In other words, the kind of objectivity that Mackie demands is nowhere to be found and such demand is unreasonable. At the same time, however, there is also no reason to deny that what valuational predicates stand for are genuine properties in a world. There are value properties in the world, because human evaluations are part of the fabric of the world. According to Wiggins, reductive naturalism fails to find in the brute nature itself anything that "could engage in the right way with human concerns or give point or focus to anyone's life" (Wiggins, 1991, p. 162). To find objectivity in values, we must not divorce humans from nature itself, and must inject our world with our concerns, our focus, our experiences, and even our subjectivity. Values begin with "the working-day complexity of what is experientially involved in a person's seeing a point in living" (Wiggins, 1991, p. 164). Value exists in virtue of our experience.

Wiggins too calls his view "subjectivism", but in a different sense from that of Mackie and more in line with Railton's "subject-ive." Wiggins'subjectivism would not lead to moral skepticism as Mackie's does. Wiggins says, "The point of calling this position subjectivism is that the properties in question are explained by reference to the reactions of human subjects." (Wiggins, 1987, p. 195) What he proposes is to treat these value properties as a pair consisting of [property, response], and by response he means human responses. By treating value as an ordered pair, Wiggins emphasizes that there would be no value without response, and no response without the relevant property—which is simply whatever in the object that will provoke the said response. Since the property is intrinsically tied up with human response, there would be no response-independent property to speak of. As Wiggins puts it, "We are surely not committed to suppose that the properties that figure within these [property, response] pairs will bear to natural properties any relation of supervenience that could be characterized in terms that were both general and illuminating of the particular properties in question. Rather, they will be primitive, sui generis, incurably anthropocentric, and as unmysterious as any properties will ever be to us." (Wiggins, 1987, p. 197)

The objectivity of values, according to Wiggins, consists in their arousing the right kinds of response. Wiggins says, "x is good if and only if x is the sort of thing that calls forth or makes appropriate a certain sentiment of approbation given the range of propensities we have to respond in this or that way. " (Wiggins, 1987, p. 206) Our responses cannot be randomly fired off. For example, "A feeble jest or infantile practical joke does not deserve to be grouped with the class o f things that a true judge would find genuinely funny. " (Wiggins, 1987, p. 193) So even if funniness is a property that would not have existed without human sensibility, there are still some objective standards independent of individual evaluation. Wiggins takes a collaborative and progressive approach in establishing the objective standards of value. Taking an irreducibly subjective predicate "funny" as an example, he explains the process of reaching intersubjective agreement through communication and persuasion:

One person can improve another's grasp of the concept of the funny; and one person can improve another's focus or discrimination of what is funny. Furthermore, the process can be a collaborative one, without either of the participants to a dialogue counting as the absolutely better judge. The test of improvement can be at least partially internal to the perceptions of its participants. And more and more refined responses can lead to the further and finer and more variegated or more intense responses and perceptions. When this point is reached, a system of anthropocentric properties and human responses has surely taken on a life of its own. " (Wiggins, 1987, p. 196)

In this way, Wiggins fully embraces the anthropocentricity and human-dependency of values.

All the three views presented above fall into the category of the Fitting Attitude theory of values. They either appeal to the perceptual model of secondary qualities such as color, or to human sensibility such as finding something funny or meaningful, as the appropriate analogy to values. But is this strategy sufficient for establishing objectivity? According to Simon Blackburn, "Any analogy with color vision is bound to run into the problem of dependency. If we had a theory whereby ethical properties are literally made by or for sensibilities, ethical truth would be constituted by and dependent on the way we think" (Blackburn, 1993, p. 172, emphasis added). In other words, ethical properties become "response-dependent" under such analogies. Daniel Jacobson claims that the response-dependency thesis "makes value anthropocentric, in that they depend on human capacities and dispositions", and would be of no interest to other creatures (Jacobson, 2011). Colors depend partially on our visual structure and our perceptual sensitivity; hence, they are not really in the objects themselves. Funniness and meaningfulness are even more anthropocentric in that without human sensibilities, they would not have existed; furthermore, counterfactually, if human sensibilities and social conditions were to differ drastically from our current sets, these properties would have altered radically as well. If ethical properties are dependent on human moral sensibility and our actual responses, then they are not really in the world. By Blackburn's criterion, such a view is ethical antirealist, because a realist will take ethical properties to be mind-independent.

Not only are the FA theories of values not realism enough, they also cannot deliver genuine objectivity. Objectivity of values cannot consist merely in shared agreement of humans'evaluative attitudes, however universal the agreement is. As Mackie puts it, "Subjective agreement would give intersubjective values, but intersubjectivity is not objectivity." (Mackie, 1977, p. 22) From human experience and human history, we learn that intersubjectivity is often the outcome of the tyranny of the majority, the silence of the lambs, or the intellectual laziness of the masses. It cannot guarantee objectivity of values. A robust form of value realism would take values to "exist independently of human responses to them" (Jacobson 2011). In what follows, I shall explicate Confucian value realism as such a form of robust value realism.

Confucian Value Realism

In contrast to the above Fitting Attitude theories of values, Confucian value realism makes a robust commitment to moral realism since ethical properties are out "in the world". On the Confucian view, some values do not result from human construction or social convention. ①They are not dependent on human response and evaluation—individual or collective. In other words, even if there were no one in the world who would value them, these states of affairs are still objectively valuable. These values are natural values that can be observed in nature. One such value highlighted in the Confucian worldview is the value of life. Life has intrinsic value, in that life is valuable "in itself" or "for its own sake" (Zimmerman, 2015, p. 5). Confucianism is opposed to hedonism: Confucianism does not treat happiness as the primary value, and does not suggest that life is valuable in virtue of being the means to happiness. The world of nature consists in various natural phenomena that enable and sustain the propagation of life. The attribute of "generation and regeneration of life (shengsheng)" is observable in the operation of nature: the rotation of the four seasons, the abundance of sunlight and rainfalls, the wind's transportation of seeds, and so on. Without these natural facts, life itself would not have been possible and humans would not have come into existence. Hence, these values exist prior to human existence and predate human valuation.

From observing the way the world is, early Confucians derived moral lessons for them-

① Granted, some values are dependent on human valuation or are the result of human construction. The value of fidelity, for example, would be a socially constructed value. The main point is that not all values are humanly constructed. Some fundamental values are natural values in contrast to social values. Natural values should be universal values, while social values could vary from culture to culture.

selves and for others. For example, in the Analects, Confucius was recorded as lamenting: "I wish to say nothing." In response to a student's query, Confucius replied, "When does heaven ever say anything? The four seasons rotate and myriad things grow. And yet when does heaven ever say anything?" (the Analects, 17: 19) Upon seeing the river running, Confucius says, "What passes is like this, without stopping day and night." (the Analects, 9: 16) What he observed in the river is the passage of things and the eternal change. In comparing the different traits between a person of wisdom and a person of humaneness, Confucius says, "The wise ones delight in mountain; the humane ones delight in water." (the Analects, 6: 21) What he observed in mountains is their immobility while what he observed in water is its fluidity. The application to human virtues is the tranquility of the people of humaneness and the plasticity of the people of wisdom.

Of course, this is not merely a Confucian thinking. Daoism shares the same worldview, except that it singles out a different set of natural attributes as humans'moral inspiration. In the Daodejing, for example, heaven and earth are observed to be "inhumane" in that all things are treated as "straw dogs" with no special significance; therefore, the sage should also regard all people as straw dogs (Chap. 5, Chan, 1963, p. 141); heaven and earth are eternal "because they do not exist for themselves"; therefore, the sage should place himself in the background. (Chap. 7, Chan, 1963, pp. 142—143) Water is another natural phenomenon that inspires human conduct: The highest good is like water. Water "benefits all things and does not compete with them. It dwells in lowly places that all disdain". Therefore, the sage should also aim to be humble, and "it is because he does not compete that he is without reproach". (Chap. 8, Chan, 1963, p. 143) From noticing water's ability to penetrate mountains and rocks, the Daodejing also remarks that "the softens thing in the world overcome the hardest things in the world" (Chap. 43, Chan, 1963, p. 161). "There is nothing softer and weaker than water, and yet there is nothing better for attacking hard and strong things." (Chap. 78, Chan, 1963, 174) From observing nature, we see that "a whirlwind does not last a whole morning. Nor does a rainstorm last a whole day" (Chap. 23, Chan, 1963, p. 151). Therefore, we learn that anything that employs force and requires drastic measures would not last long. Such examples are abundant in the Daodejing. The fundamental lesson of life is drawn from observing nature: "All things, the grass as well as trees, are tender and supple while alive. When dead, they are withered and dried. Therefore, the stiff and the hard are companions of death." The moral is that the tender and the weak are superior to the strong and the great. (Chap. 76, Chan, 1963, p. 174) This is the essence of the Daoist philosophy of life.

In a contemporary scholar Junjie Huang's analysis, "the defining character of Chinese way of thinking lies in its 'correlative mode of thinking'." [①] (Huang, 2005, p. 59) Correlative mode of thinking considers both nature and the human realm as parts of an organic, integrated whole, with similar structures and interconnections. (Huang, 2005, p. 61) Under this thinking, the relationship between man and nature is not that of dichotomy but that of continuum. Since the whole is an organic whole, events in one region are bound to affect events in another region. The correlative mode of thinking is further manifested in the belief that nature and the human realm share similar semiotic structure—each object is significant in the grand scheme and in its interrelations with other things. Both early Confucianism and early Daoism were the source of this worldview. Huang explains, "Ancient Chinese firmly believed that because of the isomorphism between natural phenomena and human affairs, humans can emulate nature." (Huang, 2005, p. 61) This correlative thinking mode applied to morality is especially pronounced in Confucianism. Huang explains that under early Confucian thinking, man is part of nature, and the cosmos is an organic whole consisting of all natural things and humans alike. (Huang, 2005, p. 62) Han Confucians advocate "the unification of nature and men (tianrenheyi)" in their expression of the correlative thinking mode. This thesis later became the doctrine of "being one with all things" advocated by neo-Confucians; in particular, Zhang Zai, the Cheng brothers, Zhu Xi, and Wang Yangming (Huang, 2005, pp. 65—67).

Using Huang's analysis, we can see that the Yijing, a text integrated into both Confucianism and Daoism, is the epitome of correlating meanings in nature and human world on the basis of such a nature-human isomorphism. In the Yijing, the world of nature and the world of humans share similar symbolic structures. All sixty-four hexagrams depict firstly the relationships among natural phenomena such as fire and water, heaven and earth, and then derivatively they symbolize various human contexts with various interrelationships among their participants. The moral teachings of each hexagram and its lines transfer the natural context exemplified in these naturalistic relationships to a moral context embodying interpersonal relationships. According to the Yijing's appended text Xici, "The sage observed astronomical signs to detect the change of time; the sage observed the flourishing of human affairs to transform the world." (the Yijing, Xici) In other words, the sage's moral teachings are based on his observation of both nature and humanities.

The early correlative mode of thinking was later transformed into a form of moral metaphysics in neo-Confucianism. The world's operation embodies fundamental values, which include the generation of life, the succor of the masses, and the assistance to all things. Neo-Confucians highlight the attribute of humaneness (ren) in heaven and earth and the virtue of hu-

① This article is in Chinese. The translations are mine.

maneness that scholars must cultivate. This conviction is expressly stated by Zhu Xi: "The mind of Heaven and Earth is to produce things (shengwu)." (A Treatise on Ren. Chan, 1963, 593) Here, Heaven and Earth are given a "mind"; however, we must not treat it literally. What he points out is the view that humaneness (ren) is a core value in nature itself, and humans ought to derive this moral inspiration from nature and to emulate it in the human realm.

This attitude of seeking moral inspiration from nature is particularly manifested in Chinese paintings of flowers. From observing certain natural features of flowers and plants, Chinese intellectuals derived morals for their self-appraisals or self-identity. Here are some common examples: from observing that lotus flowers grow out of mud and their pedals are white, one is inspired to cultivate the virtue of being pure and clean despite the muddy environment; from observing that plum trees bloom in the bitter winter, one is inspired to cultivate the virtue to withstand harsh conditions; from observing that bamboo trees always return to their forms even after being blown by heavy winds, one is inspired to deem it a virtue to maintain one's principle despite external pressures.

The moral skeptic might ask: How could we say that nature possesses values or virtues when nature itself is agentless? Isn't this the same thing as our projecting values onto the world? Are Confucians simply spreading human values on external states of affairs? Mackie would certainly raise this challenge to Confucianism: "If we admit what Hume calls the mind's 'propensity to spread itself on external objects', we can understand the supposed objectivity of moral qualities as arising from what we can call the projection or objectification of moral attitudes." (Mackie 1977, p. 42) However, such a charge reflects a fundamental difference in the metaphysics behind the first-order ethical views. Mackie begins with the dichotomy of fact and value, and he insists that any value associated with facts must be a human projection. Confucianism is built on the worldview that value exists in fact, and that from facts of the world we can derive values for the human world. Heaven and earth do posses conditions that are conducive to the production and sustenance of life; water does run to low grounds and is flexible. Our observation of nature can give us insights on the way nature operates, and such observation is empirical and verifiable. One might quibble that this kind of observation is not quantitative but qualitative, thus differs from scientific observation. But why must we assume that empirical observation must be done quantitatively? The world and its natural phenomena do have those attributes that Confucian moralists observe, and such a style of observation reflects the perceivers'acute ethical concerns, moral intent, and even aesthetic appreciation. By John Rawls'criterion, the Confucian moral inquiry is indeed a realist inquiry: "the search for moral truth interpreted as fixed by a prior and independent order of objects and relations, whether natural or divine, an order apart and distinct from how we conceive ourselves. ” (Rawls 1980, p. 519, cited in Railton, 1995, p. 262, emphasis added)

Mackie acknowledges that in Plato's worldview, values are objectively part of the fabric of the world: “In Plato's theory the Forms, and in particular the Form of the Good, are eternal, extra-mental, realities. They are a very central structural element in the fabric of the world. ” (Mackie, 1977, p. 23) However, Plato's Forms are not part of our reality; they transcend this world. Many moral skeptics are provoked to reject the objectivity of values because they have in mind the Platonic values. Ruth Anna Putnam, for example, says, “I shall use the awkward term ‘valuation’rather than the familiar term ‘value’to make clear that it is the values one has, what one values, that guides one's action, not some value existing somewhere, say, in some transcendent ream. ” (Putnam, R. A. 2017, p. 111) However, to deny that there are, à la Plato, transcendent subsisting values, is not to say that there is no value in the world. In the Confucian worldview, values are part of the fabric of this world—the world of nature. To claim that values are there in the world is not to downplay humanism, but in the Confucian worldview, the world is bigger than the human realm and humans do not prescribe values to the world.

Conclusion: Objectivity in Value

In this paper we have seen that the crux of value realism is the assertion of objectivity in value. R. M. Hare suspects that objectivity is not a real issue since no one really understands what is meant by “the objectivity of values” . He says: “Thinking of one world into whose fabric values are objectively built; and think of another in which those values have been annihilated. And remember that in both worlds the people in them go on being concerned about the same things — there is no difference in the ‘subjective’value. Now I ask, ‘What is the difference between the states of affairs in these two worlds?’ Can any answer be given except ‘None whatever’?”① To address this challenge at the end, let us consider these two worlds as W_1 and W_2 from the Confucian value realist's perspective:

W_1 A world with objective values of life and values of natural phenomena's exemplification of virtues that we humans can emulate.

W_2: A world with living things and natural phenomena without objective values of life and values of natural phenomena's exemplification of virtues.

① This is a quote from Mackie 1977, 21. The original source of this quote is unknown.

W_1 is the world image presented and wholeheartedly embraced by early Confucians; W_2 is the world image presented by the contemporary scientific image of the world. Are there differences between the two worlds? Of course there are. Mackie says, "It would make a radical difference to our metaphysics if we had to find room for objective values… somewhere in our picture of the world." (Mackie, 1977, p. 24) In the Confucian world, humans'relationship with the world is transformed by humans'active engagement with the world and creative transference of ethical signification to nature. This form of value realism differs from the FA theories of values in that it assigns value to nature itself, and does not treat value as dependent on or derived from human valuing. If values were to be reduced to human valuation alone, then there would be no fundamental gap between a world of collective moralists and a world of collective sociopaths, except the fact that they have different valuations. Intersubjectivity simply cannot guarantee objectivity in value.

According to Sharon Street, value comes from human valuation. Street says:

"Before life began, nothing was valuable. But then life arose and began to value—not because it was recognizing anything, but because creatures who valued (certain things in particular) tended to survive. In this broadest sense, valuing was (and still is) prior to value. That is why antirealism about value is right." (Street, 2006, p. 156)

The crux of the difference between the FA theories of values and Confucian value realism is exactly on whether value is fundamentally derived from human valuation. The Fitting Attitude theories of values allow values to be derived from humans'evaluative responses, while the Confucian theory of value treats values to be part of the fabric of the world. The former is a mind-to-world attribution of human values to the world; the latter is a world-to-mind inspiration from nature to the formation of human values. Not only are we part of nature, we are also made good by nature. The essential feature of Confucian value realism is the conviction that we do not create good or value, but we are able to perceive them in the world. To answer the famous Euthyphro Dilemma: Is something good because we favor it? Or, do we favor it because it's good? Confucians would reply: we favor it because we are good by nature. As Nagel puts it, "A realist position… denies that the truth depends on our dispositions… and holds that when our value judgments are correct, it is because our dispositions are in accord with the actual structure and weight of values in the case at hand." (Nagel, 2012, p. 100, emphasis added) In the Confucian worldview, the cosmos encompasses all things into an organic whole, and nature is incorporated into humans'moral sphere both as a moral instructor and as a moral recipient. Nature with its natural way serves as the guidance for human conduct, because the natural way is the best way. This explains why that there would be no fact/value dichotomy in Confucianism: facts themselves embody values.

References

1. Blackburn, Simon 1993. How to be an Ethical Antirealist. Reprinted in Simon Blackburn, *Essays in Quasi-Realism*. Malden, MA: Blackwell. 1998, pp. 166—81.

2. 1985. Errors and the Phenomenology of Value. In Honderich 1985, pp. 1—22.

3. Brandt, Richard 1946. Moral Valuation. *Ethics*, Vol. 56, No. 2, pp. 106—122.

4. Hare, R. M. 1985. Ontology in Ethics. In [Honderich 1985], pp. 39—53.

5. Honderich, Ted 1985. *Morality and Objectivity: A Tribute to J. L. Mackie*. London & New York: Routledge & Kegan Paul. 2011 edition.

6. Huang, Junjie 黄俊杰 2005. On the Relationship between Men and Nature in Confucianism, and the Implications for the Twenty-first Century（论儒家家思想中的“人”与“自然”之关系：兼论其21世纪之启示）. *Modern Philosophy* 2005. 1: pp. 59—67.

7. Jacobson, Daniel 2011. Fitting Attitude Theories of Value. The Stanford Encyclopedia of Philosophy (Spring 2011 Edition), Edward N. Zalta (ed.), URL = <https://plato.stanford.edu/archives/spr2011/entries/fitting-attitude-theories/>.

8. McDowell, John. 1985. Values and Secondary Qualities. In [Honderich 1985], pp. 110—129. Reprinted in [Rachels 1998, pp. 210—226].

9. Moore, G. E. 1922. The Conception of Intrinsic Value. From G. E. Moore, Philosophical Studies (London: Routledge & Kegan Paul, 1922). pp. 253—275. Reprinted in [Rachels 1998], pp. 28—42.

10. Mackie, John L. 1977. The Subjectivity of Values. From J. L. Mackie, *Ethics: Inventing Right and Wrong*. Harmondsworth: Penguin. Reprinted in [Rachels 1998], pp. 58—84.

11. 1946. A Refutation of Morals. Australasian Journal of Psychology and Philosophy, 24: 1 - 2, pp. 77—90.

12. Nagel, Thomas 2012. *Mind and Cosmos: Why the Materialist Neo-Darwinian Conception of Nature is Almost Certainly False*. New York: Oxford University Press.

13. 1980. Value. From Thomas Nagel, “The Limits of Objectivity.” In Sterling McMurrin (ed.) *The Tanner Lecture on Human Values*, I (Salt Lake City and Cambridge: University of Utah Press and Cambridge University Press, 1980). Reprinted in [Rachels 1998], pp. 109—124.

14. Putnam, Hilary 2017. The Fact/Value Dichotomy and the Future of Philosophy. In Giancarlo Marchetti and Sarin Marchetti (Eds.) *Facts and Values: The Ethics and Metaphysics of Normativity*. New York and London: Routledge. pp. 27—41.

15. Putnam, Ruth Anna 2017. Reflections Concerning Moral Objectivity. In Giancarlo Marchetti and Sarin Marchetti (Eds.) *Facts and Values: The Ethics and Metaphysics of Normativity*. New York and London: Routledge. pp. 105—118.

16. Rachels, James (Ed.) 1998. *Ethical Theory 1: The Question of Objectivity*. New York: Oxford University Press. Reprinted 2004.

17. Railton, Peter (forthcoming). Sentimentalism and Realism in Epistemology and Ethics. To appear in *Moral Sentimentalism and the Foundations of Morality*, edited by K. Stueber & R. Debes (CUP).

18. 2010. Realism and Its Alternatives. In John Skorupski (ed.), *The Routledge Companion to Ethics*. New York & London: Routledge. pp. 297—320.

19. 2009. Moral Factualism. In James Lawrence Dreier (Ed.) *Contemporary Debates in Moral Theory*. Blackwell. pp. 201—219.

20. 1995. "Subject-ive and Objective." Ratio (New Series) VIII, 3: pp. 259—276.

21. Rawls, John 1980. "Kantian Constructivism in Moral Theory." Journal of Philosophy 77, 9: pp. 515—572.

22. Shaffer-Landau, Russ (Ed.) 2007. *Oxford Studies in Metaethics*. Vol. 2. Oxford, New York: Oxford University Press.

23. Street, Sharon (2006). A Darwinian Dilemma for Realist Theories of Value. *Philosophical Studies* Vol. 127 (1): pp. 109—166.

24. Wiggins, David 1991. Truth, Invention, and the Meaning of Life. From David Wiggins, *Need, Values, Truth: Essays in the Philosophy of Value*, 2nd Edition (Oxford: Basil Blackwell, 1991), pp. 87—137. Reprinted in Rachels 1998, pp. 125—168.

25. 1987. A Sensible Subjectivism? In David Wiggins, *Needs, Values, Truth: Essays in the Philosophy of Value*. New York: Oxford University Press. pp. 185—214.

26. Williams, Bernard 1985. Ethics and the Fabric of the World. In [Honderich 1985], pp. 203—214.

明代儒家官僚机制下的荒政干预与孟子的仁政

——以《醒世姻缘传》中的描写为例

［美国］刘晓艺（**Liu Xiaoyi**）
美国威斯敏斯特学院助理研究员

昔者梁惠王治国，“河内凶，则移其民于河东，移其粟于河内。河东凶亦然”。这样的尽心尽力，还被孟子以“五十步笑百步”“杀人以梃与刃，有以异乎？”来批评嘲笑。我们从孟子和梁惠王的对话中可以看出，荒政管理早在战国时代就已经存在了。梁惠王明明在谈荒政管理，但孟子不愿接这个技术性问题的话茬。他要梁惠王“王无罪岁”，即直接无视客观性的天灾，而去追求更大的仁政化境。

具体到仁政措施层面，孟子提出的方案是这样的：

> 五亩之宅，树之以桑，五十者可以衣帛矣。鸡豚狗彘之畜，无失其时，七十者可以食肉矣。百亩之田，勿夺其时，数口之家可以无饥矣；谨庠序之教，申之以孝悌之义，颁白者不负戴于道路矣。七十者衣帛食肉，黎民不饥不寒，然而不王者，未之有也。①

言外之意，只要将仁政实施好，荒政管理的问题不消再考虑。孟子绕过对应天灾的方案，大谈树桑养猪，庠序之教，想当然地认为仁政之下不可能再产生灾荒。非但如此，做好上述几点，天下就可以臻于大治，故曰“然而不王者，未之有也”。然而高度成熟的明代官僚系统在正常运作的时候，何尝没能达到劝农、轻徭、简役、谨庠序之教这些简单的ABC呢？这个按照儒家最高仁政理想设立的制度，在天灾面前的表现是如何的？我们可以自17世纪的伟大世情小说《醒世姻缘传》②（*The Story of a Marital Fate to Awaken the World*）中窥见一二。

《醒世姻缘传》前后共100章、总长共一百多万字，成年时代应接近或正赶上明清

---

① （清）焦循撰，沈文倬校注：《孟子正义》，中华书局1987年版，第55—59页。

② 本文引文所使用的此书版本为西周生著，翟冰点校：《醒世姻缘传》，齐鲁书社1993年版。由于对此书引用频繁，此后在脚注中仅标注章节与页码，不再另示出版信息。

鼎革之变，它的作者西周生的真实身份，至今在明清小说研究界仍无成说。可以肯定的是作者对山东方言及文化有过深度接触，并对明代官场的运作极为熟悉。小说中的场景人物，从时间框架上来讲都属于明代，年限上起正统，下至成化，但实际取材则有崇祯年间事。

1931年12月，胡适完成《〈醒世姻缘传〉考证》一文，在结尾处，他第一次以超越文学的眼光评价这《醒》书之于社会经济史、历史书写和风俗研究的重要性：

> 读这部大书的人，应该这样读，才可算是用历史眼光去读此书。有了历史的眼光，我们自然会承认这部百万字的小说不但是志摩说的中国“五名内的一部大小说”，并且是一部最丰富又最详细的文化史料。我可以预言：将来研究十七世纪中国社会风俗史的学者，必定要研究这部书；将来研究十七世纪中国教育史的学者，必定要研究这部书；将来研究十七世纪中国经济史（如粮食价格，如灾报，如捐官价格，等等）的学者，必定要研究这部书；将来研究十七世纪小国政治腐败、民生苦痛、宗教生活的学者，也必定要研究这部书。①

此文就从胡适先生曾关注到的“十七世纪中国社会风俗史”的“灾报”这一关键词说开去，结合儒家经典《孟子》来谈谈《醒世姻缘传》所反映出的明代儒家官僚机制下的荒政干预。

《醒》书第三十一章写到一起严重的洪水。这场水灾将满坡谷黍的好收成通通冲没了不说，许多人家连房子、存粮、人畜都被冲得一干二净。

> 水消了下去，地里上了淤泥，耩得麦子，这年成却不还是好的？谁知从这一场水后，一点雨也不下，直旱到壬子，整整一年。癸丑、甲寅、丙辰、丁巳，连年荒去。小米先卖一两二钱一石，极得那穷百姓叫苦连天。后来长到二两不已，到了三两一石。三两不已，到了四两。不多几日，就长五两。后更长至六两、七两。黄、黑豆，稠秫，都在六两之上。麦子、菉豆，都在七八两之间。起先还有处去买，渐至有了银没有卖的。糠都卖到二钱一斗。树皮草根都刮掘得一些不剩。（31.235）

洪水过后，又来了一个极为酷寒的冬季：

① 胡适：《〈醒世姻缘传〉考证》，易竹贤编著：《胡适论中国古典小说》，长江文艺出版社1987年版，第406页。

偏偏得这年冬里冷得异样泛常。不要数那乡村野外，止说那城里边，每清早四城门出去的死人，每门上极少也不下七八十个，真是死得十室九空！(31.235)

严寒之后继之以连年的干旱，庄稼地里没有收成，存粮一点点地耗光了，粮价几倍地上涨，大户人家还能勉为其难地支撑，贫穷人家卖儿卖女穷尽一切生路之后，只好开始食人了。

莫说那老媪病媪，那丈夫弃了就跑；就是少妇娇娃，丈夫也只得顾他不着。小男碎女，丢弃了的满路都是。起初不过把那死的尸骸割了去吃，后来以强凌弱，以众暴寡，明目张胆的把那活人杀吃。起初也只互相吃那异姓，后来骨肉天亲，即父子兄弟，夫妇亲戚，得空杀了就吃。(31.235)

面对这样惨烈的人吃人的图景，作者西周生仍坚持以神道设教的来震慑“众生”。在描写流民惨状之余，他亦把饥民的苦境归于他们自己此前的作恶：

这些孽种，那未荒以前，作得那恶无所不至，遭了这样奇荒，不惟不悔罪思过，更要与天作起对来。其实这样魔头，一发把天混沌混沌叫他尽数遭了灰劫，更待十二万年，从新天开地辟，另生出些好人来，也未为不可。谁知那天地的心肠就如人家的父母一样，有那样歪憋儿子，分明是一世不成人的，他那指望他做好人改过的心肠，到底不死，还要指望有甚么好名师将他教诲转来。所以又差了两尊慈悲菩萨变生了凡人，又来救度这些凶星恶曜。(31.237)

西周生对“小人”中不知好歹的“恶人”“顽民”是这个态度，但他对于普遍意义上的民众，并不乏有儒家经典意义上的“仁”心。这个“仁”是从孟子的性善论的“人皆有不忍之心”出发，提倡万物皆我民胞，提倡将这不忍之心扩充开去，从保禽兽，渐至保妻子，保百姓，保天下。这一路数与孟子从齐宣王“不忍见牛觳觫，若无罪而就死地”而推导出齐宣王具有仁民爱物的潜质实出一辙，都具有儒家推己及人、无限扩大和过于天真的逻辑缺陷。

儒家的仁始于禽兽，落实到人，然其主要对象，却并不是“无恒产而有恒心”的“士人”，而是“无恒产，因无恒心”、从而容易陷入罪恶的民。这个孟子口中具有一定原罪性质的“民”，既不同于西方希腊罗马传统里“公民”的“民”，也不同于文艺复兴中“大写的人”，亦不同于启蒙运动中所称的“人，宇宙的精华，万物的灵长”；它甚至也不同于唐太宗口中“民可载舟，亦可覆舟”的有历史决定力量的“民”。西周生的“民”是懵懂、愚蠢、惫懒、后知后觉的大众，是离开了正确的导引就会“放辟邪侈，无不为已”的民。仁政的实施者所应避免是让他们犯了过错再去“从而刑之”，这样的做法叫作“罔民”。正确的做法是应当给他们提供生存的基础——“制民之产”——这就是屡被黄仁宇批评为“取值太低”的“仰足以事父母，俯足以畜妻子，乐岁终身饱，凶年免于死亡”的孟子标准。

仁政的标准取值既然如此之低，那么，拥有高度成熟的儒家官僚体系的大明王朝做到了吗？从《醒世姻缘传》上看，很可存疑。如果说“仰足以事父母，俯足以畜妻子，乐岁终身饱”是这个标准的上线，则我们在西周生笔下、反映民生的描写里，极少看到能够达到这个上线的情形。多数篇幅是有关政府、官员、士绅围绕着怎么能够使民众能够“凶年免于死亡”而忙碌打转。我们透过《醒世姻缘传》第三十一回“县大夫沿门持钵，守钱虏闭户封财”里李、杨两位“菩萨官儿”的救灾仁政措施，不难发现，明代儒家官僚机制下的荒政管理实存在着惊人的技术漏洞。简言之，为简陋、疏忽、技穷、迷信。

简陋：赈济的方法就只限于消极的施粥。一顿稀粥，不过让穷人中的壮健者吊着命不死而已，这个方法，只够“存剩了十分中两分的孑遗”。

疏忽：杨按院原籍湖广，在他的故乡，“天气和暖，交了正月，过了二月以后，麦子也将熟了，满地都有野菜，尽就可以度日。他把这北边山东的地方也只当是他那湖广，所以要从三月初一停了煮粥，自己也便于二月初六出巡去了”（31.238）。其实北方三月，正是青黄不接的时候；这样一来，后续无粮，接连又死掉多人，功亏一篑。

技穷：绣江县官不得已向当地乡绅化缘，举人、乡宦、教官、士子一一俱到，除了少数人有涓滴之助外，多数士绅除了一顿冷嘲热讽之外一毛不拔。

迷信：杨按院出巡回来，正当春旱，杨“惟恐麦再不收成，越发不能搭救，行文到县里祈祷。县官果然斋戒竭诚，于二月初七日赴城隍庙里焚了牒”。经过复杂的求雨过程，天上终于下起了雨，“县官备了猪羊，又叫了台戏，谢那城隍与龙王的雨泽”。（31.240）

明代文官集团中的上下成员，即使在真心关怀老百姓利益的前提下，往往也不过循规行事。即以上述春旱而言，官至院抚，手中握有巨大资源，但他唯知以具猪羊求雨为能事，却未能想到以开渠引水、开挖运河甚至打井等手段来解决问题。这是文官集团轻视技术的集体缺陷。

在西方汉学家中，对官仓和半私有的民仓制度进行过通透梳理的，有两位学者，分别是以做18世纪荒政研究而闻名的法国人魏丕信（Pierre-Etienne Will）和洛杉矶加州大学的华裔史家王国斌（Bin Wong）。在两人合著的《养民：中国的国营民仓制度

(1650—1850年)》一书中,[①] 他们调用了北京与台北所藏的明清档案及大量的粮储数字,对清代特别是清代前期的国家荒政干预给予了较高的评价。

水利管理和荒政管理之出现于中华大地,远远早于秦的统一。依据德国汉学家魏复古(Karl August Wittfogel)的理论,正是传统东方社会对国家强力干预水利管理的需求,才导致在东方大地上、在人类文明的早期,就已产生了大型集权国家。魏复古发明了"东方专制主义"(Oriental Despotism)这一充满着贬抑色彩的名称,用来形容这种以暴政集权为特色的政体。在他的序言中,他自己亲口定义,"水利社会"(Hydraulic Society)与"东方社会"(Oriental Society)、"亚细亚社会"(Asiatic Society)和"农耕管理社会"(Agromanagerial Society)往往就是同义词,都含有"极权主义"的色彩。[②] 我们在治中国史的过程中,应该注意辨识西方汉学家用以描述中国社会形态的自造式词汇,特别当某些词汇含有强烈贬义时更应留意。

魏丕信应该是从魏复古的理论中得到了若干启发。在他的成名作《18世纪中国的官僚制度与荒政》中,他认为中国的国家荒政干预,至晚帝国时期已经发展得相当成熟有效,这与他和王氏所著《养民》一书的基本立论一致。然而魏氏也注意到,明清在荒政管理中,曾大量实行委托与转契的方法,向非官僚团体与代理机构——主要是地方士绅精英阶级——寻求帮助。这又是什么原因造成的呢?

魏氏在研究荒政的同时,也致力于中国的官僚制度的研究,如他的专书题目所显示。其实,他对明清国家的结构性弱点——或者说晚帝国的官僚制度问题——看得很清楚,将其总结如下:一、坚持低水平的财政征收,而不企图按人口与生产发展的比例增加赋入;二、通过文化考试招收官员,而不致力于保证其行政才干;三、维持人数非常少的品官,不给他们经济上的独立性(如不给他们世袭的俸禄);四、把大部分实际行政事务交给不能有效控制的吏役去做。以上种种,有的是前现代国家的物质限制带来的,有的则否。即使在受到前现代条件限制之处,明清中国并非完全没有其他的路径可以选择。很显然,晚帝国官僚体制的结构性弱点,是明清中国的一个自我选择的结果。

魏氏的基本立论是:与前近代的欧洲比,明清中国有一个显著特点,即拥有一个中央集权的国家——这是一件好事。它带来一个成熟稳定的官僚制度,使得中国具有比欧洲更强的抗灾能力。中国国家组织的救灾活动,周密详尽,而且已经制度化。大量救灾著作的存在就是它的明证。然而魏氏没有能够充分地解释"委托与转契"现象发生的机理,只是较为含混地说:明清政府体制中的矛盾与弱点,使这种体制具有不

---

① Pierre-Etienne Will, Roy Bin Wong, Nourish the people: the state civilian granary system in China, 1650—1850, Ann Arbor: Center for Chinese Studies, University of Michigan, 1991.

② Karl August Wittfogel, Oriental despotism: a comparative study of total power, New Haven; London: Yale University Press, 1963.

稳定性，所以它只有向非官僚团体与代理机构实行委托与转契，并依靠各种法外榨取（如附加税、手续费以及各种勒索）才能运转，国家对其官僚机构和对社会的控制，因此也就不可避免地走向削弱了。[①]

据《中国救荒史》的作者邓拓，明朝应该是中国有史以来遭受自然灾害最严重的一个朝代。在明朝存在的276年间，共发生了1011起自然灾害，其中水灾196起，干旱174起，地震165起，冰雹120起，风暴97起，蝗灾94起，作物歉收93起，瘟疫64起，大暴雪64起。[②] 由于自然灾害的发生频仍，明代应该已经积聚了相当的赈灾经验。事实上，明代的赈灾著作确实不少，这也说明明政府在实施赈灾项目时本已具有理论上的成熟度。[③]《明代荒政文献研究》的作者周致元指出，明代赈灾著作的众多，自然地反映出明统治阶级的焦虑感，一些不乏远见的有识之士希望能够通过缓解饥民的绝望感而斩绝农民揭竿而起、威胁政权的根子。可惜，成熟的理论并不见得一定会产生成熟的赈灾制度。在嘉靖和隆庆年间，社会矛盾更加加剧，赈灾制度也因之而变得更为废退，至晚明，已经成为一个百弊丛生的制度。

在魏丕信之前，英国汉学家李约瑟（Joseph Needham）也曾注意到中国古代的赈灾制度的建构。他曾专门研究过政府性质的常平仓，私人性质的义仓和社区性质的社仓等三种备荒粮仓的运作。理论上说，这三种粮仓都是为了调节粮价、储粮备荒以供应官需民食而设置的。李约瑟对明代隆庆年间的能吏兼清官张朝瑞的著作《常平仓纪》产生了相当大的兴趣，以至于他亲自动手翻译了此书的一部分。李约瑟看到了中国历史上不断重复的一个模式，“直至共产党革命之前，在中国历史上，成千上万的饥民为求食物，四处流散，这一现象的发生之频，实为可怕”。但他又坚持说，“只要帝制官僚集团能够完善其救荒机制，则大规模的流民现象一般仅仅会出现于异族入侵或内乱期间”。[④]

这一论述未免太过粗糙了。“帝制官僚集团”的“救荒机制”从来就没有被“完善”过，无论是否有异族入侵和内乱。事实上，内乱通常正是由于无效的政府救荒机制造成的。随着内乱的发生，边患往往也会出现，汉族政府若抵抗不力，异族入侵就会随之而来。若明朝政府能够对1627年的陕西大饥荒处理得更有效一些，不致使饥民走投无路加入李闯，则明代灭亡、清兵入关的历史也许会改写。无论是衡之于明代地方志中的无数可怕记录，还是衡之于《醒》书中的令人反胃的直白描写，这种反人类

---

① Pierre-Etienne Will, Bureaucracy and famine in eighteenth-century China, Stanford: Stanford University Press, 1990.

② 邓拓：《中国救荒史》，北京出版社1998年版。

③ 今日现存的明代救荒专书共有15部之多，而其他明代著述里涉及救荒这一题目的就更是不可计数了。周致元：《明代荒政文献研究》，安徽大学出版社2007年版。

④ Joseph Needham, Francesca Bray, Science and civilisation in China, Cambridge: Cambridge University Press, 1984, pp. 419 –420; The confusions of pleasure: commerce and culture in Ming China, p. 68.

的“秃鹰主义”的食人现象，居然能够在有着强大中央政府、高度文明传统的人类社会中反复出现，就足以证明着这些天灾本身就是人祸，也足证政府的赈济不力与其脱不了干系。

孟子不愿意讲“齐桓、晋文之事”，以为“仲尼之徒无道桓文之事者”——管仲帮助齐桓公成就春秋霸业，而孟子连谈都不屑谈，且将“比予于管仲”视为极大的羞辱；孔子的态度较为客观，一方面承认管仲“九合诸侯，不以兵车”的行仁术的能力，但同时又以为他“器小”。一言以蔽之，儒家创始人从根本上就对治国的手段、方术、办法怀有轻视之心，以为“术”用到再精湛，也不过是“术”，能够成就霸业而不能成就王道。儒家轻视方术的态度带来轻视管理技术的后果。熟谙孔孟之道的明朝文官集团中最关心民漠者如李、杨等人，其救灾的手段也并不比梁惠王高明到哪里去。

Revisiting Rights and Responsibilities: Shifting Paradigms from Individual Rights to Collective Duties

[Iran] Mohammad Hossein Mozaffari① (穆罕穆德·侯赛因·莫扎法里)
PH. D. Center for International Cultural Studies

Introduction

The cross-cultural discussion on human rights usually focuses on the contrast between Western democratic tradition which is based on individualism and non-Western cultures, particularly the Asian cultures that are rooted in Confucian philosophy which emphasizes collective rights. It is typically argued that human rights debate has been framed as an argument between "Asian values" vs. "Western standards", and specifically Confucian Communitarianism vs. Western Individualism. ② Standing on the Asian side of the debate, some scholars attempt to rebut the opposing outlooks as a false presumption. ③ The question that this paper tries to address is whether it makes sense to base human rights discourse on a paradigm associated with such classification. It will be elaborated that the intellectual dispute is founded on few myths that have no scientific ground and are not supported by historical facts.

This paper aims to examine the Eastern-Western polarity approach which is commonly demonstrated in the contemporary political and ethical theories in the area of rights and respon-

① Ph. D. in International Law, Senior Advisor for Human Rights and Interreligious Dialogue, Center for International Cultural Studies, Tehran, Islamic Republic of Iran.

② The Individual/Collectivism construct is dominant in a variety of disciplines in social sciences. It has been argued that the Individual/Collectivism construct has great impact on Cross-Cultural psychology. The construct has been used by political philosophy for 300 years and by social scientists for more than a century. See: Trandis, Harry C.; Individualism and collectivism, Past, Present and future, in: Matsumoto, David (ed.) *The Handbook of Culture and Psychology*, 2001, pp. 35—38.

③ Nadeau, Randall; Confucianism and the Problem of Human Rights, *Intercultural Communication Studies XI*: 2, 2002, p. 107.

sibilities. The author believes that the Western-Eastern polarity cannot explain the existing contradictions between competing claims in human rights discourse, as there is a pendulum of rights and responsibilities. The polarity approach attempts to make a conflict between the Western tradition which is based on rationality, individual rights, democracy, liberty and scientific research, and the Eastern philosophy which is rooted in emotional reactionary behavior, sensitivity, duty and collective rights. While refuting the widespread paradigm prevalent in the academe and beyond, I shall examine the appropriateness of the polarity approach with the aim of offering an alternative approach.

The first part of the paper examines the uniformity of human rights paradigms in the contemporary theories in the West. Then, we study the rights/responsibility talk in contemporary human rights discourse. Finally, we conclude that the polarity approach as illustrated in social theories is not supported by historical facts.

1

The polarity approach tries to argue in favor of uniformity of the Western tradition in human rights discourse. The construct of a conflict between individualism and collectivism has occupied the center of the debate between societies in cross-cultural studies. An immense literature have been produced so far to explain why some societies place emphasis on social obligations and collectivistic duties while Western cultural tradition underscores the individualistic liberty. ① In this part, we will show that the uniformity of Western intellectual tradition as depicted above is not adequately justified. We will suggest that even in contemporary Western tradition, there are a variety of social theories that confront the dominant individualistic approach. Although individualistic liberalism has always been mainstream in the cultural tradition of the West, there exist different approaches which emphasize the position of the person and his relations with the society in human rights discourse. Such approaches are inclined to recognize economic and social rights along individual rights.

The Western philosophical tradition which has significantly contributed to the development of international law of human rights is commonly considered a harmonious trend that can be traced back to the Enlightenment era. As a result, it might be construed that all the intellectual and cultural traditions which have differences with the theoretical foundations of the mainstream Western trend are. In fact, in contradiction with the significant intellectual achievements of

① Harry Trandis C. Individualism and collectivism, Past, Present and future, op. cit. pp. 35—36.

Western civilization and its values. However, it must be kept in mind that against the powerful currents of modernity with all its strands in the Western intellectual tradition, there exists another current of thought which has resisted to the mainstream and dominant approach.

Although liberalism has been the main source of human rights and provided the predominant philosophical theory of human rights in the West, other intellectual circles also have attempted to offer a different discourse in the Western tradition of rights by focusing on personalist and communitarian perspectives. Contrary to the dominant perspective which has not recognized economic and social rights as real human rights, they included economic and social rights and sometimes collective rights in the catalogue of rights.

> Personalist-communitarian perspectives that emphasize that the person lives in community with others and not as an isolated individual represent an evolution within Western culture and provide a more coherent contemporary approach to rights than eighteenth-century liberalism or nineteenth-century Marxism. ①

It is noteworthy that the Enlightenment in fact produced three important schools of thought namely social contract, Marxism and utilitarianism. Therefore, the foundational differences in the intellectual tradition should not be reduced to the difference between liberal democracy and socialism.

> Liberal ideology, based on eighteenth-century Enlightenment philosophy, emphasizes the freedom of individuals, civil and political rights, contractually based obligations and, in particular, property rights. Liberal ideology encompasses with difficulty, if at all, economic, social and group rights. Marxist ideology has been critical of liberal conceptions of rights, considering them to be "bourgeois rights" which sustain power relations in society. Marxists have emphasized economic and social rights. These two ideological approaches have occupied center stage in discussions of human rights in the West. Neither approach is fully in harmony with the perspectives on rights contained in the International Bill of Human Rights. Ideological disputes among proponents of the two approaches have also been detrimental to the de-

① Leary, Virgiana A. Postliberal Strands in Western Human Rights Theory, Personalists—Communitarian Perspectives, in: An-Naim Abdullahi A. *Human Rights in Cross-Cultural Perspectives: A Quest for Consensus*, 1992, p. 107.

velopment of human rights theory and practice. ①

It shows that the polarity approach which is typically taken for granted in many academic spheres, is, indeed, groundless and does not take into consideration the competing theories existing in the Western intellectual tradition. While rebutting the uniformity of cultural tradition of the West, the recognition of the Personalist Communitarian approach can contribute to reconciling the West-East divide on human rights.

2

In contemporary social theories, liberals such as Rawls argue that social and economic rights arise only when freedom rights are secured. ② While social contract philosophers of eighteenth century assumed a considerable degree of communal coherence and public responsibility, industrialization and urbanization have gradually diminished the bonds of social coherence and reciprocal responsibility in our societies. Thus, the individualist models of human rights fail to make a balance between rights and responsibilities. Another misperception that deserves close attention is the stereotypically constructed polarity between Western standards and Asian values. It is typically presumed that international human rights standards are rooted in Western cultural tradition. In addition, it is argued that the contemporary social discourse in the West are rights-oriented while the Eastern approaches are duty-bound. Now, we shall argue that not only the language of duty and responsibility is not a stranger in international human rights discourse, but it has been also incorporated in the contemporary human rights instruments.

It is also worth considering that Confucian philosophy was present in the drafting committee of the Universal Declaration of Human Rights (UDHR). During the drafting process of the Universal Declaration, Mr. Chang was the Chinese delegate in the Commission on Human Rights at the United Nations. Although some might claim that human rights concepts are not relevant to Confucian tradition, we shall acknowledge that Confucianism also can contribute to the development of human rights in 21st century as it had influenced the formation of UDHR.

Eleanor Roosevelt reports that Chang and Malik were selected by the chairperson of the

---

① Leary, Virgiana A. Postliberal Strands in Western Human Rights Theory, Personalists—Communitarian Perspectives, in: An-Naim Abdullahi A. *Human Rights in Cross-Cultural Perspectives: A Quest for Consensus*, 1992, p. 106.

② Hunter, Kenneth W. and Mack (eds.), Timothy C. *International Rights and Responsibilities for the Future*, 1996, p. 9.

commission to work with John Humphrey to form the drafting committee for writing the draft Declaration. Chang was selected to represent the great culture of the East in the drafting committee and he was an active participant in writing the draft of UDHR. His contribution symbolized the Confucian philosophy and Eleanor Roosevelt reports that Chang even suggested to Humphrey to study the principles of Confucian philosophy for six months, should he desire to write the draft Declaration. ① He emphasized the universality of human rights and argued for a broad understanding of human rights including social and economic as well as civil and political rights. Educating people and teaching them sympathy and respect for others was a pivotal element for him to realize human rights. ②

Chang invoked to Confucian concepts of human moral capacity and to the notion of jen to substantiate the content of Article 1 on human dignity and act with others in the spirit of brotherhood. Also, he referred to Confucian notion of duty to the community to balance the rights and duties. Article 29 (1) reads that: "Everyone has duties to the community in which alone the free and full development of his personality is possible." Indeed, this article should be read in alignment with Article 1 of the UDHR which not only indicates the individual duty towards community, but defines the relationship between individuals as members of human family. ③ In addition to Chang, several Western scholars laid emphasis on the importance of finding a balance between rights and responsibilities. For example, Rene Cassin, a European representative in the drafting committee underlined that Eleanor Roosevelt was behind the failure of reasserting the duties of man in UDHR:

> In one of the first articles of the first draft of the Declaration which my colleagues of the Working Group of the Commission had assigned to me to write at the beginning of June 1947, I had expressly made mention of the Duties of man and attempted to state the principal ones in a concise—not too perfect—sentence, but at the initial study of that draft, which was to serve as the basis for discussion, the idea of reasserting the duties of man at the threshold of the Declaration, in a general and direct form, met with objections from important members of the Commission, known either for their liberal or for their religious convictions, and foremost among them, the

---

① Roosvelt, Eleanor; *An Autobiography of Eleanor Roosvelt*, Harper & Brothers Publishers, New York, 1962, pp. 314—317.

② Krumbein, Frédéric; P. C. Chang; *The Chinese Father of Human Rights*, pp. 332—352, published online: 14 Jan 2015.

③ Sharma, Arvind; *The World's Religions: A Contemporary Reader*, 2011, p. 111.

President of the Commission, Mrs. Eleanor Roosevelt. ①

According to the biographer of Eleanor Roosevelt, who played a crucial role in the drafting of UDHR, one of her advisors, J. P. Hendrick, the representative of the State Department, stated that the US policy should be "to make a Declaration that (is) the carbon copy of the American Declaration of Independence and (the US) Bill of rights". ② Thus, the unbalanced position of rights and responsibilities in the UDHR does not originate from the dominant Western outlook. It is, indeed, the result of the US policy towards human rights in the post-World War II. Eleanor Roosevelt, therefore tried to respond to the criticism in the following words:

> "The Declaration was based on the different views, and as a consequence it represented a compromise which do not contain everything that each country would have wished it to contain." ③

Thus, conflicting social theories should be classified on the liberal individualist models of human rights on the one side of the spectrum, and the rest on the other side which include Confucian tradition of East Asia, Hindu and Buddhist doctrines of South Asia, Islamic tradition of the Muslim world, African culture, liberation theology of Latin America and Western social theories such as Marxism and communitarian outlooks. Therefore, it is of great importance to uphold the balance between rights and responsibilities, should we wish to assert the universality of human rights.

Moreover, the term "duty" is mentioned in the title of the American Declaration of the Rights and Duties of Man. The American Declaration of 1948 consists of two chapters; the first chapter covers the rights of man and the second chapter enumerates the duties of Man. ④ The preamble of the Declaration repeatedly emphasizes the importance of the duties which is very similar to the filial piety in Confucian tradition:

---

① Cassin, Rene, From the *Ten Commandment to the Rights of Man*. Available at (Last visited: 15/12/2017): http://www.udhr.org/history/tencomms.htm.

② J. P. Lash, Eleanor: The Years Alone (New York 1973), p. 53, found in: *Antonio Cassese*, *Human Rights in a Changing World* (1990), p. 34.

③ Official Records of the General Assembly, Third session (part I) 9 December 1948, Third Committee 180th plenary Meeting, p. 860.

④ *American Declaration of the Right and Duties of Man* (Adopted by the Ninth International Conference of American States, Bogotá, Colombia, 1948).

> The fulfillment of duty by each individual is a prerequisite to the rights of all. Rights and duties are interrelated in every social and political activity of man. While rights exalt individual liberty, duties express the dignity of that liberty.
>
> Duties of a juridical nature presuppose others of a moral nature which support them in principle and constitute their basis.
>
> Article 30 is very similar to filial piety of Confucius tradition as it stipulates the duties of individual in relation to family members:
>
> It is the duty of every person to aid, support, educate and protect his minor children, and it is the duty of children to honor their parents always and to aid, support and protect them when they need it.

In addition, the notion of interrelatedness of rights and responsibilities has been incorporated into the subsequent human rights instruments. For instance, the African Charter of Human and People's Rights dedicated a chapter to duties of the individual. ①The preamble of the Declaration of Human Rights in Islam also states that all human beings are descent from a single pair i. e. Adam and Eve and they are all members of human family. All men are equal in dignity and in basic responsibilities. ② Unity of humanity and human family are one of the fundamental Islamic teachings:

> "O mankind! We created you from a male and a female, and made you nations and tribes that you may identify with one another. Indeed the noblest of you in the sight of Allah is the most God-wary among you. Indeed Allah is all-knowing, all-aware". (Al-Hujurat: 13)

Moreover, the constitution of many countries including the African states stipulated a quite number of duties. ③ Even the European constitutions devoted a large area to the individual re-

---

① Ouguergouz, Fatsah; *The African Charter of Human and People's Rights: A Comprehensive Agenda for Human Dignity and Sustainable Development in Africa*, 2003, p. 377.

② Cairo Declaration of Human Rights in Islam; The Nineteenth Islamic Conference of Foreign Ministers (Session of Peace, Interdependence and Development), held in Cairo, Arab Republic of Egypt, from 9—14 Muharram 1411H (31 July to 5 August 1990), Adopted by the Organization of the Islamic Conference in1990, reprinted in U. N. Doc. A/Conf. 157/PC/62/Add. 18 (1993) also available at: http://www.religlaw.org/interdocs/docs/cairohrislam1990. htm.

③ Ouguergouz, Fatsah; op. cit. p. 387.

sponsibilities. [①] Consequently, it has been argued that "the imbalance between rights and responsibilities derives from the prevailing paradigm of human rights in the United States". [②] There can be no doubt that reintegration of rights and responsibilities will reinforce the universality of human rights.

3

It is to be recalled that human rights were framed to protect the rights of citizens against violations by the state. In other words, international law of human rights established a vertical relation between the State and individual and therefore a human rights victim may complain that the state have directly violated their right if an agent of the State, for example a police officer has done something wrong that led to the state responsibility. This is called the vertical application of human rights. [③] However, the classical mechanism of human rights cannot address the new challenges of our time mostly posed by non-state actors. [④] To respond to the contemporary challenges of human rights, some scholars proposed a new approach that facilitates the horizontal application of human rights in order to make private actors accountable for human rights violations. [⑤] It argues that the current theoretical approaches are state-centric and therefore, are not able to provide effective protection of human rights. It attempts to narrow the existing gap in accountability of private individuals that exists within international and national law. [⑥]

It has been argued that the vertical application of existing national law concerning fundamental rights cannot protect people against the violations done by non-state actors. Thus, it is suggested that there should be a new type of human rights claim which allows a victim to complain even when a state is not involved. It can be described as the horizontal application of human rights. Where the national law of obligations fails to recognize rights, then international hu-

---

① Ibid. pp. 390—392.

② Hunter, Kenneth W. and Mack (eds.), Timothy C. *International Rights and Responsibilities for the Future*, op. cit. p. x.

③ Dickson, Brice, Horizontal Application of Human Rights Law, in: Hegarty, Angela and Leonard, Siobhan (eds.); *Human Rights*: 21 *Century*, 1999, pp. 59—60.

④ For the purpose of the present study, the notion of "non-state actors" is defined as an entity which is not a state or the legislative, executive and judicial branches of government and all persons performing the functions of any public office.

⑤ Kanalan, Ibrahim; Horizontal Effect of Human Rights in the Era of Transnational Constellations: On the Accountability of Private Actors for Human Rights Violations, *European Yearbook of International Economic Law*, 2016, pp. 423—460.

⑥ Ibid.

man rights can fill the existing gap. ① It is important to note that the constitutions of some states provide for the vertical application of the fundamental rights against the state as it might be horizontally enforced against private individuals. For example, article 6 (1) of the Constitution of the Republic of Vanuatu (1980) provided that "anyone who considers that any of the rights guaranteed to him by the Constitution has been, is being or is likely to be infringed may, independently of any other possible legal remedy, apply to the Supreme Court to enforce that right". Thus, the new paradigm not only should protect citizens against state violations, but it should also protect them against the violation of their rights by other individuals. Consequently, any individual, they suggest, should be able to complain against the state that directly or indirectly violates their rights, because a non-state actor violates their rights which can be described as indirect application of human rights. The state is responsible for not providing the appropriate law or remedy to anyone suffering from it. ②

Although it is too early to evaluate the practicability of the horizontal application of fundamental human rights, the mere suggestion demonstrates its application defects of the classical concept. In view of the radical changes in the type and scale of human rights violations, the current human rights mechanism unquestionably is incapable to address the new challenges posed by non-state actors. However, there can be no doubt that horizontal application of human rights is not the appropriate cure for the defects illustrated above. Since the possibility of horizontal application of human rights in small states such as the Republic of Vanuatu or even in some European states does not necessarily imply its feasibility in other countries with larger population. The legal system of some states currently overloaded by huge number of claims cannot bear additional burdens resulting from vertical application of human rights. Moreover, the horizontal application of human rights might be the appropriate mechanism for making claims against non-state actors in the area of armed conflict or terrorist groups, but, it will not efficiently function in other fields such as the rights that have been violated as a result of the destruction of environment.

Considering the failings of new approach illustrated above, what is called for is to define an alternative approach which is able to respond to the recent types of human rights violations by non-state actors. Now, the question that strikes us is: How Asian cultures can contribute to developing the alternative approach to human rights that could address the contemporary challenges? The author is of the opinion that both Islamic tradition and Confucius philosophy can ostensibly contribute to the development of a comprehensive and harmonious approach of human rights by incorporating the rights and responsibilities.

---

① Dickson, Brice, Horizontal Application of Human Rights Law, op. cit. p. 62.

② Dickson, Brice, Horizontal Application of Human Rights Law, op. cit. p. 62.

In fact, extreme individualism in the liberal way of thinking of the west has resulted in a competition over ever-increasing interests. In this system of thought every individual is preoccupied with securing their rights regardless of the fact that this may result in hardship and loss on the part of other human beings. This is when the unity of humanity and the common destiny of the human family have become a reality. For instance, the environmental crisis is not limited to any single nation and cannot be resolved by any one country. Moreover, the drastic changes in international relations and increasing threats caused by non-State actors, both in area of international security and in human rights violations convinced human rights scholars that the rights discourse is unable to address such challenges. As a result, we are witnessing a paradigm shift in human rights discourse from right-based approach to a new paradigm that can accommodate both rights and responsibilities. There can be no doubt that Confucius philosophy can contribute to the development of such a comprehensive paradigm. Confucian ethical theory revolves around relationship and responsibility which is in contrast to contemporary rights theory. This new paradigm not only should incorporate individual rights and responsibilities, but should embrace the notion of collective responsibility as well.

The main features of recent approaches to human rights discourse, lie in the fact that they attempt, on the one hand, to strike a logical balance between the rights and the duties of individual, and, on the other hand, to create a rational balance between political, civil, economic, social, and cultural rights. The new paradigm not only enhance the universality of human rights standards, but also will enable it to address the recent challenges posed by non-state actors in a wide range of issues from international peace and security to the environmental crisis. The current paradigm of China known as "Our Shared Destiny" reflects the call of the time for finding a balance between corresponding rights and duties.

4

It has been frequently acknowledged that human rights discourse is to regulate the relations of citizens with the state, while the language of virtue and duty is essentially related to social relations in civil society. The United Nations enterprise of international human rights was embedded to protect the rights of individuals. Consequently, human rights project is not the appropriate mechanism to deal with duties and therefore, the integration of virtue and responsibility might be construed as a deviation from the human rights agenda. For instance, the Confucian filial piety is considered to be a matter of family relations and Confucian duties rarely extend beyond family relations. ①

The existing human rights discourse has undermined the literature of responsibility and collective duty. It should be reminded that the notion of duty is not a stranger to human rights instruments. Although the place of duties were overshadowed by placing emphasis on the position of rights in UDHR, the regional human rights instruments that we referred to in this paper had adopted a balanced approach by integrating rights and responsibilities. Thus, the contribution of Confucius philosophy and Islamic tradition to the formation of a new paradigm not only will remove the flaws of UDHR in underrating the position of responsibilities, but also the idea of harmony of Confucius philosophy will enrich human rights agenda by integrating it to other social discourses.

We must admit that human rights system is not capable to fill every crack that exists in the legal system of a state from security threats to environment issues. According to the dominant view, legal action is the only means of ensuring human rights and the new approaches have proposed the horizontal application of human rights in order to extend human rights domain to the violations made by private individuals. However, we have to remember that while the classical system is not efficiently capable to settle the existing vertical disputes, the additional burdens resulting from horizontal or transnational applications of human rights fail to tackle new forms of human rights violations and may amount to the frustration of the whole human rights system.

In addition, the extreme legalism has been identified as one of the pitfalls of the current system. If it is required to place any additional task on human rights system, it must be confined to acts of terrorist groups and to the area of armed conflict. Therefore, instead of expanding human rights to horizontal or supranational application which diminishes its efficiency, the new approach should incorporate the notion of duty to human rights discourse.

It is proposed here to make a paradigm shift from the rights-oriented agenda to a new paradigm that makes use of other social discourses to bridge the gaps which are outside the domain of human rights. We have to make a distinction between human rights discourse and other social discourses such as the language of virtue and duty that are prevalent in many cultures. Consequently, the new approach reaffirms the place of duties in human rights discourse, but makes an attempt to embed a distinct discourse for collective responsibilities, as it tries to reconcile human rights system with other social discourses. Thus, human rights agenda in the new paradigm is neither considered to be in competition with other social discourses such as ethics and religion, nor challenges the spheres to be regulated by them. Mutahhari notes:

---

① Barreto, José-Manuel (ed.); *Human Rights from a Third World Perspective: Critique, History and International Law*, 2013. Cambridge Scholars Publishing, p. 274.

> Humanity needs ethics as well as rights. It is linked to rights as well as to morals, and neither of the two, rights or morals, is in itself, the criterion of humanity. The sacred religion of Islam has the great privilege of having approved both rights and ethics. In Islam, as was mentioned before, sincerity and right action in the moral sense is considered a virtue; and knowledge of rights and defending them is also considered a virtue… In spite of the fact that in the beginning the concept of rights and the insistence on morality had both been acquired from Islam, the east gradually let go of rights and focused its attention on morals. ①

It appears that the current human rights discourse fails to address the crucial challenges of our time. Therefore, the author seizes this opportunity to suggest that the idea of "Shared Destiny" might serve as a platform to find the pitfalls of current human rights system in order to identify the basic features of the new paradigm which enables it to overcome the escalating violent extremism in many parts of the world. Moreover, it is imperative to have the contributions of Islamic tradition, Confucius philosophy and other cultural traditions throughout the world to the formation of this paradigm that will be suitable for the challenges of 21st Century, and consequently there will be a chance to enhance the universality of human rights.

Conclusion

In this paper we made an attempt to explicate that the construction of human rights discourse on the basis of Western democratic individualism vs. non-Western duty-bound traditions cannot be accurately substantiated. Extreme individualism and unreasonable emphasis on the rights discourse at the expense of human obligation and responsibility, as is commonly the case in the international system of human rights, and extreme legalism and the ignoring of other social discourses, such as those of ethics and religion, have made the contemporary human rights discourse vulnerable and have greatly reduced its effectiveness in tackling the problems of human societies.

In addition, it cannot address the crucial challenges of our time and therefore we are in need of constructing a new paradigm which is capable of confronting the widespread human

---

① Mutahhari, Murtadha (Ayatullah), The Rights of Women in Islam, W. O. F. I. S. World Organization for Islamic Services, Available at: http: //www. al-islam. org/rights-women-islam-ayatullah-murtadha-mutahhari.

rights violations by non-state actors. Contrary to the predominant view of human rights discourse, it appears to me that the separation of human rights from duties is not acceptable today. In a world which is increasingly under the threat of terrorist groups, the maintenance of peace is not only endangered by armed groups, but by individuals as well.

I am quite certain that what have been discussed in this paper did not even scratch the surface of topics that have been touched upon. But, taking into account the ineffectiveness of the current human rights discourse and the desperate need for defining a paradigm that enables it to address the increasing challenges of our time, it can be argued that the Islamic tradition and the idea of harmony of Confucius philosophy can contribute to its development on the basis of our "Shared Destiny". Not only will it help strike a balance between individualism-collectivism or rights-obligations stereotyped constructions, but it will definitely harmonize the rights discourse with other existing social discourses.

References

1. *Amerlcan Declaratlon of The Rlghts and Dutles of Man* (Adopted by the Ninth International Conference of American States, Bogotá, Colombia, 1948).

2. Antonio Cassese, *Human Rights in a Changing World*, 1990.

3. Cairo Declaration of Human Rights in Islam; The Nineteenth Islamic Conference of Foreign Ministers (Session of Peace, Interdependence and Development), held in Cairo, Arab Republic of Egypt, from 9 – 14 Muharram 1411H (31 July to 5 August 1990), Adopted by the Organization of the Islamic Conference in 1990, reprinted in U. N. Doc. A/Conf. 157/PC/62/Add. 18 (1993).

4. Cassin, Rene, From the Ten Commandment to the Rights of Man. Available at: http://www. udhr. org/history/tencomms. htm.

5. Dickson, Brice, Horizontal Application of Human Rights Law, in Human Rights: 21 Century, 1999. http://www. religlaw. org/interdocs/docs/cairohrislam1990. htm.

6. International Rights and Responsibilities for the Future edited by Kenneth W. Hunter, Timothy C. Mack 1996.

7. J. P. Lash, *Eleanor: The Years Alone* (New York 1973).

8. Kanalan, Ibrahim; Horizontal Effect of Human Rights in the Era of Transnational Constellations: On the Accountability of Private Actors for Human Rights Violations European Yearbook of International Economic Law, 2016.

9. Krumbein, Frédéric; P. C. Chang; *The Chinese Father of Human Rights*, pp. 332—

352, published online: 14 Jan 2015.

10. Leary, Virgiana A. Postliberal Strands in Western Human Rights Theory, Personalists-Communitarian Perspectives, in: An-Naim, Abdullahi A. Human Rights in Cross-Cultural Perspectives: A Quest for Consensus, 1992.

11. Mutahhari, Murtadha (Ayatullah), The Rights of Women in Islam, W. O. F. I. S. World Organization for Islamic Services, Available at: http://www. al-islam. org/rights-women-islam-ayatullah-murtadha-mutahhari.

12. Nadeau, Randall; Confucianism and the Problem of Human Rights, *Intercultural Communication Studies* XI: 2, 2002.

13. Official Records of the General Assembly, Third session (part I) 9 December 1948, *Third Committee* 180*th plenary Meeting*, p. 860.

14. Ouguergouz, Fatsah; The African Charter of Human and People's Rights: A Comprehensive Agenda for Human Dignity and Sustainable Development in Africa, 2003.

15. Roosvelt, Eleanor; *An Autobiography of Eleanor Roosvelt*, Harper & Brothers Publishers, New York, 1962.

16. Sharma, Arvind; *The World's Religions: A Contemporary Reader*, 2011.

17. Trandis, Harry C. Individualism and collectivism, Past, Present and future, in: Matsumoto, David (ed.) *The Handbook of Culture and Psychology*, 2001.

浅述近代日本“国体”观念的形成

［日本］西山尚志（**Nishiyama Hisashi**）
山东大学儒学高等研究院副教授

前 言

本文旨在探讨对近现代日本产生巨大影响的“国体”观念的形成。

“国体”一词原本是汉语词汇，乃“国家典章”“国家体统”之意，具有多义性①。在日本，江户中期后一些汉学家开始使用“国体”一词，使它具有外交意义上的“国家体面”之意②。但是当下的日语中，“国体”意为“以天皇为中心的国家体制”，更具体来说是“拥戴万世一系的天皇，不存在王朝更替（＝革命）的国情”之意③。这一观念于江户末期逐渐形成，至1890年（明治23年）前后才广为人知。

江户时代的日本，随着儒家思想的普及，许多儒学家受到儒家经典“华夷之辨”的触动，另一方面又受明清交替的影响，为了克服以中国为“华”、以日本为“夷”这一华夷观念，开始自觉寻找自国内部的特征，提出了各种各样的自国优越于外国的证据。其中有“拥戴万世一系的天皇，不存在王朝更替（＝革命）的国情”这一意见。

另一个方面，江户时代中后期，水户学派在编纂体系庞大的《大日本史》的过程中，学习借鉴了朱子学的“大义名分论”“正统论”等历史思想，针对涉及国家意识的“日本是什么”“何为日本”等问题，重视“拥戴万世一系的天皇，不存在王朝更替（＝革命）的国情”这一特征。此外，19世纪初江户后期出现的俄、英、美等“外

① 如《管子·君臣》：“四肢六道，身之体也。四正五官，国之体也。”又如《春秋谷梁传·庄公二十四年》：“大夫，国体也，而行妇道，恶之，故谨而日之也”，范宁注：“国体谓为君股肱。”西汉之后，“国体”语义发生了变化。

② 比如荻生徂徕（1666—1728）《政谈》、新井白石（1657—1725）《折たく柴の记》。在探讨对朝鲜通信使的接待方法、称号问题时，荻生徂徕提出“取失国体，甚不宜事也”，新井白石提出“国体上不可然事”。

③ 小岛毅将“国体”解释为“拥戴万世一系的天皇，不存在王朝更替（＝革命）的国情”，是简明扼要的定义。参见小岛毅《近代日本の阳明学》，日本：讲谈社选书メチエ，2006年8月，第55页。

患”，唤醒了许多日本人的危机意识与国家意识。

在此背景下，后期水户学派作为主力军，利用天皇的存在构建了日本的国家认同（National identity）的观念，这一行为对打倒德川幕府（“倒幕”）思想的形成产生了影响。明治维新之后，以欧洲为模型构建了民族国家（Nation-state）、国民融合（Nation integration）。1889 年 2 月颁布的《大日本帝国宪法》（1890 年 11 月施行）与 1890 年 10 月 30 日发行的《教育敕语》在法律和道德上明确了国家、天皇和国民应有的地位和相互关系，“拥戴万世一系的天皇，不存在王朝更替（ = 革命）的国情”与“国民（臣民）”联系在一起了，这标志着日本“国体”观念的正式确立。

后期水户学派确立的“国体”观念推动了“倒幕”思想的产生，由《大日本帝国宪法》和《教育敕语》公式化，即得到了国家权威的认可。在此之后，这一观念又演变成护持权力的思想，对其他思想进行镇压，与政治、道德、教育、宗教、历史、思想发生冲突、掀起争论，形成了二战之前日本型法西斯的思想理论，深刻渗透到当时日本人的骨子里面。下文将详述迄 1890 年为止日本“国体”观念的形成过程。

一、江户时代初期的日本人基本上接受“华夷之辨”

众所周知，日本自古接受儒学，但到了江户时代（1603—1868）才真正普及。

江户时代初代将军的德川家康重用儒家学者林罗山（1583—1657），第五代将军的德川纲吉修建了设有孔庙的汤岛圣堂，儒学受到了统治阶层的庇护。另外，江户时代初期普及活版印刷，许多阶层开始读四书五经等儒家文献。

但是随着研习儒家文献人数的增多，对日本人来讲不可避免的题目出现了——儒家思想的“华夷之辨”。读儒学经典，日本人不得不承认自国是“夷”。

但是江户初期统治阶层开始接受儒学文献时，日本儒学界也基本上承认以中国为“中华”、以日本为“东夷”这一华夷观念。

林罗山《神武天皇论》中，中严圆月（临济宗的僧人，1300—1375）引用泰伯是天皇祖先的说法，并对此说怀有好感[①]。《晋书·倭人传》：“自谓太伯（泰伯）之后”，中严圆月很可能基于此说创造“泰伯皇祖说”。

除了林罗山之外，中江藤树（1608—1648）、熊泽蕃山（1619—1691）等也提出“泰伯皇祖说”。从此可以看出，江户初期的许多儒学家自豪地认为天皇是泰伯的子孙。这表示，江户初期的儒学家很自然地接受以中国为“夏”、以日本为“夷”的想法。

---

① 但是以林罗山、林鹭峰为中心编纂的江户幕府修史事业的《本朝通鉴》（1670 年成书，全 310 卷）没记述“泰伯皇祖说”，这表示此说并不是林罗山的正式见解。

二、明清交替和“华夷逆转”之说

然而，随着日本学者对于儒家文献研究的进一步深入，出现了克服“华夷之辨”的尝试。就是说，出现了日本不是“夷”，而是“夏”这一说法。

出现如此尝试，有一个重要的背景——1644年被人视为“夏”的明朝灭亡，被人视为“夷”的清朝建国。趁此契机，日本陆续出现自觉发现自国内部的特征，自称“夏”的“华夷逆转”的说法。

明清交替后，较早提出“华夷逆转”的代表人物是林罗山弟子的山鹿素行（1622—1685）。其代表著作《中朝事实》（1669年成书），以日本称“中国”，多用日本神话，提出天皇是万世一系，日本从来没有革命，认为这是日本优越于外国（中国、朝鲜）的根据之一。《中朝事实·皇统》：

> 三纲立，则身修家齐治平之功坐可以俟之。帝建皇极于人皇之始定规模于万世之上，而中国明知三纲之不可遗。故皇统一立而亿万世袭之不变，天下皆受正朔而不贰其时，万国禀王命而不异其俗，三纲终不沈沦，德化不陷涂炭。异域之外国岂可企望焉乎。夫外朝易姓殆三十姓，戎狄入王者数世。……

除此之外，山鹿素行又认为日本有“武威”也是优越于外国的特征。《中朝事实·神器》：

> 谨按：神代之灵器不一，而天祖授二神以琼矛，任以开基。琼者玉也，矛者兵器也。矛以玉者，圣武而不杀也。盖草昧之时，拨平于暴邪，驱去于残贼，非武威终不可得也。故天孙之降临亦矛玉自从，是也。凡中国之威武，外朝及诸夷竟不可企望之尤有由也。

原本江户时代是武士（即军人）世袭统治的，与士大夫统治的中国、朝鲜在政治结构上明显不同，山鹿素行以此为日本的优点。

另外，陆续出现以日本“位于东方”“爱自然”等特点为优越于中国的意见。

但是在以日本为“夏”的想法中也有各种各样的意见。比如，1672年被编辑的熊泽蕃山《集义和书》承认中国是“夏”之后，提出日本是在“九夷”中最“夏”的。但是到了18世纪，出现朱子学与神道结合一起的“垂加神道”和后文所讲述的后期水户学，以日本为“夏”、以中国和朝鲜等外国为“夷”的“华夷逆转”的想法越来越受支持。

三、《大日本史》的编纂事业与水户学的诞生

对明治维新后“国体”观念的确立起到重要作用的无疑是“后期水户学”，以下先对“水户学”这一学派进行简要介绍。

“水户学”，亦称“水府之学”，起源于江户时代初期水户藩藩主德川光圀（1628—1701）所主持的《大日本史》编纂事业。他是在世子时代的1657年开始主持编纂《大日本史》。水户藩对编纂事业投入了大量资金，网罗人才，广搜史料，参与该书编纂的学者群体则形成了被后世称为“水户学”的学派。

《大日本史》开始编纂时的中心人物是佐佐宗淳（1640—1698）与安积澹泊（1656—1738）。安积澹泊去世后，编纂事业由于预算、人才不足等原因中断了。但立原翠轩（1744—1823）就任彰考馆（《大日本史》的编纂所）总裁之后重启了该书的编纂工作。有别于之前的水户学派，立原翠轩之后参与该书编纂的学者群体则称为“后期水户学”。

《大日本史》上起初代天皇神武天皇，下迄南北朝统一的1392年，全书共379卷，于明治维新之后的1906年完稿，历时长达250年。值得注意的是，1665年明遗臣朱舜水（1600—1682）东渡日本并参与了该书的编纂。该书的编纂实际上受到了以朱子学为基础的“大义名分论”“正统论”等思想的影响。

《大日本史》的历史观有三大特色，这是德川光圀编纂的基本方针：

第一，神功皇后列入皇后传。日本最早史书《日本书纪》以来，一般将“气长足姬尊”视为天皇，而非皇后（720年成书的《日本书纪》很可能从武则天的即位受到启发，承认“气长足姬尊”为即位天皇）。但是中国于北宋年间兴起了儒家的“大义名分论”，所以导致《新唐书》《资治通鉴》等史书对武则天评价很低，故《大日本史》将神功皇后列入皇后传。

第二，大友皇子列入帝纪。天智天皇（668—672在位）逝世后，天智天皇的皇子大友皇子与天智天皇的弟弟大海人皇子争夺皇位引起国内大乱（史称“壬申之乱”），最后以大海人皇子即位天皇（天武天皇）而告终。但受到“大义名分论”影响的《大日本史》重视长幼之序，故而承认大友皇子即位天皇（弘文天皇），将其列入帝纪。

第三，把南朝视为正统。日本南北朝时代，是天皇家分裂为南北两派的时代。1333年后醍醐天皇灭镰仓幕府，开始亲政（史称“建武新政”）。但后来出身武士的足利尊氏叛变，拥戴光明天皇建立了北朝。随后，醍醐天皇逃到吉野（奈良）建立了南朝，由此形成了南北朝分裂割据的局面。直到1392年，南朝的后龟山天皇让位给北朝的后小松天皇，南北朝才两统合一，因此现在的天皇乃传自北朝系统。

《大日本史》记述南北朝史无疑是以《太平记》为蓝本。《太平记》成书于南北朝结束后不久，主要记述南北朝时代的历史军记物语，并且视南朝为正统。

南北朝孰为正统这一问题，从确立天皇制国家的明治时期到二战结束，屡次引发争论，《大日本史》的立场无疑对后世产生了巨大的影响。

除了“三大特色”以外，《大日本史》在编纂体例上具有纪传体的特征。此前的日本正史（所谓“六国史”）都以编年体记述。《大日本史》虽然不是敕撰正史，但却遵循了中国正史的编纂体例。

四、国学的诞生与兴盛

江户时代学术界的主流无疑是儒学。初代将军的德川家康重用儒家学者林罗山，第五代将军的德川纲吉修建了设有孔庙的汤岛圣堂。当时的日本儒学界也基本上承认，按照儒家思想，以中国为“中华”，以日本为“东夷”这一华夷观念。同时，《大日本史》采用古汉语记述。对当时的知识分子来讲，古汉语乃是国际通用语言。

然而，与前期水户学几乎同时期，学界开始出现批判这种意识的新思潮。他们自称“古学”，江户末期则称之为“国学”。最具代表性的国学者本居宣长（1730—1801），通过对日本最早史书《古事记》的注解，提出“儒教、佛教等传入之前的古代日本具有纯朴的、至高的精神”，并排斥中国传来的具有“汉意”的文化、思想、语言等事物。《古事记》与《日本书纪》的大部分内容相同，但本居宣长之所以通过注解《古事记》阐发己意，是因为《古事记》用和文记述。

关于国家体制的问题，许多国学者提出，日本拥戴万世一系的天皇，未有革命，因此君臣关系恒久不变。本居宣长1780年所写的《葛花》下卷云：

> 皇国自神代早定君臣之分，君固诚贵，其贵者不在于德，专在于种（血统）。下虽有大德者，无能替，迄万万年末代，君臣之位不动俨然。

由此又得出“因为日本未有革命、具有不变的君臣关系，所以优于国外”这一结论。1786年本居宣长所写的《直毗灵》云：

> 异国本无定主，民忽而成王，王亦忽而成民，或亡之，自古之风俗也。图谋取国而不得者，称贼而贱恶之；取得者，称圣人而尊仰之。

大部分国学者持有排斥儒教、佛教等外国文化、思想、语言的观念，这一观念又启发了基于儒教的水户学派。

五、后期水户学的藤田幽谷

如上所述，立原翠轩之后编纂《大日本史》的学者群体称为“后期水户学”。

1786 年立原翠轩就任彰考馆总裁后选拔了许多新馆员，其中首推立原翠轩的弟子藤田幽谷（1774—1826）。藤田幽谷的代表作品有 1791 年发表的《正名论》。值得注意的是，藤田幽谷列举诸多孔子言论、中国历史故事等文献，以儒教的“正名论”为基础，根据《古事记》等书所记述的神话，明确提出“日本自古以来未有王朝更替，有不变的君臣关系”。这应该是受国学派的影响。《正名论》云：

> 赫赫日本，自皇祖开辟，父天母地，圣子神孙，世继明德，以照临四海。四海之内，尊之曰天皇。八洲之广，兆民之众，虽有绝伦之力，高世之智，自古至今，未尝一日有庶姓奸天位者也。君臣之民，上下之分，正且严，犹天地之不可易也。

藤田幽谷进一步提出，因为日本具有这样的国家体制，所以幕府（武士）应该尊重天皇，如此才能保有天下：

> 幕府尊皇室，则诸侯崇幕府，诸侯崇幕府，则卿大夫敬诸侯，夫然后上下相保，万邦协和。

由此可知，藤田幽谷以天皇为君，以幕府为臣，明确了其上下关系，但并没有出现“倒幕”的思想，只不过在幕藩体制的结构层面提出了“正名论”而已。需要注意的是，藤田幽谷在《正名论》所描述的理想的国家体制中并没有“民”的存在。这就意味着，在《正名论》中并未出现后来如《教育敕语》所说的“亿兆一心”等以天皇为最高中央的家族模式、君民一体的国家构想。

六、会泽正志斋与“国体”思想的形成

对近代的“国体”思想的形成产生巨大影响的首推会泽正志斋（1782—1863）。他的著作《新论》获得江户末期尊王攘夷派志士的广泛支持，成为推翻幕府的指导理论之一。

1791 年，年仅 10 岁的会泽正志斋跟随时年 18 岁的藤田幽谷在私塾学习。至 1799 年，会泽正志斋担任彰考馆的书写生，于 1831 年就任彰考馆总裁。

1821 年，会泽正志斋在水户藩藩主德川治纪家就任公子们的侍读。公子们当中有后来就任第九代藩主的德川齐昭（1800—1860），即最后将军德川庆喜的父亲。1829 年德川齐昭的长兄德川齐脩逝世后，水户藩内因继承问题发生矛盾，会泽正志斋与藤田东湖（下文详述）尽力拥立德川齐昭。后来，德川齐昭成为攘夷派的代表性人物，并在将军继嗣问题上成为推举德川庆喜的核心人物。从这一系列事件中可以看出会泽正志斋在日本历史上产生过举足轻重的影响。

会泽正志斋具有强烈的危机意识。19 世纪，外国船只在日本各地频繁出没，多年实行闭关锁国的日本开始关注世界动态。外国船只的到来激发了日本全国志士的外患意识，针对国际问题、海防问题的言论、著作逐渐增多。1801 年，时年 20 岁的会泽正志斋，参考日本、清国发行的关于国际关系的著作，撰写了记述俄罗斯南下政策的《千岛异闻》。

当时日本只允许清国与荷兰在长崎的出岛进行贸易。然而在 1808 年却发生了英国军舰 Phaeton 号抓获两名荷兰商馆员作为人质索要粮食的事件（史称“Phaeton 号事件”）。

水户藩近海也出现了许多外国船只，这是导致会泽正志斋提高外患意识的直接原因。在 1824 年 5 月英国 12 位船员登陆大津滨索要粮食的事件（史称“大津滨事件”）发生后，会泽正志斋被任命为笔谈人员与英方进行交涉。会泽正志斋在《谙夷问答》中记述了笔谈的情况，他正是通过这一交涉过程才知道印度已经被英国占领。因此，会泽正志斋不仅对俄罗斯，而且对英国等其他国家一并提高了危机意识。

大津滨事件的两个月之后的 1824 年 7 月，英国捕鲸船船员在萨摩藩的宝岛（现在的鹿儿岛县宝岛）登陆并抢夺牛只，被岛民杀死（史称“宝岛事件”）。大津滨事件与宝岛事件之后的 1825 年，幕府发布“异国船打拂令”，命令一旦发现外国船只立刻进行炮击并拘捕外国人。

会泽正志斋在“异国船打拂令”颁布的一个月后写成《新论》，其创作背景即日本国内外患意识极炽之时。《新论》序文云如下：

> 谨按：神州者太阳之所出，元气之所始，天日之嗣，世御宸极，终古不易。固大地之元首，而万国之纲纪也。诚宜照临宇内，皇化所暨，无有远迩矣。而今，西荒蛮夷，以胫足之贱，奔走四海，蹂诸国，眇视跛履，敢欲凌驾上国。何其骄也。自注：地之在天中，浑然无端，宜如无方隅也。然凡物，莫不有自然之形体而存焉。而神州居其首，故幅员不甚广大，而其所以君临万方者，未尝一易姓革位也。西洋诸蕃者，当其股胫，故奔舶走舸，莫远而不至也……

由此可知，会泽正志斋明言“天日之嗣”“终古不易”的天皇是“固大地之元首，而万国之纲纪也”，因此优于外国。根据神话强调天皇的神秘性与悠久性，把“终古不易”的天皇制视为优于外国传统的这一想法已经透露出国学派思想的端倪。但会泽正志斋运用这种逻辑即脱胎于儒教的华夷思想，将日本变成“夏”，而将外国变成“夷”，即明、清亦被视为“夷”。《新论·国体上》：

> 夫圣贤教人，莫非所以修己治人之道，近世陋儒俗学，不达大体，任意谈说，其如牵强经义，而竞新衔博者，如舐毫斗词，以钓名要利之流，纷纷扰扰，固无足言焉。而或昧于名义，称明清为华夏中国，以侮辱国体，或逐时徇势，乱名遗义，视天朝如寓公，上伤列圣之化，下害幕府之义，……凡此皆非忠非孝，而非尧舜孔子之所谓道者也。

会泽正志斋认为，把明清视为华夏中国实为侮辱“国体”，并非是真正的忠孝，也不是尧舜孔子所说的“道者”。由此可知，会泽正志斋运用儒教的思想理论，把“拥戴万世一系的天皇”的日本视为“夏”，重新创造了一个以日本为中心的华夷体系。

同时，《新论》又有“亿兆一心”之说，即统一民心之意。换言之，实际上表明了当时处于畏惧民心未统一的状态。《新论·国体上》：

> 神圣之大道未明，民心未有主，而内之奇犹尚依然也，其所适从者，非巫觋浮屠则陋儒俗学也①，譬如剧疾新除，元气未复，善后之计未设者，其内无主，外易迁于异物。而近时又有一兰学者，……本无害于世者。而耳食之徒，谬听西夷夸张之说，盛称扬之，或至于有著书上梓，欲以夷变夏者。

会泽正志斋意在警告众人：如果民心未定同时又受到巫觋、浮屠、陋儒、俗学等外国事物的恶劣影响，则会产生“欲以夷变夏”（此“夏”乃指日本）。

在《新论》中，会泽正志斋针对如何实现“亿兆一心”提出了具体可行的方法：第一是推行儒教之“忠孝”，第二是“祭政一致”。

“忠孝”可以概括为君臣、父子间应维持的正确的伦理道德关系。《新论·国体上》：

> 天祖既以此二者而建人纪②，垂训万世。夫君臣也，父子也，天论之最大者，而至恩隆于内，大义明于外，忠孝立，而天人之大道昭昭乎其著矣。忠

---

① “巫觋”，巫术者。“浮屠”，佛说。

② 如《日本思想史大系》注释所指出，“二者”是“君臣之义，父子之亲”之意。《水户学》，《日本思想史大系》53，日本岩波书店1973年版。

以贵贵，孝以亲亲，亿兆之能一心，上下之能相亲，良有以也。

会泽正志斋指出，天皇的祖先（天照大神）确立了君臣之义——“忠”与父子之亲——“孝”这一“天论之最大者”来“垂训万世”，以忠与孝实现“亿兆之能一心，上下之能相亲”。

确立“亿兆一心”的另一个方法是“祭政一致”。《新论·国体上》：

天祖丕重民命、肇开苍生衣食之原，御田之稻，机殿之茧，遂遍满天下，民至于今受其赐，是固天祖仁泽之所暨，而土亦宜于谷也。……古者天子受嘉谷于天神，以生养民物。……古者大尝之祭，与天下共其诚敬。新谷已熟，必用以报于天神，然后与天下尝之。而天下皆知所食之粟，即是天神所颁之种也。于是乎畏天命而尽地力，人心与天地一，而同受其富，所以与天地无间也。

由此可知，会泽正志斋认为，从天皇之祖开始，民众之衣食乃受赐于天皇。古代天皇通过大尝祭来统一民心。

会泽正志斋通过宣扬外国威胁论提出了统一民心的必要性，运用儒教的思想理论提出了“拥戴‘万世一系’天皇的日本优于外国”这一日本版“华夷思想”（即“日本中心论”），同时提出了实现“亿兆一心”的途径，即通过“忠孝”与“祭政一致”。这些理念都对明治以后形成的“国体”思想产生了重大影响。可以说，明治以后“国体”思想的核心部分在会泽正志斋时已基本完备。

但需要注意的是，会泽正志斋的思想体系并未涉及“倒幕”。会泽正志斋无疑具有以天皇为最高中央的国家体制的构思，且将幕府视为其臣之一。但他并没有打倒幕府实现天皇亲政的想法。

七、藤田东湖

藤田东湖（1806—1855），藤田幽谷之子，1827 年开始在彰考馆任职。显然，藤田东湖属于藤田派，但也得到立原派的信任，于是他努力促成两派的和好。

藤田东湖的代表性著作《弘道馆记述义》的卷上注云：

臣彪谨案：上古世质人朴，未有书契，所谓道者亦寞然靡闻焉。然则道固不原于上古乎？曰：奚其然。当时特无其名耳。乃若其实，则未始不原于天神焉。何以言之？夫父子君臣夫妇，人道之最大者，上古父子君臣夫妇之

> 分严乎一定，犹天尊而地卑。上令下从，男唱女和，亦犹天施而地生，万物各遂其性焉。神代虽邈矣，古典所载，彰明较著，不复容疑。所谓“其实则原于天神”者，不其然乎。

由此可知，藤田东湖以道之根源为“天神”，古典文献中的神代记述是“不复容疑”的，实为一种信仰。《弘道馆记述义》多用《古事记》《日本书纪》中所见的神话，同时又结合以父子（“孝”）、君臣（“忠”）关系为基础的儒教思想（“夫父子君臣夫妇，人道之最大者”），继承了藤田幽谷、会泽正志斋的思想。但需要注意的是，藤田东湖也与会泽正志斋一样，并否定幕藩体制。

八、“开国”与“攘夷”

对日本人来说，江户时代诸多“外患”中具有最大冲击性的乃是1853年佩里（Matthew C. Perry）率领舰队来到日本的事件。是年，东印度舰队司令长官佩里带着美国总统亲笔信函，率领四支军舰来到浦贺，迫使日本“开国”。1854年佩里又率领七支军舰来到日本，迫使日本缔结了《日美亲善条约》这一不平等条约。该条约成为外国打破日本闭关锁国的开端。佩里来日事件后，幕府命德川齐昭就任海防参与。

此后，日本政界就“开国”或“攘夷”两大主张展开了争论，而且这场争论与第十三代将军德川家定的继承问题结合了起来。代表“开国”的井伊直弼推举纪伊藩主德川庆福（南纪派），而代表“攘夷”的水户藩藩主德川齐昭推举德川庆喜（一桥派），两派截然对立，呈现错综复杂的局面。

1856年清国发生第二次鸦片战争，1858年俄、美、英、法与清国缔结《天津条约》。该条约缔结后，美国总领事哈里斯（Townsend Harris）立即来到日本，对幕府指出英国、法国等国家侵略日本的可能性。哈里斯甚至威胁说英国镇压印度叛乱（1857—1859）之后便挥师日本，趁此提出为阻止英国等国侵略日本，日本应与美国先缔结包含禁止进口鸦片等内容的通商条约，并迫使日本立刻签订条约。

由于幕府的游说，各藩大名大多同意缔结条约，坚持主张“攘夷”的大名极少。然而，1858年井伊直弼未得孝明天皇的敕命便缔结《日美亲善条约》，却闯下了大祸。准确地说，孝明天皇在这种情况下却依然坚持主张非现实性的“攘夷”，而井伊直弼在未得敕命的情况下便缔结条约，则违背了天皇的意志。

一桥派（尊王攘夷派）于是对幕府与井伊直弼进行了强烈批判。孝明天皇也对缔结条约提出异议，在不通过幕府的情况下，直接下密敕给御三家（纪伊藩、尾张藩、水户藩）等德川一门，命令推进“攘夷”（史称“戊午密敕”）。

针对孝明天皇这一系列举动，井伊直弼进行了大规模的镇压（史称“安政大狱”）。德川齐昭、德川庆喜被罚禁闭，吉田松阴被处死刑。一桥派的势力被清除后，1858 年，井伊直弼推举的纪伊藩主德川庆福就任第十四代将军（此后庆福的名字改为“家茂”）。此后，安政大狱却引发如下后果：1860 年，井伊直弼被暗杀（史称“樱田门外之变”）。

幕府为了恢复与朝廷的关系，促成了孝明天皇的妹妹和宫与第十四代将军德川家茂的联姻，孝明天皇也因期待将来实现“攘夷”而承认之（史称“公武合体”，1862 年完婚）。然而，德川家茂 20 岁便病逝了，于是一桥派推举的德川庆喜就任第十五代将军。

九、吉田松阴的“尊皇攘夷”

随着上述外患意识与尊王意识的加强，会泽正志斋的《新论》获得了越来越多的志士的支持，吉田松阴（1830—1859）便是其中之一。

清国在鸦片战争上的战败带给吉田松阴强烈的冲击。1853 年佩里来到浦贺时，吉田松阴为了学习西方军事学，偷偷登上佩里的军舰意欲偷渡美国，后被发现而收监。

1855 年出狱后，吉田松阴回到故乡的松下村塾培养后学。具有强烈的“尊王”“攘夷”意识的松下村塾，培养出了许多后来参与“倒幕”、明治维新的核心人物，其中有 1885 年（明治 18 年）就任初代总理大臣的伊藤博文（1841—1909，此后又任第五、七、十代总理大臣）与就任第三、九代总理大臣的山县有朋（1838—1922）。

可以看出，吉田松阴继承了会泽正志斋“拥戴万世一系的天皇优越于外国”这一“日本中心论”的思想，其对“尊王攘夷”的支持尤为坚定。1855 年，吉田松阴在禁闭中为弟子、亲人讲解《孟子》，这些讲稿后来被他整理成《讲孟余话》，其中有言：

> 我邦上自天朝下至列藩，千万世世袭而不绝，非汉土可比。故汉土之臣，如同半季奴婢（经常换主人的奴婢）。择其主之善恶而转移，固其所也。我邦之臣为谱代之臣（世袭之臣），与主人同死生休戚，虽至死亦绝无弃主之道。

吉田松阴认为，上下保持永远世袭的日本优于中国，并存在绝对的忠诚之道。

但与藤田幽谷、会泽正志斋、藤田东湖等后期水户学学者最大的不同在于，吉田松阴明显具有“倒幕”的思想。《讲孟余话》云：

> 天日之嗣永与天壤无穷，此大八洲（日本国）乃天日之所开，日嗣之永护者也。固亿兆之人宜与日嗣同休戚，不可复有他念。若征夷大将军之类即天朝之所命，唯称其职者得居是。故虽为征夷，如足利氏之旷职，则直可废之也。

由此可知，吉田松阴认为，天日（天照大神）开辟的日本是其子孙即天皇永远守护的国家。而征夷大将军是由天皇任命的，所以如果存在像足利将军那样渎职的情况，天皇有权力削其官位。

此外，吉田松阴的“国家论”中提出“天下非万民之天下，天下一人天下”（仿照《六韬·文师》：“天下非一人之天下，乃天下之天下”）这一“一君万民论”。在他之前，藤田幽谷、会泽正志斋并没有否定士农工商的身份制度和幕藩体制，但吉田松阴提出的“一君万民论”却隐含着在天皇之下万民平等（否定幕府的存在）的可能性。

如安政大狱事件中所述，吉田松阴被处以死刑，但其弟子们却接替他成为了“倒幕”的主力军。他的思想对明治时代以后的日本产生了深刻的影响，尤其是明治以后的“国体”思想。伊藤博文作为他的学生中最关键的人物，直接参与了正式明确“国体”观念的《大日本帝国宪法》与《教育敕语》的制定与施行。

十、《大日本帝国宪法》

1866 年，公武合体派的萨摩藩与激进的尊王攘夷派长州藩结成同盟（即“萨长同盟”），两派作为核心力量打倒了幕府军。1867 年 10 月，第十五代将军德川庆喜把政权“奉还”给天皇（史称“大政奉还”），德川幕府走下了政治舞台。同时，延续了七百余年的武家政权也就此宣告灭亡。

但是到了 19 世纪 70 年代，社会上对提高自由民权、设立国会、制定宪法的呼声越来越高。围绕着宪法的模式，即究竟采用 1871 年德意志帝国刚制定的有君主大权的《德意志帝国宪法》还是英国议院内阁制的宪法，政府内部产生了分歧。1881 年，支持前者的伊藤博文等要求井上毅（1844—1895）制定普鲁士式的宪法，并从政府逐出支持后者的大限重信（史称“明治十四年政变”）。由此 1890 年所制定的《大日本帝国宪法》以有君主大权的德意志帝国宪法为模式，且政府承诺在十年后将设立国会。

1882 年，伊藤博文等人受政府派遣去欧洲调查德国立宪主义的理论及其宪法施行情况。1883 年伊藤博文回国之后，命令井上毅拟定宪法草案，开始准备制定宪法、设立国会。井上毅得到日本政府的法律顾问——德国人罗斯勒（Karl Friedrich Hermann Roesler）和莫塞（Albert Mosse）等人的帮助，于 1887 年完成了宪法草案。针对这一宪法草案，伊藤博文等人进行了多次讨论与修改，最后于 1889 年 2 月 11 日公布了《大日本帝国宪法》并于 1890 年 11 月 29 日施行。由此可知，伊藤博文与井上毅自始至终是制定宪法的核心人物。

最重要的是，《大日本帝国宪法》第一条明确表示“大日本帝国乃由万世一系的天皇统治”这一天皇大权。“天皇万世一系”的公式化概念由此确立。

十一、《教育敕语》的颁布

1879年8月，正值日本国内开展自由民权运动之时，《教学圣旨》以明治天皇的名义颁给伊藤博文。该项圣旨的内容是：批判明治政府的教育政策偏重于西方知识教育这一现状，并提出“道德之学以孔子为主”，要求重视“仁义忠孝”的儒教道德教育。然而，《教学圣旨》的实际起草者是明治天皇的侍讲元田永孚（1818—1891）。元田永孚原本主张天皇亲政，但并不支持急剧的西化、自由民权的确立与宪法的制定。后来，伊藤博文得知《教学圣旨》的起草者竟是元田永孚，大为恼火，并于1879年9月撰写《教育议》强烈批判元田永孚的主张乃是“回护旧时陋习”。上述表明，随着自由民权的提高，政府内部出现了许多如元田永孚那般畏惧急剧西化的意见。

1890年，地方长官会议再次递交有关道德教育问题的提案，批判历来对知识教育的偏重，要求重视道德教育，决议通过《关于道德涵养的建议》。因此在内阁总理大臣山县有朋、文部大臣芳川显正的主导下，芳川显正指名要求中村正直（1832—1891）拟定《教育敕语》的草案。

后来在中村正直所拟草案的基础上，井上毅又听取元田永孚的意见对草案进行了多次修改。1890年10月30日，内阁总理大臣山县有朋、文部大臣芳川显正正式颁布了《教育敕语》。《教育敕语》全文如下（原文是日文）：

> 朕惟我皇祖皇宗肇国宏远，树德深厚。我臣民克忠克孝亿兆一心，世世济其美，此我国体之精华，而教育之渊源亦实存乎此。尔臣民孝于父母、友于兄弟、夫妇相和、朋友相信、恭俭持己、博爱及众、修学习业以启发智能、成就德器。进广公益、开世务，常重国宪、遵国法。一旦缓急则义勇奉公，以扶翼天壤无穷之皇运。如是者不独为朕忠良臣民，又足以显彰尔祖先之遗风矣。斯道也，实为我皇祖皇宗之遗训，而子孙臣民之所当遵守。通诸古今而不谬，施诸中外而不悖。朕庶几与尔臣民俱拳拳服膺、咸一其德。

可以看出，《教育敕语》将“天壤无穷的皇家”这一观念公式化，要求天皇的臣民通过“忠孝”实现“亿兆一心”的国民融合，并将其视为“国体之精华”。又将“国体”定位为“教育之渊源”，把“一旦缓急则义勇奉公”这种为国家服务的极权主义（Totalitarianisim）观念编入到道德教育中。

结语：“国体”的失控

本文概述了《大日本帝国宪法》《教育敕语》将“国体”观念公式化的过程。

江户时代中期，本居宣长等根据日本神话，突出强调了万世一系的天皇（未有易姓革命）的历史，提出了日本优越于外国的论断。虽然本居宣长等人对外来的儒教思想具有批判的态度，但后期水户学却受儒教的影响，并基于“正名论”等思想，提出“万世一系”的天皇与其臣民具有恒久不变的关系，同时确立了“尊王”的思想。会泽正志斋也根据日本神话及“未有易姓革命”的历史等内容强调日本的优越性，并针对日趋严重的“外患”敲响了警钟。同时，为实现“亿兆一心”的目标，会泽正志斋提出了“忠孝”“祭政一致”的方法。在此之后，后期水户学的思想对拥护“尊王攘夷”的志士们产生了巨大的影响。

明治维新后，在急剧的西方化、自由民权运动、宪法制定运动的背景下，政府被迫用明文规定天皇与宪法的关系，并且认识到了道德教育的重要性。支持德意志帝国宪法模式的井上毅与《大日本帝国宪法》《教育敕语》的起草具有密切的关系。《大日本帝国宪法》与《教育敕语》将“万世一系的天皇”公式化。《教育敕语》以天皇为国民融合的象征，明确规定臣民应通过“忠孝”实现“亿兆一心”，并把“一旦缓急则义勇奉公”这一极权主义性质的天皇制国家构想编入了道德教育中。

以《宪法》与《敕语》作为后盾，“国体”思想在全国迅速弥漫开来并对公民的社会生活产生了重大影响：

1891 年 1 月 9 日，在第一高等中学举行的奉读《教育敕语》仪式上，老师们认为身为基督教徒的教师内村鉴三（1861—1930）不对天皇御笔鞠躬敬礼乃大不敬。内村鉴三遂受到同事、学生的批评，并被迫辞职（史称“内村鉴三不敬事件”）。实际上，内村鉴三不是没有鞠躬敬礼，只是没有行“最敬礼”而已。

1890 年，刚从德国留学回来的井上哲次郎（1856—1944，东京帝国大学文学部哲学科教授）主张国家高于宗教，在内村鉴三事件发生时强烈批判基督教。1893 年出版的《教育与宗教的冲突》一书中，井上哲次郎将基督教视为“反国体”的存在，对之进行言辞激烈的谴责。而后，井上哲次郎作为“国体”思想的倡导者越发活跃。

与此同时，用神话创造的天皇祖先的历史，与 19 世纪 80 年代由德国传到日本的实证主义历史学（科学主义历史学）产生了冲突①。

到了 20 世纪 30 年代，“国体”又在法律、道德上引起冲突，渐渐失去控制。1912 年，当时东京帝国大学教授的法律学者美浓部达吉（1873—1948）提出“天皇机关说”，将国家视为统治权的主体，把大日本帝国宪法解释为天皇只不过是国家的一个机关。其实，“天皇机关说”是当时的国民甚至天皇本人也能够自然接受的想法。但是 1935 年，美浓部达吉的“天皇机关说”受到当时的国粹主义者、军人、立宪政友会的

① 拙稿《历史“抹杀论”的展开——近代日本史学界上的“科学”与“道德”冲突》，《第七届中日学者中国古代史论坛》，北京社会科学院、东方学会、首都师范大学编，中国社会科学出版社 2016 年版，第 361—389 页。

党员等的批评和排斥，他们迫使当时的冈田启介内阁发表“国体明征声明”，政府在此明示统治权的主体在于天皇，宣言日本是天皇统治的国家。

为了强化“国体明征声明”的理论，当时的文部省召集各方面的学者，1937 年发表了解说“国体”的《国体的本义》。《国体的本义》开头部分定义“万世一系”的天皇“永远统治之”是“万古不易的国体”，提出以天皇为顶点的“一大家族国家亿兆一心”并且“克发挥忠孝的美德”就是“我国体之精华”。而且提出违反“传统精神”的民主主义、自由主义不符合“国体”，批评共产主义、法西斯主义、纳粹主义、天皇机关说是来自西方的个人主义的限界。由此可知，“国体”思想在法律、道德上强化永远不变政治体制的逻辑，剥夺了思想、信仰的多样性及自由，成为了日本型法西斯的思想母体。

自古以来，历史与政治、道德、宗教、教育互为表里、不可分离。但到了近代，民族国家、国民融合的观念从欧洲传入日本后，日本神话与《大日本史》等史书所采用的“大义名分论”“正统论”则成为建构这些观念的主要工具。

“拥戴万世一系的天皇，不存在王朝更替（=革命）”成为日本这一国家存在的必要条件，这意味着，只有天皇存在，日本这一国家才具有意义。显然这只不过是“观念”，但却被《教育敕语》定位为“教育之渊源”，深刻渗透到日本人的思想精神里，直到二战结束。而日本在接受《波茨坦宣言》时提出的唯一降伏条件竟然是“国体护持”，这令联合国无法回答。从这一点也可以看出在二战前，“国体”观念对日本民族具有多么深刻的影响。

儒家思想、个体性与国际关系

[阿根廷] 爱德华多·丹尼尔·奥维多(**Oviedo Eduardo Daniel**)
阿根廷国家科技研究委员会研究员、罗萨里奥国立大学正教授

概　述

论文研究国际关系学领域个体性与儒家思想的关系。侧重人与社会的关系,界定国际关系在社会体系中的认识论地位以及儒家思想对研究个体性做出的贡献,以便解释个体性在国际关系中的表现方式,作为国际关系理论各种学派的基本概念。另外,儒学思想对个体性的理解有助于中国学者建构中国国际关系学说正在做出的努力。

一、朝向建设中国的国际关系学说吗?

国际关系的学术研究与世界权力中心的历史变迁有着直接的联系。从1648年《威斯特伐利亚和约》到第一次世界大战,国际关系研究在欧洲中心主义体系、外交史和欧洲公法下的西欧国家发展起来。20世纪上半叶,由于欧洲国家持续性的霸权地位及美国的崛起,国际学术研究从以西欧国家为中心转向了以北大西洋为中心。二战后,美国巩固其超级大国地位,成为世界研究国际问题的轴心。

随着20世纪末中国加入大国集团,盎格鲁—撒克逊的国际研究领先地位应向美国、崛起的中国和衰退的西欧国家组成的北大西洋—太平洋轴心作为过渡时期迁移,直到巩固为以美国和中国为北太平洋新的轴心。然而,由于中国刚刚达到大国地位,该国还没有巩固“中华治世”的时代,大多数的国际关系著作仍然出自美国和西欧国家。中国在国际体系占据新的地位,使我们如何对该国发展国际关系理论和转变全球学术研究轴心提出疑问。这样,2014年《人民日报》发表《儒学伦理可强有力替代目前强势的西方个人主义》[①] 的文章就符合这一趋势。

自古以来,个体性是各哲学学派研究的对象。中国在这个哲学议题的理论理解上

① 《儒学伦理可强有力替代目前强势的西方个人主义》,《人民日报》2014年11月7日。

作出巨大贡献。从中国早期政治现实主义的《孙子兵法》到毛泽东思想的《矛盾论》《中间地带论》或者《三个世界理论》，许多中国作家都对国际关系专业的研究发展提供零散的概念和观点，但却毫无构成系统性的国际关系学说。也就是说，虽然中国文明在其悠久历史上提供特设的战略观点（ad hoc strategy），中距理论（middel range theory）或者社会及政治世界观对“国际”进行分析，但是当代中国思想史缺少像政治理想主义、政治现实主义和系统论的整体理论（holistic theory）。儒家思想长期以来一直是中国最重要的政治哲学之一，对国际体系中的政治单位之间的关系有着不可忽视的基准。

应该说明的是国际关系理论和学说两者之间的区别。理论是一整套按照科学方法来描述、解释和尝试预测事实及其因果关系的概念和想法。理论是一门学科中所测试的假设和概念（政治学的政治理论，经济学的经济理论，社会学的社会理论等其他理论）并包含不同的学说，就像理想主义、现实主义、行为主义、系统论、建构主义等其他以整体、中距和特设范围解释国际关系的研究对象：国际政治权力。反之，学说是信仰或教导的教诲、原则或立场的组合。两者不同的是，理论是普遍、公开和令人对其概念和想法提出质疑；而学说试图成为普遍性并是封闭性，不接受批评以及在历史上经过小规模的修正。因此，可以肯定：（一）提到中国国际关系理论是否存在是不正确的想法，因为国际关系理论属于一门学科，是普遍性的，而不属于某一特定的国家；（二）中国研究人员和专家可以对国际关系理论献于概念和理念；（三）中国理论家和学者可以构成像目前已在学科中有的国际关系学说，而不能构成国际关系理论，因为理论是多中心性，已经存在，虽然他们可以贡献新的或修改现有的概念、定义和理念来对理论自我质疑；（四）可以将中国历史上创造的学说或世界观的概念、定义和原则应用于国际关系理论中。这最后第四点包含儒家思想及其不同的派别。

构成学说时必须回避非历史主义（ahistoricism）。王日华教授认为目前的国际关系可以追溯到春秋战国时期（前1027年—前221年）并推断两者之间的相似之处[①]。应当指出，国家是在现代出现的政治范畴并中文“国际”的意思是，像西方各种语言一样，就是国家之际，分为“国”和“际”，即国家间。因此，无论是在西方还是在中国，都将国际关系概念和范畴搬回到古代或中世纪，形成巴里·布赞和理查德·利特尔在《世界历史中的国际体系：国际关系研究的再构建》一书提到非历史主义这个问题，就是国际体系不发达的五项理由之一。[②]

---

① 王日华：《孔子主义国际关系理论与中国外交》，《现代国际关系》2011年第5期。

② 五项理由是：当前主义（presentism）、非历史主义（ahistoricism）、欧洲中心主义（Eurocentrism）、无政府主义偏好（anarchophilia）和国家中心主义（state-centrism）。见：Barry Buzan and Richard Little, International Systems in World History: Remaking the Study of International Relations, Oxford University Press, Oxford, 2000.

当我们将过去的观念和范畴来解释当前时事的时候，该问题反过来出现。不少的西方学者把冷战时期的美苏对抗与古希腊的雅典和斯巴达对抗对照。最近，格雷厄姆·艾莉森教授在《战争的命运：美国和中国可以避开修昔底德陷阱吗?》一书中把中美关系与雅典崛起对斯巴达造成的恐惧比较。这种对抗导致了伯罗奔尼撒战争（前431年—前404年），尽管笔者同时研究了国家避免战争的其他历史案例。[①]

像柏拉图、亚里士多德、马基雅维利、康德或马克思等其他著名哲学家一样，儒学思想的概念可以应用于国际关系学说的形成上，但有必要避免陷入像布赞和利特尔认为的当前主义（presentism）[②]。也就是说，利用过去来理解目前的反想法。换句话说，当前是看过去的镜子，过去只能通过现在使用的范畴来理解。[③]

国际关系理论研究的世界中心正在因中国崛起而开始转变。这是因为国际关系知识的演变跟随着大国的兴衰。中国思想，在前理论阶段（1978—1990年）和理论学习阶段（1991—2007年）之后，处于理论创新阶段[④]，即不同学派的中国思想家寻求创建新的国际关系学说。在创建中国国际学说的过程中，研究个体性与构成理论有关联，因如何理解个体性的特征将成为新版国际关系学说的理论预设的一部分。从儒家思想中正在出现的儒家内在现实主义作为一种与西方主要国际关系学说相竞争的整体学说。儒家思想有一系列的基本假设和原则可以对国际体系进行解释。个体性观点就是其中之一。

王日华教授建议以君子道德来联系人、国家与和平[⑤]。按照康德《永久和平论》一书和米歇尔·多伊尔提出的民主和平论，王教授认为国家的属性决定了国际社会的和平或战争[⑥]。这导致该作者得出结论：在国家的道德属性之间没有战争，创造了道德和平论，体现了儒家对国际关系的思想[⑦]。这创造了个体性、道德的政治制度与和平之间的关系。不过，应该记住的是，由于缺乏实证检验，民主和平论受到质疑。面对批评，部分支持和平论的作者重新肯定了托马斯·库恩的范式不可通约性（paradigm incommensurability）或者将民主国家分为巩固和非巩固的两个民主制度的不同阶段，这

---

① Graham Allison, Destined for War: Can America and China Escape Thucydides's Trap? Houghton Mifflin Harcourt, Boston-New York, 2017.

② Barry Buzan and Richard Little, International Systems in World History: Remaking the Study of International Relations, Oxford University Press, Oxford, 2000.

③ Ibid.. 。

④ 秦亚青：《中国国际关系理论研究的进步与问题》，《世界经济与政治》2008年第11期。也见：Qin, Yaqing, Why is there no Chinese international relations theory?, in Amitav Acharya and Burry Buzan (eds.), Non-Western International Relation Theory. Perspectives on and beyond Asia, Routledge, New York, 2010.

⑤ 王日华：《孔子主义国际关系理论与中国外交》，《现代国际关系》2011年第5期。

⑥ 王日华：《孔子主义国际关系理论与中国外交》，《现代国际关系》2011年第5期。

⑦ 王日华：《孔子主义国际关系理论与中国外交》，《现代国际关系》2011年第5期。

样理论可以解释历史上出现过的民主国家之战的具体事件。①

二、社会现实与国际体系

社会是相互关联的个体共享环境的体系②。社会科学研究社会现实。社会现实是不可分割的，只有为了其学术理解分为政治、经济、文化和心理四个现实。

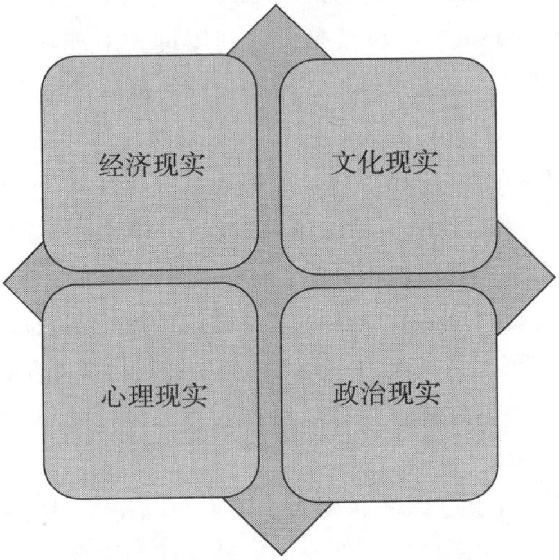

图1 社会现实

在这四个现实中，政治学研究政治现实，并分为国家内部政治和国家外部政治两个领域。与此同时，国家外部现实也被称为国际政治现实（或简单称为国际现实），是国际关系的研究领域。

① 莫尼卡·萨洛蒙教授认为，民主和平论排除了一些至少令人怀疑的实例：美英战争（1812—1814），厄瓜多尔与哥伦比亚战争（1813），1849年罗马共和国与两个西西里王国、法国和奥地利之间的战争（罗马共和国和法国可以被定义为自由主义或民主国家），普法战争（1870），美西战争（1898），布尔战争（1899—1902），第一次世界大战（有人认为德国并不比英法俄更民主或自由），第二次世界大战（民主国家芬兰参加了轴心国），两次黎巴嫩与以色列武装冲突（1947年和1967年）以及两次厄瓜多尔与秘鲁战争（1981年和1995年）。见：Mónica Salomón, El debate sobre la Paz Democrática. Una aproximación crítica, Revista Estudios Políticos, No. 113, July-September 2001, pp. 247—248.

② “A society is a system of interrelated individuals sharing an environment.” 见：Mario Bunge, A systems concept of society: beyond individualism and holism, Theory and Decision, Vol. 10, No. 1－4, January 1979, p. 13.

表 1 政治现实的分类

政治现实	国家内部政治
	国家外部政治（国际）

国际关系专业与政治学研究同样的对象，即政治权力。但是，国内和国外的政治权力是不同的。在国家内部中，权力集中在国家。命令者和被命令者之间的关系是从属上下关系。国家之外却不是这样，因为国际体系缺乏全球统一的权力机构，政治权力分散于多个国家，在按照权力平衡原则的敌友关系中这些国家行使自我保护。这样，国际关系不是从事研究其他社会科学专业所抛弃的问题及议题，而是政治学中的自主专业。

正如社会现实可以被理解为社会体系一样，国际政治现实也可以被看作社会体系的一个子体系。像其他体系一样，国际政治体系是由单位、结构和秩序原则构成的。单位是政治单位，而政治单位是国家。不像国家内部政治力量集中于国家，国际体系的结构在多个国家（权力或力量）中分散。体系的顺序原则是权力平衡原则（即均势）和国际公法原则。因此，国际体系的概念指一组国家在非集中力量结构中按照权力平衡与国际法原则相互作用。

历史上，国家力量分散是 17 世纪中叶教皇和神圣罗马帝国的二元权力机构解体的结果。之后，由于非殖民化国家的数量得到增加，从威斯特伐利亚和平以来，力量分散也不断增加。然而，虽然国际结构是非集中的，但是国家力量在更大或更小的分散范围内浮动。这一事实解释了单极—多极辩证法，尽管从最严格的意义上讲，极端的单极化和多极化是经验无法对比的理想类型（ideal type）。因为结构本质的分散以及平衡原则在体系缺乏世界政府的情况下迫使各国自我保护而生存。

中国宗藩模式也可以被视为一种体系。其特点与欧洲中世纪体系相似，但是有一些明显的差异。该体系的政治单位由宗主国（中国）和藩属国组成。结构不像威斯特伐利亚体系的力量分散，而是集中于宗主国。体系运转按照上下关系的权威性原则并体现于朝贡。例如，藩属国国王继位必须经宗主国册封才能可以获得合法地位。

三、国际关系中的个体性

本来个体性属于心理现实领域。同时，个体性同个人与社会关系有关，是社会现实的一部分，因此涉及整个社会体系。

个体性的定义是人或东西与其他人或东西之间不同的具体特征。个体性包括生物、心理和社会因素。在社会因素上，这种特征表现在不同社会属性群体中发展的人际关系，即对孔子来说是人、家族、国家和世界。像刘书林教授说：“人的个体性差异固然包含着生物学上的差异，但更重要的是个体在不同生活环境和社会关系中所形成的社会特质的差异。”[①]

“世界”是国际关系的领域。那里人的个体性不是本专业研究的对象，因为人的个体性被国家的个体性所取代，因上述提到，国家是国际体系的主要分析单位。实际上，随着人从一个较小的社会单位转移到一个较大的社会单位，人的影响被参加的机构稀释。人直接影响家庭，但人却间接影响国家和世界。因此，国际关系中的个体性与政治单位有直接关系，而与人有间接关系。这样战争就是在两国之间发生，而不是在人与人之间出现。据法国著名的社会学家雷蒙德·阿龙教授称，战争状态是在权力之间发生，而不在个人之间出现[②]。为此，国家是国际体系的单位和个人，通过国家或者其他国际体系行为体所占据的职位，来间接影响国际体系。

国家包括人、家庭、中介组织及其他行为体。国家对这些行为体的行为和交往进行价值的权威性分配[③]。然而，在国际体系中个人缺乏实力，而国家成为分散力量结构的主要行为体，不受到任何价值的权威性分配。在这种力量分散的情况下，个体性分配给国家而不分配不给个人，并且国家经过合作的方式来形成同盟等战略关系来克服其原本的个体性。合作关系由几个国家或普世联盟形成，如联合国。不过，人类面临的问题，如核威胁或气候变化等国际性问题，影响国家和个人的共同利益。

虽然有作者认为西方世界观与儒家世界观之间的人性不一致，但是一些作家认为人与社会的相互关系表达出两者有联系点。例如，意大利著名政治学家尼古拉·马基雅维利（Niccolò Machiavelli，1469—1527）在《君主论》提到的“君主和幸运”以及西班牙哲学家何塞·奥尔特加·加塞特（1883—1955）的“我是我和我的情形”同孔子的“人和命运”有相同之处。对于马基雅维利而言，幸运是超出人的控制范围。幸运必须根据两个含义来理解：一个是符合通常被称为的命运；另一个，符合必要境况[④]。两者都确定大部分的事情和人类行为[⑤]。对于孔子来说，命运超出了人的自由意志，是决定性的和人必须自愿接受[⑥]。从国际关系的角度来看，国际体系成为人的环境，所以要改写马基雅维利、奥尔特加·加塞特和孔子所提到的想法，我们说“人与世界”，不如更准确地说“国家与国际体系”。

国际关系专业对人的藐视与政治、经济和社会领袖在历史上有过的影响相矛盾。其实，不能排除伟大人物对改变人类历史的影响。例如，外交史用伟大人物的姓名来划分外交时期。因此，19 世纪出现了“梅特涅体系”“俾斯麦体系”“德尔卡塞外交”

---

① 刘书林主编：《思想道德修养》，清华大学出版社 2003 年版，第 78 页。

② Raymond Aron, Peace and War: A Theory of International Relation, Alianza, Buenos Aires, 1986.

③ David Easton, A Framework for Political Analysis, Amorrortu, Buenos Aires, 1976.

④ Vicenta Viciach, Concepciones de la naturaleza humana en la historia, Universidad Jaime I, Castellón, May 2004, p. 8.

⑤ Ibid..

⑥ Ibid.., p. 9。

以及20世纪的周恩来、基辛格等重要的当代外交人物。

再则，一位国家领导人可以决定结束一场战争，决定和影响交战国人民的命运。让我们回顾一下总统伍德罗·威尔逊的“十四点方案”作为第一次世界大战后巴黎和平谈判的基本原则。这里，人在国际关系中作用非常重要。表现出1918年1月8日总统向国会发表讲话中阐明的决定，虽然“十四点方案”也标志着两个军事冲突形成的政治现实（三国协约和三国同盟）。也就是说，人在国际体系中几乎没有行动的余地，受体系结构以及国际体系原则的约束。这些因素不是决定性的，而是在自由的范围内限制了人的选择。

迈克尔·尼科尔森认为国际关系中有三种类型的人。在政治制度中扮演角色的人（总理）或在国际上的其他国际行为体（国际公司）。第二种是政治制度之外的人但寻求影响制度运行（绿色和平组织）。第三种是在中央政治制度之外工作的人，试图以革命或准革命手段取代制度（甘地或阿亚图拉·霍梅尼）。[①]

在国际公法当中可以观察到个人在国际关系中的有限的影响力。个人本来没有签署条约的能力，也没有资格在国际法庭捍卫自己的权利。为此，国际公法设立国家和国际组织享有的权利和承担的义务。不过，国际法对个人的国际法主体性限制在特殊情况下。比如，在纽伦堡和东京法庭审判德国和日本首要人类罪犯。欧盟对公民承认国际法主体性资格也是如此。还有国际刑事法院对成员国的公民具有管辖权。同时，国际关系学中有很少的文章和书籍对个人进行研究。大部分的理论家也不认为个人是国际体系的行为体[②]。因此，个人与国际体系关系是间接的。世界政治、经济和文化领袖本人的角色，从教皇等宗教领袖到国家政要，通过代表国家或国际组织来进行。因此，国际体系中的个体性指国际关系的政治单位（如国家和其他行为体）而不指个人，除了上述提到的国际公法案例之外。

个体性也涉及人性。人的善恶性是没有任何科学证据的理论假设。来自基督教原罪的政治现实主义的恶性，政治理想主义的善性，以及孔子思想中人的善恶的不确定性[③]，都是没有事实对比的假设。讨论人性是无用的，因只能获得假设或猜想，并在这种弱势基础上建立理论观点，毫无疑问，会导致不可与现实对比的理论体系。而且，当不同的中国作家将善性与儒家思想以及恶性与西方思想联系的时候，他们相信儒家思想与西方思想有实质性的区别。虽然后者是基督教学说原罪的产物，也是马基雅维利、霍布斯等作家的初始点，实际上许多西方思想家的思想是从人的善性而出发（如

---

① Michael Nicholson, Individuals and their influence on the International System, in Michael Girard, Individualism and World Politics, Macmillan, London, 1999, p. 24.

② James E. Dougherty, Robert L. Pfaltzgraff, Jr. , Contending Theories of International Relations: A Comprehensive Survey, Latin America Editor Group, Buenos Aires, 1993, p. 33.

③ 孔子不确定人性的善恶。其学徒对人性给予了不同的解释。比如，孟子认为人性本善和荀子相信人性本恶。

洛克、康德等其他外国作家)。

对孔子来说社会分为圣人、君子和小人。圣人(西班牙文翻译成智者)是知识渊博和仁慈的人,是有限世界的无限存在。然而,这些并不是固定的类别,因为君子可以变成小人和小人可以经过学习修养学问道德变成君子。克服以自私为特征的人类状况。著名短语"性相近也,习相远也"[①] 是孔子对人性留下来的主要宣言。这句话的意思是:

> 人的本性气质本来是相近的,因为后天的生活环境和接受教育熏染不同,导致了人与人之间习性的差距愈来愈大。孔子强调后天教育的重要性,关键突出"习"的影响,如果后天有良好的教育环境,通过学习修养学问道德,就可造就许多仁人君子。可见环境的熏染至关重要,所谓"近朱者赤,近墨者黑"。"习惯如自然"说的都是这个道理。不同的环境可使性相近的人走向不同的人生道路。[②]

归根到底,儒家思想的中心轴与仁有关。据林盛彬教授介绍,孔子没有界定这个概念[③]。事实上西方各种语言没有准确翻译该词,也没有具体的唯一词来进行说明。因为仁的解释根据时刻、人民和事物来改变[④]。然而,它的本来意思就是对人们的善意,而后来的发展转变成一个广泛内容的道德范畴[⑤]。在各种作品中,它被翻译西班牙文理解为人类,仁慈或爱别人[⑥]。仁是一种关系性的美德,联系人与另一人,表达在其文字两个部首上,由立人旁(亻)和数字"二"组成,这意味着偏旁部首的重复,那就是代表第二个人[⑦]。

环境制定个体性。如上述所说,人出生平等但是通过教育从环境中修养道德而区分。统治者也必须按照德来统治(以德治国)[⑧]。基于孔子关于政治实践原则性的宣

---

① 《论语·阳货》第十七。

② 诗词网,性相近也,习相远也。http://www.shiciwang.org/4422.html。

③ 林盛彬,Virtud o Conciencia:una nota acerca de la traducción de Jen o Ren(仁)en Lun-yu,淡江大学第一届西班牙语国家汉学研讨会论文集,淡江大学西班牙语文学系,2014年6月23日。

④ 林盛彬,Virtud o Conciencia:una nota acerca de la traducción de Jen o Ren(仁)en Lun-yu,淡江大学第一届西班牙语国家汉学研讨会论文集,淡江大学西班牙语文学系,2014年6月23日。

⑤ 林盛彬,Virtud o Conciencia:una nota acerca de la traducción de Jen o Ren(仁)en Lun-yu,淡江大学第一届西班牙语国家汉学研讨会论文集,淡江大学西班牙语文学系,2014年6月23日。

⑥ 林盛彬,Virtud o Conciencia:una nota acerca de la traducción de Jen o Ren(仁)en Lun-yu,淡江大学第一届西班牙语国家汉学研讨会论文集,淡江大学西班牙语文学系,2014年6月23日。

⑦ 林盛彬,Virtud o Conciencia:una nota acerca de la traducción de Jen o Ren(仁)en Lun-yu,淡江大学第一届西班牙语国家汉学研讨会论文集,淡江大学西班牙语文学系,2014年6月23日。

⑧ 聂民玉、段红智:《论孔子道德教育思想的逻辑结构》,《保定学院学报》2010年第23卷第6期,第33页。

言，统治者必须追求德政，并德政与德密切相关①。

在现代历史中，儒家思想对西方的政治有特别的影响。值得回顾一下欧洲启蒙运动给孔子思想的高估值。例如，普鲁士的弗雷德里克二世被誉为哲学家国王，高度重视中国社会典范，特别是中国皇帝受孔子价值观的教育，如理性、智慧、仁慈和精英等道德原则。弗雷德里克将这些价值观应用于普鲁士，加强了开明专制。这样可见，培养仁的人是任何社会秩序的生发处②，包括国际秩序。也就是说，社会对人的影响是决定性的因素，并在此可见人在国际关系中的个体性。

孔子除了对人性的看法以外，还根据上级和下级之间的关系层次结构，以忠诚、尊重和互惠的观念，规定了人特定的社会行为。该学说加强了中国帝国机制的合法性，基于公元前 11 世纪中叶周朝创建的天命理论。学习儒家价值观确保了天子对天下所有人和事物的统治地位。不过，据姚新忠说，天赋予人类天命，经天命可以公平地统治世界③。授予或失去天命是道德判断的问题。因此，在儒家政治中，天命与人民的意志是一致的，凭借这个意愿，政府的合法化得到了确认。正如约翰·金·费尔班克（John King Fairbank）所说，与西方主权国家不同，国王的神学学说完全依赖于出生，中国的天命理论确立了拥有权力的道德标准④。

结束语

中国学者走向构成中国国际关系学说的新阶段。国际关系专业伴随着中国权力的增强以及中国学者翻译和学习外国著作的结果而得到发展。除此之外，中国是朝贡体系帝国权力合法性政治学说的创立国，有丰富的政治理论史。因此，如果某一人研究当代中国思想就会发现多位中国专家提出的国际关系概念和理论草图，尽管在该专业中还没有出现具体的中国学说。

中国缺乏国际关系的整体学说，儒家思想对发展国际关系学说或者对国际关系理论应用的一系列原则提供便利。儒家思想对解释全球体系有一整套基本假设和道德原则，可丰富国际体系中的现有原则。这些原则和假设并不一定与西方国际关系学说相矛盾，实际上反映了原来西方学说和中国学说对人性从各自单独讨论转变到共同进行理论辩论。儒家思想是超越性内在现实主义的学说，与依靠宗教信仰和超越世界的西

① 聂民玉、段红智：《论孔子道德教育思想的逻辑结构》，《保定学院学报》2010 年第 23 卷第 6 期，第 33 页。

② 聂民玉、段红智：《论孔子道德教育思想的逻辑结构》，《保定学院学报》2010 年第 23 卷第 6 期，第 33 页。

③ Eduardo Daniel Oviedo，“Confucius：between Han and Chinese”，Foces en el Fénix，No. 56，Buenos Aires，June 2016，ps. 19.

④ John King Fairbank，China，una nueva historia，Andrés Bello，Santiago，1996.

方政治理想主义和政治现实主义相同。为解释国际关系儒学需要脱离超越性，以便提供了内在现实主义道德观。

个体性涉及人与社会的关系，也是社会现实的一部分。虽然人还保留其独立性，但社会环境对人有影响。“幸运”“世界”和“命运”都是同样解释社会对人影响的概念。不过，从国际关系的角度来讲，国际体系是非个人的体系。个体性是人与国际体系的关系，但是两者中间有国家，国家联系个人和国际体系，而大部分的国际关系学家认为在国际关系中个体性属于国家。原来的“人和环境”的关系变成“国家和国际体系”的关系。这些并不意味着人没有影响力。人必须经过国家才具有间接影响，将人的自由与体系的制约相结合。因此，人及其间接影响是儒家学说在国际关系中的研究对象。

人被国际体系排除在外，但人是儒家学习的对象。儒家思想在国际关系中的个体性在于政治家与其他人学习道德教育的差异。儒家对政治人物的指导思想是“以德治国”并将其在世界上传播实施。统治者追求“以德治国”和君士道德的理性、智慧、仁慈、精英等原则并把它间接地传递给国际体系的其他人物。

Confucianism, Individuality and Social-Harmony: Contributions to Reorient the Dialogue at the World Order

[Ecuador] Milton Reyes Herrera (王 栋)
National Institute for Advanced Studies of Ecuador

Introduction

This paper will contemplate the relationship between individuality-society-State-social harmony, but also the contributions that Confucianism (specially the traditional approach) can provide to reorient the dialogue in the world order.

As a fist approach I will describe some of the general perceptions about Confucianism, and then this paper will attempt to propose a deeper reflection about the main subjects that Confucianism develops.

Thus, if we only look for an encyclopedic approach, we can find some general acknowledgments about Confucianism related to the individual and individualism in contemporary China, which could cause a little bit of confusion and contradictory interpretations for western people:

> Chinese tradition focuses on the individual as a vitally integrated element within a larger familial, social, political, and cosmic whole. Chinese thinkers frequently address issues related to individual value, empowerment, authority, control, creativity, and self-determination… (But also) …Chinese forms of individualism… tend to stress an individual's achievement or fulfillment of some potential from within and in terms of a larger familial, social, and cosmic whole. This concept of individualism does not support a strong sense of autonomy and independence as defined through separation or freedom from others, but rather it reveals the autonomy and independence of the individual as a fully attained and integrated being, within a larger web of relationships and authorities (Internet encyclopedia of philosophy).

Due to possible misunderstandings, this paper considers it necessary to make a reflection of how the individual and individuality are perceived by the traditional Confucian thought[①]. The understanding that the individual or self can only exist within an order of principles and values, strongly interconnected with a society as a whole; because of it, and as a first approach to Confucianism we can refer to the following five main principles:

"Jen (仁, benevolence and humanity), Li (礼: propriety, rites and structure), Yi (义, sometimes "I": faithfulness, righteousness, and justice), Zhongyong (中庸: the mean or the opposite of extremism[②], also as loyalty and consideration;); and Hexie (和协, harmony, or harmony chain" (based on: Dong & Day, 2004, p. 105).

As seen, we can also find an approach to self when we refer to Jen:

> Jen refers to the virtue of kindness, gentility, or goodness. The ultimate goal for self-improvement is to be Jen (Oliver, 1971). According to Confucius, "the man of Jen is a perfect man, a man of the golden rule, for wishing to establish his own character, also establishes the character of others, and wishing to be prominent himself, he also helps others be prominent" (Chan, 1963, p. 16). Confucius said that individuals should restrain themselves, directing their behaviors to meet the needs of the social norm and social structure. The concept of Jen is the core value in Chinese philosophy. The concept… focuses on sincerity and benevolence (Oliver, 1971). Jen suggests the unity of man and nature. (Ibid.)

As shown, we can deduce that for the Confucian matrix, the social order could be under-

① This is because sometimes we can find: "The idea that Confucian ethics is antipathy to individuality is a mistake as there are plenty of references to the self in both The Great Learning and The Analects. While emphasized by most Confucian texts, the value of authenticity is also often ignored and dismissed by scholars in the West." (confucianweekly. com, 2017)

② Sometimes wrote as "chung-shu" understood also as loyalty and consideration.

stood as a specific concept of order; a kind of order based in harmony[①], related to social harmony (then, if we were to interpret these relations from modern concepts, we could probably define that order as a harmonious social order).

After that first approach, we can try to establish how the individuality of matter is related to the self, authentically and the social order.

Confucian perspectives about relations between individuality and society

To try to understand individuality within the traditional Confucian thinking, we first need to talk about some related concepts:

1. Individuality is related to the concept of self, but also to the value of authenticity. Here individuality guided for the figure of a 君子 Junzi (君子, gentleman or nobleman, or probably better defined as an authentic person).

> Authenticity involves realization of one's own ethical substance and value. Discussions in The Analects emphasize that an authentic person exists as a self-conscious subject that executes his or her own plans and knows his or her ethical fate[②]… Meanwhile, in Mencius, Mencius conceived certain ethical-moral properties and capacities, including that of humanity and righteousness, to be inherent in each person, and loss of any of them made one less oneself (Mencius 1996, 2A6, 6A1—7) (Chen, 2013, p. 264).

2. Both meanings: self and authenticity as a value, are present in traditional Confucianism, they are related to the idea of a benevolent role with others and therefore with society.

---

① Harmony, is a very complex concept, as first reference we can follow this approach: "The Yi Jing (The book of change) develops the notion of 'grand harmony' (Tai he). It is the concept that the entire universe constitutes a great harmony. 'How great is the Qian (Heaven)! From it the myriad things originate under Heaven…With the changes of the Qian way, the myriad things all keep on their own path of life. Thus they preserve the grand harmony (*Yi Jing*: *Tuan*).' Accordingly, 'grand harmony'is the most important ideal in the *Yi Jing*. The world is full of different things, yet all these things harmonize as they go through incessant changes. The *Yi Jing* is considered the primary text among all Confucian texts. The notion of 'grand harmony'sets the stage for all other Confucian ideals, social as well as individual" (Li, 2008: 425).

② "In contrast, an inauthentic person—that is, a Xiaoren (petty person) —exists only as an object or slave of others'opinions" (Chen, 2013, p. 264). We can sensitize: "an authentic person is not a vessel (*The Analects*, 2.12)" (Chen, 2013, p. 264).

For Confucius, an authentic life is necessarily good and worthy. To become an authentic person (a Junzi) is to be worthy and substantial. This can be seen from several angles. First, for Confucius, authenticity is a value. It is something worthy to pursue and something bringing happiness. Conversely, one's worthiness itself must be authentic. Thus, having pointed out "the primary Confucian concern is to learn to become a good person," Weiming Tu observes: "If we prefer to use the word 'good' …we may have to redefine the primary Confucian concern in more neutral terms such as 'learning to become more authentically or more fully human'" (Tu 1985, 52). Tu rightly indicates that in Confucianism, to be good entails to be authentic and vice versa. (Ibid.)

3. Then, if one person, one self, practices authenticity is practicing individuality, but considering individuality as a value interconnected with responsibilities and benevolence within society.

Confucius gave us a list of some important traits of an authentic person including: piety, humanity, non-hypocrisy, living an examined life, loyalty, well learned, righteousness, generosity, prudence, trustworthiness, broad mind, moral integrity, altruism, wisdom, courage, moderation, having sincere relationships with others, and knowing his or her destiny (Confucius 1996, 1.2—1.4, 1.6—1.7, 4.5, 4.16, 5.16, 6.18, 7.37, 8.4, 8.6, 12. 16, 15. 18, 16.7, 16.8). Two things are conspicuous here. First, what are in Confucius's list are ethical-moral virtues and values (Ibid: 265)

4. Authentic and individual person doesn't mean that a self must be denied or to not recognize other persons; there is respect for diversity in the Confucian matrix: The unification of diversity is the basis for the generation of new things. Confucius says, "The gentleman aims at harmony, and not at uniformity (Junzi he er bu tong, 君子和而不同)." Thus, the gentleman may have views that differ from others, but he does not blindly follow others and instead seeks harmonious coexistence with them (Zhang: 2013). In the same way we can reach that, "in the Analects Confucius adopts the ideal of harmony, making it a criterion for the morally refined person (Junzi). He says that 'The Junzi harmonizes but does not seek sameness, whereas the petty person seeks sameness but does not harmonize' (Analects 13.23)" (Li, 2008, p.426).

5. Individuality as authenticity are also present when a virtuous person does not care about

what other persons without values, talk or criticize.

6. Confucianism recognizes self and authenticity, but within a mutual relationship with social order, where a self operates with Jen and authenticity, the social order will have harmony, there will be social harmony.

7. That harmony will also be reached when the differences are recognized and respected, aimed by procedures that help strengthen the harmony between people "Junzi, is also the ideal to reach individuality, thus for Confucius, a sensible person should be able to respect different opinions and be able to work with different people in a harmonious way". (Li, 2008, p. 426); and this is complementary when we understand that a major function of Li (rites, rituals of propriety) is precisely to harmonize people of various kinds (Ibid.).

8. Also we have to recognize mutual influence, the dialectical interaction: Individuality, and society ruled by values generate harmony, but also harmony generates a more stable society, Thus, "in the Analects and the Mencius harmony serves an important role in promoting the goals of Confucian social and political philosophy". (Li, 2008, p. 426) In the same sense we can point out that:

> Confucius believed that harmony is the key to the development of society, the community, and individuals, but he said that harmony is built on the principle that: A gentleman unites with people of principle and never follows others blindly. A petty man follows others blindly without regard to principle. (Analects, 13, 23) Ding (1997) pointed out that harmony is a fundamental principle of society and nature. Harmony maintains stability of the society, helps people enjoy their lives with happiness. Based on the above discussion of the five principles, Jen, Li, Yi, Zhongyong, and Hexie, we can clearly see that they share a common theme, which is humanistic in nature. These principles are all interdependent on each other, and they all influence one another (Dong & Day, 2004, p. 10).

In conclusion, until here, we have found that Individuality is related to society, related to responsibility. Individuality brings us the ideas of self-authenticity-individual based on values and principles. Summarizing: here we find the opportunity to find the mutual relations between individuality (not a kind of a selfish one); the social order-virtuous individual-virtuous society-social harmony.

Individual-Society-State

To penetrate in the understanding of the relationship between individual and society and then with the State, we can go through an analysis of Confucius'conceptions of the nature of man and State. As an introduction we can remember that:

> Confucius'concept of the nature of the human being centers mainly on his theories regarding virtues and human relations… Confucius places the ideas of "Jen[①]" (goodness and virtue), the "harmony chain[②]", "Tao"[③] (the way[④]), the importance of the family (filial piety)[⑤], "Yi"[⑥] (righteousness or justice)[⑦], "chung-

---

① Jen, also is wrote in pinyin as Ren. The concept of "Jen" is an integral part of Confucius'conception of international relations, as seen through the idea of the "harmony chain". Specifically, if the individual can put the Jen " way of life into practice, then this concept will spread to one's family, then state, then country, and eventually to the world (Doupe: 2003, p. 3).

② According to the philosopher, this concept is applicable at the international level: If all people exemplify the aforementioned virtues, relations between humans, whether in government or civilians, would be peaceful and harmonious (Doupe: 2003, p. 3).

③ The modern pinyin writing is Dao (道).

④ According to Confucius, the term means "the way", and applies to the nature of man, the state, and international relations, as it represents the manner in which he thought behavior should be conducted between individuals and states worldwide. Confucius explains that "if all under heaven have the way" or a particular state "has the way", moral principles prevail (Ibid.)

⑤ A high valued virtue, at present time in China. Confucianism proposes different relationships as part of filial piety; an important principle to harmonize the social order. Besides, there are five pairs of relationships, which establish the hierarchy in the articulations between individual but also within a social order: " (1) Ruler and subject; (2) Father and son; (3) Elder brother and younger brother; (4) Husband and wife; and friend and friend according to age. " (confucianweekly. com, 2017)

⑥ The right modern pinyin writing is Yi (义), also refers to righteousness, faithfulness, and justice… Yum (1988) observes that Yi is a difficult concept to translate. Instead, he proposed a better way to understand the concept by showing the antithesis of the concept, which is personal gains and profits (Dong & Day, 2004: 106)

⑦ Confucius defines this concept as something that is fitting, right, or seemly. (D. Howard Smith, *Confucius* (New York: Charles Scribner's Sons, 1973) 73 (at Doupe, p. 4).

> shu" (loyalty and consideration[1]), and "Li" (propriety or justice)[2] … (he) uses these concepts to identify the way he believes common people, public servants, and especially rulers should act. Virtues are of supreme importance to Confucius (Doupe, 2003, p. 2).

In the same sense, we must remember that for the philosopher the main virtues are humaneness or benevolence (Ren/Jen), dutifulness, wisdom, good faith, and observance of ritual (Herrlee: 1951)[3]; where he believes humaneness to be the most important of these virtues, as he says it plays an integral role in social relationships (Doupe, 2002, p. 2).

Thus, according to Confucius, humanness plays an integral role in social relationships. He defines humaneness in two parts: first, an attitude of reverence in human relationships, and the observance of a respectful behavior at all times; the second is to show consideration to others by not carrying out actions one would not want done to oneself. (Ibid.).

We must point out that even though individual virtues, moral and ethics, tradition and ritual, play a main role in the orientation of society, Confucianism cannot lay the whole responsibility on governed individuals. Rulers and governments also have responsibilities, and should reach a state of virtue:

> Confucius believed that the government should benefit all people, not just the representatives, involved therein. Keeping in line with the themes of individuality and virtue, Confucius wanted a social order that was based on personal ethics where the political is the result of the personal. This is to say that, if people are virtuous and kind, then the state can be so as well. Furthermore, if harmony is to be present in the state, it must begin with the people[4]. Confucius was often asked how one could contribute to government. To this question, he offered the idea of personal contribution through actions. He is quoted in The Analects as having said, "only be dutiful to-

---

① Confucius feels that loyalty and consideration or "chung-shu" is of great importance for those individuals involved in public life. By loyalty, Howard D. Smith suggests that Confucius implies serving wholly with all one's heart, whereas, by consideration, the ancient Chinese philosopher refers to putting oneself in the place of others (Smith: 1973, p. 73). (At Doupe, p. 4).

② Translated, the term means propriety or the rules of good behavior. It is simply the interactions of polite society and the proper way to conduct oneself (Ibid.).

③ Acording to Herrlee, 1951 (Doupe, 2003); but in a context Li could be translated also as "rites, rituals of propriety" (Li, 2008: 246).

④ Raymond Dawson, *Confucius* (Oxford: Oxford U. Press, 1981) 103 (Doupe, 2003).

> wards your parents and friendly towards your brothers, and you will be contributing to government. "[1] Confucius implies that the practice of social virtues, within the family, by those without political power, makes a significant contribution to government, by contributing to social harmony, which he believed to be the purpose of government.[2] (Doupe, 2003, p. 5).

Only the virtuous and beneficial rulers could reach legitimacy. This is because, according to Confucius, people under the ruler also play an important role. He felt that people should be loyal to their leader, if he is just and good to them. Conversely in cases of tyranny, Confucius advocated for rebellion (Ibid, p. 6).

Once again we can deduce a deep relationship between the individual and society, their mutual influences and their impacts on power related actors. This deduction grows stronger if we were to understand that loyalty within Confucianism would be possible between the people and their ruler, helping to create the ideal virtuous society[3]. This could be interpreted as ideal for a harmonious society. If rulers and people follow the values of Junzi, society can reach harmony; thus, we also find a dialectic, interdependent and a relationship of mutual influence between the different members of the society.

Summarizing:

1. If a good, common individual helps to build a better society, there will be therefore a better State; but also there will still be a responsibility for rulers.

2. If the ruler is evil, then the state and society will be evil. If the ruler causes suffering, people have the right to turn him down through rebellion.

3. If rulers and individuals follow individuality as related to self and authenticity there will be social harmony and also a harmony chain. Harmony is a very complex concept, but as an approach we can follow this explanation:

> According to the Confucian classic Zuo Zhuan (Chapter Shaogong 20), the ancient scholar minister Yan Zi (? —500 BCE) formulated the notion of harmony on the model of making soup and producing music.

---

① Ibid.

② Ibid.

③ Raymond Dawson, *Confucius* (Oxford: Oxford U. Press, 1981) 103 (Doupe, 2003).

He said Harmony (he) is like making soup. One needs water, fire, vinegar, sauce, salt, and plum to cook fish and meat. One needs to cook them with firewood, mingle (he) them together in order to balance the taste. One needs to compensate for deficiencies and reduce excessiveness. The good person (Junzi) eats [such balanced food] in order to purify his heart/mind (xin) And, Sounds are like flavors. Different elements complete one another: one breath, two styles, three types, four instruments, five sounds, six measures, seven notes, eight winds, and nine songs. Different sounds complement one another: the pure and the impure, the big and the small, the short and the long, the rapid and the measured, the sorrowful and the joyful, the strong and the tender, the slow and the fast, the high and the low, the in and the out, and the inclusive and the non-inclusive. Listening to this kind of music, the heart/mind of the good person (Junzi) is purified (Li, 2008, p. 424)

4. For classic Confucianism, the harmony of people is the most important value in human affairs, thus:

Mencius (372—289 BCE) also highly values harmony. He comments that among the three important things in human affairs, the harmony of people is the most important: good timing is not as good as being advantageously situated, and being advantageously situated is not as good as having harmonious people' (Mencius 3B. 1). In order to achieve a major goal in social affairs, one would need all three: good timing (tian shi), being advantageously situated (di li), and having harmonious people (ren he). The most precious thing, however, is to have people who harmoniously work with one another. (Li, 2008, p. 426)

Finally, on this topic, we need to recognize that on modern times, a society, a country and a State are integrated in a specific world order, where the States (as in State-society complexes), process their interests vis á vis, with other State-society complexes and other actors, within a frame of international relations. Because of this this paper about world order and States, and then about some Confucian reflections that can operate when we talk about international relations.

Confucianism and International Relations, IR[1]

Before we analyze Confucianism and IR, we need to discuss some theoretical concepts. When we mention world order, we will refer to:

> in preference to "inter-state system" as it is relevant of all historical periods (and not only those in which states have been the component entities) and in preference "World system" as it is more indicative of structure having only a certain duration in time and avoiding the equilibrium connotation of "system". "World" designates the relevant totality, geographically limitations by the range of probably interactions (some past "worlds" being limited to the Mediterranean, to Europe, to China, etc.). "Order" is used in the sense of the way things usually happen (not the absence of turbulence); thus, disorder is included in the concept of order. An inter-state system is one historical form of world order. The term is used in the plural to indicate the particular patterns of power relationships, which have endured in time, can be contrasted in terms of their principal characteristics as distinctive world orders (Cox and Sinclair, 1996, pp. 116—117).

Thus, we also have to recognize that at the present world order we will find hierarchy between States, but also we have to understand that we talk about State/society complexes, because "State is thought to be absolutely inseparable from civil society as together they constitute and reflect the hegemonic social order"[2].

At the same time, we can find that the hegemonic social order, at domestic and international level, is based on three structures of force: institutions-material capabilities and ideas

---

① Part of this theme has been presented on the paper: Confucianism and its Relevance: Reinforcing South America and its International Relations, at 5th Congress of the International Confucian Association, November 2014, Beijing, China.

② According to Cox, this distinction made practical sense in the Eighteen and early Nineteenth centuries when it corresponded to two or more less distinct spheres of human activity or practice: to an emergent society of individuals based on contract and market relations which replaced a status-based society, on the one hand, and the state with functions limited to maintaining internal peace, external defense and the requisite conditions for market, on the other. Traditional IIRR theory maintains the distinctness of the two spheres, with foreign policy appearing as the pure expression of state interests. State and society are so interpenetrated that the concepts have become almost purely analytical (Cox: June, 1981, pp. 126—127).

(Cox: 1981). Those structures interact, and they mutually impact each other. Thus, the level of the ideas is an important force, because it can impact present configuration of hegemony (domestic and international), and it can contribute to reorient the dialogue at the world order.

Once we have established some concepts about world order and the State/society complex characteristics, we will get back to the specific theme: Confucianism and IR.

Thus, as a general approach, we first have to understand that Confucius did not live in a context of national states as conceived by modernity, but the Confucian thinking can be related to IR reflections. Confucius'views on the nature of international relations stem from his conception of the virtuous individual (Doupe, 2003, p. 2).

Because of the continuity between the individual, society, the State and their relation with other countries, humaneness or benevolence (Jen/Ren) once again is of great importance to construct leadership and legitimacy in a country's IR.

Once again, Confucius defines humaneness in two parts: an attitude of reverence in human relationships, and the observance of a respectful behavior at all times; and to show consideration to others by not carrying out actions one would not want done to oneself. (Ibid.).

Both premises can be understood in the domestic social relationships, but also at the IR level①; and can furthermore orient a country's foreign policy, as well as the ideas that shape practices and discourses.

As part of the afore mentioned continuity, understanding the relationship between the domestic and external sectors of the Confucian background Chinese ethics-enriched with Mencius'②The Great Learning③, as a deontological system of a continuity spanning a range from personal to public concerns without differentiation: a good society is a good State, and a good world all have to rest upon the foundation of a good individual. (Hsu, Cho-Yun: 1999,

① This can be observed when the Confucian ideas center upon the notion of Ren: on one hand, Ren constitutes the basis upon which the maintenance of public order is founded. It is a set of norms, principles and rules that both the ruler and subjects are expected to follow, governing the way in which a policy maintains its legitimacy. On the other hand, the external dimension of ren presupposes a universality of morality transcending political boundaries, (Tamaki, 2007, p. 285). A fact that being over-dimensioned by authors that find a realist matrix in the Confucian thought, but can be understood trough historical comprehension of the Confucius days.

② One of Mencius contributions was the integration of the concept of Yi with Confucian Jen to create a new fundamental notion of the Confucian system (Op. Cit., Hso, Cho-Yun, 1999, p. 157).

③ The entire Confucian system of ethics as refined and extended by Mencius is crystallized in The Great Learning, one of the four classics of the Confucian tradition. The Great Learning appears to have been a guidebook for Confucian students to gradually appreciate the connections between various items of virtues (Ibid. p. 159).

p. 160). Once again, a good individual is one that has developed his individuality due to authenticity, therefore has a conscience of self.

Conversely a continuum between individuals, society, authorities and the State exists within the Confucian thought. It is important for the foreign sector to have a competent and able representative, because (according to Confucius) a good and proper ruler is the individual who is the most directly involved in all aspects of inter-state and international relations. (Doupe, 2003, p. 6).

Although this paper agrees with the last statement, we must also understand the historical and political context, and propose that in modernity, a leader-representative is only one actor within the inter-state relations, and that the political power is represented by the figure of State. Here the State is not only the head (ruler, prime minister, president, king, emperor), but also its institutions and bureaucracy. There once again, lays the importance of the virtuosity system under the Confucian perspective, in order to enforce the capabilities of a country in the domestic and IR realms.

Those capacities based on virtue according to Confucianism, can be reached through education, not by punishment and law①. Thus, Confucian education policy was linked to political ideas. One of the foremost aims of Confucianism was to produce a constant supply of the right kind of people for government and administrative service②. Otherwise, if a State is corrupt because it contains corrupt individuals, it will be unsuccessful in building positive and mutually beneficial relations with other states (Ibid.).

The importance of education then is to construct a harmonious society, one that can avoid corruption and suffering. Education, more than punishment, can show the values of individuality and authenticity, through virtual individuals and society. Then it will be possible to generate harmonious relationships with other states and societies.

At the same time, as we have seen in the figure of Junzi, we have to recognize that the construction of harmony through education is not minimizing the self, because looking for harmony does not equal seeking uniformity. This is because "the universe unites diversity. There exist many differences in the universe, nature, and society. However, differences do not neces-

---

① Law controls merely through fear of punishment does not build moral character within a person: "If you lead the people by means of regulations and keep order among them by means of punishment, they will be without conscience in trying to avoid them. If you lead them by virtue, and keep order among them by ritual, they will have a conscience and will reform themselves" (Dawson: 1981, 103). Law does not educate, rectify past deeds, or make any contribution towards the Confucian aims of transforming people, where the emulation of virtuous role models would (Ibid.) (Doupe, 2003, Obcit. pp. 5—6).

② D. Howard Smith, *Confucius* (New York: Charles Scribner's Sons, 1973) 94. (at Doupe, 2003).

sarily result in conflict or contradiction. Differences between objects sometimes evolve into contradictions and at other times constitute the necessary condition for harmony" . (Zhang 2013)

This approach about the principle of respecting differences also can be applied to: (1) surpass some IR theories which believe in a homogenous universality, but also can (2) help minimize conflicts within the concrete relations between states, and civilizations; thus setting the scenery for a dialogue within differences.

At the same time if we view an State as a person, who recognizes his individuality, his authenticity, we could find domestic and external harmony, because the State's relationships at International level will flow easier.

As we have seen harmony is related to recognizing differences and the fact of working together with everyone playing an important role, but also as part of common humanity.

An approach to reorienting the dialogue at the World Order

About this topic we have to recognize that the international system as a social construction is not an essence, it exists within a given historical frame. Because of this, we must understand that the at world order we find not only structure but also agents, which communicate each other through ideas. These ideas can inform and impact on formal institutional structures, at least in two ways: in the construction of a normative, but also to maintain or reorient the dialogue at the world order.

Additionally we can remember the Confucian ideas of a virtuosity system, can enforce the capabilities of a country in the domestic and IR realms; but we could also recognize the potentiality of his discourse based on the ideas related to virtuosity, authenticity, and individuality, which could be applied not just for individuals, but also for the State/society complexes, dialoguing in the world order.

Thus, to develop this theme we need to recognize some of the fallowing subjects.

1. At the present world order, China is a main player, China is a civilization state that needs to be understood.

Understanding China will bring some benefits for the world politics and elevate the level of mutual trust and cooperation at international security; but also, understanding China will help in the bilateral relationships, especially of the "small States"; because the sense of sovereignty of its foreign policy, which matches the acknowledgement of differences.

[Ideas as] "The gentleman aims at harmony, and not at uniformity (Junzi he

> er bu tong，君子和而不同）．” Have been applied in the Chinese leadership's formulation of foreign policy Its adherence to the principle of seeking coexistence and common prosperity despite diversity is exemplified in the Five Principles of Peaceful Coexistence（He ping gong chu wu xiang yuan ze，和平共处五项原则）—mutual respect for territorial integrity and sovereignty，mutual nonaggression，noninterference in each other's internal affairs，equality and mutual benefit，and peaceful coexistence—that were introduced by Chinese leaders in the 1950s to govern relations between states（Zhang 2013）

Then as seen，if we understand that the relation between individuality，authenticity，Junzi and harmony in the traditional Confucian thought，we can understand the Chinese state guiding perceptions and actions at the international order

Even though some western analysts，with a higher-realistic background，believe that Confucian concepts are being reoriented in a functional way by the communist party，in order to achieve legitimacy within and outside China，we need to understand that Confucianism，as a matrix of thought，also shapes the mentality of the communist party members and leaders；their ideas are also conformed within a historical frame structure where Confucianism is part of the core of Chinese civilization.

Therefore，if we want to understand some of the main concepts of China's foreign policy，as Chinese Soft Power，we must acknowledge their roots in Confucianism，in at least 2 ways：

1. Directly，by own philosophical development.
2. Indirectly，when other theories or concepts are reconstructed since they are in contact with the dialectic of Confucianism.

Thus，that we can find at least 3 schools of Chinese soft power

The cultural："the core of soft power is culture"，（Glaser；Murphy，2009，p. 15）；one variant of soft power of the culture school，states that soft power includes thoughts，ideas，and principles as well as institutions and policies，all of which operate within the context of，and cannot be separated from，a nation's culture（Ibid.）.

The second school：a "political"，held by some international relations experts，does not deny the importance of culture but focuses instead on how soft-power resources are used，concluding that political power is the core of soft power（Ibid.）

The "holistic" one：with even more Confucian influences：

> The Chinese approach to soft power is holistic：the domestic and foreign policy aspects of soft-power development are conceived as an organic whole. For example，

> the idea of "establishing a 'harmonious society'domestically and establishing a 'harmonious world'internationally" is seen as providing a "comprehensive framework for the ongoing development of China's soft power". … making China's culture, as well as economic and political values, attractive to both a Chinese and an international audience (Ibid., p. 20).

As seen, the all 3 of them, to a different scale, relate to a Confucian matrix.

Understanding the recreation of concepts by Chinese IR, can help us understand for example, that there is also a relation between the idea of harmonious world and the concept of Chinese soft power, which means Confucianism is still part of the discourse of China at international scenarios.

This matter can also help us understand that some concepts as Chinese soft power do not reproduce the same meaning of Nye's soft power① (1990; 2004); at the end it looks like some concepts are being reconstructed to make them easy to perceive, or they are oriented to translate the complexity of Confucianism and other philosophical traditions with the intention to generate or facilitate dialogue with other international actors.

Finally at this point we can state that:

1. Understanding Confucianism concepts and principles, as Confucian individuality related to virtue and connected with social harmony, can help to improve the dialogue between people from any country and people from China; a dialogue that could be made by common people, by officials and by rulers.

We must recognize that principles orient, and inform to agents, but not always every single individual within a State/society complex will act according to these principles. Nevertheless identifying the orientations given by the main principles can aid the understanding of shared values, and common goals. Through principles as recognizing the differences, the dialogue (particular or institutional) can also improve.

2. There are possibilities to influence the IR discipline, and then to influence to World Order.

---

① At 2004 Nye proposes that, "A country may obtain the outcomes it wants in world politics because other countries—admiring its values, emulating its example, aspiring to its level of prosperity and openness—want to follow it. In this sense, it is also important to set the agenda and attract others in world politics, and not only to force them to change by threatening military force or economic sanctions. This soft power-getting others to want the outcomes you want-co-opts people rather than coerces them. "Soft power rests on the ability to shape the preferences of others." (Nye, 2004).

According to theories as Constructivism or Critical Theory: the ideas, representations and images①, are also taken in the process of policy making and the State decisions, Confucianism, and his philosophical relationships between Individuality and Social-Harmony can influence to IR discipline, and then influence to reorient the dialogue at the world order.

As an example, we can propose that Confucianism has already influenced western history, political philosophy and other disciplines (and world order at such time), when we find out that the Confucian thought has shaped the political perceptions of liberalism:

> His ideas spread beyond the borders of ancient China to foreign lands. This can be seen in a more contemporary light, with Jesuit missionaries who entered China in the seventeenth and eighteenth centuries to become scholars and even court officials. They brushed aside the facades that had been built around Confucius'teachings over the millennia and worked to find the real Confucius through study of ancient literature. In several letters back to Europe, these individuals praised Virtue and the Individual: Confucius'Conception of International Society this "new" philosopher they had discovered. It was through these missionaries that Confucius'teachings were brought to Europe. At the time he became known to the West, it was the beginning of the great philosophical movement known as the Enlightenment. Many philosophers, such as Voltaire, Leibniz, and Wolff used Confucius'name to further their arguments, and they were themselves influenced in the process② (Doupe, 2003, p. 6—7)

Additionally, if we talk about specific concepts of Individuality related to Social Harmony, we can find that the Confucian matrix could help develop a deeper reflection regarding autonomy and sovereignty. Confucian concepts as authenticity and respect to differences can help sophisticate the conceptual tools for scholars interested in overcoming universal approaches that serve as a base of "essentials" which must be followed by societies and countries.

Finally, at the concrete IR practice, we can say that if we remember Confucian principles establish "to show consideration to others by not carrying out actions one would not want done to oneself", (Doupe, 2002, p. 2) we can find an important orienting guide for domestic but also for international affairs. This is because, this part of humaneness is oriented to one important principle: reciprocity.

---

① Which mean that influences not only come from specific structures at the world order.

② Herrlee Glessner Creel, *Confucius: The Man and the Myth* (London: Routledge & Kegan Paul Ltd, 1951, p. 151) (at Doupe, 2003).

3. Confucian social and political philosophy which is based in concepts such as as harmony (where individuality plays an important role), can provide elements for "small states" to achieve a more effective dialogue at the world order, with the recognition of:

Their own individuality, which means to recognize the interdependence between (1) the need for internal social harmony, and (2) the need of a contribution to construct a harmonious world order.

The important role that a small state itself can play for harmony. As a part of a diverse totality.

Their own social construction and individuality doesn't need to follow "universalistic recipes".

4. Confucianism, at a practical level, can help construct the capabilities to strengthen the state, officials and therefore improve its dialogue capacity①: Because the State today is more than one ruler, there is a chance to understand the contributions at the theoretical and philosophical levels-moral and values, but also in practical way as in education and meritocratic procedures.

Confucianism as a system of values can strengthen the institutionalization (bureaucracy, technocracy, authorities, etc.) and social harmony (including individual and the members of "civil society").

The Confucian contributions in the level of ideas can be reached through educational efforts, mainly related to programs that consider Confucianism as alternative school of thought within formation and capacitation programs. This could be offered not only to the public sector members, but also within the whole educational system, and especially in the subjects referred to Ethics.

This objective not only can improve the public service, but also aid future bureaucrats and authorities and the rest of society, which could impact:

Promoting meritocracy trough virtuosity, deconstructing ideological perspectives and minimizing actions based on lobbies, connections, corruption privileges. Thus, deconstructing an ideological perspective that has been assumed as part of a natural order, and as an essential reality impossible to be changed.

To strengthen the thinking process and the actions articulated to collective images that call for equitable and beneficial relationships at the domestic and international orders. These collec-

---

① Also, part of this subtheme has been presented on the paper: Confucianism and its Relevance: Reinforcing South America and its International Relations, at 5th Congress of the International Confucian Association, November 2014, Beijing, China.

tive images aim for the construction of alternative models of development, and compete with the discourses of illegitimate projects.

These matters as we have seen, are not relevant only for states, but also to the world order because as part of the Confucian's continuity we can deduce that:

If people-society-states are able to follow authenticity, this means corruption can be minimized. It is possible to arrive to mutually beneficial relations with other states, and trough the articulation of virtuous states, in order to promote a World Order that is more equitable, legit, and respectful of sovereignty.

5. If individuality—a value from Confucian philosophy-is considered to reshape the dialogue at any level, there is an opportunity to redirect the dialogue in the world order for a better understanding.

This should occur if the respect of parts in dialogue is guaranteed, not in a formal way, not just as a legal issue; but only because here is the recognition that every state and society are harmony building elements; even more so, they have the right to be, think and act different. There is a chance to construct an harmonic world or an harmonic international society.

Bibliography

1. Chen Xunwu (2013), Happiness and Authenticity: Confucianism and Heidegger, *Journal of Philosophical Research* Volume 38 2013, pp. 261—274.

2. Confucianweekly. com (2017) Individuality and Authenticity in Confucianism 儒家思想中的个性与真实性, Posted on july 17, 2017, available on https://confucianweekly. com – 07/17/individuality-and-authenticity-in-confucianism-% e5% 84% 92% e5% ae% b6% e6% 80% 9d% e6% 83% b3% e4% b8% ad% e7% 9a% 84% e4% b8% aa% e6% 80% a7% e4% b8% 8e% e7% 9c% 9f% e5% ae% 9e% e6% 80% a7/, visited visited on july 30th, 217

3. Cox, Robert (1981), Fuerzas sociales, estados y órdenes mundiales: más allá de la teoría de las relaciones internacionales, en: John Vasquez, 1994 Relaciones Internacionales. El pensamiento de los clásicos. Editorial Limusa, Barcelona.

4. Cox, Robert. Social Forces, States and World Orders: Beyond International Relations Theory Millennium-Journal of International Studies, June 1981, vol. 10 no. 2, pp. 126—155.

5. Cox, Robert & Sinclair Timothy (1996). *Approach to the World Order*, Cambridge University Press, Cambridge.

6. Dong, Qingwen, & Day, Kenneth (2004). A Relational Orientation to Communication: Origins, Foundations, and Theorists. *Intercultural Communication Studies* 13, pp. 101—

111.

7. Doupe, Aaron. Virtue and the Individual: Confucius'Conception of International Society, Glendon Papers, Glendon College, Ontario, Volume no. 3, 2003, pp. 1—8.

8. Glaser, Bonnie S. ; Murphy, Melissa. E. (2009) Soft Power with Chinese Characteristics: the Ongoing Debate. Policy, pp. 10—26.

9. Hsu, Cho-Yun. Applying Confucian Ethics to International Relations, in Ethics and International Affairs. Edited by Joel Rosenthal. Washington: Georgetown University Press, 1999, pp. 148—169.

10. Internet Encyclopedia of Philosophy. Individualism in Classical Chinese Thought, Available on http: //www. iep. utm. edu/ind-chin/, visited on july 30th, 217

11. Li Chenyang. The Philosophy of Harmony in Classical Confucianism, *Philosophy Compass* 3/3, 2005, pp. 423—435.

12. NYE, Joseph S. (1990) Soft Power, Foreign Policy, No. 80, Autumn, pp. 153—171, 1990.

________. Soft Power (2004). Wielding Soft Power, Public Affairs, 2004, Chapter 4.

13. Tamaki, Taku. Confusing Confucius in Asian Values? A Constructivist Critique. International Relations, Sage, Published by http: //www. sagepublications. com, 2007; pp. 285—304. Available on http: //brianventura. files. wordpress. com – 02/confusing-confucius-in-asian-values. pdf, Reviewed on June 10th, 2014.

14. Zhang Lihua. China's Traditional Values and Modern Foreign Policy, Window into China series, Carnegie Tsinghua, Center for Global Policy, January 15th, 2013. Available at http: //carnegietsinghua. org-01/15/china-s-traditional-values-and-modern-foreign-policy-pub –50629, Reviewed on august 10th, 2017

Other references

1. Chan, W. (1963). *A source book in Chinese philosophy.* Princeton, NJ: Princeton University Press. (at Dong & Day, 2004).

2. Confucius. 1996. The Analects. In *The Four Books and Five Classics*, Vol. 1., ed. XiaoMing Yang. Chengdu, China: Bachu Publishing House (at Chen, 2013).

3. Creel, Herrlee Glessner, (1951). *Confucius: The Man and the Myth* (London: Routledge & Kegan Paul Ltd, (at Doupe, 2003)

4. Dawson, Raymond (1981). *Confucius.* Oxford: Oxford U. Press, (at Doupe, 2003)

5. Ding, W. (1997). *Understanding Confucius.* Beijing, China: Panda Books. (at Dong & Day, 2004).

6. Oliver, R. T. (1971). *Communication and culture in ancient India and China.* Syracuse, NY: Syracuse University Press (at Dong & Day, 2004).

7. Smith, D. Howard, (1973), *Confucius.* New York: Charles Scribner's Sons, (at Doupe, 2003).

8. Tu, Weiming (1985). *Confucian Thought: Selfhood as Creative Transformation.* New York: State University of New York Press (at Chen, 2013).

孔子伦理与俄罗斯社会思想

［俄罗斯］N. A. 萨莫依洛夫（И. А. Самойлов）
俄罗斯圣彼得堡大学中国问题研究中心主任

在我们这个时代，孔子的思想不仅在中国，乃至在全球都影响很大，因为他的理论代表了人类普遍价值观，孔子理论的人文潜能是巨大的，许多思想家在寻求精神和谐和内在平衡时都曾对孔子理论进行过深深的思考，因为他的思想中饱含人类思想的精华。

德国作家诺贝尔获奖者赫尔曼·黑塞（1877—1962）指出，当欧洲读者了解到孔子的理论时“会突然萌发将两个不同的世界合二为一的奇怪想法，因为我们在这个伟大的陌生人的理论中可以发现我们熟悉的西方历史上伟大思想家深层次的精神实质”①。

在俄罗斯的社会思想中也同样能找到与孔子人文理念的共同之处，俄罗斯的思想家们曾多次对孔子的理论原则进行了研究并从中找到了与自己观点的相通之处。

俄罗斯的作家和翻译家被孔子和中国18世纪的哲学家的著作所吸引，他们的作品最初是从法文翻译成俄文的，因为伏尔泰和当时在俄罗斯很出名的法国启蒙思想家们都对中国和孔子道德学说兴趣浓厚，还有一些传教士把一些中国古典书籍直接从汉语翻译成了西欧语言，孔子的学说很快引起了俄罗斯知识界的关注。

1773年，瓦西里·格里戈列维奇·鲁班（诗人、翻译家、俄著名政治家波托姆金公爵秘书）出版了《中国圣人——在社会中幸福生活的科学》，之后，俄罗斯出现了关于孔子生平和观点的著作，是基于西方的《孔子的生活——欧洲人如何看中国最杰出的哲学家、古代学说的修复者》，由米哈伊尔·伊万诺维奇·维雷夫金院士于1789年在莫斯科省克林斯基区米哈廖夫村（他生活和从事翻译工作的地方）根据传教士的笔记翻译成俄文的。

18世纪下半叶俄罗斯的启蒙思想家在很大程度上受西欧启蒙运动的影响，主张废

① Гессе Г. В мудрости Востока и Запада мы видим уже не враждебные силы, но полюса, между которыми раскачивается жизнь//Восток-Запад. Исследования, переводы, публикации. М., 1988. С. 207. 赫尔曼·黑塞：《在东西方的智慧中，我们看到的不再是敌对的力量，而是在两极间游走的生命》，《东方—西方．研究、翻译、出版》，莫斯科：1988，第207页。

除农奴制和专制主义，为了传播公正平等的思想，引用了孔子的理论。

俄罗斯著名教育家诺维科夫（Н. И. Новиков），反对俄罗斯专治体制，倡导与当时泛滥的滥用职权、收取贿赂、保守主义斗争。1770 年在其发行的杂志“Truten”上发表了里昂耶夫（А. Л. Леонтьев）的译文《中国哲学家向君主的建议》，该文章里的很多句子对当时的俄罗斯很有现实意义，比如“君王是很容易被愚弄的，所以常常被一些迎合奉承的人所围绕，所以对其百姓的真正状况并不了解”。通过这个译文诺维科夫塑造了一个“理想的开明君主”的形象隐含批评了叶卡捷琳娜二世是个专制的独裁者。用这种方式，诺维科夫继续法国启蒙思想家的方式，利用中国的形象来打击专制主义。诺维科夫因其进步思想被女皇下令逮捕并监禁在什利谢利城堡。

另一位俄罗斯作家，当时也持启蒙思想，著名的喜剧《纨绔少年》的创作者杰尼斯·伊万诺维奇·冯维辛（1745—1792），1779 年在《圣彼得堡学刊》杂志上发表了从法文翻译成俄文的中国古典著作《大学》。冯维辛使用的法译文是法国耶稣会传教士锡伯（Pierre-Martial Cibot，1727—1780，韩国英）从汉语译成法语的，锡伯在中国生活了二十多年，1780 年在北京去世。

杰尼斯·伊万诺维奇·冯维辛试图通过该著作让读者对儒家论著中理想的君主形象来对比叶卡捷琳娜二世的统治。冯维辛对国家治理问题（主要是君主的权利和责任以及其在国家生活中的作用）、立法和法律程序问题非常关心。他厌恶独断专行，在儒家的思想中他找到了很多与其观点一致的东西。冯维辛在自己原创和译作中用各种方式证明“君主能得到人民拥戴的国家是幸福的国家”。在儒家的著作中他发现了一些与启蒙思想中关于统治者作用相似的重要观点：《君王和臣民没有差别》《仁政能使政权稳固》《君王应该是臣民的榜样》。

继冯维辛六年后，上文已提及的俄罗斯文学家、翻译家和学者维列夫金（1732—1795）也将《大学》从法文翻译成俄文，同样使用的是锡伯的法文译文。维列夫金和冯维辛、诺维科夫同属自由思想者，同样对孔子和儒家的人道主义思想感兴趣。现代学者认为维列夫金的译文更准确。

这些年还出版了直接译成俄文的《大学》，是由汉学家、外交部及科学院翻译阿列克谢·里昂耶夫（Алексей Леонтьев，1716—1786）1780 年从汉语及满语翻译成俄文的，第一本俄文的《中庸》也是他翻译的，里昂耶夫还翻译了一些其他中国古典著作。

毫无疑问，俄罗斯思想家和翻译家对《大学》等儒家著作的兴趣，与 18 世纪 60 年代到 80 年代俄罗斯文学中翻译和出版哲学和历史著作的传统密不可分，这些著作的主题是理想的君主和其对臣民福祉起到的作用，而这些思想能在孔子及其追随者的著作中找到，所以这些作品被当时诺维科夫的讽刺杂志和一些出版物打印出版。18 世纪晚期俄罗斯一些进步思想家认为，这些译著可以向俄罗斯读者展现孔子及中国古代其他哲学家著作中与当时俄罗斯现实的政治生活不同的理想君主的形象。他们希望对孔子人道主义伦理观的宣传可以使俄国沙皇政权统治更人性化。所以冯维辛、里昂耶夫和维列夫金对中国哲学著作的翻译作品成了当时俄罗斯文学中的政论性作品，而非普通的向读者介绍中国古代杰出哲学著作的译著。孔子的哲学和道德观对18世纪俄罗斯进步思想家有很强的现实性。

为公正起见，应当指出，在俄罗斯最先出版的《大学》是被翻译成拉丁文的，是由圣彼得堡科学院院士拜尔（Байер，Gottlieb Siegfried Bayer，1694—1738）翻译的，是其作品 *Museum Sinicum*（《中国博物馆》）的一部分（1730年出版），《大学》在该书中是以“孔子大学”为标题出现的。汉语原文书是从一位法国耶稣传教士处获得的，这位传教士18世纪初曾居住在北京。作为圣彼得堡科学院东方语言学教授（从1725年起），借助引用前人——耶稣会士汉学家的批注，他在自己的译文中丰富了词汇并对重要的术语进行了解释。为祝贺女皇安娜·约阿诺夫娜登基（1730），清朝特使们在1732年在俄期间拜见了拜尔，并收到了他的赠书《中国博物馆》。因为拜尔的书是拉丁文的，只有很窄的学者圈能看懂。在冯维辛、里昂耶夫和维列夫金的译著面世之后，俄罗斯的广大读者才能够读到《大学》，并对其内容进行认真的思考。

19世纪上半叶，在俄罗斯又一次兴起孔子及孔子学说热，这和俄罗斯杰出的汉学家比丘林作品的问世密切相关。例如，俄罗斯伟大的诗人普希金就是在比丘林的影响下对中国产生了浓厚的兴趣。在1829年的诗作中，他把目光投向了“遥远的中国城”下，而在《叶普盖尼·奥涅金》的草稿中提到了“中国的圣人”孔子，这都说明孔子的理论吸引着这位俄罗斯先进思想的代表者。1830年1月7日普希金向当局提交了正式的请愿书，表示了希望拜访中国的愿望，他写道：“……我希望能允许我和大使一起前往中国。”① 但是他的愿望没能成行。

有趣的是，普希金的第一部和中国读者见面的散文体作品是小说《上尉的女儿》。1903年戢翼翚（1878—1908），湖北人，毕业于自强学堂，后在日本读书，将该小说从日语译成汉语，而日文的小说是从英文翻译过去的，他当时译成的书名是《俄国情史：斯密士玛利传》（又名《花心蝶梦录》）。这种选择应该不是偶然的：普希金小说中的人物历程完全符合儒家关于责任、行为规范、老少之间的关系、君臣之间的关系的理念，这又一次证实了孔子的基本伦理观符合“普遍的人类价值观”。

在俄罗斯社会思想发展史中，俄罗斯伟大作家列夫·尼古拉耶维奇·托尔斯泰对孔子学说的关注有着特殊的意义。

青年时代，托尔斯泰曾有机会以军事教官的身份去中国，50年后的1905年8月9日在和朋友们谈论中国问题时他说：“克里米亚战争后，一些人被派往中国，朋友劝我

---

① Пушкин А. С. Полное собрание сочинений. Т. 14. М. , 1941. С. 56.《普希金全集》第14卷，莫斯科：1941，第56页。

去做炮兵军官指导员，我记得我很犹豫。我的朋友去了[①]……后来成了大使。也许，我也可能当上大使。”[②]

19 世纪 70 年代末到 80 年代初，列夫·托尔斯泰对中国文化产生了浓厚的兴趣。这一时期他开始关注东方的思想家，试图在他们的学说中找到和他对于生命本质和人类命运的思考相同的理念。托尔斯泰对中国文化的研究遇到了困难，因为他不懂汉语，当时译成西方文字的汉语资料非常少，译成俄语的更少，这给他试图传播中国哲学的想法造成了很大的障碍。当时的知识界普遍存在一个观点——中国哲学令人困惑，很难理解，欧洲人无法接近。但是，托尔斯泰认为，俄罗斯的读者应该更好地了解中国的哲学，特别是孔子的道德学说。

1891 年，在回答哪些作家和思想家对他影响最大的时候，在东西方的哲学家中托尔斯泰提到了孔子、孟子和老子[③]。1884 年托尔斯泰第一次读到了孔子和孟子的著作，1884 年 2 月底，他在写给自己的好友他作品的出版人弗拉基米尔·格里戈列维奇·切尔特科夫的信中写道：“我坐在家里，发烧，重感冒，读孔子，已经读了两天，很难想象，这是怎样不同凡响的道德高度。真是一种享受，当你看到这种学说有时能达到基督教义的高度……找到很多好的，有益的，令人欣喜的东西。如果上帝给予帮助，希望能和朋友们分享。”[④] 同年 3 月 11 日托尔斯泰给切尔特科夫的信中再次写道：“我忙于研究中国智慧，非常想把我在这些书中的道德受益告诉你和大家。”[⑤] 1884 年 3 月 27 日托尔斯泰在日记中写道：“我的道德标准同样受益于对孔子著作的阅读。”

托尔斯泰对孔子的浓厚兴趣主要是因为，高度的人道主义、无私的教诲、对民众的关爱——这些孔子思想的特点和托尔斯泰本人的思想和世界观非常接近。托尔斯泰写了三篇小文章：“孔子的书”，“伟大的学说”（《大学》），“道路与真理之书”（《道德经》），合在一起的统称“中国智慧”。前两本是关于孔子的学说，第三本是关于老子的学说。

托尔斯泰一生没有终止对孔子学说的兴趣。1900 年，中国爆发了“义和团运动”，

---

① 此处应该指的是巴留捷科，他曾和托尔斯泰一起在克里米亚战争期间参加了塞瓦斯托波尔防御。巴留捷科（Балюзек Л. Ф.，1822—1879）炮军军官，后任外交官，1861—1863 年俄在中国第一位全权大使（部长级），中将。

② У Толстого. 1904—1910：《Яснополянские записки》Д. П. Маковицкого. Книга 1：1904—1905. М.，1979. С. 371. 托尔斯泰：《1904—1910 玛国维斯基的亚思诺波梁斯基笔记》（第 1 部：1904—1905），莫斯科：1979，第 371 页。

③ Толстой Л. Н. Полное собрание сочинений. Т. 66. М.，1953. С. 68.《列夫·托尔斯泰全集》第 66 卷，莫斯科：1953，第 68 页。

④ Толстой Л. Н. Полное собрание сочинений. Т. 第 85. М.，1935. С. 第 30—33.《列夫·托尔斯泰全集》第 85 卷，莫斯科：1935，第 30—33 页。

⑤ Толстой Л. Н. Полное собрание сочинений. Т. 85. М.，1935. С. 30—33.《列夫·托尔斯泰全集》第 85 卷，莫斯科：1935，第 37 页。

八国联军入侵中国，托尔斯泰又萌生了在俄出版中国伟大哲学家的著作，在他这时期的日记中摘录了孔子著作的译文，反思联军在中国的暴行，对人类文明的命运陷入深深的思考。

1900年11月12日，他在日记中写道："为什么都不写，我在研究孔子，这太棒了，我吸取精神力量，想写下我理解的《大学》和《中庸》。"① 他还写道，他打算写一封"写给中国人的信"——以支持中国人民反对外国侵略者的正义斗争。这封信和其他一些文章是基于对八国联军对中国入侵的思考开始着笔的，托尔斯泰指出，西方资产阶级世界在不断杀戮中支撑，而欧洲各国的基督教政府的基督博爱荡然无存，而中国人的反抗行为是基于对先祖的爱戴和敬仰。

1900年10月和11月，托尔斯泰四次开始着笔写这封信，激愤一次比一次强烈，伟大的作家向中国人民呼吁道："你们过着自己的生活，和欧洲人毫不相干，你们没向他们索要任何东西，只希望他们不要打扰你们平静的生活，但是他们打着奇怪的招牌，带着他们的货物和宗教拥向你们，一有借口，他们就像野兽和强盗一样扑向你们，抢走他们所需要的东西。这种状态已持续了好几个世纪，你们并没有改变，但他们越来越贪婪，越来越肆无忌惮，他们猖狂的扑向你们，侵占你们赖以生存的土地。这些厚颜无耻的行径激起了你们当中一些人的强烈不满，这些人用欧洲人对待你们的方式来反抗他们，于是，血腥镇压开始了：屠杀、破坏、羞辱、处决比比皆是。"②

在保存至今的最后一封信稿中，托尔斯泰对西方列强殖民政策的抨击最为激烈，在这封信稿中，帝国主义不仅仅被称作是被入侵国人民的压迫者，而且是欧美本国人民生活的破坏者。托尔斯泰写道："那些犯下滔天罪行的武装分子自称是基督徒，不要相信他们，他们不是基督徒，而是一群可怕的毫无良知的强盗，他们抢劫、掠夺、愚弄占欧美人口的十分之九劳动人民，对他们进行精神上和肉体上的折磨，现在这些强盗又来侵略你们，他们掠夺，试图征服你们，但更主要的是愚弄你们，因为没有愚弄，他们就无法统治数以万计的人。这些欧洲的武装分子像野兽一样无情的扑向你们，毁灭、掠夺、强奸、屠杀你们。他们自称是高尚的——基督徒，这太可怕了，他们不是高尚的，更谈不上是基督徒，不要相信他们：如果高尚指的是精神的高尚，接近完美的道德、克制和宽容，那他们不仅不是高尚的，而是野蛮的、纵欲的、堕落的、空虚的、自私的、凶狠的。"③

很遗憾，托尔斯泰没能写完这封《致中国人民》，保存至今的只有作家档案中的

---

① Толстой Л. Н. Полное собрание сочинений. Т. 54. М. , 1935. С. 54. 《列夫·托尔斯泰全集》第54卷，莫斯科：1935，第54页。

② Толстой Л. Н. Полное собрание сочинений. Т. 34. М. , 1952. С. 339—340. 《列夫·托尔斯泰全集》第34卷，莫斯科：1952，第339—340页。

③ Толстой Л. Н. Полное собрание сочинений. Т. 34. М. , 1952. С. 339—340. 《列夫·托尔斯泰全集》第34卷，莫斯科：1952，第341页。

草稿。虽然我们不知道作家为什么没有发表这篇文章，但草稿中字里行间透露着对中国人民的爱和对中国人民在八国联军军事干预中所遭受的苦难的同情，而引发这种关爱和同情的重要因素是孔子的学说。

1903 年，评论家、托尔斯泰的追随者巴维尔·亚利山大维奇·布兰施（1865—1925）出版了《孔子的生平和学说》，书中一篇文章“中国学说阐述”是根据托尔斯泰草稿写成的，这说明，19 世纪 80 年代中期他写过两篇关于孔子的文章之后又一次开始写关于孔子的文章。

从这篇出版的文章可以看出，托尔斯泰认为“中庸”是一种道德原则并进行了自己的阐述，他是这样阐述的：“内部的平衡是人类所有美好事物流向的根源：和谐是所有人类事物的共同规律，当平衡和和谐存在于民众之中，世界上就会充满幸福的秩序，所有生命将会繁荣起来。”① 在这里，正如我们所看到的，儒家的中庸、平衡概念被阐释为人类行为和人际关系的原则，偏离这一原则就会破坏人与人、人与社会的关系。这个概念也代表了托尔斯泰的思想观点，孔子和托尔斯泰的伦理原则非常相似。

但最重要的是托尔斯泰被儒家人道主义的道德原则所吸引，儒家伦理中最重要的概念是“仁”，也就是人道主义、博爱，“仁”是人性的广义。托尔斯泰发现，孔子的教导是，在家庭和社会中，人和人的关系应该是相互信任、仁爱和友善，在遇到困难和灾害的时候互相帮助；人不应该伤害别人；上级不应冒犯和鄙视下属；对别人的伤害是对自己的亵渎和侮辱；世界属于人，人在世界上的存在不应充满阴影；仁爱是日常生活的最高普遍原则。

这样，托尔斯泰按照自己的观点着眼于孔子伦理中最吸引他的地方，这首先是道德自我完善学说。孔子认为，道德完善是人的首要义务，道德完善才能打开最高理想的路“仁”，道德的完美不仅仅是通过仪式和祷告，还需要日常的自我完善来实现。

托尔斯泰在 1900 年 11 月 12 日的日记中写道：“中国教育的实质是这样的：真正的教导是教人们至善，充实更新，并使其保持常态。要想拥有最高福祉，需要 1）全民完善，想要全民完善，需要 2）每个家庭完善，想要每个家庭完善，需要 3）自我完善，想要自我完善，需要 4）修整内心，想要修整内心，需要 5）思想意识，想要思想意识，需要 6）丰富的知识，想要丰富的知识，需要 7）自我学习。”②

道德完善思想是托尔斯泰学说的基石，所以，孔子的道德自我完善与作家非常接近。作家用自己的理解对孔子的话进行了重述，托尔斯泰断言，道德的完善是无止境

---

① Изложение китайского учения Конфуция Львом Николаевичем Толстым//Буланже П. Жизнь и учение Конфуция. М.，1903. С. 34. 《列夫·托尔斯泰对孔子学说的阐述》，布兰施：《孔子生平和学说》，莫斯科：1903，第 34 页。

② Толстой Л. Н. Полное собрание сочинений. Т. 54. М.，1935. С. 55—56. 《列夫·托尔斯泰全集》第 54 卷，莫斯科：1935，第 55—56 页。

的，一个人永远也不能说他至善至美了，他的道德义务是需要一生努力学习。在给切尔特科夫的信中，托尔斯泰曾谈到中国学习理论中的“温故而知新”（改进、更新、前进）的常态化：“我在学习中国智慧——每天进行自我更新，从头开始，再从头开始，永远从头开始，我很喜欢这样做，并努力坚持，现在我高兴的看到，我在不断前进，而没有后退。我精神抖擞，充满自信，因为我沿着正确的道路前行。”①

道德完善是孔子学说的最重要的组成部分，也是托尔斯泰学说的最重要的组成部分，表明这是人类最伟大的思想之一。

另外，托尔斯泰支持儒学中对战争的否定态度。他注意到，按照孔子的说法，调和国家和国家之间的关系动用武力是不可接受的，世界应充满和平和安宁。和平——人类至上的福祉。谁也没有权利挑起战争，杀戮——是世界上所有罪行中最可怕的，为私利而发起战争的统治者应受到谴责，托尔斯泰希望自己的反军国主义的宣传能依托孔子的理论。

托尔斯泰同样注意到，孔子的学说中很关注上天（天）在天下和人类命运中的作用。“孔子并未提及上帝——个体的上帝，而是始终关注上天。”② 托尔斯泰写道。

1909 年，托尔斯泰再次转向阅读孔子的文章，并打算写一篇关于孔子的文章：“昨天仍在研究孔子，觉得可以写篇关于他的文章。”③ 托尔斯泰在他 4 月 8 日的日记中写道。除了自己的写作，他同时还帮助布兰施发表第二本关于孔子的书。

1910 年，在托尔斯泰去世不久之前，巴维尔·亚利山大维奇·布兰施出版了有关孔子的新书。托尔斯泰为出版工作做了积极的准备，中国思想家的哲学思想在该书中是从托尔斯泰主义的角度被阐释的，是一本饱含大量客观材料的关于中国伟大哲学家的有价值的著作。

其他中国哲学家中托尔斯泰还熟知孟子，托尔斯泰了解孟子哲学是和了解孔子哲学同时开始的，他找到了二位哲人共同的思想——仁善和人道主义。在托尔斯泰的日记和信件中可以找到不少关于孟子哲学的笔记。

托尔斯泰没有关注孟子的其他观点，他唯一关注的是道德的自我完善，该思想符合他自己的观点，他是这样阐释孟子的思想的：“所有的人都有怜悯、羞耻和对恶的憎恨的感觉，每个人可以通过自我学习来培养这些感觉，也可以任其枯萎。这些感觉是人的一部分，就像他的身体的器官，他们和器官一样是可以培养训练的。山上生长着美丽的树木，当树枝被切断，会不断长出新的枝叶，如果去放养牲畜，山会变成荒山，

① Толстой Л. Н. Полное собрание сочинений. Т. 85. М. , 1935. С. 39.《列夫·托尔斯泰全集》第 85 卷，莫斯科：1935，第 39 页。

② Толстой Л. Н. Полное собрание сочинений. Т. 49. М. , 1952. С. 63.《列夫·托尔斯泰全集》第 49 卷，莫斯科：1952，第 63 页。

③ Толстой Л. Н. Полное собрание сочинений. Т. 57. М. , 1952. С. 46.《列夫·托尔斯泰全集》第 57 卷，莫斯科：1952，第 46 页。

而山是不应该荒的。灵魂的堕落也是如此，难道我们可以任由低劣的欲望吃掉我们心中怜悯、羞耻和对恶憎恨的美好的新芽，然后说，在我们心中没有这些美好的情感？懂得上天的法律也就是在发展我们的天性。”[①]

列夫·托尔斯泰对日本人小西增太郎（教名达尼尔·彼得罗维奇·小西，1862—1940，托尔斯泰主义的追随者）出版译成俄文的儒家著作起了关键的作用。小西也是首次在俄出版俄文《道德经》的译者，该书是1894年由列夫·托尔斯泰编辑出版的。

同样有趣的是另一位俄罗斯哲学家尼古拉·费多罗维奇·费多罗夫（1829—1903）对儒家文化遗产的态度。他对孔子的伦理规范非常感兴趣，因为它们与基督教很接近。他特别注意到对祖先的崇拜和这种崇拜在中国社会中的地位。他认为两国民众伦理原则的近似为东正教的俄国和儒家的中国创造了接近的机会[②]。费多罗夫眼中的义和团起义的实质是为了保护祖先的墓地免受外国人的侵犯的反外起义，在自己的信件中，他尖锐地批评俄罗斯参加八国联军镇压义和团，断言“我们这是因为后代尊重先辈而去惩罚他们”。在这些信件中，他几乎得出这样的结论——中国崇尚祖先的传统，西方“崇尚黄金的传统”[③]，相比之下，中国比西方更接近俄罗斯。

当时曾在中国工作的汉学家注意到，正是孔子的伦理规范在中国人民族性格的形成中起到了积极的作用，例如，俄当时在齐齐哈尔领事馆秘书阿·杜仁林（А. В. Тужилин）在自己的著作《现代中国》（两卷，1910年出版）中集中描述了在孔子学说的影响下形成的正面特点，他特别强调了勤勉，杜仁林还认为，大多数中国人倾向于人道和尽责的原则，在日常生活中对中国人起积极作用的素质是适应性强和顽强的毅力，“不仅对人的适应力，而且对生活条件的适应力都很强”[④]。

俄罗斯著名外交官、驻北京大使廓索维慈在中国居住多年，写了一本书《中国人和中国人的文明》，称孔子是“中国人的道德和家庭秩序的创造者”[⑤]，特别指出，孔子非常重视孝道。廓索维慈强调，“孝”是孔子伦理学说中最重要的一条，它与人的内

---

① Толстой Л. Н. Полное собрание сочинений. Т. 42. М. ，1957. С. 288—289. 《列夫·托尔斯泰全集》第42卷，莫斯科：1957，第288—289页。

② Федоров Н. Ф. Чему научает древнейший христианский памятник в Китае? По поводу статьи С. С. Слуцкого《Древнейший христианский памятник в Китае»（《Русский вестник》1901 г. №1）//Русский архив. 1901. № 4. С. 631—637. 费多罗夫．中国最古老的基督教古迹说明什么？关于斯卢茨基的文章《中国最古老的基督教古迹》（《俄罗斯学刊》，1901，№1），《俄罗斯档案》，1901. № 4. 第631—637页。

③ 费多罗夫信中关于中国部分是其学生谢特尼茨基在他去世后发表的。См.：Сетницкий Н. А. Русские мыслители о Китае（В. С. Соловьев и Н. Ф. Федоров）//Известия Юридического факультета. Т. 3. Харбин，1926. С. 191—222 见谢特尼茨基《俄罗斯思想家关于中国（索洛维耶夫和费多罗夫）》，《法学系消息报》第3部分，哈尔滨：1926。

④ Тужилин А. В. Современный Китай. СПб. ，1910. 杜仁林：《当代中国》，圣彼得堡：1910。

⑤ Коростовец И. Я. Китайцы и их цивилизация. СПб. ，1896. С. 281. 廓索维慈：《中国人和中国人的文明》，圣彼得堡：1896，第281页。

心情感相一致，有普遍价值。廓索维慈认为，中国人还有一种品质和孔子学说密不可分——爱好和平，“这在个人和社会生活中都能感受到……中国人甚至在被激怒的时候仍随时准备服从合理的要求，更喜欢以理服人而非动用武力”①。廓索维慈还指出，中国人对秩序和安宁的喜好也源于儒家学说。

19 世纪末至 20 世纪初，在俄罗斯的期刊上出现了不少有关孔子及其学说的积极评价。有人指出，会有一天“孔子安居乐业（生活在和平和劳作中）的伟大智慧将征服世界”，中国技术将可和欧洲媲美，中国人的“宽容，反对宗教和民族纠纷”②将超越欧洲。孔子被称作是“中国人的典型代表”③。很多俄罗斯的思想家援引孔子的一些观点来支撑论证自己的理论。

在现代的俄罗斯对孔子文化遗产学习和思考的兴趣越来越浓厚，出版的多是孔子著作的译文和传记，在过去十几年里，很多社会活动家和公众人物多次提及孔子并引用他的观点。20 世纪 90 年代末，俄罗斯著名的政治家总理叶夫根尼·马克西莫维奇·普里马科夫（Евгений Максимович Примаков，1929—2015）被俄媒体称作“苏维埃儒生”，因为他能在新的历史条件下将苏联时期最好的经验和现代新的要求相结合，并坚持做一个道德高尚的人，像孔子一样。

孔子理论在现代社会仍有重要的意义。

---

① Коростовец И. Я. Китайцы и их цивилизация. СПб.，1896. С. 281. 廓索维慈：《中国人和中国人的文明》，圣彼得堡：1896，第 15 页。

② Северные записки. 1916. Январь. С. 228. 北方纪行. 1916 年 1 月，第 228 页。

③ Моленар Г. Конфуций//Вестник знания. 1908. № 10 – 11. С. 1338. 蒙列那尔：《孔子》，《知识导报》，1908，№10 – 11，第 1338 页。

人权儒教与文明的对话

［韩国］辛正根（**Shin Jeong Keun**）
韩国成均馆大学教授

一、问题提出

在韩国近几年“甲方”和“超级甲方”现象一直在被舆论热议。所谓“甲方”和“超级甲方”是指诸如雇佣主对被雇佣者提出无理要求、特许经营公司对旗下加盟店滥用权力之类的社会现象。除此之外，还包括客人对服务行业者、教授对学生的粗暴言语与不正当的要求等热门社会话题。

“甲方”现象普遍存在于社会各个行业，相应地，对于这一现象产生原因与解决方法的讨论也在随之展开。在这样的时代背景之下，“人性”作为一个话题在舆论中登场。人们普遍认为，“甲方”现象产生的原因是因为人性的发展与急剧产业化、信息化发展的社会发生了脱节，即“甲方”现象是因为人性的辅助作用跟不上社会发展的步伐从而产生的迟滞现象。

为了积极应对和解决这一社会问题，韩国正在加速自己的脚步，并且可以说已经取得了一定的成果。2014 年 12 月 29 日，韩国国会通过了世界上第一部将“人性教育”规定为义务的《人性教育振兴法》。此法于 2015 年 1 月 20 日公布，并在公布 6 个月后的 7 月 21 日得以实施。为了响应政府的号召，现在韩国的各个学校正在为了展开人性教育而努力。

首先，我们来简单了解一下《人性教育振兴法》。此法以培养拥有健全、正确人性的市民为目标，并对人性教育作出了如下定义，即人性教育是“以在正确与健康地管理个人内面的同时，培养其在与他人、共同体、自然共存时所必要的人的品性和力量为目标的教育”[①]。随着此法的通过，人们对于人性教育的呼声越来越高。

但是我们仍然要去思考，实施“人性教育”的话“甲方”现象真的就能消失吗？以及需要从更加根源的角度去追问，人性到底可以作为教育的对象吗？并且，在承认个人的决定权和主体性的现代社会，人性教育与保障人自由的宪法精神是一致的吗？随着《人性教育振兴法》的实施，儒教成为教育课程中的新兴热门，并作为可以培养人健全的内面和品性的思想受到世人的瞩目。

如现在这样因为人性教育的实施而对于儒教的进行召唤真的没有任何问题吗？笔者认为不应当是从人性教育，而是应当从人权的文脉上来召唤儒教。国民们可以通过人性教育减少“甲方”这样给不特定人造成伤害的事例，但是无法从根源上解决“甲方”存在的问题，以及不能真正地解决被害者的痛苦。因此“甲方”不应当是通过人性教育，而是需要通过人权强化（教育）来解决潜在加害者的违法行为与被害者的苦痛。虽然人性教育对预防“甲方”现象可以起到一定的帮助作用，但是应当在保障和伸张人权的基调上进行实施。因为如果抱着单一目标来充实人性教育的话，很有可能稍有不慎便步入歧途，错将人性教育变为旨在培养不引发问题、顺从秩序的市民的教育。

尽管《人性教育振兴法》只有在韩国才有，但是在整个东亚社会，当与“甲方”相类似的社会现象产生的时候，人们所寻求的解决方法往往会如同韩国的《人性教育振兴法》一样，被困进一个相似的封闭回路。造成这一现象的原因与其说是因为相似的社会构造，不说是因为整个东亚社会都带有一种倾向，一种瞩目于个人的人性和资质瞩目的倾向。在今天，人权是我们不能忽视的一个人生的规范。人权问题不仅仅是某一个国家的问题，而是一个国际化的问题。为了解决这一问题各个地区与区域之中展开着多种活动，诸如签订人权公约、设立人权法院和进行人权裁判。但是除去阿拉伯圈，迄今为止在亚洲还没有出现以人权公约与人权法院为活动内容的共同体。[②]

在这样的脉络之中，我们将从人权的角度重新解释儒教，并揭示“21 世纪儒教”的本体性。

---

① 依据《人性教育振兴法》，自 2015 年 7 月开始国家与地方自治团体、学校具有实施人性教育的义务。为此，政府设立了人性教育振兴委员会，每五年制定一次人性教育综合计划，17 个市、道的自治团体长官与教育监依照综合计划制定并实施个别基本计划。全国的中小学在每年初向教育监报告人性教育计划，同时必须开设以人性为基础的教育课程。同时，教师必须义务接受人性教育研修，而诸如师范大学、教育大学等培养教员的机关为了强化人性教育力量必须要开始相关科目。《时事常识辞典》，PMG 知识引擎研究所，博文阁。

② 朴洪圭:《儒教与人权》，《人文研究》2007 年第 53 号，第 223—224 页。

二、关于穿着波基尼（burquini）与对“大爷式占座”（manspreading）的讨论

现在的法国与印度都在各自进行着一场关于服饰的争论。2016 年 8 月 28 日，印度文化观光部长官在记者会上声称，为了可以在印度境内安全地出入，外国女性游客不可穿着较短的衣服和裙子。[①] 在这一份声明中印度当局表达出的是其将女性穿着特定服饰归为引发性犯罪原因的立场。在穆斯林文化圈中，夏天的时候女性前往海水浴场的话，不可身穿比基尼，而是必须穿着“波基尼”（一种将穿着者从头到脚踝全都包裹起来的女性泳衣）。

2009 年 8 月 12 日，法国一名穆斯林女性试图身着波基尼进入游泳场的时候，被以卫生标准为理由拒绝入内。从那之后，关于波基尼的论争就开始了。现在以法国东南部沿海为中心的 30 多个地方自治团体以限制个人自由为名禁止穿着波基尼，但是在 2016 年 8 月 26 日，法国最高行政法院判决指出，禁止穿着波基尼是对个人基本自由权的严重侵害，禁止的初衷是不正当的。同年 9 月 1 日，法国尼斯地方行政法院命令里维埃拉市撤销对穿着穆斯林女性泳衣——波基尼的禁令，尼斯地方行政法院指出，对于恐怖袭击的担心不足以成为里维埃拉市禁止穿着波基尼的正当化理由，同时，波基尼也并不存在卫生、服装与安全上的问题。

波基尼之争并不仅仅单纯是关于女性在海水浴场和海边应当穿着什么样衣服的问题，而是带有复杂而多样化的文化间冲突的特征，是自由主义与干涉主义、世俗主义与严肃主义、个人的选择与共同体的秩序、女性与男性的性别角色之间的论争。简而言之这一论争可以整理为以下两个问题：其一，以预防犯罪的理由要求女性穿着波基尼的行为是否具有正当性；其二，从根本上来说穿着波基尼可以看作对女性自由的压制吗?[②] 如果在东亚社会也出现波基尼现象的话，届时政治家们与大众的判断虽然重要，更重要的是我们必须要能从儒教的基准上对这一事态提出肯定或是否定的看法。

儒教也曾论议过服饰（制服）穿着与社会秩序之间的关联性问题，对于波基尼之

---

① WIKITREE 2016 年 8 月 30 日报道。

② 最近波基尼与经济问题相联系引发了热议。近日，法国穆斯林女性帕迪利亚（Padilla）与家人一起在马赛附近的一处游泳场玩耍的时候，被该游泳场的职员要求离场。并且，因其穿着的波基尼使得泳池的水变脏，游泳场需要对泳池进行清洗，遂要求其赔偿 490 欧元（约 66 万韩圆）。490 欧元包括泳池的清理费和因泳池清理两天内无法营业造成的损失。（《世界日报》2017 年 8 月 8 日，报道。）8 月初，伊斯兰国家埃及在红海著名观光地禁止波基尼。这一举动是因为受到了埃及酒店协会的压力，该协会认为波基尼会降低景区对于外国观光客的吸引力。埃及政府因考虑到旅游业收入问题所提出的这个措施受到了大众舆论的非议，很快就被废止，“波基尼禁止”事件以一场笑话而终。（SBS 新闻 2017 年 8 月 27 日报道。）

争可以说也具有一定的话语权。那么这样说来，儒教对于波基尼之争可以给出什么样的对应呢？在礼制的基准之上，儒教会主张波基尼与女性的角色相符合吗？还是会主张波基尼是为了达到使女性作为个体无法表露个人的性情所进行的压制吗？或是会因为波基尼在儒教的层面中是不包含任何意义的小问题就忽略吗？

为了与世界文明对话以及提出未来社会的展望，儒教需要怎么去做？需要带着儒教内在意义的体系，对在现代社会中提出的论争和现象进行诊断与处方，进而提出方向与规范。如果不这样做的话，就算儒教仍可以出现在世界文明对话的篇章中，但是不能提出有意义的主张，“以前是这样的”或是“圣贤的话中有这个问题的答案”这样的观点仅仅只是对权威的强调。儒教虽然没有直接对波基尼的论争表明立场，但是从儒教的视角切入的话不能说一定是会反对的。因为就连孔子在承认礼制需要随着时代而变化，即礼制需要“损益”① 的同时，还表明了自己赞同大众的“从众”② 路线。

与此同时，人们在使用公共交通的时候渐渐出现一种被称为“大爷式占座”（manspreading）的现象，指男性在乘坐公共交通工具时张开双腿、一个人占两个位的行为。这虽然可以说是个人的自由，但是这一行为不仅仅给邻座造成不便，更是侵占了他人使用该座位的机会。这种行为因为不会造成十分严重的伤害所以还未被纳入“犯罪”范畴。但是进行“大爷式占座”的人若是长时间保持这样的姿势并且别人示意他也不做反应的话，情况就会发生变化。在韩国，人们用手机拍下这种行为上传网上的例子不可谓不多。为了纠正这样的行为，我们应当将其视为法律的对象还是应当依照《人性教育振兴法》将其视为人性教育的对象呢？

图1　西班牙马德里　公共交通

图2　美国西雅图　轻轨图片

---

① 《论语·为政》：“子张问：‘十世可知也？’子曰：‘殷因于夏礼，所损益，可知也；周因于殷礼，所损益，可知也。其或继周者，虽百世，可知也。’”

② 《论语·子罕》：“子曰：‘麻冕，礼也，今也纯，俭，吾从众。拜下，礼也，今拜乎上，泰也。虽违众，吾从下。’”不过孔子不仅提出了从众，也提出了违众。波基尼与朝鲜时期女子出门时使用的外袍相似。依据这样的风俗可以说女性当然是要穿着波基尼。但是出于卫生和健康的考虑是可以对穿着波基尼提出反对的。

在以农业为中心的共同体中，熟人之间进行着娴熟的会面。即使并未提前约好，也可以相互快速地作出反应。与此相反，身处在与以农村为中心的共同体不同的现代社会里的人们，不得不一直去与他者会面，哪怕是和一些同自己的价值观、兴趣不同的人。因此一些问题在不陌生的环境被暴露出来的可能性很大。这时候“我”虽然很方便，但是“他人”可能并不是如此。“大爷式占座”可以说就是这样的例子。在这个事例中当事人虽然可以辩解“就算只有我一个方便有什么问题吗?”但是当事者很显然已经在给邻座的人带来苦痛和损害。就如同孔子强调的“礼”是以相互尊重为中心，从儒教的立场出发可以对这种行为提出反对。就算“我”是帝王，对于“大爷式占座”的人目中无人的行为也是不可能予以褒奖，甚至可以说是无法容许的。

像上文这样，儒教将成为可以对现实世界里发生的事情发出声音、使得现代社会有所震动的思想界的“市民”。

三、《兴夫传》与人性儒教

《兴夫传》可以以板索里的形式进行清唱，也可作为经典小说来阅读。《兴夫传》讲述了这样一个故事：父母离世之后，哥哥孬夫没有将财产分给弟弟兴夫，而是选择了独占，最后因为恶行败家亡身。与此相反，弟弟兴夫因为救治了一只腿受了伤的燕子成为了富人，最终饶恕了哥哥孬夫幸福地生活。孬夫独吞了父母离世后应当与弟弟分享的财产，因而兴夫不得不经受自己本不用体验的饥饿的痛苦。饱受饥饿之苦的兴夫不仅替别人受了杖刑，为了讨口饭吃去找哥哥的时候，还被兄嫂用饭勺打了耳光。

这时候，儒教认为，孬夫因为陷入了想要独占父母财产的私欲之中，所以给兴夫带来了巨大的苦难。那么兴夫为了不经受苦痛需要怎么做呢？答案是只要孬夫没有产生独吞父母财产的想法就可以。在这里儒教探讨了一个问题，即“人是怎么陷入私欲的”以及“怎样才能对私欲进行悔改，从而改过返善”。对于这两个问题，儒教通过公与私、人心与道心、人欲和天理、本然之性和气质之性等进行了论议，结果最终儒教将目光的焦点放在了行为（事件）发生的危害产生之前的未发（未然）本性之上，即如果可以探究与统制人性的话，像孬夫这样的人就不会出现。

《兴夫传》的故事的焦点被放在人性上的儒教，即人性儒教，可以说是带着不阻止人为恶、使人行善的体系与倾向。因为比起在行为发生后去处罚不良的行为，如果在行为进行之前，彻底地管制内心的世界，那么现实世界就不会因为恶产生苦痛，造成苦痛的孬夫与经受痛苦的兴夫也不会出现。

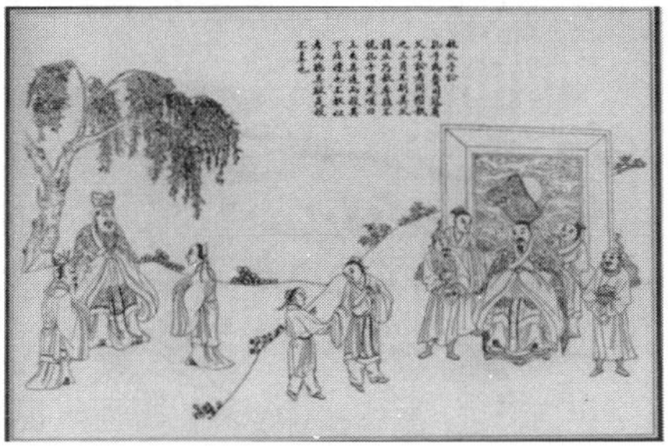

图 3　《孔子圣迹图——赦父子讼》

但是在现代社会中，凭借对于家族爱和兄弟情的强调是无法治愈《兴夫传》中所展现的纷争的。在韩国，财阀在继承经营权的时候往往会引发一场腥风血雨。诸如斗山、乐天这样屈指可数的大财阀，兄弟间为了掌握经营权进行着长达好几年的诉讼。若是想对这些不惜向兄弟提出诉讼的人们游说诸如“放弃私欲，保存真理”的道理的话，最终不过是成为一纸空谈。

孔子在担任“大司寇”一职的时候有这样的故事，据说孔子曾在受理父子间进行诉讼的案件时没有立刻审理案件，而是将其放置了三个月，最终在监狱里的父亲对自己的罪行表示悔过并撤回了诉讼，案件便随之完结。即在这个案例中可以说孔子强调的“无讼”得到了实现。如今，财阀家族的兄弟间不是为了区区 100 坪这样的田地，而是为了数千亿甚至数兆的庞大财产争夺着经营权，在兄弟之间进行着与其他关系无法比较的激烈而残忍的诉讼。这时候，兄弟间的友爱虽然也很重要，但是公平合法的判决的重要性不断地增大。对友爱的坚持虽然很重要，但是对于属于自己的财产严正、公正的判断，以及对于个人权利的保障更具有说服力。

四、私益的追求：掠夺与创出的差异

孟子将“仁义”与“私益”放在了极端对立的立场之上，提出了自己关于这二者不可两立的主张。孟子与《兴夫传》都处在以小农为中心的社会。就如同战国时期吕不韦所说的一样，农业生产带有不可能实现飞跃式利润产出的特点。(《史记·吕不韦列传》) 即个体无论如何努力，都很难实现数倍的生产并积累财富成为富人。孟子与《兴夫传》的时代，是要靠榨取自己的劳动才能保障生存的不安的社会。

在那个时代，人若想取得比过去和现在都要多很多的财富，需要如何做呢？在因为从事农业劳动所以附加价值无法飞跃式增长的情况下，有些人就依赖于财富的转移而不是创造附加价值来实现自己的欲望，即如孬夫侵占了原本应当属于兴夫的财产这样获得财富的方法。因此，以孔子为首的儒教认为，获得超出自己本当获得份额以上财物的贪欲不仅仅单纯是个人的不正当欲望，更是可以看作是造成共同体崩坏的危险要素。

但是，当今社会正越过后产业化向着信息化时代发展，个人创意性的想法可以创造出无法想象的附加价值。例如美国的谷歌，不仅仅拥有媲美神的地位，股价也在一天天地增值。马云带着他的新型电商形式，甩开了现有的大企业，构筑着自己独一无二的商业帝国。谷歌与阿里巴巴不是在消灭现有的搜索引擎与电商市场，而是在引发开创新纪元的革命的同时创出了天文数字一般庞大的附加价值。

现代社会是一个可以通过正当化的竞争创造财富的时代。仅仅依靠统制喜好掠夺的人欲的人性儒教无法管制通过正当化手段创造附加价值的现代人。如果说附加价值的创造并不是贪欲也不是罪恶的话，那么人性儒教在现代社会中就必须进行转换。

五、人权儒教的路

现代社会是尊重人欲望权利的法制化时代，这就导致在公共场所中，哪怕妨碍了他人也要追求自身满足的权利狂（rights-mania）的出现。用权利来保障的欲望成为新的创造附加价值的动力。从道德和共同体秩序对立的视角来看欲望的话，儒教与世界文明的对话很难开花结果。考虑到人是社会性存在这一点，虽然为对于欲望无限制的追求和对权利的无限保障赋予了某种制约，但是现代社会保障着人们按照自己的理性、不受威胁的、自主进行判断的自我决定权的自由。因此我们不能只困在模仿全面统制人内面的人性儒教之上，必须要将焦点放在不造成伤害、以行为显露出的现实世界上。

现实世界无法仅靠偏重内面省察与涵养的人性儒教进行规制，而是已经走到了多样的个体追求相互不同欲望的竞争和冲突的阶段。从人性的观点出发，为了不产生竞争与冲突而努力修养的话，虽然夺取弟弟财物的孬夫不会出现，谷歌的拉里·佩奇也不会出现。现如今，就算与幸福、冒险、挑战、热情、专注、创新、审美这样的道德人性不同，也要向提高个人自由与幸福的人权领域伸出橄榄枝。这就是所说的，儒教为了与世界文明对话，必须要展开的人权儒教的路。[①]

六、“国民—机械”论

现如今，韩国正面临着内忧外患。首先在国内，宪法与反宪法、民主主义与反民

---

① 在中国，陈来、王中江、黄裕生等人也发表了对人权表示出关心的文章。期望向后关于儒学与人权的论议可以更为活泼的进行。只有这样，儒学可以与现实社会进行对话，进而创造出与可以世界文明进行对话的公共的世界。

主主义势力正发生着冲突。之前发生了前总统朴槿惠的罢免和收监等一系列国政事件，虽然现在正在对反宪法势力进行审判，但是那些人不听不顾地辩解“我不知道自己做错了什么”。依据法理完成了判决之后，这些人或是仍想辩解，这些人应当做的是找出判决的要害或是问题点来提出反驳，而不是如现在这般打起感情牌，说着一些诸如“可怜的女人”这样人情和感情的呼吁和“保守正在倒塌”这样的带有阵营色彩的主张。“太极旗”（韩国支持前总统朴槿惠的势力的名称）不相信宪法裁判所和法院的审理，正在持续进行着为了反对而做出的反对。

再将镜头转向国外，最近韩国正因为一座少女的雕像和日本发生着纠纷。先前朴槿惠政府未曾征求当事者的意见便就“军队性奴隶”（又名“挺身队”、慰安妇）问题与日本进行协议。按照协议日本政府主张清除公馆附近的少女雕像。如今，围绕慰安妇问题对历史的审查这一问题的本质在消失，取而代之的是清除少女雕像这样一个新的话题。如果集中于少女雕像的话，其实是未能贯穿连接至其本质，即慰安妇的问题。不仅如此，这次事件的缘起是朴槿惠政府的外交部认为依照两国协商应当清除少女雕像，单单只集中在日本政府清除少女雕像这件事的话，真的是可谓看错了问题的本质。

因为两国间长期持续的外交摩擦，韩流在日本如同野火一般，燃烧却又归于沉寂。为了说明这个现象，我们有必要来整理一下问题的论点。首先，韩流主要是一般大众因喜欢韩国的文化和商品而自发产生的文化交流现象。在这样的文化交流现象中，当今国际化时代大众间自发的移动发挥着很大的作用，同时政治的影响也不可忽视。因为尽管大众文化具有群众自发接受的“脱政府”性交流的特征，但是随着两国间关系的变化，这样的文化交流随时都可能会受到政治力量的影响。从这样的层面来看，韩流可以看作是一种信号，即韩国停留在国际秩序的从属变数或是变化区域之后登上舞台的信号。因为韩国的大众文化通过媒体产出了先前没有的、使人们相互交流并获得满足的世界以及市场。这是世界与东亚从古至今在进行文化交流的同时持续创造出的历史的续篇。也正是因为这样的历史，东亚得以成为与世界上其他地区相区别的一种文明。

如果韩流可以具有增强相互影响的“内面动力”，那么就可以对政治文化的国际秩序产生影响。对于那些想要管理国际秩序的既得利益者来说不可能乐于见到这样的裂痕。韩流因为不能从以“嫌韩现象”为基调的愤怒的统治中脱离正在逐渐减少。这表现出韩流还未能成长为独立的文化力量，还不能脱离政治的影响，一直被困于政治的旋涡之中。因此韩流需要一个新的方式，即使其可以被定位成人类无法拒绝的普遍文化的方式。包括韩流在内的世界文化虽都曾因为一时的政治、宗教纷争被孤立，但是从长远来看相互间的交流从未曾停止。

那么我们要如何去看待现在韩流热潮急剧冷却的现象？笔者试图用“国民—机械”概念来说明这个现象。先前，日本市民因为喜欢韩流所以购买了相应产品。这样的偏好和购买可以说是受到一定的政治影响，但是主要还是出自于市民的自发性的选择。不会是因为有人让他们喜欢韩流所以大家才会喜欢韩流和购买韩商的产品。是因为“我”觉得喜欢所以会去喜欢，是因为“我”觉得很满足所以才会去购买。

但是突然不喜欢韩流、不买韩商产品可以说是对自己之前行为方式的否定。近代的人们在选择自己的偏好和进行判断的时候首先会考虑到“我”的感情和价值。市民们如果暂时地保留这样的感情和价值的话，就会对韩流和韩商作出与之前不同的评价。但是如果这样的不同的评价是在特定的事态和联动之中产生，并且在市民间一唱百和的话，这样的现象就不能单纯地看作是依照个人的自由选择作出的合理化判断，而是成为超出个人的范畴的、控制和制约世界的政治工程学游戏，或是可以看作是文化权利的控制。不仅仅是保守派政治家，日本的右翼化现象在特定的时期也曾借由外交文化刺激着对文化发动攻击的“嫌韩”活动。笔者认为在“嫌韩”现象的发生之中，是“国民—机械”概念在产生作用。

韩国与日本不仅因为慰安妇问题，还围绕着独岛（日本称其为“竹岛”）问题进行着领土纷争。（韩国主张日本对于独岛的主张只不过是日本单方面的臆想。）日本不顾韩国的反对，在历史教科书中将独岛标识为本国领土。日本的保守派政治家们还将独岛当作是自己的政治资产。慰安妇与独岛问题是使得在日本个人的合理选择被保留、要求其与政府的方针或是文化权利相一致的一种信号。即慰安妇和独岛在两国关系中成为问题的瞬间开始，韩流就不再仅仅是文化与经济领域的独立性的行为，而是被转入了国际政治与国际秩序的领域。这样的转入如果成为惯例的话，围绕“独岛”从内部产生的一些不同声音就无法发出。即可能在公共广场上形成围绕这些问题进行的自由讨论。如果没有自由的谈论只有整齐划一的要求的话，市民就不再是自由的人格体，而是成为对于政治的方针只发出一种声音、只作出一种反应的“国民—机械”。国民若机械一般开启作业的话，如果有既定的目标物，可能会停在之前的脚步上，或是如果看出了攻击的势头的话可能会展开使用暴力的提议。这样的中断与暴力因为是一种爱国行为，不会成为需要进行反省的对象，其行为的强度越强，越是会被粉饰为英雄式个人崇拜。

七、“国民—机械论”的无用与韩国人的烛火集会（2016—2017）

如果在东亚只有“国民—机械”在作用的话，未来可以说是一片昏暗。从日本经历的状况来看，“国民—机械”虽然带有强大的原动力，但是其带有一种未能超越一定水准的节制的制动系统。

2016 年 7 月在日本的地方自治团体中，大阪市最初实施了限制嫌韩示威的条款。随后在 2017 年 3 月，发生于 2013 年大阪市内的示威与宣传活动的 3 则视频被判断为仇恨言论。由律师与学者构成的“专家审查委员会”对照大阪市制定的条例听取了被害人方的意见，并对举报内容是否是仇恨言论进行了判断。如果这些言论被判断为是仇恨言论的话，“大阪市必须将在官方网站上公布相关发言的概要与发言团体、个人，同时将要求对于相关内容进行删除。在得到专家审查委员会的判断之后，大阪市一方必须强制采取一系列诸如公开上传问题视频的人以及要求其删除视频的具体措施”。

大阪市专家审查委员会的活动可以说是在试图建立一个系统，希望通过这个系统可以抑制“国民—机械”在如关东大地震时的发动，那时候民众对于当时在地震中死伤的朝鲜人表现出了十分残酷无情的态度。虽然这个系统不管现在有多么的坚固都还未能达到可以让我们完全安心的程度，但是这个系统存在本身就足以表明在东亚共同体之中希望还没有完全消失。

2001 年 1 月 26 日韩国留学生李秀贤在东京新大久保地铁站为了救出醉酒跌入轨道的日本人不幸失去了生命。李秀贤在韩国的母校为他举办了追悼会，日本群众成立了以他的名字命名的“李秀贤奖学金”用以资助在日本留学的亚洲人。（http：//www. soohyunlee. com/）2010 年 10 月韩国留学生李俊（音译）在东京根津地铁站目睹日本人醉酒跌入铁轨之后立刻按下了紧急按钮，和站务员一起将那名醉汉救了出来，遂被称为是第二个李秀贤。虽然日本与韩国在历史和领土方面存在着纷争，但是韩国人向处在危险中的日本人伸出援手的善行在接连发生。这其中可以说是发挥着超越了国籍的人类爱。从这样的事例中我们可以看到，人们虽然受着政治、外交的影响，但是并没有被困死在那些影响之中的特征。

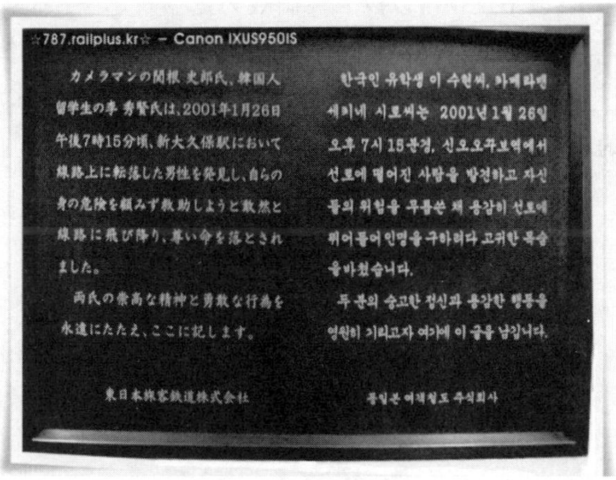

图 4　李秀贤纪念文

先前在韩国，市民们因为秘密掌权事件对国政垄断提出抗议，最后由国会和宪法裁判决定当时的在任总统朴槿惠下台，紧接着通过选举诞生了新一届的政府。这样不同寻常的政权的交替没有通过武力，而是完全通过和平示威和依照宪法步骤达成。这次事件也被成为是“烛火革命”。这是一次在整个世界史上前无来者的民主主义的全新的实验，可以说其结果是完全的胜利。对于这次事件，儒教可以对于要求总统进行悔过和批判不正当权力活动的行为提供理论上的证据。这时候，不是不正当的权力本身，而是考虑到不正当的权力以及因为这些不正当的权力而造成的国政的混乱，不是要求去忏悔，更是在主张要革命。这在主张腐败的政权可以被交替的孟子的“异姓革命论”中也可以找到证据。

像“真朴”这样重视与总统的个人关系的亲疏，以及像青瓦台的秘书人员与政府长官们一样向任命自己的人表示绝对忠诚的话，那么他们就必须被弹劾，或是不承认他们的被任用。并且，对于作为国政而言的秘密掌权事件总统本身可以说是没有责任。不过这不过是人性儒学的本质里未能涉及的、堕落的人性儒教的主张而已。[①]

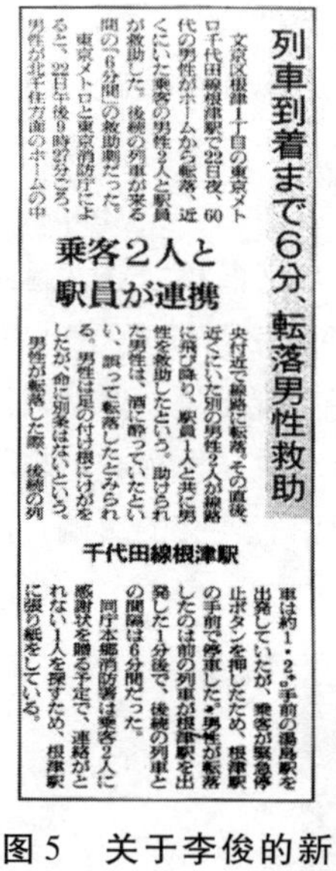

列車到着まで6分、転落男性救助

乗客2人と駅員が連携

千代田線根津駅

文京区根津1丁目の東京メトロ千代田線根津駅で22日夜、60代の男性がホームから転落、近くにいた乗客の男性2人と駅員が救助した。後続の列車が来る間の「6分間」の救助劇だった。

東京メトロと東京消防庁によると、22日午後9時37分ごろ、男性が北千住方面のホームの中央付近で線路に転落。その直後、近くにいた別の男性2人が線路に飛び降り、駅員1人と共に男性を救助したという。助けられた男性は、酒に酔っていたといい、誤って転落したとみられる。男性は足の付け根にけがをしたが、命に別条はないという。

男性が転落した際、後続の列車は約1・2キロ手前の湯島駅を出発していたが、乗客が緊急停止ボタンを押したため、根津駅の手前で停車した。男性が転落したのは前の列車が根津駅を出発した1分後で、後続の列車との間隔は6分間だった。

同庁本郷消防署は乗客2人に感謝状を贈る予定で、連絡がとれない1人を探すため、根津駅に張り紙をしている。

图5 关于李俊的新闻报道

世越号惨案之时，当局的处理违背了其必须保障国民的生命的责任，也违背了所谓“养生丧死无憾”的王道。[②] 世越号事件发生之后，强制捐款的行为也是高位者对于职位的滥用，是公私不分的表现，是与要求“见利思义”的道相违背的行为。因此，因秘密掌权事件发生的国政事件从人性儒教的角度并不具有正当性，在人权儒教的基准出发更是不能进行正当化。

像这样，在面对现代社会中发生的现象和事件的时候，儒教不仅仅可以以人性儒教为依据发出自己的声音，还可以从人权的基准出发进行正体性的扩张。这是对在儒教中存在人权的要素，或是存在可以与人权相结合的正当化进行证明的理论，是在当今社会构筑儒教的正体性的时候不可忽视一环。这时候儒教不再是落后于时代，而是找到了与时代一起呼吸的路。

---

① 在人性儒教的阶段上存在“上疏”这样的制度，通过这个制度臣子可以对于君主或是大臣，以及同僚的违法行为和过失进行牵制，并且可以不用顾忌地位高下的进行批判。不仅仅是作为一个假设，如果上疏制度可以完全发挥作用的话，秘密掌权这件事情或许可以在事态发生初期就被阻断。上疏制度让人们可以看到一丝夹杂着希望的期待。详细例子参考申斗焕的《上疏——儒生，撕咬王》，Dal Gwa So，2011 年。

② 《孟子·梁惠王上》：“养生丧死无憾，王道之始也。”

八、结束语

包括儒教在内的哲学思想与时代状况有着密切的联系。哲学思想科学性地分析那个时代所面临的问题，并更进一步地提出前进的方向。儒教的基底是小农从事农业活动、共有生产附加价值的社会秩序。现如今，我们已经经过了产业化社会向着信息化社会前进。在这样的状态之下，儒教仅仅用以往贫穷时代的“节制”和“忍耐”是无法与处于消费时代的现代人交流的。欲望并不是损害社会秩序的原因，而是应当将其看作是创出附加价值的根源。在这样的脉络之中，儒教应当从包含着人性、可以保障人权的文脉出发进行再成立。这样的可能性不仅仅是存在于理论层面上，对于将其引入日常和国际交流的努力不可懈怠。这样的努力开花结果的时候，便是儒教作为21世纪思想的复活。

儒学启示：人类必须从个人主义虚构道路迷途知返

——兼论虚构“个体”同经验“关系”的人*

[美国] 田辰山（**Tian Chenshan**）
北京外国语大学教授

以儒学为主干的中国思想文化传统，越来越显示与今天世界人类命运紧密不分的重要性，它前所未有地给人以关系到未来人类前途命运的启示：人类必须从自己虚构的个人主义道路迷途知返，否则将万劫不复！本文从12点对这一重大启示做作出阐述：1. 个人主义从哪里来？2. 个人主义的危害从哪里来？3. 个人主义将人类带入歧途；4. 机器人吓到“小人儒”；5. 人类必须警醒：自己是在歧途上；6. 从假想的虚妄回到现实经验中来；7. 从“孤立人”到“关系人”——回到关系中来；8. 改变个人主义意志、价值和不为他人负责的胡作非为；9. “辩证法”之关键是“一多不分”关系法；10. “一多不分”世界观、人生观、辩证法是儒学文化的命脉；11. 现代“个人主义”与儒家“个人”观念在哲学上不可通约；12. 人类需要诚心检讨“个人主义”。此种阐发得出的判断是：面对“一多二元”个人“对立”主义，儒学为主干的中华文化“一多不分”的“关系人”，将势必成为未来世界文化秩序的哲学选择。

一、个人主义从哪里来？

“个人主义”从沿袭古希腊始有的“一多二元”宇宙观而来，之后成为西方现代传统的一个特质概念。“一多二元”的“一”，是假定虚设性质宇宙的唯一超绝本体本源，例如柏拉图说“形真”（Form），亚里士多德说“不动的动者”（Unmoved Mover），基督教上帝（God），它沿袭至现代启蒙思想家“一神”（Deity）以及黑格尔“绝对精神”的概念。“一多二元”的“多”说的是主宰宇宙万物的“一”单线单向派生出的无数互不相关“个体”（individuals）。“个人主义”是如此在这个意义上沿袭产生的，它的根本含义是：“多”是指不相联系的个体，也即由“一”直接派生出的本体、独

* 曲阜中国孔子研究院“安乐哲儒学大家项目”。

立、超绝实质。从那时起，“人”就开始被认为是“单子个体”，互无联系。在这一主旨含义上，它不是汉语的“人”，因为它与非人类所具有的“单子个体性”是通约的。

从中国思想视角理解“个人主义”，具有唯一恰当性的，是注重它的“西方特质域境”含义，它一个截然不同的对“人”的概想。“个人主义”将“人”作为“单子个体”是绝对的、唯一的，在哲学逻辑上是势必排斥“人与人相系不分”“命运共同”的。“单子个体”概念作为很深的传统哲学根源，可一直追溯到毕达哥拉斯“个体人灵魂不朽”理念，柏拉图《斐多篇》，亚里士多德的《论灵魂》以及奥古斯丁等人的思想。“人”不会是“道德”（moral）的，除非具有单子个体性的“道德意志”（moral will）。“单子个体性”一直延伸至现代自由主义之父洛克讲如何释放“个人主义”本性、创造私有财富的概念。对弗洛伊德而言，它是唯单子个体而论（“个人主义”）的“潜意识”概念。到了今天的后现代，似乎以一个“超级自我意识”的个体生存，成为主导世界的意识，不仅仅在西方是人们的信仰结构，在世界很多其他地方，包括亚洲及中国城市精英、年轻知识分子的语言，都因为利用西方现代性词汇，也变成拥抱“个人主义”理念和价值，变成脱离自己本传统的思维方式。

二、个人主义危害从哪里来?

“个人主义”源远流长来到今天，已在后现代被反观与追溯为引导人类走入生存危机窘境的哲学因果逻辑。后现代对它的批判指出，“个人主义”哲学逻辑导致的外在危害，其实在于古希腊“一多二元”哲学一经发生，即内在已然存在的哲学谬误。后现代主义否认先验超绝论，认为不存在一个唯一正确或真实的世界观和概想。[①] 这实际是在根本上对“单子个体”理念哲学本源的否定，撤销其派生“单子个体”的“普世性”与“超绝性”。

“单子个体主义”（“个人主义”）所驱动的启蒙运动使命定位于自由主义。马奎斯·德·萨德（Marquis de Sade）对这点揭示得再清楚不过：这是一种一己个人无需任何他人指导（从任何监护下获得个人解放）的自由主义意识；自我维生（与他人不关联）就是科学原则。同时，“启蒙运动”还以科学服务于个人主义为宗旨。理性主义、实证主义和追求经验事实，都是为达到个人目的服务，都是建立在私有利益和个人非理性、冲动情欲基础上的。当科学、理性主义、计算都被置于实现个人目的基础上，科学就由整体的理性性质转变为非理性性质，走向与道德原则的冲突，也从此撤除“启蒙运动”的底线。理性主义从来与道德没有什么瓜葛！因为哪怕是卑鄙无耻的非道德之徒，也能通过纯粹理性和科学手段达到成功。正如法兰克福学派的霍克海默和

① www. greeleynet. com/ ~ cnotess/gloss. htm；downloaded February 27，2006.

阿多尔诺所指出，法西斯独裁统治的胜利，就是依靠毫无约束地滥用计算，遵循那种追求野蛮经济效率法则的科学获得的。

自古希腊始到现代的哲学界，对于理性主义各种形式的盲目服膺、严格遵循，沦落为一个理性败笔。这一被哲学精英普遍、顽固地一直演练的败笔，“畸形专业”一语已是个淋漓尽致的比喻。约翰·杜威（John Dewey）还将“畸形专业”称为“顶级哲学谬论”（the philosophical fallacy）并尖锐地指出，对结论进行预设推定，结论就一定是那个前提；只要从变动不居经验中认同出什么明确的“原理”，它就成为可孤立、可抽象、不管时代、不断重复性运用的，就被理性化一种“永远—呈现”历史。杜威早就发现，“顶级哲学谬误”是无视经验历史、发展和域境化的错误，是“哲学思维最无孔不入之谬误”；谬误就在于，它作为方法论“从有机体中抽象出什么元素来，赋予它涵义，把它定为绝对性”，从这时起，这一元素又被尊为“一切真实与知识的起因与根本”。①

这个哲学谬误的突出之点，是假设虚构由唯一超绝本体之神建立宇宙秩序的说辞，也被假设虚构为人与社会的秩序模式。确定地说，把结论置放在前提位置；“结论—前提”的错置谬误，构成一个“顶级哲学谬论”。它本来是个简单谬误，可是恰是以为简单，而极不容易避免，使得人们常常对它视而不见，不认为它有所不当。正如威廉·詹姆斯引述克尔凯郭尔（Kierkegaard）的话：“我们的生活是向前的，可是理解是倒退的。”② 博尔赫斯（Jorge Luis Borges）说，当我们对过去作理解时，总被端出的却是“结果”，这样，结论就会是：“生活在本质上是时代错置的。”其实，怀有强烈“本体论”倾向的人，是从认识秩序与“本质存在秩序”的二分看问题，总是申明：把“唯一超绝本体存在”（Being）置放于世界的“众多万象的存在”（beings）之前，“唯一超绝本体存在‘通过’众多万象存在”得以体现，是永远没错的。而持目的论的人，是在“遥远神性事件”中发觉“认识之根据与目的”。谬误就是如此假设与虚构的：“一”（Being）是先验超绝的，“多”是独立单子个体的。

比“顶级哲学谬误”更危险的，是“时代错置”谬误。“错置时代”是从某一理论的特定建构出发，狭隘、倒退地解读历史，最后在历史叙事起源处找到的，不是别的，是对那历史叙事反思的结果，这是“目的论”史观的偏见。与这个“倒着读历史”谬误并行，还有一种“横着读历史”神话。③ 它是说，有种信仰，普遍流行，引出的误解，是说像家庭这种社会有机单位，在全世界都是一个模样。人们对家庭的设想是，它作为经验的一个社会有机单位，是压制性的，在西方它变得较为解放性的了。

---

① Dewey（1969—1972），卷1，第162页。关于“顶级哲学谬论”历史，参见Tiles（1988），第19—24页。

② James（2000），第98页。

③ 见Madsen（2003）与Thornton（2005）。

对世界各地域的家庭“原始”形态进行研究，能了解到西方家庭的进化；这是马塞尔·莫斯（Marcel Mauss）对“神圣启蒙运动”的“人”概念的解读；联系起其他传统的“人”的观念，这是个好不容易才得到的概念。

哲学谬误是有害的。害处就在于它对“超验本体主宰宇宙”“单子个体”的“人”“人性恶”“自然状态”“自由”“人权”“民主”等等一整套，是在“时代错置”和“顶级哲学谬误”中虚构的。虚构是假的，不是人经验的存在，是人所直接的、身在其中的世界的不存在。它造成人们在虚假之中而活：在想、做、说的一开始就走上迷途。这是一条由少数人假设虚构概想，对人类的直接现实经验的误读、误解。

三、个人主义将人类带入歧途

哲学谬误的虚构性“单子个体”的“人”概念，导致文艺复兴的人文主义同抛弃“上帝”一起，抛弃了“伦理”与“道德”，导致“个人主义”开始驱动科学理性，“个人主义”代替“上帝”，成为“上帝的上帝”，变成先验超绝的“普世价值”，导致了人类陷入哲学谬误，导演了人与人之间残酷竞争，道德沦丧、物欲横流、怪想丛生、人性物化和血腥的资本主义，一直来到当今时代人类正陷于未来前途的全面危机的窘境：气候肆虐、全球变暖，传染病蔓延、两极分化、食物饮水短缺、有大量饥饿人口，乃至核扩散、大规模灭绝人口威胁、全球恐怖主义等等。人类正面临全面危机的窘境的头一个特点即是：人类是该受谴责的，这些问题很多都是人类留下的足迹。

“个人主义”主导全球而导致的人类生活状态，是一种世界到处泛滥詹姆斯·卡斯所称的“有限游戏”。“有限游戏”是缺乏社会智慧的简单游戏，如同玩象棋或者扑克牌那样，在规定的有限时间和规则制约下，产生一个是赢者，另一个是输者。在以个人主义统治的全球人与人社会，人都是作为“单子个体”如此行为，“民族国家”的本质，也是这种行为，玩的都是别无其他的零和游戏。当然，“个人主义”曾被颂扬为具有“解放性”，是“解放奴隶”“打倒贵族统治”，但是无可辩驳地，今天它沦为对极端自由主义的辩护，成为富人拥有想得到一切的合法性，却让穷人失去所有。也是这样，它为富国拥有它们想得到的一切提供合法性，造成穷国的穷困潦倒。

绝对性“单子个体”的“人”概念，导致了道德哲学与政治哲学的恶果：首先，它认可极端自由主义资本家的以享受不受约束自由，当作“政治正义”基本原则与终极价值，拒绝任何不赞成这种“自由”、以大多数人民利益为重的真实社会正义。在世界不少地方，这样的资本家如鱼得水、与日俱增。“单子个体主义”理念为资本主义市场自由放任经济提供“道德合理”，造成它加速现代“民族国家”内部及在它们之间造成显著经济不平等。

此外，“单子个体”概念的危险，还是它在西方乃至东方知识分子思想意识中的相当普遍性。它成为一个教旨主义传统，根深蒂固，致使人们失去了对它寻找替代性的其他概念思考。实际上，“自由、自立和理性”单子个体的概念，已然演变为一种批判不得的社会意识形态。人的生活已变得十分严峻，个人主义造成人不仅不能恰当对待家庭和社群共同生活，而且造成人亲身经验事实的共同生活，出现尖锐的紧张对立局面。这本质上，是这种虚构的个人主义对经验生活家庭特征的人与人关系的亲密性和相互依存性的阉割。当今时代正陷于其中，关系到人类未来前途全面危机的窘境，所暴露的是严重的政治问题。两极分化是政治问题，饥饿是政治问题，战争是政治问题；它们都是个人主义必然导引出的。个人主义导引的哲学，是以手段作为目的，是取消目的而使人走入迷茫和困境。

四、机器人吓到“小人儒”

迄今风行的“科学”概念只是手段性的意义。把手段性意义的“科学”奉为绝对真理，不过是另一种宗教迷信。马克思主义“科学”概念的含义是辩证法，是宇宙观和思想方法。它与“道”含义的“易经”通变之学，都是在自然宇宙观意义解释天地人道理的真“科学”。真“科学”是探求天地自然宇宙万物的内在联系，也即是“道”。毛泽东以“辩证法”，也即是以“道”的名义，大道至简地点透：世界不存在不可分的粒子。这是大智慧，大道之行之言。人有大智慧，才不会庸人自扰，也就根本不会相信有什么所谓暗物质，因为“暗”与“明”不是二元对立，而是相系不分，一个事物的两个方面而已。一切科学发现，过去的、目前的与未来的，一直并且只能是对“具体特殊关系形态”的探讨与发现，而所发现的，永远不可能是对永恒“本体”的发现。所谓“本体”（ontology），始终都是出于作科学研究课题而作的假设或虚构，至今尚未发现有一个最后的终极“本体”。一部分人类频频使用的“本体”，只是流于丝毫谈不上“科学”的所谓“信仰”而实则是个迷信的层次。所谓“颠覆传统信仰的灵异”在根本上是产生于堕入“无知的狂想”，是对辩证唯物主义，对中国“六合之外存而不论”的无知。手段不可以替代人生目的，其原因，就因为手段不是道，而是“器”，是“术”。“机器人”永远是人工的产物；永远人手中的玩物，是手段。只有追逐手段的小人儒，才会被人工智能的机器人吓到。机器人可以超过小人儒，可以超过知识的人，却永远跳不出人类智慧的手掌。人工智能只会在小人儒手里泛滥成灾。智慧的人，是求“道”的人，知“道”的人。求“道”、知“道”的人，是“得道”的“道德”之人，会英明地把机器人作为手段掌控在手里的；“机器人”是要戴上紧箍咒的，“小人儒”望尘莫及的。

五、人类必须警醒：自己是在歧途上

歧途，就是失去方向之途，失去初心之途。人类现在处在的生存危机，就是已然失去方向、失去生存目的的窘境，然而人类的一些人却浑浑噩噩，自鸣得意，在迷恋手段的情乱之中，自我毁灭。将人类引上歧途的，是统治人类的虚妄，大道废则智慧退，其突出表现是人类走向是以“超级自我意识”的个体方式生存，这是认识人类的错误方式，胁迫人类走上错误的生存生活方式。它已经不仅仅是人类某一部分偏执、特殊的“信仰”结构，而是被误判为普世真理。它也被亚洲的城市精英所奉行，其语言已因为采用西方的现代性词汇而被演变，引导社会去拥抱这些虚构夸张的理念价值，成为社会性的定式思维。个人主义、自由主义，把单子个体的自我笃信为终极目的，从而一叶障目，从人无远虑，陷入必出近忧的困境。我们今天若果有着警醒，也并非是什么智慧，而是惊恐的近忧倒逼着我们。今日满目疮痍的各种危机，是经验的真实，不是耸人听闻虚构。仅说一事，照此下去，如果地球温度将在四十年内升高 3 摄氏度，一半生命形态将会消失。到下个世纪，地球温度将会升高 5 摄氏度，生命形态将会全部消失。这种判断源自科学家的警告：全球人类如果再不开始面对困境，就没有时间了。因此，是在窘境的逼迫下，我们所能做的，不得不是必须对人类文化秩序采取审视态度，要为挽救命运，去重新挑选取代个人主义，对当今时代面临的紧迫问题作切实的回应。

六、从假想的虚妄回到现实经验中来

从假想的虚妄回到人的现实经验中来，是要回到人身所处的天地人的经验世界中来，丢掉虚构假设的空中楼阁，丢掉超绝主义和二元主义。要这样做，势必就要走到儒学和中华文化传统的道济天下现实中来。使得人类始终不脱离自己经验的儒学和中华文化传统所给人提供的，正是对个人主义理念恰如其分的回应。

之所以说它是“假设的虚妄”，指的是逃避现实经验凭空臆造的一个世界，正因为它是背离人类经验而凭空臆造而称为“形而上学”（metaphysics）。“形而上学”是“思辨”［或曰假想（speculate）］在人类经验的这个世界之外有一个“本体”（ontology），它才是本质真实、静止不变的。这个本体主宰的形而上学世界，是一个大计划，沿着这个计划，是按照一个线性单一秩序前进，一直到这个计划完成，走向终点。这个形而上学世界的始点，是一个强大无比的力量，超越一切的普世决定性始因和原理原则，世界的一切都必然性地由此超绝始因点派生而来，必须以它作为解释。这个超越一切的普世决定性始因和原理原则，是一切变动不居的现象的“确定性”，是超越人类经验的，是无需人的求证的，是“终极”性的，是必须“信仰”的。这个“终极”“超绝”的“确定性”，就是自古希腊以来思想家构想的“天堂”（Heaven）、“天意”（Providence）、“上帝”（God）、“自然界”（Nature）、“形真”（Form）、“绝对精神”（Spirit）、“圣灵”（Soul）、“圣理”（Reason）、“不动的动者”（the Unmoved Mover）等等。在这个虚妄世界，任何物都是在一个超绝一切的“唯一本体”之下，一切物都是“单子个体”，都无内在联系，都独立自为，都互相隔阂，都自在散居；它们一旦相遇，都必然是冲突，导致一个是决定性的，一个是被决定的。

与这个特质思想传统的假想虚构“世界”反观的，恰是让人类始终不脱离自己经验宇宙的儒学与中华文化传统，一切皆是内在联系在一起的自然宇宙。人类自己经验的世界，不是个线性单一秩序的，而是充满内在联系非单一逻辑性秩序。一切事物都是自然、互为的，没有那个虚构的本体，万物背后没有一个静止不变的至真与实质，没有一个独立于经验世界、主宰一切的天外至上始因。天地人是“一多不分”，任何一物都是与其余事物内在联系、不可分割的。自然宇宙之间没有最终不可分、百分之百同一体，而是处于浑然而一的和而不同之态。是这个状态，任何一物皆是必须在它所处的环境之中看待它，因为它与环境的任何他物皆是“一多不分”，正是“通过森林看树木”这一说法。这样的人类经验世界是一个生生不已呈现过程的，而不是什么按照一个超验的大计划的目的论意义，它没有什么终极目的，而是《易经》叙述的天地宇宙的螺旋上升式变化的。人类要回到这个自己抓得着、握得住，自己为天地之心的经验世界中来，才会真正回到希望中来。

七、从“孤立人”到“关系人”——回到关系中来

回到儒学、中华文化启示给人们的自然宇宙论天地人之中来。要从个人主义梦魇中醒来，要丢掉不切实际的对“人”的虚假臆想，回到真实经验的“关系的人”的观念中来。儒学是智慧传统，是在于它的从“相系不分”经验为出发点的观念。它是“以关系为本”，“以关系为本”即是常说的“以仁为本”，以“孝悌”为发源的认识。作为人的经验生活，这是抓得着、握得住简单事实，就是将心比心，他人过得好，就是你过得好，因为经验世界，是个人与人与物的相互依赖世界，一个有机的一多不分世界。这是个一切都在同一棋盘之中的世界。人人都必须承担一多不分的约定性责任，这不是仅仅为我们自己，而且还为的是，我们对生活在这个世界的其他人意味着什么。

是这个原因，我们确实要回到原来的经验传统，去掉现代强加给人类的虚妄性个人主义理念，去找回可替代它的更强健的选择，从那种“独立的”“理性的”“自立的”“可证明为正当的”利己的“个体人”的概念思维迷途返回，重新走进“关系人”的观念思维。因为“关系人”是置身家庭与社群之内的，是从切实处把自己恰当地理

解为是由所生存社会约定的角色身份与相应关系构成的。儒家传统的对“什么是人”问题的回答，是一个叙事。“人”是一个故事；“人”是一个事件，而不是什么一个静止不变的本质。“人”是作为一个生涯发生的一系列事件；“人”是一个“环境场域”多身份的“我”（a field of selves）。“个人主义”对人自己的认识是：“我”是驻在令人失望的肉体中的一颗“不朽灵魂”。人对自己的另一种认识方法则是，我是我妻子的丈夫、我儿子的父亲，我学生的老师、李长安的邻居；我是我生活着的世界里同我构成不同关系所约定的不同身份。如果我把这些关系身份都做好了，就止于至善了，就是有个性了，就变得不一般了。在这种意义上，儒学可以让我们变得不一样，可以对个人主义是另一种选择。儒学让我们随时随地从关系出发做人，而不是从“独立个体性”出发，不是只依为自己私利的标准采取行动。

八、改变个人主义意志、价值和不为他人负责的胡作非为

改变个人主义意志、个人主义价值以及不替他人负责的胡作非为，也就是要改变自己的世界观、人生观，让自己增长唯物辩证法的智慧。个人主义只认可有限关系，只认可人与人暂时的利益关系，只玩有限游戏、零和游戏，自己做赢家，让别人做输家。从人与人、人与自然内在联系出发，是从无限关系出发，做的是“无限游戏”，这与“有限游戏”很不一样。“无限游戏”是人和人共事，都尽最大努力做好这件事请，让它最后产生最好效果，目的是共同受益。“无限游戏”做得好不好，取决于人们加强彼此关系，齐心协力面对同一问题，而且理解该怎么做才可按照自己的能力把工作做得最好。“无限关系”不按个人主义意志搞一决胜负，而是搞共赢，要么就会双输，这就要求人们必须彼此加强关系。这便是儒学的“仁义”，是中华文化的同舟共济，也是中国今天正提倡的“人类命运共同体”和“双赢”概念。它不是“单子个体”主义利益的意志，而是以人与人“一多不分”关系为重的价值观；它不是专门利己、不择手段的胡作非为，而是为自己与为他人不可分的负责任行为。

改变个人主义意志、价值和对他人不负责任的行为，首先要着眼的是今天世界的国际事务，确实需要抛弃个人主义意识形态导致的零和游戏、你输我赢的观念。全人类面临的全球性生存环境窘境，决定着世界各国要么走共赢道路，要么是双输，一起滚向万劫不复。改变个人主义意志和价值，停止个人主义意识形态导引的以往对他人不负责任的行为，儒学向我们启示的，是一个根本世界观的转变。个人主义的“意志”“原则”“价值”和“德性”从哪里来？它是源自柏拉图主义式的理解方式，这些东西是形而上学，是脱离经验的抽象，是在天上写着的，是来自世界之外的超验本体，并因派生于它而有的人之本性而移植于人。而儒学及中华文化对这些东西的理解是另一

种方式，它们不是假设虚构的空中抽象，而是人自己对日常经验的总结而得来。个人主义意识的“公平”或者“正义”，对儒学和中华文化而言，其实是“仁义”关系意义的关注，什么才是更重要的，是更密切不分的。只有这样，所谓“公平”“正义”才成为抓得着、握得住的，对待一个人，无非是要按人与人之间关系具体约定的身份提出一些对待他的方法，结果无非是：是同学则要像同学那样的、是姐姐则要像姐姐那样的、是同事则要像同事那样的等等那样地，去对待他。这些人与人活着的由关系所约定的身份，是人自身经验中最平常不过的，都做得得当，也会是很不平凡的。

九、“辩证法”之关键是“一多不分”关系法

从人类命运相系不分而构成共同体而出发的思维，是揭露把人类虚构为“个体”、虚构“个人主义自由民主自私自利现代概念”的尖锐武器。“辩证法”是伴随马克思主义哲学来到中国，又随即变为表述《易经》“一阴一阳之谓道”含义的“通变”观念的现代语汇。“辩证法”的核心含义是：自然宇宙万物因内在不分联系而浑然而一，也即它是宇宙与人世的“一多不分”关系法。更进一步说，也是宇宙因“一多不分”而不可能存在形而上假想的超绝“一”与个体“多”，也即在“一多不分”宇宙论中，不可能存在“个人主义”逻辑，恰是因此它构成对“个人主义”虚构性揭示。“辩证法”世界观，也谓“互系通变”思维，或曰“一多不分”观，概括说与“个人主义”所根植的特质柏拉图式假设虚构“一”与“多”相比，有七个结构性特点：（一）自然宇宙是万物互系不分，没有线性单向因果秩序，没有超绝“一”与单子个体“多”的二元对立；（二）互系不分是为任何大小、任何范畴、任何形式，是多层次、交合性的，不存在任何独立本质性元素分离与超绝于整体；（三）人是天地万物相系不分之延续，人与天地万物之相通，意味着人对万物变化的通晓与应变，人为天地之心，与天地相参，为“三才”；（四）所谓“神”，实是“妙不可言”，神不神，是知不知，在乎人；（五）变化即是延续，没有无延续之变化，没有无变化之延续；（六）偶对之互系不分及相反相成，阴为化阳，阳为化阴；（七）“道”实为天地万物变化之道，是一切物与物内在联系之“一多不分”，通晓之道即格物之道，又言“一阴一阳之谓道”。所谓“辩证法”，或曰“一多不分”关系法，也称与“以个人为本”之个人主义相对的“以关系为本”。

“以关系为本”和“以个体为本”的这样两种宇宙观、认知方式和思维方式，可视为来自对同一问题的两种不同解答方式。二者面向的问题是：人们现实看到的这一切，究竟从哪里来？冥冥之中似乎有一个深不可测、神妙无比之“物”，它究竟是什么？一个回答方式是用假设方法虚设“确实外在实有一个超验、线性单向派生了宇宙无数单子个体的本体存在（Being）”；另一解答方式则是以“观”、遂感而通，得出

“和合生物”“生生不已”，也即一切源自“关系”，一切是天地万物之内在不分关系，即“一阴一阳”之“道”所致，道生一、一生二、三生万物。是人的一时未达通晓，而显得深不可测、神妙无比之“关系”的导致变化，造成人茫茫然不知所措，因困惑不安而趋于迷信怪力乱神。这个“怪力乱神”在“个人主义”根植的形而上学中，就是超绝的“一”与单子个体的“多”，单子个体的“多”从假设变为“信仰”，成为“个人主义”迷信。“上帝”是至高无上、普世的，它派生的“个体人”合法，也势必成了至高无上的普世价值。这就是儒学和中华文化本应给予我们的针对“个人主义”意识形态的启示。“道”在范畴意义上是“怎么样的”，是变化，是过程，是自然呈现，是内在运动。可以说“上帝”（God）是人用假设赋予了“道”一个“人的形象”，赋予的一个人为性“术语”；用虚构将“道”超绝化、本体化，将它僵化为宇宙之间原本不存在的“静止不变、永恒、不活动质体”。

十、“一多不分”世界观、人生观、辩证法是儒学文化的命脉

文化是人的活法：想法、做法和说法。人在根本上是靠想法而活的，也即是靠世界观、人生观和思维方法活着的。个人主义意识形态的想法，是基于假想虚设宇宙观，个人主义的意志、价值观，来自虚构的超绝“一”与单子个体“多”的二元性、对立性，构成了一个谬误的“个人至上”人生观，陷入狭隘自私、庸人自扰的远虑皆无、近虑无尽愚钝思维，酣战于唯恐人世不乱的个人名利争斗，无所不用其极。个人主义意志、价值和行为已成为人类实行自乱、自毁、自灭，今天面临持续发展乃至生存危机的荒谬生活方式根源。面对这种情势，儒学向我们启示：“一多不分”的世界观（人世社会是人与人命运共同体）、人生观（作为一个人要以维护人与人的命运共同、以与他人感同身受而选择恰当行为为己任）、辩证法（以人与人、人与天地万物是“一多不分”的关系去认识、解释和改造世界），原本不仅是儒学为主干的中华文化思想传统的命脉，也必然是人类得以延续发展和继续生存的命脉。每一个把自己视为“人”的动物，要想让自己“人”的称呼名副其实，就不应该是“个人主义”者，而是一个谨防自己堕入而且是要批判“个人主义”的智者。人人须做君子，“君子”对人不是过高要求，而是起码要求。因为所谓君子是首先在想法上具有做人的意识，做人的意识，就是成仁意识，是把自己和把他人作为人对待的“一多不分”。“一多不分”的世界观、人生观、辩证法，是一个可称为“人”的由己而出的意识，坚持下去，自然呈现为一以贯之、生生不息的天行健君子的自强不息。它才是作为人类整体立于天地之间、永不言败的真经！正道，是走“一多不分”之生生不已之路，它是人类须臾不可偏离的长存精义！

十一、现代“个人主义”与儒家“个人”观念在哲学上不可通约

“通约”提法来自数学，于哲学意义则指的是事物具有共同属性或本质相同，或简称“共性”。“共性”是对事物作有效分类的基础。此外，不可通约是说两个不同属性哲学命题不可成立。所谓不同属性，是两个问题原本归为两个不同范畴的属性，不具有结构及逻辑共性，所以不可同日而语、相提并论。这种根本性的不可通约，是总是存在的很平常事情。比如水的化学结构与对水特点的描述，虽然都在讲水，但它是在两个不一样范畴、不一样结构，不一样逻辑和不一样语汇的不可通约问题。讲水的化学故事，讲它的“H_2O”分子结构，与讲“滴水穿石”，前一个是化学范畴的水，后一个是对水一某种特点的经验描述范畴；一个是化学结构，另一是语言艺术结构，一个是化学术语，另一是文学语汇。即使都在讲“水”，却是两个完全不可互通范畴、结构、逻辑和语汇的叙事。

今天把不可通约的事物，将它们没有任何范畴、结构、逻辑和语汇差别意识地，牵强附会为同一件事去说，是相当普遍的社会乃至学界现象。一个现实例子，就是把现代个人主义的“个体”与儒学的“个人”强拉硬扯地附会为同一个概念，进行“学术”叙事。今天的世界，将西方启蒙运动特质意义的“自由主义”“个体人”经济，肆无忌惮地混同为儒学“仁由己出”观念的叙事，将两个原本风马牛不相及范畴、结构、逻辑和语汇强硬拉扯在一起，当成同一件叙事言说，去达到为自由主义一己个人积累私有财富的叙事建立合法性的目的，将人类自然合理性社会生活引入歧途。倘若只要稍微有一点严肃态度，我们即可发现现代个人主义与儒学“个人”观念的不可通约结构差别。

首先，汉语“个人主义”的出现是近现代对西方流传来的“individualism”一词的汉字译法。这是个不得已而为之、很不准确的翻译。原西语“individualism”作为西方历史文化启蒙运动词汇，核心内涵的语义是“以个体为终极目的”。它是自古希腊始思想传统特质的宇宙论的反映，也即将“人”作为由上帝派生而来的一切“物”作为单子个体对待。这是将“人”定义为“互不联系个体”，将它的“个体性”视为终极意义，但这是它的汉语翻译“个人主义”几个字并不具有的文化语义。其实倘若当初将“individualism”译为“一己主义”，反而比“个人主义”更接近其原有西语的文化语义。

其次，在字面上，“个体”人在西语原有语义里，并没有“人”这一含义。“individualism”（个人主义）的“individual”只是“个体”之意。当我们用中文说“大家好”，要是它被翻译为英语“everyone”或者“everybody”，“大家好”实际是被译成了

“每个‘一’好”或“每个‘体’好”，并不是“每个人好”。在英语里，“个体性”是被强烈突出得在中文语境中不可思议的程度的。反之，如果将“大家好”汉语语义确切地在英文里得以表达，就成为“Hello，Big family!”——这则显示中文里的“人与人不分性”也被突出得在英语语境里不可思议的程度。

其三，这样一理解就清楚了，英语语境的“个体”（individual），来自一个超绝性宇宙论，叙事是“上帝”这一宇宙本源，派生出一切无数“个体”；而这个词汇一旦翻译为汉语“个人”，即刻转换到中国自然宇宙论范畴中。这样的由“individual”（个体）变到“个人”，是由“人”的超绝性概念，变成人类的一个经验观念。这样，也是由“individual”（个体）这个脱离人类经验和宇宙自然固有的“一多不分”关系，被虚构成“互无联系”的实际不存在的“个体”，它在汉语上被转变成人类每日经验的了。这一转变产生的一个根本变化，是把一种本质性、永恒静止不变的本体“人”，在中文语境里变成了一个生动“关系形态”的人，也即人不是静止不变质性的了，而是一个“关系构成”，一个特殊约定俗成关系形态，一个具体特殊关系及身份。在这意义上，人不是一个本体概念，而是一个生动的变化过程，一个经验的叙事。

其四，汉字的“个”，不具有英语“individual”的“individuality”（个体性）语义。也是说，“个”字不具有“个体性”之意，而是于“关系”意义的说话。这可以找到的古代语义证据，是个非常值得注重的情况。倘若查一查《说文解字》则知道：“个为半竹之证。半者，物中分也。半半竹者，一竹两分之也。各分其半。故引申之曰左个右个。竹从二个者。谓竹易分也。分曰个。”① 这清楚说明，汉语的“个”字语义不仅不具有“individuality”（个体性）之意，反而恰是“关系”，是“分”与“半”涵义。如此而言，十分确凿，汉语的“个人”是不可与“individual”通约的，而且“个人”在关系完整性意义上，是包含另一半，是内含他人的。

其五，深延之去则是，写出“人”字是一撇一捺，可谓“一阴一阳”——谓道，也谓德；人必定是道德性的，否则不可称其为“人”。人是天地之心，心外无物，心即理，是通晓天地，以天地之理去想、去做、去说的。大道之行，人在其中，人不是自私自利的，自私自利的人是畸形人，未发育、未完成之人，是反自然仁义之道而行之的人，是不道不仁不义不善之小人。倘若赋予小人之心以合理性、必然性、客观性乃至神性和天经地义之性，已然是非道之举，是大道废，是鬼道，是歪道。

儒学不是假定虚设而建立的一套思想体系，不是一套讲外道神性的教理。儒学是人类经验之述而不作，是在世之人的活的方式。我们要想活下去，活得好，就要担当责任，继承先辈传到我们手中的文化。我们有义务、有责任理解传统、丰富传统，以儒学的启示，认识、解决今天面临的窘境，再接下去将文化传承给下一代，教导下一代继续这样做下去。当我们今天谈“儒”之时，我们必须清楚我们是在说什么。最起

① 参照 http：//www. cidianwang. com/shuowenjiezi/ge52. htm。

码的，我们不是在说“个人主义”的那套封闭理念，而说的是现实经验的什么是“为人”以及“为人”之于充满“一多不分”关系的社会，“舍我其谁”之责任与担当是什么。

十二、人类需要诚心检讨“个人主义”

人类需要诚心地检讨个人主义意识形态，从宇宙论根源处认识个人主义意志、个人主义价值和个人主义行为的危害及人类已经被带入歧途而面临的危机，从虚妄和迷途中警醒，返回“一多不分”的真实世界，以儒学“关系为本”智慧的世界观、人生观和辩证法态度，坦然地走“一多不分”的人间沧桑大道。也就是说，一切需从人类是命运共同体出发的考虑问题！

从“个人主义”意识形态转到另一种儒学智慧的选择，实现的是一个根本理解，是对一种分辨、理解虚构宇宙认知方式和一个基本事实的认可，最终将“人”恰当地认识到他的经验里的“关系为本”，而非“个体为本”这一事实。走到这一步，即是意识到，以往对西方文化和中国文化所作比较中，曾经是依靠西方传统为我们提供理论框架的概念化，这样所做的其实是如同使用鞋拔子把儒学文化主干的中国传统，硬塞进一个中国本身从来没有的理论与概念结构，做的是大量的扭曲工作。

人和社会本是这样一个基本事实，大道至简而言，只是一个字：“仁”！“仁”谓人与人、人与天地万物自然、合理与洽宜的“一多不分”关系。生与活的本质意义是相互关联、关系的生生不已地存、活。人之所以活着，其存、活与行为的一切，无论体内的动态，还是体外的生态交换、社会交往、文化意义之想、做、说，都不可能不是“关联”或“关系”的相互性。天地宇宙间没有任何人、没有任何物、没有任何事是作为单子个体、独立自在存活的。活着，不只是意味皮肤之下存、活一个生命，而是皮肤之下，皮肤之外，都是生动关联、关系的存、活。不管是谁，如果接受这一基本事实，认可“关联、关系”是人的经验的本质，良心就不允许你奉行“个人主义”意识形态。为什么？因为无须证明，眼前平白的事实每天向我们显示：“关联、关系”是人存、活的经验本质，这根本不用什么根据。良心之所以不容许好人奉行“个人主义”意识形态，是因为每一个人活着，每天都活在与他人构成的特定“关系”及约定的“身份”中。人只要活着，势必是使你的这些关系与相应身份存、活着。无论走到何处，你作为儿女、父母、学生、教师、同事、领导等不一而足，都是在存活的关系及与其相应身份之中。人活着是担当人生自然约定俗成赋予你的众多“关联、关系”和身份。是努力搞好人生赋予自己的“关系”、有效担当各种自己的身份，堪称“得道”，或曰“道德”“做人”“成仁”“至善”等等儒学说法，而一旦人称得上是可以用这些说法作为他人生行为恰当描述的，他的人生就具有楷模的效果，具有了规范性力量。这丝毫不是放不下“个人主义”人生与意识形态一些人恐吓他人而用的“乌托邦”“不是一般人可做到的”“不切实际的”等的理念，而是只要希望“好好活此一生”的每个一般人、平常人，皆是实际性的活法。

儒学文化为主干的中华文化传统生生不已，拥有绵延四五千年悠久的历史。“一多不分”世界观和“以关系为本”人生观，对人类延续生存发展作出的超越人类话语言说的文化贡献，只有愚不可及之人才看不到。这一贡献正是于文化思想的代代相传过程中作出的。其中早已必然地包含对于“个人主义”意识形态类似意志、价值和行为的无数次拒绝和对它“魔高一尺、道高一丈”强劲的选择与替代。在今天“个人主义”意识形态猖狂泛滥的历史时代，它的有害，已到达为富者更富、贫者更贫而无理诡辩的地步，恰逢儒学文化蒸蒸日上，正在显示为人类提供一种可选择的人与人关系密切的“一多不分”感。这原本正是西方人与人趋于亲密的宗教初始感，但只不过后来它朝向超绝、人间秩序由它而始的神的方向，走下去了。儒学“关系为本”的“人”，是一个源自满怀热切期待的人类大众的感同身受感，它朝向的是一种本质上“以人与人一多不分为中心”方向的精神升华。儒学文化是以家庭的“一多不分”关系为切入点，向天地宇宙延伸的传统，人类只有回归这一传统才有未来延续生存发展的希望。而个人主义意识形态指向从根本上取消家庭纽带，以“个体性”作机制或切入点，让经验范畴自然的人，异化为假设虚妄范畴的狭隘“独立个体”，导致活生生的现实“一多不分”世界碎片化，把人类存活的生生不已过程，引向几近止息的方向。是由于此，儒学文化可提供给人类的，有很多很多，可让全球社会，恰当地面对一个正处于变化的世界文化秩序。中国的“人类命运共同体”的信仰，必将对世界产生不可估量的重大影响。

Husband's Supremacy over Wife in the Light of Confucian, Islamic, and Human Rights Thoughts

[Iran] Ahmad Reza Towhidi * （艾哈迈德·雷纳·托西迪）
University of Qom

Introduction

A Confucius biographies and ideas

The name "Confucius" is a Latin form of his name plus his title. His actual name is Kong, to which the Chinese respectfully added either "tse" or "fu tse", both words honorifics. "Kong fu tse" means "Master Kong". The history of his life is written hundreds of years after his death, but he is said to have been born in 551 BC in Qu Fu, near Shandong, at that time the state of Lu, the most civilized state in China, a state proud to be descended from the Chou dynasty which had given China its Golden Age. He died in 479 BC, age seventy two and He dies the year before Socrates is born. thus we can say These were the Important and influential years ("axial ages") for the Indian, Western Asian cultures alike. Confucius was born during a time of continual civil wars, the so-called "Spring and Autumn period", 770—464 BC, given that name simply because that distant time is covered in a sketchy book called the Spring and Autumn Annals. During his life he trudged from minor court to District Court, looking for employment and offering his ideas about reordering society to the Dukes. He looked back worshipfully to the Chou (pronounced like the English name Joe) dynasty. In 518 BC the Duke of Lu had given Confucius a kind of scholarship to visit Lo, the old capital of the Chou Dynasty. There he examined what books and objects remained of Chou greatness. After that Though Confucius met with meager success during his lifetime, his influence slowly spread.

* Assistant Professor in International Law, Department of International Law, Faculty of Law, Qom University, Qom, Iran. Legalofice@ gmail. com.

Confucius teachings

His followers do not have the Bible, and most of his writings do not belong to him. But it has been quoted that some of the books, sayings, is his description. But he knows a few laws belonging to him. Which is: *Shu King* ①, *King's Case* ②, *Yi King*③, *Li Kei / Li Chi*④.

However Confucius students'notes were collected in 4 books. A—Analects⑤, B—Taoism (great science), C—Maine's teachings, D—Mankiyus; thus we can see Confucius pictures society as a collection of teams—that is, families. When he talks about people he doesn't discuss them as individuals but as members of families, rating them good or bad depending on how well they help their team.

Confucius starts by assuming that few people live as hermits and the fullest human life is only possible in a family. Confucius calls the central virtue which leads to teamwork, Ren, a homonym for the word human, has been defined as "human-heartedness", "deeply humane" and "a real human being" . China's Chen Jingpan simply translates it "love" or "benevolence." of course if we called it "teamwork" and "team spirit" come closer to ren's meaning. It is written in Chinese by adding the graph for "human" or "man" to the graph for "two": people in society, people getting along with other people:

In Western books about Confucius and eastern school of Asian, one reads the perplexing phrase, filial piety for this teamwork mindset. It's significant that the West doesn't really even have name for it, and has to make do with that awkward term. "Team spirit" would come closer. Bringing in the word "team" also correctly implies "competitiveness" and gives an image of life as constant, joyful, active exertion, on behalf of everyone you love⑥. Thus Confucius's thought spread through all of Asia east of India, and colored all later philosophic orientations For 2, 500 years Confucian teachings have influenced the thought and behavior of

---

① Articles and writings that have been quoted by the old chagans and are one of the most important laws of Confucius.

② poetry and lyrics that have 305 poems. It includes religious and ethical hymns and is very important to the Confucian followers.

③ The book is a translation and includes faces and issues related to occasional affairs. And it's quoted as the grandson of Confucius.

④ The book of religious verses, worship and sharia.

⑤ The Analects are a loose collection of Confucius'sayings and of materials relevant to them, complied by his students after his death.

⑥ http: //www. georgeleonard. com/articles/confucius-and-the-confucian-family-system. htm.

peoples in China, Korea, Japan, and Vietnam. A major emphasis of Asian women scholars has been the examination of Confucian ideology on their history and current status

Although the early Chinese had no real commitment to subordination of women, over time Confucian teachings were expanded upon. It was during the Han dynasty (206 B. C. E. —220 B. C. E.) that Confucianism was adopted as the government's state doctrine, with his thoughts becoming part of official education. In later dynasties, Neo-Confucian interpretations further reinforced male authority and patrilineal customs. According to the

Confucian structure of society, women at every level were to occupy a position lower than men. Most Confucians accepted the subservience of women to men as natural and proper. At the same time they accorded women's honor and power as mother and mother-in-law within their family. Fundamental to the Confucian philosophy is the belief that inequality in social relationships—between the generations, the classes, and the sexes—is not only natural but essential for peace and harmony. The five cardinal relationships of Confucian philosophy are father—son, ruler—subject, husband—wife, elder brother—younger brother, and friend—friend. With the exception of the last category, these relationships are all strictly based on a dominant-subordinate configuration. This emphasis on a natural hierarchy among members of the society meant that these are the most natural forms of relation.

Historically, a woman's sense of identity derived from her children, namely the sons she was expected to bear for the sake of perpetuating her husband's ancestry. It seems Under the Confucian ethic of the Yi era, men were the only structurally relevant members of society, and women were essentially relegated to social dependence. Confucianism subordinated women to men and assigned women to stereotypical social roles: the chaste woman, the devoted wife, the dedicated mother. In fact, it should be said that the husband must be fair to the woman and the woman is submissive to the husband and if these five qualities) characteristics (are in society, that society will be at the highest level of purity and virtue. And if it is implemented, oppression, war and conflict will be eliminated and people will endure eternal bliss. Confucius, in his words, expresses great interest in the family, and is considered to be his religious principle. And this is the principle of the modern Chinese in their behavior.

In the Confucian tradition, every young man should be devoted to the family with purity and with all power from birth to the end of his life. The child of the first family should be subordinate to the father and, if not, subordinate to the older brother. In return, every father is responsible for the well-being of family members. He is responsible for raising his children to the praiseworthy attributes that are at the top of that morality. He says: "As long as the father is alive, the son must behave according to his will, and when he has died, the child must consider his behavior and conduct the same behavior and conduct for 3 years, so that he will be faithful and prosperous." To be And in another place he says that a happy and awesome boy is a boy who, in addition to the illness and illness that comes to his forebody, should not give rise to the dullness of his father's sake.

Confucius did not believe in the rules laid down and said: If people are guided by rules and laws and are punished for them, then they may not be guilty of fear. But their nature continues to be accustomed to bestiality. But if they direct people to the light of knowledge, they will find the nature that they will take on the nature of shame and mercy, and their goodness and goodness will be their real.

Perfect human

All religions raise the issue of perfect man. Which is found in philosophical books, and more in Islam, from the point of view of Islam and Confucius, the perfect man is the one who is a model and a preacher of humanity and in family the husband who is close (Intimacy or have Friendship relation) to his wife.

The perfect man is adorned with all the qualities of humanity Thus some aspect of Perfect Man Characteristics from Islam and Confucius's Views are: (1) Dignity in the soul (Self-esteem), (2) A lot of kindness and mercy, (3) Pure intentionality, (4) Interested in action and 5 – Goodness in behavior.

Thus Consistency in the perfect man is a desirable thing, which hich treats the inner paths of cultivation and purification of the heart from its traits and cleanses it from the truth and purity with all creatures.

The integrity of the human being will never be in the state of neglect and violence, but will be able to exercise his will in a proper way. He is a modest, unassuming, deceitful, loving, and honorable. Such a human being carefully scrutinizes and reflects on the words and movements of others, and in doing so he establishes his conscience. Eliminates the ethics and behavior of others from inclement and false positives and make them right. Takes.

Women and family law at Islam

The Quran① and the hadith②, are primary and revered sources of the law in Islam③. However Marriage is presented in the Quran as a major source of comfort and joy for both spouses, for men are told about their wives in lilting metaphor: "they are a vestment for you and you are a vestment for them."④ (2: 187) And both men and women are informed that "He created for you, of yourselves, spouses, that you might repose in them, and he has set between you love and mercy"⑤ (30: 21). A number of other verses deal with suitable marriage partners (2: 221⑥ and 4: 22⑦—23⑧), proper marriage arrangements (2: 235⑨),

---

① It is the central religious text of Islam, which Muslims believe to be a revelation from God (Allah) and There are 114 Surahs in the Quran, each divided into verses (sureh is the term for a chapter of the Quran).

② A hadith (Arabic: حَدِيث, pronounced: "ha-deeth") is the narration of an event from the life of Muhammad, the prophet of Islam.

③ Islam means submission to the will of God and obedience to His law. Everything and every phenomenon in the world other than man is administered totally by God-made laws. Man possesses the qualities of intelligence and choice, thus he is invited to submit to the good will of God and obey His law, ie, become a Muslim that it is the best safeguard for man's peace and harmony. Islam dates back to the age of Adam and its message has been conveyed to man by God's prophets and messengers, including Abrahim, Moses, Jesus and Muhammad. Islam's message has been restored and enforced in the last stage of the religious evolution by God's last prophet and messenger, Muhammad. The word Allah in the Arabic language means God, or more accurately, The One and Only Eternal God, Creator of the Universe, Lord of all lords, King of all kings, Most Compassionate, Most Merciful. (http: //www. barghouti. com/islam/meaning. html)

④ in Arabic: هُنَّ لِبَاسٌ لَكُمْ وَأَنْتُمْ لِبَاسٌ لَهُنَّ

⑤ وَمِنْ آيَاتِهِ أَنْ خَلَقَ لَكُمْ مِنْ أَنْفُسِكُمْ أَزْوَاجًا لِتَسْكُنُوا إِلَيْهَا وَجَعَلَ بَيْنَكُمْ مَوَدَّةً وَرَحْمَةً إِنَّ فِي ذَلِكَ لَآيَاتٍ لِقَوْمٍ يَتَفَكَّرُونَ (٢١)

⑥ Do not marry idolatresses, unless they have believed. A believing maid is better than an idolatress, even if you like her. And do not marry idolaters, unless they have believed. A believing servant is better than an idolater, even if you like him.
يُؤْمِنَّ وَلَأَمَةٌ مُؤْمِنَةٌ خَيْرٌ مِنْ مُشْرِكَةٍ وَلَوْ أَعْجَبَتْكُمْ وَلَا تُنْكِحُوا الْمُشْرِكِينَ حَتَّى يُؤْمِنُوا وَلَعَبْدٌ مُؤْمِنٌ خَيْرٌ مِنْ مُشْرِكٍ

⑦ Do not marry idolatresses, unless they have believed. A believing maid is better than an idolatress, even if you like her. And do not marry idolaters, unless they have believed. A believing servant is better than an idolater, even if you like him. وَلَا تَنْكِحُوا مَا نَكَحَ آبَاؤُكُمْ مِنَ النِّسَاءِ إِلَّا مَا قَدْ سَلَفَ إِنَّهُ كَانَ فَاحِشَةً وَمَقْتًا وَسَاءَ سَبِيلًا (٢٢)

⑧ حُرِّمَتْ عَلَيْكُمْ أُمَّهَاتُكُمْ وَبَنَاتُكُمْ وَأَخَوَاتُكُمْ وَعَمَّاتُكُمْ وَخَالَاتُكُمْ وَبَنَاتُ الْأَخِ وَبَنَاتُ الْأُخْتِ وَأُمَّهَاتُكُمُ اللَّاتِي أَرْضَعْنَكُمْ وَأَخَوَاتُكُمْ مِنَ الرَّضَاعَةِ وَأُمَّهَاتُ نِسَائِكُمْ وَرَبَائِبُكُمُ اللَّاتِي فِي حُجُورِكُمْ مِنْ نِسَائِكُمُ اللَّاتِي دَخَلْتُمْ بِهِنَّ فَإِنْ لَمْ تَكُونُوا دَخَلْتُمْ بِهِنَّ فَلَا جُنَاحَ عَلَيْكُمْ وَحَلَائِلُ أَبْنَائِكُمُ الَّذِينَ مِنْ أَصْلَابِكُمْ وَأَنْ تَجْمَعُوا بَيْنَ الْأُخْتَيْنِ إِلَّا مَا قَدْ سَلَفَ إِنَّ اللَّهَ كَانَ غَفُورًا رَحِيمًا (٢٣)

⑨ You commit no error by announcing your engagement to women, or by keeping it to yourselves. God knows that you will be thinking about them. But do not meet them secretly, unless you have something proper to say. And do not confirm the marriage tie until the writing is fulfilled. And know that God knows what is in your souls, so beware of Him. And know that God is Forgiving and Forbearing.

and the rights and duties of husband and wife (4: 34[①]) in this soreh (sentence) of qoran allah[②] say: "Men are the protectors and maintainers of women, as God has given some of them an advantage over others, and because they spend out of their wealth. The good women are obedient, guarding what God would have them guard. As for those from whom you fear disloyalty, admonish them, and abandon them in their beds, then strike them. But if they obey you, seek no way against them. God is Sublime, Great." Although these verses have been subject to various interpretations, particularly as to the amount of power they allocate to the husband in a marital relationship, there is little question that marriage is one of the most important human relationships and is recommended for almost everyone. The Quran gives moral guidance and rules for relationships between mans and women's. the Quran focused on marriage because it was such a major part of the progressive social reforms introduced by Islam. Others take a rather different view. These voluminous reports of the Prophet Muhammad's statements also had much to say about Islamic marriage: in part, they underscored the Quranic message as to the strong positive value of marriage, as in the report that the Prophet said: "O young men! Whoever among you has the ability should marry, for it restrains the eyes and protects chastity."[③] Many aspects of Muhammad's own life as well spoke to the comforts and blessings of marriage, from the early support of Khadija, his first wife, for his prophetic mission, to his decision to die.[④] A woman might stipulate (Obey) that her husband should not prevent her from going to the making the pilgrimage to Mecca. Others might specify precisely housing (living with her family) she expected her husband to provide or agree to.[⑤] It is abundantly clear in such contracts that the brides were shifting the terms of the marital relationship by restricting their husbands'authority over them:

They were negotiating the terms of nushūz[⑥] that would govern these marriages. Wives were still expected to obey their husbands, but stipulations put certain demands for obedience off

---

① Men are the guardians of women, because God has given advantage to some people over another, and because they spend from their wealth. Consequently, pious women are obedient [to their husbands] and keep their secrets for God also keeps secrets. And as for those from whom you fear rebellion, admonish them [first] and [next] refuse to share their beds and [even then if they do not listen] beat them. Then if they obey you, take no further action against them. Indeed, God is Exalted and Mighty.

② God.

③ Ibn Hajar al-Asqalani, Fath al-Bari, cited in Abou El Fadl, Speaking in God's Name, p. 206, n72.

④ For details of Muhammad's marital relations, see the biography by Muhammad Husayn Haykal, The Life of Muhammad, trans. Ismail R. al-Faruqi (Plainfield, IN: North American Trust Publications, 1976).

⑤ Nelly Hanna, "Marriage among Merchant Families in Seventeenth-Century Cairo," in *Sonbol*, *Women*, *the Family*, *and Divorce*, pp. 152—153.

⑥ Nushūz is interpreted as an act of insubordination, deny, immoral, against his or her spouse in marriage.

limits while they also raised the bar for the amount of maintenance (nafaqa[①]) a woman could expect to receive. The development of stipulations in the marriage contract was a way of altering the nushūz-nafaqa balance that shaped the marital relationship. So we could understand that in Islam Women are the center and the foundation of the family, the community and the Ummah[②]. Men are maintainers and protectors of women. Together they complete and complement each other. While they're unique in their roles and responsibilities, but in the Sight of Allah, they're equally valued and rewarded. Therefore, this is the most discussed topic among Muslim women are the main duties of the wife to her husband are:

1. From the moment a girl gets married, obedience to her husband became her first responsibility. Of course A woman could complain about her husband to her parents and others in those cases where the husband makes wife do something contrary to Sharia (for example: prohibits wearing the hijab, fasting in Ramadan).

2. The man shouldn't meet[③] her wife in cases where it is not permitted to Sharia (menstruation state or nifaas[④]).

3. The husband should not restrict the freedom of his wife for no apparent reason, if she wants to head to the mosque, or to visit her parents, or in places where there is no haram for her.

4. The wife is to preserve and protect her husband's property in his absence. Not allowed to give something if you know that a husband would be against it. Of course, the food is allowed to feed the needy, a wife and a husband will get reward for it. It is also permitted to give any little if her husband would not be against it.

5. Have to be content with what brings husband and thank him. however, women should take care and asking her husband to bring in only the funds, earned through lawful means. Do not compare him with husbands of hers sisters or girlfriends.

A person went to the Prophet Muhammad and said: "I have a wife who always welcomes me when I come home and escorts me to the door when I leave. When she finds me sad and unhappy, she then consoles me by saying: 'If you are thinking of sustenance, then do not de-

---

① It is the Islamic legal term for the financial support a husband must provide for his wife or wives. In an Islamic marriage agreement, the husband is responsible to pay for his wife's housing, food and clothing. Any money the wife earns is hers to do with as she wishes.

② It means the whole community of Muslims bound together by ties of religion they are right that there are many sects within the Muslim community, but the whole of it is considered Ummah. The word encompasses everyone who is a Muslim.

③ Intercourse.

④ the blood which is discharged from a woman's womb during or after the childbirth.

spair, because Allah provides sustenance; and if you are thinking about the next life, then may Allah increase your intellect and efforts. '" Then the Prophet stated: "Allah surely has functionaries and agents in this world, and your wife is one of those. Such a woman would be rewarded half as much as a martyr. "①

6. The wife should respect and honor the parents and relatives of the husband. Honor them just in the same way of honoring her parents. Be grateful for the fact that they raised her husband. The Messenger of Allah (peace be upon him) said: "Whoever does not respect the older and does not spare the younger—not of us".

7. A woman should do housework, washing, cleaning the house. The Prophet said: "A woman is responsible for her husband's home, and she will be asked about it" (Bukhari).

8. Wife not allowed to let in the house of the people, whom the husband never wanted to see in his house. Especially not allowed to let men into the house.

9. The wife should hide her aurat② and avoid views of strange men.

10. It is better to wife that didn't reveal or disclose the secrets of her husband to someone. The Messenger of Allah (peace be upon him) said: "The lowest before God on Judgment Day will be a man, would be alone with his wife and a woman would be alone with her husband and then telling secrets to each other" (Muslim).

11. The parent especially wife is engaged in education of children. Be patient. Teach them the fundamentals of the religion. If a husband has children of former wife, they must be well-treated. ③ In another situation The Prophet stated: "Whoever gets married has safeguarded half of his religion. " However Imam Ja'far as Sadiq has said: 'Two (units) of a married person's Salat are better than seventy units offered by a bachelor. "④ About nature of humans Quran states: "He (God) is who did create you from a single soul and therefrom did create his mate, that he might dwell with her (in love) …" (Quran 7: 189) "The Creator of heavens and earth: He has made for you pairs from among yourselves" (Quran 42: 11) "And Allah has given you mates of your own nature, and has given you from your mates, children and grandchildren, and has made provision of good things for you. Is it then in vanity that they believe and in the grace of God that they disbelieve?" (Quran 16: 72) so we can see The Quran

---

① the blood which is discharged from a woman's womb during or after the childbirth.

② As a technical term in Islamic law, has been defined to mean the part of the body that must be covered for the sake of basic decency: for women, the whole body except for the face, hands, and the feet.

③ http: //peacepropagation. com and for more information; https: //www. al-islam. org/principles-marriage-family-ethics-ayatullah-ibrahim-amini.

④ Amini, Ibrahim, Principles Of Marriage & Family Ethics, Islamic Propagation Organization, https: // www. al-islam. org/fa/node/13461.

clearly indicates that marriage is sharing between the two halves of the society, and that its objectives, besides perpetuating human life, are emotional well-being and spiritual harmony. Its bases are love and mercy. So In consideration of the physiological and psychological make-up of man and woman, both have equal rights and claims on one another, except for one responsibility, that of leadership. This is a matter which is natural in any collective life and which is consistent with the nature of man. And about this matter The Quran thus states: "…And they (women) have rights similar to those (of men) over them, and men are a degree above them." (Quran 2: 228)

Such degree is Quiwama① (maintenance and protection). This refers to that natural difference between the sexes which entitles the weaker sex to protection. It implies no superiority or advantage before the law. Yet, man's role of leadership in relation to his family does not mean the husband's dictatorship over his wife. Islam emphasizes the importance of taking counsel and mutual agreement in family decisions.

Prophet Muhammad said: "The best of you is the best to his family and I am the best among you to my family." (Ibn-Hanbal, No. 7396)

However History tells us that the Prophet, one day after the wedding of Imam Ali and Lady Zahra, went to congratulate them in their house and know about their welfare. He asked Imam Ali: "How do you find your spouse?" The Imam replied: "I found Zahra as the best help in worshiping the Almighty Allah." The Prophet then asked the same of Lady Zahra, and she replied: "He is the best husband." (Bihar al-Anwar)②

Conclusion

Therefore, with regard to nature of Eastern religions and schools, especially Confucius and Islamic the purpose of marriage should be searched for in those spiritual contexts. The aim of marriage for a religious person should be a means of avoiding evil deeds and purging one's soul of sins. It is in this context that a suitable and good partner assumes an important role. When two believers form a family through marriage, their sexual relationship would benefit them in strengthening their mutual love and kindness. The Islam and Confucius have laid great emphasis on the institution of marriage.

A faithful, pious, and harmonious partner plays a crucial role in having a respectable and

① see more at: *Tabatabie*, *Mohamad hossein*, al-mizan (interpretation of Quran), Qom, vol. 4, p. 513.

② for more information see: *Majlisi*, p. 78; see also Ali b. Abi ūleb, Nahj al-balāġa I, p. 129.

honest life. Indeed, having such a partner is an important factor when wanting to avoid evil deeds and enables the commitment of oneself in performing the obligatory acts of worship. A pious couple not only would not meet with any obstacle in achieving religious goals but would be a source of encouragement to each other. And this is precisely the point that is not being addressed in Western human rights considerations, Because in Asian culture and Eastern religions, especially the Confucian and Islamic attitudes, the woman's obedience and adherence to her husband is on the path to excellence and strengthening the family institution. And on the other hand, this man's dominance on the woman is on the path of harmonious and continuous strengthening of family and marital life.

比较伦理学视野下的儒家友伦 *

[法国] 王论跃（Wang Frederic）
法国国立东方语言文化学院教授、法国国家科研中心东亚学院

霭霭停云，蒙蒙时雨。八表同昏，平路伊阻。
静寄东轩，春醪独抚。良朋悠邈，搔首延伫。
停云霭霭，时雨蒙蒙。八表同昏，平陆成江。
有酒有酒，闲饮东窗。愿言怀人，舟车靡从。
东园之树，枝条载荣。竞用新好，以怡余情。
人亦有言，日月于征。安得促席，说彼平生？
翩翩飞鸟，息我庭柯。敛翮闲止，好声相和。
岂无他人，念子实多，愿言不获，抱恨如何？
——陶渊明（365—427）《停云》

孤独如陶渊明者，也会在春雨绵绵之际，触景生情，怀念远方的“良朋”。叶嘉莹曾说：“能在处群与独居间找到平衡点，正是陶渊明人格的可贵处。”[①]

友谊是中西智者、文人热衷谈论的问题，也是人类一个永恒的话题。友谊是中国文化也是儒家的重要议题与人生规则。《论语》的第一句话便是“有朋自远方来，不亦乐乎？”孟子更对“朋友有信”做了某些规定，提出“责善，朋友之道也”“友也者，友其德也”。总体而言，儒家对君臣关系、父子关系较为关注，有所界定。相对于“忠”与“孝”，对联系朋友之间关系的“信”的阐发较少。作为儒家的信仰者中国文

* 本文是在 2016 年 4 月 18 日于中央研究院文哲所讲座稿《比较伦理学视野下中国文人的友谊观》的基础上写成的。文哲所李明辉、钟彩钧、林月惠、周大兴、杨贞德等教授在讲座后提出了珍贵的意见，中央研究院近代史所吕妙芬教授赠书《阳明学士人社群》中的第七章“讲学同志的联属”对本文定稿启益良多。在此对上述几位教授，谨申谢忱。此次在向世界儒学大会提交论文前，也注意到赵琦教授在《复旦大学学报》（社会科学版）发表的文章《阿奎那友谊理论的新解读——以仁爱为根基的友谊模式》（2015 年第 2 期，第 77—86 页）。基督教意义的仁爱友谊确实是西方友谊观的一个重要组成部分，不过我这里谈的西方友谊观主要还依据亚里士多德的“哲学友谊观”（赵琦语）。

① 叶嘉莹：《陶渊明饮酒诗讲录》，桂冠图书出版公司 1994 年版，第 102 页。见黄冠闵：《在想象的界限上——巴修拉诗学曼衍》，台湾大学出版中心 2014 年版，第 349 页。

人把友谊原则自觉地作为人生的态度，而对友谊的理论阐述比较分散，缺乏系统。而西方从亚里士多德的《尼各马可伦理学》起就把友谊问题纳入伦理学范畴，对之进行比较系统的探究。西塞罗、蒙田等都对此问题提出独到的看法。16 世纪到中国传教的利玛窦摘取斯多葛斯哲学家关于友谊的论述在南昌撰成《交友论》，在当时的中国士人中造成极大影响。法国当代作家、思想家布朗修（Maurice Blanchot，1907—2003）同样重视友谊的实践与友谊观的阐发。[①] 那么，上述西方思想家有关友谊的主要观点是什么？儒家又持哪一种友谊观？他们之间有哪一些异同？本文试从比较伦理学的角度出发对儒家友伦做一个尝试性探讨。由于对于友谊主题的论者众多，素材广博，我们在文中只能有所取舍。

一、西方哲人论友谊

学界公认友谊的希腊语说法为 philia，当然 philia 的意义远远广于我们今天所说的友谊。在前苏格拉底时期，尤其在恩培多克勒那里，philia 的意思更多是一种普世性的、把同类联结在一起、使得所有事物得以共处的关联。柏拉图之后才演变为人伦关系。philia 的对象可以是父子、夫妇、朋友、公民。与“朋友”的概念最接近的则为 philos（古希腊语中为形容词）。法国著名语言学家本维尼斯特（Emile Benveniste，1902—1976）曾经在《印欧体制词汇》第三卷《社会身份》中用专章（第四章）讨论 philos 的复杂性，强调不能把这个概念简化为朋友的概念而已。通过分析荷马史诗中的很多例子，本维尼斯特指出 philos 一词的复杂性：它的所有格用法（philos 的这一种用法是有限定的，跟作为朋友意义的 philos 没有直接的关系），它与 aidôs（αiδωV，敬、孝、上对下的怜悯、谨慎、廉耻）、philótês（φιλότηV，友谊）、phileîn（φιλεν，爱、亲吻）、xénos（ξενoV，外乡人）等之间的关系。如在谈到 aidôs 与 philos 关系的时候，这位语言学家说：“父母、联姻、家仆、朋友，所有这些因为互相间义务的 aidôs 而联在一起的人，便是 philos。”[②] 至于 philos 与 xénos 之间的关系，有点类似主客关系。对语言学家来说：“荷马的著作中，所有有关道德的词汇都渗透着人际关系的价值，而不是个人的价值。”[③] philótês 的意义也很广泛，它“可以在特殊的状况下达成，甚至于在决斗者之间。这个时候，philótês 是一种庄严的盟约，一般意义上的友谊于此无关”[④]。在这章对于理解朋友与友谊的概念非常重要的文章的最后，本维尼斯特总结道：“要理

① 布朗修的友谊观在汪民安的文章中有所陈述。汪民安：《友谊和语言中的沉默——福柯对布朗肖的解读》，《求是学刊》2014 年第 2 期，第 15—22 页。

② Benveniste（1969），p. 342.

③ Benveniste（1969），p. 341.

④ Benveniste（1969），p. 342.

解这一个词（philos）合适的比喻义，应该从显示它复杂的组合网络之不同的用法与背景出发。这种组合有一些与款待体制有关，另一些跟家园的不同用途有关，还有一些则跟情感行为有关。这一概念的丰富多样性自从人们把 philos 简化为一个模糊的友谊概念或者一个错误的所有格形容词概念而被掩埋了或者不再引起人们的关注。”① 本维尼斯特因此告诫人们应该重新学习如何阅读荷马。不过，在亚里士多德的《尼各马可伦理学》中，款待是作为利益性的友谊来处理的。

亚里士多德的《尼各马可伦理学》《欧代米亚伦理学》对友谊主题都有论述，尤其是《尼各马可伦理学》中的第八、第九卷专门讨论友谊（philia）。亚里士多德对德性、幸福都有定义，而对友谊却没有做明确的界定。他把友谊分成三类：第一类是基于德性的友谊；另两类是基于利益或者基于快乐的友谊。这三类友谊有相似之处，却有很大的不同。基于快乐的友谊主要指年轻人间的友谊，基于利益的友谊主要指跟老人的友谊，而基于德性的友谊是成熟男子之间的友谊。亚里士多德认为，基于利益或者基于快乐的友谊缺乏真正的善意。“完美的友谊，是善者之间的友谊，即是德性相同的人之间的友谊。”② 基于德性的友谊可以带来利益、快乐。反之则不然。亚里士多德还说：“善者之间的友谊可以跟他们的善良一样长久。而德性是有持久性的。况且，从绝对角度讲，他们两者都是善者，而且对于他们的朋友同样友善。因为善者是从绝对角度讲的善者，并且一方有益于另一方。对于快乐也是一样的。因为从绝对角度讲，善者是令人快乐的人，并且一方令另一方快乐。因为对于他们中的每一人，快乐的源头是各自的又是同一类型的行动。而善者的行动是一致的或者相似的。”③ 从上可知，友谊跟行动、跟政治紧密相关。Balaudé 教授同时注意到：“政治友谊的问题使我们得以验证政治伦理路径（善的追求）与政治学路径（统治问题）之间的存在的距离。”④ 因为“政治可以认可君子（善者）之德与公民之德的分裂，承认从政治层面无法全面实施完美的平等之理想”⑤。亚里士多德论述的友谊与德性之间的关系，跟孟子说的“责善，朋友之道也”⑥“友也者，友其德也”⑦ 有偶合之处。

“对于拉丁人来说，友谊的问题是它属于两个领域：家庭与战争。因此，西塞罗的友谊观在字里行间总会体现以平衡、理智方式处理情感与公益两者关系的那种情怀。前者属于私事，后者属于公事。Lélius（Laelius，赖立乌斯）的最关心的就是让人明白

① Benveniste（1969），p. 352—353.

② Ethique à Nicomaque，1156 b 7，p. 113. 其实我们也可以把“善者”翻译成“君子”。

③ Ethique à Nicomaque，ibid.

④ J. – F. Balaudé，Introduction à Ethique à Nicomaque，p. 96.

⑤ J. – F. Balaudé，Introduction à Ethique à Nicomaque，p. 96.

⑥ 《孟子·离娄下》，《十三经注疏》版《孟子注疏》卷八下，浙江古籍出版社 1998 年版，第 2731 页。

⑦ 《孟子·万章下》，《十三经注疏》版《孟子注疏》卷十上，浙江古籍出版社 1998 年版，第 2742 页。

何为这一应该协调对朋友的无私的感情与利益组合的道德平衡之标准。”[①] 尽管如此，西塞罗将德性与友谊紧密联系在一起。他在《论友谊》第六章中说：“友谊只是在所有神圣的或者人间事物上的默契而已，那种伴有仁爱的默契。我寻思难道那不就是除了智慧之外不朽的神给予人类的最佳馈赠吗？有的人选择财富，有的人选择健康，还有一些人选择权力，另一些人则选择荣耀，还有很多人选择快乐。最后这种选择出自粗鲁之人，前几种选择既不成熟也不稳重，只是听凭偶然兴起而不是我们的决心。至于那些将至善纳入德性的人，他们的选择自然最具光芒，因为同样是德性产生友谊、维持友谊；没有德性，友谊就无从谈起。”[②]

现在我们跳过普鲁塔克等古代以及中世纪的很多哲人，来谈蒙田（Michel de Montaigne，1533—1592）。蒙田思想受到古希腊、古罗马哲学的影响，也受到比他稍早的杜贝莱（Du Bellay）和他同时代的拉博埃西（Etienne de la Boétie）的影响。拉博埃西与蒙田一样同是波尔多议会的议员，后来他们成为挚友。不幸的是拉博埃西英年早逝，蒙田为此感到无限的惋惜与痛苦。他在《随想录》第一卷第二十八章专门以“友谊”为题再现他们之间的理想化的友谊。他说：“我要特别感谢《甘愿受奴役》（拉博埃西作）；多亏了它，我和拉博埃西才有了第一次接触。我在认识他之前，就早已拜读了，并初次知道了作者的名字，从此，也就开始了我和拉博埃西的友谊。既然上帝愿意，我们就精心培育我们之间的友谊，使之完美无缺。肯定地说，这样的友谊实属罕见，在人类之间是史无前例的。这要多少次接触才能建立起来呀！三个世纪里能遇上一次就算是幸运的了。”[③] 蒙田对他与拉博埃西的友谊感到自豪，甚至认为那是一种天意。“此外，我们通常所谓的朋友和友谊，只是指由心灵相通的机遇相联结的频繁交往和亲密关系。在我所谓的友谊中，心灵互相融合，且融合得天衣无缝，再也找不到连结处。若有人追问我为什么我喜欢他，我感到很难说清楚，只好回答：因为是他，因为是我。”[④] 蒙田强调朋友间的心心相印。跟亚里士多德一样，在蒙田那里，朋友也是有选择性的。这儿的他与我的关系近乎我与另我之间的关系。这是蒙田对于友谊的主体间性的发展，跟中国文人的友谊观中的知音、知己有相似之处。

与蒙田年龄相差不大的耶稣会传教士意大利人利玛窦（1552—1610）1595 年在南昌凭借记忆编译斯多葛斯哲学家关于友谊的名言撰写成中文著作《交友论》，在当时的中国文人中影响很大，此书与利氏同年从僧侣衣服改穿儒服这一行为被认为是他成功打入中国文人圈子的两大要素。当时很多文人都是读了《交友论》之后与利玛窦进

---

① Xavier Bordes，De l'amitié à Rome，in Cicéron，L'amitié，p. 86. 西塞罗（Marcus Tullius Cicero）此书的中文译本可参照徐学庸译《论友谊》（台北：联经出版社 2007 年版）。

② L'amitié，p. 23.

③ 《蒙田随笔全集》上卷，潘丽珍、王论跃、丁步洲译，译林出版社 1996 年版，第 206 页。

④ 《蒙田随笔全集》上卷，潘丽珍、王论跃、丁步洲译，译林出版社 1996 年版，第 211 页。

行交往的。作者在四年之后还将他的中文著作翻译成意大利语寄给 Girolamo Costa[①]。利玛窦在《交友论》的序言中交代了写作此书的起因：

> 窦也，自太西航海入中华。仰大明天子之文德，古先王之遗教，卜室岭表，星霜亦屡易矣。今年春时，度岭浮江，抵于金陵，观上国之光，沾沾自喜，以为庶几不负此游也。远览未周，返棹至豫章，停舟南浦，纵目西山，玩奇挹秀，计此地为人渊薮也。低回留之不能去，遂舍舟就舍，因而赴见建安王。荷不鄙，许之以长揖，宾序设醴欢甚。王乃移席握手而言曰："凡有德行之君子，辱临吾地，未尝不请而友且敬之。太西邦为道义之邦，愿闻其论友道何如。"窦退而从述曩少所闻，辑成友道一帙，敬陈于左。吾友非他，即我之半，乃第二我也，故当视友如己焉。[②]

利玛窦在《交友论》说的"视友如己"是亚里士多德以来西方哲人友谊观的转述。在《交友论》中，他开门见山就说："友之与我，虽有二身，二身之内，其心一而已。"[③] 友人作为另我的表述在中国文人中引起很大的共鸣。冯应京（1555—1606）用宋儒陆九渊"东海西海，此心此理同也"来概括这种共性。更为可贵的是利玛窦用中文、意大利文两种版本尝试中西两地对中西文化在友谊观上的沟通。"交友如医疾，然医者诚爱病者，必恶其病也。彼以救病之故，伤其体，苦其口。医者不忍病者之身，友者宜忍友之恶乎？谏之谏之，何恤其耳之逆，何畏其额之蹙！"[④] 此语出自普鲁塔克[⑤]。在《交友论》中类似的话还有"友也，为贫之财，为弱之力，为病之药焉"[⑥]。利玛窦的中国朋友王肯堂（1549—1613）在收入其《郁冈斋笔尘》的《交友论》序中。这样说明：

> 利君遗余《交友论》一编，有味哉！其言之也，病怀为之爽然，胜枚生

---

① Ricci，Lettere，Mecerata，Quodlibet，2001，p. 363.

② Ricci，Dell'amicizia，Mecerata，Quodlibet，2005，p. 62，p. 64. 朱维铮主编：《利玛窦中文著译集》，复旦大学出版社 2007 年版，第 107 页。

③ Ricci，Dell'amicizia，p. 64. 朱维铮主编：《利玛窦中文著译集》，复旦大学出版社 2007 年版，第 108 页。

④ Ricci，Dell'amicizia，p. 70. 朱维铮主编：《利玛窦中文著译集》，复旦大学出版社 2007 年，第 109 页。

⑤ Ricci，Dell'amicizia，p. 156 – 157。

⑥ Ricci，Dell'amicizia，p. 70.

《七发》远矣。使其素熟于中土语言文字，当不止是。乃稍删润，着于编。[1]

《四库全书总目》也基本上如此介绍《交友论》，说此书曾经“为肯堂所点窜矣”[2]。王肯堂将《交友论》与西汉辞赋家枚乘（？—前140）的《七发》做对比有一定的道理。首先，两个文本都是为王公大人而写，主张斯多葛斯式的或者类似于此的伦理思想。深明医术的王肯堂也没有忽略利玛窦《交友论》在语言上与哲理上的疗效。我们知道在枚乘《七发》的最后提到，楚太子在听了客人引了多个哲人（孔子、老子、庄子、孟子、墨子等）之后说“涣乎若一听圣人辩士之言”，“涊然汗出，霍然病已”。王肯堂提到的《交友论》的医疗效应跟一个名叫石星的官僚曾把科场失意的儿子托付给利玛窦照应是不矛盾的。[3]

按照福柯（Michel Foucualt）的观点，友谊作为社会现象在17—18世纪的时候消失了，至少对于男人之间的友谊是这样的。“一种可能是因为同性恋，男人与男人的性爱，在17世纪成为一个问题。我们发现同性恋与政治、与法律制度产生冲突。”他“肯定作为社会关系的友谊的消失与宣布同性恋成为社会的、政治的、医学的问题只是同一个过程而已”。[4] 福柯的话自然带有一定的主观性。不过，在西方，友谊话题的重新发辉确实是两个世纪之后。在结束《西方哲人论友谊》之前，我们有必要提一下法国著名文学家、思想家莫里斯·布朗修。布朗修一生中有两大挚友：一位是哲学家列维纳斯（Emmanuel Lévinas，1906—1995），另一位社会学家、文学家巴塔耶（Georges Bataille，1897—1962）。布朗修是在1940年年底遇见巴塔耶的。相对而言，巴塔耶是长者，对他来说更是师友。列维纳斯生于1906年，比布朗修大一岁。布朗修于1923年到1924年间到斯特拉斯堡学习德语和哲学，在1925年到1926年之间在这座知名大学城认识列维纳斯。两人的友谊就是从那时开始的。现在人们唯一能够见到的布朗修的照片就是一张与列维纳斯及其另一些朋友的合照。而列维纳斯是他的朋友中唯一仅有以“你”相称，而不是以“您”相称的。布朗修的著作中有不少地方提到这位朋友，也有很多时候将他们的友情抽象化，直接谈论“友谊”。他们的关系很容易使人想到法国上述的蒙田与德·拉博埃西之间的友谊。如果说有关“我”与“他者”的关系是列维纳斯整个伦理学的出发点，那么布朗修用友谊论体现其伦理思想。而他与列维纳斯之间的友谊也可视作某种伦理实践：

---

① 王肯堂：《郁冈斋笔尘》卷三，《北京图书馆古籍珍本丛刊》，No. 64，子部，杂家类，书目文献出版社（万历影印本），第548页。关于枚乘，参看《汉书》卷51，中华书局1962年版，第2359—2365页。

② 《四库全书总目》，子部，杂家类存目二，中华书局1965年版，第1080页。

③ 王论跃：《利玛窦与1589年的进士》，国际儒学联合会编：《儒学：世界和平与发展　纪念孔子诞辰2565周年国际学术会议论文集》第三卷，九州岛出版社2015年版，第219—220页。

④ http：//culture－et－debats. over－blog. com/article－11967955. html，2017年9月5日查阅。

> 希腊语中的philia是相互性，同一与同一的交流，而从不对他者开放，是作为对自己负责的他者的发现，是他的卓越之处的认可，这一从不能让我放下心的他者的清醒与醒悟，对他的高尚、相对于“我”使得它更趋近善的享乐（而不是像帕斯卡所说的贪欲）。这就是我对列维纳斯的致敬，我唯一的用“你”称呼、他也用“你”称呼我的朋友——啊，遥远的朋友。这发生过，不是因为我们年轻，而是出于一种毫不动摇的决定，一种我希望永远不会背弃的契约。[①]（第35页）

在一般情况下，布朗修笔下的主体是另类主体或者非主体。“我”本身就是一个他者，因此无法像列维纳斯一样设想“我”对他人的负责。从另一种角度来看，布朗修的“我”与他者的关系是一种他者与他者的关系，因此他者同样被赋予了重要性。出乎意料的是在友谊观上，布朗修不仅接受了“我”与他者的关系，而且这种关系成了“我”与“我”的同一关系。

1995年德里达（Jacques Derrida，1930—2004）曾于1994年出版《友谊政治》（Politiques de l'amitié，Galilée，1994）专门讨论友谊问题。在列维纳斯的悼词中曾这样盛赞布朗修与列维纳斯之间的友谊：“对我们大多数人，特别是对我本人，这种绝对忠诚、堪称楷模的思想友谊，布朗修与列维纳斯之间的友谊，乃是一份恩典，一件礼物；出于不止一种理由，它仍然值得我们这个时代祷告，它是一个幸运的事件，也是降临在那些能优先成为他们二位中任何一位的朋友的人的祝福。”

二、儒家的友谊叙述与实践

在回顾西方几个思想家的友谊观之后，我们来看中国思想家、文人的论述与实践。孟子首先提出五伦是如何产生的：

> 当尧之时，天下犹未平，洪水横流，泛滥于天下；草木畅茂，禽兽繁殖；五谷不登，禽兽逼人；兽蹄鸟迹之道，交于中国。尧独忧之，举舜而敷治焉。舜使益掌火；益烈山泽而焚之，禽兽逃匿。禹疏九河，瀹济、漯而注诸海；决汝、汉，排淮、泗，而注之江，然后中国可得而食也。当是时也，禹八年于外，三过其门而不入，虽欲耕，得乎？后稷教民稼穑，树艺五谷，五谷熟

---

① Pour l'amitié，p. 35；本书首次作为前文出版于 Dionys Mascolo 马斯克罗：À la recherche d'uncommunisme de pensée《寻找思想的共产主义》，Fourbis，1993 年。

而民人育。人之有道也，饱食暖衣，逸居而无教，则近于禽兽。圣人有忧之，使契为司徒，教以人伦：父子有亲，君臣有义，夫妇有别，长幼有序，朋友有信。放勋曰："劳之来之、匡之直之、辅之翼之，使自得之；又从而振德之。"圣人之忧民如此，而暇耕乎？尧以不得舜为己忧；舜以不得禹、皋陶为己忧。夫以百亩之不易为己忧者，农夫也。分人以财谓之惠，教人以善谓之忠，为天下得人者谓之仁。是故以天下与人易，为天下得人难。孔子曰："大哉，尧之为君！惟天为大，惟尧则之。荡荡乎民无能名焉！君哉舜也！巍巍乎有天下而不与焉！"尧舜之治天下，岂无所用其心哉？亦不用于耕耳。①

这一段节选自《滕文公》上篇。"人之有道也，饱食暖衣，逸居而无教，则近于禽兽。"是说人类的伦理是社会进化的结果，因教化而生，是人与动物的差别。孟子借圣人之口，把人伦分为五等：父子、君臣、夫妇、兄弟、朋友关系。孟子的叙述在正统儒家话语中具有权威性，因为后来的儒家基本上都遵循这种等级划分。孟子"爱有差等"的思想是儒家思想的标志之一。他在《尽心》上篇中说："君子之于物也，爱之而弗仁；于民也，仁之而弗亲。亲亲而仁民，仁民而爱物。"② 由此可见，对孟子而言，人伦关系层次是由内及外的。尽管朋友之间的关系居五伦之末，受儒家思想影响的历代中国文人士子不断践履高尚的友谊，留下很多感人的友谊篇章，也丰富了朋友的不同语言表述。其中最著名的友谊例子无疑是伯牙与钟子期的故事：

伯牙善鼓琴，钟子期善听。伯牙鼓琴，志在高山。钟子期曰："善哉，峨峨兮若泰山！"

志在流水，钟子期曰："善哉，洋洋兮若江河！"伯牙所念，钟子期必得之。

伯牙游于泰山之阴，卒逢暴雨，止于岩下，心悲，乃援琴而鼓之。初为霖雨之操，更造崩山之音。

曲每奏，钟子期辄穷其趣。伯牙乃舍琴而叹曰："善哉，善哉，子之听夫志，想象犹吾心也。吾于何逃声哉？"③

钟子期对伯牙的知音、听志成了中国文人友谊的典范。这一文本不断被重写，成为互文性的范例之一。班固在其《汉书》的《扬雄传》中接着《列子》叙述："钟期

① 《孟子注疏》卷五上，《十三经注疏》，浙江古籍出版社 1998 年版，第 2705—2706 页。
② 《孟子注疏》卷一三下，《十三经注疏》，浙江古籍出版社 1998 年版，第 2771 页。
③ 《列子汤问》卷五，《诸子集成》上，浙江古籍出版社 1999 年版，第 594 页。

死，伯牙绝弦破琴而不肯与众鼓。"[①] 也许是受《汉书》的影响，《后汉》的《列传》部分论述友谊比较多。下面的列入《列传》之《独行传》中的《范式传》比较典型：

范式字巨卿，山阳金乡人也，一名氾。少游太学，为诸生，与汝南张劭为友。劭字元伯。二人并告归乡里。式谓元伯曰："后二年当还，将过拜尊亲，见孺子焉。"乃共克期日。后期方至，元伯具以白母，请设馔以候之。母曰："二年之别，千里结言，尔何相信之审邪？"对曰："巨卿信士，必不乖违。"母曰："若然，当为尔酝酒。"至其日，巨卿果到，升堂拜饮，尽欢而别。

式仕为郡功曹。后元伯寝疾笃，同郡郅君章、殷子征晨夜省视之。元伯临尽，叹曰："恨不见吾死友！"子征曰："吾与君章尽心于子，是非死友，复欲谁求？"元伯曰："若二子者，吾生友耳。山阳范巨卿，所谓死友也。"寻而卒。式忽梦见元伯玄冕垂缨屣履而呼曰："巨卿，吾以某日死，当以尔时葬，永归黄泉。子未我忘，岂能相及？"式怳然觉寤，悲叹泣下，具告太守，请往奔丧。太守虽心不信而重违其情，许之。式便服朋友之服，投其葬日，驰往赴之。式未及到，而丧已发引，既至圹，将窆，而柩不肯进。其母抚之曰："元伯，岂有望邪？"遂停柩移时，乃见有素车白马，号哭而来。其母望之曰："是必范巨卿也。"巨卿既至，叩丧言曰："行矣元伯！死生路异，永从此辞。"会葬者千人，咸为挥涕。式因执绋而引，柩于是乃前。式遂留止冢次，为修坟树，然后乃去。

后到京师，受业太学。时诸生长沙陈平子亦同在学，与式未相见，而平子被病将亡，谓其妻曰："吾闻山阳范巨卿，烈士也，可以托死。吾殁后，但以尸埋巨卿户前。"乃裂素为书，以遗巨卿。既终，妻从其言。时式出行适还，省书见瘗，怆然感之，向坟揖哭，以为死友。乃营护平子妻儿，身自送丧于临湘。未至四五里，乃委素书于柩上，哭别而去。其兄弟闻之，寻求不复见。长沙上计掾史到京师，上书表式行状，三府并辟，不应。

举州茂才，四迁荆州刺史。友人南阳孔嵩，家贫亲老，乃变名姓，佣为新野县阿里街卒。式行部到新野，而县选嵩为导骑迎式。式见而识之，呼嵩，把臂谓曰："子非孔仲山邪？"对之叹息，语及平生。曰："昔与子俱曳长裾，游息帝学，吾蒙国恩，致位牧伯，而子怀道隐身，处于卒伍，不亦惜乎！"嵩曰："侯嬴长守于贱业，晨门肆志于抱关。子欲居九夷，不患其陋。贫者士之宜，岂为鄙哉！"式敕县代嵩，嵩以为先佣未竟，不肯去。

---

① （宋）范晔：《后汉书》卷八十七下，第13页；《四部备要》版，台北中华书局1968年影印版，第3578页。

嵩在阿里，正身厉行，街中子弟皆服其训化。遂辟公府。之京师，道宿下亭，盗共窃其马，寻问知其嵩也，乃相责让曰："孔仲山善士，岂宜侵盗乎!"于是送马谢之。嵩官至南海太守。

式后迁庐江太守，有威名，卒于官。①

范式与张劭的友谊为很多诗人所赞颂，杜甫、王维、王昌龄等著名诗人都在提到友谊之时加以引证。王昌龄在《郑县宿陶太公馆中赠冯六元二》写道："张范善终始，吾等岂不慕。"杜牧在《池州李使君没后十一日处州新命始到后见归妓感而成诗》曰："巨卿哭处云空断，阿鹜归来月正明。"后人也以"鸡黍约"称颂他们的守信。《范式传》中强调的是朋友的"信"。这种信任是不受时间、地点限制的，并且是双向的：一方面是令对方相信自己，另一方面是相信对方，所以是互相信任的关系。托乎生死大事是最高程度的信任。张劭因此把范式誉为"死友"。未曾与范式谋面的陈平子亦如此信任范式。文中还用了一些志怪小说的写作手段，张劭通过托梦告诉远方的范式自己的死期，使他得以赶来送别朋友的灵柩。应该指出的是托梦及其预兆既是当时人的信仰，也是他们认可的现实。东汉思想家桓谭（前23—50）、王充（27—97）等对此都有所论述。这种写法用来强调两个朋友之间的心心相通。对朋友的信任其实也是一种自信。这在王阳明（1472—1529）的著作中也有所体现：

君子之学，务求在己而已。毁誉荣辱之来，非独不以动其心，且资之以为切磋砥砺之地。故君子无入而不自得，正以其无入而非学也。若夫闻誉而喜，闻毁而戚，则将惶惶于外，惟日之不足矣，其何以为君子！往年驾在留都，左右交谗某于武庙。当时祸且不测，僚属咸危惧，谓群疑若此，宜图所以自解者。某曰："君子不求天下之信己也，自信而已。吾方求以自信之不暇，而暇求人之信己乎?"某于执事为世交，执事之心，某素能信之，而顾以相讯若此，岂亦犹有未能自信也乎？虽然，执事之心，又焉有所不自信者！至于防范之外，意料所不及，若校人之于子产者，亦安能保其必无。则执事之恳恳以询于仆，固君子之严于自治，宜如此也。昔楚人有宿于其友之家者，其仆窃友人之履以归，楚人不知也。适使其仆市履于肆，仆私其直而以窃履进，楚人不知也。他日，友人来过，见其履在楚人之足，大骇曰："吾固疑之，果然窃吾履。"遂与之绝。逾年而事暴，友人踵楚人之门，而悔谢曰："吾不能知子，而缪以疑子，吾之罪也。请为以如初。"今执事之见疑于人，其有其无，某皆不得而知。纵或有之，亦何伤于执事之自信乎？不俟逾年，

① （宋）范晔：《后汉书》卷一百十一，《四部备要》版，台北中华书局1968年影印版，第8—11页。

吾见有踵执事之门而悔谢者矣。执事其益自信无怠，固将无入而非学，亦无入而不自得也矣！[①]

王阳明这封给友人的信写于1526年，当时居越，是其晚年的信件。阳明信中忆及自己当初在南都遭诽谤，靠自信渡过难关。得出“君子不求天下之信己也，自信而已”的结论。这就是阳明所谓的“求己”之学。王阳明所遵循的自然是孔子的“君子求诸己，小人求诸人”[②]。他在信中也提出交友中的自信问题。子产与校人的故事出自《孟子》的《万章》上篇：“昔者有馈生鱼于郑子产，子产使校人畜之池。校人烹之，反命曰：‘始舍之，圉圉焉，少则洋洋焉，攸然而逝。’子产曰：‘得其所哉！得其所哉！’校人出，曰：‘孰谓子产智？予既烹而食之，曰：得其所哉！得其所哉！’”[③] 子产即使被校人欺骗，还是不失对下属的信任。“疑人窃履”的主要过错在于对朋友的怀疑。而这种怀疑也是因为不自信的表现。可以这么说，怀疑是友谊所最忌讳的。王阳明用自己的切身经历告诉友人要“自信无怠”，充分体现儒家的乐观精神。另一方面，通过对自信的强调，王阳明重视道德主体的自律。朋友之间（人我）的关系之出发点首先是自我本身（我我）。在阳明的后学的友谊观中“友伦为其他四伦之所赖”，这一点吕妙芬教授已经在《阳明学士人社群——历史、思想与实践》的第七章“讲学同志的联属”详有申论。[④] 这里不再赘述。

为了照顾与上节（西方哲人论友谊）的平衡，我再引一个16世纪的中国哲学家。我想说的是明代思想家王廷相（1474—1544）。他与诗人郑善夫（1485—1523）的神交是明代文学史上的一段佳话。如下是他为纪念未曾见过面的亡友写的诗及序：

闽士郑继之，词人之豪，余闻之未睹也。偶览其遗集，有及余一诗云：“海内谈诗王子衡，春风坐遍鲁诸生。我昔传闻薛吏部，为君遥式洛阳城。”嗟乎！继之念我之深矣。生也吾不及会，没而见其文，已恨失继之，况平生有诗念余，恨当何如耶？乃作《少谷子歌》酬之，焚其稿于燕之郊，望闽海而再拜。少谷有灵，应鉴余意，藉此神交，慰我良友。

君不见：斯文天挺郑少谷，词林阁笔推长雄？六鳌之力戴九土，昆仑拄天高穹窿。左日右月抱两丸，象纬炯炯罗心胸。文成直与元气会，思渴一吸沧溟空。青莲豪逸建安骨，力挽古格追鸿蒙。少谷子：紫薇宫阙游不极，却

---

① 《答友人·丙戌》，《王阳明全集》卷6，文录三，上海古籍出版社1992年版，第207—208页。

② 《论语·卫灵公》。

③ 《孟子注疏》卷九上，《十三经注疏》，浙江古籍出版社1998年版，第2734页。

④ 吕妙芬：《阳明学士人社群——历史、思想与实践》，中央研究院近代史研究所2003年版，第295—325页。

下勾陈遍南北；日观振衣盼东海，雁荡天台几眠食。太白山人许相交，时人碌碌安能识？少谷子：汝初抱策升明堂，余已局踡流海荒；南天北极渺云雾，紫宸黄阁空相望。彼时才俊游帝傍，信阳之何、棠陵方；大梁翩翩李川甫，吏部薛生尤擅场。我也岂堪天下士，君胡念之垂篇章？少谷子：古来神交隔山海，安俟目击道乃在？览君词翰魂梦飞，万丈红霞散天彩。少谷子：人生电掣须臾尔，惟有文章流万祀。眼前得失浪喜悲，富贵勋华尽泥滓。少谷子：人言海上多神山，羽人不死常朱颜。谁其获者王子乔，七月七日来人间。君曾学道叩玄牝，吹笙骖螭应未还。[1]

作为儒家的王廷相在诗中不惜借用中国创世传说、道家人物等来纪念亡友。可以说诗歌是中国文人赞颂友谊的理想方式之一。因为，诗歌可以超越正统叙事，展开想象的空间。王廷相一方面将郑善夫与古诗人做比较（建安、太白等），一方面又没有忘记他与当代诗人的交往（何景明、李濂川甫、方豪、薛蕙等）。可以说，那种神交是德性与感情的凝练。

余　言

中西友谊观都强调德性或者美德，都重视君子之交。西方思想家的理论论述比较多。相对而言，中国哲人的谈论比较结合具体的例子。虽然，友谊在五伦中位列最后，但是文人墨客为之留下了很多动人的绝唱。中国文人对友谊的论述体例比较多样化，同时也比较注重神交。认识对方的途径可以是多样的。很多例子中朋友间从未曾见面。孟子也在《万章下》说过我们尚友的方式可以是很普遍的：

孟子谓万章曰："一乡之善士，斯友一乡之善士；一国之善士，斯友一国之善士；天下之善士，斯友天下之善士。以友天下之善士为未足，又尚论古之人。颂其诗，读其书，不知其人可乎？是以论其世也；是尚友也。"

近代思想家谭嗣同（1865—1898）的提法很激进，他主张取消其他四伦：

五伦中与人生最无弊而有益，无纤毫之苦，有淡水之乐，其惟朋友乎。顾择交何如耳，所以者何。一曰"平等"；二曰"自由"；三曰"节宣惟意"。总括其义，曰不失自主之权而已矣。

---

① 《少谷子歌》，《王氏家藏集》卷十二，《王廷相集》，中华书局1989年版，第177—178页。

> 世俗泥于体魄，妄生分别，为亲疏远近之名，而末视朋友，夫朋友岂真贵于四伦而已，将为四伦之圭臬。而四伦咸以朋友之道贯之，是四伦可废也。①

从时间的层面讲，中西友谊观的发展有一定的共性。16 世纪之际，中西哲人各自对友谊做了比较详尽的探索，或者开始强调友伦的重要性，这种陈述直到近现代才日臻完善。某种意义上，philia 可谓人伦，因为其含义较广，而儒家的友伦也从第五伦到“其他四伦之赖”再到欲废四伦，经历了不断的更新过程。

参考书目

一、汉语文献

1. （东汉）班固：《汉书》，北京：中华书局，1962 年。

2. （东汉）班固：《前汉书》，《四部备要》版，台北：中华书局影印，1968 年。

3. （宋）范晔：《后汉书》，《四部备要》版，台北：中华书局影印，1968 年。

4. 黄冠闵：《在想象的界限上——巴修拉诗学曼衍》，台北：台湾大学出版中心，2014 年。

5. ［意］利玛窦：《利玛窦中文著译集》，朱维铮主编，上海：复旦大学出版社，2007 年。

6. 李泽厚：《论语今读》，北京：生活·读书·新知三联书店，2004 年。

7. 廖申白：《亚里士多德友爱论研究》，郑州：河南人民出版社，2000 年。

8. 吕妙芬：《阳明学士人社群——历史、思想与实践》，台北：中央研究院近代史研究所，2003 年。

9. ［英］蒙田：《蒙田随笔全集》上卷，潘丽珍、王论跃、丁步洲译，南京：译林出版社，1996 年。

10. 《十三经注疏》，杭州：浙江古籍出版社，1998 年。

11. （清）谭嗣同著，印永清评注：《仁学》，郑州：中州古籍出版社，1998 年。

12. 王肯堂：《郁冈斋笔尘》，《北京图书馆古籍珍本丛刊》，No. 64，子部，杂家类，北京：书目文献出版社（万历影印本）。

13. 王涛：《人、城邦与善——亚里士多德政治理论研究》，上海：上海人民出版社，2013 年。

14. 王论跃：《莫里斯·布朗修的三位读者：德里达、福柯、列维纳斯》，杨国荣

---

① （清）谭嗣同：《仁学》，中州古籍出版社 1998 年版，第 200—201 页。

主编：《多元现代性：中国与欧洲的视域》，上海：华东师范大学出版社，2011 年。

15. 王论跃：《利玛窦与 1589 年的进士》，国际儒学联合会编：《儒学：世界和平与发展　纪念孔子诞辰 2565 周年国际学术会议论文集》第三卷，北京：九州出版社，2015 年。

16. 汪民安：《友谊和语言中的沉默——福柯对布朗肖的解读》，《求是学刊》2014 年第 2 期。

17. 王廷相：《王廷相集》，北京：中华书局，1989 年。

18. （明）王阳明：《王阳明全集》，上海：上海古籍出版社，1992 年。

19. 叶嘉莹：《陶渊明饮酒诗讲录》，台北：桂冠图书出版公司，1994 年。

20. 赵琦：《阿奎那友谊理论的新解读——以仁爱为根基的友谊模式》，《复旦学报》（社会科学版）2015 年第 2 期。

21. 《诸子集成》上，杭州：浙江古籍出版社，1999 年。

二、西文文献

1. Aristote，Ethique à Nicomaque（尼各马可伦理学），Livres VIII et IX，trad. R. A. Gauthier，introd. et notes J. —F. Balaudé，Paris，Le livre de poche，2001.

2. Aristote，Ethique à Eudème（欧代米亚伦理学），trad. V. Décaire，Paris，Vrin，1978.

3. Benveniste，Emile，Le vocabulaire des institutions indo-européennes（印欧体制词汇），V. 1，《 Economie，parenté，société 》，Paris，Minuit，1969.

4. Blanchot，Maurice，Pour l'amitié（致友谊），Paris，Fourbis，1996.

5. Blanchot，Maurice，Une voix venue d'ailleurs（来自他处之声），《 Folio-Essais 》，Gallimard，2002.

6. Cicéron，Amitié（论友谊），trad. X. Bordes，Paris，Mille et une nuits，1995.

7. Derrida，Jacques，Politiques de l'amitié（友谊政治），Paris，Galilée，1994.

8. Foucault，Michel，Œuvres（文集），I，II，Paris，Gallimard/Pléiade，Montaigne，Michel de，Essais（随笔），Livre I，Paris，PUF，《 Quadrige 》，1965.

9. Ricci，Matteo，（利玛窦），Dell'amicizia 交友论，A cura di Filippo Mignini，Macerata，Quodlibet，2005.

10. Ricci，Matteo，Lettere（1580—1609）（1580 至 1609 年通信集），Macerata，Qoidilibet，2001.

11. Wang Frédéric，《 Matteo Ricci et les lettrés de Nankin 》（利玛窦与南京士子），in Isabelle Landry-Deron，La Chine des Ming et de Matteo Ricci（明代与利玛窦的中国），Paris，Cerf，2013，pp. 29—42.

Confucian Thought and Climate Governance: Individual, Societal, Global

[USA] Edwin A. Winckler (韦爱德)
Weatherhead East Asian Institute, Columbia University

Overview

Pursuing the Conference theme, this paper inquires how "Confucian Thought" might help address Climate Change, arguably the greatest threat to "the Shared Future of Humanity". I am a political scientist who studies current China, not a Confucian scholar or climate scientist. Relative to the complexity of those topics, I know little. So as an outsider I will just raise questions, from social science, particularly evolutionary. I leave it to Confucianists to decide whether and how to respond. Overall, the paper proceeds from general themes of science and philosophy toward specific measures of climate governance and possible Confucian interventions.

Thus this Overview introduces the paper. Then the first half of the paper provides background: scientific, philosophical, and climatic. The first section notes some of what science now tells us about "human nature", findings whose "sociality" converges with some Ancient Thought in both China and the West. The second section sketches how Western Thought later abandoned Aristotle's sociality and naturalism for Latin Christian individualism and transcendentalism. The third section defines degrees of severity of climate challenge and types of governance response.

The second half of the paper then explores possible relations between those climate challenges, governance responses, and possible Confucian interventions, at three scales: individual, societal, and global. At each scale we discuss first general social processes, then specific climate measures. To facilitate developing Confucian interventions and to facilitate assessing their likely practical effects, we juxtapose specific measures (Hawken ed. 2017) with specific Confucian themes (referring to Qiao 2013). A concluding Outlook recalls the overall trajectory of interaction between climate change and human evolution.

It was only in the 1980s that scientists and activists began warning strongly of climate change (starting from Hansen 1988 and McKibben 1989). Overseas Confucianists soon addressed ecological issues (papers collected in Tucker & Berthrong eds. 1998). Confucianists in China too began addressing ecological issues (starting from CASS-HCP 020805). Nevertheless, a panel on "Can Confucianism save the world?" addressed mostly "saving democracy". (Singapore 2014) One hopes that ecological issues will feature more prominently in this Conference and in the forthcoming Routledge handbook of Confucian studies. (Yao and Tu eds. 2017) [Note One on PRC authors.]

Throughout this paper, "Confucianists" refers to contemporary scholars who research any of the many varieties of Confucianism. "Climate Confucianists" means those Current Confucianists who have applied Confucianism to climate issues (a subset of "ecological Confucianists"). So far, Climate Confucianists have mostly chronicled Confucian ecological ideals (Luo 2015, Yu 2014, Zhao 2014). However, some also candidly acknowledge discrepancies between those ideals and the actual ecological outcomes produced by notionally Confucian societies. So I will assay Climate Confucianism more for its likely practical effects than for its normative ideals. [Note Two on China's environmental history.]

Contending Thoughts

Sciences and philosophies of "human nature"

Recent advances in various human sciences—evolutionary, developmental, behavioral—converge on an increasingly precise understanding of "human nature". As a result of their evolutionary adaptation—particularly to past climate change—ALL modern humans are highly social. They depend on groups, empathize intimately, and cooperate intensely. Speaking broadly, one could declare current findings a victory for the ancient thought that emphasized human sociality. Confucius was correct that "humaneness" (Ren) is a basic human virtue. Aristotle was correct that humans are "political animals" (politikó zóo) who naturally want to live together. [Note Three on relevant sciences]

However, a recent evolutionary typology of human moral capabilities poses more complex challenges to both sciences and philosophies. The typology can also aid moral advocacy, including for governance of climate. Tomasello 2016 in effect distinguishes three stages. Each involved a distinctive form of social interaction, a distinctive individual moral psychology, and a distinctive governing moral principle.

Pre-humans herd affiliation: Sympathy but competition. Pre-humans mammals evolved some sociality. By six million years ago they produced the ancestor of advanced primates (including humans), which probably felt sympathy between kin and friends that was only slightly normative. Pre-humans remained largely self-sufficient, self-interested, and competitive, with individual rationality.

Early Human individual collaboration: Responsibility and fairness. From 400,000 years ago, ecological challenge forced Early Humans into collaboration between individuals in joint foraging and childcare, accompanied by feelings of mutual responsibility and by mutual governance through a morality of fairness, based on collective rationality and encoded in partner roles.

Modern Human group membership: Obligation and justice. From 150,000 years ago, increasing inter-group competition forced Modern Human groups to adopt cultural norms of group identity, accompanied by self-governance through feelings of tribal loyalty and obligation and by group governance through a morality of justice based on cultural rationality and encoded in tribal norms.

Across these three stages, the participants became increasingly interdependent, which is what demanded and enabled the progressive deepening of sociality and normativity. However, each stage did NOT lead automatically to the next stage. Instead each stage was a new adaptation to new ecological and social challenges. Each stage was based on the previous stage but created new human capacities. Some of these capacities were not in themselves normative, but provided scaffolding for normativity (Tomasello 2014). Each stage retained the moralities of previous stages, partly reinforcing and partly inconsistent.

As a result, Contemporary Humans (from about 10,000 years ago) inherit moralities from all three stages, plus now also law and religion. This layered complexity should challenge but enrich interpretation of ancient philosophies. For example, arguably Confucius'concept of Ren correctly identified the most basic human virtue as acknowledgment of other humans as moral beings deserving concern. However, Ren may include contributions from all three evolutionary stages, which may help explain why it contains so many meanings.

Relatedly, Mencius was correct that compassion is a basic human capacity (Iacaboni 2008). Evolution extended compassion from Prehuman mammalian associates to Early Human collaborators and Modern Human compatriots—even to anyone in dire physical straits. Climate Confucianists now hope to further extend compassion across societies and generations. There may be room for outward extension, because individuals have always had to balance the interests of themselves, their networks, and larger groups. But the math matters. (Tomasello 2016, chapter two) .

Thus some recent social science finds that compassion can be strong toward one person (regardless of closeness of relationship, as Mencius saw) but diminishes rapidly as the number of persons increases (Slovic 2017) . One might speculate that "fast" emotional flashes of compelling concern draw on the feelings of Sympathy and Responsibility from early moral evolution when participants were in face-to-face contact. Arguably "slow" rational appeals to third-stage group Obligation work better with such supporting emotion. (Kahneman 2011)

Classic Confucianists were also correct that humans'capacity for compassion must be cultivated assiduously ("study and practice") . Evidently Modern Human infants are born with Early Human diadic morality and take about three years to develop Modern Human group morality. During evolution, human development shifted from genetic nature toward cultural nurture. Increasingly, humans were born only partly programmed by genes. Childhood lengthened to complete the programming by culture, which groups could adapt to cope with their current environment. (Richerson and Boyd 2005)

The increasing evolutionary predominance of culture has allowed increasing divergence between human societies. Starting about 40, 000 years ago, humans in eastern and western Eurasia may have had somewhat divergent evolutionary experiences, with some accompanying genetic divergence. However, during the past 10, 000 years, East and West certainly diverged culturally, including in how they interpret the good and bad in their common human nature. (Nisbett 2003 presents experimental evidence for cultural differences between East and West psychology. Bai 2012 suggests that Confucianism itself was a response to an increase in political scale, from intra-societal Zhou feudalism to the interstate wars that followed.)

Augustinian origins of western individualism

Seeking international consensus on climate issues can involve some resort to comparative philosophy, including some competition between national philosophic traditions. Confucianists are right to critique modern Western thought where it is too individualistic and human-centered. However, Confucianists might want to know that some ancient Western thought was quite social and naturalistic and also to know how most modern Western thought became individualistic and transcendental. (This section draws heavily on chapter four of Ravven 2013, now available in Chinese translation.)

In the western Mediterranean around 400AD ("Late Antiquity"), classical civilization was crumbling and governance was passing from the Roman Empire to the Catholic

Church. Classical thought mostly perished (though preserved and developed in the eastern Mediterranean). In Roman North Africa, a Catholic bishop named Augustine, inspired by the voluntarist Abrahamic tradition, propounded doctrines that included the little of classical thought that survived into the Middle Ages and that became the underlying rationale for medieval Catholicism.

Augustine rejected Aristotelian naturalism and sociality, separating man from nature and making individuals responsible directly to God for their actions, taken with allegedly "free will". Augustine had observed with dismay the limited capacity for good behavior of his North African parishioners. So he taught that humans are basically bad, crippled by "original sin" and condemned to eternal damnation. Only a select few will make it to Heaven, only by the Grace of God, mediated through the governance of the Catholic Church. One can hardly imagine doctrines more contorted and cruel.

At the end of the Middle Ages, both Reformation Protestantism and Reformist Catholicism actually intensified Augustinian individualism and mentalism (Menn 1998). Protestants discarded the Catholic Church, leaving individuals ultimately on their own, inspecting their inner consciences for instructions from God. Calvinists reiterated that humans are all born bad but nevertheless remain individually responsible for their behavior. To prove their merit, people should work hard. These pernicious religious tenets contributed further to the individualism of much Western Thought.

Most Westerners still suppose that an autonomous interior consciousness determines when and how they will act. Thought decides action, right thinking produces right action. Arguably this paradigm is also how most Westerners—perhaps even some Chinese—tend to read Confucianism: consciously adopt the right virtues and conscientiously act according to them. One could read some Climate Confucianism that way: identify the right ecological values and communicate them well, then masses might behave responsibly and elites might cooperate, even across countries.

Ancient Chinese and Western accounts of human conduct were more behavioral and social. What produces right action is the cultivation of good habits of thought, behavior, and association. What the individual is responsible for is cultivating good habits that will usually produce good actions. Fostering such cultivation is a civic responsibility of society and government. Evolutionary accounts insist that social stability also requires punishment of the uncooperative and immoral, as ancient Chinese Legalists maintained (Bowles and Gintis 2011).

Climate Confucians might apply ancient insights to fostering good habits of climate governance. Individuals might join local climate support groups. Prospective national leaders might attend climate academies to internalize ecological values. Government might help discredit anti-climate values and practices. International institutions might supplement purely technical reports with more social communications to wider audiences (Wererell + 170807 Responsibility to prepare).

Climate challenge and governance response

Since around 2000, scientists'warnings about climate challenges have become progressively more dire, while discussions of possible governance responses have become progressively more specific. Accordingly, Confucianists too might raise the priority of climate and discuss more specific interventions.

Climate challenges

Technical studies of future climate distinguish three possibilities. The challenge may remain low, because of fortunate climate trends or vigorous human intervention. Or, the challenge may gradually become high, which is what most mainstream models increasingly predict, absent effective governance measures. Or, catastrophic change may occur as a surprise, because current mainstream models do not contain all climate processes. Arguably the more dire the challenge the more Confucianists should intervene and the more stringently others should evaluate their interventions.

At the low end of challenge and response, by the 2010s many Americans and Chinese understand that climate change will cause some sea rise and weather extremes but, most suppose, only eventually, and affecting mostly other people. If that were all there is to it, everyone could take a relatively relaxed approach to climate. Confucianists could continue to identify ideal values and leave it to others to relate those values to actual human capacities and to effective public policies.

Toward the high end, recent technical reports—reflecting both improving science and worsening climate—have become progressively more pessimistic (IPCC 2013—2014; Rafter + 2017; USGCRP 170724). It seems less and less likely that humans can limit global temperature increase to the two degrees Celsius that scientists say is the most the planet can safely stand. So everyone should take the problem more seriously. Confucianists may wish to attend more to climate and to become more specific about how Confucian thought can inform relevant institutions and policies.

Beyond the high end of linear projections lie possible surprises that, although unlikely, could be catastrophic. Climate processes are usually modeled separately, but could become mutually reinforcing and even "flip" the planet into adverse new modes of functioning. Climate impacts too are usually considered separately, but could coincide in time and place, compounding disasters (USGCRP 170724, chapter fifteen). A journalist warns bluntly of worst-case scenarios that could affect everyone, more drastically and sooner than most people expect (Wallace-Wells 170709). Some predict worse, even "near term" human extinction (McPherson 160802).

Governance responses

Broadly speaking, the first step in responding to climate change is to recognize that it is a problem and to resolve to try to do something about it (what I will call engagement). The second step is some policy response, so far mostly trying to limit change (mitigation). As change does begin, the third step is for people to learn to cope with it (adaptation). Confucianists can contribute to each of those steps.

Overall, Climate Confucians have encouraged engagement on the basis of the Confucian cosmology of interdependence of humans and nature ("anthropo-cosmism"). They have facilitated mitigation by recommending the Confucian value of humaneness (Ren) as a value toward which countries might converge to concert governance responses. So far (to my knowledge) Climate Confucians have not addressed adaptation. Perhaps they could draw on Confucian admiration for self-discipline and austerity as a moral basis both for voluntarily reducing consumption (mitigation) and for adjusting to involuntary reduction in consumption (adaptation).

A recent American publication assesses possible mitigation measures for how much they might actually limit climate change, thereby directing people toward the most positive actions they can take (Hawkin ed. 2017 Drawdown). Many of the most effective measures are not highly technical but instead highly social, susceptible to Confucian advocacy. Surprisingly, two of the most social measures (educating girls and limiting population) together produce more mitigation (avoiding 119.2 gigatons of carbon) than does the single most effective technical measure (keeping refrigerant gasses out of the atmosphere, 89.7 gigatons). [Note Four on Hawkins'scenarios.]

Climate governance

This second half of the paper juxtaposes Drawdown's ten most effective measures for limiting climate change with specific themes from Confucianism that might be used to advocate those measures. Such measures are not matters that Confucianists ordinarily discuss; we leave it to Confucianists to decide whether and how to intervene. Nevertheless, to facilitate matching measures and themes, we sort both by level: individual, societal, and global. Throughout, the question is not just congruence of concepts but also actual impact on climate, through specifiable empirical processes.

Individual climate governance

At the individual level, potential severe climate challenges to individuals include lethal impacts of poisonous air, killing heat, and spreading diseases. The main individual responses for limiting climate change have been to switch as consumers to more energy—efficient and less carbon—intensive technologies. So far, the main Confucian intervention through individuals has been elaboration of ethics. Overall, again, one needs not only to align individual-level measures and themes but also to model, empirically, how Confucian Thought can affect climate outcomes through individual-level processes.

Individual processes

The ethics of individuals have of course been a main concern of Confucianism. For some interpreters of Confucianism, its main concern remains moral outcomes for individuals, not societal-political outcomes, not to speak of global-ecological outcomes. However, one can read Confucianism as focusing on individual and family processes out of concern primarily for societal outcomes: using individual values as foundations for societal stability and using the family as a site for inculcating such values (El Amine 2015). Climate Confucianists are now extending Confucian ethical concerns to global ecology.

Philosophically, if Climate Confucianists are to work through individuals to improve climate governance, they may need some of the "Confucian perfectionism" — "helping people live better lives" —advocated by Chan 2014. Chan notes three types of perfectionism common to both ancient China and the West: ethical perfectionism advancing conceptions of the good life, social perfectionism providing social sites for developing individuals'capacities to practice the good life, and political perfectionism in which the state provides institutions and resources to help people pursue the good life (preface xiii).

Scientifically, various questions about the individual level may affect both how, philosophically, one might interpret past Confucianism and also how, in practice, Climate Confucianism might attempt to affect climate outcomes. In terms of human development, to what extent are what kinds of values instilled in individuals at what stage of their development, with how much likely effect on their later actual behavior? In terms of neural functioning, to what extent are the human values to which one can appeal genetically inherited and hard-wired, or culturally instilled and still malleable? To what extent are values purely cognitive or also emotional? To what extent internal to the human body or also relying on external supports?

Recent human sciences indicate that individual development proceeds in stages that to some extent recapitulate evolutionary stages. (Both Confucius and Aristotle correctly said that human development takes a whole lifetime of stages.) As noted above, evidently infants are born with Early Human diadic normativity and proceed to Modern Human group normativity by around age 3. People then require the rest of their childhood and adolescence to internalize whatever Contemporary Human skills and values their culture prescribes. (Human brains do not fully mature until the mid-twenties.) After that, adults can still learn, but evidently cannot easily internalize new values, at least basic ones.

So humans acquire their most basic values very early in life (e. g., Rochat 2009). It is plausible that, later, family and state can reinforce each other, less plausible that a state can instill basic values on its own. Absent early socialization by family and friends, probably there are limits to the extent to which the larger society can select values and instill them in people later in their lives, such as during formal schooling. Adolescents and adults can learn new values and parrot them back on request, but may not much internalize them in actual behavior. (The first chapter of Ravven 2013 recounts failures of such attempts in the history of American education.)

A still deeper issue is how, in moral matters, individuals function neurologically. Classic Confucianism claimed that specific virtues are specific innate capacities. Some current scientists regard moral capacity as "modular": hard-wired in a separate neural system, mainly calculative (Pinker 1997). Other scientists find moral capacities "holistic": drawing on the nervous system as a whole, including emotions (Panksepp and Biven 2012). Panksepp surveys the emotions of animals as well as humans. Evidently he regards emotions as neurologically assembled from early deeper general emotions upward to their recent culturally defined expressions.

As noted above, Tomasello argues further that human moral capabilities draw on various non-moral capabilities, such as the social cognition whose evolution he sketched in Tomasello 2014. Others argue still further that individuals'moral functioning relies on external supports in their social and physical environments, as researched by social psychologists and analyzed by "externalist" philosophers (since Hurley 1998). Neural processes may need to be holistic in order to integrate non-moral and moral, internal and external.

Individual measures

There are some quite effective measures to limit climate change that individuals can take on their own, though it helps to have public support—community, corporate, or government. Confucianists might have something to say about both private and public responsibility for such measures. (Below, "gigatons" refers to the weight of carbon emissions avoided. "Q" refers to Qiao 2013, adding chapter numbers and topic names.)

Plant rich diet, 66.1 gigatons. Individuals can shift toward eating less meat and more plants, even though only corporations and government can adjust the food system as a whole. Here Climate Confucians might draw on classical Confucian preference for moderation-even austerity-in consumption, particularly of meat (Q2 animals, Q3 plants).

Educating girls, 59.6 gigatons. This is a family choice, but requires public schools. The causal connection to limiting climate change is that educated women limit the number of children they bear, which limits population and therefore the human load on climate. Here Confucianists might contribute by making sure that their current formulations include gender equality and favor educating girls (Li 2000, Foust and Tan eds. 2016).

Family planning, 59.6 gigatons. Couples can limit their childbearing, though organizations must provide contraceptives. Most Confucian societies have already completed their demographic transitions to low fertility, mostly through family striving for economic mobility (Greenhalgh 1988). Of course, in some countries government has played a strong role (Greenhalgh and Winckler 2005).

Rooftop solar, 24.6 gigatons. Households can decide to have solar panels installed, though that requires corporate services, perhaps aided by government subsidy. Here Confucianists might draw on classical images of self-sustaining rural communities in harmony with nature. Chinese media now advertise upscale housing communities, which should include rooftop solar, which could be advertised in Confucian terms (Q7 and Yao 2017 on man-nature harmony).

Societal climate governance

At the societal level, potential severe climate challenges could cripple human institutions, creating chronic food shortages, permanent economic collapse, and perpetual war. The main societal responses to climate change have been government policies to shift energy from fossil fuels to renewables. Arguably the main Confucian societal intervention might be to advise that governance of climate should be positive not punitive (a main theme of Drawdown). Overall, again one needs not only to align societal measures and themes but also to model, empirically, how Confucian Thought can affect Climate Outcomes through societal processes.

Societal processes

A general question about the impact of Confucianism on climate through societal processes concerns the extent to which mass Confucianism pervades, persists, or revives in East Asian societies (Bell 2008). Some books have discussed whether modern East Asian national outcomes—stagnation or development, dictatorship or democracy—have been affected by Confucianism (Shin 2012, Kim 2017). Few authors have assessed the likely influence of societies'Confucianism on climate outcomes. Weller and Boll (1998) conclude that traditional organismic worldviews support ecological awareness, but policy measures must materially benefit the people who implement them.

More specific questions concern elite governance of mass society. That has of course long been a main preoccupation of past Confucianism and is again now a hot topic among current Confucianists. Some famously advocate meritocracy (Bell 2015). Others advocate using Confucian ideals to supplement, reform, or replace Western liberal democracy (Chan 2014, Kim 2014). Kim 2016 is particularly attractive in presenting a method— "public reason Confucianism" —for democratically nudging societies toward Confucian ideals. However, Confucianists have not yet applied those governance proposals specifically to climate.

An issue Confucianists might address about societal governance concerns what elites should tell masses about climate (e. g., Gore 2008). Moderately bad news about likely outcomes may encourage positive mass engagement; very bad news about less likely outcomes might attract mass attention but could induce mass panic or apathy. Arguably in a society with high awareness of climate dangers, it may be counterproductive to scare people; in a society with low awareness, dramatic warnings might have a positive effect. Recently such issues were raised by the publication of the "uninhabitable earth" article mentioned above—very alarmist but very widely read (Wallace-Wells 170709).

Some climate scientists have criticized that article for exaggerating the "bad news" in climate science, possibly scaring the public into inaction (Climate Feedback 170713). Others rejoin that the article got the science basically right and that "worst cases" are often the best way to mobilize public concern (Roberts 170711, Manjoo 170719). One good reason to address worst cases—even low probability ones—is to assess how much risk they represent, in order to take appropriate insure measures against them (Wagner and Weitzman 2015). What does Confucianism say about risk and insurance?

Here an empirical question is whether it is ignorance or apathy that more inhibits societal response to climate change. Globally, a median of 54% of people regard climate change as a very serious problem, though fewer Americans (up from 37% in 2010 to 45% in 2015) and even fewer Chinese (down from 41% in 2010 to 18% in 2015). Nevertheless, globally, 78% thought government should take any necessary measures, including 69% of Americans and 71% of Chinese (Pew 2015).

For Confucian intervention, specific political institutions and specific elite interests should matter. To the extent that a system is democratic, obviously government response to climate may require public support, which attractive climate values might help mobilize. To the extent that a system is elitist, one must not only persuade elites but also expose any climate-harming elite activities. One piece of good investigative journalism (or one good anti-corruption campaign) that exposes harmful elite interests and actions might improve climate putcomes more than many books on values.

In the USA, oil billionaires and the organizations they fund are covertly driving public policy to the right, particularly on climate. Koch initiatives may stem ultimately from "Western values," but more immediately represent "oil interests" (Mann 2012, Skocpol and Hertel-Fernandez 2016). In contrast, PRC climate governance is improving, but evidently mostly in response to public discontent at air pollution, not mass concern about future climate change. Unfortunately the PRC is now doing what the USA did earlier: export dirty industries to other countries (Saha and Lou 170804).

A very general question about societal governance concerns types of power. The Chinese tradition famously contrasts Confucian persuasion with Legalist rewards-and-punishments. This traditional dichotomy easily conflates with the currently fashionable distinction between soft and hard power. However, that binary distinction is inadequate. It omits positive economic incentives, particularly as created through markets, which are among the most promising institutions for governing climate. Classic Confucians said that rulers should promote their subjects'prosperity. Climate Confucianists might develop that theme. [Note Five on Etzioni.]

Societal measures

Refrigerant management, 89.7 gigatons. Surprisingly, the single most effective measure to limit climate change would be to prevent highly damaging hydrofluorocarbon refrigerants (HFCs) from escaping into the atmosphere. During the 2010s, nations negotiated an international agreement to limit them. Can Confucianists help persuade publics to accept such limits? (Q6 discusses qi, but in the philosophical sense of "vitality," not in the scientific sense of atmosphere.)

Wind turbines (onshore), 84.6 gigatons. This is already a booming industry and mostly a market matter, but requires a particularly big increase (almost doubling) to achieve any "drawdown," so would particularly benefit from government support. Here the task is to persuade governments to provide such support and to persuade the public to support such provision. (Same as note on Q6 immediately above.)

Reducing food waste, 70.5 gigatons. Some food waste is individual but most results from corporate practices in producing, distributing, and selling food. Confucianists could advocate corporate responsibility (for improving corporate practices) and corporate philanthropy (donating food to poor people and starving regions). (Again Q2 animals and Q3 plants.)

Solar farms, 36.9 gigatons. Similar to wind turbines.

Silvopasture, 31.2 gigatons. "Silvo" means forests, so "silvopasture" means managing forests and animals together so they benefit not harm each other. This is a matter of the business practices of family farms and corporate agriculture. Here might Confucianists again draw on classical images of wise farming through ecological harmony? (Again Q3 plants and Q2 animals. Also Q5 mountains and rivers?)

Global climate governance

At the global level, potential climate challenges include accelerating extinction of species, possibly even humans themselves. The main global responses have been international agreements to lower carbon emissions, again mostly by shifting energy from fossil fuels to renewables. The main Confucian global intervention has been to recommend Confucian formulations of the interdependence of man and nature as a framework for thinking about global climate and for achieving international consensus. As far as I know, current Confucianists have not yet said much about international institutions or policies, particularly any specific to climate. Overall, again, one needs not only to align global measures and themes but also to model, empirically, how Confucian Thought can affect Climate Outcomes through global processes.

Global processes

Philosophically, many Current Confucianists follow Tu Weiming in characterizing Classic Confucian cosmology as "anthropo-cosmism": regarding humans and nature as interdependent within the same material and even moral ecology (Yao 2017). This does indeed provide an attractive framework for awareness and consensus.

Nevertheless, for facilitating international agreement on climate governance, it may now be strategic to shift from elaborating values within particular philosophical traditions toward emphasizing values that cross countries. Those values may be expressed differently in different cultures, but probably mostly refer back to everyone's common evolutionary moral heritage. While continuing to draw on particular traditions for insights, philosophers can now also base values on systematic scientific study of the best that humans can actually achieve. Normative arguments should be more persuasive across cultures the more they consult relevant science. (Ravven

2013 uses neuroscience to critique Latin-Christian philosophy.)

For international political strategy, it matters how one frames one's comparative philosophy. As a first cut, certainly one can contrast China and the West. As Confucianists propound inspiring formulations of Confucianism and cogent critiques of the West, foreigners should learn from them (see Rosemont 2016). However, the fact that Confucianists declare that Confucianism contains an idea they hitherto have neglected does not mean that Western Thought has never contained it. Confucianists may wish to avoid implying that, overall, Confucian Thought is superior to Western Thought, especially an idealized version of Confucian Thought compared with a caricature of Western Thought. Current Western science and philosophy are becoming increasingly "social", situational, and ecological.

Fortunately, some Confucianists note positive similarities between China and the West, particularly between comparable eras, perhaps even in the succession of eras. As noted from the outset, some ancient thinkers in both China and the West regarded humans as highly social and as part of nature, resulting in comparable virtues (Sim 2007, Yao 1996, Yu 2007; also again Chan 2014 xiii). During the middle era of both Confucianism and Christianity, there may have been an inward turn: Neo-Confucian self-cultivation (Bol 2008) and Augustinian individualism (Ravven 2013). At the beginning of the modern era, there may have been parallels in how early modern thinkers returned to ancient thought and reconstructed it (Elman 1985). Disjunctions between eras may have been less drastic in China than in the West, but there were still discontinuities.

Global measures

The measures below probably require some supranational cooperation, whether through corporations or between governments.

Saving tropical forests, 62.2 gigatons. Such forests remove much carbon from the atmosphere, but commercial agriculture is fast reducing them. Here Confucian arguments might include responsibility both to preserve such forests and to avoid the extinction of species that depend on them. (Again Q3 plants, Q2 animals.)

[Maintaining peace,] Recently climate change has increasingly become regarded as a matter of national security (Winckler 2014). Hawken notes in an interview that threats to peace compel nations to maintain large military forces, which leave a huge footprint on climate (Toomey 170725). Too bad that climate change will increase the risk of wars. As for Confucianism, while certainly it can promote peace, it can also serve cultural nationalism.

Outlook

While reviving Confucianism, evidently contemporary China is moving toward a comprehensive "ecological culture" (Chen and Tang 2013). That poses an issue this paper has not directly addressed, the relationship between Confucianism and Marxism. Probably at least some in China would like to "harmonize" the two and even ground Confucian insights in Historical Materialism. In effect this paper has moved in that direction, by noting where Climate Confucianism might be grounded directly in scientific findings about human nature and society. So let us end by briefly recalling the overall evolutionary trajectory of interaction between humans and climate.

Humans and their basic nature emerged from six million years of increasingly erratic climate challenges that gradually eliminated all human lineages but one, Modern Humans (Potts 1996). For several hundred thousand years, unstable climate kept Early Humans few and dispersed, forcing them to cooperate and share within small groups, but giving them little reason to fight between groups. Then in the last hundred thousand years, Modern Human numbers increased, increasing inter-group conflict.

Starting about 12, 000 BC, climate abruptly stabilized. Contemporary Human numbers further increased, quickly outrunning available resources. That intensified conflict both within and between societies, which became internally more hierarchical and unequal, externally more predatory and warlike. Most humans shifted from foraging to agriculture, which supported more people, but with more work and worse health, greater centralization of power and greater impact on the environment.

So, without changing their basic "nature", humans shifted from egalitarian and peaceful to hierarchical and warlike. Human nature does NOT directly dictate individual behavior, human institutions, or ecological outcomes. Instead those are mediated through human technology, organization, and ideology. Accordingly, along with other ideological mediations, Confucian Thought might make a difference for future climate. But to what extent will Humanity's Future be Shared?

The more moderate future climate change remains, the more nation-states may persist, perhaps even increasing international cooperation, perhaps even between countries less and more damaged by climate change. The more severe climate change becomes, the more it is likely again to increase inequality: rich and powerful countries will fare better than the poor and powerless, and more conflict will become likely. The more catastrophic climate change becomes, the more nation-states may falter and humans even revert to small groups: internally cooperative but externally competitive, probably savagely. In the very worst case, Modern Humans could go extinct. A shared future indeed.

Notes

Note One on PRC authors: Online from the USA I found recent PRC books on "ecological Confucianism" but could not obtain them before coming to China for this conference. Nevertheless, to acknowledge and include them, I list them in the References. In alphabetical order those books are: Chen 2012, Chen and Tang 2013, Luo 2015, Qiao 2013, Wu ed. 2012, Yu 2014, and Zhao 2014. I have been able to refer readers to specific parts of Qiao 2013 because it treats many concrete topics separately and because Baidu provides a detailed table of contents. Foreign overviews of PRC Confucianism include Makeham 2008 and Hammond and Richey eds. 2015.

Note Two: China's environmental history is recounted Elvin 1998 and Marks 2011. Recent field research by both Chinese and Westerners details localities, even for the early dynasties that Confucius idealized and for his home area in Shandong (Rosen + 2015). Rosen's approach is attractive in going beyond "climate determinism" (humans as passive victims of climate change) to "human agency" (humans construct their own ecological niches).

Note Three: Relevant sciences include paleo-genetics, comparative ethology, evolutionary anthropology, evolutionary psychology, child development, neuroscience, and more. Bowles and Gintis 2011 usefully integrate evolution, behavior, and game theory. Tomasello 2016 is the best recent synthesis of evolution, development, and philosophy. His evolutionary reconstruction is unavoidably somewhat speculative, but rests on a lifetime of empirical research in animal behavior and human child early development, informed by recent philosophic analysis.

Note Four: Hawkins ed. 2017 distinguishes three progressively more demanding scenarios by the gigatons of carbon they would avoid relative to present trends. The Plausible scenario avoids 1051 gt but total atmospheric carbon increases. Drawdown avoids 1442 gt and achieves a slight decrease (0.59gt). Optimum avoids 1612 gigatons and achieves a larger decrease (0.99gt). A second Drawdown volume will assess even more measures.

Note Five: Etzioni 1961, the best social science typology of administrative power, compares different types of organizations: normative (church), remunerative (business), and coercive (prison). Confucian persuasion corresponds to normative power and can be called "soft". Legalism corresponds to coercion and can be regarded as "hard", but that should include Legalist "rewards" . What Etzioni means by remunerative power is institutionalized payment within an economic organization or, by extension, benefits from markets. For an application of Etzioni to China, see Skinner and Winckler 1969.

References

Confucianists already know the literature on Confucianism so, except for Confucian studies directly relevant to my argument, these References favor complementary literatures, particularly recent science of climate change and recent science of human nature. Articles for which web sites are given can be accessed by putting the article title into a search engine. Full links are provided to a few key recent documents and one video.

1. Bai, Tongdong 2012. *China—The Political Philosophy of the Middle Kingdom.* London UK: Zed Books, p. 206.

2. Bell, Daniel A. 2008. *China's New Confucianism: Politics and Everyday Life in a Changing Society.* Princeton NJ: Princeton University Press, p. 240.

3. Bell, Daniel A. 2015. *The China Model: Political Meritocracy and the Limits of Democracy.* Princeton NJ: Princeton University Press, p. 318.

4. Bol, Peter K. 2008. *Neo-Confucianism in History.* Cambridge MA: Harvard University Asian Center, p. 450.

5. Bowles, Samuel and Herbert Gintis 2011. *A Cooperative Species: Human Reciprocity and Its Evolution.* Oxford UK: Oxford University Press, p. 288.

6. [CASS-HCP 020805] Chinese Academy of Social Sciences and History of Chinese Philosophy, conveners 5 August 2002. Seminar on Confucianism and the environment. Beijing PRC. [unpublished]

7. Chan, Joseph 2014. *Confucian Perfectionism: A Political Philosophy for Modern Times.* Princeton NJ: Princeton University Press, p. 256. [particularly xiii]

8. Chen Hongbing and Tang Changhua 2013. *Ecological Culture and Paradigm Transformation.* Beijing PRC: People's Press, p. 237. [In Chinese]

9. Chen Yexin 2012. *Confucian Ecological Consciousness and Ancient Chinese Environmental Protection.* Shanghai: Shanghai Jiao Tong University Press, p. 477. [In Chinese]

10. Climate Feedback 13 July 2017. "Scientists explain what New York Magazine article on 'The uninhabitable earth' gets wrong." climatefeedback. org.

11. El Amine, Loubna 2015. *Classical Confucian Political Thought: A New Interpretation.* Princeton NJ: Princeton University Press, p. 218.

12. Elman, Benjamin A. 1985. *From Philosophy to Philology: Intellectual and Social Aspects of Change in Late Imperial China.* Cambridge MA: Harvard University Asia Center, p. 368.

13. Elvin, Mark 2004. *The Retreat of the Elephants: An Environmental History of China.* New Haven CN: Yale University Press, p. 592.

14. Foust, Mathew and Sor-Hoon Tan eds. 2016. *Feminist Encounters with Confucius.* Leiden NL: Brill Academic, p. 256.

15. Greenhalgh, Susan 1988. "Fertility as mobility: Sinic transitions." *Population and Development Review* 14, 4 (Dec.) pp. 629—674.

16. Greenhalgh, Susan and Edwin A. Winckler 2005. *Governing China's Population: From Leninist to Neoliberal Biopolitics.* Stanford CA: Stanford University Press, p. 412.

17. Gore, Albert 2008. *An Inconvenient Truth.* Film about Gore's "slide show" on climate change, directed by Davis Guggenheim.

18. Hammond, Kenneth J. and Jeffrey L. Richey eds. 2015. *The Sage Returns: Confucian Revival in Contemporary China.* Albany NY: State University of New York Press, p. 226.

19. Hansen, James E. 1988. "Statement of Dr. James Hansen, Director, NASA Goddard Institute for Space Studies." Washington DC: United States Senate. climatechange. procon. org.

20. Hawken, Paul 2017. *Drawdown: The Most Comprehensive Plan Ever Proposed to Reverse Global Warming.* New York City NY: Penguin, p. 256.

21. Hurley, Susan L. 1998. *Consciousness in Action.* Cambridge MA: Harvard University Press, p. 520.

22. Iacoboni, Marco 2008. *Mirroring People: The New Science of How We Connect with Others.* New York NY: Farrar, Straus and Giroux, p. 320.

23. [IPCC 2013 – 2014] Intergovernmental panel on climate change. Fifth Assessment Report (AR5). https://www.ipcc.ch/report/ar5/ [Parts published by Cambridge University Press.]

24. Kahneman, Daniel 2011. *Thinking, Fast and Slow.* New York NY: Farrar, Straus and Giroux, p. 512.

25. Kim, Kyong-Dong 2017. *Confucianism and Modernization in East Asia: Critical Reflections.* London UK: Palgrave Macmillan, p. 267.

26. Kim, Sungmoon 2014. *Confucian Democracy in East Asia: Theory and Practice.* Cambridge UK: Cambridge University Press, p. 321.

27. Kim, Sungmoon 2016. *Public Reason Confucianism: Democratic Perfectionism and Constitutionalism in East Asia.* Cambridge UK: Cambridge University Press, p. 276.

28. Li, Chenyang 2000. *The Sage and the Second Sex: Confucianism, Ethics, and Gender.* Chicago IL: Open Court, p. 300.

29. Luo Shunyuan 2015. *A Brief History of Chinese Traditional Ecological Thought*. Beijing PRC：China Social Science Press，p. 329. [In Chinese]

30. Makeham 2008. *Lost soul*："*Confucianism*" *in Contemporary Chinese Academic Discourse*. Cambridge MA：Harvard University Asia Center，p. 397.

31. Manjoo，Farhad 19 July 2017. "How Y2K offers a lesson for fighting climate change." New York Times. www. nytimes. com.

32. Mann，Michael 2012. *The Hockey Stick and the Climate Wars*：*Dispatches from the Front lines*. New York NY：Columbia University Press，p. 448.

33. Marks，Robert B. 2011. *China*：*Its Environment and History*. Lanham MD：Rowman & Littlefield，p. 464.

34. McKibben，Bill 1989. *The End of Nature*. New York，NY：Random House，p. 226.

35. McPherson，Guy 2 August 2016. "Climate-change summary and update." Final version on his blog Nature Bats Last. guymcpherson. com.

36. Menn，Stephen 1998. *Descartes and Augustine*. Cambridge UK：Cambridge University Press，p. 432.

37. Nisbett，Richard E. 2003. *The Geography of Thought*：*How Asians and Westerners Think Differently…and Why*. New York NY：Free Press，p. 263.

38. Panksepp，Jaak and Lucy Biven 2012. *The Archaeology of Mind*：*Neuroevolutionary Origins of Human Emotions*. New York NY：Norton，p. 592.

39. [Pew 151105] Pew Research Center authors Stokes，Bruce，Richard Wike and Jill Carle 5 November 2015. "Global concern about climate change，broad support for limiting emissions：U. S.，China less worried；partisan divides in key countries." www. pewglobal. org

40. Pinker，Stephen 1997. *How the Mind Works*. New York：Norton，p. 660.

41. Potts，Richard 1996. *Humanity's Descent*：*The Consequences of Ecological Instability*. William Morrow，p. 325.

42. Qiao Qingju 2013. *Confucian Ecological Thought*. Beijing PRC：Beijing University Press，p. 332. [In Chinese]

43. Raftery，Adrian E.，Alec Zimmer，Dargan M. W. Frierson，Richard Startz，and Peiran Liu. 170731. "Less than 2 °C warming by 2100 unlikely." Nature Climate Change. www. nature. com/nclimate.

44. Ravven，Heidi M. 2013. *The Self beyond Itself*：*An Alternative History of Ethics*，*the New Brain Sciences*，*and the Myth of Free Will*. New York NY：The New Press，p. 528. [2016 Chinese translation supervised by Professor Han Qiuhong of Northeast Normal University：*Chaoyue zishen de ziwo*. Beijing PRC：Renmin chuban she.]

45. Richerson，Peter J. and Robert Boyd 2005. *Not by Genes Alone*：*How Culture Trans-*

formed Human Evolution. Chicago IL: University of Chicago Press, p. 342.

46. Roberts, David 11 July 2017. "Did that New York magazine climate story freak you out? Good." Vox www. vox. com.

47. Rochat, Philippe 2009. *Others in Mind: Social Origins of Self-consciousness.* Cambridge UK: Cambridge University Press, p. 264.

48. Rosemont, Henry Jr. 2016. *Against Individualism: A Confucian Rethinking of the Foundations of Morality, Politics, Family, and Religion.* Lexington MA: Lexington Books, p. 226.

49. Rosen, Arlene M., Jinok Lee, Min Li, Joshua Wright, Henry T Wright, and Hui Fang 2015. "The Anthropocene and the landscape of Confucius: A historical ecology of landscape changes in northern and eastern China during the middle to late-Holocene." Holocene 25, 10 (October), pp. 1640—1650.

50. Saha, Sagatom Saha and Theresa Lou 4 August 2017. "China's coal problem: How it undermines the fight against climate change." *Foreign Affairs* 96, 4 (July—August). www. foreignaffairs. com.

51. Shin, Doh Chull 2012. *Confucianism and Democratization in East Asia.* Cambridge UK: Cambridge University Press, p. 366.

52. Sim, May 2007. *Remastering Morals with Aristotle and Confucius.* Cambridge UK: Cambridge University Press, p. 240.

53. [Singapore 2014] "Can Confucianism Save the World? Reflections by Three Contemporary Political Thinkers." Singapore: Lee Kuan Yew School of Public Policy. [Bell, Chan, Bai] https: //www. youtube. com/watch? v = PFxAJlY9ZTo.

54. Skinner, G. William and Edwin A. Winckler 1969. "Compliance succession in rural Communist China: A cyclical theory." In *A Sociological Reader on Complex Organizations*, 2nd edition, edited by Amitai Etzioni. New York: Holt, Rinehart and Winston, 1969, pp. 410—438.

55. Skocpol, Theda and Alexander Hertel-Fernandez 2016. "The Koch network and Republican party extremism." *Perspectives on Politics* 14, 3 (Sept) pp. 681—699.

56. [Slovic 2017] Psychologist Paul Slovic interviewed by Brian Resnick of Vox 19 July 2017. "A psychologist explains the hard limits of human compassion." www. vox. com.

57. Tomasello, Michael 2014. *A Natural History of Human Thinking.* Cambridge MA: Harvard University Press, p. 192.

58. Tomasello, Michael 2016. *A Natural History of Human Morality.* Cambridge MA: Harvard University Press, p. 208.

59. Toomey, Diane 25 July 2017. "Paul Hawken on one hundred solutions to the climate

crisis." e360. yale. edu.

60. Tucker, Mary Evelyn and John Berthrong eds. 1998. *Confucianism and Ecology*. Cambridge MA: Harvard University Press, p. 378. [distributed by Harvard University Center for the Study of World Religions]

61. [USGCRP 170628.] U. S. Global Change Research Program 28 June 2017. Climate science special report (CSSP). Washington DC: USGCRP, 669 pages. [Leaked by The New York Times] http://www.nytimes.com/packages/pdf/climate/2017/climate-report-final-draft-clean.pdf.

62. Wagner, Gernot and Martin L. Weitzman 2015. *Climate Shock: The Economic Consequences of a Hotter Planet*. Princeton NJ: Princeton University Press, p. 264.

63. Wallace-Wells, David 09 July 2017. "The uninhabitable earth." New York Magazine.

64. [170709 is the original version. Now contains link to 170714 "annotated" version with more climate science and references.] nymag. com http://nymag.com/daily/intelligencer/2017/07/climate-change-earth-too-hot-for-humans.html.

65. Weller, Robert P. And Peter K. Bol 1998. "From heaven-and-earth to nature: Chinese concepts of the environment and their influence on policy implementation." In Tucker and Berthrong eds. 1998. *Confucianism and Ecology*, pp. 313—341.

66. Wererell, Caitlin E., Francesco Femia, Sherri Goodman and Shiloh Fetzek 7 August 2017. *A Responsibility to Prepare: Governing in an Age of Unprecedented Risk and Unprecedented foresight*. Washington DC: Center for Climate and Security. (Briefers, 38) climateandsecurity. files. wordpress. com.

67. Winckler, Edwin A. 1970. "Political anthropology." *In Biennial Review of Anthropology*, 1969, edited by Bernard J. Siegel. Stanford: Stanford University Press, 1970, pp. 302—392.

68. Winckler, Edwin A. 2014. "Climate change and American security." *Comparative Economic & Social Systems* 2014, 6 (Nov), pp. 160—175. [In Chinese]

69. Wu Zhou ed. 2012. *Ecological Implications of Ancient Chinese philosophy*. Beijing PRC: China Social Science Press, p. 256. [In Chinese]

70. Yao, Xinzhong 1996. *Confucianism and Christianity: A Comparative Study of Jen and Agape*. Eastbourne UK: Sussex Academic Press, p. 263.

71. Yao, Xinzhong ed. 2017. *Reconceptualizing Confucian Philosophy in the 21st Century*. New York NY: Springer, p. 460.

72. Yao, Xinzhong 2017. "The Confucian aspiration at the heart of 'tianren heyi': Eco-centrism, anthropocentrism, and the anthrocosmic relationship in traditional Confucian

thought." In Yao ed. *Reconceptualizing confucian Philosophy in the 21st century* 2017.

73. Yao, Xinzhong and Wei-ming Tu eds. 2017. *Routledge Handbook of Confucian Studies*. London UK: Routledge, np

74. Yu, Jiyuan 2007. *The Ethics of Confucius and Aristotle: Mirrors of Virtue*. London UK: Routledge, p. 288.

75. Yu Tianrong 2014. *The logical Eevolution of Ancient Chinese Ecological Philosophy*. Beijing PRC: China Social Science Press, p. 236. [In Chinese]

76. Zhao Xinggen 2014. *Ancient Chinese Ecological Ideas*. Nanjing JS: Southeast University Press, p. 348. [In Chinese]

“喜怒哀乐之未发谓之中”：“实然之心”或超越实体？

［新西兰］伍晓明（Wu Xiaoming）
新西兰坎特伯雷大学教授

我将讨论的问题是如何解释《中庸》的这句名言。此语连同其下文一共只有三十六字，可以先全文引出：

> 喜怒哀乐之未发，谓之中；发而皆中节，谓之和。中也者，天下之大本也；和也者，天下之达道也。

这段话字面上似乎不难，但王夫之在其《读四书大全说》（卷二）中却说：“‘喜怒哀乐之未发谓之中’是儒者第一难透底（的）关。”① 如果王夫之此言有理，那么“喜怒哀乐之未发谓之中”的意义就值得重新研究。

研究的起点可以选为前人对于这一表述的各种诠释。限于篇幅，我将主要借助牟宗三对于“喜怒哀乐之未发谓之中”的不同诠释之疏解而展开讨论。我将考虑这样的问题：为何现存的诠释如此摆动于两极之间？支配这些诠释决定的基本问题为何，框架为何？是否还有问题没有被提出或问到？如果确实还有，那又是什么呢？我们今天还能够提出一些还未曾被提出过的问题吗？如果可能，这些问题又将会把我们对这一儒家经典的“现代诠释”引向何方？等等。

既然作为一个诠释历史中的后来者，我们必然总是透过后来的诠释回头看向以前的文本（就此而言，后来的诠释也是须透而可能难透之关），而后来的诠释之前仍有诠释，我们将在开始追随牟宗三对此问题的疏解之前，先来看一下牟宗三的疏解中没有触及的那些更早期的诠释，因为它们对我们的讨论也很重要。

对于《中庸》中的这一段话，东汉郑玄之注仅寥寥数语：“中为大本者，以其含喜怒哀乐，礼之所由生，政教自此出。”此注并未说明“中”本身为何，也许郑玄觉得“喜怒哀乐之未发谓之中”这一表述本身就已经把中的意义说得非常清楚明确了：

---

① 见船山全书编辑委员会：《船山全书》第六册，岳麓书社 1996 年版，第 469 页。当然，王夫之乃就这一整段话而言，而非仅此十字。

“喜怒哀乐之未发”就是“中”；而“中”就是“喜怒哀乐之未发”。似乎除了这样地把话反过来再说上一遍，就不可能再多说什么了。所以他好像并未感到有必要回答后来的诠释者们苦苦追问的“中”本身为何的问题。他所回答的其实只是这一在意义上被认为清楚明确的“中”为何可为天下之大本的问题。对此他的回答是：因为“中”包含喜怒哀乐。如果将他的注以明确的因果句的形式陈述出来，那就是：因为中包含喜怒哀乐，所以其为天下之大本。但如果是这样，我们可能就需要进一步问，为什么这一可被称之为“中”的包含了喜怒哀乐于其中者即可为天下之大本？难道“喜怒哀乐”不只能是指人之喜怒哀乐吗？如果“中”被解释为一包含人之喜怒哀乐者，那么此“中”就不是形容状态之词而是指事称物之词。如果在中国传统中只有人才被认为是能发出喜怒哀乐者①，那么此中所指者就是人本身。而如果此中就是人本身，而人通常又被认为是有着可能变幻不定的喜怒哀乐这些可被称之为情或情绪或情感者，那么肯定这样的“中”就是天下之大本，其实不是已经令人非常吃惊了吗？当然，这一令人吃惊的震撼力早已由于我们对这一经典的熟悉而被弱化甚至被掩盖，而只有当将其与那些以神—上帝为天下之大本的宗教传统相对比时才能被重新凸显。那么，断言这一可被称之为“中”的“喜怒哀乐之未发”（作为某种状态）就是天下之大本，又究竟能意味着什么或应该如何解释呢？正是对于“喜怒哀乐之未发谓之中”的意义的理解中所包含的这一困难，将后来的诠释导向了两个相反的方向。

郑玄的注也并没有进一步解说何谓“发而皆中节”，也许他认为这也是不言而喻的。孔颖达的疏就详细多了：“言喜怒哀乐缘事而发，未发之时，淡然虚静，心无所虑而当于理，故‘谓之中’。……不能寂静而有喜怒哀乐之情，虽复动发，皆中节限，犹如盐梅相得（笔者案：此影射晏子和同之论），性行和谐，故云‘谓之和’。‘中也者，天下之大本也’者，言情欲未发，是人性初本，故曰‘天下之大本也’。和也者，天下之达道也者，言情欲虽发而能和合，道理可通达流行，故曰天下之达道也。”

孔颖达的话回答了何谓“中”的问题，但其表述不无含混。“言喜怒哀乐缘事而发，未发之时，淡然虚静，心无所虑而当于理，故‘谓之中’”：这可以理解为，喜怒哀乐是人对事的反应，当其未发之时，人心淡然虚静，无所思虑，合乎于理，所以叫作中。这样解释起来，孔颖达就是把“中”明确地理解为人心。这当然是一种可以接受的解释。以下将会看到，后来有些解释也是沿着将中理解为心这一方向发展的。然而，“喜怒哀乐之未发谓之中”这一表述本身并不如此明确。因此，“中”究竟仅指尚未发出喜怒哀乐的淡然虚静而无所虑之心呢，还是指拥有这一纯粹的淡然虚静能思之心但也拥有能缘事而发喜怒哀乐之情的人本身呢？此处我想强调的是，这是两种不同

---

① 希腊诸神像人一样有喜怒哀乐，犹太耶和华也会生气或愤怒。在中国传统中，天会发怒，例如：敬天之怒（《诗·大雅·板》）；旻天疾威（《诗·小雅·雨无正》及《召旻》）；昊天不佣……，昊天不惠（《诗·小雅·节南山》）；等等。但天似乎并未被赋予喜、哀、乐等情。

的可能理解，因为“人本身”——具有身体之人，能感之人——大于或多于在某种意义上似乎更近于纯粹的意识的“心”。身能感而应，心只知而思。[①] 二者之间的差异可以导致非常不同的诠释结果。孔颖达的疏不无含混地将“中”联系于“心”，似乎开后来以淡然虚静之心为“中”者之先河。但在孔颖达的疏中，我们并不能十分确定，究竟是喜怒哀乐未发前的人本身即为“中”呢，还是人之心本身为“中”。让我们先记住这一问题。

至于此不无含混之“中”何以为天下之“大本”，孔颖达的说法是：“情欲未发，是人性初本，故曰‘天下之大本也’。”他在这一解释中以“情欲”概括喜怒哀乐。所以，说“情欲未发是人性初本”，就是说，人或人之性的原初状态就是尚未发出的喜怒哀乐，或喜怒哀乐的可能性。而作为这一可能性本身而存在的人就是天下之大本。就此而言，孔颖达对“天下之大本”的解释似乎是相当“自然主义的”而又相当“非自然主义的”。一方面，人就是普普通通的能喜怒哀乐者（有情欲者），而其最初状态或本来状态就是其喜怒哀乐尚未发出的状态（情欲未发）[②]；另一方面，这样的人——具有如此“自然”人性的人，或人之如此“自然”的人性——就被认为是天下之大本。孔颖达在这段疏解中并没有明确提到《中庸》此章开头的“天命”。[③] 在孔颖达这里，被如此理解的能够本然地喜怒哀乐的性——人性——似乎还远非包含众理之性或“天命之性”（朱熹）。这一点，如果将孔颖达的解释与后来朱熹对此语的经典注释进行对比，就非常清楚了。

沿着孔颖达对于情欲未发的人性初本或本初人性即为天下之大本的说法（当然，就像通常的经典注疏那样，孔颖达的这一疏解也因篇幅与体例的限制而必然是语焉不详的），也许可以达到对于《中庸》的“喜怒哀乐之未发谓之性”之语的某种惊人的理解。作为下文的预先提示，我欲提出的问题是，为什么似乎一直没有人问，为何作为人性初本或本初人性的情欲之未发即可为天下之大本？换言之，为何这样的似乎非常“感性”的人性（朱熹会说，“气质之性”），而非那“超越”的“性”（朱熹的“天命之性”），天下之理被认为皆由其出的性，即可为天下之大本？如果“感性”的人乃喜怒哀乐的可能性，喜怒哀乐的标准或准则何在？在每一个人之内吗？还是在其之外？我的论述的推进方向是：标准或准则在他者。我将试图论述：喜怒哀乐之未发而能发，亦即，能应物而发，即是人之性。人乃必能为外物——他者——所感动者。这一可能性——就《中庸》字面说，就是，能够喜怒哀乐或能发喜怒哀乐的可能性

---

① 当然，在中国传统中，心也与情相连，亦即，其意义也包括情。正因为如此，有些学者才选择以“heart/mind”这一兼而有之的表述来译“心”。但意义较为严格的心仅指思维之心：心之官则思。

② 比较《礼记·乐记》中所描述的人生而静感物而动之性。

③ 孔颖达对“天命之谓性”的解释本身也是相当“自然主义”的：“天本无体，亦无言语之命，但人感自然而生，有贤愚吉凶，若天之付命遣使之然，故曰‘天命’。……但人感自然而生，有刚柔好恶，或仁或义或礼或知或信，是天性自然，故云‘之谓性’。”

——就是天下之大本。因而我将解释，为何人的这一能为他者所感动的可能性即是天下之大本。

现在让我跳到朱熹《中庸章句集注》中的对于此段的注解。这应该说是此段经典之文的相当经典的诠释：

> 喜、怒、哀、乐，情也。其未发，则性也。无所偏倚，故谓之中。发皆中节，情之正也，无所乖戾，故谓之和。大本者，天命之性，天下之理皆由此出，道之体也。达道者，循性之谓，天下古今之所共由，道之用也。此言性情之德，以明道不可离之意。致中和，天地位焉，万物育焉。致，推而极之也。位者，安其所也。育者，遂其生也。

仅就字面而言，朱熹说的是，喜怒哀乐是情。此情当为人之情。喜怒哀乐之未发为性。此性是人之性。此性不偏不倚，所以叫作中。中之所以是天下之大本，在于其乃人之天命之性。天下之理皆由此出，表明此性包含天下之理。朱熹解释的要点：人之性自天而来，此天命之性包含天下之理，所以可为天下之大本。

然而，朱熹的注解其实并不好读，要求更多的注解和诠释，尤其是要分析朱熹著名的心统性情之说。所以，为了更好地接近朱熹的这一注解，让我还是先来参考牟宗三在《心体与性体》中对《中庸》此语之诠释问题的一个系统梳理。

牟宗三对此问题的梳理主要是通过程颐弟子吕大临（与叔）与老师围绕“喜怒哀乐未发谓之中”的讨论而进行的。他依据的文本是《与吕与叔（大临）论中书》。牟宗三全文录出此信并加以详细评论，最终和盘托出他自己的论点。我将跟随他对问题的梳理而走到他的结论。

让我先摘录牟宗三引录的吕大临致其师程颐的信：

> 大临云，喜怒哀乐之未发，则赤子之心。当其未发，此心至虚，无所偏倚，故谓之中。以此心应万物之变，无往而非中矣。孟子曰：权然后知轻重；度然后知长短，物皆然，心为甚。此心度物，所以甚于权衡之审者，正以至虚，无所偏倚故也。有一物存乎其间，则轻重长短皆失其中矣。故“大人（者）不失其赤子之心（者也）”乃所谓“允执厥中”也。大临始者有见于此，便指此心名为中，故前言中者道之所由出也。今细思之，则命名未当尔。此心之状可以言中，未可便指此心名之为中。所谓以中形道正此意也。率性之谓道者，循性而行，无往而非义理也。以此心应万事之变，亦无往而非义理也。……先生（笔者案：程颐）曰：“喜怒哀乐之未发谓之中。”赤子之心

发而未远乎中。若便谓之中，是不识大本也。①

吕大临在这段话中对老师程颐做了让步，说自己不应该将至虚之心本身名为“中”，但他其实仍是坚持认为至虚之心即喜怒哀乐未发之“中”（此有似于孔颖达）。以下的话表明了这一点：

圣人之学以中为大本。虽尧舜相授以天下，亦云允执厥中。中者无过不及之谓也。何所准则而知过不及乎？求之此心而已。此心之动出入无时，何从而求之乎？求之于喜怒哀乐未发之际而已。当是时也，此心即赤子之心（纯一无伪），即天地之心（神明不测），即孔子之绝四（四者有一物存乎其间，则不得其中），即孟子所谓物皆然心为甚（心无偏倚，则至明至平，其察物甚于权度之审），即易所谓寂然不动，感而遂通天下之故。此心所发纯是义理，与天下之所同然，安得不和？②

吕大临很雄辩，用不同比喻（赤子之心，此亦为引证孟子之言）和引证（天地之心，此亦为比喻；《论语·子罕》孔子之绝四：毋意毋必毋固毋我）来形容其所理解的喜怒哀乐之未发：此乃指至虚之心。以至虚之心应物，则无往而不应。这是一个“响—应”比喻。其自注孟子“心为甚”之语时则又引入镜子比喻：映—像。以明镜照物，则无物不形。但无论是响应比喻（声，闻）还是映像比喻（光，见），皆以做出反应/反映者之空/虚为其可能性。但在这样的回应中或反映中，“准则”并不在做出回应或反映者处，而在激发回应或反映者处。于是，困扰此说的基本问题就是，如何能于此心处求准则？吕一方面说“此心至虚”，另一方面又说“此心所发纯是义理”。二说实有不合。如果是至虚之心，则其不可能有所发，而只能有所应；如果能有所发，至虚之心即并非至虚。吕大临并未意识到这一问题。因此，“至虚”之心与“所发纯是义理”之心其实是互相矛盾的。

换言之，吕之论的问题是，如果“中”仅被理解为无过或不及（“过犹不及”，但将“中”定义为无过或不及，或无所偏倚，这有类于分析命题，“中”这一概念本身必然包含无过无不及或无偏无倚），能确立此无过或不及之中者仍是心。但心感物而动，似无一定之规，因此必须回到心未动之时，即喜怒哀乐未发之时。但未动之心是虚而应物者（参考朱熹《四书章句集注序》：“心，虚灵知觉，一而已矣。”）。而如果心之应物是纯应，亦即，纯粹的回应，则此心本身即并无衡量过与不及之准则。但如

① 牟宗三：《心体与性体》中册，上海古籍出版社 1999 年版，第 294 页。
② 牟宗三：《心体与性体》中册，上海古籍出版社 1999 年版，第 295 页。

果此心不虚，则准则已先在，并被强加于物，于是亦无所谓无过与不及或不偏不倚。[①]

然而，牟宗三同情吕之论，因此并不理会这一矛盾，而将其看法解释为："于喜怒哀乐未发之际见中（或求中），乃是于情之未发时见一异质的超越的中体也。此中体或曰性，或曰本心。此理解之思路并不错。"[②]

在上引吕大临之语后，尚有一节非常重要。此节辩论程颐之谓"凡言心者皆指已发而言"。吕引此言后问道："然则未发之前谓之无心，可乎？窃谓未发之前，心体昭昭具在。已发，乃心之用也。"程颐在此问之前让步，说"'凡言心者皆指已发而言'，此固未当。心一也，有指体而言者，寂然不动是也。有指用而言者，感而遂通天下之故是也"。[③] 牟宗三此处评论：朱熹后来讨论过程颐此说。朱熹先谓"凡言心者皆指已发而言"是指"心体流行而言，非谓事物思虑之交也"。（《已发未发说》）后在《与湖南诸公论中和第一书》中说，"程子所谓'凡言心者皆指已发而言'，此乃指赤子之心而言（笔者案：此因吕以赤子之心喻未发）"。

牟宗三认为，吕大临赤子之心之说是"取义，不是指实。中即指孟子所说之'本心'言，就《中庸》说，即指性体言。本心即性，心与性不得有二。此本心或性须于喜怒哀乐未发之际求之，此即所谓求中之说"。后来程颐与苏季明论中和时，反对此说。朱熹与张南轩亦反对此说。牟宗三说："朱子之反对是就不满于其师延平观未发气象之偏于静而反对，张南轩之反对则是根据其师胡五峰之当下体证而反对。实则此等反对皆是无谓的挑剔（伊川）与禁忌（朱子）。"[④]

程颐的基本论点是："既思于喜怒哀乐未发之前求之（亦即，求中），又却是思也。既思，即是已发（思与喜怒哀乐一般）。才发，便谓之和，不可谓之中也。""若言存养于喜怒哀乐未发之时，则可；若言求中于喜怒哀乐未发之时，则不可。""喜怒哀乐未发之前更怎生求？只平日涵养便是。涵养久，则喜怒哀乐发自中节。"[⑤]

牟宗三则批评程颐的看法为"以实然的观点看心"。这样，性是理，而心与性不一。牟宗三说，"以实然的观点看心，故云'不发便中'也。而心性不一，故此'不

---

① 其实，程颢《定性书》已间接涉及"喜怒哀乐之未发"的诠释问题。他的说法将准则置于人所应之物。为了避免遗忘，让我先将有关段落引录如下："圣人之喜，以物之当喜；圣人之怒，以物之当怒。是圣人之喜怒，不系于心而系于物也。是则圣人岂不应于物哉？乌得以从外者为非，而更求在内者为是也？今以自私用智之喜怒，而视圣人喜怒之正为何如哉？夫人之情易发而难制者，唯怒为甚。第能于怒时遽忘其怒，而观理之是非，亦可见外诱之不足恶，而于道亦思过半矣。"参阅拙文《"定性"作为工夫的哲学内涵与主体性本身作为超越性》，收入林维杰、黄雅娴编：《跨文化哲学中的当代儒学：工夫论与内在超越性》，台北：中研院中国文哲研究所 2014 年版，第 81—119 页。

② 牟宗三：《心体与性体》中册，上海古籍出版社 1999 年版，第 296 页。

③ 牟宗三：《心体与性体》中册，上海古籍出版社 1999 年版，第 296 页。

④ 牟宗三：《心体与性体》中册，上海古籍出版社 1999 年版，第 296 页。

⑤ 牟宗三：《心体与性体》中册，上海古籍出版社 1999 年版，第 297 页。

发便中’之心境并不即是性，因而亦并不即是《中庸》之性体与孟子所说之‘本心’也。”牟宗三认为，既然程颐以实然观点看心，“则就《中庸》‘未发谓中’说，‘中’即不能离此实然的心之喜怒哀乐而空置为别一物，亦不能离开此实然的心之喜怒哀乐而别有一个悬空的物曰中（笔者案：试比较胡塞尔的意识始终是有关……的意识）”。①

实际上，吕大临与程颐的论辩不无含混之处，而牟宗三出于自己的诠释立场，并未对之做出相应分析。通过梳理吕大临与程颐对“喜怒哀乐之未发谓之中”的讨论，牟宗三是要给出自己的一个结论，亦即，吕大临与程颐代表两个义理系统，而落于《中庸》上，即形成对于“喜怒哀乐之未发谓之中”一语之两种解析：

> （一）于喜怒哀乐未发之时或前，跨越一步，异质地指目一超越实体为中，此就《中庸》说，即“天命之谓性”之性体，若会通于孟子，即本心。大本不得有二，本心即性，心与性亦不得有二。喜怒哀乐是感性的情（以气言的情），未发已发皆就情说，发是“激发”义。此若统名曰心，此心是心理学的心，以气言之的实然的心，非孟子所谓道德的本心。喜怒哀乐之未发即是此心“未与物交而被激发起”之平静状态，即未激发起而为喜怒哀乐等各种之情也。已发或发即是此心被激发起而为情，亦即喜怒哀乐等情之激发出也。喜怒哀乐等情之已发未发实即是此实然的心之被激发否：被激发起即为情，未被激发起即为此心之平静状态，并不是有现成的喜怒哀乐藏在里边未发露出来而待发露出来也。故此发既非发露义，亦非发见义，乃只是激发义，与言良心或本心之发见或显露不同也（朱子在《中和旧说》中混激发与发见发露而为一非是）。又，此实然的心之未被激发起之平静状态，似亦可借用《易传》语而说为“寂然不动”，其已被激发起而为情，似亦可借用《易传》语而说为“感而遂通”，……然须知此只是借用，并不是《易传》言“寂然不动，感而遂通天下之故”之本义。

牟宗三接着说，《易》“寂然不动”之语必然蕴含“感而遂通”，所以程颐朱熹借用《易传》“寂然不动”之语说未发不恰当不正确的。

> 由以上对于各词语之简别，则于喜怒哀乐未发之时或前跨越一步，异质地指目一超越实体为中而谓之中，此义即是静复以立体或见体之义。在未发时至平静心境（此亦即吾人之静时），吾人暂与感性层之扰攘隔离一下，以体证有超越之实体，此即是中体。此即复卦彖传“复其见天地之心”之义，……此种异质的指目即曰“超越的体证”。吕与叔之于未发前求中即是于静

① 牟宗三：《心体与性体》中册，上海古籍出版社 1999 年版，第 297 页。

> 复中肯认一超越实体以为中也。……吾人总不能以平静的实然心境自身为真体也。吾人总须于形而下者肯认一形而上者为真体也。……如是，“喜怒哀乐之未发谓之中”意即：于喜怒哀乐未发之静时所见之超越真体即谓之中也。此“异质的跳跃”之义虽未显明地陈于辞语中，然实必隐含地藏于《中庸》原语之中，……①

牟宗三名此“异质的跳跃”为“超越的体证”。对“喜怒哀乐之未发谓之中”的第二种解释，牟宗三是这样概括的：

> （二）“只喜怒哀乐不发便中”，此是以“平静的实然心境”自身为中，并不异质地指目一超越实体为中，此伊川解也。此种解法，如只就《中庸》原语说，亦是可允许的。因为《中庸》明说“喜怒哀乐之未发谓之中”，辞语上明未显明地表示一异质之跳跃。人实可只收缩于实然的心之一层就其未被激发起之平静状态而说中，而且如果严格地就语句想，人反觉此解为直接，而跨越一步异质地指目一超越实体为中反为引申，甚至可说于语句上为无根。然则伊川之“只……不发便中”之义（只就实然的平静心境说中）倒反是贴切而恰当的。若孤立地单看此一句，亦实可以如此说。但此解有一严重之问题，即：在此解法中，心与性必为二，实然的平静心境并不可说为性，然则“中也者天下之大本”将如何解？此“实然的平静心境”为“天下之大本”乎？如是，“天命之谓性”之性体将不可为“天下之大本”乎？②

但牟宗三此问其实并不成立。因为《中庸》明言可“谓之中”的“喜怒哀乐之未发”即为“天下之大本”，而并未言“天命之谓性”为“天下之大本”。牟宗三自己也承认这一点。而且，《中庸》第一章“天命之谓性”节与“喜怒哀乐未发已发”节之间并无任何可以标志论述联系或意义联系的标志（例如，“天命之谓性”三句与“道也者”一段之间的论述联系明确：“道也者”之“道”承“率性之谓道”之“道”而来。“慎独”节以“是故”而上接不可须臾离之道。但喜怒哀乐节与上文的联系/或非联系只是解释性的，亦即，只存在于诸种诠释之中，而如何确定其联系或非联系则取决于解释系统或诠释框架。

牟宗三的解释是，“以气说的实然的平静心境义理上不可能为‘天下之大本’……以气说的心之‘寂然不动’并不能分析地必然地涵着‘感而遂通’。否则，‘发而皆中节谓之和’一语中之‘中节’之限制便不必要（失其语意上之表意性）。既言

---

① 牟宗三：《心体与性体》中册，上海古籍出版社1999年版，第303—305页。

② 牟宗三：《心体与性体》中册，上海古籍出版社1999年版，第306页。

‘中节谓之和’，则可见其发有中节者，亦有不中节者。以气说的实然之心之‘未发之中’（未被激发起的平静心境）并不必然涵着发必中节（笔者案：但《中庸》并未说发‘必’中节。这是牟宗三的解释。我将‘发而皆中节谓之和’读为条件句：如果发而能中节，即可谓之和）。从未发之中到中节之和是一综合关系，并非分析关系。中节不中节，未发之中自身并不能决定之，须靠涵养工夫的灌注，并靠超越的性理以为标准，来决定之。从涵养工夫的灌注方面说，是后天的综合（‘涵养久，则喜怒哀乐发自中节’）。从超越性理以为标准方面说，如理始中节，不如理不可能中节，此可说是超越的综合。一个其自身不能决定其发必中节而须靠后天的工夫与先天的性理来决定之‘未发之中’，其不能为‘天下之大本’甚显。……以是之故，吾人不能只收缩于实然的心之一层而说中，而须跨越一步异质地指目一超越实体以为中，此盖是必然者”①。

但牟宗三意识到《中庸》文本字面之所说对其诠释的挑战。于是他自问：“然则语句问题将奈何?”回答：“以（其语句）意指之方向定其意指之实。”他遂以“天命之谓性”句为例，谓其字面意思只是天所命于吾人而定然如此者就叫做是性。但此性不应指实然之性（生之谓性之性）。所以“此‘喜怒哀乐之未发谓之中’一语亦是表示一把握‘中’之线索或关棙点，其所说之中之实义亦须依其意指方向来决定，补其所略之辞以见其实义。……《中庸》不可能置其所言之天命之谓性于不顾，而只以此实然的平静状态为天下之大本”。② 但所谓“《中庸》不可能置其所言之天命之谓性于不顾”，是假定《中庸》首章乃连贯整体。而且，如果《中庸》的字面语句指向一个大本，此亦并非指平静状态或心境。这只是牟宗三的解释。就字面说，《中庸》只是以一能发喜怒哀乐者为大本。牟宗三此处之辩基于一个预设：“天命之谓性”段与“喜怒哀乐”段为一连贯整体。

牟宗三认为，在梳理了吕大临与程颐关于“喜怒哀乐之未发谓之中”的讨论之后，自己已将“由伊川与吕与叔之论辩所引起之此（中和）问题之纠结”的“全部经纬……尽列于此。必明乎此，而后朱子之苦参中和所牵涉以及所引起之复杂义理问题始可得而董理也”。③

在“喜怒哀乐之未发谓之中”的诠释上，牟宗三对于吕大临的同情是明显的，对于程颐与朱熹的诠释的拒斥也是明显的。但由于牟宗三自己的诠释立场，他似乎未能深入分析这些不同诠释各自的问题之处。牟宗三只是站在基于自己的哲学框架的诠释立场上化约了吕大临与程颐的诠释，并将朱熹的诠释硬归入程颐一路。他所区分的两种解析或诠释只是，喜怒哀乐未发本身不可能就是中，必须超出这一状态而逆向体证一个超越的实体，人才能找到可为天下大本之中。牟宗三认为吕大临即代表了这样的

---

① 牟宗三：《心体与性体》中册，上海古籍出版社 1999 年版，第 306 页。

② 牟宗三：《心体与性体》中册，上海古籍出版社 1999 年版，第 306—307 页。

③ 牟宗三：《心体与性体》中册，上海古籍出版社 1999 年版，第 310 页。

路线。但吕大临的诠释本身与牟宗三对吕大临的诠释的诠释是有距离的。我已经简略分析了吕大临之论所包含的问题或矛盾：至虚之心无法作为准则或产生准则。如果必须从至虚之心跃入超越的实体，则这一跃入本身的可能性必须被论证。牟宗三基于他自己的哲学立场会说，这一跃入的可能性是，心与性必然为一。性必然是超越而内在的实体。但若如此说，则牟宗三对“喜怒哀乐之未发谓之中”的诠释与朱熹在《章句》中的注解并无根本不同。我上文已经提到朱熹的注解：喜怒哀乐是人之情。喜怒哀乐之未发之时为性。此性是人之性。此性不偏不倚，所以叫作中。而中之所以是天下之大本，在于其乃人的天命之性。此性已经包含天下之理，是以准则已经在性中。

在牟宗三对于以往对“喜怒哀乐之未发谓之中”之诠释的梳理中，这些诠释被分为两极：一极是以未发之中为诸理皆具之天命之性，一极是以未发为至虚之心或实然之心本身。牟宗三自己的诠释处于前者之中，因为他强调的是必须越过喜怒哀乐之未发而体证一个超越的中，而牟宗三拉来与之站在一起的吕大临实际上却摇摆于两极之间，因为后者的至虚之心其实相当接近程颢《定性书》中“圣人心普万物而无心”之说。此两极之间则有一系列过渡地带。例如，为牟宗三所基本肯定的朱熹的“中和旧说”其实相当接近至虚之心这一极（朱熹致张钦夫信中认为有一“浑然全体应物而不穷者”）。而一旦将“喜怒哀乐之未发”拉向“至虚之心”，则准则或义理问题就必然出现，因而即有陷入朱熹小心提防的“老（子）佛（教）”异端的危险（以虚无为本）。

如果接受牟宗三的诠释，那么可以概括地说，“喜怒哀乐之未发谓之中”迄今为止引发了两种想象，引出了两种解释：如果是众理具备而待发，则中为超越的天命之性，而人之应物就不可能是“虚应”，而只能是“实应”，因而心也不可能是“至虚之心”。这样的应是你有千条妙计，我有一定之规的应，而不是程颢在《定性书》中所想象的那种应（“物来而顺应”之“应”）。此乃是将被认为具有超越性的天命之性所具之理加之于万物之上。而如果是虚而应物之应，则“准则”或“标准”不在我而在万物，或，他者。

牟宗三在区分两种解析时所强调的是，“吾人总不能以平静的实然心境自身为真体也。吾人总须于形而下者肯认一形而上者为真体也”。但他所梳理的那些关于“喜怒哀乐之未发谓之中”的讨论中，其实并无一将他所谓的“平静的实然心境自身”当作“真体”者。他所讨论的围绕“喜怒哀乐之未发谓之中”的所有过往诠释其实都在以不同方式寻求某一形而上者为“真体”（牟宗三没有提及可能指向不同诠释方向的郑玄和孔颖达的语焉不详的注疏）。而牟宗三自己也强调，不能以那能被“激发”——让我们强调这个词——出喜怒哀乐的实然之心为天下之大本或“真体”。因此，在牟宗三所讨论的这些对于“喜怒哀乐之未发”的诠释中，具体化为喜怒哀乐的“情”其实是缺席的。

举例来说，情在“喜怒哀乐之未发”的诠释之中的缺席在朱熹对其心统性情说的一个形象性解说中就非常明显。但这却似乎逃过了众多朱熹诠释者的注意。朱熹说："性，便是合当做底职事（笔者案：ought，what ought to do），如主簿销注，县尉巡捕；心，便是官人；气质，便是官人所习尚，或宽或猛；情，便是当厅处断事，如县尉捉得贼。情便是发用处。性只是仁义礼智。"① 这里，性 = 当做之事 = 理 = 仁义礼智，而心乃依理而行事者。此包含：第一，心能见（见 = 能见到性，以及，能让性见 = 显示）性，而这蕴含着：能知理；第二，心能依理而行，能执行理的命令。这都很形象。但朱熹以"县尉捉得贼"来比喻情却显得不伦不类，表明朱熹其实不知如何安放情。因此，简单地说，"心统性情"这一模式的问题是：在"性是心之体，情是心之用"的模式中，"情"是朱熹所谓当厅处事断狱，亦即，是性（ = 理）被心用于事。但这一意义上的情在这一模式中其实是多余的。情只等于性被心实现于事。此与传统的感于物而动的喜怒哀乐之情相去甚远。在朱熹这里，性作为仁义礼智诸理应该被实现于事。此"实现"应理解为，被落实于事。因此，朱熹的心统性情的模式似乎只是抽象伦理原则之被落实于具体的事事物物。例如，性中有仁，或者说，仁是性所含之一理。此作为理之仁应该被落实于事。执行这一落实任务的是心。心之所以能执行这一任务，是因为心能见性。见既是见到性，也是让性见/现。心落实作为理之仁于爱（人）。爱人因而是仁之理通过心而被实现/体现。作为理之性或作为性之理即如此而被心实现/体现于事事物物。这里并没有情的介入。没有情这一概念，朱熹的模式可能更清楚，更合理。但可能是囿于传统的性情之说，朱熹，像其他人一样，必须为情找到一席之地。于是要说，仁（是）性爱（是）情。但爱只是抽象的仁之理（ = 性）之具体落实，或曰，仁之理之具其体并落于实。是理之"实现"。是抽象、普遍之成为具体、特殊。或者说，每一具体特殊的爱都只是仁之"一例"。而抽象的、观念性的、理想的仁——性之理——即只"存在"（ = 见于）于每一具体的爱之中。在这一意义上称"爱"为"情"，没有意义，颇为不当。就此而言，朱熹模式中其实没有"情"的位置。情生于心之感物而动，或人本身之感物而动。因此，情蕴含的是"感—应"模式，或，用前引牟宗三的话说，"激—发"模式。此模式中，情是被动而生者，有情之人是一"被动的主体"（当然，这是一个表面矛盾的表述），而事物——他者——才是主动者，亦即，生情者。而"心统性情"乃是心（ = 宰君，主宰）落实性（ = 性之理）于事，或"行性于事"，或"用性于事"。这是一个依据原则进行统治的模式。朱熹的"心是官人"的比喻就形象地揭示了这一点。当然，在这一模式中，心既是主宰，也是被主宰者。后者意味着，心服从或"应该"服从性的支配或命令。

在"喜怒哀乐之未发谓之中"的诠释中，似乎从来没有提出过的问题是，如果"喜怒哀乐之未发"所指向的并非任何"超越的实体"，而就是能有喜怒哀乐之人的可

① 《朱子语类》卷四。

被感（而）动（之）之性呢（牟宗三自己也承认这样的解释更合于文本）?[①] 如果作为人之可被感动之性的“喜怒哀乐之未发”就是“中”，而此“中”就是“天下之大本”，我们能接受吗?

我们也许很难接受，因为我们这一传统几乎从不信任必然倾向于喜怒无常之情，或“实然之心”，或“气质之性”。然而，如果回到《中庸》的文字或语句，那么，“喜怒哀乐之未发”即“谓之中”！言之凿凿。但也正因为如此，《中庸》这段文字才成为第一难透之关，因为我们这一传统最不能接受的就是那些“谓但未喜、未怒、未哀、未乐而即谓之中”者。然而，回到《中庸》文本，我们在试图诠释“喜怒哀乐之未发谓之中”时却可以问，喜怒哀乐之未发——这指向那能有喜怒哀乐之人——如何即为天下之大本？其实，在我看来，在朱熹之前，在吕大临与程颐讨论“未发已发”之际或稍早，程颐之兄程颢的《定性书》就已经隐含着或预示着对于“已发未发”的另一种可能解释，也许更能获得吾人之心的解释。在一个不同的论述语境中，程颢的《定性书》已经以某种方式间接涉及了“喜怒哀乐之未发”的诠释问题。他的说法是将人理解为必然应物者，而将人之应物的准则（如何应对不同之事物）置于人所应之物，而非人本身：“圣人之喜，以物之当喜；圣人之怒，以物之当怒。是圣人之喜怒，不系于心而系于物也。是则圣人岂不应于物哉？乌得以从外者为非，而更求在内者为是也？今以自私用智之喜怒，而视圣人喜怒之正为何如哉？夫人之情易发而难制者，唯怒为甚。第能于怒时遽忘其怒，而观理之是非，亦可见外诱之不足恶，而于道亦思过半矣。”[②]

程颢的话很复杂，需要长篇分析。可以参见我讨论《定性书》的专文。为了结束已经过长的会议论文，让我只取“圣人之喜怒不系于心而系于物”一语，并借此而做如下概括。喜怒哀乐为人之情，我们甚至要说，“人之常情”，强调这一“常”字。喜怒哀乐是作为个人之我对于引起或激发我之喜怒哀乐诸情的万事万物——多义或广义的他者——的反应和回应。在此反应已经是回应，一个主动的回应，而回应又只是反应，一个被动的反应。在此反应和回应融为一体，主动与被动不分轩轾，他律跟自律互相转化。我之喜怒哀乐是因为引起或激发我之诸情者乃当喜当怒当哀当乐者。因此，喜怒哀乐的规范或准则不在我之内，而在万事万物，或曰，在他者。我只是必然能感物而动者，只是必然能喜怒哀乐者，但本身却并不知应当如何喜怒哀乐，直到万事万物或他者前来引起或激发我之喜怒哀乐。喜怒哀乐，如牟宗三所分析的，并不预先就

① 我有专文论述人的这一根本性的可被感动之性。见拙作《情与人性之善》，《文本之“间”——从孔子到鲁迅》，北京大学出版社 2012 年版。

② 参阅拙文《“定性”作为工夫的哲学内涵与主体性本身作为超越性》，收入林维杰、黄雅娴编：《跨文化哲学中的当代儒学：工夫论与内在超越性》，台北：中央研究院中国文哲研究所 2014 年版，第 81—119 页。

已在我之内。我首先并从根本上就是“被动”的。喜怒哀乐的标准也并不预先就已在我之内。相反，标准在“他”而不在“我”。而这就是说，是他者要求我之喜怒哀乐，那作为对他者之反应和回应的喜怒哀乐。我则被动地承受为他者引起或激发的——甚至可以说，他者所给予的——喜怒哀乐。正因为我只是一喜怒哀乐之可能性，正因为他者要求我之喜怒哀乐，或要求我对他者做出反应或回应，我才喜怒哀乐。喜怒哀乐是因他者而动情。限制我之喜怒哀乐者（亦即，要求喜怒哀乐“发而皆中节”者）也并不在我之内，而在他者。此有两义。一、任一他者都必然引起或激发我之喜怒哀乐并限制我之喜怒哀乐，因为他者乃是要求我为之负责者。二、他者之外有他者，事物之外有事物。不同他者或事物要求我的一视同仁。我之喜怒哀乐必须一视同仁地适合于万事万物，亦即，必须不仅要“善待”一人一物，而且要“善待”万事万物。因此，必须有“客观”的准则，不因特定人、事、物而异的普遍准则。亦即，我不能喜怒无常，不能由于自己的喜怒而厚此薄彼。如果单凭我自己，如果我只是向自己之内找寻，我不可能让自己之喜怒哀乐皆发而中节。相反，我必然只会将自己之喜怒哀乐强加于他者或事物。是他者要求我“中节”，他者本身可能就是我的全部喜怒哀乐皆所须“中”之“节”。此“节”单一、绝对，无任何所谓客观或公正可言。只是因为有不同他者以及不同事物的同时存在，我才被要求客观公正。而不偏不倚无过亦无不及之准则——所谓“天理”——实即诞生于此。因此，天理在他者。或者说，天理只通过他者而彰显。也许中国文化，在其已经非常僵化的诠释壳层之下，隐含的正是这一作为个人之我所具有的必须回应他者的原始被动性。人必能喜怒哀乐，但喜怒哀乐必须发而“中节”，或必须发乎情而止乎礼义，而“礼义”——或准则——必自他者而来。郑玄说，中，礼义之所出。但中之所以能出礼义却并非因为礼义在我之内，而只是因为我之喜怒哀乐必须“发而中节”，所以我必须成为准则。我们也许可以说，喜怒哀乐在我之中，我也在喜怒哀乐之中。而这也就是说，我始终在对于他者的回应和应承之“中”。如果只有一个他者，我之所有喜怒哀乐即皆只会为此他者而发，皆是我需要为之（为他者，也为我之喜怒哀乐）负责者，那就没有标准，也无需标准。因为唯一的他者就是唯一的标准。然而，圣人需要为天下所有他者负责。所以，才必须有礼义。而礼义即在于公正对待每一他者。礼义之本则在于我乃必能因他者而喜怒哀乐者。

当然，我们必须找到这样一点，亦即，此二者尚未分化为两极之点，“道枢”。在此，应物乃不得不应，而此被动则必须又转为主动，转为理之确立。而此转折也许可借用莱维纳斯的公式：应物乃应万物（或曰，众可喜怒哀乐之物），而非只一物。而正是需要“发而皆中节”，被动应物者——每一个人——才需要某种“主动”标准。于是，所谓“天理”并不作为确定标准（王夫之所谓已存于性中之可喜怒哀乐之理）而先在于性之中。性——人之性——中所有的只是喜怒哀乐的可能性。亦即，被动回应他者的可能性。喜怒哀乐未发之时虚无一理，已发则同时是喜怒哀乐之生与喜怒哀乐之理之形成。而此则皆由他者引起或“激发”。

当然，我自己以上对于“喜怒哀乐之未发”的不无仓促的诠释（仓促因为这里无法继续展开）也出于我自己所接受的哲学框架，而这是一个莱维纳斯式的框架。也许，如果我们认真回到《中庸》的文本，那么在中国传统中，“喜怒哀乐之未发谓之中”所蕴含的思想乃是最能与莱维纳斯的哲学对话者之一。当然，这仍有待于进一步的论证。

经典"节期"对话自然"节令"

——中国与犹太传统节日的比较研究 *

[以色列] 张　平 (**Zhang Ping**)
以色列特拉维夫大学东亚学系教授

一、拉比犹太教框架内的犹太传统节期

节期（Moed）一词，在希伯来语里有两个主要的含义：其一为约定的聚会时间，其二为拉比犹太教规定的、有特别宗教含义的日子①。这两个基本含义原初是相互联系的，这种联系可以从最早系统地使用"节期"一词的《希伯来圣经》中体会出来。

在《希伯来圣经》中，"节期"一词共出现两百二十三次，其中一百四十六次出现在固定词组"会幕"中。"会幕"一词，希伯来语原文为"Ohel Moed"，Ohel 指帐幕、帐篷，Moed 即定时聚会，这聚会既是以色列人的聚会，也是他们与神的聚会，正如《出埃及记》29：43 所言："我要在那里与以色列人相会，会幕就要因我的荣耀成为圣。"因此会幕也就是圣殿建立之前以色列人定时聚会进行崇拜活动的场所。

Moed 的"节期"含义与"聚会崇拜"之间的关系则可以从《利未记》23：1—2 中看出来：

> 耶和华对摩西说，你晓谕以色列人说，耶和华的节期，你们要宣告为圣会的节期。

也就是说所谓的节期，实际上是"圣会"的节期，也就是崇拜聚会的节期。在这

---

* 本文是笔者译注的犹太教经典《密释纳》第二部《节期部》导言的部分内容整理而成。该书将由山东大学出版社出版。

① 很多希伯来语词典或百科全书均作这种解释，例如 Skolnik，Fred，and Michael Berenbaum. "Mo'ed." Encyclopaedia Judaica. 2nd ed. Vol. 14. Detroit：Macmillan Reference USA in Association with the Keter Pub. House，2007. p. 413.

一章中，我们可以看到“节期”的内容涉及安息日、逾越节、五旬节、岁首、赎罪日和住棚节。当然《希伯来圣经》中“节期”所涵盖的日子范畴并不完全一致，通常的节期概念并不包括安息日，比如《利未记》23：37 在列举了节期的祭献之后，在第 38 节明确指出“这是在耶和华的安息日以外”。广义的“节期”概念则不仅包括了安息日，甚至还包括了月首，《民数记》便在开列了包括安息日和月首在内的各种祭献之后，在 29：39 归纳说“这些祭要在你们的节期献给耶和华”①。与《希伯来圣经》相比，拉比犹太教的节期概念显然更加宽泛，就《密释纳·节期部》的内容来看，“节期”不仅包括了那些有确切名称的日子，而且涉及一些在固定日期进行的活动，比如交纳舍客勒税，以及因灾难而进行的斋戒活动等。

由此我们可以说，至少从《希伯来圣经》时代起，节期一词便有了两个相互关联的含义：节期与聚会崇拜。这种关联性在犹太教传统中固定下来，直接赋予了犹太节期的根本特征：宗教性——节期首先被理解为神的节期，耶和华的节期，其次才是以色列人为此而举行“圣会”的日子。虽然其他文化中的很多节日也有宗教性的起源，但在犹太传统中，这种起源不仅限于其他文化中大多数情况下的“遵奉神灵”的活动，而且其日期与具体活动内容都是由神直接指定的，其宗教性的强度及其所涉及的内容深度是极其罕见的。在拉比犹太教时代，这种宗教性起源并没有随着历史的变迁而冲淡，而是被用律法的形式固定下来并得到了进一步发展。具体来说，犹太节期这种强烈的宗教性特征表现在以下几个方面。

首先是节期活动的仪式性。绝大多数的犹太节期都有程式固定的仪式活动，比如逾越节的除酵与晚宴、住棚节的住棚活动、安息日的迎接与告别仪式，等等。从精神上说，这种仪式性与圣殿及其之前的圣幕时代的节期祭献活动是一脉相通的，其中有些是圣殿时代与祭献并行的仪式性活动，比如住棚，有些则是圣殿祭献的变形或记忆，比如逾越节晚宴实际上是圣殿时代祭献并食用逾越节羔羊活动的变形，而赎罪日犹太会堂中诵念的仪式诗歌（Piyyutim）则直接回忆且描述当年圣殿中祭献大典的盛况。总体上看，圣殿时代，犹太节期几乎没有与圣殿活动无关的。圣殿被毁灭之后，犹太节期则以各种方式与圣殿的仪式保持着联系，体现着同一种精神：按照神的诫命举行节气仪式，用仪式来表达对神的崇拜。

其次是犹太节期宗教性的覆盖力。一般意义上的节日大体有三类起源：其一是宗教性起源，主要是崇拜活动的固定化而形成的节日。其二是自然起源，主要是与季节变迁和生产活动有关系的固定日期活动。其三是人文民俗起源，包括民间故事的演绎，对历史事件的记忆以及对历史人物的纪念，等等。通常情况下，这三类起源会在历史发展中交叉影响，但很少会出现一家独大、统筹全体的局面。然而在犹太传统中，宗

---

① 有关节期一词在《希伯来圣经》中的多重含义及其与各底本的关系，参见 Milgrom，Jacob. The Anchor Bible：Leviticus 1—16. New York：Doubleday，1991. p. 18.

教性叙事涵盖了所有的节期，而且将其他起源都纳入了自己的叙事体系之中。逾越节中的奉献摇祭活动，原本有着明显的庆祝收获的农业活动色彩，但在《希伯来圣经》的节期体系中，它不再是自发的收获庆典，而是在遵奉神的“要把这一捆在耶和华面前摇一摇”（《利未记》23：11）的诫命。又如普珥节，原本是对犹太历史事件的纪念节日，即使是在《以斯帖记》中，也没有任何提到上帝之处，而《希伯来圣经》中即使是最广义的“节期”概念，也不包括普珥节。但到了《密释纳》时代，情况便发生了变化：

> 于光明节：王子们。于普珥节：“那时，亚玛力人来”。于月首：“每月朔”。于站班日：创世之业绩。于斋戒日：祝福与诅咒。不可于诅咒中停顿，而是一人念完。于周一、周四与安息日之午后祭中按序诵读，且不计入。因经文说：“摩西将耶和华的节期传给以色列人。”其职责乃是按其时诵读每一章。（《密释纳·节期部·经卷》3：6）

“那时，亚玛力人来”一句指的是《出埃及记》17：8—16，普珥节读这个段落，因为故事中的反面人物哈曼据信是亚玛力人的后裔。《托拉》每年的分章阅读被用来诠释“摩西将耶和华的节期传给以色列人”，由此贤哲们将普珥节有效地收入了“耶和华的节期”的范畴，从而将这一由历史事件或传说而起源的节日彻底宗教化。

犹太节期宗教性的第三个表现是节期活动的强制性。在多数文明的节日概念中，节日活动大多是自愿性的；节日期间的休息与娱乐更不应该带有强制的色彩。然而，在犹太传统中，由于宗教性的因素，节日不被看作是人的主动活动而被看作是遵从神的诫命，因而凡与节期相关的活动，无论巨细，无论是安息日的停止劳作，还是逾越节的食用无酵饼，均被看作是人履行诫命的责任，因而具有无可争辩的强制色彩。是否参与了节日活动，是一个“尽其责”抑或“未尽其责”的责任问题，而不是一个简单的过节不过节的选择问题。既然是责任，那么对于“未尽其责”或者触犯相应律法的人便有一个惩罚的问题。在《希伯来圣经》时代，有意触犯安息日的可能面临死刑处罚，《出埃及记》31：15便明确规定“凡在安息日作工的，必要把他治死”。后代拉比法庭丧失了刑事判决的权力，但仍然相信有意触犯安息日者将遭受“天谴”，将被从人群中剪除出去。这种严厉的天谴处罚还适用于触犯赎罪日或者有意不肯祭献逾越节羊牲的人。而对于那些因疏忽而触犯了安息日律法的人，《密释纳》则规定必须在圣殿献赎罪祭以悔过。

犹太节期的宗教性的第四个表现是宗教经典在节期活动中的重要地位。拉比犹太教作为一种以经典为本原的传统，无法想象任何重要的宗教内容可以离开经典而独立生存[①]。就节期而言，这种重要地位可以从三个方面看出来：

首先，节期是宗教经典中不可或缺的组成部分，在《摩西五经》中，有关节期的律法见于全部五卷，某些章节（如《出埃及记》12章、《利未记》16章）的基本内容为节期。在《密释纳》中，《节期部》排在《种子部》之后，位居第二。虽然《密释纳》各部的排列顺序未必以其重要性为依据[②]，但《节期部》客观上占据的重要位置无疑增强了节期在整个教义结构中的地位。

其次，犹太经典中的节期内容绝非纸上谈兵，而是犹太人在节期时赖以行动的依据。犹太节期的几乎所有活动，都是在犹太经典所规定的律法的基础上进行的。虽然某些律法规定有可能在历史的变迁中出现了变化，例如圣殿的消失使得相关祭献无法继续进行；某些细微末节在不同的人群中会有不同的执行程度，比如，《密释纳》明确规定逾越节晚宴不得食用餐后甜点[③]，而现代世俗犹太家庭的晚宴大多以餐后甜点结束，但是几乎所有那些具有标志意义的、为现实条件所许可的节期活动，比如逾越节的除酵，安息日的停止工作，等等，都相当完整地保留了下来，而且得到了犹太人群主体的承认和实行。

进一步说，犹太经典不仅是犹太节期活动的指南和依据，而且本身也直接参与到节期活动中去，成为节期活动的一部分。《摩西五经》被分为五十四个分章，每周诵读一个分章，这一活动是安息日的重要内容之一。这些分章的时间安排，有些与当周的犹太节日有关，也是这些节日活动的组成部分之一。在这些分章之外，《希伯来圣经》中的五卷，即：《雅歌》《路得记》《耶利米哀歌》《传道书》和《以斯帖记》，分别是逾越节、五旬节、阿夫月九日、住棚节和普珥节全章诵读的五大经卷。其中《雅歌》《路得记》和《传道书》为西方犹太人诵读，《耶利米哀歌》和《以斯帖记》则是全体犹太人都要诵读的。而《以斯帖记》的诵读更是整个普珥节活动的核心。

第三，犹太节期的活动不仅以经典为指导，而且在节期发展的历史中，逐步又形成一些与节期相关的次级经典。其中最著名的是在逾越节晚宴上全家诵读的《逾越节传奇》（Haggadah Pe'sach）。这部以《希伯来圣经》相关段落和本部《逾越节卷》为基础的次级经典没有任何涉及逾越节羔羊献祭的繁琐问题，带有明显的时代痕迹，为后圣殿时代的逾越节活动提供了一个切合时代特征的出色文本。此外，《犹太祈祷书》（Siddur）收集了所有节期需要的附加祷文，使得节期使用的经典文本变得完备起来。换句话说，《希伯来圣经》的五大经卷，加上《逾越节传奇》和《犹太祈祷书》，使得

---

① 关于经典在拉比犹太教思维体系里的作用，参见张平《经从何处来？——〈论语〉与〈阿伯特〉首章的比较解读》。见：钟彩钧、周大兴主编：《犹太与中国传统的对话》，台北：中央研究院中国文哲研究所2011年版，第26—43页。

② 关于《密释纳》的结构安排，参见张平译注：《密释纳·种子部》，山东大学出版社2011年版，第59—65页。

③ 参见本部《逾越节卷》10：8。

所有的犹太节期都有了各自的经典文本。换句话说，当这些补充性的次要经典完成之后，就犹太节期而言，经典作为拉比犹太教的基石就不再是一句空话。

二、问题的提出

在考察了犹太传统节期的基本状况之后，我们可以在中犹跨传统对话的框架内提出这样一个问题：为什么节期，或者节日，在中国主流传统，也就是儒家传统中，没有其在犹太传统中那样重要的地位？换句话说，为什么中国的精英传统对节期的重视不及犹太传统？

这个问题的提出，主要基于节期与主流经典文本之间的关系。我们在本文开头部分已经讨论了犹太节期与犹太经典的密切关系。如果从发展的角度来加以概括的话，我们还可以把犹太节期与拉比犹太教经典的关系分解为三个层次：第一个层次是根本大典层次，也就是《希伯来圣经》确立了所有主要节期的名称、宗教内涵和活动内容，建立了以《圣经》犹太教信仰为中心，以圣殿祭献为主体的节期系统。第二个层次是诠释层次，也就是《密释纳》《塔木德》和其他拉比文献。这些文献在应对圣殿被毁，《圣经》犹太教基石被抽空的历史大变局的危机中，进一步发展了与节期相关的律法条文，使得节期的概念在保持其基本内涵的连续性的基础上有能力顺应历史与地理的变迁，同时也就获得了更强的可行性。这方面的典型例子是使用节期祝祷代替圣殿的祭献仪式，使得节期的根本内涵得以延续。第三个层次是民间层次，也就是在历史发展的过程中民众不断向节期增添新的内容，包括各大节期不同犹太社区的特别饮食，普珥节、《托拉》狂欢节的游行活动，等等。但这些内容属于节期的次要内容，并不影响节期的核心内涵和宗教性质。

在中犹跨传统对话的框架中，我们可以看到双方的差别表现在三个方面：

其一，犹太节期是犹太传统核心经典文本的主要组成部分，而在儒家经典中的存在则可以说是相当次要。其二，犹太节期在经典中得到完整的、成体系的论述，而在中国传统文献中的记载则零散而不成系统。其三，犹太传统节期保持着相对稳定的名称和内容，有古今一致的精神上的内在联系，而中国传统节期则名称多变，内容也有比较大的时间与区域的变异性。

以端午节为例，早期经典文献如《礼记·月令》提出“仲夏……君子斋戒”，但根本未提五月初五这个日期：既没有节期的概念，其所说的斋戒跟后来的端午节在内容上也看不出任何联系。而真正有关端午节的早期记载都散见于民俗类笔记，比如《续齐谐记》《风土记》之类的作品，不具备任何经典的地位。从内容上说，对节期来源的解说各执一词，没有统一的论述。比如隋代的《玉烛宝典》便强调端午竞渡的习俗与屈原自沉的历史事件的关系，“南方民又竞渡。世谓屈原沈汨罗之日，并楫拯之”。

但《荆楚岁时记》则认定此风俗只与伍子胥有关："按五月五日竞渡……邯郸淳曹娥碑云，五月五日，时迎伍君……斯又东吴之俗，事在子胥，不关屈平也。"而《风土记》则认为"谓五月初五日也。又以菰叶裹粘米煮熟，谓之角黍"。只提到吃粽子，毫无屈原或者伍子胥的痕迹，也没提到竞渡的事情。至于名称，虽然"端午"一词早见于晋代的《风土记》，但早期历史文献很少将其作为节期名称，而多使用"五月五日"这类具体的日期①。唐以后端午作为节期名称在史书上开始出现②，但同一节日，仍然保留着不同的称呼，如"端五""端阳"③，等等。直至现代，仍有"龙舟节""粽子节"等各种称呼。

中国传统节期"非经典化"的一个直接表现便是一个相对开放的节期系统：不仅节期的名称内容可以变化，而且新节期的加入也相对比较容易。辛亥革命以后的新增节日不仅很快为民众所接受，而且其地位甚至还压倒传统节期。相比之下，拉比犹太教一千多年来禁止增加节期，现代以色列国新增节期获得传统认可的历程可以说是步履蹒跚。类似阳历新年、圣诞节这类在今日中国广为庆祝的西方节日，在今天的以色列可以说是响应者寥寥无几，全无节日气氛，更不要说获得官方或者传统的认可了。

三、《月令》与《密释纳·节期部》的对话

强调两者之间的差别，并不等于说双方没有可比性强的类似节期概念。我们在本文开头提出了犹太节期的定义，其中包括了三个基本要素：特定的日期、特定的活动内容、由经典规定的指导原则（律法）。用这三个要素来观照儒家传统，我们可以发现《礼记》中记述的很多节令都有犹太节期的要素，其中尤以将这些节令整合在一个系统内进行论述的《月令》为突出。

将以《月令》为主的《礼记》节令论述与以《节期部》为首的拉比犹太教文献做一个比较，我们可以看到如下的对应关系：

首先是超越意识。《月令》与《节期部》在节期概念上的最突出的相似之处是双方都相信节期提供了一个追寻超越的途径，提供了人与超越存在之间进行沟通联系的一个途径和时机，通过遵奉节期，人可以在超越方面获得某种进阶。不过，双方对超越及其途径的理解则是大相径庭的。

拉比犹太教的超越方式是通过对人神契约的履行而获得与神沟通交流的最高境界，而节期的相关律法便是这份契约的一部分。整个《节期部》便是在修补和完善这份契约，而人便是通过遵奉这些律法条文而获得超越的——履行了律法要求的节日活动便

---

① 参见如《宋书·卷四十一·列传第一》"元徽五年五月五日，太后赐帝玉柄毛扇。"

② 参见如《旧唐书·列传第七十一》："明日端午。"

③ 参见如《明史·列传第一百二十三》："端阳则有五毒吉服。"

是“尽责”，与履行了神的诫命相似，否则便是“有责”，在圣殿时代是要用赎罪祭来获得宽恕的。因此，尽管《圣经》犹太教所提供的那种人神通过圣殿祭献直接交流的超越途径被圣殿的毁灭阻断了，但通过学习和履行节期相关律法，超越的大门依然是可以打开的。

《月令》的超越方式有两种：一是利用节令相关的仪式达到人神交流的目的。二是用顺应自然节令变迁的行为达到天人合一的境界。前者包括天子在立春、立夏、立秋、立冬的日子举行的规模盛大的郊祭，以迎接新季节的到来，也包括“是月也，天子乃以元日祈谷于上帝”这样对神灵的直接诉求。后者则是一套涉及天子的衣食住行的基本规则，乃至于包括“是月也，不可以称兵，称兵必天殃”这样对国家大事决策的直接干预。违背这些规则则被看作是极其不祥的事情，“孟春行夏令，则雨水不时，草木蚤落，国时有恐。行秋令则其民大疫，猋风暴雨总至，藜莠蓬蒿并兴。行冬令则水潦为败，雪霜大挚，首种不入”。

除了超越方式不同之外，双方的超越目的也不一样。在《节期部》，履行律法而达到超越便是目的，此外并无其他现世的目标，而在《月令》中，超越更多的是一种手段，其目的乃是现世的风调雨顺，五谷丰登，以及天下的平安和谐。

此外，双方超越的出发点也不尽相同。虽然都面对神灵，但拉比犹太教超越的出发点是外在的人神之间的契约——《托拉》，而儒家的祭祀则强调发自本心，是一种内在意愿的外在表达。“夫祭者，非物自外至者也，自中出生于心也；心怵而奉之以礼。”① 而由于人心不齐，所以并非所有的人都能加入这个超越的程序。“是故，唯贤者能尽祭之义。”②

其次是规则意识。犹太传统中的节期与儒家的月令有一个突出的共同点：节期不是规则的解脱，而是规则的强化；节期的意义不在于日常需遵循的规则的减少，而是规则的增加。因此，节期或者节令都意味着更多的祭献，更多的祈求，更多的衣食住行的规矩。

双方的差异则在于规则的性质不同。《节期部》的规则，是其根源来自上帝，其实体来自贤哲们的讨论争辩的律法。而《月令》的规则，乃是以季节变迁为基础的自然规则为基础，以天人合一的理念为路径，强调人对自然规则的遵循与顺从，最终使人类活动成为自然活动内的一部分。用《月令》的话来说，就是“毋变天之道，毋绝地之理，毋乱人之纪”。

正如我们在上文所指出的那样，拉比犹太教的很多节期原本也有其自然起源或者农牧活动的基础，但是在其传统的发展过程中，自然因素逐渐淡出，节期成为人与神之间直接联系的产物，原本的自然因素已经无处可寻。儒家节令中虽然人与天、上帝

---

① 《礼记·祭统》。

② 《礼记·祭统》。

的成分都存在，但大自然因素仍然是最有影响力的因素。

第三是群体意识。拉比犹太教的节期与儒家的节令都被用作强化群体构成的手段。也就是说，构成各自群体的最具有凝聚力的那些要素在节期或者节令的活动中得到了强调和突出。不过，双方的群体意识的性质是大不相同的。如我们在上文所说，拉比犹太教的节期是一种强化身份认同的手段。而所谓身份认同，包含两个方面的意义：一方面是全体平等，不是说一切地位都平等，而是说在群体意识这一点上，此人与彼人之间的差距，无论是社会地位差距还是财富收入的差距，都丧失了其存在的意义。另一方面则是全民参与——既然是追求身份认同，那么每一个享有这种认同的成员都必须参加节期活动，无人有权例外。相比之下，儒家的群体意识是以等级观念为主导的权力结构，认同表现为对这一等级结构的认同。具体到节令活动上，天子作为最高等级，是这一活动的主导者；作为第二等级的权贵阶层，是这一活动的参与者；而作为第三等级的普通民众，则是节令活动的被动受体，没有参与其活动的权利，也不受节令相关法则的约束。《月令》对于立春活动的描述便生动地表现了这一层级关系：

> 立春之日，天子亲帅三公、九卿、诸侯、大夫以迎春于东郊。还反，赏公卿、诸侯、大夫于朝。命相布德和令，行庆施惠，下及兆民。

群体意识是令犹太传统的节期与儒家传统的节令分道扬镳的真正要素。犹太节期以其全民参与的责任感将节期与民间的节庆合为一体，打造出接近现代节日意识的时间坐标。而儒家的节令则始终停留在传统与政治精英，与民间节庆活动始终保持脱节状态。因此，民间流行的节庆活动，比如端午，始终不登大雅之堂，皇室的参与也只限于物质赏赐的层面。而政治精英阶层隆重遵奉的节期，如立春或立冬，在民间的影响力却远远不及通俗的节庆活动。

这也可以在一定程度上给我们在本章开头提出的问题提供答案：儒家经典将节令包含其中，这与犹太教节期被收入经典的情形是一致的。但因为群体意识的不同，儒家传统始终未能将民间节庆与传统的节令统一起来。因而这些更接近现代意义上的节日观念的节庆活动便不会在经典中占有一席之地了。

最后是时空意识。“节”无疑是一个时间概念，对于犹太节期和儒家节令都是如此。然而双方的时间概念却有着不小的区别。拉比犹太教的节期是一个相对独立，不依附于空间而存在的时间概念——节期的发生不是因为自然空间方面发生了什么特别的变化，而只是因为时间到了这样一个节点，因而像安息日这样每七天出现一次的时间节点也可以成为节期的一种。这种独立时间概念的形成与我们在上文所说的犹太节期与自然节期的脱节有着明显的联系：当节期与自然变迁和农耕活动失去联系之后，空间就不再是时间的必要载体。虽然在历法计算最后确定之前仍然要靠观察新月来确定月首，但这是为了印证时间而寻找空间证据，而不是根据空间信号来建立时间。相形之下，儒家节令的时间概念几乎完全寄托于空间上的季节迁移和自然现象的变化——时间自季节变迁起，亦以空间的人与物为其目的。这种差别，我们可以在《岁首卷》有关新月的确定与《月令》有关立春的报告的比较中解读出来。

《岁首卷》的描述如下：

> 如何查问证人？先到之一双证人，先查问之。先使其中之长者入内，且对他说：请说，如何见到月亮？面对太阳抑或背对太阳？在其南抑或在其北？高度几许？向何处倾斜？宽度几何？若说“面对太阳”，则所言无物。其后使第二人入内并查问之。若发现其二人证言相应，则其证言成立。其余成双之证人，问其首要之事，并非需要他们，而是不使其情绪低落而去，为使其习惯于前来。
>
> 法庭之首席说：“圣之！”而全体民众随之应和：“圣之！”无论见于其时抑或不当其时而见，均圣之。拉比以利亚撒·巴尔·撒都该说：若不当其时而见，则不当圣之，因上天已圣之①。

《月令》的描述如下：

> 先立春三日，大史谒之天子曰：某日立春，盛德在木。

对于拉比犹太教来说，无论查问报告新月的证人的过程涉及多少空间问题，其目的只有一个：那就是印证月首这个时间确已开始。而一旦确定，唯一的解说就是“圣之”，也就是认可这是神圣的时间，上帝选定的时间，空间的一切便不再具有任何意义。而在《月令》中，确立立春时间的目的则是确立“盛德在木”这样一个空间意义，不仅由此引发迎春祭祀，而且用“木德”的属性塑成天子的生活，使其充满整个空间，“东风解冻，蛰虫始振，鱼上冰，獭祭鱼，鸿雁来。天子居青阳左个。乘鸾路，驾仓龙，载青旗，衣青衣，服仓玉，食麦与羊，其器疏以达”②。

在某种程度上，儒家的时空合一的节令概念比犹太节期的独立时间概念更为复杂，尊崇节令所需要的资源也更多，也就更不容易与大众节庆融为一体，因为要求每个人都按照“木德”去穿衣居住毕竟是不现实的。

---

① 本部《岁首卷》2：6—7。

② 《礼记·月令》。

四、结论：四种节日概念

由此，我们可以将一般意义上的节日概念分为四个基本种类：节期、节令、节庆与节日。

节庆是这四者中最基本的形态，通常起源于自然或人类生产活动的因素，有全民参与的共同活动，但与任何权力机构都没有必然的联系，因而其参与不是强迫性的。中国传统的端午节等便属于这类节庆活动。

节期与节令都是与某种传统密切相关的时间概念。它们存在于传统的理论体系之内，由传统文本规定其属性和内容，并且都将对这些时间概念的尊崇看作是一种必须履行的责任。两者的差别在于节期往往结合了节庆的要素，成为一种全民活动；而节令则与节庆保持距离，只有传统的核心或精英成员才是活动的必须参与者。节期的典型代表是犹太节期，儒家的节令则是节令的典型代表。

节日则是一个现代概念，它是政治权力机构所指定的特殊时间，以法律或政令形式固定下来，且通常有法定的假期以保证对这一时间概念的尊崇。节日在成为节日前可能是节庆，也可能是节期或者节令，有时也可能是新规定的政治时间概念，比如以色列的独立日或者中国的国庆节。今天我们每个人过的都是节日，但节期、节令、节庆的不同属性仍然在影响着我们的生活和观念。

1947 年，在第一次中东战争中，以色列的第一架战机因故障坠毁，飞行员跳伞求生，幸运地落在了某家基布兹（犹太集体农庄）内。然而当时的以色列人并不知道新建的国家已经有了空军，误以为他们是敌方飞行员。武装的基布兹成员迅速将飞行员包围起来，并向他开火。这位来自美国的犹太飞行员一句希伯来语不会讲，无法向主要是来自东欧国家的基布兹成员证明自己的犹太身份。情急之下，他用大叫“安息日”“逾越节”“赎罪日”“犹太鱼丸（犹太节期食品，主要在安息日、逾越节等节期食用）”，由于这些词汇的英文发音与希伯来语发音相近，基布兹成员很快就明白了飞行员的身份，停止了攻击①。

我在中国教学与演讲的过程中，曾多次讲述这个故事，并问中国学生：“如果你们落在这个犹太飞行员的处境中，你会喊些什么，以便让对方明白你也是中国人?”

迄今为止，我尚未得到任何令人信服的回答。从某种意义上说，这个问题的无解可以被看作是中国与犹太传统节日观念差别的一个活生生的实例。

---

① Above and Beyond. Dir. Roberta Grossman. Perf. Shimon Peres and Harold Livingston. Playmount Productions，2014.

学术综述

人类命运共同体思想研究的东方盛会

——第八届世界儒学大会学术综述

任　慧
中国艺术研究院副研究员

2017 年 9 月 20 日至 21 日，“第八届世界儒学大会暨 2017 年度世界儒学研究杰出人物颁奖典礼”在孔子故里山东曲阜举行。来自世界五大洲三十多个国家和地区的近三百位儒学研究专家，围绕“儒家思想与人类命运共同体”的主题，进行了广泛而充分的学术交流与研讨。

世界儒学大会（World Confucian Conference）是由中华人民共和国文化部、山东省人民政府联合主办，中国艺术研究院、山东省文化厅、山东大学以及中国哲学史学会、国际儒学联合会、中国孔子基金会、济宁市人民政府、孔子研究院等共同承办的国际儒学盛会，其宗旨是在世界范围内组织、举办儒学研究活动，推动各国、各地区儒学研究的深入发展，传承、弘扬中国优秀传统文化，促进人类不同文明之间的对话与交流，增强各国各民族人民之间的相互理解和信任。全国人大常委会副委员长王胜俊，中华人民共和国文化部部长雒树刚，山东省委书记、省人大常委会主任刘家义，中国艺术研究院院长、中国非物质文化遗产保护中心主任、中国国学研究与交流中心主任连辑，山东大学校长樊丽明，美国哈佛大学燕京学社原社长、北京大学人文高等研究院院长杜维明，孔子第 79 代嫡长孙、中华大成至圣先师孔子协会会长、至圣孔子基金会会长孔垂长等重要嘉宾莅临大会并致辞，山东省委常委、宣传部部长孙守刚主持开幕式。

全国人大常委会副委员长王胜俊在开幕式上致辞，指出在新的历史时期，以习近平同志为核心的党中央高度重视包括儒家思想在内的中华优秀传统文化的创造性转化、创新性发展。2013 年 11 月 26 日，习近平总书记视察曲阜，在这里主持召开座谈会并发表重要讲话，提出要加强孔子及儒学思想研究和传播体系建设。之后，习近平总书记围绕弘扬中华优秀传统文化、开展世界文明交流互鉴、共建人类命运共同体等，多次发表重要讲话。这充分展现了我们党、国家、民族对中华文化的坚定自信和对世界文明发展的大国担当，在世界儒学界、汉学界引起了强烈反响。越来越多的海外儒学研究机构、国际知名文化学者、汉学家积极响应，热切参与儒学研究与传播，在世界范围内掀起了儒学热。同时，面对世界经济的复杂形势和局部地区战争频发、贫富差距拉大、生态环境变化、能源资源短缺等突出问题，任何国家都不可能独善其身。应对人类共同挑战，构建人类命运共同体，理应从包括儒家文化在内的人类创造的一切文明成果中吸取有益成分，在各种文明的交流互鉴中获得破解难题的智慧和方法。这次大会的主题是“儒家思想与人类命运共同体”，即以促进和而不同、兼收并蓄的文明交流为宗旨，通过研讨交流，深入发掘儒家思想的现实意义和时代价值，探讨合作共赢、共同发展的人类命运共同体理念。

中华人民共和国文化部部长雒树刚发表主题演讲，肯定已经举办七届的世界儒学大会，在主办方和参加历届大会的各方人士的共同努力下，逐渐成为国际儒学研究与交流的重要平台，为传承弘扬中华优秀传统文化、推动不同文化之间的对话交流发挥了积极的作用。本次大会聚焦“儒家思想与人类命运共同体”这个主题，探讨挖掘儒家思想当代价值，造福人类世界共同命运，很有现实针对性。就此，雒部长具体谈了三方面的意见：“一、全面认识儒家文化的重要地位和独特价值。二、着力建设中华优秀传统文化传承体系。三、充分发挥儒家文化在中外文化交流中的独特作用。”并重点阐释了应该如何“以儒家和合文化推动人类命运共同体建设”的问题，他认为：“当今世界和平与发展仍然是主题，但人类同样也面临着许多难题，需要各国人民携手并进、共同解决，形成你中有我、我中有你的命运共同体。儒家文化给出了一条有效的路径，因为儒家文化一个重要的特征就是崇尚和合，主张人与人之间、国与国之间的和平、和谐、和睦，坚持以和为贵、和而不同的格局，追求致中和，天地位焉、万物育焉的境界。秉持天下为公、万物和谐、万国贤明的理念，讲究执起两端而用其中的方法论，这一特征与建立人类命运共同体的概念十分契合，应着力予以阐发，为其提供思想理论支撑。”

中共山东省委书记、省人大常委会主任刘家义在开幕式上提到山东作为中华文明的重要发祥地和儒家文化的发源地，中国历史上最有影响的一大批思想家，如孔子、孟子、孙子、墨子、庄子、管子等，都先后出生于此，或曾在这里著书立说，开创了百家争鸣、兼容并蓄的学术先河。儒家创始人，被誉为“天之木铎”的孔子，主张“克己复礼为仁”“己所不欲勿施于人”，倡导“温良恭俭让”“礼之用，和为贵”，强调“为政以德”，经由历代儒者不断阐发，培育了“仁者爱人”的人本观念，凝练成“民为邦本，本固邦宁”的治国理念，汇聚为“观乎人文，以化成天下”的人文追求。这些宝贵思想，同中华民族形成和发展过程中所产生的其他思想文化一道，是中华民族生生不息、发展壮大的重要滋养，对中华文明乃至人类文明进步做出了重要贡献。世界各地专家学者以“儒家思想与人类命运共同体”为主题，共同探讨“儒家话语下的宗教与信仰”“儒家伦理与人类的共同价值”“传统文化传承发展的现代路径”等重大现实问题，必将对推动形成合作共赢、共同发展的人类命运共同体理念，建设人类共同精神家园做出积极贡献，也必将对推动齐鲁文化走出去，推动山东经济文化强省建设开拓新局面起到重要作用。

中国艺术研究院院长、中国非物质文化遗产保护中心主任、中国国学研究与交流中心主任连辑在开幕式致辞中，谈到习近平主席在联合国日内瓦总部提出“共同构建人类命运共同体”的中国方案，并将“文明交流”与“伙伴关系”“安全格局”“经济发展”“生态建设”等五项行动作为具体内容，希望文明交流可以成为推动人类社会进步的动力以及维护世界和平的纽带。“命运共同体”这一理念，正是植根于中国优秀传统文化的沃土之中。世界儒学大会自2008年发起以来，就以推动世界儒学研究与发展、弘扬传承中华优秀传统文化、促进不同文明之间的对话与交流为宗旨，2017年更是积极响应习近平主席倡议，将“儒家思想与人类命运共同体”作为第八届世界儒学大会的主题，彰显文化部和山东省对于“人类命运共同体”理念的深刻认知和高度的责任意识，而来自三十多个国家和地区的近百位外籍专家学者到会，也表明“人类命运共同体”理念在思想和精神层面得到越来越多的认同和支持，而如何将这一理念与各国实际发展情况相结合，坚持和平发展与互利共赢的原则不动摇，切实推动形成人类命运共同体，则是各位义不容辞的责任，可谓任重而道远！

山东大学校长樊丽明代表承办单位在开幕式上提出地处齐鲁大地的山东大学，是中国现代高等教育的起源性大学，深受悠远绵长的齐鲁文化滋养，向来就有“文史见长”的学术传统，在人文学术领域曾经创造出辉煌业绩。历年来，学校人文荟萃、名家辈出，涌现出了一批享有盛誉的人文学者，取得了大批影响巨大的人文成果，在国内外学术界拥有良好的声誉。2017年3月，中共山东省委、山东省人民政府，确定山东大学具体承办第八届世界儒学大会，这充分体现了山东省委、省政府，山东世界儒学大会组委会以及学术界各位朋友对山东大学的充分信任。同时，也为学校加强人文学科建设、扩大国际影响力提供了重要机遇。也为推动山东大学打造传统文化学术高地，建设“世界文明复兴的东方中心”和“儒学研究重镇”起到重大的作用。“嘤其鸣矣，求其友声”，山东大学愿与各位有识之士一道，继续承担时代使命，成为儒学与中华文化繁荣发展的重要推动者和践行者。

美国哈佛大学燕京学社原社长、北京大学人文高等研究院院长杜维明先生在开幕式上表示“自己多次参加世界儒学大会，也很荣幸地获得过大会给我的荣誉”，并且很欣慰地看到越办越好的世界儒学大会昭示着新的儒学全盛时代正在到来。作为长期工作和生活在海外的华裔学者，杜先生还感到中国从政府到学界，正日益树立起文化复兴的责任意识，尤其是习近平总书记从2012年中共十八大召开到2017年的五年时间里，非常重视中华传统文化，对儒学的时代意义做出很多精辟论述。国外高校和文化机构，也非常关注中国政府的文化建设，儒家思想文化的研究，已经成为海内外学术界的重要课题。杜先生还谈到在世界各大文明传统中，有机整体、中正和平、理性理解、和而不同，是儒家文明的突出特征。因此，儒家文明的传承发展，在今天，不仅有着中国意义，更具有全球性意义。我们相信，儒家文明的传承发展必将为人类命运共同体的构建做出积极贡献，促进人类社会和各文明传统的和睦相处。

孔子第79代嫡长孙、至圣孔子基金会会长孔垂长先生在开幕式上表示，因为前几年世界儒学大会召开的时间和台北祭孔大典重合，一直难以分身。“今年适逢会期调整，终于有缘参加本届世界儒学大会，有幸聆听硕学鸿儒论道，感受当世儒学盛况，在此谨向各主办单位和各位嘉宾致以衷心的感谢和崇高敬意!”孔先生认为2017年大会的主题有很强的现实意义，有着两千多年历史的儒家文化之于现代社会的多元文化，更是应该“美美与共、天下大同”，同时介绍了在台湾地区展开礼乐活动的一些实践与规划，尤其是他个人自2009年台北祭孔大典正式接任奉祀孔子的传承以来，承蒙海峡两岸很多的专家、领导和社会贤达的支持、帮助，先后发起成立了台北的中华大成至圣先师孔子协会和大陆的至圣孔子基金会，以此为平台弘扬中华传统文化和开展两岸文化交流。

开幕式上还举行了2017年度世界儒学研究杰出人物授牌仪式，台湾东海大学蔡仁厚教授、武汉大学郭齐勇教授共同获此殊荣。蔡仁厚先生发表获奖感言时表示，抱病参加大会并获得大会颁发的世界儒学杰出人物奖，实在非常感动和光荣，同时也感觉非常惭愧。虽然著述很多，却还有很多并未充分表达的思想，应该有更多和更好的成绩，才能够配得上这样的殊荣。郭齐勇先生在获奖感言中表示：第一，儒学是生命的学问，也是学问的生命。我们要活到老，学到老，修身到老，晚年一定要用儒家的德行来指导自己。第二，尽可能地来帮助青年人。希望青年人更多地推动乡村儒学、社区儒学，让我们的国民以及世界各国人民了解儒学。这个工作非常艰难，还有很大的空间，路漫漫其修远兮，吾将上下而求索!

第八届世界儒学大会的主题紧密呼应了习总书记关于“人类命运共同体”的战略构想。习近平总书记这个战略构想，深刻揭示了人类社会未来发展的根本趋势，在国际国内产生了重大影响。儒家思想中具有的仁爱精神、推己及人的包容性、强烈的社会责任意识等思想和主张，十分契合“人类命运共同体”的伟大理念。以“儒家思想与人类命运共同体”为大会主题，从思想文化上探讨构建人类命运共同体这一重大命题，不仅具有鲜明的时代意义，而且具有深远的历史意义。在此主题下，设有五个分议题——儒家话语下的宗教与信仰、儒家伦理与人类的共同价值、儒家思想与个体价值、礼乐文明与当代社会的价值重构、传统文化传承发展的现代路径。此次大会吸引了来自国内外五大洲三十多个国家的近三百余名学者和机构参会，既有西欧、东欧、中欧、北欧、南欧的学者，也有东亚、西亚、南亚、东南亚的学者；既有北美、南美的学者，也有大洋洲的学者，是一次真正不分肤色、不分国别、不分种族、不分文化背景和社会制度的世界性文化盛会。学者们通过主题演讲、圆桌论坛、专题论坛等形式进行了广泛而深入的交流和研讨，为世界人民贡献了一场精彩的学术盛宴，更为构建人类命运共同体贡献了深邃的思想财富。

一、构建人类命运共同体

人类命运共同体既具有鲜明的中国特色，又蕴含全人类的共同价值，这份中国方案为解决当今世界和平与发展问题而提出，表达了中国对于国际秩序的美好愿望和追求。

北京大学杜维明从儒学发展角度出发，提出自身始终要保持向世界文明开放的态势，“在与其他文明互动中，领悟乾道变化，做到各正性命，以期止于至善。个人、家庭、社会、天地是儒学的四个重要维度，整体性、贯通性、中和性、实用性是儒学的四个鲜明特征，止于至善是儒学的根本追寻。无论是文化事业还是个人修身，都要在开放包容与交流互鉴中，感悟、寻求生生不息的至善大道”，其他学说和文明体系都可以此为鉴，共同助力于构建人类命运共同体。

中国人民大学张立文认为人类共同体理念植根于五千年中华文明，以儒家智慧为底色，具有“时代创新性、逻辑的度越性、人类的愿望性、命运的航向性、话语的自信性和融突的和合性”，面对现实中的诸多冲突、战乱、恐怖威胁，提出和平、发展、合作、共赢为宗旨的化解大道，这一中国方案、中国声音的代表展示了无与伦比的和合力，必将开辟人类新纪元的新生面。

中国艺术研究院刘梦溪认为，从“六经”中抽绎出六组价值理论，包括仁爱、诚信、爱敬、忠恕、知耻、和同，这些价值理念的精神旨归是“使人成为健全的人，使群体成为和谐的群体，使家成为有亲有爱有敬的和睦的家，使国家成为讲信修睦、怀柔远人的文明礼仪之邦”。它适用于中国人和世界人民，是中国文化贡献给人类的无尽价值。

英国剑桥大学大卫·普里斯特兰（David Priestland）认为社会主义是一种强调平等重要性的政治意识形态，这是社会主义的核心思想。儒家强调大公无私、天下大公、克己，通过重新复兴儒家思想可以消除资本主义、市场经济带来的不平等和腐败现象，例如政府在调控市场、平衡全体社会成员的利益，兼容并包商业和劳动，促进更广泛的发展和防止过度不平等方面都发挥了正当的作用，还有儒家思想重视以公共精神和道德教育官员和民众，这是解决社会主义发展问题的正确选择，现代中国在这些方面取得的经验都可以为世界发展提供良好的参照。

中共中央党校乔清举认为，基于中国传统文化，以“和谐”的价值观为核心，以“和平发展，合作共赢”的理念为国际交往准则，以不同文明的平等包容、相互借鉴和学习为基础，逐步打破民族国家的限制，建立民主正义的国际秩序，形成全球经济与政治、文化与文明、命运与生命共同体，从而实现人类永久和平愿景，将是中华文明对于人类文明史的伟大贡献。

中国台湾中央大学汪荣祖认为，“以儒学为主的中华文化为举世多元文化之一，而西方现代文明并非普世文明。当今世界的全球化使人类命运的共同体更加显著”，而中国自古就崇尚和平主义思维，讲究“以德服人”之道，“一带一路”倡议“一旦实现既定的目标，真可为全世界增加乐利与和平”。

此外，来自于美国、俄罗斯、荷兰、伊朗等国的学者也从儒家思想和人类命运共同体的角度进行了积极思考。荷兰莱顿大学凯南格（Pralay Kanungo）认为儒家提出的“和”需要重新哲学化并积极应对关于自由、权利、不平等、压迫、暴力和冲突等问题的新挑战。这不只是中国和亚洲的繁荣，对整个世界都有重要意义。伊朗学者阿雷扎（Alireza Khoshrou）认为当中国领导人相信儒学是其全球软实力战略的元素时，中国需要为它的外交战略明确软实力在其中的角色，以儒家思想为主要内容的中国软实力已经影响了中国的外交政策。美国南印第安纳大学特伦特·恩波斯（Trent Engbers）从“强调仁和礼作为社会责任的起点”“以恕观支撑西方的利他主义”“消解五伦的等级诠释”三个方面具体分析了儒家思想对非营利组织在中国兴起与管理的影响，认为儒家思想的复兴会更大程度上促进公益活动的发展。俄罗斯欧洲研究所马良文（Vladimir Maliavin）认为要满足全球新兴社区这个概念的要求，需要在其他的两个重要观念背景下进行评估：公共性和相似性或共享，这些概念的融合形成了中国传统文化的真正基础，而且它可以作为基于协同原理的一种新的全球化秩序的基础。

二、创造性诠释与理论创新

文化是一个国家、一个民族的灵魂。纵观人类文明发展史，留存至今的文化都是历史上优秀文化的传承延续和丰厚积淀。中国提倡中华优秀文化的创造性转化和创新性发展，不仅能为优秀传统文化赋予其新的时代内涵和现代表达形式，激活其生命力，让中华文化展现出永久魅力和时代风采，同时也可以为人类文明从现代化进行到后现代提供了更多文明交流的可能，这也正是与会学者对儒家学术和思想体系进行创造性的诠释和理论创新的价值所在。

清华大学陈来认为，郭店楚简《六德》是孔子第一代弟子子贡、子游氏所为，它同时具有早期德行论和角色伦理的特点；从文化继承的角度说，德行伦理因其普遍化性格，比较容易处理其继承的问题，而角色伦理中与特定时代特定社会的特殊性相连结的成分，现代人继承时就必须加以明确扬弃。美国夏威夷大学成中英从康德的上帝意识谈到孔子的天道意识，由此对人类公共理性的建立做了富有启发意义的探索。

北京大学杜维明把儒家诠释为一种“精神人文主义”，认为“作为一种综合而完整的人文主义，它结合了人类经验所共有的四个维度，即自我、社群、自然、天道，来界定人类繁荣昌盛的最高体现”，分别为：一、个人的身体、心智、灵觉和神明的融会贯通；二、个人与社群之间健康的互动；三、人类与自然之间持久的和谐；四、人心与天道的相辅相成。

华东师范大学陈卫平认为，儒学之“道”具有两方面的意义，即宇宙和人生两个领域相融合的普遍原理之道和将真善美集于一身的价值理想之道，由此表现了哲学的自觉和个性；儒学之“道”这两方面意义，围绕“性与天道”而展开。

复旦大学杨泽波认为，在“儒家生生伦理学”系统中，内觉先于智性，只有内觉才能成为这门学说可靠的逻辑起点。所谓内觉，简单说就是在伦理学范围内人的一种自我觉知能力，通过内觉可以觉知到自己正在思考“我应该如何成就道德”这个问题。

韩国成均馆大学金圣基通过对易道发现之基本原理加以阐述，指出易经哲学源起于“普遍观察”与“直觉体悟”的两个方向；人已经成为变化现象之综合作用以及其律则化的主体；人在探索宇宙万物变化现象中先把握宇宙原理，而后再与人道世界结合。

台湾慈济大学林安梧认为从“血缘性纵贯轴”到“人际性互动轴”的转化与发展，“内圣外王”的结构调整为“外王—内圣”，相应的是由君子儒学而开启了崭新的公民儒学的历程。

中山大学黎红雷提出企业儒学，将儒家的治国理念转化为现代企业的治理哲学，以儒学之道驾驭现代管理科学之术，不但解决了企业自身的经营管理问题，而且为儒学在当代的复兴拓展了新的领域。山东大学黄玉顺提出并阐发了“国民政治儒学”，认为儒家政治哲学有三大历史形态：王国政治儒学→帝国政治儒学→国民政治儒学。国民政治儒学的基本内涵是：国民所有，国民所治，国民所享。中国艺术研究院姜玉芳提出孔子认为的儒学是一种知行合一的学问，是需要实践的真理，从个人层面是要成为君子，从社会层面在当时是要传承发展东洲的礼乐制度和文化精神，在当代就是要传承发展中华优秀传统文化。华东师范大学方旭东提出“分析的儒学”，认为儒学的基本价值（大经大法）是“仁”，仁有“生生”“一体”义；由“生生”之义可以响应“气候伦理”并超越之；由“一体”之义可以解释当代的共享经济。

三、义理阐释与世界传播

孔子生于中国，儒学属于世界。儒家学说历经千载而不衰，至今仍在不断发展，为当今世界的种种病态的表现提出化解之道，体现出中华民族的精神智慧，理应获得更深入的义理阐释与更广泛的世界传播。

中国人民大学梁涛关注荀子所提出的“人性论”思想，通过回顾《荀子》中具体篇章的思想特色，对荀子人性论的历时性发展作了具体分析，认为荀子后学有自觉向思孟回归的倾向。同样关注荀子的还有复旦大学东方朔，所不同的是聚焦性恶论思想，对化性如何可能的道德动机作了深入分析。

台湾政治大学董金裕教授谈到孟子的四端之说，认为“一方面肯定人人先天皆具有善行之端，另一方面更注重后天的尽人事”，所以修养成为可能为先天决定，而修养的关键在于自己，此为后天可以日益精进之事，从而“完成人性之善以达到完美的境地”。

山东大学曾振宇从天论、天命、天心入手，论证“民心即天命”，而民心在“人道”的具体呈现是仁义，进而上升到董仲舒在政治哲学上的根本问题：何为政治之善？经过论证，得出结论为：“以是否‘爱民’为政治原则，以是否顺应民心、符合仁义作为社会政治最高圭臬与终极奋斗目标。”山东大学陈晨捷则是从道德养生学的角度，对孔子的“仁者寿”思想进行了阐发。

河北大学李振纲从生命哲学的视角研究《周易》，认为《周易》哲学对天地人“生生”之“德”的放怀咏颂，“保合太和”“大生”“广生”的价值关切，蕴含着“敬畏生命”的哲学意识。上海交通大学余治平从“有文事者必有武备”的视角对孔子的军旅行迹和战伐主张作了阐述，认为原始儒家有一定的崇武尚武气质。厦门大学朱人求从理一分殊、主敬穷理、正心诚意、文化传承、以家为本、关爱民生、教化天下等方面概括了朱子文化的基本精神。

中国艺术研究院祝东力认为儒家要构建和维护的是一种存在尊卑等级不平等的，同时又是人与人之间的距离过密的人际关系，这和西方思想启蒙以及市场化改革等按照工商业文明的原则，以个体为本位构建一种法律上平等的契约式的自由交易的人际关系有着明显的区别。当今社会，儒家价值应该铲除其中等级制的因素，保留以仁义为基础的密切的人际关系，对于重建和维护未来的社会共同体，尤其是深受儒家思想影响的东亚国家，一定能够提供某种精神资源。

新西兰坎特伯雷大学伍晓明对“喜怒哀乐未发之中”是实然之心还是超然实体作了深入阐发。武汉大学胡治洪通过分析熊十力经学思想中的外王说，认为他虽然信奉经济均平、社会自由、人际平等、政治民主、世界大同等富有现代性的政治理念，但他始终以儒家经典为普遍的至上价值。台湾东海大学蔡家和考察了牟宗三《圆善论》对孟告之辩的诠释，认为牟先生以心学的方式吸收了朱子格物致知之学，这是其诠释的特殊处。深圳大学景海峰从“现代性与保守主义”“中西会通的哲学之路”“批判的传统主义”三个方面对当代儒学发展的形态及趋向作了评析，认为要警惕类似儒家原教旨主义对儒学发展的危害。

美国布朗大学包筠雅（Cynthia Brokaw）从儒家书籍的出版传播角度指出16世纪末到19世纪末，儒学作为一个共同的价值观，对晚明普通民众教育和清代出版热潮有重大影响。美国哈佛大学帕特里克·孟迪斯（Patrick Mendis）认为中国文化和儒家哲学启发了美国的开国元勋，他们在儒家思想基础上建立了一个新的商业共和国文明及古丝绸之路发展的贸易关系。

中国台湾政治大学陈逢源认为韩元震为18世纪朝鲜后期“湖洛论争”的重要人物，他突破朱学诠释困境，彰显栗谷一派心法，建构了朝鲜儒学，直究朱熹而上溯孔子的学术样态。荷兰阿姆斯特丹大学丽莎·奎台特（Lisa Kuitert）通过对东印度群岛19世纪到20世纪30年代图书贸易的调查研究，发现该时期儒家教育在东印度群岛的教学中占有重要地位，这包括了许多致力于教育教化的中国移民与殖民地普遍使用的儒家教材。法兰西公学院程艾兰（Cheng Anne）介绍了赫伯特·芬格莱特所著《孔子：即凡而圣》，认为该书实现了对《论语》的革命性诠释，开启了对孔子儒学的第二次全球性传播。

孔子研究院杨朝明通过分析中华文明的高度与深度、中华思想的时空维度、中华文明的精神气象和思维模式，认清自己的文化方位，思索中华文化的竞争力，思考中华文明与人类共同价值之间的关系。中国人民大学温海明预测未来十年是儒学为核心的中华文明与以美国为主的新教文明、天主教文明、伊斯兰教文明、印度文明和东亚文明对话，并且让全世界明确中华文明具有最大的普适性和包容性的关键十年。

四、礼乐文明与社会信仰

“大乐与天地同和，大礼与天地同节。”（《礼记·乐记》）礼乐文明上关天地，是中国古人智慧的体现，数千载依循延展，对当代人文教育、秩序建设以及和谐社会等方面仍能提供经验，对于推进不同文明的交流交融和互学互鉴亦有推动作用。

山东大学曾繁仁认为儒家礼乐教化植根于天人合一观念，以中和为政治、道德、审美观念的核心，其实质是德音之教；礼乐不仅能够通过教化人心达到社会的和谐，而且能够促进人类社会与天地自然的整体和谐，达到天人相通的自由的审美境界。这一思路，“凸显了儒家礼乐教化与天地合德、参赞化育、养成君子的精髓与优秀之处，给当代的美育与教育以深深地启迪”。

武汉大学郭齐勇认为“礼乐文化是孕育儒家的文化土壤”，经过儒家的重构强化了礼乐文明并提倡了其内在价值，然后从六个方面对礼乐文明及其现代意义进行了阐释，包括其人文精神、社会治理启示、生态智慧、道德理性、艺术与美学精神等，作为中华民族宝贵的精神遗产，对解决现代社会危机具有多方面的作用。

中国艺术研究院李新风关注儒家的艺术理论，提出所谓“兴于诗、立于礼、成于乐”，就是把“乐”看作是人格的真正完善，从而证明儒家的思想理念需要通过“艺”来提升完善境界的观点。同时儒家追求礼乐交融，与西方以康德为代表的将艺术与人生割裂开来的艺术观截然相反，更符合当代社会的审美追求。中国艺术研究院郑长铃从宋代陈旸创作的《乐书》中“明经正乐，以求治世之功”的探索为例，说明继承和复兴传统文化如果脱离社会时代发展是注定要失败的，最重要的是挖掘传统文化的当代价值，通过创造性转化与创新性发展，让传统“活”起来。

中国台湾中华文化大学曾春海认为礼乐的文饰、典制随时代的变迁而调整，但是深植在礼乐文化的人文理性“仁”是人文精神的活水源头，必须自觉内证而自我肯定这一道德价值的本源。山东师范大学丁鼎认为《礼记》是儒家思想精髓和核心价值观的最主要载体，其中所蕴含的“天下为公”的社会政治理想、“修身齐家治国平天下”的人生追求，仍然具有跨时空的普遍意义。中国社科院刘丰认为战国时期子夏学派提出的“无体之礼”，不但是儒家礼学思想从孔子、子夏过渡到荀子的一个重要思想环节，而且在很大程度上影响了战国直至汉代礼学发展的路径。

孔子研究院王钧林通过分析 19 世纪中国社会的儒教信仰，指出普通民众对于儒家还谈不上信，不像信佛、信道一样信儒；儒家教他们如何做人，却很少慰藉他们苦难的心灵，也没有发明一个直接明快的方式解决他们的终极关怀问题。山东大学姚中秋认为没有信仰之凝聚，就没有稳定的政治共同体，中国之伟大政治成就不能不溯源于华夏之普遍的信仰——教化之道，具体表现为敬天、敬祖、敬圣贤、多元一体的神明观与祭祀之义。陕西师范大学丁为祥认为儒家“关心政治，参与社会，热心文化”成为人类宗教现象中的一大特色，其人文性的“兼容”与汇通性的“底色”也就构成了儒学在现代社会中作为一种人生信仰的价值与意义。

中国社会科学院赵法生认为殷周之际的宗教变革使得给华夏民族带来了人文道德之光的人格化天帝隐退，其精神需要轴心时代即将登场的哲人来拯救，天帝天命的时代结束了，天道天理的时代即将开启。山东大学谢文郁从“敬天情结与儒家仁政”的角度出发，通过分析儒家仁政一些基础性情感的界定，呈现了儒家仁政作为一种责任政治的运作机制。以色列特拉维夫大学张平以“经典‘节期’对话自然‘节令’”为题对中国与犹太传统节日作了比较研究，认为在某种程度上，儒家时空合一的节令比犹太节期的独立时间更为复杂，尊崇节令所需要的资源更多，更不容易与大众节庆融为一体。乌干达麦克雷雷大学孔子学院奥斯瓦德（Oswald Ndoleriire）指出儒学与非洲传统宗教的相似点在于，二者都包括重要的仪式、对祖先的崇敬、礼拜场所的存在、家庭的中心作用和普遍和谐的观念。芬兰赫尔辛基大学黄保罗（Paulos Huang）认为儒家价值观对现代中国社会生活的影响越来越大，基督教可能是儒家伦理面对人类共同价值最重要的刺激因素之一。

五、伦理道德的永恒意义

“仁”是以孔子为代表的儒家思想中最为崇尚的道德境界，体现人文精神最高的价值，更是中华优秀传统文化的标志思想。以“仁”为基础的伦理道德思想，对于世界各地的人民均具有永恒意义。

中国社会科学院李存山认为，“崇尚道德是儒家学说的最高价值取向，‘仁者爱人’是儒家学说的第一义，因此，中国文化有着现世主义的‘以人为本’和‘以民为本’的优秀传统。中国文化可以涵容多种宗教，而没有宗教一元的排他性，这与中国文化是以儒家学说为主干有着密切的关系”。

俄罗斯圣彼得堡大学 N. A. 萨莫依洛夫（И. А. Самойлов）撰文回顾了俄罗斯的思想家们对孔子伦理研究的历史，重点介绍了在俄罗斯的社会思想发展史中，托尔斯泰对孔子学说的特别关注，尤其是儒家伦理中的“仁”的概念，也就是伦理中的道德自我完善学说，他断言“道德的完善是无止境的，一个人永远也不能说他至善至美了”，“道德完善的理念是托尔斯泰学说的基石”。

浙江社会科学院吴光认为文化是与武力相对而言的“人文化成”“文德教化”，文化自信就是对本民族文德教化、人文精神传统和道义力量的信仰与践行，文化自信的本质是道德自信。四川大学舒大刚认为儒为德教，提出以孝悌忠恕勤提高个人品德，以温良恭俭让培养家庭美德，以恭宽信敏惠提升职业道德，以仁义礼智信改善社会公德，以天道性命情升华天地大德，突出了儒家德教对于当代道德建设、信仰找回和环境保护等所具有的重要价值。韩国首尔大学郭沂以“中、和、乐”“自然、仁义、慈悲”“真、善、美”“民主、自由、平等”对比论述了中西价值观的差异与融通，并以“安”为中华文明的终极价值。湖南大学岳麓书院朱汉民认为以仁爱为中心的道德价值体系代表了中国公益慈善事业的人性与文化的基础；仁爱是一种包容量很大的爱，它既肯定由近及远、由亲及疏的等差之爱，同样也包括“博爱之谓仁”的精神；仁爱体现出中国人坚持一种“极高明而道中庸”的公益慈善理念。山东大学谢文郁以“敬天情节与儒家仁政”为题，阐述中国政治发展的未来模式要承接传统，特别是要重视儒家仁政，而非某种被认为是理想的政治制度。

日本筑波大学严锡仁从家庭伦理角度对亲子关系进行了考察，认为保护亲子间的“亲密”，鼓励亲子自觉地各居其位并履行其责任和提升自身的道德修养这一儒教家庭伦理思想，对当下依然具有巨大的意义。伊朗国际文化研究中心穆罕穆德·侯赛因·莫扎法里（Mohammad Hossein Mozaffari）认为我们需要在道德和非道德的鸿沟上建立新的范式，以解决人权话语的新挑战，而不是在东西方差异的基础上构建新的挑战。伊斯兰传统和儒家哲学以及其他文化都可以促进人权话语新范式的发展，从而提高人权标准的普遍性。香港中文大学黄勇认为朱熹发展了一种属于新儒学伦理的历史形式，与亚里士多德一样，朱熹也对人性概念提供了一种美德的描述，不同之处在于朱熹认为人性不仅是人类与生俱来的东西，而且是人类特有的东西，人类不同于其他生物的地方就在于人性，也就是最重要的儒家美德观念仁，而西方思想家们多认为是理性。台湾辅仁大学陈福滨认为伦理教育应重视儒家伦理思想所具有的普遍性；通过认同传统伦理价值，可以防止现代化过程中的弊端；在伦理教育的实施过程中，应扩充人性中的公共性以建构合理的公共福利与公共政策。

华东师范大学朱杰人认为儒学的价值取向是入世的，是关注现实政治和社会生活的，儒学价值取向的现实关切，因“修齐治平”的提出而成为儒家不可或缺的意志；没有对家国兴衰的关怀，就不会有儒学的产生。山东大学贝淡宁认为过去几十年中国民主建设留下了骄人的记录：富裕、稳定和自由。但是，民主也有重大缺陷，甚至未来可能造成政治上的困扰，而政治尚贤制是否有助于将这些问题最小化，值得我们认真思考和探索。

此外，本届大会为回应当前儒学发展的热点问题，设置了颜炳罡、赵法生主持的“儒学与乡村建设”，柯小刚、姚中秋主持的“少儿读经利弊得失之检讨”及孙春玲、赵升田主持的“儒家思想与中医药文化”三个专题分论题。关于乡村儒学，聊城大学刘伟认为“乡村儒学实验”未来发展必须走“共融”之路，与其他文化互鉴共存，与时俱进，美美与共，共同发展。齐鲁师范学院曾凡朝呼吁弘扬乡村儒学，重建乡土中国的意义世界。关于少儿读经，文礼书院王财贵和杨嵋论证了读经教育的基本教育原理，并列举了海外儿童读经教育的历史与展望。四海孔子书院冯哲、曲阜国学院段炎平、广东私塾联谊会袁彦则分别结合工作经历，探讨私塾和读经教育的探索与困惑。同济大学柯小刚认为应调整读经方法，指出无论是成人国学热的完全迎合当代社会的鸡汤化，还是读经运动的完全对抗当代社会的激进化，都未能保持儒学与当代社会之间的健康张力、良性互动。关于儒学与中医，北京中医药大学张其成教授认为中医的人文精神有两个要点：第一是仁心，“医乃仁术”；第二是生生，“易，生生之道；医，生生之具”，中医的核心价值是“阴阳中和”，这是对儒家、道家和佛家综合观念的集中体现。

“人类命运共同体思想”，是对中华优秀传统文化的创造性转化和创新性发展，蕴含着深厚而久远的中国古代共同体智慧。第八届世界儒学大会以“儒家思想与人类命运共同体”为主题，在为期两天的时间内，相约来自世界各地的学者和机构，立足中华优秀传统文化思想和资源，面向当今世界面临的时代问题，广泛交流，深入探讨，打通古今，跨越地域，共同阐发人类命运共同体的学理内涵，推动了儒家学说的传承和传播，也为世界和平与发展贡献了中国智慧！

图书在版编目（CIP）数据

第八届世界儒学大会学术论文集 / 王学典主编.
—北京：文化艺术出版社，2018.9
ISBN 978-7-5039-6555-5

Ⅰ. ①第… Ⅱ. ①王… Ⅲ. ①儒学—国际学术
会议—文集 Ⅳ. ①B222.05-53

中国版本图书馆 CIP 数据核字（2018）第 198112 号

第八届世界儒学大会学术论文集

主　　编　王学典
副 主 编　郑长铃　徐庆文
执行主编　任　慧
摄　　影　刘晓辉
责任编辑　齐大任　魏　硕　彭世帆　高天航
书籍设计　姚雪媛
出版发行　文化艺術出版社
地　　址　北京市东城区东四八条 52 号　100700
网　　址　www.caaph.com
电子邮箱　s@caaph.com
电　　话　（010）84057666（总编室）84057667（办公室）
　　　　　（010）84057696—84057699（发行部）
传　　真　（010）84057660（总编室）84057670（办公室）
　　　　　（010）84057690（发行部）
经　　销　新华书店
印　　刷　国英印务有限公司
版　　次　2018 年 12 月第 1 版
印　　次　2018 年 12 月第 1 次印刷
开　　本　710 毫米 × 1000 毫米　1/16
印　　张　53
字　　数　1060 千字
书　　号　ISBN 978-7-5039-6555-5
定　　价　98.00 元

版权所有，侵权必究。印装错误，随时调换。